A MORTE DO
MESSIAS

Coleção **BÍBLIA E HISTÓRIA**

- A mulher israelita: papel social e modelo literário na narrativa bíblica – *Athalya Brenner*
- Culto e comércio imperiais no apocalipse de João – *J. Nelson Kraybill*
- É possível acreditar em milagres? – *Klaus Berger*
- Esperança da glória, A – *David A. deSilva*
- Igreja e comunidade em crise: o evangelho segundo Mateus – *J. Andrew Overman*
- Jesus exorcista: estudo exegético e hermenêutico de Mc 3, 20-30 – *Irineu J. Rabuske*
- Metodologia de exegese bíblica – *Cássio Murilo Dias da Silva*
- Moisés e suas múltiplas facetas: do Êxodo ao Deuteronômio – *Walter Vogels*
- O judaísmo na Antiguidade: a história política e as correntes religiosas de Alexandre Magno até o imperador Adriano – *Benedikt Otzen*
- O projeto do êxodo – *Matthias Grenzer*
- Os evangelhos sinóticos: formação, redação, teologia – *Benito Marconcini*
- Os reis reformadores: culto e sociedade no Judá do Pimeiro Templo – *Richard H. Lowery*
- Pai-nosso: a oração da utopia – *Evaristo Martín Nieto*
- Para compreender o livro do Gênesis – *Andrés Ibañez Arana*
- Paulo e as origens do cristianismo – *Michel Quesnel*
- Profetismo e instituição no cristianismo primitivo – *Guy Bonneau*
- São João – *Yves-Marie Blanchard*
- Simbolismo do corpo na Bíblia – *Silvia Schroer & Thomas Staubli*
- Terra não pode suportar suas palavras; reflexão e estudo sobre Amós, A – *Milton Schwantes*

Série **MAIOR**

- Anjos e Messias; messianismos judaicos e origem da cristologia – *Luigi Schiavo*
- Entre o céu e a terra, comentário ao "Sermão da Montanha" (Mt 5-7) – *Franz Zeilinger*
- Fariseus, escribas e saduceus na sociedade palestinense – *Anthony Saldarini*
- Introdução ao Novo Testamento – *Raymond E. Brown*
- O Nascimento do Messias; comentário das narrativas da infância nos evangelhos de Mateus e Lucas – *Raymond E. Brown*
- Pedro e Roma; a figura de Pedro nos dois primeiros séculos – *Joachim Gnilka*
- Rei e Messias em Israel e no Antigo Oriente Próximo – *John Day (Org.)*
- Tobias e Judite – *José Vílchez Líndez*

Raymond E. Brown

A MORTE DO
MESSIAS

COMENTÁRIO DAS NARRATIVAS DA PAIXÃO
NOS QUATRO EVANGELHOS

Volume I

Dados Internacionais de Catalogação na Publicação (CIP)
(Câmara Brasileira do Livro, SP, Brasil)

Brown, Raymond E.
A morte do Messias : comentário das narrativas da Paixão nos quatro
Evangelhos, volume I / Raymond E. Brown ; [tradução Barbara Theoto
Lambert]. – São Paulo : Paulinas, 2011. – (Coleção Bíblia e história.
Série maior)

Título original: The death of the Messiah.
Bibliografia.
ISBN 978-85-356-2728-2

1. Narrativas da Paixão (Evangelhos)   2. Bíblia. N.T. Gospels -
Comentários   I. Título.   II. Série.

10-11735   CDD-226.07

Índice para catálogo sistemático:
1. Narrativas da Paixão : Bíblia : Novo Testamento : Comentários   226.07

Título original: *The Death of the Messiah* – from Gethsemane to the Grave: a Commentary on the
Passion Narratives in the Four Gospels, volume 1

© 1994, by The Associated Sulpicians of the US.

Direção-geral: Flávia Reginatto
Editores responsáveis: Vera Ivanise Bombonatto
e Matthias Grenzer
Tradução: Barbara Theoto Lambert
Copidesque: Tiago José Risi Leme
Coordenação de revisão: Marina Mendonça
Revisão: Ruth Mitzuie Kluska
Assistente de arte: Sandra Braga
Gerente de produção: Felício Calegaro Neto
Capa e diagramação: Manuel Rebelato Miramontes

Nenhuma parte desta obra poderá ser reproduzida ou transmitida
por qualquer forma e/ou quaisquer meios (eletrônico ou mecânico,
incluindo fotocópia e gravação) ou arquivada em qualquer sistema ou
banco de dados sem permissão escrita da Editora. Direitos reservados.

Paulinas

Rua Dona Inácia Uchoa, 62
04110-020 – São Paulo – SP (Brasil)
Tel.: (11) 2125-3500
http://www.paulinas.com.br – editora@paulinas.com.br
Telemarketing e SAC: 0800-7010081

© Pia Sociedade Filhas de São Paulo – São Paulo, 2011

Ao Union Theological Seminary (N.Y.C.) e ao Auburn
Seminary (N.Y.C.), como expressão de minha gratidão pelo
incentivo, apoio e amizade durante vinte anos de ensino, de
alguém que teve o privilégio de ser o Professor Egrégio de
Auburn de Estudos Bíblicos
no Union Theological Seminary.

Prefácio e agradecimentos

A narrativa da Paixão (doravante NP), conforme prossegue da prisão para o sepultamento, passando pela condenação e a execução (assim, do Getsêmani ao túmulo), constitui em todos os Evangelhos a mais longa ação consecutiva de Jesus narrada detalhadamente. Do ponto de vista estético, mais do que qualquer outra seção dos Evangelhos – na verdade, ainda mais do que a narrativa da infância –, ela prende a atenção e a imaginação de dramaturgos (dramas da Paixão), artistas e músicos. Do ponto de vista literário, vinhetas da Paixão deixaram sua marca na linguagem e na imaginação: trinta moedas de prata, o beijo de Judas, o canto do galo, o ato de lavar as mãos de sangue. Do ponto de vista histórico, a morte de Jesus foi o momento mais público de sua vida, quando personagens conhecidas da história judaica ou secular (Caifás, Anás, Pilatos) atravessaram seu caminho. Na verdade, ao lado de "nasceu da Virgem Maria", a outra frase que se impôs no Credo, "padeceu sob Pôncio Pilatos", é marco que liga a crença cristã a respeito do Filho de Deus a um Jesus que era figura humana da história real. Do ponto de vista teológico, os cristãos interpretam a morte de Jesus na cruz como o elemento primordial do plano de Deus para a justificação, redenção e salvação de todos. Do ponto de vista espiritual, o Jesus da Paixão é o ponto de convergência da meditação cristã para inúmeros aspirantes a discípulos que levam a sério o pedido do Mestre para tomar a cruz e segui-lo. Do ponto de vista pastoral, a Paixão é o centro da Quaresma e da Semana Santa, o tempo mais sagrado do calendário litúrgico. A praxe da pregação quaresmal faz da Paixão assunto preferido para homilias. Em suma, de todos os pontos de vista, a Paixão é a narrativa central da história cristã.

Essa centralidade é reconhecível na imensa literatura dedicada à Paixão, que a estuda de todos os ângulos. Embora eu tenha escrito comentários sobre o Evangelho e as Epístolas de João, e sobre as narrativas da infância nos Evangelhos, nenhum trabalho anterior exigiu pesquisa tão extensa nem bibliografia tão ampla. Se eu somasse meu tempo, veria que gastei nesta obra pelo menos dez anos de trabalho consistente. As bibliografias constituem prova de minha gratidão a todos com quem aprendi sobre a NP. Mesmo assim, apesar de meus esforços para abranger tudo ao chamar a atenção para trabalhos anteriores, tenho certeza de que deixei passar contribuições — lapsos involuntários, pelos quais peço desculpas antecipadas aos críticos que com certeza vão me prestar o serviço de apontá-los.

Paradoxalmente, a própria quantidade dos escritos sobre a NP gera a necessidade de uma obra que reúna as opiniões e sugestões dispersas, separe as que realmente valem a pena e as organize (com novas contribuições, espero). Não conheço nenhum comentário completo das NP, dos quatro Evangelhos, do modo como tento fazer aqui — tarefa não sem perigos e talvez até imprudente. Já houve muitos comentários das NPs dos Evangelhos estudadas individualmente, mas em vez de criar outro desses tratamentos consecutivos ou "verticais" de cada NP, tomei a decisão controversa de lidar com a Paixão "horizontalmente" e estudar cada episódio simultaneamente nos quatro Evangelhos. Pessoalmente, achei essa leitura absorvente e ela trouxe à luz importantes ideias e variações que eu temia se perdessem se eu comentasse uma NP inteira antes de passar à seguinte. (Asseguro aos que se assustaram com a ideia desse procedimento que minhas leituras "horizontais" não têm nenhum propósito harmonizador e fiz um grande esforço para não perder o encadeamento de ideias peculiar a cada Evangelho quando lido consecutivamente.) O capítulo introdutório descreve os problemas extremamente difíceis apresentados pelas NPs. Não sei quantos deles solucionei. Espero, contudo, ter posto à disposição, em um único lugar, ideias do passado e do presente que tornem o estudo da Paixão um empreendimento excepcionalmente satisfatório. Apesar da exaustiva magnitude do projeto, o tempo consumido foi o que mais enriqueceu minha vida. Fico feliz em partilhar meu entusiasmo.

Tive o cuidado de fazer justiça à erudição e também à inteligibilidade e, desse modo, servir a uma audiência variada: eruditos, sacerdotes pregadores, estudantes de religião, teologia e da Bíblia, cristãos interessados e os de qualquer crença que busquem conhecimento sobre a Paixão e morte de Jesus. Para este comentário ser extensamente útil, empenhei-me em tratar assuntos complicados de maneira agradável de ler, mesmo que isso aumentasse a extensão do livro. Por exemplo, em remissões recíprocas a livros bíblicos, muitos comentários simplesmente relacionam as passagens relevantes por números de capítulos e versículos e esperam que os leitores desejosos de acompanhar a análise deem uma lida rápida na Bíblia para examiná-los. Em uma época que exige uma comunicação mais facilitada, essa expectativa não é razoável. Na maioria das vezes, preferi dar a enunciação das principais passagens das remissões recíprocas, assegurando desse modo que os

Prefácio e agradecimentos

leitores tomem conhecimento do contexto bíblico. Embora tenha usado algumas abreviaturas (todas dadas na relação adiante), no caso de obras, versões e textos esotéricos antigos, preferi escrever os títulos por extenso, para não afugentar os leitores que de outro modo teriam de enfrentar o equivalente bíblico de listas do mercado de valores. A datação dos anos como a.C. e d.C., padrão seguido em *O nascimento do Messias* [São Paulo: Paulinas, 2005], foi adotada também aqui, tanto por coerência como para inteligibilidade geral e reconhecimento.

Talvez alguns indicadores da maneira como organizei o material e algumas recomendações preliminares ajudem a compreensão. *Primeiro*, quer a ideia seja ler o comentário do começo ao fim, quer consultá-lo a respeito de determinadas passagens, é imprescindível ler o § 1 introdutório para entender minha perspectiva e minhas pressuposições. Os leitores devem saber o que o autor pensa que está fazendo. *Segundo*, depois da INTRODUÇÃO, a Paixão está dividida em quatro "atos", alguns dos quais têm duas "cenas". A quádrupla divisão (Oração/prisão; julgamento judaico; julgamento romano; crucificação/sepultamento) certamente faz justiça à sequência dos Evangelhos sinóticos, mesmo que seja discutível se o material joanino mais sucinto em atos I e II justifica tal linha divisória ali. O uso de "ato" e "cena" para designar as divisões reflete meu entendimento dos relatos evangélicos como narrativas dramáticas, como será explicado em § 1. *Terceiro*, a partir do comentário objetivo do texto da NP em § 5, sempre apresento primeiro uma tradução literal das passagens em discussão. Quero enfatizar minha consciência de como essa tradução é penosamente literal — a ponto de às vezes parecer forçada. É provável que muitos leitores não sejam estudiosos do NT grego e, portanto, sem essa tradução literal, eles ficariam sem entender importantes variações nas diversas descrições evangélicas da mesma cena. Por exemplo, minha tradução mecânica das partículas *kai* e *de* como "e" e "mas" não faz justiça, nas línguas modernas, às sutilezas da língua grega; entretanto, permite aos leitores perceber padrões de sentença que os estudiosos acham importantes para a discussão da fonte. As traduções das passagens do AT, quer do hebraico, quer do grego, também são bem literais (mesmo em passagens onde seria preferível ser mais livre, a fim de respeitar as sensibilidades modernas quanto a referências pronominais a Deus); o objetivo dessa fidelidade é realçar o pano de fundo que tais passagens oferecem para as NPs evangélicas. Uma tradução das NPs ou do AT em linguagem mais idiomática deturparia esses padrões e paralelos. Considerem a tradução da NP apenas um instrumento de estudo, não para ser lida em público, nem para ser avaliada por seu mérito literário. (A fim de avaliar as restrições de literalismo imposto aqui, onde quatro relatos evangélicos da mesma cena precisam ser comparados rigorosamente, os leitores estão convidados a comparar a tradução das narrativas joaninas neste livro com as apresentadas em meu comentário sobre João publicado pela Anchor Bible [BGJ].) *Quarto*, ao examinar o texto evangélico real de uma passagem, dividi minhas observações em COMENTÁRIO e ANÁLISE. (O padrão de NOTAS informativas iniciais, seguido em *O nascimento do Messias*, mostrou-se impraticável neste livro, pois passagens de quatro Evangelhos diferentes foram comentadas na maioria das seções. As notas de rodapé tratam das informações apropriadas com a mesma eficiência.) O COMENTÁRIO busca descobrir e explicar o que o evangelista queria transmitir na passagem; é, de longe, a parte mais importante de meu estudo e recebe toda a atenção. Depois do COMENTÁRIO em cada seção (ou no final de um grupo de seções afins) segue-se a ANÁLISE, muito mais concisa, que estuda a possível dependência que um Evangelho tem de outro, tradições pré-evangélicas propostas e fatores pertinentes à historicidade — perguntas inevitáveis, respondidas necessariamente por meio de conjeturas, mas dificilmente o centro de um comentário. O exame da disposição ou estrutura da passagem, que considero muito importante, desempenha um papel no COMENTÁRIO e (de modo mais abstrato) na ANÁLISE. *Quinto*, a BIBLIOGRAFIA GERAL, que constitui o § 3, relaciona escritos pertinentes à Paixão em geral ou a toda a NP de um Evangelho específico. Antes de cada divisão importante (ato, cena) do comentário, há uma BIBLIOGRAFIA DA SEÇÃO, que abrange todas as seções a esse respeito. Para facilitar o uso dessa bibliografia, a última linha de cada seção indica o lugar da BIBLIOGRAFIA DA SEÇÃO apropriada onde a literatura pertinente pode ser encontrada. A citação de um escrito relacionado em uma das bibliografias é dada com o emprego do sobrenome do autor e a abreviação do título (em geral, a primeira palavra). Se a obra citada não vai aparecer em uma bibliografia (porque, embora pertinente para determinado assunto, relaciona-se apenas tangencialmente com a Paixão e não voltará a ser citada), as informações completas são dadas no momento da citação. Para propósitos de comentário, dividi a NP em quarenta e oito seções, às vezes com toda uma seção dedicada a uma passagem encontrada em apenas um Evangelho. Para encontrar uma tradução contínua de determinado Evangelho, os leitores devem consultar o ÍNDICE DE PASSAGENS EVANGÉLICAS, onde a *NP completa de cada Evangelho está impressa de maneira consecutiva*. Em uma coluna ao lado dessa tradução, indico as páginas do comentário onde cada versículo ou grupo de versículos tem seu exame principal. Portanto, quem desejar informações sobre uma seção da NP encontra orientação bem depressa por meio desse índice.

À guisa de reconhecimento, quero recordar que, através dos anos, fiz muitas séries pequenas de palestras, orientei retiros e lecionei em cursos semestrais sobre a NP, uma vez no Pontifício Instituto Bíblico de Roma e diversas vezes no Union Theological Seminary. Nunca deixei de aprender com as perguntas e dissertações de ouvintes e alunos. Durante dois semestres sabáticos, dediquei-me à leitura diária no Pontifício Instituto Bíblico de Roma; e os excelentes bibliotecários e auxiliares daquela instituição, em especial Henry Bertels, sj, e a irmã Colette Auger, pm, ajudaram-me do modo mais hospitaleiro possível enquanto eu lidava com a bibliografia. Dr. Cecil White, bibliotecário do St. Patrick's Seminary (Menlo Park, Califórnia) e Seth Kasten, bibliotecário de consultas no Union Seminary, foram muito competentes para encontrar o que eu julgava impossível de ser encontrado. Eileen Tobin e Julie Galas redatilografaram partes de meu texto enquanto eu lecionava no Union Seminary. A professora Jennifer Glancy, de Le Moyne College, passou minha bibliografia de volumosos arquivos de fichas para uma lista computadorizada muito mais flexível. Angela Bauer, aluna de doutorado no Union Seminary, conferiu a exatidão das citações bíblicas contidas no meu texto. A todos esses amigos, que sempre deram mais do que aquilo a que eu tinha direito, calorosos agradecimentos.

Enquanto escrevia uma dissertação como meu aluno para um seminário dirigido por mim sobre a NP, o professor Marion Soards, do Presbyterian Theological Seminary de Louisville, compôs em forma preliminar o levantamento das teorias de uma NP pré-marcana que graciosamente consentiu que saísse na forma completa como APÊNDICE IX deste livro. Aprendi muito também com sua tese de doutorado sobre a NP lucana, suas contínuas contribuições nesse campo e suas sugestões amigas. O professor David Noel Freedman, que deu sábios conselhos como editor de meus comentários para a Anchor Bible, com toda a generosidade ajudou-me novamente aqui, lendo o manuscrito e fazendo, com referência ao estilo e também ao conteúdo, uma profusão de observações significativas que incluí. Tenho uma dívida de gratidão para com ele. O professor John Kselman, da Weston School of Theology, realizando desinteressadamente um serviço que já me prestou muitas outras vezes, também leu as 2.700 páginas datilografadas. Há muitas sentenças mais fluentes e muito menos erros graças a sua zelosa percepção. Considero este Prefácio e o § 1 da Introdução essenciais para estabelecer o tom pretendido; e, quando eles chegaram àquela etapa de familiaridade onde eu já não percebia seus defeitos, a professora Phyllis Trible, do Union Seminary, ao examiná-los com outros olhos, melhorou-os de modo significativo. Há muitos outros que atenderam a meus pedidos de informações e consultas, inclusive os membros de seminários sobre a Paixão nas reuniões anuais da Society of Biblical Literature e da Society of New Testament Studies. Nem tento citá-los, mas seria injusto omitir dois que me ajudaram consideravelmente: Joseph A. Fitzmyer, sj, amigo há quarenta anos e sempre um modelo de precisão, e o professor Burton L. Visotzky, do Jewish Theological Seminary de Nova York, que por muitos anos tem sido verdadeiramente um rabino para mim em questões de materiais judaicos históricos e literários. O pessoal da Doubleday, Robert Heller e Theresa D'Orsogna no passado, Thomas Cahill e Michael Iannazzi mais recentemente, com a editora de texto, Susan Higgenbotham, contribuíram com paciência, estímulo, assistência e preparação de texto para produzir este livro que há mais de uma década concordei em escrever. A todos, minha sincera gratidão.

O original de *O nascimento do Messias* foi publicado em 1977. Recebi grande estímulo nas muitas cartas de leitores e ministros, tanto protestantes como católicos, que me disseram que o livro lhes deu maior compreensão da riqueza das narrativas da infância para espiritualidade, pregação e entendimento de Jesus. Quero crer que esta obra que o acompanhará, *A morte do Messias*, produza frutos semelhantes. Mas seja qual for o julgamento dos outros, agradeço à Providência Divina, que me permitiu passar tantos anos de minha vida comentando os relatos bíblicos do nascimento e da morte de Jesus. Não só aprendi mais a respeito daquele para quem "Messias" (*Christos*) tornou-se um segundo nome, mas também passei a respeitar profundamente a habilidade dos evangelistas, sem cuja contribuição esse nome não seria conhecido em toda a sua profundidade. Que minha obra, em pequena escala, torne a deles mais conhecida. Quanto aos aparentes antípodas representados por *O nascimento do Messias* e *A morte do Messias*, não sou o primeiro autor a pensar que os dois constituem um assunto compatível. Um poema de John Donne, "Upon the Annunciation and the Passion" (Sobre a Anunciação e a Paixão),[1] celebrou a coincidência de, em 1608, o dia 25 de março, festa da Anunciação a Maria, ser também Sexta-Feira Santa, de modo que a concepção e a crucificação do Messias se uniram. Um amigo perceptivo dos tempos de faculdade em Baltimore, Marco

---

[1] N. Gardner, org. *The Divine Poems of John Donne*, 2. ed. Oxford, Clarendon, 1966, p. 29.

Gnerro, que chamou minha atenção para o poema, assinalou esta estrofe que expressa tão bem a continuidade dos acontecimentos:

Tudo isso, mais o que está no meio, este dia mostra,
A epítome da história de Cristo, que une
(Nos mapas planos, o Ocidente mais longínquo é o Oriente)
O *"Ave* dos anjos" e o *Consummatum est.*

Em número surpreendente, as pessoas me perguntam se planejo uma trilogia a ser concluída com *A ressurreição do Messias.* Ao responder com pretensa indignação que escrevi dois livros sobre a ressurreição (resposta que convenientemente ignora o fato de nenhum deles ser verdadeiramente um comentário), enfatizo que não tenho tais planos. Prefiro examinar essa área "face a face".

Sumário do volume I

(Antes da Introdução e de cada "ato" e "cena" do Comentário, será apresentado um quadro mais detalhado que divide as seções [marcadas por §] em subseções.)

Prefácio e agradecimentos 7

Sumário do volume I 15

Abreviaturas 19

Introdução 33
Sumário da introdução 35
§ 1. A perspectiva deste comentário 37
§ 2. Questões evangélicas gerais pertinentes às narrativas da Paixão 73
§ 3. Bibliografia geral 141

Primeiro ato: Jesus reza e é preso no Getsêmani, no Monte das Oliveiras, do outro lado do Cedron (Mc 14,26-52; Mt 26,30-56; Lc 22,39-53; Jo 18,1-11) 157

Sumário do primeiro ato, cena um 159
§ 4. Bibliografia da seção para a cena um do primeiro ato:
Jesus reza no Getsêmani (§§ 5–11) 161
§ 5. Episódio de transição: Jesus vai com discípulos ao Monte das Oliveiras
(Mc 14,26-31; Mt 26,30-35; Lc 22,39; Jo 18,1a) 169

§ 6. A oração no Getsêmani, primeira parte: Chegada e preparativos
(Mc 14,32-34; Mt 26,36-38; Lc 22,40; Jo 18,1b) 201

§ 7. A oração no Getsêmani, segunda parte: Jesus reza ao Pai
(Mc 14,35-36; Mt 26,39; Lc 22,41-42) 219

§ 8. A oração no Getsêmani, terceira parte: O anjo fortalecedor (Lc 22,43-44) 237

§ 9. A oração no Getsêmani, quarta parte: Jesus volta para junto dos discípulos
pela primeira vez (Mc 14,37-38; Mt 26,40-41; Lc 22,45-46) 251

§ 10. A oração no Getsêmani, quinta parte: Jesus volta para junto dos discípulos
pela segunda e pela terceira vez (Mc 14,39-42; Mt 26,42-46) 263

§ 11. Análise que abrange as cinco partes da oração de Jesus no Getsêmani
(Mc 14,32-42; Mt 26,36-46; Lc 22,40-46; Jo 18,1b) 281

Sumário do primeiro ato, cena dois 303

§ 12. Bibliografia da seção para a cena dois do primeiro ato:
A prisão de Jesus (§§ 13–16) 305

§ 13. A prisão de Jesus, primeira parte: O encontro inicial
(Mc 14,43-46; Mt 26,47-50; Lc 22,47-48; Jo 18,2-8a) 309

§ 14. A prisão de Jesus, segunda parte: Incidentes que a acompanham
(Mc 14,47-50; Mt 26,51-56; Lc 22,49-53; Jo 18,8b-11) 337

§ 15. A prisão de Jesus, terceira parte: Fuga de um jovem nu (Mc 14,51-52) 371

§ 16. Análise que abrange as três partes da prisão de Jesus
(Mc 14,43-52; Mt 26,47-56; Lc 22,47-53; Jo 18,2-11) 383

Segundo ato: Jesus diante das autoridades judaicas
(Mc 14,53–15,1; Mt 26,57–27,10; Lc 22,54–23,1; Jo 18,12-28a) 389

Sumário do segundo ato, cena um 391

§ 17. Bibliografia da seção para a cena um do segundo ato:
O julgamento/interrogatório judaico de Jesus (§§ 18–24) 395

§ 18. Introdução: Pano de fundo para o julgamento/interrogatório judaico de Jesus pelas autoridades sacerdotais 411

§ 19. Episódio de transição: Jesus transferido para as autoridades judaicas; interrogado por Anás (Mc 14,53-54; Mt 26,57-58; Lc 22,54-55; Jo 18,12-25a) 491

§ 20. Procedimentos do sinédrio, primeira parte: As autoridades reunidas, testemunhas e a afirmação de que Jesus destruiria o santuário (Mc 14,55-59; Mt 26,59-61; Lc 22,66) ... 527

§ 21. Procedimentos do sinédrio, segunda parte: Pergunta(s) sobre o Messias, o Filho de Deus (Mc 14,60-61; Mt 26,62-63; Lc 22,67-70a) 563

§ 22. Procedimentos do sinédrio, terceira parte: Resposta(s) de Jesus e declaração a respeito do Filho do Homem (Mc 14,62; Mt 26,64; Lc 22,67-70b) 589

§ 23. Procedimentos do sinédrio, quarta parte: Reação das autoridades judaicas à resposta de Jesus (Mc 14,63-64; Mt 26,65-66; Lc 22,71) 625

§ 24. Análise que abrange a composição das quatro partes dos procedimentos do sinédrio (Mc 14,55-64; Mt 26,59-66; Lc 22,66-71) 663

Sumário do segundo ato, cena dois 679

§ 25. Bibliografia da seção para a cena dois do segundo ato: Escárnio judaico, negações de Pedro, suicídio de Judas (§§ 26–29) 681

§ 26. Os maus-tratos e o escárnio a Jesus por parte dos judeus (Mc 14,65; Mt 26,67-68; Lc 22,63-65; Jo 18,22-23) 687

§ 27. As três negações de Jesus por Pedro (Mc 14,66-72; Mt 26,69-75; Lc 22,54b-62; Jo 18,15-18.25-27) 711

§ 28. Fim dos procedimentos do sinédrio; transferência para Pilatos (Mc 15,1; Mt 27,1-2; Lc 23,1; Jo 18,28a) 757

§ 29. Judas, os chefes dos sacerdotes e o preço do sangue inocente (Mt 27,3-10) 767

Terceiro ato: Jesus diante de Pilatos, governador romano **(Mc 15,2-20a; Mt 27,11-31a; Lc 23,2-25; Jo 18,28b–19,16a)** 795

Sumário do terceiro ato 797

§ 30. Bibliografia da seção para o terceiro ato: O julgamento romano de Jesus (§§ 31–36) 801

§ 31. Introdução: Pano de fundo para o julgamento romano de Jesus por Pôncio Pilatos 815

§ 32. O julgamento romano, primeira parte: Interrogatório inicial por Pilatos (Mc 15,2-5; Mt 27,11-14; Lc 23,2-5; Jo 18,28b-38a) 869

§ 33. O julgamento romano, segunda parte: Jesus diante de Herodes (Lc 23,6-12) 911

§ 34. O julgamento romano, terceira parte: Barrabás (Mc 15,6-11; Mt 27,15-21; Lc 23,13-19; Jo 18,38b-40) 941

§ 35. O julgamento romano, quarta parte: Condenação de Jesus (Mc 15,12-15; Mt 27,22-26; Lc 23,20-25; Jo 19,1.4-16a) 979

§ 36. O escárnio e os maus-tratos romanos a Jesus (Mc 15,16-20a; Mt 27,27-31a; Jo 19,2-3) 1025

Abreviaturas

AB	Anchor Bible
AER	*American Ecclesiastical Review*
AJBI	*Annual of the Japanese Biblical Institute*
AJEC	P. Richardson, org. *Anti-Judaism in Early Christianity; Vol 1: Paul and the Gospels.* Waterloo, Ont., Canadian Corp. for Studies in Religion & Wilfred Laurier Univ., 1986
AJINT	W, P. Eckert *et alii*, orgs. *Antijudaismus im Neuen Testament?* München, Kaiser, 1967
AJSL	*American Journal of Semitic Languages and Literature*
AJT	*American Journal of Theology*
AnBib	Analecta Biblica
AnGreg	Analecta Gregoriana
ANRW	Aufstieg und Niedergang der römischen Welt
Ant.	*Antiguidades judaicas*, de Flávio Josefo
AP	R. H. Charles, org. *Apocrypha and Pseudepigrapha of the Old Testament.* Oxford, Clarendon, 1913, 2 v.
AsSeign	*Assemblées du Seigneur*
ASTI	*Annual of the Swedish Theological Institute*
AT	Antigo Testamento
ATANT	Abhandlungen zur Theologie des Alten und Neuen Testaments
ATR	*Anglican Theological Review*
A.U.C.	*anno urbis conditae* ou *ab urbe condita* (no ano especificado da fundação de Roma)
AUSS	*Andrews University Seminary Studies*
BA	*Biblical Archaeologist*

BAA	M. Black. *An Aramaic Approach to the Gospel and Acts*. 3. ed. Oxford, Clarendon, 1967
BAG	W. Bauer; W. F. Arndt; F. W. Gingrich. *Greek- English Lexicon of the New Testament and Other Early Christian Literature*. Cambridge University, 1957
BAGD	BAG revisto por F. W. Danker, Univ. of Chicago, 1979
BARev	*Biblical Archaeology Review*
BDF	F. Blass; A. Debrunner; R. W. Funk. *A Greek Grammar of the New Testament*. University of Chicago, 1961. Referências a seções
BEJ	R. E. Brown. *The Epistles of John*. Garden City, N.Y., Doubleday, 1982 (AB 30)
BeO	*Bibbia e Oriente*
BETL	Bibliotheca Ephemeridum Theologicarum Lovaniensium
BExT	P. Benoit. *Exégèse et Théologie*. Paris, Cerf, 1961-1982, 4 v.
BGJ	R. E. Brown. *The Gospel According to John*. Garden City, N.Y., Doubleday, 1982. AB 29, 29A, 2 v.
BHST	R. Bultmann. *History of the Synoptic Tradition*. New York, Harper & Row, 1963
BibLeb	*Bibel und Leben*
BibLit	*Bibel und Liturgie*
BJG	P. Benoit. *Jesus and the Gospel*. New York, Herder, 1973, 2 v.
BJRL	*Bulletin of the John Rylands Library of the University of Manchester*
BK	*Bibel und Kirche*
BNM	R. E. Brown. *O nascimento do Messias* [tradução Barbara Theoto Lambert]. São Paulo, Paulinas, 2005
BR	*Biblical Research*
BS	Biblische Studien
BSac	*Bibliotheca Sacra*
BSSNT	K. Beyer. *Semitische Syntax in Neuen Testament*. Göttingen, Vandenhoeck & Ruprecht, 1962
BT	*The Bible Translator*

BTB	*Biblical Theology Bulletin*
BU	Biblische Untersuchungen
BVC	*Bible et Vie Chrétienne*
BW	*Biblical World*
BWANT	Beiträge zur Wissenschaft vom Alten und Neuen Testament
ByF	Biblia y Fe
BZ	*Biblische Zeitschrift*
BZNW	Beihefte zur ZNW
CB	*Cultura Bíblica*
CBQ	*Catholic Biblical Quarterly*
CC	Corpus Christianorum. Series Latina
CCat	*Civiltà Cattolica*
CCER	*Cahiers du Cercle Ernest Renan*
CD	Cairo (texto Genizá do Documento de) Damasco
CH	*Church History*
CKC	J. Vardaman & E. M. Yamauchi, orgs. *Chronos, Kairos, Christos.* Winona Lake, IN, Eisenbrauns, 1989 (J. Finegan Festschrift)
CNBB	*Bíblia Sagrada* — tradução da CNBB
ColB	*Collationes Brugenses*
ConNT	*Coniectanea Neotestamentica*
CQR	*Church Quarterly Review*
CR	*Clergy Review*
CSA	*Chicago Sudies* 25, #1, 1986. Passion, Death, and Resurrection of Jesus (volume de aniversário)
CSEL	Corpus Scriptorum Ecclesiasticorum Latinorum
CT	*Christianity Today*
CTM	*Concordia Theological Monthly*
CTom	*Ciencia Tomista*
CurTM	*Currents in Theology and Mission*
DACL	*Dictionnaire d'Archéologie Chrétienne et de Liturgie*

DBG	M. Dibelius. *Botschaft und Geschichte*. Tübingen, Mohr, 1953, 1956, 2 v.
DBS	H. Denzinger & C. Bannwart. *Enchiridion Symbolorum*. A. Schönmetzer, revisor. 32. ed. Freiburg, Herder, 1963. Referências a seções
DBSup	*Dictionnaire de la Bible, Supplément*
DJ	T. Mommsen, org. *The Digest of Justinian*. Philadelphia, Univ. of Pennsylvania, 1985, 4 v.
DJD	Discoveries in the Judaean Desert
DJS	A. Denaux, org. *John and the Synoptics*. Leuven Univ., 1992 (BETL 101). Analisado por Denaux em ETL 67, 1991, p. 196-203
DNTRJ	D. Daube. *The New Testament and Rabbinic Judaism*. London, Athlone, 1956
DRev	*Downside Review*
DSNT	J. D. M. Derrett. *Studies in the New Testament*. Leiden, Brill, 1977-1986, 4 v.
DSSW	G. Dalman. *Sacred Sites and Ways*. New York, Macmillan, 1935. Original alemão, 3. ed., 1924
EBib	Études Bibliques
EJMI	R. A. Kraft & G. W. E. Nickelsburg, orgs. *Early Judaism and its Modern Interpreters*. Atlanta, Scholars, 1986
EKKNT	Evangelisch-katholischer Kommentar zum Neuen Testament
EQ	*Evangelical Quarterly*
ErbAuf	*Erbe und Auftrage*
EspVie	*Esprit et Vie* (posteriormente, *L'Ami du Clergé*)
EstBib	*Estudios Bíblicos*
EstEcl	*Estudios Eclesiásticos*
ESM	*Evangelho secreto de Marcos*
ETL	*Ephemerides Theologicae Lovanienses*
ETR	*Études Théologiques et Religieuses*
EvPd	*Evangelho de Pedro* (ver Apêndice I)

EvT	*Evangelische Theologie*
ExpTim	*Expository Times*
FANT	J. Finegan. *The Archaeology of the New Testament*. Princeton Univ., 1969
FAWA	J. A. Fitzmyer. *A Wandering Aramean*. Missoula, MT, Scholars, 1979 (SBLMS 25)
FB	Forschung zur Bibel
FESBNT	J. A. Fitzmyer. *Essays on the Semitic Background of the New Testament*. London, Chapman, 1971
FGN	F. Van Segbrook et alii, orgs. *The Four Gospels 1992*. Leuven, Leuven Univ., 1992, 3 v. (F. Neirynck Festschrift. BETL 100)
FRLANT	Forschungen zur Religion und Literatur des Alten und Neuen Testaments
FTAG	J. A. Fitzmyer. *To Advance the Gospel*. New York, Crossroad, 1981
FV	*Foi et Vie*
FZPT	*Freiburger Zeitschrift für Philosophie und Theologie*
GCS	Die Griechischen Christlichen Schriftsteller. Berlin
GVMF	H. Goldstein, org. *Gottesverächter und Menschenfeinde? Juden zwischen Jesus und frühchristlicher Kirche*. Düsseldorf, Patmos, 1979
HE	Eusébio. *História Eclesiástica*
HeyJ	*Heythrop Journal*
HibJ	*Hibbert Journal*
HJPAJC	E. Schürer. *The History of the Jewish People in the Age of Jesus Christ*. G. Vermes *et alii*, revisores. Edinburgh, Clark, 1973-1987, 3 v.
HPG	C. Kopp. *The Holy Places of the Gospels*. New York, Herder and Herder, 1963
HSNTA	E. Hennecke & W. Schneemelcher. *New Testament Apocrypha*. Philadelphia, Westminster, 1963, 1965, ed. rev., v. I, 1991, 2 v.
HTR	*Harvard Theological Review*

HUCA	*Hebrew Union College Annual*
IBS	*Irish Biblical Studies*
IEJ	*Israel Exploration Journal*
IER	*Irish Ecclesiastical Record*
ILS	H. Dessau. *Inscriptiones Latinae Selectae*. Berlin, Weidmann, 1892-1916, 3 v. Citado pelo número da inscrição.
ITQ	*Irish Theological Quarterly*
JAAR	*Journal of the American Academy of Religion*
JANT	M. R. James. *The Apocryphal New Testament*. 2. ed. Oxford, Clarendon, 1953
JBL	*Journal of Biblical Literature*
JBR	*Journal of Bible and Religion*
JE	*Jewish Encyclopedia*
JES	*Journal of Ecumenical Studies*
JETS	*Journal of the Evangelical Theological Society*
JEWJ	J. Jeremias. *The Eucharistic Words of Jesus*. 2. ed. New York, Scribners, 1966
JJC	L. H. Feldman & G. Hata, orgs. *Josephus, Judaism and Christianity*. Leiden, Brill, 1987
JJS	*Journal of Jewish Studies*
JJTJ	J. Jeremias. *Jerusalém no tempo de Jesus*. São Paulo, Paulus, 1986 [Reeditado por Paulus e Academia Cristã, 2010]
JPFC	S. Safrai & M. Stern, orgs. *The Jewish People in the First Century*. Philadelphia, Fortress, 1974, 2 v.
JPHD	E. Bammel & C. F. D. Moule, orgs. *Jesus and the Politics of His Day*. Cambridge Univ., 1984
JQR	*Jewish Quarterly Review*
JRS	*Journal of Roman Studies*
JSJ	*Journal for the Study of Judaism in the Persian, Hellenistic and Roman Period*
JSNT	*Journal for the Study of the New Testament*

JSNTSup	Journal for the Study of the New Testament — Série suplementar
JTS	*Journal of Theological Studies*
KACG	H. Koester. *Ancient Christian Gospels*. Philadelphia, Trinity, 1990
KBW	Katholisches Bibelwerk. Stuttgart, Verlag
KJ	*King James ou Versão autorizada da Bíblia*
KKS	W. H. Kelber; A. Kolenkow; R. Scroggs. Reflections on the Question: Was There a Pre-Markan Passion Narrative? SBLSP, 1971, v. 2, p. 503-586
Kyr	P. Granfield & J. A. Jungmann, orgs. *Kyriakon*. Münster, Aschendorff, 1970, 2 v.
LB	*Linguistica Biblica*
LD	Lectio Divina
LFAE	A. Deissmann. *Light from the Ancient East*, ed. rev. New York, Doran, 1927 (TU 68)
LKS	H. Lietzmann. *Kleine Schriften II*. Berlin, Akademie, 1958
LS	*Louvain Studies*
LumVie	*Lumière et Vie*
LXX	Septuaginta — Tradução grega do Antigo Testamento
MACM	H. Musurillo. *The Acts of the Christian Martyrs*. Oxford, Clarendon, 1972
MAPM	H. Musurillo. *The Acts of the Pagan Martyrs*. Oxford, Clarendon, 1954
MGNTG	J. H. Moulton (e N. Turner). *Grammar of New Testament Greek*. Edinburgh, Clark, 1908-1976, 4 v.
MIBNTG	C. F. D. Moule. *An Idiom-Book of New Testament Greek*. Cambridge Univ., 1960

MM	J. H. Moulton & G. Milligan. *The Vocabulary of the Greek New Testament Illustrated from the Papyri and Other Non-Literary Sources*. [reimpr.:] Grand Rapids, Eerdmans, 1963
MMM	Manuscritos do Mar Morto
MNTS	U. Luz & H. Weder, orgs. *Die Mitte des Neuen Testaments*. Göttingen, Vandenhoeck & Ruprecht, 1983 (E. Schweizer Festschrift)
ms., mss.	manuscrito(s)
MTC	B. M. Metzger. *A Textual Commentary on the Greek New Testament*. New York, United Bible Societies, 1971
MTZ	*Münchener Theologische Zeitschrift*
NAB	*New American Bible*
NDIEC	*New Documents Illustrating Early Christianity*
NEB	*New English Bible*, 1961
NEv	F. Neirynck. *Evangelica, Gospel Studies – Études d'Évangile*. Louvain, Peeters, 1982, 1991, 2 v. (O v. 1 traz artigos escritos entre 1966-1981; o v. 2, entre 1982-1991)
NHL	J. M. Robinson, org. *The Nag Hammadi Library*. New York, Harper & Row, 1988
NICOT	New International Commentary on the Old Testament
NJBC	R. E. Brown et alii, orgs. *The New Jerome Biblical Commentary*. Englewood Cliffs, N. J. Prentice-Hall, 1990. Referências a artigos e seções
NKZ	*Neue Kirchliche Zeitschrift*
NorTT	*Norsk Teologisk Tidsskrift*
NovT	*Novum Testamentum*
NovTSup	Novum Testamentum, Supplements
NP	Narrativa da Paixão. Quase sempre as narrativas da Paixão dos Evangelhos canônicos, que para este livro são Mc 14,26–15,47; Mt 26,30–27,66; Lc 22,39–23,56; Jo 18,1–19,42
NRSV	*New Revised Standard Version of the Bible*
NRT	*Nouvelle Revue Théologique*

NS	new series (de periódicos)
NT	Novo Testamento
NTA	*New Testament Abstracts*
NTAbh	Neutestamentliche Abhandlungen
NTS	*New Testament Studies*
NTT	*Nederlands Theologisch Tijdschrift*
OL	The Old Latin Version of the Bible
OS	The Old Syriac Version of the Bible
OS^{cur}	The Curetonian tradition of the OS
OS^{sin}	The Sinaitic tradition of the OS
OTP	J. H. Charlesworth, org. *The Old Testament Pseudepigrapha*. Garden City, NY, Doubleday, 1983-1985, 2 v.
par.	paralelo(s) da passagem citada, em um ou nos outros dois Evangelhos sinóticos
PEFQS	*Palestine Exploration Fund, Quarterly Statement*
PEQ	*Palestine Exploration Quarterly*
PG	J. Migne. Patrologia Graeca-Latina
PGJK	K. Kertelge, org. *Der Prozess gegen Jesus*. Freiburg, Herder, 1988 (QD 112)
PIB	Pontifício Instituto Bíblico de Roma
PIBA	Procedimentos da Irish Biblical Association
PILA	R. J. Cassidy & P. J. Scharper, orgs. *Political Issues in Luke-Acts*. Maryknoll, Orbis, 1983
PL	J. Migne. Patrologia Latina
PMK	W. H. Kelber, org. *The Passion in Mark. Studies on Mark 14–16*. Philadelphia, Fortress, 1976
PNT	R. E. Brown et alii, orgs. *Peter in the New Testament*. New York, Paulist, 1973
Q	*Quelle* ou fonte para material compartilhado por Mateus e Lucas, mas ausente de Marcos

QD	Quaestiones Disputatae
RA	*Revue Apologétique*
RArch	*Revue Archéologique*
RB	*Revue biblique*
RBen	*Revue Bénédictine*
RDLJ	D. D. Sylva, org. *Reimaging the Death of the Lukan Jesus*. Frankfurt, Hain, 1990 (Bonner Biblische Beiträge 73)
REA	*Revue des Études Anciennes*
RechBib	Recherches Bibliques
RechSR	*Recherches de Science Religieuse*
REJ	*Revue des Études Juives*
RevExp	*Review and Expositor*
RevQ	*Revue de Qumran*
RevSR	*Revue des Sciences Religieuses*
RHPR	*Revue d'Histoire et de Philosophie Religieuses*
RHR	*Revue d'Histoire des Religions*
RivB	*Rivista Biblica*
RQ	*Römische Quartalschrift für Christliche Altertumskunde und Kirchengeschichte*
RSJ	G. Richter. *Studien zum Johannesevangelium*. J. Hainz, org. Regensburg, Pustet, 1977 (BU 13)
RSV	*Revised Standard Version of the Bible*
RThom	*Revue Thomiste*
RTL	*Revue Théologique de Louvain*
RTP	*Revue de Théologie et de Philosophie*
RTPL	M. Limbeck, org. *Redaktion und Theologie des Passionsberichtes nach den Synoptikern*. Darmstadt, Wissenchaftliche Buch., 1981 (Wege der Forschung 481)
RV	*The Revised Version of the Bible*
SANT	Studien zum Alten und Neuen Testament

SB	Sources Bibliques
SBB	Stuttgarter Biblische Beiträge
SBE	Semana Bíblica Española
SBFLA	Studii Biblici Franciscani Liber Annuus
SBJ	*La Sainte Bible de Jérusalem*
SBLA	Society of Biblical Literature Abstracts
SBLDS	Society of Biblical Literature Dissertation Series
SBLMS	Society of Biblical Literature Monograph Series
SBLSBS	Society of Biblical Literature Sources for Biblical Studies
SBLSP	Society of Biblical Literature Seminar Papers
SBS	Stuttgarter Bibelstudien
SBT	Studies in Biblical Theology
SBU	Symbolae Biblicae Upsalienses
SC	Sources Chrétiennes
ScEsp	*Science et Esprit*
SEA	*Svensk Exegetisk Arsbok*
SJT	*Scottish Journal of Theology*
SNTSMS	Society for New Testament Studies Monograph Series
SO	Symbolae Osloenses
SPAW	*Sitzungsberichte der (königlichen) Preussischen Akademie der Wissenschaften*
SPNM	D. P. Senior. *The Passion Narrative According to Matthew.* Leuven Univ., 1975 (BETL 39)
SRSTP	M. Avi Yonah & Z. Baras, orgs. *Society and Religion in the Second Temple Period.* Jerusalem, Massada, 1977 (World History of the Jewish People 8)
ST	*Studia Theologica*
St-B	H. L. Strack & P. Billerbeck. *Kommentar zum Neuen Testament aus Talmud und Midrasch.* München, Beck, 1926-1961, 6 v.

StEv	Studia Evangelica (I = TU 73, 1959; II = TU 87, 1964; III = TU 88, 1964; IV = TU 102, 1968; V = TU 103, 1968; VI = TU 112, 1973; VII = TU 126, 1982)
SuS	*Sein und Sendung*
SWJT	*Southwestern Journal of Theology*
TalBab	Talmude babilônio
TalJer	Talmude palestinense
TBT	*The Bible Today*
TCSCD	C. Andresen & G. Klein, orgs. *Theologia Crucis — Signum Crucis*. Tübingen, Mohr, 1979 (E. Dinkler Festschrift)
TD	*Theology Digest*
TDNT	G. Kittel & G. Friedrich, orgs. *Theological Dictionary of the New Testament*. Grand Rapids, Eerdmans, 1964-1976; original alemão, 1928-1973, 10 v.
TEB	*A Bíblia — TEB*. São Paulo, Paulinas-Loyola, 1995
TG	*Theologie und Glaube*
TJCSM	E. Bammel, org. *The Trial of Jesus — Cambridge Studies in Honour of C. F. D. Moule*. London, SCM, 1970 (SBT 2, série 13)
TJT	*Toronto Journal of Theology*
TLOTC	A. Lacomara, org. *The Language of the Cross*. Chicago, Franciscan Herald, 1977
TLZ	*Theologische Literaturzeitung*
TM	Texto massorético do AT ou Bíblia hebraica padrão
TNTSJ	A. M. Johnson, Jr., org. *The New Testament and Structuralism*. Pittsburgh, Pickwick, 1976 (Pittsburgh Theol. Monograph 11)
TPNL	V. Taylor. *The Passion Narrative of St Luke*. Cambridge Univ., 1972
TPQ	*Theologisch-Praktische Quartalschrift*
TQ	*Theologische Quartalschrift*
TS	*Theological Studies*
TSK	*Theologische Studien und Kritiken*

TTK	T. Baarda et alii, orgs. *Text and Testimony*. Kampen, Kok, 1988 (A. F. J. Klijn Festschrift)
TToday	*Theology Today*
TTZ	*Trierer Theologische Zeitschrift*
TU	Texte und Untersuchungen
TV	J. Rogge & G. Schille, orgs. *Theologische Versuche*. Berlin, Evangelische Verlag. Neste anuário, o numeral romano que diferencia o volume faz parte do título.
TZ	*Theologische Zeitschrift*
UBSGNT	*United Bible Societies Greek New Testament*
VC	*Vigiliae Christianae*
VCaro	*Verbum Caro*
VD	*Verbum Domini*
VInt	*Vie Intellectuelle*
VSpir	*Vie Spirituelle*
VT	*Vetus Testamentum*
WD	*Wort und Dienst*
WUNT	Wissenschaftliche Untersuchungen zum Neuen Testament
WW	*Wort und Wahrheit*
ZAGNT	M. Zerwick & M. Grosvenor. *An Analysis of the Greek New Testament*. Roma, Pontifical Biblical Institute, 1974, 1979, 2 v.
ZAW	*Zeitschrift für die Alttestamentliche Wissenschaft*
ZBG	M. Zerwick. *Biblical Greek*. Roma, Pontifical Biblical Institute, 1963
ZBTJ	F. Viering, org. *Zur Bedeutung des Todes Jesu*. Gütersloh, Mohn, 1967
ZDMG	*Zeitschrift der Deutschen Morgenländischen Gesellschaft*
ZDPV	*Zeitschrift des Deutschen Palästina-Vereins*
ZKT	*Zeitschrift für die Katholische Theologie*
ZNW	*Zeitschrift für die Neutestamentliche Wissenschaft*
ZTK	*Zeitschrift für Theologie und Kirche*
ZWT	*Zeitschrift für Wissenschaftliche Theologie*

Abreviaturas-padrão são usadas para os livros bíblicos e para os Manuscritos do Mar Morto. (Para informações a respeito dos manuscritos mais importantes, ver NJBC, artigo 67, p. 82-95.) O AT, em geral, e os Salmos, em particular, são citados conforme os números hebraicos de capítulos e versículos, o que se verifica mesmo quando a LXX está em discussão. Ajudará os leitores saber que nos Salmos o número da LXX é sempre um número mais baixo que o número hebraico, por exemplo, Sl 22 hebraico é Sl 21 da LXX. O número do *versículo* de um Salmo na KJ e na RSV é sempre um número mais baixo que na Bíblia hebraica, por exemplo, Sl 22,2 hebraico é Sl 22,1 na RSV.

Os nomes Marcos, Mateus, Lucas e João são usados para os escritos e também para os autores. Não é feita nenhuma conjetura quanto à identidade dos evangelistas; assim, quando empregado para o autor, João significa quem quer que tenha sido o autor principal do Evangelho segundo João. Mc/Mt é usado onde Marcos e Mateus (Evangelhos ou evangelistas) estão tão próximos a ponto de se considerar que eles apresentam os mesmos dados ou o mesmo ponto de vista.

O asterisco depois do nome de um ms. da Bíblia indica uma leitura do copista original, diferenciada de adições ou mudanças posteriores. As seções (= capítulos) deste livro são marcadas pelo sinal § mais um numeral de 1 a 48 (ver Sumário). As remissões dentro do livro empregam esse sinal com o número da seção apropriado; ver o título corrido no topo das páginas para obter um acesso fácil à seção indicada.

Introdução

Descrição da perspectiva explanatória a partir da qual este comentário foi escrito e análise de algumas questões gerais a respeito das relações mútuas dos quatro Evangelhos e suas narrativas da Paixão. É apresentada uma bibliografia de obras que tratam da Paixão em geral e de toda a narrativa da Paixão em cada um dos Evangelhos.

Sumário da introdução

§ 1. A perspectiva deste comentário

    A. Explicação do que os evangelistas planejaram e transmitiram a suas audiências por meio das narrativas

    B. O papel da história

    C. O papel da teologia

§ 2. Questões evangélicas gerais pertinentes às narrativas da Paixão

    A. A extensão e o contexto das narrativas evangélicas da Paixão

    B. Interdependência dos Evangelhos sinóticos

    C. Marcos como Evangelho e a questão de uma narrativa pré-marcana da Paixão

    D. A narrativa mateana da Paixão e seu material especial

    E. A narrativa lucana da Paixão e suas possíveis fontes

    F. A origem da narrativa joanina da Paixão

§ 3. Bibliografia geral

    Parte I : As narrativas da Paixão em geral

    Parte II: A narrativa da Paixão em Marcos

    Parte III: A narrativa da Paixão em Mateus

    Parte IV: A narrativa da Paixão em João

§ 1. A perspectiva deste comentário

Quero expressar em uma única frase (sem pretensão de que esteja enunciado com elegância ou seja filosoficamente profundo) o objetivo primordial deste livro: *explicar em detalhe o que os evangelistas planejaram e transmitiram a suas audiências por meio das narrativas da Paixão e morte de Jesus.* Ao examinar frase por frase, esta declaração de objetivo serve para introduzir o problema da NP. Então analisaremos a relação dessa declaração com tópicos de história e teologia.

A. Explicação do que os evangelistas planejaram e transmitiram a suas audiências por meio das narrativas

1. Os evangelistas

O assunto em exame é a Paixão de Jesus. É compreensível o desejo de saber o que o próprio Jesus disse, pensou e fez nas últimas horas de sua vida. Contudo, Jesus não escreveu um relato de sua Paixão e ninguém que estava presente escreveu um relato como testemunha ocular. Temos a nossa disposição quatro relatos *diferentes*, escritos cerca de trinta a setenta anos depois, nos Evangelhos de Marcos, Mateus, Lucas e João,[1] todos dependentes da tradição que foi transmitida por uma geração ou gerações intervenientes.[2] Essa tradição pré-evangélica interveniente

---

[1] A datação é aproximada, mas é provável que os quatro Evangelhos tenham sido escritos na segunda metade do século I d.C. Em sua maioria, os estudiosos datam Marcos no fim dos anos 60, antes da destruição do Templo de Jerusalém, mas aumenta o número dos que o datam logo depois de 70 (Ernst, Gnilka, Pesch, Schmithals). A datação de Lucas-Atos é mais debatida que a de Mateus, mas por volta de 85 é a data sugerida com mais frequência para os dois. A década de 90 costuma ser designada para João, com a redação final em 100-110. (De vez em quando, há tentativas revisionistas de remontar todos os Evangelhos a uma data muito anterior, mas nenhuma é persuasiva o bastante para conseguir muitos seguidores no mundo dos estudiosos.) Há também relatos nos "Evangelhos apócrifos", tais como *EvPd* e *Evangelho de Nicodemos* (*Atos de Pilatos*). Como afirmaremos no comentário (ver *EvPd* no APÊNDICE I), esses Evangelhos são mais tardios e não acrescentam um único fato histórico ao que sabemos da Paixão por meio dos Evangelhos canônicos. Entretanto, são testemunhas importantes da forma como a Paixão era vista e narrada em um período mais tardio.

[2] Qualquer introdução crítica exemplar ao NT dá as razões para essa conclusão. Nenhum Evangelho identifica seu autor. As denominações comuns colocadas antes dos Evangelhos, por exemplo, "Evangelho

não foi preservada, embora às vezes consigamos perceber as linhas gerais de seu contexto. Quando procuramos reconstruir essa tradição ou, de modo ainda mais temerário, a situação real do próprio Jesus, temos de especular. Por outro lado, quando trabalhamos no plano dos evangelistas, estamos em terreno muito mais sólido, pois seus relatos não precisam ser reconstruídos.

A visão total da Paixão apresentada pelos evangelistas é fator importante em nosso estudo. Ao comparar as quatro NPs, vemos uma semelhança geral na sequência narrativa, mas considerável diferença no conteúdo. Cada um dos evangelistas organizou o material para servir a uma apresentação diferente da Paixão. Interpretar essa atitude precisa ter precedência sobre a especulação a respeito da tradição anterior ou da situação de Jesus. Assim, por exemplo, Marcos/Mateus, Lucas e João[3] relatam três ditos diferentes como as últimas palavras de Jesus na cruz. É tentador especular acerca da situação pré-evangélica e remontá-la até Jesus. Foi Jesus responsável pelos três ditos (embora somente um tenha sido o último) ou por apenas um, ou por nenhum (nesse caso, a origem deve ser procurada na tradição interveniente)? Apesar dessa incerteza, a tarefa primordial do comentarista é explicar como as últimas palavras registradas por Marcos/Mateus, por Lucas e por João harmonizam-se com a apresentação de Jesus nas NPs desses Evangelhos.

A formação de cada evangelista também influenciou o que ele procurava comunicar. Os quatro conheciam as Escrituras judaicas, mas em que língua? Às vezes, as escrituras hebraicas diferem consideravelmente da LXX, ou tradução grega antiga, e dos targumim, ou traduções aramaicas (muitas das quais foram feitas depois da LXX). Há indícios de que Mateus e João sabiam aramaico e/ou hebraico, enquanto Marcos e Lucas só sabiam grego. As NPs mencionam lugares de Jerusalém, por exemplo, o pretório, o Gólgota. Quantos dos evangelistas estiveram alguma vez em Jerusalém?[4] Os que estiveram escreveram com conhecimento; presumivelmente,

---

segundo Mateus", originam-se no fim do século II e representam a estimativa culta da autoria por parte de estudiosos da Igreja daquele período, que reuniam tradições e hipóteses pertinentes à atribuição. A isso é preciso acrescentar uma advertência: O conceito antigo de autoria era com frequência menos rigoroso que o nosso e às vezes se limitava a identificar a autoridade por trás de uma obra (embora distante), em vez do autor.

[3] Entre Marcos e Mateus, há menos diferença que as encontradas em comparações entre Marcos/Mateus, Lucas e João; e, assim, quase sempre há três formas distintas de um versículo. A respeito do uso desses nomes, ver a explicação no fim de ABREVIATURAS.

[4] Entre os quatro, João demonstra um conhecimento mais detalhado da Palestina (BGJ 1, p. xlii).

§ 1. A perspectiva deste comentário

os que não estiveram escreveram com imaginação. Vemos a importância dessa questão no exemplo do véu rasgado do santuário do Templo, mencionado em três Evangelhos. Havia muitos véus no Templo, com funções e ornamentações diferentes (descritas por Josefo); e os estudiosos criaram interpretações diferentes, dependendo do véu que julgavam ter sido rasgado e da importância desse véu. Mas um, ou todos os evangelistas sabiam que havia diversos véus no santuário; algum deles chegou a ver o edifício do Templo ou o véu decorado? Se um autor viu o véu decorado e os outros não, os evangelistas entenderam de modo diferente o véu se ter rasgado. Portanto, ao comentar as quatro apresentações da mesma cena, é preciso que as similaridades não nos impeçam de ver a individualidade de cada evangelista.

2. Planejaram e transmitiram

Os evangelistas escreveram há uns mil e novecentos anos, em um mundo com sociedade e mentalidade muito diferentes do nosso. Ao que tudo indica, os intérpretes literalistas da Bíblia pensam que os textos evangélicos podem ser lidos como se Jesus se dirigisse a audiências de hoje. Entretanto, na verdade Jesus era um judeu da primeira terça parte do século I d.C. que falava, pensava e agia como tal.[5] Da literatura de seu tempo, adquirimos algum conhecimento de suas prováveis inclinações, mas não podemos entendê-las do mesmo modo como entendemos nosso mundo idealizado de hoje. A mesmo coisa é verdade quanto a nosso relacionamento com os evangelistas, embora com o acréscimo de outras dificuldades, pois sabemos mais a respeito de Jesus do que sabemos a respeito deles. Por exemplo, sabemos ser muito provável que tenham vivido na última metade do século I, mas não temos certeza se eram judeus ou gentios.[6] Admitindo essas limitações, o que

---

[5] Talvez haja quem julgue essa uma tese suspeita de crítica histórica; contudo, ela reflete o entendimento cristão mais ortodoxo da encarnação pela qual o Filho de Deus se tornou homem, em determinado período da história, e foi igual a todos os contemporâneos em tudo, exceto no pecado. A ortodoxia cristã não teria problemas com o que escrevi acima, a menos que o adjetivo "só" fosse acrescentado antes de "um judeu". Acreditamos que, como Palavra de Deus, a Bíblia tem sentido para todos e, nesse sentido, "fala" a todos; mas as palavras históricas de Jesus foram pronunciadas, em determinado tempo e em determinada língua (aramaico), a uma determinada audiência, e relatadas por escrito em época mais tardia, em outra língua (grego), a outra audiência, e são lidas hoje em outra língua ainda, por outra audiência. Precisamos levar em conta todas essas diferenças, já que elas afetam o sentido.

[6] Julgo os autores dos Evangelhos pelas pistas deixadas nos textos que eles escreveram, não por tradições a respeito de sua identidade. Não vejo nenhum motivo importante para pensar que os que escreveram Marcos, Mateus e João não fossem judeus. O autor de Lucas conhece bem a Bíblia grega, mas aparentemente não conhece os costumes familiares judeus (em Lc 2,22, ele indica que o pai e a mãe eram

INTRODUÇÃO

os evangelistas planejaram e transmitiram por meio de seus escritos não é mistério ininteligível. A maior parte de suas palavras e sentenças faz sentido e a história não é complicada. Às vezes, temos de adivinhar motivos ou bases racionais, mas é possível entender boa parte do que os evangelistas planejaram transmitir a suas audiências do século I.

Quanto à relevância de saber isso, muita gente está interessada no que os Evangelhos significam para suas vidas. Através dos séculos, a teologia e a proclamação cristã têm procurado interpretar para novos tempos e situações a mensagem proclamada nos Evangelhos, e tenho esperança de que este comentário ajude nessa tarefa. No melhor de todos os mundos possíveis, um comentário realizaria por si só a tarefa de modernizar, não só pela elucidação da mensagem antiga, mas também por uma teologia e uma proclamação que satisfaçam as necessidades atuais. Certamente, os comentaristas não podem dar-se ao luxo de ignorar os tópicos contemporâneos mais gerais; na verdade, esses tópicos muitas vezes expressam perguntas que serão apresentadas aos textos. Por exemplo, este comentário não vai ignorar o modo como culpa e castigo pela crucificação de Jesus têm sido impostos aos judeus pelos cristãos, não menos em nosso tempo.) Contudo, os leitores de um comentário são heterogêneos; vivem em situações diferentes e talvez mesmo em décadas diferentes, de tempos que mudam com rapidez. Nenhum comentarista consegue imaginar as necessidades e os interesses de todos os que leem a respeito da Paixão e morte de Jesus. Portanto, meu objetivo primordial é proporcionar um entendimento sólido do sentido que os próprios evangelistas planejaram e transmitiram no século I e, assim, fornecer material para que os próprios leitores interpretem reflexivamente a Paixão.

Com esse objetivo, resisto firmemente à ideia de que o único sentido é a relevância contemporânea. Ao contrário, o sentido que as audiências atuais atribuem aos Evangelhos precisam ser relacionados (mas não limitados, nem necessariamente idênticos) ao sentido pretendido e transmitido pelos evangelistas a suas audiências. Esse relacionamento faz parte da compreensão que os grupos religiosos que nos transmitiram as Escrituras tinham de si mesmos. Talvez a continuidade com o mundo shakespeariano não seja fator essencial para a interpretação das peças de Shakespeare, mas a posição teológica da Bíblia é muito diferente. Os judeus consideram-se em continuidade com os israelitas, aos quais se voltaram Moisés, os

---

purificados depois do nascimento de um filho varão); talvez ele se tivesse convertido ao Judaísmo antes de passar a crer em Jesus.

§ 1. A perspectiva deste comentário

profetas e sábios das Escrituras hebraicas, e assim estão unidos pela mesma Palavra divina. Do mesmo modo, a insistência teológica dos cristãos na apostolicidade significa continuidade com a geração que proclamou o conteúdo dos Evangelhos no século I — a falta de confiança em outro Evangelho remonta a muito tempo (Gl 1,6-9). Os que creem terem os autores bíblicos sido inspirados por Deus para transmitir uma mensagem escrita insistem ainda mais que o sentido para hoje tem de se relacionar com o sentido que os autores inspirados pretenderam transmitir. (Na verdade, têm de ser convencidos de que existe um valor adicional, isto é, um sentido para hoje que transcende o que era imaginado no século I, porque estão sendo feitas às Escrituras perguntas que jamais passaram pela cabeça dos autores antigos.)

Ao insistir que é possível e também importante conhecer a mensagem antiga, emprego de forma consistente os dois verbos "pretender" e "transmitir". É uma tentativa de fazer justiça a uma situação complexa. A importância de "transmitir" é relativamente óbvia. Os evangelistas certamente sabiam mais sobre a tradição cristã a respeito de Jesus do que decidiram transmitir em seus Evangelhos; é o que afirma Jo 21,25. Portanto, devemos manter certa desconfiança de argumentos negativos, baseados no silêncio, como se não escrever significasse não saber. Porém, a exegese só explica o que os evangelistas transmitiram por escrito. O resto é especulação.

Assunto mais delicado é a relação entre o que as palavras escritas transmitem e o que os evangelistas pretendiam. Há uma porção de possibilidades: conforme a habilidade do autor, o escrito transmite o que o autor desejava que ele transmitisse, ou menos, ou o contrário, ou algo diferente daquilo que o autor queria ou imaginava. Este último caso é muitas vezes exemplificado no que chamamos acima de "valor adicional" — novas gerações veem no texto possibilidades que estão em harmonia com o plano do autor, mas que também o transcendem. Embora importantes, os valores adicionais não são o foco primordial deste comentário. Minha preocupação é acima de tudo com o sentido que surge quando expomos a correspondência entre o que o autor pretendia e o que ele transmitiu. É, então, por exceção que terei de alertar os leitores para casos em que o que as palavras transmitem pode não ser o que o autor pretendia. É bem possível alguém protestar: "Como um intérprete moderno sabe que os autores antigos pretendiam algo diferente daquilo que suas palavras transmitem?". Às vezes, o único indício está em outras passagens. Por exemplo, Lucas não relata o açoite de Jesus pelos soldados romanos, como fazem

41

Marcos/Mateus; assim, o antecedente, em Lc 23,26, do "eles" que levaram Jesus para ser crucificado é gramaticalmente "os chefes dos sacerdotes, as autoridades e o povo" de Lc 23,13. Muitos comentaristas interpretam essa passagem como deliberada tentativa lucana de fazer os judeus os agentes da crucificação e absolver os romanos. Contudo, não é raro o uso descuidado de antecedentes ao escrever. Na verdade, às vezes Lucas é um revisor descuidado: ao omitir o açoite pelos romanos, ele não notou que a profecia de Jesus, de que o açoitariam (Lc 18,33), agora fica sem ser cumprida. Além disso, Lucas acaba por deixar claro que havia soldados (romanos) envolvidos na crucificação (Lc 23,36) e, em outras passagens, ele indica que os gentios mataram Jesus (Lc 18,32-33; cf. At 4,25-27). Assim, muito provavelmente, o sentido gramatical daquilo que Lucas escreveu não era o que ele pretendia transmitir. O comentarista precisa levar em conta essa diferença.

Todavia, só raramente devemos recorrer a essa interpretação que distingue entre o que foi escrito e o que se pretendia. Com demasiada frequência os comentaristas descobrem contradições nas narrativas evangélicas e presumem que um autor não foi o responsável pelo texto como ele está agora, ou que o autor combinou diversas fontes sem perceber que eram incompatíveis. Tal solução não é impossível, mas as probabilidades estão em outra direção: como está agora, o relato fez sentido para alguém na Antiguidade e, portanto, o que parece contraditório para os intérpretes modernos talvez não seja realmente contraditório. Por exemplo, alguns comentaristas argumentam que os acontecimentos localizados por Marcos/Mateus entre a prisão de Jesus e a crucificação estão comprimidos demais para terem acontecido em uma única noite. Contudo, não é verdade que reorganizar esse material em um período mais longo não invalida a intenção dos evangelistas de descrever todo o procedimento como apressado e comprimido porque as autoridades queriam fazer Jesus ser executado sem nenhuma possibilidade de que a reação do povo provocasse um tumulto (Mc 14,2; Mt 26,5)? Mais uma vez, há quem ache uma contradição entre Mc 14,50 – que fala a respeito dos discípulos: "Então, abandonando-o, todos os discípulos fugiram" – e Mc 14,51, onde um jovem segue Jesus, e Mc 14,54, onde Pedro o segue de longe. Nesse tipo de narrativa, seriam essas passagens realmente contraditórias, ou meios cumulativos de exemplificar a falha dos discípulos? Todos fugiram ou foram embora negando Jesus, até mesmo os que, ainda seguindo-o, tentaram não fugir.

§ 1. A perspectiva deste comentário

O que os evangelistas "pretendiam transmitir" é a chave para o sentido de suas NPs e, portanto, a preocupação primordial deste comentário. Embora sejamos bastante positivos quanto à possibilidade de determinar esse sentido, os exemplos que dei tiveram o propósito de chamar a atenção dos leitores para ciladas e conseguir sua compreensão para o que possam parecer tentativas maçantes de evitá-las.

3. A suas audiências

Outra parte da descrição do objetivo deste livro dada acima refere-se às audiências[7] imaginadas pelos evangelistas. Embora seja difícil identificar a localização das audiências de cada Evangelho, às vezes as circunstâncias ou a perspectiva são descobertas com base nas pressuposições dos evangelistas ao lidar com elas.[8] Nesse sentido, afirmo que a compreensibilidade pela audiência antiga deve desempenhar um papel em nossos critérios interpretativos. Voltando a um exemplo dado acima, duvido que a audiência de Lucas entendesse que Lc 23,26 ("Eles o levaram [ao lugar onde o crucificaram]") significava que os judeus crucificaram Jesus, apesar dos treze versículos anteriores; de fato, creio ser plausível que todos os cristãos aprendessem desde o início que Jesus foi crucificado pelos romanos. Em defesa dessa opinião, não pressuponho que a audiência de Lucas pudesse recorrer ao Evangelho de Mateus, mas afirmo que a primeira vez que essas pessoas leram/ouviram o que Lucas escreveu para elas dificilmente foi seu primeiro encontro com o relato da Paixão de Jesus. Passagens como 1Cor 11,23 e 15,3 mostram que Paulo compartilhou

---

[7] Como os Evangelhos são obras escritas, podemos pensar em "leitores". Entretanto, devia haver poucos exemplares disponíveis; por isso, é provável que a maioria dos cristãos primitivos ouvissem a leitura deles, daí "ouvintes". Ouvir os Evangelhos lidos em público, em vez de lê-los em pessoa e em particular, era, discutivelmente, a situação da maioria em toda a história cristã. Uso a palavra "audiência" (apesar de seu sentido original) para incluir leitores e ouvintes.

[8] Entre os locais sugeridos com maior frequência para os destinatários estão *Roma* ou Síria para Marcos; a área de *Antioquia* para Mateus; Antioquia, Ásia Menor ou *Grécia* para Lucas; e *Éfeso* ou Síria para João. Os locais em itálico representam minhas preferências, mas nada neste comentário depende da escolha de um em vez de outro. Contudo, saliento que, como local onde sabemos que houve uma grande perseguição de cristãos antes de 70 (quando alguns cristãos traíram outros), Roma daria muito sentido à ênfase de Marcos no fracasso do teste proporcionado pela Paixão de Jesus (ver R. H. Smith, "Darkness", p. 325-327). E é importante perguntar como, considerando o endereçamento a Teófilo de At 1,1, a NP de Lucas soaria a uma audiência helenizada culta no mundo greco-romano (ver Kany, "Lukanische", que imagina Lucas sendo lido por alguém de Éfeso c. 170 d.C.). A crítica literária faz distinção entre leitores "subentendidos" (os imaginados pelo texto) e a audiência real ou histórica. Se os evangelistas soubessem alguma coisa sobre aqueles a quem se dirigiam, haveria certa união desses leitores potencialmente diversos. Em quase todos os casos, faço distinção entre a audiência e o texto.

com seus convertidos de Corinto parte da tradição primitiva a respeito da morte de Jesus e certamente isso incluiu a crucificação pelos poderosos daquele tempo (1Cor 2,8). Ao ouvir "Levaram-no [ao lugar onde o crucificaram]", as audiências religiosas modernas jamais pensariam que "eles" se refere aos judeus, a menos que fosse chamada sua atenção para o problema do antecedente. Essa audiência interpreta o que ouve por meio do que já conhece. Duvido que na Antiguidade fosse diferente e, assim, há muitos casos em que a questão da compreensão plausível pela audiência nos ajuda a decidir que interpretação é mais provável.

À guisa de outro exemplo, quero lembrar a questão dos diversos véus do Templo, com suas funções e seus simbolismos. Adverti que era preciso perguntar se determinado evangelista conhecia essa multiplicidade. É preciso também perguntar se a audiência do evangelista sabia disso. No caso de Marcos, como costumes judaicos elementares tinham de ser explicados (Mc 7,3-4), certamente a audiência não a conhecia. Portanto, duvido que nesse Evangelho seja possível interpretar que o véu rasgado do santuário signifique mais do que as palavras sugerem a quem quer que já tenha estado em um templo, a saber, o véu que dividia o lugar sagrado do Templo de Jerusalém rasgou-se de alto a baixo e, desse modo, privou o lugar daquilo que o tornava o santuário de Deus, separado de outros lugares do encrave. Assim, mais uma vez, a provável compreensão atribuível à audiência influencia a exegese.

Um debate minucioso concentra-se no grau de entendimento que as audiências de cada um dos evangelistas tinham da "Escritura", isto é, os escritos judaicos sagrados do período anterior a Jesus, ao qual os evangelistas recorrem muitas vezes.[9] Será que entendiam uma alusão sutil? Se uma passagem fosse citada, estariam eles a par do contexto do AT, de modo a se lembrarem de uma parte da perícope maior que o versículo citado? O vocabulário usado pelo evangelista em uma passagem bíblica citada lembrava aos leitores outras passagens da Escritura que continham o mesmo vocabulário, como os estudiosos às vezes presumem em seus comentários? As audiências conheciam a tradição judaica viva que expandira o sentido de um texto bíblico? (Ver, por exemplo, APÊNDICE VI e o aspecto redentor no tema do *Aqedah* que reinterpreta o sacrifício de Isaac.) Não se pode simplesmente presumir respostas afirmativas; e a resposta talvez seja diferente para cada um dos

---

[9] Os cristãos conheciam a maioria desses escritos como AT (desde que o termo inclua os livros deutero-canônicos católicos romanos ou os apócrifos protestantes); contudo, ocasionalmente, pode haver recurso a obras do período intertestamentário que tanto cristãos como judeus consideravam apócrifas.

§ 1. A perspectiva deste comentário

Evangelhos, pois as audiências cristãs primitivas não eram uniformes. Contudo, os autores das epístolas neotestamentárias não raro escrevem como se acreditassem que suas audiências cristãs gentias possuíam amplo conhecimento das Escrituras; e, portanto, por analogia, merecem consideração as interpretações das NPs baseadas na compreensão que a audiência tinha do contexto bíblico. De modo geral, então, vasculhar o Evangelho para descobrir a provável mentalidade de sua audiência não é tarefa fácil (e, em determinado assunto, pode ser tarefa impossível); mas é preciso tentar controlar a tendência dos comentaristas eruditos a presumir que o que eles aprenderam sobre o Judaísmo na época neotestamentária era seguramente conhecido da audiência antiga à qual o Evangelho era dirigido.

4. Por meio das narrativas da Paixão e morte de Jesus

Os leitores deste comentário serão repetidamente lembrados de que lidamos com narrativas. A divisão do comentário em atos e cenas destina-se a ressaltar minha convicção de que os relatos da Paixão são realmente narrativas dramáticas. Em "Christ's", Lunn argumenta que as NPs se classificam na categoria teatral de "tragédia". Na verdade, às vezes João chega a fornecer elementos de encenação, como na organização fora-dentro do julgamento por Pilatos. A Paixão "do Getsêmani ao túmulo", como alertei aos leitores no início deste livro, é o mais longo relato de uma ação consecutiva de Jesus, muito diferente da série de vinhetas que constituem o ministério.[10] Esse fato deve representar um papel em nossos critérios interpretativos. Por exemplo, um número impressionante de acontecimentos ocorre de três em três. Em Marcos/Mateus, no Getsêmani, ele primeiro vem com o grupo de discípulos e lhes fala; segundo, leva consigo Pedro, Tiago e João e lhes fala; por último, afasta-se sozinho e fala com Deus. Depois de rezar, Jesus volta três vezes e encontra os discípulos dormindo. Em todos os Evangelhos, Pedro nega Jesus três vezes. Em Marcos, a cena da crucificação inclui a terceira, a sexta e a nona horas; e, nos sinóticos, Jesus é insultado três vezes enquanto está na cruz, do mesmo modo que, em João, três grupos de pessoas lidam com o Jesus crucificado. O uso de "três" é característica bem conhecida na narração de histórias, muito popular

---

[10] De vez em quando, um evangelista sinótico tem um tema que liga diversos episódios: Marcos, por exemplo, narra histórias de milagres como forma de indicar a dificuldade que os discípulos têm para entender. Contudo, as pessoas que são os sujeitos das histórias não se inter-relacionam e não evoluem quanto ao caráter. Os episódios longos em João (a samaritana, o cego de nascença, a ressurreição de Lázaro) parecem mais narrativas curtas.

45

INTRODUÇÃO

em piadas (inglês-irlandês-escocês, padre-ministro-rabino etc.). Os estudiosos imaginam com razão ser improvável que tudo acontecesse de modo tão conveniente em grupos de três, por isso tentam reconstruir a história pré-evangélica. No Monte das Oliveiras, Lucas faz Jesus voltar só uma vez e encontrar os discípulos dormindo. Isso seria original e as três vezes de Marcos/Mateus representariam uma adaptação aos padrões de narração de histórias? Ou Lucas simplificou para evitar retratar os discípulos de modo desfavorável? Um fator a ser considerado ao responder é se esse episódio chegou a se difundir de outro modo que não uma narrativa. Seria provável que os primeiros pregadores apenas mencionassem que os discípulos dormiram? Que função evangelizadora teria tal relato? Ou a referência mais primitiva a ele foi em uma forma narrativa que revelou a incapacidade humana de aceitar a cruz? Neste último caso, talvez nunca tivesse sido difundido um relato que já não estivesse influenciado pela regra de três que governa as narrativas. É preciso mencionar que esse tipo de resposta não soluciona a questão da história, mas comprova a mais antiga forma pré-evangélica cuja origem pode ser investigada.

Negligenciar a forma narrativa da Paixão[11] ocasiona perguntas que são malsucedidas, por exemplo: como o evangelista sabe para que o Jesus sinótico orou no Getsêmani quando os discípulos estavam dormindo? Tal pergunta (às vezes feita com sarcasmo) demonstra incompreensão da natureza literária do que está sendo narrado. Na maioria das narrativas, o narrador onisciente conta aos leitores coisas a respeito dos protagonistas sem explicar onde obteve essas informações. No caso citado, a pergunta mais pertinente diria respeito à ligação da prece no Getsêmani

---

[11] Embora eu enfatize o aspecto narrativo, não me atrevo a aplicar em meu estudo as técnicas da crítica estrutural e/ou literária. Li literatura que especialistas nesses campos escreveram sobre a Paixão e não fiquei muito impressionado pelos resultados que alguns alcançaram. Para meu constrangimento, às vezes o jargão da especialização hermenêutica me é incompreensível. Bucher, em "Elements", critica severamente a exegese tradicional por não se importar com a interação de elementos significativos dentro do contexto global da NP. Em seguida (p. 836), ele explica o que sua análise estrutural vai fazer: "Assim, a análise leva para a construção de diversos níveis homogêneos de sentido, que correspondem até, em certos casos, à superposição de diversas camadas de narrativas parcialmente autônomas. Além disso, para seguir o método de Greimas, será necessário descrever as relações paradigmáticas que existem em cada um dos níveis ou, em outras palavras, localizar a presença estrutural ou disjuntiva dos termos positivos e negativos das categorias sêmicas que a análise consegue identificar. A existência de camadas de narrativa parcialmente independentes encontra sua principal verificação na descoberta de lugares de transformação diacrônica. Esses lugares de transformação que [sic] tornam possível para a narrativa gerar um antes versus um depois. O segundo passo consiste em elucidar os lugares recíprocos e a função dessas transformações diacrônicas. Então, a narrativa complexa concreta encontra sua representação como sistema abstrato de níveis inter-relacionados".

§ 1. A perspectiva deste comentário

com tradições mais amplas a respeito da maneira como Jesus orou, porque a lembrança de que Jesus clamou a Deus quando enfrentou a morte (Hb 5,7) pode, para se adaptar às convenções da narrativa, ter sido completada dramaticamente com lembranças do estilo de Jesus orar. Para dar outro exemplo, em Marcos/ Mateus, logo que vê Jesus, Pilatos pergunta: "És tu o Rei dos Judeus?". Como Pilatos descobriu isso? Presumivelmente, ele jamais encontrara Jesus antes e não sabemos nada quanto a lhe ter sido feito um relatório pelas autoridades judaicas. Mas é essa uma objeção importante em uma narrativa que flui tão rápido, a ponto de não fornecer conectivos esmerados? Não se espera que os leitores presumam (como as audiências fizeram durante séculos) que os líderes judaicos forneceram a Pilatos material contra Jesus (uma coisa que Lucas e João explicam de maneiras diferentes)? Esses exemplos levam à próxima subseção, pois a falha em reconhecer a intenção de uma narrativa quase sempre se baseia no entendimento confuso do papel da história na NP.

B. O papel da história

Com frequência se afirma que o Cristianismo é uma religião histórica, no sentido de que não se baseia em mitos sobre deuses que nunca existiram, mas na história de alguém que viveu em um tempo específico, em um lugar específico entre pessoas reais.[12] (Aplicando-se isso à Paixão, é possível caracterizar como história fundamental o fato de Jesus de Nazaré ter sido crucificado em Jerusalém na primeira terça parte do século I d.C., quando Pôncio Pilatos era governador.) Entretanto, com demasiada frequência, essa verdade leva as pessoas a supor que tudo o que está relatado no NT a respeito de Jesus tem de ser histórico. O problema se complica quando se imagina que os Evangelhos, os escritos neotestamentários centralizados em sua vida, são biografias históricas, apesar do fato de dois deles nada nos contarem a respeito do nascimento de Jesus e relativamente nada a respeito de sua ascendência,[13] e nenhum deles nos falar dos muitos anos de sua vida

---

[12] Sentido atestado no credo ecumênico mais antigo, que fala do Filho de Deus que nasceu da Virgem Maria e padeceu sob Pôncio Pilatos.

[13] Marcos não dá o nome do pai de Jesus, João não dá o de sua mãe. Reconheço que Lucas-Atos têm algo da forma e estilo das antigas biografias e histórias, mas essa estrutura não significa que o objetivo de Lucas seja genuinamente biográfico ou histórico, do modo como entendemos esses termos na literatura contemporânea. Embora a estrutura corresponda ao propósito que Lucas anuncia em Lc 1,3, de escrever um relato ordenado, essa declaração de propósito indica que Lucas lida com o mesmo tipo de tradição com a qual lidaram outros autores, e que seu propósito é evangélico (Lc 1,2.4).

antes de iniciar o ministério. Neste livro, trabalho com o entendimento de que os Evangelhos são extratos de pregações e ensinamentos cristãos mais primitivos a respeito de Jesus.[14] Os evangelistas organizaram o que tomaram desse contexto a fim de transmitir a suas audiências uma interpretação de Jesus que incentivasse a fé e a vida (como Jo 20,31 declara explicitamente).

1. A história fundamenta as narrativas evangélicas da Paixão?

Se essa origem é verdadeira, qual é a relação dos relatos evangélicos com o que aconteceu realmente durante a vida de Jesus? Focalizamos essa questão fazendo perguntas sobre as implicações históricas de insistir na forma narrativa da Paixão. As extremidades opostas do espectro das atitudes cristãs contemporâneas com relação à Bíblia quase sempre concordam que a linguagem de "narrativa" (ou de "história") significa que o que realmente aconteceu é irrelevante. Por essa razão, os ultraconservadores tendem a desconfiar da ênfase na narrativa, e os ultraliberais tendem a adotá-la. Não vejo necessidade dessa dicotomia entre reconhecer a forma narrativa da Paixão e manter o respeito por aspectos históricos.

Já afirmei que não considero os evangelistas testemunhas oculares da Paixão; nem creio que lembranças de testemunhas oculares de Jesus fossem transmitidas aos evangelistas sem consideráveis transformações e mudanças. Contudo, à medida que voltamos das narrativas evangélicas para Jesus em pessoa, havia, em última instância, testemunhas oculares e auriculares que estavam em posição de conhecer as linhas gerais da Paixão de Jesus. Em seu ministério, ele foi acompanhado por um grupo de discípulos conhecidos como os Doze,[15] e não há absolutamente nenhuma razão para duvidar de que a prisão foi o momento de sua separação deles. É inconcebível que não demonstrassem nenhuma preocupação com o que aconteceu a Jesus depois da prisão. De fato, não há nenhuma alegação cristã de que eles estavam presentes durante os procedimentos legais contra ele, judaicos e romanos; mas é absurdo pensar que eles não tivessem acesso a algumas informações sobre os motivos de Jesus ser pendurado na cruz. Afinal de contas, o propósito da

---

[14] Em João, há outro fator perceptível. Durante argumentos com líderes da sinagoga e julgamentos que levaram à expulsão dos cristãos joaninos da sinagoga local (Jo 9,22; 16,2), a tradição de Jesus foi organizada como prova ou testemunho para responder a questionamentos, por exemplo, Jo 1,19-27; 5,16-47.

[15] A existência deles na época da ressurreição está especificada em uma tradição que Paulo recebeu muito provavelmente nos anos 30 (1Cor 15,5).

§ 1. A perspectiva deste comentário

crucificação era divulgar que certos crimes seriam punidos severamente. (É esse o sentido em que incluo "testemunha auricular": ouvir o que foi dito publicamente a respeito da condenação de Jesus.) A crucificação em si foi pública e nada sugere que o sepultamento fosse secreto. Assim, desde os primeiros dias, a matéria-prima histórica disponível poderia ter se transformado em uma NP que se estendia da prisão ao sepultamento, não importando que forma recebeu no decorrer do uso evangélico[16] e de que maneira a imaginação cristã a exagerou e aumentou.

Entretanto, alguns estudiosos defendem que a atividade evangélica significa que os cristãos não tinham interesse na matéria-prima histórica, estivesse ela disponível ou não. Em uma série de importantes contribuições, Dibelius deu atenção primordial ao papel formador da Escritura veterotestamentária na criação das NPs. Esse papel é bastante compreensível se nos lembrarmos de que os seguidores de Jesus estavam interessados no significado do que aconteceu: o que a morte de Jesus significou nos planos divinos para o povo de Deus? A única linguagem na qual podiam responder a essa pergunta era bíblica, isto é, as descrições do justo sofredor nos Salmos e nos Profetas. Com demasiada frequência, falamos dos cristãos primitivos "voltando-se para" a Escritura, o que subentende que eles se voltavam para a Bíblia a fim de procurar passagens relevantes, exatamente como fazemos.[17] Suas mentes estavam cheias de imagens e frases bíblicas, de modo que temas bíblicos naturalmente orientavam seu interesse e sua compreensão. Os primeiros seguidores de Jesus conheciam muitas coisas a respeito da crucificação em geral e, quase certamente, alguns dos detalhes da crucificação de Jesus, por exemplo, que tipo de

---

[16] Vejamos um exemplo possível da forma dada ao material. Há um claro paralelismo entre o relato de Marcos do julgamento judaico e seu relato do julgamento romano: cada um tem um interrogador principal e uma pergunta fundamental: "És tu [...]?", seguida no final por um escárnio. Um grupo de biblistas considera o conteúdo de cada um deles pura criação marcana; outro grupo considera o julgamento judaico criação marcana baseada no padrão de julgamento romano que incluía uma tradição mais primitiva; ainda outro grupo (com o qual eu concordo) considera as duas passagens de julgamento composições cristãs (marcana ou pré-marcana) baseadas em uma tradição relativamente simples, que envolvia na morte de Jesus o sumo sacerdote e Pilatos e que relatava *com tradução* as questões fundamentais que preocupavam essas duas pessoas "ilustres" (Messias em relação a Deus e Messias igual a rei).

[17] Na verdade, em alguns círculos, e às vezes em uma etapa neotestamentária mais tardia, parece ter havido uma pesquisa estudada da Escritura, como é visível nas citações de fórmulas de Mateus e João: Assim se cumpriu o que foi dito pelo profeta (seguido da citação). Quando em uma série, por exemplo, na narrativa mateana da infância, essas citações variam entre a LXX e o TM (e talvez um texto popular desconhecido), subentende-se um estudo.

cruz foi usada. Contudo, o que está preservado na narrativa é principalmente o que repete a Escritura (divisão de vestes, oferta de vinagre, últimas palavras de Jesus).

A questão do contexto bíblico é mais discutível em opiniões como as de Koester e J. D. Crossan, que ultrapassam Dibelius. Enquanto ele admitia a existência da tradição, estes estudiosos rejeitam a origem da Paixão na memória cristã. Koester[18] declara com convicção que no início havia apenas a crença de que a Paixão e a ressurreição de Jesus aconteceram conforme as Escrituras, de modo que "as primeiras narrativas do sofrimento e morte de Jesus não teriam feito nenhuma tentativa de lembrar o que realmente aconteceu". Crossan (*Cross*, p. 405) vai ainda mais longe: "Parece-me muito provável que os mais próximos a Jesus não sabiam quase nada a respeito dos detalhes do acontecimento. Só sabiam que Jesus fora crucificado fora de Jerusalém, no tempo da Páscoa, e provavelmente devido a alguma união das autoridades imperiais e sacerdotais". Ele não explica por que acha isso "muito provável", admitindo-se a tradição bem fundamentada de que os mais chegados a Jesus o haviam seguido por um longo período, dia e noite. Perderam de repente todo o interesse, não se dando nem ao trabalho de se informar sobre o que deve ter sido um momento muito traumático em suas vidas?

Muitas vezes se recorre a Paulo em 1Cor 15,3-5: "De fato, eu vos transmiti, antes de tudo, o que eu mesmo tinha recebido, a saber: que Cristo morreu pelos nossos pecados, segundo as Escrituras, foi sepultado e, ao terceiro dia, foi ressuscitado, segundo as Escrituras, e apareceu a Cefas e, depois, aos Doze [...]". Contudo, como essa passagem apoia a tese de que os primeiros seguidores de Jesus não sabiam nem se importavam com o que aconteceu e criou toda a narrativa segundo as Escrituras? Dois dos quatro fatos básicos mencionados na passagem (sepultamento, aparições) não estão especificados "segundo as Escrituras" e, assim, acontecimentos sem apoio bíblico foram, na verdade, recordados. É de se presumir que a relação paulina daqueles a quem Jesus apareceu se baseasse no todo ou, em parte, no testemunho deles mesmos, e, assim, havia um lugar para lembranças de testemunhas oculares. Quanto ao fato de que Jesus "morreu pelos nossos pecados, segundo as Escrituras", os proponentes da invenção biblicamente orientada não podem afirmar seriamente que a morte de Jesus na cruz foi inventada. Não é provável, então, que o que foi interpretado por meio das Escrituras seja o aspecto

---

[18] "Apocryphal", p. 127; ver também Denker, *Theologiegeschichtliche*, p. 58-77.

§ 1. A perspectiva deste comentário

salvífico da morte — a morte horrível que, paradoxalmente, fazia parte do plano de Deus?[19] E, mais uma vez, não é o aspecto de "ao terceiro dia" da ressurreição, em vez do acontecimento fundamental, que suscita a referência às Escrituras? Em outras palavras, não há nenhum indício no preceito paulino de que a reflexão bíblica tenha provocado a criação dos incidentes básicos da Paixão; é muito mais plausível que ela tenha causado a seleção e interpretação de certos aspectos em um esboço de morte, sepultamento, ressurreição e aparições que fora ditado pela lembrança cristã primitiva do que aconteceu.[20] Além disso, esse apelo a 1Cor 15 fecha os olhos à passagem paulina paralela em 11,23ss: "De fato, eu recebi do Senhor, o que também vos transmiti: Na noite em que ia ser entregue, o Senhor Jesus tomou o pão e, depois de dar graças, partiu-o...". Não é feita nenhuma referência à Escritura; contudo, há a tradição de uma refeição eucarística na mesma noite em que Jesus foi entregue, isto é, o esboço sinótico básico da Última Ceia e da prisão. Os cristãos primitivos, então, não só podiam se lembrar, como realmente se lembravam de informações básicas, em sequência, sobre a morte de Jesus.

2. Dificuldades para averiguar a história

Contudo, à medida que procuramos descobrir aspectos de como a morte de Jesus realmente ocorreu, precisamos reconhecer que há dificuldades que se originam das limitações de nossa metodologia e do próprio assunto.

Métodos usados para averiguar o material histórico que fundamenta os Evangelhos. Os estudiosos criaram alguns critérios para separar o que se origina

---

[19] Ver Bartsch, "Bedeutung", p. 88-90; ele insiste que, em 1Cor 15,3-5, aprendemos sobre a Paixão pré--evangélica, pois a fórmula paulina tem a finalidade de identificar o ressuscitado com o *crucificado*.

[20] Ao estudar o uso evangélico da Escritura, sempre há a questão de "O que nasceu primeiro, o ovo ou a galinha?". Os narradores criaram incidentes para dar um tom bíblico ou, dentre incidentes que ocorreram, os narradores selecionaram e dramatizaram os capazes de fazer eco às Escrituras? É concebível que houvesse exemplos dos dois procedimentos, mas diversos fatos apontam para o segundo como a prática dominante. Nos *pesharim* ou comentários dos Manuscritos do Mar Morto, que representam o procedimento judaico contemporâneo, acontecimentos reais da história e da vida da comunidade do Mar Morto (comprováveis por suas outras obras e alhures) são considerados cumprimento da Escritura. Em comparações sinóticas internas, há exemplos controláveis onde fatos foram dramatizados pela adição de uma referência bíblica. Por exemplo, poucos biblistas negam a historicidade da tradição que Jesus iniciou na Galileia, na área de Cafarnaum à beira do lago, o ministério de proclamação do Reino de Deus (Mc 1,14.16.21). Mateus (Mt 4,13-16) considera que isso acontece para cumprir a passagem de Isaías (Is 8,23–9,1) sobre a Galileia dos gentios. É digno de nota que ele não usou a Escritura para inventar a ocorrência, mas para comentá-la e explicá-la.

do ministério de Jesus de desdobramentos da imagem desse ministério atribuíveis à pregação e aos escritos primitivos. Alguns desses critérios são úteis para estudar a Paixão, desde que tomemos o cuidado de não esquecer suas limitações. Provavelmente, é histórica uma parte das NPs maior do que nossos métodos nos permitem provar; os métodos sucumbem em especial onde o conteúdo é substancialmente histórico, mas a vocalização do conteúdo foi adaptada no decorrer da pregação às novas gerações.

1) Atestação múltipla. O critério ao qual vou recorrer com maior frequência[21] é a presença de um acontecimento ou dito em muitas das testemunhas independentes da Paixão. Entretanto, esse critério tem limitações. Se, além dos escritos neotestamentários, fôssemos incluir sob o título de testemunhas independentes escritos judaicos e romanos (ver § 18E), fica difícil encontrar um aspecto da Paixão, exceto a crucificação, que seja atestado por todas as testemunhas.[22] Por exemplo, nem Paulo nem *Sanhedrin* 43a do TalBab mencionam a participação de Pilatos na execução;[23] e Tácito (*Anais* 15,44) e 1Tm 6,13 não mencionam o papel dos judeus. O fato de não ser fácil determinar quais as testemunhas da Paixão que são realmente independentes atrapalha o uso deste critério. Entre os Evangelhos, em § 2, explicarei por que aceito a tese de que Mateus e Lucas são dependentes de Marcos, mas João não é. Marcos e João muitas vezes narram o mesmo acontecimento, mas com uma diferença significativa que é difícil explicar como mudança deliberada feita pelos evangelistas e, assim, sua concordância indica uma tradição primitiva que tinha evoluído em direções diferentes quando os Evangelhos foram escritos. Contudo, há alguns estudiosos para os quais João recorreu a Marcos e que, assim, rejeitam essas concordâncias por não satisfazerem o critério de atestação múltipla.

2) Coerência. Às vezes, um acontecimento pertinente registrado por um Evangelho não tem atestação múltipla, mas é coerente com outro elemento que tem essa atestação. A meu ver, esse critério precisa ser usado com extremo cuidado, pois

---

[21] Por enquanto, quero falar dos critérios que apontam para o período pré-evangélico, sem ser específico quanto a se apontam para a tradição primitiva ou, mais do que isso, para a história. Mais adiante, vou enfatizar que essas são etapas diferentes, de modo que a tradição pré-evangélica primitiva não é necessariamente história.

[22] Para compreender esse fato, é preciso lembrar que silêncio nem sempre significa negação ou ignorância.

[23] Esse silêncio tem importância limitada. A passagem pós-paulina de 1Tm 6,13 menciona Pilatos (o que talvez indique conhecimento do papel de Pilatos na tradição paulina mais primitiva) e podemos duvidar que *Sanhedrin* 43a do TalBab seja realmente independente dos Evangelhos.

§ 1. A perspectiva deste comentário

a coerência explica por que o incidente foi criado com imaginação. Por exemplo, quando Jesus é preso, só João identifica Simão Pedro como a pessoa que decepa a orelha do servo. Essa bravata isolada é coerente com o modo de Pedro falar e agir em muitas outras ocasiões atestadas em todos os Evangelhos. Essa coerência dá verossimilhança à identificação de Pedro como aquele que desembainhou a espada:[24] é o tipo de coisa que Pedro faria. Entretanto, talvez tudo isso signifique que se alguém fosse adivinhar quem era o inominado que desembainhou a espada, seria bem provável supor ter sido Pedro; não é um argumento real que, de fato, Pedro desembainhou a espada. Entretanto, há ocasiões onde a coerência e a atestação múltipla podem ser combinadas com proveito. Por exemplo, de maneiras muito diferentes, Marcos/Mateus, João e os Atos concordam ao relacionar com a morte de Jesus sua atitude ameaçadora para com o santuário do Templo. Isso é coerente com sólidos indícios históricos de que, no período anterior a 70 d.C., as disputas por causa do Templo constituíam o fator mais frequente na violência religiosa entre os judeus.

3) Embaraço. Se alguma coisa relatada a respeito de Jesus era embaraçosa para a Igreja primitiva, não é provável que os primeiros pregadores ou os evangelistas a inventassem. Que Judas, um dos Doze, tenha entregado Jesus aos inimigos; que os discípulos (na maior parte) não tenham ficado com Jesus durante a Paixão, e que Pedro o tenha negado causavam embaraço aos cristãos primitivos. Consequentemente, argumenta-se que esses elementos, que também estão atestados muitas vezes, têm probabilidade de ser históricos. Embora possa haver verdade nisso, é preciso sempre admitir que poderia ter sido útil criar uma ou outra cena de fracasso como ilustração teológica. Por exemplo, parece constrangedor que, enquanto enfrentava a morte, Jesus orasse para se livrar do cálice, ou da hora;[25] contudo, um dos objetivos da descrição talvez fosse ensinar aos cristãos que enfrentar a morte constitui uma provação que desafia até o compromisso sincero.

4) Descontinuidade ou dissimilitude. Se uma informação pertinente a Jesus não tem paralelo no Judaísmo nem no pensamento cristão primitivo, a história é

---

[24] É preciso avisar aos leitores que vou usar a palavra "verossimilhança" com o entendimento de que não significa a mesma coisa que probabilidade histórica.

[25] Determinar o que era embaraçoso nas NPs é menos subjetivo quando começamos com informações usadas pela polêmica judaica ou pagã contra a plausibilidade do Cristianismo. A fuga dos discípulos, as negações de Pedro, a traição de Judas e a oração de Jesus para se livrar eram todas objeto de escárnio nessa polêmica.

53

sua origem mais plausível. Hesito recorrer a esse critério, pois é preciso levar em conta a criatividade. Na literatura não evangélica do NT, há poucos indícios de que os cristãos proclamassem Jesus como Filho do Homem ou que houvesse uma firme expectativa judaica centralizada nesse título. Por conseguinte, alguns estudiosos argumentam que a presença de "Filho do Homem" nos lábios de Jesus em Marcos, Q e João se explica melhor pela suposição de que ele próprio usou o título. Contudo, não há um jeito de saber se o uso por Jesus não foi exagerado na formação das tradições evangélicas, dando assim ao título nos Evangelhos escritos frequência e aplicações que não são históricas. Um problema maior quanto a este critério é ele ser inaplicável a uma porcentagem muito alta de material que pode bem ser histórico. Jesus era um judeu da primeira terça parte do século I d.C.; por isso, é inconcebível que grande parte de sua linguagem e de seu simbolismo não tivessem paralelos no Judaísmo daquela época. Os que o acompanhavam foram mais tarde anunciá-lo e, assim, construíram grande parte do pensamento cristão primitivo; por isso, é de se esperar que houvesse muita coisa em comum entre as palavras e atitudes históricas de Jesus e as dos cristãos primitivos. A exclusão desse material comum de nossa análise do Jesus histórico (mesmo com a desculpa de sermos cuidadosos ao extremo) tem de distorcer os resultados. Um problema específico refere-se ao uso da Escritura. Tanto os judeus que não acreditavam em Jesus como os cristãos primitivos que acreditavam nele recorriam à Escritura para interpretar acontecimentos significativos. A adoção do critério da descontinuidade significaria que nenhum emprego da Escritura incluído nos relatos evangélicos da Paixão pode ser atribuído a Jesus com certeza. Porém, julgo inconcebível que historicamente a Escritura não proporcionasse pano de fundo e vocabulário para a compreensão que Jesus tinha de si mesmo. Por conseguinte, quando determinado tema bíblico (por exemplo, o justo desprezado e escarnecido) está ampla e variadamente atestado em escritos neotestamentários, há razão para pensar que o tema pode bem estar em continuidade com a compreensão histórica que Jesus tinha de si mesmo. Admito que não é possível ter certeza; mas, em matéria de historicidade, a probabilidade ou plausibilidade é fator importante, que protege a imagem de Jesus das distorções e improbabilidades produzidas por uma busca muito rigorosa da certeza.

Limitações de nosso conhecimento da época em que Jesus morreu. Não é surpreendente que informações detalhadas a respeito da Palestina de dois mil anos atrás sejam necessariamente limitadas; mas, ao tratar da Paixão, encontramos um conjunto especial de problemas. Procurei tratar desses problemas com a

§ 1. A perspectiva deste comentário

sensibilidade apropriada, mas é impossível ser especialista em todos. Vou exemplificar em três áreas importantes.

1) O direito romano com certeza desempenhou um papel quando Jesus foi julgado e executado por um governador romano da Judeia. Embora juristas do império nos forneçam amplas informações sobre o procedimento em casos capitais, praticamente toda essa documentação vem sob o título de "Lei ordinária", que se refere ao tratamento de cidadãos romanos, principalmente na Itália ou em províncias senatoriais bem organizadas. Jesus não era cidadão romano; a Judeia era uma província imperial recém-instituída. As regras para orientar as ações do governador romano tinham sido explicadas nos decretos imperiais que estabeleceram a província da Judeia (o que ocorreu durante a vida de Jesus), mas nenhuma cópia desses decretos foi preservada. Assim, mesmo uma pergunta importante como "Quem na Judeia tinha o direito de executar e por quais crimes?" está sujeita a controvérsia. Josefo dá a impressão de que os governadores romanos, ao lidar com os judeus, faziam o que julgavam necessário para preservar a boa ordem e a autoridade romana — corrigível apenas mais tarde, se o imperador achasse que o comportamento dos funcionários fora abusivo. "Lei extraordinária" (nunca codificada) é a expressão sempre usada para encobrir os procedimentos que adotavam. Ao analisar as legalidades romanas no tratamento dado a Jesus, precisamos então partir não do direito romano codificado,[26] mas de analogias em relatos históricos do século I d.C., que exemplifiquem o modo de agir dos governadores.

2) O direito judaico desempenhou um papel na execução de Jesus (ver Jo 19,7: "Nós temos uma lei"). A Mixná (codificada c. 200 d.C.) traz informações detalhadas a respeito de assuntos que são pertinentes em uma análise da Paixão, por exemplo, sobre a refeição pascal e o procedimento legal para julgar casos capitais. Contudo, no momento, somos tolhidos por importante controvérsia entre estudiosos judaicos quanto à aplicabilidade da lei mixnaica ao período anterior a 70 d.C.[27] Na

---

[26] Quando apropriado, o *Digest* de Justiniano (DJ) será citado, mas com cautela. Há exemplos desastrosos de especialistas em direito romano que leram os relatos evangélicos do julgamento de Jesus e o julgaram histórico com base em opiniões muito posteriores reunidas no DJ. Além do perigo inerente à procura de paralelos entre situações separadas por séculos, é dada pouca atenção ao gênero dos Evangelhos e à possibilidade de, na repetição da história, a imagem do julgamento de Jesus diante de Pilatos ter sido adaptada a práticas bem conhecidas do direito comum.

[27] Além da Mixná, alguns comentaristas da Paixão invocam exemplos de todas as etapas da evolução do direito e das tradições judaicas, e trazem à discussão exemplos de um período de mil anos depois do tempo de Jesus, alegando que não raro documentos mais tardios refletem situações mais primitivas. Pretendo alertar os leitores quanto à provável inaplicabilidade desses "paralelos" mais tardios.

verdade, quase todos os aspectos do sistema de governo judaico no tempo de Jesus são controversos. Eram os fariseus uma força importante? Que relação tinham os fariseus com os rabinos mais tardios que produziram a Mixná? Até que ponto eram os camponeses galileus influenciados pelas autoridades religiosas em Jerusalém? Era o sinédrio uma organização fixa, e qual era sua composição? Qual era o ponto de vista legal, dos fariseus ou dos saduceus, pelo qual o sinédrio julgava? Havia outra organização oficial executiva e judaica, a Beth Din ou Boule, que consistia em estudiosos e, assim, era de uma composição mais próxima do sinédrio descrito na Mixná? Era Josefo historicamente confiável em assuntos nos quais tentava influenciar o sistema de governo romano, e são as diferenças entre relatos em *Guerra* e em *Antiguidades* (escritos cerca de vinte e cinco anos mais tarde) acidentais ou deliberadas? Até que ponto Fílon escreveu propaganda quando criticou Pilatos? Os críticos cristãos passaram um século e meio examinando as tendências e a confiabilidade dos registros cristãos. No momento em que escrevo este livro, o exame crítico dos registros judaicos pelos judeus chegou ao auge.

3) A importância do cenário político tornou-se questão crucial no estudo das NPs evangélicas. Na verdade, o estudo social chegou a um nível muito científico, que envolve fatos (informações da arqueologia e vários tipos de pesquisa histórica), história social (que combina os fatos com a história da comunidade conhecida por meio da literatura) e a análise social (que discerne as forças que moldaram a história social). Essa abordagem altamente científica está além das possibilidades deste comentário, mas vou tentar tomar conhecimento de alguns dos resultados que se aplicam às NPs. A questão tem importância, pois livros que recorrem aos estudos sociais da Palestina no tempo de Jesus são tema de discussão acirrada até na imprensa popular, em especial quando movimentos em nosso cenário contemporâneo acham a imagem de Jesus, que esses estudos trazem à tona, solidária, por exemplo, Jesus, o revolucionário, executado por um regime opressivo por causa da agitação produzida entre a gente comum pelo que ele defendia social e politicamente para os pobres. Entretanto, analisar o cenário social e político do tempo de Jesus é complicado e, na minha opinião, as generalizações de alguns dos livros mais populares são duvidosas. Não deixarei de lembrar aos leitores que houve dois períodos no governo romano direto de Jerusalém: a primeira divisão administrativa da Judeia (6-41 d.C.) e a divisão administrativa mais tardia de toda a Palestina (44-66 d.C.), separadas pelos quatro anos de reinado do rei Herodes Agripa I. A atmosfera política desses dois períodos era muito diferente e, assim, não se justifica introduzir no primeiro período (no qual Jesus viveu e morreu) grupos políticos e

movimentos revolucionários que só se verificaram no segundo período. As críticas ao governo romano da Judeia no primeiro período não devem misturar ações dos príncipes herodianos fora da Judeia com as do governador romano (fenômeno frequente nas análises) como parte do julgamento da atitude de súditos judaicos para com os romanos. Contudo, quando se demonstra o cuidado apropriado, a atmosfera social e política que se percebe em 30 ou 33 d.C. ajuda a tornar inteligível o que aconteceu a Jesus. O modo como o trataram foi com certeza motivado por questões religiosas; mas houve fatores que contribuíram para isso, como a desconfiança por parte das autoridades de Jerusalém em relação a figuras religiosas de fora ou da zona rural, o fato de boa parte da população de Jerusalém depender economicamente do Templo e as relações passadas entre os reis herodianos da área da Palestina e o governador romano da Judeia, bem como a interação entre os fariseus e os saduceus.

3. História e tradição pré-evangélica na interpretação das NPs

Aceito a provável existência de história e tradição por trás das NPs dos Evangelhos, que refletem fortemente as Escrituras, têm orientação querigmática e são teologicamente organizadas, mas também reconheço que existem severas limitações impostas pelo método e pelo assunto a nossa capacidade de obter certeza quanto à história. Isso posto, que atitude devemos tomar em um livro voltado para a busca da história e da tradição pré-evangélica? Quero fazer algumas observações.

Primeiro, devemos deixar claro que há uma diferença entre história e tradição. O que Paulo relata em 1Cor 11,23ss a respeito da ligação entre a Última Ceia e a entrega de Jesus é uma tradição, mas nem todas as tradições a respeito do que aconteceu são históricas. A sugestão de que Paulo a recebeu bem cedo e dos que estavam em posição de saber torna provável que essa seja uma tradição histórica; mas essa ideia sugere maior certeza a respeito da existência da tradição do que a respeito da história por trás dela. Os leitores não devem tirar conclusões precipitadas quanto à historicidade ao lerem minha opinião de que existe uma tradição pré-evangélica que fundamenta algum detalhe mencionado na narrativa. Esse critério pode nos fazer remontar ao fim da década de 30 até a de 50, mas não necessariamente à Jerusalém de 30 ou 33.

Segundo, haverá uma série de critérios: certo, muito provável, provável, possível, não impossível. "Certo" nada tem a ver com a certeza da matemática ou das ciências físicas: refere-se à certeza que temos na experiência comum de coisas com as quais nos deparamos ou que nos são relatadas por escrito ou oralmente.

Quando lidamos com relatos escritos há mais de mil e novecentos anos, por pessoas que não foram testemunhas oculares a respeito da morte que ocorreu cerca de trinta a setenta anos antes, a certeza quanto à historicidade de detalhes é compreensivelmente esporádica. Na verdade, o fato de haver alguma certeza e bastante probabilidade é notável e estimulante.[28]

Terceiro, a maior preocupação de um comentário é compreender o que os autores bíblicos nos transmitem, não reconstruir tradições pré-evangélicas, nem investigar a história. Contudo, já que os Evangelhos têm de ser comparados, o assunto das tradições pré-evangélicas está muito mais próximo do objetivo do comentário que o tema muito mais difícil da historicidade. A seção seguinte vai ressaltar que não temos os instrumentos para reconstruir tradições pré-evangélicas *detalhadas*; e, assim, mesmo quando dá para identificar a existência da tradição pré-evangélica, praticamente nunca tento ser preciso quanto a sua terminologia. (Ver no APÊNDICE IX as muitas tentativas de determinar o conteúdo de uma NP pré-marcana até a metade dos versículos; a nítida diferença entre elas sugere que o projeto está fadado ao fracasso, pois nenhuma teoria jamais terá aceitação ampla ou duradoura. Não tenho intenção de acrescentar minhas opiniões à lista.) Aprendemos muito a respeito da reflexão cristã primitiva na Paixão de Jesus quando passamos das tradições pré-evangélicas, mesmo das amplamente delineadas, aos relatos evangélicos existentes.

Quarto, o método adotado aqui será muito cauteloso quanto a harmonizar os relatos evangélicos da Paixão. A tendência a harmonizar é antiga, com origem atribuída a Taciano, em meados do século II. Entre os estudiosos recentes, Bornhäuser é incansável em suas tentativas de harmonizar toda discordância na Paixão, enquanto Benoit harmoniza pelo menos as principais diferenças. Parte da justificativa para tal método é a tese de que todos os evangelistas preservaram memórias históricas, de modo que a união de seus relatos produz uma imagem mais completa, mais próxima daquilo que aconteceu historicamente.[29] Ao contrário,

---

[28] Reconheço que esse julgamento positivo pode parecer inadequado e até duvidoso para os que presumem ser tudo o que está nos Evangelhos historicamente certo — pressuposição que não é realmente sustentável ou, mesmo para os cristãos mais ortodoxos, teologicamente necessária. É possível acreditar que as Escrituras são a Palavra de Deus sem achar que Deus decidiu se comunicar apenas em relatos históricos. A poesia imaginosa, as parábolas e a ficção histórica didática são outras possibilidades.

[29] Às vezes, uma teoria de inspiração na qual Deus garante a historicidade de todos os Evangelhos fundamenta a tendência a harmonizar. Entretanto, do ponto de vista lógico, é perigoso invocar a inspiração para corroborar a harmonização. Se um relato harmonizado da Paixão fosse o propósito divino, Deus inspiraria só um desses relatos, em vez dos quatro relatos diferentes que realmente existem. Além disso, como o cânon da Escritura relaciona-se com o reconhecimento da inspiração, é preciso lembrar que a Igreja em

§ 1. A perspectiva deste comentário

afirmo que, embora cada um dos Evangelhos muitas vezes preserve lembranças do que aconteceu, mudanças e adaptações ocorridas enquanto se pregava e escrevia sobre a Paixão em geral significam que os produtos finais não são simplesmente históricos e que harmonizá-los produz uma distorção. Por exemplo, depois da prisão de Jesus, João tem um interrogatório somente pelo sumo sacerdote Anás. Marcos/ Mateus têm um julgamento por todo o sinédrio à noite (Mateus: envolvendo Caifás) e Lucas tem um julgamento e interrogatório pela manhã — nenhum mostra uma percepção clara das outras duas descrições. Os harmonizadores tentam juntar os três (ou pelo menos dois deles), em geral pela pressuposição de que o interrogatório por Anás foi seguido à noite por um julgamento pelo sinédrio que foi retomado ou repetido de manhã. Trabalhando com o critério de atestação múltipla, observo que os quatro Evangelhos concordam que Jesus foi submetido a uma inquirição legal judaica (que incluía o sacerdócio do Templo) depois de ser preso e antes de ser entregue a Pilatos. Os quatro também concordam que um sinédrio esteve envolvido na morte de Jesus, embora João o coloque muitos dias antes que ele fosse preso. Consequentemente, precisamos encarar a possibilidade de terem os relatos sinóticos (originários de Marcos) reunido em uma única cena toda a ação judaica legal significativa contra Jesus, inclusive acusações reunidas de lembranças de objeções levantadas durante o ministério público — imagem simplificada, eficiente para a pregação, mas não uma unidade histórica para ser unida à apresentação teológica joanina do breve interrogatório de Jesus depois de sua prisão.

Quinto, sei que alguns dos que consultarem este livro estarão mais interessados na historicidade que naquilo que os evangelistas transmitiram e nas tradições pré-evangélicas. Embora eu tenha profundo respeito pela investigação histórica, acho a obsessão com o que é histórico uma obstrução ao entendimento das NPs evangélicas tão grande quanto a suposição precipitada de que os cristãos nada sabiam sobre o que aconteceu. Não é tautológico insistir que os Evangelhos são acima de tudo evangelizadores; atribuir-lhes primordialmente as características de relatórios é distorção.[30] Não vou evitar refletir sobre a historicidade, mas tenho de pensar em como evitar ceder a essa distorção. (Não faço objeção a estudar a história da

---

geral não deu aceitação pública ao *Diatessarão* de Taciano e que a Igreja síria, que a deu, acabou por abandonar sua posição em favor dos quatro Evangelhos.

[30] Na Instrução sobre a verdade histórica dos Evangelhos (1964, seção X), a Pontifícia Comissão Bíblica Católica Romana observou: "A doutrina e a vida de Jesus não foram relatadas com o único propósito de serem lembradas, mas eram 'pregadas' de modo a oferecer à Igreja uma base de fé e moral".

Paixão; faço objeção a confundir esse estudo com a descoberta do sentido das NPs evangélicas, que é a função de um comentário.) Em meu comentário das narrativas da infância (BNM), achei que tinha a solução: pus estudos da historicidade nos APÊNDICES, mas descobri que alguns críticos só leram os APÊNDICES e avaliaram meu livro apenas com base nessa questão.[31] Neste livro, decidi pôr os exames da história nas seções curtas chamadas ANÁLISE, que se seguem aos COMENTÁRIOS muito mais longos em cada seção das NPs. Isso deve dificultar a caçada obsessiva à história e deixar claro que tais discussões, embora parte da análise legítima, não representam um comentário do texto.

C. O papel da teologia

Na história que contam e por meio delas, as NPs evangélicas apresentam visões teológicas do sofrimento e morte de Jesus e, assim, é dever de um comentário explicar a teologia envolvida. Talvez haja quem se oponha ao termo "teologia" e prefira "cristologia", já que as NPs trazem descrições de Jesus. Contudo, o que acontece a Jesus na Paixão e o modo como ele reage a ela são reveladores do Deus de quem ele proclamava os preceitos e a presença e, portanto, "teologia" é termo apropriado. Entretanto, precisamos ser claros quanto ao enfoque específico da teologia da Paixão da qual nos ocupamos, a saber, como os *evangelistas* entenderam a morte de Jesus, não como Jesus entendeu sua própria morte, nem como sua morte foi entendida na amplitude do Cristianismo primitivo. Já que nem sempre são feitas essas distinções, vou começar com observações sucintas sobre esses outros aspectos da teologia da Paixão, antes de me voltar para a perspectiva teológica de cada um dos evangelistas, que será o enfoque deste livro.

---

[31] É tristemente engraçado que essa percepção distorcida ainda exista. Todo ano antes do Natal recebo telefonemas de repórteres de jornais que tiveram a brilhante ideia de escrever uma coluna natalina a respeito das narrativas do nascimento de Jesus e souberam que escrevi um longo comentário sobre elas. É quase infalível me dizerem que o único enfoque do artigo será "O que realmente aconteceu?", e inserem essa declaração em uma explicação de que seria bom no Natal promover a compreensão das histórias do nascimento concentrando-se na mensagem dessas narrativas, e não em uma questão que estava muito longe de ser primordial no que se pode perceber da mente dos evangelistas. Em geral, o esforço deixa os repórteres convencidos de que foram mal encaminhados a um pregador piedoso, que nada sabe a respeito das questões importantes.

§ 1. A perspectiva deste comentário

1. As teologias neotestamentárias da Paixão segundo Jesus e em geral

Uma quantidade considerável de literatura é dedicada à maneira como Jesus entendeu sua morte,[32] em especial quanto a se ele a entendeu salvificamente, isto é, entendeu que sacrificava a vida pelos outros ou pelos pecados. APÊNDICE VIII tratará de assunto um tanto diferente: se Jesus previu que teria morte violenta. Ali vou relacionar as predições que Jesus fez de sua morte nos Evangelhos e mostrar como frases salvíficas são incluídas poucas vezes, por exemplo, Mc 10,45 (= Mt 20,28); Jo 10,15. Contudo, não devemos limitar a análise do entendimento que Jesus tinha de sua morte a se a linguagem salvífica do NT manifestou-se ou não em seus lábios. Outras perguntas incluem se ele previu sua morte como profeta mártir; e, em caso afirmativo, isso teve caráter salvífico? (Assim Gnilka, em *Jesu*; ver APÊNDICE VIII.) Ele interpretou sua morte como passo essencial para a vinda do Reino? Em caso afirmativo, a linguagem neotestamentária de "ele morreu por nós" representa uma reformulação de seu discernimento, pois a vinda do Reinado de Deus trará acima de tudo a salvação.

Uma literatura considerável é também dedicada à amplitude dos entendimentos cristãos do século I sobre a morte de Jesus,[33] por exemplo, acontecimento apocalíptico, "contrações do parto" messiânicas, expiação, justificação, redenção, sacrifício, salvação, sofrimento vicário, morte pelos pecados, morte por todos, morte como mártir, morte como rei, morte como sacerdote, morte como profeta, morte como servo. Determinado autor neotestamentário pode aceitar diversas dessas ideias,

---

[32] Ver A. George, "Comment Jésus a-t-il perçu sa propre mort?", em LumVie 20, 101, 1971, p. 34-59; H. Schürmann, *Jesu ureigener Tod*, 2. ed., Freiburg, Herder, 1975, esp. p. 16-65; G. O'Collins, "Jesus' Concept of His Own Death", em *Way* 18, 1978, p. 212-223; X. Léon-Dufour, *Face à la mort, Jésus et Paul*, Paris, Seuil, 1979, esp. p. 53-167; J. P. Galvin, "Jesus' Approach to Death: An Examination of Some Recent Studies", em *TS* 41, 1980, p. 713-744 ; G. Segalla, "Gèsu e la sua morte: Rassegna bibliográfica", em *RivB* 30, 1982, p. 145-156. Uma área especial de pesquisa é o entendimento que Jesus tinha de sua morte exposto na Última Ceia: R. Pesch, "The Last Supper and Jesus' Understanding of His Death", em *Biblebhashyam* 3, 1977, p. 58-76, e *Das Abendmahl und Jesu Todesverständnis*, em QD 80, Freiburg, Herder, 1980; F. Hahn, "Das Abendmahl und Jesu Todesverständnis", em *Theologische Revue* 76, 1980, p. 256-272; R. J. Daly, "The Eucharist and Redemption: The Last Supper and Jesus' Understanding of His Death", em BTB 11, 1981, p. 21-27.

[33] Por exemplo, E. Lohse, *Märtyrer und Gottesknecht: Untersuchungen zur christlichen Verkündigung vom Sühntod Jesu Christi*, Göttingen, Vandenhoeck & Ruprecht, 1955; H. Conzelmann, org., *Zur Bedeutung des Todes Jesu: Exetische Beiräge*, Güttersloth, Mohn, 1967; W. Schrage, "Das Verständnis des Todes Jesu Christi im Neuen Testament", em *Das Kreuz Jesu Christi als Grund des Heiles*, Güttersloth, Mohn, 1967, p. 49-90; K. Kertelge, org., *Der Tod Jesu: Deutungen im Neuen Testament*, em QD 74, Freiburg, Herder, 1976; K. Grayston, *Dying, We Live*: A New Enquiry into the Death of Christ, Oxford Univ., 1990.

mas não demonstrar conhecimentos das outras; estratos neotestamentários mais tardios podem ter interpretações que estão ausentes dos estratos mais primitivos.[34] É possível que houvesse perspectivas da Paixão nas tradições pré-evangélicas que não têm proeminência nos Evangelhos em si; e, embora às vezes os evangelistas tivessem perspectivas da Paixão encontradas em outros escritos neotestamentários, não podemos extrapolar sempre.

2. A teologia da Paixão dos evangelistas

Quanto à teologia das NPs evangélicas propriamente ditas, embora este livro estude os relatos horizontalmente (isto é, comparando os quatro Evangelhos passagem por passagem), vou fazer um grande esforço para não negligenciar o impacto vertical (isto é, do pensamento consecutivo de passagem a passagem dentro do mesmo Evangelho).[35] Presente em todas as NPs, é discernível uma perspectiva teológica consistente. Como desejo chamar a atenção dos leitores para questões que são apropriadas a este comentário, faço aqui uma apresentação prévia dessas perspectivas, isto é, uma diretriz que incentivo os leitores a completar e melhorar à medida que o comentário passa de episódio para episódio.

Marcos e Mateus. Estes dois Evangelhos apresentam um Jesus que é abandonado pelos seguidores e tem de enfrentar sua hora sozinho e, por isso, sofre na cruz de um modo particularmente doloroso. Eles se aproximam bastante da teologia de Hb 5,8: "Mesmo sendo Filho, aprendeu o que significa a obediência, por aquilo que ele sofreu". Os dois Evangelhos têm um julgamento judaico de Jesus e um julgamento romano. Depois de falsos testemunhos, as autoridades judaicas procuram condená-lo por planejar destruir o santuário. Quando ele fala e reconhece ser o Messias, o Filho de Deus (Marcos: do Bendito), eles o acusam de blasfêmia e ofensa, e escarnecem dele como falso profeta. Contudo, nesse exato momento, suas

---

[34] Ver G. Delling, *Der Kreuzestod Jesu in der urchristlichen Verkündigung*, Göttingen, Vandenhoeck & Ruprecht, 1972; J. Rodoff, Anfänge der soteriologischen Deutung des Todes Jesu (Mk. x.45 und Lk. xxii.27), NTS 19, 1972-1973, p. 38-64; M.-L. Gubler, *Die frühesten Deutungen des Todes Jesu*, Fribourg, Universitätsverlag, 1977. Bartsch, "Bedeutung", estuda as mais primitivas ênfases pré-sinóticas na morte. De Jonge, "Jesus", reflete sobre a relação do conceito primitivo da morte de Jesus para os outros com a morte dos mártires macabeus.

[35] Lembro aos leitores que as NPs estão escritas por inteiro, consecutivamente, uma a uma, no ÍNDICE DE PASSAGENS, no fim do livro. Na BIBLIOGRAFIA GERAL (§ 3), há uma seção sobre a NP de cada Evangelho, e muitos dos escritos citados ali referem-se à teologia da Paixão do respectivo evangelista.

§ 1. A perspectiva deste comentário

várias profecias a respeito dos seguidores, em especial a respeito de Pedro (e Judas, em Mateus), mostram ser verdadeiras. O julgamento romano concentra-se no fato de Jesus ser o Rei dos Judeus. Pilatos sabe que Jesus foi entregue por inveja (e em Mateus, que ele era um homem justo); mesmo assim, solta um criminoso e entrega Jesus para ser crucificado, permitindo que soldados romanos o açoitem, escarneçam dele e o ofendam como Rei dos Judeus. Desse modo, nem a autoridade judaica nem a romana concedem justiça a Jesus; e os dois lados o maltratam fisicamente. Nenhum amigo ou defensor fica ao pé da cruz; mais exatamente, os três grupos que ficam ali (inclusive transeuntes, que não deveriam ter nada contra ele) o insultam, citando as questões do julgamento judaico (destruir o santuário, ser o Messias [o Filho de Deus]), embora uma inscrição retome o tema romano: "O Rei dos Judeus".

As duas orações com que Marcos/Mateus estruturam a Paixão revelam a passagem de Jesus por tudo isso. No início, no Getsêmani, Jesus reza em aramaico e grego ao Pai para afastar dele este cálice, oração que não recebe nenhuma resposta clara. No fim, no Gólgota, Jesus reza uma segunda vez em aramaico e grego, mas agora simplesmente a "Meu Deus" (a única vez em todos os Evangelhos), e pergunta por que foi abandonado. E até esse grito de partir o coração é recebido com sarcasmo pelos presentes. Por fim, dando um forte grito, semelhante àquele com o qual os demônios vencidos saíram do possesso, Jesus expira, supostamente vencido pelos inimigos. Mas, então, o Pai de Jesus age, o Deus que, a julgar pelas aparências, não respondera às orações de Jesus e o abandonara; e ficamos sabendo que Deus não estava, em absoluto, ausente. Deus defende o Filho que suportou a cruz, cumprindo as palavras pelas quais as autoridades do povo judeu escarneceram de Jesus como falso profeta. No julgamento judaico, Jesus foi acusado e, na cruz, foi escarnecido quanto a destruir o santuário; na hora de sua morte, o véu do santuário rasga-se de alto a baixo. No julgamento judaico, Jesus foi também acusado e, na cruz, foi ridicularizado quanto a ser o Messias, o Filho do Deus Bendito; na hora de sua morte, um centurião romano diz: "Na verdade, este homem era Filho de Deus!".

Um tema vigoroso que ocorreu antes em Marcos e Mateus foi a dupla necessidade de o Filho do Homem sofrer e de os discípulos tomarem a cruz e o seguirem. Ao proclamar o Reino e o preceito de Deus, tanto na vida como na morte, Jesus manifesta um Deus com uma existência que não é gananciosa, mas altruísta.[36] Em

---

[36] D. A. Lee-Pollard ("Powerlessness as Power: A Key Emphasis in the Gospel of Mark", em SJT 40, 1987, p. 173-188) ressalta que o poder supremo do Deus marcano é o poder de renunciar ao poder.

suas NPs, Marcos/Mateus dramatizam como é difícil para Jesus sofrer a crucificação e como só reconhecem claramente que ele faz parte de Deus depois de todo o seu sofrimento. Isso tem o propósito de ser uma advertência descritiva e também um consolo para os leitores desses Evangelhos. Se o mestre achou difícil, se os discípulos mais chegados fracassaram para seguir Jesus no sofrimento da cruz, também os leitores vão achar difícil e fugir. Contudo, embora às vezes pareça abandoná-los, o Deus que defendeu Jesus acabará também por defendê-los, quando chegar sua hora e seu Gólgota surgir-lhes à frente, se, como Jesus, eles se levantarem e tiverem a coragem de dizer: "Vamos".

Analisei Marcos e Mateus juntos; suas NPs têm notável semelhança e, por isso, é inevitável que a importância teológica seja bastante similar. Há, porém, diferenças significativas, pois o contexto maior de cada Evangelho diverge. Examinemos rapidamente os aspectos característicos, primeiro de Marcos, depois de Mateus. No Evangelho relativamente breve de Marcos, embora os demônios reconheçam quem Jesus é, antes de sua morte na cruz nenhum ser humano entende que ele é o Filho de Deus. Mais do que qualquer outro Evangelho, durante o ministério Marcos insiste no fracasso dos discípulos para entender Jesus, pois não entendem a necessidade de que ele sofra. Assim, a NP marcana, onde, desde o momento de sair da ceia até o momento da morte, Jesus não recebe nenhuma ajuda visível, por sua própria austeridade harmoniza-se em uma visão consistente daquilo que precisa acontecer antes de alguém chegar à fé seguindo Jesus. Marcos é o Evangelho mais detalhado ao descrever a agonia de Jesus no Getsêmani e o fracasso dos discípulos que culminou na fuga do jovem nu. No fim, as mulheres que costumavam segui-lo na Galileia e que de longe observam sua morte também fraquejam (ver Mc 16,8). Dá para se ter fortes suspeitas de que os destinatários de Marcos incluem cristãos que sofreram e fraquejaram — uma comunidade à qual este Evangelho oferece esperança, pois mostra que o próprio Jesus não queria beber do cálice e mesmo seus discípulos mais íntimos fraquejaram. Como a teologia evangélica está ajustada à resposta espiritual, esta é uma NP que tem sentido especial para os que procuram seguir Cristo, mas acham insuportável a cruz a que são chamados carregar na vida, isto é, para aqueles que em alguma ocasião foram forçados a perguntar do fundo do coração: "Meu Deus, meu Deus, por que me abandonaste?".

A austeridade da imagem marcana é em parte atenuada em Mateus quando examinamos a NP desse Evangelho logo em seguida a seu relato do ministério.

§ 1. A perspectiva deste comentário

Digo "em parte" porque, por um lado, alguns dos contrastes são ainda mais pungentes que em Marcos. O próprio fato de em Mateus (Mt 14,33) todos os discípulos reconhecerem uma vez que Jesus é o Filho de Deus torna sua fuga do Getsêmani mais repreensível. Do mesmo modo, o fato de, em sua confissão pessoal, Pedro, a rocha de fé, ter saudado Jesus como "o Messias, o Filho do Deus vivo" (Mt 16,16-18) aumenta a ironia de sua negação de Jesus no exato momento em que o sumo sacerdote conjura Jesus pelo "Deus vivo" a dizer se ele é "o Messias, o Filho de Deus". Em Mateus, quando depois da morte de Jesus o centurião (acompanhado por outros guardas) confessa Jesus como verdadeiramente Filho de Deus, ele já não é o primeiro ser humano a confessar Jesus assim, mas o primeiro dos gentios a compreender a fé dos discípulos expressa em suas profissões de fé do ministério. Por outro lado, comparada à imagem marcana, a imagem mateana no Getsêmani da agonia mais profunda de Jesus e da falha dos discípulos é atenuada; a presciência que Jesus tem do que lhe acontecerá é mais clara e demonstra sua soberania; e Pedro não é destacado por não ficar acordado.

Porém, a maior diferença mateana de Marcos é a introdução na NP de uma persistente questão de responsabilidade graficamente descrita na linguagem vetero-testamentária de ser culpado do sangue do inocente que é erroneamente condenado à morte. Em passagens exclusivas de Mateus, Judas, que entregou Jesus, procura eximir-se da responsabilidade por esse ato e devolve as trinta moedas de prata; os chefes dos sacerdotes não querem ser contaminados pelo preço do sangue e, para se livrar, compram com ele o "Campo de Sangue"; movida por um sonho, a mulher de Pilatos pede ao marido que não se envolva com o justo Jesus que está diante dele e, assim, Pilatos declara sua inocência do sangue desse homem lavando as mãos. Embora nenhuma dessas tentativas de fuga seja bem-sucedida e todas as personagens envolvidas fiquem marcadas por derramar sangue, é óbvio que, para Mateus, o castigo divino cai mais claramente sobre "o povo todo" que diz espontaneamente: "Seu sangue sobre nós e nossos filhos". Veremos em Josefo que a queda de Jerusalém e a destruição do Templo em 70 provocaram a autocrítica do povo de Deus quanto ao que teriam feito para Deus castigá-los assim.[37] Ao escrever depois de 70,

---

[37] No comentário, vou indicar que uma resposta em termos de realidades puramente políticas, tal como: "Cometemos um erro tático ao nos revoltarmos: os exércitos romanos eram mais fortes que nós; é por isso que o templo foi destruído", não seria adequada para judeus imbuídos do entendimento de que sua história era guiada por um Deus justo. O cronista da história de Israel não apresentou essa resposta política para a queda do primeiro Templo (2Cr 36,11-21).

Mateus (§ 2 adiante) expressa um julgamento causal que surgiu entre os judeus que acreditavam em Jesus, a saber, que o fator decisivo que contribuiu para a catástrofe foi a entrega do inocente Filho de Deus para ser crucificado pelos romanos. (Uma avaliação necessária desses julgamentos antijudaicos será dada adiante; mas não há nada a ganhar negando que Mateus e outros cristãos a fizeram.[38]) Em outras palavras, escrita depois da de Marcos, a NP de Mateus responde às preocupações teológicas (e apologéticas) da época mais tardia. Essa resposta também está evidente no relato caracteristicamente mateano da guarda do túmulo, que serve para refutar uma falsa história que "é divulgada entre os judeus, até este dia".

Ainda outro elemento que marca a teologia mateana da Paixão é a correspondência com a narrativa mateana da infância. Ali, o notável fenômeno de uma estrela ascendente proclamou o nascimento do Rei dos judeus e trouxe os magos gentios à fé, enquanto os planos destrutivos de Herodes, dos chefes dos sacerdotes e dos escribas foram frustrados pela Divina Providência. Assim também a morte do Rei dos Judeus é marcada por fenômenos notáveis (tremor de terra, rochas que se fendem, túmulos que se abrem, corpos ressuscitados), que trazem à fé gentios, a saber, o centurião e os que estavam com ele. Os planos destrutivos de Pilatos, dos chefes dos sacerdotes e dos fariseus para obstruir a ressurreição (Mt 27,62-66) são frustrados pela Providência Divina. Deus é consistente do começo ao fim no planejamento da história do Filho.

Lucas. Em sua maioria, os episódios importantes da Paixão lucana têm paralelo em Marcos, com as notáveis exceções de Jesus diante de Herodes, as mulheres no caminho para o lugar da crucificação e o "ladrão penitente". Contudo, na estrutura e também no caráter, Lucas diverge de Marcos muito mais que Mateus. Mencionei acima que Marcos/Mateus se caracterizam (em vários aspectos) pelo isolamento de Jesus e o fracasso dos discípulos. Não assim Lucas. Estão ausentes do episódio no Monte das Oliveiras as referências marcanas a Jesus estar angustiado e triste diante da morte; na verdade, sua oração ao Pai recebe fortalecedora resposta angelical. Os leitores ficam com a impressão de que Jesus está o tempo todo em comunhão com o Pai, de modo que, apropriadamente, as últimas palavras do crucificado não são um

---

[38] O texto crucial, Mt 27,25, será analisado no comentário; mas, para os que impacientemente julgam que sou descuidado, já que Mateus nada diz na passagem a respeito da destruição de Jerusalém quarenta anos depois da morte de Jesus, chamo a atenção para o cuidado que esse texto tem de incluir uma geração subsequente na responsabilidade pela morte de Jesus. Ver também Lc 23,28, que inclui uma geração subsequente no castigo que Deus vai mandar.

§ 1. A perspectiva deste comentário

grito angustiado a seu Deus por alguém que se sente abandonado, mas um tranquilo "Pai, em tuas mãos entrego o meu espírito". Quanto aos seguidores, Jesus assegura a Pedro que rezou por ele, para que sua fé não esmoreça; e, quando Pedro nega Jesus, o Mestre está ali e olha para ele, para lembrá-lo disso. Os discípulos como um todo recebem congratulações e são recompensados por terem permanecido com Jesus em suas tribulações (Lc 22,28-30); somente um discreto silêncio a respeito deles depois da prisão de Jesus é indicação de que Lucas sabe que eles fugiram.

Essas diferenças significam que há muito menos do negativo na apresentação lucana da Paixão. Se, para Marcos/Mateus, a condição de vítima e de fracasso domina uma Paixão onde a repentina inversão por Deus só acontece depois da morte de Jesus, para Lucas, o poder de Deus que cura e perdoa já está ativo na Paixão antes da morte de Jesus. Enquanto vai para a morte, o Jesus que curou durante todo o ministério cura a orelha ferida de um dos que vieram prendê-lo, e também o antagonismo que existira entre seus juízes (Pilatos e Herodes). Quando segue para a morte, o Jesus que perdoou durante todo o ministério perdoa aos que o crucificam por não saberem o que fazem, e recompensa com a promessa do paraíso o malfeitor que, crucificado com ele, lhe pede para se lembrar dele. Do mesmo modo, na Paixão lucana há menos do negativo entre os participantes judeus. No ministério de todos os Evangelhos, havia alguns que aceitavam Jesus e alguns que o rejeitavam; entretanto, na NP de Marcos/Mateus, com exceção dos seguidores de Jesus, os judeus, quer autoridades, quer multidões, são hostis. Em Lucas, as multidões seguem Jesus ao lugar de execução, não tomam parte em nenhum escárnio e vão embora batendo no peito. As Filhas de Jerusalém batem no peito e lamentam por ele. Assim, há judeus no fim do Evangelho que correspondem aos judeus do início, que foram compassivos com o menino Jesus. Se a narrativa lucana da infância foi mais positiva a respeito de Jesus que a de Mateus, o mesmo acontece com sua NP. A NP nada diz quanto à destruição do Templo de Jerusalém (embora Jesus advirta as Filhas de Jerusalém do castigo que se aproxima e que as afetará e a seus filhos), pois este Evangelho que começou com o louvor de Deus no Templo de Jerusalém, no último versículo (Lc 24,53) termina ali com o louvor de Deus.

Para discernir a mensagem que Lucas espera transmitir a sua audiência por meio desta perspectiva da Paixão, recebemos ajuda dos Atos. Ali Lucas esmera-se em descrever os julgamentos legais de Estêvão e Paulo como paralelos aos julgamentos de Jesus. (Na verdade, a apresentação de Jesus diante de Herodes e também de Pilatos, que é característica de Lucas, se harmoniza com o comparecimento de Paulo diante de um rei herodiano e um governador romano.) Ao morrer, Estêvão perdoa os inimigos e entrega o espírito ao Senhor Jesus, do mesmo modo que Jesus perdoou os inimigos e entregou o espírito ao Pai. Em outras palavras, os cristãos serão perseguidos do mesmo modo que Jesus o foi; e, se são verdadeiramente seus seguidores, precisam manifestar perdão e um sentimento de firme união com Deus e Jesus. Seu sofrimento e morte, então, tornam-se salutares (para si mesmos e para os outros), como foram os dele. Vemos o sucesso da mensagem lucana no que muitas pessoas querem dizer quando falam em "morte cristã", a saber, o tipo de morte, perdoando os outros e em paz consigo mesmo, que o Jesus lucano teve.

A NP lucana também descreve Jesus como profeta e mártir. Mais do que em Marcos, Jesus fala e age como profeta durante todo o Evangelho de Lucas (Lc 4,24-27; 7,16; 9,8.19; 24,19), com frequentes comparações a Elias e Eliseu.[39] Esse papel profético vem com presságios, pois os antepassados da geração atual perseguiram e mataram os profetas (Lc 6,23; At 7,52). Jesus vai a Jerusalém porque um profeta não pode morrer fora de Jerusalém, a cidade que mata os profetas (Lc 13,33-34). Na verdade, a morte de Jesus (que termina na ascensão, em Lc 24,51) é citada como o momento em que ele foi elevado ao céu, em imitação de Elias (Lc 9,51). O martírio é imaginado em Lc 12,49-53 e a ênfase repetida da NP lucana na inocência de Jesus significa que ele veio a morrer pela causa de Deus como o justo e santo sofredor (também At 7,52; 13,35).[40] Dispostos contra ele estavam não só reis e governantes (At 4,25-27), mas também Satanás, que volta neste tempo oportuno (*kairos*) e representa o poder das trevas (Lc 4,13; 22,3.31.53). Embora, ao contrário de alguns mártires judeus mais ou menos contemporâneos, Jesus não grite em desafio a seus perseguidores nem clame pela vingança divina contra eles,[41]

---

[39] O papel profético é enfatizado em: A. Hastings, *Prophet and Witness in Jerusalem: A Study of the Teaching of Saint Luke*, Baltimore, Helicon, 1958. Ver também Fitzmyer, *Luke*, v. 1, p. 213-215.

[40] Dibelius ressaltou o fato de Lucas descrever a morte de Jesus como martírio; boas exposições encontram--se em Beck, "Imitatio"; Stöger, "Eigenart"; Talbert, *Reading*, p. 212-220 e, numa crítica equilibrada em Green, em "Jesus", p. 39-41. Alguns biblistas reagem contra o enfoque de martírio porque muitas vezes se afirma que a morte de Jesus como mártir é o substituto lucano para a morte expiatória de Jesus, mas essa não é uma inferência necessária. *4 Macabeus* 6,27-30; 17,21-22 mostra que as duas ideias podem se combinar. Mais amplamente, Bartsch, "Bedeutung", p. 93, rejeita a teologia pré-evangélica do martírio de Jesus, se isso foi entendido como garantia de glória, mas, por outro lado, essa não é uma inferência primordial nem necessária. O mártir é, antes de tudo, alguém que, ao aceitar a morte, dá testemunho da supremacia de Deus, e isso combina com um Jesus que proclamou o preceito e o Reino de Deus.

[41] Quando Jesus fala do inevitável castigo divino que cairá sobre Jerusalém por causa do que foi feito, ele o faz com relutância e pesar.

§ 1. A perspectiva deste comentário

sua morte tem o efeito de levar os circunstantes, gentios e judeus, a reconhecer a justiça de sua causa. Os paralelos que Lucas estabelece entre a morte de Jesus e a morte de Estêvão mostram que a imagem de mártir é intencional.

Muitas discussões concentram-se em outro aspecto teológico da Paixão lucana. O Jesus lucano cura e perdoa enquanto sofre e morre (Lc 22,51; 23,12.34a.43), mas, na mente de Lucas, foi a morte de Jesus em si reparadora ou expiatória pelo pecado? F. C. Baur e a escola de Tübingen declararam que Lucas despojou a cruz do valor salvífico e fez de Jesus apenas um modelo parenético de perdão. Quando ainda defendia a tese de que houve uma NP pré-lucana especial, Schneider escreveu: "O relato mais antigo da crucificação, como o primeiro passo da tradição da Paixão, não conhecia o sentido da morte de Jesus na cruz como oferenda expiatória ou morte expiatória" (*Passion*, p. 26).[42] Fator fundamental nesta perspectiva é Lucas não copiar Mc 10,45b, onde o Filho do Homem veio dar a vida em resgate por muitos. Nem nas referências ao quarto cântico do servo sofredor (Is 52,13–53,12) Lucas (Lc 22,37; At 3,13; 8,32-33) cita Is 53,5: "Com seus ferimentos veio a cura para nós". Mesmo assim, muitos estudiosos lucanos afirmam haver uma perspectiva expiatória na NP lucana, embora a ênfase não seja forte e não esteja formulada na linguagem à qual Paulo nos acostumou.[43] Desde o início de sua vida, Jesus foi destinado a ser causa "de reerguimento [*anastasis*] para muitos em Israel" (Lc 2,34); as próprias palavras do Jesus lucano falam de "meu sangue, que é derramado por vós" (Lc 22,20); e o Paulo lucano fala da "Igreja de Deus que ele obteve com o sangue de seu próprio filho" (At 20,28). O valor salvífico está subentendido na profecia

---

[42] Os que afirmam que a expiação está ausente da descrição lucana da morte (também expressa como ausência da *theologia crucis*) incluem com variações: Conzelmann, Creed, Dodd (ausente dos sermões nos Atos), Haenchen, Käsemann, Kümmel, Marxsen, Rese, Vielhauer, Voss e Wilckens.

[43] Ver Feldkämper, *Betende*; Fitzmyer, *Luke*, v. 1, p. 22-23.27-29; Fusco, "Valore"; George, "Sens"; Zehnle, "Salvific". Há também opiniões intermediárias. D. A. S. Ravens (ExpTim 97, 1985-1986, p. 291-294) afirma que a morte do Jesus lucano não foi expiatória sacrificalmente (porque Lucas não confiava nesses conceitos religiosos judaicos), mas Deus fez a expiação necessária por meio do papel de Jesus. Pilgrim (*Death*, esp. p. 374ss) admite que Lucas não considera a Paixão expiatória, nem diretamente salvífica, ou a morte substitutiva, mas afirma que Lucas considera a Paixão e morte parte do plano de Deus para a salvação do mundo. M. Hengel (BJRL 62, 1980, p. 454-475) separa o sacrifício expiatório de Cristo das ideias de expiação no mundo antigo; foi um ato escatológico que reconciliou a criação caída. Ver também os conceitos atualizados de Hengel em *The Atonement*, Philadelphia, Fortress, 1981. Ao censurar a concentração no ato expiatório como se esse fosse o único modelo para interpretar a morte de Jesus, Garrett ("Meaning") afirma que, na descrição lucana, Jesus morreu como o "profeta semelhante a Moisés", liderando o êxodo da servidão a Satanás e como o segundo Adão, que removeu a maldição da morte posta nos descendentes do primeiro Adão.

da Paixão segundo a qual "o Filho do Homem *precisa*" sofrer muitas coisas, ser morto e ressuscitar (Lc 9,22).[44] Mas não planejo entrar neste debate em detalhes. É uma discussão de teologia que não se origina diretamente da NP lucana, mas da comparação de Lucas a Paulo. Desconfio que, se tivéssemos Lucas sem Paulo, não seriam muitos os que se lembrariam do ponto em questão.

João. Em conteúdo, a NP joanina[45] difere notavelmente da NP marcana, pois apenas cerca de 50 por cento do material pode ser considerado igual; contudo, com frequência, no início da narrativa evangélica, João tem passagens que correspondem aos outros 50 por cento de Marcos. Portanto, talvez mais insistentemente que para qualquer outro Evangelho, é preciso interpretar a teologia da NP joanina em relação a episódios anteriores de hostilidade para com Jesus. As autoridades de Jerusalém tentam prender ou matar Jesus diversas vezes. Em face dessa hostilidade, o Jesus joanino dá o tom soberano que predomina no último atentado contra sua vida: "[...] dou a minha vida [...]. Ninguém me tira a vida, mas eu a dou por própria vontade" (Jo 10,17-18). Depois da ressurreição de Lázaro e antes da NP, houve uma reunião do sinédrio onde o sumo sacerdote decidiu que era preciso matar Jesus (Jo 11,47-53). Jesus deu a vida; os que se opunham à luz responderam dando-lhe a morte. Ele e o Pai são um e, assim, Jesus não pode, como nos sinóticos, pedir que a hora e o cálice da Paixão sejam afastados dele; ao contrário, todo o seu propósito é vir para esta hora e beber deste cálice, a fim de glorificar o nome de Deus e cumprir as Escrituras (Jo 12,27; 18,11). Inteiramente no controle de tudo o que vai acontecer, Jesus dá a Judas instruções para fazer logo o que vai fazer e está à espera de Judas quando este chega com os que vão prendê-lo (Jo 13,27; 18,4). No jardim do outro lado do Cedron, o Jesus joanino não cai por terra, nem se ajoelha, como faz o Jesus dos sinóticos; ao contrário, quando Jesus diz: "Sou eu", os que vêm prendê-lo, soldados romanos chefiados por um tribuno da coorte e os guardas judeus dos chefes dos sacerdotes e dos fariseus, recuam e caem por terra, indefesos.

---

[44] Schweizer (*Luke*, p. 338-339) atenua a maioria dessas coisas por não se referirem realmente à expiação; mas, na p. 363, ele reconhece parcialmente que o fato de Lucas escrever no veículo evangélico dificulta a análise de seu pensamento nesse ponto: "Nesse sentido, ele [Jesus] é crucificado 'em lugar' desse criminoso. Podemos bem perguntar se uma narrativa consegue mostrar isso. Sem a discrição de Marcos e a explicação didática dada por Paulo, a questão permaneceria vaga demais".

[45] Emprego a expressão "narrativa da Paixão" para João, como o faço para os outros Evangelhos, embora eu desconfie de que João não a considerava uma narrativa de sofrimento (Paixão). Para ele, a narrativa era da ascensão do Filho do Homem em vitoriosa volta ao Pai.

§ 1. A perspectiva deste comentário

O Jesus joanino é o Filho do Homem, que desceu do céu, a quem o Pai entregou todo julgamento; com certeza ele não pode ser julgado por seres humanos. Ao ser interrogado pelo sumo sacerdote Anás, Jesus devolve a pergunta: "Por que me interrogas?". Ele diz a Pilatos: "Tu não tens poder algum sobre mim!"; Pilatos tem medo quando fica sabendo que Jesus alega ser Filho de Deus. Na verdade, a cena é muito mais o julgamento de Pilatos diante de Jesus que o contrário. Todos os que são da verdade ouvem a voz de Jesus e a única incerteza é se Pilatos a escuta. Enquanto vai e vem entre "os judeus" que estão fora do pretório e Jesus que está dentro, Pilatos é um homem que procura evitar tomar uma decisão pela verdade e acaba por decidir pela falsidade. Mas "os judeus" não venceram, pois Pilatos só condena Jesus quando eles têm de negar sua esperança messiânica: "Não temos rei senão César". E, ao condenar Jesus ao meio-dia, a mesma hora em que os cordeiros pascais começaram a ser mortos no recinto do Templo, Pilatos cumpre, no fim do Evangelho, a palavra a respeito de Jesus pronunciada no início por João Batista, que o identifica como o Cordeiro de Deus, aquele que tira o pecado do mundo.

Enquanto o Jesus de Marcos/Mateus é escarnecido na cruz e o Jesus de Lucas é magnânimo, o Jesus de João é triunfante. Na verdade, este é o tipo de morte que ele previu: o Filho do Homem, que é elevado, volta para junto do Pai. O título na cruz confirmado por Pilatos torna-se uma proclamação trilíngue da realeza de Jesus. Os soldados romanos cumprem a Escritura ao dividir suas vestes exatamente como o salmista previu. Jesus não morre sozinho, pois reunidos perto da cruz estão seguidores, inclusive o discípulo que ele amava e sua mãe. Ele os relaciona um ao outro em laços familiares e, assim, deixa para trás uma comunidade de fiéis. Então, sabendo que completou as Escrituras e tudo o que o Pai lhe deu para fazer, Jesus diz "Está consumado", e entrega o espírito àqueles fiéis, sacrificando desse modo a vida por sua livre vontade, como disse que faria. E mesmo depois da morte ele continua ativo. Paradoxalmente, o pedido dos inimigos judeus para que seus ossos fossem quebrados leva um soldado romano a, com uma lança, golpear-lhe o lado, do qual saem sangue e água. Isso cumpre sua palavra segundo a qual de seu interior correriam rios de água viva e a palavra da Escritura, segundo a qual nenhum só osso do cordeiro pascal seria quebrado. Ele disse que quando o Filho do Homem fosse elevado, começaria a atrair todos para si; e agora, adeptos antes tímidos, como José de Arimateia e Nicodemos, vêm a público ao lhe dar um sepultamento magnífico. O Jesus sinótico é sepultado às pressas, mas o Jesus joanino é sepultado de um jeito digno de um rei que governou da cruz. Já se disse que até o momento em que morre, o Jesus marcano é vitorioso só aos olhos de Deus; o Jesus lucano é vitorioso aos olhos de seus seguidores fiéis; mas o Jesus joanino é vitorioso para todos verem.

Os leitores que se identificavam com as outras descrições evangélicas de Jesus em sua Paixão talvez achem difícil se identificar com o Jesus triunfante cujo poder de Deus anula tudo o que os inimigos podem lhe fazer. Para alguns, talvez esse dificilmente seja um jeito humano de morrer. Mas essa é a narrativa que tornou santa a Sexta-Feira Santa. É uma narrativa para todos os que, no decorrer da história, são perseguidos pelos poderosos, mas cuja sensação de que Deus está com eles os faz perceber como toda autoridade temporal tem realmente pouco poder. Os que creem em Jesus têm a vida eterna e, como ele, dizem: "Ninguém me tira a vida". É uma Paixão vista tão completamente com os olhos da fé que a vítima é o vencedor. Sentença eloquente de 1 João (1Jo 5,4) apreende a mensagem teológica que o quarto evangelista transmite aos leitores por meio da descrição da elevação do Filho de Deus na cruz: "todo o que foi gerado por Deus vence o mundo. E a vitória que vence o mundo é a nossa fé".

(A bibliografia para esta seção da INTRODUÇÃO *encontra-se em § 3.)*

§ 2. Questões evangélicas gerais pertinentes às narrativas da Paixão

Na seção anterior, examinamos as NPs do ponto de vista da perspectiva, da história e da teologia hermenêuticas. Entretanto, antes de iniciar o comentário propriamente dito, é necessário que haja outra seção introdutória dedicada aos Evangelhos, para tratar de assuntos como: qual é a extensão da NP em cada Evangelho e como ela se encaixa no plano evangélico global? Como se inter-relacionam as três NPs sinóticas? Houve uma NP pré-marcana e quais foram as fontes de Marcos? Apesar de Mateus depender de Marcos, qual é a influência na NP mateana do material especial que Mateus acrescentou à NP? Lucas teve como fonte outra NP diferente da de Marcos? Como se relacionam as NPs de João e Marcos? Aqui, vou tratar dessas questões apenas de modo geral, para expor as posições que vou adotar. Darei alguns exemplos que esclareçam meu raciocínio, mas a prova detalhada da racionalidade dessas posições está no comentário que se segue. Reconheço o perigo de que tal sequência dê a impressão de que tomei posições *a priori* e modifiquei a interpretação subsequente para que se harmonizasse com elas; por isso, quero assegurar aos leitores que, embora esteja impressa no início do livro e, portanto, seja normalmente lida antes do comentário, esta seção foi o último capítulo do livro a ser escrito. Somente depois de ter estudado e comentado cada versículo das NPs, tirei minhas conclusões a respeito das questões analisadas aqui. Na verdade, em diversos casos minhas posições *a posteriori* divergiram das que eu assumira antes de começar.[1]

---

[1] Ao escrever o segundo volume de meu comentário sobre João (publicado em 1970), tive de adotar certas posturas quanto à gênese dos sinóticos. Em BGJ, v. 2, p. 787-790, aceitei a tese compartilhada por Bultmann, Taylor e Jeremias, de que a NP marcana representou a amalgamação de duas fontes ou tradições pré-marcanas que podiam ser reconstruídas. Também achei provável que Lucas tivesse usado (em adição a Marcos) uma NP pré-lucana consecutiva. Depois de uma década de trabalho intensivo, concernente a todas as NPs, é agora minha opinião que nenhuma dessas posições apresenta a explicação mais provável dos fenômenos encontrados.

A. A extensão e o contexto das narrativas evangélicas da Paixão

Decidi escrever este comentário sobre a seção dos Evangelhos que começa no Getsêmani[2] (o lugar da prisão de Jesus) e termina no túmulo (o sepultamento do corpo de Jesus): Mc 14,26–15,47; Mt 26,30–27,66; Lc 22,39–23,56; Jo 18,1–19,42. Pressuponham ou não uma NP mais longa, quase todos os estudiosos concordam que esse material pertence à Paixão. Entretanto, minha escolha não foi ditada pelo consenso dos biblistas, mas pela praticabilidade. Começar antes na sequência evangélica exigiria o exame da Última Ceia; continuar além exigiria o exame da ressurreição. Cada um desses assuntos exigiria um volume só para si e, assim, eles estenderiam minha tarefa além do que seria exequível. Minha decisão de limitar a NP foi também influenciada pela utilidade percebida. Os que desejam refletir, estudar ou pregar a respeito da Paixão geralmente não consideram a Última Ceia e a ressurreição parte do tema — "Paixão" significa sofrimento e a "agonia de Jesus no jardim" assinala o início de seu sofrimento que leva ao final, com a morte e o sepultamento. Outro argumento para começar a NP com o Getsêmani vem da fluência da história evangélica: em todo o ministério, inclusive na Última Ceia, Jesus toma a iniciativa e proclama o Reino de Deus como acha melhor; mas logo, pelo menos no nível visível, outros tomam a iniciativa, pois o Filho do Homem é entregue nas mãos deles.[3] Apesar da justificativa para delimitar a área sobre a qual este livro comenta, chamo a atenção dos leitores para o fato de que os próprios evangelistas talvez tivessem outro entendimento do que constituía a Paixão de Jesus. Percebemos isso em parte pela forma como a Paixão se encaixa na estrutura de cada Evangelho, o que veremos agora.

João é o que mais se aproxima de uma apresentação da sequência da prisão ao sepultamento como unidade distinta.[4] Em sua maioria, os intérpretes reconhecem que a segunda metade deste Evangelho começa com 13,1 e termina com 20,31, isto é, a longa hora em que Jesus demonstrou seu amor pelos seus enquanto passava deste mundo para o Pai. Dentro de 13,1–20,31, há três subdivisões: os capítulos

---

[2]   Marcos/Mateus usam este topônimo; Lucas fala do Monte das Oliveiras e João, de um jardim do outro lado do Cedron — todos com referência à mesma localização geral do lugar onde Jesus foi preso.

[3]   Não é por acaso que duas das três predições sinóticas detalhadas da Paixão (ver APÊNDICE VIII, A2) começam com essa entrega do Filho do Homem, que acontece no momento da prisão.

[4]   A antiga divisão do Evangelho em capítulos não é guia definitivo para a estrutura, mas apenas em João essa sequência constitui capítulos completos (18-19).

§ 2. Questões evangélicas gerais pertinentes às narrativas da Paixão

13–17 descrevem a ceia de Jesus com os seus, onde ele faz o último discurso; os capítulos 18–19 começam com a prisão de Jesus no jardim, do outro lado do Cedron, e terminam com seu sepultamento no túmulo do jardim; o capítulo 20 descreve diversas reações de crença no Jesus ressuscitado por pessoas no túmulo vazio e na sala trancada. Assim, as linhas de demarcação em ambos os lados do que chamo de Paixão (capítulos 18–19), diferenciando-a da Última Ceia e da ressurreição, são relativamente claras. É uma pena que isso não aconteça nos Evangelhos sinóticos.

Marcos. A análise dos contornos da NP marcana (que considero 14,26–15,47) é complicada pelas teorias quanto a uma NP pré-marcana que se possa reconstruir (ver C, adiante). Pesch, por exemplo, ao apresentar a coextensão virtual entre os dois, inicia a Paixão, de forma idiossincrática, com Mc 8,27 (quando Jesus parte para Cesareia de Filipe para fazer seu primeiro anúncio da morte sofredora do Filho do Homem). Ele a conclui com a partida das mulheres do túmulo vazio, depois de ouvirem que Jesus ressuscitou. Aceitando o mesmo final, alguns biblistas iniciam a NP com Mc 11,1, quando Jesus se aproxima pela primeira vez de Jerusalém, a cidade onde vai morrer.[5] Entretanto, a maioria começa a Paixão com Mc 14,1, versículo no qual, com a aproximação da Páscoa, os sumo sacerdotes e os escribas procuram prender Jesus e matá-lo.[6] Remontar a NP assim tão atrás, na narrativa evangélica, leva a Última Ceia (14,17-25) para a Paixão. Certamente há, na verdade, continuidade entre a cena no Getsêmani e a Última Ceia. Chamo a atenção para isso adiante (§ 5), chamando a seção inicial que comento (Mc 14,26-31) de "episódio de transição", quando Jesus vai com os discípulos da ceia para o Monte das Oliveiras. Quanto à conclusão da NP marcana, concordo com a maioria dos biblistas, que a colocam no fim do capítulo 15. Há quem a estenda para incluir a narrativa das mulheres que vão ao túmulo vazio (16,1-8) e trate o relato do sepultamento em Mc 15,42-47 simplesmente como conectivo para a proclamação da ressurreição em Mc 16. A primeira parte do relato do sepultamento, a saber, Mc 15,42-46, que descreve o enterro do corpo de Jesus por José de Arimateia, é primordialmente um final para a Paixão e morte que a antecedem. A declaração, em Mc 15,47, de que Maria Madalena e Maria, mãe de Joset, viram onde Jesus foi

---

[5] Por exemplo, M. Black ("Arrest", p. 19) considera Mc 10,46–16,8, uma unidade condensada.

[6] D. A. Priebe ("The Woman who Anoints Jesus with Oil in Mark's Passion Narrative", em SBLA, 1989, p. 26, S17) afirma que Mc 14,3-9 inicia a NP marcana pois fornece a estrutura para uma interpretação soteriológica da morte de Jesus.

colocado e, então, descansaram no sábado é na verdade transição para o anúncio da ressurreição, porque passado o sábado, essas mesmas personagens chegam e encontram o túmulo vazio (Mc 16,1ss). Mas eu trato o que acontece no túmulo vazio como nova subdivisão que, apesar de sua concisão, está voltada para a frente, para ver Jesus na Galileia (Mc 16,7).

Mateus. Considero a NP mateana como Mt 26,30–27,66. Embora haja várias teorias quanto à maneira de dividir Mateus, muitos reconhecem que os capítulos 26–28 estão unidos como ação dramática depois do longo discurso dos capítulos 24–25.[7] Mt 26,1-2 é paralelo a Mc 14,1 e, assim, iniciar a NP ali mais uma vez inclui a Última Ceia.[8] Mais difícil é discernir onde Mateus traça a demarcação entre a Paixão e a ressurreição. O capítulo 28 é mais longo que Mc 16,1-8 e com possibilidade mais clara de ser uma subdivisão separada, de modo que muita gente considera os capítulos 26–27 a Paixão, comparáveis a Mc 14–15. Embora (por razões práticas, como expliquei) eu pare meu comentário com Mt 27,66, que conclui o capítulo, e assim inclua na Paixão o relato do sepultamento, duvido que Mateus percebesse a relação estrutural da Paixão com o sepultamento e a ressurreição dessa maneira. No Quadro 9 (§ 48), vou mostrar que um esquema de cinco episódios alternativos constitui uma inclusão[9] entre a narrativa da infância no início de Mateus (Mt 1,18–2,23) e o sepultamento-ressurreição no final (Mt 27,57–28,20). Ao entrelaçar a narrativa da guarda no sepulcro (material peculiarmente seu), Mateus liga o sepultamento à ressurreição de uma forma que transcende Marcos, de modo que é possível indicar Mt 26,1–27,56 como unidade da Paixão, na perspectiva que Mateus tem da estrutura do Evangelho, com o sepultamento (Mt 27,57ss) iniciando a ressurreição.

Lucas. Considero Lc 22,39–23,56 a NP lucana. A grande quantidade de material não marcano que Lucas apresenta na segunda parte de seu Evangelho

---

[7] Contudo, Kinsbury, *Matthew*, em sua divisão tripartida do Evangelho, inicia em Mt 16,21 a seção que trata do sofrimento, morte e ressurreição de Jesus, o Messias, o que não é diferente da abordagem de Pesch à NP marcana.

[8] Devemos mencionar que Mt 26,1-2 faz estreita ligação entre a Paixão que se aproxima e o que se passou antes. Somente quando termina toda a obra do ministério público Jesus anuncia que dentro de dois dias o Filho do Homem vai ser entregue para ser crucificado.

[9] "Inclusão" refere-se a uma técnica de redação pela qual obras inteiras ou seções de uma obra são "unidas", por terem um tema ou uma estrutura no fim que combina com um tema ou uma estrutura no começo.

§ 2. Questões evangélicas gerais pertinentes às narrativas da Paixão

significa que os biblistas precisam transcender o paralelismo sinótico para determinar a concepção lucana de onde a Paixão começa. Em Lc 9,51, Jesus volta o rosto para Jerusalém porque está se completando o tempo para ser elevado ao céu. Em certo sentido, o movimento em direção à Paixão começa com essa viagem a Jerusalém, como no meio dela Jesus lembra aos discípulos (Lc 13,33), ao afirmar que nenhum profeta deve morrer fora de Jerusalém. O término dos discursos que Jesus faz durante a viagem (Lc 19,27) leva a dias de ensinamento em Jerusalém (Lc 19,28–21,38), cheios de controvérsia e predições de desastres futuros. (Assim Blevins, "Passion", inicia a NP lucana com Lc 19,28.) Apesar de toda essa preparação, muitos biblistas falam dos capítulos 22–23 como a NP lucana propriamente dita; com efeito, Lc 22,1-2 é o paralelo lucano a Mc 14,1, que trata da proximidade da Páscoa e do desejo dos chefes dos sacerdotes e dos escribas de matar Jesus. Mais uma vez, isso traz a Última Ceia à Paixão, embora em Lucas a divisão entre a Última Ceia e o episódio no Monte das Oliveiras seja mais nítida que em Marcos/Mateus.[10] No outro extremo, Lc 24, que trata do Jesus ressuscitado, é um capítulo muito longo que é uma unidade independente (nisso, semelhante a Jo 20) mais claramente que a ressurreição em Marcos/Mateus e, assim, diferencia-se da NP.

Depois dessas observações muito gerais a respeito dos planos dos diversos Evangelhos e, assim, das formas diversas nas quais os evangelistas lidaram com as unidades ou subunidades que tratam da Paixão, estamos prontos para encetar as questões espinhosas das relações entre os Evangelhos, começando pelo problema sinótico.

B. Interdependência dos Evangelhos sinóticos

Esta é uma questão muito complexa e controvertida. Parte do debate envolve as provas coligidas pela comparação dos Evangelhos como um todo (por exemplo, a ordem respectiva dos episódios) e, para isso, os leitores devem consultar introduções usuais ao NT.[11] Aqui só me atenho à maneira como a discussão do problema sinótico colide com as NPs. Além disso, como adverti os leitores no início da seção, esta será

---

[10] Das três predições negativas por Jesus a respeito do destino dos que o seguiram (Judas, seus discípulos e Pedro), Marcos coloca a primeira na ceia e as duas outras na transição da ceia para o Monte das Oliveiras (§ 5). Lucas coloca as três predições (menos negativas) na Última Ceia e não há diálogo de transição a caminho do Monte das Oliveiras. Os equivalentes joaninos estão todos na Última Ceia.

[11] Neirynck, NJBC, § 40, traz uma descrição concisa com bibliografia até 1987.

uma análise *geral* das teorias que achei mais viáveis; a argumentação detalhada quanto a por que rejeito algumas teorias e acho outras mais satisfatórias aparece no comentário em si. Nesta subseção, concentro-me em especial em passagens das NPs *compartilhadas* pelos sinóticos, pois o material característico de Mateus ou de Lucas será analisado em subseções a seguir. No material compartilhado, a linguagem dos sinóticos é tão parecida que devemos pressupor uma relação baseada em grande parte no fato de um autor ter visto uma forma escrita da obra do outro. Portanto, abaixo, quando falo de dependência, refiro-me à dependência escrita, a menos que eu especifique outra coisa.

Em meio a uma infinidade de teorias a respeito da interdependência sinótica, as hipóteses a seguir são as mais importantes quando consideramos as NPs:

- Prioridade marcana.[12] Marcos é o Evangelho sinótico mais antigo e foi escrito independentemente dos outros. Mateus e Lucas tiraram da de Marcos o esquema, a essência e grande parte da linguagem de suas NPs, fazendo adaptações (gramaticais, estilísticas, teológicas) e acrescentando algum material especial. Essa é claramente a opinião da maioria dos biblistas.

- Hipótese de Griesbach (modificada).[13] Mateus é o Evangelho sinótico mais antigo; Lucas escreveu na dependência de Mateus; e Marcos dependeu de ambos, combinando-os, e com frequência omitindo passagens nas quais os outros dois mostravam discordância. W. R. Farmer, B. Orchard e D. L. Dungan são proeminentes porta-vozes contemporâneos desta hipótese.[14]

- Teorias de protoEvangelhos. A pressuposição de que existiram formas não preservadas mais primitivas dos Evangelhos que conhecemos, e de que os evangelistas canônicos recorreram a elas e também aos outros

---

[12] Aplicado a todos os Evangelhos, isso costuma ser chamado de teoria das Duas Fontes. A fim de explicar o grande conjunto de material de ditos compartilhados por Mateus e Lucas, mas ausente de Marcos, sugere-se que eles usaram de forma independente uma segunda fonte (Q) simultaneamente com Marcos.

[13] J. Griesbach propôs esta teoria em 1789, mas não ficou claro (como são muitos proponentes hoje) que Lucas dependeu de Mateus.

[14] Ver uma avaliação crítica em C. M. Tuckett, *The Revival of the Griesbach Hypothesis*, em SNTSMS 44, Cambridge Univ., 1982; S. E. Johnson, *The Griesbach Hypothesis and Redaction Criticism*, Atlanta, Scholars, 1990. Em defesa: H. Riley, *The Making of Mark*, Macon, 1989.

§ 2. Questões evangélicas gerais pertinentes às narrativas da Paixão

Evangelhos canônicos, tem muitas variantes, quatro das quais vou mencionar. Primeiro, L. Vaganay pressupõe um *proto-Mateus*[15] ou os *"logia"* que foram usados por Marcos. Mateus e Lucas teriam, então, recorrido ao proto-Mateus e a Marcos. Segundo, embora afirmasse que Mateus e Lucas eram dependentes de Marcos, B. H. Streeter pressupôs que primeiro Lucas escreveu o proto-Lucas (combinando Q e material lucano especial) e, depois, anos mais tarde, acrescentou passagens influenciadas por Marcos (daí as diferenças nos usos que Mateus e Lucas fazem de Marcos).[16] Terceiro, a teoria de C. Lachmann e H. J. Holtzmann, de que Mateus e Lucas recorreram a um *proto-Marcos* (*Urmarkus*), em vez de recorrerem ao Marcos canônico que conhecemos, ainda tem seguidores. Quarto, às vezes as propostas baseadas em edições primitivas identificadas dos Evangelhos tornam-se bastante complicadas, como as teorias de X. Léon-Dufour e M.-É. Boismard.[17]

- Influência da tradição oral. Além dos Evangelhos escritos, a mais antiga referência a composições evangélicas (Pápias, conservado em HE 3,39,4) indica a permanência no século II da tradição oral a respeito de Jesus. Como mencionei, a quantidade de paralelismos praticamente idênticos entre os sinóticos nos força a pensar em interdependência escrita; mas algumas teorias acrescentam a isso, como fator modificador, a influência de lembranças transmitidas oralmente. Os estudiosos divergem a respeito da quantidade dessas lembranças que foi memorizada (em um modelo rabínico), diferente da transmissão repetida oralmente, e se o Evangelho escrito foi uma tentativa (talvez inconsciente) de controlar as fantasias da tradição oral ou simplesmente uma preservação não tendenciosa.

---

[15] Muitas vezes, a justificativa para isto é a declaração de Papias (HE 3,39,16), de que Mateus coletou os *logia* ("ditos") do Senhor na língua hebraica (aramaica?). Entretanto, geralmente se considera que o proto-Mateus era uma tradução grega dessa obra.

[16] A tese de que houve etapas temporais na composição de Lucas é mais ampla que a hipótese do proto--Lucas, por exemplo, a ideia de que os capítulos 1–2 da infância foram pré-fixados na última etapa da composição do Evangelho lucano (BNM, p. 284-286) ou de que, nas narrativas da infância, os cânticos (*Benedictus, Magnificat* etc.) foram acrescentados por Lucas mais tarde (BNM, p. 416-417).

[17] Ver em § 24A um exemplo da NP na abordagem de Boismard (em conjunto com P. Benoit). Ver em NEv, v. 1, p. 724-728, uma avaliação da teoria de Léon-Dufour. Subsequentemente, Léon-Dufour associou-se à teoria de A. Gaboury (*La structure des évangiles synoptiques*, em NovTSup 22, Leiden, Brill, 1970), avaliada em Nev, v. 1, p. 691-723.

De formas diferentes, os nomes de B. Gerhardsson e W. Kelber estão associados à ênfase na oralidade.[18]

Ao escrever este comentário, cheguei às seguintes conclusões gerais pertinentes à inter-relação das NPs dos Evangelhos sinóticos:

1*) Ao lidar com o problema sinótico, nós nos perguntamos como, há mil e novecentos anos, evangelistas desconhecidos compuseram seus Evangelhos. As únicas tradições pertinentes a respeito dessa composição são de um período mais tardio, não raro de segunda mão, e talvez não se destinadas a responder à pergunta clara que nos interessa. Não temos nenhum conhecimento seguro de como, no século I, os evangelistas compuseram fisicamente (escrita, ditado), que autoridade deram a suas fontes (pergunta relacionada a como, exatamente, eles as usaram), como e quantos exemplares de seu Evangelho circularam. Especulamos quanto à tradição oral, mas só temos disponíveis indicações vagas de seu conteúdo. Por experiência pessoal, em termos de fontes lidas, comentadas e lembradas, e de etapas de organização, certamente não sei reconstruir como um livro meu publicado há vinte anos foi composto. Portanto, pelo que me toca, não tenho esperança de reconstruir com grande exatidão as inter-relações dos Evangelhos sinóticos.[19]

2*) Por essa razão, desconfio de teorias sinóticas excessivamente complicadas, que propõem uma nova fonte ou etapa de organização para solucionar cada dificuldade. Com toda probabilidade, a composição dos Evangelhos no século I não foi simples; na verdade, pode ter sido mais complicada que nossa teoria mais complexa. Mas creio que nossas possibilidades de determinar exatamente o complexo processo original de composição são tão escassas que é melhor adotar um método abrangente mais simples que solucione a maior parte das dificuldades e deixe algumas dificuldades menores não solucionadas. "O que funciona melhor a maior parte do tempo" surge neste comentário como minha atitude padrão para com as inter-relações evangélicas e a prioridade marcana se enquadra nesse padrão.

3*) Alguns defensores da hipótese de Griesbach reclamam agressivamente que a teoria da prioridade marcana está tão enraizada que suas vozes não são

---

[18] Ver o debate entre os dois em B. Gerhardsson, *The Gospel Tradition*, em ConNT 15, Lund, Gleerup, 1986. A respeito da oralidade, ver H. Wansbrough, org., *Jesus and the Oral Gospel Tradition*, Sheffield Academic Press, 1991.

[19] Ponho essa opinião na primeira pessoa do singular, pois outros biblistas acham que conseguem reconstruir as relações com bastante exatidão. Às vezes, Boismard o faz até a metade dos versículos.

§ 2. Questões evangélicas gerais pertinentes às narrativas da Paixão

ouvidas, e que as improbabilidades da prioridade marcana são suprimidas em uma conspiração de silêncio. Por essa razão, ao lecionar a NP, e também ao preparar este comentário, tentei vezes sem conta, para meu próprio benefício, ver se conseguia explicar melhor a situação existente pressupondo as teses modificadas de Griesbach, a saber, que Lucas recorreu a Mateus, enquanto Marcos usou Mateus e Lucas. Saí totalmente convencido de que essa hipótese produz mais problemas do que soluciona. Em termos da afirmação de que Lucas depende de Mateus, eu já sabia, por meu trabalho com as narrativas da infância, que é preciso uma imaginação imensa, esticada a ponto de total improbabilidade para afirmar que Lucas escreveu conhecendo a narrativa da infância de autoria de Mateus. As dificuldades são menos óbvias na NP; mas o fracasso de Lucas para reproduzir *qualquer parte* do material especial mateano (o depósito de dinheiro de sangue no santuário, o sonho da mulher de Pilatos, o ato de Pilatos lavar as mãos, "Seu sangue sobre nós e sobre nossos filhos", o terremoto, os túmulos que se abriram e os corpos dos santos que ressuscitaram, a guarda na sepultura), combinado com a apresentação nos Atos de detalhes da morte de Judas que contradizem o relato de Mateus, opõe-se fortemente à dependência lucana de Mateus. Pressupor que Marcos depende de Mateus e de Lucas significa que em muitos versículos, depois de ler nesses Evangelhos uma passagem escrita em um grego e em uma sequência que facilitaram a compreensão, Marcos passou a remodelar a fraseologia de uma forma menos gramatical, embaralhada e até obscura. Depois de corrigir as dissertações de muitos alunos que, em relação a suas fontes, revelavam essa tendência ao extremo, não elimino essa possibilidade. Contudo, continuo convencido de que a maior plausibilidade é a situação contrária: Mateus e Lucas leram as passagens irregulares de Marcos e as melhoraram ao copiá-las. Também acho fraca a explicação de que, embora tenha lido Mateus e Lucas e conhecesse todo o material da NP *peculiar a cada um*, Marcos decidiu não relatar nenhuma parte dela a partir desses dois Evangelhos, porque era material não relatado por ambos. Por que, então, ele traz informações que nem Mateus nem Lucas relatam (a fuga do jovem nu, os nomes dos filhos de Simão de Cirene, o espanto de Pilatos ao saber que Jesus já havia morrido)? Anos atrás, quando tratei das narrativas da infância (BNM), não consegui explicar por que, se conhecia Mateus e Lucas, Marcos não pôs no início de seu Evangelho pelo menos as informações importantes sobre Jesus com as quais os dois Evangelhos concordavam, por exemplo, o anúncio angelical antes do nascimento, a concepção virginal e o nascimento em Belém e, na verdade, apresentou uma opinião dos parentes de

Jesus praticamente irreconciliável com esse conhecimento. Quanto às NPs, embora não haja nenhum episódio importante nem informações menores comuns a Mateus e Lucas que Marcos não tenha relatado, as "pequenas concordâncias" de palavras e frases em Mateus e Lucas não foram incluídas por Marcos. Se Mateus e Lucas foram o principal guia de Marcos, por que Marcos mudou palavras e omitiu frases usadas por ambos?

4*) Os que conhecem o campo, talvez fiquem admirados (ou contrariados) por eu ter usado as "pequenas concordâncias" de Mateus e Lucas em oposição a Marcos como argumento para contradizer Griesbach, pois é comum os defensores dessa hipótese considerarem essas concordâncias entre Mateus e Lucas o argumento mais forte contra a prioridade marcana. Se, *independentemente um do outro*, Mateus e Lucas usaram Marcos, como foi que concordaram negativamente em omitir algo que Marcos relata, ou positivamente em usar palavras e frases diferentes das encontradas em Marcos? Eis aí um ponto essencial, e minha atitude padrão de "o que funciona melhor a maior parte do tempo" me força a interpretar de modo diferente esses dois tipos de concordância entre Mateus e Lucas em oposição a Marcos.

Sob certos aspectos, é mais fácil lidar com as concordâncias *negativas* entre Mateus e Lucas ao omitir material marcano, em especial quando o que foi omitido discordava de toda a perspectiva tanto de Mateus como de Lucas. Por exemplo, na prisão de Jesus, Mateus e Lucas omitem o episódio marcano da fuga do jovem nu que, até ser apanhado, seguia Jesus. Em seus Evangelhos, esses evangelistas são mais bondosos com os discípulos de Jesus do que Marcos é, e os dois poderiam independentemente ter rejeitado essa cena como por demais escandalosa. Outros exemplos em que uma razão que pode ser dada para a omissão de Mateus e Lucas é menos óbvia serão tratados no comentário, onde serão propostas explicações possíveis.[20] Essas explicações certamente não são menos convincentes que as apresentadas pelos partidários de Griesbach quanto ao motivo de Marcos incluir informações que não estão presentes em Mateus e Lucas (3* acima).

5*) As concordâncias *positivas* entre Mateus e Lucas em oposição a Marcos são mais importantes. Algumas podem ser explicadas com relativa facilidade. Por exemplo, Mateus e Lucas podem ter chegado independentemente à mesma

---

[20] As omissões por Mateus e Lucas de detalhes em Marcos incluem o galo cantar *duas vezes* nas negações de Pedro, os nomes dos filhos de Simão de Cirene, o espanto de Pilatos ao saber que Jesus já tinha morrido.

§ 2. Questões evangélicas gerais pertinentes às narrativas da Paixão

palavra comum para substituir um termo de Marcos que acharam embaraçoso ou incomum. Assim, ao descrever como José de Arimateia sepultou o corpo de Jesus, Mc 15,46 usa *eneilein* ("amarrar"), um hápax *legomenon* no NT; Mt 27,59 e Lc 23,53 substituem-no por *entylissein* ("envolver"), talvez por, independentemente, acharem esse verbo mais comum e respeitoso (já que, para eles, José era bom de maneira menos ambígua do que ele o era para Marcos). Contudo, a coincidência tem recurso limitado como explicação para muitas das "pequenas concordâncias" entre Mateus e Lucas.

Não precisamos querer entender sempre o motivo dos autores antigos (1* acima), mas, a meu ver, algumas das concordâncias positivas entre Mateus e Lucas em oposição a Marcos nos forçam a modificar a tese da prioridade marcana por meio da introdução da oralidade. Neirynck, ardente intérprete da prioridade marcana, que estudou as "pequenas concordâncias" minuciosamente,[21] desconfia bastante da introdução da dependência oral em explicações do fenômeno, e o mesmo faz seu discípulo Sênior, com referência às NPs.[22] Entretanto, apesar de concordar com sua rejeição da hipótese de Griesbach e do recurso a protoEvangelhos duvidosamente reconstruídos, argumento contra ambos de modo geral e em referência a determinadas passagens das NP que a oralidade é um fator que não pode ser excluído. De modo geral, imaginar que Mateus e Lucas trabalharam apenas com escritos (Marcos, Q, talvez o material especial), de modo bem parecido àquele pelo qual um biblista moderno trabalha com exemplares de Marcos, Mateus e Lucas, confunde a imaginação. Dá para acreditar seriamente que Mateus e Lucas não sabiam nada a respeito da Paixão antes de lerem Marcos e que o que já sabiam não se misturou (talvez inconscientemente) com o que eles leram?[23] Bloquear os evangelistas, restringindo-os à dependência escrita, contradiz o *ethos* por meio do qual o material evangélico chegou até eles: de um Jesus com uma mensagem oral e

---

[21] *The Minor Agreements of Matthew and Luke*, em BETL 37, Louvain Univ., 1974; NEv, esp. v. 1, p. 769-810; v. 2, p. 3-18. Contudo, R. H. Stein ("The Matthew-Luke Agreements Against Mark: Insight from John", em CBQ 54, 1992, p. 482-502, esp. 501), remonta a concordância de João com os sinóticos não ao uso direto deles, mas ao conhecimento de tradições orais comuns, usadas independentemente pelos evangelistas.

[22] Ver seu Matthew's Special Material. Como veremos, Mateus aborda com seriedade a questão da tradição oral.

[23] Do mesmo modo em § 1, A3, afirmei que as respectivas audiências dos evangelistas sabiam da Paixão antes de lerem o Evangelho que lhes era dirigido e que essa experiência anterior influenciou a maneira como entenderam as passagens evangélicas.

que nunca registrou uma palavra por escrito, e de décadas de pregação sobre Jesus que deram origem a conjuntos de tradição a respeito dele. Por outro lado, entra em conflito com a natureza querigmática daquilo que os evangelistas faziam: pela palavra escrita, eles pregavam a comunidades e, como veremos, seus escritos ainda trazem as marcas da oralidade. Quanto a determinadas passagens, vou afirmar no comentário que o recurso à influência oral faz mais sentido que hipóteses *ad hoc* a respeito de fontes escritas. Por exemplo, no escárnio judaico de Jesus, Mt 26,68 e Lc 22,64 têm a pergunta: "Quem é que te bateu?", que está ausente de Marcos. Para explicar isso, Neirynck e Senior têm de supor que, depois de Lucas acrescentar a pergunta ao que recebeu de Marcos, copistas mais tardios, influenciados pelo que viram em Lucas, acrescentaram-na a Mateus que, como Marcos, não a tinha originalmente. Essa criação *ad hoc* da história do trabalho de cópia dos escribas é desnecessária.[24] Sabemos que o jogo da cabra-cega existia na Antiguidade grega e, de acordo com a narrativa marcana, Jesus foi submetido a uma forma brutal desse jogo. Não é raro esse jogo ser conhecido popularmente por sua pergunta-chave (como ouvimos no pátio de recreio o convite para um jogo expresso como: "Vamos jogar 'Quem é?'") e "Quem é que te bateu?" pode ter sido a pergunta estabelecida nesse jogo. Independentemente, sem nenhuma influência de documentos escritos, mas afetados pelo ambiente oral, os dois evangelistas podem ter apresentado essa pergunta de maneira instintiva ao reconhecerem o jogo, ou a fim de ajudar o leitor a reconhecer o jogo, ou ambos. É óbvio que não posso provar isso, mas sugiro que o espírito da solução está mais próximo do ambiente plausível no qual os Evangelhos foram produzidos do que estão as explicações abertamente livrescas exigidas ao se atribuir tudo às cópias. Veremos mais a respeito dessa questão da oralidade dos Evangelhos no comentário e na análise do *EvPd* no APÊNDICE I. Por ora, afirmo que a dimensão que ela acrescenta torna a adesão total à prioridade marcana mais defensável.[25]

---

[24] O caráter forçado da abordagem aumenta quando considerado em relação ao versículo anterior (Mt 26,67). Senior tem de apelar para outra história excepcional de cópia: o Marcos original que Mateus leu não tinha a frase, mas copistas mais tardios a acrescentaram a Marcos para tornar a descrição mais inteligível! A análise completa destes versículos encontra-se no comentário a seguir.

[25] Soards (*Passion*) achou que podia explicar de maneira inteligível a NP lucana como tirada em grande parte de Marcos (com composição lucana e alguns detalhes de material especial), admitindo a influência da tradição oral.

C. Marcos como Evangelho e a questão de uma narrativa pré-marcana da Paixão

Marcos tem papel importante no estudo da NP, não só como o primeiro dos sinóticos (para aqueles de nós que aceitamos a prioridade marcana), mas como o Evangelho mais frequentemente comparado com João. Aqui, é preciso considerar duas questões importantes: o caráter fundamental de Marcos como Evangelho e a questão de uma NP pré-marcana.

1. Marcos como Evangelho

É inevitável que a interpretação da NP de um Evangelho seja fortemente influenciada pelo entendimento que se tem do Evangelho como um todo. Isso é problema principalmente em Marcos, onde, ao contrário de Lucas e João, não há nenhuma declaração de propósito e onde, ao contrário da situação de Mateus e Lucas, que usam Marcos, não vemos as mudanças que o evangelista fez ao copiar de uma fonte escrita mais primitiva e não somos instruídos pelo sentido dessas mudanças. Nossa ignorância daquilo que precedeu Marcos tem permitido teorias muito divergentes quanto à importância do Evangelho. Em algumas teorias, Marcos constitui mudança radical, se comparado com o que o precedeu, por exemplo: Marcos como iniciador do gênero evangélico e, assim, a primeira obra a reunir as palavras, os feitos e a Paixão de Jesus (a "escola de Perrin" e outras); Marcos como o primeiro Evangelho *escrito* e, assim, uma ruptura com a oralidade anterior da mensagem (W. Kelber); Marcos, o criador do conteúdo (ficcional) da história de Jesus e o inventor do mito do redentor em oposição a um "movimento de Jesus" original, sobre o qual sabemos pouco ou nada (B. Mack); Marcos como apologética antiapostólica (mostrando os Doze como homens que deixaram de tomar a cruz e assim perderam a fé em Jesus) que tem o objetivo de corrigir uma apresentação triunfalista de Cristo e da Igreja pregada pelos que invocavam a autoridade dos apóstolos (T. J. Weeden, W. Kelber); Marcos como composição mais tardia, baseada em *Marcos secreto* (ver o § 15 adiante) ou em uma forma primitiva desse apócrifo, expurgando o caráter mais desregrado, mais agnóstico do original, por meio da omissão de passagens potencialmente escandalosas a respeito de Jesus (H. Koester; M. Smith). Em oposição a essas teorias, existe uma abordagem que vê Marcos em considerável continuidade com o que havia antes (a saber, uma tradição de Jesus pregada pelos que o conheceram e por outros, o que já estava sendo moldado em um

INTRODUÇÃO

formato evangélico oral ou escrito) — evolução que em parte estava em harmonia com aquela tradição precedente e, contudo, tinha seu próprio impulso corretivo.[26]

Seria irracional esperar que um comentário de NP analisasse todas essas teorias a respeito de Marcos, mas quero explicar por que uma abordagem evolutiva é preferível a uma que pressupõe uma inovação radical, e por que essa preferência é importante para interpretar a Paixão. A originalidade do gênero evangélico é excessivamente realçada nas teorias de inovação. A julgar pelo esboço marcano, vemos que o Evangelho narra a obra de uma vida na qual Jesus prega o Reino (preceito) de Deus e opera milagres, sofre violência dos que rejeitam sua pregação e é justificado por Deus, que o ressuscita. Se deixarmos de lado o aspecto cristão incomparável da ressurreição, encontramos antecedentes de um Evangelho nos livros proféticos do AT e no gênero intertestamentário das "vidas dos profetas". No que é relatado de profetas veterotestamentários, há proclamações reunidas da Palavra de Deus, ciclos de feitos maravilhosos (Elias e Eliseu, inclusive curas, multiplicação de pães, ressurreição dos mortos) e uma narrativa da Paixão, onde Jeremias sofre violência dos que se opõem a seu ensinamento (ver § 18, F2, item c adiante). O apócrifo *Vidas dos Profetas*[27] estende a muitos profetas o padrão de sofrimento e de morte do mártir. Desde o início, Jesus foi comparado aos profetas, por isso não seria uma grande inovação achar que sua pregação, seus milagres e seu sofrimento faziam parte de um todo.

Em parte, a alegação de que Marcos foi o primeiro Evangelho a ser composto tem origem na tese de que Mateus e Lucas o usaram de modo independente (e, para alguns, o mesmo fez João). Por que Marcos seria tão importante e influente, se não fosse o primeiro escrito a reunir as palavras e as ações de Jesus? Em sua linguagem figurativa, a Antiguidade deu outra razão para a importância de Marcos: Pápias (HE 3,39,15) descreve Marcos como intérprete da proclamação de Pedro daquilo que o Senhor disse e fez. Hoje, poucos aceitariam essa explicação entendida literalmente, mas, com as tradições antigas, às vezes é preciso ir mais fundo que a vocalização superficial, até encontrar uma implicação mais básica.

---

[26] L. Hurtado ("The Gospel of Mark: Evolutionary or Revolucionary Document?", em JSNT 40, 1990, p. 15-32) é uma boa interpretação do debate, em especial com respeito a Kelber e Mack. Hurtado rejeita o entendimento de Marcos como revolucionário e, sem minimizar sua singularidade, considera Marcos uma evolução do que aconteceu antes.

[27] Difícil de datar, mas considerado por alguns como sendo de origem judaica, no século I d.C.; ver OTP, v. 2, p. 379-399.

§ 2. Questões evangélicas gerais pertinentes às narrativas da Paixão

Devido à tendência do século I a considerar Pedro o porta-voz dos Doze, esse pode ser um modo por demais simplificado de reconhecer Marcos como aquele que se distinguiu por extrair a essência da maneira como Jesus foi proclamado na pregação apostólica ou, pelo menos, tradicional.[28] Paulo (1Cor 15,11) oferece-nos provas de que havia uma pregação apostólica comum a respeito de Jesus. Depois de dar a sequência tradicional (morreu, foi sepultado e ressuscitado, apareceu) e depois de mencionar Cefas (Pedro), os Doze, Tiago (o irmão do Senhor) e todos os apóstolos, Paulo diz: "Em resumo, é isso que tanto eu como eles temos pregado [keryssein] e é essa a fé que abraçastes". Embora ele não cite Jesus nem fale de seus atos individuais, muitos biblistas mencionam a existência de ecos de Jesus em Paulo; e R. B. Hays afirma que na argumentação paulina é possível ver um padrão narrativo semelhante ao encontrado nos Evangelhos canônicos.[29] A tese mais antiga de que Marcos (particularmente na ênfase na crucificação) reflete a teologia paulina é uma forma incorreta de reconhecer que Marcos reflete as ênfases da pregação comum "tanto eu como eles", de que Paulo falou com referência à morte, ao sepultamento e à ressurreição de Jesus.[30] Que Mateus e Lucas, independentes um do outro, ao escreverem em lugares diferentes no fim do século I, tomaram Marcos como guia básico, explica-se bem se Marcos refletiu o Evangelho da Igreja maior,[31] isto é, a

---

[28] Pressuponho, como mencionei em § 1, que o processo formativo dos Evangelhos abrangeu décadas de pregação e ensinamento, que deram forma a unidades e coletâneas de histórias de milagres, ditos, parábolas etc. Consequentemente, quando falo de "pregação apostólica ou tradicional", refiro-me a tal processo complexo, mas que era associado de alguma maneira (talvez nas origens) com importantes figuras apostólicas das quais falam Paulo, os Evangelhos e os Atos.

[29] *The Faith of Jesus Christ*, em SBLDS 56, Chico, CA, Scholars, 1983, p. 256-258.

[30] C. H. Dodd (ExpTim 43, 1931-1932, p. 396-400) relaciona o esboço estrutural do Evangelho de Marcos ao esboço querigmático do ministério de Jesus atribuído a Pedro em At 10,37-39. É provável que essa opinião tenha a dependência invertida: Lucas, que lera Marcos, bem poderia ter fornecido no sermão dos Atos um esboço derivado de Marcos. Contudo, mesmo nesta última explicação, observamos que a associação lucana do esboço marcano com a pregação apostólica talvez reflita um testemunho primitivo da maneira como Marcos era apreciado.

[31] Embora o fato a seguir esteja sujeito a interpretações diferentes, é interessante que nenhum Evangelho mais tardio ouse copiar a maneira como Marcos começa: "Início do Evangelho [euaggelion] de Jesus Cristo". (O Evangelho de Lucas jamais emprega *euaggelion*; ao empregar "este Evangelho", Mt 24,14; 26,13 talvez se refira à proclamação de Jesus como Mateus a tornava conhecida.) Se alguém usasse a frase "O Evangelho de Jesus Cristo" em associação com um documento escrito (mesmo se não entendesse "Evangelho" como sendo o conteúdo do documento (ver H. Koester, NTS 85, 1989, p. 361-381), estava isso associado à apresentação marcana? Recorrendo a 1Jo 1,5, sugeri que o nome técnico para o Evangelho de João dentro da comunidade joanina pode ter sido *aggelia*, em vez de *euaggelion* (BEJ, p. 193).

Igreja que se considerava evangelizada pelos que agora eram conhecidos como "os apóstolos". Para os propósitos de nossos estudos, o elemento principal nesse enfoque de Marcos não está na precisão do adjetivo "apostólico", mas na insistência de que esse Evangelho expressou um padrão tradicional ou amplamente aceito, isto é, de que Marcos constituía um bom resumo das linhas principais da tradição de Jesus comum às principais comunidades cristãs desde a pregação mais primitiva.[32]

É defensável esta tese, de que Marcos era bastante hostil em relação aos doze apóstolos e tentava depreciar a invocação da lembrança deles, à luz dos indícios apresentados por Weeden, Kelber e outros (com variações)? É indiscutível que Marcos não relata algumas passagens positivas relevantes em louvor à fé e à constância dos discípulos que se encontram nos sinóticos mais tardios (por exemplo, Mt 16,17; Lc 22,28). Segundo a tese da prioridade marcana, os Evangelhos mais tardios introduziram essas passagens a fim de modificar episódios que descreviam a omissão dos Doze. Tais passagens estão em harmonia com a vocação positiva pós-ressurreição dos que seguiram Jesus durante o ministério; e Marcos é caracteristicamente diferente de Mateus e Lucas, por ter uma atmosfera menos *extraordinariamente* pós-ressurreição. Ao não incluir esses toques aperfeiçoadores, Marcos negou que os Doze[33] tiveram uma subsequente vocação positiva e queria que os leitores considerassem os apóstolos fracassos totais, que abandonaram Jesus definitivamente? Essa é uma interpretação sumamente exagerada, que anula um elemento essencial da apresentação marcana de Jesus. Como primeira ação no ministério, o Jesus marcano escolhe Simão, André, Tiago e João para fazê-los pescadores de homens (Mc 1,16-20). Certamente, a intenção é, então, que os leitores considerem a presença e atividade deles parte importante daquilo que Jesus vai realizar, o que se confirma em Mc 3,13, onde outros são acrescentados para formar os Doze, com a explicação de que Jesus "chamou os que ele quis". Em Mc 3,34, eles são designados como a família de Jesus, constituída pelo ato de fazer a vontade de Deus.

---

[32] A tradição associa Marcos a Roma; Mateus, que escreveu na região de Antioquia, conhecia Marcos; Lucas, que escreveu em uma região onde a herança paulina era respeitada, também conhecia Marcos. Ver n. 8 em § 1.

[33] Sem dúvida, quando escreve a respeito dos discípulos, Marcos usa personagens do ministério de Jesus para fazer a audiência pensar em um discipulado cristão mais amplo; contudo, no decorrer da história, ele faz isso por meio da descrição dos Doze como discípulos.

§ 2. Questões evangélicas gerais pertinentes às narrativas da Paixão

Realmente, na hora da prisão e Paixão de Jesus, Marcos mostra com toda a clareza o fracasso dos Doze, que se dispersam e tropeçam em sua fé (Mc 14,27-29.50-52), e de Pedro, que nega Jesus. Entretanto, na lógica do que aconteceu antes, é impossível que o fracasso seja definitivo, pois então o propósito todo de Jesus ao selecionar companheiros seria definitivamente frustrado e não haveria estímulo para pensar que ele chamaria outros que ele quisesse. Um deles, Judas, fracassou definitivamente, o que Jesus explica em Mc 14,21: "Ai, daquele por quem o Filho do Homem é entregue. Melhor seria que tal homem nunca tivesse nascido!". Mas como é diferente a atitude de Jesus para com o futuro dos outros discípulos, declarada no exato momento em que o fracasso deles é prenunciado com mais firmeza! Ele lhes assegura que quando a Paixão terminar e ele ressuscitar, irá à frente deles para a Galileia (Mc 14,28). Jesus os chamou primeiro ali e ali os vai reunir novamente, depois dessa dispersão. E como Pedro fracassou em particular, o jovem (angelical) no túmulo que lembra as mulheres dessa promessa específica que elas devem ir dizer aos discípulos "e a Pedro" (Mc 16,7).[34] Marcos deseja mostrar aos leitores que sem o fortalecimento possibilitado pela vitória de Jesus sobre a crucificação, mesmo os mais próximos a Jesus fracassaram; contudo, com a ressurreição, eles serão trazidos de volta.[35] Se houve falsos missionários que proclamaram à comunidade marcana um Cristo sem cruz (os adversários atacados por Marcos na hipótese em discussão) e se eles invocaram a autoridade dos apóstolos para esse "Evangelho", eles têm de aprender que, sem a cruz, os apóstolos foram um fracasso. Mas o que faz a mensagem de Marcos um verdadeiro Evangelho (boa-nova) é a indicação de que, depois de Jesus morrer na cruz e com o fortalecimento que veio da inversão dessa morte por Deus, os Doze puderam mais uma vez ser discípulos e servir como pescadores de homens, conforme Jesus pretendia. Deixar de lado o papel pós-ressurreição positivo, prometido e dado aos Doze (menos Judas), é reescrever

---

[34] Muitos estudiosos acham que Marcos acrescentou a material anterior os dois versículos que contêm a promessa de que Jesus iria à frente deles para a Galileia, onde eles o veriam. Esse enfoque dá aos versículos importância maior ainda para discernir o ponto de vista de Marcos. Ver uma visão geral equilibrada do discipulado em Marcos, em Best, *Following*, p. 199-203, especialmente, sobre estes versículos.

[35] Marcos termina em Mc 16,8 sem nos dizer que os discípulos foram à Galileia e que viram o Cristo ressuscitado, mas esse é um fim em suspenso, onde se espera que os leitores completem a história a partir da alusão no texto. Marcos afirma e comunica uma reunião pós-ressurreição, sem narrá-la; ver Magness, *Sense*.

INTRODUÇÃO

Marcos como uma lamúria e reduzir o Jesus marcano a um fracasso em um projeto primordial para proclamar o reino.[36]

Entender Marcos como apresentação da tradição de Jesus derivada de uma cadeia de pregação que se iniciou nos primeiros dias da missão cristã está em conflito com outra tese de Kelber, a saber, que sendo o primeiro Evangelho escrito, Marcos representa um nítido rompimento entre a oralidade e a textualidade. Em esforço louvável para lembrar aos biblistas o impacto da oralidade na formação dos Evangelhos, Kelber descreve uma comunicação oral diversificada muito flexível a respeito de Jesus que se reduziu drasticamente quando Marcos a pôs por escrito. Entretanto, a relação entre a textualidade e a oralidade varia. Os modelos da oralidade apresentados por Kelber foram tirados de uma sociedade pré-letrada, enquanto Jesus e os que o proclamavam viviam em um Judaísmo onde o paradigma para preservar a palavra de Deus era a Escritura e, assim, em um contexto religioso onde oralidade e textualidade se combinavam.[37] Além disso, ao pressupor grande flexibilidade na etapa oral, Kelber menospreza o controle exercido pelas normas apostólicas atestadas por Paulo em: "Tanto eu como eles temos pregado" (1Cor 15,11).[38] Certamente deve ter havido uma variedade de histórias a respeito da Paixão de Jesus e abaixo vou afirmar que um estilo de apresentação popular imaginosa entrou em Mateus; mas Paulo nos mostra a existência na Paixão de uma sequência tradicional, padronizada, que serviu de guia para pregar – e creio que Marcos está em continuação com ela. Não se pode declarar com certeza que Marcos foi o primeiro Evangelho escrito, e muitos biblistas insistem que pelo menos partes da tradição de Jesus existiam

---

[36] A importância dos Doze em Marcos é motivo para pensar que Marcos se relaciona de algum modo com a pregação apostólica. (Compare João, que sabe dos Doze, mas nunca descreve um chamado deles e nunca fala de "apóstolos".) Ao darem aos Doze importância ainda maior com a adição de versículos positivos e com a remoção de declarações negativas a respeito deles, Mateus e Lucas reconheceram a força geral do Evangelho a que recorreram e o adaptaram a uma atmosfera mais reverente. Com certeza isso merece mais crédito do que dizer que recorreram a Marcos como fonte principal, ou sem entender suas intenções antiapostólicas, ou com o desejo de corrigi-las. O fato de Mateus e Lucas terem preservado uma parte tão significativa de Marcos, e com notável fidelidade, opõe-se a uma postura desfavorável a respeito de questão tão importante.

[37] Hurtado, "Gospel" (n. 26, acima), indica modelos de oralidade e textualidade combinadas no mundo greco-romano; ver também P. J. Achtemeier, JBL 109, 1990, p. 3-27; R. Scholes e R. Kellogg, *The Nature of Narrative*, New York, Oxford, 1966, esp. p. 1-56; e a respeito da rejeição do ponto de vista de Kelber, Boomershine, "Peter's", p. 61.

[38] Provavelmente também por sua rejeição de qualquer outro Evangelho, embora não haja nenhum meio de demonstrar que nas passagens relevantes (Gl 1,8; 2Cor 11,4) Paulo pensava em seu Evangelho em termos da sequência que fazia parte da pregação em 1Cor 15,11.

§ 2. Questões evangélicas gerais pertinentes às narrativas da Paixão

por escrito antes de Marcos. Nesse caso, Marcos estaria em continuidade com a escrita pré-evangélica no nível da textualidade. Havia também continuidade no nível oral, pois sinais de oralidade estão evidentes nos escritos de Marcos, como J. Dewey afirma de modo convincente.[39] Isso apoia um ponto de vista que expus em § 1, n. 7: devemos pensar em uma *audiência* marcana, isto é, não apenas leitores, mas também ouvintes, de modo que a oralidade se manifesta não apenas naquilo de que Marcos tomou posse, mas também na maneira como o apresenta.

Talvez a celebração de culto tenha sido um fator dessa oralidade. Sem aceitar a tese cuidadosa de P. Carrington, segundo a qual Marcos consiste em uma série de lições usadas na Igreja de acordo com um calendário litúrgico cristão primitivo, biblistas como Bertram, Schille e Trocmé descobriram na NP marcana sinais de recitação litúrgica, talvez na Eucaristia. A NP inicia-se por uma Última Ceia que tem palavras eucarísticas. A narrativa que trata dos sofrimentos de Jesus começa a caminho do Monte das Oliveiras, com uma referência a hinos (Mc 14,26). Tem interesse especial a estrutura do tempo de um dia (do entardecer de quinta-feira ao entardecer de sexta-feira), onde, desde o início da ceia até o sepultamento, quase todo período de três horas está demarcado (Mc 14,17.72; 15,1.25.33.34.42). Seriam essas horas cristãs de oração em um dia sagrado anual que recordava a morte do Senhor? E seria no contexto de uma leitura durante a Eucaristia daquele dia que a sequência de acontecimentos começou a se tornar uma NP?

A compreensão da influência da oralidade em Marcos é muito importante para dar sutileza à historicidade do Evangelho, a saber, que embora ele seja o mais antigo Evangelho preservado, às vezes sua NP não é histórica, em sentido exato ou restrito. Em § 1B, afirmei que a história fundamenta as NPs evangélicas — não havia indiferença cristã maciça quanto ao que realmente aconteceu no fim da vida de Jesus; as NPs não foram simplesmente formadas da Escritura; houve um centro de memória que dirigiu o modo de formar a tradição e temos traços dessa memória nas fórmulas querigmáticas do período pré-evangélico. Ao mesmo tempo, tentei ser franco quanto às dificuldades para averiguar a história. Na NP de Marcos (e nas NPs de Mateus e Lucas, influenciadas por Marcos), a herança da proclamação

---

[39] *Interpretation* 43, 1989, p. 32-44; CBQ 53, 1991, p. 221-236. A mesma coisa é afirmada também por T. P. Haverly em sua tese de doutorado: *Oral Tradicional Narrative and the Composition of Mark's Gospel*, Edinburgh Univ., 1983.

INTRODUÇÃO

oral e a meta contínua de comunicação oral mesmo quando o Evangelho era escrito facilitaram e simplificaram drasticamente a imagem que é dada da Paixão.

Quero demonstrar isso argumentando a partir do contexto maior do ministério público de Jesus até o contexto menor da Paixão. Para o ministério em geral, a imagem joanina de Jesus indo e vindo entre a Galileia e Jerusalém e a de muitos conflitos com as autoridades de Jerusalém talvez estejam mais próximas da história do que a imagem marcana do ministério todo de Jesus no Norte, com só uma viagem a Jerusalém (colocada no fim de sua vida) e só um conflito importante com as autoridades de Jerusalém, que se inicia no momento em que ele chega. O esquema mais simples de Marcos era, como atesta At 10,37-40, fácil de pregar, enquanto o esquema de João não era; mas, então, a meu ver, João não era um Evangelho moldado primordialmente pela pregação.[40] Ao me concentrar na pequena área do Evangelho que contém a Paixão, quando ressaltei seu elemento narrativo (§ 1, A4 acima), mencionei a presença de arranjos dramáticos e de aspectos do ato de contar histórias (como o padrão de três, muito mais predominante na NP de Marcos do que na de João). Esses aspectos, que só ocasionalmente podiam ter sido históricos, facilitavam a comunicação oral e foram continuados na comunicação escrita que conservou o impulso oral. Por exemplo, é bastante improvável que historicamente o julgamento judaico e o julgamento romano fossem tão caprichosamente equilibrados como Marcos os apresenta: cada um deles concentrado em uma pergunta crucial ("És tu o Messias?", no primeiro, e "És tu o Rei dos Judeus?", no segundo) e ambos terminando em escárnio de Jesus (o primeiro, por uma questão religiosa; o segundo, por uma questão política). Não quero insinuar que a estilização da apresentação marcana signifique que nada do conteúdo é histórico. Ao contrário, é possível apresentar razões apropriadas para a historicidade de um antagonismo centralizado em questões de messiado e realeza, por exemplo, e para a probabilidade de Jesus ter sido escarnecido. Contudo, a maneira como esse material foi moldado para a comunicação oral eficiente aconselha-nos a sermos cautelosos e não sermos precipitados para considerar histórica a organização marcana. Em disputas dispersas pelo Evangelho, João relata que os "judeus" levantavam questões quanto a Jesus

---

[40] Nas etapas mais primitivas da tradição joanina, talvez a pregação desempenhasse um papel, mas a necessidade de organizar o material para testemunho, quando contestado em discussões nas sinagogas, foi um fator formativo mais importante nas etapas mais tardias. Além disso, como demonstram Jo 20,30-31; 21,25, João é bem conscientemente um documento que será lido. Muitos conectivos joaninos presumem que os leitores se lembrem de coisas que ocorreram alguns capítulos antes.

§ 2. Questões evangélicas gerais pertinentes às narrativas da Paixão

ser rei, Messias e Filho de Deus; e embora, naturalmente, João tenha inserido essas disputas e questões em seu esquema teologicamente estruturado, essa dispersão talvez seja mais histórica que a concentração que delas faz Marcos.[41] Contudo, se João fosse lido em voz alta, os ouvintes teriam dificuldade para se lembrar dos debates dispersos.

Além disso, antes de Jesus ser finalmente preso, João tem diversas sessões do sinédrio com tentativas de capturá-lo e uma decisão quanto a sua morte. Essa apresentação, que talvez estivesse mais próxima da realidade, não tem a excelente simplicidade do único julgamento judeu em Marcos, na noite anterior à morte de Jesus, julgamento no qual é reunida toda a série de questões cristológicas. Hb 5,7 expressa uma tradição que, quando enfrentou a morte, Jesus rezou Àquele que tinha o poder de salvá-lo. João distribuiu por diversos capítulos os motivos de Jesus rezar a respeito da morte, de sua alma estar em tumulto, da hora que se aproximava, do cálice que o Pai lhe dera a beber, do escândalo e da dispersão dos discípulos. Marcos os dramatizou em uma única passagem. Na verdade, Marcos divide a oração de Jesus a seu Pai e seu Deus e usa-a para construir a Paixão, colocando uma forma no início e a outra no fim (Mc 14,36: *Abba, ho pater*; 15,34: *Eloi [...] ho theos mou* — em aramaico transliterado e em grego). Para avaliar a importância da NP de Marcos, um passo essencial é reconhecer os efeitos de seleção, redução, simplificação, estímulo e dramatização — processos iniciados na comunicação oral e preservados em uma narrativa escrita para os que, ao ouvi-la, teriam de compreender o Evangelho marcano lido em voz alta.

2. Uma narrativa da Paixão pré-marcana

Defendi a forte probabilidade de Marcos estar em continuidade com uma tradição pregada a respeito da morte de Jesus e mencionei os elementos da sequência nessa tradição pregada (por exemplo, de 1Cor 11,23; 15,3-5), que as palavras eucarísticas foram pronunciadas na noite em que Jesus foi entregue (= Última Ceia, depois a entrega de Jesus aos inimigos) e que Jesus morreu (na cruz), foi sepultado, ressuscitado e apareceu. 1Ts 2,14-15 fala dos judeus que mataram o Senhor Jesus e referências à morte por crucificação (1Cor 1,23 e *passim*) sugerem o envolvimento romano. Assim, Paulo menciona uma sequência e participantes próximos de alguns

---

[41] Ver Brown, "Incidents", artigo antigo que escrevi sobre o fenômeno.

dos elementos principais em Mc 14-16.[42] Até que ponto a sequência foi expandida antes de Marcos escrever? Para responder, precisamos reconhecer que, ao contrário do ministério, na Paixão era inevitável certa ordem lógica: a entrega ou a traição tinha de preceder a prisão; a prisão tinha de preceder o julgamento; o julgamento tinha de preceder a execução (crucificação) etc. Assim, havia a tendência de preencher a sequência.[43] Além disso, alguns dos episódios que expandem a sequência em Marcos não podem ter circulado de modo independente sem uma ligação com a Paixão. O episódio dos maus-tratos físicos de Jesus tinha de ter um contexto no qual Jesus foi detido; por causa do elemento do canto do galo, as negações de Pedro tinham de ser colocadas tarde na noite em que Jesus foi entregue; os episódios que envolviam Simão de Cirene e José de Arimateia tiveram o lugar determinado pelo que esses homens fizeram.

Contudo, esse último ponto leva-nos ao âmago da questão. Esses episódios não poderiam ter circulado fora de um contexto de Paixão, mas uma sequência da Paixão poderia ter circulado sem esses episódios, por exemplo, a sequência de João sem Simão de Cirene carregar a cruz. Embora a sequência principal fosse estabelecida pela pregação, poderia ter havido várias maneiras de expandir essa sequência (por exemplo, em narrativas breves ou longas). Portanto, embora julguemos que provavelmente houvesse narrativas da Paixão antes de Marcos escrever a sua, isso não resolve necessariamente a questão de uma NP pré-marcana, pois essa questão diz respeito àquela determinada NP que Marcos teria usado. Só podemos falar da NP pré-marcana em sentido estrito, se houve uma NP (ou diversas NPs) que Marcos modificou (ou combinou) para produzir a sua NP. Uma alternativa é que, no modelo da sequência geral que foi expandido de maneiras diferentes, em lugares diferentes, Marcos construiu sua NP sem copiá-la de uma fonte.[44] Se houve

---

[42] Além da prova paulina, podemos invocar as referências à oração de Jesus antes da morte, em Hb 5,7, e a Pôncio Pilatos, em 1Tm 6,13, como possíveis reflexos da tradição primitiva.

[43] Ocasionalmente, a literatura biblista fala que o esboço foi "historicizado" em uma narrativa (ver Lescow, Jesus in Gethsemane, p. 141-143). Essa terminologia é enganosa e ambígua. Primeiro, dá a impressão de que não havia nada de história antes de a narrativa ser elaborada. O que quer que tenha dado origem ao esboço e qualquer que tenha sido o propósito que serviu, talvez representasse com razoável exatidão o que aconteceu. Segundo, a terminologia dá a impressão de que o produto final era histórico ou tinha a aparência de história, impressão que nem sempre é verdadeira.

[44] Outra alternativa é proposta em termos de várias tradições "de flutuação livre" que Marcos combinou; mas meu argumento acima é que a situação não podia ser tão livre. Muitas das tradições tinham de se relacionar, de algum modo, a peças de uma sequência geral.

§ 2. Questões evangélicas gerais pertinentes às narrativas da Paixão

uma NP em sentido estrito, era ela escrita ou oral; e se houve mais de uma, poderia uma ter sido escrita e a outra oral? Poderia uma ter sido mais estereotipada e a outra mais popular, envolvendo um uso expressivo da imaginação?[45] Poderia uma das fontes ter sido mais fortemente influenciada pela reflexão na Escritura que a outra?

Os biblistas dividem-se quase igualmente quanto a pressupor ou não a existência de uma ou mais NPs pré-marcanas, embora eu desconfie de que a maioria ainda pressupõe essa existência.[46] Os que não pressupõem a dependência de uma NP pré-marcana por parte de Marcos quase sempre não diferenciam essa questão do problema de haver ou não NPs antes de Marcos escrever a dele, mesmo que ele não as tenha usado. Os que realmente pressupõem a dependência por parte de Marcos de uma NP (ou NPs) muitas vezes não lidam com a possibilidade de um biblista moderno não ser capaz de recuperá-la (ou recuperá-las) em detalhe. Embora eu esteja convencido de que houve narrativas sequenciais da Paixão antes de Marcos escrever, não tenho intenção de reconstruir a(s) NP(s) pré-marcana(s), pois tal interesse me desviaria do objetivo deste comentário, que é interpretar o que *Marcos* escreveu. De modo mais polêmico, não estou certo de que alguém possa reconstruir a(s) NP(s) pré-marcana(s) ou as fontes exatas que Marcos usou. As argumentações *a posteriori* e *a priori* levam-me a esta posição.

A argumentação *a posteriori* está amplamente exposta nos quadros fornecidos por Soards no APÊNDICE IX adiante. Ali são examinadas as opiniões de trinta e quatro biblistas a respeito da situação pré-marcana; não só as reconstruções são diferentes, mas também provavelmente não há um único versículo que todos atribuiriam ao mesmo tipo de fonte ou tradição. Uma quantidade realmente assombrosa de energia erudita foi gasta nessas reconstruções, algumas detalhadas até o infinito, e nenhuma alcançou ampla concordância. Esse fato deve nos tornar no mínimo céticos quanto à possibilidade de reconstruir em detalhe a NP pré-marcana.

A argumentação *a priori* consiste em dúvidas quanto à aplicabilidade dos critérios empregados pelos biblistas no processo para determinar de que modo Marcos contribuiu para as fontes já não remanescentes que supostamente ele usou

---

[45] Taylor e Bultmann pressupõem que a NP marcana era composta e combinava (A) um relato sequencial primitivo com (B) uma coletânea de episódios mais expressivos. Para Bultmann o material em B era em grande parte lendário; para Taylor, era a reminiscência de Pedro e, assim, de grande valor histórico.

[46] Os que tendem a rejeitar a existência de uma NP pré-marcana incluem K. E. Dewey, Donahue, Kelber, Matera, Perrin e Schille.

para escrever a NP existente.[47] Um debate sobre os critérios aplicáveis seria maçante (e gratuito, pois decidi não tentar uma reconstrução pré-marcana); portanto, quero apenas delinear o problema.

a) Um critério simples e atraente é a concordância entre Marcos e João. Já que, como muitos outros, creio que João não tirou sua NP de Marcos (nem vice--versa), a concordância entre eles indicaria, na maior parte do tempo, material pré--evangélico. Contudo, há muitos biblistas que defendem a dependência joanina de Marcos, o que enfraquece o critério. Além disso, como já mencionei, muitas vezes João separa acontecimentos que Marcos apresenta juntos; assim, ainda teríamos de determinar o Evangelho com maior probabilidade de representar a tradição pré-evangélica. Ou, se houve diversas tradições pré-evangélicas, e mesmo fontes escritas, determinada diferença observável entre Marcos e João remontava até onde podemos investigar? Em outras palavras, mesmo para os que afirmam a independência joanina de Marcos, esse critério que aponta para o nível pré-evangélico não estabelece necessariamente o conteúdo da NP pré-marcana.

b) Há estudos muito meticulosos do estilo, do vocabulário e da sintaxe marcana[48] que são utilíssimos nas análises do problema sinótico, a fim de diferenciar o escrito de Marcos dos de Mateus e de Lucas. É muito mais difícil saber utilizar as informações obtidas deles para reconhecer as supostas fontes de Marcos. Se houve uma NP pré-marcana escrita, era seu estilo diferente do estilo de Marcos? Não é inconcebível que Marcos adquirisse seu estilo redacional religioso do de uma fonte que ele considerava credenciada (e mesmo sagrada) o bastante para usar, do mesmo modo como alguns modernos biblistas de língua inglesa consciente ou inconscientemente tiram seu fraseado e estilo da KJ. Se o estilo da fonte era diferente do de Marcos, este copiou-o servilmente, permitindo-nos assim distingui-lo de suas adições? Ou, depois de ler o que estava na fonte, ele reformulou o conteúdo em seu

---

[47] Um estudo proveitoso desses critérios, com referência a todo o Evangelho, é apresentado por R. H. Stein, "The Proper Methodology for Ascertaining a Markan Redaction History", em NovT 13, 1971, p. 181-198.

[48] Por exemplo, J. C. Hawkins (*Horae Synopticae*, 2. ed., Oxford, Clarendon, 1909, p. 10-15), a respeito do vocabulário marcano; C. H. Turner, "Marcan Usage; Notes, Critical and Exegetical", em JTS 25, 1923-1924, p. 377-386; 26, 1924-1925, p. 12-20, 145-156, 225-240, 337-346; M. E. Thrall. *Greek Particles in the New Testament*, em New Testament Tools and Studies 3, Leiden, Brill, 1962; E. J. Pryke. *Redactional Style in the Marcan Gospel*, em SNTSMS 33, Cambridge Univ., 1978; F. Neirynck, "The Redactional Text of Mark", em ETL 57, 1981, p. 144-162, repr. em NEv v. 1, p. 618-636; v. 2, p. 339-346.

§ 2. Questões evangélicas gerais pertinentes às narrativas da Paixão

estilo? Esta última técnica tornaria praticamente impossível distinguir entre o que ele tomou e o que ele originou.

c) É comum recorrer-se à presença de material em estilos diferentes e aos sinais de ligação (junções) como guias ao que é marcano e ao que é pré-marcano. Mas esse critério também é perigoso. Em um contexto onde a oralidade e a textualidade se misturavam, Marcos foi sempre coerente na maneira como tratou suas supostas fontes, ou às vezes copiou e outras vezes reformulou, em especial onde juntou material de origem oral com material de origem escrita? Ele variava deliberadamente o estilo conforme o que descrevia?[49] Se Marcos não foi sempre coerente, a presença de diversos estilos não é guia seguro para distinguir entre o pré-marcano e o marcano. Nem as "junções" são um indicador tão satisfatório quanto muita gente supõe. Ao examinar Marcos (ou quaisquer Evangelhos), percebemos que certa sequência é artificial porque em determinado ponto a transição de uma seção para outra é medíocre. Se o material de um dos lados dessa "junção" é um tanto dissonante, podemos concluir que a artificialidade não se deve à escrita medíocre, mas está presente porque alguém uniu dois conjuntos de material que originalmente não se combinavam. Mas aqui começam as dúvidas. Foi Marcos quem fez a junção, ou a união artificial estava na fonte? É a junção realmente artificial ou a artificialidade está nos olhos de quem a vê? Sobre esse ponto, é preciso entender que o texto atual, considerado artificial, fazia sentido para Marcos, quer ele o tenha copiado, quer o tenha composto. Não estamos julgando a artificialidade de um ponto de vista que jamais ocorreu ao evangelista? (Mais uma vez, se lembrarmos a oralidade, um discurso feito sem notas quase sempre faz perfeito sentido, e na verdade parece eloquente; mas quando transcrito de um gravador, o produto escrito talvez esteja marcado por transições e ligações gramaticais bastante artificiais.) Em § 11, A2, vou analisar a teoria de K. G. Kuhn, de que duas fontes (cada uma com um significado teológico diferente) combinam-se na passagem marcana no Getsêmani, teoria baseada na quantidade de duplicações artificiais. Além do fato reconhecido por Neirynck e outros de que a dualidade é quase sempre um aspecto do estilo

---

[49] Ao formular a pergunta do sumo sacerdote judeu e a resposta que ela recebe, Mc 14,61-62 usa duas expressões de aparência semítica muito incomuns: "Filho do Bendito" (não atestada em nenhum outro lugar) e "à direita do Poder" (tal uso inativo de "Poder" para Deus não é atestado). Ao descrever a entrega pelo governador romano de Jesus para ser crucificado, Mc 15,15 usa forte concentração de latinismos: *hikanon poiein* (= *satisfacere*, "satisfazer") e *fragelloun* (= *flagellare*, "flagelar"). Estaria Marcos ajustando o vocabulário ao *ethos* do protagonista principal?

marcano, estou longe de ter certeza de que exista um sinal de ligação revelador em uma duplicação onde Jesus primeiro se separa do grupo de discípulos, dizendo "Sentai-vos aqui", e depois de Pedro, Tiago e João, dizendo "Ficai aqui". Essa pode ser uma simples narrativa destinada a exemplificar o crescente isolamento de Jesus, artificial por nossos padrões de escrita, talvez, mas não necessariamente pelos padrões de narrativa oral/textual usados na comunicação evangélica no Cristianismo primitivo.

Esses são os problemas que percebo quanto aos critérios usados para averiguar as fontes pré-marcanas; outros não os consideram tão graves.[50] Em todo caso, eles não têm o objetivo de depreciar o estudo intensivo feito para estabelecer as NP(s) pré-marcanas. O APÊNDICE IX deve ajudar os que estão interessados em investigar o problema, pois Soards explica o raciocínio e também o conteúdo de cada uma das trinta e quatro reconstruções. Além disso, onde uma determinada unidade é considerada importante no debate, na ANÁLISE vou resumir algumas das posições principais. Meu principal interesse é que o COMENTÁRIO a respeito de Marcos, que é a essência deste livro, seja útil para todos, independentemente da posição que assumam quanto ao que precedeu Marcos.

D. A narrativa mateana da Paixão e seu material especial

Ao analisar a interdependência sinótica em B, acima, expliquei sucintamente minha aceitação da tese de que Mateus conhecia a NP de Marcos e seguiu-a tão de perto que muitas vezes não há nenhuma diferença importante no que narram. Entretanto, o sentido daquilo que de outra maneira seria o mesmo episódio em Marcos e em Mateus pode ser influenciado e diferenciado pelo contexto ou pela atitude transmitida pelo respectivo Evangelho como um todo. Quase sempre, até as pequenas mudanças de Marcos nos ajudam a identificar as atitudes do evangelista, quanto ao estilo[51] e à teologia. Consequentemente, em § 1, C2, apresentei

---

[50] Os que consideram improváveis as complicações subentendidas nas perguntas que faço, com frequência julgam o procedimento de Marcos a partir do modo como um biblista moderno usa as fontes; a mistura do que vai em um sermão que não é uma composição homogênea talvez seja um paralelo melhor para julgamento.

[51] Por exemplo, Mateus evita as duplicações marcanas, abandona palavras ininteligíveis, reorganiza para obter uma sequência mais homogênea. Punnakottil ("Passion") resume em cada cena a força das mudanças mateanas de Marcos: SPNM comenta a redação mateana da NP marcana versículo por versículo. Dahl ("Passion", p. 45-50), embora advirta sabiamente que nem toda mudança mateana de Marcos foi motivada ideologicamente, faz um exame proveitoso das diferenças teológicas que Mateus tem de Marcos.

§ 2. Questões evangélicas gerais pertinentes às narrativas da Paixão

a teologia da NP mateana com seus aspectos singulares. Aqui, preocupo-me com os aspectos mais amplos do Evangelho mateano e do material especial de sua NP relevante ao nosso estudo.

Enquanto Marcos relaciona os "escribas" entre os que se juntaram contra Jesus, Mateus tende a deixá-los de lado. Naquilo que defini como NP mateana, os chefes dos sacerdotes são mencionados quinze vezes; e os anciãos são mencionados ao seu lado em sete delas — mas os escribas, somente em duas.[52] Esse relativo silêncio quanto aos escribas hostis a Jesus durante a Paixão em geral se explica pela asserção de que o evangelista era ele próprio escriba judeu. Agora, entretanto, como crente em Jesus, ele já não era um dos "seus escribas" que não ensinavam com autoridade (Mt 7,29); ele era um escriba instruído no Reino de Deus porque combinava o novo e o velho (Mt 13,51-52). Comprova-se essa tendência a pensar como escriba no padrão mateano de citar a Escritura copiando formalmente uma passagem que às vezes parece reproduzir o AT hebraico, às vezes o grego e talvez às vezes até um targum (tradução) aramaico.[53] Quanto a outros aspectos do contexto do Evangelho, as diferenças entre Jesus e as autoridades judaicas a respeito da interpretação da lei estão fortemente enfatizadas no ministério,[54] fato que sugere que a audiência cristã mateana, fosse ela predominantemente gentia ou judaica, vivia em um ambiente onde as práticas judaicas eram conhecidas (ao contrário da audiência imaginada em Mc 7,3-4). Dahl ("Passion", p. 38) localiza Mateus perto do meio palestino; ou, mais precisamente, podemos dizer, próximo do meio judeu de língua grega geograficamente perto da Palestina.[55] Em apoio disso, Dahl (p. 43-44) menciona semitismos mateanos (Mt 26,51: "estendeu a mão"); e prováveis toques "históricos"[56] (Mt 26,57: dar ao sumo sacerdote o nome de Caifás; Mt 27,16-17: o

---

[52] Marcos menciona escribas ao lado de chefes dos sacerdotes em cinco de doze casos da NP.

[53] Foi o padrão mateano de citações de fórmulas que fez K. Stendahl intitular sua obra famosa *The School of St. Matthew*, 2. ed., Philadelphia, Fortress, 1968.

[54] Em material ausente de Marcos, muitas das concepções do Jesus mateano são explícita ou implicitamente diferentes de concepções legais de outros: Mt 5,17-48; 8,21-22; 17,24-27; 23,1-26 (cf. Mc 12,28-39). Overman (*Matthew's*) é útil por colocar Mateus no contexto das atitudes judaicas do período.

[55] Dahl afirma que a comunidade de Mateus também conhecia o Evangelho marcano ou pelo menos algumas passagens de Marcos, de modo que a reelaboração mateana de Marcos aconteceu no ambiente da comunidade, não como trabalho isolado de um indivíduo. Embora compreenda essa insistência no ambiente, prefiro falar do conhecimento que a *comunidade* tinha da tradição maior de Jesus (da qual Marcos era resumo eficiente) sem pressupor conhecimento de Marcos.

[56] Pus "históricos" entre aspas para aludir à questão levantada por Broer ("Prozess", p. 86-87), que corretamente adverte sobre o perigo de considerar histórico o que nos parece plausível e, na verdade, só

nome pessoal de Barrabás ser "Jesus"; Mt 27,28: a cor escarlate da capa que os soldados puseram em Jesus). A esses, acrescentam-se explicações etiológicas de um topônimo local de Jerusalém e de uma polêmica narrativa judaica (Mt 27,8; 28,15: "até agora/até o dia de hoje").

Isso nos leva à cena do material mateano especial, espalhado pela NP — aproximadamente um sexto da NP não encontrado em Marcos.[57] Esse material inclui: o episódio onde Judas se enforca (Mt 27,3-10), com as trinta moedas de prata, e a insensibilidade dos chefes dos sacerdotes e dos anciãos, que não se importam com a culpa envolvida na entrega de um inocente à morte, mas são escrupulosos quanto a dinheiro de sangue e o utilizam para comprar o que até agora é conhecido como "Campo de Sangue"; *o sonho da mulher de Pilatos* sobre um justo (Mt 27,19); *o ato de Pilatos lavar as mãos* do sangue de um inocente, enquanto o povo todo diz "Seu sangue sobre nós e sobre nossos filhos!" (Mt 27,24-25); depois da morte de Jesus, a *quadra poética* onde a terra treme, os rochedos se fendem, os túmulos se abrem e os corpos de muitos santos falecidos ressuscitam (Mt 27,51b-53), e a narrativa da *guarda no sepulcro,* com o sumo sacerdote e os fariseus conspirando com Pilatos para lacrar o túmulo e assim impedir a ressurreição profetizada, o que foi interrompido por um terremoto e um anjo, interrupção que acaba por levar os líderes judeus a pagar moedas de prata aos soldados, para que espalhem uma mentira conhecida entre os judeus até o dia de hoje (Mt 27,62-66; 28,2-4.11-15).

No nível da prática mateana em geral, como Mateus tirou a maior parte de seu Evangelho de dois conjuntos da tradição arraigada de Jesus (Marcos e Q), é de se supor que esse conjunto de material especial se originou de uma terceira tradição arraigada. Contra essa posição, Senior (SPNM), que ressalta quase exclusivamente a dependência mateana escrita de Marcos na NP, considera esse material não marcano

---

isso. Não devemos presumir que a medida do evangelista era igual à nossa. Contudo, a plausibilidade (a nossos olhos) tem de entrar em cogitação quando perguntamos o que é histórico, pois a pergunta é apresentada de nosso ponto de vista. A inclusão mateana de material popular de natureza não histórica mostra que o evangelista não tinha nenhum interesse histórico estrito ao escrever. Onde ele acrescentou detalhes históricos *de facto* ausentes de Marcos, é provável que os tenha obtido do meio no qual ele escreveu (Dahl, "Passion", p. 44-45).

[57] Quanto ao que se encontra em Marcos, Mateus só não tem alguns tópicos significativos: a fuga do jovem nu (Mc 14,51-52), o segundo canto do galo (Mc 14,30.[68b].72); a identificação dos filhos de Simão de Cirene (Mc 15,21b) e o espanto de Pilatos ao saber que Jesus já havia morrido e sua pergunta ao centurião a respeito (Mc 15,44-45a). Há quem acrescente a forma indireta da oração de Jesus a respeito da hora no Getsêmani (Mc 14,35b), mas Mateus a reutiliza em 26,42.

§ 2. Questões evangélicas gerais pertinentes às narrativas da Paixão

criação mateana, talvez com base em uma tradição incerta. Contudo, é provável que, embora alhures trabalhe quase à maneira dos escribas com as fontes, Mateus de repente sinta um ímpeto criativo e o resultado seja um produto de caráter bem diferente de suas mudanças de Marcos? No material especial que Mateus agrupou em torno do nascimento e da morte de Jesus, encontro uma consistência que sugere uma fonte, mas uma fonte de natureza diferente de Marcos e Q — fonte que reflete dramatização popular por meio da narração de histórias, muito parecida com a posterior narração expandida da infância e da Paixão.[58] O material especial da NP é distintamente expressivo e imaginoso em suas descrições, como o comportamento inescrupuloso das autoridades judaicas, a conspiração contra Jesus e as mentiras, o dinheiro como suborno, as revelações em sonho, os gentios compreensivos (a mulher de Pilatos, Pilatos), terremotos e outros fenômenos terrestres extraordinários e a intervenção do anjo do Senhor. Muitos desses aspectos encontram-se na narrativa mateana da infância (Mt 1,18–2,23, que é bem diferente da narrativa lucana): revelações em sonho, intervenções do anjo do Senhor, magos gentios compreensivos, fenômeno celeste extraordinário, conspiração contra Jesus e as mentiras. Em BNM, p. 130-142, afirmei que, para esse material da infância, Mateus recorreu a um filão de histórias populares nas quais concepções cristãs fundamentais a respeito da relação de Jesus com o passado de Israel e sua identidade cristológica foram moldadas pela reflexão em temas veterotestamentários: os sonhos do patriarca José, o nascimento de Moisés, um faraó malvado que matava os meninos hebreus, Balaão, o mágico, e seus companheiros. Parece que o termo "popular" enquadra-se neste material peculiarmente mateano, porque os aspectos maravilhosos, expressivos e imaginosos são muito mais fortes ali do que no conjunto do ministério mateano tirado de Marcos e Q, que foi afiado por uma transmissão mais formal na pregação. Afirmo que esse mesmo filão de tradição popular forneceu a Mateus material para a NP. Mais uma vez houve reflexão em temas veterotestamentários: o patriarca José vendido por sugestão de um dos doze (Judá) em troca de moedas de prata. Davi traído por Aquitofel, que se enforcou (depois de ser desmascarado), Jeremias e/ ou Ezequiel (sangue inocente; o campo do oleiro comprado com moedas de prata), Ezequiel e Daniel (a ressurreição dos corpos dos santos adormecidos). Em BNM, achei que a tradição popular pré-mateana que foi a matéria-prima para a narrativa

---

[58] Podemos pensar em exemplos subsequentes, em que a ocupação e os motivos das personagens na narração canônica são acrescentados, como os magos, os pastores, os aldeãos, Judas, Barrabás (dramas da Paixão, "Amahl and the Night Visitors" [Amahl e os visitantes noturnos]).

INTRODUÇÃO

da infância consistia em histórias de formato já bem estabelecido; e pode-se dizer o mesmo do material pré-mateano que foi parar na NP do Evangelho.[59] Contudo, na narrativa da infância e no material especial da NP, como agora estão em Mateus, também é possível reconhecer elementos de estilo e visão geral mateanos. Isso acontece porque Mateus reescreveu a tradição popular, mesmo quando reescreveu Marcos. O estilo mateano, então, não nos diz que Mateus criou o material especial, do mesmo modo que não nos diz que ele criou o material que tirou de Marcos e reescreveu. O APÊNDICE I, que analisa o *EvPd*, vai apresentar razões para pressupor a existência desse conjunto de tradições populares da NP. Além de recorrer a lembranças de Evangelhos canônicos proclamados oralmente, esse Evangelho recorreu a essa tradição popular da NP em um nível mais tardio, isto é, em uma narrativa mais elaborada da guarda no sepulcro.[60]

Ao analisar Marcos, ressaltei a preservação nesse Evangelho de sinais de oralidade que refletem a etapa pregada da tradição pré-marcana da Paixão. Apesar de sua transferência de Marcos à moda dos escribas e um tanto livresca, Mateus não apagou todas as marcas de oralidade no que foi tirado de Marcos. Na verdade, no corpo do Evangelho, a introdução por Mateus do material de Q, uma fonte de ditos, tem o efeito de aumentar a atmosfera de oralidade. Do mesmo modo, Mateus aumentou a oralidade de sua NP pela adição do material especial que acabamos de analisar. Ao recontar o suicídio de Judas e o dinheiro de sangue, a ressurreição dos corpos dos santos já falecidos e a frustração dos guardas no sepulcro, Mateus torna toda a NP uma história mais memorável, mesmo que tenha, ao mesmo tempo, submergido o esboço básico da NP que tomou emprestado de Marcos, que por sua vez a tomara da pregação. Em relação ao material sinótico comum da NP, afirmei que alusões ou citações veterotestamentárias não criaram a sequência básica da NP, mas ajudaram a preencher o esboço estabelecido, esqueletal, de pregação. No caso do material especial mateano, entretanto, o ambiente veterotestamentário pode ter realmente gerado, por exemplo, as narrativas da maneira como Judas morreu.

---

[59] Punnakottil ("Passion", p. 45-47) afirma não haver razão para pressupor a presença de uma narrativa escrita entre a tradição oral e o aparecimento do material especial em Mateus.

[60] Nesta data tardia de composição, o autor de *EvPd* não estava a par de como a Judeia era governada no início do século I (ele põe Herodes acima de Pilatos), nem da maneira exata na qual as festas judaicas eram celebradas (ele parece confuso a respeito da duração da festa da Páscoa/dos Pães Ázimos).

§ 2. Questões evangélicas gerais pertinentes às narrativas da Paixão

Um último aspecto do material especial mateano precisa ser analisado: seu caráter fortemente antijudaico. Vimos anteriormente que Mateus parece refletir um meio mais a par de questões judaicas que Marcos. A polêmica em alguns dos debates entre Jesus e os fariseus, mais a referência a ser açoitado em "suas sinagogas", sugere que a história da comunidade mateana incluía lutas entre judeu-cristãos e outros judeus sobre as implicações para a lei envolvidas na adesão a Jesus. Essas lutas produziram uma separação na qual os judeu-cristãos agora tinham sinagogas próprias. As referências enigmáticas em Mt 16,1.6 e 12, que juntam fariseus e saduceus como se eles tivessem um só preceito, talvez reflitam o período confuso depois de 70, quando os líderes judaicos em Jâmnia (Iavne), embora mais próximos dos fariseus na herança intelectual, conquistaram a aprovação pública do povo representado antes de 70 pelos chefes dos sacerdotes saduceus.[61] Com a supersimplificação, os judeu-cristãos podiam agora juntar os inimigos em um conglomerado.

A disputa quanto a que judeus eram o verdadeiro Israel, os que acreditavam em Jesus ou os que o rejeitavam, reflete-se no material especial da NP mateana de diversas maneiras. Desde o início, o Evangelho mostra Jesus cumprindo os profetas *e a lei*; e esse papel de cumprir o que estava escrito também é realçado em sua morte (Mt 26,24.54.56). Assim, do mesmo modo que José, seu pai legal, foi reconhecido como "homem justo" (cumpridor da lei) no início da narrativa mateana (Mt 1,19), também no fim Jesus, apesar de condenado por blasfêmia pelas autoridades judaicas, é homem justo, como reconhecem Judas, a mulher de Pilatos e Pilatos (Mt 27,4.19.24: o tema do "sangue inocente"). As autoridades judaicas são particularmente malévolas, pois os chefes dos sacerdotes e os anciãos não se preocupam com a inocência, mas só com as trinta moedas de prata ("o preço do sangue") gastas de maneira legal; e, mais tarde, os chefes dos sacerdotes e os fariseus, derrotados na tentativa de impedir o cumprimento da promessa de Jesus de ressuscitar depois de três dias, dão dinheiro para que se espalhasse uma mentira sobre o que aconteceu (Mt 27,62-66; 28,11-15). Entretanto, a descrição dos adversários inclui mais que as autoridades. Os sacerdotes e anciãos incitam a multidão de judeus para que peçam a crucificação de "Jesus a quem chamam Messias" (Mt 27,22), rejeitando-o desse modo com o mesmo título com que os judeu-cristãos o saudavam; e "todo o povo" aceita a responsabilidade legal pela execução de Jesus como criminoso, dizendo

---

[61] Dos dois nomes associados aos primeiros tempos de Jâmnia, Yohanan ben Zakkai pode ter sido sacerdote e Rabban Gamaliel II representava a tradição (farisaica?) de Hilel.

Introdução

"Seu sangue sobre nós e sobre nossos filhos!" (Mt 27,25), e assim provoca o castigo divino que, na visão judeu-cristã, concretizou-se na destruição de Jerusalém e seu Templo. Contudo, apesar da polêmica antijudaica, o evangelista não se esquece de que o Deus de Israel sempre oferece ao povo da Aliança a possibilidade de arrependimento. O tema caracteristicamente mateano do sangue inocente derramado não apaga as últimas palavras de Jesus a respeito de seu sangue: ele é derramado "por muitos [todos] pelo perdão dos pecados".

Entretanto, além da questão judaica interna, o material especial da NP mateana tem interesse especial nos gentios. A última diretriz de Jesus, dada em face da mentira contra a ressurreição propagada entre os judeus, envolve os gentios. Ele instrui os seguidores a fazer discípulos de todas as nações (Mt 28,19) — modificação da diretriz anunciada durante o ministério, para irem apenas às ovelhas perdidas da casa de Israel (Mt 10,6). Se a comunidade de Mateus tem uma forte herança do Cristianismo judaico, muitos gentios também ingressaram nela; e o material especial na narração prevê isso. Na narrativa da infância, além de José, o judeu justo que é obediente à Lei e à revelação angelical de Deus, ao contrário do malvado Herodes, dos chefes dos sacerdotes e dos escribas[62] do povo (judeu), que queriam destruir Jesus, há os magos gentios que, por orientação divina pela estrela, procuram o Rei dos Judeus e apressam-se a adorá-lo, depois de aprenderem com as Escrituras onde o Messias deve nascer. No material especial da NP, a mulher gentia de Pilatos recebe a revelação em um sonho; no mesmo momento em que os chefes dos sacerdotes e os anciãos persuadem as multidões a pedirem que Jesus seja destruído, ela diz ao marido que não quer que nada seja feito contra aquele justo (Mt 27,19-20). Mais tarde, o próprio governador lava as mãos, para simbolizar que é inocente do sangue de Jesus, o que estimula todo o povo a aceitar a responsabilidade por aquele sangue (Mt 27,24-25). Se, antes de Jesus morrer, os chefes dos sacerdotes com os escribas e os anciãos desafiam Deus a libertar Jesus, que disse ser o Filho de Deus (Mt 27,43), logo que Jesus morre, o centurião e os guardas que estão com ele formam um coro gentio ao proclamar: "Verdadeiramente, este era o Filho de Deus". Assim, a NP mateana, muito mais que a marcana, considera os gentios, ao contrário dos judeus, como os que reconhecem a verdade sobre Jesus. Essas polêmicas contra "os judeus" (não apenas contra os fariseus), combinadas com o entusiasmo pelos gentios, transcendem o que se encontra no

---

[62] Observe o plural em Mt 2,20: "os que queriam matar o menino".

§ 2. Questões evangélicas gerais pertinentes às narrativas da Paixão

corpo do Evangelho de Mateus. Em minha opinião, elas refletem os indisfarçados julgamentos teológicos preconceituosos, encontrados entre o povo comum, que são a fonte das narrativas que formam o material especial mateano. No *EvPd* mais tardio, onde se encontra uma popularização mais livre dos controles da pregação e do ensinamento padronizados e discerníveis em grande parte de Mateus, o sentimento antijudaico é ainda mais indisfarçado. Por exemplo, como em Mateus, os escribas, os fariseus e os anciãos conseguem que os soldados de Pilatos guardem o lugar do sepultamento para que os discípulos não roubem o corpo de Jesus (Mt 8,28-30). Entretanto, além disso, embora presentes com a multidão de judeus na noite em que anjos imensos descem e tiram Jesus do túmulo, eles persuadem Pilatos a mentir a respeito, reconhecendo cometer gravíssimo pecado diante de Deus (Mt 11,47-49). Não está claro se tal inimizade reflete contínuos contatos hostis com os judeus ou se é agora simplesmente uma tradição aceita sem exame, expressa até por cristãos que não têm experiência pessoal da hostilidade judaica. De qualquer modo, o material especial mateano e também o *EvPd* sugerem que, pelo menos em certas áreas em nível popular (talvez para os judeus e também para os cristãos), a intolerância era mais feroz do que nos revelam os porta-vozes oficiais — fenômeno sociológico que não deve nos surpreender.

E. A narrativa lucana da Paixão e suas possíveis fontes

A teoria da prioridade marcana (B acima) pressupõe a dependência lucana de Marcos e de Q. A dependência de Q revela-se no fato de, em cerca de 230 versículos, Lucas e Mateus compartilharem material que está ausente de Marcos.[63] Quanto à dependência de Marcos, mais da metade dos versículos desse Evangelho (350 de 661) está consideravelmente representada em Lucas. Às vezes, Lucas inverte a ordem de versículos isolados tirados de Marcos, principalmente a fim de melhorar a lógica da narrativa, mas ele não divide o material marcano em pequenas unidades para serem espalhadas por todo o seu Evangelho. Ao contrário, em seu relato do

---

[63] As estatísticas para grande parte do que se segue estão convenientemente documentadas em Fitzmyer, *Luke*, v. 1, p. 66ss. O fato de Lucas e Mateus porem esse material comum em contextos completamente diferentes torna improvável que um evangelista o tenha tomado por empréstimo do outro. (Observe também que Lucas não demonstra nenhum conhecimento das cenas especiais da NP que envolvem sangue inocente.) A alternativa, de que ambos o tomaram por empréstimo de uma fonte comum (Q), é fortalecida pelo fato de que, se isolarmos esse material comum, frequentemente ele aparece na mesma ordem nos dois Evangelhos.

INTRODUÇÃO

ministério público, Lucas toma o material marcano em quatro blocos substanciais e os utiliza na mesma ordem em que se encontram em Marcos.[64] A narrativa lucana da Última Ceia, da Paixão e da ressurreição constitui um quinto bloco tirado de Marcos, mas aqui o produto final é diferente. Passagens diferentes ou ausentes de Marcos misturam-se com passagens muito próximas dele. Como explicamos essas passagens diferentes ou novas?

1. Observações gerais sobre o material especial lucano

Em parte, a resposta ao material especial da NP lucana precisa ser relacionada com julgamentos do restante do material e constitui cerca de um terço do Evangelho lucano, que à primeira vista não se explica como empréstimo tomado de Marcos e Q. No relato lucano do ministério público, o melhor exemplo disso encontra-se na "grande interpolação",[65] a saber, a longa viagem para Jerusalém, em Lc 9,51–18,14. Ali, encontram-se cerca de doze parábolas exclusivas de Lucas, algumas curas e alguns episódios sucintos de narrativa de ligação.[66] De modo geral, as curas e parábolas não são diferentes das encontradas em Marcos e Q, de modo que algumas delas poderiam ter surgido de composição lucana livre, em imitação dessas fontes. Entretanto, a grande quantidade de material exclusivamente lucano faz com que muitos biblistas pressuponham uma terceira fonte de material de Jesus que Lucas utilizou juntamente com Marcos e Q — uma fonte L.[67] Outro

---

[64] Mc 1,1-15 = Lc 3,1–4,15; Mc 1,21–3,19 = Lc 4,31–6,19; Mc 4,1–9,40 = Lc 8,4–9,50; e Mc 10,13–13,32 = Lc 18,15–21,23.

[65] "Interpolação" porque está colocada entre dois blocos de material tomado de empréstimo de Marcos; "grande" para distingui-la da "pequena interpolação" de Lc 6,20–8,3. Grande parte do material na pequena interpolação encontra-se também em Mateus e pode ser explicada como originária de Q. Entretanto, características de Lucas na pequena interpolação são a ressuscitação do filho da viúva de Naim (Lc 7,11-17), o perdão da mulher que chora sobre os pés de Jesus e os unge (Lc 7,36-50; mas seria essa uma variante lucana da mulher que unge a cabeça de Jesus em Betânia, em Mc 14,3-9, pouco antes da Última Ceia?) e a relação de mulheres (inclusive Maria Madalena) que acompanham Jesus na Galileia e o ajudam (Lc 8,1-3). Esses dois últimos fatos são importantes para a análise das NPs.

[66] Para a NP, são importantes a descrição de um grupo de discípulos maior que os Doze, que seguem Jesus na Galileia ("os setenta": Lc 10,1.17), o relato de que Pilatos misturou o sangue dos galileus com os sacrifícios que ofereciam (Lc 13,1-3) e a indicação do desejo de Herodes de matar Jesus respondido pela afirmação de Jesus de que um profeta não deve morrer fora de Jerusalém (Lc 13,31-33).

[67] Às vezes chamada S. Outros fatores invocados para justificar a hipótese desta fonte incluem estilo, pontos de discordância com material tirados de Marcos e Q, emendas deixadas pela junção, forte teologia do perdão divino e um antagonismo em relação a riquezas. Como a maior parte desses aspectos poderiam ter vindo do próprio Lucas, quer ele tenha composto criativamente sem uma fonte, quer ele tenha

§ 2. Questões evangélicas gerais pertinentes às narrativas da Paixão

conjunto importante de material exclusivamente lucano aparece na narrativa da infância (Lc 1–2, que só tem alguns temas em comum com a narrativa mateana da infância). Esses dois capítulos foram escritos em estilo altamente semitizado, às vezes perceptivelmente diferente dos estilos do relato lucano do ministério público, até mesmo do estilo do material especial naquele relato. Assim, os biblistas que pressupõem uma fonte L para esse último estão divididos quanto a atribuir o material da infância a ele ou optar por algumas fontes lucanas especiais. Há paralelos para os temas e estilo da narrativa da infância nos dois primeiros capítulos dos Atos, que também se passam em Jerusalém, o que leva alguns a pensar em uma fonte especial de Jerusalém.[68] Por outro lado, geralmente se admite que Lucas é perito em usar diferentes estilos de redação para captar o cenário do que ele narra. Embora seja bem possível que ele recorresse a uma coletânea de hinos que lhe forneceu os cânticos da narrativa da infância,[69] a meu ver o próprio Lucas compôs a maior parte da narrativa da infância em grego semitizado, em imitação da LXX, precisamente porque pretendia que as personagens se parecessem com personagens veterotestamentárias cuja fidelidade à Lei e aos Profetas fizeram-nas receptivas à vinda de Jesus. Com exceção dos cânticos, então, não uma fonte estabelecida, mas tradições indeterminadas precederam seus esforços ali.

Voltando-nos para a NP, descobrimos que aqui o material não marcano difere do que examinamos no parágrafo anterior. Ao contrário da narrativa da infância, a NP lucana não resiste como bloco completamente não marcano, nem está escrita em grego perceptivelmente semitizado. Ao contrário do relato do ministério público, a NP lucana mistura pequenas quantidades de material marcano com o não marcano. Embora detalhes estilísticos sejam examinados no comentário sobre versículos específicos, de modo geral o material não marcano da NP não é surpreendentemente

---

reescrito L, nem todos os biblistas acham os critérios convincentes. Schweizer ("Zur Frage", p. 84-85), ao apresentar sete fatores que apoiam uma fonte ou fontes lucanas especiais, afirma que esses critérios carecem de prova. Rehkopf (*Lukanische*) produziu uma lista de setenta e oito palavras e quatro construções características da fonte especial pré-lucana. Apesar de simpatizar com a teoria da fonte L, Taylor (TPNL, p. 24-27) adverte que a lista tem defeitos e H. Schürmann (BZ 5, 1961, p. 266-286) reduz a lista de palavras a vinte e nove, muitas das quais ele não considera indicadores totalmente convincentes.

[68] Em algumas teorias, há uma fonte familiar (por exemplo, Maria, a personagem principal da narrativa da infância, está presente no início dos Atos [At 1,14]); e/ou uma fonte de João Batista (devido à narrativa detalhada de sua concepção e de seu nascimento em Lc 1).

[69] BNM, p. 412-423: talvez os hinos da comunidade cristã primitiva responsável por algumas das tradições dos primeiros capítulos dos Atos.

diferente do estilo do material em torno dele que Lucas tomou emprestado de Marcos. Se tivéssemos só a NP lucana sem um exemplar de Marcos, duvido que conseguíssemos isolar duas fontes distintas por trás dela (Marcos e outra).

Antes de descrever diferentes enfoques do material especial da NP pré--lucana, quero relacionar alguns exames preliminares à guisa de esclarecimento. Para evitar confusão a respeito de referências a "fonte" e "tradição", ficará mais claro se restringirmos "fonte" a um relato sequencial (muito provavelmente escrito) da Paixão, ou de boa parte dela, e "tradição" a informações isoladas ou episódios breves de origem variada, muitas das quais teriam circulado oralmente. A menos que se deseje afirmar que, na NP lucana, tudo o que não é de origem marcana foi criado *ex nihilo* por Lucas, um enfoque que não leve em conta a fonte, pressupõe (em vários graus) o uso lucano de tradições. Embora Lucas possa ter reescrito e adaptado ao seu estilo o que ele tirou de uma fonte especial (mesmo enquanto reformulava o material de Marcos) e/ou de tradições, é de se presumir que seguisse a sequência da fonte, ao passo que poderia ter inserido tradições onde elas melhor se adaptassem à fluência da narrativa. Muitas discussões tendem a tratar a NP lucana como se ela incluísse os relatos da Última Ceia e do túmulo vazio, enquanto eu não trato desses relatos neste comentário; essa diferença explica estatísticas divergentes citadas a respeito da NP. Um problema ao pressupor uma fonte especial para a NP pré-lucana é algumas semelhanças na NP entre Lucas e João que se explicam por um antecedente comum. Embora abaixo eu mencione as semelhanças, a análise de como explicá-las ficará para a próxima subseção, quando examinaremos a NP joanina. Voltemo-nos agora para os dois enfoques opostos da origem do material não marcano na NP lucana: o uso de uma fonte de NP diferente de Marcos ou o uso livre da NP marcana combinado com tradições heterogêneas.

Muitos biblistas pressupõem que, além da NP marcana, houve uma segunda fonte de NP usada por Lucas, quer achem que era a NP outrora ligada a Q (que Mateus não copiou), quer uma NP que fazia parte de L, ou simplesmente uma NP independente das fontes que Lucas usou alhures no Evangelho).[70] Mas, então, por que Lucas combinou essa fonte com Marcos de modo diferente da forma como com-

---

[70] Os estudiosos que pressupõem uma fonte de NP lucana especial fora de Marcos incluem: Bacon, Bammel, Bartlet, Black, Burkitt, Easton, Ernst, Feine, F. Grant, Green, Grundmann, Haenchen, Hawkins, Jeremias, Kuhn, Lagrange, Lescow, Marshall, Perry, Rehkopf, Sanday, Schlatter, Schürmann, Schweizer, Spitta, Streeter, Taylor, B. Weiss, J. Weiss e Winter.

§ 2. Questões evangélicas gerais pertinentes às narrativas da Paixão

binou material da fonte L anteriormente? A dificuldade na hipótese da fonte especial é visível quando comparamos reconstruções dela. Algumas (por exemplo, J. Weiss) tendem a atribuir à fonte somente material lucano, sem paralelo em Marcos; outras (por exemplo, Taylor), a fim de conseguir uma narrativa bem encadeada, atribuem à fonte material lucano paralelo a Marcos, mas em uma forma modificada.[71] Nessa última abordagem, Lucas às vezes copia quase literalmente a NP de Marcos; outras vezes, copia (quase literalmente, presumimos) a fonte especial; outras vezes, mistura na mesma passagem palavras de ambas (às vezes a porcentagem favorece a redação marcana; outras vezes, a redação da fonte).

Outros biblistas afirmam que Lucas não teve nenhuma fonte especial para a NP, mas simplesmente modificou Marcos, reformulando, transpondo, suprimindo e ampliando (com alguns elementos de tradições especiais).[72] Mas, então, por que Lucas modificou e ampliou aqui em um grau muito além de sua modificação de Marcos alhures? Por exemplo, em outras passagens, quando trabalha com material marcano, Lucas tende a usar um pouco mais de 50 por cento de redação marcana, exatamente como faz na NP em certas áreas onde há paralelos marcanos, por exemplo, as três negações de Pedro. Mas, em outras partes da NP (onde, nesta hipótese, Lucas não tinha nenhuma fonte não marcana), Lucas usa a redação marcana só em cerca de 30 a 10 por cento.[73] Calcula-se que as transposições de material marcano na NP lucana são cerca de quatro vezes mais frequentes que em outras passagens.

A dificuldade de decidir que abordagem é melhor (já que ambas têm problemas) é exemplificada pelo fato de alguns biblistas (inclusive Hawkins, e eu mesmo), em seus primeiros escritos, terem pressuposto uma fonte especial para a NP lucana e depois desistirem da hipótese. O trajeto de Schneider, importante comentarista da NP lucana, foi particularmente interessante. No início da década de 1960, em *Verleugnung*, que representa sua pesquisa de pós-doutorado (*Habilitation*), ele

---

[71] No cap. 23, J. Weiss atribui à fonte os vv. 6-9.11-12.27-31.34-35.39-43. Taylor atribui os vv. 1-2.4-24.27-34a.35-37.39-43.46-48.55.

[72] Os biblistas que acreditam não haver nenhuma fonte de NP lucana incluem: Blinzler, Büchele, Dibelius, Finegan, Fitzmyer, Holtzmann, Lietzmann, Lightfoot, Linnemann, Matera, Schmidt, Schneider, Soards e Untergassmair. É bastante variada a quantidade de elementos tradicionais pré-lucanos que eles pressupõem e, em algumas propostas, a linha entre fonte e tradições parece vaga.

[73] Os números fornecidos por Hawkins eram 53 por cento e 27 por cento, respectivamente. Barr ("Use") lembra que Lucas tende a concordar mais de perto com Marcos nos ditos do que na narrativa, e a Paixão é principalmente narrativa. A respeito disso, ver as precisões em TPNL, p. 32-33.

INTRODUÇÃO

apoiou a tese de uma fonte especial para a NP. Em 1973, quando publicou *Passion*, a respeito das três NPs sinóticas, ele afirmou que não havia uma fonte especial para Lc 23. Parece que seu artigo "Verfahren", de 1988, que trata dos processos legais judaicos e romanos contra Jesus, abandonou totalmente a fonte.

2. Exame dos aspectos lucanos especiais da Narrativa da Paixão

É impossível solucionar o problema da fonte com certeza, mas vamos examinar as diferenças entre a NP lucana e a NP marcana, a fim de descobrir se podemos explicá-las sem pressupor uma fonte especial para a NP lucana. Essa pesquisa não é preconceituosa, pois reconhece a validade do princípio de Occam: Não devemos pressupor a existência de entidades que não são necessárias.[74] Deixando de lado a pretensão estilista secundária, que seria de se esperar no uso que um autor importante faz de outro, encontramos quatro tipos significativos de diferenças entre a NP lucana e a marcana: adições, omissões, transposições e substituições. Para analisar essas diferenças, vou percorrer a NP lucana, seguindo a divisão de quatro atos seguida neste livro.

ATO I: *Cena Um: Jesus vai para o Getsêmani/Monte das Oliveiras e ali reza (Lc 22,39-46; Mc 14,26-42).* A caminho do lugar, Lucas não relata as predições do Jesus marcano quanto ao futuro negativo dos discípulos e das negações de Pedro. Não é omissão, mas transposição, pois os temas correspondentes apareceram antes, na Última Ceia (Lc 22,28-34).[75] Ali, em um contexto mais benevolente, ditos a respeito do futuro imediato dos discípulos e de Pedro foram expressos de forma mais gentil. Em vez de ouvirem que vão se dispersar e escandalizar (como em Marcos), os discípulos recebem congratulações por terem permanecido com Jesus. Antes de Pedro ser avisado de que negaria Jesus três vezes, foi-lhe assegurado que Jesus rezaria por ele, para que sua fé não fraquejasse. Essa mudança de ênfase nas predições condiz com uma perspectiva lucana geral, na qual os discípulos são tratados mais bondosamente do que em Marcos, perspectiva consistente com os Atos, que

---

[74] Entretanto, precisamos aplicar esse princípio com cuidado. Ele pode muito bem ser usado contra a pressuposição de fontes escritas de cuja existência não temos nenhuma indicação externa. Mas o princípio não é tão facilmente usado contra a pressuposição de tradição oral pré-evangélica, pois em uma forma ou outra ela certamente existiu.

[75] João também os põe na Última Ceia, situação mais original que a marcana; portanto, teremos de incluir essa questão em João.

§ 2. Questões evangélicas gerais pertinentes às narrativas da Paixão

mostram os apóstolos professando fielmente Cristo. Na própria cena da oração há omissões lucanas. A não menção do topônimo Getsêmani e o "Abbá" da oração de Jesus está em harmonia com o fato de Lucas evitar expressões aramaicas. A descrição que Lucas faz dos discípulos que adormecem só uma vez (não três vezes) e a explicação de que faziam isso "de tristeza" podem ser consideradas outro exemplo da perspectiva benevolente a respeito do apostolado. Ao contrário de Marcos, Lucas silencia quanto a Jesus sentir "pavor e angústia" e ao dito "Minha alma está triste a ponto de morrer" — omissão consistente com a cristologia lucana, que não tolera as fraquezas humanas permitidas pela cristologia marcana. Se, como desconfio, Lc 22,43-44 (única adição importante ao relato de Marcos) foi composto pelo evangelista, compara-se a outras sugestões de que foi dada ajuda angelical a Jesus em sua hora de necessidade (Mt 26,53; Jo 12,28b-29) — elemento de tradição pré-evangélica que Lucas interpreta à luz da teologia de um Pai que sempre responde a Jesus e o apoia. Esses versículos estão em harmonia com a apresentação lucana das tentações de Jesus no início do Evangelho, onde *não* consta a frase marcana "e os anjos o serviam"; o anjo servidor foi guardado até o Getsêmani.

Cena Dois: Jesus é preso (Lc 22,47-53; Mc 14,43-52). O relato de Lucas é mais curto. Ele não afirma claramente, como faz Marcos, que Judas planejou o beijo como sinal para identificar Jesus, nem que Judas realmente o beijou. Lucas também não narra a fuga do jovem nu que seguia Jesus. Essas duas omissões estão mais uma vez em harmonia com a maior benevolência lucana para com os discípulos de Jesus. Quanto a adições, Lucas traz uma palavra de Jesus a Judas que mostra seu conhecimento do que Judas pretendia fazer (em harmonia com a cristologia lucana "mais elevada"); a reprimenda de Jesus aos discípulos por desembainharem a espada em sua defesa e a cura da orelha do servo (pontos em harmonia com a imagem lucana do Jesus meigo que é sempre um Salvador clemente); e a referência de Jesus ao "poder das trevas", concernente à vinda de Judas (em harmonia com a teologia lucana de que Satanás entrou em Judas [Lc 22,3]). A adição lucana mais difícil é a presença, no Monte das Oliveiras, dos "chefes dos sacerdotes, chefes dos guardas do Templo e anciãos", que vieram contra Jesus com espadas e paus. Será que essa passagem deve ser comparada à sequência joanina, onde, entre a vinda de Judas e as negações de Pedro, Jesus foi interrogado pelo sumo sacerdote Anás com a presença da polícia? Nos dois Evangelhos, isso acontece antes de Jesus ser entregue ao sinédrio (Lucas) e Caifás (João).

111

ATO II: *(Lc 22,54-23,1; Mc 14,53-15,1)*. Marcos traz cenas simultâneas nas quais Jesus é interrogado e escarnecido pelas autoridades do sinédrio, enquanto em outro local Pedro nega Jesus três vezes. Apesar do drama do contraste marcano, o amontoado de acontecimentos importantes simultâneos (inclusive um julgamento!) no período de uma única noite e o deslocamento do sinédrio para Pedro e de novo para o sinédrio criaram a tese de que Marcos narrou duas sessões legais do julgamento de Jesus[76] — a meu ver, uma interpretação errônea. Como antes, em diversos casos do ministério público, a apresentação lucana reorganizada do mesmo material aperfeiçoa a sequência e a plausibilidade marcanas.[77] As negações de Pedro têm lugar primeiro à noite, com Jesus presente (em harmonia com a preocupação do Jesus lucano na Última Ceia, para que a fé de Pedro não desaparecesse); então os que têm Jesus nas mãos (não os membros do sinédrio, como em Marcos) escarnecem dele; a sessão do sinédrio está no fim do capítulo e ocorre de manhã.[78] No prólogo a seu Evangelho (Lc 1,3), Lucas prometeu redigir um relato ordenado de tudo o que acontecera, e essa reorganização por meio da transposição é, com toda a probabilidade, exemplo disso. A maneira como Lucas trata o interrogatório judaico de Jesus é mais interessante. Primeiro, comparado a Marcos, há omissões; nenhuma referência a falsos testemunhos, ou a uma declaração de Jesus sobre a destruição do santuário do Templo, nem a blasfêmia de Jesus.[79] É difícil que seja casual a revelação desses incidentes, embora em forma um pouco alterada em At 6,11-14, com referência a Estêvão, o primeiro cristão a morrer por (e em imitação de) Jesus. Portanto, devemos levar em consideração que, ao escrever um Evangelho

---

[76] Parece que a segunda dessas sessões, narrada em um único versículo (Lc 15,1), ocorreu de manhã.

[77] Não poucos intérpretes presumem que a sequência mais plausível deve ser aceita como histórica, mas isso talvez se deva à confusão entre verossimilhança e fato.

[78] Fitzmyer (*Luke*, v. 1, p. 71) está correto: "Aqui vemos a preocupação lucana de unir o material a respeito de Pedro [...] e de descrever apenas um comparecimento de Jesus perante o sinédrio". Schweizer ("Zur Frage", p. 58) faz a objeção de que há um sinal de que dois conjuntos diferentes de material foram reunidos: logicamente, o "dele, nele", em Lc 22,63, se refere a Jesus, que sofre maus-tratos, mas o antecedente no versículo anterior (que conclui as negações) é Pedro. Isso se explica facilmente e é uma situação embaraçosa criada quando Lucas transpôs material marcano.

[79] Antes do interrogatório, Lc 22,65 tem blasfêmia *contra* Jesus pelos que o vigiam. Lucas também omite o "todos julgaram contra ele [Jesus] como sendo culpado, punível com a morte" de Marcos. Muito tem sido dito a respeito disso, como indicação de que Lucas não achava que o sinédrio decidiu que Jesus devia morrer. Tal interpretação é refutada por Lc 24,20 e algumas declarações nos Atos (At 3,17; 4,8-10; 5,30 etc.) que atribuem a responsabilidade pela morte de Jesus aos líderes judeus. É outro exemplo a ser acrescentado aos dados no texto acima, onde a obra mais longa de Lucas permitiu-lhe difundir mais amplamente o que Marcos concentrou.

§ 2. Questões evangélicas gerais pertinentes às narrativas da Paixão

e os Atos, Lucas teve mais flexibilidade que Marcos quanto ao lugar onde relatar esses temas. Quanto ao que Lucas realmente relata na ação legal judaica contra Jesus, a questão cristológica fundamental apresentada em Marcos (o Messias, o Filho do Deus Bendito) permanece, mas agora dividida em duas perguntas feitas a Jesus, com a primeira (se ele é o Messias) recebendo a resposta bastante ambígua: "Se eu vos disser, não me acreditareis". Ao que eu saiba, na verdade nenhum tema da cristologia lucana ou de organização ordenada explica isso como adaptação de Marcos. A mesma divisão das duas questões,[80] recebida com uma resposta ambígua na primeira, ocorre em Jo 10,24–25,36; e isso tem de ser levado a nossa explicação de onde Lucas recebeu seu material especial.

ATO III: *(Lc 23,2-25; Mc 15,2-20a)*. No início do julgamento perante Pilatos, Lc 23,2 acrescenta à imagem marcana que os líderes do sinédrio relacionaram três acusações contra Jesus. Isso não só é mais organizado, mas também combina com a relação pelos líderes do sinédrio de acusações contra Paulo, quando ele foi levado perante o prefeito Félix (At 24,5-6). Pilatos escolhe só uma das três acusações para ser investigada, de modo que, em 23,3, Lucas volta a seguir Marcos bem de perto, na pergunta: "És tu o Rei dos Judeus?". Segue-se importante adição lucana (Lc 23,6-16), onde, por não achar que Jesus é culpado, Pilatos o envia a Herodes (Antipas) para avaliação, mas ele lhe é devolvido, considerado inocente também pelo governante judeu — sequência que faz Pilatos querer soltar Jesus. Mais uma vez, esse é um paralelo quase exato do julgamento de Paulo (At 25,13–26,31), onde o governador romano não o considera culpado de crime grave e encaminha sua causa a (Herodes) Agripa II, e o governante judeu também considera Paulo inocente — sequência que faz o governador romano desejar poder soltar Paulo. A menos que achem que ela continuou nos Atos e tinha um julgamento romano de Paulo muito semelhante, os que pressupõem uma fonte especial para a NP lucana têm de admitir a consistente concordância lucana dos dois julgamentos. Quem pensa que Lucas tinha algumas informações sobre a prisão e o julgamento de Paulo pode muito bem pressupor que, para combinar com esse julgamento, Lucas adaptou o relato marcano do julgamento romano de Jesus, a fim de mostrar aos leitores que o seguimento de Jesus envolve um destino semelhante ao dele. Então, em vez de uma fonte de NP que narrava um julgamento de Jesus por Herodes, pode ser que Lucas

---

[80] Ver a divisão de herdeiro de Davi e Filho de Deus na narrativa da infância, quando Gabriel anuncia a Maria a concepção de Jesus (Lc 1,32b.35).

INTRODUÇÃO

tivesse simplesmente uma tradição de envolvimento herodiano[81] que ele introduziu aqui para criar o paralelismo. Outra informação nas adições lucanas ao julgamento romano fora da descrição marcana é o padrão de três declarações de "inocente" (Lc 23,4.14.22). Padrão semelhante encontra-se em João (Jo 18,38b; 19,4.6) e será tratado na próxima subseção. Se nos voltarmos para omissões, é interessante o resumo lucano das informações marcanas sobre Barrabás (a respeito do costume de soltar um prisioneiro na festa). Nos Atos, Lucas revela ter bom conhecimento do mundo greco-romano: será que ele reconheceu que tal costume era implausível? A mais grave omissão lucana é deixar de registrar o relato marcano (Mc 15,15c-20a) da flagelação, do escárnio e dos maus-tratos de Jesus pelos soldados romanos no fim do julgamento, o que, entretanto, é na verdade transposição, não omissão. Mais no início da NP, Lucas mudou o escárnio judaico de Jesus do fim do julgamento do sinédrio (onde ele aparece em Marcos) para as ações noturnas no pátio antes do julgamento pela manhã. Agora ele muda o escárnio pelos soldados romanos para a cruz (Lc 23,36), por uma razão que vou explicar na próxima subseção. Essa reorganização causou problemas que Lucas não notou, por exemplo, a flagelação não é narrada e, assim, a predição de Jesus de que os gentios não só escarneceriam dele, mas também cuspiriam nele e o flagelariam (Lc 18,32-33), não se cumpre![82]

ATO IV: *Cena Um: Jesus é crucificado e morre (Lc 23,26-49; Mc 15,20b-41).* As omissões lucanas são insignificantes: os nomes dos filhos de Simão de Cirene (presumivelmente por não serem de interesse para a audiência lucana), o topônimo Gólgota (Lucas evita expressões aramaicas) e a indicação marcana de que a crucificação foi bem cedo (9 horas da manhã), na terceira hora (presumivelmente porque era incompatível com a cronologia lucana do julgamento matutino pelo sinédrio). É provável que a aversão de Lucas às duplicações marcanas explique sua diminuição das duas ofertas de vinho marcanas para apenas uma. Aqui são importantes quatro adições lucanas. 1) A caminho do lugar de execução, Lucas tem um episódio que junta ao Simão de Cirene marcano uma multidão do povo e mulheres lamurientas.

---

[81] Como mencionei em § 2, E1 acima, Lucas tinha essa tradição de Herodes em seu material evangélico especial de L; e ela se repete em At 4,25-28, onde é glosada com a Escritura; ver em § 33 uma interpretação mais detalhada do assunto.

[82] Outra situação embaraçosa criada pela transposição é que, ao entregar Jesus para "eles", parece que Pilatos entrega Jesus às autoridades judaicas e ao povo (o último antecedente) para ser crucificado; ver problema semelhante na nota 78 acima. Em § 35, vou afirmar que Lucas não pretendia transmitir uma imagem tão antijudaica e que provavelmente sua audiência interpretou a cena dessa maneira — estava muito bem comprovado que os romanos crucificaram Jesus.

§ 2. Questões evangélicas gerais pertinentes às narrativas da Paixão

Assim, ele tem um grupo de três partes favoráveis depois da morte de Jesus (Lc 23,47-49). No início do Evangelho, Lucas mostrou judeus favoráveis a Jesus; apesar da hostilidade da crucificação, ele quer apresentar a mesma imagem no fim do Evangelho. A advertência sobre a sina das filhas de Jerusalém no iminente castigo divino daquela cidade está em harmonia com advertências lucanas anteriores a respeito do assunto (Lc 11,49-50; 19,41-44; 21,20-24). 2) Há também uma adição lucana no cenário da crucificação:[83] uma oração de Jesus pelos que o crucificam: "Pai, perdoa-lhes, pois eles não sabem o que estão fazendo". Se é uma autêntica passagem lucana, essa passagem textualmente duvidosa é outro exemplo de uma cristologia onde Jesus distribui perdão e graça durante (não apenas após) a crucificação. O tema da crucificação devido à ignorância encontra-se nos Atos (At 3,17); e o primeiro crente a morrer por Jesus, Estêvão, faz uma oração semelhante (At 7,60). 3) O escárnio de Jesus na cruz (Lc 23,35-43) exprime a habilidade da adição lucana combinada com a transposição. Marcos tinha três grupos de escarnecedores (transeuntes, autoridades, bandidos também crucificados). Lucas quer apresentar o povo judeu em uma luz mais favorável, por isso não faz os transeuntes escarnecerem de Jesus. Antes, seus três grupos de escarnecedores são as autoridades, os soldados (que ele mudou do julgamento romano para cá, a fim de ocuparem o lugar dos transeuntes) e um dos malfeitores crucificados com ele. Como estrutura para essa tríade hostil, Lucas tem *dramatis personae* favoráveis a Jesus antes e depois do escárnio, a saber, o povo que não participa, só olha, e o outro crucificado com ele, que fala sua em defesa. A promessa de Jesus, de que esse improvável paladino estaria no mesmo dia com ele no paraíso, é um exemplo muito dramático de contínuo perdão durante a NP. Dante (*De monarchia* 1,18) foi perceptivo ao chamar Lucas de *scriba mansuetudinis Christi*, isto é, o autor que deu expressão à docilidade de Cristo. 4) Depois que Jesus morre, à presença do centurião de Marcos e das mulheres à distância, Lucas acrescenta as multidões que batem no peito em penitência[84] — assim, uma tríade favorável a Jesus para fazer par com a tríade anterior à crucificação, a caminho do lugar de execução. O véu do santuário que se rasga de alto a baixo,

---

[83] De outro modo, pelas transposições e omissões descritas acima, a composição de Lucas é mais breve que a composição marcana.

[84] Lucas aumenta o grupo que se mantém à distância, colocando ao lado das mulheres homens que conheciam Jesus (não os Doze, mas um grupo mais amplo de discípulos); com a adição de Joana, ele também faz as mulheres corresponderem mais exatamente às já mencionadas no ministério público galileu — mudanças que retomam o material L daquele ministério (notas 65 e 66 anteriores).

colocado por Marcos depois da morte de Jesus, é transposto por Lucas para antes da morte de Jesus, a fim de abrir caminho para esta cena inteiramente favorável depois da morte. Quanto à morte em si, uma substituição muito visível diferencia Lucas de Marcos. A citação que o Jesus marcano faz de Sl 22,3, "Meu Deus, Meu Deus, por que me abandonaste?", seria intolerável na cristologia lucana.[85] Em vez dela, Jesus cita outro Salmo (Sl 31,6): "Pai, em tuas mãos entrego o meu espírito", últimas palavras que estão em harmonia com o entendimento lucano de um Jesus em paz consigo mesmo e com Deus. Essas palavras também fazem a morte de Jesus paralela à morte de Estêvão, em At 7,59-60 ("Senhor Jesus, recebe o meu espírito"). A última substituição lucana nesta cena é fazer o centurião proclamar Jesus como "justo", em vez de "Filho de Deus" (Marcos), presumivelmente para apresentar depois da morte de Jesus o testemunho da inocência de Jesus por outra pessoa de fora, comparável aos testemunhos anteriores à sua morte (por Pilatos [três vezes] e pelo malfeitor crucificado com ele).

Cena Dois: Jesus é enterrado (Lc 23,50-56; Mc 15,42-47). Lucas explica a imagem marcana de José de Arimateia ao afirmar que ele não concordara com a decisão nem com a ação dos outros membros do sinédrio. Lucas omite a informação de Marcos, de que Pilatos ficou admirado ao saber que Jesus já estava morto e se certificou de sua morte. Talvez Lucas temesse que isso lançasse dúvidas quanto à realidade da morte de Jesus e assim estimulasse a apologética do século I contra a ressurreição, apologética essa que surgia entre os adversários do Cristianismo. A reorganização da sequência do sepultamento e a adição de uma referência à preparação de aromas e mirra no sábado ajudam Lucas a indicar o papel das seguidoras galileias mais diretamente em direção ao túmulo vazio ao qual elas se dirigiram no domingo para ungir o corpo. A invocação do descanso do sábado não só as descreve como judias piedosas, mas também ajuda os leitores gentios a entender por que elas esperaram um dia para agir no interesse de Jesus.

Quando trabalhamos com a hipótese de que Lucas tinha à disposição apenas uma NP (a de Marcos), o estudo acima mostra que as *omissões* de material da NP marcana explicam-se sem muita dificuldade. São supressões deliberadas de itens que não se encaixam na imagem lucana dos discípulos, nem na de Jesus. A mesma motivação explica substituições lucanas significativas daquilo que se encontra em

---

[85] Além disso, as palavras aramaicas do Salmo citado em Marcos não se adaptariam ao hábito lucano de poupar sua audiência de palavras estrangeiras.

§ 2. Questões evangélicas gerais pertinentes às narrativas da Paixão

Marcos.[86] Em geral, a mudança (*transposição*) lucana da ordem marcana de acontecimentos se adapta com facilidade à declarada preferência de Lucas pela ordem (lógica) e alcança maior coerência narrativa.

As expansões e *adições* lucanas a Marcos apresentam maior dificuldade e, ao que tudo indica, explicam-se de várias maneiras. 1) Algumas são o resultado da criatividade lucana quando o evangelista procurou exemplificar inspirações teológicas. Exemplos plausíveis desta categoria são o fato de Lucas fazer Jesus presente enquanto Pedro o nega e a introdução de multidões favoráveis a Jesus antes, durante e depois da crucificação. 2) Algumas são informações aleatórias, que se originam de tradição conhecida de Lucas (ao que tudo indica, quase sempre na forma oral),[87] que ele reformulou e intercalou de maneira imaginosa na narrativa principal tomada por empréstimo de Marcos. Bons exemplos são as tradições a respeito da hostilidade de Herodes e de palavras de perdão pronunciadas por Jesus sofredor. Uma subdivisão especial desta categoria consiste em informações encontradas também na tradição (pré-) joanina (que analisaremos na próxima subseção), por exemplo, a divisão do interrogatório judaico a respeito do "Messias, o Filho Bendito [= Deus]" em duas perguntas, com uma resposta ambígua à primeira, e a tripla afirmação de Pilatos de "inocente". 3) Algumas relacionam-se com o desejo lucano de estabelecer um paralelo entre a prisão/os julgamentos e a morte de Jesus e a prisão/os julgamentos de Paulo,[88] o grande proclamador missionário de Jesus, e a morte de Estêvão, o primeiro mártir cristão. Esses paralelos servem à pedagogia pastoral, pois ensinam que é necessário tomar literalmente a cruz e seguir Jesus (Lc 9,23). Quanto aos

---

[86] Naturalmente, o conhecimento do estímulo para a substituição não nos diz de onde veio o material importante; o que escrevo no parágrafo seguinte a respeito de adições aplica-se a essa questão. Por exemplo, Schweizer (*Luke*, p. 355) afirma que a passagem do Salmo substituída em Lucas para as últimas palavras de Jesus (em lugar de Sl 22,2 de Marcos) não se originou do próprio Lucas, pois ele "muitas vezes ignora referências a versículos específicos". A imprecisão desse raciocínio enfraquece-o; mas é possível que antes que o Evangelho de Lucas fosse escrito, Sl 31,6 fosse empregado como os sentimentos do Jesus agonizante e, assim, constituísse uma tradição à qual Lucas recorreu para a substituição.

[87] Na subseção anterior, afirmei que Mateus recorreu a um conjunto consistente de tradição, marcado fortemente pela oralidade e a reflexão imaginativa do AT, que continha expansões da narrativa popular pertinentes à infância e à Paixão de Jesus. Não encontro a mesma consistência nas tradições que Lucas acrescentou à Paixão marcana, nem relaciono a maioria delas a tradições que ele usou na narrativa da infância. (As filhas de Jerusalém a caminho do lugar de execução podem ser relacionadas a Simão e Ana, que saudaram o menino Jesus em Jerusalém.)

[88] Este é um tema importante; ver A. J. Mattill, Jr., "The Jesus-Paul Parallels and the Purpose of Luke-Acts", em NovT 17, 1975, p. 15-46. O'Toole (*Unity*, p. 62-71) apresenta quadros dos paralelos a Estêvão e a Paulo.

detalhes significativos que as cenas que envolvem Estêvão e Paulo dividem com a cena de Jesus, é muito difícil saber o caminho da influência daquilo que as tradições de Lucas lhe contaram a respeito da morte de Estêvão e dos julgamentos de Paulo para sua descrição, ou vice-versa.[89] Essas sugestões quanto a diferenças lucanas de Marcos concordam realmente com os resultados que Soards (*Passion* p. 116) obteve por meio do estudo detalhado de Lc 22. Ele encontrou muito material tirado de Marcos, alguns com pouca ou nenhuma revisão, alguns minuciosamente revistos. Isso foi combinado com material que o próprio Lucas compôs e com a tradição oral à qual ele recorreu. Soards não encontrou nenhuma boa razão para pressupor que Lucas usou outra NP além da de Marcos; Matera ("Passion"), em seu breve estudo de Lc 23,44-48, também não encontrou nenhuma razão; nem eu.

Parenteticamente, acrescento que o material lucano especial, não encontrado em Marcos, apresenta uma dificuldade histórica específica. É óbvio que incidentes ou detalhes declarados por apenas um evangelista são sempre um problema para o historiador, porque não satisfazem o critério de atestação múltipla, analisado em § 1, B2 acima. Contudo, mais que qualquer outro evangelista, Lucas tem o porte de um historiador helenístico popular, em grande parte por causa de sua autoria dos Atos. Além disso, seu material adicional, quer na narrativa da infância, quer na NP, não tem o caráter folclórico do material especial de Mateus. Contudo, os biblistas dividem-se nitidamente quanto ao modo de avaliá-lo. Por um lado, Gaston ("Anti-Judaism", p. 153) afirma que houve uma versão primitiva de Lucas-Atos antes que o Evangelho lucano fosse influenciado por Marcos; e, assim, se pudermos reconstruir essa fonte, ela terá extrema importância para a reconstrução de circunstâncias históricas. Por outro lado, Millar ("Reflections", p. 355) afirma que, entre os evangelistas, "Lucas tem o entendimento mais fraco das realidades da Palestina sob o domínio romano". João "aproxima-nos mais do contexto histórico e do padrão total das atividades de Jesus". Em face de tanta discordância, insisto em avaliar o material especial de Lucas por seus próprios méritos, sem nenhuma suposição quanto a "Lucas, o historiador".

---

[89] Não é impossível que um detalhe significativo semelhante estivesse presente na tradição cristã primitiva a respeito de Jesus e de Estêvão ou Paulo; mas essa coincidência dificilmente explica todos os paralelos.

§ 2. Questões evangélicas gerais pertinentes às narrativas da Paixão

F. A origem da narrativa joanina da Paixão

A origem do quarto Evangelho é motivo de acalorada discussão entre os biblistas, e aqui só procuro dar uma explicação razoável da maneira como trato a origem da NP joanina. (Lembro aos leitores que este livro se concentra no texto como ele está agora, por isso o problema das origens afeta apenas alguns itens das ANÁLISES das seções, não o comentário, que é muito mais importante.) Desde os primeiros dias (Clemente de Alexandria, em HE 6,14,7) até a década de 1930, a tese dominante era a de que João conhecia os Evangelhos sinóticos. O que se discutia era como o quarto Evangelho se relacionava com eles. Segundo a opinião aceita durante muitos séculos, ele os respeitou e procurou complementá-los com seu Evangelho, que continha outra tradição válida. Conforme teorias mais recentes, em especial as que tratam João como obra sectária ou gnóstica, o quarto evangelista representava um ponto de vista diferente, e mesmo hostil, e buscou substituir os sinóticos com seu Evangelho.[90] Também se levantou a questão se ele compôs ou não um pseudoEvangelho por meio de reflexão imaginosa em informações sinóticas, sem nenhuma tradição própria válida. Então, uma corrente de estudos joaninos (Bultmann, Gardner-Smith, Dodd) criou a opinião de uma nova maioria que não foi superada durante a segunda metade do século XX: o quarto Evangelho foi escrito sem uso significativo dos Evangelhos sinóticos.[91]

---

[90] H. Windisch, *Johannes und die Synoptiker*, Leipzig, Hinrichs, 1926, foi importante proponente da teoria de substituição.

[91] Os biblistas desta opinião incluem Baum-Bodenbender, Becker, R. E. Brown, Buse, Cullman, Edwards, Fortna, Goodenough, Haenchen, Hahn, Higgins, Käsemann, H. Koester, Kysar, Maddox, Martyn, Menoud, Nicol, Noack, Reim, Richter, J. M. Robinson, Schnackenburg, Schulz, von Wahlde e Wilkinson. Alguns deles pressupõem que um redator final, ao corrigir a obra do evangelista, acrescentou traços de Marcos. (Eu mesmo faço essa concessão em BGJ, v. 1, p. xlvii; mas quando tomei mais consciência da influência contínua da recitação oral e da tradição depois que os Evangelhos foram escritos, passei a duvidar que o redator tivesse de ter conhecido o Marcos escrito.) Outros acham que João foi influenciado por uma suposta fonte pré-marcana. Infelizmente, às vezes a tese da independência joanina dos sinóticos tem sido confundida (por ninguém menos que Dodd, *Historical*) com uma defesa da historicidade joanina. A independência joanina de Marcos serve para mostrar somente a Antiguidade de certas tradições compartilhadas por João e Marcos. Contudo, D. M. Smith está certo ao afirmar que em pontos seletos onde João diverge de Marcos, João pode muito bem ser histórico ("Historical Issues and the Problem of John and the Synoptics", em DE BOER, M. C., org., *From Jesus to John*, Sheffield, Academic, 1993, p. 252-267, em M. de Jonge Festschrift, JSNTSup 84).

Contudo, continuou a haver biblistas que discordavam e estabeleceram a dependência joanina dos sinóticos, ou pelo menos de Marcos.[92] Em um levantamento completo que resume as diversas teorias, D. Moody Smith (*John*, esp. capítulo 6) acha que já não se pode falar de um consenso contra a dependência joanina dos sinóticos, ou pelo menos de Marcos. As razões para a volta do interesse a favor da dependência de João são várias. Há quem argumente com base na suposição (duvidosa) de que Marcos inventou o gênero evangélico e portanto João, enquanto Evangelho, tinha de imitar Marcos. Em especial, a opinião de Perrin, Donahue, Kelber e outros (às vezes chamados de escola de Chicago), de que Marcos criou a *narrativa* da Paixão, significa para muitos que a NP joanina, com suas semelhanças narrativas com a marcana, tinha de se originar de Marcos. Neirynck, Sabbe, Denaux e outros (às vezes chamados de escola de Leuven) trabalham com argumentos mais clássicos, empregados na discussão do problema sinótico para defender a dependência joanina, e DJS tem artigos que exemplificam esse raciocínio.

Aqui, não vou tratar do debate em detalhes completos, nem mesmo quanto à NP; mas vou examinar os indícios da relação da NP joanina com as NPs de Marcos, de Mateus e de Lucas, respectivamente. Nessas três análises (em especial na primeira), será interpretada a teoria alternativa da independência joanina.

1. João e Marcos

Entre o material inicial a respeito de João Batista no capítulo 1 e os seis últimos dias do período anterior à Páscoa que começam no capítulo 12 (e, assim, durante todo o relato do ministério público), João está realmente próximo de Marcos apenas no capítulo 6 (a multiplicação dos pães e a caminhada sobre a água) e em alguns versículos (cf. Jo 5,8; 6,7; 12,3 e Mc 2,9.11; 6,37; 14,3). A maior proximidade de João a Marcos na NP deve, portanto, ser explicada.

A defesa da dependência joanina de Marcos baseia-se em semelhanças (algumas literais) e no paralelismo da ordem. Frequentemente, os que defendem a dependência ignoram uma terceira questão, da qual Gardner-Smith e Dodd mostraram a importância: se João recorreu a Marcos, deve ser possível apresentar uma

---

[92] Por exemplo, Barrett, Boismard, Feuillet, Freed, Guthrie, Kelber, Kümmel, R. H. Lightfoot, Mendner, Neirynck, Perrin e Sabbe. Dauer pressupõe dependência no nível pré-joanino. F. Neirynck ("John and the Synoptics: 1975-1990", em DJS, p. 3-62) estuda os últimos anos a partir do ponto de vista totalmente comprometido com a dependência joanina.

§ 2. Questões evangélicas gerais pertinentes às narrativas da Paixão

explicação racional para pelo menos muitas das mudanças que ele fez ao compor um Evangelho e uma NP tão diferentes.[93] Quero agora comparar a NP joanina com a marcana, destacando as semelhanças na ordem e no conteúdo, e também as diferenças. Como existem semelhanças importantes nas Preliminares das NPs, vou começar com essas, mesmo que eu remeta ao que escrevi alhures sobre os episódios.

PRELIMINARES DA PAIXÃO

- *Ordem*: ordem marcana: a) Mc 11,1-10: Jesus aclamado ao entrar em Jerusalém; b) Mc 11,15-19: Jesus expulsa os vendedores do Templo; c) Mc 14,3-9: uma mulher unge Jesus; d) Mc 14,17-25: a Última Ceia de Jesus. Desde o momento em que Jesus se aproxima de Jerusalém (Mc 11,1) até a Paixão (Mc 14,26), essas são as únicas cenas que Marcos tem em comum com João, de modo que, se recorreu a Marcos, João foi altamente seletivo.[94] A ordem joanina das cenas é b), c), a), d) e, assim, bastante diferente.[95]

- *Conteúdo*: a) BGJ, v. 1, p. 459-461, apresenta um estudo comparativo dos relatos da entrada de Jesus em Jerusalém e julga ser provável que João não tenha recorrido a Marcos e na verdade esteja mais próximo de Mateus em alguns aspectos.[96] b) BGJ, v. 1, p. 116-120, compara as purificações sinóticas do Templo com a joanina e julga que o material de Jo 2,13-22 não foi tirado dos Evangelhos sinóticos. Contudo, há espaço

---

[93] Na subseção anterior, apresentei explicações racionais para um grande número de mudanças lucanas da NP marcana, mas o produto final lucano está muito mais próximo de Marcos na NP do que está João.

[94] João não tem nenhum paralelo importante com a maldição marcana da figueira, a parábola dos meeiros na vinha, os conflitos com herodianos e saduceus, a pergunta sobre o mandamento, a advertência sobre os escribas, o episódio do óbolo da viúva, o discurso escatológico, o suborno de Judas, e os preparativos para a casa onde iriam comer a Páscoa — quantidade imensa do material presente nos capítulos 11, 12, 13 e Mc 14,1-25, e que constitui a maior parte do relato marcano do ministério de Jesus em Jerusalém.

[95] Para ser específico: b) Jo 2,13-22 (no início do ministério público); c) Jo 12,1-8; a) Jo 12,12-15; d) Jo 13,1-17,26.

[96] E. D. Freed (JBL 80, 1961, p. 329-338) afirma que aqui João simplesmente reescreveu os sinóticos; ver a refutação por D. M. Smith, JBL 82, 1963, p. 58-64. Esta cena é apresentada em um importante debate entre P. Borgen e F. Neirynck sobre "John and the Synoptics", em D. L. Dungan, org., *The Interrelations of the Gospels*, em BETL 95, Leuven Univ., 1990, p. 408-458, esp. 432-436, 447-450. Em sua defesa da independência joanina de Marcos, Borgen apresenta uma teoria sobre a elaboração de João e de Marcos a partir da tradição oral muito semelhante à que adoto nesta seção.

para diferenças entre os biblistas.[97] c) BGJ, v. 1, p. 449-452, compara a unção de Jesus em Jo 12,1-8 com Mc 14,3-9 e com Lc 7,36-38. Conclui "que a forma joanina da história representa a fusão um tanto confusa de detalhes de dois incidentes originalmente separados", isto é, um incidente na Galileia, na casa de um fariseu, onde uma penitente chora aos pés de Jesus e enxuga as lágrimas com o cabelo (originalmente sem ungir), e um incidente em Betânia, na casa de Simão, o leproso, onde a mulher chamada Maria unge a cabeça de Jesus. Entre Mc 14,3-9 e Jo 12,1-8, há concordâncias literais e também diferenças significativas.[98] É difícil encontrar outra passagem que tenha confundido tanto as teorias sobre o relacionamento evangélico. d) BGJ, v. 2, p. 557-558, compara a Última Ceia em João e nos sinóticos; mas o relato joanino é cerca de oito vezes mais longo que o de Marcos, de modo que qualquer comparação titubeia. A diferença mais proeminente é a falta de palavras eucarísticas em João e o paralelo mais próximo está na predição de que um dos presentes o entregará. Em suma, embora haja um número incomum de semelhanças entre Marcos e João nessas partes seletas das preliminares da Paixão, as diferenças entre Mc 11,1–14,25 e Jo 12,1–17,26 são impressionantes; e qualquer teoria de relacionamento precisa justificá-las.

ATO I: JESUS REZA E É PRESO

- A cena da oração antes da prisão aparece em Marcos, mas não em João, porém, a situação é mais complicada do que parece à primeira vista. Como o de Marcos, o Jesus joanino vai com os discípulos depois da ceia para a área a leste da cidade; entretanto, os topônimos são diferentes: Monte das Oliveiras e Getsêmani, em Marcos, e "do outro lado do Cedron" em João. As predições a respeito dos discípulos e de Pedro, colocadas por Marcos no caminho do Monte das Oliveiras e também "Levantai-vos; vamos", no fim da oração (Mc 14,42), encontram-se em João na Última Ceia (Jo 16,1.32; 13,36-38; 14,31). A tristeza marcana

---

[97] S. Mendner (ZNW 47, 1956, p. 93-122) acha que João recorreu aos sinóticos; E. Haenchen (ZTK 56, 1959, p. 34-46) acha que ele não recorreu.

[98] Concordâncias: "Betânia"; "perfume de nardo puro"; "300 denários"; "Deixai-a em paz"; "os pobres sempre tendes convosco"; "para a sepultura". Diferenças: ungir a cabeça (Marcos) *versus* pés e secar com os cabelos (João e Lucas). E há pontos onde Marcos concorda com Lucas ("Simão", "alabastro"), mas não com João.

§ 2. Questões evangélicas gerais pertinentes às narrativas da Paixão

da alma de Jesus e a oração ao Pai sobre a hora não se encontram aqui em João, mas em Jo 12,23.27-29, no fim do ministério público.[99] Em Mc 14,36 e Jo 18,11, mas em contextos diferentes, Jesus menciona beber o cálice.

• Na cena da prisão, há semelhança geral entre Marcos e João quando Judas vem com um grupo dos chefes dos sacerdotes que leva Jesus preso e na orelha de um servo do sumo sacerdote decepada. Porém, numericamente mais notáveis são as diferenças que João tem em comparação a Marcos: em João, o grupo que prende Jesus consiste em uma coorte de soldados (romanos) e de guardas (judeus); o reconhecimento é feito pelo próprio Jesus, e não por Judas, com um beijo; o diálogo inicial é totalmente diferente, e não é com Judas, mas com todo o grupo que veio prendê-lo; esse grupo cai por terra; quem decepa a orelha do servo é Simão Pedro, e o servo é Malco; Pedro é repreendido; Jesus ordena a partida dos discípulos, em vez de fugirem (um deles nu). De modo geral, então, a concordância é em um raio de ação muito pequeno.

ATO II: INTERROGATÓRIO JUDAICO; NEGAÇÕES DE PEDRO

• No procedimento legal, o relato de Marcos é duas vezes mais longo que o de João. Entre os dois, há uma pequena semelhança geral: é feita uma pergunta por um sumo sacerdote e Jesus é maltratado. Entretanto, em detalhe, praticamente nada é a mesma coisa. Em contraste com Marcos, em João, aqui, não há julgamento do sinédrio (cf. Jo 11,47-53), nenhuma testemunha, nada quanto à destruição do santuário do Templo (cf. Jo 2,19; 11,48), ou a respeito de Jesus como Messias, o Filho do Bendito (cf. Jo 10,24.36; 19,7), e uma descrição muito diferente dos maus-tratos.

• Nos dois Evangelhos, as negações de Pedro estão sincronizadas com o interrogatório judaico, mas em sequências diferentes (Marcos, três negações posteriormente; João, uma antes e duas depois). De modo geral, as negações são razoavelmente parecidas, exceto por toques joaninos ausentes de Marcos: o envolvimento de outro discípulo conhecido do sumo sacerdote (provavelmente = o discípulo que Jesus amava) e a

---

[99] Ali na resposta à oração de Jesus que envolve um anjo, há também um paralelo à cena lucana no Monte das Oliveiras.

INTRODUÇÃO

identificação do terceiro interrogador como parente do servo que teve a orelha decepada por Pedro.

ATO III: O JULGAMENTO POR PILATOS

- Os detalhes comuns a Marcos e João são a pergunta de Pilatos: "És tu o Rei dos Judeus?", a resposta de Jesus: "Tu o dizes [...]"; o costume de soltar alguém na festa/Páscoa; a escolha de Barrabás em vez de Jesus, que envolve a rejeição do "Rei dos Judeus"; a entrega de Jesus; açoite/ flagelação e escárnio de Jesus por soldados romanos no pretório (com uma surpreendente quantidade de similaridade verbal, mas colocados no fim do julgamento por Marcos e no meio por João). Entretanto, o relato de João é mais de duas vezes mais longo que o de Marcos e tem um cenário esmerado: fora/dentro do pretório, muito diálogo e episódios dramáticos ("Vede o homem!"; "não és amigo de César"; Pilatos no tribunal; "Olhai, o vosso rei"), que faltam em Marcos.

ATO IV: CRUCIFICAÇÃO E SEPULTAMENTO

- Na crucificação, Marcos e João concordam a respeito do lugar (Gólgota) e que Jesus é crucificado entre dois criminosos (vocabulário diferente) e lhe é oferecido vinagre um pouco antes de morrer. João faz cenas importantes (com o acréscimo de informações) de três notícias que são só detalhes em Marcos: o título na cruz, a divisão das vestes e as mulheres.[100] Falta a João a organização marcana da cena, inclusive o episódio central de três escárnios de Jesus crucificado, bem como uma porção de detalhes marcanos: Simão de Cirene, o oferecimento de vinho com mirra, os avisos da hora terceira e da hora nona,[101] a escuridão sobre toda a terra, o grito em aramaico, citando Sl 22,2, o mal-entendido de que Jesus chama por Elias, o rasgamento do véu do Santuário em duas partes, o reconhecimento do Filho de Deus pelo centurião. João tem três "palavras" únicas de Jesus na cruz que expressam a visão de sua morte como realização triunfante, quase o oposto da imagem marcana

---

[100] As mulheres são mencionadas em Marcos depois da morte, observando de longe; mas em João, antes da morte, junto à cruz e com o acréscimo de duas pessoas importantes: a mãe de Jesus e o discípulo que Jesus amava.

[101] Os dois Evangelhos mencionam a hora sexta: Jo 19,14, como a hora em que Pilatos sentencia Jesus; Mc 15,33, como a hora em que surge a escuridão, depois de Jesus estar na cruz desde a hora terceira.

§ 2. Questões evangélicas gerais pertinentes às narrativas da Paixão

de abandono. Não quebrar as pernas e o fluxo de sangue e água do lado de Cristo são exclusivos de João.

- No sepultamento, na tarde do dia de preparação antes do sábado, João concorda com Marcos sobre o fato de José de Arimateia pedir o corpo de Jesus e sepultá-lo. Entretanto, à guisa de diferença em João: José torna-se discípulo, não há hesitação da parte de Pilatos; Nicodemos aparece com uns trinta quilos de especiarias; o lugar do sepultamento é identificado como um túmulo novo em um jardim perto de onde Jesus morreu; não há referência ao fato de ser escavado na rocha, a uma pedra ser rolada na entrada, nem ao fato de as mulheres observarem onde Jesus é colocado.

Avaliação. O mesmo *esboço geral* é compartilhado por João e Marcos. Depois da ceia, entregue por Judas, Jesus é preso na região do Monte das Oliveiras, do outro lado do Cedron. Ele é levado ao sumo sacerdote para interrogatório durante o qual é maltratado e Pedro o nega três vezes. Então Jesus é conduzido a Pilatos, que lhe pergunta se é o Rei dos Judeus, pergunta que Jesus responde com "Tu (o) dizes". No contexto da costumeira soltura de um prisioneiro por ocasião da festa, a multidão de judeus prefere Barrabás a Jesus; assim, pressionado, Pilatos entrega Jesus para a crucificação. Ele é açoitado/flagelado, escarnecido e maltratado pelos soldados romanos, e então conduzido ao Gólgota. Ali, é crucificado entre dois outros, enquanto suas vestes são divididas e um aviso que menciona "O Rei dos Judeus" é colocado na cruz. Depois de lhe oferecerem vinagre, Jesus morre. Algumas mulheres galileias estão nas proximidades; José de Arimateia pede a Pilatos o corpo de Jesus e sepulta-o na tarde do dia da preparação antes do sábado.

Há relativamente poucos detalhes mencionados nesse esboço, e as diferenças de notícias e redação entre a NP joanina e a de Marcos ultrapassam muito as semelhanças. (As negações e o escárnio romano de Jesus seriam as exceções.) Nos Atos I e II da NP, há muita diferença também de ordem, com João colocando antes em seu Evangelho o que Marcos coloca na NP. Ninguém duvida de que muitas das diferenças que separam João de Marcos se ajustam à teologia joanina; mas o mesmo pode ser dito do outro lado. As diferenças que separam Marcos de João se ajustam à teologia marcana. Cada evangelista escreve uma NP adaptada a seu plano evangélico, e a conformidade com a respectiva teologia não nos informa a respeito da origem do material peculiar a um ou a outro. Por exemplo, se relembrarmos as

Preliminares da Paixão, a localização joanina da purificação do Templo no início do ministério público adapta-se a um padrão teológico joanino de ter uma controvérsia fundamental com o Judaísmo e suas autoridades no Evangelho todo. Contudo, tal conformidade não mostra se João conhecia (e mudou) ou não a ordem marcana onde a purificação do Templo ocorre no fim da vida de Jesus.[102] Essa ordem adapta-se ao plano marcano, onde uma predição a respeito de destruir o santuário aparece no julgamento judaico de Jesus alguns dias mais tarde. Contudo, tal conformidade não mostra se Marcos conhecia e mudou uma ordem semelhante à de João, onde o acontecimento ocorreu muito antes. Independentemente, os dois evangelistas poderiam ter conhecido uma tradição básica a respeito da purificação do Templo e cada um deles poderia tê-la adaptado a sua visão da narrativa evangélica.

Se nos concentrarmos em João, como saberemos se o evangelista difere de Marcos porque mudou Marcos ou porque tinha uma tradição independente? Não podemos saber; só podemos julgar o que é mais provável. As semelhanças da NP de Mateus e da NP de Lucas com a NP de Marcos são tão fortes que a explicação mais lógica é que os dois autores conheciam a NP de Marcos e a usaram. É verdade que alguns casos em que Mateus e Lucas concordam um com o outro contra Marcos são difíceis de explicar conforme a teoria da dependência de Marcos; mas esses casos são tão poucos, quando comparados com as prodigiosas semelhanças, que podem ser considerados exemplos de nossa ignorância sobre como trabalhavam os autores antigos. Entretanto, na situação joanina as diferenças ultrapassam as semelhanças, de modo que a incapacidade de apresentar uma explicação lógica para muitas delas como deliberadas mudanças de Marcos é tremenda objeção à teoria da dependência. Em todo este comentário, voltarei muitas vezes ao que considero resultado completamente ilógico se João conhecia Marcos.[103] Por esse motivo, vou trabalhar com a tese de que João escreveu sua NP independentemente da de Marcos.

Contudo, então, como eu explico as semelhanças entre os dois? Se os leitores voltarem três parágrafos e lerem o esboço geral compartilhado por Marcos e João, vão reconhecer que sua estrutura contém detalhes atestados ou plausíveis nas primeiras tradições pré-evangélicas a respeito da morte de Jesus, conforme já examinamos neste capítulo (§ 2, C1), a saber, que Jesus foi entregue depois de uma

---

[102] Se João conhecia realmente o relato marcano das Preliminares, é difícil explicar a troca de a) e c) em termos de preferência teológica joanina.

[103] Os que desejam se antecipar, podem ver exemplos em § 5, § 5B, § 6, § 7 e § 24B.

§ 2. Questões evangélicas gerais pertinentes às narrativas da Paixão

ceia com os discípulos; houve envolvimento judaico e romano; ele foi crucificado e sepultado. Em outras palavras, poderíamos obter o esboço elementar dos quatro atos básicos da NP a partir daquilo que era amplamente conhecido pelos cristãos. Além disso, as diferenças entre a *sequência* marcana e a joanina são explicáveis quando prestamos atenção aos lugares onde a tradição não estabeleceu uma ordem fixa. Quando Hb 5,7 relata orações de Jesus àquele que tinha poder de salvá-lo da morte, deixa em aberto se as orações foram dirigidas antes da ceia (João), antes da prisão (Mc 14,35-36) e/ou pouco antes de morrer (Mc 15,34). A primeira declaração paulina de que os judeus estavam envolvidos na morte de Jesus (1Ts 2,14-15), dada a política da situação de Jerusalém, poderia facilmente significar que o sumo sacerdote e uma sessão do sinédrio estavam envolvidos.[104] Mas a ocasião da sessão não foi necessariamente estabelecida na tradição cristã. Sendo assim, Marcos podia colocá-la na noite anterior à morte de Jesus (como parte de seu esboço simplificado moldado pela pregação) e Jo 11,47-53 podia colocá-la dias antes da Última Ceia e da prisão (ligando-a à ressurreição de Lázaro).

Até aqui, meus comentários não explicam todas as semelhanças visíveis quando examinamos o esboço geral de Marcos e João. Não é implausível supor que detalhes informativos breves fizessem parte de uma tradição amplamente conhecida e, assim, estivessem disponíveis independentemente em círculos marcanos e joaninos, por exemplo, lembrança de lugares (local da prisão, Gólgota), pessoas (Judas, como aquele que entregou Jesus; José de Arimateia, como aquele que o sepultou) e frases importantes ("O Rei dos Judeus", como acusação romana contra ele). Mas se João não recorreu a Marcos, a semelhança entre eles na tripla negação de Pedro e o escárnio romano tem de significar que certas histórias (e não só um esboço geral) foram moldadas de uma forma relativamente fixa antes que os Evangelhos fossem escritos.[105] Entretanto, mais uma vez devemos observar que os evangelistas tinham liberdade para organizar essas histórias. As negações de Pedro (por causa do canto do galo) tinham de ser colocadas durante a noite; mas os evangelistas podiam compô-las em torno do interrogatório judaico (colocado na mesma noite)

---

[104] Ver Josefo, *Ant*. XX,ix,1; #200, a respeito da execução de Tiago, o irmão de Jesus. Uma análise completa da questão do sinédrio será apresentada em § 18 adiante.

[105] A importância de Pedro em uma e ecos do AT na outra talvez fossem fatores que contribuíram para esse processo. Mas é inútil tentar decifrar por que, enquanto os outros episódios permaneceram instáveis, episódios relativamente secundários da Paixão se tornaram tão amplamente conhecidos e relativamente fixos, por exemplo, o papel de Barrabás.

de maneiras diferentes, como fizeram Marcos e João. O escárnio romano tinha de estar ligado de algum modo à parte romana da Paixão, mas podia ser narrado em momentos diferentes daquele julgamento, como fizeram Marcos e João.[106] Essas histórias terem sido recitadas oralmente de diversas maneiras em diversos lugares, antes de os evangelistas as assumirem, justifica o fato de serem o material e parte da redação iguais em Marcos e João, mas alguns detalhes serem diferentes. É impossível saber se todas as diferenças já estavam presentes quando a história foi trazida pela primeira vez aos círculos marcanos e joaninos, se algumas diferenças desenvolveram-se enquanto ela era relatada em determinado círculo comunitário, ou se algumas diferenças foram introduzidas em uma etapa final, quando o próprio evangelista a escrevia. Contudo, uma história projetada de narrativas de ampla circulação e de variantes que se desenvolveram independentemente (algumas delas ao acaso; outras, de modo deliberado) é, a meu ver, muito mais plausível que a imagem do evangelista joanino trabalhando diretamente com a NP marcana escrita, fazendo dezenas de mudanças inexplicáveis de ordem e de palavras e, assim, produzindo a NP muito diferente que aparece em João.[107]Em suma, então, presumo que (conforme é discernível de referências paulinas e de outras referências neo-testamentárias à morte de Jesus fora dos Evangelhos) havia uma sequência básica na tradição cristã primitiva que ligava a ceia à prisão, condenação, crucificação e sepultamento. Ao lado dessa sequência, que orientava a pregação querigmática e as lembranças litúrgicas (eucarísticas), eram narradas histórias de personagens e incidentes da Paixão. Nas primeiras etapas, a sequência ainda não precisava se expressar em uma narração consecutiva, e as histórias não precisam ser ligadas a pontos exatos dela. Como a considero uma *tradição* difundida, ela pode ser chamada de "pré-evangélica", no sentido de não ter começado a ser canalizada para nenhum dos Evangelhos que surgiriam. Só quando uma forma dela entrou em determinada comunidade e na história evangélica que levaram aos Evangelhos de Marcos e João, falo especificamente de aspectos pertencentes à tradição pré-marcana ou pré-joanina distintos da tradição pré-evangélica.

---

[106] Afirmo que Lucas depende da NP marcana e às vezes mudou propositalmente a ordem marcana. Mas é de se pensar se a localização lucana diferente das negações de Pedro (antes da sessão do sinédrio) e do escárnio romano (enquanto Jesus está na cruz) não foi facilitada pela lembrança de que a localização não era fixa na tradição primitiva.

[107] Pressuponho que os evangelistas mateano e lucano trabalharam diretamente com a NP de Marcos, mas surgiram com produtos finais muito mais próximos de Marcos do que é João.

§ 2. Questões evangélicas gerais pertinentes às narrativas da Paixão

Nas etapas pré-evangélicas finais antes desse passo, já existiam sequências da Paixão expressas, de modo que podemos falar de *"narrativas* pré-evangélicas da Paixão" que já entraram formadas nos círculos marcanos ou joaninos? Instintos de contar histórias podem bem ter produzido essas NPs primitivas; mas se existiam, não creio que temos os instrumentos para reconstruí-las, embora muitos biblistas tenham tentado. Na etapa de desenvolvimento seguinte, dentro da história marcana e joanina específica, houve uma "NP pré-marcana" e uma "NP pré-joanina" que pudesse ter sido utilizada pelos evangelistas para produzir as respectivas NPs que agora conhecemos?[108] A subseção C acima examinou essa questão a respeito de Marcos; chamou a atenção para limitações nos critérios usados para estabelecer o que é pré-marcano e mencionou os resultados muito divergentes produzidos por reconstruções que foram tentadas. Os mesmos critérios (com suas graves limitações) foram usados para estabelecer fontes pré-joaninas, inclusive uma NP pré--joanina.[109] Muitos que tentam fazer isso o fazem tirando do Evangelho atual o que é distintamente joanino, via fraseologia, estilo e teologia, e ficam com uma fonte muito mais próxima dos Evangelhos sinóticos. Há quem argumente ao contrário: a fonte era distintamente joanina e o Evangelho definitivo foi mais completamente adaptado aos sinóticos.[110]

Em BGJ, v. 1, p. xxxiv-xxxix, apresentei meu sistema. O material tirado da tradição pré-evangélica (chamada de Etapa 1) foi tomado e moldado na vida da comunidade joanina por meio da pregação e do ensinamento, e da influência da cristologia em desenvolvimento (Etapa 2). Os fatores que contribuíram para essa etapa foram a entrada na comunidade de novos membros de diversas origens (inclusive, provavelmente, samaritanos) e a expulsão da sinagoga de membros da comunidade em meio a disputas sobre o modo francamente divino como descreviam

---

[108] Mohr (*Markus*) não só responde afirmativamente, mas argumenta que a NP pré-joanina representa um estrato mais primitivo que a pré-marcana.

[109] Os que acreditam poder reconstruir no todo ou em parte o texto de um Evangelho, livro de sinais, coletânea de discursos, ou NP pré-joaninos incluem Becker, Bultmann, Dauer, Fortna, Haenchen, Kysar, Nicol, Schnackenburg, Thyen e von Wahlde. D. M. Smith, *John*, traz um bom exame do esforço e dos resultados; em estudo anterior (JBL 95, 1976, p. 231-241), ele apresentou razões para pensar que uma coletânea de milagres ou sinais dificilmente teria funcionado como documento missionário para provar aos judeus que Jesus era o Messias sem conter uma NP, pois a Paixão era o ponto mais controvertido pela audiência almejada. W. J. Bittner (*Jesu Zeichen im Johannesevangelium*, em WUNT 2,26, Tübingen, Mohr, 1987) rejeita a fonte de sinais pré-joaninos.

[110] Assim Thyen e seus discípulos. Bultmann afirmou que o colaborador final, o redator eclesiástico, acrescentou material que deu a João maior semelhança com os sinóticos.

Jesus.[111] Durante a expulsão, os membros da comunidade tiveram de comparecer perante autoridades da sinagoga e justificar suas afirmações cristãs; e esses julgamentos deram forte tom legal à tradição joanina, marcando-a com uma atmosfera de testemunho e prova, e também de hostilidade contra "os judeus". Por fim (Etapa 3), essa tradição foi reunida na narrativa consecutiva que chamamos de "Evangelho segundo João"[112] e foi aqui que a habilidade do evangelista se mostrou em organização e diálogo dramáticos. (O julgamento por Pilatos com um cenário esmerado fora/dentro do pretório usado para captar as disposições opostas das *dramatis personae* e o diálogo face a face usado para revelar as questões teológicas são exemplo excelente da maneira como o quarto evangelista supera os autores dos sinóticos na organização de uma cena.) Com referência ao período que antecede o Evangelho de João escrito (Etapas 1 e 2), prefiro falar de "tradições" (pré-joanina e pré-evangélica) em vez de "fontes". Talvez essas tradições fossem organizadas no que poderia ser chamado de fonte consecutiva — não vejo um meio de ter certeza —, mas de qualquer modo afirmo que o que o evangelista tomou já estava bastante moldado pela vida comunitária e a teologia joaninas. Não existe nenhuma razão convincente para pressupor uma fonte estranha a cuja correção o evangelista dedicou algum tempo.

Até aqui examinei a relação da NP joanina com a marcana, preferindo a conclusão de que João não usou Marcos. Isso ainda deixa aberta a possibilidade do uso joanino das NPs mateana e/ou lucana. Voltemos agora nossa atenção para essa questão, comparando João bem resumidamente com Mateus e detalhadamente com Lucas.

2. João e Mateus

Devemos diferenciar entre o material que Mateus tomou de Marcos e o material característico de Mateus. Em geral, quem não acha que João recorreu à NP marcana não vê razão para achar que João está mais próximo da apresentação mateana do material marcano. É verdade que há alguns pequenos detalhes onde Mateus e João compartilham informações da NP que não estão em Marcos; por exemplo, na prisão, ambos trazem uma reprimenda por Jesus a respeito da espada, mas com redação diferente (Jo 18,11: "Põe a espada na bainha"; Mt 26,52:

---

[111] Toda essa história está resumida e as provas organizadas em: R. E. Brown, *A comunidade do discípulo amado*, 3. ed., São Paulo, Paulus, 1999.

[112] Para harmonizar o que pareciam ser adições ao texto que o interrompiam, reconheci uma redação secundária e uma redação final (etapas 4 e 5), mas aqui não precisamos nos preocupar com elas, pois não atribuí a essas etapas nada importante na NP.

§ 2. Questões evangélicas gerais pertinentes às narrativas da Paixão

"Devolve tua espada para seu lugar"); ambos citam Caifás (mas fazem-no agir de modo diferente); ambos incluem o nome "Jesus" no título da cruz (mas não têm a mesma redação para esse título); ambos usam linguagem de discípulo para José de Arimateia (um empregando um verbo, o outro um substantivo); ambos se referem ao túmulo de Jesus como "novo" (mas diferem a respeito de outras informações sobre esse túmulo). Esses poucos detalhes poderiam vir da tradição pré-evangélica, ou representar conclusões independentes pelos dois evangelistas;[113] e o fato de em todos os casos o ambiente ser diferente opera contra uma teoria de dependência joanina de Mateus.[114]

Como vimos (§2, D), em Mateus há um conjunto de material independente na Paixão. A meu ver, o fato de não haver uma única repetição plausível desse material em João torna extremamente improvável que João tivesse conhecimento da NP de Mateus.

3. João e Lucas

Acima, em "Lucas", quando consideramos partes nas quais o Evangelho lucano divergia de Marcos, os paralelos lucanos a João foram mencionados, mas o exame deles foi adiado até aqui.[115] Os biblistas que aceitam uma relação especial entre as

---

[113] Por exemplo, muita gente acha que o nome de José de Arimateia foi lembrado porque mais tarde ele se tornou cristão; não teria sido incomum simplificar isso e apresentá-lo como discípulo desde o começo, quando ele prestou esse serviço de sepultamento para o corpo de Jesus. Dahl ("Passion", p. 42) pensa em paralelos pré-mateanos e pré-joaninos, ou na possibilidade de alguns aspectos mateanos terem passado para a tradição oral e chegado a João dessa maneira. Buse ("St. John [...] St. Matthew", p. 65-68) não se deixa impressionar pelos paralelos entre João e Mateus.

[114] Também não existem exemplos realmente bons de relação estreita no corpo do Evangelho. Mudando a descrição marcana (Mc 6,3) de Jesus como carpinteiro, Mt 13,55 traz: "Não é ele o filho do carpinteiro? Sua mãe não se chama Maria?". Isso está apenas parcialmente próximo de Jo 6,42: "Este não é Jesus, o filho de José? Não conhecemos seu pai e sua mãe?". Essas descrições podem ser reformulações independentes da tradição segundo a qual alguns galileus não aceitaram Jesus porque conheciam a posição simples de seus pais. "O servo não é maior que seu senhor" (Jo 13,16; 15,20) se parece apenas parcialmente com Mt 10,24: "O discípulo não está acima do mestre" (ver Lc 6,40), e mais uma vez talvez estejamos lidando com variantes independentes.

[115] A bibliografia que compara as NPs de Lucas e João encontra-se na BIBLIOGRAFIA GERAL (§ 3) sob João. Ver ali as contribuições de Buse, Cribbs, Klein, Osty e Schniewind. Além desses exames das NPs, as comparações gerais de João e Lucas incluem J. A. Bailey, *The Traditions Common to the Gospels of Luke and John*, em NovTSup 7, Leiden, Brill, 1963; F. L. Cribbs, "St. Luke and the Johannine Tradition", em JBL 90, 1971, p. 422-450; A. Dauer, *Johannes und Lukas*, em FB 50, Würzburg Echter, 1984; Fitzmyer, *Luke*, 1, p. 87-89; F. C. Grant, "Was the Author of John Dependent upon the Gospel of Luke?", em JBL 56, 1937, p. 285-307; H.-P. Heerekens, *Die Zeichen-Quelle der Johanneische Redaktion*, em SBS 113,

131

INTRODUÇÃO

duas NPs quase sempre resolvem a dependência de uma destas três maneiras:[116]
a) o conhecimento que João tinha de Lucas ou da NP pré-lucana especial (se uma
for pressuposta), por exemplo, Bailey, Barrett, Boismard, Heerekens, Kümmel, F.
C. Grant, Parker, Streeter, Thyen; uma variante é a tese de Dauer, de que a *fonte*
de João recorreu a Lucas; b) o conhecimento que Lucas tinha de uma fonte ou
tradição de NP pré-joanina,[117] por exemplo, Cribbs, Schniewind; c) o conhecimento
comum que Lucas e João tinham de uma fonte ou tradição independente (oral), por
exemplo, Hahn, Günther, Klein, Maddox, Soards.

Os argumentos invocados para uma relação especial entre João e Lucas na
NP envolvem o fato de terem afinidades em detalhes ou informações, paralelos na
ordem e semelhanças de pensamento.

As afinidades em detalhes ou informações nas NPs[118] incluem o
seguinte:

ATO I: JESUS REZA E É PRESO

- O lugar do outro lado do Cedron no Monte das Oliveiras como lugar de
  encontro costumeiro (Jo 18,2: "Jesus muitas vezes ali viera"; Lc 22,39:
  "conforme seu costume").

Stuttgart, KBW, 1984; R. Maddox, *The Purpose of Luke-Acts*, em FRLANT 126, Göttingen, Vandenhoeck
& Ruprecht, 1982, p. 158-179. Ver também P. Parker, "The Kinship of John and Acts", em J. Neusner,
org., *Christianity, Judaism, and Other Graeco-Roman Cults*, Leiden, Brill, 1975, v. 1, p. 187-205, 4 v.
(M. Smith Festschrift).

[116] Sem advertências bem afinadas ("aparentemente", "às vezes"), distribuo os biblistas com base em suas
opiniões sobre o evangelista *principal*, não em se pressupõem ou não que no último momento houve assimilação insignificante de Lucas para João ou vice-versa por outra pessoa. É preciso observar que, para
Thyen e seus discípulos (Langbrandtner, Heerekens), o último redator de João é o evangelista principal.

[117] Muitos biblistas acham que Lucas foi escrito antes de João e, portanto, não pressupõem a dependência
lucana de João.

[118] As afinidades a serem apresentadas na lista abrangem somente as NPs. Nos relatos do ministério público,
as afinidades mais significativas entre João e Lucas são a pesca milagrosa (Jo 21,4-13; Lc 5,4-11) e a
menção de só uma multiplicação de pães e peixes. Nas preliminares da Paixão, João e Lucas têm estes
paralelos: o conhecimento de Maria, Marta e Lázaro (Jo 12,1-3; Lc 10,38-42; 16,20); a unção dos pés
de Jesus (não da cabeça) pela mulher (Jo 12,3; Lc 7,38); a atividade de Satanás em ou sobre Judas (Jo
13,2.27; Lc 22,3); e, na Última Ceia, Jo 13,16: "o servo não é maior que seu senhor", comparável a
Lc 22,26: "o que manda seja como o que serve". Depois do sepultamento, nos dois Evangelhos Simão
Pedro vai ao túmulo (Jo 20,3-6; Lc 24,12 [textualmente dúbio]) e Jesus aparece a membros dos Doze em
Jerusalém no domingo de Páscoa à noite.

- Deus responde à oração de Jesus: em Jo 12,28-29 (no fim do ministério), alguns confundem a voz de Deus vinda do céu com a de um anjo; em Lc 22,43-44, um anjo aparece do céu para fortalecer Jesus.

- A presença no grupo que vai efetuar a prisão de algum tipo de funcionários judeus (Jo 18,3.12: "guardas dos judeus"; Lc 22,52: "capitães do Templo").

- A espada decepa a orelha *direita* do servo do sumo sacerdote (Jo 18,10; Lc 22,50; palavras diferentes para "orelha").

ATO II: INTERROGATÓRIO JUDAICO; NEGAÇÕES DE PEDRO

- Uma referência a fazer uma fogueira no pátio do sumo sacerdote (Jo 18,18: "tendo acendido uma fogueira"; Lc 22,55: "quando acenderam uma fogueira").

- João menciona o sumo sacerdote Anás, de outro modo só conhecido de Lucas (Jo 18,13; Lc 3,2; At 4,6).

- Diferente de Marcos/Mateus, para quem a predição (atestada) que Jesus faz da destruição do santuário do Templo é um fator importante no processo judaico contra Jesus, pouco antes de sua morte, João e Lucas não mencionam isso aqui. (Mas ambos introduzem o tema alhures: Jo 2,19-21; 11,48; At 6,13-14.)

- O problema cristológico é dividido em duas perguntas (Messias, Filho de Deus), com uma resposta ambígua à primeira (João alhures: Jo 10,24-25.33-36; Lucas aqui: Lc 22,67.70).

Nem João nem Lucas relatam que Pedro praguejou e jurou, como afirmado na terceira negação em Marcos/Mateus.

ATO III: O JULGAMENTO POR PILATOS

- Pilatos diz três vezes que não encontra em Jesus nenhum motivo de condenação e não encontra nele nenhum crime (Jo 18,38b; 19,4.6; Lc 23,4.14.22).

- Os judeus ou o povo são os primeiros a mencionar Barrabás, ao escolher não "este sujeito" (Jesus), mas Barrabás (Jo 18,40; Lc 23,18).

INTRODUÇÃO

- Pilatos usa ou propõe usar a flagelação como meio caminho para soltar Jesus (Jo 19,1.4; Lc 23,22).

- O duplo grito (Jo 19,6: "Crucifica! Crucifica!"; Lc 23,21: "Crucifica, crucifica-o!").

- "César é mencionado pelos adversários judeus de Jesus ao falar a Pilatos (no fim, em Jo 19,12: "Se soltas este sujeito, não és amigo de César"; no início, em Lc 23,2: "Achamos este homem [...] proibindo o pagamento de tributos a César").

ATO IV: CRUCIFICAÇÃO E SEPULTAMENTO

- A designação do lugar (nomenclatura diferente) é imediatamente seguida pelo aviso de que ali "eles o crucificaram".

- Jesus crucificado fala três vezes, embora as palavras sejam diferentes (Jo 19,26-27.28.30; Lc 23,34a.43.46).

- É oferecido vinho (avinagrado) a Jesus somente uma vez (Jo 19,29; Lc 23,36).

- João e Lucas mencionam especiarias e mirra em relação ao sepultamento na sexta-feira. Em João, Nicodemos já as tem, enquanto em Lucas as mulheres as preparam quando voltam (para casa).

Avaliação das afinidades de detalhes e informações: Os mais impressionantes desses paralelos são a divisão da questão cristológica no segundo ato e as três afirmações que Pilatos faz quanto à inocência no terceiro ato. Os outros, quase sempre em contextos muito diferentes, envolvem pequenos detalhes, alguns dos quais podem ser secundários. Em nenhum deles há qualquer semelhança significativa de vocabulário.[119] João não demonstra nenhum conhecimento de aspectos da NP

---

[119] O fato de nas narrativas da ressurreição haver tanta semelhança de vocabulário entre Jo 20,3-6 e Lc 24,12 faz muitos biblistas desconfiarem que Lucas não escreveu 24,12 e que um escriba mais tardio copiou-o de João! Ao comparar a totalidade de João com a totalidade de Lucas, biblistas como Neirynck e Dauer, que fazem microcomparações de vocabulário, às vezes mencionam como caracteristicamente lucano (talvez originário da reformulação lucana de Marcos) um verbo ou forma nominal, uma preposição, a colocação de uma palavra na sentença — para eles, a presença disso em João prova a dependência joanina de Lucas. Outros biblistas nem sempre confiam em nossa capacidade de determinar exatamente a reformulação e o estilo lucanos que não pudessem vir de nenhuma outra fonte. Chamar a atenção para um pequeno aspecto quando o resto da redação (a macrocomparação) é diferente também lança dúvida à alegação de dependência. Neste livro, tais comparações detalhadas de Lucas e João estão reservadas para o comentário sobre os versículos isolados.

caracteristicamente lucanos: um anjo de verdade que fortalece Jesus, a apresentação a Pilatos de três acusações contra Jesus, Jesus diante de Pilatos, as filhas de Jerusalém no caminho para o lugar de execução, o perdão de um malfeitor. Lucas não demonstra nenhum conhecimento de aspectos caracteristicamente joaninos: um jardim do outro lado do Cedron, uma coorte romana no ato da prisão, o papel do discípulo que Jesus amava, o diálogo entre Pilatos e Jesus, a presença da mãe de Jesus na crucificação, o sangue do lado de Jesus e a chegada de Nicodemos.

Os paralelos na ordem da NP são exemplificados pelo que se segue:

- Enquanto Marcos/Mateus colocam a predição da traição de Judas antes das palavras eucarísticas, Lucas (Lc 22,21-23) a coloca depois; João (Jo 13,10-11.18-19), sem palavras eucarísticas, coloca a predição da traição (não nas mesmas palavras) depois do lava-pés.

- Durante a noite (depois de Jesus ser levado do lugar onde foi preso), *antes* de ser conduzido a Caifás, em João (Jo 18,13-14.19-23) Jesus é interrogado por Anás na presença dos guardas; Jesus diz que sempre ensinou em sinagogas e no Templo. Durante a noite (no Monte das Oliveiras, antes de Jesus ser preso e levado), *antes* de Jesus ser levado à sessão do sinédrio, em Lucas (Lc 22,52) os chefes dos sacerdotes, os capitães do Templo e os anciãos chegam contra Jesus; Jesus diz que dia após dia estava com eles no Templo. Note que João e Lucas discordam quanto à relação com a prisão.

- João e Lucas não relatam uma sessão do sinédrio durante a noite da prisão de Jesus, como fazem Marcos/Mateus. Entretanto, na verdade, João não relata nenhuma sessão do sinédrio entre a prisão de Jesus e o julgamento por Pilatos, enquanto Lucas o faz. (Não sabemos o que Jo 18,24 imaginou durante a noite, ao fazer Jesus ser conduzido amarrado a Caifás, e é muito provável que a sequência lucana com uma sessão matinal do sinédrio se origine de uma reorganização da ordem de Marcos.)

- Em ambos, Pedro nega Jesus *antes* do interrogatório judaico (mas em João uma vez e em Lucas três vezes).

INTRODUÇÃO

- Nem João nem Lucas concluem o julgamento romano com flagelação ou escárnio, como fazem Marcos/Mateus. Mas João tem uma flagelação de Jesus e Lucas não tem. João tem um escárnio pelos soldados romanos no meio do julgamento romano; Lucas tem um escárnio parcial pelos soldados romanos enquanto Jesus está na cruz.

Avaliação dos paralelos na ordem da NP: São extremamente frágeis, como indicam meus comentários. Às vezes, Lucas segue a ordem marcana, enquanto João é diferente, por exemplo, ao não ter a oração de Jesus ao Pai no jardim do outro lado de Cedron. Outras vezes, Lucas e João têm ordem diferente da de Marcos/Mateus, mas não são muito parecidos um com o outro! Ainda outras vezes eles divergem de Marcos/Mateus na ordem e são iguais um ao outro; mas isso não precisa significar que um evangelista é guiado pela sequência do outro, pois a ordem marcana não é necessariamente a ordem cristã mais antiga. Um caso digno de nota, por exemplo, é o de que originalmente as predições da Paixão de Jesus eram colocadas no contexto da Última Ceia (onde Lucas e João as colocam) e que Marcos criou sua própria ordem mudando de lugar duas das predições negativas para preencher a cena intermediária onde Jesus estava a caminho do Monte das Oliveiras. O fato de João e Lucas terem fraseologias muito diferentes nessas predições sugere que um evangelista não tomou emprestado do outro, mas, em termos de ordem, eles refletem de modo independente uma tradição mais antiga.

As semelhanças de pensamento nas NPs são em geral atitudes em vez de descrições específicas ou passagens idênticas:

- Quando comparados a Marcos/Mateus, Lucas e João não relatam que os discípulos fugiram quando Jesus foi preso. Lucas silencia e João mostra Jesus no controle, arranjando para que os deixem ir. É preciso notar que não só a descrição, mas também a base racional é diferente. A preparação para o livro dos Atos, onde discípulos como Pedro e João são heróis importantes, sugeriu que Lucas não fosse severo com eles na NP que precede imediatamente os Atos. A cristologia joanina não poderia permitir uma falha que subentendesse que os inimigos de Jesus tinham verdadeiro poder para desfazer seu trabalho.

136

§ 2. Questões evangélicas gerais pertinentes às narrativas da Paixão

- Lucas e João fazem um relato mais breve (porém, muito diferente) dos procedimentos judaicos contra Jesus, de modo que o julgamento romano (mais longo em ambos, mas de novo diferente no conteúdo) fica no centro. Nele, Pilatos é importante porta-voz da inocência de Jesus. Mais uma vez, a tonalidade é diferente. Lucas quer mostrar aos leitores que uma série de testemunhas imparciais atestaram que Jesus não era culpado: Jesus não foi um criminoso crucificado. João está interessado em Pilatos como arquétipo, isto é, o homem que não tem a coragem de decidir pela verdade e por ouvir a voz de Jesus (Jo 18,37), embora saiba que Jesus é inocente.

- Nas NPs de João e de Lucas, não há a extrema desordem, orações não atendidas e o abandono por Deus encontrados em Marcos/Mateus. Jesus permanece unido ao Pai. Se puséssemos as cristologias evangélicas em um espectro que mostrasse o ponto até onde elas permitem a fraqueza humana ou o poder divino de Jesus ser aparente, Marcos estaria em um extremo e João no outro e, no meio, Mateus estaria mais próximo de Marcos, e Lucas mais próximo de João. Contudo, a descrição de Jesus em João e em Lucas não é a mesma. O Jesus joanino não manifesta o perdão e a cura concedidos pelo Jesus lucano; o Jesus lucano não manifesta a altivez e o poder evidentes no Jesus joanino.

Avaliação das semelhanças de pensamento: Não é surpreendente que o passar do tempo e uma crescente percepção no movimento cristão produzissem semelhanças de pensamento. Entretanto, as diferentes sutilezas nas NPs de João e Lucas, como indiquei acima, advertem contra a suposição de que as semelhanças foram passadas de um Evangelho para o outro. Em outros aspectos, os Evangelhos são bem diferentes: Lucas, por exemplo, afasta-se de Marcos/Mateus ao mostrar multidões judaicas ou a multidão que se compadecia de Jesus e se penitenciava pelo que era feito com ele; João não faz distinção entre a hostilidade das autoridades e a dos "judeus" e mostra todos eles dispostos a negar as esperanças messiânicas em vez de aceitar Jesus (Jo 19,15).

As avaliações que fiz dos três tipos de indícios significam que não vejo nenhuma razão convincente para pensar que o autor de João conhecia o Evangelho lucano (ou vice-versa). Além disso, os paralelos ou semelhanças não são próximos nem consecutivos o bastante para exigir dependência respectivamente de uma narrativa contínua (fonte) pré-lucana ou pré-joanina, se estas existiram.[120] No exame da NP lucana, na subseção E acima, achei provável que Lucas tirasse seu material especial da NP de tradições orais. O jeito melhor de explicar os paralelos entre a NP lucana e a NP joanina é pressupor que as tradições às quais João recorreu eram às vezes semelhantes àquelas às quais Lucas recorreu.

Como teria surgido esse contato? João é diferente dos sinóticos ao descrever que o primeiro seguimento de Jesus começa na Judeia, entre discípulos de João Batista, e que a maior parte do ministério de Jesus acontece em Jerusalém. No capítulo 4, João descreve um segundo seguimento de Jesus entre os samaritanos que não são trazidos a Jesus pela iniciativa de seus seguidores da Judeia, mas pela proclamação da samaritana que ouve Jesus afirmar que está próxima a hora em que Deus não será adorado em Jerusalém. Se levarmos em conta a narrativa da infância, Lucas fala mais a respeito de João Batista do que o fazem Marcos/ Mateus. Os cinco primeiros capítulos dos Atos dedicam-se ao seguimento inicial do Cristo ressuscitado em Jerusalém. Os capítulos 6–8 concentram-se nos cristãos da Jerusalém helenista (diferentes dos cristãos hebraicos, entre os quais os Doze são proeminentes). Seu primeiro porta-voz é Estêvão, que denuncia o Templo de Jerusalém baseado no fato de Deus não morar em casa feita por mãos humanas (At 7,48). Depois que Estêvão é martirizado, o Filipe helenista leva a proclamação de Jesus à Samaria e é tão bem-sucedido que os apóstolos de Jerusalém mandam Pedro e João investigar essa conversão em massa pela qual eles não foram responsáveis. Em outras palavras, os Atos relatam uma história de expansão missionária cristã primitiva notavelmente paralela ao relato joanino singular da atividade missionária de Jesus que com toda a probabilidade é, por dupla revelação, a narrativa da história da comunidade joanina.[121] Muitos estudiosos afirmam que Lucas tinha tradições especiais a respeito de João Batista e a respeito da etapa do Cristianismo primitivo em Jerusalém,[122] e assim não é, de modo algum, improvável que as tradições às quais Lucas e João recorreram tivessem certas semelhanças e fontes comuns. A meu

---

[120] Na subseção anterior, que tratou da NP lucana, preferi a tese dos biblistas que não pensaram haver indícios de uma NP pré-lucana especial. Pode ter havido uma NP pré-joanina, mas não creio ser possível reconstruí-la *em detalhe*.

[121] Ver R. E. Brown, *Comunidade*, p. 26-56.

[122] Como observei na subseção E acima, sugiro que Lucas tirou os hinos encontrados em sua narrativa da infância de uma coletânea de hinos cristãos primitivos, talvez os da comunidade de Jerusalém. Parker defende com firmeza a existência de paralelos entre João e os Atos.

§ 2. Questões evangélicas gerais pertinentes às narrativas da Paixão

ver, isso é mais plausível do que dizer que Lucas escreveu sua NP suplementando o que tirou de Marcos com adições de uma fonte joanina escrita, ou que João teve acesso a uma fonte lucana escrita.

Em suma, a tese com a qual vou trabalhar neste comentário é a de que, no nível pré-evangélico (antes que a tradição fosse canalizada em cursos de desenvolvimento que levavam a qualquer um dos quatro Evangelhos), existiu pelo menos uma sequência das principais etapas da morte de Jesus, juntamente com algumas histórias a respeito de acontecimentos ou personagens nessa morte. Pode ter havido uma ou mais *narrativas* pré-evangélicas da Paixão compostas com esse material, mas nem o fato nem a redação do conteúdo de tal narrativa podem ser estabelecidos de maneira persuasiva. Houve canalização desse material tradicional para Marcos (a etapa pré-marcana), mas é incerto se houve ou não uma NP pré-marcana formulada. Marcos escreveu sua NP sem usar nenhuma das outras NPs canônicas. A NP mateana recorreu abundantemente à NP marcana; contudo, Mateus incorporou ao material tirado de Marcos um conjunto de tradição popular e imaginativa (exemplificado no tema da responsabilidade pelo sangue inocente, que está presente em diversos episódios e nos incidentes escatológicos que se seguem à morte de Jesus). A NP lucana também recorreu abundantemente, mas não livremente, à NP marcana. Nenhuma outra NP foi usada por Lucas; mas houve tradições orais (por exemplo, a respeito da hostilidade de Herodes) que ele combinou de modo sistemático com o material tirado de Marcos. Algumas dessas tradições pré-lucanas (talvez em uma forma pré-evangélica) eram também conhecidas por João. João não usou nenhuma das NPs sinóticas ao escrever seu relato, embora parte da tradição pré-evangélica à qual ele recorreu se parecesse com o material ao qual Marcos e Lucas recorreram. Não é possível determinar se uma NP pré-joanina já havia sido formada. Como Marcos e João escreveram independentemente um do outro, a concordância de suas NPs é quase sempre importante indicador de ordem e histórias pré-evangélicas. Todavia, esse critério precisa ser usado com cautela, pois são possíveis evoluções acidentalmente similares nas circunstâncias pré-marcanas e pré-joaninas.

(*A bibliografia para esta seção da* INTRODUÇÃO *encontra-se em § 3.*)

§ 3. Bibliografia geral

Informações pertinentes a *todas* as bibliografias neste livro: A preocupação primordial é com o que os evangelistas escreveram, pretendiam e entendiam a respeito da Paixão e morte de Jesus. Uma imensa bibliografia a respeito de como o próprio Jesus, Paulo e outros autores neotestamentários, os Padres da Igreja e teólogos modernos entendiam essa morte não será representada. As obras dedicadas às NPs evangélicas que são explicações elementares, ou principalmente espirituais ou homiléticas, também não serão incluídas. Nas duas áreas, achei as decisões sobre o que incluir difíceis, não só porque as linhas de demarcação são indistintas, mas também por causa de um interesse pessoal no que é excluído dessa maneira. Contudo, o número de escritos a respeito das NPs evangélicas é muito grande e a utilidade sofre se o que é tangencial for incluído.

Nomes de autores que começam com as preposições *de, di, du, van* ou *von* encontram-se em "d" e "v", respectivamente. Com raras exceções, obras pelo mesmo autor estão relacionadas em ordem alfabética em vez de cronológica.

Nesta bibliografia, a Parte I abrange escritos sobre a Paixão em geral. Algumas obras que têm "Trial" [Julgamento] no título têm seu lugar apropriado nesta rubrica geral, pois tratam da Paixão toda; outras usam essa designação mais literalmente para o processo legal judaico e/ou romano contra Jesus e serão incluídas em § 17 e/ou § 30. As Partes II-V abrangem escritos a respeito da NP respectivamente em Marcos, Mateus, Lucas e João. Quando um escrito trata de duas NPs, está relacionado sob o primeiro Evangelho, na ordem que acabamos de citar, exceto os exames que comparam as NPs lucana e joanina, que estão relacionados sob João.

Parte I: As narrativas da Paixão em geral

ALETTI, J.-N. Mort de Jésus et théorie du récit. RechSR 73, 1985, p. 147-160.

AVANZO, M. El arresto, el juicio y la condena de Jesús. Historia y presente. *Revista Bíblica* 35, 1973, p. 131-150.

BARTSCH, H.-W. Die Bedeutung des Sterbens Jesu nach den Synoptiken. TZ 20, 1964, p. 87-102.

_____. Historische Erwägungen zur Leidensgeschichte. EvT NS 22, 1962, p. 449-459.

BEACHAMP, P. Narrativité biblique du récit de la Passion. RecSR 73, 1985, p. 39-59.

BELSER, J. E. *History of the Passion*. St. Louis, Herder, 1929. Adaptação livre do original alemão, 1903, 1913, 2. ed.

BENOIT, P. *The Passion and Resurrection of Jesus Christ*. New York, Herder and Herder, 1969.

BERTRAM, G. *Die Leidensgeschichte Jesu und der Christuskult*. Göttingen, Vandenhoeck & Ruprecht, 1922 (FRLANT 32 NS 15).

BISHOP, E. F. F. With Jesus on the Road from Galilee to Calvary : Palestinian Glimpses into the Days Around the Passion. CBQ 11, 1949, p. 428-444.

BORNHÄUSER, K. The Death and Resurrection of Jesus Christ. Bangalore, C.L.'s Press, 1958. Original alemão completado em 1956.

BOVON, F. *Les derniers jours de Jésus*. Neuchâtel, Delachaux & Niestlé, 1974.

BROWN, R. E. *Um Cristo crucificado na semana santa*. São Paulo, Ave Maria, 1996.

CALLOUD, J. Entre les écritures et la violence. La passion du témoin. RechSR 73, 1985, p. 111-128.

CHABROL, C. An Analysis of the "Text of the Passion". TNTSJ, p. 145-186. Original francês em *Langages* 22, 1971.

CONZELMANN, H. History and Theology in the Passion Narratives of the Synoptic Gospels. *Interpretation* 24, 1970, p. 178-197. Original alemão em ZBTJ, p. 35-53.

CZERSKI, J. Die Passion Christi in den synoptischen Evangelien im Lichte der historisch--literarischen Kritik. *Collectanea Theologica* 46, fascículo especial, 1976, p. 81-96.

DE JONGE, M. Jesus' Death for Others and the Death of the Maccabean Martyrs. TTK, p. 142-151.

DELORME, J. Sémiotique du récit et récit de la Passion. RechSR 73, 1985, p. 85-109.

DIBELIUS, J. *From Tradition to Gospel*. London, Nicholson and Watson, 1934. Original alemão 1919, 1933, esp. p. 178-217 sobre a NP.

_____. Das historische Problem der Leidensgeschichte. ZNW 30, 1931, p. 193-201. Também em DBG 1, p. 248-257, e em RTPL, p. 57-66.

_____. La signification religieuse des récits évangéliques de la Passion. RHPR 13, 1933, p. 30-45.

EVANS, C. F. The Passion of Christ (quatro seções). *Explorations in Theology* 2. London, SCM, 1977, p. 1-66.

FINEGAN, J. *Die Überlieferung der Leidens- und Auferstehungsgeschichte Jesu*. Giessen, Töpelmann, 1934 (BZNW 15).

§ 3. Bibliografia geral

FLUSSER, D. *Die letzen Tage Jesu in Jerusalem*. Stuttgart, Calwer, 1982.

GARLAND, D. E. *One Hundred Years of Study on the Passion Narratives*. Macon, Mercer, 1990. A bibliografia mais completa, porém, com muitos erros de impressão.

GIRARD, R. The Gospel Passion as Victim's Story. *Cross Currents* 36, 1986, p. 28-38.

GREEN, J. B. *The Death of Jesus: Tradition and Interpretation in the Passion Narrative*. Tübingen, Mohr, 1988 (WUNT 33).

GUILLET, J. Les récits de la Passion. LumVie 23, 119, 1974, p. 6-17.

HARVEY, A. E. *Jesus and the Constraints of History*. Philadelphia, Westminster, 1982 (Bampton Lectures 1980).

HAULOTTE, E. Du récit quadriforme de la Passion au concept de Croix. RechSR 73, 1985, p. 187-228.

HENDRICKX, H. *The Passion Narratives of the Synoptic Gospels*. 2. ed. London, Chapman, 1984.

HILLMANN, W. *Aufbau und Deutung der synoptischen Leidensberichte*. Freiburg, Herder, 1942.

HORBURY, W. The Passion Narratives and Historical Criticism. *Theology* 75, 1972, p. 58-71.

INNITZER, T. Kommentar zur Leidens- und Verklärungsgeschichte Jesu Christi. 4. ed. Vienna, Herder, 1948.

KÜMMEL, W. G. Jesusforschung seit 1965. VI. Der Prozens und der Kreuzestod Jesu. *Theologische Rundschau* 45, 1980, p. 293-337.

LÉON-DUFOUR, X. Autour des récits de la Passion. RechSR 48, 1960, p. 489-507. Estudo de literatura.

_____. Autour de la mort de Jésus. RechSR 66, 1978, p. 113-124. Estudo de literatura.

_____. Passion, Récits de la. DBSup 6, 1960, cols. 1419-1492.

LIMBECK, M., org. *Redaktion und Theologie des Passionsberichtes nach den Synoptikern*. Darmstadt, Wissenschaftliche Buchgesellschaft, 1981 (Wege der Forschung 481). Abreviado como RTPL.

LINNEMANN, E. *Studies zur Passionsgeschichte*. Götingen, Vandenhoeck & Ruprecht, 1970 (FRLANT 102).

LOHSE, E. *History of the Suffering and Death of Jesus Christ*. Philadelphia, Fortress, 1967.

LUNN, A. J. Christ's Passion as Tragedy. SJT 43, 1990, p. 308-320.

MARIN, L. *The Semiotics of the Passion Narrative*. Pittsburgh, Pickwick, 1980. Original francês, 1971.

MARTINEZ, E. R. *The Gospel Accounts of the Death of Jesus*. Roma, Gregoriana, 1970.

MATERA, F. J. Passion Narratives and Gospel Theologies. New York, Paulist, 1986.

143

MODE, E. Der Passionsweg Jesu Christi: Von "Hosianna" zum "Kreuzige". *Forum Katholische Theologie* 7, 1991, p. 61-72.

MORGAN, R. "Nothing more negative…". A Concluding Unscientific Postscript to Historical Research on the Trial of Jesus. TJCSM, p. 135-146.

O'COLLINS, The Crucifixion. *Doctrine and Life* 26, 1976, p. 247-263.

PEDDINGHAUS, C. D. *Die Entstehung der Leidensgeschichte*. Dissertation, Heidelberg, 1965.

PESCH, R. Die Überlieferung der Passion Jesus. In: KERTELGE, K., org. *Rückfrage nach Jesus*. Freiburg, Herder, 1974, p. 148-173. Também em RTPL, p. 339-365.

PESCH, R. & Kratz, R. *So lies man synoptisch*. Frankfurt, Knecht, 1975-1980, v. VI, 1979, e VII, 1980, tratam da NP, respectivamente Mc 8,27–13,2 par. e Mc 14,1–16,8 par. 7 v.

RAMSEY, (A.) M. The Narratives of the Passion. StEv II, p. 122-134. Também *Contemporary Studies in Theology* 1. London, Mowbray, 1962.

RICHARDSON, P. The Israel-Idea in the Passion Narrative. TJCSM, p. 1-10.

RICOEUR, P. Le récit interprétatif. Exégèse et Théologie dans les récits de la Passion. RechSR 73, 1985, p. 17-38.

RIEDL, J. Die evangelische Leidensgeschichte und ihre theologische Aussage. BibLit 41, 1968, p. 70-111.

RINALDI, B. Passione di Gesù Cristo. Appunti di storia e di teologia. *Scuola Cattolica* 114, 1986, p. 716-728.

SCHELKLE, K. H. *Die Passion Jesu in der Verkündigung des Neuen Testaments*. Heidelberg, Kerle, 1949.

SCHENK, W. Der derzeitige Stand der Auslegung der Passionsgeschichte. *Der Evangelische Erzieher* 36, 1984, p. 527-543.

_____. Leidensgeschichte Jesu. *Theologische Realenzlopädie* 20, 1990, p. 714-721.

SCHILLE, G. Das Leiden des Herrn. ZTK 52, 1955, p. 161-205. Também em RTPL, p. 154-204.

SCHMAUCH, W. Auslegungsprobleme der Leidensgeschichte. *Zu Achten aufs Wort*. Göttingen, Vandenhoeck & Ruprecht, 1967, p. 56-64.

SCHMIDTI, K. L. *Der Rahmen der Geschichte Jesu*. Berlin, de Gruyter, 1919, esp. p. 303-309 sobre a NP.

SCHNEIDER, G. *Die Passion Jesu nach den drei ältern Evangelien*. Biblische Handbibliothek 11. München, Kösel, 1973.

_____. Das Problem einer vorkanonischen Passionserzählung. BZ 16, 1972, p. 222-244.

SCHUBERT, K. *Studien zur Passionsgeschichte* [von E. Linnemann]. BibLit 45, 1972, p. 33-41.

SOARDS, M. L. Oral Tradition Before, In, and Outside the Canonical Passion Narratives. In: WANSBROUGH, H., org. *Jesus and the Oral Gospel Tradition*. Sheffield, Academic, 1991, p. 334-350 (JSNTSup 64).

SUGGS, M. J. The Passion and Resurrection Narratives. In: MILLER, D. G. & HADIDIAN, D. Y., orgs. *Jesus and Man's Hope*. Pittsburgh Theological Seminary, 1971, p. 323-338, 2 v.

SURKAU, H. W. *Martyrien in jüdischer und frühchristlicher Zeit*. Göttingen, Vandenhoeck & Ruprecht, 1938, esp. p. 82-105 sobre a NP (FRLANT 54).

TAYLOR, V. Modern Issues in Biblical Studies Methods of Gospel Criticism. ExpTim 71, 1959-1960, p. 68-72. Ref. especial à NP.

THEISSEN, G. *The Gospels in Context*. Edinburgh, Clark, 1992, p. 166-199 sobre a Paixão.

TROCMÉ, É. *The Passion as Liturgy*. London, SCM, 1983.

VANHOYE, A. et alii. *La Passion selon les quatres Évangiles*. Paris, Cerf, 1981 (Lire la Bible 55).

_____. *Structure and Theology of the Accounts of the Passion in the Synoptic Gospels*. Collegeville, Liturgical Press, 1967.

ZEHRER, F. Jesus, der leidende Gerichte, in der Passion. BibLit 47, 1974, p. 104-111.

_____. *Das Leiden Christi nach den vier Evangelien*. Vienna, Mayer, 1980.

Parte II: A narrativa da Paixão em Marcos

Os comentários sobre todo o Evangelho de Marcos estão citados pelo nome do autor e o equivalente a "Marcos" na língua respectiva. Usei, em especial, esses comentaristas na publicação ou edição do ano indicado: R. G. Bratcher & E. A. Nida, 1961; J. Gnilka, 1978-1979; W. Grundmann, 1959; R. H. Lightfoot, 1950; E. Lohmeyer, 1967; D. Lürmann, 1987; R. Pesch, 1976; E. Schweizer, inglês, 1970; V. Taylor, 1959; J. Weiss (*Die Schriften des Neuen Testaments*, 1905; citado como *Schriften*) e J. Wellhausen, 1909.

ANDERSON, C. P. The Trial of Jesus as Jewish-Christian Polarization Blasphemy and Polemic in Mark's Gospel. AJEC, p. 107-125.

BEST, E. *The Temptation and the Passion: The Markan Soteriology*. 2. ed. Cambridge Univ., 1990, (SNTSMS 2).

BLACK, C. C. *The Disciples according to Mark*. Sheffield, Academic, 1989 (JSNTSup 27).

BUCKLEY, E. R. The Sources of the Passion Narrative in St. Mark's Gospel. JTS 34, 1932-1933, p. 138-144.

BURKILL, T. A. St. Mark's Philosophy of the Passion. NovT 2, 1958, p. 245-271.

BUSSMANN, W. *Synoptische Studien*. Halle, Waisenhaus, 1925-1931, especialmente 1, p. 192-205, sobre a NP pré-marcana.

CHORDAT, J.-L. *Jésus devant sa mort dans l'évangile de Marc*. Paris, Cerf, 1970.

COOK, M. J. *Mark's Treatment of the Jewish Leaders*. Leiden, Brill, 1978 (NovTSup 51).

DEWAR, F. Chapter 13 and the Passion Narrative in St Mark. *Theology* 64, 1961, p. 99-107.

DONAHUE, J. R. From Passion Traditions to Passion Narrative. PMK 1-20. História da persquisa da NP marcana.

DORMEYER, D. *Die Passion Jesu als Verhaltensmodell. Literarische und theologische Analyse der Traditions-und Redaktionsgeschichte der Markuspassion*. Münster, Aschendorff, 1974 (NTAbh NS 11).

_____. *Der Sinn des Leidens Jesu. Historich-kritische und textpragmatische Analysen zur Markuspassion*. Stuttgart, KBW, 1979 (SBS 96).

ERNST, J. Die Passionserzählung des Markus und die Aporien der Forschung. TG 70, 1980, p. 160-180.

FENTON, J. The Passion Narrative in St Mark's Gospel. In: BUTTERWORTH, J., org. *The Reality of God. Essays in honour of Tom Baker*. London, Severn House, 1986, p. 21-32.

GENEST, O. *Le Christ de la Passion. Perspective structurale. Analyse de Marc 14,53–15,47 des parallèles bibliques et extra-bibliques*. Tournai, Desclée, 1978.

HEIL, J. P. Mark 14,1-52 : Narractive Structure and Reader-Response. *Biblica* 71, 1992, p. 331-358.

HOULDEN, J. L. *Backward into Light: The Passion and Resurrection of Jesus according to Matthew and Mark*. London, SCM, 1987.

JEREMIAS, J. A Comparison of the Marcan Passion Narrative with the Johannine. JEWJ, 89-96.

KELBER, W. H. From Passion Narrative to Gospel. PMK, p. 153-180.

_____. *The Oral and Written Gospel*. Philadelphia, Fortress, 1983, esp. p. 184-199.

_____. org. *The Passion in Mark*. Philadelphia, Fortress, 1976. Abreviado como PMK.

KELBER, W. H; A. Kolenkow; R. Scroggs. Reflections on the Question: Was There a Pre--Markan Passion Narrative? SBLSP, 1971, 2, p. 503-586. Abreviado como KKS.

KINGSBURY, J. D. The Religious Authorities in the Gospel of Mark. NTS 36, 1990, p. 42-65.

KOLENKOW, A. Healing Controversy as a Tie between Miracle and Passion Material for a Proto-Gospel. JBL 95, 1976, p. 623-638.

LÉON-DUFOUR, X. Mt et Mc dans le récit de la Passion. *Biblica* 40, 1959, p. 684-696.

LULL, D. J. Interpreting Mark's Story of Jesus' Death: Toward a Theology of Suffering. SBLSP, 1985, p. 1-12.

§ 3. Bibliografia geral

LUZ, U. Theologia Crucis als Mitte der Theologie im Neuen Testament. EvT 34, 1974, p. 116-141. Compara a visão que Paulo e Marcos têm da Paixão.

McVANN, M. The Passion in Mark: Transformation Ritual. BTB 18, 1988, p. 96-101.

MALBON, E. S. The Jewish Leaders in the Gospel of Mark. JBL 108, 1989, p. 259-281.

MANN, D. *Mein Gott, mein Gott, warum hast du mich verlassen? Eine Auslegung der Passionsgeschichte nach Markus.* Neukirchen-Vluyn, Neukirchener, 1980.

MATERA, F. J. *The Kingship of Jesus: Composition and Theology in Mark 15.* Chico, Scholars, 1982 (SBLDS 66).

MAURER, C. Knecht Gottes und Sohn Gottes in Passionsbericht des Markus-evangeliums. ZTK 50, 1953, p. 1-38. Também em RTPL, p. 112-153.

MOHR, T. A. *Markus- und Johannespassion.* Zurich, Theologischer Velag, 1982 (ATANT 70).

MYLLYKOSKI, M. *Die letzten Tage Jesu: Markus und Johannes, ihre Traditionen und die historische Frage, Band 1.* Helsinki, Suomalainen Tiedeakatemia, 1991. Band 2, 1994 (Annales Academiae Scientiarum Fennicae B/256)

NAVONE, J. Mark's Story of the Death of Jesus. *Newblackfriars* 65, 1984, p. 123-135.

NEIRYNCK, F. L'Évangile de Marc II. À propos de R. Pesch. *Das Markusevangelium* 2 Teil. ETL 55, 1979, p. 1-42. Reimpresso em NEv, p. 520-564.

NICKELSBURG, G. W. E. The Genre and Function of the Markan Passion Narrative. HTR 73, 1980, p. 153-184.

OBERLINNER, L. Die Botschaft vom Kreuz als die Botschaft vom Heil nach Markus. BibLit 61, 1988, p. 56-65.

PATTE, D. & A. *Structural Exegesis: From Theory to Practice. Exegesis of Mark 15 and 16.* Philadelphia, Fortress, 1978.

SCHENK, W. Die gnostisierende Deutung des Todes Jesus und ihre kritische Interpretation durch den Evangelisten Markus. In: TRÖGER, K.-W., org. *Gnosis und Neues Testament.* Gütersloh, Mohn, 1963, p. 231-243.

_____. *Der Passionsbericht nach Markus. Untersuchungen zur Überlieferungsgeschichte der Passionstraditionen.* Gütersloh, Mohn, 1974.

SCHENKE, L. *Der gekreuzigte Christus : Versuch einer literarkritischen und traditions- -geschichtilichen Bestimmung des vormarkinischen Passionsgeschichte.* Stuttgart, KBW, 1974 (SBS 69).

_____. STUDIEN ZUR PASSIONSGESCHICHTE DES MARKUS: *Tradition und Redaktion in Markus 14,1-42.* Würzburg, Echter, 1971 (FB 4).

SCHLIER, H. *Die Markuspassion.* Einsiedeln, Johannes, 1974.

SCHREIBER, J. *Die Markuspassion.* Hamburg, Furche, 1969. Breve história de pesquisa de NP.

_____. *Theologie des Vertrauens. Eine redaktions-geschichtliche Untersuchung des Markusevangeliums*. Hamburg, Furche, 1967, esp. p. 22-86.

SCROGGS, R. Aspectos e cenas da NP marcana em KKS, 2, p. 505-536, 543-550, 556-585.

SENIOR, D. *The Passion of Jesus in the Gospel of Mark*. Wilmington, Glazier, 1984.

SMITH, R. H. Darkness at Noon: Mark's Passion Narrative. CTM 44, 1973, p. 325-338.

SOARDS, M. L. The Question of a Pre-Markan Passion Narrative. *Biblebhashyam* 11, 1985, p. 144-169. Reimpresso e atualizado no APÊNDICE IX.

TELFORD, W., org. *The Interpretation of Mark*. Issues in Religion and Theology 7. Philadelphia, Fortress, 1985, esp. p. 1-41.

TEMPLE, S. The Two Traditions of the Last Supper, Betrayal, and Arrest. NTS 7, 1960-1961, p. 77-85. NPs pré-marcanas.

VELLANICKAL, M. The Passion Narrative in the Gospel of Mark (Mk. 14:1a–15:47). *Biblebhashyam* 9, 1983, p. 258-278.

WHITE, J. L. The Way of the Cross. Was There a Pre-Markan Passion Narrative? *Forum* 3, #2, 1987, p. 35-49.

WREGE, H.-T. *Die Gestalt des Evangeliums*. Frankfurt, Lang, 1978, esp. p. 49-96 sobre a NP marcana (Beiträge zur biblischen Exegese und Theologie 11).

ZELLER, D. Die Handlungsstruktur der Markuspassion. TQ 159, 1979, p. 213-217.

Parte III: A narrativa da Paixão em Mateus

Os comentários sobre todo o Evangelho de Mateus estão citados pelo nome do autor e o equivalente a "Mateus" na língua respectiva. Usei, em especial, esses comentaristas na publicação ou edição do ano indicado: J. Gnilka, 1986-1988; R. H. Gundry, 1982; J. D. Kinsbury (Proclamação, 1977); M.-J. Lagrange, 1948; J. P. Meier, 1980 e E. Schweizer, inglês, 1975. Também G. Strecker, *Der Weg des Gerechtigkeit*, Göttingen, Vandenhoeck & Ruprecht, 1971 (FRLANT 82).

BARTSCH, H.-W. Die Passions- und Ostergeschichten bei Matthäus. Reimpresso em seu *Entmythologisierende Auslegung*. Hamburg, Reich, 1962, p. 80-92 (Theologische Forschung 26).

BLIGH, J. Matching Passages 2: St. Matthew's Passion Narrative. *The Way* 9, 1969, p. 59-73.

BROER, Bemerkungen zur Redaktion der Passionsgeschichte durch Matthäus. In: SCHENKE, L., org. *Studien zum Matthäusevangelium*. Stuttgart, KBW, 1988, p. 25-46 (Festschrift W. Pesch. SBS).

BUCHER, G. Elements for an Analysis of the Gospel Text : The Death of Jesus. *Modern Language Notes* 86, 1971, p. 835-844. Análise estrutural de Mateus, p. 26-28.

BUCK, E. Anti-Judaic Sentiments in the Passion Narrative According to Matthew. AJEC, p. 165-180.

DAHL, N. A. The Passion Narrative in Matthew. *Jesus in the Memory of the Early Church.* Minneapolis, Augsburg, 1976, p. 37-51. Original alemão, 1955.

DESCAMPS, A. Rédaction et christologie dans la récit matthéen de la Passion. In: DIDIER, M., org. *L'Évangile selon Matthieu.* Gembloux, Duculot, 1972, p. 359-415.

FISCHER, K. M. Redaktionsgeschichtliche Bemerkungen zur Passionsgeschichte des Mattäus. TV-II, 1970, p. 109-128.

GERHARDSSON, B. Jésus livré et abandonné d'après la Passion selon saint Matthieu. RB 76, 1969, p. 206-227. Em alemão em RTPL, p. 262-291.

HEIL, J. P. *The Death and Resurrection of Jesus. A Narrative Critical Reading of Matthew 26–28.* Minneapolis, Augsburg Fortress, 1991.

LAMBRECHT, J. Het matteaanse Iijdensverhaal. *Collationes* 30, 1984, p. 161-190.

LAVERDIÉRE, E. The Passion Story as Prophecy. *Emmanuel* 93, 1987, p. 84-98.

LODGE, J. C. Matthew's Passion-Resurrection Narrative. CSA, p. 3-20.

MARTIN, F. & Panier, L. Dévoilement du péché et salut dans le récit de la passion selon Saint Matthieu. LumVie 36, 1987, p. 72-88.

MIYOSHI, M. Die Theologie der Spaltung und Einigung Israels in der Geburts- und Leidensgeschichte nach Matthäus. AJBI 15, 1989, p. 37-52.

OVERMAN, J. A. Heroes and Villains in Palestinian Lore: Matthew's Use of Traditional Polemic in the Passion Narrative. SBLSP, 1990, p. 592-602.

_____. *Matthew's Gospel and Formative Judaism.* Minneapolis, Fortress, 1990.

PRZYBYLSKI, B. The Setting of Matthean Anti-Judaism. AJEC, p. 181-200.

PUNNAKOTTIL, G. The Passion Narrative According to Matthew. A Redaction-critical Study. *Biblebhashyam* 3, 1977, p. 20-47.

RIECKERT, S. J. P. K. The Narrative Coherence in Matthew 26-28. *Neotestamentica* 16, 1982, p. 53-74. Volume publicado como *Structure and Meaning in Matthew.* Stellenbosch, R.S.A., 1983.

SENIOR, D. Matthew's Special Material in the Passion Story. ETL 63, 1987, p. 272-294.

_____. *The Passion Narrative According to Matthew.* BETL 39. Louvain Univ., 1975. Abreviado como SPNM.

_____. *The Passion of Jesus in the Gospel of Matthew.* Wilmington, Glazier, 1985.

TRILLING, W. Die Passionsbericht nach Matthäus. *Am Tische des Wortes* 9, 1965, p. 33-44.

VAN TILBORG, S. *The Jewish Leaders in Matthew.* Leiden, Brill, 1972.

INTRODUÇÃO

WITHERUP, R. D. *The Cross of Jesus: A Literary-Critical Study of Matthew 27*. Union Theological Seminary, Richmond. Tese de doutorado. Ann Arbor, University Microfilms International, 1986.

Parte IV: A narrativa da Paixão em Lucas

Os comentários sobre todo o Evangelho de Lucas estão citados pelo nome do autor e o equivalente a "Lucas" na língua respectiva. Usei, em especial, esses comentaristas na publicação ou edição do ano indicado: J. A. Fitzmyer, 1981-1985; W. Grundmann, 1981; I. H. Marshall, 1978; A. Plummer, 1922; G. Schneider, 1977; e G. Schweizer, inglês, 1984. Os exames que comparam as NPs lucana e joanina encontram-se na Parte V.

BARR, A. The Use and Disposal of the Marcan Source in Luke's Passion Narrative. ExpTim 55, 1943-1944, p. 227-231.

BECK, B. E. "Imitatio Christi" and the Lucan Passion Narrative. In: HORBURY,W. & McNEIL, B., orgs. *Suffering and Martyrdom in the New Testament*. Cambridge Univ., 1981, p. 28-47 (Studies for G. M. Styler).

BLEVINS, J. L. The Passion Narrative. Luke 19:28-24:53. RevExp 64, 1967, p. 513-522.

BLINZLER, J. Passionsgeschehen und Passionsbericht der Lukasevangeliums. BK 24, 1969, p. 1-4.

BRAWLEY, R. L. *Luke-Acts and the Jews*. Atlanta, Scholars, 1987 (SBLMS 33).

BÜCHELE, A. *Der Tod Jesu im Lukasevangelium. Eine redaktionsgeschichtliche Untersuchung zu Lk 23*. Frankfurt, Knecht, 1978 (Franfurter Theologische Studien 26).

CARLSON, R. P. The Role of the Jewish People in Luke's Passion Theology. SBLSP, 1991, p. 82-102.

CASSIDY, R. J. Luke's Audience, the Chief Priests and the Motive for Jesus'Death. PILA, p. 146-167.

_____. The Trial and Death of Jesus. *Jesus Politcs, and Society: A Study of Luke's Gospel*. Maryknoll, NY, Orbis, 1978, p. 63-73, 165-175.

CHANCE, J. B. The Jewish People and the Death of Jesus in Luke-Acts. SBLSP, 1991, p. 50-81.

FRANSEN, I. Le baptême de sang (Luc 22,1–23,56). BVC 25, 1959, p. 20-28.

FUSCO, V. Il valore salvifico della croce nell'opera lucana. *Testimonium Christi. Scritti in onore di J. Dupont*. Brescia, Paideia, 1985, p. 205-236.

GARRETT, S. R. The Meaning of Jesus' Death in Luke. *Word and World* 12, 1992, p. 11-16.

GASTON, L. Anti-Judaism and the Passion Narrative in Luke and Acts. AJEC, p. 127-153.

§ 3. Bibliografia geral

GEORGE, A. Le sens de la mort de Jésus pour Luc. RB 80, 1973, p. 186-217. Reimpresso em seus *Études sur l'oeuvre de Luc*. Paris, Gabalda, 1978, p. 185-212.

GOLLWITZER, H. *The Dying and Living Lord*. London, SCM, 1960; original alemão, 1941. Comentário sobre Lc 22,39–24,53.

HAWKINS, J. C. St. Luke's Passion Narrative Considered with Reference to the Synoptic Problem. ExpTim 15, 1903-1904, p. 122-126, 273-276.

KANY, R. Der lukanische Bericht von Tod und Auferstehung Jesu aus der Sicht eines hellenistischen Romanlesers. NovT 28, 1986, p. 75-90.

KARRIS, R. J. *Luke: Artist and Theologian: Luke's Passion Account as Literature*. New York, Paulist, 1985.

KIDDLE, M. The Passion Narrative in St Luke's Gospel. JTS 36, 1935, p. 267-280.

KLOPPENBORG, J. S. *Exitus clari viri*: The Death of Jesus in Luke. TJT 8, 1992, p. 106-120.

KODELL, J. Luke's Use of *Laos*, "People", Especially in the Jerusalem Narrative (Lk 19,28–24,53). CBQ 31, 1969, p. 327-343.

LAVERDIERE, E. The Passion-Resurrection of Jesus According to St. Luke. CSA, p. 35-50.

MATERA, F. J. The Death of Jesus according to Luke: A Question of Sources. CBQ 47, 1985, p. 469-485.

_____. Responsibility for the Death of Jesus according to the Acts of the Apostles. JSNT 39, 1990, p. 77-93.

MOULE, C. F. D. Review of G. Scneider. *Verleugnung* JTS NS 22, 1971, p. 194-197

MOWERY, R. L. The Divine Hand and the Divine Plan in the Lukan Passion. SBLSP, 1991, p. 558-575.

NEYREY, J. *The Passion According to Luke*. New York, Paulist, 1985.

O'TOOLE, R. R. *The Unity of Luke's Theology*. Wilmington, Glazier, 1984, esp. p. 62-71 (Good News Studies 9).

PERRY, A. M. *The Sources of Luke's Passion Narrative*. University of Chicago, 1920.

_____. Luke's Disputed Passion-Source. ExpTim 46, 1934-1935, p. 256-260.

PILGRIM, W. E. *The Death of Christ in Lukan Soteriology*. Princeton Theol. Seminary Tese de doutorado em teologia, 1971.

REHKOPF, F. *Die lukanische Sonderquelle: ihr Unfang und Sprachgebrauch*. Tübingen, Mohr, 1959 (WUNT 5). Ver também Taylor "Rehkopf" adiante.

RESE, M. *Die "Stunde" Jesu in Jerusalem (Lukas 22,1-53). Eine Untersuchung zur literarischen und theologischen Eigenart des lukanischen Passionsberichts*. Münster Univ., 1970-1971.

RICE, G. E. The Role of the Populace in the Passion Narrative of Luke in Codez Bezae. AUSS 19, 1981, p. 147-153.

RICHARD, E. Jesus' Passion and Death in Acts. RDLJ, p. 125-152, 204-210.

SCHNEIDER, G. *Verleugnung, Verspottung, und Vaerhör Jesu nach Lukas 22,54-71*. München, Kösel, 1969.

SCHÜTZ, F. *Der leidende Christus: Die angefochtene Gemeinde und das Christuskerygma der lukanischen Schriften*. Stuttgart, Kohlhammer, 1969.

SCHWEIZER, E. Zur Frage der Quellenbenutzung durch Lukas. *Neues Testament und Christologie im Werden*. Göttingen, Vandenhoeck & Ruprecht, 1982, esp. p. 33-85.

SENIOR, D. *The Passion of Jesus in the Gospel of Luke*. Wilmington, Glazier, 1989.

SOARDS, M. L. *The Passion According to Luke. The Special Material of Luke 22*. Sheffield, JSOT, 1987 (JSNTSup 14).

STÖGER, A. Eigenart und Botschaft der lukanischen Passionsgeschichte. BK 24, 1969, p. 4-8.

SYLVA, D. D., org. *Reimaging the Death of the Lukan Jesus*. Frankfurt, Hain, 1990 (Bonner Biblische Beiträge 73). Abreviado como RDLJ.

TALBERT, C. H. *Reading Luke: A Literary and Theological Commentary on the Third Gospel*. New York, Crossroad, 1982, esp. p. 212-225.

TAYLOR, V. *The Passion Narrative of St. Luke*. Cambridge Univ., 1972 (SNTSMS 19).

_____. Rehkopf's List of Words and Phrases Illustrative of Pre-Lukan Speech Usage. JTS NS 15, 1963, p. 59-62.

TYSON, J. B. The Death of Jesus in Luke-Acts. Columbia, University of South Carolina, 1986.

UNTERGASSMAIR, F. G. *Kreuzweg und Kreuzigung Jesu. Ein Beitrag zur lukanischen Redaktionsgeschi und zur Frage nach der lukanischen "Kreuzestheologie"*. Paderborn, Schöningh, 1980. Sobre Lc 23,26-49.

_____. Thesen zur Sinndeutung des Todes Jesu in der lukanischen Passionsgeschichte. TG 70, 1980, p. 180-193

VIA, E. J. According to Luke, Who Put Jesus to Death? PILA, p. 122-145.

VÖÖBUS, A. *The Prelude to the Lukan Passion Narrative: Tradition, Redaction-, Cult-, Motif-Historical and Source-Critical Studies*. Stockholm, ETSE, 1968.

WALASKAY, P. W. The Trial and Death of Jesus in the Gospel of Luke. JBL 94, 1975, p. 81-93.

WILSON, S. G. The Jews and the Death of Jesus in Acts. AJEC, p. 155-164

§3. Bibliografia geral

Winter, P. The Treatment of His Sources by the Third Evangelist in Luke xxi-xxiv. ST 8, 1954, p. 138-172, esp. p. 158-166 sobre a NP.

Winter, P. & Taylor, V. Sources of the Lucan Passion Narrative. ExpTim 68, 1956-1957, p. 95.

Zehnle, R. The Salvific Character of Jesus' Death in Lucan Soteriology. TS 30, 1969, p. 420-444.

Parte V: A narrativa da Paixão em João

Os comentários sobre todo o Evangelho de João estão citados pelo nome do autor e o equivalente a "João" na língua respectiva. Usei, em especial, esses comentaristas na publicação ou edição do ano indicado: C. K. Barrett, 2. ed., 1978; J. H. Bernard, 1928; M.-E Boismard (*Jean = Synopse III*, 1977; R. E. Brown, BGJ, 1966-1970; R. Bultmann, inglês 1971; E. Haenchen, inglês, 1971; E. Haenchen, inglês, 1984; E. Hoskyns, 1947; M-J. Lagrange, 1948; A. Loisy, 1921; R. Schnackenburg, inglês, 1968-82; B. F. Westcott, 1880. Também as reconstruções de R. T. Fortna, *The Gospel of Signs*, Cambridge Univ., 1970 (SNTSMS 11); *The Fourth Gospel and Its Predecessors*. Philadelphia, Fortress, 1988.

Blank, J. Die Johannespassion Intention und Hintergrunde. PGJK, p. 148-182.

Borgen, P. John and the Synoptics in the Passion Narrative. NTS 5, 1958-1959, p. 246-259. Reimpresso em seu *Logos was the True Light*. Trondheim, Tapir, 1983, p. 67-80.

Braun, F.-M. La passion de Notre Seigneur Jésus Christ d'après saint Jean. NRT 60, 1933, p. 289-302, 385-400, 481-499.

Buse, I. St. John and the Marcan Passion Narrative. NTS 4, 1957-1958, p. 215-219.

_____. St. John and the Passion Narratives of St. Matthew and St. Luke. NTS 7, 1960-1961, p. 65-76.

Cribbs, F.L. A Study of the Contacts That Exist between St. Luke and St. John. SBLSP, 1973, 2, p. 1-93, esp. 46-81.

Dauer, A. Die Passionsgeschichte im Johannesevangelium. Munich, Kösel, 1972 (SANT 30).

de la Potterie, I. *The Hour of Jesus: The Passion and the Resurrection of Jesus According to John*. New York, Alba, 1989. Original francês, 1983-1984.

_____. *La passion de Jésus selon l'évangile de Jean*. Paris, Cerf, 1986 (Lire de la Bible 73).

Dodd, C. H. *Historical Tradition in the Fourth Gospel*. Cambridge Univ., 1963. esp. p. 21-151 sobre a NP.

_____. *The Interpretation of the Fourth Gospel*. Cambridge Univ., 1953, esp. p. 423-443 sobre a NP.

FENTON, J. *The Passion According to John*. London, SPCK, 1961.

FULLER, R. H. The Passion, Death and Resurrection of Jesus According to St. John. CSA, p. 51-63.

GRANSKOU, D. Anti-Judaism in the Passion Accounts of the Fourth Gospel. AJEC, p. 201-216.

HAENCHEN, E. History and Interpretation in the Johannine Passion Narrative. *Interpretation* 24, 1970, p. 198-219. Original alemão em ZBTJ, p. 55-78.

HARVEY, A.E. *Jesus on Trial: A Study in the Fourth Gospel*. Atlanta, Knox, 1977.

JANSSENS DE VAREBEKE, A. La structure des scènes du récit de la passion en Joh. xviii-xix. ETL 38, 1962, p. 504-522.

KLEIN, H. Die lukanisch-johanneische Passionstradition. ZNW 67, 1976, p. 155-186. Também em RTPL, p. 366-403.

KOESTER, C. R. The Passion and Resurrection According to John. *Word and World* 11, 1991, p. 84-91.

KURICHIANIL, J. The Glory and the Cross: Jesus' Passion and Death in the Gospel of John. *Indian Theological Studies* 20, março de 1983, p. 5-15.

LACOMARA, A. The Death of Jesus as Revelation in John's Gospel. TLOTC, p. 103-127.

L'EPLATTENIER, C. La Passion dans l'évangile de Jean. FV 81, #4, 1982, p. 25-30.

LINDARS, B. The Passion in the Fourth Gospel. In: JERVELL, J. & MEEKS,W. A., orgs. *God's Christ and His People*. Oslo, Universitetsforlaget, 1977, p. 71-86 (N. A. Dahl Festschrift).

McHUGH, J. The Glory of the Cross: The Passion According to St. John. CR 67, 1982, p. 117-127.

MEEKS, W. A. *The Prophet-King*. NovTSup 14. Leide, Brill, 1967, esp. p. 55-80 sobre a NP de João.

MÜLLER, U. B. Die Bedeutung des Kreuzestodes Jesu im Johannesevangelium. *Kerygma und Dogma* 21, 1975, p. 49-71.

OSTY, E. Les points de contact entre le récit de la passion dans saint Luc et dans saint Jean. RechSR 39, 1951. *Mélanges J. Lebreton*, p. 146-154.

PFITZNER, V. C. The Coronation of the King — Passion Narrative and Passion Theology in the Gospel of St. John. *Lutheran Theological Journal* 10, 1976, p. 1-12.

RIAUD, J. La gloire et la royauté de Jésus dans la Passion selon saint Jean. BVC 56, 1964, p. 28-44.

RICHTER, G. Die Deutung des Kreuzestodes Jesu in der Leidensgeschichte des Johannesevangelium (Jo 13-19). BibLeb 9, 1968, p. 21-36. Reimpresso em RSJ, p. 58-73.

SCHNIEWIND, J. *Die Parallelperikopen bei Lukas und Johannes*. Original, 1914. Reimpressão: Hildesheim, Olms, 1958, esp. p. 37-85 sobre a NP.

SCWANK, B. SuS 29, 1964. Série de oito artigos que comentam seção por seção da NP joanina.

SENIOR, D. *The Passion of Jesus in the Gospel of John*. Collegeville, Liturgical Press, 1991.

SMITH, D. *John among the Gospels: The Relationship in Twentieth-Century Research*. Minneapolis, Fortress, 1992, esp. capítulo 5, que compara as NPs.

STALEY, J. Reading with a Passion: John 18:1a–19:42 and the Erosion of the Reader. SBLSP, 1992, p. 61-81.

STANLEY, D. M. The Passion According to St. John. *Worship* 33, 1958-1959, p. 21-30.

SUMMERS, R. The Death and Resurrection of Jesus: John 18-21. RevExp 62, 1965, p. 473-481.

TALAVERO TOVAR, S. *Pasión y Resurrección en el IV Evangelio*. Salamanca Univ., 1976.

ZUMSTEIN, J. L'interprétation johannique de la mort du Christ. FGN 3, p. 2119-2138.

Primeiro ato:
Jesus reza e é preso no Getsêmani, no Monte das Oliveiras, do outro lado do Cedron
(Mc 14,26-52; Mt 26,30-56; Lc 22,39-53; Jo 18,1-11)

O primeiro ato da narrativa da Paixão descreve como Jesus, depois de sair da Última Ceia com os discípulos, foi, do outro lado do Cedron, a um lugar (Getsêmani) no Monte das Oliveiras e ali rezou ao Pai enquanto os discípulos dormiam. Judas chegou com um grupo armado; e, durante um incidente em que a orelha do servo do sumo sacerdote foi decepada, Jesus foi preso.

Sumário do primeiro ato, cena um

CENA UM: Jesus vai para o lugar e ali reza (Mc 14,26-42; Mt 26,30-46; Lc 22,39-46; Jo 18,1)

§ 4. Bibliografia da seção: Jesus reza no Getsêmani (§§ 5–11)

Parte I: Jesus atravessa o Cedron e vai para o Monte das Oliveiras (§ 5)

Parte II: A oração e a agonia de Jesus no Getsêmani (§§ 6–11)

Parte III: O anjo fortalecedor em Lc 22,43-44 (§ 8)

§ 5. Episódio de transição: Jesus vai com discípulos ao Monte das Oliveiras (Mc 14,26-31; Mt 26,30-35; Lc 22,39; Jo 18,1a)

COMENTÁRIO

- Preliminares da Paixão em cada Evangelho
- Abertura, versículo de transição (Mc 14,26; Mt 26,30; Lc 22,39; Jo 18,1a)
- Destino dos discípulos (Mc 14,27-28; Mt 26,31-32)
- Destino de Pedro (Mc 14,29-31; Mt 26,33-35)

ANÁLISE

A. As predições de Jesus acerca dos discípulos e de Pedro: localização e papel

B. As origens das predições

§ 6. A oração no Getsêmani, primeira parte: Chegada e preparativos (Mc 14,32-34; Mt 26,36-38; Lc 22,40; Jo 18,1b)

- A chegada de Jesus e seus discípulos (Mc 14,32-33a; Mt 26,36-37a; Lc 22,40; Jo 18,1b)
- Jesus angustiado e triste (Mc 14,33b-34; Mt 26,37b-38)
- A provação que se aproxima em Lc 22,40b (*Peirasmos*)

§ 7. A oração no Getsêmani, segunda parte: Jesus reza ao Pai (Mc 14,35-36; Mt 26,39; Lc 22,41-42)

- Jesus vai adiante e se prostra ou ajoelha (Mc 14,35a; Mt 26,39a; Lc 22,41)
- A oração a respeito da hora e do cálice (Mc 14,35b; Mt 26,39b; Lc 22,42)
- Outros aspectos da oração

§ 8. A oração no Getsêmani, terceira parte: O anjo fortalecedor (Lc 22,43-44)

- A questão da autoria lucana
- Importância da passagem

§ 9. A oração no Getsêmani, quarta parte: Jesus volta para junto dos discípulos pela primeira vez (Mc 14,37-38; Mt 26,40-41; Lc 22,45-46)

- A conclusão lucana da oração de Jesus (Lc 22,45-46)
- Dormir, vigiar, e o julgamento próximo (Mc 14,37-38a; Mt 26,40-41a)
- Espírito e carne (Mc 14,38b; Mt 26,40-41b)

§ 10. A oração no Getsêmani, quinta parte: Jesus volta para junto dos discípulos pela segunda e pela terceira vez (Mc 14,39-42; Mt 26,42-46)

- O lugar deste episódio na estrutura da cena
- Segunda ocorrência de partida, oração e volta (Mc 14,39-40; Mt 26,42-43)
- Terceira ocorrência e palavras de Jesus aos discípulos (Mc 14,41-2; Mt 26,44-46)

§ 11. Análise que abrange as cinco partes da oração de Jesus no Getsêmani

A. Vários enfoques da cena

1. Escândalo a respeito do conteúdo da cena

2. Problemas quanto à composição da cena

3. Fatores que provavelmente são tradição primitiva

B. A contribuição de Hb 5,7-10

1. A oração de Jesus em Hebreus e suas origens

2. Hebreus e as orações de Jesus nas narrativas da Paixão

3. Evolução das diversas orações de Jesus

§ 4. Bibliografia da seção para a cena um do primeiro ato: *Jesus reza no Getsêmani* (§§ 5–11)

A subdivisão em três partes está descrita na lista imediatamente anterior do Sumário. Uma BIBLIOGRAFIA DA SEÇÃO separada em § 12 trata da *prisão* de Jesus no Getsêmani, mas escritos que levam em conta a oração e *também* a prisão estão relacionados na Parte II adiante.

Parte I: Jesus atravessa o Cedron e vai para o Monte das Oliveiras (§ 5)

BEST, E. *Following Jesus: Discipleship in the Gospel of Mark*. Sheffield Univ, 1981, esp. p. 199-203 sobre Mc 14,28; 16,7 (JSNTSup 4)

CURTIS, J. B. An Investigation of the Mount of Olives in the Judaeo-Christian Tradition. HUCA 28, 1957, p. 137-180.

EVANS, C. F. I Will Go Before You into Galilee. JTS NS 5, 1954, p. 3-18.

GLASSON, T. F. Davidic Links with the Betrayl of Jesus. ExpTim 85, 1973-1974, p. 118-119.

GRASS, K. Zu Mc 14,28. ZNW 13, 1912, p. 175-176.

HOSKYNS, E. C. Adversaria Exegetica. *Theology* 7 (set. 1923), p. 147-155 (sobre Mc 14,28).

JOÜON, P. Marc 14,3: *ho de ekperissos ellalei*. Rech SR 29, 1939, p. 240-241.

LIGHTFOOT, R. H. A Consideration of Three Passages in St. Mark's Gospel. In: SCHMAUCH, W., org. *In Memoriam Ernst Lohmeyer*. Stuttgart, Evangelisches Verlag, 1951, p. 110-115 (sobre Mc 14,28).

MAGNESS, J. L. *Sense and Absence*. Atlanta, Scholars, 1986; com referência a Mc 16,7 e 14,28.

MUÑOZ León, D. "Iré delante de vosotros a Galilea" (Mt 26,32 y par). Sentido mesiánico y posible sustrato arameo del logion. EstBib 48, 1990, p. 215-241.

ODENKIRCHEN, P. C. Praecedam vos in Galilaeam (Mt 26,32 [par]). VD 46, 1968, p. 193-223.

ORGE, M. Percutiam pastorem et dispergentur oves. *Claretianum* 7, 1967, p. 271-291 (sobre Mc 14,27).

PIEPER, K. Einige Bemerkungen zu Mt 26.31 und Mk 14.27. BZ 21, 1933, p. 320-323.

SCHUMAUCH, W. Der Ölberg. Exegese zu einer Ortsangabe besonders bei Matthäus und Markus. TLZ 77, 1952, p. 391-396.

SCHROEDER, R. P. The "Worthless" Shepherd: A Study of Mark 14,27. CurTM 2, 1975, p. 342-344.

SOARDS, M. L. Understanding Luke 22,39. BT 36, 1985, p. 336-337

STEIN, R. H. A Short Note on Mark xiv. 28 and xvi. 7. NTS 20, 1973-1974, p. 445-452.

TRUDINGER, L. P. Davidic Links with the Betrayal of Jesus. Some Further Observations. ExpTim 86, 1974-1975, p. 278-279.

VAN IERSEL, "To Galilee" or "in Galilee" in Mark 14,28 and 16,7? ETL 58, 1982, p. 365-370.

Parte II: A oração e a agonia de Jesus no Getsêmani (§§ 6–11)

AAGAARD, A. M. Doing God's Will. Matthew 26:36-46. *International Review of Mission* 77, 1988, p. 221-228.

AARS, J. Zu Matth. 26, 45 und Marc 14, 41. ZWT 38, 1895, p. 378-383.

ANDREWS, M. Peirasmos — A Study in Form-Criticism. ATR 24, 1942, p. 229-244.

ANONYMOUS (F. A. BORNEMANN). Erklärung einiger dunkklen Stellen des Neuen Testaments. TSK 16, 1843, p. 103-140, esp. p. 103-106 sobre Mc 14,41.

ARMBRUSTER, C. J. The Messianic Significance of the Agony in the Garden. *Scripture* 16, 1964, p. 111-119.

BALDWIN, E. S. G. Gethsemane: The Fulfillment of a Prophecy. BSac 77, 1920, p. 429-436.

BARBOUR, R. S. Gethsemane in the Tradition of the Passion. NTS 16, 1969-1970, p. 231-251.

BECK, B. E. Gethsemane: The Four Gospels. *Epworth Review* 15, 1988, p. 57-65.

BERNARD, J. H. St. Mark xiv. 41,42. ExpTim 3, 1891-1892, p. 451-453.

_____. A Study of St. Mark x 38,39. JTS 28, 1927, p. 262-270, com referência a Mc 14,36.

BLACK, M. The Cup Metaphor in Mark xiv.36. ExpTim 59, 1947-1948, p. 195.

BLAISING, C. A. Gethsemane: A Prayer of Faith. JETS 22, 1979, p. 333-343.

BOMAN, T. Der Gebetskampf Jesu. NTS 10, 1963-1964, p. 261-273.

BONNETAIN, P. La cause de l'agonie de Jésus. RA 50, 1930, p. 681-690.

_____. La crainte de la mort en Jésus agonisant. RA 53, 1931, p. 276-295.

BOOBYER, G. H. *Apechei* in Mark xiv.41. NTS 2, 1955-1956, p. 44-48.

§ 4. Bibliografia da seção para a cena um do primeiro ato: Jesus reza no Getsêmani (§§ 5–11)

BRANDENBURGER, E. Texte und Vorlagen von Hebr. V 7-10. Ein Beitrag zur Christologie des Hebräerbriefs. NovT 11, 1969, p. 190-294, com referência a Mc 14,33-35.

BRAUMANN, G. Hebr. 5:7-10. ZNW 51, 1960, p. 278-280, com referência a Mc 14,35-37.

_____. Leidenskelch und Todestaufe (Mc 10.38f.). ZNW 56, 1965, p. 178-183, com referência a Mc 14,33-36.

BROWN, R. E. Incidents that are Units in the Synoptic Gospels but are Dispersed in St. John. CBQ 23, 1961, p. 143-160, esp. p. 143-152 sobre o Getsêmani e o julgamento. Reimpresso em seu *New Testament Essays*. New York, Paulist, 1982, p. 192-233.

_____. The Pater Noster as an Escathological Prayer. TS, 1961, p. 175-208. Reimpresso em seu *New Testament Essays*. New York, Paulist, 1982, p.217-253.

BROWN, S. *Apostasy and Perseverance in the Theology of Luke*. Roma, PIB, 1969, esp. p. 5-25 sobre *peirasmos* (AnBib 36)

CARMIGNAC, J. Fais que nous n'entrions pas dans la tentation. RB 72, 1965, p. 218-226, com referência a Lc 22,40; Mc 14,38 e par.

CAVALLIN, A. *(tò) loipon*. Eine bedeuntungsgeschichtliche Untersuchung. *Eranos* 39, 1941, p. 121-144, com referência a Mc 14,41.

CHASE, T. *To loipon*, Matt. xxvi.45. JBL 6, junho de 1886, p. 131-135.

COUCHOUD, P.-L. Notes de critique verbal sur St Marc e St Matthieu. JTS 34, 1933, p. 113-138, esp. 129-131 sobre *apechei* em Mc 14,41.

CRANFIELD, C. E. B. The Cup Metaphor in Mark xiv. 36 and Parallels. ExpTim 59, 1947-1948, p. 137-138.

DAUBE, D. Death as a Release in the Bible. NovT 5, 1962, p. 82-104, com referência a Mc 14,34.

_____. A Prayer Pattern in Judaism. StEv I, p. 539-545.

_____. Two Incidents after the Last Supper. DNTRJ, p. 330-335, esp. p. 332-335 (The Sleeping Companions).

DAVIES, W. D. Paul and the Dead Sea Scrolls: Flesh and Spirit. In: STENDAHL, K., org. *The Scrolls and the New Testament*. New York, Harper, 1957, p. 157-182, com referência a Mc 14,38.

DELLING, G. *Baptisma, baptisthenai*. NovT 2, 1957-1958, p. 92-115, com referência a Mc 14,36.

DE TUYA, M. La "agonia" de Jesucristo en Getsemaní. CTom 82, 1955, p. 519-567.

DE ZWAAN, J. The Text and Exegesis of Mark xiv. 41 and the Papyri. *Expositor* 6th Ser., 12, 1905, p. 459-472.

DIBELIUS, M. Getmane. *Crozer Quarterly* 12, 1935, p. 254-265. Em alemão em DBG 1, p. 258-271, e em RTPL, p. 67-80.

FELDKÄMPER, L. *Der betende Jesus als Heilsmittler nach Lukas.* Bonn, Steyler, 1978, esp. p. 224-250 sobre Lc 22,39-46, e p. 251-284 sobre 23,34.46.

FELDMEIER, R. *Die Krisis des Gottessohnes. Die Gethsemaneerzählung als Schlüssel der Markuspassion.* Tübingen, Mohr, 1987 (WUNT 2, p. 21).

FEUILLET, A. *L'agonie de Gethsémani.* Paris, Gabalda, 1977.

_____. La coupe et le baptême de la Passion (Mc, x,35-40; cf. Mt, xx,20-23; Lc, xii,50). RB 74, 1967, p. 356-391, com referência a Mc 14,36.

_____. L'évocation de l'agonie de Gethsémani dans l'Épître aux Hébreux (5,7-8). EspVie 86, 1976, p. 49-53.

_____. Le récit lucanien de l'agonie de Gethsémani (Lc xxii.39-46). NTS 22, 1975-1976, p. 397-417.

FIEBIG, P. Jesu Gebet in Gethsemane. *Der Geisteskampf der Gegenwart* 66, 1930, p. 121-125.

FITZMYER, J. A. Abba and Jesus' Relation to God. In: *À cause de l'évangile.* Paris, Cerf, 1985, 1, p. 15-38, com referência a Mc 14,36 (Mélanges J. Dupont, LD 123).

FLUSSER, D. The Dead Sea Sect and Pre-Pauline Christianity. In: RABIN, C. & YADIN, Y., orgs. *Scripta Hierosolymitana IV: Aspects of the Dead Sea Scrolls.* 2. ed. Jerusalem, Magnes, 1965, p. 215-266, esp. 252-263 sobre carne e espírito, com referência a Mc 14,38.

FRIEDRICH, G. Das Lied vom Hohenpriester im Zusammenhang von Hebr. 4,14-5,10. TZ 18, 1962, p. 95-115, com referência a Mc 14,35-37.

GALIZZI, M. *Gesù nel Getsemani.* Zurich, Pas, 1972 (Biblioteca di Scienze Religiose 4).

GIBLET, J. La prière de Jésus [Mc 14,32-42]. In: LIMET, H. & RIES, J., orgs. *L'Expérience de la Prière dans les Grandes Religions.* Louvain-la-Neuve, Centre d'Histoire des Religions, 1980, p. 261-273 (Homo Religiosus 5).

GRASSI, J. A. *Abba*, Father (Mark 14,36): Another Approach. JAAR 50, 1982, p. 449-58.

GREEN, J. B. Jesus on the Mount of Olives (Luke 22.39-46): Tradition and Theology. JSNT 26, 1986, p. 29-48.

HANSON, A. T. *The Wrath of the Lamb.* London, SPCK, esp. p. 27-39 com referência a Mc 14,36.

HEITMÜLLER, F. Gethsemane. *Jesu Dienst* 17, 1938, p. 314-318.

HÉRING, J. Simples remarques sur la prière à Gethsémané. RHPR 39, 1959, p. 97-102. Também em alemão em *Neotestamentica et Patristica.* Leiden, Brill 1962, p. 64-69 (O. Cullmann Festschrift; NovTSup 6).

HOLLERAN, J. W. *The Synoptic Gethsemane.* Roma, Gregorian Univ., 1973 (Analecta Gregoriana 191).

HUDSON, J. T. Irony in Gethsemane? (Mark xiv. 41). ExTim 46, 1934-1935, p. 382.

HUPPENBAUER, H. *Bsr* "Fleisch" in den Texten von Qumran (Höhle I). TZ 13, 1957, p. 298-300, com referência a Mc 14,38.

HUTTON, W. R. The Kingdom of God Has Come. ExpTim 64, 1952-1953, p. 89-91 sobre Mt 26,45.

INDEMANS, J. H. H. A. Das Lukas-Evangelium xxii,45. SO 32, 1956, p. 81-83.

JANNARIS, A. N. Misreadings and Misrenderings in the New Testament. *Expositor* 5th Ser., 8, 1898, p. 422-432, esp. p. 428-431 sobre Mc 14,41.

JEREMIAS, J. Hbr. 5.7-10. ZNW 44, 1952-1953, p. 107-111, com referência a Mc 14,33-35.

KELBER, W. H. The Hour of the Son of Man and the Temptation of the Disciples (Mark 14:32-42). PMK, p. 41-60.

_____. Jesus in Gethsemane. KKS 2, p. 537-543.

_____. Mark 14,32-42: Gethsemane. ZNW 63, 1972, p. 166-187.

KENNY, A. The Transfiguration and the Agony in the Garden. CBQ 19, 1957, p. 444-452.

KILEY, M. "Lord Save My Life" (Ps 116,4) as Generative Text for Jesus' Gethsemane Prayer (Mark 14:36a). CBQ 48, 1986, p. 655-659.

KRUSE, H. "Pater Noster" et Passio Christ. VD 46, 1968, p. 3-29.

KUHN, K. G. Jesus in Gethsemane. EvT NS 12, 1952-1953, p. 260-285. Também em RTPL, p. 81-111.

_____. New Light on Temptation, Sin, and Flesh in the New Testament. In: STENDAHL, K., org. *The Scrolls and the New Testament.* New York, Harper, 1957, p. 94-113, 265-270. Original alemão em ZTK 49, 1952, p. 200-222.

LE DÉAUT, R. Goûter le calice de la mort. *Biblica* 43, 1962, p. 82-86.

LÉON-DUFOUR, X. Jesus à Gethsémani. Essai de lecture synchronique. ScEsp 31, 1979, p. 251-268.

_____. "Père, fais-moi passer sain et sauf à travers cette heure" (Jn 12,27). In: BALTENSWEI-LER, H. & REICKE, B., orgs. *Neues Testament und Geschichte.* Zurich, Theologiscer Verlag, 1972, p. 157-165 (Mélanges O. Cullmann).

LESCOW, T. Jesus in Gethsemane. EvT NS 26, 1966, p. 141-159.

_____. Jesus in Gethemane bei Lukas und im Hebräerbrief. ZNW 58, 1967, p. 215-239.

LODS, M. Climat de bataille à Gethsámané. ETR 60, 1985, p. 425-429.

LÖVESTAM, E. *Spiritual Wakefulness in the New Testament.* Lund, Gleerup, 1963. esp. p. 65-67, 90-91, com referência a Mc 14,38.

LOTZ, W. Das Simbild des Bechers. NKZ 28, 1917, p. 396-407, com referência a Mc 14,36.

McMichael, W. F.; Ross, J.; Wallis, R. E. Our Lord's Prayer in Gethsemane. EspTim 7, 1895-1896, p. 502-505.

Manns, F. Le symbolisme du jardin dans le récit de la passion selon St. Jean. SBFLA 37, 1987, p. 53-80.

Marchel, W. "Abba, Pater!" Oratio Christi et christianorum. VD 39, 1961, p. 240-247.

Martin, F. Literary Theory, Philosophy of History and Exegesis. *Thomist* 52, 1988, p. 575-604, sobre Mc 14,32-42.

Mees, M. Die Bezeugung von Mt 26,20-40 auf Papyrus (P^{64}, P^{53}, P^{45}, P^{37}) und ihre Bedeutung. *Augustinianum* 11, 1971, p. 409-431.

Mohn, W. Gethsemane (Mk 14:32-42). ZNW 64, 1973, p. 194-208.

Müller, K. W. Apechei (Mk 14:41) — absurda lectio? ZNW 77, 1986, p. 83-100.

Neyreyn, J. H. The Absence of Jesus' Emotions — the Lucan Redaction of Lk 22,39-46. *Biblica* 61, 1980, p. 153-171.

Omark, R. E. The Saving of the Savior. Exegesis and Christology in Hebrews 5:7-10. *Interpretation* 12, 1958, p. 39-51, com referência a Mc 14,33-35.

Ott, W. *Gebet und Heil*. München, Kösel, 1965, esp. p. 82-90 sobre Lc 22,39-46 (SANT 12).

Parrish, G. In Defence of the Eleven. *Faith and Freedom* 40, 119, 1997, p. 91-94.

Pelcé, F. Jésus à Gethsémani. Remarques comparatives sur les trois récits évangéliques. FV 65, 4, 1966, p. 89-99.

Phillips, G. A. Gethsemane: Spirit and Discipleship in Mark's Gospel. In: Sadler, A. W., org. *The Journey of Western Spirituality*. Chico, CA, Scholars, 1981, p. 49-63 (Annual Publication College Theology Society).

Popkes, W. *Christus Traditus*. Zurich, Zwingli, 1949, sobre *paradidonai*, esp. p. 152-169, 180-181, com referência a Mc 14,41 (ATANT 49).

Radl, W. *Paulus und Jesus im lukanischen Doppelwerk: Untersuchungen zu Parallelmotiven im Lukasevangelium und in der Apostelgeschichte*. Bern, Lang, 1975, esp. p. 159-168 sobre Lc 22,39-46 e p. 211-220 sobre 22,47–23,25 (Europäische Hochschulschriften 23/49).

Robinson, B. P. Gethsemane: The Synoptic and the Johannine Viewpoints. CQR 167, 1966, p. 4-11.

Robson, J. The Meaning of Christ's Prayer in Gethsemane. ExpTim 6, 1894-1895, p. 522-523.

Sabbe, M. The Arrest of Jesus in Jn 18,1-11 and its Relation to the Synoptic Gospels. A Critique of A. Dauer's Hypothesis. In: de Jorge, M., org. *L' Évangile de Jean. Sources, rédaction, théologie*. Gembloux, Duculot, 1977, p. 203-244 (BETL 44).

§ 4. Bibliografia da seção para a cena um do primeiro ato: Jesus reza no Getsêmani (§§ 5–11)

Também em seu *Studia Neotestamentica: Collected Essays*. Leuven Univ., 1992, p. 355-388 (BETL 98).

SCHILLE, G. Erwägungen zur Hohepriesterlehre des Hebräerbriefews. ZNW 46, 1955, p. 81-109, esp. 95-104, com referência a Mc 14,33-35.

SCHRAGE, W. Biberlabeit über Markus 14,32-42. In: *Biberlabeit*. Bad Godesberg, Rheinischen Landssynode, 1967, p. 21-39.

SCHÜRMANN, H. Lk 22,42a das älteste Zeugnis für Lk 22,20? MTZ 3, 1952, p. 185-188. Reimpresso em seu *Traditionsgeschichtliche Untersuchungen zu den synoptischen Evangelien*. Düsseldorf, Patmos, 1968, p. 193-197.

SCHWARTZ, J. W. Jesus in Gethsemane. *Lutheran Quarterly* 2, 1892, p. 267-271.

SIMPSON, M. A. The Kingdom of God Has Come. ExpTim 64, 1952-1953, p. 188, sobre Mt 26,45; Mc 14,41.

SKARD, E. Kleine Beiträge zum Corpus hellenisticum Novi Testamenti. SO 30, 1953, p. 100-103, esp. 100-101 sobre Lc 22,45.

SMISSON, E. A. Mark xiv.41: *apechei*. ExpTim 40, 1928-1929, p. 528.

SÖDING, T. Gebet und Gebetsmahnung Jesu in Gethsemani. Eine redaktionskritische Auslegung von Mk 14,32-42. BZ 31, 1987, p. 76-100.

SPEIER, S. "Das Kosten des Todeskeiches" im Targum. VT 13, 1963, p. 344-345.

STANLEY, D. M. *Jesus in Gethsemane*. New York, Paulist, 1980.

STAPLES, P. The Kingdom of God Has Come. ExpTim 71, 1959-1960, p. 87-88, sobre Mt 26,45; Mc 14,41.

STARKIE, W. J. M. Gospel According to St. Matthew xxvi.45, and xxviii, 2. *Hermathena* 19, 1922, p. 141-143, esp. p. 141 sobre 26,45.

STROBEL, A. Die Psalmengrundlage der Gethsemane-Parallele Hebr. 5.7ss. ZNW 45, 1954, p. 252-266.

SUMMERALL, H. Jr. What Was the Cup That Jesus Had to Drink? CT 14, 1969-1970, p. 937-940.

SZAREK, G. A Critique of Kelber's The Hour of the Son of Man and the Temptation of the Disciples: Mark 14,32-42. SBLSP, 1976, p. 111-118

THOMSON, A. E. The Gethsemane Agony. BSac 67, 1910, p. 598-610. Reimpresso como "Our Lord" Prayer in the Garden. BSac 97, 1940, p. 110-116.

TRÉMEL, Y.-B. L'agonie de Jésus. LumVie 13, 68, 1964, p. 79-103.

VAN UNNIK, W. C. "Alles ist dir möglich" (Mk 14,36). In: BOCHER, O. & HAACHER, K., orgs. *Verborum Veritas*. Wuppertal, Brockhaus, 1970, p. 27-36 (Festschrift G. Stählin).

PRIMEIRO ATO • Jesus reza e é preso no Getsêmani, no Monte das Oliveiras, do outro lado do Cedron

VON DER GOLTZ, E. F. *Das Gebet in der ältesten Christenheit.* Leipzig, Hinrichs, 1901, esp. p. 16-30 sobre as orações da NP.

WIENS, D. The Passion History as Holy War. *Direction* 13, 1984, p. 26-32.

WILSON, W. E. Our Lord's Agony in the Garden. ExpTim 32, 1920-1921, p. 549-551.

ZEYDNER, H. *Apechei*, Mark, xiv.41. *Theologische Studiën Tijdschrift* 23, 1905, p. 429-442.

Parte III: O anjo fortalecedor em Lc 22,43-44 (§ 8)

ARTHUS, M. & CHANSON, V. LES SUEURS DE SANG. RTHOM 6, 1898-1899, P. 673-696.

ASCHERMANN, H. Zum Agoniegebet Jesu, Luk. 22,43-44. *Theologia Viatorum* 5, 1953-1954, p. 143-149.

BRUN, L. Engel und Blutschweiss, Lc 22,43-44. ZNW 32, 1933, p. 265-276.

DUPLACY, J. La préhistoire du texte en Luc 22:43-44. In: EPP, E. J. & FEE, G. D., orgs. *New Testament Textual Criticism.* Oxford, Clarendon, 1981, p. 77-86.

EHRMAN, B. D. & PLUNKETT, M. A. The Angel and the Agony: The Textual Problem of Luke 22,43-44. CBQ 45, 1983, p. 401-416.

HARNACK, A. (von) Probleme in Texte der Leidensgeschichte Jesu. SPAW, 1901, p. 251-266, esp. p. 251-255 sobre Lc 22,43-44. Reimpresso em seu *Studien zur Geschichte des Neuen Testaments und der Alten Kirche.* Berlin, de Gryter, 1931, 1, p. 86-104.

HOLZMEISTER, U. Exempla sudoris sanguinei (Lc. 22,44). VD 18, 1938, p. 73-81.

KEEN, W. W. The Bloody Sweat of Our Lord. *Baptist Quarterly Review* 14, 1892, p. 169-175.

_____. Further Studies on the Bloody Sweat of our Lord. BSac 54, 1897, p. 469-483.

LARKIN, W. J. The Od Testament Background of Luke xxii. 43-44. NTS 25, 1978-1979, p. 250-254.

MOFFATT, J. Exegetics: Luke xxii.44. *Expositor* 8th Ser., 7, 1914, p. 90-92.

PATON, W. R. *Agonia* (Agony). *Classical Review* 27, 1913, p. 194, sobre Lc 22,44.

SCHNEIDER, G. Engel und Blutschweiss (Lk 22,43-44). BZ NS 20, 1976, p. 112-116.

SMITH, H. Acts xx.8 and Luke xxii.43. ExpTim 16, 1904-1905, p. 478.

VAN LOPIK, T. Tekstkritiek: telt het wegen of weegt het telle. *Nederlands Theologisch Tijdschrift* 45, 1991, p. 101-106, esp. p. 103-104 sobre Lc 22,43-44.

§ 5. Episódio de transição: Jesus vai com discípulos ao Monte das Oliveiras (Mc 14,26-31; Mt 26,30-35; Lc 22,39; Jo 18,1a)

Tradução

Mc 14,26-31: [26]E tendo cantado um hino/hinos, saíram para o Monte das Oliveiras. [27]E Jesus diz a eles que: "Vós todos vos escandalizareis porque está escrito: 'Ferirei o pastor, e as ovelhas se dispersarão'. [28]Entretanto, depois de minha ressurreição irei à vossa frente para a Galileia".

[29]Mas Pedro lhe disse: "Mesmo que todos se escandalizem, contudo eu não". [30]E Jesus lhe diz: "Amém, eu te digo que hoje, esta mesma noite, antes que o galo cante duas vezes, três vezes me negarás". [31]Mas ele dizia veementemente: "Mesmo que seja necessário morrer contigo, não te negarei". E eles todos diziam a mesma coisa.

Mt 26,30-35: [30]E tendo cantado um hino/hinos, saíram para o Monte das Oliveiras. [31]Então Jesus diz a eles: "Todos vós vos escandalizareis em mim esta noite, pois está escrito: 'Ferirei o pastor e as ovelhas do rebanho se dispersarão'. [32]Mas depois de minha ressurreição irei à vossa frente para a Galileia".

[33]Mas em resposta Pedro lhe disse: "Se todos se escandalizarem em ti, eu jamais me escandalizarei". [34]Jesus lhe disse: "Amém, eu te digo que nesta mesma noite, antes que o galo cante, três vezes me negarás". [35]Pedro lhe diz: "Mesmo que seja necessário para mim morrer contigo, não te negarei". E a mesma coisa disseram todos os discípulos.

Lc 22,39: E tendo saído, ele se dirigiu, conforme seu costume, para o Monte das Oliveiras e os discípulos também o seguiram. [22,28-34 (à ceia, Jesus falando): [28]"Ora, vocês são os que permaneceram comigo em minhas provações; [29]e por isso eu vos designo, assim como meu Pai me designou, um Reino, [30]para que possais comer e beber à minha mesa em meu Reino, e vos sentareis em tronos para julgar as doze tribos de Israel.

³¹"Simão, Simão, olha, Satanás pediu para vos testar como trigo. ³²Mas rezei por ti para que tua fé não desfaleça. E tu, quando tiveres te convertido, fortalece teus irmãos". ³³Mas ele (Pedro) lhe disse: "Senhor, estou pronto para ir contigo para a prisão e também para a morte". ³⁴Mas ele disse: "Digo-te, Pedro, o galo não cantará hoje antes que tenhas negado três vezes que me conheces".]

Jo 18,1a: Tendo dito essas coisas, Jesus saiu com seus discípulos para o outro lado do Vale do Cedron. [²ᵇ... muitas vezes Jesus ali viera com seus discípulos.]

[16,1.32 (à ceia, Jesus falando): ¹"Eu vos disse estas coisas para que não vos escandalizeis"... ³²"Ora, vem a hora — na verdade já veio — para vós vos dispersardes, cada um para seu lado, deixando-me completamente sozinho. Contudo, nunca estou sozinho, porque o Pai está comigo".]

[13,33.36-38 (à ceia, Jesus falando): ³³"Meus filhinhos... para onde vou, não podeis vir"... ³⁶Simão Pedro lhe diz: "Senhor, para onde vais?" Jesus respondeu: "Para onde vou não podeis seguir-me agora; mas seguireis mais tarde". ³⁷Pedro lhe diz: "Senhor, por que não posso te seguir agora? Darei minha vida por ti". ³⁸Jesus responde: "Então darás tua vida por mim? Amém, amém, eu te digo: 'O galo não cantará até que me negues três vezes'".]

Comentário

Como esta é a primeira seção do livro na qual há um comentário real a respeito de textos da NP, quero lembrar aos leitores a informação, presente no PREFÁCIO, de que a tradução fornecida é deliberadamente mantida bem literal.[1] Parágrafos entre colchetes na tradução assinalam paralelos *encontrados em outra sequência* que são relevantes para o texto em análise. Assim, o diálogo lucano paralelo a Mc 14,27-31 consiste no trecho de Lc 22,28-34 entre colchetes; mas esse diálogo tem lugar na Última Ceia, não quando Jesus se dirige com os discípulos ao Monte das Oliveiras, que é o cenário deste episódio.

Como indicado em § 2, decidi começar a NP imediatamente depois da Última Ceia. Entretanto, a fim de proporcionar contexto para esse começo, quero relatar sucintamente o que precedeu em cada Evangelho à guisa de preliminares

---

[1] Um exemplo é a tradução exata, embora desajeitada, do presente histórico. Sem isso, ao comparar Mc 14,27.30 com Mt 26,31.34, não perceberíamos que, embora preserve o primeiro presente histórico ("diz"), Mateus muda o segundo para um aoristo — advertência contra a generalização a respeito do estilo mateano. Ou, mais uma vez, a questão de um conjunto de hinos ser ou não cantado seria obscurecida se o verbo grego *hymnein* (em Mc 14,26 e Mt 26,30) não fosse traduzido "cantado um hino/hinos" para preservar a ambiguidade, embora falte graça a essa tradução.

imediatas à Paixão. Então passarei a comentar versículo por versículo o episódio atual. A sequência de subseções foi dada na lista do sumário que precede § 4.

Preliminares da Paixão em cada Evangelho

Mc 14 e Mt 26, os capítulos que introduzem o episódio atual, têm a mesma sequência. Em capítulos anteriores, encontros hostis, debates, parábolas admonitórias e pressentimentos de destruição presente e futura marcam a vinda de Jesus (pela primeira vez) a Jerusalém.[2] Agora, com a Páscoa (Marcos: "e pães sem fermento") chegando "depois" de apenas dois dias, as autoridades judaicas procuram agarrar e matar Jesus[3] — de modo sub-reptício, e não durante a festa, para não haver tumulto entre o povo (Mc 14,1-2; Mt 26,1-5). Entrementes, em Betânia (Mc 14,3-9; Mt 28,6-13),[4] uma mulher derrama um frasco de mirra (*myron*) na cabeça de Jesus. Embora alguns dos discípulos achem isso um desperdício, Jesus a considera "uma bela ação", que será contada em memória dela, pois representa uma unção (Marcos: *myrizein*) que lhe prepara o corpo para o sepultamento. Desse modo, os leitores ouvem dos lábios de Jesus que os esforços das autoridades para matá-lo serão bem-sucedidos. Em confirmação disso (e talvez como parte de uma teimosa rejeição ao fato de Jesus tolerar o desperdício), Judas, um dos Doze, vai até os chefes dos sacerdotes e ajuda sua trama, oferecendo-se para entregar Jesus, traição para a qual lhe prometem dinheiro (Mc 14,10-11; Mt 26,14-16).[5] Depois desse cenário de pressentimento, Marcos/Mateus lançam-se à frente um dia ou dois (ver APÊNDICE II, B2), para o primeiro dia dos pães sem fermento, quando Jesus envia seus discípulos à cidade para preparar a refeição pascal em uma grande sala no andar de cima

---

[2] Respectivamente Mc 11,1 e Mt 21,1. Assim, há três capítulos marcanos (11–13) e cinco mateanos (21–25) dedicados às atividades de Jesus em Jerusalém antes da Paixão. Esses capítulos têm muitas relações com a NP; ver, por exemplo, R. H. Lightfoot (*Mark*, p. 48-59), que liga Mc 13 à NP.

[3] Marcos faz o próprio Jesus chamar a atenção para a Páscoa que se aproxima e predizer que nela o Filho do Homem será entregue — toque que realça a percepção e o controle que Jesus tem do que acontecerá. Mateus também formaliza a trama das autoridades ao mostrá-los reunidos no tribunal do sumo sacerdote Caifás e, desse modo, antevê o lugar, as pessoas e o contexto no qual Jesus em breve será sentenciado à morte (Mt 26,57-58).

[4] Exemplo da técnica marcana de "sanduíche". Ele insere o episódio de Betânia para preencher o tempo entre a trama das autoridades, nos vv. 1-2, e a ativação desse plano por meio da traição de Judas, nos vv. 10-11. Ver APÊNDICE II, B2.

[5] Mateus dramatiza a iniquidade de Judas. Ele pede dinheiro, em vez de fazer os sacerdotes o oferecerem; e recebe *trinta* moedas de prata.

(Mc 14,12-16; Mt 26,17-19), para onde ele vai à noite com os Doze e come à mesa. Nessa (última) ceia (Mc 14,17-25; Mt 26,20-29), Jesus fala duas vezes. Anuncia que um dos Doze que comem com ele vai entregá-lo. O Filho do Homem vai como está escrito a seu respeito, mas seria melhor se aquele que o entrega não tivesse nascido.[6] Então, tomando pão e um cálice, Jesus se refere a eles como seu corpo e como seu sangue da Aliança derramado por muitos (Mateus: para remissão dos pecados) e declara (Marcos: com um "amém") que não beberá mais do fruto da videira até bebê-lo novo [sic] no Reino de Deus" (Mateus: "de meu Pai"). Evidentemente, esse breve relato da ceia continua e realça o pressentimento e a iminência da morte de Jesus. Contudo, apesar da má compreensão pelos Doze (discípulos) da unção com mirra e do fato de um deles o entregar, Jesus demonstra o desejo de comer sua última refeição, a refeição pascal, com eles. Ele partilha com eles pão e vinho simbolicamente relacionados com sua morte.[7] O capítulo de Lucas (22) que contém o início da NP (Lc 22,39) tem uma sequência semelhante, em parte, à de Marcos/Mateus. Mais uma vez, segue-se a um período de controvérsia que saúda a chegada de Jesus a Jerusalém[8] e se inicia (Lc 22,1-6) com a proximidade da Páscoa/ pães sem fermento e as autoridades judaicas que procuram matar Jesus. Mas não há nenhum interlúdio de unção em Betânia, pois Judas entra imediatamente em cena, oferecendo-se para entregar Jesus às autoridades — exemplo do senso lucano de uma narrativa ordenada com mais clareza (Lc 1,3). Então, como em Marcos/ Mateus, no dia da festa dos pães sem fermento, Jesus manda os discípulos à cidade para preparar a refeição pascal em uma grande sala no andar de cima (Lc 22,7-13), onde, quando chega a hora, ele come com os apóstolos. O relato lucano da Última Ceia (Lc 22,14-38) é três vezes mais longo que o de Marcos/Mateus, com apenas Lc 22,14-23 paralelo ao relato deles (porém, em ordem invertida: a Eucaristia precede

---

[6] Mencionei na nota 4 que Marcos deixou sua marca na organização da primeira parte do capítulo 14. Contudo, F. W. Danker (JBL 85, 1966, p. 467-472) indica uma unidade literária em Mc 14,1-25 que relata a unção pela mulher (objeto de protesto porque o dinheiro poderia ter sido dado aos pobres) e a traição por Judas que Jesus predisse na ceia. No julgamento, os dois repetem Sl 41,2 ("Quem tem consideração pelos pobres é abençoado") e Sl 41,10 ("O amigo de confiança que compartilhava o pão do justo ergue contra ele o calcanhar"). Mais uma vez, Mateus realça a soberania de Jesus e a iniquidade de Judas. Enquanto os outros discípulos dizem "Sou eu, Senhor?", Judas usa um termo proibido, "Sou eu, Rabi?" (ver Mt 23,8); e Jesus indica saber que é Judas quem o entregará, identidade deixada vaga em Marcos.

[7] Isso torna inacreditável que o fracasso deles no Getsêmani represente uma rejeição permanente; as palavras eucarísticas os incluem nos "muitos" para quem a morte de Jesus será salvífica.

[8] Isso ocorre em Lc 19,28-29. Assim, Lucas tem dois capítulos e meio de atividade em Jerusalém; cf. n. 2 acima.

§ 5. Episódio de transição: Jesus vai com discípulos ao Monte das Oliveiras

o aviso a respeito daquele que vai entregá-lo). Então, seguem-se predições quanto aos discípulos e Pedro (Lc 22,24-34) que, como veremos abaixo, Marcos/Mateus colocam no episódio de transição a caminho do Monte das Oliveiras. As predições lucanas têm um tom mais positivo, de modo que o diálogo da ceia, tomado como um todo, tem menos presságios e se inclina para a vitória na qual os discípulos se sentarão em tronos no Reino de Jesus e Simão Pedro se converterá e fortalecerá os irmãos. Finalmente (Lc 22,35-38), usando linguagem simbólica, Jesus avisa os discípulos para se prepararem para o conflito que há de vir, pois ele está prestes a ser contado entre os transgressores. A resposta de que eles têm duas espadas prepara os leitores para quando manejam uma espada contra o grupo aprisionador no Monte das Oliveiras (Lc 22,49-50).

As preliminares joaninas à NP são mais complexas. Jesus vem a Jerusalém ou suas vizinhanças muitas vezes (Jo 2,13; 5,1; 7,10; 11,17; 12,1); e espalhados por essas visitas estão acontecimentos parecidos com os que os sinóticos localizam durante a única vinda de Jesus a Jerusalém, ou nos dois últimos dias antes da Páscoa, ou até cedo, na sexta-feira, depois de Jesus ser preso. Uma sessão do sinédrio dirigida por Caifás (Jo 11,45-53) ocorre notavelmente mais de uma semana antes da Páscoa (ver Jo 12,1); nela, as autoridades decidem que o número de pessoas que Jesus atrai por ter ressuscitado Lázaro representa o perigo de os romanos destruírem o Lugar Santo (o santuário do Templo) e, assim, Jesus precisa morrer. Então, em Betânia, seis dias antes da Páscoa (Jo 12,1-8), Maria, irmã de Lázaro, usa mirra para ungir os pés de Jesus; Judas protesta, mas Jesus fala para que a deixem prepará-lo para o dia de seu sepultamento. Em Jo 12,20-36, a chegada de alguns gregos indica a Jesus que chegou a hora em que o Filho do Homem vai ser glorificado; sua alma está atribulada, mas ele se recusa a rezar ao Pai para ser salvo da hora. A Última Ceia começa em Jo 13,1, com Jesus sabendo que chegou a hora de passar deste mundo para o Pai; e dura cinco capítulos (Jo 13–17) — cerca de oito vezes mais longo que o relato de Marcos. Há uma predição da iniquidade de Judas (Jo 13,10-11.18-19), mas nenhuma palavra eucarística. Uma predição das três negações de Pedro (Jo 13,36-38) e ditos pertinentes ao destino dos discípulos (Jo 16,1-32: escândalo e debandada) ocorrem durante a ceia, como em Lucas. De modo geral, a atmosfera da ceia é a do amor de Jesus pelos seus (Jo 13,1).

Depois desses relatos um tanto parecidos e um tanto diferentes do que levou à Última Ceia e da própria ceia, em todos os quatro Evangelhos Jesus parte para encontrar a morte e, assim, começa sua Paixão.

Abertura, versículo de transição (Mc 14,26; Mt 26,30; Lc 22,39; Jo 18,1a)

Em todos os Evangelhos, o episódio em exame aqui constitui a transição que acabamos de descrever — de uma ceia que ocorreu em algum lugar de Jerusalém para um local a leste da cidade murada, do outro lado do Cedron (João), no Monte das Oliveiras (sinóticos), um lugar chamado Getsêmani (Marcos/Mateus: § 6). O versículo inicial desta seção é de tal modo de transição que, pelo menos em Marcos/Mateus, alguns intérpretes põem-no como conclusão da Última Ceia. A ligação gramatical com o que precede é evidente no fato de nos sinóticos o sujeito ("eles" ou "ele") não precisar ser identificado. Em Marcos, os versículos imediatamente anteriores (Mc 14,22-25) contêm as palavras eucarísticas pronunciadas por Jesus para os discípulos sobre o pão e o cálice. Welhausen (*Marcus*, p. 119) liga nosso versículo de transição Mc 14,26 a Mc 14,21, porque considera a passagem eucarística interveniente um estrato mais tardio. Embora o arranjo de Welhausen coloque a predição da traição (Mc 14,18-21) próxima das predições nesta cena da debandada dos discípulos e das negações de Pedro, a teoria é por demais dependente da reconstrução de um relato pré-marcano sequencial original por meio de supressões. A sequência atual não apresenta nenhuma grande dificuldade, pois Mc 14,25 (com sua inferência de que o Reino de Deus não está longe) transmite a sensação de fatalidade iminente que esta cena cria.

Empregando exatamente o mesmo grego, Marcos e Mateus começam com um particípio plural aoristo do verbo *hymnein*, forma que não permite certeza quanto ao fato de haver só um hino ou mais. Nos únicos outros casos neotestamentários do verbo (At 16,25; Hb 2,12), Deus é o objeto do louvor entoado. Muitos estudiosos ligam o uso aqui com a tese de que a Última Ceia foi uma refeição pascal depois da qual o segundo grupo de Salmos de louvor de Halel (Sl 114/115-118) era entoado. Na verdade, embora esse não seja o verbo normal que se usaria para entoar esses Salmos, a NEB traduz *hymnein* como "cantaram o hino pascal" e J. Ellington (BT 30, 1979, p. 445-446) sugere tal identificação: "os Salmos [da festa ou Páscoa]".[9]

---

[9] Outros candidatos têm sido propostos para o *hymnein* de Mc 14,26. D. Cohn-Sherbok (NTS 27, 1980-1981, p. 704-709), com base no relato da refeição da Páscoa em Mixná *Pesahim* 10,1-7, rejeita a frequente

§ 5. Episódio de transição: Jesus vai com discípulos ao Monte das Oliveiras

D. Daube lembra que os rabinos permitiam que se terminasse a refeição pascal em um lugar e se passasse para outro, a fim de se louvar a Deus.[10] Toda essa teorização pressupõe que: 1) a Mixná é guia seguro para a prática da Páscoa 150 anos antes no tempo de Jesus;[11] 2) a Última Ceia foi efetivamente uma refeição pascal; 3) Marcos/ Mateus fizeram uma descrição precisa evocativa das cerimônias dessa refeição; e 4) os leitores marcanos reconheceriam essa referência pascal sem mais explicações, apesar de ignorarem os costumes judaicos, como está indicado em Mc 7,3-4. Essa união de incertezas sugere que, em vez de identificar os *hymnein* de Marcos/Mateus com a hinologia pascal (ou outras variantes) e de criar uma teologia ou escatologia baseada na identificação, devemos reconhecer com mais simplicidade e certeza que *hymnein* indica um contexto devoto ao término da refeição. Os primeiros leitores/ ouvintes de Marcos (do mesmo modo que os leitores de hoje) teriam pensado na entoação de hino(s) que eles conheciam,[12] sem refletir sobre a situação histórica de muitos anos antes.

Ao sair do lugar da ceia, Jesus foi acompanhado pelos discípulos, como indicado explicitamente por Lucas e João, e implicitamente pelo sujeito plural em Marcos/Mateus.[13] Se relembrarmos a Última Ceia, Mc 14,17 e Mt 26,20 deixam claro que os Doze (menos Judas, como vamos descobrir) são os que "saíram" (*eiserchesthai*) com Jesus. Lucas mudou a expressão marcana para: "tendo saído [*eiserchesthai*], ele prosseguiu [*poreuesthai*]". A atenção concentra-se assim na iniciativa

---

identificação da bebida eucarística com o terceiro cálice da Páscoa ("o cálice da bênção"), que era seguido pelos Salmos de Halel em relação ainda a um quarto cálice. Ele identifica o quarto cálice como a bebida eucarística, depois da qual era recitado o canto da bênção (*brkh hsyr*). H. Rusche (*Wissenschaft und Weisheit* 51, 1988, p. 210-212) sugere o Sl 136, por causa do v. 23: Deus se lembrou de nós em nossa humilhação, pois a misericórdia divina dura para sempre.

[10] "Two", p. 332. Ver um excelente resumo da ligação que Daube faz da Última Ceia (e a NP) com a Páscoa, em D. B. Carmichael, JSNT 42, 1991, p. 45-67.

[11] B. M. Bokser (*The Origins of the Seder*, Berkeley, Univ. of California, 1984) adverte sobre esse ponto e insiste que, com a destruição do Templo, houve mudança importante na maneira de celebrar a Páscoa, já que o cordeiro sacrifical, que era o centro, já não era abatido no Templo. No Templo, os hinos eram cantados por especialistas em ligação com o sacrifício dos cordeiros. Fílon (*De specialibus legibus* 2,27; #148), ao escrever na diáspora no tempo de Jesus, menciona hinos à mesa durante a Páscoa; e Bokser (p. 45) está disposto a admitir que os Salmos de Halel eram usados no tempo de Jesus *em Jerusalém*.

[12] A entoação cristã de hinos (Cl 3,16; Ef 5,19) pode ter ocorrido em refeições eucarísticas e influenciado a descrição evangélica da refeição na qual Jesus desempenhou a ação eucarística.

[13] C. H. Turner (JTS 26, 1924-1925, p. 225-226, 231) cita a tendência de Marcos a usar o plural a fim de descrever o movimento de Jesus (prática na qual Marcos em geral não é seguido por Mateus, como é aqui).

de Jesus; e, com o acréscimo de *poreuesthai*,[14] Lucas ligou a ação ao movimento geográfico central do Evangelho previamente descrito por esse verbo: a partida de Jesus para Jerusalém, onde os profetas precisam morrer (Lc 9,51.53; 13,33; 17,11) e onde o Filho do Homem seguirá seu caminho, conforme determinado (Lc 22,22). Quanto aos discípulos que o seguem, Lc 22,14 mencionou "os apóstolos" na ceia; e Lc 22,30, ao imaginá-los como juízes das doze tribos de Israel, deixou claro que, aqui como alhures, para Lucas, "apóstolos" significa os Doze.[15] Lucas, antecipando a designação deles como discípulos em Mc 14,32, escreve "os discípulos também o seguiram", com um verbo escolhido para salientar sua qualidade de discípulos.[16] Os apóstolos, e especificamente os membros dos Doze, também foram chamados "discípulos" quando Jesus partiu com eles para Jerusalém (ver Lc 9,54 com 9,51-53; e Lc 17,1.5 com 17,11).[17]

Mais uma vez, muitos estudiosos, ao supor que a Última Ceia foi uma refeição pascal, mencionam que os costumes judaicos exigiam que esta noite santa fosse passada dentro dos limites de Jerusalém.[18] Jeremias (JEWJ, p. 43) apresenta provas de que, a fim de acomodar grandes multidões, os limites da cidade eram ampliados para a Páscoa e passavam a incluir as cercanias até Betfagé, no Monte

---

[14] Um favorito lucano: 51 vezes em Lucas, comparadas a 3 em Marcos, 29 em Mateus, 13 em João. Vou com frequência dar estatísticas de vocabulário; e, para evitar a impressão errada, os leitores devem sempre se lembrar de que as obras comparadas são de tamanho diferente: Marcos, cerca de 11.000 palavras; Mateus, 18.000; Lucas, 19.000; Atos, 18.000; João, 15.000. Portanto, uma palavra que ocorre 3 vezes em Marcos, 5 em Mateus, 10 em Lucas-Atos e 4 em João foi usada com aproximadamente a mesma frequência proporcional por todos os autores.

[15] Soards ("Understanding", p. 336, n. 2) tem razão ao afirmar que a alegação de que Lucas pensou em um grupo maior do que apenas os Doze na ceia "é contrária ao sentido evidente do texto". At 1,15-26 mostra como, embora Judas não vá estar entre eles, os apóstolos poderão julgar as doze tribos: Matias tomará o lugar de Judas.

[16] "Seguir" é associado à atividade dos discípulos dezoito vezes, a partir de Lc 5,11.

[17] Isso com certeza é mais provável que a sugestão de que, com "os discípulos *também*", Lucas introduz de repente outro grupo de pessoas, sem explicar de onde vieram. Soards ("Understanding") está certo ao afirmar que Lucas não conhece discípulos além dos Doze (Lc 6,13) e que, longe da cruz, em Lc 23,49, ele vai mencionar "todos os conhecidos dele"; mas nenhum desses pontos justifica entender outro grupo de personagens na cena do Monte das Oliveiras. Lucas realmente fala nesta cena (Lc 22,49) dos "que estavam em volta dele (Jesus)"; esses não são um grupo diferente dos apóstolos que estiveram presentes na ceia, pois perguntam: "Senhor, vamos atacá-los com a espada?", que remonta ao diálogo na ceia de Lc 22,36-38.

[18] Esta interpretação inclui uma exegese de Ex 12,22 (nenhum dos envolvidos na Páscoa podiam sair de casa antes do amanhecer) e Dt 16,7 (de manhã, voltariam para suas tendas), combinado a Ne 13,19, que insiste que ninguém podia sair de Jerusalém no sábado.

das Oliveiras,[19] mas não Betânia (a residência habitual de Jesus na área). Entretanto, os quatro Evangelhos usam aqui *exerchesthai*, "sair", o mesmo verbo que Mc 11,11 usou para ir a Betânia; e assim eles não mostram nenhum conhecimento explícito das extensões pascais. Lc 21,37 revela que Jesus normalmente se acomodava no Monte das Oliveiras, daí a referência aqui a "seu costume".[20]

Há importância teológica no fato de Jesus "sair" de Jerusalém aqui? Schmauch ("Ölberg", p. 392-394) invoca o tema da novilha vermelha imolada fora (*exo*) do acampamento (Nm 19,2-3) que Hb 13,11-13 relaciona com os sofrimentos de Jesus (e dos cristãos). Entretanto, esse tema é uma base mais plausível para outro versículo, a saber, Mc 15,20: "Eles o levam para fora [*exagein*], a fim de crucificá-lo". Também não é plausível que este versículo ecoe um dito anterior de Jesus (Mt 10,14): "E se alguém não vos receber nem escutar vossas palavras, ao sair [*exerchesthai*] daquela casa ou cidade, sacudi a poeira de vossos pés", pois não há nenhuma indicação de ira em Jerusalém, quando Jesus sai da ceia.

Aqui, a teologia não está ligada ao verbo, e sim ao destino, o Monte das Oliveiras. Em Lucas, em especial, Jesus vai às montanhas para rezar (Lc 6,12; 9,28), mas este local tem maior simbolismo. Há seis referências veterotestamentárias (2Sm 15,30; 1Rs 11,7; 2Rs 23,13; Ez 10,23; Ne 8,15 [?]; Zc 14,4) ao contraforte da cordilheira que tem quatro picos ou montes que correm paralelos a Jerusalém por cerca de quatro quilômetros a leste, separados da cidade pelo Vale do Cedron e erguendo-se cerca de noventa metros acima da área do Templo. Embora designe o todo, "Monte das Oliveiras" é muitas vezes usado para a parte central, com o Monte Scopus ao norte e o Monte da Ofensa ao sul-sudoeste.[21] Duas das seis referências veterotestamentárias (as duas que usam o nome "Oliveiras") atuam ativamente no pensamento neotestamentário. A única ocorrência explícita do nome "*Monte das Oliveiras*" está no contexto apocalíptico da grande batalha no dia do Senhor, em Zc 14, quando os pés do Senhor pisam o Monte das Oliveiras na cena do julgamento. Essa cena é a base para At 1,9.12, onde Jesus ascende ao céu a partir do monte,

---

[19] Contudo, Tosepta *Pesahim* 8,8 indica que sair para Betfagé significa não passar a noite em Jerusalém, pelo menos quanto a certas obrigações legais; ver uma opinião contrária em Tosepta *Menahot* 11,1.

[20] Para At 1,12, o Monte das Oliveiras está dentro da distância de Jerusalém que se pode percorrer no dia de sábado.

[21] Ver a geografia em J. B. Curtis, "Investigation", p. 137-138; também *Le Monde de la Bible* 55, agosto--setembro de 1988.

PRIMEIRO ATO • Jesus reza e é preso no Getsêmani, no Monte das Oliveiras, do outro lado do Cedron

com a promessa de voltar da mesma maneira, e para Mc 13,3, onde Jesus senta-se no monte para fazer o discurso apocalíptico a respeito do destino de Jerusalém. Como veremos adiante, Zc 14 está também por trás desta cena marcana de modo implícito.

Entretanto, de maneira mais óbvia, vários evangelistas fazem eco à referência à Subida das Oliveiras, em 2Sm 15,30. Absalão levara Jerusalém a revoltar-se contra Davi, com a ajuda de Aquitofel, conselheiro de confiança de Davi, que o desertou; assim, Davi saiu (2Sm 15,16: *exerchesthai*), atravessou "a torrente invernosa do Cedron" (LXX 15,23), galgou a Subida das Oliveiras, ali chorou e rezou a Deus. Como Glasson ("Davidic"), Trudinger ("Davidic") e outros mencionam, essa narrativa davídica em 2Sm 15 constitui a base da cena sinótica em que Jesus vai ao Monte das Oliveiras, pesaroso, rezando a Deus, traído por um membro de confiança dos Doze (paralelismo que é realçado em Mt 25,5, onde Judas se enforca, do mesmo modo que Aquitofel em 2Sm 17,23 — as duas únicas personagens bíblicas a fazerem isso). João, que não menciona o Monte das Oliveiras, também copia 2Sm 15, pois "do outro lado do Vale do Cedron" é literalmente "a torrente invernosa do Cedron", isto é, um wadi ou arroio onde a água só flui no inverno, quando chove. Veremos outros casos em que João e os sinóticos repetem as mesmas tradições veterotestamentárias, mas de maneiras tão diferentes que só com grande dificuldade podemos imaginar a mudança deliberada do relato sinótico por João. Na elaboração independente dos Evangelhos sinóticos e joanino, um recurso mais antigo à imagem de Davi em 2 Samuel foi expressa de maneiras diferentes.

Ao nos voltarmos agora ao conteúdo desse episódio que movimenta a cena da ceia para o Monte das Oliveiras, descobrimos que ela consiste em duas predições por Jesus, a primeira quanto ao destino dos discípulos, a segunda quanto ao destino de Pedro.

Destino dos discípulos (Mc 14,27-28; Mt 26,31-32)

As palavras de Jesus aos discípulos quando saem para o monte têm tom negativo e também positivo. Citando a Escritura, ele os adverte de que ficarão escandalizados e se dispersarão, mas em seguida promete que voltará depois da ressurreição e irá à frente deles para a Galileia.

Predição de escândalo e dispersão (Mc 14,27; Mt 26,31). Nestes dois Evangelhos, a primeira coisa que Jesus faz ao sair da ceia é pronunciar uma predição do destino dos discípulos. Aqui, as diferenças mateanas de Marcos são quase com certeza redacionais, até na citação da Escritura (SPNM, p. 89-94), de modo que temos razão em falar de um relato de Marcos/Mateus. Com propósitos de comparação, imprimi como parte da tradução bíblica no início desta seção duas passagens, Jo 16,1.32 e Lc 22,28-30, onde, na Última Ceia, Jesus fala do destino dos discípulos.[22] A passagem joanina, que consiste em ditos separados, partilha com Marcos/Mateus os temas de escândalos e dispersão. Contudo, em João, enquanto prediz que os discípulos se dispersarão, Jesus tenta impedi-los de ficar escandalizados. O paralelo, então, é apenas parcial, e não está claro que João era dependente de Marcos (como veremos quando examinarmos os detalhes). A perspectiva da passagem lucana é quase diametralmente oposta à dos outros Evangelhos, pois *congratula* os discípulos por sua falsa fidelidade! Ela também prediz para eles um futuro favorável à mesa de Jesus, mas isso é em parte como a predição de Marcos/Mateus, segundo a qual, depois da ressurreição, Jesus irá à frente deles para a Galileia. Em Lucas, e também em Marcos/Mateus, a predição quanto aos discípulos antecede a predição quanto a Pedro, e não há razão para pensar que aqui Lucas recorre a uma narrativa diferente. Lucas é consistentemente mais tolerante com os discípulos do que o são os outros evangelistas, e é de se presumir que ele omite deliberadamente a predição marcana de que se dispersarão, da mesma forma que omite toda referência a sua fuga. Ao manter a tradição de uma predição a respeito dos discípulos, Lucas substitui um dito de Q, que Mateus (Mt 19,28) coloca em outra passagem, quanto ao futuro escatológico dos Doze, sentados em tronos para julgar as tribos de Israel. O ato de congratular os discípulos por terem permanecido fiéis, que Lucas usa aqui como prefácio à Paixão, tem ponto de vista pós-ressurreição, pois foi escrito a partir da perspectiva daquilo que será narrado nos Atos.

Quando examinamos Marcos/Mateus, como foi mencionado acima, o versículo que precedeu a predição do destino dos discípulos era gramaticalmente de transição e podia ser considerado o término da cena da ceia. Assim, a predição que introduz o futuro fracasso dos discípulos tem o tom de início de uma nova seção. Em especial o "então" de Mateus (*tote*) indica uma pausa.[23] Ao contrário do versículo

---

[22] Na ANÁLISE, examinarei a natureza complexa desta cena em Marcos e o fato de Lucas e João colocarem essas predições na ceia, e não no momento em que Jesus sai de Jerusalém.

[23] Aparentemente, isso foi reconhecido pelo escriba de P$^{64(67)}$, do fim do século 2, que estendeu a linha de seu escrito para a esquerda, do mesmo modo que fizera em Mc 5,21 (outro início de seção); ver E. Bammel, JTS NS 24, 1973, p. 189.

anterior em Marcos/Mateus, aqui o sujeito identifica-se claramente como Jesus. Até a citação bíblica é apresentada como declaração de Jesus, e essa é a única citação formal e explícita da Escritura em toda a NP marcana.

A predição começa em Marcos/Mateus, com o tema dos discípulos ficarem escandalizados. Mateus acrescenta "em mim", em conformidade com a preferência mateana por usar uma frase com "em" para especificar um "escandalizados" absoluto: Mt 11,6; 13,57; 26,33; cf. Mc 6,3. Isso esclarece que seu escândalo se concentrará em Jesus. Outra especificação mateana faz o ato de se escandalizar ocorrer "esta noite", de modo que a profecia se torna paralela à que será expressa alguns versículos adiante (Mt 26,34), a respeito das negações de Pedro ocorrerem "nesta mesma noite". Quanto a *skandalizein*, embora o verbo tenha o sentido geral de tropeçar, cair e, portanto, pecar, o uso absoluto significa perda de fé (ver Mc 9,42-47; *Didaqué* 16,5), em especial em face de tribulação ou perseguição, como em Mc 4,17.[24] Digna de comparação é a oração lucana de Jesus na ceia (Lc 22,32), para que a fé de Pedro *não* desfaleça, a fim de que ele se converta e fortaleça os irmãos. O Jesus joanino fala antecipadamente para que os discípulos não se escandalizem no sentido de perder a fé; e nesse contexto (Jo 15,18-16,4) há referência enfática a perseguição, ódio e tribulações. O versículo seguinte, em Marcos/Mateus, definirá o escândalo em termos de se dispersar, isto é, fugir quando Jesus é preso, e assim o uso de "escandalizados" sugere que, na mente cristã, a fuga dos discípulos era igual a negar Jesus — coisa que seguidores mais tardios fizeram quando trazidos diante de tribunais.

O tema do escândalo é seguido por uma citação de Zc 13,7 a respeito da dispersão das ovelhas. Mc 14,27b-28, que contém essa citação, é atribuído por muitos biblistas a uma etapa tardia de redação, de modo que Mc 14,27a ("Vós vos escandalizareis") era outrora seguido pela objeção de Pedro em Mc 14,29: "Mesmo que todos se escandalizem...". Esta seção de Marcos é certamente uma coletânea de material e a reconstrução sugerida cai bem. Contudo, a história da tradição é tão complexa que essa interpretação de adições é perigosamente incerta.[25] Jo 16

---

[24] Orge ("Percutiam", p. 276ss) defende a interpretação da perda da fé em Mc 14,27 e cita em apoio Lohmeyer, Schelkle e Stählin. Em Mt 24,10, *skandalizein* descreve a apostasia final. Aqui, a predição que Jesus faz dos discípulos se sentirem escandalizados refere-se a uma perda de fé grave, mas temporária.

[25] Por exemplo, Linnemann e Wilcox acham que talvez o conteúdo de Mc 14,27b-28 seja mais antigo que a predição das negações de Pedro, mas, sob a influência dessa predição, foi moldada para ilustrar o fracasso dos discípulos.

tem os dois temas, escandalizar-se e dispersar-se — separados o suficiente para tornar implausível a dependência joanina de Marcos, mas próximos o bastante para desafiar a tese de que um redator marcano tardio foi quem primeiro fez a ligação. Vimos acima que a narrativa da fuga de Davi reforça a referência ao Monte das Oliveiras em Mc 14,26 (2Sm 15,30; também a referência ao Cedron, em 2Sm 15,23, como base para o paralelo joanino). O tema de quem permaneceria fielmente com Davi enquanto ele fugia é sólido em 2Sm 15,19-21, e assim há uma ligação bíblica na sequência Mc 14,26-27.

Outra base para o Monte das Oliveiras em Mc 14,26 foi provavelmente a cena do juízo localizada no monte em Zc 14. O capítulo marcano anterior (Mc 13,3) tem o Monte das Oliveiras como cenário para o discurso apocalíptico de Jesus sobre o fim dos tempos. Esse discurso (Mc 13,9-13) prediz a perseguição dos discípulos com uma advertência para aguentarem até o fim, tema relacionado com o versículo que agora examinamos. Na verdade, Dibelius (§ 1, B1 acima) afirma que temas da última parte de Zacarias foram entrelaçados com grande engenhosidade na NP, de modo que contribuíram para sua formação; ver também Bruce, "Book". Por exemplo, o início de Zc 13 fala de uma fonte aberta para a casa de *Davi*, que constitui uma possível ligação entre a menção do Monte das Oliveiras, em Zc 14, e a menção à Subida das Oliveiras, na narrativa de Davi em 2Sm 15, ambas usadas nos Evangelhos. Os capítulos 9–14 de Zacarias são também lembrados em outras passagens evangélicas que precedem e se seguem à cena Oliveiras/Getsêmani no contexto da Paixão de Jesus. Em Mc 11,1-10, Jesus entrou em Jerusalém sentado em um jumentinho e foi recebido com hosanas; a base é Zc 9,9: "Clama em voz alta, ó filha de Jerusalém: teu rei vem a ti triunfante e vitorioso [...] montado em um jumento". Na Última Ceia (Mc 14,24), Jesus disse: "Este é meu sangue da aliança". Zc 9,11 tem a frase: "o sangue de minha aliança contigo". João também tem seu uso de Zacarias; com efeito, quando um soldado trespassa o lado de Jesus com uma lança (Jo 19,34), é dito isto (Jo 19,37) para cumprir Zc 12,10: "eles vão ver quem eles perfuraram" — citado de uma forma que não corresponde nem ao TM nem à interpretação mais frequente da LXX (ver também Ap 1,7).

Com essa percepção da maneira como Zc 9–14 influenciou as descrições evangélicas dos últimos dias de Jesus, examinemos a redação de Zc 13,7, que é citada aqui por Marcos/Mateus como "Ferirei o pastor, e as ovelhas [do rebanho: Mateus] se dispersarão". É uma forma que, mais uma vez, não corresponde nem ao

TM nem à interpretação mais frequente que a LXX faz de Zc 13,7: "'Levanta-te, ó espada, contra meu pastor [meus pastores, LXX] e contra o homem que está de pé a meu lado', diz o Senhor dos Exércitos. 'Fere o pastor, e as ovelhas se dispersarão; voltarei a mão contra os pequenos'". (A LXX traz "e desvia as ovelhas", em lugar de "e as ovelhas se dispersarão".) Em Zacarias, o contexto deixa a passagem obscura. Antes, em Zc 11,4-14, Deus instruíra alguém a se tornar pastor, pronto para cuidar das ovelhas e ser morto pelos que traficam ovelhas; contudo, no fim de Zc 11 (Zc 11,15-17), Deus apresenta um pastor que não cuida das ovelhas — assim, em um só capítulo, um bom pastor e um pastor indigno.[26] Zc 12 começa com uma ameaça contra Jerusalém/Judá, mas termina com espírito de compaixão derramado sobre Jerusalém. A alternância entre positivo e negativo parece passar para Zc 13,7-9, a passagem que Marcos/Mateus citam. Zc 13,7 não é, em si, profecia futura, mas invocação de destruição contra o pastor e a ovelha; contudo, Zc 13,9 descreve um terço do todo como resto purificado do povo de Deus. Em CD 19,8-9 (ms. B), está claro que o grupo de Qumrã interpretou uma referência futura em Zc 13,7, mas uma referência negativa, com ameaça de castigo; contudo, eles também tinham a noção de um resto preservado (CD 19,10). Quanto à citação de Marcos/Mateus, Schroeder ("Worthless") acha que o aspecto negativo de Zacarias foi preservado, no sentido de que o sofrimento de Jesus fá-lo assumir o papel do pastor indigno de Zc 11,15-17, que já não protege as ovelhas, papel a ser revertido depois da ressurreição. A meu ver, é mais provável que, entre os dois papéis dos pastores em Zacarias, o NT tenha se concentrado na imagem positiva de Zc 11,4-14 para descrever Jesus. Por exemplo, Jo 10,1-18 descreve Jesus como pastor modelo, que não abandona as ovelhas, mas dá a vida por elas, e Jo 18,8-9 faz Jesus interceder pelos discípulos, para que saiam pacificamente do jardim, a fim de que não pereçam. (O cuidado de Jesus pelas ovelhas também se revela em Lc 12,32; 15,3-7.) Em Mc 6,34, Jesus se compadece da multidão, porque eles eram como ovelhas sem pastor — imagem próxima da visão positiva do pastor em Zacarias e diferente do pastor indigno que não se importa com os que perecem (Zc 11,15-17).

---

[26] Em meio à poesia de Zc 9,14, a seção mais prosaica em Zc 11,4-14 relaciona-se com a seção igualmente prosaica do pastor em 13,7-9; e algumas reconstruções as unem. Ver o comentário das perplexidades em Josef Kremer, *Die Hirtenallegorie im Buche Zacharias*, Münster, Aschendorff, 1930; A. Gelin, "L'allégorie des pasteurs dans Zacharie", em *Études de critique et d'histoire religieuses*, Offerts à L. Vaganay, Lyon, Facultés Catholiques, 1948, p. 67-78.

A importância da citação em Marcos/Mateus está no fato de que, como Jesus, o pastor responsável, que criou o rebanho, deve ser ferido,[27] as ovelhas já não receberão seu cuidado e se dispersarão. Para "dispersar", João usa *skorpizein*; Marcos/Mateus usam *diaskorpizein* (grego tardio, com a conotação de "dispersar-se"). Embora essa interpretação não concorde com a maior parte da tradição da LXX (*ekspan*, "tirar"), não temos certeza se "dispersar" representa uma interpretação cristã independente do hebraico ou uma tradução literal judaica para o grego que já estava em circulação nos tempos veterotestamentários. (*Diaskorpizein* aparece em alguns mss. da LXX [Códice Alexandrino, correção do Sinaítico, Códice Marcaliano], talvez o restante dessa tradução judaica alternativa.[28]) Considera-se cumprida a profecia de Jesus tirada de Zacarias quando os discípulos fogem (Mc 14,50), ou têm permissão para ir (Jo 18,8-9). Essa dispersão não é primordialmente geográfica, no sentido de que saem de Jerusalém e vão para casa, na Galileia; com efeito, conforme Jo 20, eles permanecem em Jerusalém, o que também está sugerido em Mc 16,7: "Ele vai à vossa frente para a Galileia. *Lá* o vereis". Trata-se antes de um afastamento de Jesus e dos discípulos entre si, de modo que já não há um só rebanho, como deixa clara a adição mateana: "as ovelhas *do rebanho* se dispersarão".

Promessa da volta de Jesus depois da ressurreição (Mc 14,28; Mt 26,32). Contudo, a predição de Jesus a respeito dos discípulos não é inteiramente pessimista em nenhum Evangelho. Em Lc 22,28-30, o positivo suprime completamente o negativo, pois Jesus promete que aos discípulos será confiado o Reino e eles sentarão em tronos para julgar Israel. Em João, ao lado dos elementos negativos de 16,1.32, há elementos positivos que se contrapõem em termos de cristologia joanina (Jesus não ficará sozinho, pois o Pai está sempre com ele) e em termos do destino dos discípulos: "Não podeis seguir-me agora; mas seguireis mais tarde" (Jo 13,36; a ser tratado adiante). Em Mc 14,28/Mt 26,32, a promessa positiva "Entretanto, depois de minha ressurreição, irei à vossa frente para a Galileia" talvez conserve implicitamente a maior parte da interpretação que a LXX faz de Zc 13,7 ("desvia

---

[27] Na passagem de Zacarias, Deus ordena à espada que fira o pastor, mas em Marcos/Mateus, o "eu" que ferirá o pastor é o próprio Deus. Será que a interpretação foi influenciada por Is 53,4.10, onde o servo do Senhor é massacrado e esmagado por Deus?

[28] Ver a preservação no Códice Marcaliano de traduções judaicas do AT para o grego que diferem das traduções da LXX em NJBC 68,97. Stendahl e Grundy, que estudaram citações mateanas do AT, duvidam que copistas influenciados por Marcos/Mateus tenham produzido esta tradução grega variante de Zc 13,7; mais exatamente, a reflexão cristã em diversas tradições judaicas de Zacarias para o grego pode ter produzido o texto de Marcos/Mateus (ver SPNM, p. 92-93).

as ovelhas"). Jesus ressuscitado ir à frente (*proagein*) dos discípulos para a Galileia é inversão da dispersão, como sugere o "Entretanto" (*alla*) marcano. Em Mc 10,32, a caminho da morte, Jesus foi à frente (*proagein*) dos discípulos e eles caminharam atrás dele em grupo, subindo para Jerusalém; depois da ressurreição, ele retoma o papel de liderança, papel de pastor que reconstituirá o rebanho. Marcos não quer dizer necessariamente que Jesus caminhará à frente deles na estrada de volta para a Galileia (com a devida vênia a J. Weiss); nem a simples prioridade temporal faz justiça à ideia marcana (ver a variação de sentido em Odenkirchen, "Praecedam"); mais exatamente, *proagein* aqui significa prioridade e liderança respeitada (Evans, "Go Before", p. 9-11). A importância dessa predição combina bem com um forte interesse visível nas análises evangélicas da atividade pós-ressurreição de Jesus que estabelece a comunidade ou Igreja. Mais precisamente, entretanto, para Mc 14,28, o ponto era a restauração e a renovação de uma comunidade ou um rebanho que já existia no tempo de Jesus. O Jesus ressuscitado, que chamou discípulos em Mc 1,16ss e Mc 3,13ss, renova sua iniciativa.

    Se essa iniciativa tem ou não novos elementos é uma questão incluída no debate entre biblistas a respeito da Antiguidade e do sentido de Mc 14,28. A predição "Depois de minha ressurreição, irei à vossa frente para a Galileia" (praticamente idêntica em Mt 26,32) relaciona-se intimamente às palavras pronunciadas em Mc 16,7 pelo jovem (angelical?) no túmulo depois de anunciar a ressurreição de Jesus crucificado: "Ide dizer a seus discípulos e a Pedro que ele vai à vossa frente para a Galileia; lá o vereis, como ele vos disse". (Isso é expandido e interpretado pelas palavras do anjo em Mt 28,7: "Ide depressa contar aos discípulos que ele ressuscitou dos mortos e vai à vossa frente para a Galileia; lá o vereis. Vede, eu vos disse".) Têm sido propostas várias teorias a respeito desses dois versículos, porque Marcos termina em Mc 16,8 sem que Jesus vá para a Galileia e sem que seja visto ali. (Para um panorama geral, ver Stein, "Short".) Por exemplo, van Iersel, "To Galilee", esforça-se por mostrar que, nos dois versículos, *eis* deve ser traduzido como "na" Galileia, em vez de "para a", de modo a ser prevista a recuperação de um relacionamento espiritual permanente, não aparições momentâneas em uma Galileia tangível. Mais idiossincrática é a tese de Muñoz Léon ("Iré"), baseada em sua capacidade de recuperar um substrato aramaico (em parte interpretado por meio de referências a targumim, dos quais as formas preservadas surgiram posteriormente ao NT, às vezes vários séculos depois). Originalmente, o suposto original aramaico não se referia a uma visão de Jesus na Galileia. (Em parte, Munõz Léon deseja acomodar a aparição de Jesus aos discípulos homens em Jerusalém, atestada por Lucas e João, mas de modo significativo ausente de Marcos/Mateus, que relatam essa declaração!) Fundamentando *proagein* está a conjugação *pael* do verbo aramaico *debar*, que significa "conduzir"; e *gelil* foi incorretamente traduzido, pois não significa *Galilaia*, mas um redil ou lugar de Jerusalém. Portanto, o que Jesus prometeu foi um gesto messiânico para reunir os dispersos. Reconheço o elemento de reagrupar os dispersos, mas isso não requer uma hipótese tão improvável de aramaico mal traduzido. Uma sugestão frequente (por exemplo, Bousset, Bultmann, Dibelius, Taylor) é que Mc 16,7 é uma inserção redacional bem tardia para harmonizar Marcos com a ideia da aparição de Jesus na Galileia (ideia atestada em Mt 28,16-20). Alguns que aceitam essa posição afirmam que Mc 14,28 é mais antigo e mais original, visto que não faz referência a ver Jesus. Outros acham que Mc 14,28 e Mc 16,7 foram inseridos em Marcos no mesmo momento (tardio). Ainda outros afirmam que Mc 16,7 precedeu Mc 14,28 — vimos acima a tese de que Mc 14,27a era outrora seguido por Mc 14,29.[29] Não podemos deixar nossa interpretação de Marcos depender dessas teorizações incertas e precisamos reconhecer que a presença no texto de Mc 14,28 seguido por Mc 16,7 dá um significado positivo ao relacionamento futuro de Jesus com os discípulos.

Muitos biblistas pensam que Mc 16,7 em particular refere-se não a aparições pós-ressurreição de Jesus, mas a sua parusia na Galileia.[30] Entretanto, com certeza a parusia do Filho do Homem inclui uma manifestação para o mundo e, na verdade, uma parusia voltada seletivamente para os discípulos e Pedro seria estranha. Além disso, referências à ressurreição de Jesus em Mc 16,6 e Mc 14,28 tornam muito mais plausível que Mc 16,7 se refira à visão pelos discípulos e Pedro do Jesus ressuscitado (que é a maneira como Mateus a interpretou). A ausência de uma referência a *ver* em Mc 14,28 leva alguns intérpretes a ressaltar outro aspecto do encontro previsto dos discípulos com Jesus ressuscitado, a saber, ouvir e receber a missão de ensinar o mundo gentio (ver artigos em § 4, Parte I, por Evans, Hoskyns, Lightfoot e Odenkirchen). A ideia é que os discípulos que Jesus ressuscitado chamou

---

[29] A ausência de Mc 14,28 do fragmento Fayum (papiro Rainer) do fim do século II pode ser uma tentativa primitiva de harmonizar a apresentação marcana do ministério pós-ressurreição de Jesus com a descrição de Lucas, João e o apêndice marcano onde há aparições de Jesus em Jerusalém, não só na Galileia.

[30] Assim Lohmeyer, R. H. Lightfoot, Marxsen, Weeden, Kelber. Ver argumentos contrários em Schenke, *Studien*, p. 437-460; Stein, "Short".

para se reunirem foram capacitados para evangelizar o mundo. Vários fatores são citados para apoiar essa interpretação de Mc 14,28, por exemplo, que Mc 13,10 e Mc 14,9 indicam que o Evangelho deve ser anunciado a todas as nações; que Zc 14 imagina o julgamento das nações no Monte das Oliveiras; que um tema das nações é frequente em aparições pós-ressurreição (Mt 28,19; Lc 24,46-47; Mc 16,15); e a Galileia é associada aos gentios em Mt 4,15. Contudo, creio que encontrar esse tema em Mc 14,24 é sutil demais. Jesus menciona a Galileia aos discípulos apenas como lembrete de que foram originalmente reunidos naquele lugar. Agora estão se dispersando, mas, ao conduzi-los de volta à Galileia, ele os reunirá mais uma vez como seu rebanho. Ali, como eles vão saber (Mc 16,7), eles o verão novamente.

Destino de Pedro (Mc 14,29-31; Mt 26,33-35)

Protesto de Pedro (Mc 14,29; Mt 26,33). Embora Jesus fale a um grupo de discípulos, em Marcos/Mateus é só Pedro que expressa uma contestação ao que Jesus declara. (A mesma sequência grupo-Pedro aparece em Jo 13,33.36, mas ali Pedro faz uma *pergunta* a Jesus.) Marcos começa o versículo: "Mas Pedro lhe disse" — aqui o "Mas" traduz *de*, ao contrário do forte *alla*, "Entretanto", no versículo anterior.[31] Mateus tem a mesma introdução, mas especifica que é resposta a Jesus. Não é incomum que as palavras do Pedro marcano estejam expressas elipticamente ("Mesmo que todos se escandalizem, contudo eu não"), nem que Mateus faça pequenas melhorias estilísticas redacionais ("Se todos se escandalizarem em ti, eu jamais me escandalizarei"). O "em ti" mateano, além de mais uma vez acrescentar uma frase de "em" a "escandalizar", como aconteceu dois versículos antes,

---

[31] Tem havido considerável debate a respeito do uso marcano da palavra *de*. C. H. Turner (JTS 28, 1927, p. 152) sugere que no início de um parágrafo ela assinala um ponto significativo da narrativa. A interpretação costumeira é adversativa, indicando contraste; contudo, *kai* ("e") também pode ser adversativa. Thrall (*Greek*, p. 50-63) lembra que, no grego clássico e helenístico, *de* pode ser puramente continuativo e que o uso do artigo definido *ho* (como aqui, antes de *Petros*) requer *de* em vez de *kai* como conectivo, de modo que muitas ou a maioria das construções *ho de* não são verdadeiramente adversativas. Seja como for, aqui o contraste ("Mas") é indicado pelo contexto.

A sequência de tempos usados para os verbos de dizer nesta seção de Marcos é digna de nota: *legei* (v. 27: presente), *ephe* (v. 29: aoristo), *legei* (v. 30: presente), *elalei* (v. 31: imperfeito). É provável que Schenke (*Studien*, p. 409) esteja certo ao afirmar que (como com a alternância de *kai* e *de*) a alternância de verbos e tempos é quase sempre questão de estilo e não indica nuanças (ou fontes) sutis.

enfatiza novamente que o escândalo ou perda da fé se centralizará em Jesus.³² O "eu jamais me escandalizarei" é mais claro e mais enfático que o "eu não" marcano.

O *ei kai* ("Mesmo que") de Marcos indica que a condição tem probabilidade de ser preenchida. Todos (exceto Pedro) se escandalizarão. (A leitura *kai ei* invertida na tradição *koiné*, inclusive no Códice Alexandrino, tende a tornar a condição mais improvável.) Assim, Pedro não repudia a probabilidade da profecia de Jesus, mas só insiste em uma exceção. Falar a partir do grupo dos Doze ou dos discípulos faz parte da imagem evangélica comum de Pedro. Em Mc 8,27-34, o protesto de Pedro e a reação corretiva de Jesus não são muito diferentes do padrão aqui: depois de Pedro confessá-lo como Messias, Jesus prediz a rejeição e o sofrimento do Filho do Homem; Pedro o censura; então Jesus por sua vez repreende Pedro por desempenhar um papel satânico e ter uma perspectiva humana demais.

Nesta sua objeção, Pedro prende-se ao "vós todos vos escandalizareis" de Mc 14,27a, como se a citação bíblica interposta não existisse. Embora isso tenha levado muita gente a considerar a citação uma inserção (ver acima), psicologicamente o fluxo da trama marcana é bom. Pedro, que contradisse Jesus quando este afirmou que o Filho do Homem *precisa* sofrer (plano divino), agora não hesita em contradizê-lo quando ele cita a Escritura. (Linnemann ["Verleugnung", p. 17] afirma que, se não houvesse citação bíblica, todos os discípulos teriam protestado imediatamente, como em Mc 14,19; somente Pedro não se acovarda.) Pedro vai direto ao ponto que o ameaça: o "todos" na predição de Jesus a respeito de se escandalizar. A elipse negativa de Pedro "contudo eu não" não é diferente da frase em Mc 14,2: "Não durante a festa". Seu desejo de excluir o "eu" assemelha-se a Mc 14,19: "certamente não eu?".

A predição que Jesus faz das negações de Pedro (Mc 14,30; Mt 26,24). Os quatro Evangelhos (ver Lc 22,34; Jo 13,38) têm uma solene predição por Jesus (um dito de "amém", exceto em Lucas) de uma tripla negação por Pedro antes que o galo cantasse. Em Marcos/Mateus, isso acontece a caminho do Getsêmani, como resposta de Jesus ao versículo que acabamos de examinar: o protesto de Pedro de que, por exceção, ele não se escandalizaria. É seguido pela insistência de Pedro de que está disposto a morrer com Jesus (a ser tratada na próxima

---

³² Observe uma frase preposicional semelhante usada por Pedro em Mt 26,35 (Mc 14,31): "Mesmo que eu tenha de morrer *contigo*".

subseção). Em Lucas e João, a predição tem lugar na Última Ceia e é *precedida* pela declaração de Pedro de que está disposto a morrer com ou por Jesus. Quero primeiro examinar as peculiaridades das passagens joanina e lucana (impressas entre colchetes na tradução no início desta seção) e em seguida voltar-me para a predição em si.

Cenários joanino e lucano para a predição. Como vimos, o Jesus joanino fala aos discípulos no capítulo 16 a respeito de se escandalizarem e dispersarem. Antes, no discurso da Última Ceia (Jo 13,33.36-38), estão os ditos pertinentes a Pedro. Embora expressos em linguagem joanina, em sua lógica esses ditos evocam a sequência marcana. Em Marcos, depois da predição de que os discípulos vão se escandalizar e dispersar, há a promessa: "Depois de minha ressurreição, irei à vossa frente para a Galileia". Em seguida, Pedro protesta que ele é exceção. Em João, Jesus fala a todos os discípulos sobre a impossibilidade de virem com ele, mas Simão Pedro protesta que ele é exceção. A conversa sobre não seguir agora, mas seguir mais tarde, tem significado similar à imagem de Jesus ressuscitado que vai à frente dos discípulos para a Galileia.

A cena de Lucas reflete sua perspectiva benevolente quanto aos discípulos e a Pedro. Na passagem de Lc 22,31-34, o v. 34 sobre a tripla negação reflete a dependência de Marcos; o v. 33, sobre a disposição de Pedro de ir para a prisão e a morte, tem tema semelhante a Mc 14,31 e Jo 13,37, mas a redação dos três é diferente. Os vv. de Lc 22,31-32 são originalíssimos e precisam ser analisados. Como vimos, Lc 22,28-30 foi uma predição do destino dos discípulos, não em termos de se escandalizar/dispersar, mas em termos de fidelidade e de ser recompensado; para isso, Lucas adaptou um dito Q de Jesus. As palavras de Jesus a Pedro em Lc 22,31-32 também são positivas, embora comecem com um reconhecimento de perigo para os discípulos. Satanás deseja peneirá-los como o trigo. A imagem, que inclui jogar fora os resíduos, é ainda mais violenta que a da dispersão do rebanho: Satanás entrou em Judas (Lc 22,3; cf. Jo 13,27) e agora procura destruir todos os discípulos. A oração tranquilizadora de Jesus por Pedro que impedirá isso (v. 32) pode bem ser da tradição pré-lucana (ver TPNL, p. 65; Fitzmyer, *Luke*, v. 2, p. 1421). Chamar Pedro de Simão não é típico do estilo lucano (Lc 24,34 tem uma referência pré-lucana a Simão);[33] contudo, Lucas usa um nome pessoal repetido,

---

[33] Alguns biblistas afirmam que aqui Lucas prefere "Simão" a "Pedro", porque o personagem envolvido ainda não tem a firmeza que justificaria chamá-lo por um nome derivado de *petra* ("pedra"); ele terá essa

comparável a "Simão, Simão", como íntima persuasão em Lc 10,41. A importância, então, é que, assim como Mt 16,18 promete a Simão Pedro um papel de apoio para a Igreja a ser construída por Cristo e Jo 21,15-17 concede-lhe um papel pastoral para cuidar das ovelhas de Cristo, também essa passagem lucana antecipa que, depois de convertido, ele fortalecerá os irmãos (*epistrephein*, usado como intransitivo), presumivelmente depois de se recuperar das negações prestes a serem prognosticadas. Talvez o papel fortalecedor se relacione com a liderança que ele demonstra entre os Doze nos Atos. Assim, do mesmo modo que Lucas tirou de uma tradição mais primitiva a predição positiva quanto ao destino dos discípulos, também tirou a promessa positiva de uma tradição petrina mais primitiva.

De interesse especial é o fato de Lucas e João, que nesta passagem diferem um do outro e de Marcos/Mateus, talvez repercutirem em vocabulário e tema a cena de 2Sm 15, onde Davi fugiu de Absalão, cena que já vimos como base muito influente para o tema do Monte das Oliveiras. Pouco antes de atravessar o Vale do Cedron e ir para a Subida das Oliveiras, Davi fala a Etai, o gateu, advertindo-o que ele (Davi) *não sabe para onde vai* e Etai *não deve vir com ele*, mas *voltar* e tomar consigo seus *irmãos* (homens). Etai protesta: "Aonde quer que o meu *senhor* vá, seja para *a morte* seja para a vida, aí estará seu servo". Os itálicos indicam semelhanças com Lucas e João; mas, enquanto em 2Sm 15,22-37 Davi cede e deixa Etai e seus companheiros virem com ele, somente mais tarde Pedro e seus companheiros poderão seguir Jesus. Na narrativa de 2 Samuel, outra pessoa, Cusai, o arquita, é enviado de volta a Jerusalém, para ali permanecer e assim ajudar Davi.

A predição. O centro desta subseção é o dito comum aos quatro Evangelhos a respeito da tripla negação de Pedro antes de o galo cantar. Algumas diferenças de redação entre os relatos merecem atenção. Quanto à hora, João coloca as negações antes do próximo canto do galo. Marcos especifica "hoje" e "esta mesma noite"; Mateus traz "nesta mesma noite" e Lucas tem "hoje". Embora a imagem sinótica favoreça a hipótese de Griesbach, segundo a qual Marcos usou Mateus e Lucas, combinando suas diferenças, também é possível explicar isso em termos de prioridade marcana. Por um cálculo judaico no qual o dia começa ao pôr do sol, esta noite já seria "hoje" (Páscoa para Marcos? ver APÊNDICE II B). Desconfiamos que

---

firmeza depois de se fortalecer pela oração de Jesus e depois de sua fé sobreviver à experiência penosa das negações. Essa teoria não se justifica por outro uso lucano: três versículos adiante (Lc 22,34), o Jesus lucano dirige-se a "Pedro"; por outro lado, é a "Simão" que o Senhor ressuscitado aparece (Lc 24,34).

esse cálculo judaico foi o primeiro a ser ligado ao dito. Entretanto, não seria inteligível para os que desconheciam esse modo de calcular; e, assim, um "esta mesma noite" mais universalmente inteligível pode ter sido acrescentado por Marcos (ver a indicação pleonástica de tempo em Mc 16,1-2). Mateus e Lucas teriam simplificado. O fato de "hoje" estar omitido de Marcos nos Códices de Beza e Koridethi deve-se provavelmente à influência da referência única ao tempo em Mateus e Lucas.

A palavra evangélica para "galo" é *alektor*, outrora forma abreviada poética, mas agora comum, do *alektryon* usado no papiro Fayum (MM, p. 21). O verbo traduzido como "cantar" é *phonein*, que se refere apenas à produção de um som ou entoação e é usado para emissões humanas ou animais.[34] (O termo técnico para o som do galo era *kokkyzein*, que aparece no fragmento Fayum de Marcos.)

Em Marcos, o galo canta duas vezes; os outros Evangelhos não têm esse detalhe. A primeira pergunta é se a duplicação era parte genuína do texto marcano; a segunda é, em caso positivo, que sentido tinha. Em Marcos, há quatro passagens envolvidas: Mc 14,30.68.72a.72b. Textualmente, a mais dúbia é a referência ao galo cantar (pela primeira vez) em Mc 14,68. É possível argumentar que, como três passagens mencionaram o canto do galo e não havia menção de um primeiro canto, um escriba tentou melhorar, inserindo um em Mc 14,68. Wenham afirma o contrário: um escriba interpolou uma referência ao galo cantando em Mc 14,68 (por quê?) e, como já havia menção de um galo cantando em Mc 14,72a, a ideia de que essa era uma segunda vez se espalhou para outras passagens de Marcos. Em Mc 14,30.72a.72b, embora seja sempre omitida pelo Códice Sinaítico e alguns testemunhos *koiné* (daí a classificação da UBSGNT que ressalta a incerteza do indício de "duas vezes"), a frase corroborante dos dois cantos do galo tem o apoio impressivo do Códice Vaticano e de muitas testemunhas siríacas, latinas e saídicas. De acordo com isso, julgo MTC, p. 114, correto ao defender sua originalidade nessas três passagens e explicar a omissão como tentativa dos copistas para igualar Marcos aos outros Evangelhos, que só tinham um canto do galo. É presumível que Mateus e Lucas omitissem o "duas vezes" marcano como complicação desnecessária ou considerassem esses números exatos estilo retórico insatisfatório (assim Turner, JTS 26, 1924-1925, p. 338).

---

[34] D. Zuntz (JTS 50, 1949, p. 152-153) afirma, em grande parte com base em indícios de papiros primitivos, que o texto original de Mt 26,34 (e Mt 26,75), em vez de "o galo cante" (*alektora phonesai*) marcano, dizia "alvorada" [ou "a hora em que os galos cantam"] (*alektorophonia*).

Pergunta mais difícil é o significado que o "duas vezes" tinha para Marcos. Mayo ("St. Peter's", p. 369-370) afirma que *dis*, "duas vezes", foi acrescentado à guisa de assonância com *tris*, "três vezes". Brady ("Alarm", p. 54) afirma que o padrão marcano de "dois/três" em referência aos cantos do galo e às negações é característica de provérbios e parábolas, semelhante ao "três/quatro" em Pr 30,15.18.21.29. Por outro lado, o "duas vezes" marcano poderia ter sido entendido como precisão insignificante que equivalia a "antes do próximo alvorecer", pois há claros indícios nos escritos greco-romanos de que o alvorecer ou nascer do sol era associado ao *segundo* canto do galo (Aristófanes, *Ecclesiazusae*, p. 30-31, 390-391; Juvenal, *Sátira* 9,107-108; Amiano Marcelino, *Res Gestae* 22,14,4). Falaremos mais a respeito da predição e suas inferências em § 27, sobre as negações.

Os sinóticos empregam para "negar" o verbo composto *aparnesthai*, em geral considerado mais forte que o simples *arnesthai* usado por João, de modo que poderia indicar "repudiar", além de "negar". Contudo, o verbo simples é usado por todos os Evangelhos nos relatos das negações reais (embora o verbo composto seja mantido quando a predição é lembrada). Não há prova de que os evangelistas viam alguma diferença de sentido.

Com exceção de Lucas, a predição é apresentada pelos Evangelhos como dito de "amém" de Jesus. O padrão especial de "amém" para iniciar um dito (em vez de constituir uma resposta) não se encontra na LXX; nos Evangelhos, encontra-se apenas nos lábios de Jesus (13 vezes em Marcos; 31 em Mateus; 6 em Lucas; 25 [sempre duplo] em João). Em Marcos/Mateus, a predição de negação é o único dito de amém na narrativa da Paixão pós-ceia. João não tem nenhum dito de amém entre o fim da ceia e a morte de Jesus. Lucas tem um, de Jesus na cruz. Há quem tenha tentado argumentar que "amém" garante que determinado dito foi historicamente pronunciado por Jesus; outros acham que alguns dos ditos de amém se originam dos profetas cristãos primitivos. O certo é que "amém" empresta solenidade ao dito que o segue.

Refutação de Pedro (Mc 14,31; Mt 26,35). Em Marcos/Mateus, depois da solene predição do canto do galo por Jesus, Pedro apresenta uma refutação em termos de estar disposto a morrer com Jesus (cf. Lc 22,33; Jo 13,37); e todos (os discípulos) fazem coro. Embora tenha a finalidade de ser reconhecida pelos leitores como bravata irreal, essa refutação termina a cena com uma nota pateticamente positiva do desejo de Pedro e dos discípulos de defender Jesus à custa de suas vidas. Em Lucas e João, onde Pedro professou sua disposição de morrer *antes* das palavras de Jesus sobre a negação antes de o galo cantar, essa predição negativa termina o diálogo direto com Pedro.

As palavras que Marcos usa para introduzir a refutação ("Mas ele dizia veementemente") são *ho de ekperissos elalei*. A necessidade de especificar o *ho* marcano ("aquele", "ele") como Pedro é reconhecida por Mateus. O *de* marcano, "Mas", acompanha essas palavras de Pedro do mesmo modo que acompanhou suas palavras anteriores (Mc 14,29). Mateus, que em geral evita os usos marcanos do presente histórico (como no versículo precedente, antes da predição de Jesus), curiosamente substitui por um, em Mt 26,35, o imperfeito marcano "dizia" e ignora o *ekperissos* (veementemente) de Marcos, por ser difícil ou exagerado. A palavra não se encontra alhures no NT, nem na LXX; nem é clássica. Relaciona-se com um grupo de palavras *periss* com o sentido de ser demais ou abundante.[35] Em Mc 7,37, Marcos usou *hyperperissos*, "superabundantemente", mais fácil de entender. É então *ekperissos*, "de abundantemente", usado aqui, um erro antigramatical? Joüon ("Marc 14,31") afirma ser essa uma formação erudita com força superlativa, pois, nesse período, *perissos* já tinha força comparativa ("mais abundantemente", "excessivamente"). Assim, Joüon lhe atribui o significado de "desmesurado", asserção que reconheço, traduzindo-a por "veementemente".

As palavras reais de Pedro a Jesus "Mesmo que seja necessário [*dee*] para mim morrer contigo [*syn*]" incluem uma forma de *dei*, palavra usada nos Evangelhos especialmente para a divina vontade pertinente a Jesus. Aparece na primeira das três predições dos sofrimentos do Filho do Homem (APÊNDICE VIII, A2). Pedro, que outrora rejeitou fortemente a necessidade desse sofrimento (Mc 8,31-33), professa agora com mais força a disposição de compartilhá-lo; mas é lamentável que ele não seja mais realista em uma reação que na outra. "Sofrer junto" com outros discípulos ou com Jesus era um ideal dos cristãos primitivos (2Cor 7,3; 2Tm 2,11). Encontra-se antes um paralelo em João (11,16), na história de Lázaro: "Vamos nós também para morrermos com [*meta*] ele". A generosidade de Pedro para satisfazer esse ideal é contagiosa por extrair dos outros discípulos um compromisso semelhante, de modo que, como em outras vezes passadas, Pedro novamente serviu de

---

[35] Os escribas tendiam a fazer substituições por palavras bem conhecidas desse grupo em Mc 14,31, por exemplo, *perissos* ("excessivamente") no Códice Alexandrino; ou *ek perissou* ("de uma abundância", Mc 6,51) nos códices de Washington e Koridethi.

porta-voz. No fim da cena no Monte das Oliveiras, "todos" que disseram o mesmo "fugiram todos" (Mc 14,50).

Análise[36] A. As predições de Jesus acerca dos discípulos e de Pedro: localização e papel

Acima (§ 2 A), o leitor foi avisado de que decidi, por motivos práticos, começar a análise da narrativa da Paixão com a cena no Monte das Oliveiras em um lugar que Marcos/Mateus chamam Getsêmani. Embora essa decisão cause uma divisão mais acentuada do que os evangelistas sinóticos pretendiam entre a Última Ceia e o que se seguiu no monte, existe, como veremos, uma perspectiva coerente na narrativa pós-ceia de todos os Evangelhos. Obviamente, a dificuldade de delineação bem definida da ceia é mais pronunciada nesta cena tradicional que muda a ação da sala da ceia para o monte. Na verdade, somente em Marcos/Mateus há uma cena; os outros dois Evangelhos contentam-se com uma sentença que descreve o movimento de um lugar para o outro. A cena em Marcos (da qual Mateus é dependente) consiste em duas predições de advertência por Jesus, dirigidas respectivamente aos discípulos (todos se escandalizarão e dispersarão) e a Pedro (tripla negação antes que o galo cante). Lucas e João colocam na Última Ceia a predição a Pedro, bem como suas variantes (muito distantes em Lucas) da predição aos discípulos.

W. M. Ramsay (ExpTim 28, 1916-1917, p. 278) afirmou ser mais histórico colocar essas predições na ceia em vez de no caminho para o monte porque o caminho de Jerusalém para o Cedron era estreito e íngreme, o que obrigava Jesus e os discípulos a caminhar um atrás do outro em "fila indiana", o que impedia que os ditos fossem ouvidos por todos. A questão não se resolve com essa historização, mesmo que, como parte de sua visão sombria, Marcos tenha moldado um prefácio consistindo em duas predições negativas que mais tradicionalmente estariam associadas ao discurso da ceia.

---

[36] Enquanto o COMENTÁRIO trata das passagens evangélicas versículo por versículo, a ANÁLISE abrange toda a cena e há uma tentativa deliberada de evitar repetir material do COMENTÁRIO pertinente a versículos isolados. Depois de ter percorrido o detalhado COMENTÁRIO, antes de iniciar a ANÁLISE os leitores se beneficiarão se voltarem e lerem a tradução da Escritura dada no início da cena, a fim de se lembrarem da passagem toda.

Para os sinóticos, parte da Última Ceia era a Eucaristia (correspondendo em João ao lava-pés), com a linguagem de um autossacrifício de aliança por Jesus para muitos. A atitude muito positiva de Jesus para com os discípulos projetada pela Eucaristia (e o lava-pés) inevitavelmente equilibrou e neutralizou quaisquer predições negativas de seu destino.[37] Vemos essa neutralização em ação com referência a uma terceira predição negativa por Jesus a respeito dos seguidores, a saber, que ele seria entregue por um dos Doze (especificado como Judas em Mateus) — predição que Marcos/Mateus deixaram no contexto da ceia (em concordância com Lucas e João). Como incluía uma referência ao traidor comer com Jesus e molhar um pedaço de pão no prato, não podia ser tirado facilmente da cena da mesa. A cena toda da Última Ceia em Mc 14,17-25 e Mt 26,20-29 consiste, então, nessa predição da traição seguida da Eucaristia, que mostra a resposta magnânima de Jesus. Embora antes da ceia nos seja dito que os chefes dos sacerdotes tramavam matar Jesus, e o derramamento de seu sangue mencionado com referência ao cálice sugira morte violenta, a conclusão da ceia é a declaração oracular: "Digo-lhes que não beberei mais do fruto da videira até bebê-lo novo no Reino de Deus" [Mateus: "de meu Pai"], declaração com final triunfante.

O contexto da ceia certamente não prepara o leitor para as experiências dolorosas que se seguem em Marcos/Mateus e culminam com o grito agudo de Jesus na cruz: "Meu Deus, meu Deus, por que me abandonaste?". Lucas e João não precisam preparar especialmente os leitores, pois não têm essa visão negativa dos elementos humanos na Paixão. Em Lucas, Jesus não é abandonado por discípulos em fuga; permanece calmo e magnânimo o tempo todo, e suas últimas palavras são confiantes: "Pai, em tuas mãos entrego meu espírito". Em João, os atores humanos realçam um Jesus soberano, que só dá a vida quando decide fazê-lo (Jo 10,18) e cujas últimas palavras são sua decisão grandiosa de fazê-lo: "Está consumado". Entretanto, para Marcos/Mateus, a Paixão é descida a um abismo durante a qual o próprio Jesus hesita quando se vê sem nenhum apoio humano. É traído, abandonado, negado e amaldiçoado pelos discípulos; é caluniado na presença das principais autoridades de seu povo, que estão determinadas a usar de todo artifício para matá-lo; é cinicamente sentenciado à crucificação pelo representante da justiça romana

---

[37] Nos dois Evangelhos onde as predições sobre os discípulos e sobre Pedro estão colocadas na ceia, elas são mais positivas — em Lc 22,28-34, positivas na própria redação; em João, positivas por estarem agrupadas em uma cena de cinco capítulos onde, tendo amado os seus, Jesus "agora mostrou seu amor por eles até o fim" (Jo 13,1).

§ 5. Episódio de transição: Jesus vai com discípulos ao Monte das Oliveiras

que sabe ter sido ele entregue por inveja. Enquanto Jesus pende da cruz por seis horas (Marcos), todos escarnecem dele; a natureza mergulha na escuridão; e suas únicas palavras na cruz, arrancadas do fundo de sua alma, são saudadas com ceticismo desdenhoso. Assim, é compreensível que Marcos, seguido por Mateus, não encontrasse na Última Ceia uma introdução que preparasse o leitor para uma Paixão concebida desse modo.

Esta cena serve admiravelmente a esse propósito. Ao sair da sala da ceia, Jesus assume uma perspectiva decididamente negativa. Além de um único versículo alusivo (Mc 14,28; Mt 26,32: "Depois de minha ressurreição, irei à vossa frente para a Galileia"), Jesus não faz jamais outra promessa consoladora aos discípulos antes da morte. A disposição de espírito melancólica é comprovada pelas palavras iniciais: "Vós todos vos escandalizareis". Por que esse pessimismo? Por que justapor duas predições tão lúgubres, uma a respeito dos discípulos, outra a respeito de Pedro? Em § 2, C1, rejeitei a tese de que Marcos é hostil com as pessoas, ou as lembranças dos discípulos e de Pedro, por causa do tipo de Cristianismo que eles ou seus adeptos professam (baseado em milagres, poder e sucesso), e de que Marcos quer demonstrar que eles abandonaram definitivamente sua vocação antes de Jesus morrer. Mc 14,28, que acabamos de citar, mostra o contrário: apesar de os discípulos se escandalizarem, Jesus não os abandonou, mas tornou a reuni-los como seu rebanho. Afirmo ser provável que, como outros cristãos primitivos, Marcos e seus leitores tivessem os discípulos de Jesus e Pedro em alta estima, considerando--os testemunhas santas, em especial se na ocasião em que o Evangelho foi redigido Pedro já tivesse sido martirizado. Mas Marcos usa o Evangelho para enfatizar que esse testemunho de Jesus não foi fácil, nem surgiu pelo ímpeto dos discípulos. Marcos leva muito a sério o dito citado em Mc 8,34 de que o seguimento de Jesus inclui tomar a cruz, e não deseja que o leitor se engane quanto à dificuldade dessa tarefa. Quando enfrentaram o problema de acompanhá-lo na cruz, os discípulos de Jesus que tinham caminhado com ele mais intimamente, e que na verdade já haviam iniciado o seguimento dele, se escandalizaram e até o negaram. Pedro, em especial, subestimou a provação que teria de enfrentar ("Mesmo que todos [...] contudo eu não") e levou todos os outros a declarar com confiança que não se escandalizariam. Somente depois de seu fracasso e somente depois de reunidos mais uma vez pela morte e ressurreição de Jesus, eles conseguiram finalmente tomar a cruz — uma cruz que Jesus previra em Mc 13,9 e que incluía serem entregues a tribunais, açoitados em sinagogas e obrigados a comparecer diante de governantes por amor a Jesus. Marcos apresenta uma pedagogia de esperança baseada no fracasso inicial dos mais famosos seguidores de Jesus e em uma segunda oportunidade para eles. Ele pode bem ter em mente leitores que também fracassaram inicialmente ou se desencorajaram à ideia da cruz. Ele faz advertências proféticas contra o perigo de se escandalizar ou se afastar da fé[38] e contra o excesso de autoconfiança.

Mencionei que, embora mudasse essas duas lúgubres predições do ambiente da ceia para esta cena de transição para a Paixão, Marcos não conseguiu tirar da ceia a predição quanto à traição por um dos Doze porque ela incluía comer à mesa. Mas, à luz do que identifiquei como propósitos pedagógicos e parenéticos, talvez ele *não* estivesse interessado em relacionar a predição a respeito de Judas às predições a respeito dos outros discípulos e Pedro. Judas fracassou, os outros foram bem--sucedidos. As três predições são negativas quanto ao que os seguidores de Jesus vão fazer durante a Paixão, mas só no caso de Judas o resultado final é negativo. Nem Mc 14,28 nem Mc 16,7 exprimem qualquer esperança de Judas estar entre os que Jesus voltará a reunir como rebanho na Galileia depois da ressurreição.

As duas predições desta cena servem a outro propósito para Marcos/Mateus e esclarecem não só o desenvolvimento do discipulado, mas também o mistério do próprio Jesus. Na cena seguinte, ficamos a par de uma notável humilhação de Jesus enquanto ele se prostra no Getsêmani e implora ao Pai que faça aquela hora se afastar dele. Essa oração, que inicia o sofrimento de Jesus, quando justaposta à oração angustiada no fim ("Meu Deus, meu Deus, por que me abandonaste?"), tinge com tons de fraqueza e impotência humana o retrato de alguém que no início e no fim de seu ministério é saudado em Marcos como o Filho de Deus (Mc 1,1; 15,39). Os vários Evangelhos apresentam em equilíbrio diferente a combinação do humano e do mais que humano em Jesus quando ele vai para a morte. Para Marcos/Mateus, um contrapeso para a súplica angustiada é a presciência profética que mostra até que ponto ele está em harmonia com o controle divino de tudo o que acontecerá e sabe que o plano divino para a vitória não pode ser frustrado. As duas predições pronunciadas no início da Paixão terão sido comprovadas pela marca equidistante, no exato momento em que Jesus é julgado e escarnecido como falso profeta (Mc 14,65, seguido pelas três negações de Pedro em Mc 14,66-72).

---

[38] O perigo de se escandalizar (mesmo em face de perigos menores que a perseguição) parece ter sido preocupação cristã comum. Ver Rm 14,21; 1Cor 8,13; 2Cor 11,29.

E dois temas proféticos, introduzidos no início da Paixão naquele ponto equidistante (temas da destruição do santuário do Templo e da filiação divina de Jesus), terão sido confirmados no fim da narrativa da Paixão (§§ 43, 44). Assim, há uma atmosfera abrangente da harmonia de Jesus com o plano divino que não deve ser esquecida durante as súplicas de Jesus a Deus por libertação — combinação que será pedagógica para os leitores de Marcos se, quando enfrentarem sua cruz, saírem-lhes dos lábios brados para serem poupados por Deus.

B. As origens das predições

Vimos que as duas predições se adaptam muito bem à teologia marcana, que aqui é adotada por Mateus. A colocação das duas predições como transição para a cena no Getsêmani é arranjo marcano a fim de proporcionar uma introdução de tom apropriado para o que se segue. A redação desta cena reflete o que os biblistas identificam como estilo marcano.[39] Assim, não nos surpreende que haja quem considere as duas predições (e até a terceira, sobre o traidor) criações marcanas. Em especial, muitos biblistas de várias posições[40] afirmam que a citação bíblica em Mc 14,27b e/ou a referência a ir à frente dos discípulos para a Galileia em Mc 14,28 são criações ou inserções marcanas, com uma divisão quanto ao fato de o contexto que recebeu esses versículos inseridos ser ou não pré-marcano. Adverti (Promessa da volta de Jesus depois da ressurreição) que em geral sou cético quanto à incondicionalidade com a qual essa questão é decidida, em especial porque são apresentadas análises contraditórias. Indiquei paralelos joaninos expressos e situados sem dependência discernível de Marcos.[41] Esses paralelos fazem com que eu me incline a julgar que as predições chegaram até Marcos vindas de tradições mais primitivas, mesmo que ele as tenha reformulado e localizado para adaptá-las

---

[39] Por exemplo, o recitativo *hoti* ("que" — cerca de cinquenta vezes), depois de um verbo de fala, mesmo em 14,27.30, onde há duas citações diretas. Ver a nota 31, a respeito da alternância de *kai* e *de*, e dos tempos verbais para "dizer", inclusive presentes históricos.

[40] Bultmann, Dibelius, Gnilka, Marxsen, Schreiber, Scroggs, Suhl, Taylor, para citar alguns.

[41] Se João é dependente de Marcos, ele mudou o Monte das Oliveiras (mais conhecido) para "o outro lado do Vale do Cedron" (Jo 18,1). Da predição sobre os discípulos, ele colocou o tema de "escandalizados" em Jo 16,1, o tema de "dispersos" em Jo 16,32, reformulando os dois; deu nova forma a "depois de minha ressurreição [...] irei à vossa frente" como "mais tarde [me] seguirás", em Jo 13,33.36, e então colocou a predição a respeito de Pedro em Jo 13,37-38, consideravelmente reformulada em parte. Por quê?

a sua proclamação de Jesus. Creio que João fez o mesmo, recorrendo a tradição mais primitiva semelhante (mas não necessariamente a mesma).[42]

Se as predições precederam de alguma forma Marcos e João, qual é sua historicidade? A ideia de três predições (Judas, discípulos, Pedro), feitas aproximadamente ao mesmo tempo na noite anterior à prisão de Jesus, parece artificial. Com propósitos de pregação, predições feitas em ocasiões diferentes podem ter sido reunidas na cena da Última Ceia, onde havia ambiente para Jesus falar aos discípulos. Somente a predição de Pedro tem incorporada uma indicação de tempo que torna implausível uma cena anterior. Alguns biblistas contestam a historicidade das predições com o pretexto racionalista de que a presciência é impossível. Entretanto, essa objeção aplica-se apenas à predição a respeito de Pedro. A ideia de que os discípulos se dispersariam e não defenderiam Jesus se ele fosse preso representava uma suposição perspicaz quanto à provável fraqueza deles sob pressão. Como a traição fora combinada antes da ceia (Mc 14,10-11), Jesus poderia ter tomado conhecimento dela sem nem mesmo saber quem era o traidor (ele não é identificado na predição marcana [Mc 14,18-21]). Mas a exatidão da predição a respeito de Pedro (três vezes antes que o galo cante) requer presciência. *Entretanto, toda essa abordagem é dúbia.* Os evangelistas não apresentam nenhuma dessas predições como suposições perspicazes; todas as três são apresentadas como indicadoras do conhecimento que Jesus tinha do plano divino. Os biblistas perceberam não ser possível rejeitar os milagres de Jesus simplesmente em bases racionalistas modernas, pois as tradições mais antigas mostram-no como aquele que cura.[43] Historicamente, o fenômeno de Jesus é ininteligível, a menos que admitamos que desde a época mais antiga ele foi reconhecido como alguém com poderes mais que humanos e que, no conjunto de poderes a ele atribuídos, estava a presciência profética. Essas observações não significam que as três predições em discussão devam ser consideradas históricas, e sim que sua historicidade não pode ser rejeitada em bases racionalistas *a priori.*

---

[42] Na forma pré-joanina da tradição primitiva, as predições estavam situadas na Última Ceia e, ao contrário de Marcos, João as deixou ali. Lucas não demonstra nenhum conhecimento da forma na qual as predições agora aparecem em João, mas houve contatos *pré-evangélicos* entre Lucas e a tradição joanina (§ 2, F3). Essa seria uma explicação da maneira como Lucas, embora usando Marcos, foi levado a colocar as predições na ceia. Quanto à redação das predições que aconteceram na ceia, Lucas recorreu a Marcos em referência às negações de Pedro, mas ele suavizou essa predição precedendo-a com um dito de material favorável ao papel de Pedro na Igreja. Para a predição sobre os discípulos, Lucas usou um dito de Q a respeito da entronização deles (ver Predição de escândalo e dispersão).

[43] Ver o tratamento dado aos milagres no NJBC 81,89-117.

§ 5. Episódio de transição: Jesus vai com discípulos ao Monte das Oliveiras

A análise das predições inclui a historicidade dos acontecimentos que Jesus predisse. Finegan (*Überlieferung*, p. 69-70) acredita que as predições não são históricas, mas os acontecimentos sim; contudo, nem todos concordam. É verdade que relativamente poucos negam que Judas traiu Jesus[44] ou que os discípulos não apoiaram Jesus publicamente durante o período entre a prisão e a crucificação.[45] Entretanto, há controvérsia quanto à historicidade do fato de Pedro negar Jesus três vezes antes de o galo cantar. Há quem considere a cena teatral, em especial quando esses três evangelistas correlacionam essas negações com o momento em que Jesus testemunha bravamente diante dos sacerdotes — o discípulo principal nega; o mestre confessa. (Outro toque notável é em Marcos/Mateus Jesus ser escarnecido como falso profeta no momento em que se confirma sua profecia a respeito de Pedro.) Porém, esse dramático contraste que bem pode refletir interesses de pregação não se relaciona intrinsecamente com o problema da historicidade das negações. Os detalhes das negações também não são essenciais para a historicidade (quem fez a pergunta; qual foi a resposta exata; onde foi dada); com efeito, veremos no Quadro 3 (§ 27) que esses detalhes variam bastante nos diversos relatos evangélicos, como seria de se esperar sob a influência da tradição oral. A análise mais extensa em § 27 vai relatar as opiniões de biblistas que afirmam ser a predição das negações de Pedro antiga e até histórica, mas que as negações jamais aconteceram, pois a narrativa a respeito delas foi uma criação para cumprir a predição. Outros afirmam exatamente o contrário: as negações de Pedro são antigas ou mesmo históricas e deram origem a uma predição que na verdade jamais foi realmente pronunciada. Também veremos o argumento de refutação, segundo o qual é difícil explicar a conservação primitiva de uma predição que nunca se comprovou ser verdadeira, pois é criação gratuita das negações e/ou da predição que teria o efeito de vilipendiar Pedro. É óbvio que é muito mais fácil discernir o *papel* das predições de Jesus nos Evangelhos com algum consenso do que sua origem e historicidade.

---

[44] Com o duvidoso pretexto de que Judas é consistente e repetidamente identificado (o que pode ser simplesmente uma questão de ênfase teológica), Grayston (*Dying*, p. 399) afirma que os episódios de Judas não fazem parte da NP original. Contudo, 1Cor 15,5 sugere que o grupo dos Doze estava mesmo em existência no tempo da ressurreição e o nome de Judas está firmemente inserido nas quatro listas neotestamentárias dos Doze. É extremamente improvável que, sem base em fatos, os cristãos primitivos criassem uma história tão prejudicial a um dos Doze, sem nenhuma sugestão de reabilitação. Os detalhes da narrativa da escolha de Matias para substituir Judas (At 1,13-26) são antigos, como também é a associação com o Campo de Sangue, também atestada em Mt 27,8.

[45] Isso não foi refutado pelo benevolente silêncio de Lucas a respeito do afastamento deles da presença de Jesus durante a Paixão, nem pela descrição joanina do discípulo amado ao pé da cruz.

Fator importante nesta questão é a interação de temas veterotestamentários descrita detalhadamente no COMENTÁRIO (e não repetida aqui). O relato das palavras e do comportamento de Jesus neste episódio e no seguinte, que têm lugar no Monte das Oliveiras, foi influenciado pelos últimos capítulos de Zacarias e por 2Sm 15, que têm como palco aquele monte. Entretanto, a influência não é tão direta a ponto de ser fácil imaginar que as *predições* (ou seu cumprimento) foram simplesmente criadas a partir de passagens veterotestamentárias. É mais plausível que a prisão histórica de Jesus no Getsêmani incluísse o fracasso dos discípulos mais tarde especificado em termos de fuga, negação e traição. Como harmonizar esse fracasso com o plano de Deus para Jesus? O fato de o Getsêmani ser no Monte das Oliveiras chamou a atenção para passagens veterotestamentárias acontecidas no mesmo lugar, e diversas dessas passagens apresentavam temas que esclareceram o papel desempenhado pelos discípulos (traição, retirada) e, assim, contribuíram para o desenvolvimento desse papel em narrativas que incorporaram importantes ditos de Jesus. O fato de diferentes temas de Zacarias ou 2Sm 15 aparecerem de maneiras diferentes em Marcos e João explica-se melhor se acreditarmos que grande parte da formação dos ditos e dos dados básicos usados na narrativa (mas não da adaptação dos dados) precederam os evangelistas.

(A bibliografia para este episódio encontra-se em § 4, Parte I.)

§ 6. A oração no Getsêmani, primeira parte: Chegada e preparativos (Mc 14,32-34; Mt 26,36-38; Lc 22,40; Jo 18,1b)

Tradução

Mc 14,32-34: ³²E eles vêm à propriedade de nome Getsêmani; e ele diz a seus discípulos: "Sentai-vos aqui enquanto rezo".³³ E ele toma consigo Pedro, e Tiago e João e ele começou a ficar grandemente atormentado e angustiado.³⁴ E ele diz a eles: "Minha alma está muito triste até a morte. Permanecei aqui e continuai vigiando".

Mt 26,36-38: ³⁶Então Jesus vem com eles à propriedade chamada Getsêmani; e ele diz aos discípulos: "Sentai-vos neste lugar enquanto, me afastando, rezo ali. ³⁷E tendo tomado consigo Pedro e os dois filhos de Zebedeu, começou a ficar triste e angustiado. ³⁸Então ele diz a eles: "Minha alma está muito triste até a morte. Permanecei aqui e continuai vigiando comigo".

Lc 22,40: E estando no lugar, ele disse a eles: "Continuai rezando, para não entrardes em provação".

Jo 18,1b: (depois de Jesus ir com seus discípulos "para o outro lado do Vale do Cedron"): ¹ᵇonde havia um jardim no qual ele entrou com seus discípulos.

[²ᵃJudas... conhecia esse lugar ²ᵇporque muitas vezes Jesus ali viera com seus discípulos.]

[12,27a (fim do ministério público quando chegam gregos, assinalando a chegada da hora): "Agora minha alma está perturbada".]

Comentário

O relato lucano da oração de Jesus no Monte das Oliveiras é muito mais sucinto que o de Marcos/Mateus e, em vez de estar isolado, compõe uma única cena com a prisão. João tem uma oração de Jesus comparável a essa, não aqui, mas no fim do ministério. Entretanto, para Marcos/Mateus, a oração de Jesus no Getsêmani tem consistência própria como cena na qual há um discreto desdobramento dramático. A estrutura dessa cena é indicada pela concentração dos evangelistas no movimento (ver Martin, "Literary Theory", p. 582-587). Na primeira metade da cena, em três passos, Jesus vem com os discípulos à propriedade, toma três deles e finalmente vai um pouco mais adiante e reza. Na segunda metade da cena, Jesus volta três vezes aos discípulos depois de rezar. A oração é fundamental, pois ajuda a expressar a reação de Jesus a seu destino e também a reação dos discípulos.

Uma olhada no Sumário relacionado antes do § 4 mostra que dividi meus COMENTÁRIOS sobre a oração de Jesus no Getsêmani em cinco partes (§§ 6–10), com uma ANÁLISE (§ 11) que abrange todas as cinco. Esta primeira parte abrange a chegada de Jesus com os discípulos ao "lugar" (propriedade, jardim), onde vai rezar e, mais tarde, à noite, ser preso.

A chegada de Jesus e seus discípulos (Mc 14,32-33a; Mt 26,36-37a; Lc 22,40; Jo 18,1b)

Os discípulos. Este episódio conclui a transição de Jesus e seus discípulos da Última Ceia. Wilcox ("Denial", p. 428) sugere que Mc 14,32, onde "eles vêm" à propriedade chamada Getsêmani, originalmente se seguia a Mc 14,26, onde "saíram para o Monte das Oliveiras", e que os versículos intervenientes representam material independente inserido. Outros, que consideram a oração de Jesus no Getsêmani composta pela combinação de dois relatos separados, tendem a tratar Mc 14,26 e Mc 14,32 como duplicação. Quando remontamos à Última Ceia o "eles" (Jesus e os discípulos) de Mc 14,32, por meio de Mc 14,26, então os discípulos equivalem aos Doze mencionados na ceia em Mc 14,17.20 (mas agora sem Judas, que vai entrar em Mc 14,43). Porém, Marcos não insiste nisso e os intérpretes são engenhosos quando falam dos Doze em Mc 14,32 e dos Três em 14,33.[1] Nesses versículos, Marcos não só não usa o termo "Doze" para os companheiros de Jesus, como também, depois de 14,32, não volta a usar "discípulos" até depois da ressurreição (Mc 16,7). Enquanto Jesus reza, eles não agem como discípulos; e quando ele é preso, eles fogem e o abandonam.

---

[1] Quando menciona Pedro, Tiago e João, Marcos nunca os separa dos "Doze", mas sempre dos discípulos: ver Mc 5,31.37; 8,34 com 9,2; 13,1.3. Às vezes, André aparece com eles (1,16-19.29; 13,3); assim, não há nada determinado a respeito de "três".

Em Mt 26,36, Jesus vem "com eles" ao Getsêmani e, desse modo, transmite uma imagem de solidariedade que não é interrompida quando Jesus se afasta deles para rezar. No v. 37, Mateus fala de "Pedro e os dois filhos de Zebedeu". Na Transfiguração, Mt 17,1 dá os nomes dos três discípulos: "Pedro e Tiago e João" — a linguagem que Marcos usa aqui — mas para Mateus, nesta cena, só Pedro é importante. No v. 41, o Jesus mateano dirige-se a Pedro no plural, pois, entre os discípulos, só ele tem papel representativo.

O local. Há muita especulação por parte dos estudiosos a respeito do caminho que Jesus seguiu do local da ceia[2] para o Monte das Oliveiras e o Getsêmani. As sugestões incluem ele ter descido pela área do Templo e saído por uma porta oriental (DSSW, p. 320-321), ou ter descido a colina ao sul da área do Templo, usando uma escada dos tempos romanos que é perceptível ao norte da igreja de São Pedro em Galicanto. Há incertezas demais para levar essas sugestões a sério.

Como vimos na cena anterior, Lucas não relatou nenhuma conversa enquanto Jesus se dirigia para o Monte das Oliveiras (Lc 22,39). João também não relatou nenhuma enquanto Jesus ia com os discípulos para o outro lado do Vale do Cedron (Jo 18,1a). Nenhum desses dois Evangelhos dá agora outro topônimo. Lc 22,40 fala simplesmente do "lugar", isto é, não uma designação técnica, mas um lugar no Monte das Oliveiras onde Lc 21,37 nos diz que Jesus costumava ir.[3] A mesma palavra ocorre em Jo 18,2.

Em Marcos/Mateus, o diálogo interveniente separa estes versículos de Mc 14,26/Mt 26,30, que relataram que eles saíram para o Monte das Oliveiras. (Na verdade, o uso mateano de "Então" aqui dá a impressão de que se inicia uma outra cena.) Esses dois Evangelhos agora introduzem um novo nome, isto é, uma propriedade chamada Getsêmani, que se torna uma especificação da direção geral "para o Monte das Oliveiras". Vimos que designações como "Monte das Oliveiras" e "a torrente invernosa do Cedron" tinham ressonância bíblica com a história da fuga de Davi de Jerusalém, em 2Sm 15. É provável que "Getsêmani" (grego *Gethsêmani* ou, no Códice de Beza, *Gesemanei*) reflita o hebraico/aramaico *Gat-semanî*, "prensa de

---

[2] Em geral, presume-se que esta foi no pico meridional da colina ocidental de Jerusalém, isto é, o local tradicional do cenáculo, perto do lugar identificado como "o túmulo de Davi".

[3] Ver topos ("lugar") como local onde Jesus reza em Lc 4,42; 11,1. A expressão usada aqui, "estando no" (*ginesthai epi*) é bem lucana (Lc 3,2; 24,22; At 21,35).

azeite" e não tenha nenhuma importância teológica conhecida.[4] Assim, há boa razão para achar que "Getsêmani" vem da tradição primitiva e é, na verdade, reminiscência histórica. A omissão do nome por Lucas é consistente com seu costume de evitar expressões e nomes semíticos exóticos. Marcos coloca duas cenas aqui: a oração de Jesus e a prisão. Os biblistas que insistem terem essas duas partes histórias bem separadas (ver ANÁLISE, § 16A) afirmam que o nome era lembrado como o *lugar da prisão*. Os fatos de Marcos associar o nome primordialmente à oração, de Lucas e João descreverem o local geral como lugar ao qual Jesus já fora antes (para rezar?) e de a narrativa joanina da prisão não conter o nome sugerem ser preciso mais cautela. Se a forma da tradição que era conhecida de Marcos já continha, ligada à narrativa da prisão, pelo menos uma indicação de que Jesus rezou na noite em que foi entregue, talvez "Getsêmani" já fizesse parte da história composta.

João se refere ao local como um jardim (*kepos*, aplicável a um lugar com verduras, flores ou árvores). Os Padres da Igreja fizeram uma ligação entre esse jardim e o jardim do paraíso de Gn 1–3 e alguns biblistas modernos afirmam que o evangelista tinha esse simbolismo em mente; mas, no texto não há nada que incentive tal especulação.[5] Combinando elementos tradicionais pré-marcanos e pré-joaninos, é possível presumir que no Monte das Oliveiras houvesse uma propriedade ou um jardim com oliveiras e uma prensa de azeite, com o nome de Getsêmani.[6] Josefo, (*Guerra* VI,i,1; #6) relata que as árvores da zona leste da cidade foram cortadas no cerco romano de Jerusalém (uns quarenta anos depois da morte de Jesus) e assim

---

[4] A meu ver, devem ser rejeitadas a antiga tentativa por Jerônimo (CC 72,136; 77,253) de ligar uma forma do nome com "vale da fartura" (Ge'-semanîm: Is 28,1.4) e também a sugestão moderna de Stanley (*Jesus*, p. 131) de que existe uma relação simbólica entre esmagar azeitonas e a angústia de Jesus. Não vejo razão para pensar que os leitores de Marcos entendiam a etimologia de "Getsêmani" para fazer tal ligação.

[5] Stanley e B. P. Robinson estão entre os que defendem esse simbolismo. Se João tinha essa referência em mente, ele podia ter usado o *paradeisos* de Gn 2,8 para indicá-lo. A alegação de que Áquila colocou *kepos* como substituto na descrição do Gênesis não é realmente significativa: Essa é a palavra grega comum para "jardim"; devemos pensar no jardim do Éden cada vez que ela é usada? Realmente, João é um Evangelho que emprega simbolismo, mas séculos separam João de Padres como Cirilo de Jerusalém e Cirilo de Alexandria, e não podemos presumir que o evangelista compartilhava suas interpretações imaginosas. Um problema semelhante confunde os indícios, apresentados por Manns ("Symbolisme", p. 63ss), de que o pensamento judaico associava o jardim do paraíso a Jerusalém. A prova rabínica que ele cita é consideravelmente mais tardia que o século I, e dessa maneira não se pode mostrar o que o evangelista pensava.

[6] Altamente imaginosa é a hipótese de que a casa de João Marcos e sua mãe Maria (At 12,12) ficava aqui, tese que envolve a identificação, duvidosa ao extremo, do jovem quase nu de Mc 14,51 (que se supõe ter sido despertado quando dormia ali perto) como João Marcos. Ver E. Petavel, *Expositor* 4th Ser., 3, 1891, p. 220-232.

é impossível saber exatamente onde ficava o Getsêmani no Monte das Oliveiras. Desde o século IV, é venerado um local no fundo do monte (onde oliveiras crescem em mais abundância que nas encostas superiores) e, em especial, uma formação rochosa ou gruta que poderia ter abrigado uma prensa de azeite (DSSW, p. 322-326).

A ação. O início de Marcos, "E eles vêm à propriedade", ilustra bem características do estilo marcano. Em Mc 14,26.27.30, já encontramos o uso frequente do conectivo "E" (coordenando *kai*); e essa característica continua em toda a cena de oração em Marcos com uma frequência maior que nos relatos de Mateus e Lucas juntos. Embora Taylor e Black o atribuam à influência semítica, é provável que o uso de *kai* seja estilo narrativo grego popular (do mesmo modo que "e" é frequente nos relatos orais das línguas ocidentais) e não tenha significado especial. O fato de Marcos relatar a ação no plural sugere a alguns (Taylor, Cranfield, Galizzi) que esse pode ser um relato de testemunha ocular. Entretanto, como observamos com referência a Mc 14,26, Marcos gosta de usar essa construção para descrever os movimentos de Jesus, e não devemos impor-lhe um significado especial. Já vimos o tempo presente histórico nos verbos de dizer em Mc 14,27.30; agora, um verbo de movimento está nesse tempo. A preferência por esse tempo no estilo narrativo não é exclusiva de Marcos (mais de 150 vezes na versão da LXX de 1Sm; 160 em João); e no grego desse período, o tempo se tornara cada vez mais característico para verbos de falar, ver, vir, ir, trazer e enviar. Em geral, Mateus e Lucas o desdenham como algo vulgar, embora nesta cena em particular Mateus imite o presente histórico marcano em uma porcentagem surpreendentemente alta do tempo. Embora seja impossível analisar esses aspectos estilísticos pertinentes a cada versículo de Marcos, comento esse versículo para ressaltar que o estilo marcano quase sempre nada nos diz quanto à teologia e às fontes de Marcos.

Na segunda parte de Mc 14,32, Marcos passa de "eles" para "ele"; mas, para evitar essa complicação, os outros evangelistas fazem de Jesus o principal sujeito da ação toda. Nos sinóticos, parece que a oração é o principal objetivo de Jesus para vir aqui. Quanto aos discípulos, devem sentar-se onde estão enquanto Jesus se afasta e reza,[7] ou devem eles mesmos rezar (Lucas — instrução que se repetirá depois de Jesus rezar e, portanto, constitui uma estrutura). Só em 1,35 e 6,46 Marcos menciona Jesus rezando. Não devemos nos inclinar muito facilmente,

---

[7] Não há nenhuma verdadeira razão para não entender *kathizein* ("sentar-se") literalmente em Marcos/Mateus, mas poderia significar "ficar", como em Lc 24,49.

então, para a tese de criação marcana aqui e devemos reconhecer a solidez das repetidas referências à oração em Mc 14,32.35 e 39. Muitas das mudanças mateanas de Marcos aqui são puramente estilísticas; mas Feuillet ("Récit", p. 416) e SPNM (p. 101-2) chamam a atenção para a substituição mateana do "Sentai-vos aqui" (*hode*) marcano por "Sentai-vos *neste lugar*" (adv. *autou*, só quatro vezes presente no NT). Como antecedente, eles indicam as palavras de Abraão a seus servos enquanto ele prepara o sacrifício de Isaac em Gn 22,5: "Sentai-vos neste lugar [*autou*] com o jumento. Eu e o menininho vamos adiante e depois de adorarmos a Deus, voltaremos a vós". (Ver APÊNDICE VI, sobre o sacrifício de Isaac.)

Alguns biblistas afirmam que, quando Jesus "toma consigo" (*paralambanein*) Pedro, Tiago e João, não há em Marcos nenhum movimento longe do "aqui" onde os discípulos recebem ordem para se sentar (presumivelmente a entrada da propriedade, inferência mais clara em Lucas). Parte da razão para teorizar que os três permanecem no mesmo lugar que os outros discípulos é o desejo de simplificar de onde Jesus "vem" depois de sua oração em Mc 14,37.40.43 — ele vem de onde Pedro está, contudo, aparentemente parte do que ele diz é dirigida a todos os discípulos. Entretanto, transformar esse ponto em problema é não levar em conta a falta de detalhes da narrativa popular: Marcos não esperava que o leitor perguntasse se Jesus voltou-se só aos três, em vez de a todos os discípulos. Se há separação, tem efeito dramático; mas o comportamento e o destino dos três e de todos os discípulos são os mesmos, de modo que não há necessidade de diferenciação na volta de Jesus até eles. Ao determinar o ponto de vista de Marcos quanto a mais separação, é preciso perguntar se o verbo "tomar consigo" subentende movimento. Digno de nota é o contexto que envolve movimento nos outros usos marcanos de *paralambanein* em relação aos discípulos, implicitamente (caminhando) em Mc 10,32 e explicitamente em relação a Pedro, Tiago e João em Mc 5,40 (ver Mc 5,37) e Mc 9,2. Por analogia com essas passagens, então, é provável que Marcos queira dizer que Jesus separou os três dos outros, fazendo-os ir mais adiante. Certamente foi assim que Mt 26,36 ("me afastando") entendeu Marcos. A objeção de que duas separações são ilógicas, pois em Mc 14,35 Jesus *imediatamente* vai adiante dos três e assim não há nenhum propósito em tomá-los consigo, não leva em consideração que Marcos dramatiza o fato de Jesus ficar cada vez mais isolado do apoio efetivo, até mesmo dos que lhe estão mais próximos.

Os discípulos mencionados. Na ANÁLISE (§ 11, A3), vou confessar que acho impossível decidir com certeza se a menção de Pedro, Tiago e João é criação marcana, origina-se de tradição pré-marcana[8] e/ou é histórica. Indubitável e mais importante é que os três discípulos são mencionados por serem muito importantes no fluxo da narrativa marcana. A cena do Getsêmani é com frequência comparada à Transfiguração (Mc 9,2-10), onde praticamente o mesmo vocabulário é empregado (Mc 9,2) para descrever o fato de Jesus levar Pedro, Tiago e João ao alto de uma montanha. Ele lhes é revelado por Deus como "meu Filho amado" (Mc 9,7), do mesmo modo como no Getsêmani ele se dirige a Deus como "*Abbá*, Pai". A reação de Pedro ao Jesus transfigurado é descrita desta maneira: "Na verdade, ele não sabia o que dizer, pois eles estavam muito amedrontados" (Mc 9,6); a reação dos discípulos a Jesus, mais tarde, no Getsêmani, é descrita: "pois seus olhos estavam muito pesados e eles não sabiam o que lhe responder" (Mc 14,40). (Kenny, "Transfiguration", p. 445-448, lembra que a cena mateana do Getsêmani tem paralelos com a Transfiguração mateana [Mt 17,1-9], mas não os mesmos encontrados em Marcos. Em Mateus, Jesus cai com o rosto em terra, do mesmo modo que na Transfiguração os discípulos caem com o rosto em terra [Mt 17,6]; e "enquanto ele ainda falava" é compartilhado por Mt 17,5 e 26,47, embora o interlocutor seja diferente. Lucas não menciona Pedro, Tiago e João no Monte das Oliveiras; e sua cena não tem nenhum paralelo *óbvio* a seu relato da Transfiguração [Lc 9,28-36]; contudo, Lc 9,32 na Transfiguração lucana é paralelo à declaração marcana no Getsêmani [Mc 14,40] quanto aos olhos dos discípulos estarem "pesados" de sono.)

Como devemos entender os paralelos entre a presença de Pedro, Tiago e João no relato marcano do Getsêmani e as presenças anteriores desses três em Mc 5,37-43 e 9,2-10? A partir da comparação com as duas outras cenas, alguns biblistas (por exemplo, Kelber, "Mark 14", p. 169) relacionam a presença dos três no Getsêmani ao "segredo marcano", como se eles recebessem importante revelação. Mas isso está claro? Somente em Mc 9,7 Pedro, Tiago e João receberam uma revelação de Deus a respeito de Jesus. Em Mc 5,37-43, eles foram testemunhas do poder milagroso de Jesus sobre a morte; mas foi esse poder milagroso tão diferente de outras manifestações de poder, sobre tempestades, doenças e demônios (das quais os discípulos e outros foram testemunhas), a ponto de dever ser considerado

---

[8] Os biblistas também discutem se são ou não pré-marcanas as duas outras passagens em que aparecem: Mc 5,37; 9,2.

revelação ou sinal vindo sob sigilo especial? Na cena do Getsêmani, não há em absoluto nenhuma revelação feita aos três; ao contrário, eles são testemunhas da angústia de Jesus. O que é comum às três cenas não é a revelação, mas o testemunho. Pedro, Tiago e João viram Jesus agir com todo o poder em Mc 5,41-42; eles ouviram Deus falar dele como Seu Filho em Mc 9,7 e ouviram Jesus dizer que o Filho do Homem precisa sofrer muitas coisas em Mc 9,12; mas agora estão por perto, em uma hora na qual ele está angustiado e fraco, na qual ele não obtém resposta verbal daquele a quem chama Pai e na qual ele próprio pede para se livrar da hora e do cálice do sofrimento. Mais especificamente, a proximidade de Pedro é importante: ele disse que não se escandalizaria (Mc 14,29); contudo, não é forte o bastante para vigiar uma hora. A proximidade de Tiago e João é importante: foram eles que Jesus desafiou em Mc 10,35.38 ("Podeis beber o cálice que eu bebo?"). Então eles disseram que podiam, mas agora acham-se fracos. E o Jesus que os desafiou reza: "Afasta de mim este cálice". Além de retratar a luta de Jesus em face do mal, Marcos mostra que os discípulos mais conhecidos nunca entenderam nem a glória de Jesus nem sua angústia.

Jesus angustiado e triste (Mc 14,33b-34; Mt 26,37b-38)

Se nos concentrarmos em Marcos/Mateus, veremos que a atmosfera do episódio atual (§ 6) mudou repentinamente em relação à do § 5 que o introduziu. Ali, em uma série de profecias, Jesus mostrou-se presciente do destino dos discípulos e, assim, do que aconteceria pela vontade de Deus. Eles se dispersariam e o negariam. Agora, apesar dessas predições, parece que ele quer o apoio humano deles e também suas orações. Essa mudança relaciona-se com uma angústia de Jesus que Mc 14,33 descreve detalhadamente: "Ele começou a ficar grandemente atormentado e angustiado [*ademonein*]". Muitas vezes no grego neotestamentário "vir a, começar" (*erchesthai*) é praticamente auxiliar pleonástico de um infinitivo[9] e não precisa ser traduzido. Entretanto, aqui Marcos não deseja apenas relatar que Jesus estava grandemente perturbado; chama a atenção para o início dessa perturbação enquanto Jesus enfrenta seu destino. (O estado agora descrito em Marcos/Mateus tem paralelo parcial no "forte clamor e lágrimas" mencionado em Hb 5,7.)

---

[9] W. Hunkin, JTS 25, 1923-1924, p. 390-402.

§ 6. A oração no Getsêmani, primeira parte: Chegada e preparativos

Há no AT muitas descrições dos sofrimentos do justo que suplica a Deus, em especial nos Salmos (Sl 22; 15; 31; 10; 39; 13; 43; 2,5; 55,2-6; 116,10-15). No versículo seguinte de Marcos (Mc 14,34), o próprio Jesus fará eco a um desses Salmos; mas os dois verbos empregados em Mc 14,33 para descrever a angústia de Jesus não derivam dessas passagens. *Ekthambeisthai*, "ficar grandemente atormentado", ocorre na versão da LXX de Eclo 30,9 e no NT é caracteristicamente marcana.[10] Indica profunda confusão, expressa fisicamente diante de um acontecimento terrível: um horror arrepiante. *Ademonein*, "ficar angustiado", tem uma conotação radical de estar separado dos outros, situação que resulta em angústia. Não se encontra na LXX, mas na versão de Símaco de Sl 61,3, onde Áquila lê *thambeisthai*. Não nos surpreende que Lucas (que jamais atribuiria confusão psicológica a Jesus) omita toda a descrição marcana, e Mateus suavize o primeiro verbo para *lypeisthai*, "ficar triste" (que é consistente com o versículo seguinte, onde a alma de Jesus está muito triste, *perilypos*).

Qual é a causa em Marcos (e com ligeira atenuação em Mateus) para tão profunda aflição por parte de Jesus? Deve significar seu destino iminente, que foi planejado pelos inimigos desde Mc 14,1.11 e que ele demonstrou conhecer em Mc 14,20.24.27. Embora o vocabulário seja diferente, aqui estamos próximos da situação descrita em Sl 55,5-6: "Meu coração ficou perturbado dentro de mim; e o horror da morte caiu sobre mim; o temor e o tremor vieram sobre mim e o terror [LXX: as trevas] me cobriu". Mas exatamente que aspecto desse destino angustia Jesus?[11] No contexto atual, Marcos/Mateus não falam de Satanás que entra em Judas; portanto, não se pode apelar a isso. Seria o pressentimento da dor física? O contexto dá apoio para nos concentrarmos na sensação que Jesus tem de ser abandonado por todos os que lhe estão próximos. Outros biblistas focalizam o sentido de suportar morte maldita (Gl 3,13) e de se tornar pecado (2Cor 5,21). Ainda outros veem a situação sinteticamente: "O abandono do Filho do Homem que é também o servo sofredor de Is 53,1" (Taylor, *Mark*, p. 552), ou de Jesus se encontrar sem o bem que podia lhe encher a vida, Deus (Léon-Dufour, "Jésus", p. 256). Szarek ("Critique", p. 114) acha que Jesus está angustiado por causa da incerteza quanto

---

[10] Mc 9,15; aqui; Mc 16,5-6; ver *thambeisthai* (*thambein*) em Mc 1,27; 10,24.32.

[11] Ver Lc 23,3.31 e Jo 13,2.27. As propostas examinadas no texto foram selecionadas de um grande conjunto de escritos sobre o assunto (ver já em J. W. Schwartz, "Jesus", uma relação de soluções), muitos dos quais analisam Jesus no Getsêmani psicologicamente (considerando história as NPs) ou teologicamente (muitas vezes recorrendo a outra cristologia neotestamentária ou pós-neotestamentária).

ao valor ou sentido de sua morte. A meu ver, a aflição de Jesus deve ser relacionada com o contexto escatológico de seu sofrimento e morte, a ser estabelecido por Mc 14,33-38, quando Jesus reza por sua libertação da hora e do cálice e adverte sobre provação (ver adiante).

Em Mc 14,34, Jesus expressa sua angústia em discurso direto: "Minha alma [*psyche*] está triste [*perilypos*] até a morte". Embora Mateus tenha as mesmas palavras, seu "Então" inicial dá a impressão de outro passo na angústia. Antes, em Mc 14,18-19, quando Jesus previu a traição, os discípulos começaram "a ficar tristes [*lypeisthai*]"; agora, quando o resultado da traição se fecha sobre ele, Jesus fica "muito triste". A "alma" é a pessoa toda, o "eu", como se vê do paralelismo em um versículo de Salmo (Sl 42,6; ver também Sl 42,12) cujo primeiro verso o Jesus marcano repete:

Por que estás triste [*perilypos*], minh'alma,
e por que me perturbas [*syntarassein*]?

O versículo seguinte (Sl 42,7) continua: "Minha alma está perturbada [*tarassein*]" (É interessante que estes versículos se repitam em um hino de Qumrã talvez escrito pelo próprio Mestre de Justiça: 1QH 8,32: "Minha alma está deprimida dentro de mim".) Embora Kelber ("Mark 14", p. 178) questione a ligação entre Marcos e esse Salmo, ela é implicitamente confirmada por um eco de Sl 42,7 em Jo 12,27 (uma seção de João com diversos paralelos nesta cena): "Agora minha alma está perturbada [*tarassein*]". Em § 5, vimos que 2Sm 15 era a fonte da qual a tradição marcana tirou o tema do Monte das Oliveiras e João tirou "do outro lado da torrente invernosa do Cedron". Se aqui, do mesmo Salmo, Marcos repete o "muito triste" enquanto João repete o "perturbar", é muito provável que devamos pensar em uma associação pré-evangélica dessas passagens bíblicas com a imagem da angústia de Jesus enquanto ele enfrentava a morte. Em Jo 12, já se vê, Jesus supera a perturbação instantaneamente, de modo que o eco bíblico se transforma em contraste para uma decisão triunfante (ver § 7).

Se a primeira parte da declaração de Jesus em Mc 14,34 vem de um Salmo que descreve o justo sofredor, há quem, como Schenke (*Studies*, p. 546), remonte "até a morte" à mesma fonte. Algo parecido com essa ideia encontra-se, por exemplo, em Sl 31,10-11: "Meu olho está perturbado [*tarassein*]... também minha alma; minha vida se consome de tristeza". Mas falta nessas passagens o vocabulário de "até a morte". As interpretações sugeridas para o sentido dessa frase incluem: a)

Grau: tristeza em nível da produzida pela percepção da morte iminente, isto é, "tão triste que eu poderia morrer". Sl 55,5 é interessante à luz do dito completo do Jesus marcano: "Meu coração foi perturbado [*tarassein*] dentro de mim e o horror da morte caiu sobre mim". b) Consecutivo: tristeza que o leva perto da morte, isto é, "tristeza tão grande que está me matando". c) Final: tristeza que leva ao desejo da morte, isto é, "tão triste que quero morrer". Em 1Rs 19,4, Elias deixa seu servo para trás, vai para o deserto e declara: "Basta [...], tira minha vida". d) Temporal: tristeza que dura até a morte, isto é, "muito triste, até que finalmente eu morra". Isso se reflete na Vulgata.

Em c) e d), que de certo modo se sobrepõem, pois um sentido puramente temporal seria um tanto banal, a morte se torna uma libertação do sofrimento prevista e desejada. Próxima de Marcos na redação é a versão da LXX de Jn 4,9 (*lypeisthai heos thanatou*), onde (ver Jn 4,8) Jonas quer dizer "estou tão acabrunhado de tristeza que desejo morrer". Finegan (*Überlieferung*, p. 70) e Boman ("Gebetskampf", p. 271) não hesitam em afirmar que Mc 14,34 é uma combinação de Sl 42,6 e Jn 4,9. Os defensores do sentido final de "até a morte" incluem Bultmann, Gnilka, Héring, Klostermann, Lohmeyer, Schenke e Schweizer. Daube ("Death", p. 96-98) menciona o modelo do profeta deprimido que pede a libertação pela morte, por exemplo, Moisés (Nm 11,15), Elias (1Rs 19,4) e Jeremias (Jr 20,14-18). Contudo, J. Weiss (*Schriften* 1, p. 194) estava correto ao objetar que a interpretação final não se encaixa no contexto, pois Jesus não continua a suplicar pela morte, mas para ficar livre da morte (assim também Pesch, *Markus* 2, p. 389, ao refutar Héring e Daube). Não acho convincente a tentativa de Héring de responder a isso afirmando que, embora temesse morrer na cruz, Jesus estaria disposto a morrer no Getsêmani.

A outra interpretação, defendida até recentemente por muitos comentaristas (Lagrange, Loisy, Swete, Taylor), está no âmbito de a) e b). Tem bom apoio bíblico, por exemplo, Jz 16,16, que nos diz que, depois de Dalila insistir em interrogá-lo dia após dia, a alma de Sansão exasperou-se até a morte. Eclo 37,2 pergunta: "Não é uma tristeza até a morte quando teu companheiro ou amigo se torna inimigo?". (Lembramos que o amigo de Jesus, Judas, está prestes a fazer algo hostil.) No contexto de estar cercado de todos os lados por inimigos, Eclo 51,8 afirma: "Minha alma esteve próxima da morte; minha vida chegou quase à beira do Xeol". Se Jesus é o profeta deprimido em Marcos/Mateus, em parte é porque ele prevê os discípulos escandalizados e dispersos por sua prisão e morte, depois de o terem traído e negado. Só pensar nisso já basta para matá-lo, e ele pede a Deus que o livre desse destino.

Assim, ele diz a Pedro, Tiago e João: "Permanecei aqui e continuai vigiando", enquanto ele vai adiante para fazer seu pedido. "Permanecei aqui" combina com o "Sentai-vos aqui" dirigido ao conjunto dos discípulos em Mc 14,32 — imperativos aoristos de verbos de duração, que trazem em si a ideia de ação continuada. "Continuai vigiando", imperativo presente de *gregorein*,[12] que enfatiza a necessidade de continuação, é exigência adicional dirigida aos três. (Observe que Mt 26,38 tem uma frase acrescentada, "vigiando *comigo*", que corresponde ao "*vem com eles*" de Mt 26,36 e expressa solidariedade.) Qual é a razão específica de Jesus mandar os três vigiarem? As sugestões incluem: a) Como parte da vigília da noite de Páscoa, assim como Ex 12,42 inculca uma "vigília" a ser observada para o Senhor por todas as gerações. Há quem apele à legislação rabínica (mais tardia) de que o grupo da Páscoa ou *habura* permaneceria intacto se alguns cochilassem, mas não se todos adormecessem, daí a preocupação de Jesus com os discípulos dormirem. Entretanto (ver APÊNDICE II, A), é duvidoso encontrar temas pascais depois da Última Ceia, pois Marcos e Mateus parecem se esquecer daquela festa quando a ceia termina. Há alguma probabilidade de, embora aparentemente mal informados quanto aos costumes judaicos, os leitores de Marcos fazerem essa ligação? b) Para que testemunhem sua oração e seu sofrimento. Embora de fato os três discípulos se tornem testemunhas de um momento melancólico na missão de Jesus, depois de terem testemunhado sua glória, "vigília" não se associa claramente com isso. Aqui, *gregorein* significa realmente ficar fisicamente acordado, mas também tem o sentido de vigília religiosa. As palavras para todos os discípulos em Mc 14,32, "Sentai-vos aqui enquanto rezo", levam mais diretamente a um testemunho da oração de Jesus que as palavras "Continuai vigiando". c) Como proteção contra serem surpreendidos quando os inimigos de Jesus chegarem. Contudo, em Mt 26,51-54 Jesus desestimula a resistência por parte deles. d) Como gesto amistoso para que Jesus não fique sozinho. A adição mateana de "comigo" vira a frase nessa direção e salienta a unidade de Jesus com os discípulos. e) Como atitude exigida pelo contexto escatológica da morte de Jesus. Comparável ao uso triplo de *gregorein* por Marcos aqui (Mc 14,34.37.38) é o uso triplo desse verbo na parábola do

---

[12] Também em Mt 26,38. Ali, entretanto, uma forma do verbo constituído secundariamente *egregorein* é interpretada por P^{37} (c. 300 d.C.); e J. N. Birdsall (JTS NS 14, 1963, p. 390-391) afirma que isso é original.

porteiro que conclui o discurso escatológico de Mc 13. A atmosfera é estabelecida no versículo inicial (Mc 13,33): "Mantende os olhos abertos e ficai acordados, pois não sabeis quando é a hora marcada [*kairos*]". A parábola fala de um senhor que viaja, deixando servos encarregados e um porteiro exortado a vigiar. O senhor pode voltar em qualquer uma das quatro divisões da noite (no fim da tarde, à meia-noite, de madrugada, ao amanhecer) e não deve encontrá-los dormindo. Jesus termina a parábola (Mc 13,37) com a diretriz: "O que vos digo, digo a todos: 'vigiai sem parar'". Certamente, o contexto do Getsêmani em Marcos, onde Jesus volta três vezes e encontra os discípulos dormindo (e também a cena posterior de Pedro na [segunda] hora em que o galo canta), apoia uma ligação com a parábola. Embora aqui, ao contrário da parábola, não haja referência à parusia, estamos na atmosfera do julgamento final, como ficará evidente na análise abaixo. Se os leitores do Evangelho de Marcos já tivessem experimentado outra forma do conflito escatológico em termos do martírio cristão, essa ordem para continuar vigiando teria tido urgência especial. E mesmo independentemente de martírio, eles poderiam compartilhar o contexto de 1Pd 5,8: "Sede sóbrios e vigiai, pois vosso adversário, o diabo, como um leão que ruge, perambula procurando a quem devorar".

A provação que se aproxima em Lc 22,40b (Peirasmos)

Voltamo-nos agora da apresentação que Marcos/Mateus fazem de Jesus como angustiado e triste e que recomenda aos discípulos que continuem vigiando para a preparação muito diferente que Lc 22,40 dá à oração de Jesus. Lucas não apresenta nenhuma descrição de Jesus angustiado; antes, bem no comando, Jesus simplesmente instrui os discípulos a rezar por meio de um acompanhamento que previa sua própria oração. Antes de analisarmos o conteúdo da oração deles (o tema de *peirasmos*), a supressão por Lucas da descrição marcana de Jesus angustiado merece comentário. Apesar da alta cristologia de João, esse Evangelho (Jo 12,27) não hesita em fazer Jesus dizer "Agora minha alma está perturbada", precisamente no contexto de vocalizar sua decisão quanto à hora. Mas Lucas recusa esse relato quando Jesus se prepara para rezar a respeito do cálice. Lucas reconhece o sofrimento do Filho do Homem (Lc 9,22.44), mas se recusa a descrever a reação mais profunda de Jesus ao sofrimento. Este Jesus, que está longe de ser indiferente ao sofrimento dos outros (Lc 7,13; 7,38 com 47-48; 10,41; 13,11-12), está tão em paz com Deus que não pode ser atormentado pelos sofrimentos que lhe são infligidos

(Lc 4,20-30; 6,11-12; 13,31-33). Sua única preocupação a esse respeito é o inevitável julgamento divino que tal injustiça para com ele trará sobre Jerusalém (Lc 13,33-34; 23,28).

Em parte, essa descrição lucana é influenciada pelo desejo de revelar Jesus em sua Paixão como modelo para sofredores e mártires. (Ver o forte impulso martirológico na NP lucana em § 8, sobretudo nota 11.) Em Lc 12,11, Jesus disse aos discípulos: "Quando vos conduzirem às sinagogas e aos governantes e às autoridades [*exousia*; cf. Lc 22,53], não fiqueis apreensivos". Obviamente, Jesus não poderia ficar ansioso, pois não daria um bom exemplo. Em § 11, A1, vou mostrar como aspectos da cena de Marcos/Mateus causaram escândalo e descrença entre leigos greco-romanos, e Neyrey ("Absence") afirma de maneira persuasiva que parte da razão de Lucas para omitir as emoções de Jesus descritas em Marcos/Mateus pode ter sido o impacto dessas emoções. Neyrey cita passagens estoicas, Cícero e Fílon, para informar que paixões como tristeza (*lype*) em face do sofrimento eram irracionais, pecaminosas e sinal de alguém descontrolado. Na mesma linha de pensamento, para Kloppenborg ("*Exitus*"), Lucas harmoniza a atitude de Jesus diante da morte com o modelo de compostura estabelecido no mundo greco-romano pela morte de Sócrates. Sem ir tão longe, encontramos uma aversão por tristeza exagerada na LXX, pois textos como Gn 3,17 e Is 1,5 descreviam a tristeza como castigo para o pecado. Em 1Mc 6,8, o malvado rei Antíoco Epífanes ficou muito perturbado e *caiu* doente de tristeza, do mesmo modo que, em Mc 14,35, Jesus muito triste cai por terra. Lucas não deixa Jesus tão exposto a mal-entendidos. Outros podem chorar e ficar transtornados com o sofrimento de Jesus (Lc 23,27.48), mas Jesus não pode. Ao mandar os discípulos rezar, ele se ajoelha e reza. Não é por acaso que Lucas descreve Paulo de modo semelhante, pois esse missionário aprendeu com o Mestre. Ao saber que está a caminho da prisão e da desgraça (At 20,22) e cercado por discípulos chorosos, Paulo se ajoelha e reza com eles (At 20,36-37; ver Radl, *Paulus*, p. 159-168).

As palavras do Jesus lucano aos discípulos em Lc 22,40, "Continuai rezando, para não entrardes em provação [*peirasmos*]",[13] mostram o tom escatológico que Lucas encontrou no "Continuai vigiando" de Marcos (Mc 14,34). O tema da

---

[13] Os Códices Sinaítico e Koridethi e a família minúscula 13 trazem "rezar não entrar", com um infinitivo funcionando como imperativo e H. N. Bate (JTS 36, 1935, p. 76-77) defende esse estilo original e bom como lucano.

oração dos discípulos a respeito de *peirasmos* virá em Mc 14,38 e Mt 26,41 depois de Jesus rezar; Lucas antecipou-o aqui. "Para não cairdes em [*eiserchesthai eis*] *peirasmos*" é o *conteúdo* da oração que o Jesus lucano pede aos discípulos. Entre os Evangelhos, só em Lucas (Lc 11,1) Jesus recebeu dos discípulos o pedido para ensiná-los a rezar; e em resposta, ele lhes deu o pai-nosso, que tem a súplica: "Não nos deixeis cair em *peirasmos*". Agora, duas vezes, antes e depois de sua oração, o Jesus lucano não hesita em instruir os discípulos para fazer que não caia em *peirasmos* sua súplica imediata. O uso duplo de *eis* ("em") como parte do verbo e preposição mostra que a questão fundamental não é a de ajuda durante *peirasmos*, mas evitar totalmente *peirasmos*. Feldkämper (*Betende*, p. 236), que classifica a expressão como semitismo, sugere que "cair em" traduz a ideia. Mas, a partir de um estudo de verbos positivos hebraicos negados, Carmignac ("Fais") afirma que a frase significa "entrar no objeto" e, assim, "sucumbir a": em outras palavras, o que se tem em vista é o que pode acontecer se eles entrarem em *peirasmos*. Do mesmo modo, Léon-Dufour ("Jésus", p. 253-254) fala de entrar em uma armadilha — uma força que captura.

O que é *peirasmos* para apresentar um obstáculo tão perigoso? Diversos sentidos possíveis originam-se da palavra em si (ver Holleran, *Synoptic*, p. 37): "tentação" ou convite ao mal; "prova" ou teste pela aflição; algum perigo específico. Observemos exemplos de uso bíblico geral antes de nos voltarmos para Lucas em especial. No início do ministério público de Jesus, os Evangelhos sinóticos usam o verbo relacionado *peirazein* para a tentação de Jesus pelo diabo durante os quarenta dias no deserto. Andrews[14] propõe um contexto veterotestamentário, a partir de passagens como Dt 6– 8; 9,9; Ex 34,28; 1Rs 19,8, que consistem em Israel ser posto à prova no deserto e nas provações de Elias. Tornou-se ideia popular que Deus põe os justos à prova e eles saem vitoriosos. Abraão, em especial, deu o exemplo de alguém que foi fiel em *peirasmos*; e em *Jubileus* 19,1-9, a morte de Sara constitui a décima provação em sua vida. Em 2Cr 32,31, Deus deixou o rei Ezequias sozinho "para pô-lo à prova [*peirazein*] e saber tudo o que estava em seu coração". Além disso, há muitos exemplos bíblicos de *peirasmos/peirazein* usados para as tentações encontradas na vida comum ou cristã que põem à prova a fidelidade a Deus (Tg 1,2.13-14; 1Tm 6,9). No primeiro período, Deus era descrito como

---

[14] "Peirasmos", p. 230-234, que recorre a *Peirasmos* por J. H. Korn, BWANT, p. 72, Stuttgart, Kohlammer, 1937.

aquele que põe à prova; mas, gradativamente, outros seres humanos (Sb 3,5; 11,9; Eclo 2,1; 33,1; 44,20), ou Satanás (Jó 1,6–2,14; 1Ts 3,5), assumiram esse papel. É provavelmente em sentido amplo que Hb 4,15 descreve Jesus como "aquele que, como nós, foi tentado/provado em tudo". Entretanto, poucos biblistas acham que o contexto atual favorece a interpretação ampla da palavra. Quando Jesus disse aos discípulos para rezarem, a fim de não entrarem em *peirasmos*, o significado deve ter sido algo mais perigoso.

Algumas vezes, no NT *peirasmos* se refere a pôr à prova de um modo específico, a saber, a grande prova ou luta escatológica que significa o julgamento divino — contexto que começou com a proclamação do Reino por Jesus, continuou na proclamação do Evangelho por seus seguidores e que culminará logo, quando o Filho do Homem vier com poder para destruir as forças do mal. É nesse sentido escatológico que, com sutilezas diversas, muitos biblistas interpretam *peirasmos* na cena do Getsêmani (Beasley-Murray, Dibelius, Dodd, Grundmann, Holleran, Kuhn, Lohmeyer, Nineham, Schniewind, Schweitzer, Taylor etc.). Em Marcos, o agente implícito e, em Lucas, o agente explícito da provação é Satanás, que luta com Jesus;[15] mas, o que é mais importante, Deus está envolvido (Barbour, "Gethsemane", p. 244-248), permitindo essa grande luta de modo que o Filho saia vitorioso (Hb 4,15; 5,8-9). K. G. Kuhn ("New", p. 95-101) menciona uma semelhança entre o pensamento do NT e o de Qumrã, onde Deus permite a luta momentosa entre as forças da verdade e da falsidade, a luz e as trevas (1QS 3,20-25; 4,16-19). Exemplo da perspectiva escatológica é fornecido por 2Pd 2,4-9, onde, no contexto do julgamento por Deus dos anjos maus, da geração do dilúvio (do qual Noé foi preservado) e de Sodoma (do qual Ló foi preservado), ouvimos: "Assim o Senhor sabe como libertar o justo de *peirasmos* e manter os maus sob castigo até o dia do juízo". Em Ap 3,10, Aquele que é o primeiro e o último, e tem as chaves da morte e do Hades (Ap 1,17-19), dirige uma mensagem à Igreja de Filadélfia: "Já que guardaste a minha ordem de perseverança, assim também eu te guardarei da hora da

---

[15] A presença satânica é mais óbvia em Lucas do que em Marcos. Para Lucas, esse é o tempo mais oportuno da volta de Satanás prevista em Lc 4,13; Satanás entrou em Judas (Lc 23,3.21) e "o poder das trevas" faz-se sentir no Monte das Oliveiras (Lc 22,53). Em importante estudo, Best (*Temptation*, p. xxiii) afirma que Marcos transferiu para a tentação de Jesus no início do Evangelho a derrota de Satanás e os poderes cósmicos apresentados na Paixão por outros autores neotestamentários. Não creio que essa opinião faça justiça à imagem marcana de um ministério marcado por lutas com demônios que precisam ser exorcizados (ver § 7 adiante). Embora não tão enfaticamente quanto para Lucas, para Marcos *peirasmos* no Getsêmani é continuação de *peirazein* por Satanás em Mc 1,13.

provação [*peirasmos*] que está para vir sobre todo o mundo para pôr à prova os que habitam a terra". Usando *peirazein*, Ap 2,10 relaciona os sofrimentos da Igreja de Esmirna, em especial a prisão, à provação pelo diabo; e Ap 2,9 descreve tudo isso como *thlipsis*, termo para as provações do fim dos tempos (Ap 7,14; Mc 13,19.24). 1Pd 4,12 refere-se ao "fogo da provação que lavra entre vós por *peirasmos*". Em At 20,19, Paulo fala das provações (pl. *peirasmos*) que sofreu por causa das ciladas dos judeus. É também provável que *peirasmos* tivesse sentido escatológico no pai-nosso (R. E. Brown, "Pater", p. 248-253); de fato, "Não nos deixes cair em *peirasmos*" (Mt 6,13; Lc 11,4) é paralelo a "mas livra-nos do Maligno".

Os dois usos básicos de *peirasmos* que acabamos de descrever não são totalmente independentes um do outro no NT, pois, depois da vinda de Jesus, as provações da vida cristã comum têm relação com a última grande luta pelo Reino. (Essa dualidade de sentido explica a tendência a usar *peirasmos* sem o artigo definido.) Em meu "Pater", afirmei que, embora o enfoque de "Não nos deixes cair em *peirasmos*" fosse escatológico, gradativamente deixou de sê-lo para se referir às tentações da vida comum. Contudo, precisamos perguntar onde está a ênfase na cena no Monte das Oliveiras, quando o Jesus lucano instrui: "Continuai rezando, para não cairdes em *peirasmos*". Como Lucas imagina *peirasmos*? A famosa concepção de Conzelmann de um ministério de Jesus livre de Satanás em Lucas, depois de 4,13 ("Quando o diabo terminou tudo quanto é *peirasmos*, afastou-se de Jesus até o tempo oportuno [*kairos*]"), é muito insatisfatória.[16] Do mesmo modo que em Marcos/Mateus, também em Lucas há oposição pelo demônio à proclamação do Reino por Jesus (Lc 10,17; 11,14-22; 13,11-17). Durante o ministério, Satanás pode não ter tentado o mesmo tipo de ataque frontal, cara a cara, que constituiu *peirazein/peirasmos* em Lc 4,1-13; mas os conflitos com os demônios eram sérios o bastante para Jesus considerá-los *peirasmos* (Lc 22,28) — na verdade, a fidelidade durante eles conquistou para os Doze tronos no Reino de Jesus. Agora, no relato lucano da Paixão, Satanás retoma um ataque frontal: entra em Judas, afastando-o de Jesus (Lc 22,3-4), e procura ter todos os discípulos, para peneirá-los como trigo (Lc 22,31); sua atividade se fará sentir de modo quase tangível como "o poder das trevas" na prisão de Jesus (Lc 22,53).

---

[16] S. Brown (Apostasy, p. 5-7) mostra bem isso. Entretanto, discordo do excesso de sutilezas que incluem confinar *peirasmos* de Jesus ao capítulo 4, apesar de Lc 22,28, entendendo que esta oração se refere apenas a *peirasmos* no futuro dos discípulos (não à luta de Jesus em sua Paixão) e afirmando que a época da Igreja não é um tempo de *peirasmos*, apesar de At 20,19.

A cena no Monte das Oliveiras, então, é um momento crucial de grande *peirasmos*. Não acho relevante a distinção que alguns biblistas fazem de que aqui *peirasmos* não é de Jesus, mas dos discípulos — essa distinção realmente reduz *peirasmos* a tentação pessoal. Se pensarmos em *peirasmos* como a provação final, tanto Jesus como os discípulos enfrentam o risco de sofrê-la. A oração de Jesus ao Pai (a ser analisada adiante), "Afasta de mim este cálice" (Lc 22,42), é uma oração para não cair em *peirasmos*.[17] Seu pedido não será atendido, mas ele será fortalecido por um anjo do céu para passar pela provação com sucesso (Lc 22,43-44). Sua instrução incentivando os discípulos a rezar para não cair em *peirasmos* tem efeito. Lucas não nos diz que eles fugiram ou que os deixaram ir, como fazem os outros evangelistas; mas, certamente, o silêncio lucano a respeito deles (ver análise em § 44 de "todos os seus conhecidos" em Lc 23,49) indica que aqui não se julga que eles beberam o cálice que Jesus bebeu. A ideia fundamental é provavelmente a de que, antes da ressurreição de Jesus, eles não eram fortes o suficiente para sobreviver a *peirasmos*, pois Lc 8,13 imagina o tempo (*kairos*) de *peirasmos* como um tempo no qual mesmo os que ouviram a Palavra e a receberam com alegria podem cair. Certamente, as passagens citadas acima (2Pd 2,4-9 e Ap 3,10) consideram *peirasmos* uma provação sobre-humana, com somente a ajuda divina protegendo os cristãos de seus aspectos mais destrutivos (Ef 6,12-13). Mc 13,19-20 adverte que a *thlipsis* é diferente de qualquer outra desde a criação; se não fosse encurtada, destruiria toda carne. A ajuda angelical divina, tal como a dada ao Jesus lucano, era, como veremos, um aspecto das narrativas de mártires judeus, e se tornaria um aspecto das narrativas de mártires cristãos. Portanto, quando no plano de Deus os que rezaram para não lhes ser permitido cair em *peirasmos* (parte do pai-nosso em Lucas) eram mesmo assim forçados a cair nela, eles também recebiam assistência.

(A bibliografia para este episódio encontra-se em § 4, Parte II.)

---

[17] Héring ("Simples", p. 97-98), que revive uma sugestão de Loisy, acha que originalmente Jesus disse aos discípulos: "Rezai para que eu não caia em *peirasmos*" e que o "eu" foi tirado por causa do escândalo na ideia de Jesus pedir oração para si. Não há nenhum apoio textual para essa teoria; não existe nenhum outro exemplo de Jesus pedindo aos discípulos que rezem por ele; e a ideia toda é desnecessária: Jesus reza para si em relação a *peirasmos* quando reza a respeito do cálice.

§ 7. A oração no Getsêmani, segunda parte: Jesus reza ao Pai (Mc 14,35-36; Mt 26,39; Lc 22,41-42)

Tradução

Mc 14,35-36: ³⁵E tendo ido um pouco mais adiante, caía por terra e rezava que, se é possível, a hora passasse dele. ³⁶E ele dizia: *"Abbá*, Pai, tudo é possível para ti: Afasta de mim este cálice. Mas não o que eu quero, mas o que tu (queres)".

Mt 26,39: E tendo ido um pouco mais adiante, caiu sobre o rosto rezando e dizendo: "Meu Pai, se é possível, que este cálice passe de mim. Contudo, não como eu quero, mas como tu (queres)".

Lc 22,41-42: ⁴¹E afastou-se deles, como se à distância de um arremesso de pedra e tendo se ajoelhado rezava, ⁴²dizendo: "Pai, se desejas, afasta de mim este cálice. Contudo, não a minha vontade, mas a tua seja feita".

[Jo 12,27b-28a: ²⁷ᵇ"E que devo dizer? Pai, salva-me desta hora? Mas para isto (propósito) vim a esta hora. ²⁸ᵃPai, glorifica teu nome".

18,11 (depois que Jesus mandou Pedro guardar a espada na bainha): "O cálice que o Pai me deu — não vou bebê-lo?"]

Comentário

A direção para a frente, que começou quando Jesus chegou à propriedade (Marcos/Mateus) ou ao lugar (Lucas) no Monte das Oliveiras, continua neste episódio que nos traz para o ponto central da cena, isto é, a oração de Jesus ao Pai. Dessa oração Jesus voltará, em episódios subsequentes, aos discípulos que ele deixou para trás. Ao analisar este episódio, começaremos com a posição que Jesus assume a fim de rezar e então analisaremos o conteúdo da oração. A sequência de subseções foi dada na lista do Sumário que precede o § 4.

Jesus vai adiante e se prostra ou ajoelha (Mc 14,35a; Mt 26,39a; Lc 22,41)

Seguindo sua expressão de tristeza e perturbação, o Jesus de Marcos/Mateus move-se "um pouco adiante" dos três discípulos citados — sentido neotestamentário incomum para *proserchesthai*, que normalmente significa "vir em direção a, aproximar-se de" e também para *mikron*, que adverbialmente é com mais frequência temporal que espacial. Lucas descreve ação semelhante ("afastou-se [*apospan*] deles [todos os discípulos] à distância de um arremesso de pedra") em vocabulário diferente que, na maior parte, é caracteristicamente lucano. *Apospan* (três de quatro casos neotestamentários em Lucas-Atos) tem no grego clássico o sentido de se afastar contra a vontade, violentamente. Plummer, Lagrange e Feuillet veem esse sentido aqui: Jesus se afastou dos discípulos contra a vontade, violentamente, para entrar em agonia. Entretanto, nos papiros (MM, p. 68), *apospan* muitas vezes não tem esse sentido de violência; e no outro caso, neotestamentário intransitivo (At 21,1), há uma separação pacífica, que se encaixa melhor na concepção lucana de Jesus. "Como se" (*hosei*) é lucano em dezesseis dos vinte e dois usos neotestamentários. "À distância de um arremesso de pedra" ocorre no grego clássico, mas não na LXX.[1] Embora essa distância permitisse aos discípulos ainda terem contato com Jesus, não é possível saber se eles o teriam visto e ouvido (Feuillet, "Récit", p. 400) ou apenas visto (Fitzmyer, *Luke*, v. 2, p. 1441), e se "à distância de um arremesso de pedra" significa uma distância menor que a indicada pelo "um pouco" de Marcos e, assim, soluciona para Lucas como os discípulos podiam saber de que modo Jesus rezava (ver Schrage, "Bibelarbeit", p. 24). Não é convincente a tentativa que Feldkämper faz (*Betende*, p. 237) de associar a descrição de Jesus se distanciando "à distância de um arremesso de pedra" com o apedrejamento dos profetas (Lc 13,34) ou de Estêvão, Paulo e Barnabé (At 7,58-59; 14,5).

A separação para a oração ou o contato com Deus é atestada no AT (Gn 22,5; Ex 19,17; 24,2.14; Lv 16,17), mas a descrição marcana de Jesus se movimentando para a frente também subentende alienação dos discípulos, que já não podem acompanhar Jesus quando ele se aproxima da hora. Do mesmo modo, prostrar-se em terra reverentemente diante da Presença Divina é atestado no AT;[2] mas o "caía [imperfeito] por terra" de Marcos continua desde os versículos anteriores uma

---

[1] Um equivalente na LXX é: "como se à distância de um tiro de arco", em Gn 21,16.
[2] Gn 18,2; também Gn 19,1 e Jz 13,20, que combinam "em terra" com o "sobre o rosto" encontrado em Mateus.

descrição da atitude atormentada de Jesus. (Há quem cite como paralelo verbal a Marcos as palavras de Jesus em Jo 12,24: "A menos que um grão de trigo caia na terra e morra..."; mas essa imagem é muito diferente.) Ao substituir por "sobre o rosto" (igualmente bíblico: Gn 17,3; Lc 17,16) e usar o tempo aoristo para o verbo, Mt 26,39 suaviza ligeiramente a imagem marcana da angústia de Jesus. Mateus fez isso antes, em 26,37. Lucas também suaviza a imagem marcana fazendo Jesus se ajoelhar (*tithenai ta gonata*, "posicionar os joelhos"), posição que é mais normal para a oração cristã em At 7,60; 9,40; 20,36; 21,5 (em contraste com a posição em pé do fariseu e do publicano em Lc 18,11.13). Lucas está interessado em Jesus como modelo de oração para seus futuros seguidores.

A oração a respeito da hora e do cálice (Mc 14,35b; Mt 26,39b; Lc 22,42)

Embora nos três sinóticos Jesus faça uma oração em suas próprias palavras, só Marcos descreve primeiro a oração em discurso indireto e assim apresenta uma oração dupla, indireta e direta.

A dupla oração marcana em discurso indireto e direto. Há uma semelhança entre as descrições indireta e direta que constituem o centro da súplica de Jesus em Marcos:

Mc 14,35: Ele rezava para que, se é possível, a hora passasse dele.

Mc 14,36: Ele dizia: "Tudo é possível para ti: Afasta de mim este cálice".

Vimos um fenômeno muito parecido em Mc 14,33-34, onde a angústia de Jesus foi descrita primeiro indiretamente e depois em suas próprias palavras, embora ali o vocabulário dos dois versículos fosse diferente. (Ver também a mistura de direto e indireto em Mc 6,8-11.) É inevitável haver especulações quanto ao fato de Marcos ter encontrado o conteúdo de ambos, v. 35 e v. 36, separadamente na tradição mais primitiva, combinado-os, ou de ter encontrado apenas um e criado o outro como comentário. Bultmann, Dibelius, Greeven, Linnemann e Schrage estão entre os que optam pela prioridade do v. 35, enquanto Schenke e Wendling optam pela prioridade do v. 36.[3] Essa abordagem fica duvidosa quando percebemos que

---

[3] E. P. Sanders (*The Tendencies of the Synoptic Tradition*, Cambridge Univ., 1969, p. 252-262) apresenta estatísticas que mostram a dificuldade de adivinhar se determinado evangelista preferia necessariamente o discurso direto ou indireto. Há elementos de estilo marcano nos dois versículos, por exemplo, *hina*, que introduz o discurso indireto, e "se é possível" (ver Mc 13,22) no v. 35; *alla* ("mas") e uma elipse

João tem uma forma de oração de Jesus a respeito da hora (Jo 12,27-28) e uma referência ao cálice (Jo 18,11, no contexto da prisão). A menos que pensemos que João usou Marcos e dividiu o material marcano dessa maneira estranha, devemos encarar a possibilidade de ter o conteúdo dos dois versículos marcanos vindo da tradição pré-evangélica, embora Marcos desse ao material a atual forma indireta/direta. Em todo caso, como nos vv. 33-34, a repetição de Mc 14,35-36 é estilo narrativo eficiente e impressiona os leitores com a gravidade da situação de Jesus. Na verdade, Phillips ("Gethsemane", p. 52) afirma que há um tipo de alternância em toda esta cena entre narrativa (Mc 14,32a.33.35.37a.39-40) e discurso direto (Mc 14,32b.34.36.37b-38.41-42), e que a primeira apoia e chama a atenção para o segundo. Podemos debater se a organização é ou não tão perfeita, mas com certeza Phillips está em grande parte correto em sua percepção e, na ANÁLISE (§ 11), vou insistir que essa obra de arte planejada por Marcos não deve ser desfeita.

A súplica indireta (Lc 14,35) é amenizada pela condição "se é possível" (ver também Mc 13,22); a súplica direta em Mc 14,36 tem a qualificação "não o que eu quero, mas o que tu (queres)". A condição do v. 35 e a qualificação do 36 são necessárias, pois Jesus indica três vezes que o sofrimento, a rejeição e a crucificação ou assassinato do Filho do Homem são pelo plano divino (Mc 8,31; 9,31; 10,33-34). Alguns biblistas acham impossível que, tendo reconhecido que essas coisas precisam (*dei* em Mc 8,31) acontecer, Jesus rezasse para que "passassem", isto é, se dissipassem ou desaparecessem (*parerchesthai*, no v. 35, como em Mt 5,18). Assim, tem havido tentativas de separar a hora/o cálice de 35-36 da Paixão e morte, ou de interpretar a passagem de modo a Jesus não procurar evitar a crucificação e morte. Robson ("Meaning") relata uma dessas tentativas: o que Jesus temia era que o sofrimento no Getsêmani fosse demais para ele e ele morresse antes de chegar à cruz (ver também B. P. Robinson, "Gethsemane"; Baldwin, "Gethsemane"). Outros afirmam (Blasing, "Gethsemane", p. 337-338) que Jesus não rezou para que a hora não chegasse, mas para que passasse rapidamente e não se prolongasse. Do mesmo modo, há quem afirme que o cálice não significa morte, e sim pecado ou algum outro mau resultado.

---

no v. 36. Contudo, nos dois versículos também há elementos em geral não encontrados em Marcos, por exemplo, no v. 35 a ação introdutória e no v. 36, a combinação do aramaico transliterado "*Abba*" com o grego *ho Pater*.

Tais tentativas de evitar que Jesus peça a Deus para mudar o sofrimento e a crucificação planejados do Filho do Homem originam-se da má interpretação do relacionamento entre a oração e a vontade divina. Na perspectiva bíblica, não é irreverente pedir a Deus que mude de ideia.[4] Moisés intercede para mudar a vontade divina a respeito de Israel depois do incidente do bezerro de ouro (Ex 32,10-14); Ezequias reza para mudar a vontade divina quanto a sua morte (2Rs 20,1-6). A ação de Davi em 2Sm 15,25-26 é digna de nota, pois vimos que esse capítulo tem paralelos definidos com o Getsêmani. Depois de atravessar a torrente invernosa do Cedron, Davi envia Sadoc com a arca de volta a Jerusalém, implicitamente como oração para que o Senhor traga Davi de volta — mas, se não, "que ele faça comigo o que quiser". Em 1Mc 3,58-60, Judas incentiva os seguidores à vitória no combate: "Mas Ele fará conforme Sua vontade no céu". Nesses exemplos, a oração não é de rebeldia, mas de confiança no amor e na justiça de Deus. Deus ouve e concede o pedido se ele for conciliável com toda a Providência.

A hora (Mc 14,35). Vamos analisar a redação da súplica indireta de Jesus exclusiva de Mc 14,35: "que, se é possível, a hora passasse dele". A condição no início não reflete a dúvida de Jesus quanto ao poder de Deus, pois o versículo seguinte afirma: "tudo é possível para ti". O problema é antes de submissão ao plano de Deus, que foi explicado nas predições da Paixão. A chave é o sentido de "a hora", tema com o qual Marcos estrutura esta perícope, pois, em Mc 14,41, Jesus diz "Chegou a hora; vede, o Filho do Homem é entregue às mãos dos pecadores", e assim indica sua percepção de que Deus não atendeu à súplica. Em Marcos, um "a hora" absoluto empregado escatologicamente só se encontra antes, em Mc 13,32: "Mas daquele dia ou a hora ninguém sabe, nem mesmo os anjos no céu, nem o Filho, mas só o Pai". Apesar de o fato de Mc 13,32 ser apresentado como principal exemplo dos ditos genuínos de Jesus (já que os cristãos dificilmente inventariam uma limitação do Filho), o uso pré-marcano absoluto (escatológico) de "a hora" tem sido contestado (ver Linnemann, *Studien*, p. 28). Contudo, se "a hora" fosse marcana, em vez de pré-marcana, teríamos de explicar o amplo uso joanino de "a hora" como derivado direta ou indiretamente dos três usos marcanos — derivação

---

[4] Daube ("Prayer") chega a argumentar a favor de um padrão de oração judaico fixo: a) reconhecimento do poder controlador e do plano divinos; b) desejo de que, mesmo assim, Deus permita algo que não faz parte do plano; c) entrega ou aceitação da vontade divina se a resposta for negativa. O indício do padrão de Daube é mais tardio que o NT e, na verdade, como indica a prova bíblica dada acima, não é requisito necessário.

que exigiria grande imaginação. Também indicativo do uso pré-marcano é Rm 13,11, onde, em um contexto escatológico que trata da salvação, isto é, do fim da noite e da chegada do dia, Paulo escreve: "Conheceis o tempo [*ho kairos*] designado, que já é (a) hora de despertardes do sono". Embora *hora* na passagem de Romanos não tenha o artigo definido, é sinônimo em significado com *o* tempo designado. Ver também "a hora", em Ap 9,15.

Isso nos leva à questão do ponto até o qual "a hora" em Mc 14,35 é escatológica.[5] O *kairos*, que é paralelo a *hora* na passagem de Romanos, é claramente escatológico em Dn 11,35.40; 12,1.4, onde se descrevem o tempo final com grandes batalhas e provações (*thlipsis*) e a intervenção de Miguel para livrar o povo de Deus. O uso marcano de "a hora" em Mc 13,32 está em aposição específica àquele dia em que todos os sinais escatológicos devem acontecer — o versículo seguinte (Mc 13,33) fala dela como *kairos*. Quanto dessa atmosfera é transportado para Mc 14,35, ou aqui lidamos *somente* com a hora do destino de Jesus e, em especial, a hora de sua morte? Precisamos nos lembrar de que, em suas predições da morte do Filho do Homem em termos do plano divino, o Jesus marcano relacionou isso à vinda do Reino. (Observe como At 1,6-7 traduz Mc 13,32: A falta de conhecimento quanto ao dia ou à hora do tempo final torna-se falta de conhecimento quanto à restauração do Reino para Israel.) A ideia de que a hora mencionada no Getsêmani é escatológica é reforçada quando notamos que em todo o Evangelho de Marcos, enquanto proclama o Reino, Jesus encontra a oposição de Satanás, de espíritos impuros e de demônios (Mc 1,13.23.32.39; 4,15; 5,8; 6,7.13; 7,25 etc.). De importância especial é Mc 3,22-27, onde Jesus concebe um reino de Satanás e a derrota desse reino em termos da pessoa mais forte que tira posses do forte, e Mc 8,33, onde a ideia de Pedro de que o Filho do Homem não precisa sofrer e morrer para alcançar seu propósito é considerada sugestão satânica. (Wiens, "Passion", afirma que Marcos/Mateus consideravam a Paixão de Jesus comparável à ideia veterotestamentária de guerra santa, mas que não pode ser ganha da maneira tradicional, sem a agonia da crucificação.) Alguns versículos depois de Mc 14,35, o Jesus marcano interpreta a hora em termos do Filho do Homem ser entregue às mãos dos pecadores. Embora para Marcos a morte de Jesus signifique "a hora", a morte faz parte de uma luta com pecadores que é um aspecto da vinda do Reino. Marcos apresenta um momento

---

[5] Os que defendem a escatologia incluem Feldmeir, Grundmann, Phillips, Schrage e Taylor; os que a negam: Kelber, Kuhn, Linnemann e Mohn.

que é histórico e também escatológico. O sofrimento e a crucificação de Jesus são uma provação física para ele, mas também fazem parte de uma luta cósmica.

O cálice (Mc 14,36 e par.). O pedido indireto do Jesus marcano de que a hora passe dele deve ser considerado paralelo a suas palavras diretas no versículo seguinte: "Afasta de mim este cálice [*poterion*]". Até certo ponto, como D. N. Freedman me indicou, os dois pedidos devem ter o efeito literário de uma hendíadis, com o segundo especificando o primeiro: "A hora em que o cálice deve ser bebido". Contudo, precisamos perguntar a respeito da tonalidade contribuída pela ideia de beber um cálice. De cinco palavras hebraicas para "cálice", com uma exceção ("um cálice [*sap*] inebriante" em Zc 12,2), somente *kôs* é empregado metaforicamente (cerca de vinte vezes; ver Cranfield, "Cup", p. 137); e na LXX, *kôs* é traduzido por *poterion* trinta vezes, em um total de trinta e duas. A. T. Hanson (*Wrath*, p. 27-36) mostra que a ideia do cálice da ira é antiga no Oriente Próximo; e dezessete vezes no AT *kôs/poterion* descreve figurativamente a ira ou o castigo divino que os culpados devem beber. Em geral, a referência é a castigos concretos históricos (Is 51,17; Jr 25,15-16; 5,7; Ez 23,33; Sl 75,9), mas Ap 14,10 e 16,19 mostram que também podemos imaginar um cálice apocalíptico de ira. Devemos ver Jesus sendo convidado a beber o cálice da ira divina contra o pecado, como se Deus fosse fazê-lo objeto de cólera?[6] Há quem afirme que, ao bebê-lo, ele o transformou em cálice da bênção (1Cor 10,16). Outros veem aqui um reflexo da ideia de que, na crucificação, Cristo se tornou maldição (Gl 3,13) ou pecado (2Cor 5,21); mas não temos nenhuma prova de que Marcos conhecia tais ideias paulinas, e mesmo em Paulo essas passagens não comprovam que o próprio Jesus era o objeto da ira divina.

Outros entendem que o cálice a respeito do qual Jesus rezou era sua sina ou seu destino. Há alguma prova veterotestamentária para *kôs* como a parte boa positiva atribuída ao autor (Sl 16,6; 23,5; 116,13). Por analogia, "cálice" refere-se também a sina negativa, isto é, o cálice de sofrimento e morte como destino da pessoa (assim Black, Davies, Fiebig, Surkau)? Achamos esses usos nos targumim ou traduções aramaicas da Bíblia, por exemplo, gosto do "cálice da morte" no Neofiti de Dt 32,1 e no Neofiti, Yerushalmi II e no targum fragmentário de Gn 40,23. (Ver Le Déaut, "Goûter"; Speier, "Kosten"; Black, "Cup".) "O amargo cálice da morte" ocorre no ms. A (mas não no ms. B) do *Testamento de Abraão* 16,12. No *Martírio*

---

[6] Esta interpretação da ira é apoiada por (entre outros) Albertz, Blaising, Cranfield, Delling, Feldmeier, Lane, Lotz, Summerall e Taylor.

de Policarpo 14,2, o cálice é o ato de compartilhar o martírio de Cristo, que leva à ressurreição, e o *Martírio de Isaías* 5,13 (do fim do século I d.C.) faz o profeta dizer em referência ao fato de ser serrado ao meio: "Somente para mim Deus misturou este cálice". Como indícios mais primitivos do cálice da morte dolorosa, há quem afirme que beber o cálice equivale à expressão "provar a morte" em Hb 2,9; Jo 8,52; *4 Esdras* 6,26. Ainda mais pertinente é a pergunta de Jesus dirigida a Tiago e João, em Mc 10,38-39: "Podeis beber o cálice que bebo, ou ser batizados com o batismo com o qual sou batizado?". Quando eles dizem "Podemos", Jesus lhes promete que beberão o cálice e serão batizados. É muito difícil pensar que esse pode ser o cálice da ira divina sobre o pecado, pois os discípulos certamente não são convidados a beber esse cálice. Portanto, muitos que apoiam a teoria da ira para Mc 14,36 afirmam que um cálice diferente está contido em Mc 10,38-39.[7] A mais simples interpretação de Mc 10,38-39 é que os discípulos são desafiados a beber o cálice do sofrimento que Jesus já começou a beber (observe o tempo presente em Mc 10,38), cálice de sofrimento que culminará em morte angustiada como criminoso condenado. A pergunta é se podem aceitar serem mergulhados nas águas da aflição quando proclamarem o Reino, semelhantes às que já começam a engolfar Jesus. (Note que Rm 6,3 fala de ser batizado na morte de Cristo, e que Paulo fala de suportar o sofrimento de Cristo em si mesmo.) Nesse desafio a Tiago e João, Jesus não está longe da exigência anterior dirigida aos discípulos em Mc 8,34: "Se alguém quer vir atrás de mim, que ele […] tome sua cruz e me siga".

Quanto a Mc 14,36, o cálice a respeito do qual Jesus reza é mais uma vez o sofrimento de uma morte terrível como parte da grande provação. Parte da conotação do clássico cálice da ira ou julgamento está preservada em Marcos, não no sentido de Jesus ser o objeto da ira, mas na medida em que sua morte acontecerá no contexto apocalíptico da grande luta dos últimos tempos, quando o Reino de Deus superar o mal. Assim, "hora" e "cálice" têm a mesma amplitude geral de sentido histórico e escatológico e se relacionam com a ideia de *peirasmos* analisada acima. Ao fazer Jesus pedir em suas próprias palavras para se livrar do cálice que ele desafiara Tiago e João a beber com ele, Marcos confirma a crise dolorosa que

---

[7] Por exemplo, Summerall e Cranfield, mas não Delling. Para Feuillet ("Coupe"), o cálice e o batismo em Mc 10,38-39 referem-se a sofrimento expiatório vicário, mas Marcos pensa nesse papel para os discípulos? Bernard ("Study") afirma que Mc 10,38-39 deve se referir à provação que os discípulos sofreriam, e menciona textos que usam *baptizein* para angústia, pecado, ou aflição que cai sobre alguém (Is 21,4).

Jesus está sofrendo e influi na imagem dele como grandemente atormentado, triste até a morte e prostrado na terra.

O brilho da descrição marcana de Jesus rezando no Getsêmani a respeito do cálice é realçado se nos lembrarmos de uma referência a cálice na Última Ceia. Quando em Mc 14,36 Jesus diz "Afasta de mim este cálice [*to poterion touto*]", suas palavras fazem eco à descrição em Mc 14,23-24: Jesus "tendo tomado um cálice [*poterion*], deu graças [*eucharistein*] [...] e lhes disse: 'Este [*touto*] é meu sangue da aliança que é derramado por muitos'".[8] Na ceia, uma completa doação de si mesmo foi simbolizada pelo cálice de vinho/sangue, e agora Jesus pede ao Pai para afastar o cálice! Para alguns intérpretes, essa aparente mudança no modo de pensar é escandalosa e precisa ser explicada satisfatoriamente. Para outros, exemplifica um processo humano de aprender obediência pelo sofrimento, do qual nem mesmo o Filho de Deus está isento (Hb 5,8 — ver a ANÁLISE em § 11): o desejo de evitar *peirasmos*, que inclui morte na cruz. Não é surpreendente que Mc 14,36, juntamente com seus paralelos, em especial Lc 22,42, tenha se tornado o texto clássico de teologia para provar que Jesus tinha uma vontade humana além de uma vontade divina (ver Tomás de Aquino, *Summa Theologica* III, q. 18, a.1).

De modo geral, os relatos da oração em Mateus e Lucas suavizam a aridez do Jesus marcano. Os dois omitem a oração a respeito da hora que foi expressa em discurso indireto, talvez julgando Marcos tautológico. (Dele Mateus preserva a frase "se é possível" e faz dela a introdução para a oração do cálice; em seguida, ele neutraliza a frase e a usa como prefácio para a segunda oração que Jesus faz no Getsêmani, em Mt 26,42: "se não é possível."[9]) Embora os três sinóticos relatem a oração de Jesus a respeito do cálice, a forma na qual eles a prefaciam mostra suavização crescente da exigência:

Mc 14,36: "*Abbá*, Pai, tudo é possível para ti".

Mt 26,39: "Meu Pai, se é possível".

Lc 22,42: "Pai, se desejas".

---

[8] A ligação é ainda mais estreita em Lucas, entre Lc 22,42 ("Afasta de mim este cálice [*touto to poterion*]") e Lc 22,20 ("Este cálice [*touto to poterion*] é a nova aliança em meu sangue que é derramado por vós"). Na verdade, Schürmann ("Luke 22,42a") acha que a oração lucana no Monte das Oliveiras constitui o mais antigo testemunho da autenticidade do dito controverso na Última Ceia lucana.

[9] Também na primeira como na segunda oração, Mateus usa o verbo "passar", da oração marcana a respeito da hora, em vez de "afastar", da oração marcana a respeito do cálice.

A introdução lucana de "desejas" (*boulesthai*; trinta e sete vezes no NT, dezesseis das quais estão em Lucas-Atos) merece comentário. Diversos autores estudaram a diferença de tom entre "querer, vontade" (verbo *thelein*; substantivo *thelema*) empregados em outras frases da oração de Jesus e *boulesthai*, empregado somente na primeira frase da oração lucana. Lucas prefere *boulesthai* quando Deus é o sujeito: transmite o tom de uma decisão divina pré-ordenada, algo mais deliberado que *thelein* (P. Joüon, RechSR 30, 1940, p. 227-238; Feldkämper, *Betende*, p. 239). Assim, o Jesus lucano está, antes de mais nada, preocupado com a direção do plano divino antes de perguntar se na execução desse plano o cálice pode ser afastado dele.[10]

João vai mais além que qualquer dos sinóticos ao modificar a tradição abolindo a distinção entre o que Jesus quer e o que é possível ou desejável para o Pai. Mesmo que, como em Marcos/Mateus, o Jesus joanino esteja perturbado (Jo 12,27a), ele soluciona para si mesmo (e para o leitor) o problema a respeito da hora, recusando-se a rogar para ser salvo dela (Jo 12,27b). A razão para essa mudança é que, para João, a hora não é primordialmente de horrendo sofrimento e morte na cruz, mas a da elevação do Filho do Homem que atrairá todos para si (Jo 12,32).[11] Do mesmo modo quanto ao cálice: se o Jesus de Marcos reza para que ele seja afastado, uma repreensão é dirigida a Pedro pelo Jesus joanino (Jo 18,11), pois o uso da espada interfere no ato de beber o cálice que o Pai lhe dera.

Outros aspectos da oração

Até aqui, ao analisar a oração de Jesus, nós nos concentramos na hora e no cálice. Mas há na oração outros dois elementos que requerem atenção: o emprego da palavra "Pai" e o tema de ser feita a vontade de Deus.

"*Abbá*, Pai". A análise joanina da oração de Jesus a respeito da hora e a interpretação que os quatro Evangelhos dão ao dito do cálice usam "Pai"; na verdade, Marcos combina formas aramaicas e gregas transliteradas no discurso "*Abbá*, Pai". Uma literatura imensa concentra-se no emprego que Jesus dá ao termo aramaico: sua historicidade, sua singularidade e sua consequência cristológica. O

---

[10] Os mss. dividem-se quanto a se ler um imperativo ou infinitivo de "afastar", seguindo "desejar", mas a escolha não faz diferença para o sentido.

[11] A respeito dessa atitude joanina afirmativa quanto à hora, ver Léon-Dufour ("Père", p. 157-159, 162), embora eu não aceite sua tradução (p. 165) de Jo 12,27b: "Pai, faze-me passar são e salvo por esta hora".

estado atual da discussão, principalmente do ponto de vista de prova aramaica, foi apresentado com precisão por Fitzmyer ("Abba"). O aramaico 'abba' não é forma vocativa especial sem outra atestação com uma desinência adverbial, mas um estado enfático irregular de 'ab, "pai" (seria de se esperar 'aba'). Parece que os três empregos neotestamentários de abba (transliteração grega do aramaico: Mc 14,36; Gl 4,6; Rm 8,15) confirmam-no como forma enfática usada vocativamente, já que a acompanham com o equivalente grego ho pater, nominativo usado vocativamente.[12] Grande parte da discussão está em diálogo com a posição, defendida por J. Jeremias,[13] de que o costume de Jesus de se dirigir a Deus em aramaico como 'abba' em oração é característico e que a saudação é caritativa (= "Querido Pai" ou "Papai"), subentendendo um relacionamento familiar íntimo. Assim, Jesus reivindicava um relacionamento familiar especial com Deus como seu Pai, além do relacionamento geral postulado no Judaísmo contemporâneo. Outros biblistas contestam Jeremias e são necessárias qualificações. Examinemos os dados.

Temos agora um exemplo do autor de um Salmo-oração dos Manuscritos do Mar Morto que se dirige a Deus em hebraico como "Meu Pai" (4Q372: abî) e no AT grego, há diversos casos de judeus que se dirigiam a Deus como "Pai" ou "Meu Pai" quando rezavam.[14] No grego dos Evangelhos, várias expressões são usadas por Jesus para se dirigir a Deus, como "Meu Pai" e "Pai" (*pater mou, pater, pater*) e não podemos simplesmente supor que todas representam o 'abba' aramaico.[15] Na verdade, nos Evangelhos, o único exemplo do termo aramaico transliterado em grego (*Abba*) é a oração marcana no Getsêmani (Mc 14,36) em discussão. No aramaico atestado para o período de 200 a.C. a 200 d.C., 'abî é normal para a saudação infantil, "Meu pai"; e, assim, a interpretação de "Papai" para o uso de Jesus deve ser abandonada.[16] Somente em literatura datada depois de 200 d.C. 'abba' substitui 'abî para se dirigir a um pai terreno; e mesmo então 'abba' não é

---

[12] É interessante que, na oração do Getsêmani, Mateus e Lucas, que não relatam a forma aramaica transliterada, preferem a forma vocativa grega normal *pater*.

[13] Sua análise mais concisa é "Abba", em *The Central Message of the New Testament*, London, SCM, 1965, p. 99-30; ver também seu *Abba*, Göttingen, Vandenhoeck & Ruprecht, 1966, p. 15-67; e R. Hammerton--Kelly, *Concilium* 143, 3, 1981, p. 95-102.

[14] *3 Macabeus* 6,3; Sb 14,3; Eclo 23,1. A respeito dessas e da passagem de 4Q, ver E. M. Schuller, *CBQ* 54, 1992, p. 67-79, esp. 77.

[15] Em geral, acredita-se que o *pater* grego em Lc 11,2 ("Pai" em contraste com "Nosso Pai" no pai-nosso mateano) traduz 'abba', já que Lc 22,42 usa *pater* para expressar o *abba* de Mc 14,36.

[16] J. Barra, "Abba Isn't Daddy", em JTS NS 39, 1988, p. 28-47.

usado para Deus na Mixná e é usado somente uma vez nos targumim de Onqelos e Jônatas (Ml 2,10 é uma declaração, não uma saudação).[17] Depois de todas essas observações, deve ser admitido, pelos indícios disponíveis, que, se historicamente Jesus se dirigiu mesmo a Deus em aramaico como *'abba'*, esse uso era bastante incomum. Nas palavras de Fitzmyer ("Abba", p. 28): "Não há provas na literatura do Judaísmo palestino pré-cristão ou do século I que *'abba'* era usado em qualquer sentido como saudação pessoal para Deus por um indivíduo".[18]

Mudando a discussão da frequência do termo aramaico, vamos agora avaliar a probabilidade de Jesus ter realmente se dirigido a Deus como "Pai" e a consequência teológica por trás de tal prática. Em sua maioria, o uso bíblico (hebraico ou grego) de "Pai" para Deus é em relação a Israel como um todo (Dt 32,6; Is 63,16). O uso por um indivíduo aparece muito raramente e então apenas no último período antes de Jesus.[19] Fitzmyer ("Abba", p. 27) contesta a afirmação de Jeremias de que "Pai celeste" era forma de oração amplamente usada no Judaísmo do século I d.C. Como então explicamos a grande frequência de "Pai" usado para Deus no NT: 170 vezes nos Evangelhos apenas, com Jesus falando de Deus como "Pai" 3 vezes em Marcos, 4 vezes no material lucano especial, 31 vezes no material mateano especial e cerca de cem vezes em João? Por um lado, essas mesmas estatísticas mostram que no material evangélico mais tardio há uma tendência a aumentar o uso introduzindo "Pai" em ditos de Jesus. Contudo, a difundida atestação sugere que nenhum evangelista inventou o uso e que ele se origina de tradição pré-evangélica. A combinação de aramaico e grego transliterados (*Abba, ho Pater*) em Gl 4,6 e Rm 8,15 subentende que convertidos gregos aprenderam a forma aramaica como expressão venerada. É muito plausível que se dirigir a Deus em aramaico como *'abba'* fosse prática histórica e memorável (porque incomum) do próprio Jesus, o que reflete a consciência de Jesus daquilo que recebera de Deus. Reconhecer que o uso tinha conteúdo cristológico implícito *não* é declarar que chamar Deus de

---

[17] Fitzmyer ("Abba", p. 29-30) contesta duas passagens propostas por G. Vermes (*Jesus the Jew*, Philadelphia, Fortress, 1981, p. 210-211). A interpretação em Mixná *Berakot* 5,1 é muito incerta e TalBab *Ta'anit* 23b vem de um período muito mais tardio que o NT.

[18] Contudo, Jesus se ofereceu para partilhar com os seguidores essa relação. Ensinou-os a rezar a Deus como "*Abbá*" (ver Lc 11,2 na nota 15 acima) e eles levaram esse costume até mesmo ao mundo de fala grega (Gl 4,6; Rm 8,15).

[19] Eclo 23,1.4 (grego; nenhum hebraico preservado) e em cânticos como Eclo 51,10 (hebraico) e 1QH 9,35, onde o indivíduo talvez fale coletivamente.

"Pai" em aramaico era em si equivalente a Jesus alegar ser o Filho único de Deus (*monogenes*); considerável progresso no discernimento cristão levou a essa última formulação. J. P. Meier (NJBC 78,31) é apropriadamente cauteloso, mas não minimalístico ao avaliar a situação: "É justificável alegar que o uso notável de *Abbá* por Jesus expressava realmente sua íntima experiência de Deus como seu pai, e que esse uso causou duradoura impressão nos discípulos".

Há quem parta dessa observação para afirmar que a oração atribuída a Jesus no Getsêmani com a saudação "Pai", especialmente na forma marcana "*Abbá*, Pai", deve ser considerada palavras de Jesus. É comum apontarem como confirmação para a tradição em Hb 5,7-8 que "com um forte grito e lágrimas" Jesus, apesar de sua condição de Filho, fez orações "Àquele que tinha o poder de salvá-lo da morte" e que foi ouvido "por causa do temor". Isso tudo é simples demais. Na ANÁLISE (§ 11), vou mencionar que o vocabulário da passagem de Hebreus é muito diferente da do Getsêmani e que uma oração para ser salvo da morte que é ouvida é muito diferente de uma oração para se livrar da hora/do cálice que não é atendida. Para chegar a um julgamento mais sutil a respeito da oração do Getsêmani, algumas outras simplificações devem ser identificadas. Contra a historicidade, os céticos ridicularizam que as únicas testemunhas dela estavam adormecidas a certa distância (Jesus foi "um pouco mais adiante" [Marcos/Mateus], "como se à distância de um arremesso de pedra" [Lucas]). Quem quiser responder a essa objeção "ateísta de aldeia" em seu baixo nível pode argumentar que talvez os discípulos ainda estivessem acordados quando Jesus rezou a respeito da hora/do cálice. Entretanto, mais importante é entender o cenário dado à oração em Marcos/Mateus. A separação de Jesus dos discípulos retrata simbolicamente sua falta de preparação para enfrentar a provação (*peiramos*). Não temos ideia se Marcos (ou outro evangelista) perguntou a si mesmo se os discípulos, como os descreveu, poderiam ter ouvido ou visto Jesus rezando. Se lidasse com essa questão, talvez descrevesse a cena de modo muito diferente.[20] A passagem de Hebreus mostra pelo menos que a tradição de Jesus rezando diante da morte difundiu-se para além dos Evangelhos e, assim, tem direito a antiguidade; e é no nível de *uma tradição atestada de oração* que

---

[20] A falta de apreciação da natureza da narrativa evangélica é não menos óbvia naqueles que, a fim de responder à objeção cética, propõem que, quando apareceu aos discípulos, o Jesus ressuscitado lhes contou o que dissera e fizera enquanto eles dormiam!

devemos nos aproximar da oração no Getsêmani. Na verdade, Giblet ("Prière", p. 265-266) considera as palavras de Jesus um modelo típico de oração.

Movendo-nos nessa direção, devemos observar que o *Abba, ho Pater* marcano ultrapassou as *ipsissima verba* de Jesus, pois ele com certeza não rezou ao mesmo tempo em aramaico e grego. Ela reflete uma forma de oração aramaica que ele provavelmente usou, transliterada em grego para ser usada nas orações cristãs e, depois, finalmente traduzida para os que falavam grego[21] — Mateus e Lucas, que omitem o *Abba* de Marcos, representam uma evolução ulterior, que prescinde do termo semítico estrangeiro ao rezar. O fato de exatamente a mesma fórmula aparecer em Gálatas e Romanos é forte indício de que Marcos pôs nos lábios de Jesus uma fórmula de oração cristã helenística. Indicação semelhante é fornecida pela segunda frase na oração de Mc 14,36, "tudo é possível para ti", que é paralela a "se é possível" na oração da hora de Mc 14,35. Van Unnik ("Alles") mostra que a declaração da potencialidade de um deus (apropriada para fazer parte de uma oração) é tema grego ou greco-romano, não hebraico, com exemplos em Homero, Virgílio e Aélio Aristides. A LXX o introduz às vezes onde faltava no TM, por exemplo, Zc 8,6: "'Mesmo que isso pareça impossível [TM: espantoso] aos olhos do resto do povo, naqueles dias também será impossível [TM: espantoso] a meus olhos?', diz o Senhor" (ver também Gn 18,14). Fílon (*De opificio mundi* 14; #46) afirma: "Para Deus, tudo é possível". Assim, o início da oração em Mc 14,36 era bastante conhecido dos cristãos de língua grega (van Unnik, "Alles", p. 36).

Seja feita a vontade de Deus. O final da oração de Mc 14,36 significa o que Deus quer (a última palavra em Mc 14,36 não é o "eu" de Jesus, mas o "tu" de Deus); e a análise desse tema favorece nossa comparação entre a oração do Getsêmani e as orações cristãs primitivas. É dada prioridade ao que o Pai deseja nas três formas sinóticas da oração que Jesus faz a respeito do cálice (Lucas, duas vezes) e no relato mateano de que Jesus se afastou dos discípulos uma segunda vez e rezou. As declarações em referência à vontade divina podem ser relacionadas desta maneira:

Mc 14,36: "Mas [*alla*] não o que eu quero, mas [*alla*] o que tu (queres)".

Mt 26,39: "Contudo [*plen*], não como eu quero, mas [*alla*] como tu (queres)".

---

[21] Encontramos um modelo bilíngue de oração semelhante no *nai amen* de Ap 1,7 e em uma comparação dos *marana tha* ("Nosso Senhor, vem") de 1Cor 16,22 e *erchou kyrie* ("Vem, Senhor") de Ap 22,20.

Mt 26,42: "Seja feita a tua vontade".

Lc 22,42a: "Se desejas".

Lc 22,42b: "Contudo [*plen*], não a minha vontade, mas a tua seja feita".

Algumas observações quanto a detalhes antes que eu trate dos antecedentes da questão da oração. Marcos e a primeira forma de Mateus são elípticos, não tendo nenhum verbo governado por "tu";[22] Lucas evita isso. Ele amortece completamente o "Afasta de mim este cálice" de Jesus, colocando declarações da prioridade da vontade divina antes e depois dele. Mateus e Lucas evitam o *alla* inicial de Marcos, talvez para evitar ter essa palavra ("mas") duas vezes, separadas só por algumas outras palavras, dentro de uma frase tão curta.[23] Outra concordância entre Lc 22,42b, "Mas a tua [vontade] seja feita", e a segunda oração mateana (26,42), "Que a tua vontade seja feita": os dois empregam o verbo *thelema* ("vontade") e uma forma do verbo *ginesthai* ("ser, fazer-se, realizar"). Soards (*Passion*, p. 71-72, 98) atribui essas concordâncias entre Mateus e Lucas em oposição a Marcos à influência sobre os evangelistas da tradição de oração oral comum.

Com certeza, o pai-nosso fazia parte dessa tradição. Há uma literatura enorme a respeito dessa oração; meu artigo sobre seu aspecto escatológico apresenta sucintamente os pontos básicos de comparação entre as duas formas encontradas em Mt 6,9-13 e Lc 11,2-4. Quase todos concordam que o "Pai" de Lucas (imperativo *Pater*) é mais original que o "Pai nosso nos céus" de Mateus. Vimos que *Abba, ho Pater* na súplica marcana a respeito do cálice originou-se de uma oração cristã primitiva atestada em Romanos e Gálatas; do mesmo modo, o imperativo *Pater* encontrado na oração a respeito do cálice em Mateus e em Lucas pode bem ter sido influenciado por esse uso atestado no pai-nosso.[24]

---

[22] Feldmeier (*Krisis*, p. 243) afirma que Marcos não pretende dizer que Jesus expressa a disposição de sujeitar sua vontade à do Pai. O negativo não é *me*, que poderia conotar disposição, mas sim *ou*, que é mais autêntico. A suposição da oração é que o que Deus quer vai acontecer e, naturalmente, Jesus quer isso. Sua oração esperançosa é que o cálice não esteja incluído. Essa interpretação harmoniza-se com a súplica no pai-nosso à qual vou chamar a atenção.

[23] Thrall (*Greek*, p. 67-70) comenta a preferência dos dois por *plen* ao *alla* de Marcos. *Plen* dá o sentido de um conflito possível, mas não inevitável, entre o pedido e a vontade divina, e pode até ter significado mais moderado: "com a condição de ser como tu queres" (LXX, para Js 1,17; Nm 36,6).

[24] Mt 6,9 acrescentou "nos céus" a "Nosso Pai", a fim de tornar mais reverente a saudação a Deus pelos cristãos. Essa adição não estava necessariamente aqui onde Jesus reza. Ver em Aagaard ("Doing") uma análise do Getsêmani à luz do pai-nosso.

Três súplicas paralelas constituem a primeira metade do pai-nosso em Mateus; duas delas (marcadas com asterisco) aparecem também em Lucas:

*Santificado seja teu nome
*Venha teu Reino
Seja feita tua vontade, assim na terra como no céu.

Todos os verbos são formas de aoristos; a voz passiva subentende atuação divina; e assim, uma ação escatológica definitiva é imaginada quando Deus fizer o Reino vir, induzir as nações a reconhecerem a santidade do nome divino (Ez 36,22-23) e realizar a vontade divina. Vimos que a hora e o cálice têm dimensão escatológica nas orações do Getsêmani/Monte das Oliveiras. Há visível proximidade entre a terceira súplica mateana no pai-nosso e a frase na oração do cálice que enfatiza a vontade divina, em especial Lc 22,42b e Mt 26,42, sendo esta última passagem literalmente a mesma que na súplica. Na passagem joanina, onde Jesus reflete sobre rezar para ser salvo da hora, o que ele finalmente reza em Jo 12,28a é "Pai, glorifica teu nome", que se aproxima bastante da primeira súplica de Mateus e de Lucas no pai-nosso. Em outras palavras, os equivalentes sinóticos de "Pai, seja feita tua vontade" e do "Pai, glorifica teu nome" joanino, ambos encontrados na oração de Jesus a respeito de seu sofrimento e morte iminentes, são paralelos tirados de modelos de orações cristãs que conhecemos no pai-nosso. (Já vimos que o Monte das Oliveiras sinótico e a torrente invernosa do Cedron joanina refletiram 2Sm 15; como também o "Minha alma está muito triste" de Marcos/Mateus e o "Minha alma está perturbada" joanino vieram de versos paralelos em Sl 42,6-7.)

A sexta e última súplica no pai-nosso mateano tem dois pedidos paralelos, o primeiro dos quais encontra-se também em Lucas:

*Não nos deixes cair em tentação [*peirasmos*]
mas livra-nos do Maligno.

Já analisamos o prefácio lucano à oração do cálice, onde Jesus instrui os discípulos: "Continuai rezando, para não entrardes em provação [*peirasmos*]". É óbvia uma proximidade à primeira parte da última súplica do pai-nosso. Quanto a João, se nos lembrarmos de que o capítulo 17 é rezado por Jesus na noite antes de morrer, como se fosse a oração do cálice sinótica, então Jo 17,15 – "(Suplico) que os guardes do Maligno" – está muito próximo do segundo verso da última súplica.

Esses paralelos não podem ser casuais; mas mais uma vez não devem ser explicados com demasiada simplicidade, como pela tese de que Marcos tinha o pai-nosso em sua fonte pré-evangélica, mas, em vez de relatá-lo como uma unidade, dividiu-o e usou parte dele aqui; ou pela tese de que Mateus expandiu sua forma do pai-nosso acrescentando a súplica "Seja feita tua vontade" tirada das *ipsissima verba* de Jesus no Getsêmani; ou pela tese de que, historicamente, o pai-nosso foi composto no Getsêmani (Kruse, "Pater" 8,29). Mais exatamente, o pai-nosso em Mateus e em Lucas já é uma oração cristã primitiva *evoluída*, tirada de fórmula e redação associadas ao próprio Jesus. Como vou explicar mais plenamente na ANÁLISE (§ 11), quando examinar Hb 5,7-10, havia uma lembrança ou compreensão de que Jesus argumentou com Deus e rezou a ele por causa de sua morte iminente. Em Hebreus, esse argumento em forma de oração expressa-se em linguagem hínica e salmódica, mas, na tradição que levou aos Evangelhos, o argumento em forma de oração encontrou expressão em termos de Jesus ser poupado de *peirasmos*, da vinda da hora e de beber o cálice. Não poderia o Pai concretizar o Reino de alguma outra maneira que não incluísse o horrendo sofrimento e crucificação do Filho entregue às mãos dos pecadores? Quanto a redigir essa oração, os cristãos primitivos não precisavam se preocupar se havia ou não discípulos próximos o bastante de Jesus e despertos o bastante para ouvir e lembrar suas palavras. Os cristãos sabiam como Jesus rezava porque algumas de suas orações eram tradicionalmente as orações dele e refletiam seu estilo e seus valores.

Quando essas orações foram usadas em parte para expressar a última oração de Jesus, surgiu uma imagem que era altamente persuasiva para a vida cristã. Os *leitores de Mateus ou de Lucas*, por exemplo, encontraram Jesus dizendo aos discípulos durante o ministério como rezar, e depois empregando as mesmas fórmulas enquanto enfrentava a morte — padrão de consistência que dizia aos leitores como (ou mesmo os capacitava para) rezar na vida e na morte. Eles haviam adotado seu costume de se dirigir a Deus como "Pai"; assim também deviam imitar sua obediência: "Seja feita tua vontade" (ver Marchel, "Abba"). Vemos exatamente isso acontecer em At 21,14: os que amavam Paulo imploraram-lhe para não ir a Jerusalém para não sofrer ali, mas foram forçados por ele a dizer: "Seja feita a vontade do Senhor". Quanto aos *leitores de Marcos*, eles viram Jesus desafiar Tiago e João em Mc 10,38, "Podeis beber o cálice que bebo?", e mesmo assim, no fim, rezar ao Pai: "Afasta de mim este cálice". Contudo, os leitores também sabem que Jesus, pouco antes de fazer aos discípulos o desafio quanto a beber o cálice, explicara--lhes (quando eles conjeturaram sobre a dificuldade de entrarem no Reino e serem salvos): "Para Deus tudo é possível" (Mc 10,27). Se, ao enfrentar a morte, Jesus agora hesita quanto a beber o cálice, ele faz uma súplica consistente com aquele princípio: "*Abba*, Pai, tudo é possível para ti". No início de Marcos (Mc 1,40), um leproso entregou-se à misericórdia de Jesus: "Se queres, podes purificar-me"; no fim do Evangelho, Jesus entrega-se à misericórdia do Pai: "Afasta de mim este cálice [...] mas o que tu (queres)". Quando enfrentam suas provações e as consideram demais, animados por saberem que a Deus tudo é possível, os leitores de Marcos veem-se, apesar de todas as suas promessas anteriores, pedindo que esse cálice seja afastado. E podem fazê-lo em nome de Jesus, desde que acrescentem, como ele fez: "Mas não o que eu quero, mas o que tu (queres)". Os *leitores de João*, na atmosfera em que enfrentam expulsão da sinagoga e perseguição (Jo 9,22; 16,2), aprenderam a evitar a ambiguidade e a dissimulação ao confessar Jesus. Quando enfrentam o momento de provação, não é "Pai, salva-me desta hora", mas "Pai, glorifica teu nome" que deve (e agora pode) ser sua oração.

(A bibliografia para este episódio encontra-se em § 4, Parte II.)

§ 8. A oração no Getsêmani, terceira parte: O anjo fortalecedor (Lc 22,43-44)

Tradução

Lc 22,43-44: ⁴³Mas apareceu-lhe um anjo do céu, fortalecendo-o. ⁴⁴E estando em agonia, rezava mais fervorosamente. E seu suor tornou-se como se gotas de sangue caindo na terra.

[Mt 26,53: "Pensas que não sou capaz de recorrer a meu Pai, e Ele imediatamente me proverá com mais de doze legiões de anjos?"]

[Jo 12,28b-29: ²⁸ᵇEntão, uma voz veio do céu: "Eu o glorifiquei [meu nome] e o glorificarei novamente". ²⁹Assim, a multidão que ali estava e ouvira dizia que tinha havido trovão; outros diziam: "Um anjo lhe falou".]

Comentário

Como esses versículos são textualmente duvidosos, teremos de examinar essa questão antes de nos voltarmos para o conteúdo. Como ajuda extra nesta seção complicada, quero dar uma lista mais detalhada do sumário:

- A questão da autoria lucana
  - Indícios textuais e estilísticos
  - Indícios do modelo de estrutura e pensamento
  - Hipóteses quanto à lógica copista
  - Problema do suor sanguinolento
- Importância da passagem
  - O anjo
  - A agonia de Jesus

A questão da autoria lucana

Estes dois versículos de Lucas constituem uma famosa passagem problemática. Eram parte genuína do Evangelho de Lucas, ou foram acrescentados mais tarde (século II ou III) por um copista? A situação textual que provoca essa pergunta será descrita adiante; mas mesmo aqui observamos que a referência mais antiga à passagem (meados do século II, em Justino, *Diálogo*, 103,8) não indica onde se encontra. Essa não é uma questão irrelevante, pois aparece depois de Mt 26,39 na família 13 de mss. minúsculos (ver n. 4 adiante); e a *Historia passionis Christi*, dos séculos XIV-XV, a atribui ao *Evangelho dos Nazarenos*.[1] Hoje, algumas Bíblias colocam os versículos no texto de Lucas; outras relegam a passagem a uma nota de rodapé. Para os católicos romanos, no Concílio de Trento, em 27 de maio de 1546, o bispo de Jaen chamou-a de "parte", que dizia respeito à inclusão na definição do concílio que aceitava a Bíblia "com todas as suas partes" — indicação de que a passagem devia ser considerada bíblica, mas não necessariamente decisão quanto ao fato de ser ou não lucana. Em junho de 1912, a Pontifícia Comissão Bíblica Católica Romana insistiu que a passagem tinha de ser considerada genuinamente lucana, mas uma declaração do secretário dessa comissão em 1955 deu aos católicos "plena liberdade" com respeito a essas decisões anteriores (NJBC 72,25). Em suma, a autoria lucana não é questão confessional para os católicos, embora possa ser para protestantes conservadores, em cuja teologia a autoria apostólica é elemento essencial para inspiração ou canonicidade. Os biblistas modernos estão nitidamente divididos.[2] Consideremos os indícios pró e contra, sob diversos títulos.

Indícios textuais e estilísticos. Textualmente, a passagem é omitida em P[69] (obviamente), P[75], nos Códices Vaticano e Alexandrino, na primeira correção do Sinaítico, no Sir[Sin], e no Copta Saídico. Parece que estava ausente do texto de Lucas usado por Marcião, Clemente de Alexandria, Tertuliano e Orígenes; contudo, como lembra Duplacy ("Préhistoire"), o fato de autores primitivos não se referirem a uma passagem nem sempre significa que não sabiam de sua existência. A

---

[1] De seis referências a este Evangelho apócrifo, pelo menos uma pode ser confirmada por Jerônimo; ver Duplacy, "Préhistoire", p. 84.

[2] Entre os que optam pela autoria lucana estão Arndt, Bertram, Brun, de Wette, Dibelius, Duplacy, Galizzi, Goguel, Green, Grundmann, Harnack, J. R. Harris, Hirsch, Keim, Klostermann, Knabenbauer, Kuhn, Lagrange, Larkin, Loisy, Marshall, Morgenthaler, Osty, Renan, Rengstorf, Schlatter, J. Schmid, Schneider, Strauss, Surkau e Zahn. Entre os que rejeitam a autoria lucana estão: Ehrman, Feldmeier, Fitzmyer, Hauck, Lescow (v. 44), Plunkett, Soards, Wellhausen e Westcott.

passagem está incluída nos Códices Sinaítico (original e segunda correção), de Beza, Koridethi, família 1 de minúsculas, OL, Vulgata, Sir^{cur}, Peshitta e muitas cópias do Bohairico. Era conhecida por Justino, Taciano (aparentemente), Irineu e Hipólito. Assim,[3] os testemunhos alexandrinos do NT tendem a omiti-la, enquanto os testemunhos ocidental, cesariano e bizantino inclinam-se a incluí-la. Já estava ausente de algumas cópias de Lucas no fim do século II, mas também já era conhecida de autores e tradutores religiosos de meados e do fim do século II. Em bases puramente textuais, por causa de P^{66} e P^{75}, julgo que o peso dos indícios favorece moderadamente a omissão.[4]

Com base no estilo, Harnack ("Probleme", p. 252-253) e Schneider ("Engel", p. 113-115) defendem com veemência a autoria lucana de 22,43-44, mas outros insistem que esse critério não resolve definitivamente a questão (ver Brun, "Engel", p. 266-267, a respeito dos argumentos de Harnack; também Feldmeier, *Krisis*, p. 12-17). Se considerarmos o v. 43, formas de *ophthe* ("apareceu") ocorrem mais de doze vezes em Lucas-Atos (em diversos casos para aparições de anjos), comparadas a apenas uma vez cada em Marcos e Mateus. As quatro primeiras palavras gregas do versículo traduzido, "Mas apareceu-lhe um anjo", encontram-se *verbatim* em Lc 1,11 e em nenhuma outra passagem do NT. *Enischyein* ("fortalecer") ocorre alhures no NT apenas em At 9,19, onde, entretanto, diferente daqui, é intransitivo. "Do céu" é estilo lucano (Lc 17,29; 21,11); contudo, em nenhuma outra passagem de Lucas-Atos é um anjo descrito como "do céu" ou deixado silencioso, sem transmitir uma mensagem oral. Explica-se esse último aspecto porque aqui Deus designa uma tarefa característica para o anjo, para fortalecer e não para revelar? Isso não seria verdadeiro silêncio.

---

[3] U. Holzmeister (ZKT 47, 1923, p. 309-314) afirma de modo persuasivo que Epifânio conhecia a passagem. T. Baarda (NovT 30, 1988, p. 289-296) mostra que Juliano, o Apóstata, conhecia até mesmo várias interpretações dela.

[4] Digo "moderadamente" porque, como van Lopik ("Tekstkritiek", p. 103-104) indica, alguns dos argumentos textuais usados contra a autoria lucana são fracos quando considerados criticamente. A omissão dos versículos em muitos lecionários reflete a aversão bizantina pela repetição litúrgica: Lc 22,43-45a era lido na Quinta-Feira Santa (entre Mt 26,21-39 e Mt 26,40–27,2); quando se tornou costume ler Lc 22,30–23,1 como perícope na terça-feira da última semana antes da Quaresma, Lc 22,43-44 foi omitido para evitar duplicação. A colocação de Lc 22,43-44 depois de Mt 26,39 na família 13 das minúsculas (muitas das quais são lecionários) reflete o arranjo da Quinta-Feira Santa e não é indício real do caráter "instável" da passagem lucana.

No v. 44, há diversas palavras que não ocorrem em nenhuma outra passagem do NT: *agonia* ("agonia"), o comparativo *ektenesteron* ("mais fervorosamente"), *hidros* ("suor") e *thrombos* ("gota"); mas essa estatística talvez se origine do caráter peculiar de um acontecimento descrito só aqui. *Thrombos* e *ektenesteron* também nunca ocorrem no AT grego e *agonia* e *hidros* só ocorrem nele três vezes cada um. Além disso, há outros versículos indubitavelmente genuínos de Lucas com uma alta porcentagem de *hapax legomena* (Lc 6,38; 10,31). Uma construção com *ginesthai* ("estando") é frequente em Lucas, diversas vezes usada participialmente, como aqui, no início de uma sentença, e diversas vezes com *en* ("em"). At 22,17, "estar em êxtase", apresenta um paralelo muito estreito. Quanto a *ektenesteron*, *ektenos* ("fervorosamente") é usado em At 12,5 para uma oração em favor de Pedro, oração que recebe resposta de Deus por meio da aparição de um anjo do Senhor; ver também *en ekteneia* em At 26,7. O verbo *proseuchesthai* ("rezar"), usado aqui, ocorre 19 vezes em Lucas e 16 vezes nos Atos, comparadas a 15 em Mateus e 10 em Marcos. O verbo *agonizesthai*, relacionado com *agonia*, ocorre nos Evangelhos apenas em Lc 13,24. Na segunda metade do v. 44, *egeneto* ("tornou-se") é frequente em Lucas; e Lucas-Atos tem 15 de um total de 21 ocorrências neotestamentárias de *hosei* ("como se"). Embora ocorra 11 vezes em Mateus e 6 vezes em Marcos, *katabainein* ("cair") ocorre 32 vezes em Lucas-Atos, inclusive com o outro único uso participial. De modo geral, então, em estilo e vocabulário essa passagem está mais próxima de Lucas que de qualquer outro autor neotestamentário. Na hipótese de outra pessoa que não Lucas ter composto e acrescentado a passagem, pelo visto teríamos de pressupor uma imitação consciente ou inconsciente do estilo lucano, com o objetivo de fazer a passagem se adaptar ao contexto lucano no qual foi inserida — algo que, em comparação, o copista que inseriu a história da mulher adúltera em Jo 7,53–8,11 não fez. Embora o estilo não resolva a questão, está claro que, do ponto de vista estilístico, a passagem se explica mais facilmente se Lucas a escreveu.

Indícios do modelo de estrutura e pensamento. A cena em Lc 22,40-46 é mais bem entendida com ou sem a passagem? Ehrman e Plunkett ("Angel", p. 413-414) acham que, sem a passagem, eles percebem um quiasmo lindamente equilibrado; esse quiasmo, adaptado e resumido a seguir, é para eles razão convincente para rejeitar a autoria lucana.

a) v. 40: oração sobre *peirasmos*   =   a´) vv. 45c-46: oração sobre *peirasmos*

b) v. 41a: Jesus se distancia dos discípulos   =   b´) v. 45b: Jesus volta para os discípulos

c) v. 41b: ajoelhando-se   =   c´) v. 45a: levantando-se

d) vv. 41c-42: oração ao Pai

Sem querer ser severo (pois de outro modo o artigo de Ehrman e Plunkett é impressionante), julgo que a maior parte da proposta é outro exemplo da exagerada percepção de quiasmos que infesta os meios estudiosos modernos. Refiro-me em especial às partes b, c, d, c´, b´. Em um romance policial em brochura, sem nenhuma pretensão literária, percebemos um quiasmo sem sentido do mesmo tipo: b) a personagem Z entra; c) Z senta-se; d) Z diz alguma coisa; c´) Z levanta-se b´) Z sai. Válido na análise acima de Lc 22,40-46 é Jesus dizer aos discípulos para rezarem a respeito de *peirasmos* antes e depois de sua oração, que é o centro da cena — fato visualmente óbvio sem referência a quiasmo. Ter a oração de Jesus respondida nos vv. 43-44 contribui para a fluência do pensamento ou a atrapalha? É interessante que Gamba ("Agonia", p. 161) percebe uma estrutura quiástica que inclui os vv. 43-44; e Feldkämper (*Betende*, p. 232) afirma que, estruturalmente, o v. 44 é o centro da cena. (Para os que se sentem perplexos com o quiasmo, podemos adaptar assim: [d] vv. 41c-42: oração de Jesus ao Pai; [e] v. 43: resposta do Pai; [d´] v. 44: oração mais fervorosa de Jesus em reação.)

Lucas ressalta as orações de Jesus, dando exemplos não encontrados nos outros Evangelhos.[5] Com essa predileção, talvez ele achasse difícil seguir Marcos em não fazer Jesus receber uma resposta discernível a sua oração a respeito da hora/do cálice. Consequentemente, Lucas voltou-se para outra tradição (ver adiante) que incluía a resposta por meio de um anjo. Nesse caso, a resposta do Pai à oração e o resultante fortalecimento de Jesus para a provação que se aproxima tornam-se centrais — evolução harmoniosa com Lucas fazendo Jesus rezar com sucesso para que Pedro se torne uma fonte de força por meio dessa crise (Lc 22,32). Schneider ("Engel", p. 115) sugere que Lucas se sentiu livre para encurtar a estrutura marcana do Getsêmani, cortando de três para uma as visitas de Jesus aos discípulos ador-

---

[5] Lc 3,21; 5,16; 6,12; 9,18.28-29; 11,1; 22,32; ver Feldkämper, *Betende*.

mecidos, em parte porque queria introduzir os vv. 43-44 da sua tradição especial e, assim, encompridar a análise da oração de Jesus. Brun ("Engel", p. 273-274) afirma que, na Paixão, Lucas nunca encurta Marcos sem compensar pela adição de material especial próprio, e Green ("Jesus", p. 33) apoia e expande seu raciocínio. Incluindo os vv. 43-44, Schneider ("Engel", p. 116) encontra um paralelo entre essa estrutura e a da cena lucana da Transfiguração, onde a oração de Jesus (Lc 9,29) é seguida pela aparição (forma de *ophthe*) de Moisés e Elias (Lc 9,30-31), enquanto Pedro e os outros estavam com muito sono (9,32).

Hipóteses quanto à lógica copista. Teria um copista cristão mais tardio acrescentado ou apagado esta passagem? A pergunta presume que a ação que levou à situação textual atual foi deliberada, pois a passagem é longa demais para ter sido omitida por acidente. Além disso, a motivação para adição ou supressão deve ter sido teológica, pois é improvável que um copista de Lucas a omitisse simplesmente por não encontrá-la em Mateus ou Marcos; na verdade, na segunda metade do século II, quando a passagem já era conhecida por alguns autores e ignorada por outros, todos os copistas talvez ainda tivessem os três Evangelhos para comparação. (Se a harmonização desempenhou algum papel, pode ter sido na inserção da passagem depois de Mt 26,39 na família 13 de mss. minúsculos. Nas leituras públicas, Mateus era usado com mais frequência, por isso era suplementado com passagens dos outros Evangelhos que até então não tinha [ver n. 4 acima e Feuillet, "Récit", p. 398]). Alguns argumentos propostos sob esse título de lógica copista praticamente cancelam uns aos outros. Por exemplo, a ajuda angelical desempenha um papel nas histórias de mártires cristãos do século II, por isso alguns biblistas sugerem que um copista acrescentou a passagem a Lucas para fortalecer a conformidade da morte de Jesus com a dos mártires. Mas outros sugerem que um copista omitiu a passagem porque ela se afastava seriamente do modelo de como o mártir devia morrer, isto é, com serenidade, alegria e certa inacessibilidade à dor (ver Clemente de Alexandria, *Stromata* 4,4; GCS 15,254).

Os que consideram a passagem uma adição lembram que, no século II, havia movimentos gnósticos e docetistas que punham em dúvida a humanidade de Jesus e, por isso, um copista que conhecesse uma tradição do suor sangrento de Jesus talvez a incluísse como um jeito de ressaltar essa humanidade. Justino (*Diálogo* 103,8) e Irineu (*Contra as heresias* III,xxii,2) citam a passagem contra os docetas. Entretanto, podemos especular se tal adição seria eficiente, pois os gnósticos valentinianos, por exemplo, poderiam ter se oposto ao efeito humanizador da cena do Getsêmani (que já em Mateus perturbara e prostrara Jesus) negando que quem estava presente ali era o Salvador (ver *Contra as heresias* III,xvi,1). Além disso, não teria o copista hesitado quanto a acrescentar uma passagem que aparentemente fazia um anjo superior a Jesus, fortalecendo-o? Com certeza seria difícil conciliar tal passagem com as descrições neotestamentárias de Cristo como superior a anjos (Cl 1,18; 2,15.18; Hb 1,4-7.13-14; 2,5-9 — se essas passagens fossem conhecidas). Este último ponto leva a uma razão plausível para o copista eliminar a passagem do modelo de Lucas que ele estava copiando, a saber, medo que essa passagem ajudasse os que contestavam a divindade de Jesus. *Contra Celso* de Orígenes reflete a polêmica judaica e pagã contra o Cristianismo que remonta no mínimo à segunda metade do século II, e Celso (*Contra Celso* II,24) usou a fraqueza de Jesus na cena do Getsêmani, exemplificada na súplica a respeito do cálice, como argumento contra reivindicações de divindade para ele. Epifânio (*Ancoratus* 31,4-5; GCS 25,40) sabia que Irineu utilizou essa passagem de um jeito antidocetista; contudo, explica a situação textual não como adição em razão dessas polêmicas, mas como omissão pelos *ortodoxos*. Realmente, Epifânio (c. 374) pensava na ortodoxia mais tardia que lutava contra a heresia de Ariano, mas sua asserção talvez se reflita em como a "ortodoxia" mais primitiva teria reagido ao perigo de que essa passagem oferecesse munição aos adversários.

Problema do suor sanguinolento. Schneider ("Engel", p. 116) acha que certa rejeição moderna dessa passagem origina-se da falta de confiança no sobrenatural. Entretanto, é preciso ser cauteloso ao julgar o que está descrito nessa passagem. a) Ao decidir se a passagem é ou não lucana, a questão primordial não é a historicidade do acontecimento descrito (o que é muito difícil decidir sem outro indício confirmatório), mas se Lucas a julgaria plausível. Devido ao que Lucas diz em Lc 1,1-4, é de se presumir que Lucas não incluiria o que considerava inacreditável. Holzmeister ("Exempla", p. 74) cita referências da Antiguidade a um suor sanguinolento, por exemplo, Aristóteles, *Historia animalium* 3,19; #10.[6] "Gotas de sangue" era linguagem médica antiga e *katabainein* ("cair") era usado por autores médicos para descrever o aviltamento da disposição. É provável, então, que Lucas e seus leitores achassem plausível o que está descrito em Lc 22,43-44. Holzmeister ("Exempla", p. 75-78) menciona que até nos tempos modernos diversos escritores

---

[6] Aristóteles (*Problemata* 2,31) também menciona suor que acompanha uma agonia.

citam exemplos de suor sanguinolento sem alegar que alguma coisa milagrosa estivesse envolvida. Contribuições médicas por Keen, Arthus e Barbet citam casos de hematidrose, que incluíam intensa dilatação de capilares subcutâneos que estouram nas glândulas sudoríparas. O sangue então coagula e é transportado à superfície da pele pelo suor.

b) É preciso perguntar se a passagem de fato descreve um suor sanguinolento. Acreditem ou não que aconteceu, alguns biblistas respondem afirmativamente;[7] e é assim que Irineu a entendia (*Contra as heresias* III,xxii,2: "Ele [...] suou gotas de sangue"). Contudo, outros, inclusive autores antigos,[8] afirmam que o grego é mais sutil e constitui metáfora ou comparação figurativa: Jesus suou tão profusamente como se sangrasse. *Hosei* ("como se, como") é usado para expressar identidade, por exemplo: "Trata-me como um de teus servos" (*hos*, Lc 15,19; também Lc 16,1). Pode também ser usado para semelhança que não implica em identidade; por exemplo, "línguas como se de fogo" (At 2,3; boa comparação para a passagem em estudo), ou "como se à distância de um arremesso de pedra", três versículos antes (Lc 22,41). Feuillet ("Récit", p. 403) defende a identidade e alega que o sangue, não o suor, caiu na terra; mas "caindo" modifica *thromboi*, "gotas".[9] Portanto, não há certeza se a passagem significa que o suor de Jesus se tornou sanguinolento; pode significar que o suor se tornou tão copioso que correu para o chão livremente, como se fossem gotas de sangue. Na narrativa, não parece que Jesus se enfraqueceu por esse suor e não há indicação de dor. Essa questão do "suor sanguinolento" não constitui argumento contra a autoria lucana.

Embora esteja claro que as provas disponíveis não resolvam a questão de Lucas ter ou não escrito Lc 22,43-44, a meu ver a importância total dos tipos de prova ou argumentação analisados acima favorece a autoria lucana; e, daqui para a frente, escreverei como se Lucas fosse o autor. Vejamos agora como essa passagem de Jesus rezando mais fervorosamente e estando em agonia depois de fortalecido se enquadra na cena lucana total — questão que é pertinente mesmo se um copista a acrescentou, pois é de se presumir que ele achou a passagem apropriada ao contexto.

---

[7] Por exemplo, Strauss, Dibelius (presságio divino).
[8] Por exemplo, Fócio, Teofilacto, Eutímio Zigabeno: PG 101, 991-992; 123,1081; 129,685.
[9] Exceto no Sinaítico e em algumas provas latinas e siríacas onde "caindo" é singular que modifica "sangue". Barbet (*Doctor*, p. 70) traduz *thromboi* como "coágulos" em harmonia com a descrição de hematidrose.

Importância da passagem

Em resposta ao pedido de Jesus (Lc 22,42), "Pai, se desejas, afasta de mim este cálice", um anjo foi enviado do céu para fortalecê-lo: o cálice não será afastado, mas Jesus é fortalecido para bebê-lo. A construção passiva salienta que a iniciativa vem de Deus, literalmente: "Um anjo do céu foi visto por ele [Jesus]" ou "mostrado a ele". Onde Lucas conseguiu tal concepção dramática da ajuda divina?

O anjo. Na cena da tentação (*peirazein*) de Jesus pelo demônio no deserto, Marcos (Mc 1,13) e Mateus (Mt 4,11) relatam que anjos o serviam; Lc 4,13 faz simplesmente o diabo se afastar até o tempo oportuno. Neste capítulo, Lucas chama duas vezes a atenção para a atividade de Satanás entre os discípulos (Lc 22,3.31); e quando o episódio do Monte das Oliveiras chega a seu desenlace, Jesus reconhece a presença do "poder das trevas" (Lc 22,53). Parece que Lucas julga ser esse o tempo oportuno da volta de Satanás para mais tentação/provação (*peirasmos*), e assim coloca aqui o ministério angelical encontrado nos relatos anteriores que Marcos e Mateus fizeram de *peirasmos*. Em Lc 4,4.8.12, Jesus respondeu à provação por Satanás citando o Deuteronômio (Dt 8,3; 6,13.16); agora, Lc 22,43 repete a linguagem do cântico de Moisés em Dt 32,43 (LXX): "Que todos os *anjos* do Senhor se *fortaleçam* nele" (H. Smith, "Acts xx.8").

Lucas talvez fosse incentivado por uma tradição que associava uma resposta angelical à oração que Jesus fez ao Pai a respeito da hora/do cálice. No âmbito das análises evangélicas dessa oração, Marcos descreve o silêncio exterior por parte do Pai e dá a entender que, nesse silêncio, Jesus reconheceu uma recusa que obedientemente aceitou, pois logo depois nós o vemos expressar a firme resolução de enfrentar a hora (Mc 14,41-42). Mateus segue Marcos; porém, mais adiante, durante a prisão (Mt 26,53), o Jesus mateano declara sua certeza de que, se insistisse, o Pai responderia com ajuda angelical: "Pensas que não sou capaz de recorrer a meu Pai, e Ele imediatamente me proverá com mais de doze legiões de anjos?". Em Jo 12,27b, Jesus responde aos próprios devaneios a respeito da oração: ele não pedirá ao Pai para salvá-lo da hora, porque todo o propósito de sua vida foi chegar a essa hora. Ao contrário, ele reza: "Pai, glorifica teu nome". A essa oração, o Pai responde vocal e positivamente, voz que é entendida por alguns como vinda de um anjo (Jo 12,28-29). Assim, aqui como alhures, Lucas fica entre João e Marcos/Mateus. Lucas preserva o silêncio do Pai marcano, mas move-se mais radicalmente além de Marcos que a assistência angelical potencial de Mateus,[10] pois um anjo é realmente enviado. Isso não é tão dramático quanto João, onde o Pai fala; e essa convincente confirmação de Jesus vinda do céu é ouvida publicamente, mas confundida com uma resposta angelical. Lucas tem a intenção de tornar realidade a assistência angelical que é potencial ou mal compreendida nos relatos de Mateus e João. Tal entendimento talvez tenha sido influenciado pelo impacto de *peirasmos* antes, no deserto, onde a tradição tinha anjos que serviam a Jesus.

Veremos adiante que At 7,55-60 realça paralelos entre a morte de Estêvão, o primeiro mártir cristão, e a morte de Jesus. Relatos do comportamento dos mártires cristãos durante a perseguição romana também fazem eco ao comportamento do Jesus lucano. Aschermann ("Agoniegebet", p. 149) e outros chamam a atenção para passagens lucanas que descrevem Jesus como herdeiro dos profetas mártires de Israel (Lc 11,47-51; 13,34; 6,23).[11] Assim, vamos examinar em Lc 22,43-44 elementos que tenham paralelos martirológicos.[12] Comecemos com as histórias dos mártires judeus do período macabeu, quando o rei sírio Antíoco IV Epífanes tentou impor ao povo de Deus as práticas religiosas helenísticas. *Agonia* ("agonia") aparece em 2Mc 3,14.16; 15,19, e uma palavra relacionada, *agon*, ocorre em *4 Macabeus* 13,15; 16,16; 17,11-16. Palavras relacionadas com *ektenos* ("fervorosamente") são usadas em 2Mc 14,38; *3 Macabeus* 5,29; 6,41; Jt 4,9.12. Em *4 Macabeus* 6,6, o mártir Eleazar é descrito como "inundado de sangue"; em *4 Macabeus* 6,11, seu rosto está "banhado em suor"; em *4 Macabeus* 7,8, ele é apresentado como exemplo para os outros defenderem a lei "com o próprio sangue e com o nobre suor em sofrimentos até a morte".

De interesse especial é a evolução do papel do anjo auxiliar na escrita martirológica. Existem, já se vê, exemplos mais primitivos dos temas de fortalecimento e de ajuda angelical, por exemplo, em 1Rs 19,5-8, um anjo deu a Elias alimento

---

[10] Em cenas posteriores (por exemplo, a morte de Judas, em § 29, e nos acontecimentos posteriores à crucificação, em § 43), veremos que, na Paixão, Mateus recorre a uma linha de material popular caracterizado por intensa imaginação. Aqui, o número exuberante de anjos ("doze legiões" = cerca de 72.000) reflete a evolução da tradição dos anjos dentro desse mesmo ambiente popular.

[11] Surkau (*Martyrien*, p. 90) afirma com muita exatidão: "A influência da literatura martirológica é de longe muito mais notável no terceiro evangelista que em Marcos e Mateus" (também Feuillet, "Récit", p. 413-414).

[12] Vimos acima o papel de Dt 6 e 8 quando Jesus responde ao diabo a partir da Escritura na cena lucana da tentação e de Dt 32 (o cântico de Moisés) na apresentação lucana do anjo fortalecedor. O cântico de Moisés foi citado na literatura a respeito dos mártires (2Mc 7,6; *4 Macabeus* 18,18).

fortalecedor; em Sl 91,11-12, citado na tentação de Jesus (Lc 4,10): "Ele te porá aos cuidados de seus anjos para te guardarem [...] te apoiarem".[13] Contudo, o anjo tem proeminência especial em Daniel e, portanto, no ambiente de mártires do período macabeu. Segundo Dn 3,20, três jovens israelitas foram jogados na fornalha ardente por se recusarem a adorar a estátua que Nabucodonosor erigira, mas um anjo do Senhor juntou-se a eles (Dn 3,49, LXX), de modo que até o rei reconheceu que "Deus enviou seu anjo e salvou seus servos" (Dn 3,95, LXX ou 3,28). Segundo Dn 10,16-19, Daniel foi perturbado pelo iminente tempo de ira: "A angústia me domina nesta visão e a força que eu tinha me abandona". Mas o anjo com quem ele falou tocou-o e lhe deu força (Teodocião: *enischyein*, transitivamente).[14] Em *3 Macabeus* 6,18, quando o sacerdote Eleazar está para ser martirizado perante um rei egípcio, Deus responde a sua oração e abre as portas do céu, do qual descem dois anjos.

O tema do anjo leva a histórias de martírio de cristãos que morrem pela fé. No martírio de Estêvão (At 6,15), quando os membros do sinédrio olharam para ele, seu rosto parecia o de um anjo. Em *Martírio de Policarpo* 2,5, ficamos sabendo que, "porque já não eram humanos, mas anjos", os mártires viam mistérios celestes quando olhavam para cima e (*Martírio de Policarpo* 9,1) uma voz do céu fortaleceu Policarpo quando ele entrou na arena.[15] Esse contexto martirológico dá uma ideia da maneira como os leitores lucanos entenderam a presença do anjo fortalecedor na Paixão de Jesus, isto é, como resposta zelosa de Deus a seu servo, que sofria perseguição injusta.

Há quem cogite se, na passagem lucana, o v. 44 segue logicamente o v. 43. Se foi fortalecido pelo anjo, por que Jesus reza mais fervorosamente e por que está em agonia? Entretanto, Brun ("Engel", p. 273) está correto em resistir à tentativa de mudar o v. 44 para antes do 43. Na sequência, em Mc 14,37-38, Pedro, que não é forte o bastante para vigiar e rezar, é exortado a fazê-lo. Se fosse mais forte, rezaria sem ser exortado. Em Cl 1,29, Paulo se angustia *depois* de ser "energizado" por Deus. A sequência lucana de uma primeira oração por Jesus a respeito do

---

[13] Is 42,6 promete o fortalecimento pelo Senhor (LXX: *enischyein*, como em Lc 22,43). Larkin ("Old", p. 253) defende energicamente a influência do servo sofredor nesta passagem de Lucas.

[14] Na história do martírio dos sete irmãos (2Mc 7,6), há referência explícita ao apoio divino, conforme prometido no cântico de Moisés (Dt 32,36).

[15] Em um contexto um tanto mais amplo, *Hermas* (*Similitudes*, 5,4,4) dirige-se a um grupo específico: "Vós que fostes revestidos de força pelo santo anjo e dele recebestes o dom da oração".

cálice e uma segunda oração mais fervorosa depois de ser fortalecido faz perfeito sentido, desde que se entenda que a segunda oração tem um enfoque diferente. Em 22,40, Jesus disse aos discípulos para rezarem a fim de não entrarem em *peirasmos* ("provação", em especial a provação trazida pelas forças do mal); e segundo minha interpretação de Lc 22,41-42, ele próprio rezou para não entrar em *peirasmos*, quando pediu que o cálice fosse afastado de si. A chegada de um anjo do céu (isto é, a presença de um ser celeste, não a visão de alguém no céu) e o consequente fortalecimento dizem a Jesus que ele precisa entrar em *peirasmos*, mas não sem ajuda divina. Sabendo disso, ele reza "mais fervorosamente", mas desta vez com respeito ao resultado de *peirasmos*. O emprego lucano do advérbio ("mais fervorosamente") mais o imperfeito do verbo ("rezava") descrevem uma intensidade interior que se traduz externamente por suor abundante.

A abordagem que acabamos de adotar rejeita implicitamente algumas propostas que foram feitas. A exegese medieval da passagem foi deturpada pela teoria de que Jesus não poderia receber conhecimento da presença do anjo, pois já tinha a visão beatífica do conhecimento inspirado.[16] Sumamente curiosa é a tese de J. Lightfoot (*Opera Omnia*, 1686, 2,561B), de que o anjo era manifestação de Satanás vindo para tentar Cristo. A sugestão, frequentemente ouvida, de que Jesus precisava de fortalecimento porque previu os pecados do mundo não tem apoio no contexto lucano. Relacionado com isso é o argumento de Feuillet ("Récit", p. 402-403), de que aqui Jesus já estava derramando sangue real para a redenção.

A agonia de Jesus. É o assunto central destes versículos lucanos. O artigo sucinto de Paton levanta a questão essencial: nas línguas ocidentais modernas, "agonia" quase sempre significa dor extrema; é essa a ideia do grego *agonia*? Na argumentação contra a autoria lucana desta passagem, é crucial (por exemplo, Ehrman-Plunkett) que Lucas, que evita a descrição de Marcos (Mc 14,33-34) de um Jesus grandemente atormentado, com a alma triste até a morte, jamais descreveria Jesus nessa agonia incontrolável.[17] Paton, porém, enfatiza que o grego *agonia* quase sempre significava o tipo de agonia que o corredor de uma competição atlética sentia pouco antes do início (ver também Neyrey, "Absence", p. 161-166). Originalmente, *agon* significava o lugar de uma competição atlética, e depois, a própria competição. Um paralelo atlético dá uma explicação para o suor abundante que

---

[16] Tomás de Aquino (*Suma Teologica* III, q. 11-12) e ainda de Tuya ("Agonia", p. 554-556).
[17] De fato, Lucas não exclui toda percepção do sofrimento de Jesus: Lc 13,31-33; 22,15.28.37; 24,7.20.26.46.

se segue: o corredor fica tenso para começar a provação e o suor se manifesta por todo o seu corpo. Nessa interpretação, *peirasmos*, ou grande provação, que Jesus agora inicia, se parece com uma competição atlética. Gamba ("Agonia", p. 162) compara o papel fortalecedor do anjo ao do treinador que prepara o atleta; a oração de Jesus é a preparação de última hora. Ao contrário dos discípulos que dormem, Jesus agora está postado na linha de partida.

Feuillet (Récit", p. 401-402) rejeita toda essa abordagem como conjetura curiosa e fantástica. Contudo, *4 Macabeus* compara o mártir Eleazar a um nobre atleta: *4 Macabeus* 9,8 fala do prêmio da virtude a ser obtido depois de severo sofrimento e *4 Macabeus* 11,20 descreve a tortura como "uma competição [*agon*] que condiz com a santidade na qual, por causa de sua piedade, muitos de nossos companheiros foram convocados a uma arena [*gymnasia*] de sofrimento". O uso paulino de metáforas atléticas é também pertinente. Em 1Ts 2,2, Paulo escreve: "Deus nos deu coragem para vos proclamar seu Evangelho em meio a muita oposição [*agon*]"; em 1Cor 9,25, *agonizomenos* equivale a um atleta ou competidor nos jogos; em 1Tm 6,12 e 2Tm 4,7, *agonizesthai agona* significa "combater o bom combate". Na ANÁLISE (§ 11), vamos estudar Hb 5,7-10 como possível paralelo à oração do Monte das Oliveiras; e Hb 6,20 refere-se a Jesus como "precursor", enquanto Hb 12,1 compara a luta cristã a correr a "corrida [*agon*] que está diante de nós". Moffatt ("Exegetica [...] xxii"), que desafia Paton ao alegar que, no grego *agonia*, havia um elemento de medo, vai longe demais ao afirmar que Lucas descreveu Jesus com pavor da morte. Mais exatamente, a abordagem de Paton deve ser considerada consistente com o medo ou tremor do atleta por causa dos elementos imprevisíveis ou inescrutáveis na competição e seu resultado: uma tensão física e psicológica. Em 2Mc 3,16-17, o sumo sacerdote sofre *agonia* de alma que leva a tremor físico; não é por medo da morte, mas por ansiedade quando enfrenta o desastre iminente da profanação do Templo por Heliodoro. Stauffer (TDNT, v. 1, p. 139) escreve sobre *agonia* em termos de uma suprema concentração do poder da pessoa diante do combate iminente. Neyrey ("Absence", p. 160) analisa o emprego de *agonia* por Fílon:[18] A pessoa boa, como um atleta em *agonia*, combate uma *lype* ("tristeza") que destrói a força e o poder. Entendida contra esse pano de fundo, a *agonia* de Lc 22,44 não é a mesma coisa que a alma de Jesus estar muito triste (*perilypos*) em Mc 14,34; é antes uma tensão angustiada preparatória para entrar em *peirasmos*. O Pai

---

[18] *De virtutibus* 5,24; *De praemiis* 26,148; também *agon* em *Quod omnis probus* 21.

não poupa Jesus de beber o cálice, mas o anjo fortalecedor prepara Jesus, de modo que ele se levanta da oração em tensa prontidão para o combate com o poder das trevas que se aproximam (Lc 22,53). O suor que brota e flui tão livremente como se fosse sangue é o sinal visível dessa prontidão para o cálice e sugere martírio (Feldkämper [*Betende*, p. 246-247] lembra que as referências a cálice e sangue na oração e na resposta de Lc 22,42-44 vêm depois de Lc 22,20: "Este cálice que é derramado para vós é a nova aliança em meu sangue".) Jesus adverte e vai mais uma vez advertir os discípulos a rezar para não entrarem em *peirasmos*; mas, pessoalmente, sabendo agora que não pode ser poupado, ele volta à atitude de Lc 12,50: "Tenho um batismo a receber e como estou ansioso até que se complete".

(A bibliografia para este episódio encontra-se em § 4, Parte III.)

§ 9. A oração no Getsêmani, quarta parte: Jesus volta para junto dos discípulos pela primeira vez (Mc 14,37-38; Mt 26,40-41; Lc 22,45-46)

Tradução

Mc 14,37-38: ³⁷E ele vem e encontra-os dormindo e diz a Pedro: "Simão, estás dormindo? Não foste forte o bastante para vigiar uma hora? ³⁸ Continuai vigiando e rezando, a fim de que não entreis em provação". Na verdade, o espírito está pronto, mas a carne é fraca".

Mt 26,40-41: ⁴⁰E ele vem aos discípulos e os encontra dormindo e ele diz a Pedro: "Então não fostes fortes o bastante para vigiar uma hora comigo. ⁴¹Continuai vigiando e rezando, a fim de que não entreis em provação". Na verdade, o espírito está pronto, mas a carne é fraca".

Lc 22,45-46: ⁴⁵E tendo se levantado da oração, tendo vindo aos discípulos, ele os encontrou adormecidos de tristeza; ⁴⁶e ele disse a eles: "Por que dormis? Tendo vos levantado, continuai rezando, a fim de que não entreis em provação".

Comentário

Para Marcos/Mateus, o que analisamos aqui é apenas a primeira das três vezes que Jesus volta e encontra os discípulos dormindo. Para Lucas, entretanto, esta única vez que Jesus vem e encontra os discípulos dormindo termina a oração no Monte das Oliveiras. As subdivisões do episódio estão relacionadas no sumário, antes do § 4.

A conclusão lucana da oração de Jesus (Lc 22,45-46)

Embora este texto de Lucas seja paralelo a Marcos e (apesar de algumas mudanças estilísticas) tenha sido com certeza tirado de Marcos, de modo geral a passagem lucana tem sentido distinto. Em Marcos/Mateus, a oração de Jesus ao Pai não recebe nenhuma resposta perceptível e, assim, Jesus reza mais diversas vezes. Essa luta do Jesus marcano com seu destino e o dos discípulos evolui dramaticamente, ajudando a fazer do episódio da oração no Getsêmani uma unidade com expectativa própria — cena distinta daquela da prisão que virá a seguir. Em Lucas, a oração no Monte das Oliveiras está bastante truncada e leva de modo suave a uma prisão igualmente truncada, de modo que talvez se deva falar de uma única cena lucana que inclui a oração e a prisão. Além de poupar os discípulos, a versão lucana reduzida faz de Jesus a personagem dominante, ressaltada na oração e na prisão. Esse ainda não é o soberano Jesus joanino, mas o Jesus sereno e magistral de Lucas representa um movimento naquela direção, afastando-se de Marcos/Mateus.

O Jesus de Lc 22,45 que vem (ou "volta", como alguns traduzem o *erchesthai* encontrado nos três sinóticos) tem sua oração ao Pai respondida pela dádiva do anjo fortalecedor. Jesus vem "aos discípulos",[1] depois de se ter "levantado" e, assim, terminado sua oração. O ato de se levantar é lucano, não só em vocabulário (*anastas*, particípio aoristo de *anistanai*: 34 vezes em Lucas-Atos, 6 em Marcos, 2 em Mateus, 0 em João), mas também em perspectiva. Os atos de Jesus de se ajoelhar (Lc 22,41) e se levantar são conhecidos dos leitores de Lucas como posições de oração. Os discípulos, entretanto, estão dormindo, o que obviamente não constitui uma posição para rezar, embora lhes fosse dito para rezar (Lc 22,40). Para Marcos/Mateus, dormir significa não vigiar; para Lucas, significa não rezar.[2]

---

[1] Coincidentemente, Lc 22,45 e Mt 26,40 acrescentam essa frase esclarecedora ao vago "ele vem" de Marcos, mas, para Mateus, a frase também tem a função de reunir Pedro e os filhos de Zebedeu ao grupo maior de discípulos deixados para trás por Jesus na chegada ao Getsêmani (também Mt 26,45). No Evangelho, Lucas usa a frase cerca de dez vezes e Mateus tende a acrescentar a Marcos frases a respeito dos discípulos.

[2] Enquanto Marcos/Mateus empregam *katheudein* para "dormir" três vezes na cena do Getsêmani, Lucas usa *koimasthai* ("adormecidos"), em Lc 22,45, e *katheudein*, em Lc 22,46 — um toque de variação elegante. Quanto à importância de dormir, lamento ter de considerar enganosa a sugestão de Daube ("Two [...] Sleeping"), de que os discípulos adormecerem representava o perigo de não ser possível continuar a refeição da Páscoa. O problema não é só que todos os indícios apresentados para isso vêm de mais de 100 anos depois do tempo de Jesus (embora ele ache que Mixná *Pesahim* 10,8 reflete Ex 12,42, "a noite de vigília"). Não há uma única palavra em nenhum Evangelho sinótico *depois da ceia* para lembrar aos leitores que a noite ou o dia da Paixão era a própria Páscoa (ver APÊNDICE II, B2b). Como os sinóticos

§ 9. A oração no Getsêmani, quarta parte: Jesus volta para junto dos discípulos pela primeira vez

Lembramos que, em Lucas, os discípulos *não* recebem uma lúgubre advertência de que se escandalizarão e dispersarão, mas são congratulados pela fidelidade, com uma promessa de tronos celestes (Lc 22,28-29). Eles não viram o próprio Jesus atormentado e angustiado, sua alma muito triste até a morte. Logicamente, então, não está claro por que eles estariam adormecidos "de tristeza". Admitindo a advertência em Lc 22,36-37 de que tinham de estar preparados pois Jesus seria contado entre os criminosos, somos tentados a relacionar a tristeza dos discípulos com a percepção de que agora essa suposição estava se concretizando. Entretanto, Lc 22,38 e 22,49-51 (ver § 14) dão a entender que os discípulos nunca entenderam realmente essa advertência; e, assim, ela dificilmente representaria um papel na reação deles aqui. Skard ("Kleine") lembra que alguns textos antigos (Cícero, *Ep. ad Atticum* 9,10,1) afirmavam que a tristeza privava a pessoa do sono; em resposta, Indemans ressalta que a ideia lucana era de que quando a tristeza fatigara a pessoa, o sono chegava (assim Salústio, *Iugurthinum* 71,2). Mas Lucas não pensa como médico. Recorreu à descrição marcana da alma de Jesus "muito triste" e mudou a tristeza para os discípulos. Embora tenha suprimido a concepção marcana dos discípulos, onde eles tinham razão para se preocupar, Lucas acrescentou essa frase para não parecer que eles são excessivamente culpados por não terem rezado. Na Transfiguração (Lc 9,32), ele relatara que "Pedro e os companheiros estavam com os olhos pesados de sono; mas, tendo acordado, viram sua glória"; nessas circunstâncias, o sono era tolerado. Mas não aqui, e assim Jesus tem de corrigir os discípulos. Lucas faz essa correção não ser um julgamento ao fornecer um motivo perdoável para o sono deles.

Além de concluir a oração de Jesus, seu "tendo se levantado" é sinal de vigor, indicação clara de que a *agonia* e o suor que a acompanhou não eram debilitantes, mas, como explicado em § 8, reflexo da tensão de um atleta agora pronto para entrar na provação. O fato de ser o mesmo "tendo se levantado" usado na diretriz aos discípulos, juntamente com a repetição da ordem para rezar, representa o desejo de comunicar-lhes sua força. (Lembramos sua preocupação em Lc 22,32 de que eles fossem fortalecidos.) Física e espiritualmente, eles precisam estar prontos. A oração deles para não entrarem em provação será concedida desta vez, mas o poder das

---

(com propósitos litúrgicos cristãos simbólicos) identificavam a ceia como refeição pascal, os biblistas buscaram inutilmente conciliar tudo que se segue à ceia com as práticas pascais conhecidas 150 anos depois do tempo de Jesus. Não há nenhuma prova de que os evangelistas pretendiam que seus primeiros leitores entendessem tais referências à Páscoa (quase sempre anacrônicas).

trevas (Lc 22,53) está perto, como parte da hora que se aproxima. (Alguns biblistas [por exemplo, Ott, *Gebet*, p. 89] veem um jogo inclusivo com *eiserchesthai eis*, usado para Satanás "entrando em" Judas, em Lc 22,3, e para "entrar em" provação aqui.) Ouvimos já no versículo seguinte: "Enquanto ele ainda estava falando, vede uma multidão; e o homem chamado Judas [...] vinha à frente dela" (Lc 22,47).

Dormir, vigiar, e o julgamento próximo (Mc 14,37-38a; Mt 26,40-41a)

Passando do relato de Lucas a seu paralelo marcano, descobrimos mais uma vez que os biblistas se preocupam com quanto dele se origina da tradição pré--marcana. Aspectos estilísticos são invocados para soluções diferentes. O início do v. 37 é caracteristicamente marcano: coordenando *kai* mais o presente histórico ("E ele vem e encontra"); contudo, em nenhuma outra parte de Marcos Jesus se dirige a Pedro como "Simão". Para os biblistas mais antigos, esse toque de fala pessoal mostrava que a lembrança dessa cena vinha do próprio Simão Pedro. Em direção oposta, embora pressuponha uma fonte pré-marcana para o contexto estabelecido pelo v. 37, Mohn ("Gethsemane", p. 200) afirma que Marcos introduziu Pedro secundariamente na trama. Grande parte do v. 38 seria útil para a parênese da comunidade, mas Taylor (*Mark*, p. 554) adverte: "O óbvio *tema* parenético de modo algum compromete a tradição". L. Schenke (*Studien*, p. 512-515, 521-522) entende que o tema de vigiar no v. 34 inclui um pedido de amizade, enquanto vigiar no v. 38a é para a perigosa provação (*peirasmos*); portanto, os versículos vêm de mãos diferentes, sendo o v. 34 de redação pré-marcana e 38a de redação marcana! Como vou ressaltar quando eu fizer uma análise mais ampla dessas ideias de composição na ANÁLISE, elas são frágeis demais para serem de ajuda real na interpretação do que Marcos quer dizer.

Deixando o insolúvel sem solução, vou estudar como a fluência dessa narrativa se adapta ao propósito de Marcos. "Os" que Jesus encontra dormindo em Mc 14,37 não estão claramente identificados pelo que se passou antes, daí a necessidade de Mateus e Lucas esclarecerem que eles são "os discípulos". Em certo sentido, os dois outros evangelistas respondem à pergunta que muitos estudos microscópicos do texto fariam a Marcos. Ele se refere aos discípulos deixados em Mc 14,32 para se sentarem e rezarem perto da entrada do Getsêmani, ou a Pedro, Tiago e João, que Jesus levara consigo em Mc 14,33-34 e instruíra: "continuai vigiando"? A escolha de Pedro para abordar no v. 37 e a ênfase em vigiar levam alguns a presumir que esse segundo grupo está em foco, mas, certamente no fim da cena da oração no Getsêmani (Mc 14,41-42), Jesus dá diretrizes de modo mais universal. Talvez a resposta esteja em reconhecer limitações impostas à pesquisa microscópica pelo propósito narrativo de Marcos. Ele separou os dois grupos em Mc 14,32-33 para descrever visualmente o distanciamento progressivo de Jesus dos que seria de se esperar que lhe dessem apoio. Agora, quando uma distinção entre os dois grupos já não serve a seu propósito, Marcos descreve Pedro junto com todos os discípulos.

O enfoque em Pedro nesta cena marcana precisa ser mais uma vez entendido como parte da trama. Pedro disse que não se escandalizaria com Jesus mesmo se todos os outros se escandalizassem (Mc 14,29), e sua bravata levou todos a afirmar que seriam fiéis (Mc 14,31). Portanto, Jesus fala primeiro com ele, como se ele personificasse o fracasso de todos os discípulos. Ao mudar as palavras dirigidas a Pedro do singular para o plural, talvez Mateus esteja suavizando o tratamento abrupto que Marcos dá ao primeiro dos Doze, mas ele também determina o sentido marcano — Pedro não era bastante forte para vigiar uma hora, como também não o eram os outros. (Lucas vai além ao eliminar Pedro do diálogo.) O movimento em Marcos de uma fala por Jesus no singular, no v. 37, para uma fala no plural, no v. 38, é à guisa de continuidade, não de contraste. Nada nos diz a respeito de fontes marcanas diferentes, nem de mudanças editoriais. Depois de apelar a Pedro com respeito a vigiar, Jesus agora apela ao grupo com respeito ao mesmo assunto.

Para alguns (Swete, Kelber etc.), o fato de Pedro ser chamado de "Simão" em Mc 14,37 e lhe ser dirigida a palavra em tom de censura é sinal de que o Jesus marcano já não o julga digno de seu nome apostólico (Mc 3,14.16): "Ele constituiu doze para ficarem com ele [os quais ele também chamou de apóstolos]... e deu o nome Pedro a Simão". Isso é muito improvável. Se Marcos queria fazer tal distinção entre o sentido de "Simão" e "Pedro", por que chama o homem de "Pedro" nesse mesmo versículo e depois continua a chamá-lo por esse nome em cenas que se seguem (14,54.66-72; 16,7)? É muito mais provável que, na tradição petrina dos Evangelhos, a forma comum de Jesus se dirigir a ele fosse "Simão" (Lc 22,31; Mt 17,25; Jo 1,42; 21,15.16.17). Mt 16,17 ("Feliz és tu, Simão, filho de Jonas") deixa claro que esse modo de chamá-lo não tem nada a ver com uma opinião desfavorável desse homem por parte de Jesus. Há apenas duas exceções onde Jesus o chama diretamente de Pedro; uma é Mt 16,18, onde esse nome se torna indispensável, pelo jogo a ser feito associando-o a "pedra"; a outra é Lc 22,34, onde, dois versículos antes, Jesus lhe fala como "Simão, Simão". Ali, quando decide acrescentar um nome ao que ele tira de Mc 14,30, como um toque de elegância Lucas muda para "Pedro".

As palavras-chave na censura a Simão por dormir (v. 37) são: "Não foste forte o bastante para *vigiar* uma *hora?*". No v. 38a, Jesus exorta todos: "Continuai *vigiando e rezando, a fim de que não entreis em provação [peirasmos]*". Já com referência a Mc 14,34 analisamos "Continuai a vigiar" como palavras dirigidas por Jesus a Pedro, Tiago e João antes de suas orações a respeito da hora e do cálice. Analisamos "Continuai rezando para não entrardes em provação *[peirasmos]*" como o paralelo lucano (Lc 22,40) a Mc 14,34. (Essas duas análises estão em § 6 acima.) Analisamos "hora" na oração do Jesus marcano em Mc 14,35 (em § 7 acima). Do princípio ao fim, afirmei que "vigiando", "provação" e "hora" deviam ser entendidos em nível histórico (o que aconteceu a Jesus no Getsêmani, na última noite de sua vida, com a aproximação de inimigos reais, que o prenderiam e mandariam crucificá-lo) e em nível escatológico (o importante período da luta final com o mal para a instituição do Reino de Deus). O fato de aqui "vigiar", do v. 37, se repetir no v. 38a traz o uso marcano ainda mais perto da parábola escatológica em Mc 13,34-37, com sua repetição de "vigiar". E, como seria de se esperar, Jesus faz exatamente o que ele advertiu na parábola que o senhor da casa faria (Mc 13,36): vem de repente e encontra os discípulos dormindo. Mateus não tem a parábola marcana; mas também seus leitores podiam entender o sentido escatológico desse diálogo no Getsêmani lembrando Mt 24,42: "Continuai a vigiar, pois não sabeis em que dia vosso Senhor vem" (também Mt 25,13). A queixa de Jesus por eles não serem "fortes o bastante" (*ischyein*) talvez tivesse o propósito de evocar para os leitores Mc 3,27 (Mt 12,29), isto é, a parábola da luta entre Satanás (o forte) e Jesus (o mais forte) pelo Reino. A adição mateana de "comigo" à vigília de Mt 26,40, além de mais uma vez enfatizar a solidariedade com Jesus (§ 6 acima), repete uma advertência em Mt 12,30: "Quem não está comigo, está contra mim".

Há quem dê a "uma hora" em Marcos/Mateus sentido puramente histórico, a saber, a extensão do tempo que Jesus rezou. Mas o Jesus marcano mal acaba de rezar para que a hora passe dele e, dentro de alguns versículos (Mc 14,41; Mt 25,45), vamos ouvir Jesus proclamar que chegou (perto) a hora para o Filho do Homem ser entregue às mãos dos pecadores. Cercada por essas referências, é provável que, nos dois Evangelhos, "uma hora" também tenha significado escatológico. Essa hora em especial é uma hora de entrar na grande provação, a hora da qual Jesus queria se livrar e a respeito da qual ele continuará a rezar. Quando Jesus quer que eles vigiem essa hora com ele, a referência é mais que a um curto período; é por isso que ele volta diversas vezes para pressioná-los nesse ponto. Os leitores cristãos que estavam acostumados a pensar nas provações de sua existência em dois níveis não tinham dificuldade para entender esses dois níveis do histórico e do escatológico. 1Pd 5,8-10 dá um bom exemplo: "Vigiai! Vosso adversário, o diabo, anda por aí como um leão que ruge [...]. Depois de sofrerdes um pouco, o Deus de toda a graça [...] vai Ele próprio vos restabelecer, firmar e fortalecer".

Ao voltarmos toda a nossa atenção para o plural em Mc 14,38a e Mt 26,41ª, "Continuai vigiando e rezando", descobrimos que, apesar da presciência que Jesus demonstrou em Marcos/Mateus de que todos os discípulos se escandalizariam e dispersariam, ele ainda tem planos e esperanças para eles. Ao dormir, eles deixaram de vigiar enquanto ele rezava, mas Jesus não desiste deles. Lövestam (*Spiritual*, p. 64-67) mostra que a combinação de vigiar e rezar (que não é preservada em Lucas) tem raízes veterotestamentárias nos Salmos (Sl 42,9; 63,7; 77,3) que falam de rezar enquanto se fica acordado à noite, em um ideal atestado em Qumrã (1QS 6,7-8) e alhures no NT (Lc 2,37; At 16,25). Aqui, entretanto, a combinação é ditada não por devoção, nem por ascetismo, mas pela ameaçadora "provação" (*peirasmos*, que já analisamos detalhadamente acima, em § 6, com relação a Lc 22,40). Ao analisar a situação do Getsêmani e usar a linguagem de Qumrã, Lövestam (*Spiritual*, p. 90-99) observa que, ao dormir, os filhos da luz submeteram-se às trevas (à noite) e a sua influência, e assim precisam se conscientizar ainda mais dos perigos da grande provação.

A construção "a fim de que não entreis em *peirasmos*" precisa de comentário especial. Enquanto a ordem bastante parecida em Lc 22,40 empregou *me* mais uma construção infinitiva, aqui os três Evangelhos usam um *hina me* com subjuntivo aoristo.[3] É provável que as duas construções diferentes não assinalem diferença de sentido, pois o *hina*, além de expressar propósito, pode ser usado epexegeticamente para indicar o conteúdo da oração, e esse é o papel do infinitivo que Lucas usou antes.[4] Se *hina* realmente indicasse conteúdo, a coordenação dos dois verbos que

---

[3] De *erchesthai* em Marcos e de *eiserchesthai* em Mateus e Lucas. A segunda concordância mostra a influência nesses dois evangelistas de uma fórmula de oração fixa (observe *eispherein* no pai-nosso), influência mais forte que a de sua dependência de Marcos.

[4] Ver o debate sobre Mc 13,38a entre C. J. Cadoux (JTS 42, 1941, p. 172), que defende uma força de imperativo para *hina*, e H. G. Meecham (JTS 43, 1942, p. 180).

o governam, "vigiar" e "rezar", teria então uma nuança ligeiramente característica: não entrar em provação seria o propósito de vigiar e o objeto de rezar.

A insistência da ordem explica-se pela sequência a seguir. A oração de Jesus para não ter de entrar em provação (em termos da hora e do cálice) não foi respondida afirmativamente. Os discípulos não foram capazes de vigiar (com ele: Mateus) enquanto ele fazia essa tentativa devota. Se ele precisa entrar em *peirasmos* (e ele vai rezar mais a esse respeito em Marcos/Mateus), o comprovado despreparo dos discípulos torna imprescindível que não entrem em provação agora. Kelber ("Mark 14") afirma que essa oração para ser poupado não está de acordo com o entendimento apocalíptico da cena, pois Mc 13,13 insiste que "quem perseverar até o fim será salvo". Mas Mc 13,20 não deve ser esquecido: "Se o Senhor não encurtasse os dias, ninguém seria salvo". A grande provação é inevitável e ameaçadora; contudo, há uma incerteza quanto à maneira como os indivíduos participam, e assim a oração para ser poupado não é inconsistente. O mesmo pai-nosso que ensina aos seguidores de Jesus a dizer com intensidade escatológica "Que o teu reino venha", ensina-os também a dizer "Não nos deixes cair em *peirasmos*", embora o Reino não venha sem a grande provação. No altamente apocalíptico livro do Apocalipse (Ap 3,10), ouvimos: "Já que guardaste minha palavra de resignação, também eu te guardarei da hora de *peirasmos*, que está para vir sobre todo o mundo, para pôr à prova [*peirazein*] os que habitam a terra". Se Deus pode adaptar dessa maneira, então a ordem de Jesus aos discípulos faz perfeito sentido no contexto parcialmente apocalíptico do Getsêmani.

Espírito e Carne (Mc 14,38b; Mt 26,40-41b)

As palavras de Jesus aos discípulos continuam em Mc 14,38b (e Mt 26,41b, que é idêntico): "O espírito está pronto, mas a carne é fraca [*asthenes*]". Digna de nota é a antiga citação dessa passagem como um dito do Senhor em Policarpo, *Filipenses* 7,2. Ali, o contexto é de evitar a heresia e o anticristo (ecos de 1Jo 4,2-3; 2Jo 7), de ser sensatos, "dados à oração" (1Pd 4,7), e de súplica: "Não nos deixes cair em *peirasmos*" (pai-nosso). Também digno de nota é *Hermas, Mandamentos* 4,3,4: o Senhor conhecia "a fraqueza [*astheneia*] dos seres humanos e a astúcia do diabo". Quanto a esse contexto, L. Schenke (*Studien*, p. 521-523), para quem Mc 14,38a é adição marcana, acha que 38b combina bem com 37. Linnemann (*Studien*, p. 11) acha que nada dessa instrução espírito/carne se adapta ao contexto do Getsêmani e, assim, não é original aqui. Kelber ("Mark 14", p. 183) considera-a o verdadeiro motivo da advertência para vigiar e rezar: "não a proximidade do *kairos*, mas a fraqueza da carne". Como vai ficar evidente, acho que o v. 38b pode ser lido de forma bastante plausível no contexto marcano (plausibilidade, evidentemente, não significa necessariamente que foi originalmente falado aqui) e discordo da abordagem ou/ou de Kelber: o motivo para vigiar e rezar é a proximidade de *peirasmos*, o que é mais perigoso por causa da fraqueza da carne.

Quanto ao dito em si, como este é o único caso sinótico do contraste espírito/carne (ver Jo 6,63) e o único uso marcano dos dois adjetivos que o acompanham, muitos biblistas (por exemplo, Bousset, Holtzmann, Pfleiderer) estavam seguros de que o aforismo vinha de círculos helenísticos, talvez por meio da teologia paulina (Hauck, W. L. Knox, Swete). Com a descoberta dos Manuscritos do Mar Morto, a opinião oposta, de que a base para o contraste espírito/carne era semítica, tornou-se agora quase universal. Para o AT e a maior parte do Judaísmo intertestamentário, espírito e carne não são partes do ser humano como alma e corpo, mas o ser humano todo, considerado sob dois aspectos diferentes. "Espírito" é empregado para Deus, os anjos e os seres humanos — mas os últimos, em suas funções mais elevadas, como sentir, pensar e querer. "Carne" aplica-se a seres humanos e animais, e representa as pessoas em seus aspectos tangíveis, perecíveis e terrenos. No AT, "carne" sugere fraqueza, mas não pecaminosidade.

Os Manuscritos do Mar Morto acrescentam novos elementos.[5] No contexto de Qumrã sobre a batalha escatológica entre as forças do bem e do mal, entre o Espírito de Verdade e o Espírito de Iniquidade, a carne (que em si não é má, pecaminosa, grosseiramente sexual, nem oposta a Deus) muitas vezes é o canal pelo qual o Espírito de Iniquidade ataca, põe à prova, tenta ou domina o indivíduo. Há membros da comunidade que têm a vida governada pelo Espírito de Verdade, mas que tropeçam por causa da carne (1QS 11,12).

Voltando-nos para a declaração marcana, não encontramos ali a antítese aperfeiçoada entre espírito e carne vislumbrada em Paulo, que a usa para contrastar

---

[5] Contudo, é preciso ler cuidadosamente em sequência os estudos de Qumrã por Kuhn, Huppenbauer, Davies e Flusser (BIBLIOGRAFIA DA SEÇÃO, § 4, segunda parte) para reconhecer uma nuança crescente nas afirmações dos biblistas sobre "a" teologia de Qumrã de espírito/carne. Há vários sentidos dados a esses termos em Qumrã, do mesmo modo que no NT, e não há indícios de que o uso marcano dependa diretamente de Qumrã.

o poder divino e a fraqueza humana. Marcos não se aproxima, por exemplo, de Rm 8,9, onde a carne é tão hostil a Deus que Paulo diz aos fiéis em Cristo: "Vós não estais na carne, mas no espírito". Os discípulos aos quais Jesus se dirige estão sob a influência do espírito e da carne. O "espírito pronto" marcano não é o Espírito Santo dado aos cristãos por Jesus ou Deus depois da ressurreição.[6] É o espírito humano, pelo qual as pessoas são levadas a fazer o que está em harmonia com o plano de Deus. Não está longe do que é descrito em 1QH 13,18-19: "Sei pelo espírito que me destes [...] que todas as tuas obras são justas e que não voltarás atrás em tua palavra".[7] A carne é característica de todos (1QH 18,23 a põe em paralelismo com ser nascido de mulher) e, na declaração marcana, ela não é satânica, nem um impulso para o pecado — do contrário, Jesus não se queixaria de que a carne é fraca. Mas é o meio pelo qual Satanás se move para afastar as pessoas do plano de Deus; representa a vulnerabilidade do ser humano.

Muitos comentaristas acreditam que, como esse dito é dirigido por Jesus aos discípulos, refere-se só a eles. Entretanto, o próprio Jesus está confuso, enquanto reza e enfrenta *peirasmos*; ele quer que vigiem e rezem para acompanhá-lo. Uma interpretação de "o espírito está pronto, mas a carne é fraca" não deve excluir Jesus. (Assim, Lucas tinha dupla razão para omitir a frase.) "Pronto" (*prothymos* = hebraico *nadib*) é usado em 1Cr 28,21 e 2Cr 29,31 para os que estão prontos no conhecimento e ansiosos pelo serviço litúrgico. Sl 51,14 pede a Deus para sustentar no salmista "um espírito pronto" (LXX: *hegemonikos*, "dominante"), que no contexto parece significar um espírito firme, que está em santo alinhamento com os planos de Deus. Em Rm 1,5, "pronto" descreve a ansiedade de Paulo para pregar o Evangelho em Roma. Antes, Jesus estava pronto no sentido de estar ansiosamente determinado a seguir a vontade de Deus bebendo o cálice (Mc 10,38-39); na verdade, na ceia ele tomara um cálice de vinho e o identificara como seu sangue que já estava sendo derramado por muitos (Mc 14,23-24). Os discípulos estavam prontos: Pedro (a quem Jesus se dirige especificamente nesta cena) disse: "Mesmo que todos se escandalizem, contudo eu não" — e todos disseram a mesma coisa (Mc 14,31). Mas, agora, Jesus experimenta a fraqueza da carne, isto é, o tormento,

---

[6] A meu ver, Phillips ("Gethsemane", p. 58), que segue Schweitzer, está errado neste ponto: aqui, não há oração "para o Espírito vir". A oração diz respeito à carne; Jesus e os discípulos já têm um espírito pronto.

[7] Como o espírito humano é dado por Deus, às vezes, no Judaísmo pós-exílico, as linhas de distinção entre o Espírito de Deus e o espírito humano nem sempre eram claras.

a angústia e a tristeza até a morte (Mc 14,33-34), que o fazem pedir ao Pai que esta hora passe e este cálice seja afastado. Aqui, estamos muito perto da atmosfera de Hb 5,7 (ver ANÁLISE), onde "nos dias de sua carne", Jesus reza com um forte grito e lágrimas para ser salvo da morte — situação que Hb 4,15 identifica como compartilhar nossas fraquezas (*astheneia*) e ser posto à prova (*peirazein*). Sabendo que sua fraqueza humana pode ser usada por Satanás, que é o forte (Mc 3,27), como arma na tribulação ou provação, Jesus lida com a fraqueza de sua carne rezando ao Pai: "Mas não o que eu quero, mas o que tu (queres)" — novamente na linguagem de Hebreus (Hb 5,8): "Mesmo sendo Filho, aprendeu obediência por meio do que sofreu". Os discípulos cedem à fraqueza da carne dormindo, e estão tão fracos que precisam rezar para evitar serem apanhados na provação do Filho de Deus, ou podem ser destruídos. (Lucas expressou tudo isso em Lc 22,31-32: "Simão, Simão, vê, Satanás pediu permissão para vos pôr à prova como trigo. Mas rezei por ti, para que tua fé não desapareça".) Para os leitores cristãos, tudo isso é um apelo para ser realista: ansiosos para ver a vinda do Reino, devem estar cônscios do perigo da provação que precede e de sua fraqueza, da qual o poder do mal vai se aproveitar.

(A bibliografia para este episódio encontra-se em § 4, Parte II.)

§ 10. A oração no Getsêmani, quinta parte: Jesus volta para junto dos discípulos pela segunda e pela terceira vez (Mc 14,39-42; Mt 26,42-46)

Tradução

Mc 14,39-42: ³⁹E novamente tendo se afastado, ele rezou, dizendo a mesma palavra.⁴⁰ E novamente tendo vindo, encontrou-os dormindo; pois seus olhos estavam muito pesados e eles não sabiam o que lhe deviam responder.

⁴¹E ele vem pela terceira vez e diz a eles: "Continuais, então, dormindo e descansando? O dinheiro foi pago; chegou a hora; vede, o Filho do Homem é entregue às mãos dos pecadores. ⁴²Levantai-vos; vamos; vede, aquele que me entrega aproxima-se".

Mt 26,42-46: ⁴²Novamente, uma segunda vez, tendo se afastado, ele rezou, dizendo: "Meu Pai, se não é possível que isto passe se eu não bebê-lo, seja feita a tua vontade". E tendo vindo novamente, encontrou-os dormindo, pois seus olhos estavam pesados.

⁴⁴E tendo-os deixado, novamente tendo se afastado, rezou uma terceira vez, dizendo a mesma palavra novamente. ⁴⁵Então ele vem aos discípulos e diz a eles: "Continuais, então, dormindo e descansando? Vede, a hora se aproxima e o Filho do Homem é entregue às mãos de pecadores. ⁴⁶Levantai-vos; vamos; vede, aproxima-se aquele que me entrega".

[Jo 12,23: "A hora chegou a fim de que o Filho do Homem seja glorificado". 14,30-31: ³⁰"... Pois o Príncipe do mundo está vindo... ³¹mas como o Pai me ordenou, assim eu faço. Levantai-vos; vamo-nos daqui".

Comentário

Esta seção termina a análise da oração de Jesus no Getsêmani em Marcos/Mateus, a primeira cena do Ato Um da NP. (João não tem nenhuma oração aqui e o segmento de oração da cena lucana no Monte das Oliveiras terminou com a seção anterior.) Nela, uma segunda e uma terceira vez, Jesus se afasta, reza e volta, e encontra os discípulos dormindo. As subdivisões de nossa análise estão relacionadas no Sumário, antes do § 4.

O lugar deste episódio na estrutura da cena

Há quem considere o fato de Jesus se afastar dos discípulos, rezar e voltar até eles *três* vezes (mais claramente em Mateus que em Marcos) uma explicação para a estrutura da cena ou para a origem do material. Se começarmos com a estrutura, poderemos organizar toda a cena de oração em Marcos/Mateus em um padrão de três? No início do § 6, chamei a atenção para um padrão indicado pelos seis verbos de movimento dos evangelistas, três antes de Jesus rezar e três depois:[1] #1. Jesus e os discípulos vêm à propriedade; e ele faz os discípulos sentarem-se ali (Mc 14,32), enquanto ele se afasta (Mt 26,36).

#2. Jesus toma consigo Pedro, Tiago e João e os faz permanecer (Mc 14,33-34; Mt 26,37-38).

#3. Jesus vai um pouco mais adiante e *reza* sozinho (Mc 14,35-36; Mt 26,39).

#4. Jesus vem aos discípulos pela primeira vez (Mc 14,37-38; Mt 26,40-41).

#5. Jesus vem aos discípulos pela segunda vez (Mc 14,39-40; Mt 26,42-43).

#6. Jesus vem aos discípulos pela terceira vez (Mc 14,41-42; Mt 26,44-46).

Embora o padrão tenha valor, a simetria não é perfeita. Observe que, em #1, é Mateus quem mais explica a continuação do movimento. Em #5, é Mateus quem menciona a "segunda vez", e essa frase modifica realmente o ato de se afastar e rezar, em vez da vinda (da volta). Em Marcos, só por dedução ficamos sabendo que, entre #5 e #6, Jesus se afastara novamente para rezar, algo que Mateus mais

---

[1] F. Martin ("Literary", p. 582-587) proveitosamente chama a atenção para o papel dos verbos de movimento como fator classificador; mas, em minha opinião, sua divisão quádrupla, que aglomera em um único segmento (Mc 14,32-36) os três primeiros verbos antes de Jesus rezar, não faz justiça ao equilíbrio marcano.

uma vez explica. Contudo, o apelo inteligente a um padrão de três movimentos de Jesus para a frente, a fim de rezar, e três movimentos para trás, em direção aos discípulos, depois de rezar, ajuda-nos a perceber que a oração que focalizou a decisão de Jesus quanto à hora/ao cálice é o centro da cena. Trabalhando com Mateus, Gnilka (*Matthäus* v. 2, p. 409) observa que o *tote* ("Então") significativo ocorre em Mt 26,36.38.45.

Isso sugere uma divisão de Mateus em:

26,36-37: Jesus chega com os discípulos e toma consigo Pedro e os dois filhos de Zebedeu.

26,38-44: Jesus reza três vezes, com ênfase crescente na vontade de Deus.

26,45-46: Jesus vem aos discípulos pela última vez e lhes dá instruções.

Esse arranjo está próximo do objetivo da cena mateana, mas observe que o fato de Jesus encontrar os discípulos dormindo agora tem apenas importância secundária.

Outros encontram neste episódio a explicação para as origens do material. Na ANÁLISE (§ 11), vou examinar a abordagem de duas fontes para a oração no Getsêmani. Em especial, julga-se que este episódio, com várias idas e vindas, resulta da combinação de dois relatos diferentes, cada um dos quais tinha uma ida e vinda. Outros afirmam que uma única ocorrência de rezar e voltar, e encontrar os discípulos adormecidos, foi ampliada para criar três. Um fator é que Lucas tem apenas um incidente. Contudo, como indicamos acima, é mais provável que Lucas esteja simplificando, a fim de evitar repetir o que possa parecer embaraçoso para Jesus e os discípulos. Ao julgar tudo isso, é preciso primeiro estar atento àquilo que o evangelista relata. Em Marcos, não há três orações, mas sim duas, e não é dada nenhuma atenção numérica para o ato de rezar. O que Marcos conta imperfeitamente ("terceira", em Mc 14,41, mas não segunda) é o fato de Jesus vir e encontrá-los dormindo; assim, a ênfase marcana está no fracasso dos discípulos para lutar ao lado de Jesus. É Mateus quem aperfeiçoa o padrão de três ao contar três orações e fornecer uma redação para a segunda. Talvez isso se desenvolvesse na mente ou tradição do evangelista a partir de um padrão judaico de rezar três vezes que foi incorporado ao Cristianismo.[2] A proclamação do Reino no poder por Jesus significava

---

[2] Por exemplo, Sl 55,18 (de tarde, de manhã, ao meio-dia); Dn 6,11(10); 2Cor 12,8; *Didaqué* 8,3. Ver § 40, #5 adiante.

que ele capacitava seus seguidores para rezar àquele que ele chamava Pai; mas os leitores mateanos ficaram sabendo pela cena do Getsêmani que Jesus era também o modelo de como rezar intensamente. O Jesus que emerge da cena não é estóico, nem fanático. O número de vezes que se retira para rezar mostra que ele vai para a morte somente quando fica claro que Deus o quer (Gerhardsson, "Jésus", p. 216).

Quanto à situação pré-marcana, embora essa história pudesse ter existido, não vejo nenhuma razão para pensar que existisse sem um padrão de várias vindas até os discípulos. Isso é sugerido pelo estreito relacionamento com Mc 13,33-37, onde o senhor da casa poderia chegar em qualquer um de quatro momentos e encontrar os servos adormecidos. Há um caráter altamente parabólico no modo de Jesus lidar com os discípulos no Getsêmani, e a repetição dá uma ênfase que é essencial para o motivo pelo qual a história está sendo contada. Mateus mudou o objetivo para um padrão de *oração* tripla; mas, para analogias com Marcos, ver 1Sm 3,2-8, onde Samuel é chamado três vezes e só na terceira vez Eli entende, ou 1Sm 20,20-22.35-39, onde Jônatas repete as instruções a respeito da flecha três vezes, para ter certeza de que Davi entenderá. (Exemplo do que acontece sem a repetição é dado pelo truncamento de Lucas, que perdeu o valor parabólico.) Em Marcos, os três fracassos dos discípulos estão lindamente equilibrados com as três negações de Pedro, a serem narradas logo; e ambas apresentam uma advertência para os cristãos.

Segunda ocorrência de partida, oração e volta (Mc 14,39-40; Mt 26,42-43)

Seja qual for a origem deste episódio, há uma quantidade considerável de "estilo marcano" em Mc 14,39. Marcos é o responsável por um quinto dos usos neotestamentários de *palin* ("novamente") e ele usa com frequência determinada a combinação *kai palin*, que inicia os vv. 39 e 40. Há quem chame de marcana a deselegância de um duplo particípio no curto v. 39. Na verdade, a última frase, "dizendo a mesma palavra", falta no Códice de Beza e na OL, de modo que biblistas como Cranfield, Taylor e Wellhausen consideram-na uma glosa. Entretanto, há bons argumentos para considerar a frase genuína (assim MTC, p. 114). Por exemplo, o uso de *logos* ("palavra") para ditos de Jesus é frequente em Marcos (Mc 4,33; 8,32.38; 9,10; 10,24), de modo que o suposto glosador teria de se dar ao trabalho de imitar Marcos. Além disso, vemos o mesmo padrão nas negações de Jesus por Pedro em Mc 14,68a.70a: uma primeira negação, que consiste em uma

§ 10. A oração no Getsêmani, quinta parte: Jesus volta para junto dos discípulos pela segunda e pela terceira vez

declaração direta por Pedro, e uma segunda, que consiste em: "Mas novamente ele o negava", sem palavras citadas especificamente. Mateus sabia da existência desta frase a respeito de "dizendo a mesma palavra" em Mc 14,39, pois, embora a omita aqui, adotou-a literalmente para a terceira oração de Jesus em Mt 26,44. Quanto à autenticidade marcana da frase, então, é provável que copistas que consideraram Mateus fidedigno a tenham omitido de Marcos porque em Mateus Jesus não diz a mesma palavra em sua segunda oração.

Na verdade, aqui é preciso elogiar Mateus (Mt 26,42) por ter ampliado o desenxabido v. 39 de Marcos com habilidade teológica para formar uma segunda oração. O "uma segunda vez" de Mateus é literalmente o mesmo que a descrição marcana do galo que canta "uma segunda vez" (Mc 14,72), e Mateus não usa a frase ali (Mt 26,74). Da oração marcana para que a hora passe (Mc 14,35), Mateus mais uma vez tirou a frase "se é possível"; mas, enquanto quando Jesus rezou a primeira vez a respeito do cálice Mateus deixou essa condição afirmativa, agora ele a faz negativa. Seu "se não é possível" sugere que Jesus começa a interpretar o silêncio de Deus em face da primeira oração como sinal de que Deus não afastaria dele o cálice. Talvez isso também seja sugerido na condição: "se eu não [*ean me*] bebê-lo".[3] O centro da segunda oração pelo Jesus mateano, "Seja feita a tua vontade", é citação literal da forma mateana do pai-nosso (Mt 6,10). Se Jesus está sendo apresentado como modelo de oração, essa oração é pronunciada em total obediência a Deus, mesmo quando é provável que a resposta seja negativa.

Em Mc 14,40, lemos que "novamente tendo vindo" (outro *palin*, omitido pelo Códice de Beza), Jesus encontrou-os dormindo. Com referência a Mc 14,37, comentei que alguns biblistas queriam entender *erchestai* por "volta"; evidentemente, a mesma tendência existia na Antiguidade, pois uma variante amplamente atestada na tradição do texto *koiné* desse versículo diz: "E tendo retornado (*hypostrephein*), ele os encontrou novamente dormindo". Do mesmo modo que não forneceu nenhuma palavra para a segunda oração de Jesus, Marcos não relata nenhuma segunda palavra de Jesus para os discípulos. Para Marcos, o tema principal não é a reação de Jesus, e sim o fato de os discípulos dormirem. (Embora fornecesse palavras para a oração de Jesus, Mateus não fornece palavras de Jesus para os discípulos; aqui, a concisão

---

[3] BSSNT 1 (p. 139-140) afirma que o grego deve ser traduzido não como frase condicional forte, mas como praticamente equivalente a "a menos que eu deva bebê-lo", o que reflete o exceptivo hebraico *'al*. O efeito seria a maior subordinação à frase principal sobre a vontade de Deus.

marcana convém a Mateus, pois ele não está interessado em ampliar a fraqueza dos discípulos.) Obviamente, "dormir" tem importância simbólica além de física; deixa os discípulos despreparados para *peirasmos*, que está cada vez mais perto.

A frase em Mc 14,40, "pois [*gar*][4] seus olhos estavam muito pesados" (= Mt 26,43)[5] é construção perifrástica que consiste no imperfeito do verbo "estar" mais um particípio presente.[6] Entretanto, Turner (JTS 28, 1926-1927, p. 349-351) duvida que essa construção significasse mais para Marcos que o imperfeito comum. Na presente cena, o que essa descrição reforça? É o fato de que "seus olhos estavam muito pesados" desculpa para o comportamento dos discípulos em Marcos? O "adormecidos de tristeza" lucano (Lc 22,45) representa uma interpretação nessa direção. O fato de Mateus omitir a frase marcana seguinte ("e eles não sabiam o que lhe deviam responder") talvez signifique que também ele considerava os olhos pesados um fator de desculpa (Gnilka, *Matthäus* v. 2, p. 413). Mas é provável que, para Marcos, "olhos pesados" sejam um exemplo da fraqueza da carne. Gn 48,10 diz que os olhos de Jacó/Israel estão pesados por causa da idade, o que é exemplo de fraqueza.

Marcos complementa o peso de seus olhos com a observação de que eles não sabiam o que lhe deviam responder. Linnemann (*Studien*, p. 25.27) baseia-se em "responder" e pressupõe que Jesus deve ter dito alguma coisa; assim, ela quer mudar "Continuais, então, dormindo?" do v. 41 para o meio do v. 40, antes da declaração! K. G. Kuhn ("Jesus", p. 273) afirma que "responder" tem aqui o sentido amplo do '*anâ* hebraico, que significa "falar", por isso Marcos relata que os discípulos não tinham ideia do que falar a Jesus. De modo mais simples, Marcos provavelmente quer dizer que a volta de Jesus, que encontra a situação inalterada, era em si uma censura implícita ao que os discípulos responderiam se soubessem como. Há um paralelo na cena marcana da Transfiguração (que produz o costumeiro debate quanto a que passagem marcana é a original). Em Mc 9,5-6, quando Pedro reage à aparição de Elias e Moisés falando com Jesus e oferecendo-se para fazer três

---

[4] As frases com *gar* em Marcos são o assunto de um estudo especial por C. S. Bird, JTS NS 4, 1953, p. 171-187. Elas aludem a algo já conhecido.

[5] Marcos usa um particípio presente de *katabarynein* ("fazer vergar fortemente com o peso"), forma intensiva de *barynein*, que substituía o *katabarein* mais clássico. Mateus, que muitas vezes prefere o verbo simples ao composto, usa um particípio perfeito de *barein* que não é tão forte.

[6] Taylor (*Mark*, p. 45) dá a estatística dessas construções perifrásticas como 16 vezes em Marcos, 3 em Mateus, 28 em Lucas, 10 em João.

tendas, Marcos comenta depreciativamente: "pois [*gar*] ele não sabia o que dizer, pois [*gar*] eles estavam muito amedrontados". Esse paralelo sugere que, em Mc 14,40, a fragilidade humana e a má compreensão dos discípulos são ressaltadas.[7]

Terceira ocorrência e palavras de Jesus aos discípulos (Mc 14,41-42; Mt 26,44-46)

Mc 14,41 revela a falta de interesse do evangelista em um padrão numérico exato: Jesus vem (de volta) pela terceira vez, sem nos ter sido contado que ele havia se afastado para rezar. Ordenadamente, Mt 26,44 preenche a lacuna e usa nesta terceira ocorrência parte do fraseado que Marcos empregou na segunda ocorrência, incluindo literalmente o "dizendo a mesma palavra" marcano (Mc 14,39). A adição mateana de "novamente" no fim daquela frase deve ter intrigado os escribas, pois poderia subentender que o Jesus mateano dissera a mesma palavra antes, o que ele não fizera. (É provável que, para Mateus, o "novamente" se referisse ao conteúdo da oração.) É por isso que "novamente" teve ampla omissão na tradição textual *koiné*. Em um movimento em harmonia com os interesses mateanos, Mateus liga à oração de Jesus a enumeração "uma terceira vez", que Marcos liga ao fato de Jesus voltar e falar "a eles" sobre dormir. A coordenação marcana em Mc 14,41 com tempos presentes históricos ("E ele vem [...] e [ele] diz") mostra um estilo fortemente narrativo, enquanto o "Então" mateano em Mt 26,45 ajuda a dividir os dois elementos no terceiro episódio: afastamento para rezar; então volta para encontrar os discípulos dormindo. O "Então" mateano também é divisor da principal cena de oração para indicar que esta é a última vinda de Jesus e suas últimas palavras. O "a eles" marcano é corretamente interpretado por Mateus como "aos discípulos"; mas o uso reiterado de "discípulos" em Mt 26,40.45.56 tem o efeito de enfatizar que, apesar dos defeitos, os seguidores de Jesus não perderam a identidade, embora o abandono do termo por Marcos represente um comentário implícito da maneira como eles agem — não como discípulos.

Contestação sobre dormir e descansar (Mc 14,41). Tem havido muita discussão dos biblistas sobre as palavras do Jesus marcano a "eles": *katheudete*

---

[7] Se compararmos Mc 14,40 com a cena da Transfiguração em Lc 9,32, teremos: "Pedro e os que estavam com ele estavam pesados [particípio perfeito de *barein*, como no relato mateano do Getsêmani] de sono, mas continuaram atentos [ou acordados]". (Com referência a § 9, nota 2, na Transfiguração, estar "atentos" claramente nada tem a ver com os requisitos da Páscoa). Lc 9,33 descreve Pedro como "sem saber o que estava dizendo". Será que Lucas, ao ver a ligação entre a Transfiguração marcana e a cena marcana no Getsêmani, tirou detalhes desta última para sua descrição da primeira?

to loipon kai anapauesthe apechei. O grego contém construções e expressões que são embaraçosamente obscuras. É confortador saber que, aparentemente, Mateus já se sentiu confuso, pois, em Mt 26,45, ele omite o muito difícil *apechei* e relata apenas *katheudete loipon kai anapauesthe*.[8] O sentido básico dos verbos na segunda pessoa do plural *katheudete* e *anapauesthe* como "dormir" e "descansar"[9] é claro. O que é incerto é em qual dos três modos os verbos são usados: 1) *indicativo*, que seria a tradução normal das formas, a menos que haja razão para supor outra coisa; é provável que aqui houvesse um toque de exclamação: "Estais dormindo [...] e descansando!"; 2) *interrogativo*, com um toque de ironia (Bratcher, Goodspeed, Holleran, Jannaris, Kilpatrick, Klostermann, Manson, Moffatt, Schenke, Taylor): "Estais dormindo [...] e descansando?"; 3) *imperativo* (KJ, Lagrange, Léon-Dufour, Swete, Vulgata, Weymouth): "Dormi [...] e descansai". Há quem acrescente um toque de compaixão aos imperativos (Agostinho, Crisóstomo, Bengel): "Dormi agora se puderdes; descansai"; outros interpretam os imperativos como o ato de Jesus desistir dos discípulos com raiva. Certamente, nesse contexto do Getsêmani, Marcos usa o imperativo: "Continuai vigiando e rezando" (Mc 14,38); "Levantai-vos; vamos", em Mc 14,42. Às vezes, para conciliar os dois, há quem sugira que, em uma pausa feita entre as duas declarações, Jesus levantou os olhos e, de repente, avistou Judas vindo (ver "E imediatamente, enquanto ele ainda estava falando", em Mc 14,43). Deixando de lado essa diretriz de cena não escrita, muitos biblistas (Aars, Boobyer, Gnilka, Jannaris) rejeitam a tradução no imperativo como impossível ou implausível. Quanto às outras duas traduções, há pouca diferença entre um indicativo que expressa exasperação e um interrogativo; assim, essa extensão de sentido deve ser preferida. A interpretação lucana em Lc 22,46 ("Por que dormis?") é a mais antiga tentativa preservada de interpretar Mc 14,41; pende a balança a favor de um interrogativo.

A incerteza quanto ao sentido de *(to) loipon* complica a questão.[10] Como um adjetivo ou substantivo *loipos* descreve o que resta ou foi deixado de lado, o outro ou o último de uma série (às vezes pejorativamente; ver Cavallin, *"Loipon"*, p. 130-131). Nosso interesse primordial está no uso adverbial de *(to) loipon* — clas-

---

[8] Não há *to* antes de *loipon* nos rescritos de Mateus dos Códices Vaticano e Efrém; há um *to* em P^{37} e nos Códices Sinaítico, Alexandrino, de Beza e em grande parte da tradição *koiné*.

[9] No contexto não escatológico de Mc 6,31, Jesus usa *anapauein* para incentivar os discípulos a descansar.

[10] Ver na BIBLIOGRAFIA DA SEÇÃO (§ 4, Parte II) os artigos dedicados ao assunto por Bernard ("St. Mark xiv"), Cavallin, Chase, Jannaris e Starkie, mais observações por Thrall (*Greek*, p. 25-30).

§ 10. A oração no Getsêmani, quinta parte: Jesus volta para junto dos discípulos pela segunda e pela terceira vez

sicamente com o artigo (Marcos), mas, neste período, muitas vezes sem (Mateus). Um sentido básico é "de agora em diante, doravante, além de". Embora haja muitos que o traduziriam em Mc 14,41 como "ainda" ("Ainda estais dormindo?"), não está claro que *loipon* tenha tal sentido, que significa "até agora". Outra sugestão é "pelo resto do tempo", interpretação especialmente popular entre os que traduzem os verbos no imperativo. Mas, então, precisamos enfrentar a questão do significado de "tempo". Se significa o restante do tempo antes de Jesus ser preso, o traidor aparece no versículo seguinte. Se significa o restante da noite, os discípulos não são descritos adormecidos, nem descansando depois desse momento. Uma sugestão mais escatológica é o restante do tempo até a provação final, mas é minha prática analisar um sentido também no nível histórico. Além disso, Cavallin (*"Loipon"*, p. 122-123) insiste que, nos tempos helenísticos, o advérbio significava uma sequência imediata, não distante. Do mesmo modo, a tradução de Palmer, "Dormi e descansai *no futuro*, mas agora levantai-vos", é rejeitada por Bernard ("St. Mark xiv"), sob a alegação de que *loipon* não tem esse sentido (ver também T. Chase, *"To loipon"*, p. 131-132). Muitos biblistas[11] sugerem que o advérbio seja traduzido simplesmente como conectivo: "Então, portanto" — sentido tão vago que se adapta a qualquer interpretação dos verbos. É o que me parece melhor.

O maior problema a respeito de Mc 14,41 é o sentido de *apechei*, a palavra que Mateus omitiu. Analisar todas as traduções possíveis provocaria uma grande interrupção aqui; assim, coloco essa análise no APÊNDICE III A, e aqui recorro às conclusões às quais cheguei ali. Nenhuma das muitas traduções possíveis é realmente convincente, mas, por sorte, quase todas elas têm a mesma importância. *Apechei* diz algo harmonioso com o que se segue: "Chegou a hora; vede, o Filho do Homem é entregue às mãos dos pecadores". É uma expressão de urgência, e minha tradução "O dinheiro foi pago" preserva o sentido mais frequentemente comprovado de *apechei* na vida comum. Marcos recorre à promessa de pagamento feita pelos chefes dos sacerdotes a Judas, em Mc 14,11. O negócio se completou e, assim, o mecanismo foi posto em movimento para que Jesus seja preso; a grande *peirasmos* começou.

A chegada da hora. A declaração seguinte, em Mc 14,41, é "chegou a hora [*erchesthai*]"; a seguinte, em Mt 26,45, é: "Vede, a hora se aproxima [*eggizein*]".

---

[11] Inclusive Aars, Chase, Holleran, Starkie; ver Cavallin, *"Loipon"*, p. 140-141; BAGD, p. 480, 3b.

Marcos e Mateus usam "vede" duas vezes, uma neste versículo, uma no seguinte. (Mateus tem um terceiro uso no versículo seguinte para a vinda de Judas com uma multidão.) Em Marcos, os dois casos de "vede" enfatizam o tema de "entregar"; em Mateus, ambos enfatizam o tema de "se aproximar". Em Mc 14,41, Marcos fala da hora que veio (*erchesthai*), enquanto em Mc 14,42, ele fala da aproximação (*eggizein*) daquele que entrega Jesus. Marcos usa o verbo *eggizein* somente três vezes. Em Mc 1,15, ele usou a mesma forma perfeita que usa aqui (*eggizein*) para a aproximação do Reino de Deus; em Mc 11,1, ele usou o verbo para a aproximação de Jerusalém por Jesus. Assim, a atmosfera escatológica é muito forte.

Nos versículos mateanos correspondentes (Mt 26,45 e 46), somente *eggizein* é usado, isto é, não só para aquele que entrega Jesus, mas também para a hora. Está Mateus fazendo uma declaração teológica em oposição ao uso marcano de *erchesthai*: a hora apenas se aproxima, em vez de chegar plenamente? Um debate considerável concentra-se na existência e expressividade dessa distinção.[12] Faz parte de um debate maior sobre o uso de *eggizein* em passagens onde Jesus fala do advento do Reino.[13] C. H. Dodd defendeu a ideia de que este verbo significava que o Reino viera ou chegara, mas muitos outros biblistas a rejeitaram.[14] Eles insistiram que, embora já houvesse sinais premonitórios da iminente vinda do Reino no ministério de Jesus, ele estava próximo e ainda não tinha vindo. *Erchesthai* é usado para o Reino na súplica do pai-nosso (Mt 6,10; Lc 11,2), "Venha o teu Reino", súplica escatológica. Por analogia, então, "Chegou a hora" em Marcos e "A hora se aproxima" em Mateus não dizem a mesma coisa. Para Marcos, Jesus rezou em Mc 14,35 para que a hora passasse (*parerchesthai*); quando reconhece que o Pai não concedeu seu pedido, ele anuncia que a hora veio (*erchesthai*), isto é, um tipo de inclusão. Para Mateus, que não relatou essa oração, a hora começará com a chegada

---

[12] W. R. Hutton ("Kingdom") afirma, ao contrário dos dicionários, que em muitas das quarenta e duas vezes que ocorre no NT, *eggizein* não significa "aproximar-se, chegar perto de", e sim "chegar, vir". Ele cita Mt 26,45 com o sentido de que a hora chegou, mas admite os dois sentidos para Mt 26,46 e aquele que entrega Jesus. Em resposta a Hutton, M. A. Simpson ("Kingdom") afirma que, como Mt 26,45 traduz o *erchesthai* de Mc 14,41 por *eggizein*, Mateus não viu nenhuma diferença de sentido entre os dois verbos, de modo que ambos devem ser traduzidos como "vem". Staples contesta essa interpretação, perguntando se temos certeza de que Mateus, que não reproduziu a oração marcana a respeito da hora, teve para com a hora a mesma atitude de Marcos.

[13] Mc 1,15 = Mt 4,17; Mt 10,7 = Lc 10,9; também Mt 3,2.

[14] Ver W. C. Kümmel, *Promise and Fulfillment*, SBT 23, London, SCM, 1957, p. 19-25.

de Judas para prender Jesus (*erchesthai* será reservada até esse momento); e, até esse momento, a hora e aquele que o entrega apenas se aproximam.

O Filho do Homem entregue. Mc 14,41 e Mt 26,45 relatam a vinda (próxima) da hora em que "o Filho do Homem é entregue às mãos de (dos) pecadores". É interessante que Jo 12,23 também combina os temas da hora e do Filho do Homem: "A hora chegou a fim de que o Filho do Homem seja glorificado". A diferença entre ser entregue e ser glorificado (ambas ações de Deus) reflete os pontos de vista respectivos de Marcos e João quanto à Paixão. Adiante, falaremos dos antecedentes veterotestamentários para a entrega do Filho do Homem em Marcos/Mateus, mas, de passagem, devemos mencionar que Dn 7,13-14 proporciona antecedentes para João, pois, ali, *um* Filho do Homem vem para ser apresentado ao Ancião de Dias e para receber glória.

Vamos examinar sucintamente "o Filho do Homem", designação mencionada aqui pela primeira vez depois da Última Ceia e, portanto, pela primeira vez no que consideramos a NP. Há enorme literatura a respeito desse termo: se era ou não título reconhecido no Judaísmo, se o próprio Jesus o usou ou não e, em caso afirmativo, em que sentido; o que significava cristologicamente etc. Não há um jeito de entrarmos no debate em um comentário, embora muitos antecedentes sejam apresentados nos §§ 22 e 23 adiante. O interessante para nosso propósito de entender o presente texto é que Jesus, que acabou de rezar a Deus como Pai, não hesita em chamar a si mesmo o Filho do Homem. Encontraremos fenômeno semelhante no julgamento perante as autoridades judaicas, onde, ao lhe perguntarem a respeito de sua identidade como Filho do (Deus) Bendito, Jesus responde em termos do Filho do Homem. Assim, os evangelistas não viram nessas duas filiações nenhuma avaliação conflitante de Jesus. A última menção anterior do Filho do Homem (Mc 14,21; Mt 26,24) ocorreu na Última Ceia, como maldição para o homem que entregaria o Filho do Homem; a reintrodução do termo aqui prepara os leitores para a realização daquela profecia. Além disso, embora haja diversos tipos de referências ao Filho do Homem em Marcos/Mateus, o título é consistentemente aplicado a Jesus nas predições da Paixão (Mc 8,31; 9,31; 10,33 e par.; ver APÊNDICE VIII, A2). Seu uso aqui, depois das orações de Jesus para se livrar da hora e do cálice, mostra que Jesus agora sabe que o Pai não o livrará de sua sina, e assim ele retoma a linguagem na qual predisse esse destino. Na verdade, o paralelismo entre duas das predições da Paixão e esta afirmação é interessante:

Mc 9,31: "é entregue às mãos dos homens (*anthropoi*: humanos)".

Mc 10,33: "será entregue aos chefes dos sacerdotes e aos escribas".

Mc 14,41: "é entregue às mãos dos pecadores [*hamartoloi*]".

"Mão(s) de" como imagem para "poder de" é expressão bíblica (2Sm 14,16). Holleran (*Synoptic*, p. 65) lembra que, em termos dos destinatários, Mc 14,41 é intermediário entre a especificidade de Mc 10,33 e a generalidade de Mc 9,31. É possível encontrar ironia aqui: no início do ministério, Jesus anunciou que veio para chamar "pecadores" (Mc 2,17); no fim, ele é entregue às mãos deles. Jesus é o Filho do Homem; contudo, ser entregue às mãos de "homens" é uma sina má.

Precisamos analisar *paradidonai*, "entregar". No grego marcano dos vv. 41 e 42, a expressão de "entrega" segue imediatamente "vede"; Mateus mudou a ordem das palavras de modo que, em seus dois versículos (45 e 46), a expressão "se aproxima" segue-se imediatamente ao "vede". *Paradidonai* é usado frequentemente em relação a Judas — na verdade, Mc 3,19 primeiro introduz Judas como "aquele que entregou" Jesus — e, assim, há uma tendência para traduzi-lo como "trair" (particípio = "o traidor"); mas essa tradução empana o paralelismo com a atuação de outros expressa por este verbo.[15] O importante estudo de Popkes (*Christus*) classificou, de modo muito proveitoso, usos de *paradidonai*, no contexto da Paixão de Jesus, relacionando-os ao fato de ele ter sido entregue por Deus, pelos homens, ou por si mesmo.

Comecemos pela entrega de Jesus pelos homens (ou pelos poderes do mal). Popkes (Christus, p. 53-55) mostra que o verbo era um *terminus technicus* no procedimento legal grego para entregar criminosos a julgamento, aos juízes e executores (ver At 8,3). Parte disso permanece na NP; mas, como Jesus foi entregue (e, mais que isso, traído) aos juízes, por seu amigo de confiança, e como Jesus era inocente, há um estigma de culpa na cadeia humana dos que entregaram Jesus: Judas entregou-o aos chefes dos sacerdotes (Mc 3,19; 14,10-11.21; Mt 27,3-4); os chefes dos sacerdotes (ou "os judeus") o entregaram a Pilatos (Mc 10,33b; 15,1.10; Jo 18,30.36; At 3,13); Pilatos entregou-o aos soldados para ser crucificado (Mc

---

[15] Em nossa atenção profunda à Paixão de Jesus, não nos devemos esquecer que *paradidonai* é usado para a entrega de João Batista, que morre nas mãos de Herodes (Mc 1,14), para a futura entrega dos seguidores de Jesus ao sinédrio (Mc 13,9.11.12), para a generosa entrega de si mesmo à morte (*1 Clemente* 55,1) e para a entrega de Israel por Deus como castigo (Justino, *Diálogo* 25,4; 135,4).

15,15). Jesus, falando a Pilatos em Jo 19,11, diz "Quem me entregou a ti tem o maior pecado"; mas, embora isso deixe claro que o pecado toca todos os que entregaram Jesus, não temos certeza de quem está sendo designado o principal perpetrador. Pode bem ser que se tenha em mira o satânico Príncipe deste mundo, o agente nos bastidores (Jo 13,2), e também Caifás.

O conceito de Deus que entrega Jesus também entra no quadro. Barbour ("Gethsemane") faz a interessante observação de que, assim como a *peirasmos* de Jesus (a provação do Filho de Deus) pode ser entendida como ser posto à prova por Satanás e ser posto à prova por Deus (cf. 2Cr 32,31), assim também a entrega: uma entrega por seres humanos pecadores e uma entrega pelo Pai. Em Mc 14,41, a atuação divina é expressa na voz passiva.[16] É a maneira neotestamentária mais comum de descrever a atuação divina, mas Rm 8,32 não hesita em mencionar Deus: "Ele o entregou [o Filho] por todos nós". Às vezes, isso produz ambiguidade, por exemplo, na fórmula tradicional citada em 1Cor 11,23, "a noite em que Jesus foi entregue", até que ponto a lembrança de Judas está envolvida, ou é Deus o único agente que se tem em mente? No caso presente, a declaração de Jesus revela a resposta do Pai a suas orações: Deus não livrará o Filho da hora nem do cálice, mas o entrega às mãos de pecadores. A base para esse conceito não é a linguagem legal grega, mas a literatura de Israel, onde o destino de todos está no poder de Deus. *Paradidonai* é frequente na LXX para a entrega por Deus dos pecadores nas mãos de seus castigadores, enquanto Ele liberta os justos das mãos dos adversários. Os MMM usam palavras das raízes *ntn* e *sgr* (menos frequentemente *msr*) para a entrega dos ímpios ao castigo (1QpHab 9,10; 4QpPs 37 IV 9-10); os justos continuam a ser libertados das mãos dos inimigos (4QpPs 37 II 18-19). Entretanto, a respeito de Jesus, é digno de nota que *um justo é entregue por Deus* às mãos dos inimigos. Popkes (*Christus*, p. 258-266) considera essa uma ideia muito antiga na tradição cristã. Ele considera Mc 9,31 pré-marcano e mais antigo que Rm 4,25, que foi ampliado para incluir um propósito soteriológico, "[Jesus] que foi entregue por nossos delitos", sob a influência da passagem do servo sofredor em Is 53,6 (LXX): "E o Senhor o entregou por nossos pecados". Além de ser moldada pela descrição de Isaías e dos Salmos do justo sofredor, a imagem evangélica de Jesus sendo entregue tem um tom martirológico (ver Surkau, *Martyrien*, p. 82-103). Uma

---

[16] Compare o impulso ativo do verbo com referência a Judas em Mc 14,42 e, anteriormente (com o Filho de Deus como objeto), em Mc 14,21, embora ali a construção seja passiva.

passagem como Sb 2–3 é importante como base, pois mostra os justos sofrendo nas mãos dos pecadores como parte da prova a que Deus os submete (Sb 3,5) e a expectativa de que Deus os faça vitoriosos.

Outra evolução de *paradidonai* é a entrega de Jesus por si mesmo à morte, tema proeminente em João, em termos de dar a vida (Jo 10,17-18). Embora Is 53,10a descreva o sofrimento do servo que reflete a vontade do Senhor, parece que, em Is 53,10b, o servo faz a entrega de si mesmo. A descoberta de que Jesus aceitou totalmente a vontade de Deus ajudou o movimento teológico da entrega dele por Deus para sua entrega de si mesmo.[17] Esse rico conjunto de ideias incluídas em *paradidonai* intermistura-se em Mc 14,41-42 e Mt 26,45-46 onde, no contexto da obediência de Jesus à vontade de Deus, o verbo é usado primeiro para a ação de Deus e depois para a ação de Judas. Holleran (*Synoptic*, p. 65, em parte citando Tödt) declara: "Este título [o Filho do Homem] expressa a verdadeira soberania de Jesus até mesmo no Getsêmani, onde 'o que submete sua vontade ao Pai é *ao fazer isso* entregue às mãos de pecadores, [e] o que não é dominado pelo poder das trevas é entregue por Deus'".

As últimas palavras de Jesus aos discípulos (Mc 14,42; Mt 26,46). O último versículo desta cena da oração no Getsêmani em Marcos/Mateus tem redação idêntica, diferindo apenas na colocação de *eggiken*, "se aproxima". As palavras iniciais do versículo, "Levantai-vos; vamos", são também idênticas àquelas em Jo 14,31, que é de um contexto que repete o contexto de Marcos/Mateus de várias maneiras. *Primeiro*, a exortação joanina é precedida no mesmo versículo por "Mas como o Pai me ordenou, assim eu faço", exatamente como Mc 14,36 faz Jesus terminar a oração ao Pai com "Mas não o que eu quero, mas o que tu (queres)" — tema fortalecido em Lc 22,42 e na segunda forma mateana da oração de Jesus (Mt 26,42: "Seja feita a tua vontade"). *Segundo*, no versículo imediatamente anterior, o Jesus joanino anuncia que "o Príncipe do mundo está vindo", advertência bastante comparável à de Marcos ("o que me entrega se aproxima"), em especial quando nos lembramos de que, segundo Jo 13,2.27, o diabo ou Satanás entrou em Judas. Também não devemos pensar que o Jesus marcano anuncia que Judas está vindo porque avistou à distância o grupo que vai prendê-lo ou (salvo o devido respeito a Haenchen, "History", p. 495) que Jesus é pego de surpresa. Em Marcos e também

---

[17] Percebe-se um movimento semelhante nas fórmulas da ressurreição de Jesus sendo ressuscitado a Jesus ressuscitando e, finalmente, a ele ressuscitando a si mesmo.

em João (e em qualquer forma reconhecível da tradição), Jesus tem consciência do que está para acontecer porque está em harmonia com os planos de Deus. *Terceiro*, talvez os capítulos 15–17 de João tenham sido inseridos como parte de uma revisão (BGJ, v. l, xxxvii; v. 2, p. 656-657); por isso, muitos biblistas pensam que Jo 14,31 levava outrora diretamente a Jo 18,1, assim: "'Levantai-vos; vamo-nos daqui'. Tendo dito essas palavras, Jesus saiu com seus discípulos para o outro lado do Vale do Cedron". Isso significaria uma sequência que leva diretamente à chegada de Judas, que é precisamente a sequência em Marcos.

Neste versículo de Marcos/Mateus, é significativo que Jesus ainda inclua os discípulos ao lado dele enquanto enfrenta o mal que se aproxima. É interessante que, na interpretação do Getsêmani contrária aos discípulos por Kelber ("Hour", p. 54-56), ele trata de Mc 14,41, mas não dá nenhuma ou dá pouca atenção a Mc 14,42. "Vamos" não é chamado ao discipulado, nem convite para fugir; expressa o desejo de Jesus de estarem ele e os discípulos prontos para encontrar *juntos* o traidor que está vindo. No início da cena do Getsêmani em Marcos/Mateus, Jesus dirigiu aos discípulos dois imperativos: "Sentai-vos aqui enquanto rezo" e "Permanecei aqui e continuai vigiando" (Mc 14,32.34). No meio da cena, quando Pedro e os discípulos, por dormirem, tinham claramente deixado de cumprir suas ordens, Jesus tentou novamente com dois imperativos: "Continuai vigiando e rezando" (Mc 14,38). Os discípulos fracassam novamente, continuando a dormir e a descansar. Jesus reconhece que, nessa ocasião, eles não estão prontos para entrar em *peirasmos* com ele, nem para beber o cálice com ele ou compartilhar sua hora; na verdade, ele predissera que eles se dispersariam quando o pastor fosse atingido. Mas Jesus não desiste deles. As ordens já não são mais estáticas, como "Sentai-vos" e "Permanecei"; são dinâmicas: "Levantai-vos, vamos". Esses imperativos finais aos discípulos — as últimas palavras que Jesus lhes dirige em Marcos, ou diz ao grupo antes da ressurreição em Mateus — constituem uma refutação da tese de que Marcos escreveu para desacreditar permanentemente os discípulos. Nesse momento, eles podem não assumir sua posição com Jesus; contudo, ele ainda os considera do seu lado, não do lado dos pecadores, a cujas mãos ele é entregue.

No início do Evangelho (Mc 1,38), Jesus dissera a Simão e aos que estavam com ele: "Vamos", enquanto os exortava a partir com ele para proclamar o querigma às cidades da Galileia: "para esse propósito foi que saí". Mas, agora, quando está claro que "esse propósito" precisa incluir entrar na hora e beber o cálice, Jesus repete seu "Vamos". Mesmo que os discípulos se dispersem em fuga, depois da ressurreição, ele os precederá na Galileia e ali eles o verão mais uma vez (Mc 14,28; 16,7). Marcos escreve esse Evangelho com o entendimento de que, quando finalmente conseguiram experiência para compreender o que significavam o sofrimento e a morte de Jesus, os discípulos responderam, obedientemente a esse "Vamos", pregando o Evangelho e se entregando por Jesus. Marcos convida os leitores a fazerem o mesmo.[18]

Na NP dos quatro Evangelhos, o versículo seguinte descreve a chegada de Judas para prender Jesus e, assim, meu COMENTÁRIO do episódio seguinte (§ 13) se iniciará examinando a descrição anterior de Judas em cada Evangelho. Entretanto, antes de sairmos da cena presente, é bom nos lembrarmos de que o Jesus que encontra Judas não teve a mesma experiência nos quatro Evangelhos. Em Marcos, ele mergulhou no conhecimento traumático da fraqueza da própria carne; de sua angústia, foram arrancadas de seus lábios orações que suplicavam ao Pai para livrá-lo da hora e do cálice que ele outrora antecipara com tanta bravura. Essas orações não foram concedidas; ao contrário, Deus o entregou a pecadores, como ele próprio outrora predisse que aconteceria ao Filho do Homem. No último momento, ele junta os discípulos para enfrentar Judas e as forças do mal, mas Jesus faz isso com a triste experiência de que eles dormiram três vezes e a percepção de que eles não vêm com ele nessa provação. O Jesus marcano que enfrenta Judas o faz com a resolução nascida da obediência, mas com o gosto do sofrimento na boca e a sensação de que nessa luta ele ficará sozinho, sem companhia humana e sem ajuda visível de Deus. A imagem mateana do Jesus que encontrará Judas não é diferente em essência, embora as cores intensas de Marcos sejam muito silenciosas e os tons sutis suavizem os contrastes. Em tudo o que precedeu, Jesus estava mais no comando; sua oração era menos extensa e menos angustiada, sua unidade com os discípulos (e eles ainda têm esse nome) consolidou-se mais, porém, de modo geral, a falta de assistência divina e a inevitável dispersão dos discípulos não mudaram.

---

[18] Phillips ("Gethsemane") está correto em insistir que o discipulado é tema importante na cena do Getsêmani, quando Marcos procura convencer os leitores de que os discípulos devem esperar provação e perseguição. Entretanto, esse mesmo apelo significa que a vocação dos discípulos que seguiram Jesus durante seu ministério não deve terminar com o fracasso deles no Getsêmani, mas em sua reunião definitiva com Jesus depois da ressurreição. Contra a opinião de Kelber de fracasso total, ver Szarek, "Critique", p. 117-118.

O Jesus lucano não experimentou angústia nem fraqueza. Sua oração foi pronunciada em postura reverente e acompanhada muito cautelosamente de uma dupla expressão de obediência. O Pai sempre amoroso respondeu com um anjo fortalecedor. Seus discípulos dormiram de tristeza e não rezaram como deviam, mas não há nenhuma sugestão de que fracassaram e não permanecerão fiéis a ele em sua provação. Assim, acompanhado pelo amor do Pai e o companheirismo humano, Jesus levanta-se confiante para enfrentar o poder das trevas.

O Jesus joanino, que encontrará Judas e, mais ainda, que sai para encontrá-lo, não demonstra a menor hesitação nem pronuncia uma palavra que pudesse desviá-lo da hora que é o próprio propósito de sua existência neste mundo. Ele rezou realmente ao fim da ceia (capítulo 17), mas essa oração foi de amorosa unidade com o Pai, não perturbada por uma tragédia iminente. A última vez que o Jesus joanino demonstrou refletir sobre a luta que estava para vir foi em Jo 16,33, com um grito altissonante de triunfo: "Tende coragem: venci o mundo". É Judas quem precisa temer esse Jesus!

(*A bibliografia para este episódio encontra-se em § 4, Parte II.*)

§ 11. Análise que abrange as cinco partes da oração de Jesus no Getsêmani (Mc 14,32-42; Mt 26,36-46; Lc 22,40-46; Jo 18,1b)

Em cinco seções de COMENTÁRIO, desenvolvi o pensamento específico de cada uma das várias apresentações evangélicas da "cena" do Getsêmani/Monte das Oliveiras. De fato, João não tem nenhuma cena de oração do outro lado do Cedron; mais exatamente, temas da oração de Jesus pertinentes à "hora" ocorreram antes, no final do ministério público a Israel. Lucas descreve uma oração no Monte das Oliveiras (respondida por um anjo fortalecedor, se aceitarmos Lc 22,43-44 como passagem genuinamente lucana); contudo, para Lucas, a oração não é independente, mas contribui para uma cena da qual a prisão também é um elemento. Marcos/Mateus são os Evangelhos que nos fazem pensar no Getsêmani como cena de oração com um drama próprio, no qual Jesus interpreta seu destino e os discípulos não se unem a ele.

Entretanto, há questões com as quais não podíamos lidar enquanto não analisássemos todas as seções do texto. Como os ouvintes/leitores interpretaram essa cena? Quanto dela representa uma dramatização pelos evangelistas ou seus antepassados pré-evangélicos imediatos e quanto dela representa a tradição antiga? Há fatores fora dos Evangelhos que a esclareçam? É a essas perguntas que agora nos voltamos. (Ver entre os §§ 3 e 4 o esboço desta análise, sob o título Sumário do Primeiro Ato, Cena Um.)

A. Vários enfoques da cena

A cena da oração de Jesus no Getsêmani tem lugar especial na devoção cristã. Jesus separando-se dos discípulos; sua angústia de alma ao rezar para ter o cálice afastado; a resposta solícita do Pai ao enviar um anjo para fortalecê-lo; a solidão do Mestre quando por três vezes encontra os discípulos dormindo, em vez de rezando com ele; a coragem expressa pela resolução final de enfrentar o traidor — tirada dos vários Evangelhos, essa combinação de sofrimento humano, fortalecimento divino e solitária doação de si mesmo faz muito para tornar Jesus amado pelos que creem nele. Tem sido tema de arte e meditação.

Por isso, muitos cristãos ficam surpresos ao descobrir que pessoas de fora acham a cena escandalosa e ridícula. Os fiéis ficam aborrecidos ao saber que biblistas julgam partes dela ilógicas e o conjunto, formado desajeitadamente. Sem concordar com essas críticas, quero explicar as dificuldades que a elas deram origem, em especial quando a cena é objeto de diferentes enfoques hermenêuticos (ver F. Martin, "Literary", p. 575-581).

1. Escândalo a respeito do conteúdo da cena

Pagãos greco-romanos cultos estavam familiarizados com a morte de Sócrates descrita por Platão. A execução por veneno autoadministrado foi forçada nesse filósofo de elevados princípios e inocente de crimes. Sem lágrimas e sem súplicas ardentes para ser poupado, ele aceitou sua sina e nobremente incentivou seus seguidores a não se entristecerem, pois ele ia para um mundo de verdade, beleza e bondade perfeitas, do qual se vislumbravam apenas as sombras aqui de baixo. Admiradores de Sócrates não estavam familiarizados com a objeção judeu-cristã de que a tranquilidade de Sócrates se baseava em uma errônea avaliação desta vida como existência em um mundo de sombras, com a verdadeira existência encontrada apenas no mundo de absolutos ao qual se foge como escapando de um antro aprisionador. Consequentemente, ouvintes/leitores imbuídos de ideais platônicos/socráticos reagiam depreciativamente à imagem de Marcos/Mateus de um Jesus perturbado e padecente, que se prostra por terra e implora a Deus que o liberte.[1]

---

[1] Ver comparações de Cristo e Sócrates em J. M. Pfättisch, TQ 90, 1908, p. 503-523; E. Benz, ZNW 43, 1950-1951, p. 195-244; E. Fascher, ZNW 45, 1954, p. 1-41.

§ 11. Análise que abrange as cinco partes da oração de Jesus no Getsêmani

Pode-se esperar uma reação diferente por parte dos dominados pela atitude bíblica mais primitiva em relação à morte. Os seres humanos foram criados para este mundo, que para eles é o único mundo real; a morte é um inimigo que destrói tudo que é bom na vida e só deixa uma existência sombria no Xeol. Lá para o fim do período veterotestamentário, encontramos uma visão mais positiva da vida futura (Apocalipse de Isaías; Daniel; 2 Macabeus), mas a morte continua a ser um inimigo, mesmo que Deus permita aos que são leais superá-la. Assim, é possível argumentar que a angústia de Jesus ao enfrentar a morte é confirmação do sentimento judaico do valor da vida neste mundo como grande dádiva de Deus — confirmação que tinha de ser mantida viva para os seguidores de Jesus, para que sua fé na ressurreição não os levasse a desvalorizar a vida neste mundo. Contudo, mesmo dentro da estrutura do pensamento judaico, a apresentação de Jesus no Getsêmani poderia ter causado problemas. Os mártires macabeus eram justos que sofreram mortes violentas nas mãos de autoridades injustas, mas enfrentaram sua sina com a decisão de dar "exemplo nobre de como ter uma boa morte voluntária e generosamente" (2Mc 6,28; ver de Jonge, "Jesus"). Eleazar foi ao instrumento de tortura "espontaneamente [...] como um homem de coragem deve ir" (2Mc 6,19-20); os sete irmãos e sua mãe causaram admiração a todos com sua bravura. Josefo relata muitos exemplos de judeus contemporâneos que valorosa e alegremente sofrem martírio religioso (*Guerra* I,xxxiii,3; #653; II,vii,10; #153; VII,x,1; ##417-418). Jesus não se compara favoravelmente com esse modelo, a menos que se entenda que sua relutância e sua angústia eram causadas não apenas por enfrentar o sofrimento e a morte, mas também pelo conhecimento de que iniciava uma grande luta contra o Mal, a grande tribulação que precedia a vinda do Reino. Os de fora não reconheceriam isso, mas também não tenho certeza de que todos os cristãos o reconheçam. Pode-se dizer que a passagem criou um escândalo implícito entre teólogos e pregadores que modificam as orações a respeito da hora e do cálice, de modo que Jesus não pede realmente para ser livrado da morte, nem pensa em seu sofrimento, mas no de todos os pecadores do mundo.[2]

Temos um exemplo antigo do tratamento do Getsêmani como estigma contra Jesus em Celso, pagão culto de c. 170 d.C. que tinha fontes judaicas e cuja obra contra o Cristianismo foi refutada por Orígenes. Ouvimos objeções como estas:

---

[2] No COMENTÁRIO do § 7, dei alguns exemplos de tentativas de suavizar o impacto da oração. A cena apresenta dificuldades para os expoentes da teoria de que, embora humano, Jesus conhecia todas as coisas, inclusive o futuro, ou tinha a visão beatífica.

como pode alguém que é divino soltar "queixas e gemidos e, para escapar ao medo da morte, expressando-se desta maneira: 'Meu Pai, que se afaste de mim este cálice'?" (*Contra Celso* II,24). Como pode ele "ser abandonado e traído por seus companheiros, que tinham partilhado em tudo de sua intimidade?" (*Contra Celso* II,9). Por que ele foi apanhado se escondendo; e se ele previu que essas coisas iam lhe acontecer, por que não as evitou? (*Contra Celso* II,9.17).

2. Problemas quanto à composição da cena

Alguns biblistas ficaram impressionados porque a descrição marcana da oração de Jesus no Getsêmani está em boa ordem e nada pode ser retirado dela sem estrago.[3] Na verdade, os que consideram a NP uma criação marcana de tradições díspares quase sempre ressaltam o cuidado com o qual determinada seção foi compilada como prova de sua teoria da redação. Eu mesmo estou convencido de que, aqui, Marcos é deliberadamente dramático: quando se separa do grupo dos discípulos e, depois, de Pedro, Tiago e João, Jesus simboliza seu crescente distanciamento dos discípulos. A dupla oração a respeito da hora e do cálice capta a intensidade do pedido; o discurso a Deus em aramaico e grego (transliterados) aqui no início da Paixão tem o propósito de combinar com a oração em aramaico e grego (transliterados) no final da narrativa da Paixão (Mc 15,34) etc. Contudo, a cena da oração no Getsêmani dispara o alarme para muitos indicadores importantes que os biblistas usam para determinar a composição de uma passagem. Para os que usam a concordância entre João e Marcos como possível indicador de Antiguidade (pois acham que João representa uma tradição independente de Marcos), toda esta cena de oração pouco antes da prisão está ausente da NP joanina. Em Jo 18,1-3, Jesus atravessa o Cedron e vai para o jardim, onde encontra imediatamente o grupo que o prende — para obter o mesmo efeito, seria preciso juntar Mc 14,26 a Mc 14,32a e a Mc 14,43b, omitindo todo o material intermediário. Para os que pensam que aqui Lucas recorreu a uma fonte independente tão antiga quanto Marcos,[4] Lucas

---

[3] Lohmeyer (*Markus*, p. 313-321) defende isso, mas é difícil justificar a tripla divisão que ele descobre (vv. 32-34, 35-41a, 41b-42) com base na impressão da primeira leitura. Fiebig ("Jesu", p. 122-125) afirma que a cena marcana toda tem raízes hebraicas ou aramaicas e se origina de Jesus. Pesch (*Markus*, v. 2, p. 386) menciona o número de hapax legomena como indicação de que chegou a Marcos inteira de uma fonte. De modo mais persuasivo, ele rejeita a classificação como lenda que dela faz Bultmann e encontra uma combinação de formas: oração, profecia e parênese. Para Mc 14, Heil ("Mark") defende uma estrutura (excessivamente) elaborada de nove cenas alternadas em Mc 14,1-52 de a) oposição e separação de Jerusalém e b) união com Jesus. Mc 14,32-34 é toda classificada como cena a).

[4] Se deixarmos de lado o episódio do anjo fortalecedor (Lc 22,43-44), os biblistas a seguir acham que Lc 22,39-42.45-46 reflete no todo ou em parte uma fonte especial independente de Marcos: Feldkämper, Grundmann, Holleran, Kuhn, Lagrange, Loisy e Schlatter. Os biblistas a seguir acham que esses versículos

tem uma cena de oração muito mais curta que Marcos, sem referência a Pedro, Tiago e João, sem Jesus ficar perturbado e triste, sem uma oração a respeito da hora e sem a segunda e a terceira partidas de Jesus para rezar, depois das quais ele volta e encontra os discípulos adormecidos.

Finalmente, se nos guiarmos pela coesão marcana interna, há aqui um número notável de supostos dobletes, que apoiam a tese de que duas fontes foram combinadas. Quero relacioná-los, pois eles se encaixam na maioria das análises dos estratos pré-marcanos desta passagem. Pus na coluna da esquerda a parte do doblete mencionada primeiro na narrativa de Marcos:

Lugar: Monte das Oliveiras (Mc 14,26)	Lugar: Getsêmani (Mc 14,32)
Grupo de discípulos (Mc 14,32)	Pedro, Tiago, João (Mc 14,33)
Jesus se afasta dizendo: "Sentai-vos aqui enquanto rezo" (Mc 14,32)	Jesus se afasta dizendo: "Permanecei aqui e continuai vigiando" (Mc 14,34)
Jesus fica grandemente atormentado e angustiado (Mc 14,33)	A alma de Jesus está muito triste até a morte (Mc 14,34)
Jesus reza, se é possível, para deixar a hora passar (Mc 14,35)	Jesus reza: "tudo é possível; afasta este cálice" (Mc 14,36)
Jesus vem e encontra-os dormindo (Mc 14,37)	Jesus vem e encontra-os dormindo (Mc 14,40)
"Simão, estás dormindo?" (Mc 14,37)	"Continuais, então, dormindo?" (Mc 14,41)
"Vede, o Filho do Homem é entregue" (Mc 14,41)	"Vede, aquele que me entrega se aproxima" (Mc 14,42)

são um texto resumido e reescrito de Marcos: Creed, Feldmeir, Finegan, Fitzmyer, Klostermann, Neyrey, Schmid, Schneider e Soards. No COMENTÁRIO, adotei essa segunda opinião, com a condição de que seja reconhecido que, em sua reorganização de Marcos, Lucas incluiu no relato material que lhe chegou da tradição oral (por exemplo, padrões de oração — essa condição também explica os vv. 43-44 que, a meu ver, são genuínos). Como indicado em § 6, em Lucas essa cena não está realmente separada da prisão (Lc 22,47-53) e a mesma diversidade de opiniões a respeito de fontes lucanas existe ali. Aqui, ao reorganizar Marcos, Lucas evitou duplicações, topônimos aramaicos, a imagem de um Jesus angustiado e o que colocasse os discípulos em má situação. Desse modo, seu Jesus está muito mais no controle, movendo-se, com os discípulos, em direção a seu destino: um exemplo de oração para todos os que são chamados a sofrer e morrer por ele.

Que eu saiba, nenhum biblista importante propõe uma fonte marcana que contenha as informações da coluna da esquerda e outra que contenha as informações da coluna da direita; mas, com grande seletividade, teorias de duas fontes de NPs pré-marcanas dividem esses dobletes, atribuindo as partes a fontes diferentes, muitas vezes com base em uma orientação teológica que julgam existir na fonte. Entre os que adotam o enfoque de duas fontes para a cena no Getsêmani estão K. G. Kuhn, Léon-Dufour e Lescow.[5] Já que esta é nossa primeira oportunidade de examinar detalhadamente as teorias das fontes, quero fazer o que não terei espaço para fazer alhures: dar exemplos de enfoques que se opõem. Começo por examinar as duas fontes propostas por Kuhn ("Jesus"); foram interpretadas na tradução bem literal que uso para o comentário:

Fonte A de Kuhn (Mc 14,32.35.40.41)

[32]E chegam à propriedade de nome Getsêmani; e ele diz a seus discípulos: "Sentai-vos aqui enquanto rezo". [35]E tendo ido um pouco mais adiante, caía por terra e rezava que, se é possível, a hora passasse dele. [40]E tendo vindo, encontrou-os dormindo; pois seus olhos estavam muito pesados; e eles não sabiam o que lhe deviam responder. [41]E ele diz a eles: "Continuais, então, dormindo e descansando? O dinheiro foi pago; chegou a hora; vede o Filho do Homem é entregue às mãos dos pecadores".

A fim de tornar esse trecho lógico, Kuhn teve de fazer algumas emendas nos vv. 40-41 (tirando "novamente" e "pela terceira vez"). Na verdade ele traduz o v. 41 no imperativo ("Continuai a dormir") como parte de sua alegação de que, aqui, não há nenhum tema de vigília. O dito do Filho-de-Homem é o ponto principal da narrativa, a teologia do que é escatológico e cristológico. João está um pouco próximo desta fonte. (Ver também Trémel, "Agonie", p. 83.)

---

[5] Em § 2, nota 45, mencionei a abordagem de duas fontes para a NP toda, que é um tanto diferente da abordagem de duas fontes para esta cena. Por exemplo, Taylor (*Mark*, p. 551) atribui toda a oração do Getsêmani à Fonte B: Mc 14,32-42 como um brilhante relato de testemunho ocular, muito próximo dos fatos originais.

Fonte B de Kuhn (Mc 14,33.34.36.37.38)

³³E ele leva consigo Pedro, e Tiago e João, e começou a ficar grandemente atormentado e angustiado. ³⁴E ele diz a eles: "Minha alma está muito angustiada até a morte. Permanecei aqui e continuai vigiando". ⁽³⁵ᵃ⁾E tendo ido um pouco mais adiante, ³⁶ele dizia: *"Abbá, Pai, tudo é possível para ti: Afasta de mim este cálice. Mas não o que eu quero, mas o que tu (queres)".* ³⁷E ele vem e encontra-os dormindo e diz a Pedro: "Simão, estás dormindo? Não foste forte o bastante para vigiar uma hora? ³⁸Continuai vigiando e rezando, a fim de que não entreis em provação". Na verdade, o espírito está pronto, mas a carne é fraca".

Note a passagem que pus em itálico; Kuhn já atribuiu o v. 35a à outra fonte, mas ele o reutiliza aqui por ser necessário para a fluência. Assim, ele precisa pressupor que as duas fontes tinham a mesma frase ou, se tinham vocabulário diferente para a movimentação de Jesus, Marcos rejeitou a outra redação em favor desta. Esta fonte é mais parenética com seu realce em vigília e provação. Como indiquei no COMENTÁRIO, os Manuscritos do Mar Morto esclarecem "provação" (*peirasmos*) e "carne e espírito". Essa talvez seja a fonte mais antiga. O relato lucano da cena aproxima-se dessa fonte.

Quero fazer algumas observações. A teoria de que Marcos combinou essas fontes exige um enfoque dos sinóticos do tipo de compilação de recortes que combine os versos e engenhosamente crie um padrão de três vindas de Jesus aos discípulos. Haveria no enfoque de duas fontes do problema sinótico pelo qual Mateus combina Marcos com Q, um exemplo comparável desse tipo de combinação por meio de uma passagem de dez versículos? A teoria tem laivos da maneira como os biblistas modernos trabalham, combinando trechos de dois livros apoiados dos dois lados deles. Kuhn supõe que Lucas recorreu a uma fonte pré-lucana; e como há semelhança de Lucas com a fonte B marcana, isso ajuda a provar que B realmente existiu. No COMENTÁRIO, concordei firmemente com os que acham que o relato lucano (exceto pelo anjo fortalecedor) originou-se da reorganização de Marcos por meio da simplificação de algumas repetições (que é exatamente como Kuhn produziu suas fontes). Além disso, Lucas escolheu em Marcos o grupo dos discípulos, em vez de Pedro, Tiago e João (que são essenciais para a fonte B de Kuhn). Quanto ao final da fonte A, não poderiam os temas da hora e do Filho do Homem irem igualmente com a fonte

B, juntando-se ao tema da vigília? Seria possível, evidentemente, argumentar que esses temas enquadram-se no objetivo teológico e cristológico de A; contudo, eles também ajudam a constituir esse objetivo. Há certo raciocínio circular na maioria das reconstruções, mas, em uma fonte de quatro versículos, a circularidade pode ser forte demais quando se decide que o objetivo teológico é escatológico, e então se inclui o que o faz escatológico.[6]

Linnemann criticou bastante a análise de Kuhn; ela afirma que a NP foi elaborada por Marcos a partir de diversas tradições separadas, que foram reorganizadas. Na cena do Getsêmani, ela sugere que uma tradição mais primitiva passou por duas adaptações antes que Marcos (o terceiro redator) compusesse a forma atual. Insistindo que seu enfoque crítico-formal lhe permite perceber a etapa mais antiga da tradição, porém, que "mais antiga" não significa necessariamente histórica, ela sugere que essa etapa consistia em Mc 14,32.35.37a.39a.40ab.41a.40c.41b,[7] que pode ser organizado como a seguir:

> [32]E chegam à propriedade de nome Getsêmani; e ele diz a seus discípulos: "Sentai-vos aqui enquanto rezo". [35]E tendo ido um pouco mais adiante, caía por terra e rezava que, se é possível, a hora passasse dele. [37a]E ele vem e encontra-os dormindo. [39a]E novamente tendo se afastado, ele rezou; [40ab]e novamente tendo vindo, encontrou-os dormindo; pois seus olhos estavam muito pesados. [41a]E ele vem pela terceira vez e diz a eles: "Continuais, então, dormindo e descansando? [40c]E eles não sabiam o que lhe deviam responder. [41b]"O dinheiro foi pago; chegou a hora; vede, o Filho do Homem é entregue às mãos dos pecadores".

---

[6] Lescow ("Jesus in Gethsemane", p. 145-151), em um resumo favorável da opinião de Kuhn, mostra até que ponto as fontes A e B reelaboradas concentram-se em um único versículo, respectivamente 41 e 38, de modo que cada um se classifica como apotegma biográfico. Observe o significado diferente produzido pela reconstrução de Léon-Dufour ("Jesus", p. 251) que, a partir de dobletes, faz a fonte A consistir em Mc 14,32.33b.35.40.50, para tratar do relacionamento horizontal de Jesus com os discípulos. A inclusão do v. 50 cria uma imagem de discípulos que, tendo recebido ordens para ficar, na verdade fugiram. A fonte B consiste em Mc 14,33a.34.36.37 e trata do relacionamento vertical entre Jesus e o Pai.

[7] Linnemann (*Studien*, p. 24-26) considera que trabalha na mesma linha de Bultmann, que pressupõe como original Mc 14,32.35.37.39.40.41a. Sua crítica de Kuhn está nas p. 17-23; a advertência quanto à historicidade, nas p. 12-13. Demonstrando como essa análise é complicada, uma comparação de parte dessa reconstrução com a de Söding ("Gebet", p. 80-82) descobre que ele considera Mc 14,32 do evangelista, Mc 14,33a redacional, Mc 14,33b-34a redacionais em parte, 14,35 redacional e 14,36 original.

(No COMENTÁRIO, analisei o fato de Linnemann pôr o v. 41a antes do v. 40c, e observei que eu não via necessidade disso.) Na fonte que ela reconstruiu, os discípulos não têm papel importante; Pedro, Tiago e João desaparecem; Jesus não está atormentado, nem muito triste; e a oração diz respeito à hora, não ao cálice. A cena toda concentra-se no relacionamento de Jesus com o Pai a respeito da chegada da hora. Ela é um dos poucos biblistas que optam por um original reduzido, e mesmo assim incluem a tripla ida e vinda de Jesus. O maior problema é que outros biblistas, que defendem em outras bases (por exemplo, estilo) a supressão como meio de chegar a uma fonte pré-marcana, surgem com resultados muito diferentes. Schenke (*Studien*, p. 461) é cuidadoso, e sua fonte reconstruída (Mc 14,32a.33b.34.35a.36.37.38b. 40b.41a[= "o dinheiro foi pago"].42) tem a mesma extensão que a de Linnemann, mas inclui Jesus atormentado e muito triste; uma oração a respeito do cálice, mas não da hora; a fala a respeito da carne ser fraca, que é interpretada pela referência que se segue imediatamente aos olhos dos discípulos sonolentos estarem pesados; e uma última fala a respeito da aproximação do homem que o entrega (omitida por Linnemann), mas não uma a respeito da entrega do Filho do Homem (incluída por Linnemann). Sobre essa última questão, Schenke argumenta que o dito de Filho--do-Homem é adição editorial marcana que corresponde às referências ao Filho do Homem nas predições da Paixão.[8] Outros optam por um original muito mais conciso, como Mohn ("Gethsemane"), que sugere Mc 14,32.35.37a.41b, substancialmente oração a respeito de uma hora apocalíptica, onde o sono representa as trevas do mal.[9] A diversidade dos resultados obtidos em esforços para estabelecer o conteúdo exato da fonte pré-marcana (e muito mais propostas poderiam ser mencionadas) adverte-nos que talvez não tenhamos os meios para realizar esse projeto com qualquer probabilidade de sucesso (ver APÊNDICE IX). Embora alguns estudos recentes continuem a procurar a fonte pré-marcana (por exemplo, Myllykoski), outros (Phillips, Feldmeier) resistem ao desmembramento do relato marcano.

3. Fatores que provavelmente são tradição primitiva

Como expliquei em § 2, C2, admitidas tais incertezas, não tentarei nenhuma reconstrução detalhada de uma fonte pré-marcana. Contentar-me-ei em mencionar

---

[8] Entretanto, Gnilka (*Markus*, p. 257) atribui o dito do Filho do Homem a um nível pré-marcano que também continha o v. 35b (oração a respeito da hora, versículo que Schenke trata como marcano).

[9] Mais sucinto ainda é Finegan (*Überlieferung*, p. 71), que pressupõe como tradição genuína apenas Mc 14,32.37a.43: Jesus e os discípulos vão ao Getsêmani, onde ele reza sozinho; quando volta, ele os encontra dormindo, e então Judas chega com uma multidão

fatores que, muito provavelmente desde um período bastante primitivo, fizeram parte da tradição da oração de Jesus antes da morte. Nenhuma redação exata será sugerida para essas tradições porque não vejo jeito de trabalhar a partir da forma em que agora estão redigidas para chegar a uma redação anterior que fosse diferente.[10] Embora eu apresentasse acima um quadro do número incomum de dobletes nesta cena, eles pouco ou nada representam em meu esforço. É com certeza possível questionar se todos os fatos relacionados naquele quadro são realmente dobletes. São Pedro, Tiago e João doblete do grupo de discípulos, já que, na verdade, o grupo tem de ser mencionado para Jesus chamar esses indivíduos? É a proximidade das duas referências que as faz parecer duplicação? A tripla ida, oração e volta (que não está relatada completamente em Marcos) tem de ser dividida a fim de se encontrarem dobletes. Além disso, um estilo bíblico onde o paralelismo sinônimo da poesia hebraica faz com que seja elegante dizer a mesma coisa duas vezes com palavras diferentes enfraquece o valor de dobletes para reconstruir a história da composição. Em especial, Marcos demonstra, em todo o Evangelho, pendor para dobletes de vários tipos.[11]

Mais importante é a concordância de testemunhas neotestamentárias a respeito de certos elementos contidos na cena de oração no Getsêmani. Mostrei no COMENTÁRIO como é difícil derivar do relato de Marcos a apresentação joanina de material comum. Na próxima subseção desta ANÁLISE, vou afirmar que Hb 5,7-10 é testemunho da oração de Jesus independente de Marcos (e ali vou levar o exame da tradição primitiva mais adiante do que faço aqui). Portanto, é possível apresentar razões pelas quais Marcos, João e Hebreus são três testemunhas independentes de uma tradição[12] segundo a qual, no último período de vida, Jesus argumentou

---

[10] Mesmo que eu discorde de seu diagnóstico dos motivos e da teologia marcana, Kelber ("Mark 14") está certo em indicar padrões de estilo e pensamento marcanos em toda a cena; entretanto, como afirmei em §2, C2, isso não nos diz muito a respeito de haver ou não uma fonte pré-marcana. Se realmente existiu uma, ou Marcos a reescreveu em seu estilo, ou a fonte tinha muito do estilo e do pensamento que Marcos tomou para si.

[11] Ver F. Neirynck, *Duality in Mark*, BETL 31; Leuven Univ., 1972.

[12] A concordância dessas três testemunhas comprova a antiguidade da tradição, não necessariamente sua historicidade. Outros fatores que entram nesse julgamento incluem a conformidade do que é descrito com outro comportamento comprovado de Jesus e se o objetivo da cena se enquadra nos interesses teológicos dos cristãos primitivos, de modo que eles pudessem tê-la engendrado. Neste último ponto, um argumento apresentado em favor da historicidade é que os cristãos primitivos não teriam inventado uma cena tão desfavorável para Jesus como uma cena em que ele se prostra e suplica para se livrar da hora e do cálice. Gnilka (*Markus*, v. 2, p. 264) e outros questionam esse argumento com base no fato de ser

com Deus e a ele rezou sobre sua morte iminente. Com vocabulário diferente, os três mencionam angústia por parte de Jesus quanto a essa questão. Hebreus não especifica o momento exato em que ele rezou; João contém material paralelo ao relato de Marcos espalhado nos capítulos 12, 14 e 18; Marcos tem uma cena de oração em Mc 14,32-42, mas também uma oração em forma de Salmo na cruz (Mc 15,34). É plausível que a tradição desta oração por Jesus não contenha um tempo ou local exatos e, assim, os dois evangelistas (ou seus respectivos predecessores) que tinham de colocá-la em uma sequência narrativa inseriram-na onde e como acharam melhor.

Quero me concentrar aqui no que a concordância entre Marcos e João nos revelam sobre os elementos pré-evangélicos da tradição. Os dois colocam o tema do cálice no local onde Jesus foi preso (Mc 14,36; Jo 18,11); também é possível argumentar que, para ambos, o contexto da prisão é o de uma luta escatológica com o mal.[13] Assim, parte da tradição a respeito da última oração de Jesus talvez antes estivesse associada ao lugar e ao tempo em que Marcos nos dá a cena do Getsêmani completa. Esse núcleo pode ter sido o que atraiu a tradição marcana para reunir no Getsêmani, em uma descrição dramática, outros elementos da oração de Jesus.[14] Os elementos aos quais me refiro encontram-se em João, em uma cena no final do ministério público (Jo 12,23.27.28.29).[15] Incluem a ideia de que a hora chegou,

---

a grandeza de Jesus manifesta em seu sofrimento. Obviamente, os autores cristãos fizeram da cena uma lição positiva, mas teriam criado tal situação embaraçosa por causa de uma lição que só tiram dela por caminhos tortuosos? Se ela não era embaraçosa, por que Mateus suaviza o tom do relato de Marcos e por que Lucas a expurgou completamente? Por que Hebreus revela conhecimento de uma tensão entre ser Filho de Deus e clamar para ser salvo da morte? Já mostrei no início da ANÁLISE que as pessoas de fora não a entenderam como triunfo e pregadores cristãos sentem-se embaraçados com ela.

[13] Os temas marcanos de "vigiar" e *peirasmos* estão interpretados escatologicamente no COMENTÁRIO. Jo 14,30 descreve o Príncipe deste mundo que está vindo. (Antes, em Jo 12,31, no contexto dos paralelos da oração de Jo 12,23-29, o Jesus joanino falou de expulsar o Príncipe deste mundo.) No versículo seguinte (Jo 14,31), João tem as palavras: "Levantai-vos; vamos" (palavras que, originalmente, talvez levassem a Jo 18,1-3, onde Jesus vai ao jardim para encontrar Judas); são as mesmas palavras com as quais Mc 14,42 termina a oração no Getsêmani e leva ao aparecimento de Judas.

[14] Lucas e João descrevem o local aonde Jesus foi depois da Última Ceia como lugar ao qual ele já fora antes com os discípulos. Em Mc 13, é nessa área do Monte das Oliveiras que Jesus faz seu longo discurso escatológico. Não nos surpreende que a última oração de Jesus estivesse associada a um local aonde, na tradição, ele fora antes. Adverti no COMENTÁRIO contra ligar o Getsêmani *unicamente* à prisão. Ver Gnilka, *Markus*, v. 2, p. 264.

[15] Não sugiro que a localização desses elementos por João seja mais histórica que a colocação de Marcos; os dois relatos sofreram evoluções teológicas e dramáticas.

referência ao destino do Filho do Homem, eco de Sl 42,6-7, pelo qual Jesus fala de sua alma como muito triste ou perturbada, oração a respeito de Jesus se livrar da hora e reconhecimento de que ele aceitou o plano ou a vontade de Deus.[16] Nas duas tradições, mas de maneiras diferentes, parte dessa oração foi assimilada a formas primitivas de oração cristã, com muita frequência às associadas à lembrança do estilo de Jesus rezar, por exemplo, o pai-nosso. Da oração cristã primitiva, ouvem-se os ecos dos temas seguintes: *Abba* (Marcos), Pai (Marcos, João), seja feita a tua vontade (adaptado em Marcos), que teu nome seja glorificado (João), não nos deixes cair em provação (Marcos) e (provavelmente) tudo é possível para ti. A influência de Sl 42 e da oração cristã primitiva foi expressa de forma diferente em cada tradição e, assim, é possível antedatar a formação de ambas.

Para recapitular, pressuponho que os cristãos primitivos tinham uma tradição segundo a qual, antes de morrer, Jesus lutou em oração a respeito de sua sina. Não sei se retiveram ou afirmaram reter na memória lembranças exatas das palavras que ele usou; é mais provável que não. Mas eles entenderam sua oração em termos como a hora e o cálice, que na tradição de seus ditos ele usara para descrever seu destino, no plano de Deus. Eles ampliaram a tradição da oração à luz dos Salmos[17] e de suas orações, que associaram ao modo de Jesus rezar. Cada um dos evangelistas (e sua tradição antes dele) conhecia formas diferentes dessa tradição[18] e cada um a aperfeiçoou de forma diferente antes e também no decorrer da adaptação dela a sua narrativa. Há quem ache essa abordagem da cena no Getsêmani por demais vaga e alusiva; mas afirmo que ela faz mais justiça ao etos cristão primitivo e aos limites de nossos métodos de investigação que os processos de transcrição excessivamente livrescos subentendidos em algumas das teorias de composição descritas antes, onde é preciso imaginar a meticulosa mistura de frases

---

[16] Na exaltada cristologia joanina, Jesus recusa-se a rezar para ser salvo da hora, pois é propósito de Deus e seu que ele chegue a essa hora. Em Marcos, Jesus deixa o problema da passagem da hora nas mãos do Pai.

[17] Muita gente reagiu à afirmação de Dibelius de que a reflexão nos Salmos deu origem ao acontecimento descrito (ver Schrage, "Bibelarbeit", p. 27-28; L. Schenke, *Studien*, p. 544-545). O fato de Hebreus e Marcos/João usarem Salmos diferentes (respectivamente 116 e 42) sugere que uma tradição básica estava sendo aperfeiçoada, não sendo criada.

[18] Quando falo de cada um dos evangelistas, penso principalmente em Marcos e João. Entretanto, embora Mateus (com muito rigor) e Lucas (com muita imprecisão) recorressem ao relato marcano da oração, é provável que cada um deles tivesse acesso a uma tradição oral mais extensa que a relatada por Marcos. A tradição de uma resposta angelical, completamente ausente em Marcos, aparece em Lc 22,43-44; Mt 26,53; Jo 12,29. Ver § 8.

de duas fontes diferentes ou a criação de um longo versículo por quatro redatores diferentes que lhe acrescentaram uma frase cada um. Talvez os leitores queiram saber se, quando falo que cada um dos evangelistas aperfeiçoou a tradição antes de incorporá-la ao Evangelho, evito supor algum processo livresco de trabalhar com textos, o que naturalmente deve ter acontecido em parte; mas, no caso de Marcos e João, não creio ser possível discernir os detalhes desse processo. Entretanto, as linhas gerais do que aconteceu antes dos aperfeiçoamentos específicos dentro da etapa de redação de um Evangelho são discerníveis e realmente da maior importância.

Até agora, não lidei com o papel da oração de Jesus *em relação aos discípulos* (os atos de vigiarem, rezarem e dormirem). Hebreus e João silenciam a respeito, mas isso constitui pelo menos metade da descrição marcana. A reação dos discípulos fazia parte de uma tradição primitiva mais geral ou surgiu da interação entre a oração e o contexto onde Marcos (ou seus antecessores) colocaram essa oração? (Na sequência marcana atual, os discípulos declaram estar prontos para compartilhar a sina de Jesus, mas essa interação com a oração de Jesus mostra que não estão.) Não conheço um meio para decidir.[19] É óbvio o significado parenético das partes relativas aos discípulos; recebemos uma lição quase parabólica. A natureza parabólica do material se confirma por estreitas semelhanças com a parábola escatológica de Mc 13,34-37, com suas injunções para vigiar (três vezes) e não dormir, pois o senhor da casa pode voltar em vários horários. Essa observação faz com que eu me junte a Linnemann para mostrar que o triplo caráter da conversa entre Jesus e os discípulos faz parte da forma perceptível mais primitiva da narrativa marcana. É um exemplo da regra de três que atua nas formas narrativas orais da tradição, e não é mistura de duas fontes separadas, cada uma mencionando uma vinda.

---

[19] Schenke (*Studien*, p. 548) acha que Marcos aperfeiçoou pareneticamente o papel dos discípulos, que era pré-marcano. Mas Barbour ("Gethsemane") apresenta fortes razões para crer que uma advertência parenética a respeito de vigiar e *peirasmos* fazia parte da tradição marcana mais primitiva; e Boman ("Gebetskampf", p. 262-264) afirma que o tema do sono era pré-marcano e ajudou a determinar a hora da cena como a *noite* antes de Jesus morrer. Muitos dos que adotam o enfoque das duas fontes atribuem Pedro, Tiago e João ao nível pré-marcano, enquanto muitos defensores do enfoque de uma única fonte atribuem a presença deles a Marcos, em imitação de Mc 5,27 e Mc 9,2. Contudo, Mohn ("Gethsemane", p. 197) acha que as duas apresentações dos três discípulos e também a atual representam redação marcana. Linnemann julga que apenas Mc 5,37 resultou de redação marcana, e Schenke (*Studien*, p. 480) afirma que o papel dos três discípulos dificilmente é histórico. Braumann ("Leidenskelch", p. 179-181) analisa a teoria de que os três são mencionados porque, na época em que Marcos escreveu, eles já tinham morrido como mártires. (Também E. W. Stegemann, TZ 42, 1986, p. 366-374.) Com certeza, o fracasso deles aqui para vigiar é um jogo com suas promessas em Mc 10,38-39 e Mc 14,31.

Depois de termos examinado bastante isso em termos do material em Marcos e João, voltemo-nos para o testemunho muito importante de Hebreus.

B. A contribuição de Hb 5,7-10

Uma parte surpreendente da análise da cena da oração sinótica no Getsêmani está em diálogo com esta passagem de Hebreus; ver na BIBLIOGRAFIA do Getsêmani (§ 4, Parte II) artigos por Brandenburger, Braumann, Feuillet ("Évocation"), Friedrich, Jeremias, Lescow, Omark, Schille, Strobel e Trémel.

1. A oração de Jesus em Hebreus e suas origens

Hb 4,14-16 diz aos cristãos para terem confiança na hora da necessidade, pois têm um sumo sacerdote que é capaz de se compadecer de suas fraquezas: "que em tudo foi tentado/provado [*peirazein*] como somos, [mas] sem pecado". Para esclarecer isso, em Hb 5,5 o autor insiste que Cristo não se transformou em sumo sacerdote para glorificar a si mesmo; ele foi, mais exatamente, designado por Deus. Ele foi alguém

> [7]que nos dias de sua carne, *tendo dirigido orações e súplicas*, com forte *clamor* e *lágrimas* àquele que tinha o poder de salvá-lo da morte, e *tendo sido ouvido* de medo, [8]apesar de ser Filho, *aprendeu a obediência* pelas coisas que *sofreu*. [9]E tendo sido *feito perfeito*, tornou-se para todos que o obedecem a causa da salvação eterna, [10]sendo *designado* por Deus sumo sacerdote segundo a ordem de Melquisedec.

O estudo do vocabulário grego dessa passagem mostra que o autor de Hebreus não compôs a passagem com a redação que encontrou nos Evangelhos sinóticos, nem nenhum evangelista compôs o relato da oração (ou das orações) de Jesus na NP a partir desta passagem. As palavras que pus em itálico na passagem descrevem ações essenciais de Jesus ou coisas importantes feitas a ele quando enfrentou a morte; contudo, nenhuma delas descreve alguma coisa feita por Jesus ou a ele na NP de qualquer Evangelho, ou, na verdade (com a exceção de "sofrer"), em todos os relatos evangélicos do ministério. (Nota: um verbo relacionado com "lágrimas" é usado a respeito de Jesus em Jo 11,35; o verbo "sofrer" [*paschein*] é usado nas predições da Paixão [Mc 8,31; 9,12] e na Última Ceia [Lc 22,15].)

Onde, então, o autor de Hebreus conseguiu a descrição dada em Hb 5,7-9 da luta de Jesus com a morte e o fato de ser aperfeiçoado? Muitos estudiosos indicam paralelos com o hino cristão primitivo em Fl 2,6-11, em especial com Fl 2,8-9, que descreve Jesus obediente até a morte e sendo exaltado por Deus. O hino de Filipenses e essa passagem de Hebreus começam com o pronome relativo "que" (*hos*), característica de hinos contidos em epístolas (também Cl 1,15). Também característica é a adição de frases esclarecedoras ou teologicamente modificadoras que não estavam na forma original do hino. Lescow ("Jesus [...] Hebräerbrief", p. 223, 229) pressupõe essas frases na passagem de Hebreus, como o embaraçoso "e tendo sido ouvido de medo", em Hb 5,7. Quando entendida como amor reverente, essa adição impedia o leitor de pensar que a oração de Jesus não foi respondida. Friedrich ("Lied", p. 107-110) considera essa frase original, mas julga que "nos dias de sua carne" é um acréscimo. Notável também em Hb 5,7 são os conjuntos de substantivos paralelos, "orações e súplicas" e "clamor e lágrimas", que refletem estilo poético. Quatro palavras desse versículo só ocorrem aqui em Hebreus ("orações", "súplicas", "clamor" e "lágrimas"). Assim, Hebreus talvez copie o modo de expressão de uma obra já composta, como um hino. Há paronomásia em Hb 5,8, entre "aprendeu" e "sofreu" (*emathen* [...] *epathen*; ver J. Coste, RechSR 43, 1955, p. 481-523, esp. p. 517-522).

Hinos judeu-cristãos primitivos, como os hinos judaicos conhecidos pelos livros dos Macabeus e Qumrã, eram quase sempre mistura de temas veterotestamentários (ver BNM, p. 412-436, a respeito dos hinos lucanos da infância), o que também é verdade a respeito da passagem de Hebreus. Boman ("Gebetskampf", p. 266) menciona que, no AT, a oração proferida com profunda ansiedade está frequentemente redigida em termos de clamor a Deus (Ex 2,23; Nm 12,13; Jz 3,9) e derramamento de lágrimas diante de Deus (Jz 20,26; 2Sm 12,22; Jl 2,12.17). Muitos autores percebem temas salmódicos (abundantes em outras passagens de Hebreus) em Hb 5,7. Dibelius ("Gethsemane") pressupõe a influência do grego de Sl 31,23, onde Deus ouve "por causa de minhas orações" e de Sl 39,13: "Ouve, ó Senhor, minha súplica e minha oração, presta atenção a minhas lágrimas". P. Andriessen (NTR 96, 1974, p. 286-291) mostra que diversas palavras de Hb 5,7 ocorrem em Sl 22,24 ("oração" e "ouvido"; *krauge*, "clamor", é usado em Hebreus, e o verbo *krazein* é usado no grego do Salmo).

Diversos biblistas indicam o primeiro versículo do Sl 116 (= Sl 114-115 gregos); Strobel ("Psalmengrundlage") vai mais além, mostrando que a maior parte do vocabulário de Hb 5,7 se encontra espalhada por todo o Salmo: nos dias de (Sl 116,2); oração (Sl 116,1); lágrimas (116,8); salvar (Sl 116,6); da morte (Sl 116,8); ouvido (Sl 116,1). (Note que parte desse vocabulário é de frases que biblistas mencionados acima consideram adições mais tardias ao hino. Ou essa teoria está errada, ou quem fez as adições imitou o Salmo ao qual o hino recorreu.) No final do Sl 116 (vv. 17-19), o salmista agradece a Deus por ouvir sua oração e suas lágrimas, e por salvar-lhe a vida das armadilhas da morte; e ele promete oferecer um sacrifício de louvor nos átrios da casa do Senhor em Jerusalém — preparação nada inadequada para o Jesus de Hebreus que, tendo sido salvo da morte, foi como sacerdote segundo Melquisedec ministrar no santuário celeste (Hb 5,10; 8,1-2; 9,12).[20] Assim, é possível montar um caso plausível em que a descrição em Hebreus da oração de Jesus para ser salvo da morte (que foi ouvida) era originária de um hino de louvor primitivo, formado de um mosaico de temas salmódicos. Entre os que aceitam que a passagem se origina de um hino estão Brandenburger, Braumann (hino batismal), Friedrich, Lescow, Schille e Strobel.

2. Hebreus e as orações de Jesus nas narrativas da Paixão

Essa passagem de Hebreus, que se originou independentemente dos Evangelhos, esclarece as descrições evangélicas das orações de Jesus na NP? Quero resumir as imagens das NPs evangélicas examinadas no COMENTÁRIO. Prevendo sua entrega para a morte nas mãos dos inimigos, um Jesus atormentado, triste e angustiado (Marcos/Mateus) rezou para que a hora passasse dele (Marcos) ou que o Pai afastasse dele o cálice (Marcos, Mateus, Lucas). Segundo Jo 12,27b-28a, no final do ministério, quando chegara a hora, Jesus considerou pedir ao Pai para ser salvo dessa hora. Rejeitou isso em favor de uma oração, "Pai, glorifica teu nome", estreito paralelo com o objetivo do término sinótico da oração do cálice: "Seja feita a

---

[20] Acho plausível os paralelos de Strobel entre Hb 5,7-8 e Sl 116, mas acho implausível a tentativa de Kiley ("Lord") de fazer Sl 116,4 ("Senhor, salva minha alma") a origem da cena marcana no Getsêmani. Na verdade, "alma" é a única palavra compartilhada pelos dois e essa palavra se encontra na citação marcana de Sl 42,6! Outros paralelos entre Sl 116 e Marcos que Kiley menciona, além de exigirem imaginação, não dizem respeito à cena de oração no Getsêmani: Sl 116,11 ("Todo homem é mentiroso"), por exemplo, é comparado à fuga dos discípulos; Sl 116,13 ("cálice da salvação") está mais próximo do cálice da Última Ceia que do cálice que Jesus não deseja beber em Mc 14,36; Sl 116,15 ("Preciosa [...] é a morte dos santos") está associado ao dinheiro prometido a Judas (Mc 14,11).

tua vontade". Em Jo 18,11, no jardim do outro lado do Cedron, Jesus fez a pergunta retórica: "O cálice que o Pai me deu — não vou bebê-lo?".[21] Quanto à oração ser respondida, nenhuma resposta do Pai por meio de voz ou ação está registrada em Marcos/Mateus; mas, tendo entendido o silêncio do Pai como sinal de que agora a hora precisa vir, Jesus mostrou decisão para enfrentá-la. Se Lc 22,43-44 é genuíno (e apoio essa opinião), o Pai respondeu enviando um anjo para fortalecer Jesus. Em Jo 12,28b-29, o Pai respondeu pela voz (confundida por alguns como a voz de um anjo): "Eu o glorifiquei [meu nome] e o glorificarei novamente". O "glorificarei" consiste na glorificação de Jesus depois da crucificação (Jo 17,1.4-5).

Há outra oração evangélica de Jesus diante da morte que também deve ser levada em conta para comparação com Hebreus. Na descrição de Mc 15,34 e Mt 27,46, Jesus, pouco antes de morrer, gritou ou exclamou em aramaico com voz forte: "Meu Deus, meu Deus, por que razão [com que propósito] me abandonaste?", citação de Sl 22,2. Logo que Jesus morreu, foi dado um tipo de resposta; de fato, o véu do santuário do Templo rasgou-se e um centurião confessou ser Jesus Filho de Deus, o que constituiu um sinal de que Deus não abandonara Jesus.

A fim de comparar Hb 5,7-10 com isso parcial ou integralmente, precisamos ser claros quanto ao que essa passagem descreve. "Nos dias de sua carne" tem sua amplitude de tempo limitada pela insistência da oração a respeito da morte e a referência a sofrimento: o autor fala do período dos últimos dias de Jesus ou sua Paixão. Embora o relacionamento gramatical da frase "de medo", e se significa "por causa do medo (reverente)" ou "(libertado) do medo (angustiado)" não esteja claro,[22] parece que o autor descreve uma oração angustiada, proferida em voz forte e arrancada das profundezas da humanidade de Jesus. O autor tem uma avaliação muito alta da divindade de Jesus (Jesus é maior que os profetas, Moisés e os anjos, e pode ser chamado "Deus" [Hb 1,8]); assim, ele faz nítido contraste entre Jesus ser Filho e Jesus em sua carne, que enfrenta a morte com angústia e reza insistentemente para ser salvo dela. O fato de ter de aprender obediência por meio desse sofrimento é exemplo claro de ser posto à prova ou tentado do mesmo

---

[21] É provável que, antes do quarto Evangelho, houvesse uma tradição parecida com a de Marcos a respeito de rezar, com referência à hora e ao cálice, mas agora isso se modificou à luz de uma cristologia joanina mais elevada, onde o Pai e Jesus são um só, de modo que a ideia de Jesus rezando pela mudança da hora na qual ele e o Pai têm a mesma intenção já não é mais tolerável.

[22] Ver o estudo gramatical no APÊNDICE III B.

jeito que nós (Hb 4,15). A oração de Jesus foi ouvida; portanto, ele foi "salvo" da morte. A ênfase que Hebreus coloca no sangue e no sacrifício de Jesus significa que ser salvo da morte não quer dizer que foi poupado da morte.[23] Mais exatamente, Jesus foi poupado de ser vencido pela morte, como em Hb 2,14. Seu "tendo sido perfeito" significa que depois da morte ele entrou no tabernáculo celeste (Hb 9,11-12) e sentou-se à direita de Deus (Hb 1,13). Uma sequência bem parecida com essa aparece em Hb 2,9: "Vemos Jesus, que por pouco tempo foi feito inferior aos anjos, elevado com glória e honra porque sofreu a morte".

Com esse entendimento de Hb 5,7-10, permitam-me relacionar argumentos que comparam a passagem com duas orações de Jesus na NP já descrita. A primeira será abreviadamente chamada oração no Getsêmani (embora nem Lucas nem João usem a designação Getsêmani, e João situe no final do ministério a oração a respeito da hora); a outra, a oração na cruz (primordialmente a citação de Sl 22,2 em Marcos/Mateus).

a) Hebreus e a oração no Getsêmani:

- Hebreus fala de Jesus como Filho; a oração sinótica a respeito do cálice é dirigida ao Pai, bem como a análise joanina dessa oração.
- Hebreus situa a oração "nos dias de sua carne", talvez para criar um contraste entre a fraca condição humana de Jesus e "aquele que tinha o poder". Um paralelo é: "o espírito está pronto, mas a carne é fraca" (Marcos/Mateus). A relação das duas passagens é estreita se Marcos indica que sua declaração brota da experiência que Jesus tem de sua carne fraca (ver COMENTÁRIO), embora Hb 4,15 fale de Jesus ser posto à prova porque compartilhou nossas "fraquezas".
- Hebreus fala de "lágrimas"; os Evangelhos não mencionam nenhuma lágrima, mas, em Marcos/Mateus, a alma de Jesus está "muito triste" e João 12,27 afirma que sua alma está "perturbada".
- Em Hebreus, Jesus reza para ser *salvo* da morte; o Jesus joanino reflete se deve dizer: "Pai, salva-me desta hora". As orações sinóticas a respeito do cálice (ou da hora) não usam a palavra "salvar".

---

[23] É possível, evidentemente, que Jesus rezasse para não morrer, mas que Deus o salvasse da morte no sentido de lhe dar a vitória por meio da morte

- Em Hebreus, a oração é dirigida "àquele que tinha o poder" (*dynasthai*); esse verbo é empregado na segunda oração de Jesus a respeito do cálice no Getsêmani, em Mt 26,42, e a palavra relacionada *dynastos* é empregada na primeira oração em Marcos/Mateus.

- Hebreus fala de Jesus ser ouvido; o relato lucano descreve uma resposta divina, mas Jesus não é poupado da morte; o relato joanino, em Jo 12,28, tem a resposta de uma voz divina em termos de glorificação que gira em torno da morte de Jesus.

- Hebreus usa a frase "de medo" para descrever o contexto no qual ele foi ouvido, e isso talvez signifique que Jesus se livrou do medo angustiado; em Marcos/Mateus, Jesus fica bastante angustiado, mas emerge de sua oração decidido; em Lucas, um anjo o fortalece. É tentador relacionar Lucas com Hb 2,9: "Vemos Jesus, que por pouco tempo foi feito inferior aos anjos, elevado com glória e honra porque sofreu a morte".

- Hebreus fala que Jesus aprendeu a obediência pelas coisas que sofreu; os três sinóticos fazem Jesus afirmar o que Deus deseja. Hb 10,9 descreve a atitude de Jesus como "eis-me aqui para fazer a tua vontade (*thelema*)", a palavra usada na oração de Jesus em Mt 26,42; Lc 22,42.

- Hebreus fala de Jesus sendo feito perfeito; em Jo 12,28, o Pai diz que glorificará seu nome novamente, o que pode ser ligado com dar a Jesus a glória que ele tinha antes do início do mundo (Jo 17,4-5).

- No contexto introdutório de Hb 4,15, Hebreus fala de Jesus sendo tentado/posto à prova (*peirazein*); os sinóticos situam a oração de Jesus no contexto da instrução aos discípulos para rezar a fim de não entrar em provação (*peirasmos*).

É preciso também mencionar algumas diferenças importantes. Hebreus fala de "forte clamor" a Deus, o que não ocorre na oração no Getsêmani. Em Hebreus, a oração de Jesus para ser salvo da morte é ouvida, presumivelmente no sentido de que ele emerge vitorioso da morte; isso não se aplica prontamente à oração no Getsêmani, apesar da tentativa de Omark ("Saving", p. 43-49) de afirmar que é possível interpretar o anjo fortalecedor lucano como salvador da morte. A resposta à oração a respeito da hora ou do cálice nos quatro Evangelhos confirma que Jesus precisa enfrentar a morte; o problema de Jesus ser ou não aniquilado pela morte não está em primeiro plano. Além disso, nessa etapa da Paixão, Jesus não aprende realmente obediência por meio das coisas que sofre, embora em Marcos/Mateus ele esteja no processo de fazê-lo.

b) Hebreus e a oração na cruz:
- Hebreus fala de um forte clamor (*krauge*); Marcos/Mateus descrevem Jesus bradando (*boan*) suas palavras a Deus com forte grito (*phone*).
- Em geral, acredita-se que Hebreus imita um Salmo como o Sl 116; em Marcos/Mateus, a oração de Jesus consiste em Sl 22,2.
- Em Hebreus, Jesus clama para ser salvo da morte; em Marcos/Mateus, é um pouco antes de morrer que Jesus expressa sua sensação de ser abandonado por Deus, presumivelmente por lhe ter sido permitido ter morte tão desgraçada sem nenhum apoio visível.
- Hebreus faz Jesus perfeito depois do sofrimento, isto é, levado ao santuário celeste; nos (três) sinóticos, Jesus é justificado depois da morte, pelo fato de rasgar-se o véu do Templo (Marcos/Mateus) e pela confissão do centurião (os três); João tem sinais vivificantes de sangue e água que saem do corpo na cruz; os quatro trazem Jesus ressuscitado dos mortos (presumivelmente o que Hebreus quer dizer ao declarar que sua oração para ser salvo da morte foi ouvida; ver Hb 2,9). Em termos do vocabulário de ser feito perfeito (*teleioun*), Jo 19,28.30 emprega *teleioun* e *telein* para descrever os últimos momentos de Jesus na cruz, quando ele completa (aperfeiçoa) as Escrituras e termina a obra que o Pai lhe deu para realizar.
- Em outras passagens de Hebreus (Hb 9,12; 10,12), ser feito perfeito é interpretado como passando da morte na cruz para o tabernáculo celeste levando seu sangue, com pouca menção ao sepultamento entre os mortos (Hb 13,20); João descreve a crucificação como uma etapa da exaltação do Filho do Homem, quando Jesus passa deste mundo para o Pai (Jo 12,32; 13,1; 17,11).

É preciso também mencionar algumas diferenças importantes. A oração no Getsêmani a respeito da hora/do cálice está mais próxima que a oração na cruz de ser uma oração para ser "salvo de", embora a esperança lamentosa de que, no final, "meu Deus" realmente não "me" abandonará seja intrínseca à citação que Jesus faz de Sl 22,2. Se pelo "medo" Hebreus se refere ao medo angustiado, isso se assemelha mais à oração no Getsêmani que à oração na cruz.

De modo geral, há em Hb 5,7 mais semelhanças com a oração no Getsêmani que com a oração na cruz; contudo, discordo firmemente dos que, como Feuillet e Omark, em sua análise relacionam Hebreus apenas ao Getsêmani. (Esse enfoque *às vezes* reflete a suposição de que o relato marcano do Getsêmani conserva tanta história que qualquer reflexão na oração de Jesus para ser libertado tem de se relacionar com ele.) Schille e Brandenburger são mais exatos ao relacionar Hebreus com as duas orações evangélicas; mas, a meu ver, o relacionamento é complicado e não é de dependência direta de Hebreus com os Evangelhos, nem dos Evangelhos com Hebreus.

3. Evolução das diversas orações de Jesus

Que Jesus lutou com Deus e rezou a ele a respeito de sua morte iminente era memória ou compreensão cristã primitiva. Como expliquei na primeira parte desta ANÁLISE, a luta de oração expressa em termos da vinda da hora, de beber o cálice e de ser abandonado por Deus foi assumida nas tradições pré-marcana e pré-joanina. Cada tradição desenvolveu o tema à luz de uma cristologia diferente, e os respectivos evangelistas continuaram esse desenvolvimento no processo de encaixar os ditos em uma sequência evangélica. *Marcos* reuniu dramaticamente no início da NP, no contexto do fracasso dos discípulos, orações a respeito de ser libertado da hora e do cálice (modificadas pela aceitação da vontade divina), e no final da NP, quando ninguém ajudou Jesus, um grito melancólico de que ele foi esquecido por seu Deus, expresso em termos de Sl 22,2. Esse arranjo tem o efeito de prolongar a luta de Jesus a respeito da morte[24] e de reservar para o momento em que ele expira a resposta de Deus com o esclarecimento de que tudo termina com a vitória do Filho.

Em *João*, mesmo antes da Última Ceia o próprio Jesus decide a questão da hora ao insistir que não quer ser salvo dela (Jo 12,27); perto do fim da ceia, ele nega que durante a hora ele foi abandonado pelo Pai, embora os discípulos se dispersem (Jo 16,32); depois da ceia, no início da NP, quando ele mesmo arranja para que os discípulos sejam deixados em paz, Jesus insiste que não podem impedi-lo de beber o cálice (Jo 18,11). Assim, não a luta, mas a vitória nessa luta é enfatizada durante toda a sequência — vitória certa desde o início, porque Deus sempre responde à oração de um Jesus que diz "eu e o Pai somos um".

---

[24] É tentador especular que a extensa luta no fim da vida de Jesus em Marcos pode ser o equivalente funcional da provação de Jesus que Mateus e Lucas puseram em forma mais extensa no relato das três "tentações" pelo diabo no início.

Hebreus também recorre ao tema primitivo de que Jesus lutou com Deus e a ele rezou a respeito de sua morte iminente, mas não na expressão de "hora-cálice--abandonado", conhecida das tradições pré-evangélicas. Em vez disso, Hb 5,7 recorre à expressão de um hino cristão primitivo que descreve o tema na linguagem do salmista lamentoso e sofredor (por exemplo, Sl 116). Hebreus usa essa expressão de clamar de medo àquele que tem o poder de salvá-lo da morte para enfatizar sua cristologia de que Jesus aprendeu obediência pelo sofrimento e, assim, partilhou a provação de todos nós antes de ir para o santuário celeste como pioneiro de salvação aperfeiçoado pelo sofrimento (Hb 2,10; 12,2), o "precursor por nós" (Hb 6,20).

O relacionamento das apresentações evangélicas umas com as outras e com Hebreus origina-se de sua dependência comum do tema primitivo de que Jesus lutou com Deus e a ele rezou a respeito de sua morte iminente. Uma análise de historicidade precisa concentrar-se nesse tema, e não nas apresentações dramáticas e teologicamente desenvolvidas do tema nos Evangelhos e em Hebreus, apresentações que têm o propósito não de simplesmente relatar fatos, mas de tornar o tema relevante para a vida dos respectivos leitores. APÊNDICE VIII tratará de um extenso conjunto de literatura a respeito do conhecimento que Jesus tinha de sua morte próxima. *Que, nos últimos dias de sua vida em Jerusalém, quando os líderes de seu povo demonstraram incessante hostilidade*, ao rejeitar sua proclamação e desejar livrar-se dele, *Jesus lutou em oração com Deus a respeito de como sua morte se encaixava na instauração do Reino de Deus é, a meu ver, tão (extremamente) plausível que garante certeza.* A objeção de que ele já conhecia todos os detalhes de como sua morte se encaixava na vitória é convincente para os que têm uma teologia com condições para ignorar as muitas indicações neotestamentárias do contrário. A objeção oposta, de que ele não poderia ter previsto a morte nas mãos dos inimigos, é convincente para os que acham que toda reflexão nas Escrituras (inclusive Jeremias, Dêutero-Isaías e os Salmos do justo sofredor) coube aos cristãos primitivos, e não a Jesus. O fato de, em sua luta e oração, Jesus poder rezar ou ter rezado para ser libertado da morte como criminoso nas mãos dos inimigos não choca os que dão atenção suficiente à visão de Jesus de que a instauração do Reino de Deus incluía a luta poderosa com a oposição diabólica, em cujo arsenal a morte até então servira de arma poderosa. Hb 2,14 fala do inimigo que Jesus domina pela morte como "aquele que tem o poder da morte, isto é, o diabo".

(A *bibliografia para esta* ANÁLISE ENCONTRA-SE EM § 4, PARTE II, OU NA BIBLIOGRAFIA GERAL [§ 3].)

Sumário do primeiro ato, cena dois

CENA DOIS: Jesus é preso (Mc 14,43-52; Mt 26,47-56; Lc 22,47-53; Jo 18,2-11)

§ 12. Bibliografia da seção: A prisão de Jesus (§§ 13–16)
   Parte I: A prisão de Jesus (§§ 13, 14, 16)
   Parte II: Mc 14,51-52 a respeito da fuga de um jovem nu (§ 15)

§ 13. A prisão de Jesus, primeira parte: O encontro inicial (Mc 14,43-46; Mt 26,47-50; Lc 22,47-48; Jo 18,2-8a)
- Descrição prévia de Judas em cada um dos Evangelhos
- A chegada de Judas (Mc 14,43a.44a; Mt 26,47a.48a; Lc 22,47a; Jo 18,2)
- O grupo aprisionador (Mc 14,43b; Mt 26,47b; [Lc 22,52]; Jo 18,3)
- Identificação de Jesus pelo beijo de Judas (Mc 14,44b-45; Mt 26,48b-49; Lc 22,47b)
- Resposta de Jesus ao beijo (Mt 26,50a; Lc 22,48)
- Autoidentificação de Jesus ("Eu sou") em Jo 18,4-8a
- A captura de Jesus (Mc 14,46; Mt 26,50b)

§ 14. A prisão de Jesus, segunda parte: Incidentes que a acompanham (Mc 14,47-50; Mt 26,51-56; Lc 22,49-53; Jo 18,8b-11)
- A orelha do servo é decepada (Mc 14,47; Mt 26,51; Lc 22,49-50; Jo 18,10)
- Resposta de Jesus ao que maneja a espada (Mt 26,52-54; Jo 18,11; Lc 22,51)
- A queixa de Jesus (Mc 14,48-49a; Mt 26,55; Lc 22,52-53a)
- Cumprimento da Escritura; partida dos discípulos (Mc 14,49b-50; Mt 26,56; Jo 18,8b-9)
- Lc 22,53b: "Vossa hora e o poder das trevas"

§ 15. A prisão de Jesus, terceira parte: Fuga de um jovem nu (Mc 14,51-52)
- Interpretações antigas por copistas e pelo *Evangelho secreto de Marcos*
- Identidade do jovem entendido como pessoa real
- O jovem entendido como figura simbólica
- Avaliação e interpretação sugerida

§ 16. Análise que abrange as três partes da prisão de Jesus
   A. Teorias de composição
   B. Elementos comuns nos Evangelhos

§ 12. Bibliografia da seção para a cena dois do primeiro ato: A prisão de Jesus (§§ 13–16)

A Parte I abrange a cena da prisão em geral (§§ 13, 14, 16); a segunda parte concentra-se no episódio marcano da fuga do jovem nu (§ 15). Análises gerais de Jesus no Getsêmani, algumas das quais incluem também a cena da prisão, encontram-se em § 4, Parte II. A bibliografia sobre Judas Iscariotes encontra-se em § 25, Parte III e no APÊNDICE IV.

Parte I: A prisão de Jesus (§§ 13, 14, 16)

ARGYLE, A. W. The Meaning of *kath hemeran* in Mark xiv. 49. ExpTim 63, 1951-1952, p. 354.

BARTINA, S. "Yo soy Yahweh" — Nota exegética a Jn 18,4-8. SBE 18, 1959, p. 393-416.

BELCHER, F. W. A Comment on Mark xiv.45. ExpTim 64, 1952-1953, p. 240.

CHARBONNEAU, A. L'arrestation de Jésus, une victoire d'après la facture interne de Jn 18.1-11. ScEsp 34, 1982, p. 155-170.

CROSSAN, R. D. Matthew 26:47-56 — Jesus Arrested. In: FRANCIS, F. O. & WALLACE, R. P., orgs. *Tradition as Openness to the Future*. Lanham, MD, University Press of America, 1984, p. 175-190 (Honor of W. W. Fisher).

DEISSMANN, A. "Friend, wherefore art thou come?" ExpTim 33, 1921-1922, p. 491-493.

DERRETT, J. D. M. Peter's Sword and Biblical Methodology. BeO 32, 1990, p. 180-192.

DIBELIUS, M. Judas und der Judaskuss. DBG, v. 1, p. 272-277, pub. orig. 1939.

DOEVE, J. W. Die Gefangennahme Jesu in Gethsemane. Eine traditionsgeschichtliche Untersuchung. StEv I, p. 458-480.

DROGE, A. J. The Status of Peter in the Fourth Gospel: A Note on John 18:10-11. JBL 109, 1990, p. 307-311.

ELTESTER, W. "Freund, wozu du gekommen bist" (Mt xxvi 50). In: VAN UNNIK, W. C., org. *Neotestamentica et Patristica*. NovTSup 6, Leiden, Brill, 1962, p. 70-91 (O. Cullmann Festschrift).

EMMET, P. B. St. Mark xiv.45. ExpTim 50, 1938-1939, p. 93.

GIBLIN, C. H. Confrontations in John 18,1-27. *Biblica* 65, 1984, p. 210-231.

GILLMAN, J. A Temptation to Violence: The Two Swords in Lk 22:35-38. LS 9, 1982, p. 142-153.

HALL, S. G. Swords of Offence. StEv I, p. 499-502.

HINGSTON, J. H. John xviii. 5,6. ExpTim 32, 1920-1921, p. 232.

JOÜON, P. Luc 22,50-51: *to ous, tou otiou*. RechSR 24, 1934, p. 473-474.

KLOSTERMANN, E. Zur Spiegelbergs Aufsatz "Der Sinn von *eph ho parei* in Mt 26,50". ZNW 29, 1930, p. 311.

KOSMALA, H. Matthew xxvi 52 — A Quotation from the Targum. NovT 4, 1960, p. 3-5.

KRIEGER, N. Der Knecht des Hohenpriesters. NovT 2, 1957, p. 73-74.

LAMPE, G. W. H. The Two Swords (Luke 22:35-38). JPHD, p. 335-351.

LEE, G. M. Matthew xxvi.50: *Hetaire, eph ho parei*. ExpTim 81, 1960-1970, p. 55.

LIMBECK, M. "Stecke dein Schwert in die Scheide...!" Die Jesusbewegung im Unterschied zu den Zeloten. BK 37, 1982, p. 98-104.

MACDONALD, D. Malchus' Ear. ExpTim 10, 1898-1899, p. 188.

MCVANN, M. Conjectures About a Guilty Bystander: The Sword Slashing in Mark 14:47. *Listening* 21, 1986, p. 124-137.

MAZZUCCO, C. L'arresto di Gesù nel vangelo di Marco (Mc 14,43-52). RivB 35, 1987, p. 257-282.

MEIN, P. A Note on John xviii.6. ExpTim 65, 1953-1954, p. 286-287.

MINEAR, P. S. A Note on Luke xxii 36. NovT 7, 1964-1965, p. 128-134.

NESTLE, Eb. Zum Judaskuss. ZNW 15, 1914, p. 92-93.

OWEN, E. C. E. St Matthew xxvi 50. JTS 29, 1927-1928, p. 384-386.

PERI, I. Der Weggefährte. ZNW 78, 1987, p. 127-131 (sobre Mt 26,50).

REHKOPF, F. Mt 26.50: *Hetaire eph' ho parei*. ZNW 52, 1961, p. 109-115.

REYNEN, H. "*Synagesthai*, Joh 18,2". BZ NS 5, 1961, p. 86-90.

RICHTER, G. Die Gefangennahme Jesu nach dem Johannesevangelium (18,1-12). *Bibel und Leben* 10, 1969, p. 26-39. Reimpresso em RSJ, p. 74-87.

ROSTOVTZEFF, M. *Ous dexion apotennein*. ZNW 33, 1934, p. 196-199 (Mc 14,47 e par.).

SCHNEIDER, G. Die Verhaftung Jesu. Traditionsgeschichte von Mk 14.43-52. ZNW 63, 1972, p. 188-209.

SCHWANK, B. Jesus überschreiter den Kidron (Joh 18,1-11). SuS 29, 1964, p. 3-15.

SPIEGELBERG, W. Der Sinn von *eph ho parei* in Mt 26.50. ZNW 28, 1929, p. 341-343.

SUGGIT, J. Comrade Judas: Matthew 26:50. *Journal of Theology for Southern Africa* 63, 1988, p. 56-58.

SUHL, Die Funktion des Schwertstreichs in den synoptischen Erzählunger von der Gefangennahme Jesu (Mk 14,43-52; Mt 26,47-56; Lk 22,47-53). FGN, v. 1, p. 295-323.

VIVIANO, B. The High Priest's Servant's Ear: Mark 14:47. RB 96, 1989, p. 71-80.

WILSON, J. P. Matthew xxvi.50: "Friend, wherefore art thou come?" ExpTim 41, 1929-1930, p. 334 (resposta a Deissmann).

ZORELL, F. "Amice, ad quod venisti!" VD 9, 1929, p. 112-116.

Parte II: Mc 14,51-52 a respeito da fuga de um jovem nu (§ 15)

BROWN, R. E. The Relation of the "The Secret Gospel of Mark" to the Fourth Gospel. CBQ 36, 1974, p. 466-485.

COSBY, M. R. Mark 14:51-52 and the Problem of the Gospel Narrative. *Perspectives in Religious Studies* 11, 1984, p. 219-231.

FLEDERMANN, H. The Flight of a Naked Young Man (Mark 14:51-52). CBQ 41, 1979, p. 412-418.

FULLER, R. H. Longer Mark: Forgery, Interpolation, or Oral Tradition. In: *Colloquy 18 of the Center for Hermeneutical Studies*. Berkeley, CA, Graduate Theological Union, 1976, p. 1-11.

GOURGUES, M. À propos du symbolisme christologique et baptismal de Marc 16.5. NTS 27, 1981, p. 672-678 (com ref. a Mc 14,51-52).

GUNDRY, R. H. *Mark: A Commentary on His Apology for the Cross*. Grand Rapids, Eerdmans, 1993, p. 603-623 (sobre o *Evangelho secreto de Marcos*).

JENKINS, A. K. Young Man or Angel? ExpTim 94, 1982-1983, p. 237-240.

KNOX, J. A Note on Mark 14:51-52. In: JOHNSON, S. E., org. *The Joy of Study*. New York, MacMillan, 1951, p. 27-30 (F. C. Grant Volume).

KOESTER, H. History and Development of Mark's Gospel (From Mark to *Secret Mark* and "Canonical Mark"). In: CORLEY, B., org. *Colloquy on New Testament Studies*. Macon, GA, Mercer, 1983, p. 35-57.

MCINDOE, J. H. The Young Man at the Tomb. ExpTim 80, 1968-1969, p. 125 (com ref. a Mc 14,51-52).

MEYER, M. W. The Youth in the *Secret Gospel of Mark*. *Semeia* 49, 1990, p. 129-153.

MONLOUBOU, L. L'étonnant destin d'un personnage évangélique. *Chronique. Supplément au Bulletin de Littérature Ecclesiastique* 1, 1984, p. 25-28.

NEIRYNCK, F. La fuite du jeune homme en Mc 14,51-52. ETL 55, 1979, p. 43-66. Reimpresso em NEv, v. 1, p. 215-238.

NOLLE, L. The Young Man in Mk. xiv,51. *Scripture* 2, 1947, p. 113-114.

ROSS, J. M. The Young Man who Fled Naked. IBS 13, 1991, p. 170-174.

SAUNDERSON, B. Gethsemane: The Missing Witness. *Biblica* 70, 1989, p. 224-233.

SCHENKE, H.-M. The Mystery of the Gospel of Mark. *The Second Century* 4, 1984, p. 65-82.

SCHNELLBÄCHER, E. L. Das Rätsel des *neaniskos* bei Markus. ZNW 73, 1982, p. 127-135.

SCROGGS, R. & GROFF, K. I. Baptism in Mark: Dying and Rising with Christ. JBL 92, 1973, p. 531-548, esp. p. 536-540.

SMITH, M. *Clement of Alexandria and a Secret Gospel of Mark*. Cambridge, MA, Harvard Univ., 1973.

_____. Clement of Alexandria and Secret Mark: The Score at the End of the First Decade. HTR 75, 1982, p. 449-461.

_____. Merkel on the Longer Text of Mark. ZTK 72, 1975, p. 133-150.

VANHOYE, A. La fuite, du jeune homme nu (Mc 14,51-52). *Biblica* 52, 1971, p. 401-406.

WAETJEN, H. The Ending of Mark and the Gospel's Shift in Eschatology. ASTI 4, 1965, p. 114-131, esp. 114-121 sobre Mc 14,51-52; 16,5.

§ 13. A prisão de Jesus, primeira parte: O encontro inicial
(Mc 14,43-46; Mt 26,47-50; Lc 22,47-48; Jo 18,2-8a)

Tradução

Mc 14,43-46: ⁴³E imediatamente, enquanto ele ainda falava, chega Judas, um dos Doze, e com ele uma multidão com espadas e paus, da parte dos chefes dos sacerdotes e dos escribas e dos anciãos. ⁴⁴O que o estava entregando, dera-lhes um aviso, dizendo: "Ele é (aquele) que beijarei. Agarrai-o e levai-o em segurança". ⁴⁵E tendo vindo, imediatamente tendo vindo para perto dele, diz "Rabi", e beijou-o calorosamente. ⁴⁶Mas eles lançaram as mãos sobre ele e o agarraram.

Mt 26,47-50: ⁴⁷E enquanto ele ainda falava, vede, Judas, um dos Doze, veio, e com ele, numerosa multidão com espadas e paus, da parte dos chefes dos sacerdotes e dos anciãos do povo. ⁴⁸Mas o que o estava entregando deu-lhes um sinal, dizendo: "Ele é (aquele) que beijarei. Agarrai-o". ⁴⁹E imediatamente, tendo vindo para perto de Jesus, ele disse "Salve, Rabi!", e beijou-o calorosamente. ⁵⁰Mas Jesus lhe disse: "Amigo, é para isso que estás aqui". Então, tendo vindo para perto, eles lançaram as mãos sobre Jesus e o agarraram.

Lc 22,47-48: ⁴⁷Enquanto ele ainda falava, vede, uma multidão; e o homem chamado Judas, um dos Doze, vinha adiante deles; e ele se aproximou de Jesus para beijá-lo. ⁴⁸Mas Jesus lhe disse: "Judas, com um beijo entregas o Filho do Homem?".

Jo 18,2-8a: ²Mas também Judas, aquele que o estava entregando, conhecia esse lugar porque muitas vezes Jesus ali viera com seus discípulos. ³Assim Judas, tendo tomado a coorte, e dos chefes dos sacerdotes e fariseus, guardas, vem ali com lanternas e tochas e armas. ⁴Assim Jesus, tendo conhecido tudo o que estava para lhe acontecer, saiu e lhes diz: "A quem procurais?". ⁵Eles responderam-lhe: "Jesus, o Nazareu". Ele lhes diz: "eu sou (ele)". Ora, de pé ali com eles estava também Judas, aquele que o estava entregando. ⁶Assim, quando Jesus lhes disse: "eu sou (ele)", eles recuaram e caíram ao chão. ⁷Assim, novamente ele lhes perguntou: "A quem procurais?". Mas eles disseram: "Jesus, o Nazareu". ⁸ᵃJesus respondeu: "Eu vos disse que eu sou (ele)".

Comentário

Dividiremos a cena da prisão em três partes. A primeira parte (§ 13), depois de descrever o papel anterior de Judas em cada Evangelho, examina sua chegada juntamente com os que vão prender Jesus. Para identificar Jesus, o Judas sinótico aproxima-se dele com um beijo; no relato joanino maior, Jesus identifica-se e põe fora de ação o grupo que veio prendê-lo. A segunda parte (§ 14) trata de um conjunto de incidentes que ocorrem logo depois que o grupo prende Jesus em Marcos/Mateus e imediatamente antes dessa prisão em Lucas e João. Muito proeminentes entre eles são a cena da orelha do servo que é decepada e as palavras de Jesus e sua citação da Escritura para o grupo aprisionador. A terceira parte (§ 15) abrange um acontecimento enigmático relatado apenas por Marcos. Um jovem que tenta seguir Jesus foge nu. Uma ANÁLISE comum será apresentada em § 16 para as três partes, para examinar a composição. A BIBLIOGRAFIA DA SEÇÃO a respeito da prisão encontra-se em § 12.

Quanto à primeira parte que agora iniciamos, as subseções estão relacionadas na p. 235.

Descrição prévia de Judas em cada um dos Evangelhos

Mais adiante neste livro, APÊNDICE IV será dedicado a Judas, o significado de Iscariotes e os possíveis motivos para Judas agir contra Jesus. Aqui, estou interessado no que cada um dos evangelistas já contou ao leitor, com a finalidade de tornar inteligível a ação de Judas nesta cena.

Marcos. Em Mc 14,1-2, Marcos declara que os chefes dos sacerdotes e escribas procuram prender Jesus e matá-lo, empregando uma manobra sub-reptícia que não faça o povo revoltar-se durante a festa. Logo depois (Mc 14,10-11), Marcos relata que Judas Iscariotes, um dos Doze, vai procurar os chefes dos sacerdotes a fim de entregá-lo. É de se presumir que a vinda de Judas perante eles não é por acaso; mas fica por conta do leitor conjecturar como Judas descobriu que os chefes dos sacerdotes procuravam ajuda — o desejo de evitar tumulto significava que eles não poderiam procurar ajuda publicamente. Marcos não dá nenhuma razão para Judas querer entregar Jesus. Mas em resposta a sua oferta, os chefes dos sacerdotes alegram-se e prometem dar-lhe dinheiro. Nenhuma soma é especificada e não ficamos sabendo que eles o deram, embora esse seja o sentido mais plausível de *apechei* em Mc 14,41 (APÊNDICE III A). A cena termina com Judas à procura de um jeito de entregar Jesus oportunamente. Na Última Ceia (Mc 14,18-21) Jesus anuncia: *"Um de vós* [os Doze] que comeis comigo *vai me entregar"*. Em resposta à pergunta "sou eu?", feita por um depois do outro, Jesus diz que é um dos Doze que está *molhando* o pão no mesmo prato que ele e adverte a esse que está entregando o Filho do Homem que seria melhor para ele não ter nascido. (As frases que pus em itálico são comuns a Marcos, Mateus e João; e uma variante da primeira está em Lucas.) Note que o Jesus marcano nunca menciona quem é o traidor. Na verdade, Judas nunca é mencionado pelo nome na Última Ceia sinótica; assim, sua saída da ceia não é indicada. Teoricamente, no decorrer da narrativa, quando Judas chega com o grupo aprisionador, é uma surpresa para o leitor o fato de Judas não ter acompanhado os outros discípulos quando eles foram com Jesus ao Getsêmani; com efeito, Mc 14,26 dá a impressão de que os que estavam na ceia foram ao Monte das Oliveiras. Além disso, Marcos jamais indica que Jesus fora antes ao Getsêmani; por isso, não está claro como Judas sabia onde encontrar Jesus.

Acabei de mencionar muita coisa sem sentido, mas não se deve insistir demasiadamente em nenhuma dessas lacunas da narrativa marcana. O leitor comum da fluente narrativa marcana nem sonharia em fazer muitas das perguntas acima; e se algum antigo predecessor dos críticos bíblicos modernos pressionasse os leitores de Marcos sobre esses pontos, eles teriam feito conjeturas plausíveis para preencher as lacunas. E, com certeza, foi isso que Mateus e Lucas fizeram quando reescreveram sua versão do relato de Marcos, onde algumas das perguntas que fiz estão respondidas. Também é preciso supor que uma personagem perversa e misteriosa como Judas teria sido assunto da imaginação popular cristã e de contos folclóricos. (A morte que lhe é atribuída por Mt 27,3-10, examinada em § 29, é apenas uma das três mortes relatadas por cristãos primitivos.) Portanto, Mateus e Lucas podem ter tido outras informações populares, além das próprias suposições, para preencher as lacunas marcanas — observação que tem certa importância desde que percebamos que essas outras informações não precisam representar fatos. Poucas informações concretas eram conhecidas a respeito desse homem.

Mateus. Tomando as informações marcanas, Mateus acrescenta alguns detalhes às negociações anteriores à ceia entre os chefes dos sacerdotes e Judas. Em Mt 26,3-5, vemos os anciãos do povo (em lugar dos escribas marcanos) tramando com os chefes dos sacerdotes contra Jesus e ficamos sabendo que eles se reuniram no *aule* ("pátio, palácio, átrio" do sumo sacerdote Caifás. Mateus nos levará novamente a esse *aule* quando Jesus for conduzido para julgamento diante do mesmo Caifás (mencionado por Mateus, não por Marcos) e quando Pedro negar Jesus (Mt 26,57-58.69). É interessante que Mt 26,14-16 acrescenta que Judas recebeu trinta moedas de prata. Teremos mais informações a respeito disso como tema bíblico em Mt 27,3, quando Mateus (e só ele) interrompe a NP para narrar a morte de Judas. Na Última Ceia, em Mt 26,21-25, há uma expansão no relato de Marcos. Quando também Judas pergunta "Sou eu, Rabi?",[1] Jesus responde "Tu o dizes". Agora, o leitor é informado não só de que Jesus estava ciente da identidade exata do traidor, mas também Judas sabia que Jesus estava ciente! Esse traço é dramático e também protege a cristologia.

Lucas. No material imediatamente anterior à ceia, Lc 22,2 segue Marcos de perto, e com mais concisão na trama dos chefes dos sacerdotes e escribas contra Jesus; mas, sem nenhum interlúdio,[2] Lucas (22,3-6) apresenta uma forma adaptada da vinda de Judas até eles. Lucas menciona dinheiro, mas não uma quantia específica (ver também At 1,18). O acréscimo principal de Lucas é para explicar por que Judas procurou os chefes dos sacerdotes e os *strategoi* ("capitães [do Templo]"), a saber, porque Satanás entrou nele. Na Última Ceia, Lc 22,21-23 segue rigorosamente Marcos, mas de novo de forma mais concisa. Ele omite a formulação "sou eu?" da pergunta dos discípulos e a referência a molhar o pão no mesmo prato, mas mantém a declaração de que Jesus será entregue por um dos que estão à mesa com ele. Essa condensação pode ser outro reflexo da tendência de Lucas a não divulgar memórias desfavoráveis dos Doze. Como em Marcos, Judas nunca é mencionado pelo nome na ceia, nem sua saída.

---

[1] Mateus faz uma distinção entre Judas, que chama Jesus de "Rabi", e os outros, que o chamam de "Senhor"; os discípulos não deviam usar "Rabi" (Mt 23,7-8). Tudo isso vai além do "sou eu?" marcano.

[2] Entre a trama (Mc 14,1-2) e a vinda de Judas para tomar parte na trama (Mc 14,10-11), Marcos intercala a narrativa da mulher que unge a cabeça de Jesus (Mc 14,3-9). A reorganização de Lucas é exemplo de seu modo de escrever um relato mais ordenado que o encontrado nas narrativas compiladas antes da sua (Lc 1,1.3).

João. Qualquer comparação entre o que João conta aos leitores a respeito de Judas e o que os sinóticos contam aos deles é complicada pela disposição dos paralelos joaninos. Entre a trama dos sacerdotes dois dias antes da Páscoa e a chegada de Judas para oferecer seus serviços um pouco antes da Páscoa, Mc 14,3-9 e Mt 26,6-13 põem a cena onde uma mulher unge a cabeça de Jesus com unguento caro. Nessa cena, "alguns" (Marcos) ou os discípulos (Mateus) reclamam do desperdício, mas Jesus explica que ela ungiu seu corpo para o sepultamento. O paralelo joanino (Jo 12,1-8) ocorre seis dias antes da Páscoa, depois que ele descreveu como os chefes dos sacerdotes e fariseus, que se reuniram com o sinédrio, instigados por Caifás, planejaram matar Jesus (Jo 11,47-53).[3] Quando Maria, a irmã de Marta e Lázaro, unge os pés de Jesus, Judas Iscariotes é o discípulo que protesta. O evangelista faz uma avaliação: "não disse isso porque se preocupasse com os pobres, mas porque era ladrão. Ele guardava a caixa de dinheiro e se aproveitava do que nela era depositado". É a única menção joanina de dinheiro em relação a Judas; não é o pagamento dos chefes dos sacerdotes pela traição, mas o fruto de seu roubo habitual. Assim, João dá a Judas um mau caráter e torna menos surpreendente a infidelidade que logo acontecerá.

Na Última Ceia joanina, Judas é mencionado duas vezes. No início (Jo 13,2), ficamos sabendo que o diabo já pusera no coração de Judas, filho de Simão, o Iscariotes, para entregar Jesus. Essa explicação da maldade de Judas foi prenunciada em Jo 6,70-71, quando Jesus disse que um dos Doze era um diabo e o evangelista forneceu uma nota identificando a personagem como Judas. Nesse tema, João se aproxima de Lucas (Lc 22,3), onde, antes da ceia, Satanás entrou em Judas, chamado Iscariotes, e é provável que ambos reflitam uma avaliação cristã popular do traidor que faz um trabalho diabólico. Mais tarde, na ceia, Jo 13,18-30 constitui um relato da predição que Jesus faz da traição muito mais extenso que em qualquer dos sinóticos. Além de uma declaração oracular de Jesus sobre aquele que come pão com ele erguer o calcanhar contra ele (em harmonia com Sl 41,10),[4] há uma troca de palavras entre Simão Pedro e o discípulo amado quanto a quem Jesus se refere. Jesus identifica o traidor mergulhando um bocado de pão no prato e dando-o

---

[3] Apesar das diferenças de tempo em relação à Páscoa, Marcos e João põem a cena da unção depois que os chefes dos sacerdotes e seus aliados decidem a morte de Jesus.

[4] Glasson ("Davidic") lembra que o Sl 41 se intitula "Salmo de Davi" e, assim, a perfídia a esse respeito era considerada referência a Aquitofel, que para Mateus serve como uma espécie de Judas.

a Judas. "E, então, depois do bocado, Satanás entrou nesse homem" (Jo 13,27). João relata que Jesus disse a Judas para fazer logo o que ia fazer e, assim, Judas saiu na noite. Em outra nota proveitosa, o evangelista explica que nenhum dos outros entendeu o que acontecia, porque achavam que Jesus dizia a Judas para tirar o dinheiro da caixa, a fim de comprar alguma coisa. Aqui, quer João conhecesse quer não conhecesse o relato de Marcos, são preenchidas muitas das lacunas do comportamento do Judas marcano, inclusive a saída da ceia. (Contudo, cria-se nova lacuna: como João nada nos disse quanto às negociações de Judas com os chefes dos sacerdotes, resta-nos imaginar como Judas pôde reunir naquela noite uma coorte romana e alguns guardas dos chefes dos sacerdotes e fariseus.) Quanto do que é usado para fazer a narrativa fluir melhor em João representa a memória histórica e quanto representa um sentido narrativo melhor? Era Judas de fato o tesoureiro da comunidade dos que seguiam Jesus, ou essa descrição proporciona um contexto para a difamação popular de Judas como ladrão? Tanto ceticismo não se justifica, mesmo que não tenhamos certeza.

A chegada de Judas (Mc 14,43a.44a; Mt 26,47a.48a; Lc 22,47a; Jo 18,2)

No relato joanino da cena no jardim do outro lado do Cedron, para o qual Jesus foi depois da Última Ceia, Jesus não pronuncia nenhuma palavra ou oração. Assim, tem-se a impressão de que o Jesus joanino, que mandara Judas sair da ceia para fazer logo o que ia fazer, foi a esse lugar que Judas conhece bem a fim de encontrar o traidor e as forças hostis que estão de conluio com ele. Reynen ("*Synagesthai*") afirma que o verbo usado por João em Jo 18,2 significa que Jesus muitas vezes reunira os discípulos e ficara com eles naquele lugar; ver *synagestai* em At 11,26. Nos sinóticos, embora Jesus tenha predito a traição por um dos Doze (por Judas, em Mateus), há um toque artístico de rapidez no fato de Judas chegar enquanto Jesus ainda fala — em especial porque *não* nos foi dito que Judas saíra da ceia e, portanto, não estava com os discípulos no Getsêmani.

Mateus tem uma progressão lógica nos verbos usados em Mt 26,45.46.47. A hora e aquele que ia entregar Jesus "se aproximam" (*eggiken*); agora Judas "veio" (*elthen*). A sequência marcana em 14,41.42.43 é menos suave: a hora "veio" (*elthen*); o que entrega "se aproxima" (*eggiken*); Judas chega (*paraginetai*). Entretanto, nos dois Evangelhos, o aparecimento de Judas cumpre as palavras de Jesus no final da cena da oração: "Vede, aquele que me entrega se aproxima". Marcos realça o cumprimento usando seu querido *euthys* ("imediatamente"; quarenta e um dos cinquenta e três empregos neotestamentários são marcanos). Mateus insere um *idou* ("vede"); desse modo, apresenta uma sequência de três versículos, todos usando essa palavra. Essa técnica salienta a descoberta de que a chegada de Judas em Mt 26,47 marca o início da hora identificada como se aproximando em Mt 26,47. Lucas também tem um *idou*; mas ele chama a atenção imediata à multidão, não a Judas, como em Mateus.[5] Na verdade, em Lucas, o que Jesus estava dizendo quando foi interrompido por essa chegada não trata do traidor, como em Marcos/Mateus, mas da oração dos discípulos para que não entrem em provação. Para Lucas, a presença agora da multidão é importante sinal de que se inicia a grande provação.

Nos quatro Evangelhos, no início desta cena de prisão, uma frase identifica Judas: ou "um dos Doze" (sinóticos) ou "aquele que o estava entregando" (João).[6] Alguns biblistas (por exemplo, K. G. Kuhn, "Jesus", p. 261), que pensam que originalmente a NP pré-evangélica começava com a prisão (talvez precedida apenas de uma informação geográfica agora inserida nas cenas anteriores de chegada e oração), dizem que, na PN original, essa seria a primeira vez que Judas foi mencionado, donde a necessidade de identificá-lo para os leitores. Em especial, "o homem chamado [*ho legomenos*] Judas" de Lucas parece apontar nessa direção, pois, quando empregada alhures por Lucas (Lc 22,1 e At 3,2), essa frase apresenta alguma coisa aos leitores. Quanto a empregos anteriores de "um dos Doze", Schneider ("Verhaftung", p. 196) considera os versículos de Mc 14,10.20 formações de apoio desta identificação aqui. Contudo, é preciso cuidado ao avaliar essa tese. Como a frase "um dos Doze" é designação para Judas que ocorre nos quatro Evangelhos, é bem possível afirmar que era pré-marcana; mas também é possível duvidar que mesmo nesse nível pré-marcano fosse apenas uma identificação de Judas. Por que outros membros dos Doze não foram também apresentados dessa maneira aos leitores? Nos sinóticos, fora das listas dos Doze, a designação "um dos Doze" aplicou-se a Judas cada vez que ele foi mencionado até este ponto, exceto em Mt 26,25 (onde

---

[5] Admitindo-se que, aqui, Mateus e Lucas usam *idou* de modo diferente, o fato de ambos usarem essa palavra em oposição ao *euthys* de Marcos não é uma concordância significativa. *Idou* é frequente em Mateus (61 vezes) e Lucas (56), não em Marcos (8). A tese de Doeve ("Gefangennahme", p. 462) de que eles traduzem um *ha'* aramaico que Marcos omitiu é exemplo de desnecessária pressuposição de um original semítico. Em especial, aqui Mateus segue Marcos de perto, mas melhorando a sentença inicial marcana excessivamente longa e gramaticalmente esquisita.

[6] Antes, João identifica seis vezes Judas como aquele que entrega Jesus (Jo 6,64.71; 12,4; 13,2.11.21); ver também "um dos Doze" em Jo 6,71 e "um de seus discípulos" em Jo 12,4.

"os Doze" aparece no contexto: Mt 26,20). Podem todas essas serem formações de apoio de uma identificação primordial aqui? Na verdade, de nove usos neotestamentários da frase, oito aplicam-se a Judas, um a Tomé (Jo 20,24). Sugiro que, já na tradição, essa designação fixa enunciava a angústia cristã por Jesus ser traído por um de seus Doze escolhidos (ver Dibelius, "Judas", p. 272). Certamente, esse tema, e não a identificação, é o sentido da frase como ela agora ocorre em Mc 14,43 (e par.), em seguida a seus dois empregos anteriores no capítulo 14.

O grupo aprisionador (Mc 14,43b; Mt 26,47b; [Lc 22,52]; Jo 18,3)

Os sinóticos descrevem uma multidão (Mateus: "numerosa") que vem com Judas. Mateus já empregou "numerosa" antes (8,18; 15,30; 19,2), mas para multidões favoráveis a Jesus. No APÊNDICE V, vou examinar o vocabulário variado usado pelos evangelistas para descrever os que eram hostis a Jesus, tanto a coletividade (multidão, povo), como as autoridades judaicas, mas aqui quero me concentrar na maneira como cada evangelista sinótico descreve os participantes da multidão e na imagem joanina de soldados e membros da polícia.

A descrição de Marcos é seguida de perto por Mateus. Muitos comentaristas julgam que esses dois evangelistas dão a impressão de que uma ralé armada vem "com" (meta*meta*) Judas. Essa impressão precisa ser modificada pela indicação de que a multidão tem delegação "das" (*para* em Marcos; *apo* em Mateus) autoridades judaicas que compõem o sinédrio. Não está subentendido nenhum vigilantismo, nem mentalidade de linchamento, então; e não há nenhuma sugestão de que a prisão à noite seja ilegal. Os leitores marcanos não se surpreenderão com o envolvimento de chefes dos sacerdotes, escribas e anciãos. Jesus predissera isso em Mc 8,31 e eles tramaram com Judas em Mc 14,1-2.10.[7] O trabalho pode ter sido organizado apressadamente, mas o ambiente noturno está em harmonia com Mc 14,2 e o desejo de impedir um tumulto durante a festa. Bickermann ("Utilitas", p. 172-174) adverte que talvez não estejamos interpretando "multidão" com conhecimento suficiente de que, no império, a comunidade toda tinha responsabilidade pela manutenção da ordem. Se houvesse perigo de banditismo (Mc 14,48 e par.), o sinédrio teria forçosamente convocado o populacho e lhe dado armas pequenas para a ocasião. De qualquer modo, "ralé" ou "gentalha" é interpretação exagerada.

---

[7] Do mesmo modo, os leitores mateanos: Mt 16,21; 26,3.14. A respeito da omissão mateana de "escribas" aqui e a especificação "anciãos *do povo*", ver APÊNDICE V.

Que tom as armas mencionadas em Marcos/Mateus dão à imagem? Embora possa se referir a uma faca grande, *machaira* normalmente significa "espada"; e Mt 26,52 indicará que a *machaira* desembainhada para decepar a orelha do servo veio de um estojo ou de uma bainha. Assim, o leitor é levado a pensar em armas militares ou paramilitares. *Xylos* abrange uma série de objetos de madeira (neste caso: cacetes, varas, bastões) e dá a impressão de armas informais.[8] Marcos/Mateus não fazem nenhuma alusão à presença de tropas militares regulares ou da polícia no Getsêmani, embora *hyperetai* (guardas dos sacerdotes com funções policiais) estejam presentes quando Jesus é trazido para o pátio do sumo sacerdote para ser interrogado (Mc 14,54; Mt 26,58). Presumivelmente, "o servo [*doulos*] do sumo sacerdote" que teve a orelha decepada (nos quatro Evangelhos) foi imaginado por Marcos/Mateus como membro da multidão da parte dos chefes dos sacerdotes.

A descrição de Lucas tem impacto diferente. A chegada de uma multidão é mencionada antes mesmo de Judas; talvez seja um toque de lógica lucana, pois a multidão é visível antes do indivíduo. Mais regularidade é subentendida pela declaração de que Judas veio adiante deles (como guia, em At 1,16). Não há nenhuma referência a armas. Mais adiante, na cena lucana (Lc 22,52), Jesus dirige-se aos "chefes dos sacerdotes e capitães [*strategoi*] do Templo e anciãos que chegaram contra ele". Remeto o leitor novamente ao APÊNDICE V para um exame geral dessas autoridades, inclusive os "capitães", que *na NP* são característicos de Lucas. Esta é a única vez que Lucas faz uma tríade desses três grupos (mas ver At 4,1-3 e 4,5). Normalmente, são emparelhados contra Jesus ou os cristãos os chefes dos sacerdotes e os capitães (do Templo),[9] enquanto a tríade do sinédrio são "os chefes dos sacerdotes, os escribas e os anciãos".[10] Embora saibamos que esses funcionários tinham tramado a morte de Jesus (Lc 22,2.4) e, assim, são extremamente hostis, sua presença como toda a multidão ou parte dela elimina qualquer tom de ralé irregular. Nos três sinóticos, Jesus contesta o grupo aprisionador, perguntando por que eles vieram como se fosse contra um bandido, com espadas e paus. (Em Marcos/Mateus, a menção de espadas e paus no início talvez seja preparação editorial para essas palavras de Jesus.) Só então Lucas reconhece a presença dessas armas

---

[8] Contudo, Blinzler (*Trial*, p. 70-72) menciona um caso em Josefo (*Guerra* II,ix,4; #176), onde soldados romanos estavam armados com esses paus.

[9] Lc 22,4; At 4,1; 5,24.

[10] Lc 22,66; 9,22; 20,1; cf. At 6,12 e 7,1.

no grupo aprisionador; mas, como o Jesus lucano dirige essas palavras a um grupo que contém capitães do Templo que supervisionam a ordem, a presença das armas também parece menos desorganizada que em Marcos/Mateus. Em certo sentido, o relato de Lucas, que tem uma multidão composta em parte de capitães do Templo, forma uma ponte entre o relato de Marcos/Mateus de uma multidão e o relato de João que não tem multidão, mas soldados e guardas com função de polícia.

A descrição de João do grupo aprisionador começa com "Judas, tendo tomado a coorte". É provável que o verbo não seja usado para subentender que Judas tinha autoridade sobre a coorte (com a devida vênia a Winter, *On the Trial*, p. 62), pois a presença de um comandante será mencionada em Jo 18,12. Mais exatamente, isso significa que Judas levou a coorte com ele, atuando como guia (BAGD 464[1a]; BDF 418[5]). Na verdade, uma vez na cena, Judas é passivo, "de pé ali" com o grupo aprisionador em Jo 18,5. Embora haja casos do grego *speira* traduzir o latim *manipulus* (duzentos soldados), *speira* é a palavra normal para a coorte romana (um décimo de uma legião, seiscentos soldados). O título *chiliarchos* dado ao comandante em Jo 18,12, tradução grega normal do *tribunus militum* que estava acima de uma coorte, sugere que João tem em mira o segundo significado. (Os que reduzem a coorte a um *manipulus* têm de reduzi-lo a um *decurio*, um tipo de cabo.) Há quem tenha tentado afirmar que João pensava em uma força judaica, não em uma romana.[11] Contudo, o evangelista distinguiu claramente essas tropas, para as quais emprega terminologia romana técnica, desde os guardas fornecidos pelos "chefes dos sacerdotes e os fariseus" (Jo 18,3) ou "dos judeus" (Jo 18,12) — distinção que indica não ser a coorte judaica nem estar sob o comando direto de autoridades judaicas. Entretanto, em § 31, nota 64, vou advertir que as tropas sob o comando do prefeito da Judeia não eram formadas por legionários de primeira classe, nem necessariamente romanos étnicos; muitos deles eram recrutas da região siro-palestinense. Para alguns biblistas, o uso de seiscentos soldados para prender Jesus torna a narrativa joanina bastante implausível.[12] Se não colocarmos a tradição por trás dela, podemos ter aqui a lembrança (confusa) de uma *speira* que Mc 15,16

---

[11] Blinzler, *Trial*, p. 64-70; Benoit, *Passion*, p. 46. É possível recorrer à LXX (Jt 14,11; 2Mc 8,23) e a Josefo (*Guerra* II,i,3; #11; *Ant.* XVII,ix,3; #215), onde termos militares romanos são empregados para tropas não romanas.

[12] Em At 23,23, quase quinhentos soldados são designados para conduzir Paulo a Cesareia, mas essa é medida compreensível para proteger a viagem contra uma emboscada planejada.

e Mt 27,27 situam no pretório de Pilatos quando toda a coorte se reúne para ver o escárnio e a flagelação de Jesus.

João tem um segundo grupo aprisionador, *hyperetai* "dos [*ek*; cf. *para* de Marcos; apo*apo* de Mateus] chefes dos sacerdotes e os fariseus", também identificado como "dos judeus" em Jo 18,12.[13] Embora essa seja a última referência joanina aos fariseus (ver APÊNDICE V) e, portanto, eles não estejam *de nome* ativos na NP, não devemos subestimar a importância psicológica dessa referência, que liga a prisão de Jesus a tentativas anteriores "dos chefes dos sacerdotes e dos fariseus" de agarrar Jesus por intermédio de "guardas" e à decisão do sinédrio de prendê-lo (Jo 7,32.45; 11,47.57). Provavelmente, do ponto de vista dos leitores que viveram a história da comunidade joanina, os fariseus eram os principais adversários nas sinagogas na época em que os Evangelhos estavam sendo escritos. A combinação "os chefes dos sacerdotes e os fariseus" era um jeito de justapor os inimigos de Jesus e os inimigos da comunidade. Em nível histórico, certamente havia no tempo de Jesus escribas da seita dos fariseus entre os membros do sinédrio, mas não temos meios de saber se João estava evocando isso.

Embora *hyperetes* (literalmente "sub-remador") abranja uma série de servos e ajudantes (como em 1Cor 4,1; At 13,5; 26,16), o emprego neotestamentário da palavra é quase sempre em situações de policiamento.[14] Blinzler (*Trial*, p. 62-68; *Prozess*, p. 126-128) faz nítida distinção entre dois grupos com poderes de polícia: a) os levitas, ou polícia do Templo, que mantinham a ordem dentro dos recintos do Templo e só em grandes crises eram usados do lado de fora; b) servos do tribunal à disposição do sinédrio quando necessário, com propósitos de policiamento. É possível duvidar que os evangelistas conhecessem a situação com essa precisão (se é que tal precisão existia no tempo de Jesus); mas Blinzler está certamente correto ao afirmar que o segundo grupo aproxima-se mais daquilo que se tem em mente

---

[13] Os indícios dos mss. dividem-se a respeito de inserir "dos" antes de "fariseus" (como em Jo 7,32; 11,47.57), ou omiti-lo (Jo 7,45). A presença da frase talvez seja uma correção para evitar a impressão de que os chefes dos sacerdotes e os fariseus (quase sempre inamistosos uns com os outros) fossem um único grupo. Josefo (*Vida* V; #21) menciona-os juntos, mas como grupos separados.

[14] Em Mt 5,25, o juiz entrega um condenado ao guarda. Em At 5,22.26, os guardas são enviados para achar os apóstolos na prisão e então saem com o capitão do Templo para prendê-los. Recorrendo ao AT, Josefo (*Ant.* IV,viii,14; #214) dá uma imagem de "guardas" dos [*ek*] levitas sendo designados como ajudantes dos magistrados locais no cumprimento da justiça.

aqui, daí minha tradução "guardas" em vez da palavra mais específica "polícia", até na NP joanina, onde eles têm clara função de polícia.

Em João, o grupo aprisionador vem com "lanternas e tochas e armas". Alguns biblistas (por exemplo, Winter) fazem a concordância com os sinóticos, afirmando que os soldados romanos carregavam espadas e os guardas judeus carregavam bastões (porretes), mas isso é desnecessário. João não especifica as armas do grupo aprisionador; a primeira referência a uma espada (*machaira*) aparece quando Simão Pedro usa a sua para decepar a orelha do servo. As lanternas e as tochas tinham um uso prático e simples em uma noite escura.[15] Entretanto, a ênfase joanina, em Jo 13,30, no fato de ser noite era teologicamente simbólica, já que Judas foi para o reino das trevas (ver Jo 1,5; 3,20; 12,35.46). Desse modo, é amarga ironia essas forças precisarem de iluminação por não verem a luz do mundo (Jo 3,19; 8,12; 9,5).

Isso nos leva a perguntar se a descrição joanina do grupo aprisionador é histórica, teológica ou ambas. Deve estar claro que ela é teologicamente simbólica. Soldados romanos e judeus vêm capturar Jesus de Nazaré e, apesar de seu evidente poder, são forçados a cair ao chão diante dele (Jo 18,6). Isso significa que a participação de tropas romanas na prisão não pode ser histórica? At 4,1-3 e 5,26 mostram prisões de Pedro e João feitas pelas autoridades judaicas sem envolvimento romano (mas também sem nenhum indício de que esses homens foram condenados à morte). At 21,27-36 mostra uma "multidão" que agarra e tenta matar Paulo no recinto do Templo, interrompida por um tribuno da coorte que, com os soldados, prendeu ele mesmo Paulo. Assim, a participação romana em uma prisão desejada por judeus dependia das circunstâncias. Os que optam pela historicidade da imagem joanina quase sempre chegam a essa opinião a partir de estudos muito diferentes, por exemplo, Bruce, Goguel, Winter. Uma ampla série de biblistas, de Mommsen, passando por Blinzler, a Barrett e Lohse, rejeita a historicidade. Besnier ("Procès", p. 198) calcula que havia muito poucas tropas romanas em Jerusalém para uma coorte ou um grande número ter sido enviado contra um homem desarmado. Outros argumentam que soldados romanos nunca entregariam um prisioneiro a um sumo sacerdote judeu (como em Jo 18,13). Mas é isso tão certo se Pilatos tinha ordenado essa entrega e queria saber como as mais altas autoridades judaicas avaliavam esse homem? Uma coorte romana sob um centurião romano não se teria juntado

---

[15] O fato de estar a lua pascal quase cheia dificilmente é objeção, pois a noite poderia estar nublada.

a uma captura planejada sem receber ordens do prefeito romano para fazê-lo. A maior parte dos indícios evangélicos, inclusive o relato joanino em Jo 18,29ss, não sugere, de modo algum, que Pilatos se envolveu com Jesus antes que as autoridades judaicas o entregassem.[16] Seria uma imagem encantadoramente diferente se Pilatos fosse consultado pelo sumo sacerdote quanto à prisão de Jesus e cooperasse nela com tropas romanas porque queria Jesus investigado pelo sinédrio. No julgamento romano joanino, Pilatos é um tanto compreensivo com Jesus e trama para que ele seja solto; assim, é possível argumentar que João não teria inventado a participação romana na cena da prisão porque ela na verdade não se encaixa em sua visão do papel de Pilatos.

Pelo jeito, tudo isso é demasiadamente sutil. Exceto por usar termos militares romanos (que ele talvez use de um jeito popular inexato para dar cor, um tanto como falamos de legiões romanas, não importa a qualidade ou quantidade das tropas), João nada faz para ajudar o leitor a reconhecer a participação de Pilatos aqui. O interesse do evangelista é o poder de Jesus, até sobre as tropas romanas; talvez ele não considerasse isso um conflito com a descrição de Pilatos que fará, pois Jesus amedrontará também o prefeito romano (Jo 19,8). Por mais fascinantes que sejam os enredamentos históricos da cena joanina, não temos meios para confirmá-la ou negá-la.

Embora variem quanto à formação do grupo aprisionador, os Evangelhos concordam que Judas conseguiu a ajuda desse grupo rapidamente e à noite. Nos sinóticos, isso se explica mais facilmente, pois mesmo antes da Última Ceia (Mc 14,1-2.10-11 e par.) Judas estivera tramando com os chefes dos sacerdotes e outros que acabariam por desempenhar um papel no julgamento do sinédrio. João nada diz quanto ao envolvimento de Judas em uma trama (mas, ver Jo 11,57) e parece que sua decisão de trair surgiu durante a ceia (Jo 13,2.26-30). Contudo, Judas realmente saiu cedo da ceia e foi instruído para agir depressa. Quanto à necessidade de ter a ajuda de Judas e a exata assistência que ele prestou no procedimento contra Jesus, deixo para examinar as especulações dos biblistas no APÊNDICE IV. Se nos limitarmos ao que declaram os sinóticos, a função de Judas como traidor é dupla. Primeiro, ele vai à frente, ou com o grupo (armado) aprisionador, e lhes mostra

---

[16] Contudo, H. Conzelmann (*The Theology of St. Luke*, New York, Harper, 1960, p. 90-91) afirma que, em At 3,13-14; 4,27; 13,28, há indícios de fórmulas pré-lucanas que atribuem a Pilatos grande responsabilidade na morte de Jesus.

como agarrar Jesus no Monte das Oliveiras à noite; assim, *onde* e *quando*. Essa informação realiza o desejo das autoridades judaicas de prender Jesus furtivamente e não provocar tumulto entre o povo (Mc 12,12 e par.; Mc 14,1-2; Mt 26,4-5; cf. Lc 22,2). Segundo, nesse cenário, ele identifica Jesus entre os discípulos; assim, *quem*. Como salientei ao examinar *paradidonai* (§ 10), o sentido primordial não é "trair", mas "entregar". Judas entregou Jesus, possibilitando prendê-lo; não há indícios de que ele traiu segredos. Curiosamente, alguns biblistas (por exemplo, Hendrickx, *Passion*, p. 6-7) questionam o papel identificador de Judas, com o pretexto de Jesus ter ensinado publicamente no Templo, e é improvável que o grupo aprisionador não o tivesse conhecido. Efetivamente, em Marcos, como veremos, Jesus *não* ensina no Templo com frequência. Além disso, é a primeira menção em Marcos da multidão hostil a Jesus (ver APÊNDICE V); por isso, não há motivo para os leitores pensarem que essa multidão o conhece. Os leitores também sabem que é noite e Jesus está cercado pelos discípulos. É interessante que a tradição sinótica e também a joanina relatem que Jesus tinha de ser identificado. Nos sinóticos, Judas o faz com um beijo; em João, Jesus se identifica. Vamos tratar a seguir desses dois relatos diferentes de identificação.

Identificação de Jesus pelo beijo de Judas (Mc 14,44b-45; Mt 26,48b-49; Lc 22,47b)

Embora os três sinóticos se refiram a um beijo por Judas, a ideia de que o beijo era um sinal previamente combinado para identificar está declarado em Marcos/Mateus, mas apenas subentendido na pergunta de Jesus em Lc 22,48. Marcos (Mc 14,44) usa o mais-que-perfeito, "dera" e, desse modo, transforma o momento do beijo em foco da narrativa. O "deu" mateano torna a narrativa mais sequencial, e cada ação de Judas (deu, disse, beijou) tem importância própria. Mateus substitui o *syssemon* ("aviso") marcano um tanto incomum por *semeion* ("sinal"). Traduzi literalmente *autos estin*, "ele é", de Marcos (embora seja grego corriqueiro para "é ele" ou "ele é aquele"), por causa de sua semelhança com a resposta que João põe em discurso direto: "eu sou" e da qual ele faz uso teológico (ver abaixo).

Deixando o exame da importância do beijo para a passagem em Mc 14,45, quero examinar as preliminares. Em Mc 14,44, a instrução para o grupo aprisionador é: "Agarrai-o e levai-o *asphalos*". A segunda parte dessa instrução não é relatada nem por Mateus, que segue Marcos de perto, nem por Lucas, que abrevia. O substantivo *asphaleia* significa "segurança", no sentido de sem dano; combina-se

§ 13. A prisão de Jesus, primeira parte: O encontro inicial

com "paz" em 1Ts 5,3. A ideia de que o Judas marcano queria ter certeza de que levassem Jesus em segurança acende especulação romântica a respeito de Judas ter um plano secreto pelo qual Jesus ou sua causa triunfariam (ver APÊNDICE IV). Na verdade, há quem ache combinação neotestamentária disso em Mt 27,3, onde Judas se arrepende quando vê que Jesus fora condenado pelo sinédrio — será que ele jamais quis que as coisas fossem tão longe? Embora Marcos/Mateus usem *philein* no planejamento do beijo, os dois usam *kataphilein* (intensivo: beijar calorosamente) para descrever a ação. Belcher ("Comment") afirma que, no momento em que beijou Jesus, Judas já estava se arrependendo e procurando mostrar seu amor até mesmo no ato. (A ambígua resposta de Jesus em Mateus [a ser examinada detalhadamente abaixo] significa: Não pares; continua e faze aquilo para que estás aqui.) No extremo oposto, na interpretação de Emmet ("St. Mark"), o calor de *kataphilein* significa que Judas põe os braços ao redor de Jesus e assim impede-o de escapar! Considero tudo isso exagero de interpretação e *kataphilein* nada mais do que uma narrativa brilhante. Do mesmo modo, prefiro o sentido dominante de *asphaleia* (e o adjetivo e advérbio associados a ele): "segurança". Em At 16,23, *terein asphalos* significa guardar prisioneiros com segurança. O Judas marcano não está interessado na segurança de Jesus, mas sim em que ele não fuja. Talvez a razão de Mateus não incluir essa parte da diretriz marcana seja que, embora a ordem de Judas para agarrar seja cumprida imediatamente (no versículo seguinte), o ato de levar com segurança não terá lugar antes de Mc 14,53/Mt 26,57; assim, a dupla ordem de Marcos é um pouco inoportuna. SPNM, p. 123, alude à "simplificação característica" de Mateus.

A abordagem de Judas a Jesus em Mc 14,45 é descrita com repetição que confunde ("tendo vindo" [*elthon*]; "tendo vindo para perto de" [*proselthon*]). O "tendo vindo" é reiterativo da chegada em Mc 14,43 depois do parentético Mc 14,44. Mais uma vez, Mateus simplifica (e também esclarece, inserindo o nome de Jesus) e Lucas abrevia. É preciso dizer uma palavra a respeito de *proserchesthai* ("aproximar-se de ou vir para perto de"), que ocorre aqui pela primeira vez na NP. De cerca de 90 empregos neotestamentários deste verbo, 52 estão em Mateus e quase três quartos desses têm Jesus como a pessoa abordada. Como grande número dos 115 empregos da LXX são cultuais, na medida em que adoradores se aproximam de Deus, muitas vezes para sacrificar, J. R. Edwards (JBL 106, 1987, p. 65-74) afirma que Mateus usa o termo deliberadamente quase sempre para exaltar a posição messiânica de

Jesus como aquele agora abordado. Embora Edwards possa estar certo em sua tese principal, sua tentativa de tornar o tratamento mateano consistente leva-o a explicar como cultuais, ou especialmente reverentes, tratamentos que não precisam significar mais que estilo.[17] Em todo caso, Edwards reconhece que Marcos não emprega o verbo "cultualmente" e, portanto, é de se presumir que, em Mc 14,45 (e Mt 26,49, que recorre a ele), não precisamos pressupor nenhum espanto especial no fato de Judas "vir para perto de" Jesus.

Depois de se aproximar de Jesus, a saudação "rabi" é o primeiro passo de Judas em Marcos.[18] Esse título foi usado antes para Jesus no relacionamento entre ele e os discípulos (Mc 9,5; 11,21) e deve ser considerado em Marcos o tratamento respeitoso normal. Não é, portanto, um tratamento incomum, especialmente agradável, por um Judas hipócrita, mas tem o propósito de acalmar Jesus, como se tudo fosse normal.[19] Entretanto, há um tom especial no tratamento mateano. Mt 23,7-8 mostra que Jesus não aprova o uso de "rabi" como saudação pelos escribas e fariseus e proíbe os discípulos de imitá-lo. Na Última Ceia, enquanto os outros discípulos perguntam "Sou eu, Senhor?", Judas pergunta "Sou eu, Rabi?". Assim, o emprego desse termo por Judas revela alguém que já está fora da companhia dos discípulos de Jesus.

Mateus faz "rabi" ser precedido por *chaire*, a saudação normal no grego secular ("Salve, olá, bom dia, saudações"). W. Michaelis (*Der Kirchenfreund* 76,

---

[17] Por exemplo, Edwards (p. 67-68) explica dez casos em que as pessoas se aproximam de Jesus para capturá-lo em reconhecimento implícito de sua posição exaltada como mestre! Mas, como em geral uma pessoa se aproxima de outra por alguma razão, um reconhecimento implícito de posição especial é atribuído ao que, por padrões normais, são usos prosaicos do verbo. Os escritos deuterocanônicos judeus, próximos no tempo ao grego do NT, apresentam exemplos disso, por exemplo, Jt 7,8; *1 Esdras* 5,65 (68); 8,65 (68).

[18] Nos Evangelhos, o modo de se dirigir ou se referir a Jesus é "rabi" ou o caritativo "Rabbouni" (meu querido rabi; rabûni é variante do ms. Ocidental), em um total de quatorze vezes (Marcos 4, Mateus 2, João 8). João Batista é assim tratado em Jo 3,26. O termo significa "meu grande [senhor, mestre]". O sentido de "meu" perdeu-se e, no Judaísmo, veio a ser título para um mestre da lei reconhecido ou ordenado. Quando? A Epístola de Sherira Gaon (século X) relata que a primeira pessoa a ter o título "Rabban" foi Gamaliel (c. meados do século I); e a impressão geral é que só depois de 70 d.C., com a escola em Jâmnia, "rabi" foi usado regularmente como título. Entretanto, E. L. Sukenik descobriu um ossário anterior a 70 no Monte das Oliveiras, onde *didaskalos* ("mestre", a palavra grega que João usa para traduzir rabi e rabûni) é usada como título (ilustração 3 em *Tarbiz* 1, 1930; Frey, *Corpus Inscriptionum Judaicarum* 1266). Talvez o NT constitua mais uma prova do uso de "rabi" como título antes de 70, se o tratamento de "rabi" dado a Jesus for um título.

[19] O fato de a tradição textual grega *koiné* duplicar o "rabi" em Mc 14,45 para dar ênfase (cf. o Códice Vaticano de At 19,34) tem o efeito de tornar o tratamento mais hipócrita.

1942, p. 189ss) sugeriu que Judas na verdade usou a saudação grega no Getsêmani, mas não há necessidade de pensar assim: o hebraico funcional equivalente seria *shalôm*. Os leitores de Mateus falam grego, e a presença de *chaire* ajuda a ressaltar a ideia de que Judas tenta agir normalmente. Com uma palavra padronizada (cerca de doze vezes como saudação no NT), nunca se sabe se os leitores continuam cônscios do sentido derivado (por exemplo, seria fácil percebermos um jogo de palavras em "Adeus" com o significado de "Deus esteja contigo"?); mas pode haver ironia em se ter uma palavra oriunda do verbo "regozijar-se" (*chairein*) usada nestas circunstâncias. Ver também o uso irônico de *chaire* em Mt 27,29; Mc 15,18.

Chegamos agora ao que, em Marcos/Mateus, é o aviso/sinal, o beijo em si. Depois que foi descrito neste contexto, o beijo de Judas, sinal de afeição ou amor usado para trair, entrou no repertório da imaginação cristã; e os evangelistas estavam com certeza cientes dessa possibilidade quando o descreveram. Já Pr 27,6 inculcou a desconfiança dos beijos de um inimigo e, no transcorrer dos Evangelhos, os leitores sabem que Judas agora é inimigo. Mas no nível de história ou de verossimilhança, como devemos entender o uso que Judas faz do beijo? Se era saudação normal que podia ser usada por qualquer conhecido ou uma saudação costumeira entre Jesus e os discípulos, então se encaixava na trama dos que pagaram Judas para evitar uma resistência barulhenta e, portanto, ao desejo de Judas de parecer afavelmente normal.[20] Se não era saudação normal, mas gesto incomum que significava afeição especial, então Judas era um hipócrita maldoso. Dibelius ("Judas", p. 277) opta pela primeira hipótese: Judas saudou o mestre como sempre o saudava. Há quem se oponha a isso, afirmando que tendo estado com Jesus na Última Ceia, Judas não lhe faria outra saudação tão cedo. Entretanto, na verdade, a frequência de apresentar saudações normais, por exemplo, um aperto de mão, varia muito entre os povos; e não temos ideia da frequência com a qual os judeus palestinenses trocavam tal cumprimento.

Em nenhuma outra passagem Jesus e os discípulos aparecem trocando um beijo, mas esse silêncio pode ser casual. O beijo está bem atestado na Bíblia. Em 2Sm 20,9, Joab planeja matar Amasa e o saúda ("Estás bem, meu irmão?") e segura a barba de Amasa como se fosse beijá-lo. O beijo é sinal de perdão entre Jacó

---

[20] Esse entendimento é mais plausível que a sugestão de Orígenes (*Contra Celso* II,11), para quem o beijo demonstrava certa sinceridade por parte de Judas, que não desprezava totalmente o que aprendera com Jesus.

e Esaú, em Gn 33,4 (embora os rabinos mais tardios não tivessem certeza se era sincero; ver em Nestle, "Zum Judaskuss"), como é entre pai e filho em Lc 15,20. Havia reticência a respeito de beijos públicos na sociedade greco-romana; eles são descritos principalmente em cenas de reconciliação ou de encontro de parentes depois de uma separação. Um tipo de beijo sagrado evoluiu entre cristãos.[21] (Ver o beijo como sinal de respeitosa hospitalidade em Lc 7,45; vê-lo como sinal de fraternidade cristã em Rm 16,16; 1Pd 5,14 etc.) Não sabemos se é apropriado invocar a prova do Judaísmo rabínico, onde os discípulos saudavam os rabis com um beijo em sinal de respeito, e o rabi podia retribuí-lo. O beijo podia ser na mão, na cabeça ou no pé, mas normalmente não na boca (Dibelius, "Judas", p. 276). Tais indícios são de um período posterior ao NT, mas vimos a possibilidade de ter o uso de "rabi" para Jesus pelos discípulos antecipado a prática mais tardia. De qualquer modo, não é preciso recorrer a isso no caso de Judas; há indícios suficientes do beijo como saudação normal entre conhecidos para tornar plausível a teoria de que o que Judas fez não levantou suspeitas.

Na questão de historicidade, os biblistas se dividem. Na parte A da ANÁLISE (§ 16), vou mencionar algumas reconstruções minimalistas de uma fonte pré--marcana que considera o beijo criação marcana. Outros o atribuem a uma fonte primitiva, sem resolver a questão da historicidade. Klauck (*Judas*, p. 421) acha que o beijo foi importado da liturgia. Como vou mencionar abaixo, é curioso que João não mostre nenhum conhecimento do beijo, embora esse Evangelho faça realmente eco ao contexto. Contudo, até alguns biblistas que são muito cautelosos quanto a reconhecer a historicidade colocam o beijo nessa categoria (por exemplo, Gnilka). Não vejo nenhum meio para estabelecer a historicidade (dentro da série costumeira de plausibilidade), embora não haja nenhuma razão séria para rejeitá-la. Do mesmo modo, Fitzmyer (*Luke*, v. 2, p. 1449): "Enfrentamos dificuldades para estabelecer a historicidade do beijo de Judas".

Resposta de Jesus ao beijo (Mt 26,50a; Lc 22,48)

Marcos deixa a saudação e o beijo de Judas sem resposta de Jesus, do mesmo modo que, mais tarde, na prisão, ele deixará sem resposta o ato de se decepar a orelha do servo. Parece que os outros evangelistas sentiram a necessidade de suprir

---

[21] W. Klassen, "The Sacred Kiss in the New Testament", em NTS 39, 1993, p. 122-135.

uma resposta, talvez porque a acharam em sua tradição e/ou porque sentiram a necessidade de comentário teológico. Certamente aqui, as reações fornecidas por Mateus e Lucas têm o efeito de se opor a qualquer sugestão de que Jesus não sabia o que Judas planejou e, assim, de salvaguardar o caráter exaltado de Jesus.

Mateus. Grande parte de nossa atenção se concentrará na resposta de Jesus em Mateus, *hetaire eph ho parei*, palavras que, como SPNM (p. 125) observa corretamente: "provocam muita discussão, mas nenhuma certeza".[22] Há algumas pequenas variantes textuais, o que nos dá o consolo de que os escribas antigos também tinham dificuldades com o sentido.

Hetairos significa "amigo, companheiro, camarada". Embora pudesse ser usado para se dirigir a alguém cujo nome o interlocutor não soubesse (BAGD, p. 314), o Jesus mateano não só chama Judas como um de seus Doze, mas também sabe o que ele está prestes a fazer à guisa de traição (Mt 26,25). Há ironia, então, no uso que Jesus faz do termo, mas com que tom? Seria *hetairos* aceito pelos leitores mateanos como saudação normal de Jesus a um dos Doze, tendo um caráter de companheirismo íntimo? *Hetairos* não é palavra comum na LXX. No Judaísmo tardio, servia como tradução grega da designação para candidatos rabínicos qualificados para ser mestres, mas ainda não ordenados (K. H. Rengstorf, TDNT, v. 2, p. 699-701); mas isso dificilmente pode ser invocado aqui. Não há nenhum exemplo de *hetairos* usado dentro do discipulado de Jesus nos Evangelhos canônicos, mas, em *EvPd* 7,26, Pedro emprega o termo para os discípulos seus companheiros depois da morte de Jesus: "Fiquei muito triste com os *hetairos*". Também digno de nota é Jo 15,15: "Já não vos chamo servos [...], mas vos chamo amigos [*philos*]". Mesmo que a intimidade do relacionamento entre Jesus e os Doze fosse subentendida pelo uso de *hetairos*, dois usos anteriores por Mateus, onde havia ironia envolvida, são úteis para interpretar a ironia aqui e esclarecem por que Jesus o usa agora a respeito de Judas, de maneira negativa, não positiva. Em Mt 20,13, o proprietário pagou o salário combinado aos que trabalharam o dia todo, mas, mesmo assim, eles murmuram porque não receberam mais; assim, ele dirige uma reprimenda a um deles: "*Hetaire*, não estou sendo injusto contigo". Em Mt 22,12, o rei, que cortesmente fez convites para um banquete nupcial e vê um homem que veio sem o traje nupcial, faz uma pergunta recriminadora: "*Hetaire*, como entraste aqui sem o

---

[22] Ver na BIBLIOGRAFIA DA SEÇÃO, em § 12, primeira parte, os artigos de Deissmann, Klostermann, Lee, Owen, Peri, Rehkopf, Spiegelberg e Zorell.

traje nupcial?". Nos dois casos, o interlocutor fez uma boa ação; a pessoa a quem ele se dirige deveria ter reagido com gratidão amistosa, mas não o faz. Talvez também haja ironia nas palavras dirigidas a Judas.

Além disso, dois outros usos de *hetairos* apresentem antecedentes. Primeiro, em 2Sm 15, no contexto da entrada de Aquitofel na conspiração contra o rei Davi e da fuga de Davi para o outro lado do Cedron até a Subida das Oliveiras, Cusai, que permanece leal ao rei, é chamado de *hetairos* de Davi (2Sm 15,37), e mais tarde, Absalão suspeita dele como tal (2Sm 16,17). Vimos (§ 5) que essa história de Davi serve de base para toda a cena no Getsêmani, e o uso de *hetairos* para o seguidor leal nessa história aumenta a ironia do fato de Judas ser aqui chamado de *hetairos* pelo filho de Davi. O outro uso, realçado por Eltester e, principalmente, Peri, inclui o horror veterotestamentário de ser insultado por um conhecido próximo que diz palavras ásperas como espadas desembainhadas.[23] Eclo 37,2 lamenta: "Não é uma dor [*lype*] mortal, quando teu companheiro [*hetairos*] e amigo [*philos*] se transforma em inimigo?". Antes, no Getsêmani (Mt 26,38), Jesus diz "Minha alma está muito triste [*perilypos*] até a morte"; as primeiras palavras desse dito fazem eco a Sl 42,6, embora Eclo 37,2 tenha sido sugerido como paralelo para a última parte. É o restante da passagem do Eclesiástico invocado aqui como causa da tristeza mortal de Jesus, a saber, que aquele que se tornou inimigo e o está levando à morte é seu *hetairos* ou "companheiro" (no original hebraico, seu amigo do peito)?[24]

Entretanto, a principal dificuldade para entender perfeitamente a resposta de Jesus a Judas em Mt 26,50 está não no sentido de *hetairos*, mas no de *eph ho parei*. Parar aqui para examinar os problemas gramaticais e as várias soluções propostas desviaria a atenção; por isso, vou reservar esse exame para o APÊNDICE III C. Ali, concluo que as várias interpretações de *eph ho parei* na verdade abrangem uma estreita série de sentido. Da forma como agora está em Mateus, é provável que a frase seja o jeito de Jesus indicar que sabe o que Judas está prestes a fazer, daí minha escolha de "É para isso que estás aqui". Talvez faça parte de uma saudação padrão

---

[23] Por exemplo, Sl 41,10; 55,22. É digno de nota que Mixná *'Abot* 6,3 e *Sanhedrin* 10,2 relacionam Sl 55,14 a Aquitofel, que se voltou contra Davi. Contudo, na LXX, essas passagens não contêm *hetairos* nem *machaira*.

[24] Peri fala romanticamente de um "companheiro de morte" e, tanto quanto Eltester, indica uma forma de pensamento gnóstico citado pelo Pseudo-Tertuliano (*Adv. Omnes Haereses* 2,6; CC, v. 2, p. 1404), onde Judas presta serviço possibilitando a salvação quando os poderes deste mundo talvez quisessem impedir Jesus de morrer (ver 1Cor 2,7-8).

a amigos sociáveis: "Alegrai-vos; é para isso que estais aqui"; consequentemente, a resposta de Jesus à saudação talvez seja tão irônica quanto o "Salve, Rabi!" de Judas. Mateus não permite o silêncio ambíguo do Jesus marcano; seu Jesus aparece mais claramente como mestre da situação.

O *tote* ("Então") que se segue às palavras de Jesus em Mateus ajuda a dar a impressão de que, agora que Jesus falou, a prisão pode prosseguir. O "tendo vindo para perto", em Mt 26,50 (ver acima o exame de *proserchesthai* em relação a Mc 14,45 e Mt 26,49), dá um efeito um tanto coreográfico. Primeiro, Judas vem para perto e o beija; então o grupo aprisionador vem para perto e lança as mãos sobre ele; todos desempenham papéis pré-designados. Tendo iniciado o processo de entregar Jesus, Judas está agora em um caminho determinado; não poderá voltar atrás (ver Mt 27,3-10).

Lucas. A resposta do Jesus lucano a Judas é clara, embora sutil. O desenvolvimento cristológico leva Mateus e Lucas (e João, a seu modo) a não deixar Jesus passivamente silencioso, mas, para cada evangelista, a resposta atua de maneira diferente. Lucas não relatou a segunda e a terceira orações de Jesus no Getsêmani e, assim, não tinha paralelo às declarações do Jesus marcano: "Eis que *o Filho do Homem é entregue* às mãos dos pecadores [...] vede, aquele que me entrega *se aproxima [eggiken]*" (Mc 14,41-42). Entretanto, agora Lucas recorre a esses ditos, conforme indicado pelo que coloquei em itálico. No final de Lc 22,47, ficamos sabendo que Lucas "*se aproximou [eggisen]* de Jesus para beijá-lo". Não há nenhuma referência em Lucas ao beijo como sinal pré-combinado; mas o Jesus lucano sabe a respeito dele (repare na posição enfática de "beijo" na pergunta que ele faz) e o que ele significa para o Filho do Homem: "Judas, com um beijo *entregas o Filho do Homem?*". A incorporação de "o Filho do Homem" às palavras ditas a Judas faz eco às predições lucanas da Paixão (Lc 9,44; 18,31-33) e à predição na Última Ceia (Lc 22,22: "como está determinado"), aludindo assim à inevitabilidade do que Judas está fazendo.

A concisão do relato lucano, em harmonia com a condensação da cena da oração, deixa uma pergunta provocadora: na descrição lucana, Judas beijou realmente Jesus? O Códice de Beza[25] tem um texto mais longo de Lc 22,47, do qual

---

[25] Em parte P[69], a OS e alguns testemunhos latinos. A recensão ocidental mais longa de Lucas representada por Beza é problema famoso, fora de nosso interesse aqui; ver Fitzmyer, *Luke*, v. 1, p. 128-133.

nem *tudo* pode ser identificado como ampliação dos copistas com base em Marcos ou Mateus: "Mas enquanto ele ainda falava, vede, uma numerosa multidão; e o homem chamado Judas Iscariotes ia à frente deles e tendo se aproximado, beijou Jesus. Esse lhes tinha dado um sinal: 'Ele é (aquele) que beijarei'". Obviamente, a interpretação de Beza é um jeito de solucionar as ambiguidades lucanas. Por outro lado, alguns comentaristas modernos afirmam que Jesus repeliu o beijo (ver Schneider, *Lukas*, p. 461).

A delicadeza do silêncio deliberado, não explicando o que não se deve mencionar, é mais característico de Lucas quando ele fecha os olhos à cena; e a sutileza disfarça até a descrição de Judas. (Observe que Lucas usa *philein* para "beijo", e assim evita o ardor adicional do *kathaphilein* de Marcos.) Judas foi mencionado antes pelo nome só duas vezes em Lucas: na lista dos Doze (Lc 6,16) e como alguém em cujo coração Satanás entrou (Lc 22,3). Aqui, a referência padrão "um dos Doze" capta o horror de que alguém tão próximo a Jesus o entregue a seus inimigos, mas isso é suavizado quando Jesus chama Judas pelo nome (só aqui, entre todos os Evangelhos!), do mesmo modo que, na ceia, ele chamou Simão pelo nome (Lc 22,31). O agente de Satanás é ainda um indivíduo humano com a possibilidade de decisão e alguém que Jesus reconhece pessoalmente. A pergunta feita por Jesus combina previsão com um apelo implícito ao arrependimento. Em toda a NP, o Jesus lucano permanece alguém que estende a mão para perdoar os pecadores. O leitor, que descobrirá em At 1,18 a horrível sina de Lucas, sabe que o Salvador tentou uma última vez tocar-lhe o coração e persuadi-lo a não "se desviar" (At 1,25). Mas – que pena! –, "a Escritura tinha de ser cumprida, o que o Espírito Santo anunciou pela boca de Davi, sobre Judas, que serviu de guia aos que levaram Jesus com eles" (At 1,16). No relato lucano da participação de Judas na prisão, não há necessidade de pressupor uma fonte lucana especial (com a devida vênia a Taylor, *Passion*, p. 74); Lucas reutilizou o material marcano com sutileza para descrever a cena de modo consistente com sua teologia.

Autoidentificação de Jesus ("Eu sou") em Jo 18,4-8a

A cena joanina de identificação também seguiu seu próprio caminho teologicamente, mas de modo tão radical que, aqui, o relacionamento com o tipo de tradição encontrado em Marcos ou com qualquer tradição mais primitiva é muito incerto. (Ver acima a questão de a presença de tropas romanas ser ou não baseada em fatos.) Consideremos a ausência de qualquer referência ao beijo de Judas, por exemplo. A tradição de João não conhecia essa imagem tão brilhante, que se espalhou rápida e amplamente na narração de histórias cristãs? Ou o silêncio de João, combinado com a suposição de que João não conhecia Marcos, é indicação de que Marcos criou a imagem e de que ela não tinha base na tradição primitiva? Ou, o que é mais provável, João eliminou da tradição o beijo de Judas, que dava a um ser humano a iniciativa para determinar o destino de Jesus (assim como, mais adiante na NP, João quase certamente eliminou a lembrança de Simão de Cirene por comprometer a imagem de Jesus carregando a cruz)? Era o beijo considerado depreciação do princípio de soberania que governa a NP joanina ("Dou a minha vida [...] ninguém a tira de mim; ao contrário, eu a dou por minha vontade", Jo 10,17-18)?

Esse princípio dominante explica o papel notavelmente inativo de Judas no relato joanino da prisão. Depois que ele vem (*erchetai*, em Jo 18,3; comparar *elthen*, em Mt 26,47), parece que ele não faz nada. Muito mais importante é a ação de Jesus que se equipara à de sair (*exelthen*, em Jo 18,4) e tomar a iniciativa de falar primeiro — bem diferente dos sinóticos. Nos quatro Evangelhos, Jesus prevê a entrega; mas, o comentário joanino que convém ao tema de soberania é muito mais arrebatador: "tendo [Jesus] conhecido tudo o que estava para lhe acontecer". Ao grupo aprisionador trazido por "um de seus discípulos" (designação para Judas, em Jo 12,4), Jesus faz uma pergunta, "A quem procurais?" (*tina zeteite*), que lembra de modo persistente as primeiras palavras que Jesus dirigiu aos que seriam seus discípulos neste Evangelho: "O que procurais?" (*ti zeteite*; Jo 1,38). A linguagem de procura, tirada da literatura sapiencial de Israel, é muito forte em João, onde Jesus é a sabedoria divina encarnada (BGJ, v. 1, p. 78-79). Embora as pessoas "busquem" Jesus porque ele tem o dom da vida, com muito mais frequência, por ironia, as pessoas o "procuram" para matá-lo (Jo 5,18; 7,1.11.19.25.30; 8,37.40; 10,39; 11,8.56). Por estar indo embora, diversas vezes Jesus diz: "Vós me procurareis e não me encontrareis" (Jo 7,34-36; 8,21; 13,33, com variantes). Mas a busca hostil (e o encontro, com a ajuda de Judas) na cena da prisão não é a palavra final. O "A quem procurais?" (*tina zeteite*) final do quarto Evangelho, que forma uma inclusão com o primeiro, será dirigido a uma discípula, Maria Madalena (Jo 20,15), que anunciará aos outros discípulos: "Eu vi o Senhor" (Jo 20,18).

À pergunta de Jesus sobre quem procuram, o grupo aprisionador responde: "Jesus, o Nazareu". A designação de nazareu é provavelmente usada por João nos sentidos geográfico e teológico.[26] O grupo aprisionador procura um Jesus; mas como esse nome é comum, eles especificam que é o Jesus de Nazaré.[27] Mas, para o evangelista, "Jesus, o Nazareu" tem valor cristológico; aparecerá novamente, de modo triunfante, na cruz (Jo 19,19); assim, Jesus responde "eu sou (ele)" com uma afirmativa em um sentido que o leitor crente apreciará.

Há outro sentido proeminente da resposta *ego eimi*. Esse é o bom grego para "eu sou esse" ou "Sou eu"; mas, no Evangelho, todo João tira proveito de *ego eimi* sem um predicado expresso que dê voz às reivindicações divinas de Jesus: "Antes que Abraão fosse, eu sou".[28] Enquanto, no hino de Fl 2,6-11, "o nome que está acima de todo nome" é concedido a Jesus depois de sua morte na cruz e de sua exaltação (Fl 2,9), em João, antes da morte, Jesus fala ao Pai sobre "teu nome que me deste" (ver BGJ, v. 2, p. 759, porque essa é a melhor tradução de Jo 17,11-12). Ali, parece que o nome tem o poder de manter os discípulos a salvo; aqui, parece que o nome tem o poder de paralisar seus inimigos; de fato, assim que ele o pronuncia, o grupo aprisionador é forçado a recuar (*eis ta opiso*) e cai [*piptein*] ao chão [*chamai*]!

Têm sido sugeridos antecedentes veterotestamentários para essa resposta, por exemplo, Sl 56,10: "Meus inimigos vão recuar [*eis ta opiso*] no dia em que eu te invocar"; Sl 27,2: "Quando malfeitores me assaltam [...] meus adversários e meus inimigos é que tropeçam e caem [*piptein*]"; Sl 35,4: "Recuem [*eis ta opiso*] e sejam confundidos os que tramam contra mim". Cair [*piptein*] como reação à revelação divina é atestado em Dn 2,46; 8,18; Ap 1,17, e é assim que João quer que o leitor entenda a reação ao pronunciamento de Jesus. *Piptein chamai* combina-se com o verbo "adorar" em Jó 1,20. Não importa o que se pense da historicidade desta

---

[26] Dois adjetivos gentílicos aplicados a Jesus no NT são *Nazarenos* (nazareno: Marcos, 4 vezes; Lucas, 2; Mateus, 0; João, 0) e *Nazoraios* (nazareu: Lucas-Atos, 8 vezes; João, 3; Mateus, 2; Marcos, 0). Em BNM, p. 248-253, afirmei que, apesar de dificuldades filológicas, Mt 2,23 não está errado ao proclamar que Jesus era chamado Nazareu porque vinha de Nazaré, mas que o termo assumira valor teológico relacionado a *Nazîr* (nazireu, pessoa santa asceta) e *Neser* ("ramo", descrição de alguém da casa de Davi, em Is 11,1).

[27] Se fossem necessárias mais especificações, por exemplo, se em Nazaré houvesse diversos homens chamados Jesus, a designação "Jesus, filho de José" poderia ser usada, como em Jo 1,45; 6,42.

[28] Jo 8,58; também Jo 8,24.28; 13,19. Ver em BGJ (v. 1, p. 535-538) os indícios de que *ego eimi* serviram de uma espécie de nome divino no judaísmo primitivo.

cena, ela não deve ser invalidada nem trivializada.²⁹ Conhecer ou usar o nome divino, como Jesus faz, é um exercício de poder impressionante. Em At 3,6, Pedro cura um homem coxo "em nome de Jesus de Nazaré", isto é, pelo poder do nome que Jesus recebeu de Deus; e "não há nenhum outro nome sob o céu, dado entre os seres humanos, pelo qual devamos ser salvos". Eusébio (*Preparatio Evangelica* 9,27,24-26; GCS 43,¹522) atribui a Artepano, que viveu antes do século I a.C., a lenda de que, quando Moisés pronunciou diante de faraó o nome secreto de Deus, faraó caiu por terra sem fala (R. D. Bury, ExpTim 24, 1912-1913, p. 233). Essa lenda pode ter ou não ter sido conhecida quando João escreveu, mas exemplifica uma teoria que torna o relato joanino da prisão inteligível.

Esse mesmo Jesus dirá a Pilatos: "Não tens, em absoluto, nenhum poder sobre mim, exceto o que te foi dado do alto" (Jo 19,11). Aqui, ele mostra como são impotentes diante dele as tropas da coorte romana e os guardas policiais dos chefes dos sacerdotes — os representantes dos dois grupos que logo vão interrogá-lo e mandá-lo para a cruz. Na verdade, talvez o sentido seja de uma ampliação ainda maior do poder de Jesus. Por que João, de repente, no meio desta conversa dramática, menciona a ociosa presença de Judas ("Ora, de pé ali com eles estava também Judas, o que o estava entregando", Jo 18,5)? É porque o diabo induziu a entrega (Jo 13,2) e Satanás entrou em Judas (Jo 13,27)? Jo 17,12 chama Judas de "filho da perdição", frase usada em 2Ts 2,3-4 para descrever o anticristo que se exalta até o nível de Deus. A ideia seria a de que o representante do poder do mal precisa também cair impotente diante de Jesus?³⁰ Já mencionei estreito paralelo joanino com o dito de Marcos/Mateus sobre a aproximação daquele que entrega Jesus, a saber, Jo 14,30: "Pois o Príncipe do mundo está vindo" (§ 10). Em Jo 12,31, no contexto de anunciar a vinda da hora (Jo 12,23) e de rezar a respeito dessa hora (Jo 12,27), Jesus exclama: "Agora o Príncipe deste mundo será expulso" (ou "desencorajado", variante textual; ver também Jo 16,11).

Há historicidade nesta cena joanina extraordinariamente triunfal da autoidentificação de Jesus durante a prisão, comparada com o relato sinótico do beijo

---

[29] Por exemplo, na interpretação de Hingston ("John", p. 232), João quis dizer "eles foram por trás (dele)", pois de fato eles haviam empurrado Judas para a frente; ou, na de J. H. Bernard (seu comentário *John*, v. 2, p. 586-587), que entende figurativamente que eles foram "derrubados" ou ficaram atônitos.

[30] Em BGJ (v. 2, p. 810), considerei Jo 18,5b "inserção editorial muito desajeitada" e Charbonneau ("Arrestation", p. 159) associa de la Posterie e Schnackenburg com a opinião de que 5b é interrupção. Agora, penso que o versículo tem importância teológica.

de Judas? Por um lado, devemos reconhecer que o relato joanino não deixa de ter semelhanças com a tradição sinótica. Embora seja decididamente joanino, o uso absoluto de *ego eimi* não é de todo estranho à tradição sinótica.[31] É por puro acaso que o Judas de Mc 14,44 diz "*Ele é* (aquele) que beijarei", a terceira pessoa equivalente ao "eu sou" joanino? Também somos tentados a ver contraste irônico entre os inimigos de Jesus que caem ao chão (*piptein chamai*) em João e o próprio Jesus caindo por terra (*piptein epi tes ges*) em Marcos. A tradição de prostrar-se é a mesma, mas os papéis estão invertidos. Por outro lado, precisamos evitar simplificações literalistas ao julgar João. Bartina ("Yo soy") considera a queda ao chão exemplo de judeus que se prostram por hábito à menção do nome divino. Seria preciso prova contemporânea de que a prostração era reação judaica automática, e essa explicação não leva em conta a ação das tropas romanas. Haenchen ("History", p. 201) acha que essa história é criação pré-joanina que usa alguns dos antecedentes veterotestamentários mencionados acima como base. Alhures, quando reconta uma cena à luz de sua perspectiva teológica singular, João raramente afasta-se da verossimilhança. Parece que esta é uma exceção importante. Mesmo que João seja histórico ao indicar que soldados romanos tomaram parte na prisão de Jesus, padrões críticos sugerem que ele mudou da história à parábola ao relatar que esses soldados mais os guardas policiais judeus caíram ao chão quando Jesus falou com eles.

A captura de Jesus (Mc 14,46; Mt 26,50b)

Depois dessa extraordinária apresentação de Jesus ao grupo aprisionador, João continua suavemente a narrar que Jesus conseguiu a libertação dos discípulos e que Pedro decepou a orelha do servo. Lucas também não mostra nenhuma quebra na continuidade entre o beijo de Lucas e o ataque ao servo. Em João e em Lucas, ninguém assume controle físico de Jesus até esta cena no Monte das Oliveiras terminar e o grupo aprisionador movimentar-se para levá-lo às autoridades judaicas (Jo 18,12-13; Lc 22,54). Marcos, ao contrário, quebra a sequência e nos relata que, depois do beijo de Judas, em obediência à instrução do traidor para agarrar Jesus e levá-lo em segurança, os que vieram prendê-lo "lançaram as mãos sobre ele e o agarraram" (Mc 14,46). A forte expressão "lançaram as mãos sobre ele" reflete a linguagem da LXX para fazer mal a alguém (Gn 22,12; 2Sm 18,12). Embora aqui

---

[31] Ver BGJ, v. 1, p. 538. Textos importantes são: Mt 14,27, com Mt 14,33; uma variante em Lc 24,36; e Mc 14,62 (que serão examinados adiante).

signifique captura física, tem um tom de intenção hostil. Lc 20,19 e Jo 7,30.44 relatam tentativas anteriores de lançar as mãos sobre Jesus; mas nenhum dos dois Evangelhos usa essa expressão na prisão.

A descrição marcana da captura de Jesus significa que, nos acontecimentos que se seguem, inclusive o ataque ao servo e a resposta de Jesus ao grupo aprisionador, devemos imaginá-lo sendo detido fisicamente por seus captores, até que, finalmente, como transição da prisão para o julgamento, ele é levado (Mc 14,53 — só então cumprindo a segunda parte das instruções de Judas). A dificuldade disso faz com que alguns biblistas afirmem que Mc 14,53 originalmente continuava Mc 14,46, sendo todos os incidentes intermediários inserções secundárias (inclusive o da orelha do servo sendo decepada — a seção mais bem atestada de toda a sequência do Monte das Oliveiras!). Em todo caso, Taylor (*Mark*, p. 559) está correto ao falar de uma vaga ligação do que se segue ao beijo de Judas. Mateus tem a mesma imagem que Marcos, mas com fluência um pouco melhor, pois a ordem para levar Jesus com segurança foi eliminada da instrução de Judas. Contudo, o Jesus dominado fisicamente em Mateus fala mais extensamente que em Marcos, e fala com franqueza aos discípulos. Mateus pode ter reconhecido o embaraço de Jesus ser agarrado no meio da cena da prisão; de fato, no final da cena, Mt 26,57 repete a referência à captura ("E tendo agarrado Jesus, eles o levaram") quase como se Jesus estivesse livre até aquele momento.

Depois de tomarmos conhecimento dessa diferença na sequência, vamos agora considerar os incidentes da cena da prisão que têm lugar antes de Jesus ser levado.

(*A bibliografia para este episódio encontra-se em § 12, Parte I.*)

§ 14. A prisão de Jesus, segunda parte: Incidentes que a acompanham (Mc 14,47-50; Mt 26,51-56; Lc 22,49-53; Jo 18,8b-11)

Tradução

Mc 14,47-50: ⁴⁷Mas um certo indivíduo dos que estavam por perto, tendo desembainhado a espada, golpeou o servo do sumo sacerdote e decepou sua orelha. ⁴⁸E em resposta Jesus disse a eles: "Como se contra um bandido, saístes com espadas e paus para me pegar? ⁴⁹Dia após dia eu estava convosco no Templo ensinando e não me agarrastes. Entretanto — deixai que se cumpram as Escrituras!". ⁵⁰E deixando-o, eles todos fugiram.

Mt 26,51-56: ⁵¹E vede, um daqueles com Jesus, tendo estendido a mão, desembainhou sua espada; e tendo ferido o servo do sumo sacerdote, decepou sua orelha. ⁵²Então Jesus diz a ele: "Devolve tua espada para seu lugar, pois todos que tomam a espada, pela espada perecerão. ⁵³Pensas que não sou capaz de recorrer a meu Pai e Ele imediatamente me proverá com mais de doze legiões de anjos? ⁵⁴Como então se cumpririam as Escrituras que isso precisa acontecer assim?". ⁵⁵Naquela hora, Jesus disse às multidões: "Como se contra um bandido, saístes com espadas e paus para me pegar? Dia após dia no Templo eu estava sentado ensinando e não me agarrastes. ⁵⁶Mas tudo isso aconteceu a fim de que as Escrituras dos profetas se cumpram". Então todos os discípulos, deixando-o, fugiram.

Lc 22,49-53: ⁴⁹Mas os que estavam em volta dele, tendo visto o que aconteceria, disseram: "Senhor, devemos golpear com a espada?". E um certo indivíduo dentre eles feriu o servo do sumo sacerdote e decepou sua orelha direita. ⁵¹Mas em resposta Jesus disse: "Deixai que isso seja o bastante!". E tendo tocado a orelha, ele o curou. ⁵²Mas Jesus disse aos chefes dos sacerdotes e capitães do Templo e anciãos que eram chegados contra ele: "Como se contra um bandido, saístes com espadas e paus? ⁵³Embora dia após dia eu estivesse convosco no Templo, não estendestes vossas mãos contra mim; entretanto, esta é a vossa hora e o poder das trevas!".

Jo 18,8b-11: ⁸ᵇ"Se, portanto, estais me procurando, deixai estes irem embora, ⁹a fim de que possa ser cumprida a palavra que diz que 'os que me deste, não perdi nenhum deles'". ¹⁰Assim, Simão Pedro, tendo uma espada, sacou-a e golpeou o servo do sumo sacerdote e decepou sua orelha direita. (O nome do servo era Malco.)¹¹ Assim, Jesus disse a Pedro: "Põe a espada na bainha. O cálice que o Pai me deu — não vou bebê-lo?".

Comentário

Os quatro Evangelhos colocam uma série de incidentes entre a identificação de Jesus para o grupo aprisionador e o momento em que esse grupo o leva. As subdivisões de meu COMENTÁRIO (relacionadas antes do § 12) examinam um por um os vários ditos e ações abrangidos. Apesar da frequente identidade de conteúdo entre os respectivos Evangelhos, há, não raro, diferença de vocabulário e detalhes para descrever os incidentes; e tudo isso exige atenção cuidadosa. Não é fácil decidir em que sequência comentá-los. Não só eles são narrados em ordem diferente, quando se compara João com os sinóticos; mas também, como mencionado no fim da seção anterior (§ 13), os evangelistas têm descrições diferentes da maneira como essa parte da cena da prisão ajusta-se ao que precede. Com a percepção de que deixei a sequência joanina no meio de um versículo e a promessa de não me esquecer dessa sequência, decidi que é mais fácil comentar os incidentes quando seguimos a ordem marcana, suplementada por Mateus e Lucas.

A orelha do servo é decepada (Mc 14,47; Mt 26,51; Lc 22,49-50; Jo 18,10)

Juntamente com a vinda de Judas, este é o incidente da cena da prisão mais comumente compartilhado pelos evangelistas. Mt 26,51 assinala-o com um *idou* ("vede"), como meio de torná-lo paralelo em importância ao início da cena da prisão em Mt 26,47. Em Marcos/Mateus, onde Jesus foi capturado, o golpe de espada serve de reação a essa captura. Em Lucas, onde não há captura, a ação contra Jesus tem de ser prevista pelos discípulos (Lc 22,49: "tendo visto o que seria"), isto é, previsão por cálculo prudente,[1] não o conhecimento mais exaltado, divinamente derivado do conhecimento de "tudo o que estava para lhe acontecer", manifestado por Jesus em Jo 18,4. Em João, o ato contra o servo (por Simão Pedro) vem depois

---

[1] Com seu texto alternativo, "tendo visto o que estava acontecendo", o testemunho do Códice de Beza e alguns testemunhos latinos e siríacos não estão longe do pensamento lucano.

de Jesus estabelecer a condição de se permitir que os discípulos vão embora (em segurança); assim, o ataque ao servo precisa ser entendido como desafio por parte de Pedro, que está determinado a ser fiel a suas palavras em Jo 13,37: "Senhor, por que não posso te seguir agora? Darei minha vida por ti".

Quem agiu contra o servo? Marcos é vago: "um certo indivíduo [*heis tis*] dos que estavam por perto" desembainhou a espada.[2] BDF 247[2] indica *heis tis* com a clássica função de distinguir "este alguém" do restante do grupo. Theissen (*Gospels*, p. 185-189, 199) considera o anonimato deliberado, originário do contexto da NP pré-marcana em Jerusalém antes de 40, quando quem manejava a espada ainda enfrentava castigo pelas autoridades. Embora outros encontrem na frase marcana a sugestão de que a pessoa mencionada é bem conhecida, essa ênfase não é necessária. Apesar do fato de não haver indicação de que o homem é seguidor de Jesus, Suhl ("Funktion", p. 301) afirma que ele o era, pois o uso da espada mostra o fracasso característico dos discípulos para entender. Contudo, no contexto, os únicos até então mencionados como tendo espadas são os que estão na multidão da parte dos chefes dos sacerdotes e, assim, os leitores não associariam imediatamente a espada àqueles que estavam do lado de Jesus. Os que pensam que Marcos se refere a um discípulo invocam a asserção de Jeremias (JEWJ, p. 95) de que os discípulos não eram citados com esse título na NP pré-marcana, mas apenas como "os que estavam por perto". Sem discutir a redação da NP pré-marcana (a respeito da qual tenho muitas dúvidas), observo que, nos quatro outros usos do verbo "estar por perto" na NP marcana, os assim designados *não* são discípulos (Mc 14,69.70; 15,35.39). É verdade que, na NP marcana, não há nenhuma referência a "discípulos" depois de Mc 14,32; mas hás outras maneiras pelas quais Marcos poderia ter indicado que o que manejava a espada era companheiro de Jesus, se ele achasse que o homem era tal. Além disso, em reação ao golpe de espada, Jesus repreende os que saíram contra ele (Mc 14,48), não os discípulos. Se, para Marcos, esse homem não é um discípulo (opinião que soluciona diversos problemas históricos, como veremos), ele faz parte do grupo aprisionador (Schenke), ou de um terceiro grupo, os circunstantes. O fato de ter uma espada favorece a opinião de que fazia parte do grupo aprisionador; mas essa identificação torna difícil entender

---

[2] Alguns testemunhos textuais omitem o *tis* ("um certo"); mas é provável que isso seja uma "melhoria" por escribas que o achavam redundante (ou talvez uma haplografia, pois tanto *heis* como *tis* terminam em *is*). Lc 22,50 traz *heis tis*, que aparentemente ele leu em Marcos.

por que ele desembainha a espada e decepa a orelha de um de seus companheiros. (A descrição dada por Marcos não favorece a tese da orelha sendo decepada por acidente.) A inferência mais provável com base em Marcos é que o que manejava a espada pertencia a um terceiro grupo.

Mateus e Lucas transcendem Marcos ao fazer do que maneja a espada um discípulo. (Veremos exatamente o mesmo fenômeno no caso de José de Arimateia.) Embora não esteja longe da vaga redação marcana, a frase de Lucas "os que estavam em volta dele", dos quais o homem faz parte, é esclarecida pelo título dado a Jesus de "Senhor" e pelo pedido para que Jesus decida o que fazer — as pessoas assim descritas são discípulos, do mesmo modo que "os em volta de Paulo", em At 13,13, são companheiros de Paulo e sentem certa solidariedade para com ele. Na verdade, é provável que a progressão de "um dos que estavam por perto" em Marcos, para o discípulo em Mateus e Lucas, e depois para Simão Pedro em João, seja reflexo da tendência popular a identificar ou esclarecer quem está sem nome, dando-lhe uma identidade conhecida. Contudo, essa identificação também ajuda a individualizar o tema da incompreensão. Há quem ache o ato de resistência armada por um discípulo (especialmente em Mateus) incompatível com a imagem de discípulos que até então não mostraram iniciativa, mas dormiram enquanto Jesus rezava e logo todos vão fugir (Mt 26,56). Contudo, como o ataque ao servo é apresentado como *má compreensão* do que um discípulo deve fazer, é possível defender uma consistência de fracasso por parte dos discípulos em toda a cena no Monte das Oliveiras.

Se a identificação joanina daquele que maneja a espada como Simão Pedro está historicamente correta, é difícil explicar o silêncio sinótico a respeito do ato corajoso de Pedro. Há quem responda afirmando que a fórmula marcana é deliberadamente vaga: Marcos sabia que o homem era Pedro, mas não quis identificá-lo por razões de prudência (Taylor, *Mark*, p. 560). Essa prudência é mais plausível, se Marcos fosse escrito em Roma, onde Pedro fora (ou seria) executado por Nero, e o evangelista não quisesse fornecer provas que fossem usadas contra ele ou sua memória. Contudo, isso é mais especulação que "um certo indivíduo dos que estavam por perto" tem de suportar. À afirmação de que esse tipo de bravata está em harmonia com o caráter de Pedro exemplificado em outras passagens dos Evangelhos, é possível replicar que essa verossimilhança é precisamente o motivo pelo qual João ou a tradição joanina decidiu dramatizar Pedro como o que empunhou a espada. Pedro bravamente defendendo Jesus aqui (Jo 18,10) e Pedro negando ser discípulo de Jesus sete versículos mais adiante (Jo 18,17) ajustam-se à percepção joanina de drama. A rebelde recusa de Pedro de ter os pés lavados (Jo 13,8) continua com sua intervenção aqui e, nos dois casos, o Jesus joanino o censura pela má compreensão. Ao falar com Pilatos (Jo 18,36), Jesus afirma que qualquer luta de seus guardas para impedi-lo de ser entregue aos judeus mostraria que seu reino era deste mundo. Portanto, ao lutar para Jesus não ser entregue, Pedro revela má compreensão básica a respeito do reino de Jesus.[3] Assim, há sérias razões para duvidar de que a identificação joanina daquele que maneja a espada como Simão Pedro tenha de se originar da história.

Onde o que a manejava conseguiu a espada? G. Dalman (*Jesus--Jeschua*, Leipzig, Hinrichs, 1922, p. 89-90) examina a questão de carregar uma espada à luz de um problema cronológico adicional. Para os sinóticos, já que a ceia era refeição pascal, essa atividade aconteceu no primeiro dia da festa da Páscoa/ dos Pães Ázimos que, como o sábado, era um dia no qual judeus devotos não trabalhavam nem portavam armas (Ex 12,16; 1Mc 2,34-36.41; Josefo, *Ant.* XIII,i,3; #12). Mas Dalman afirma que, nesse dia, os judeus podiam portar armas para autodefesa (Josefo, *Ant.* XIV,iv,2; #63; XVIII,ix,2; ##319-323); e (recorrendo à literatura talmúdica) afirma que, em uma área fronteiriça como a Galileia, portar

---

[3] Kelber e outros forçam a imagem marcana do Getsêmani para afirmar que os discípulos fracassaram completa e permanentemente, de modo que, mesmo depois da ressurreição, eles não deviam ser considerados verdadeiros seguidores de Jesus. Do mesmo modo, Droge ("Status") afirma que João rejeita completamente Pedro, de modo que, no fim, ele não é súdito do reino celeste de Jesus. Em parte, essa opinião, que considero grave equívoco, resulta de considerar João separado do resto do Cristianismo como o conhecemos, quase um Evangelho sectário, embora ele tenha a aparência nada sectária de Jesus insistindo que tem outras ovelhas que não são deste redil (Jo 10,16) e rezando para que todos os seus seguidores sejam um (Jo 17,20-21). Não há um meio de entender João, a menos que o evangelista conhecesse a tradição cristã maior a respeito de Jesus; e não há um meio de entender o Evangelho de João, a menos que se entenda seu desejo de qualificá-lo em certas questões, por exemplo, circunscrevendo apropriadamente a importância do papel de Pedro. Mas as passagens de unidade que acabei de citar têm o propósito de "qualificar" a tradição cristã comum, não destruí-la. Destruí-la se manifestaria na asserção de Droge de que, embora Pedro seja mencionado na Última Ceia joanina, para João ele não é realmente um dos [discípulos] de Jesus mencionados em Jo 13,1 (isto é, aqueles com quem Jesus desejava compartilhar a ceia); ou de que, embora João mencione os Doze, ele jamais dá uma lista deles, a fim de deixar duvidoso de quem os Doze se constituem e, assim, se Pedro é um deles. Afirmo que não há indícios no século I de que algum cristão negasse ser Pedro um dos Doze, inclusive o autor de João que, em Jo 6,67-71, descreve explicitamente Pedro como o porta-voz dos Doze que não deixou Jesus porque achava que Jesus tinha as palavras de vida eterna. Nessa passagem, Jesus especifica que *um* dos Doze é um diabo, a saber, Judas, filho de Simão Iscariotes, com quem Simão Pedro é claramente posto em contraste.

uma espada era necessário e quase a mesma coisa que se vestir. Por intermédio de Josefo (*Guerra* II,viii,4; #25), temos indícios de que os essênios carregavam armas quando viajavam, por causa dos assaltantes de estrada. Entretanto, não podemos deixar de lado a questão da Páscoa, já que, depois da Páscoa, não há evidência clara de que os sinóticos apresentam a noite e o dia seguinte como a Páscoa em si? (Ver APÊNDICE II B.) Além disso, nenhum dos indícios quanto a estradas e áreas de fronteira ajuda a comprovar que os discípulos de Jesus normalmente circulavam por Jerusalém ou jantavam juntos portando espadas.

Marcos tem o menor problema, pois não descreve como discípulo aquele que maneja a espada, de modo que um circunstante poderia estar com uma espada (legal ou ilegalmente), por razões que nada têm a ver com Jesus. Se, em Marcos, os circunstantes não eram nem discípulos nem do grupo aprisionador, o ataque desse circunstante ao servo do sumo sacerdote não precisa ter sido em defesa de Jesus. *João* tem o maior problema: espadas nunca foram mencionadas nesse Evangelho. Será que Pedro, o mais proeminente membro dos Doze, portava regularmente uma espada? Estava ele ou estavam todos armados durante a refeição em que Jesus, tendo amado os seus, demonstrou seu amor por eles até o fim (Jo 13,1)? Realmente, na ceia, Pedro aprendeu por intermédio do discípulo amado que o que se voltaria contra Jesus, o que o entregaria era Judas (Jo 13,18-30). Depois de ficar sabendo disso, Pedro prometera que daria a vida no seguimento de Jesus (Jo 13,37). Devemos pensar que, tendo visto Judas sair da ceia, instruído para fazer depressa o que ia fazer (Jo 13,27-30), Pedro saiu e conseguiu uma espada para proteção? João não dá nenhum indício disso. Neste caso em especial, o evangelista, que quase sempre leva em conta lacunas da narrativa, nada faz para explicar a espada de Pedro.

Quanto à identificação do que manejou a espada como discípulo em *Mateus*, não há razão para invocar como antecedentes referências neotestamentárias puramente figurativas a uma espada no ministério de Jesus.[4] Parece que Mateus não apresenta nenhuma razão pela qual um discípulo estaria carregando sua espada (material), principalmente quando os discípulos haviam acabado de sair da Última Ceia.

---

[4] Por exemplo, Jesus dissera: "não vim trazer paz, mas uma espada" (Mc 10,34); e Simeão dissera à mãe de Jesus: "Na verdade, uma espada [*romphaia*] traspassará tua alma" (Lc 2,35).

Aparentemente, *Lucas* foi o único evangelista que levou o problema em consideração. Ele apresenta um diálogo com os doze apóstolos (ver Lc 22,14.30) na Última Ceia que torna inteligível a presença de uma espada na cena da prisão (Lc 22,35-38):

> ³⁵E ele [Jesus] disse a eles: "Quando vos enviei sem bolsa, ou sacola ou sandálias [Lc 9,3; 10,4 — esta última contém instruções para os setenta!], faltou-vos alguma coisa?". Mas eles disseram: "Nada!". ³⁶Mas ele lhes disse: "Agora, entretanto, quem tem bolsa pegue-a e do mesmo modo uma sacola; e quem não tem, venda seu manto e compre uma espada. ³⁷Pois eu vos digo: isto que está escrito precisa se completar em mim: 'E com criminosos foi ele contado' [Is 53,12]. Pois, na verdade, as coisas que se referem a mim têm (seu) término". ³⁸Mas eles disseram: "Senhor, vê, aqui estão duas espadas". Mas ele lhes disse: "Basta disso!".

Embora Finegan (*Überlieferung*, p. 16) considere essa passagem uma composição lucana que prepara para a espada na cena do Monte das Oliveiras, muitos biblistas acham que Lucas tirou-a no todo ou em parte de uma fonte mais primitiva (por exemplo, vv. 35-36 para Schürmann e Schneider — original que não se referia à Paixão).[5]

A exegese não deixa de ser complicada, mas na parte que se relaciona com o uso de uma espada contra o servo, a tradução de Lc 22,36b é crucial. Embora muitos o traduzam "Quem não tem uma espada venda seu manto e compre uma", o grego não traz nenhum objeto para o verbo negativo "ter"; mais exatamente, "espada" segue o verbo "comprar". (Ver em Fitzmyer, *Luke*, v. 2, p. 1431-1432, as opções de tradução; ele prefere a tradução literal que escolhi.) A ideia *não é* que todos devem ter uma espada e que os que não têm devem vender até as roupas que têm para conseguir uma. Antes, todos devem estar preparados, por exemplo, tendo as coisas de que antes não precisavam, como bolsa e sacola. Os que não têm essas preparações necessárias para uma viagem (ou fuga) devem vender até uma peça valiosa de roupa e comprar uma espada. Tudo isso leva em conta a realização do plano de Deus a respeito de Jesus, inclusive sua iminente crucificação. Há

---

[5] É forçada a sugestão de Hall ("Swords") de que esta passagem e a da orelha decepada do servo formam um tipo de midraxe sobre Sl 40,7b (cf. Hb 10,5): "Orelhas abriste para mim" (com a forma verbal de *krh*, "abrir, perfurar", lida como *krt*, "decepar").

considerável debate a respeito de como Lucas entendeu que Jesus foi contado entre criminosos (*anomoi*). Mas quer seja uma referência aos que prenderam Jesus (Lc 22,52), ou aos malfeitores crucificados um de cada lado dele (Lc 23,32-33), ou aos homens sem lei que o mataram (*anomoi*, em At 2,23), a prisão e a crucificação são o tema.[6] Durante o ministério de Jesus, quando os discípulos eram enviados em viagem, Deus provia e protegia; mas a morte de Jesus inicia tempos de luta e perseguição (como as que Atos vai narrar) e eles precisam estar preparados para viagem e defesa. O presságio desta cena lucana na ceia tem significado paralelo ao das palavras que Jesus diz a caminho do Monte das Oliveiras em Mc 14,27 e Mt 26,31, citando a Escritura para mostrar o plano de Deus: "Ferirei o pastor, e as ovelhas se dispersarão". Lucas não tem nenhuma dispersão no momento da prisão, mas ele tem dispersão posterior de Jerusalém em meio a perseguição nos Atos (At 8,1-4; 12,17). Os artigos mencionados como preparação, a saber, bolsa, sacola e espada são meios como que simbólicos para concretizar a necessária presteza para tais contingências. A resposta dos discípulos que têm em seu poder duas espadas mostra que eles entenderam (mal) literalmente.[7] O mal-entendido dos discípulos leva Jesus a usar a frase *hikanon estin*. *Hikanos* significa "suficiente, bastante, adequado". "É adequado" seria tradução altamente irônica, equivalente a "É desse jeito que normalmente entendeis mal". Mais característica do Jesus lucano seria a resignação: "Isso basta".[8] É preciso tomar cuidado para não transformar a frase como se Jesus dissesse que duas espadas bastavam para a tarefa (com a devida vênia a A. Loisy). Fitzmyer (*Luke*, v. 2, p. 1434) insiste corretamente: "A ironia diz respeito não ao número das espadas, mas a toda a mentalidade dos apóstolos".

Esse diálogo na Última Ceia lucana é para ser lembrado pelo leitor quando, na mesma noite (e só onze versículos adiante), os que estavam em volta dele no Monte das Oliveiras perguntam: "Senhor, devemos golpear com a espada?". A má

---

[6] Minear ("Note", p. 132-134) pensa que, para Lucas, esses "criminosos" são os discípulos, já que eles têm espadas e usarão uma; mas Lucas não tem em nenhuma outra passagem tal visão pejorativa dos discípulos.

[7] É possível acrescentar que eles não foram os únicos a se equivocar: esse texto tem sido usado (mal) como declaração geral do direito dos cristãos a portar armas; como apoio ao direito do pontificado medieval a exercer o poder material e espiritual (duas espadas); e como prova de Jesus ter incentivado a revolução armada!

[8] Para apoiar isso, há exemplos na LXX de *hikanoun* usado impessoalmente, significando "Basta" (Dt 3,26; 1Rs 19,4).

compreensão literalista de que Jesus os queria armados com espadas continua: essa é uma das duas espadas que eles disseram ter.

A ação de golpear com a espada e decepar a orelha do servo. Todos os Evangelhos usam a mesma palavra para "espada" (*machaira*) e falam do "servo do sumo sacerdote". Quanto ao mais, há interessante variedade na vocalização do ato comumente descrito: a) Desembainhar a espada: Marcos usa *span*; Mateus usa *apospan* (precedido por "tendo estendido a mão"); João usa *helkein*. b) Dar um golpe: Marcos e João usam *paiein*; Mateus e Lucas usam *patassein* (antes usado em Mc 14,27; Mt 26,31). c) Ação de decepar: os sinóticos usam *aphairein*; João usa *apokoptein*. d) Orelha: Marcos e Jo 18,10 usam *otarion* (diminutivo duplo de *ous*); Mateus, Lc 22,51, Jo 18,26 e P^{66} de Jo 18,10 usam *otion* (diminutivo de *ous*); Lc 22,50 usa *ous* (um ato aticista, segundo BDF 111^3). e) Especificação da orelha *direita*: em Lucas e João.

A presença dessas variações de vocabulário explica-se por diferentes fatores. A respeito da palavra "orelha", já que o mesmo autor usa palavras diferentes (Lc 22,50.51; Jo 18,10.26), precisamos levar em conta um toque de elegância no fato de evitar repetições. Os diminutivos "enfraqueceram-se" ou perderam grande parte de sua força no grego helenístico;[9] e as palavras para "orelha" eram provavelmente sinônimos, embora haja quem use "lóbulo da orelha" para o diminutivo e Benoit (*Passion*, p. 37, nota 1) ache que o diminutivo esclarece que a referência era à parte externa da orelha. É provável que Joüon ("Luc 22") tenha as observações mais bem fundadas sobre este ponto, pois diferencia entre Lucas, que não se afasta da declinação irregular de *ous*, e os outros Evangelhos, que não são consistentes, mas usam *ous* como o termo mais geral. Quanto à especificação "orelha direita", Lucas (Lc 6,6) especificou anteriormente "mão direita" em contraste com "mão" no paralelo marcano (Mc 3,1); assim, talvez estejamos diante de uma atividade editorial. Contudo, Rostovtzeff cita um papiro egípcio de 183 a.C. (Tebtunis III, 793,xi,1), onde decepar a orelha direita é escolha deliberada para dar uma lição vergonhosa a alguém, e indica que o dano a um órgão do lado direito era considerado mais grave que o dano a um órgão do lado esquerdo (ver Mixná, *Baba Qamma* 8,6, a respeito do princípio geral de que a dignidade aumenta a ofensa). Portanto, a concordância entre Lucas e João sobre este ponto não precisa refletir uma fonte

---

[9] BDF 111^3; D. C. Swanson, JBL 77, 1958, p. 146-151.

comum de influência pré-evangélica; narração mais detalhada pode ter influenciado os dois relatos independentemente.[10] Muitas das outras diferenças de vocabulário representam preferências redacionais dos evangelistas e se explicam em um nível literário. Entretanto, como há estranhas combinações de concordância entre evangelistas que não conheciam necessariamente o trabalho um do outro (Marcos e João; Mateus e Lucas), deve-se levar em conta que, com uma cena detalhada como essa, com probabilidade de atrair a imaginação popular, o modo como ele ouviu a história contada pode ter influenciado a expressão de um evangelista, tanto quanto uma fonte escrita que ele estava copiando.

Era o servo pessoa conhecida? João fala de Malco, nome nada incomum nessa época.[11] Há quem tenha tentado descobrir simbolismo no nome, como Aileen Guilding que, em sua teoria de antecedentes lecionários para João, invoca Zc 11,6 (lido antes da Páscoa): "Eu entregarei [...] cada um nas mãos de seu rei [*malko*]". O apelo à historicidade é menos exigente que essa solução imaginativa (assim Bruce, "Trial", p. 10). Muitos biblistas sugerem que "Malco" é simplesmente outro exemplo da tendência da narração de histórias de suprir nomes (sem nenhum simbolismo teológico específico). Venha o nome de onde vier, a identificação se adapta ao padrão joanino de encontros de pessoa a pessoa: duas pessoas mencionadas pelos nomes, Simão Pedro e Malco, enfrentam-se aqui; e, mais tarde, nas negativas, Pedro enfrentará o parente de Malco (Jo 18,26). No jardim, ao ferir Malco, Pedro defende Jesus; diante do parente de Malco, Pedro negará até ter estado no jardim com Jesus.

Ligado à atitude joanina de dar nome ao servo está o fato de que, nos quatro Evangelhos, ouvimos falar do "servo do sumo sacerdote".[12] Como BDF 252 (ver ZAGNT, v. 1, p. 158) menciona, não se deve esperar o artigo definido quando uma pessoa até então desconhecida é introduzida em uma narrativa. Desse modo, alguns

---

[10] A narração de histórias continuou depois dos evangelhos escritos: como um homem destro teria tido dificuldade para decepar a orelha direita de um adversário a sua frente (essa orelha seria normalmente protegida pelo ângulo do rosto), em algumas tradições populares Pedro surgiu como canhoto. É evidente que a ideia de Pedro ser um destro que golpeou o servo por trás não ocorreu ou foi considerada indigna, pois sugeria que ele fosse covarde!

[11] "Malco" encontra-se cinco vezes em Josefo e é conhecido de inscrições nabateias e de Palmirene (daí a sugestão de que Malco era árabe).

[12] A designação "do sumo sacerdote" é surpreendente em Lucas, que até então não mencionou nada sobre o sumo sacerdote ter algum envolvimento com a multidão que saiu para o Monte das Oliveiras; essa menção só será feita dois versículos adiante! É uma inconsistência lucana que se origina da mudança da ordem marcana.

biblistas (Laqgrange, Taylor) presumiram que mesmo com "um certo indivíduo dos que estavam por perto", Marcos sabia quem o servo era e esperava que os leitores também soubessem — talvez o Malco de João, que podia ter se tornado cristão. Na opinião de Krieger ("Knecht"), a referência é a Judas, pois ele se fizera o servo do sumo sacerdote e foi para castigá-lo que outro discípulo o agrediu. Afastando-nos da abordagem biográfica, é possível recorrer ao "servo do rei", em 1Sm 29,3. Gnilka (*Matthäus* v. 2, p. 419) acha que o artigo significa que esse servo é a pessoa mais importante, o líder da multidão. Entretanto, essa explicação não funciona para Lucas e João, onde pessoas mais importantes que o servo estão no grupo aprisionador. Doeve ("Gefangennahme", p. 462) propõe uma tradução literal do aramaico, onde o estado determinado pode ter sentido indeterminado. Mais simplesmente, poderia este ser um uso que faz fronteira com o artigo genérico onde toda a classe ou grupo se inclui sob a pessoa que é apresentada (BDF 252, 263), de modo que o servo do sumo sacerdote é considerado representante da multidão hostil que vem dos chefes dos sacerdotes? Josefo (*Ant.* XX,viii,8; #181) menciona, no contexto do período de 60 d.C., que os chefes dos sacerdotes enviavam seus servos para exigir dízimos que, na verdade, pertenciam aos sacerdotes comuns. Nesse ambiente, o servo do sumo sacerdote seria considerado seu agente, que punha em execução o que ele queria.[13]

Viviano ("High") afirma que o servo é o prefeito dos sacerdotes, o *sagan*, isto é, o principal assistente ou representante do sumo sacerdote. Ele combina essa identificação com outros elementos de uma tese que completa a história (por exemplo, que o anônimo manejador da espada decepou cuidadosamente o lóbulo da orelha do servo) e afirma que essa foi deliberada mutilação de um sacerdote importante, para que ele jamais pudesse atuar ritualmente. Ele menciona exemplos de orelhas de sacerdotes decepadas para desqualificá-los ritualmente (Josefo, *Ant.* XIV,xiii,10; ##365-366; Tosepta, *Para* 3,8). O que Marcos relata, então, é ação simbólica que declara de modo equivalente a indignidade desse servo-sacerdote e do sumo sacerdote que ele representa para ser mediador entre Deus e a humanidade, uma indignidade demonstrada com a vinda aqui para lançar mãos violentas no Santo Ungido de Deus. Considero implausível essa interpretação daquilo que Marcos queria dizer. Como já mencionamos, diminutivos como *otarion* são muitos

---

[13] Outros citam a prova mais tardia de TalBab *Pesahim* 57a, que critica o comportamento dos sumos sacerdotes do tempo de Jesus (inclusive a casa de Anás [Hannin]), que empregam o que se considera ter sido uma balada de rua: "Eles são os sumos sacerdotes e seus filhos são os tesoureiros; seus netos são os funcionários graduados do Templo e seus servos batem no povo com varas".

imprecisos nesse período; e Marcos dificilmente teria esperado fazer os leitores entenderem uma ação quase cirúrgica, cuidadosamente provocada simplesmente usando um diminutivo. (Aparentemente, Mateus e Lucas não perceberam a precisão que Viviano postula, pois substituíram "orelha" por outros termos.) Se Marcos tem de explicar aos leitores leis elementares de purificação judaica (Mc 7,3-4), certamente não poderia esperar que eles reconhecessem sob a designação "o servo do sumo sacerdote" um dos mais importantes sacerdotes do Templo. E é altamente duvidoso que "servo" signifique isso. Viviano defende sua interpretação mencionando o "capitão do Templo" lucano, que talvez seja equivalente ao *sagan* da literatura mixnaica (ver APÊNDICE V B4). Mas ele não indica que, na cena da prisão lucana, o ato de decepar a orelha do servo é mencionado antes da chegada dos capitães do Templo (Lc 22,50.52), de modo que Lucas com certeza não associa os dois. Os três evangelistas que apresentam uma cena que ultrapassa os fatos essenciais mínimos marcanos (Mateus, Lucas e João) consideram esse um ato em defesa de Jesus, e não fazem nenhuma sugestão de que era a incapacitação cultual de um sacerdote. Na verdade, seus relatos da tentativa de Jesus de *proibir* a ação certamente não ajudam o esforço de Viviano para colocar o incidente no contexto da crítica que Jesus faz das ofensas ao Templo.

Para concluir este estudo do "servo do sumo sacerdote", tudo o que podemos dizer com certeza é que os leitores de Marcos, Mateus e Lucas (e até de João) imaginaram uma pessoa hostil a Jesus e talvez se alegrassem com sua sina. Voltamo-nos agora à maneira como os evangelistas descrevem a reação de Jesus ao ato de decepar a orelha desse servo.

Resposta de Jesus ao que maneja a espada (Mt 26,52-54; Jo 18,11; Lc 22,51)

Em Marcos, Jesus não reage àquele que decepou a orelha do servo, silêncio que fortalece a possibilidade de que, para Marcos, essa pessoa não era discípulo. Como veremos, depois do incidente Jesus fala apenas "a eles" (Mc 14,48), isto é, à multidão que veio da parte dos chefes dos sacerdotes. (É improvável que Marcos considerasse o manejador da espada um "deles".) Nos outros Evangelhos onde um discípulo ou mesmo Pedro comete esse ato violento, Jesus se dirige ao perpetrador. Há quem se pergunte se o estímulo para apresentar uma resposta não era o medo de que, de outro modo, os cristãos fossem considerados transgressores da lei, que portavam armas e resistiam a um grupo aprisionador autorizado (em especial em

João, onde soldados romanos estavam envolvidos). Hall ("Swords") menciona a *Lex Iulia de maiestate*, com penalidades contra instigadores de tumulto armado e a aplicação dela por Ulpiano aos que portavam armas contra o bem público (DJ 48,4,1; ver § 31, D3a). Mas os evangelistas preocupavam-se que seus Evangelhos fossem lidos por estranhos gentios hostis? (A mesma indagação aplica-se à tese de que Marcos ocultou o nome do manejador da espada.) Uma explicação baseada nos interesses da comunidade cristã interior é sempre mais plausível. Os cristãos que eram perseguidos e presos precisavam saber se Jesus aprovava tal resistência armada. Deveriam também eles resistir com uma espada? Mateus, João e Lucas, todos indicam a desaprovação Jesus, mas com uma redação diferente.

A resposta em Mt 26,52-54. Este é "um dos primeiros exemplos claros de *Sondergut* mateano" na NP (SPNM, p. 130-131), isto é, de material característico de Mateus e, por isso, precisamos examinar cuidadosamente teorias a respeito de onde ele veio. Ao rejeitar a dependência de uma fonte escrita independente e conhecida de Mateus (assim também Punnakottil, "Passion", p. 31), Senior afirma com convicção que Mateus criou os vv. 52-53 a partir de material em seu próprio Evangelho, sua própria "sementeira". Creio que uma terceira possibilidade é mais plausível: Mateus recorreu à tradição cristã (não a uma fonte escrita) para seu material, e até certo ponto reescreveu-a em seu estilo. Embora mostre em detalhes que o estilo e o pensamento dos vv. 52-53 estão em harmonia com o estilo e o pensamento mateano, SPNM, p. 132-142, não presta muita atenção aos paralelos entre Mateus e João, e entre Mateus e Lucas, em temas como embainhar a espada ou ajuda angelical, paralelos (neste mesmo conceito de enfrentar a hora) que tornam provável a existência dessa tradição cristã. Parte dela poderia ter chegado ao evangelista oralmente, e a concentração de SPNM na dependência literária não facilita o apelo à tradição oral. Mas passemos de generalidades para o versículo envolvido.

A resposta-chave de Jesus, introduzida pelo favorito mateano "Então" (*tote*), está no v. 52a: "Devolve tua espada para seu lugar". Quanto ao conteúdo, o Jesus joanino, como veremos, dá exatamente a mesma ordem ("Põe a espada na bainha"), mas, em vocabulário, só a palavra "espada" é a mesma. É possível afirmar que, por acaso, os dois evangelistas criaram espontaneamente uma sucinta declaração de Jesus no imperativo, com a mesma mensagem. Mas não é mais provável que, em círculos onde a história da prisão era narrada com um discípulo como o manejador da espada, se formara uma resposta na qual Jesus dizia aos discípulos para pôr a espada de volta e que os dois evangelistas refletem essa tradição? A diferença de redação origina-se da reformulação de cada evangelista em seu estilo próprio. Não vejo um jeito de falar a respeito de reformulação por João; SPNM dá razões suficientes para pensar que Mateus reformulou.[14] A ordem concisa do Jesus mateano a respeito de devolver a espada a seu lugar é apoiada por uma asserção poética geral (quiástica): "pois todos que tomam a espada, pela espada perecerão". Mais uma vez, SPNM (p. 134-136) ressalta que a redação não é estranha ao estilo mateano e que o sentimento está em harmonia com Mt 5,39, onde Jesus proíbe os seguidores de responder à ação violenta por meio de ação violenta, e com Mt 10,39, que os incentiva a se disporem a perder a vida por ele. Essa harmonia, evidentemente, não é surpreendente; se Mt 26,52b não estivesse em harmonia com a perspectiva mateana de Jesus, ele não o teria relatado. Contudo, não há palavras anteriores do Jesus mateano a respeito do uso da espada pelos discípulos; e o v. 52b vai além do princípio de não retribuir violência, pois adverte que, no plano divino, a violência por um ser humano será castigada por violência igual. Assim, é extremamente fraco o argumento de Mateus ter criado o v. 52b a partir de material anteriormente relatado no Evangelho.

Nessa declaração a respeito de perecer pela espada, uma advertência se estende além do discípulo manejador da espada, sendo dirigida aos seguidores de Jesus em geral. (Alguns testemunhos textuais secundários trazem "a eles" em vez de "a ele" em Mt 26,52.) Portanto, uma fonte plausível da qual Mateus pode tê-la derivado é ensinamento moral cristão que reflete ensinamento moral judaico. Gn 9,6 apresenta um tipo de *ius talionis* (também em poesia quiástica): "Quem derramar o sangue de outro ser humano, por mão humana terá seu sangue derramado". No contexto de chamar para a constância e a fé, Ap 13,9-10 tem o mesmo princípio moral, mas redigido em termos de uma espada: "Se alguém mata com uma espada, com a espada essa pessoa precisa morrer". Esse tipo de axioma poético, trazido à percepção de Mateus pela palavra-chave "espada", pode ter sido adaptado por ele para se encaixar nesta cena. Kosmala ("Matthew") defende uma fonte diferente, a saber, o targum aramaico de Is 50,11, que acrescenta a imagem de uma espada

---

[14] Já em Mt 26,51, Mateus ampliou o relato marcano do ataque, acrescentando "tendo estendido a mão", frase com ressonância veterotestamentária — setenta e cinco vezes no AT, por exemplo, Jz 3,21; 15,15 e esp. Gn 22,10. Entretanto, o imperativo em Mt 26,52 para devolver a espada a seu lugar é o inverso da ação de desembainhar a espada comum a Marcos/Mateus, não do ato caracteristicamente mateano de estender a mão.

àquela passagem da Bíblia hebraica: *"Todos* vós (que) acendeis um fogo, (que) *tomais uma espada*, ides *cair* no fogo que acendestes e na *espada* que tomastes. De minha Memra [Palavra personificada], tendes isto: Retornareis para vossa *destruição"*. Ele afirma que Mateus selecionou palavras (itálicos meus) dessa passagem para fazer uma declaração geral. Observemos, entretanto, que esse procedimento requer engenhosidade e um sentimento poético, pois, para surgir com Mt 26,52, seria quase preciso supor que o compositor foi influenciado por Gn 9,6 ou algo semelhante. Além disso, não há prova de que esse targum ou sua ideia existisse quando Mateus escreveu; sua principal utilidade é mostrar que o tema da espada também se tornou tema popular no Judaísmo, no padrão do *ius talionis*.

Além de avisar os discípulos do que acontecerá se recorrerem à espada, o Jesus mateano (v. 53) mostra que ele não precisa da insignificante ajuda deles. Se ele recorresse a seu Pai, mais de doze legiões de anjos seriam fornecidas. A declaração reflete a metáfora veterotestamentária de exércitos ou "hostes" angelicais (Js 5,14; Sl 148,2 etc.) que, no período pós-exílico, acreditava-se que intervinham militarmente nos assuntos humanos (Dn 12,1; 2Mc 5,2-3; 10,29-30; 1QM 12,8), especialmente quando se suplicava por eles (2Mc 15,22-23). Mais uma vez, há amplos indícios de que este versículo está em harmonia com o pensamento e o estilo mateanos. Mateus usa *angelos* cerca de vinte vezes e gosta de hipérbole (uma legião tinha seis mil!). A ideia de anjos para ajudar Jesus foi proposta por Satanás em Mt 4,6. Jesus acaba de falar do Filho do Homem sendo entregue às mãos de pecadores (Mt 26,45), e anjos são associados com o Filho do Homem (Mt 13,41; 16,27; 24,30-31; 25,31). Foi o número doze sugerido em contraste com a insignificante ajuda humana dos Doze?[15] Desta vez, ao contrário do v. 52b, o Evangelho apresenta material respeitável que pode ter influenciado Mateus para formular a declaração. Mas por que ele a formulou e a introduziu aqui? Provavelmente porque a tradição o guiou, como percebemos em Lucas e João, onde (com vocabulário completamente diferente) a intervenção angelical é mencionada com referência à oração de Jesus a respeito do cálice/da hora. Já sugeri (§ 8) que este tema de resposta angelical foi formulado pelos três evangelistas, cada um à sua maneira. Como outra indicação do que pode ter estado na tradição quanto à inferência mateana de que Jesus não precisava do uso da espada pelos discípulos para defendê-lo, devemos mencionar

---

[15] Contudo, agora, sem Judas, eles são os Onze (Mt 28,16).

as palavras de Jesus a Pilatos em Jo 18,36: "Se meu reino fosse deste mundo, meus guardas [*hyperetai*] teriam lutado [*agonizein*] para eu não ser entregue aos judeus".

Quanto ao versículo seguinte em Mt 26,54 ("Como então se cumpririam as Escrituras que isso precisa acontecer assim?"), concordo com SPNM, p. 142-148, que Mateus tirou esse tema de Mc 14,49. A introdução "Como então" é estilo mateano, como vemos ao comparar Mt 22,43-44 e Mc 12,36.[16] Em Marcos, o tema de cumprimento das Escrituras vem depois da declaração de Jesus a respeito de ensinar diariamente no Templo. Ali, Mateus (v. 56) tem uma referência para cumprir os profetas, de modo que, antecipando o tema aqui, Mateus faz Jesus informar duas vezes o cumprimento do que estava escrito. Isso é apropriado em um Evangelho onde citações de cumprimento da Escritura são um *leitmotiv*: "Tudo isso aconteceu para cumprir o que o Senhor falou pelo profeta que disse…" (ver BNM, p. 115-125). Alguns biblistas sugerem que foi com propósitos apologéticos que Mateus acrescentou ao Evangelho cerca de quatorze citações iniciadas por essas fórmulas; mas um propósito teológico didático os explica melhor (já que alguns deles não se referem a assuntos que teriam sido prontamente debatidos entre cristãos e aqueles judeus que não acreditavam em Jesus). A reflexão nas Escrituras ajudava os que acreditavam em Jesus a entender o modo como ele cumpria o plano de Deus, não só nos grandes acontecimentos de sua vida, mas até em incidentes secundários. Ele ser preso e morrer nas mãos de pecadores faz parte desse plano, e o Jesus mateano quer que os discípulos percebam isso para não continuarem a interferir.

O elemento de "precisar" (*dei*) aparece na referência de cumprimento do v. 54: "isso precisa acontecer assim". Na primeira predição da Paixão (Mt 16,21): "Jesus começou a mostrar a seus discípulos que é preciso [*dei*] ele ir a Jerusalém e sofrer muitas coisas da parte dos anciãos, chefes dos sacerdotes e escribas". Agora Jesus torna explícito o que estava implícito ali: seu conhecimento do que ele precisava fazer estava relacionado com o que as Escrituras disseram. A NP começou em Mt 26,31 com Jesus citando Zc 13,7; alcançara seu clímax em Mt 27,46, com Jesus citando Sl 22,2. Para Mateus, Deus escreve do começo ao fim o que precisa acontecer. A passagem tradicional para mostrar o sentido judaico do plano divino como um "precisa" é Dn 2,28-29 (versão de Teodocião, também Dn 2,45), quando Daniel explica ao rei Nabucodonosor o que precisa acontecer nos últimos dias.

---

[16] Em todos esses versículos, Mateus compõe, não criando livremente, mas reformando e reescrevendo. Em Mt 26,52-53, Mateus reformou a tradição (não uma fonte escrita); em Mt 26,54, ele reforma Marcos.

SPNM, p. 148, seguindo H. E. Todt, quer fazer uma nítida distinção entre essa "fórmula de precisar" apocalíptica ou escatológica e uma "fórmula de precisar" de cumprimento da Escritura. Admitindo que essas fórmulas podem ter tido origens diferentes, é possível pensar que Mateus as manteve separadas ou esperava que os leitores o fizessem? As Escrituras que dizem "isso precisa acontecer assim" estão sendo cumpridas, mas o "isso" consiste na Paixão do Filho do Homem, que diz respeito aos últimos dias.

A resposta em Jo 18,11. Esta resposta é muito mais concisa que a de Mateus e, na verdade, já examinamos os dois segmentos que a constituem. No primeiro, embora o grupo aprisionador não faça objeção a deixar os discípulos irem, Pedro decepa a orelha do servo. Jesus lhe diz em tom autoritário: "Põe a espada na bainha", mensagem de conteúdo idêntico, mas de redação diferente da mensagem do Jesus mateano.

O segundo segmento do v. 11 também se origina da tradição. Ali, o Jesus joanino faz uma pergunta retórica (BDF 365[4], do mesmo modo que Mt 26,54 era uma pergunta retórica): "O cálice que o Pai me deu — não vou bebê-lo?". Examinei isso em § 11, A3, como paralelo a Mc 14,36 (Mt 26,39; Lc 22,42): "*Abba*, Pai [...] Afasta de mim este cálice".[17] Ali também examinei Jo 12,27b: "E que devo dizer? Pai, salva-me desta hora? Mas para isto (este propósito) vim a esta hora", como paralelo ao versículo anterior em Marcos (Mc 14,35): "Ele rezava que, se é possível, a hora passasse dele". Em outras palavras, Marcos tem duas orações no Getsêmani, para que a hora passe e para afastar o cálice. João tem duas perguntas retóricas, uma antes, no ministério, e uma no jardim, do outro lado do Cedron: a primeira indica que Jesus não quer ser salvo da hora; a segunda, que ele não deve ser impedido de beber o cálice. A cristologia de Marcos, na qual o Filho podia pedir ao Pai para mudar o plano, se Ele quisesse fazer isso, difere da de João, onde Jesus e o Pai são um (Jo 10,30), e não há nenhuma indecisão nas orações (Jo 11,41-42). Enquanto em Mateus os discípulos não devem interferir na prisão pelo uso da espada porque as Escrituras precisam ser cumpridas, o Pedro joanino não deve interferir no ato de beber o cálice porque (como a vinda da hora) isso representa o propósito de Jesus (que é o mesmo do Pai). Mais uma vez, vemos a influência do princípio joanino de soberania: "dou a minha vida [...] por minha vontade" (Jo 10,17-18).

---

[17] Ver também Mc 10,38: "Podeis beber o cálice que eu bebo?"

Indiquei que esses óbvios paralelos entre Marcos e João, e entre Mateus e João, contêm tanta diversidade que a dependência literária é bastante implausível. Se os componentes chegaram aos evangelistas independentemente da tradição mais primitiva, usando a analogia de Hebreus (§ 11 B) julgo a oração para que *passem a hora* e o *cálice*, demonstrada em Marcos, mais próxima da forma mais antiga da tradição que a transformação joanina dela em pergunta retórica sob o impacto de uma cristologia mais elevada. Em Marcos, a resolução de Jesus forma-se em conformidade com a vontade do Pai, mas *depois* de feita a oração e não antes, como em João, quando a oração se torna desnecessária. Contudo, talvez a separação joanina dos temas da hora e do cálice, onde apenas o cálice faz parte da NP, esteja mais próxima da disposição original que a união marcana deles na cena do Getsêmani. (Apesar de sua antiguidade, Marcos quase sempre dá uma sequência querigmática simplificada.) A resposta joanina ao manejador da espada, que reflete elementos da tradição, é menos rebuscada e menos reescrita que a de Mateus.

A resposta em Lc 22,49-51. Como indiquei acima, a pergunta preparatória feita pelos "que estavam em volta dele", que perguntam a Jesus "Senhor, devemos golpear com a espada?", é criação lucana que liga o diálogo na Última Ceia, a respeito de terem duas espadas (Lc 22,36-38), com o ato de decepar a orelha do servo e a resposta de Jesus a esse manejo da espada. Fitzmyer (*Luke*, v. 2, p. 1448) lembra que, estilisticamente, uma pergunta direta como essa, introduzida por *ei* ("se"), é frequente em Lucas. Os que Jesus elogia por terem permanecido com ele em suas provações (Lc 22,28) mostram disposição para resistir. Funcionalmente, esta é uma pergunta que leva à cena, como a dos discípulos em At 1,6 ("Senhor, vais agora restabelecer o Reino para Israel?"), que permite a Jesus dar a resposta que Lucas deseja que os leitores ouçam. Alguns biblistas procuram traçar uma evolução na atitude de Jesus de Lc 22,35-38 para Lc 22,49-51. Incluídos estão os que tentam traduzir o *hikanon estin* do v. 38 para significar que Jesus considerava duas espadas suficientes para enfrentar o perigo iminente,[18] ou que o traduzem como resposta indecisa. Jesus então, na ceia, teria considerado seriamente a resistência

---

[18] Ou "bastante longas": W. Western, ExpTim 52, 1940, 1941, p. 257. K. H. Rengstorf (TDNT v. 3, p. 295-296) apresenta diversas interpretações confusamente sutis, por exemplo, as espadas não são proibidas, mas aqueles que as usam calcularam erroneamente. Bornhäuser (*Death*, p. 73-74) apela ao uso que a LXX faz de *hikanos* como nome divino, tradução do hebraico *shadday*, que significa "o Poderoso" (Rt 1,20-21; Jó 21,15; 31,2). Entretanto, a tradução que ele sugere ("É poder suficiente") não faz sentido no contexto.

armada; mas agora que ele vê de verdade derramamento de sangue, volta atrás e põe um fim (ver Gillman, "Temptation", p. 150-152). Entretanto, essa teoria inclui não apenas uma exegese muito duvidosa de Lc 22,35-38, mas também um retrato de Jesus muito diferente daquele encontrado em outras passagens de Lucas. Ao contrário, há consistência por parte de Jesus e dos discípulos nas duas passagens lucanas. Os discípulos entenderam mal quando ele falou da necessidade de estar preparado para a fuga e o perigo, e entenderam literalmente a necessidade de uma espada; aqui, eles entendem mal ainda mais seriamente, ao desejar usar a espada. Eles receberam duas vezes ordem para rezar a fim de não ter de entrar em provação (*peirasmos*: Lc 22,40.46); contudo, ainda se perguntam se devem entrar violentamente. O "Basta disso!" de Jesus na ceia foi uma expressão de frustração pela incapacidade deles para entender e agora ele precisa ser ainda mais firme.

Como o *hikanon estin* do v. 38, a ordem que Jesus dá no v. 51: *eate heos toutou* é sucinta e difícil de traduzir. *Eate* é a segunda pessoa do plural do presente do imperativo do verbo *ean*, de modo que, embora "um certo indivíduo" dos que ali estavam desfechasse o golpe de espada, Jesus se dirige ao grupo de discípulos. O verbo significa "permitir, deixar, largar, deixar em paz"; e dos onze empregos neotestamentários, nove estão em Lucas-Atos. Não está claro quem ou o que é o objeto de "deixai". *Heos toutou* significa "até isto".[19] Não está claro se essas frases devem ser entendidas como duas frases separadas, quase repetitivas, ou unidas em uma só. Algumas das traduções sugeridas incluem: "Parai! Isso já basta!"; "Deixai-os [o grupo aprisionador] em paz, até ao ponto de me prender"; "Deixai-o (o servo) em paz! Isso já foi bastante longe". Mas, em sua maioria, as propostas têm a mesma importância enfática: Que isso baste!

Lucas não explica por que Jesus não quis que a prisão fosse interrompida; isso foi feito no diálogo anterior (Lc 22,37): "Isso que está escrito precisa se completar em mim". Notemos como esse tema se assemelha às palavras que Mateus dá (Mt 26,54) em resposta ao manejador da espada: ele precisa parar, do contrário, "Como então se cumpririam as Escrituras que isso precisa [*dei*] acontecer assim?". Como base do emprego mateano de *dei* para o plano divino, mencionei a versão de Teodocião de Dn 2,45: "O grande Deus deu a conhecer [...] o que precisa [*dei*] acontecer depois disso". A versão dessa passagem na LXX é: "O grande Deus expressou [...]

---

[19] Ver 2Sm 7,18, onde Davi pergunta ao Senhor: "Quem sou eu ou o que é minha casa para me teres trazido até aqui [*heos touton*]?".

o que aconteceria [*ta esomena*] nos últimos dias". Quando os discípulos lucanos perguntaram a Jesus sobre usar a espada, o pedido foi com base em "tendo visto o que aconteceria [*to esomenon*]", a saber, uma prisão que levava a uma execução. Em resposta, Jesus proíbe a espada porque as Escrituras dão um conhecimento mais profundo do sentido de "precisa" e "aconteceria" (*dei* = *to esomenon*). Depois da ressurreição, ele explicará: "Não foi preciso [*dei*] que o Messias sofresse essas coisas e (assim) entrar nesta glória?" (Lc 24,26-27). "Está escrito assim: o Messias sofrerá e ressuscitará dos mortos no terceiro dia e será pregado em seu nome arrependimento para o perdão de pecados a todas as nações" (Lc 24,46-47).

Mas o Jesus lucano responde ao ato de decepar a orelha do servo não só por uma palavra de repreminda, mas também pela ação: tocando a orelha e curando o servo.[20] Muitos biblistas consideram o relato da cura composição lucana (Soards, *Passion*, p. 100). MacDonald ("Malchus") defende a historicidade porque, a menos que o servo tenha sido curado, esse ato de resistência violenta teria sido levado contra Jesus perante Pilatos. Para alguns biblistas, esse incidente em Lucas explica a identificação do servo por João. Porque Jesus o curou, o servo acabou por se tornar cristão, e foi assim que seu nome "Malco" ficou conhecido e foi preservado. A combinação do verbo "tocar" com *iasthai*, "curar", é bom estilo lucano, por exemplo Lc 6,19. Com um senso moderno de depreciar o milagroso, alguns biblistas modernos ressaltam a tradução como "lóbulo da orelha" de *otion* (ver acima, neste mesmo §). Eles imaginam que Jesus interrompeu a hemorragia depois de uma pequena parte da orelha ter sido decepada. Mais tradicionalmente, esse é um texto explorado pela imagem de Lucas, o médico, preocupado medicamente. A perspectiva do evangelista, bem longe dessas duas abordagens, foi expressa em Lc 5,17: "O poder do Senhor [Deus] era pelo propósito dele [Jesus] fazer curas". Não apenas remediar aflições, mas curar as pessoas era parte importante da grande tarefa de Jesus em meio a seus próprios infortúnios. É outro exemplo da teologia lucana especial de Jesus que age como salvador durante a própria Paixão. Jesus é fiel a suas palavras: "Ama teus inimigos e faze o bem [...] sem esperar nada em troca". No diálogo que levou à menção das duas espadas, Jesus citou a passagem do

---

[20] Como em Lc 22,47, a concisão da sentença lucana a respeito da cura no v. 51 está ampliada no Códice de Beza: "Tendo estendido a mão [ver Mt 26,51], ele o tocou e restaurou-lhe a orelha".

servo sofredor de Is 53,12 (Lc 22,37). Aqui, não estamos longe de Is 53,5: "Pelos seus ferimentos somos curados [*iasthai*]".²¹

A queixa de Jesus (Mc 14,48-49a; Mt 26,55; Lc 22,52-53a)

Os três sinóticos têm uma declaração queixosa de Jesus dirigida ao grupo aprisionador. Cada um dos evangelistas lhe dá um cenário um pouco diferente. *Em Marcos*, o ataque pela espada acabou de acontecer; Jesus nada diz ao circunstante que o realizou e, na verdade, não faz nenhuma menção a ele. Mais exatamente, em Mc 14,48-49, sua única reação é dirigir uma declaração ("resposta" significa isso) de queixa "a eles" sobre o comportamento *deles* ao agarrá-lo, isto é, presumivelmente à "multidão com espadas e paus, da parte dos chefes dos sacerdotes e dos escribas e dos anciãos". Não está claro que sua declaração tenha algo a ver com o ataque a espada, a menos que pensemos que o circunstante era membro da multidão, o que parece improvável. A própria imprecisão da ligação com o golpe de espada e o tom de inocência magoada fazem sentido se o circunstante não era um discípulo. Nem Jesus nem nenhum de seus seguidores fizeram alguma coisa para ofender.

Em Mateus, Jesus repreende um dos discípulos por usar a espada e agora volta-se para repreender "as multidões". Mateus tem predileção para falar de "multidões" e não tem problema com mudar para trás e para a frente, entre o singular e o plural (Mt 13,2; 14,13-15; 15,30-31; 21,8.9.11). Portanto, não é necessário pensar que outra multidão chegou além daquela descrita (de acordo com Marcos) em Mt 26,47. As duas reprimendas, uma ao discípulo que feriu o servo do sumo sacerdote e a outra à(s) multidão(ões) da parte dos chefes dos sacerdotes, mostram um Jesus para o qual nem amigo nem inimigo entende o plano de Deus. Dramaticamente, Mt 26,55 introduz a segunda reprimenda "naquela hora" — uma hora que foi mencionada em Mt 26,45 se aproximando, em paralelismo com a aproximação de sua entrega (Mt 26,46).

Em Lucas, há também o padrão de duas reprimendas, uma para seu discípulo, outra para seus inimigos. Entretanto, na sequência lucana, a reprimenda ao discípulo é seguida pela cura de um inimigo. Assim, Jesus primeiro mostra aos

---

[21] É tênue a base bíblica apresentada por Doeve ("Gefangenname", p. 470) em Am 3,12: "Como o pastor liberta da boca do leão duas pernas ou o lóbulo [*lobos*] de uma orelha, assim será libertado o povo de Israel que habita na Samaria".

que se opõem a ele que deseja curá-los; só então os corrige. É nesse momento que Lucas se torna específico quanto aos inimigos; até esse ponto (Lc 22,47), ele falou apenas de "uma multidão", mas agora ouvimos falar dos "chefes dos sacerdotes e capitães do Templo e anciãos" que estão ali contra Jesus. Lucas usa um particípio aoristo e não está claro se quer que pensemos que eles "tinham chegado" como parte da multidão anteriormente mencionada, ou "chegaram" agora como outro grupo — daí meu "eram chegados" antigramatical, que deixa abertas as duas opções. Em qualquer caso, é provável que Lucas tirou seu elenco de personagens da tríade mencionada em Mc 14,43, substituindo os "escribas" de Marcos por "capitães do Templo" e formulando uma introdução para eles a fim de pô-los em contato com Jesus.[22] A ideia de que dignitários saíram carregando espadas e paus (como a declaração de Jesus subentende) na noite que é Páscoa para prender um criminoso em meio a resistência armada é simplesmente assombrosa. Não só existe o problema costumeiro (APÊNDICE II, B2ab) de que, depois de mencionar ser a Última Ceia uma refeição pascal, os sinóticos ignorem o dia real da festa no que se segue, mas também a simplificação lucana de Marcos cria um novo problema ao transferir a referência aos chefes dos sacerdotes e companheiros do lugar marcano no início (como a autorização da multidão) para cá (como a audiência). Embora mais dramático, do ponto de vista da lógica, talvez este seja um dos casos menos bem-sucedidos de pôr as coisas em ordem de que o prólogo lucano se gaba (Lc 1,3). Veremos a seguir, ao examinar João, o que pode ter forçado Lucas nessa direção.

Os três sinóticos mostram notável concordância na primeira parte da queixa de Jesus: "Como se contra um bandido, saístes com espadas e paus para me pegar?". A única variante é a omissão lucana de "para me pegar", que Fitzmyer (*Luke*, v. 2, p. 1451) explica como desejo lucano de descrever Jesus no comando. Contudo, apenas dois versículos adiante (Lc 22,54), Lucas usa exatamente o mesmo vocabulário para descrever quando os adversários levam Jesus. É mais provável, então, que a omissão seja simplesmente mais uma condensação lucana para evitar repetição.

Essa é a primeira referência a *lestes* ("bandido"; pl. *lestai*) que será termo significativo em cenas decisivas. Designa homens violentos armados (não de posição oficial policial ou militar) que quase sempre não eram mais que saqueadores ou

---

[22] Embora usado por Mc 14,43 a respeito de Judas, *paraginesthai* ("chegar, estar presente") é bem lucano: vinte e oito vezes em Lucas-Atos.

§ 14. A prisão de Jesus, segunda parte: Incidentes que a acompanham

sicários.[23] Mc 11,17 e par. lembram uma objeção desdenhosa a fazer do Templo um antro de *lestai*. Na zona rural, *lestai* quase sempre atuavam como salteadores que saqueavam aldeias e viajantes, de modo que na parábola do homem que descia de Jerusalém (por uma região deserta) para Jericó, pode-se dizer que ele caiu entre *lestai* que lhe arrancam tudo e o espancam (Lc 10,30.36). Nas cidades, eles eram desordeiros que provocavam distúrbios urbanos. Assim, Barrabás, que Mc 15,7 e par. associam a uma rebelião em Jerusalém, é chamado *lestes* em Jo 18,40. Essa rebelião talvez esteja também ligada ao fato de Marcos/Mateus chamarem de *lestai* os dois homens crucificados ao lado de Jesus. Na cena presente, então, Jesus protesta que as armas empregadas para prendê-lo dão a impressão absurda de que ele é um homem de violência.

De modo parentético, quero observar que a tentativa de usar esta passagem ou as outras referências das NPs a *lestai* para mostrar que, historicamente, Jesus era ou era considerado um revolucionário é simplista e anacrônica. Em § 31, A2e, vou examinar o uso de *lestes* em Josefo e salientar que não existe nenhuma lembrança de revoluções contra os prefeitos da Judeia no tempo de Jesus adulto e que, mesmo no período politicamente mais conturbado da administração romana pós-44, Josefo não equipara simplesmente *lestai* a revolucionários, zelotas ou sicários.[24] Contudo, precisamos nos lembrar de que os Evangelhos foram escritos, lidos e ouvidos no período de 70 a 100, depois da Revolta Judaica contra os romanos. A atitude popular daquela época pode bem ter juntado os vários grupos que Josefo diferenciou explícita ou implicitamente. Portanto, não é impossível que se imaginasse anacronicamente que os casos de *lestes* nas NPs se referiam ao tipo de homens violentos que atuaram na Revolta Judaica, de modo que Jesus foi "ouvido" protestando estar sendo tratado como revolucionário (não simplesmente um "bandido"). Do mesmo modo,

---

[23] Para exemplificar a anarquia c. 40 a.C. que influenciou a elevação ao poder de Herodes, o Grande, Josefo (*Guerra* I,x,5; #204) fala de uma horda de *lestai* que saqueia a fronteira síria, liderada por Ezequias, um *archilestes*, embora, em *Guerra* I,xvi,2; #304, ele use *lestai* para designar saqueadores que atacavam aldeias perto de Séforis, na Galileia. Inevitavelmente, esses homens fora da lei podiam ser persuadidos a prestar serviços aos maquinadores ou visionários, quase como mercenários, com a esperança de presas de guerra. Na ocasião da morte de Herodes, Simão da Pereia, que tomou uma coroa para si, reuniu *lestai* e com eles incendiou o palácio herodiano em Jericó (*Guerra* II,iv,2; #57). Em *Guerra* II,viii,4; #125 e II,xii,2; ##228-229, *lestai* são assaltantes de estrada; em viagem, os essênios carregavam armas para se protegerem desses malfeitores.

[24] Ao examinar se Jesus era um revolucionário, § 31, A2 descreverá esses e outros grupos que figuravam no cenário político e social da Judeia, no século I a.C.

nesse período pós-70 talvez Barrabás e os companheiros de crucificação fossem considerados equivalentes àqueles que haviam acabado de se revoltar contra Roma. Tocamos aqui em um território hermenêutico delicado e quase incontrolável, onde um equívoco pode ter se tornado o sentido real, transmitido e entendido; mas não devemos acobertar a dificuldade pela reconstrução da história mais primitiva com base nesse mal-entendido.

Há também ampla concordância sinótica na segunda parte da queixa de Jesus para o grupo aprisionador, que Marcos redige como: "Dia após dia eu estava convosco [*pros*] no Templo ensinando e não me agarrastes". Mateus muda "no Templo" para a frente na sentença para enfatizá-lo; e Mateus e Lucas, de modo diferente, evitam o "estava" perifrástico marcano, mais o particípio "ensinando" (BDF 353). Mateus substitui por "eu estava sentado", presumivelmente para apresentar uma imagem mais dramática, pois sentado era a posição normal para o ensino respeitado (Mt 5,1-2; 13,1-3; 23,2-3). Lucas substitui por uma oração participial mais elegante, que, traduzida literalmente, realça claramente o contraste: "(Embora) estando convosco [*meta*]". Notemos também a preposição lucana diferente; o *pros* marcano tinha sentido mais direcional: Jesus falava com e para eles. É mais difícil discernir a razão de Lucas substituir o marcano "e não me agarrastes" por "não estendestes vossas mãos contra mim".[25] Em Lucas, essas palavras são dirigidas aos chefes dos sacerdotes com os anciãos; será que Lucas achou dissonante que eles em pessoa os agarrassem e, portanto, preferiu uma descrição mais indireta? (Contudo, os capitães do Templo, a quem as palavras também são dirigidas, podiam, de forma bastante dissonante, tê-lo agarrado.)

Essa última questão nos leva a alguns problemas de exatidão técnica ou lógica nessa declaração, considerando a audiência imaginada. *Kath hemeran* aparece nas três formas sinóticas da queixa de Jesus e a tradução normal é "dia após dia". Entendida dessa maneira, a reclamação de Jesus é imprecisa. Em Marcos, por exemplo, quando Jesus esteve no Templo?[26] Ele esteve ali em Mc 11,11; 11,15.17 e 11,27–13,1 (esp. Mc 12,35), isto é, um total de três dias, dos quais em apenas dois é dito que ele ensinou. Essa declaração é muitas vezes apresentada como pro-

---

[25] Antes, Mateus fez o manejador da espada estender a mão, mas é provável que isso seja uma semelhança acidental com Lucas, que reflete a linguagem veterotestamentária (nota 14 anterior).

[26] *To hieron* (o lugar santo) descreve todo o encrave do Templo, inclusive os recintos exteriores, nos quais um leigo como Jesus podia entrar.

va de que o esboço marcano (seguido por Mateus e Lucas) pelo qual Jesus vem a Jerusalém só uma vez em seu ministério público, a saber, na ocasião de sua morte, foi simplificado com propósitos de pregação e que João é mais preciso ao descrever muitas viagens a Jerusalém e uma longa história de encontros no Templo. Argyle ("Meaning") levanta a possibilidade interessante de evitar a dificuldade traduzindo *kath hemeran* como "de dia", tradução que se adapta à objeção de Jesus quanto à maneira pela qual eles vêm prendê-lo, a saber, à noite — o que, evidentemente, fazia parte da estratégia de evitar tumulto público (Mc 14,1-2). Na descrição das atividades de Jesus no Templo, Lucas estabelece um caso para traduzir o termo: Lc 19,47-20 deixa claro que Jesus realmente ensinava dia após dia, enquanto Lc 21,37 fala disso como atividade diurna, depois da qual, à noite, Jesus costumava ir alojar-se no Monte das Oliveiras.

Prosseguindo no assunto de lógica, notamos que, embora Lucas pareça implausível ao levar os chefes dos sacerdotes e anciãos ao Monte das Oliveiras para tomarem parte em pessoa na prisão (os capitães do Templo não são problema), a declaração de Jesus faz mais sentido dirigida a eles do que dirigida à multidão em Marcos/Mateus. Essa multidão casual foi rapidamente reunida nessa mesma noite para a prisão. Como pode Jesus dizer a seus membros que ele estava com *eles* dia após dia no Templo e eles não o agarraram (como se eles existissem antes e tivessem autoridade para fazer isso)? Naturalmente, pode-se dizer com razão que essa é a lógica imprecisa de um conto e uma cena popularmente descritos. Mas está Lucas tentando ser mais "ordenado" (Lc 1,3) ao ter as palavras dirigidas exatamente àquelas autoridades sacerdotais que (com escribas ou anciãos, como previamente relatado em Lc 19,47; 20,1.19) estavam com Jesus quando ele ensinava em dias diferentes no Templo e que haviam procurado destruí-lo naquela ocasião?

A chave para essa regularidade lucana está no relato joanino de uma queixa semelhante dirigida por Jesus *ao sumo sacerdote*, logo depois, não antes (como em Lucas) de ser preso. (Essa cena, em Jo 18,19-23, será examinada em detalhe em § 19. Em uma sequência diferente, Lucas e João concordam que, durante a noite da prisão, antes de ser levado às autoridades [sinédrio para Lucas; Caifás para João] que o entregariam aos romanos, Jesus ficou de pé diante dos chefes dos sacerdotes [Lucas] ou do sumo sacerdote [João] e fez essa queixa.) Em Jo 18,19, o sumo sacerdote (Anás: Jo 18,13) interroga Jesus sobre seus discípulos e sobre seu *ensinamento*; e Jesus responde (Jo 18,20): "Falei abertamente para o mundo. Sempre ensinei em uma sinagoga e no Templo, onde todos os judeus se reúnem, e nada falei às escondidas". A tradição muito primitiva colocou uma declaração desse tipo em observações defensivas feitas por Jesus perante as autoridades sacerdotais? João então a teria adaptado ("o mundo"; "abertamente"; "uma sinagoga"; "os judeus" etc) e a teria relatado onde Jesus encontrou o sumo sacerdote na noite antes de morrer. Marcos (seguido por Mateus) também a teria adaptado, transformando-a em um discurso para uma multidão da parte dos *chefes dos sacerdotes*. Embora reorganizando e resumindo o relato marcano, Lucas pode ter sido levado a algumas de suas apresentações desajeitadas ao tentar fazer justiça à tradição de que os chefes dos sacerdotes eram a audiência original. Isso exemplificaria a asserção de Schneider (*Passion*, p. 54) de que Lucas e João não recorreram a uma fonte comum, mas a uma tradição comum, de modo que a atividade redacional de Lucas sobre Marcos não foi simplesmente por acaso.

Cumprimento da Escritura; partida dos discípulos (Mc 14,49b-50; Mt 26,56; Jo 18,8b-9)

Mc 14,49b: "Entretanto — que se cumpram as Escrituras!" As últimas palavras que o Jesus marcano fala para o grupo aprisionador (na verdade, as últimas palavras de sua vida para seu povo) expressam seu entendimento sumário de tudo o que aconteceu, inclusive ser preso como se fosse um *lestes*, e sua impaciência para prosseguir com o caso. De certo modo, essa referência a cumprir as Escrituras responde a uma pergunta que Marcos não faz explicitamente (nem nenhum evangelista), mas que os leitores podem bem fazer e, com certeza, os adversários do Cristianismo fizeram. Nesta cena, Jesus nada *faz*. Por quê? Esse é um homem que ressuscitou os mortos (Mc 5,35-43), acalmou tempestades violentas (Mc 4,36-41; 6,47-52) e expulsou legiões de demônios ferozes (Mc 5,1-13). Se ele não mostra esse poder agora é porque as Escrituras que apontam para o sofrimento e a morte precisam ser cumpridas. O *alla* ("mas", "entretanto") é forte, impulsiona o pensamento para a frente, mas em outra direção: ZAGNT, v. 1, p. 158, sugere a tradução "Vinde". Um *hina* abrupto introduz o que se segue: "a fim de que se cumpram as Escrituras". Taylor e outros concordam com Mt 26,56 em expandir a frase para constituir uma sentença: "Tudo isso aconteceu a fim de que...". Mas, ao recorrerem a um *hina* imperativo (BDF 387), outros preservam a brusquidão do grego marcano: "deixai que se cumpram as Escrituras". Essa tradução tem a vantagem de afirmar que o que se cumpre não é só o que aconteceu, mas o que se seguirá, a saber, que o deixando, todos fogem.

Bultmann (BHST, p. 269) acha que essa declaração sobre fugir segue confusamente o tema de cumprimento da Escritura e se pergunta se outrora o v. 50 não se seguia ao v. 46 e à captura de Jesus. Bultmann, Schenke (*Studien*, p. 358) e outros observam que o "todos" marcano é vago, pois Jesus acabou de falar à multidão, e se perguntam se outrora o "todos" não se referia a outros além (ou, em vez) dos discípulos. Por outro lado, Linnemann (*Studien*, p. 79) julga que a palavra para "discípulos" pode ter estado na tradição original. Algumas dessas dificuldades a respeito dos vv. 49b e 50 diminuem quando se reconhece que a lógica da sequência marcana no final da cena no Monte das Oliveiras é ditada por uma inclusão com o início da cena. As primeiras palavras de Jesus pronunciadas quando ele e os discípulos foram ao Monte das Oliveiras foram uma referência bíblica aos discípulos se dispersarem quando o pastor fosse ferido (Mc 14,26-28); as últimas palavras que ele pronuncia no monte a respeito do cumprimento das Escrituras incluem, em sua referência, a fuga dos discípulos. No início da cena, Pedro reagiu à profecia de Jesus sobre o escândalo e a dispersão iminentes dos discípulos, assegurando: "eu não negarei"; então, Mc 14,31 acrescentou: "E eles todos diziam a mesma coisa". Isso se repete aqui em Marcos: "E deixando-o, todos fugiram". A sequência nas três profecias de Jesus (ver a ANÁLISE do § 5) era que um dos Doze o entregaria (Mc 14,18-20, Última Ceia), todos os discípulos se dispersariam (Mc 14,27) e Pedro o negaria três vezes antes que o galo cantasse duas vezes. Duas das profecias se cumpriram (na ordem) na prisão; a terceira logo se cumprirá (Mc 14,66-72). Não só as Escrituras, mas também as profecias de Jesus precisam ser cumpridas!

Na verdade, há também uma inclusão entre a descrição marcana do chamado dos primeiros discípulos no início do magistério e essas últimas ações de todos os discípulos no final do ministério. Em Mc 1,18, nos é dito que, tendo sido chamado por Jesus, Simão (Pedro) e André "deixaram [*aphienai*] suas redes e o seguiram" e também, em Mc 1,20, que Tiago e João "deixaram [*aphienai*] seu pai [...] e foram atrás dele". No final, "deixando-o [*aphienai*], todos fugiram". (Talvez "fugiram" seja uma tradução fraca demais, pois há uma nota de abandono.) Seu treinamento como discípulos durante o ministério termina em fracasso, porque eles ainda não aprenderam a lição de Mc 8,34: "Se alguém deseja seguir-me, negue a si mesmo, tome sua cruz e siga-me".

Mt 26,56 representa algumas pequenas modificações de Mc 14,49b-50.[27] Na reprimenda de Jesus aos discípulos que atacaram o servo (Mt 26,54), Mateus já introduziu o tema do cumprimento da Escritura. A repetição do tema na reprimenda às multidões significa que todas as ações da prisão, pelos discípulos e pelos inimigos, estão no plano já indicado por Deus. Mateus soluciona o hiato marcano fornecendo uma preparação gramatical para o *hina*: "Mas tudo isso aconteceu a fim de que...". Essa fórmula que Mateus usa para introduzir a penúltima citação em seu Evangelho de cumprimento das Escrituras é literalmente igual à fórmula que introduziu sua primeira citação de cumprimento (Mt 1,22 — seu único outro uso dela), inclusão que assinala a abrangência do plano de Deus, que se estende da concepção de Jesus por uma virgem pelo Espírito Santo a sua prisão nas mãos de pecadores "naquela hora" (Mt 26,55). Esse panorama inclusivo explica por que, dois versículos adiante (Mt 26,58), Mateus descreve Pedro pressentindo "o fim". A primeira citação era cumprimento do "que o Senhor falara pelo profeta"; aqui, Mateus amplia as palavras marcanas para especificar a cumprimento das Escrituras *proféticas*. Quase toda citação de fórmula em Mateus é, no todo ou em parte, de um profeta (não só dos profetas que escreveram, mas dos "profetas anteriores", estendendo-se de Josué até Reis). Na única exceção (Mt 13,35, que cita Sl 78[77],2) ele ainda fala do "profeta", de modo que, para ele, toda a Escritura pode ser entendida em uma aura profética que aponta para Jesus (assim SPNM, p. 154).

Mateus está pensando em um texto específico? Essa pergunta pode ser feita a respeito de Marcos, mas mais apropriadamente a respeito de Mateus, de quem as citações de cumprimento em geral indicam realmente textos específicos. É provável que, em sua maioria, os biblistas pensem que nenhum texto tem o propósito e indica apoio para o generalizado "Cristo morreu por nossos pecados segundo as Escrituras" em 1Cor 15,3. E certamente todo um grupo de passagens dos Salmos relativas ao justo sofredor pode ser invocado; passagens referentes a agarrar aquele que Deus abandonou (Sl 71,11), usar a espada (Sl 37,14), fuga de amigos (Sl 38,12) e traição insincera (41,7.10). Mas, mesmo que se tenha em mira um número maior de Escrituras, está uma ou outra no primeiro plano da referência mateana? Em parte, isso depende da direção de "tudo isso" que aconteceu — remonta exclusivamente ao

---

[27] Embora alguns intérpretes achem que Jesus cessou de falar no final de Mt 26,55 e que, portanto, Mt 26,56a é comentário do evangelista, não vejo razão para suspeitar isso; analogias com Mc 14,49b e Mt 26,54 sugerem que é Jesus falando sobre o cumprimento das Escrituras proféticas.

que acabou de acontecer ou ser dito? Como Jesus se queixou de ser tratado como *lestes*, alguns biblistas (por exemplo, Schreiber, Schweizer) indicam Is 53,12: "E entre criminosos [*amonos*] será ele contado", e afirmam que sua citação em Lc 22,37 mostra que esse texto fazia parte dos recursos cristãos primitivos. Mas Lucas não identifica claramente esse texto com a prisão (não recorre às Escrituras na cena da prisão) e o vocabulário para o(s) criminoso(s) é diferente. Considerando a traição de Judas o foco, Dibelius ("Judas", p. 272-273) aponta para Sl 41,10, onde o sofredor queixa-se que o amigo de confiança que partilhava o pão com ele levantou seu calcanhar contra ele. Dibelius afirma que essa passagem do Salmo já era influente na Última Ceia, na predição da traição de Judas (Mt 26,20-25), mas, de fato, só João (Jo 13,18) torna a referência explícita. Outros argumentam a partir do "Então" (*tote*) que introduz a sentença mateana que descreve a fuga de "todos os discípulos", e afirmam que esse conectivo indica a fuga como foco do cumprimento da Escritura. Nesse caso, como Marcos, talvez Mateus tivesse em mente Zc 13,7, que Jesus citou explicitamente ao iniciar a cena no Monte das Oliveiras: "Ferirei o pastor, e as ovelhas se dispersarão" (Mt 26,31). Mencionei acima que Marcos talvez se referisse a uma inclusão entre a atitude tomada pelos discípulos no início e no fim da cena: ali, *todos* disseram que não negariam; aqui, *todos* fugiram. Em Mt 26,35 (o paralelo ao início marcano da cena), foi acrescentada uma referência a "todos os discípulos": "E a mesma coisa disseram todos os discípulos"; assim também aqui, em Mt 26,56, esse acréscimo foi feito: "Então todos os discípulos [...] fugiram". Mesmo na fuga eles continuam discípulos de Jesus.

Mt 26,45-46 continham as últimas palavras de Jesus faladas diretamente "aos discípulos" antes de sua morte; Mt 26,52-54 continham suas últimas palavras a um discípulo; e Mt 26,55-56 contêm suas últimas palavras "às multidões". Como, tanto no v. 54 quanto no v. 56, o próprio Jesus enfatiza que o que está acontecendo é o cumprimento das Escrituras, vemos dramaticamente até que ponto, embora sua oração a respeito do cálice não fosse concedida, Jesus tinha em mira: "Seja feita a tua vontade".

Jo 18,8b-9, com sua concentração no cumprimento das Escrituras e em deixar os discípulos irem, está mais próximo de Mc 14,49b-50 (e Mt 26,56) do que está Lc 22,53b, que não menciona nenhum dos dois detalhes. Embora João tenha a tradição dos discípulos se dispersando (Jo 16,32) e mencione o perigo de se escandalizarem (Jo 16,1), na cena joanina da prisão os discípulos não fogem;

ao contrário, Jesus arranja para que fiquem livres. Bickermann ("Utilitas", p. 213-216) explica que isso acontece porque a narrativa joanina reflete uma situação legal diferente. Jesus foi oficialmente julgado e condenado pelo sinédrio em Jo 11,47-53; contudo, ele se escondeu e fugiu (Jo 11,54; 12,36), desse modo se tornando oficialmente um fugitivo. Orígenes (*Comentário a João* 28,21-23 [18-19]; GCS 10 [Origen 4], p. 419-420), com relação a Jo 11,54, empregou a palavra *anachoresis*, que nos papiros aparece como termo técnico para fuga das autoridades. É evidente que Celso também entendeu a ação de Jesus dessa maneira, pois acusa Jesus de se esconder vergonhosamente (Orígenes, *Contra Celso* II,9). A fuga levou à proscrição (*programe*), e quem soubesse onde ele estava devia denunciá-lo, como Judas fez. Por esse motivo, Jesus teve de negociar a soltura dos discípulos que poderiam ter sido presos. A meu ver, Bickermann entende o relato por meio das técnicas da lei ordinária romana que, como veremos (§ 31, D3), não se aplicavam com tanta simplicidade a uma província imperial como a Judeia, administrada por lei extraordinária. Com certeza, para João (Jo 18,30), o sinédrio não tinha autoridade legal para executar Jesus e, assim, é duvidoso que, ao se esconder deles, ele fosse oficialmente proscrito. As autoridades antigas que Bickermann descreve entendem João pelas experiências próprias de decretos romanos oficiais contra cristãos, onde abrigar um fugitivo proscrito era realmente crime.

O motivo pelo qual o Jesus joanino diz aos soldados romanos e guardas da polícia judaica "Se, portanto, estais me procurando, deixai estes irem embora" é mais simples. É outro caso do princípio da soberania de Jesus que governa a NP joanina. Se os discípulos fugiram, estavam agindo por conta própria. Do mesmo modo que Judas não deixou a Última Ceia sem que Jesus controlasse a ação (Jo 13,27: "O que vais fazer, faze logo"), o que os outros discípulos farão na NP está sob o controle de Jesus. Ele já demonstrou ao grupo aprisionador que tem o poder de atirá-los ao chão; e, assim, quando declara a condição com a qual se deixará prender, não oferece nenhuma escolha aos que têm pretensões de prendê-lo. Na verdade, como a frase joanina de *hina* ("a fim de que possa ser cumprida a Palavra") é dirigida aos membros do grupo aprisionador, fica claro que o verdadeiro papel deles aos olhos de Jesus é promover a realização do plano de Deus, deixando os discípulos irem embora. Como um caso mais profundo de soberania, "a Palavra" que expressa o plano de Deus que eles precisam ajudar a cumprir não é das Escrituras de Israel, mas uma palavra do próprio Jesus![28] O Jesus joanino cita a si próprio do mesmo modo como antes citou um livro veterotestamentário (Jo 13,18). A citação "os que me deste, não perdi nenhum deles" não foi na verdade dita literalmente em João, mas faz rigorosamente eco a Jo 17,12: "Guardei-os com teu nome, que me deste. Eu os vigiei e nenhum deles se perdeu" (também Jo 6,39). O evangelista não acha necessário nos contar que essa exigência do onipotente Jesus foi concedida. A ausência dos discípulos (com exceção de Simão Pedro e do inigualável discípulo amado) na história que se segue é indicação tácita de que, apesar da inábil intervenção de Simão Pedro com a espada *depois* de Jesus ter assim arranjado a segurança dos discípulos, o desejo de Jesus foi realizado.

Há críticos que levantam a questão do motivo pelo qual os discípulos não foram presos com Jesus. É evidente que uma questão semelhante surgiu também na Antiguidade, pois, ao descrever os acontecimentos que cercaram a morte de Jesus, *EvPd* 7,26 faz Pedro dizer: "Estávamos escondidos, pois éramos procurados por eles como malfeitores [*kakourgos*] e como se desejássemos pôr fogo no santuário [do Templo]". Nos Evangelhos canônicos, a passagem mais próxima dessa é Jo 20,19: na Páscoa, as portas do lugar onde os discípulos se encontravam estavam todas fechadas "por medo dos judeus". O fato de os Evangelhos canônicos não examinarem a questão aqui na cena da prisão indica que, para os evangelistas, o que provocou essa prisão não foi um "movimento de Jesus" de determinados seguidores, mas apenas a pessoa, as reivindicações e os atos do próprio Jesus.

Os críticos protestam que, em especial, há falta de lógica em não haver nenhuma tentativa de agarrar aquele que atacou o servo do sumo sacerdote com uma espada. Em Marcos, isso não é problema, porque o manejador da espada não é descrito como discípulo e o Evangelho não se interessa pelo destino de estranhos. Quanto a Mateus, onde o manejador da espada é um discípulo, talvez devamos supor que ele escapou com "todos os discípulos" quando eles fugiram. O problema é mais complicado em João, onde Simão Pedro, o membro principal dos Doze, perpetrou uma agressão que deixa hostilidade permanente, como veremos na pergunta feita pelo parente de Malco em Jo 18,26. Presumivelmente, o evangelista quer que pensemos que Simão Pedro não podia ser tocado por causa do poder protetor da palavra e do nome de Jesus. Entretanto, em tudo isso, a atitude dos evangelistas

---

[28] Na perspectiva de João (Jo 17,8), as palavras de Jesus lhe foram dadas por Deus e têm a mesma autoridade divina das Escrituras de Israel.

foi moldada por uma base bíblica que era natural para eles e estranha para nós. Já mencionei muitos paralelos entre essa cena que começa em 2Sm 15, quando Davi tem de fugir para o outro lado do Cedron, para a Subida das Oliveiras, por causa da conspiração de Absalão, a quem Aquitofel se uniu. Em 2Sm 17,1-2, Aquitofel busca a permissão de Absalão para perseguir Davi aquela mesma noite: "Vou cair sobre ele enquanto ele está cansado e desanimado [...] e todo o povo que está com ele fugirá. Matarei apenas o rei". Os evangelistas podem bem ter achado aí a razão de, na tradição, quando Judas veio com o grupo aprisionador, só Jesus ser agarrado.

Lc 22,53b: "Vossa hora e o poder das trevas"

A versão lucana do fim da cena da prisão é muito diferente da dos outros Evangelhos, pois Lucas não faz referência à Escritura, nem a uma partida em fuga dos discípulos. (Foi mencionado que, de Mc 14,49b, ele preserva apenas o *alla*, "entretanto" inicial.) A omissão do tema da fuga é às vezes explicada sob a alegação de que Lucas vai narrar aparições a esses discípulos em Jerusalém dali a três dias. Entretanto, não é certo que, para qualquer Evangelho, fuga/partida signifique ir fisicamente embora de Jerusalém. Os discípulos que têm permissão para "irem embora" em Jo 18,8b estão em Jerusalém no domingo (Jo 20) e Mc 16,7 faz supor que todos discípulos que fugiram estão por perto e ainda têm de ir para a Galileia. (Ver também *EvPd* 14,59.) Mais exatamente, assim como omitiu o conteúdo de Mc 14,27-28, que predisse o escândalo e a dispersão dos discípulos, aqui Lucas omite a fuga deles pela mesma razão: ele não quer lhes dar uma imagem má. Lucas não transgride em excesso a tradição ao descrever os discípulos presentes durante o período entre a prisão e a morte; ele apenas silencia a respeito deles (ver o comentário sobre Lc 23,49). O fato de terem vacilado é sugerido com muita delicadeza em Lc 24,21, quando dois deles comentam a importância da crucificação: "*Tínhamos esperança* de que fosse ele quem libertaria Israel".

Quanto ao cumprimento da Escritura que Marcos menciona em relação à prisão e à fuga dos discípulos, Lucas previu isso, na Última Ceia, no diálogo que levou à menção das duas espadas: "Isso que está escrito precisa se completar em mim" (Lc 22,37). No final da prisão, Lucas prefere lidar com o plano divino com o emprego de outro termo: "hora" (ver §§ 7 e 10). Até aqui na NP, Marcos e Mateus mencionaram duas vezes cada um a hora do plano de Jesus e do destino de Jesus (ou mesmo uma terceira vez, se contarmos a pergunta de duplo sentido feita por

Jesus em Mc 14,37; Mt 26,40: "Não fostes fortes o bastante para vigiar uma hora [comigo]?"). Primeiro, em Mc 14,35, Jesus reza para que a hora passasse e, então, em Mc 14,41, ele proclama que a hora chegou. O primeiro uso da NP mateana é quando Jesus proclama que a hora se aproxima (Mt 26,45); seu segundo uso introduz a repreenda de Jesus à multidão por tratá-lo como *lestes* (Mt 26,55): "Naquela hora, Jesus disse". Lucas não menciona a hora na NP, mas só ele entre os sinóticos iniciou a Última Ceia com "Quando chegou a hora" (Lc 22,14, depois de ter descrito a trama dos chefes dos sacerdotes contra Jesus, que incluía Judas, em quem Satanás tinha entrado: Lc 22,1-6). Ao examinar a diferença entre Marcos e Mateus sobre a hora ter "vindo" ou ter "se aproximado", vimos que os dois evangelistas podem ter tido uma opinião diferente a respeito de em que ponto, no movimento de Jesus em direção à crucificação, pode-se dizer com certeza que a hora chegou. Para Lucas, a hora vem quando Jesus começa a se entregar na Última Ceia, quando, por intermédio de Judas, Satanás já pôs em movimento a trama para matá-lo. (Para João, ela vem antes ainda, em Jo 12,23, depois da chegada de gentios que querem ver Jesus — sinal de que seu ministério para "os judeus" terminou e ele não conseguiu fazê-los crer.)

Lucas faz sua segunda referência a "hora", não antes das palavras de Jesus ao grupo aprisionador, como Mateus faz, mas ao final dessas palavras, quando se refere a "vossa hora e o poder das trevas". O preparo para a expressão "esta é vossa hora" encontra-se em Lc 20,19, onde os escribas e chefes dos sacerdotes, tendo percebido que Jesus contara uma parábola contra eles, "procuravam prendê-lo nessa hora, mas temiam o povo". Lucas já mencionara "trevas" (*skotos*; sinônimo *skotio*) parabolicamente, como uma esfera que contrastava com a bondade da luz (Lc 1,79; 11,35; ver At 2,20); mas algumas das referências lucanas coincidem em parte com uma atitude em relação às trevas encontrada amplamente em outras passagens neotestamentárias (e em Qumrã), onde é o domínio do pecado e da ignorância presidida por Satanás, domínio oposto a Jesus, que é luz e cujos seguidores precisam caminhar na luz.[29] Em At 26,18, virar-se "das *trevas* para a luz" é equiparado a virar-se "do *poder de Satanás* para Deus". A referência a "o poder das trevas", na cena da prisão, relaciona-se com a presença de Satanás em Judas, que conduziu o grupo aprisionador, e com o pedido que Satanás fez para testar os discípulos como trigo (Lc 22,31), de modo que, aqui, Lucas se aproxima do ponto de vista

---

[29] 1Ts 5,4-5; Cl 1,13; Ef 5,8-14; 1Pd 2,9; Jo 1,5 e *passim*.

de Jo 16,32-33, onde a hora (da dispersão dos discípulos e, assim, implicitamente da prisão) é um tempo de luta entre Jesus e o mundo, cujo Príncipe ele vence.[30] Assim, para Lucas, a "hora" tem dois lados: é a hora de Jesus, que começa com sua autoentrega na Última Ceia e culmina quando ele entrega o espírito nas mãos de seu Pai; é também a hora de dominação satânica por intermédio de inimigos que vão crucificá-lo. O diabo, que depois de testar Jesus no início do ministério [Lc 4,13] deixou-o até o "tempo oportuno [*kairos*]", tem finalmente sua hora. Esse duplo aspecto é apreendido na complexa atribuição teológica de instrumento expressa em At 2,23 dirigida aos homens de Israel: "Este Jesus, entregue segundo a vontade e a previsão determinadas de Deus, vós o pregastes [na cruz] e o matastes pelas mãos de criminosos".

(A bibliografia para este episódio encontra-se em § 12, Parte I.)

---

[30] Também Jo 12,23.31-32; e 13,30 combinado com 14,30. Contudo, João não fala de "vossa hora"; continua a ser a hora de Jesus.

§ 15. A prisão de Jesus, terceira parte: Fuga de um jovem nu (Mc 14,51-52)

Tradução

Mc 14,51-52: ⁵¹E um certo jovem estava seguindo com ele, vestido com um pano de linho sobre sua nudez; e eles o agarram. ⁵²Mas ele, tendo deixado para trás o pano de linho, fugiu nu.

Comentário

Esta cena breve, narrada apenas por Marcos, tem sido objeto de uma quantidade extraordinária de especulação. Se o evangelista concluiu com o jovem sozinho e nu, e não explicou o sentido da cena, pregadores e biblistas engenhosos ficaram ansiosos para compensar seu silêncio. O jovem ganhou identidade (João de Zebedeu, Tiago, o irmão do Senhor, João Marcos, o próprio Cristo). Sua nudez tem sido objeto de especulação inquisitiva (ele acabara de ser acordado; como o Cristo, ele usa as vestes reduzidas da carne; era um iniciado homossexual que viera para um encontro com Jesus); e ele foi vestido de modo diferente (com as vestes do Cristo ressuscitado; com o manto branco do mensageiro pós-ressurreição; e/ou com o traje dos recém-batizados). Monloubou intitula bem seu exame irônico disso: "O destino surpreendente de uma personagem evangélica".

Interpretações antigas por copistas e pelo Evangelho secreto de Marcos

É evidente que esforços para decifrar a passagem ou para explicá-la satisfatoriamente começaram cedo. Surge um número interessante de variantes, quase sempre sinal da perplexidade dos copistas. Na tentativa de esclarecer, copistas acrescentaram "deles", depois de "fugiu", no v. 52. Como o "eles" de "eles o agarram" no v. 51 tem como antecedente mais próximo os discípulos que fugiram no v. 50, escribas inseriram "os jovens", para identificar os que o agarraram (adição que não é particularmente útil, pois não indica claramente o sujeito que com certeza Marcos pretendia: os membros da multidão armada). Os biblistas modernos questionam a exatidão da frase *epi gymnou* (literalmente: "todo nu") no v. 51, lembrando que não há prova de que esse adjetivo no singular possa ser usado sem um substantivo.[1] Taylor e Neirynck contentam-se em seguir o exemplo do Códice de Washington, a família Lake de minúsculas, Syr[sin], o copta saídico e algumas testemunhas latinas, omitindo a frase, eliminando, desse modo, parte do mistério sobre o jovem — sua nudez não atrai nossa atenção até que sua roupa tenha sido arrancada. E alguns recatados vão ainda mais longe ao fazê-lo recorrendo a exemplos onde *gymnos* é usado para quem está coberto com roupas leves e os cobertos só com a roupa de baixo (BAGD, p. 167). Entretanto, a omissão textual antiga (que não tem apoio expressivo) é com certeza tentativa dos escribas primitivos para se livrarem de uma dificuldade. É atitude mais segura esforçar-se ao máximo para lidar com o texto mais bem atestado e todas as suas dificuldades, do que emendá-lo ou modificá-lo. O fato de Mateus e Lucas omitirem a passagem e escribas a emendarem sugere fortemente o entendimento de que se referia a nudez completa e, assim, era um pouco escandalosa.

Outro exemplo de tentativa antiga de interpretar a passagem aparece no *Evangelho secreto de Marcos* (*ESM*), que tem um fragmento citado na cópia setecentista de uma carta (presumivelmente genuína) de Clemente de Alexandria, descoberta por M. Smith, da Universidade de Colúmbia, em 1958. A carta teria sido escrita c. 200 d.C. para um certo Teodoro, que pedira conselhos a respeito de um estranho Evangelho que estava circulando. Clemente responde que, durante a permanência de Pedro em Roma, Marcos escreveu um relato dos "Atos do Senhor" (Marcos canônico), mas depois do martírio de Pedro (meados dos anos 60), Marcos levou suas notas para Alexandria e expandiu a obra anterior em um "Evangelho mais espiritual", para uso dos que estavam sendo levados à perfeição — guia para os mistérios que levavam ao santuário interior da verdade oculta pelos sete véus. Marcos deixou essa segunda edição para a Igreja de Alexandria, em cujos arquivos foi guardada e lida apenas para os que estavam sendo iniciados nos grandes mistérios. Infelizmente, um presbítero da Igreja deu a Carpócrates (que os Padres da Igreja

---

[1] Luciano (*Navigium* 33) usa o plural neutro para "o corpo nu".

§ 15. A prisão de Jesus, terceira parte: Fuga de um jovem nu

identificam como herege gnóstico muito primitivo) uma cópia do *ESM*, que aquele indigno desvirtuou para o uso de sua "doutrina blasfema e carnal". Para explicar seu argumento, Clemente cita duas passagens do *ESM*, uma das quais, segundo ele diz, ocorre depois do fim de Mc 10,34 (a terceira predição da Paixão). No que se segue, ponho em itálico as palavras pertinentes a nosso estudo de Mc 14,51-52:

> E eles vêm a Betânia, e estava ali uma certa mulher cujo irmão morrera. E, tendo vindo, ela se inclinou diante de Jesus e lhe diz: "Ó filho de Davi, tem piedade de mim". Mas os discípulos a repreenderam. E Jesus, irritado, foi com ela ao jardim onde o túmulo estava; e imediatamente ouviu-se uma alta voz vindo do túmulo. E vindo para a frente, Jesus rolou a pedra da porta do túmulo; e entrando imediatamente até onde o jovem estava, ele estendeu a mão e ergueu-o, tendo tomado sua mão. Ora, o jovem, tendo olhado para ele, amou-o e começou a implorar que pudesse estar com ele. E saindo do túmulo, eles entraram na casa do jovem, pois ele era abastado. Depois de seis dias, Jesus lhe ordenou; e quando chegou a noite, *o jovem vem a ele vestido com um pano de linho sobre sua nudez*. E ele ficou com ele aquela noite, pois Jesus ensinou-lhe o mistério do Reino de Deus. Então, levantando-se, ele foi dali para o outro lado do Jordão (*ESM* 2,23–3,11).

Apesar da concisão dessa passagem citada por Clemente,[2] têm sido apresentadas hipóteses importantes relacionadas com *ESM*. O próprio Smith sugere que existia em aramaico uma fonte comum esotérica de conteúdo semelhante ao do *ESM* e anterior aos evangélicos canônicos. Então, surgiu o Marcos canônico, criado quando Marcos traduziu para o grego a fonte comum e omitiu certas passagens. *ESM* surgiu quando um compilador suplementou o Marcos canônico com passagens que tinham sido omitidas da fonte comum, passagens que ele traduziu em um grego que imitava o estilo de Marcos. Koester ("History", p. 54-57) afirma

---

[2] A outra passagem do *ESM* que Clemente cita é ainda mais concisa e consiste em apenas três linhas, que se referem à vinda de Jesus a Jericó, onde estavam a irmã do jovem que Jesus amava, a mãe de Jesus e Salomé. Meyer ("Youth", p. 138) afirma que as observações de Clemente sugerem que o *ESM* assemelhava-se estreitamente a Marcos, exceto por essas duas adições. Interpreto Clemente de uma forma diretamente contrária: Marcos transferiu para seu primeiro livro (Marcos canônico) coisas apropriadas para fazer progresso em *gnosis*, e assim compôs um Evangelho mais espiritual. Se eram as únicas adições, como essas duas passagens concisas poderiam alcançar esse propósito? É mais plausível que, do consideravelmente mais extenso *ESM*, Clemente tenha escolhido duas passagens que tratam do jovem porque seu comportamento era o centro da corrupção da mensagem por Carpócrates.

que *ESM* foi escrito antes do Marcos canônico, que, quando composto no final do século II, eliminou do *ESM* passagens consideradas impróprias para serem lidas em público.[3] H.-M. Schenke afirma que o Evangelho (não preservado) usado pelos seguidores de Carpócrates precedeu *ESM*, que, por sua vez, precedeu o Marcos canônico. Não vou tentar debater aqui essas propostas. Ainda mantenho as opiniões expressas em meu artigo de 1974, "Relation", a saber, que parte da tese de Smith está correta: *ESM* não precede; é uma ampliação de Marcos em estilo imitativo de Marcos (que é o que Clemente reconhece em sua tese demasiadamente simplificada, segundo a qual Marcos suplementou seu Evangelho). Entretanto, discordo de Smith quanto à fonte do conteúdo usado na ampliação de Marcos: não uma hipotética fonte aramaica comum, mas material recolhido quando se ouviram ou leram no passado outros Evangelhos canônicos, em especial João (a história de Lázaro). A meu ver, *ESM* foi composto muito antes de Clemente vir para Alexandria em 175, com bastante probabilidade c. 125, quando Carpócrates estava ativo (época de Adriano). As possibilidades licenciosas que Smith vê na passagem do *ESM*, com sua imagem de um jovem quase nu que amava Jesus vindo até ele à noite para aprender mistérios, podem bem ser semelhantes à interpretação que os seguidores de Carpócrates dão ao *ESM* (assim também J. D. Crossan, *Four*, p. 118). Sem essa peculiaridade sexual, *ESM* pode ter servido aos cristãos de tendência esotérica, como acompanhamento de um ritual que era considerado mais avançado que o batismo e a Eucaristia — ou, como diz Clemente, iniciação nos grandes mistérios. Como sabemos por outra literatura, até entre os que eram considerados ortodoxos em Alexandria, havia forte interesse em ir além do Cristianismo das massas, por meio de conhecimento e iniciação especiais. De qualquer modo, o documento mostra um uso primitivo da imagem do jovem vestido com um pano de linho sobre sua nudez, uso esse de que trataremos abaixo.

Identidade do jovem entendido como pessoa real

A primeira pergunta na exegese da passagem marcana é se Marcos está pensando em um discípulo de Jesus quando descreve "um certo jovem [...] seguindo com ele". Está claro que *ESM* entendeu que ele era um discípulo. Mas Pesch (*Markus*, v. 2, p. 402) pensa em um curioso que mora na vizinhança e, tendo acordado com

---

[3] A respeito da tese de que o *ESM* precedeu os Evangelhos canônicos, ver também J. D. Crossan, *Four*, p. 91-121.

o barulho da multidão, cobre-se com uma peça de roupa para descer e ver o que acontece. Entretanto, por que o grupo aprisionador o agarraria? E por que Marcos se incomodaria em relatar isso? Se examinarmos o uso marcano de *akolouthein*, o verbo mais geral para "seguir", veremos que, embora a razão para seguir não esteja sempre definida com nitidez, ele diz respeito ao seguimento por discípulos ou supostos discípulos doze vezes, e a uma caminhada mais geral atrás cinco vezes. O verbo composto *synakolouthein* encontrado aqui é empregado alhures no NT apenas em Mc 5,37 e em Lc 23,49, e em ambos os casos refere-se à ação por parte dos discípulos. Segundo Mc 14,51, o grupo aprisionador tentou "agarrar" o jovem, o mesmo verbo usado em todo o capítulo 14 para capturar Jesus (Mc 14,1.44.46.49); por isso ele foi tratado como alguém do lado de Jesus.

Há duas razões apresentadas para julgar que talvez ele não seja um discípulo. A primeira é a declaração no versículo anterior que indica a fuga de todos os discípulos. Entretanto, depois de fazer essa declaração, Mc 14,54 descreve sem dificuldade a tentativa de Pedro para seguir Jesus. É bem possível que, na lógica marcana, a fuga desse jovem seja ainda elucidativa da fuga dos discípulos, em vez de uma exceção a ela, mesmo que as negações de Pedro sejam, em última análise, consideradas confirmação de que eles todos fugiram. A segunda razão é sua roupa; na lógica da narrativa, ele com certeza não esteve na Última Ceia com os outros discípulos de Jesus vestindo apenas um *sindon* por cima de sua nudez.[4] O imperfeito "estava seguindo" pode bem ser conativo (BDF 326) e expressar o que ele tentava fazer. Marcos descreve alguém que foi atraído à cena e que, por observar o comportamento de Jesus e ouvir suas palavras, quer seguir, não por curiosidade, mas por interesse solidário? Em Marcos, os discípulos chamados por Jesus em geral o seguem ou desejam segui-lo depois de muito pouco contato com ele (Mc 1,18.20; 2,14; 10,17-21.52). Se esse homem simpatizava visivelmente com Jesus e o demonstrou seguindo-o, na lógica da história o grupo aprisionador bem podia tentar agarrá-lo. Então seria compreensível por que Marcos narra a história. Ele é a última pessoa atraída ao seguimento de Jesus, mesmo quando todos os outros fugiram. Esse suposto seguidor torna-se "o último discípulo".

---

[4] Saunderson ("Gethsemane") afirma que o *sindon* mencionado por Marcos referia-se ao material de linho do qual era feito o *chiton* que o jovem vestia e, assim, ele não estava impropriamente vestido. Entretanto, aqui Marcos não menciona nenhum *chiton*.

Se Marcos não tem a intenção de descrever um seguimento como o de um discípulo, o que a redação "um certo [*tis*] jovem" sugere? A argumentação que acabamos de apresentar faz supor que o *tis* deva ser entendido literalmente: "alguém" cujo nome não é conhecido e que não tem importância para o leitor. Mas outros afirmam que Marcos estava pensando em uma figura significativa,[5] ou em alguém de nome conhecido por ele ou pelos leitores. Enfrentamos o mesmo problema a respeito de "um certo indivíduo [*heis tis*] dos que estavam por perto" em Mc 14,47; mas, ali pelo menos (embora a meu ver a pessoa *não* fosse alguém conhecido), era possível recorrer à prova de João, identificando explicitamente o manejador da espada como Simão Pedro. Há quem recorra a João para afirmar que ele fornece provas implícitas aqui; de fato, naquele Evangelho, depois de Jesus insistir que deixem os discípulos irem (Jo 18,8b-9), e depois de Jesus ser preso e amarrado (Jo 18,12), está relatado que "seguindo Jesus estava Simão Pedro e outro discípulo" (Jo 18,15), isto é, o discípulo amado; ver § 27). "Um certo jovem" de Marcos é considerado paralelo a "um outro discípulo" de João que, por sua vez, acredita-se ser João, filho de Zebedeu (Ambrose, Gregory). Seria de se esperar que o traje do jovem apresentasse uma dificuldade aos defensores dessa teoria, quando se pensa no discípulo amado na Última Ceia. Além disso, o jovem de Marcos foge nu e o discípulo amado ainda está com Jesus ao pé da cruz (Jo 19,26). Ao contrário, o discípulo amado ideal joanino, que permanece fiel, devia ter sido introduzido como *contraste* à imagem de discipulado apresentada pelo jovem!

Outra fonte para identificar o jovem concentra-se em seu traje leve: ele foi acordado pelo barulhento grupo aprisionador e, assim, devia morar por perto; consequentemente, era alguém que morava em Jerusalém. Em uma identificação antiga (Epifânio), ele é Tiago, o irmão do Senhor, descrito como estando em Jerusalém nos anos que se seguiram à ressurreição (Gl 1,18-19; 2,19; At 12,17; 15,13; 21,18). Em suposição mais recente, ele é João Marcos, cuja mãe, Maria, tinha uma casa em Jerusalém (At 12,12). Se "estava seguindo com ele" em Mc 14,51 significa que

---

[5] Por exemplo, Dibelius, Taylor e Lohmeyer. Este último sugeriu que o jovem era a testemunha ocular que atesta a tradição. Tal testemunho responderia à objeção contra a historicidade da cena no Getsêmani, em que nenhum dos discípulos estava acordado para saber o que Jesus rezou (§ 7 acima). Ao elaborar o tema da testemunha ocular e continuar a tese de que o jovem estava vestido apropriadamente (nota 4 acima), Saunderson afirma ser plausível que ele fosse um dos peregrinos da Páscoa que estavam acampados no Monte das Oliveiras. A meu ver, essa reconstrução, baseada quase inteiramente no que Marcos *não* menciona, obscurece o tema de vergonha que está muito mais óbvio na fuga nu de um suposto seguidor.

o jovem o seguia desde a Última Ceia (!), então, segundo esta sugestão, seu traje leve indica que ele morava na casa onde houve a ceia; e é possível imaginar que a casa pertencia à mãe de Marcos (McIndoe) ou, com verve, ao pai de Marcos, pois ele era "o dono da casa" de Mc 14,14 (e também era o dono do local onde Jesus foi preso: Nolle). Na verdade, é possível considerar o fracasso e a rápida partida de João Marcos aqui antecipação de seu fracasso e partida posteriores, quando ele abandonou Barnabé e Saulo, em At 13,13. Se se supuser ainda que esse João Marcos era o autor do Evangelho de Marcos, então temos um pedaço autobiográfico autoflagelante e também dissimulado na inclusão da passagem pelo evangelista. A omissão por Mateus e Lucas pode ser considerada atitude generosa da parte deles, que não quiseram embaraçar mais o autor de sua fonte. A meu ver, essas sugestões nada mais são do que fugas da imaginação.

O jovem entendido como figura simbólica

Evitando essas fugas da imaginação sem prova evangélica mais profunda, outros (não menos imaginativamente) recorreram para identificação a outra passagem de Marcos (Mc 16,5), onde, no túmulo de Jesus ressuscitado, dizendo às mulheres para que não se assustem, está *"um jovem* sentado do lado direito, *vestido* com um manto branco". As duas palavras gregas indicadas por minha tradução em itálico ocorrem em Marcos apenas em 14,51 e 16,5, o que leva muitos biblistas[6] a afirmar que o mesmo jovem (*neaniskos*) está envolvido nas duas passagens; só que, no túmulo, ele está vestido novamente, embora a roupa não seja o mesma (*sindon* em Mc 14,51, mas *stole leuke* em Mc 16,5). Não é impossível se convencer da importância do fato de *neaniskos* ser encontrado nessas duas passagens marcanas. Mas, embora não apareça em nenhuma outra passagem de Marcos, a palavra "vestido" (particípio de *periballein*) é palavra normal para estar trajado (Mt 6,29; 25,36; Lc 23,11; Jo 19,2), e provavelmente não tinha nenhuma ressonância distinta para o leitor.

Não há nenhuma razão suficiente para pensar que o *neaniskos* de Mc 14,51-52 seja outra coisa além de um ser humano, mas o *neaniskos* de Mc 16,5 é um ser humano ou um anjo? Mt 28,2-5 entendeu que a figura no túmulo era angelical. Os dois homens (*andres*) no túmulo, em Lc 24,4, são identificados como anjos em Lc 24,23. A roupa do jovem em Mc 16,5 é apropriada para uma figura celestial,

---

[6] Por exemplo, Groff, J. Knox (?), McIndoe, M. W. Meyer, Schnellbächer, Scroggs, Vanhoye e Waetjen.

pois veste os santos que estão de pé diante do trono do Cordeiro em Ap 7,9. A linha inicial de sua mensagem, "Não vos espanteis", assemelha-se à linha padrão do anjo revelador: "Não tenhas medo" (BNM, p. 185-189). Embora a angelologia hebraica seja complexa, em geral os anjos são considerados do sexo masculino, quase sempre identificados como "os filhos de Deus".[7] Em Dn 8,15 (Teodocião) e Dn 9,21, Gabriel tem a aparência de um homem (*aner*). No Códice Sinaítico de Tb 5,5.7.9(10), o arcanjo Rafael é chamado de *neaniskos*. Josefo (*Ant.* V,viii,2; #277) descreve o anjo que aparece à mulher de Manué em Jz 13,3 como semelhante a um belo jovem (*neanias*). 2Mc 3,26.33 descreve as figuras celestiais que impedem Heliodoro de roubar o tesouro do Templo como jovens (*neanias*) belíssimos.[8] De tudo isso concluo ser mais provável Marcos estar pensando em um anjo no túmulo em Mc 16,5. Assim, há um grave problema a respeito da tese de que um discípulo que fugiu nu em Mc 14,51-52 tenha encontrado novas roupas e surgido novamente em Mc 16,5 para explicar o túmulo vazio e dar ordens em nome do Jesus ressuscitado, constituindo um exemplo de discípulo fracassado que rejuvenesceu em sua fé.

Contudo, biblistas que identificam o *neaniskos* de Mc 14 com o *neaniskos* de Mc 16 recorrem a outro simbolismo para interpretar um ou os dois aspectos da figura. Por exemplo, alegam que, no capítulo 16, o jovem assumiu o aspecto de um mártir cristão triunfante, que veste os trajes dos santos martirizados em Ap 7,13-14.[9] Mais arriscadamente, às vezes há quem julgue que o jovem representa Jesus (Knox, Schnellbächer, Vanhoye). No nível de fato cruel, Jesus é levado para ser executado, mas, aos olhos da fé, seus captores não conseguirão segurá-lo. Quando o jovem escapa, eles ficam segurando um *sindon* ou pano de linho, o mesmo termo que Marcos (Mc 15,46) usará para a roupa com a qual Jesus será sepultado, roupa que ele deixará para trás quando ressuscitar dos mortos. (Entretanto, na verdade Marcos nunca menciona que o *sindon* foi deixado para trás pelo ressuscitado. Jo 20,6-7 não pode ser invocado, pois esse Evangelho não usa *sindon*.) No capítulo 16, o Jesus ressuscitado é representado simbolicamente mais uma vez como esse jovem, só que agora vestido com trajes celestiais, do mesmo modo que o Jesus transfigurado aparece em trajes que se tornaram brancos em Mc 9,3. Uma variação

---

[7] Em Gn 6,1-4, os filhos de Deus têm relações sexuais com mulheres terrenas e geram filhos.

[8] Jenkins ("Young Man", p. 238) pergunta se esses são anjos ou os Dioscuros — mas, se estes últimos, ainda assim, não seriam seres celestes em vez de simples mortais?

[9] Os três que são lançados à fornalha ardente em Dn 3 são identificados como *neaniskoi* em Dn 1,4; *neaniskos* e *neanias* são usados para os irmãos martirizados em 2Mc 7.

gnóstica desse simbolismo inclui a distinção entre o Cristo (o princípio celestial) e Jesus (a concha terrena ou aparência humana). Os captores agarraram Jesus, mas o incidente do jovem simboliza a fuga de Cristo, que não é crucificado. Schenke acha que a forma *à la* Carpócrates do *ESM* representa esse tipo de pensamento e Irineu (*Contra as heresias* I,xxvi,1-2) nos diz que Cerinto, associado de Carpócrates, tinha essa teologia.

Outra variante da interpretação de Jesus do *neaniskos* recorre a uma tipologia que relaciona Jesus e o José veterotestamentário que foi vendido como escravo pelos irmãos (§ 29B adiante). Os Padres da Igreja já faziam a ligação entre Mc 14,52 e Gn 39,12, que descreve a fuga de José da mulher de Potifar: "Tendo deixado para trás suas roupas nas mãos dela, ele fugiu". Waetjen ("Ending", p. 120) acrescenta que, em Mc 16, o jovem é descrito em posição exaltada ("do lado direito"), coberto de uma *stole* branca, exatamente como o faraó agraciou José e o vestiu em uma *stole* de ótima qualidade (Gn 41,42). Finalmente, José do Egito reuniu-se novamente com os irmãos, do mesmo modo que Jesus volta para junto dos discípulos que, em linguagem pós-ressurreição, são seus irmãos (Mt 28,10; Jo 20,17). A. Farrer (*The Glass of Vision*, London, Dacre, 1948, p. 136-145) acrescenta à imagem que um José (de Arimateia) sepultou Jesus, exatamente como José do Egito sepultou Jacó/ Israel. Minha dificuldade é que parte dessa metáfora de José está em contradição — se Jesus é José, então ser sepultado por José não ajuda. Parte da metáfora é muito tênue — sentado do lado direito de um túmulo dificilmente se compara a estar sentado à direita de seu Senhor (Sl 110,1); e não há outros indícios de interesse marcano na metáfora de José.

Alguns biblistas consideram o jovem não tanto Jesus, mas o cristão que passa pela iniciação batismal na comunidade marcana. Isso não está muito longe da ousada proposta de B. Standaert (*L'évangile selon Marc*, Paris, Cerf, 1983) de que o Evangelho todo é uma Hagadá cristã[10] para a liturgia pascal, com indicações de tempo para a celebração (Mc 15,25.33.42; 16,1-2). No seguimento de Cristo, o cristão era despido, entrava na água nu para ser batizado e emergia para ser vestido com um traje branco — o iniciado morria com Cristo e ressuscitava com ele (Scroggs e Groff). Mas, em discordância, Gourgues ("À propos", p. 675) contesta que o aspecto de desvestir/vestir do batismo pela imersão não está claramente atestado

---

[10] Isto é, narração meditativa da história do êxodo associada à Páscoa judaica.

antes de 150 d.C., pois 2Cor 5,3 e Ef 4,22-24 são metafóricos. Quando a prática começa realmente, o cristão que é batizado se despe das roupas para estar com Cristo; o jovem em Mc 14 despe-se para se afastar dele.[11] Depois do batismo, o que emerge renasce como criança; em Mc 14, a figura que representa simbolicamente os não batizados já é um jovem. Se o simbolismo cristão positivo era o propósito em Mc 14, por que Mateus e Lucas omitem a passagem? Não entenderam Marcos? Os que afirmam a interpretação batismal inspiram-se na descoberta do *ESM* (ver início deste §) como prova de que um intérprete primitivo viu realmente um simbolismo sacramental. É indubitável que certa interpretação ritualista do jovem esteja contida em *ESM*; mas ali ele começa em um túmulo e *depois* de ser ressuscitado aparece com um *sindon* sobre sua nudez. É essa uma nudez pós-batismal? Além disso, até que ponto esse Evangelho secreto professadamente esotérico é guia seguro para o pensamento do Marcos canônico? Os que reivindicaram conhecimento especial (gnósticos, ortodoxos ou heterodoxos) muitas vezes exploraram as personagens menos significativas dos Evangelhos com propósitos reveladores — quanto menos se conhece a respeito delas, mais livre se é para ser criativo com elas.

Avaliação e interpretação sugerida

Com o devido respeito à erudição invocada em nome da exegese simbólica de Mc 14,51-52, junto-me a Gnilka, Gourgues, Monloubou, Neirynck, Pesch e, em

---

[11] Com mordacidade, M. Smith ("Clement", 1982, p. 457) observa: "Essa interpretação menospreza apenas os fatos principais: esse jovem desertou Cristo e salvou a si mesmo". Meyer ("Youth", p. 145-146) vira a sequência ao contrário: como em *ESM* (imediatamente depois de Mc 10,34), o jovem se vestira antes com o pano de linho batismal [*sindon*] sobre sua nudez e agora abandona esse pano de linho e foge, relutante em participar da Paixão e morte de Jesus. (Contudo, se, em Mc 14,51, Marcos se referisse a um jovem mencionado antes, dificilmente se esperaria que ele falasse de "um certo jovem".) Meyer supõe que o *neaniskos* de Mc 16,5 é o mesmo jovem, que reafirma sua lealdade batismal e veste o manto branco ritual. (Contudo, Meyer não dá nenhuma explicação satisfatória do motivo por que Marcos muda agora de *sindon*, que nessa hipótese ele empregou duas vezes antes em referência à veste batismal, para *stole* — mudança que obscurece a continuidade da metáfora.) Meus parênteses indicam ceticismo quanto à tese de Meyer, principalmente como interpretação do Marcos canônico. Creio que sua única possibilidade seria como interpretação do *ESM*, se a forma completa desse Evangelho oferecesse aos leitores muito mais ajuda no seguimento da continuidade da missão do jovem como discípulo simbólico que passou pela conversão, pelo fracasso em face do sofrimento e pela reconversão. Meyer ("Youth", p. 149) cita minha asserção de que o discípulo amado joanino simboliza o cristão; assim, é concebível que *ESM* desenvolvesse o mesmo simbolismo em torno do *neaniskos*. A grande probabilidade de João ser o mais tardio dos Evangelhos canônicos, completado (com o capítulo 21) talvez somente em 110 d.C., constitui, então, outro argumento para atribuir a data de *ESM* e seu desenvolvimento paralelo ao início do século II.

especial, a Fleddermann, para julgar essa exegese muito inapropriada ao que o evangelista pretendia transmitir. Essas interpretações simbólicas não fazem justiça ao contexto marcano dos versículos (a cena da prisão) e à questão da fuga. A fuga desse jovem tem de ser paralela à fuga dos discípulos e, portanto, ignominiosa. (Ver também a fuga em Mc 16,8.) Portanto, ele não pode simbolizar Cristo, nem o iniciado cristão modelar. Não há nada místico a respeito deste *neaniskos*: um jovem com pretensões a discípulo é descrito por esse termo em Mt 19,20-22. O fato de ser descrito como estando "vestido com um pano de linho sobre sua nudez" prepara o leitor para o desfecho, pois, quando seu traje for abandonado, ele ficará nu. Sua tentativa de seguir exemplifica o desejo de ser fiel a Jesus e não fugir como os outros. Mas os discípulos haviam sido advertidos por Jesus, em Mc 14,38, para rezar a fim de não entrar em *peirasmos*, isto é, a grande luta que ele próprio ia ter de enfrentar. A tentativa por parte deste jovem de seguir Jesus em *peirasmos* é fracasso deplorável; de fato, quando agarrado como Jesus fora, ele fica tão ansioso para se afastar que deixa nas mãos dos captores a única roupa que veste e escolhe a desgraça completa de fugir nu — fuga ainda mais desesperada que a dos outros discípulos. A nudez não é uma coisa boa, como é na interpretação simbólica; é algo a ser evitado, como em Mt 25,36; Jo 21,7; Tg 2,15; Ap 3,17; 16,15. O *sindon* mencionado na narrativa costumava ser de linho fino, portanto, caro (Pr 31,24; Jz 14,12); se os leitores de Marcos entenderam isso, deixá-lo para trás tinha ainda mais força na descrição da fuga desesperada do jovem. O momento da Paixão de Jesus é batalha escatológica com o mal. Am 2,16 adverte sobre o que pode acontecer sob as pressões desse tempo: "O que é corajoso entre os fortes fugirá nu naquele dia".[12] Se isso acontece aos corajosos, por que ficar surpreso quando acontece a este suposto seguidor que não estava preparado para a provação? Durante o ministério, um indivíduo entusiasmado com pretensões a discípulo partiu quando soube como o discipulado era exigente (Mc 10,17-22); o fracasso do pseudodiscípulo no fim da vida de Jesus é ainda maior.

Ao examinar Mc 14,50, vimos o irônico contraste entre os discípulos no início do ministério público, que deixam bens para seguir Jesus, e no ato da prisão, quando deixam Jesus para fugir. Aqui, com "o último discípulo", a ironia é ainda

---

[12] M. Ross ("Young") relaciona cinco teorias a respeito do jovem, mas prefere a tese (Nineham, Hoskyns e Davey) de que um episódio com base em fatos foi citado como cumprimento de Am 2,16 (Bíblia hebraica; a LXX traz "se apressará, buscará").

mais sarcástica. Em Mc 10,28, Pedro descreveu a Jesus um modelo de discipulado que Jesus elogiou: "Deixamos tudo e te seguimos". Este jovem deixou literalmente tudo para fugir de Jesus. Nem Mateus nem Lucas conseguiram ser tão severos. Se Marcos pretendeu realmente que o leitor de Mc 16,5, com sua referência a *neaniskos*, se lembrasse da figura que tinha a mesma designação em Mc 14,51-52, foi para estabelecer um contraste. O Jesus que foi abandonado vergonhosamente pelo último discípulo e deixado para enfrentar sozinho a hora da prisão é, em Mc 16,5-6, servido por um anjo que proclama sua vitória sobre a morte.

(A bibliografia para este episódio encontra-se em § 12, Parte II.)

§ 16. Análise que abrange as três partes da prisão de Jesus (Mc 14,43-52; Mt 26,47-56; Lc 22,47-53; Jo 18,2-11)

Na seção de ANÁLISE anterior (§ 11), concentrei-me em diversas abordagens da cena de oração no Getsêmani. Em parte, isso aconteceu porque eu queria que os leitores sentissem, ao menos uma vez, a incrível diversidade de opiniões eruditas, e assim mostrar que qualquer tentativa de minha parte para criar uma nova reconstrução da NP "original" seria perda de tempo. Porém, de outro lado, a cena da oração no Getsêmani é complicada e, sob quaisquer circunstâncias, a composição exige análise. Muito menos é necessária aqui, não só porque doravante não planejo relacionar em detalhes a série de teorias eruditas, mas também porque há mais consenso. Pensemos por enquanto que esta cena consiste em dois componentes básicos: I. Encontro inicial (Mc 14,43-46); II. Incidentes durante a prisão (Mc 14,47-52).[1] Como foram compostos? Começarei com diversas teorias propostas por biblistas, e então analisarei os elementos comuns nos quatro Evangelhos como possível chave para a tradição mais antiga.

A. Teorias de composição

Componente I (Mc 14,43-46). Taylor (*Mark*, p. 658) atribui este componente à Fonte A, que é uma narrativa sequencial, enquanto atribui o componente II à Fonte B, que consiste em elementos separados acrescentados por Marcos. Embora biblistas mais recentes não concordem com o entendimento que Taylor

---

[1] Dou os versículos de Marcos porque muitas das análises não consideram nenhum outro Evangelho. No COMENTÁRIO, separei a história da fuga do jovem nu (Mc 14,51-52) como terceira parte por causa da abundante literatura sobre ela e a extensão exigida da análise.

tem dessas fontes e sua origem, há muita concordância que parte substancial de I é de origem pré-marcana, quer se considere que ela vem de uma tradição, quer de uma fonte. Dois elementos provocam diferenças. O primeiro é o início do v. 43. A NP começava aqui, independente de tudo que a precede?[2] Ou parte da cena da oração no Getsêmani estava ligada à suposta fonte?[3] Ou a cena da prisão seguiu-se imediatamente à Última Ceia (como em João), com apenas uma sentença transicional geográfica para levar Jesus ao Getsêmani (elementos de Mc 14,26 e 32)? Um aprimoramento dessa tese é que ela se seguiu a certos elementos da cena da Última Ceia, que era ela mesma complexa.[4] Ou a cena da prisão se seguiu à trama de Judas com as autoridades judaicas descrita em Mc 14,1-2.10-11?[5] O segundo foco de pontos de vista diferentes é o arranjo prévio do beijo no v. 45 (ausente de João). Doeve omite o v. 44 e Finegan omite os dois versículos, mas, em sua maioria, os biblistas conservam a unidade pré-marcana do conteúdo de Mc 14,44-46 (por exemplo, Bultmann, Gnilka, Lohmeyer, Linnemann, Schneider, Schweizer, Taylor). A opinião de Dibelius ("Judas", p. 275) é notável: "A prisão de Jesus é descrita de uma forma especialmente digna de crédito". Contudo, BHST (p. 268) fala de uma narrativa "influenciada pela lenda do tema da traição por um beijo". Vale a pena lembrar que, já em meados dos anos 50, havia para Paulo uma antiga tradição que mencionava "a noite em que ele [Jesus] foi entregue" (1Cor 11,23), que no mínimo subentende a prisão.

Componente II (Mc 14,47-52). Aqui, há menos concordância entre os biblistas. Alguns, como Finegan (*Überlieferung*, p. 71-72), atribuem à tradição mais primitiva apenas a fuga no v. 50. Linnemann (*Studien*, p. 41-52) acha que nenhuma parte dela pertence à narrativa principal da prisão, mas fala que Marcos combinou outro material pré-marcano, como um apotegma biográfico nos vv. 48.49b e fragmentos referentes a oposição e fuga nos vv. 47.50.51-52. Schneider ("Verhaftung", p. 201-205) difere de Linnemann em detalhes, mas também ele considera Mc 14,47-52 uma coletânea marcana de material dissociado que originalmente

---

[2] Nesse caso, seria de se supor que Marcos acrescentou frases conectivas, por exemplo: "enquanto ele ainda estava falando", talvez ao mesmo tempo que suprimiu a frase inicial da fonte.

[3] Consulte § 11 a respeito dos que atribuem parte da oração à fonte.

[4] Para BHST, p. 268-269, ela se seguia a Mc 14,27-31, as predições do destino dos discípulos e de Pedro. Talvez originalmente essas predições se localizassem na Última Ceia.

[5] Ver Linnemann (*Studien*, p. 48-49), que exclui Mc 14,11b e sugere que Judas veio à prisão com as autoridades mencionadas naqueles versículos anteriores.

não fazia parte da sequência pré-marcana da prisão. Gnilka (*Markus*, v. 2, p. 267) liga os vv. 47 (golpe da espada) e 50-52 (fuga, inclusive a do jovem nu) à narrativa pré-marcana da prisão.[6] Aqui, então, como na cena do Getsêmani, uma comparação de autores deixa claro que a determinação da fonte pré-marcana com alguma certeza simplesmente desafia nossos métodos. Em especial, a meu ver, são fracos os argumentos que Linnemann apresenta contra a unidade do material em Mc 14,47-52, por exemplo, que aquele que golpeou Jesus não está identificado, embora Judas fosse identificado como um dos Doze; que as autoridades não reagem nem castigam o golpe de espada; que a alegação de Jesus de ensinar dia após dia no Templo não se confirma no relato marcano do ministério de Jesus; que a fuga de todos é desmentida pelo jovem que não fugira. São inconsistências à luz de uma busca microscópica moderna pela lógica. São realmente falta de lógica em uma narrativa impressionista de fluência rápida como a que Marcos nos dá? Scroggs (KKS, p. 511) e Mazzucco ("Arresto") estão bem certos em questionar o valor comprovativo de tais inconsistências.

B. Elementos comuns nos Evangelhos

Vamos agora desempenhar a atividade mais proveitosa de examinar alguns elementos comuns nos Evangelhos que possam ter chegado independentemente aos respectivos evangelistas. Não há praticamente nenhuma razão para pensar que Marcos é a fonte do relato joanino, pois os dois Evangelhos concordam apenas sobre a presença de Judas e um grupo aprisionador, e no incidente da espada.[7] Há toda razão para pensar que Mateus recorreu a Marcos, mas Mateus suplementa a histó-

---

[6] Viviano ("High") separa o golpe de espada de Mc 14,47 dos versículos em torno dele. Não faz parte do estrato da NP mais primitivo, mas também não é composição marcana livre. Viviano prova esta última opinião indicando a hapax legomena marcana como "*desembainhar* a espada", "*golpear*", "*decepar* sua orelha". Não acho essas indicações convincentes, pois aqui Marcos descreve uma ação que ele não descreve em nenhuma outra passagem do Evangelho e, assim, teve de usar linguagem não empregada antes.

[7] Sabbe dedica "Arrest" a refutar a tese de Dauer, de que João recorreu a uma fonte pré-joanina escrita, que fora influenciada oralmente pelos Evangelhos sinóticos (tese que eu também rejeito). Sabbe argumenta que a influência sinótica foi diretamente em João, não na fonte joanina. Entretanto, nesse artigo, Sabbe simplesmente supõe, sem comprovar, a influência sinótica, algo que a meu ver é muito duvidoso (§ 2, F). Por exemplo, uma coorte de soldados romanos aparece em circunstâncias diferentes em Mc 15,16 e Jo 18,3; esse fato se explica considerando essas passagens duas reflexões diferentes da tradição pré-evangélica, em vez de João recorrer a Marcos e mudá-lo drasticamente (como Sabbe pressupõe).

ria com alguns elementos que têm paralelos funcionais em Lucas. No COMENTÁRIO, indico por que considero provável que o relato lucano básico é uma compilação de Marcos, que abrevia o encontro inicial e amplia os esforços subsequentes.[8] Contudo, as concordâncias de Lucas com Mateus sugerem que os dois evangelistas tinham acesso a episódios da história não evidentes em Marcos (Soards). Trabalhando com esse entendimento, observamos os seguintes pontos:

Componente I (Encontro inicial: Mc 14,43-46 e paralelos). Há duas informações compartilhadas por todos os Evangelhos. A primeira é a presença de Judas com um grupo aprisionador legitimado pelas autoridades judaicas. É provável que o relato lucano de que os chefes dos sacerdotes vieram em pessoa ao Monte das Oliveiras tenha origem no fato de Lucas fundir o episódio da prisão com o episódio onde Jesus encontra um ou mais chefes dos sacerdotes, episódio que os outros Evangelhos situam depois da prisão, quando Jesus é levado de volta a Jerusalém. Há outras pequenas diferenças entre os Evangelhos quanto à composição do grupo aprisionador e dos que autorizaram a prisão. Só João descreve soldados romanos no grupo aprisionador e, no COMENTÁRIO, acho impossível determinar a antiguidade ou historicidade dessa descrição.

A segunda informação compartilhada é a identificação de Jesus. Nos sinóticos, isso é feito por Judas, com um beijo; em João, Jesus se identifica dramaticamente, forçando o grupo aprisionador a recuar e cair ao chão, o que é, sem dúvida, dramatização joanina do poder do nome que Jesus possui: "eu sou". Alguma coisa com semelhança parcial ao relato marcano talvez esteja por trás da dramatização joanina (observemos o "ele é" em Mc 14,44); mas o relato marcano, com seu dramático beijo de Judas, também passou por uma evolução. Em oposição a Marcos, Mateus e Lucas concordam em fazer Jesus falar em reação ao beijo. A diferença na redação respectiva significa que eles dão de forma independente testemunho de que a narração e a evolução refletiva desta cena continuaram independentemente da versão que Marcos escreveu.

Componente II (Incidentes durante a prisão: Mc 14,47-52 e par.). Os quatro Evangelhos têm em comum o ato de decepar a orelha do servo; e há boa razão para considerar esse um detalhe antigo. O fato de Mateus, Lucas e João em redação

---

[8] Concordo com Creed, Finegan, Fitzmyer, Schmid, Schneider e Soards, contra Green, Grundmann, Rehkopf, Rengstorf e Taylor, segundo os quais, para esta cena, Lucas teve uma fonte separada de Marcos.

independente fazerem Jesus comentar negativamente a respeito desse ato mostra que os cristãos achavam esse incidente enigmático e, na verdade, escandaloso, uma vez que o perpetrador foi identificado como discípulo. A sugestão de Schneider ("Verhaftung", p. 202), de que a história do golpe de espada foi originalmente narrada para absolver os discípulos (pelo menos alguém levantou-se para defender Jesus), e também a outra sugestão, de que essa foi uma adição lucana para demonstrar o equívoco dos discípulos, chocam-se com grandes dificuldades. Como insisti no COMENTÁRIO, no relato marcano o perpetrador aparentemente não era discípulo (e essa pode ter sido a tradição mais antiga); e o Jesus marcano não faz nenhum comentário para dizer ao leitor se essa ação era ou não louvável. (A identificação do perpetrador é mais um exemplo da evolução contínua da história fora de Marcos.) O incidente talvez seja uma lembrança enigmática da tradição primitiva que adquiriu significado teológico. Há alguma razão persuasiva para pensar que ele não fazia parte da história da prisão, quando dificilmente se enquadraria alhures?

Outro incidente é um breve discurso de protesto por Jesus, segundo o qual essa prisão não era necessária, pois ele ensinara frequentemente em público na área do Templo. A cena joanina da prisão não tem esse discurso, mas ele aparece mais tarde, na mesma noite, diante de Anás (Jo 18,20-22). A redação é diferente, mas o tema de ensino em público frequente no Templo é o mesmo. Portanto, na tradição cristã, essa defesa foi um primeiro avanço para enfatizar a justiça da causa de Jesus. Ao contrário do golpe de espada, nesse argumento da defesa não há nada que o localize com precisão, e as tradições sinótica e joanina adotaram duas opções diferentes. Outro aspecto comum é o fato de as palavras de Jesus explicarem a *necessidade* de aquilo que está acontecendo[9] cumprir o que foi dito antecipadamente por autoridade divina: as Escrituras, para Marcos/Mateus, e a Palavra de Jesus, para João.[10] Obviamente, os cristãos primitivos apegaram-se à explicação bíblica. Com certeza, Jesus, sendo um judeu piedoso, refletiu no modo como as coisas aconteciam e usou as Escrituras para fazê-lo. Mas não há um meio de ter certeza em que ponto ele fez isso e quando os cristãos introduziram essa reflexão bíblica em suas narrativas.

---

[9] Uso a frase "aquilo que está acontecendo" porque os Evangelhos diferem quanto ao acontecimento preciso que representa o cumprimento: a traição ou a prisão.
[10] Lucas não tem o tema de cumprimento das Escrituras aqui, mas sim antes, na discussão que leva à referência às duas espadas (Lc 22,37-38).

O componente II termina com a fuga dos discípulos (Marcos/Mateus) ou sua partida subentendida, conseguida pelo Jesus onipotente (João). A segunda descrição mostra a influência da cristologia joanina, do mesmo modo que a ausência desta cena em Lucas reflete a relutância de Lucas em relatar coisas que depreciam a memória dos discípulos. Muitos críticos não veem razão para duvidar que isso fazia parte da mais antiga tradição da NP e, na verdade, não há razão para duvidar que está de acordo com os fatos.[11] É óbvio que Marcos criou uma teologia de discipulado meditando no sentido desse e de outros fracassos dos discípulos, mas essa teologia não teria credibilidade se se julgasse ou pensasse amplamente que eles permaneceram com Jesus em suas últimas horas.

No COMENTÁRIO, tratei separadamente (como Terceira parte: fuga de um jovem nu) uma cena só encontrada em Mc 14,51-52. Para Marcos, a fuga de todos os discípulos constitui uma inclusão irônica com o chamado dos discípulos no início do ministério público de Jesus e com as corajosas, mas simplórias promessas que eles fazem no início da NP de permanecerem fiéis a Jesus. Esse jovem que estava seguindo Jesus era um suposto discípulo — na verdade, o último discípulo — e, assim, sua vergonhosa fuga nu é exemplo culminante do fracasso dos discípulos – exemplo omitido por Mateus e Lucas por ser severo demais para a perspectiva que eles tinham dos seguidores de Jesus. Entretanto, para a comunidade de Marcos, esse grave fracasso apresentava um meio de entender os lapsos dela mesma no seguimento de Jesus durante períodos de sofrimento (e talvez de perseguição), principalmente porque havia também a promessa implícita de que os que fracassaram seriam reunidos mais uma vez ao rebanho de Jesus (Mc 14,28; 16,7).

Não sei como ter certeza se o incidente do jovem teve origens pré-marcanas e, naturalmente, não sei como testar a historicidade. A fuga de todos os discípulos, inclusive os mais conhecidos, dificilmente poderia ser inventada sem contestação; mas esse argumento não se aplica a essa pessoa desconhecida e isolada. Para as sensibilidades modernas, a criação de um incidente especialmente desonroso sem base histórica parece improvável; mas é melhor praticar a modéstia em todos os sentidos e, em último caso, deixar esse jovem envolto em mistério.

---

[11] Pesch (*Markus*, v. 2, p. 403) relaciona pontos que ele considera históricos: Judas veio da parte do sumo sacerdote e, pelo sinal de um beijo, entregou Jesus ao grupo aprisionador, que o agarrou. Na confusão, um servo do sumo sacerdote perdeu a orelha. Jesus fez um protesto. Os discípulos fugiram e o mesmo fez um jovem. Parrish ("Defence") é bastante solidário ao defender a lealdade dos Onze, questionando a historicidade da fuga deles em Mc 14,50.

Segundo ato:
Jesus diante das autoridades judaicas
(Mc 14,53–15,1; Mt 26,57–27,10; Lc 22,54–23,1; Jo 18,12-28a)

O segundo ato da narrativa da Paixão descreve como Jesus, tendo sido conduzido até o sumo sacerdote (e outras autoridades), foi julgado/interrogado por ele/eles, e como as respostas de Jesus fizeram-no ser entregue ao governador romano. O escárnio pelas autoridades e pela polícia judaicas, as três negações por Pedro e a tentativa de Judas para devolver às autoridades judaicas o preço do sangue inocente estão relacionados com o julgamento/interrogatório de Jesus.

Sumário do segundo ato, cena um

CENA UM: Julgamento/interrogatório pelas autoridades judaicas (Mc 14,53-64; Mt 26,57-66; Lc 22,54-55.66-71; Jo 18,12-25)

§ 17. Bibliografia da seção para a cena um do segundo ato: O julgamento/interrogatório judaico de Jesus (§§ 18–24)

    Parte I: Estudos abrangentes dos procedimentos legais judaicos contra Jesus

    Parte II: Caráter antijudaico dos relatos evangélicos da Paixão

    Parte III: Transferência de Jesus para as autoridades judaicas; interrogatório por Anás (§ 19)

    Parte IV: Procedimentos do sinédrio nos sinóticos: Jesus destrói o santuário do Templo (§ 20)

    Parte V: "És tu o Messias?"; resposta de Jesus; blasfêmia; condenação (§§ 21–23)

§ 18. Introdução: Pano de fundo para o julgamento/interrogatório judaico de Jesus pelas autoridades sacerdotais

    A. O governo romano na Judeia c. 30 d.C.

    B. Organismos judaicos autônomos, inclusive o sinédrio

    C. O funcionamento geral de um sinédrio

    D. Competência de um sinédrio para condenar à morte e executar

    E. Prova de ação contra Jesus pelas autoridades judaicas

    F. Responsabilidade e/ou culpa pela morte de Jesus

§ 19. Episódio de transição: Jesus transferido para as autoridades judaicas; interrogado por Anás (Mc 14,53-54; Mt 26,57-58; Lc 22,54-55; Jo 18,12-25a)

COMENTÁRIO

- Detalhes da transferência
- Os sumos sacerdotes Anás e Caifás
- A pergunta feita a Jesus pelo sumo sacerdote (Jo 18,19)
- A resposta de Jesus ao sumo sacerdote (Jo 18,20-23)

ANÁLISE:

A. A ordem dos acontecimentos

B. O acontecimento legal: julgamento ou interrogatório?

C. Avaliação de Mc 14,53-54

§ 20. Procedimentos do sinédrio, primeira parte: As autoridades reunidas, testemunhas e a afirmação de que Jesus destruiria o santuário (Mc 14,55-59; Mt 26,59-61; Lc 22,66)

Comentário

- Início da reunião do sinédrio e dos testemunhos
- Destruição do santuário: Mateus, Atos e João
- A forma marcana do depoimento a respeito do santuário
- A falsidade do depoimento a respeito do santuário
- A declaração a respeito do santuário, verdadeira e falsa de várias maneiras

Análise: A historicidade da questão do Templo/santuário

§ 21. Procedimentos do sinédrio, segunda parte: Pergunta(s) sobre o Messias, o Filho de Deus (Mc 14,60-61; Mt 26,62-63; Lc 22,67-70a)

Comentário

- Intervenção do sumo sacerdote; silêncio de Jesus (Marcos/Mateus)
- A pergunta cristológica: o Messias, o Filho de Deus

Análise

A. Jesus, o Messias

B. Jesus, o Filho de Deus

§ 22. Procedimentos do sinédrio, terceira parte: Resposta(s) de Jesus e declaração a respeito do Filho do Homem (Mc 14,62; Mt 26,64; Lc 22,67-70b)

Comentário:

- Resposta à pergunta separada sobre o Messias em Lc 22,67-68
- Formas da resposta afirmativa de Jesus à pergunta sobre o Filho de Deus
- A declaração de Jesus sobre o Filho do Homem

Análise: A historicidade da linguagem de Filho do Homem nos lábios de Jesus

A. Se havia um conceito judaico do Filho de Homem

B. Se não havia um conceito judaico do Filho de Homem

§ 23. Procedimentos do sinédrio, quarta parte: Reação das autoridades judaicas à resposta de Jesus (Mc 14,63-64; Mt 26,65-66; Lc 22,71)

Comentário

- Elemento A: O sumo sacerdote rasgando suas vestes/roupas
- Elemento B: "Que outra necessidade nós temos de depoentes?"
- Elemento C: A acusação de blasfêmia

- Elemento D: O julgamento pelo sinédrio abrangendo culpa e morte

  Análise: A historicidade da acusação de blasfêmia

  A. O castigo para a blasfêmia

  B. Alguma coisa alegada no julgamento era blasfema?

  C. Eram blasfêmias as inferências do ministério de Jesus?

§ 24. Análise que abrange a composição das quatro partes dos procedimentos do sinédrio

  A. A evolução dos estudos e algumas abordagens atuais

  B. Fatores comuns nos Evangelhos

§ 17. Bibliografia da seção para a cena um do segundo ato: O julgamento/ interrogatório judaico de Jesus (§§ 18–24)

Alguns escritos tratam do julgamento sob a rubrica de "O julgamento e a morte de Jesus", de modo que são estudos gerais da NP, por isso as incluí em § 3. A bibliografia para o julgamento romano de Jesus encontra-se em § 30, mas colaborações que abrangem os julgamentos judaico e romano estão relacionadas aqui. A subdivisão desta bibliografia em cinco partes está delineada no sumário imediatamente anterior.

Parte I: Estudos abrangentes dos procedimentos legais judaicos contra Jesus

ABRAHAMS, I. The Tannaitic Tradition and the Trial Narratives. *Studies in Pharisaism and the Gospels*. Cambridge Univ., 1917-1924, v. 2, p. 129-137, 2 v.

AGUIRRE, R. Los poderes des Sanhedrín y notas de crítica histórica sobre la muerte de Jesus. *Estudios de Deusto* 30, 1982, p. 241-270.

AICHER, G. *Der Prozen Jesu*. Bonn, Schroeder, 1929 (Kanonistische Studien und Texte 3).

ARON, R. Quelques réflexions sur le procès de Jésus. LumVie 20, 101, 1971, p. 5-17.

BAMMELL, E. Die Blutgerichtsbarkeit in der römischen Provinz Judäa vor dem ersten jüdischen Aufstand. JJS 25, 1974, p. 35-49.

_____. *"Ex illa itaque die consilium fecerunt..."*. TJCSM 11-40 (sobre Jo 11,47-53).

_____. Der Tod Jesu in einer "Toledoth Jeschu"-Überlieferung. ASTI 6, 1967-1968, p. 124-131.

_____. org. *The Trial of Jesus — Cambridge Studies in Honour of C. F. D. Moule*. London, SCM, 1979 (SBT, 2d series 13).

BARTON, G. A. On the Trial of Jesus before the Sanhedrin. JBL 41, 1922, p. 205-211.

BARTSCH, H.-W. Wer verurteilte Jesus zum Tode? NovT 7, 1964-1965, p. 210-216. Reação a Winter e Stauffer.

BEAVIS, M. A. The Trial before the Sanhedrin (Mark 14:53-65): Reader Response and Greco-Roman Readers. CBQ 49, 1987, p. 581-596.

BEILNER, W. *Prozess und Verurteilung Jesu. Christus und die Pharisäer.* Vienna, Herder, 1959, p. 235-238.

BENOIT, P. Jesus Before the Sanhedrin. BJG, v. 1, p. 147-166. Original francês em *Angelicum* 20, 1943, p. 143-165.

_____. The Trial of Jesus. BJG, v. 1, p. 123-146. Original francês em VInt, fev. de 1940, p. 200-213; março de 1940, p. 372-378; abril de 1940, p. 54-64.

BESNIER, R. Le procès du Christ. *Tijdschrift voor Rechtsgeschiedenis; Revue d'Histoire du Droit* 18, 1950, p. 191-209.

BETZ, O. Jesus and the Temple Scroll. In: CHARLESWORTH, J. H., org. *Jesus and the Dead Sea Scrolls.* New York, Doubleday, 1992, p. 75-103, esp. 79-91 sobre o uso legal judaico da crucificação por blasfêmia.

_____. Probleme des Prozesses Jesu. ANRW II/25,1, 1982, p. 565-647.

BICKERMANN, E. Utilitas Crucis. Observations sur les récits du procès de Jésus dans les Évangiles canoniques. RHR 112, 1935, p. 169-241. Reimpresso com um *Postscriptum* em BICKERMANN, E. *Studies in Jewish and Christian History.* Leiden, Brill, 1976-1986, v. 3, p. 82-138, 3 v.

BISEK, A. C. *The Trial of Jesus Christ.* Chicago, Progressive Press, 1925.

BLINZLER, J. Geschichtlichkeit und Legalität des jüdischen Prozesses gegen Jesu. *Stimmen der Zeit* 147, 1950-1951, p. 345-357.

_____. Probleme um den Prozess Jesu. BibLit 35, 1961-1962, p. 204-221.

_____. *Der Prozess Jesu.* 4. ed. Regensburg, Pustet, 1969. Veja em BLINZLER, *Trial*, a tradução inglesa da 2. ed. muito menor.

_____. Das Synedrium von Jerusalem und die Straffprozessordnung der Mischna. ZNW 52, 1961, p. 54-65.

_____. *The Trial of Jesus.* Westminster, MD, Newman, 1959 (da 2. ed. alemã). Ver BLINZLER, *Prozess*.

BOWKER, J. W. The Offence and Trial of Jesus. *Jesus and the Pharisees.* New York, Cambridge, 1973, p. 42-52.

BRANDON, S. G. F. The Trial of Jesus. *History Today* 16, 1966, p. 251-259.

_____. *The Trial of Jesus of Nazareth.* London, Batsford, 1968.

BRAUMANN, G. Markus 15.2-5 und Markus 14.55-64. ZNW 52, 1961, p. 273-278.

BROER, I. Der Prozess gegen Jesus nach Matthäus. PGJK, p. 84-110.

BRUCE, F. F. The Trial of Jesus in the Fourth Gospel. In: FRANCE, R. T. & WENHAM, D., orgs. *Gospel Perspectives*: Studies of History and Tradition in the Four Gospels. Sheffield, JSOT, 1980-1981, v. 1, p. 7-20, 2 v.

BÜCHSEL, F. Die Blutgerichtsbarkeit des Synedrions. ZNW 30, 193, p. 202-210.

_____. Noch Einmal: Zur Blutgerichstbarkeit des Synedrions. ZNW 33, 1934, p. 84-87. Responde a leiTZMANN, Bemerkungen II.

BURKILL, T. A. The Competence of the Sanhedrin. VC 10, 1956, p. 80-96.

_____. The Condemnation of Jesus: a critique of Sherwin-White's thesis. NovT 12, 1970, p. 321-342.

_____. The Trial of Jesus. VC 12, 1958, p. 1-18

BURKITT, F. C. Review: *Der Prozess Jesu* by H. Lietzmann. JTS 33, 1931-1932, p. 64-66.

Buss, S. *The Trial of Jesus Illustrated from Talmud and Roman Law*. London, SPCK, 1906.

CAMPBELL, W. A. *Did the Jews Kill Jesus? and the Myth of the Resurrection*. New York, Peter Eckler, 1927.

CANTINAT, J. Jésus devant le Sanhédrin. NRT 75, 1953, p. 300-308.

CATCHPOLE, D. R. The Problem of the Historicity of the Sanhedrin Trial. TJCSM, p. 47-65.

_____. *The Trial of Jesus*. Leiden, Brill, 1971 (Studia Post-Biblica 18).

CHANDLER, W. M. *The Trial of Jesus from a Lawyer's Standpoint*. New York, Empire, 1908, 2 v.

CHEEVER, H. M. The Legal Aspects of the Trial of Christ. BSac 60, 1903, p. 495-509.

COHN, H. *The Trial and Death of Jesus*. New York, Harper & Row, 1967.

COOKE, H. P. Christ Crucified — And By Whom? HibJ 29, 1930-1931, p. 61-74.

DABROWSKI, E. The Trial of Jesus in Recent Research. StEv IV, p. 21-27.

DANBY, H. The Bearing of the Rabbinical Criminal Code on the Jewish Trial Narratives in the Gospels. JTS 21, 1920, p. 51-76.

DAUER, A. Spuren der (synoptischen) Synedriumsverhandlung in 4. Evangeliun — Das Verhältnis zu den Synoptikern. DJS, p. 307-340.

DELORME, J. Le procès de Jésus ou la parole risquée (Lc 22,54–23,25. RechSR 69, 1981, p. 123-146.

DERRETT, J. D. M. The Trial of Jesus and the Doctrine of Redemption. *Law in the New Testament*. London, Darton, Longman & Todd, 1970, p. 389-460.

DODD, C. H. The Historical Problem of the Death of Jesus. *More New Testament Studies*. Grand Rapids, Eerdmans, 1968, p. 84-101.

DOERR, F. *Der Prozess Jesu in rechtsgeschichlicher Beleuchtung*. Berlin, Kohlhammer, 1920.

DONAHUE, J. R. *Are You the Christ?* The Trial Narrative in the Gospel of Mark. SBLDS 10, Missoula, Scholars, 1973.

_____. Temple, Trial, and Royal Christology (Mark 14:53-65). In: PMK, p. 61-79.

DORMEYER, D. Die Passion Jesu als Ergebnis seines Konflikts mit führenden Kreisen des Judentums. GVMF, p. 211-238.

DRUCKER, A. P. *The Trial of Jesus from Jewish Sources*. New York, Bloch, 1907.

EASTON, B. S. The Trial of Jesus. AJT, 1915, p. 430-452.

EBELING, H. J. Zur Frage nach der Kompetenz des Synhedrion. ZNW 35, 1936, p. 290-295. Crítica de Büchsel.

FIEBIG, P. Der Prozess Jesu. TSK 104, 1932, p. 213-228.

FLUSSER, D. A Literary Approach to the Trial of Jesus. Judaism 20, #1, 1971, p. 32-36.

FRANCE, R. T. Jésus devant Caïphe. *Hokhma* 15, 1980, p. 20-35.

FRICKE, W. *The Court-Martial of Jesus*. New York, Grove Weindenfeld, 1990. ed. alemã, *Standrechtlich gekreuzigt*, 1986. Ver crítica por A. Kolping em *Theologische Revue* 83, 1987, p. 265-276.

GARNSEY, P. The Criminal Jurisdiction of Governors. JRS 58, 1968, p. 51-59.

GERHARDSSON, B. Confession and Denial before Men: Observations on Matt. 26:57–27:21. JSNT 13, 1981, p. 46-66.

GNILKA, J. Die Verhandlungen vor dem Synhedrion und vor Pilatus nach Markus 14,53–15,5. EKKNT *Vorarbeiten* 2, 1970, p. 5-21.

GOGUEL, M. À propos du procès de Jésus. ZNW 31, 1932, p. 289-301. Reação a Lietzmann.

GOLDIN, H. E. *The Case of the Nazarene Reopened*. New York, Exposition, 1948.

GOODENOUGH, E. R. *The Jurisprudence of Jewish Courts in Egypt*. Legal Administration by the Jews under the Early Roman Empire described by Philo Judaeus. New Haven, Yale, 1929, esp. p. 1-29.

GORMAN, R. *The Trial of Christ: a Reappraisal*. Huntington, IN, Our Sunday Visitator, 1972.

GRANT, F. C. On the Trial of Jesus [P. Winter]: A Review Article. *Journal of Religion* 44, 1964, p. 230-237.

GROUPE D'ENTREVERNES. Analyse de la véridiction. Procès de Jésus devant le Sanhedrin (Marc 14,55-65). *Sémiotique et Bible* 27, 1982, p. 1-11.

GRUNDMANN, W. The Decision of the Supreme Court to Put Jesus to Death (John 11:47-57)... JPHD, p. 295-318.

HASLER, V. Jesu Selbstzeugnis und das Bekenntnis des Stephanus vor dem Hohen Haufe Rat. *Schweizerische Theologische Umschau* 36, 1966, p. 36-47.

HAUFE, G. Der Prozess Jesu im Lichte der gegenwärtigen Forschung. *Die Zeichen der Zeit* 22, 1968, p. 93-101.

HERRANZ MARCO, M. El proceso ante el Sanhedrín y el Ministerio Público de Jesús. EstBib 34, 1975, p. 83-111; 35, 1976, p. 49-78, 187-221; 36, 1977, p. 35-55.

HILL, D. Jesus before the Sanhedrin — On What Charge? IBS 7, 1985, p. 174-86.

HOLZMEISTER, U. Zur Frage der Blutgerishtsbarkeit des Synedriums. *Biblica* 19, 1938, p. 43-59, 151-174.

HORBURY, W. The Trial of Jesus in Jewish Tradition. TJCSM, p. 102-121.

HUSBAND, R. W. *The Prosecution of Jesus*. Princeton Univ., 1916.

IMBERT, J. *Le procès de Jésus*. Paris, Presses Universitaires, 1980 (Que sais-je?).

_____. Le procès de Jésus. *Revue de l'Institut Catholique de Paris* 19, 1986, p. 53-66.

INNES, A. T. *The Trial of Jesus Christ: a Legal Monograph*. Edinburgh, Clark, 1899.

ISORNI, J. *Le vrai procès de Jésus*. Paris, Flammarion, 1967.

JAUBERT, A. Les séances du Sanhédrin et le récits de la passion. RHR 166, 1964, p. 143-169; 167, 1965, p. 1-33.

JEREMIAS, J. Zur Geschichtlichkeit der Verhörs Jesu vor dem Hohen Rat. ZNW 43, 1950-1951, p. 145-150.

Judaism 20, #1, 1971. O número todo é sobre *The Trial of Jesus in the Gospel of Mark*. Artigos sucintos por BLINZLER, J.; BRANDON, S. G. F.; COHN, H.; FLUSSER, D.; GRANT, R. M.; SANDMEL, S.

JUEL, D. *Messiah and Temple: The Trial of Jesus in the Gospel of Mark*. SBLDS 31. Missoula, Scholars, 1977.

KAMELSKÝ, J. Über den Prozess und die Lehre Jesu. *International Dialog Zeitschrift* 3, 1970, p. 149-162.

KASTNER, K. *Jesus vor dem Hohen Rat*. Breslau, Goehrlich, 1929.

KEMPTHORNE, R. Anti-Christian Tendency in pre-Marcan Traditions of the Sanhedrin Trial. StEv VII, p. 283-285.

KENNARD, J. S. Jr. The Jewish Prvincial Assembly. ZNW 53, 1962, p. 25-51.

KERTELGE, K, org. *Der Prozess gegen Jesus*. QD 112. Freiburg, Herder, 1988. Abreviado como PGJK.

KILPATRICK, G. D. *The Trial of Jesus*. London, Oxford, 1953.

KLÖVEKORN, P. B. Jesus vor der jüdischen Behörde. BZ 9, 1911, p. 266-276.

KOCH, W. *Der Prozess Jesu*. Cologne, Kiepenheuer & Witsch, 1966.

_____. *Zum Prozess Jesu. Mit Beiträgen von J. Blinzler, G. Klein, P. Winter*. Weiden Kr. Cologne, Der Löwe, 1967.

KOSMALA, H. Der Prozess Jesu. *Saat auf Hoffnung* 69, 1932, p. 25-39.

KREMER, J. Verurteilt als "König der Juden" — verkündigt als "Herr und Christus". BibLit 45, 1972, p. 23-32.

LAPIDE, P. E. Jesu Tod durch Römerhand. GVMF, p. 239-255.

_____. *Wer war schuld an Jesus Tod?* Gütersloh, Mohn, 1987.

LÉGASSE, S. Jésus devant le Sanhédrin. Recherche sur les traditions évangéliques. RTL 5, 1974, p. 170-197.

LENGLE, J. Zum Prozess Jesu. *Hermes* 70, 1935, p. 312-321.

LEROUX, M. Responsabilités dans le procès du Christ. *Cahiers Sioniens* 1, 1947, p. 102-21.

LIETZMANN, H. Bemerkungen zum Prozess Jesu. ZNW 30, 1931, p. 211-215; Bemerkungen [...] II. ZNW 31, 1932, p. 78-84. Também em LKS, v. 2, p. 264-268, 269-276.

_____. Der Prozess Jesu. SPAW XIV Philos-Hist Klasse, 1931, p. 313-322. Também em LKS, v. 2, p. 251-263.

LOHSE, E. Der Prozess Jesu Christi. In: KRETSCHMAR, G. & LOHSE, B., orgs. *Ecclesia und Res Publica*. Göttingen, Vandenhoeck & Ruprecht, 1961, p. 24-39 (K. D. Schmidt Festschrift). Reimpresso em seu *Die Einheit des Neuen Testaments*. Göttingen, Vandenhoeck & Ruprecht, 1973, p. 88-103.

MCLAREN, J. S. *Power and Politics in Palestine*. JSNTSup 63, Sheffield, JSOT, 1991, esp. p. 88-101 sobre o julgamento de Jesus.

MCRUER, J. C. *The Trial of Jesus*. London, Blandford, 1965.

MAIER, P. L. Who Was Responsible for the Trial and Death of Jesus? CT 18, 1973-1974, p. 806-809.

_____. Who Killed Jesus? CT 34, 1990, p. 16-19.

MANTEL, H. *Studies in the History of the Sanhedrin*. Cambridge, MA, Harvard, 1961, esp. p. 254-290.

MASSENET, J. Sanhédrin. DBSup 11, 1991, cols. 1353-1413.

MATERA, F. J. Luke 22,66-7: Jesus before the *Presbyterion*. ETL 65, 1989, p. 43-59.

_____. The Trial of Jesus: Problems and Proposals. *Interpretation* 45, 1991, p. 5-16.

MEYER, F. E. Einige Bemerkungen zur Bedeutung des Terminus "Synhedryon" in den Schriften des Neuen Testaments. NTS 14, 1967-1968, p. 545-551.

MILLAR, F. Reflections on the Trials of Jesus. In: DAVIES, P. R. & WHITE, R. T., orgs. *A Tribute to Geza Vermes: Essays on Jewish and Christian Literature and History*. Sheffield, Academia, 1990, p. 355-381 (Journal for the Study of the Old Testament — Supplement Series 100).

MOMMSEN, T. *Römisches Strafrecht*. Leipzig, Duncker & Humblot, 1899.

MÜLLER, K. Jesus und die Sadduzäer. In: MERKLEIN & LANGE, J. orgs. *Biblische Randbemerkungen*. Wurzburg, Echter, 1974, p. 3-24 (R. Schnackenburg Schülerfestschrift).

_____. Möglichkeit und Vollzug jüdischer Kapitalgerichtsbarkeit im Prozess gegen Jesus von Nazaret. PGJK, p. 41-83.

NÖRR, D. Problems of Legal History in the Gospels. In: SCHULTZ, H. J., org. *Jesus in His Time*. Philadelphia, Fortress, 1971, p. 115-123.

O'MEARA, T. F. The Trial of Jesus in an Age of Trials. TToday 28, 1971-1972, p. 451-465.

OSTROW, J. Tannaitic and Roman Procedure in Homicide. JQR 48, 1957-1958, p. 352-370; 52, 1961-1962, p. 160-167, 245-263.

PESCH, R. *Der Prozess Jesu geht weiter*. Freiburg, Herder, 1988 (Herder Taschenbuch 1507).

PHILIPSON, L. *Haben wirklich die Juden Jesum gekreuzigt?* 2. ed. Leipzig, Kaufmann, 1901. Original 1866.

POWELL, F. J. *The Trial of Jesus Christ*. Grand Rapids, Eerdmans, 1949.

POWELL, M. A. The Plot to Kill Jesus from Three Different Perspectives: Point of View in Matthew. SBLSP, 1990, p. 603-613.

QUISPEL, G. The Gospel of Thomas and the Trial of Jesus. TTK, p. 193-199.

RADIN, M. *The Trial of Jesus of Nazareth*. University of Chicago, 1931.

RADL, W. Sonderüberlieferungen bei Lukas. PGJK, p. 131-147, sobre Lc 22,67-68; 23,2.6-12.

REGNAULT, H. *Une province procuratorienne au début de l'Empire romain. Le procès de Jésus-Christ*. Paris, Picard, 1909.

REICHRATH, H. Der Prozess Jesu. *Judaica* 20, 1964, p. 129-155.

RITT, H. Wer war Schuld am Tod Jesu? BZ NS 31, 1987, p. 165-175.

RIVKIN, E. Beth Din, Boulé, Sanhedrin: A Tragedy of Errors. HUCA 46, 1975, p. 181-199.

_____. *What Crucified Jesus?* Nashville, Abingdon, 1984.

ROSADI, G. *The Trial of Jesus*. New York, Dodd, Mead, 1905.

ROSENBLATT, S. The Crucifixon of Jesus from the Standpoint of the Pharisaic Law. JBL 75, 1956, p. 315-321.

SAFRAI, S. Jewish Self-government. JPFC, v. 1, p. 377-419.

SANDERS, E. P. *Jesus and Judaism*. Philadelphia, Fortress, 1985, esp. p. 243-318 sobre conflitos relacionados com sua morte.

_____. *Jewish Law from Jesus to Mishnah*. London, SCM, 1990, esp. p. 84-96 sobre conflitos relacionados com sua morte.

_____. *Judaism: Practice and Belief 63bce-66ce*. Philadelphia, Trinity, 1992, esp. p. 315-494 sobre grupos e partidos judaicos.

SCHALIT, A. Kritische Randbemerkungen zu Paul Winters "On the Trial of Jesus". ASTI 2, 1963, p. 83-102.

SCHINZER, R. Die Bedeutung des Prozesses Jesu. *Neue Zeitschrift für systematische Theologie und Religionsphilosophie* 25, 1983, p. 138-154.

SCHNEIDER, G. Gab es eine vorsynoptische Szene "Jesus vor dem Synedrium"? NovT 12, 1970, p. 22-39.

_____. Jesus vor dem Synedrium. BibLeb 11, 1970, p. 1-15.

_____. Das Verfahren gegen Jesus in der Sicht des dritten Evangeliums (Lk 22,54-23,25). PGJK, p. 111-130.

SCHREIBER, J. Das Schweigen Jesu. In: WEGENAST, K., org. *Theologie und Unterricht.* Güttersloh, Mohn, 1969.

SCHUBERT, K. Die Juden oder die Römer? Der Prozess Jesu und sein geschichtlicher Hintergrund. WW 17, 1962, p. 701-710.

_____. Die Juden und die Römer (zum Kaiphasprozess). BibLit 36, 1962-1963, p. 235-242.

_____. *Kritik der Bibelkritik.* Dargestellt an Hand des Markusberichtes vom Verhör Jesu vor dem Synedrion. WW 27, 1972, p. 421-434. Também em RTPL, p. 316-318. Em inglês em JPHD, p. 385-402.

_____. Das Verhör Jesu vor dem Hohen Rat. In: SINT, J., org. *Bibel und zeitgemässer Glaube II.* Klosterneuberg, 1967, p. 97-130.

SCHUMANN, H. Bemerkungen zum Prozess Jesu vor dem Synhedrium. *Zeitschrift der Savigny-Stiftung für Rechtsgeschichte* 82, 1965, p. 315-320 (Romantische Abteilung, Weimar).

SCROGGS, R. The Trial before the Sabhedrin. KKS, v. 2, p. 543-550.

SHERWIN-WHITE, A. N. Roman Society and Roman Law in the New Testament. Oxford, Clarendon, 1963, esp. p. 1-47 sobre o julgamento de Jesus.

_____. The Trial of Christ. *History and Chronology in the New Testament.* London, SPCK, 1965, p. 97-116 (Theological Collections 6).

SLOYAN, G. S. *Jesus on Trial.* Philadelphia, Fortress, 1973.

_____. Recent Literature On the Trial Narratives of the Four Gospels. In: RYAN, T. J., org. *Critical History and Biblical Faith*: New Testament Perspectives. Villanova Univ., 1979, p. 136-176.

SMALLWOOD, E. M. High Priests and Politics in Roman Palestine. JTS NS 13,1962, p. 14-34.

_____. THE JEWS UNDER ROMAN RULE. Leiden, Brill, 1976, esp. p. 145-180 (Studies in Judaism and Late Antiquity 20).

SOBOSAN, J. G. The Trial of Jesus. JES 10, 1973, p. 70-93.

SÖDING, T. Der Prozess Jesu. Exegetische, historische und theologische Fragestellungen. *Herder Korrespondenz* 41, 1987, p. 236-240.

STEINWENTER, A. Il processo di Gesù. *Jus* NS 3, 1952, p. 471-490.

STERN, M. The Province of Judea. JPFC, v. 1, p. 308-376.

____. The Status of Provincia Judaea and Its Governors in the Roman Empire under the Julio-Claudian Dynasty. *Eretz-Israel* 10, 1971, p. 274-282 em hebraico (Z. Shazar vol.).

STEWART, R. A. Judicial Procedure in New Testament Times. EQ 47, 1975, p. 94-109.

STONEHOUSE, N. B. Who Crucified Jesus? *Paul before the Areopagus and Other New Testament Studies*. London, Tyndale, 1957, p. 41-69. Resposta a Zeitlin.

STROBEL, A. *Die Stunde der Wahrheit. Untersuchungen zum Strafverfahren gegen Jesus*. Tübingen, Mohr, 1980 (WUNT).

TCHERIKOVER, V. A. Was Jerusalem a "Polis"? IEJ 14, 1964, p. 61-78.

TRILLING, W. Der "Prozess Jesu". *Fragen zur Geschichtlichkeit Jesu*. Düsseldorf, Patmos, 1966, p. 130-141.

TYSON, J. B. The Lukan Version of the Trial of Jesus. NovT 3, 1959, p. 249-258.

VALENTIN, P. Les comparutions de Jésus devant le Sanhédrin. RechSR 59, 1971, p. 230-236.

VERDAM, P. J. Sanhedrin and Gabbatha. *Free University Quarterly*, 1960-1961, p. 259-287. Original em holandês: Kampen, Kok, 1959.

WALLACE, J. E. The Trial of Jesus: A Legal Response. TToday 28, 1971-1972, p. 466-469. Resposta a O'Meara.

WATSON, F. Why Was Jesus Crucified? *Theology* 88, 1985, p. 105-112.

WILSON, W. R. *The Execution of Jesus*. New York, Scribners, 1970.

WINTER, P. The Marcan Account of Jesus'Trial by the Sanhedrin. JTS NS 14, 1963, p. 94-102.

____. Marginal Notes on the Trial of Jesus. ZNW 50, 1959, p. 14-33, 221-251.

____. Markus 14,53b.55-64 ein Gebilde des Evangelisten. ZNW 53, 1962, p. 260-263. Resposta a Braumann.

____. *On the Trial of Jesus*. 2. ed. Berlin, de Gruyter, 1974 (Studia Judaica).

____. The Trial of Jesus and the Competence of the Sanhedrin. NTS 10, 1963-1964, p. 494-499. Resposta a Derrett, ibidem, 1-26.

____. Zum Prozess Jesu. AJINT, p. 95-104. Também em *Das Altertum* 9.3. Berlin, Akademie, 1963, p. 157-164.

YAMAUCHI, E. M. Historical Notes on the Trial and Crucifixion of Jesus Christ. CT 15, 1970-1971, p. 634-639.

ZEITLIN, S. The Dates of the Birth and Crucifixion of Jesus: II. The Crucifixion, a Libelous Accusation against the Jews. JQR 55, 1964, p. 1-22.

____. *Who Crucified Jesus?* 4. ed. New York, Bloch, 1964.

Parte II: Caráter antijudaico dos relatos evangélicos da Paixão

(Do amplo campo de literatura que poderia ser incluído, foi feita uma seleção para formar uma base apropriada para um comentário, principalmente para § 18 F. Ver também a bibliografia em § 30, Parte VI.)

ÉLIÁS, J. Erwählung als Gabe und Aufgabe (Eine Analyse des Jesus-Prozesses). *Judaica* 11, 1955, p. 29-49, 89-108.

ERNEST, K. J. Did the Jews Kill Jesus? A Reply [to Sizoo]. Interpretation 1, 1947, p. 376-378.

EVANS, C. A. Is Luke's View of the Jewish Rejection of Jesus Anti-Semitic? RDLJ, p. 29-56, 174-183.

FLANNERY, E. H. *The Anguish of the Jews*. 2. ed. New York, Paulist, 1985.

FLUSSER, D. The Crucified One and the Jews. *Immanuel* 7, 1977, p. 25-37.

JOHNSON, L. T. The New Testament's Anti-Jewish Slander and the Convention of Ancient Polemic. JBL 108, 1989, p. 419-441.

LEISTNER, R. *Antijudäismus im Johannesevangelium? Darstellung des Problems in der neueren Auslegungsgeschichte und Untersuchung der Leidensgeschichte*. Frankfurt, Lang, 1974.

LINDESKOG, G. Der Prozess Jesu im jüdisch-christlichen Religionsgespräch. In: BETZ O. et alii, orgs. *Abraham unser Vater*. Leiden, Brill, 1963, p. 325-336.

MICHL, J. Der Tod Jesu. Ein Beitrag nach Schuld und Verantwortung eines Volkes. MTZ 1, 1950, p. 5-15.

PAWLIKOWSKI, J. T. The Trial and Death of Jesus. Reflections in Light of a New Understanding of Judaism. CSA, p. 79-94.

SIZOO, J. R. Did the Jews Kill Jesus? Historical Criticism in the Pulpit. *Interpretation* 1, 1947, p. 201-206.

SKOOG, A. The Jews, the Church, and the Passion of Christ. *Immanuel* 21, 1987, p. 89-98.

Parte III: Transferência de Jesus para as autoridades judaicas; interrogatório por Anás (§ 19)

CHARBONNEAU, A. L'interrogatoire de Jésus, d'après la facture interne de Jn 18,12-27. ScEsp 35, 1983, p. 191-210.

CHEVALLIER, M.-A. La comparution de Jésus devant Hanne e devant Caïphe (Jean 18:12-14 et 19-24). In: BALTENWEISER H. & REICKE B., orgs. *Neues Testament und Geschichte*. Zurich, Theologischer Verlag e Tübingen, Mohr, 1972, p. 179-185 (O. Cullmann Festschrift).

CHURCH, W. R. The Dislocations in the Eighteenth Chapter of John. JBL 49, 1930, p. 375-383.

FARQUHAR, J. N. The First Trial of Christ. ExpTim 6, 1894-1895, p. 284-288, p. 429-431 (sobre Jo 18,12-28).

FINDLAY, G. G. The Connexion of John xviii.12-28. ExpTim 6, 1894-1895, p. 335-336, 478-479 (respostas a Farquhar).

FLUSSER, D. [...] To Bury Caiaphas, Not to Praise Him. *Jerusalem Perspective* 4, ##4–5, 1991, p. 23-28.

FORTNA, R. T. Jesus and Peter at the High Priest's House. NTS 24, 1977-1978, p. 371-383.

GARDINER, F. On the aorist *apesteilen* in Jn. xviii.24. JBL 6, 1886, p. 45-55.

HAHN, F. Der Prozess Jesu nach dem Johanesevangelium. EKKNT *Vorarbeiten* 2, 1970, p. 23-96.

MAHONEY, A. A New Look at an Old Problem (John 18,12-14.19-24). CBQ 27, 1965, p. 137-144.

MATERA, F. J. Jesus before Annas: John 18:13-14,19-24. ETL 66, 1990, p. 38-55.

SCHNEIDER, J. Zur Komposition von Joh 18,12-27. Kaiphas und Hannas. ZNW 48, 1957, p. 111-119.

THOM, J. D. Jesus se verhoor voor die Joodse Raad volgens Joh 18:19-24. *Nederuits Gereformeerde Teologiese Tydskrift* 25, 1984, p. 172-178.

VINCENT CERNUDA, A. Jesús ante Anás. In: ARNAU-GARCIA *et alii*, orgs. *Cum Vobis et Pro Vobis*. Valencia, Facultad de Teologia San Vicente Ferrer, 1991, p. 53-71 (Homenaje a M. Roca Cabanellas).

WRIGHT, A. The First Trial of Jesus. ExpTim 6, 1894-1895, p. 523-524 (resposta a Farquhar).

Parte IV: Procedimentos do sinédrio nos sinóticos: Jesus destrói o santuário do Templo (§ 20)

Betz, O. The Temple Scholl and the Trial of Jesus. SWJT 30, #3, 1988, p. 5-8.

Biguzzi, G. Mc 14,58: un tempio *acheiropoetos*. RivB 26, 1978, p. 225-240.

____. *Io distrugerò questo Templo*. Pontificia Università Urbaniana, 1987.

Bissoli, G. Tempio e "falsa testimonianza" in Marco. SBFLA 35, 1985, p. 27-36.

Dupont, J. Il n'en sera pas laissé pierre sur pierre (Marc 13,2; Luc 19,44). *Biblica* 52, 1971, p. 301-320 (Com referência a Mc 14,58).

Evans, C. A. Jesus' Action in the Temple: Cleansing or Portent of Destruction? CBQ 51, 1989, p. 237-270.

Flusser, D. Two Notes on the Midrash on 2 Sam vii. IEJ 9, 1959, p. 99-109.

Gärtner, B. *The Temple and the Community in Qumran and the New Testament*. SNTSMS 1, Cambridge Univ., 1965, esp. p. 105-122 com referência a Mc 14,58.

Gaston, L. *No Stone on Another*. NovTSup 23. Leiden, Brill, 1970, esp. p. 66-243 com referência a Mc 14,58.

Hoffmann, R. A. Das Wort Jesu von der Zerstörung und dem Wiederaufbau des Tempels. *Neutestamentlich Studien*. Leipzig, Hinrichs, 1914, p. 10-139 (G. Heinrici Festschrift).

Hooker, M. D. Traditions about the Temple in the Sayings of Jesus. BJRL 70, 1988, p. 7-19 (com referência a Mc 14,58).

Jeremias, J. Die Drei-Tage-Worte der Evangelien. In: Jeremias, J. *et alii*, orgs. *Tradition und Glaube*. Göttingen, Vanderhoeck & Ruprecht, 1971, p. 221-229, esp. 221-226 sobre Mc 14,58 (K. G. Kuhn Festschrift). Em francês em Castelli, E., org. *Herméneutique et Eschatologie*. Paris, Aubier, 1971, p. 189-195.

Kleist, J. A. The Two False Witnesses (Mk 14:55ff.). CBQ 9, 1947, p. 321-323.

Lührmann, D. Markus 14.55-64: Christologie und Zerstörung des Tempels im Markusevangelium. NTS 27, 1980-1981, p. 457-474.

McElvey, R. J. *The New Temple*. Oxford Univ., 1969, esp. p. 67-79 sobre Mc 14,58.

Plooij, D. Jesus and the Temple. ExpTim 42, 1930-1931, p. 36-39 sobre Mc 14,58-59.

Prete, B. Formazione e storicità del detto di Gesù sul tempio secondo Mc. 14,58. BeO 27, 1985, p. 3-16.

Schlosser, J. La parole de Jésus sur la fin du Temple. NTS 36, 1990, p. 398-414.

Simon, M. Retour du Christ et reconstruction du Temple dans la pensée chrétienne primitive. *Aux sources de la tradition chrétienne*. Neuchâtel, Delachaux & Niestlé, 1950, p. 247-257 (Mélanges M. Goguel).

SWEET, J. P. M. A House Not Made with Hands. In: HORBURY, W., org. *Templum Amicitiae*. JSNTSup 48, Sheffield, JSOT, 1991, p. 368-390 (E. Bammel Festschrift).

THEISSEN, G. Die Tempelweissagung Jesu Prophetie in Spannungsfeld von Stadt und Land. TZ 32, 1976, p. 144-158.

VÖGTLE, A. Das markinische Verständnis der Tempelworte. In: LUZ, U. & WEDER, H., orgs. *Die Mitte des Neuen Testaments*. Göttinger, Vandenhoeck & Ruprecht, 1983, p. 362-383 (E. Schweizer Festschrift). Reimpresso em seu *Offenbarungsgeschehen und Wirkungsgeschichte*. Freiburg, Herder, 1985, p. 168-188.

WEINERT, F. Assessing Omissions as Redactions: Luke's Handling of the Charge against Jesus as Detractor of the Temple. In: HORGAN. P. & KOBELSKI, P. J., orgs. *To Touch the Text*. New York, Crossroads, 1989, p. 358-368 (J. A. Fitzmyer Festschrift).

____. Luke, Stephen, and the Temple in Luke-Acts. BTB 17, 1987, p. 88-90.

WENSCHKEWITZ, H. *Die Spiritualisierung der Kultusbergriffe Tempel, Priester und Opfer im Neuen Testament*. Leipzig, Pfeiffer, 1932, esp. p. 96-101 em relação a Mc 14,58 (Angelos-Beiheft).

WOOD, H. G. A Mythical Incident in the Trial of Jesus. ExpTim 28, 1916-1917, p. 459-460 sobre Mc 14,55.

YOUNG, F. M. Temple Cult and Law in Early Christianity. NTS 19, 1972-1973, p. 325-338 (com referência a Mc 14,57-58.

Parte V: "És tu o Messias?"; resposta de Jesus; blasfêmia; condenação (§§ 21–23)

BEASLEY-MURRAY, G. R. Jesus and Apocalyptic: With Special Reference to Mark 14,62. In: LAMBRECHT, J., org. *L'Apocalypse joannique e L'Apocalypse dans le Nouveau Testament*. Gembloux, Duculot, 1980, p. 415-429 (BETL 53).

BORSCH, F. H. Marx xiv.62 and I Enoch lxii.5. NTS 14, 1967-1968, p. 565-567.

____. *The Son of Man in Myth and History*. London, SCM, 1967, esp. p. 391-394 sobre Mc 14,62.

BURKITT, F. C. On Romans ix 5 and Mark xiv 61. JTS 5, 1903-1904, p. 451-455, esp. p. 453-454.

CATCHPOLE, D. R. The Answer of Jesus to Caiaphas (Matt. xxvi.64). NTS 17, 1970-1971, p. 213-226.

____. "You have heard His Blasphemy". *Tyndale House Bulletin* 16, abril de 1965, p. 10-18.

DAHL, N. A. *The Crucified Messiah and Other Essays*. Minneapolis, Augsburg, 1974, p. 10-36.

DE JONGE, M. The Use of *ho Christos* in the Passion Narratives. In: DUPONT, J., org. *Jésus aux Origines de la Christologie*. Louvain, Duculot, 1975, p. 169-192 com referência a Mc 14,61 (BETL 40).

____. The Use of the Word "Anointed" in the Time of Jesus. NovT 8, 1966, p. 132- 148 com referência a Mc 14,61.

DERRETT, J. D. M. Midrash in the New Testament: The Origin of Luke xxii 67-68. ST 29, 1975, p. 147-156. Reimpresso em DSNT 2, p. 184-193.

DUPLACY, J. Une variante méconnue du texte reçu: "[...] e apolysete" (Lc 22,68). In: BLINZLER, J. *et alii*, orgs. *Neutestamentliche Aufsätze*. Regensburg, Puster, 1963, p. 42-52 (J. Schmid Festschrift).

DUPONT, J. "Assis à la droite de Dieu". L'interprétation du Ps 110,1 dans le Nouveau Testament. In: DHANIS, É., org. *Resurrexit*. Roma, Vatican, 1974, p. 340-422, esp. p. 347-372 sobre Mc 16,62 e par.

FEUILLET, A. Le Triomphe du Fils de l'homme d'après la déclaration du Christ aux Sanhédrites. *La Venue du Messie*. Desclée de Brouwer, 1962, p. 149-171 (RechBib 6).

FLUSSER, D. At the Right Hand of the Power. *Immanuel* 14, 1982, p. 42-46 sobre Lc 22,69.

GLASSON, T. F. The Reply to Caiaphas (Mark xiv.62). NTS 7, 1960-1961, p. 88-93.

GOLDBERG, A. M. Sitzend zur Rechten der Kraft. Zur Gottesbezeichnung Gebura in frühen rabbinischen Literatur. BZ NS 8, 1964, p. 284-293.

HAY, D. M. *Glory at the Right Hand*. Psalm 110 in Early Christianity. New York, Abingdon, 1973, esp. p. 64-70 sobre Mc 14,62 e par. (SBLMS 18).

HEIL, J. P. Reader-Response and the Irony of Jesus before the Sanhedrin in Luke 22:66-71. CBQ 51, 1989, p. 271-284.

HÉRING, J. *Le Royaume de Dieu et sa venue*. Paris, Alcan, 1937, p. 111-120 (sobre Mc 14,62).

HOFRICHTER, P. Das dreifache Verfahren über Jesus als Gottessohn, König und Mensch. Zur Redaktionsgeschichte der Prozesstradition. *Kairos* NS 30-31, 1988-1989, p. 69-81.

KEMPTHORNE, R. The Marcan Text of Jesus' Answer to the High Priest (Mark xiv 62). NovT 19, 1977, p. 197-208.

KINGDON, H. P. Messiaship and the Crucifixion. StEv III, p. 67-86.

LAMARCHE, P. Le "blasphème" de Jésus devant le sanhédrin. RechSR 50, 1962, p. 74-85. Reimpresso em *Christ Vivant*. Paris, Cerf, 1966, p. 147-163 (LD 43).

LINTON, O. The Trial of Jesus and the Interpretation of Psalm cx. NTS 7, 1960-1961, p. 258-262.

LÖVESTAM, E. Die Frage des Hohenpriesters (Mark.14,61, par. Matt.26,63). SEA 26, 1961, p. 93-107.

MAARTENS, P. J. The Son of Man as a Composite Metaphor in Mark 14:62. In: PETZER, J. H. et alii, orgs. *A South African Perspective on the New Testament*. Leiden, Brill, 1986, p. 76-98.

MCARTHUR, H. K. Mark xiv.62. NTS 4, 1957-1958, p. 156-158.

MARCUS, J. Mark 14:61: "Are You the Messiah-Son-of-God?" NovT 31, 1989, p. 125-141.

MELONI, G. "Sedet ad dexteram patris" [Mark 14:62 et par.]. *Saggi di Filologia Semitica*. Roma, Italiana, 1913, p. 283-287. Original em *Rivista Storico-Critica delle Scienze Teologiche* 5, 1909, p. 341-344.

MOULE, C. F. D. The Gravamen against Jesus. In: SANDERS, E. P., org. *Jesus, the Gospels, and the Church*. Macon, Mercer, 1987, p. 177-195 (Honor of W. R. Farmer).

MUSSNER, F. Die Wiederkinft des Menschensohnes nach Markus 13,24-27 und 14,61-62. BK 16, 1961, p. 105-107.

O'NEILL, J. C. The Charge of Blasphemy at Jesus' Trial before the Sanhedrin. TJCSM, p. 72-77.

____. The Silence of Jesus. NTS 15, 1968-1969, p. 153-167 (sobre Mc 14,62).

PERRIN, N. The High Priest's Question and Jesus' Answer (Mark 14:61-62). PMK p. 80-95.

____. Mark xiv.62; The End Product of a Christian Pesher Tradition? NTS 12, 1965-1966, p. 150-155.

PLEVNIK, J. Son of Man Seated at the Right Hand of God: Luke 22.69 in Lucan Christology. *Biblica* 72, 1991, p. 331-347.

ROBINSON, J. A. T. The Second Coming — Mark xiv.62. ExpTim 67, 1955-1956, p. 336-340.

SCOTT, R. B. Y. "Behold, He Cometh with Clouds". NTS 5, 1958-1959, p. 127-132.

SEITZ, O. J. F. The Future Coming of the Son of Man: Three Midrashic Formulations in the Gospel of Mark. StEv VI, p. 478-494 (com referência a Mc 14,62).

STAUFFER, E. Jesus and His Story. London, SCM 1960, esp. p. 142-159 sobre Mc 14,62.

____. Messias oder Menschensohn? NovT 1, 1956, p. 81-102.

VANNI, U. La Passione come rivelazione di condanna e di salvezza in Matteo 26,64 e 27,54. Euntes Docete 27, 1974, p. 65-91.

VAN UNNIK, W. C. Jesus the Christ. NTS 8, 1961-1962, p. 101-116 (com referência a Mc 14,61).

WINTER, P. Luke xxii 66b-71. ST 9, 1955, p. 112-115.

WINTERBOTHAM, R. Was, Then, Our Lord Mistaken? ExpTim 29, 1917-1918, p. 7-11.

§ 18. Introdução: Pano de fundo para o julgamento/interrogatório judaico de Jesus pelas autoridades sacerdotais

Antes de comentar os relatos evangélicos desta cena, precisamos examinar algumas informações gerais. Talvez um resumo discriminado desta longa seção ajude o leitor:

A. O governo romano na Judeia c. 30 d.C.

1. Avanços do governo no início do império

2. O governo na Palestina

3. Questões especiais pertinentes ao governo da Judeia

a) Relacionamento entre o legado da Síria e o governador da Judeia

b) Título do governador

c) Poder de executar criminosos

B. Organismos judaicos autônomos, inclusive o sinédrio

1. Antes da criação da província romana da Judeia em 6 d.C.

2. O organismo dirigente judaico sob a administração romana

a) O Novo Testamento

b) Josefo

c) A Mixná

C. O funcionamento geral de um sinédrio

1. Quadro de membros e lugar de reuniões

2. Influência dominante em um sinédrio: dos fariseus ou dos saduceus?

3. O julgamento de Jesus nos Evangelhos e sua relação com a lei mixnaica

a) Conflitos entre os relatos evangélicos e o procedimento rabínico mais tardio

b) Esses conflitos e a exatidão evangélica

D. Competência de um sinédrio para condenar à morte e executar

1. Imagem geral do controle romano da pena de morte

2. Exemplos propostos de execuções pelas autoridades judaicas

3. Conclusões

E. Prova de ação contra Jesus pelas autoridades judaicas

1. Prova judaica

a) *Testimonium Flavianum* de Josefo

b) O Talmude babilônio

2. Prova cristã independente dos Evangelhos

3. Prova pagã

F. Responsabilidade e/ou culpa pela morte de Jesus

1. Antijudaísmo nas narrativas da Paixão dos quatro Evangelhos

2. Observações quanto ao envolvimento judaico na morte de Jesus

a) Pessoas religiosas podiam ter visto Jesus com maus olhos

b) A oposição religiosa muitas vezes levava à violência

c) Responsabilidade, não culpa

d) Disputa religiosa interna judaica com Jesus

Do princípio ao fim vou empregar a palavra tradicional "julgamento" para a presença de Jesus diante das autoridades judaicas (e também diante do prefeito romano), mas meu uso não reflete uma ideia preconcebida de que esse foi um julgamento em sentido técnico. Na verdade, pelos padrões modernos, "audiência" ou "processo judicial" talvez fosse designação mais apropriada. Inevitavelmente, uma discussão desse "julgamento" quanto à legalidade e historicidade será bem detalhada, pois inclui a prática jurídica judaica e a interação com a jurisdição romana, como também controvérsias a respeito de como interpretar as fontes cristãs pertinentes. Outro fator é a questão altamente sensível da Paixão como fonte de antagonismo antijudaico (que será tratada na subseção F).

Em § 24, descreverei em linhas gerais a evolução dos estudos modernos a respeito de como o relato do julgamento judaico foi composto e de quanto depende da presença perceptível de tradições pré-evangélicas (quer sejam quer não sejam históricas). Mas, aqui, tentarei ajudar os leitores a entender a necessidade de conhecimento detalhado, fazendo um breve relato de apenas uma parte da pesquisa sobre o julgamento judaico de Jesus, a pesquisa legal. Historiadores, biblistas e teólogos estudaram o julgamento; mas uma parte especial da bibliografia pertinente (§ 17) constitui avaliações por pessoas treinadas na lei.[1] Advogados, juízes, magistrados e professores de direito antigo e moderno, todos compuseram estudos do julgamento judaico de Jesus precedidos da alegação de estarem estudando os indícios bíblicos apenas do ponto de vista legal. (Muitos tratam também do julgamento romano, mas a legalidade desse procedimento será examinada em § 31.) Como lembra Schinzer ("Bedeutung"), talvez essa abordagem seja mais complexa do que percebem muitos que dela participam, devido às grandes diferenças entre a visão bíblica da lei e a jurisprudência moderna. (Muitos dos juízes e advogados apelam constantemente ao sistema jurídico no qual atuam, como as referências de Powell ao direito inglês em seu *Trial*, p. 47.72.) Por exemplo, considera-se que a lei israelita foi revelada por Deus, até mesmo quanto a castigos específicos. A comunidade tem o direito e o dever primordiais de julgar os homicidas e os que são juízes atuam como representantes da comunidade. (Talvez isso esclareça o envolvimento do "povo" nos relatos evangélicos do julgamento de Jesus.) As testemunhas desempenham um papel não só no julgamento, mas também na execução (Dt 17,7), onde são as primeiras pessoas a atirar pedras. (Talvez isso esclareça por que os juízes do sinédrio, que tendo sido chamados para *testemunhar* o julgamento de Jesus e o tendo considerado merecedor da morte, tomaram parte no ato de castigá-lo.) Além disso, pode não ser possível entender as complexidades sociopolíticas da província romana da Judeia com toda a interação de forças conflitantes — não mais do que é possível entender

---

[1] Do mesmo modo, a bibliografia sobre o crucificado (§ 37, Parte IX) contém estudos da morte de Jesus por médicos. Não raro tais contribuições são feitas com a certeza de esclarecer científica ou profissionalmente os estudiosos bíblicos um tanto relutantes. É uma pena que muitas vezes os colaboradores "de fora" não tenham consciência de como sua análise depende de uma leitura simplista dos indícios testamentários.

realmente o julgamento de Dreyfus sem um conhecimento do antissemitismo e das rivalidades no exército e no Estado franceses. Com essas advertências, quero dar uma amostra das abordagens jurídicas do julgamento judaico de Jesus.

Já no século XIX, houve na França uma famosa controvérsia entre A. M. Dupin, advogado, e J. Salvador, historiador judaico. Em 1828, Salvador argumentou que Jesus foi legal e justamente condenado à morte pelos judeus de boa-fé porque eles achavam que as alegações dele eram blasfemas e que ele enganara o povo — opinião que pôs Salvador em perigo de ação criminal. Dupin contrapôs que o julgamento judaico foi ilegal, por causa do suborno de testemunhas e de procedimentos que infringiam a lei mixnaica, restrições romanas e a justiça. S. Greenleaf, professor de Harvard e famoso jurista norte-americano (1846), considerou o tratamento de Jesus assassinato perpetrado sob o pretexto de uma sentença legal. Desde 1899, estudos *jurídicos* do julgamento judaico de Jesus[2] disponíveis em inglês têm sido publicados por escoceses ou ingleses (Innes, Buss, Powell), por americanos (Chandler, Cheever, Bisek, Goldin, Radin), por um canadense (McRuer), um italiano (Rosadi) e um israelense (H. Cohn) — bem como estudos em francês por Isorni, Besnier e Imbert; e na Alemanha por von Mayr, Doerr e Fricke.[3] Entre os autores, Goldin, Isorni e Cohn identificam-se como judeus, enquanto muitos dos outros são claramente fiéis cristãos. Somente em alguns casos (por exemplo, Radin, Goldin, Cohn, Besnier, Imbert, Fricke) há indicações de considerar os indícios evangélicos criticamente, e não pelo significado manifesto com harmonização.[4] Todos esses autores trazem à discussão um conhecimento do procedimento jurídico judaico descrito na Mixná, que, em geral, presumem ser aplicável ao tempo de Jesus. Contudo, os resultados de seus estudos são muito divergentes. Para um grupo grande (Innes, Cheever, Buss, Chandler, Rosadi, McRuer, Isorni), o julgamento judaico de Jesus

---

[2] Além das de autoria de biblistas que menciono acima, há outras obras em minha bibliografia que se enquadrariam nessa categoria, mas cujos autores não considero (ou dos quais não me lembro) como primordialmente especialistas em direito.

[3] Fricke participou do julgamento por crimes de guerra de um nazista que alegou como justificativa para obedecer às ordens de matar judeus a maneira como, segundo os relatos neotestamentários, os judeus trataram Jesus. Para uma avaliação da tentativa um tanto jornalística de Fricke tentar negar todo o papel judaico na morte de Jesus, ver a crítica corretiva (#17, Parte I, sob Fricke). Söding ("Prozess", p. 237) caracteriza Fricke como dado a muita especulação, que beira a fantasia.

[4] Na verdade, Bisek (*Trial*, p. 231) chega a recorrer aos *Atos de Pilatos*; e Cheever ("Legal", p. 507-508) segue um texto de "A sentença proferida por Pôncio Pilatos", inscrito em uma tabuinha de cobre encontrada c. de 1200 d.C. em Áquila (antiga Amiturnum; ver § 35 adiante).

descrito em Marcos/Mateus foi irregular e formalmente ilegal. Os cristãos desse grupo presumem que as autoridades judaicas procediam de maneira ignóbil, com propósitos políticos ou em defesa própria, e não como homens forçados a usar, em tempos difíceis, meios impróprios por estarem sinceramente convencidos de que Jesus merecia morrer (como alega Isorni). Para um grupo menor, o julgamento judaico foi legal e formalmente correto, a título de tratar Jesus como blasfemador (Radin) e/ou como falso profeta (Doerr). Outras teorias afirmam que o procedimento jurídico judaico não foi um julgamento, mas apenas uma investigação preliminar ao julgamento romano (Bisek, Powell, Besnier), ou que nunca resultou em sentença (Imbert), ou que os relatos evangélicos são fictícios e houve só o julgamento romano (Goldin, Fricke), ou que o propósito das autoridades judaicas para com Jesus era benevolente (H. Cohn).[5] Os biblistas estão tão divididos quanto os advogados, e chegaram a uma série ainda mais ampla de possibilidades. Para avaliá-los, precisamos nos dar conta das complexidades dos indícios.

A. O governo romano na Judeia c. 30 d. C.

Começaremos com a análise dos avanços do governo sob Augusto, quando o império foi fundado. Em seguida, nos voltaremos para o governo romano na Palestina e, finalmente, para algumas questões específicas a respeito da Judeia, onde Jesus foi executado.

1. Avanços do governo no início do império

O conceito de *imperium* é questão fundamental: "O poder administrativo supremo, que abrange o comando na guerra e a interpretação e execução da lei (inclusive a imposição da pena de morte) que competia a Roma [...] para cônsules, tribunos militares com poderes consulares (de 445 a 367 a.C.), pretores, ditadores

---

[5] O livro de Cohn atraiu a atenção por causa de sua carreira em Israel como procurador-geral e juiz do Supremo Tribunal. Contudo, é preciso caracterizar como ficção imaginosa de caráter benevolente sua tese de que o sinédrio foi convocado para proteger Jesus contra os romanos, e procurou testemunhas falsas que seriam desacreditadas e assim Pilatos seria forçado a perceber que Jesus era inocente. Uma versão mais primitiva da abordagem revisionista da participação judaica foi apresentada pelo rabino A. P. Drucker (*Trial*) que, ao combinar uma interpretação extraordinária do NT com lendas judaicas, afirmou que Jesus era herói para a maior parte dos judeus e hostilizado apenas pelos zelotas e por Caifás, um sumo sacerdote corrupto que temia que Jesus fizesse Pilatos afastá-lo. A fim de desacreditá-lo entre os outros judeus, Caifás espalhou rumores de que Jesus era idólatra.

e estribeiros-mores".[6] Por extensão, *imperium* podia ser concedido a um substituto (pró-oficial, por exemplo, um procônsul) por um período (quase sempre um ano) ou até expirar um mandato específico. A maneira na qual e por quem *imperium* era exercido afetava as províncias, pois, por definição, a província era a esfera de ação de um magistrado que possuía *imperium*. A área onde uma guerra estava sendo travada podia ser uma província, porque um general romano tinha *imperium* ali, mesmo antes de ser anexada; entretanto, gradativamente, "província" passou a se referir a possessões de Roma fora da Itália, onde os habitantes pagavam impostos a Roma — a confederação italiana não pagava impostos. Quando uma província era anexada por Roma, era redigida uma lei que estabelecia os princípios (em geral financeiros e jurídicos) pelos quais ela seria governada; subsequentemente, ao tomar posse, o novo governador suplementava a lei da província publicando um edito. (Infelizmente, não temos nenhuma cópia da lei ou dos editos pertinentes à criação da província da Judeia.) Antes da época de Augusto, o senado era normalmente responsável pela demarcação de províncias.[7]

Quando chegamos à época de Otaviano (Augusto), precisamos nos lembrar de que, sob sua liderança (30 a.C.-14 d.C.), Roma deixou de ser república para se tornar império. Consequentemente, durante a vida de Jesus surgiam novas estruturas governamentais no império e também na Palestina. No processo de eliminar os pretendentes à herança de Júlio César e solidificar a própria posição, Otaviano manteve vários tipos de *imperium*.[8] Em 27 a.C., depois de expurgar o senado e restaurar a república, Otaviano recebeu o título de Augusto; e atuando sob a proteção de consulados anualmente renovados, recebeu algumas províncias por dez anos (inclusive o Egito e a Síria). Assim, foi criado um novo tipo de província, a saber, a província imperial, que chegou a uma dezena, que Augusto não possuía, mas administrava para Roma. Para esse propósito, recebeu *imperium* proconsular, que exerceu por intermédio de governadores que eram seus legados. Frequentemente,

---

[6] M. Cary *et alii*, orgs., *The Oxford Classical Dictionary*, Oxford, Clarendon, 1949, p. 451; também p. 741, a respeito de "província".

[7] Nessas províncias, o *imperium* era não raro concedido a antigos cônsules e antigos pretores por prorrogação (das doze províncias senatoriais ou públicas, duas eram consulares, dez pretorianas).

[8] A. H. M. Jones ("The *Imperium* of Augustus", em JRS 41, 1951, p. 112-119) adverte que a base constitucional do poder de Augusto era importante precisamente porque a classe média italiana, que venerava as tradições republicanas de Roma, resistia à posição que ele ocupava. Como Jones mostra em seu estudo, dependemos de autores mais tardios que não descreveram a situação complicada com exatidão meticulosa, donde as discussões dos estudiosos a respeito do tipo de *imperium*.

§ 18. Introdução: Pano de fundo para o julgamento/interrogatório judaico de Jesus pelas autoridades sacerdotais

esses legados eram tirados da classe equestre (a nobreza não senatorial que apoiara Otaviano),[9] embora a classe senatorial fornecesse legados para as províncias imperiais e para as senatoriais. Em 23 a.C., Augusto renunciou a seu consulado anual, enquanto o senado aumentou seu *imperium* proconsular, de modo que isso afetou não só as províncias atribuídas a ele, mas também outras províncias, quando ele discordava de seus procônsules. Na própria Roma, ele obteve o *imperium* do tribuno pelo resto da vida, inclusive o direito a veto e, assim, o controle total do senado — verdadeiramente o fim de uma república romana eficiente que pudesse se opor ao imperador! A combinação de poderes permitiu-lhe governar as províncias imperiais diretamente e as províncias senatoriais indiretamente.[10] Em 19 a.C., ele se tornou o que equivalia a um cônsul permanente, isto é, com um *imperium* sem limitações territoriais. Em 13 d.C., o *imperium* proconsular sobre as províncias estendeu-se a Tibério, que um ano depois sucedeu a Augusto como imperador.

2. O governo na Palestina

Houve mudanças relacionadas na Palestina antes e durante a vida de Jesus. Planejo examinar aqui as estruturas de governo, enquanto a atmosfera política, inclusive a qualidade dos governadores e casos de estabilidade e tumulto serão tratados em § 31.

Em 63 a.C., no período em que os príncipes da família sacerdotal asmoneia discutiam encarniçadamente para ver quem seria sumo sacerdote e rei, Pompeu veio a Jerusalém com tropas. Assim, ele acabou com a independência judaica e levou a Palestina à esfera de controle romano que era exercido por intermédio da província romana da Síria e governantes locais clientes. Em 47 a.C., Júlio César nomeou o sumo sacerdote asmoneu Hircano II etnarca por sua ajuda nas guerras civis romanas e lhe concedeu autoridade sobre a maior parte da Palestina (exceto a Samaria e o litoral). Outra figura proeminente na área era o idumeu Antípater II; e, depois de sua morte, em 43 a.C., seu filho Herodes, que seria conhecido como o Grande, ficou em primeiro plano. Em 37, ele se tornara senhor da Palestina, ao

---

[9] G. H. Stevenson (*Roman Provincial Administration till the Age of the Antonines*, Oxford, Blackwell, 1939, p. 85 e 115) menciona que a república romana nunca criou um serviço civil e, de certo modo, Augusto começou a preencher essa lacuna por meio do uso de cavaleiros.

[10] As províncias imperiais faziam apelos ao imperador; as províncias senatoriais faziam apelos ao imperador ou outro cônsul.

se casar na família asmoneia, que ele aniquilou. Em 31, Otaviano (Augusto), que sobrevivera a todos os pretendentes à supremacia romana, confirmou a posição de Herodes como rei aliado (*rex socius*) de Roma. O reinado de Herodes foi marcado por esplêndidas construções; ele iniciou uma restauração monumental do Templo de Jerusalém c. 20 a.C.; a Samaria foi reconstruída e denominada Sebaste (palavra grega equivalente a "Augusto"); e Cesareia (Marítima), cidade que recebeu o nome em homenagem a Augusto César, foi construída no litoral. Contudo, havia repressão brutal de qualquer sinal de oposição e extermínio homicida de membros da família que Herodes suspeitava de deslealdade. Uma atmosfera de loucura fez com que o odiassem em seus últimos anos.

Depois da morte de Herodes, o Grande, c. 4 a.C., seus filhos foram a Roma implorar a Augusto que lhes concedesse o governo do reino de Herodes (Josefo, *Ant.* XVII,ix,3-7; ##213-249). Na Palestina, onde o legado da Síria, Varo, e o procurador imperial ou administrador financeiro, Sabino, vigiavam atentamente a situação até Augusto decidir o caso, houve grandes distúrbios. Embora uma delegação de judeus fosse até Augusto solicitar o fim do reinado da família herodiana (*Ant.* XVII,xi,1-2; ##299-314), a decisão de Augusto foi designar (Herodes) *Arquelau* etnarca da Judeia, da Samaria e da Idumeia; (Herodes) *Antipas* governador da Galileia e da Pereia (Transjordânia); e (Herodes) *Filipe* governador dos territórios a nordeste do lago da Galileia.[11]

Importante mudança nessa organização teve lugar 10 anos mais tarde, c. 6 d.C., quando, atendendo à solicitação de judeus e samaritanos de projeção, Augusto baniu Arquelau para a Gália. O território subordinado a ele "foi acrescentado à Síria e Quirino, homem de posição consular, foi enviado por César para fazer um recenseamento das propriedades da Síria e vender os bens de Arquelau" (*Ant.* XVII,xiii,2.5; ##342-344.355). Essa descrição por Josefo, dada no final de *Ant.* XVII, não está totalmente clara (e precisa ser esclarecida pelo que ele diz no início de *Ant.* XVIII); mas, com certeza em 6 d.C., Quirino se tornou legado da Síria com autoridade recenseadora especial na Judeia e na Samaria. Copônio, homem da classe equestre, foi enviado junto com ele para governar os judeus com plena autoridade (*exousia* = *imperium*), inclusive a pena de morte (*Ant.* XVIII,i,1; ##1-2).[12]

---

[11] *Ant.* XVII,xi,4; ##317-320. Além disso, é mencionado que algumas cidades tinham posição especial, por exemplo, Sebaste na Samaria e a Decápole (acrescentada à província da Síria).

[12] Mais adiante, examinaremos a transição e o relacionamento entre Quirino (Síria) e Copônio (Judeia); há

§ 18. Introdução: Pano de fundo para o julgamento/interrogatório judaico de Jesus pelas autoridades sacerdotais

Assim, foi instituído o governo que Jesus conheceu em seu tempo. Na região da Galileia onde ele cresceu (Nazaré) e pregou (Lago da Galileia), e na Transjordânia (em frente ao lugar em que João batizava), Antipas, filho de Herodes, o Grande, era tetrarca (4 a.C.-39 d.C) ou "rei" na linguagem popular. As (dez) cidades da Decápole (inclusive Gadara e Gerasa) que ele às vezes visitava eram subordinadas ao legado romano da província da Síria. Quando ia na direção leste-nordeste de Cafarnaum para Betsaida e Corazim, Jesus atravessava para o território de outro filho de Herodes, o Grande, o tetrarca Filipe (4 a.C.-34 d.C.). Quando passava para a Samaria (somente no quarto Evangelho) ou a Judeia, visitando Jerusalém, Jesus ficava sob a autoridade do governador romano da província da Judeia (que incluía a Idumeia), que residia em Cesareia no litoral.

3. Questões especiais pertinentes ao governo da Judeia

Três tópicos precisam ser examinados: a) Qual era a relação entre o legado da Síria e o governador da Judeia? b) Que título tinha o governador da Judeia? c) Qual a extensão de seu *imperium* quanto a executar sentenças capitais pronunciadas contra criminosos?

a) *A relação entre o legado da Síria e o governador da Judeia*. Embora ambas fossem províncias imperiais, a Síria era a província mais antiga (de 64-63 a.C., sob Pompeu) e mais importante, quase sempre designada para governadores de posição social mais alta e carreira passada mais ilustre. O legado sírio tinha à disposição até quatro legiões de soldados, de qualidade militar mais profissional que os das cinco coortes designadas para o governador da Judeia (ver § 31, n. 64). As coortes da Judeia (que consistiam em recrutas locais não judeus, principalmente da região da Samaria) destinavam-se a manter a ordem geral; os legionários da Síria eram trazidos quando havia revolta ou invasão.[13] A descrição ambígua do final de *Ant.* XVII citada acima, que afirma ter sido o território de Arquelau acrescentado à Síria, mais a tarefa do recenseamento designada a Quirino com respeito à Judeia, faz alguns biblistas pensarem que o governador da Judeia estava subordinado diretamente ao

---

quem chegue a afirmar que eles foram consecutivos, não simultâneos. É provável que parte da ambiguidade esteja na realidade de que uma província emergente, com um novo sistema de tributação (um imposto adicional por cabeça), exigia suporte (à guisa de experiência e de apoio) de uma província estabelecida (ver Smallwood, *The Jews*, p. 151).

[13] Ver Smallwood, *The Jews*, p. 146-147; Stern, "Status", p. 278-279.

governador da Síria, a ponto de considerarem a Judeia uma subdivisão da província síria. Argumento em defesa dessa opinião foi tirado do fato de judeus e samaritanos apelarem ao legado da Síria quando estavam insatisfeitos com o comportamento de um governador romano na Palestina, como a queixa samaritana ao legado Vitélio, que provocou o afastamento de Pilatos (*Ant.* XVII,iv,1-2; ##85-89). Entretanto, esse argumento é complicado. Lémonon (*Pilate*, p. 59-69) menciona que os legados da Síria intervinham ocasionalmente nos negócios do reino de Herodes, o Grande, para mediar situações delicadas com conselhos (*Ant.* XVI,ix,1; ##277-278.280; XVI,xi,3; #368). Essa tradição pode ter influenciado ações ocasionais mais tarde, quando a Judeia se tornou província romana,[14] mas a interferência do legado da Síria era mais *de facto* que *de jure*. Isso não indica que faltava ao governador da Judeia pleno *imperium* ou independência política. Muitos estudiosos (por exemplo, Regnault, *Province*, p. 42) reconhecem que, segundo *Ant.* XVIII,i,1; ##1-2, os poderes de Copônio, primeiro governador da Judeia, incluíam pleno *imperium*.[15]

b) *Título do governador.* Se o governador da Judeia tinha *imperium* independente, que título lhe era dado pelo imperador? Essa pergunta talvez esclareça sua atuação. A referência em Tácito (*Anais*, XV,44) é clara: "o iniciador que deu nome ao grupo, Cristo, fora executado no reinado de Tibério pelo *procurator*, Pôncio Pilatos". A opinião de que Pilatos era procurador (equivalente grego aproximado: *epitropos*) dominou nos meios estudiosos até recentemente; com efeito, Josefo (*Guerra* II,ix,2; #169) e Fílon (*Ad Gaium* 38; #299) usam o mesmo termo a respeito de Pilatos.[16]

---

[14] É preciso reconhecer que Josefo não explica com esmero os quatro anos (36/37-40/41 d.C.) entre o afastamento de Pilatos e o acréscimo da Judeia ao reino de Agripa I. Em *Ant.* XVIII,iv,2; #89 ele diz que, além de ordenar a Pilatos que voltasse a Roma, Vitélio enviou seu amigo Marcelo como administrador ou curador (*epimeletes*) dos negócios da Judeia. Parece que esse foi um arranjo temporário, e nada sabemos sobre o que Marcelo fez. Um ano depois (*Ant.* XVIII,vi,10; #237), Calígula enviou Marulo como "comandante da cavalaria" na Judeia. Assim, a autoridade imperial direta foi restaurada, mas a designação do funcionário é curiosa. Por que, em 40 d.C., foi a Petrônio, o legado da Síria, e não a Marulo, que Calígula deu ordens para erigir estátuas dele no Templo de Jerusalém (*Guerra* II,x,1-5; ##184-203)? Será que ele desconfiava que as legiões seriam necessárias, ou Marulo não tinha *imperium* pleno? Mas todas essas complicações tiveram lugar depois do tempo de Jesus.

[15] As indicações de *Ant.* XVIII concordam estreitamente com o relato anterior que Josefo escrevera em *Guerra* II,viii,1; #117: "O território de Arquelau estava agora reduzido a uma província [*eparcheia*] e Copônio, romano da ordem equestre, foi enviado como procurador [*epitropos*] e recebeu de César poder [*exousia* = *imperium*] a ponto de poder executar".

[16] Estudaremos logo mais as variações em Josefo. O uso de Fílon é estereotipado, pois ele usa o mesmo *epitropos* para o governador do Egito (*Ad Gaium* 20; #132), que era claramente prefeito (*eparchos*).

Entretanto, mais uma vez precisamos reconhecer a evolução.[17] Durante a república, o procurador era pessoa de direito privado, não público: agente pessoal de um indivíduo. Restou um elemento do agente pessoal mesmo quando, depois do império começar, os procuradores entraram no domínio público; eram agentes imperiais em questões fiscais, mas não administradores gerais. Administrar era função de um *eparchos* ou *praefectus*. O prefeito tinha papel supervisor, originalmente não raro à testa de tropas auxiliares (em especial tropas equestres ou de cavalaria), e fazia parte do séquito de um procônsul ou tribuno. Quando criou a organização para exercer seu *imperium* proconsular, Augusto aumentou as funções de liderança para incluírem a administração das províncias imperiais recém-designadas. Ao prefeito que servia de legado do imperador, foi concedido *imperium* para jurisdição civil e criminal. Em uma pequena província imperial,[18] a mesma pessoa podia ser o prefeito que governava e o procurador que protegia os direitos financeiros do imperador ao dinheiro ganho pela tributação. Em províncias maiores, o procurador podia ser outra pessoa. A situação mudou em meados dos anos 40, durante o reinado do imperador Cláudio, quando muitos governadores começaram a ser designados procuradores.[19]

Ao chamar Pilatos de procurador, Tácito retratou a terminologia mais tardia do século I, que ainda estava na moda quando ele escreveu. Explicação semelhante pode ser dada para o uso que Josefo faz de *epitropos*, embora devamos mencionar que ele não é consistente em sua terminologia para os governadores da Judeia. Josefo e o NT dão designações populares em vez de técnicas.[20] Tecnicamente, os

---

[17] Aqui, é útil Jones, *Studies*, p. 117-125 ("Procurators and Prefects in the Early Principate"). Há um importante estudo anterior por Hirschfeld, *Kaiserlichen*.

[18] Jones (*Studies*, p. 120) observa que as tarefas designadas para o prefeito de uma província pequena eram muito parecidas com as designadas para o legado de uma província grande; a diferença era a da graduação e da posição dos ocupantes. Os legados tinham de ser senadores; o inferior, prefeito equestre, muitas vezes era um pró-legado ("no lugar de um legado") em uma província pequena. Pflaum (*Essai*, p. 6) lembra que, em certo sentido, os prefeitos equestres eram servos do imperador; limitações impostas a eles eram em termos de conseguir dinheiro ou soldados de modo independente.

[19] A respeito da situação ainda mais tardia (do tempo de Nero), Tácito, *Anais* XI,25, é interessante. Com referência ao governo romano de áreas ao redor da Síria, ele menciona alguns prefeitos de tropas; para outras (inclusive talvez a Judeia), procuradores. Já sob Augusto, o Egito conseguiu tratamento excepcional, porque seu suprimento de comida era muito importante para Roma e Augusto não queria que um senador o controlasse. Depois da mudança, sob Cláudio, sua situação continuou excepcional e o Egito era governado por um prefeito com três legiões sob seu controle.

[20] Ver Lémonon, *Pilate*, p. 46-47. Fílon, Josefo e o NT não descrevem Pilatos como *eparchos* (= *praefectus*, o termo que o próprio Pilatos usava em sua inscrição latina [§ 31, B1]). Na verdade, o NT não usa nem *eparchos* nem *epitropos* para nenhum governador romano (embora Jo 19,38 empregue *epitrephein* para

governadores da Judeia no período de 6-41 d.C. com toda a probabilidade teriam sido designados prefeitos, com um título secundário de procurador, com o propósito de coletar impostos.[21] A primeira parte dessa suposição foi agora confirmada para Pilatos com a descoberta de uma inscrição na qual ele designa a si próprio como *praefectus Iudaeae* (§ 31, B2 adiante). Quando o domínio romano foi restaurado depois de Agripa I (44-66 d.C.), é de se presumir que os governadores da Judeia tivessem "procurador" como título principal. Ao me referir ao período total do governo provinciano romano de 6 a 66 d.C. (com o interstício de Agripa I em 41-44), usarei a terminologia "prefeito" e/ou "procurador", com as variações relatadas acima.

c) *Poder de executar criminosos*. Se o governador da província da Judeia tinha o pleno *imperium* de um prefeito, independente do legado da Síria, uma questão de interesse especial para nosso estudo da morte de Jesus é a aplicabilidade desse poder na execução de sentenças capitais. *Ius gladii* ("o direito da espada"; DJ 1,18,6,8) é às vezes usado para abranger esse poder de executar, mas essa é terminologia discutível.[22] A argumentação de uma escola de classicistas origina-se de Mommsen, mas é representada mais articuladamente por A. H. M. Jones. Este último alega que *ius gladii* se referia ao direito de executar (sem apelo ao imperador) o soldado que fosse cidadão romano; era um aspecto da disciplina militar. O termo aparece primeiro no reinado de Domiciano (ILS 9200; Jones, *Studies*, p. 61), embora o direito possa ter existido muito antes. Somente em certos casos era delegado aos governadores um *ius gladii* sobre outros cidadãos romanos, como a execução de Santa Perpétua, em 203 d.C. (*Passion of Perpetua and Felicitas* 6,3; MACM, p. 112). Mais tarde, logo depois de 200 d.C., Septímio Severo estendeu

---

Pilatos). Além de chamar Pilatos de *epitropos* e usar esse termo em geral para se referir aos governadores romanos da Judeia (*Guerra* II,xvi,4; ##348.350), Josefo assim intitula Copônio, o predecessor de Pilatos (*Guerra* II,viii,1; #117), e Cúspio Fado, Tibério Alexandre (*Guerra* II,xi,6; #220), Ventídio Cumano (*Ant.* XX,vi,2; #132) e Félix (*Guerra* II,xii,8; #247), os sucessores de Pilatos. Josefo usa *eparchos* para os dois predecessores imediatos de Pilatos (*Ant.* XVIII,ii,2; #33) e para Festo e Albino, sucessores de Pilatos (*Ant.* XX,viii,11; #193; *Guerra* VI,v,3; #303; cf. *eparcheia* em At 25,1). Josefo (*Ant.* XVIII,iii,1; #55) e o NT (Mt 27,2; Lc 20,20) descrevem Pilatos como *hegemon* (= latim *praeses*), "governador" da Judeia. *Epimeletes* ("administrador, curador") é usado implicitamente para Pilatos em *Ant.* XVIII,iv,2; #89, mas não no NT. A forma verbal relacionada a *prostates* ("superintendente, comandante") é usada para Félix, um sucessor de Pilatos, em *Ant.* XX,vii,1; #137.

[21] ILS 1358-1359 mostra que o governador sardenho era intitulado *procurator Augusti (et) praefectus*. Imbert (*Procès* 60) menciona que talvez o imperador tivesse outros procuradores ou agentes fiscais para áreas de interesse especial.

[22] Ver as fortes objeções de Winter, "Trial [...] Competence", p. 494-495.

o direito para executar qualquer cidadão romano (ver DJ 1,18,6,8). Assim, o *ius gladii* não abrangia a execução dos que não eram cidadãos romanos; essa foi uma extensão de *imperium* militar. Tudo isso é vigorosamente contestado por P. Garnsey: "O governador tinha o poder de impor a sentença de morte a todos os provincianos, exceto à aristocracia, que era especificamente isenta. Esse poder era o *ius gladii* [...] o *ius gladii* era acessível a todos os governadores, desde pelo menos o período Júlio-Cláudio".[23] Não era poder delegado especialmente, mas poder inerente ao cargo de governador. A questão é técnica, mas parece que o linguajar comum favorece a opinião de Garnsey, segundo a qual *ius gladii* não era tão especializado, por exemplo Rm 13,3-4: O governante [*archon*] é o ministro de Deus e não "traz a espada [Vulgata: *gladium*]" em vão.

De qualquer modo, segundo Josefo (*Guerra* II,vii,1; #117), o primeiro prefeito romano (aqui chamado procurador) da Judeia, Copônio (6-9 d.C.), foi enviado por Augusto com poder, "inclusive o poder de executar" (*mecri tou kteinein exousia*). Não existe razão convincente para pensar que seus sucessores na administração da Judeia tinham menos poder; assim, é inteiramente razoável supor que, dentro do *imperium* do prefeito, estava um *coercitio* pleno (direito de coagir ou punir) para a proteção dos interesses romanos, limitados apenas pelas isenções especiais concedidas aos judeus por Júlio César. Quando examinarmos o julgamento romano de Jesus (§ 31), chamaremos a atenção para a maneira como os prefeitos/procuradores mais tardios da Judeia tratavam os criminosos acusados de crimes capitais; não há nada na descrição deles por Josefo para sugerir que eles não tinham o poder de execução.[24] Questão muito mais difícil é se, no governo romano da Judeia, o prefeito/procurador tinha esse poder legalmente, mas isso será examinado mais adiante neste capítulo.

B. Organismos judaicos autônomos, inclusive o sinédrio

Todos os Evangelhos mencionam o sinédrio pelo nome como tendo exercido um papel que contribuiu para a morte de Jesus (Mc 15,1; Mt 26,59; Lc 22,66; Jo

---

[23] "Criminal", p. 51-59, esp. 55.

[24] Ao criticar Pilatos por execuções sem julgamento, Fílon (*Ad Gaium* 38; #302) atesta implicitamente a autoridade de Pilatos para executar com julgamento.

11,47).²⁵ Isso se harmoniza com a afirmação de Josefo (*Ant*. XIV,ix,3; #167): "[...] nossa lei, que nos proíbe de matar alguém, mesmo um malfeitor, a menos que essa pessoa tenha antes sido condenada pelo sinédrio a sofrer essa sina". O sentido da raiz do grego *synedrion* (sinédrio) inclui a ideia de se sentar em conjunto; o termo abrange o *lugar* de fazer isso, a *assembleia* dos envolvidos e até sua *atuação* como concílio, tribunal ou organismo governamental. Assim, no grego secular, *synedrion* não é realmente termo técnico; e essa variedade de sentido também se reflete no uso da LXX e às vezes em Fílon e Josefo, embora no Judaísmo do século I "sinédrio" fosse (também) designação técnica para uma assembleia judaica específica. Vou começar antes do tempo de Jesus e continuar pelo período de seu ministério a fim de apresentar um relato conciso do pano de fundo histórico das assembleias ou concílios que tinham autoridade em Jerusalém.

1. Antes da criação da província romana da Judeia em 6 d.C.

Na Judeia pós-exílica sob controle estrangeiro (persa e depois helenístico), os sacerdotes e os anciãos ou nobres, isto é, especialmente os chefes das principais famílias, tinham papel de liderança e também função jurídica. Por exemplo, Ne 5,17 refere-se a 150 "magistrados judeus" que se sentavam à mesa de Neemias, governador judeu da Judeia. Um decreto do rei selêucida (sírio) Antíoco III (223-187 a.C.), citado por Josefo (*Ant*. XII,iii,3; #138), descreve como a gerúsia (senado de anciãos) dos judeus se reunia com ele. (BAGD, p. 156, menciona uma inscrição que justapõe *synedrion* e *gerousia*.) Antíoco prossegue e proclama (#142): "Todos os membros da nação serão governados de acordo com as leis de seu país; e a gerúsia, os sacerdotes, os escribas do Templo e os cantores do Templo serão isentos do imposto individual...".

No agitado século II a.C., os reis selêucidas procuravam fortalecer o controle da Judeia mudando com frequência o sumo sacerdote; mas a gerúsia da nação, onde os anciãos constituíam fator contínuo, era mencionada solenemente no endereço de cartas que vinham da Judeia e a ela endereçadas (2Mc 1,10; 11,27; 1Mc

---

²⁵ Millar ("Reflections", p. 369) faz a afirmação incomum de que só o Evangelho de Lucas apresenta "algo que é claramente uma reunião do 'sinédrio' acontecendo". Ele baseia a afirmação em Lc 22,66, quando Jesus é conduzido ao sinédrio. Mas, certamente, Mc 14,55 e Mt 26,59 falam de "todo o sinédrio", e a descrição do julgamento que se segue (testemunhas, interrogatório e sentença) é mais detalhada do que na descrição que Josefo faz das reuniões do sinédrio. (Ver também McLaren, *Power*, p. 92-93.) Abaixo, vou argumentar contra uma noção excessivamente rígida de "o sinédrio" no tempo de Jesus.

12,6 — também 1Mc 13,36 e 14,20, que mencionam "presbíteros" ou "anciãos"). Ocasionalmente, está claro que a gerúsia se ressentia do comportamento dos sumos sacerdotes fantoches (2Mc 4,44). No final do século II a.C., os macabeus/asmoneus não só tinham restaurado o sumo sacerdócio hereditário (substituindo a própria família), mas também tinham se tornado reis; contudo, "os anciãos dos judeus" continuaram a ser força potente com a qual ajustar contas (Josefo, *Ant.* XIII,xvi,5; #428). Sob a rainha Alexandra (76-67 a.C.), os fariseus conquistaram voz forte (*Ant.* XIII,xvi,2; ##408-409).[26] Talvez por um curto período, os fariseus se tornaram maioria no sinédrio ou gerúsia; mas, depois da conquista de Jerusalém por Pompeu, em 63 a.C., enquanto punha um fim ao aspecto monárquico do sumo sacerdócio, Roma deixou para esse sacerdócio "a primazia/liderança da nação" (*prostasia*: Josefo, *Ant.* XX,x,4; #244). Parece que, pelo menos na época de Herodes, os adeptos dos saduceus, com forte base nos sacerdotes e nos anciãos, representavam mais uma vez a maioria no governo (ver C2 adiante).

O governador proconsular da Síria, Aulo Gabino (57-55 a.C.), reorganizou o governo da Palestina, dividindo-o em cinco sínodos ou *synedria* (um deles em Jerusalém); e a referência de Josefo a isso (*Guerra* I,viii,5; #170 [dúbia]; *Ant.* XIV,v,4; #91) constitui seu primeiro uso da palavra grega para um sinédrio na Palestina. Uma década mais tarde (47 a.C.), Júlio César nomeou o sacerdote Hircano II etnarca dos judeus, e parece que o sinédrio de Jerusalém assumiu a responsabilidade jurídica por toda a Palestina, inclusive a Galileia, com poderes de executar até Herodes (*Ant.* XIV,ix,4-5; ##168-180). Quando Herodes se tornou rei, o sinédrio de Jerusalém (expurgado de seus inimigos e agora a sua disposição) continuou como organismo jurídico com o poder de executar (*Ant.* XV,vi,2; #173). Tcherikover ("Was", p. 73) afirma que, sob Herodes, esse sinédrio pode ter tratado principalmente de assuntos religiosos. Quando Herodes morreu, c. 4 a.C., a Palestina foi dividida entre seus três filhos (ver A2 acima). Nosso interesse principal aqui é como essa responsabilidade foi exercida depois de 6 d.C., quando o filho que governava a Judeia, Arquelau, foi substituído por um prefeito romano, com sede em Cesareia, no litoral.

---

[26] Nas designações neotestamentárias dos membros do sinédrio como "os sacerdotes, os anciãos e os escribas", pode ter havido fariseus entre o grupo mencionado por último (ver nota 52; e APÊNDICE V, B2).

2. O organismo dirigente judaico sob a administração romana

Até aqui nossa história descreveu uma gerúsia ou um sinédrio em Jerusalém onde dominavam os chefes dos sacerdotes, com outros sacerdotes, nobres ou anciãos abastados, e fariseus (escribas?).[27] Essa assembleia, administrativa e judicial, tinha responsabilidade em assuntos religiosos e em alguns assuntos seculares. Antes de 6 d.C., o governante atuava com esse organismo e por intermédio dele, sendo às vezes censurado por ele em questões de justiça, às vezes ordenando-lhe que fizesse o que ele queria. Há indícios de que essa situação continuou no século I d.C. e, assim, no tempo de Jesus?

a) O Novo Testamento. A situação que acabamos de descrever certamente combina com a imagem que o NT dá dos procedimentos do sinédrio com relação a Jesus, Estêvão e Paulo. Segundo Jo 11,47-53, os chefes dos sacerdotes e fariseus, perturbados por Jesus ter ressuscitado Lázaro, reúnem o sinédrio, ao qual se dirige Caifás, o sumo sacerdote. Eles trocam opiniões (*boulesthai*) sobre como matar Jesus. O julgamento judaico de Jesus, que em Marcos, Mateus e Lucas acontece pouco antes da crucificação, conta com a participação de um sinédrio de chefes dos sacerdotes, escribas e anciãos. Em Marcos/Mateus, há testemunhas contra Jesus; a acusação é de blasfêmia e a sentença exige a morte; os líderes do sinédrio negociam com Pilatos sobre isso e ele negocia com eles.[28] Em At 4,5-6.15, Pedro e João, que foram acusados de pregar a respeito de Jesus ressuscitado, comparecem perante o sinédrio de Jerusalém, formado por chefes dos sacerdotes, governantes, anciãos e escribas. Para julgar esses apóstolos, em At 5,21.34, o sumo sacerdote e os que estão com ele convocam "o sinédrio e toda a gerúsia dos filhos de Israel", onde há também fariseus. Há um movimento para condenar os apóstolos à morte (At 5,33), mas o resultado foi a soltura depois do açoite (At 5,40). Estêvão é trazido perante o sinédrio de Jerusalém, que inclui anciãos e escribas; é dado testemunho

---

[27] Não afirmamos de modo algum que essa seja a imagem completa da administração judaica na Palestina: pode ter havido outros tribunais, mas nossa preocupação aqui é apenas com a Judeia. Quando nos voltarmos para a administração judaica sob os romanos, os leitores notarão até que ponto os chefes dos sacerdotes continuam a desempenhar um papel. James (*Trial*), que é de forma simplista literal ao interpretar os relatos bíblicos, mas faz uma apresentação séria de provas greco-romanas, lembra (v. 1, p. 181) que muitas assembleias controladas pelos romanos incluíam os sacerdotes da religião local: "A autoridade política dos tempos antigos sempre vestia um manto de santidade".

[28] À luz do estudo de Josefo que vai se seguir, é digno de nota que, embora os três sinóticos usem "sinédrio" para descrever a assembleia diante da qual Jesus ficou, Lc 23,50-51 e Mc 15,43 usam "boule" (ou *bouleutes*) para descrever José de Arimateia, membro desse grupo.

acusando-o de declarações inflamadas a respeito do Templo e da lei de Moisés (At 6,12-14); a defesa de Estêvão fracassa e ele é apedrejado até a morte (At 7,54-58). Um centurião romano ordena uma reunião dos chefes dos sacerdotes e de todo o sinédrio e traz Paulo diante deles (At 22,30). Nessa reunião, há fariseus e também saduceus (At 23,6-9) que discordam quanto a assuntos religiosos como a ressurreição e questões referentes à lei (At 23,28-29). O centurião afasta Paulo deles e o envia ao governador romano, mas os líderes do sinédrio (chefes dos sacerdotes e anciãos) vão a Cesareia apresentar suas acusações contra Paulo (At 24,1). Segundo o texto ocidental de At 24,6, eles declaram que se não tivessem sido interrompidos, "teríamos julgado conforme nossa lei".

b) *Josefo*. Quando nos voltamos para Josefo, encontramos uma imagem semelhante do sinédrio. No início do período romano, ele declara (*Ant*. XX,x,5; #251): "Depois da morte desses reis [Herodes, o Grande, e Arquelau, seu filho], a forma de governo se tornou uma aristocracia e a liderança da nação foi confiada aos chefes dos sacerdotes". (Ver também *Contra Apião* II,21-22, ##185-186.188.) Para descrever a assembleia reunida pelos sacerdotes, Josefo emprega dois termos, "sinédrio" e "boule" (senado, concílio — de uma cidade-estado]",[29] da mesma forma que ele tinha dois termos de descrição no período pré-romano, a saber, "sinédrio" e "gerúsia". Quero fazer uma análise sumária de oito passagens esclarecedoras, das quais as três primeiras usam "sinédrio" e as outras cinco, "boule". São as únicas vezes que Josefo emprega esses termos para a assembleia de Jerusalém durante a administração romana da Judeia (6-66 d.C.).[30]

1*) C. 62 (*Ant*. XX,ix,1; ##200-203). O sumo sacerdote saduceu Anano (Anás) II, no momento da troca entre os procuradores Festo e Albino, convocou (*kathizein*: fez sentar) um sinédrio de juízes e trouxe perante ele um homem chamado Tiago (o irmão de Jesus chamado o Cristo) e alguns outros. Acusou-os de

---

[29] Como *synedrion*, *boule* pode significar o lugar ou a sala da assembleia e também a assembleia em si (Josefo, *Guerra* V,iv,2; #144). *Bouleterion* é também lugar de assembleia (*Guerra* VI,vi,3; #354).

[30] Infelizmente, Fílon não descreve em nenhum lugar o grupo governante em Jerusalém usando "sinédrio" ou "boule". Entretanto, em algumas de suas descrições alegóricas, é possível perceber que, para ele, não há distinção nítida entre os dois termos, por exemplo, o lugar de reuniões (*synedrion*) e a sala do conselho (*bouleuterion*) da alma (*De vita contemplativa* 3; #27); também a combinação de senadores (*bouleutes*) e *synedrion* com importância simbólica em *De confusione linguarum* 18; #86. Comparável à descrição por Josefo da convocação de um sinédrio é a convocação do conselho por Fílon: *boulen synagein* (*Quis rerum heres* 50; #244). "Boule" é usado para o senado romano e para conselhos urbanos.

transgressão da lei e entregou-os para serem apedrejados. Houve quem se queixasse de que Anano agiu ilegalmente, pois não tinha autoridade para convocar um sinédrio sem o consentimento do procurador e por isso foi afastado da função.

2*) C. 64 (*Ant.* XX,ix,6; ##216-217). No tempo do procurador Albino, Agripa II convocou um sinédrio a fim de obter permissão para vestir com mantos os levitas que eram cantores. Os que compareceram ao sinédrio concordaram.

3*) Fim da década de 60 (*Vida* XII; #62). Quando chegou à Galileia, Josefo escreveu ao sinédrio de Jerusalém, pedindo instruções sobre como proceder.

4*) C. 44-45 (*Ant.* XX,i,2; #11). O imperador Cláudio escreveu "aos governantes [*archontes*], boule, e ao povo de Jerusalém,[31] a toda a nação dos judeus". Quanto a *archontes*, ver APÊNDICE V, B6.

5*) Meados dos anos 60 (*Guerra* II,xv,6; #331). O procurador Floro mandou chamar os chefes dos sacerdotes e o boule e disse-lhes que pretendia sair da cidade de Jerusalém. Ao estudar o contexto desta passagem (*Guerra* II,xiv,8 e 15,3; ##301, 318), Tcherikover ("Was", p. 68) mostra que, ao descrever os que formavam o boule, Josefo não faz distinção entre os *archontes* ("governantes"), os *dynatoi* ("poderosos ou influentes") e os *gnorimoi* ("notáveis ou de prestígio"). Todos faziam parte da aristocracia de Jerusalém (e provavelmente equivaliam a "chefes dos sacerdotes e anciãos" do NT).

6*) Meados de 60 (*Guerra* II,xvi,2; #336). Os chefes dos sacerdotes dos judeus, os cidadãos influentes (*dynatoi*) e o boule vão a Jâmnia dar as boas-vindas ao rei Agripa II e queixar-se de Floro. Certamente essa não é a ação de um concílio de cidade local, mas sim de um organismo com autoridade que se estendia por toda a Palestina judaica.

7*) Fim da década de 60 (*Guerra* V,xiii,1; #532). Aristeu é descrito como escriba do boule. Ele é de Emaús (perto da Latroun atual), do mesmo modo que o

---

[31] Embora não pense que Jerusalém fosse uma *polis* grega (cidade-estado), Tcherikover ("Was", p. 62-63) lembra que essa era a forma normal de tratamento imperial para essa cidade. (Essa carta é contrária à tese de que Jerusalém era como outras cidades-estados gregas, pois toma o cuidado de mencionar o direito dos judeus de viver conforme suas tradições ancestrais.) Como os romanos, Josefo usou nomes gregos comuns para instituições judaicas características; mas ambos conheciam a diferença na realidade por baixo da terminologia. Tcherikover (p. 74-75) afirma que os arcontes de Jerusalém não eram arcontes no sentido grego; o boule de Jerusalém não era semelhante ao boule da cidade-estado grega e o povo de Jerusalém não agia como o *demos* helenístico.

Bouleutes neotestamentário, José, é de Arimateia — se essas cidades representam domicílio atual, não lugar de nascimento, a presença de não jerusalemitas é outra indicação do amplo raio de ação do boule.

8*) (*Guerra* V,iv,2; ##142-144). O primeiro e mais antigo muro setentrional de Jerusalém passava pelo xisto ou ginásio, e então juntava-se à sala de audiências do boule, antes de terminar no pórtico ocidental do Templo. (Ver também *Guerra* VI,vi,3; #354: *Bouleuterion*.)

As semelhanças entre as descrições que Josefo faz do sinédrio/boule e as descrições neotestamentárias do sinédrio são bastante claras. O estudo meticuloso de Tcherikover ("Was", p. 71) conclui: "O concílio [boule] em Josefo e o sinédrio no Novo Testamento eram a mesma instituição". A assembleia descrita em ambos inclui a presença de chefes dos sacerdotes, escribas e governantes ou cidadãos influentes (= anciãos), constitui a autoridade judaica suprema para tratar com prefeitos/procuradores romanos e sentencia os infratores. Assim, muitos estudiosos não têm dificuldade em pressupor que, durante a administração romana da Judeia, um sinédrio (gerúsia, boule) de sacerdotes, anciãos e escribas, liderados pelos chefes dos sacerdotes, desempenhou importante papel administrativo e judiciário na autonomia governamental judaica na Judeia.

c) A *Mixná*. Uma minoria de biblistas[32] corrige drasticamente essa imagem à luz do tratado da Mixná *Sanhedrin*. Ali, a assembleia, chamada o (grande) sinédrio, ou mais frequentemente Beth-Din,[33] consiste em estudiosos que são especialistas na lei de Moisés escrita e na interpretação/lei oral que foi elaborada por meio de debates rabínicos. As funções dessa assembleia são mais legais ou jurídicas que políticas; mas há também elementos legislativos e executivos. Embora assuntos seculares sejam tratados, o tom geral é fortemente religioso. Mixná *Hagiga* 2,2 traz uma lista de expoentes rabínicos que serviram como presidente (*nasî*, "patriarca")

---

[32] Ver em especial A. Büchler, "Das Synedrion in Jerusalem und das grosse Beth-Din in der Quaderkammer des jerusalemischen Tempels", em *Jahresbericht der isr.-theol. Lehranstalt in Wien* 9, 1902, p. 1-252; J. Z. Lauterbach, "Sanhedrin", em JE, v. 2, p. 41-44. Também Mantel, *Studies*, p. 54-101; Zeitlin, *Who*, p. 68-83; e bibliografia em HJPAJC, v. 2, p. 199.

[33] "Casa de julgamento/justiça" ou "tribunal". Na versão de Pr 22,10 na LXX, *synedrion* traduz o hebraico *dîn*. Mixná *Sanhedrin* 4,1 também menciona tribunais menores de vinte e três juízes conhecidos como sinédrios menores, presumivelmente de caráter mais local e/ou para crimes menores. Ver as confusas informações rabínicas a respeito do sinédrio maior e menor em J. M. Baumgarten, "The Duodecimal Courts of Qumran, Revelation and the Sanhedrin", em JBL 95, 1976, p. 59-78, esp. p. 72-75.

ou como pai do Beth Din, enquanto *Sanhedrin* 2,1 não atribui nenhum prestígio especial ali ao sumo sacerdote. Apesar da data de codificação da Mixná (c. 200 d.C.), em seu autoentendimento, ela descreve um sinédrio que funcionara em Jerusalém na Antiguidade. Por causa disso, alguns estudiosos judeus (Abrahams, Büchler, Hoenig, Lauterbach, Mantel, Zeitlin) argumentam que havia duas assembleias no tempo de Jesus:[34] um sinédrio político, como o descrito no NT e em Josefo, que era o instrumento cínico do prefeito romano e do sumo sacerdote; e um sinédrio religioso de estudiosos sinceramente interessados na lei. Jesus teria sido julgado pelo sinédrio político, não pelo religioso.

Há diversas variantes dessa tese. (Além das examinadas aqui, ver Tcherikover, "Was", p. 59-60.71). A proposta por F. E. Meyer ("Einige") emprega o termo mixnaico Beth-Din ha-Gadol (isto é, o grande Beth Din) para o sinédrio de Jerusalém, do qual ele encontra um exemplo em At 5,21ss, onde os fariseus estão presentes. Ele afirma que At 4,1.5-6 descreve apenas uma investigação sacerdotal sem o envolvimento de fariseus, que deve ser considerada preparatória para o julgamento pelo sinédrio no capítulo seguinte. Como os fariseus não são mencionados no processo judaico contra Jesus,[35] ele também era apenas preparação para um julgamento, mas nesse caso, julgamento romano. Assim, Jesus não foi julgado pelo sinédrio ou Beth-Din ha-Gadol, mas sim investigado por um tribunal menor. A variante de Kennard ("Jewish", p. 35-37) afirma que os fariseus tinham uma assembleia própria no tempo de Jesus, mas ela era apenas uma Beth ha-Midrash ou escola interpretativa, e que documentos judaicos mais tardios exageraram seu papel falando em Beth-Din ha-Gadol. A principal assembleia da província da Judeia era o sinédrio, sucessor da assembleia pré-romana da nobreza sacerdotal. Os fariseus participavam, embora não confiassem nos líderes sacerdotais; ela não era apenas

---

[34] Não vou examinar a variante que propõe três sinédrios (ver HJPAJC, v. 2, p. 207-208). Ver uma meticulosa refutação da tese de Zeitlin de dois sinédrios em Stonehouse, "Who", p. 45-52; ele examina e refuta sete exemplos do sinédrio político. Stonehouse também nega a alegação de que Lucas descreveu um sinédrio político, pois a linguagem lucana indica um *presbyterion* do povo.

[35] Ver, entretanto, Jo 11,47-53. Como mencionarei na nota 52, é provável que alguns dos escribas descritos como presentes no julgamento fossem fariseus, embora a memória cristã não dê aos fariseus um papel proeminente na morte real de Jesus. Rivkin (*What*) une com hífen escribas-fariseus como se formassem um só grupo, por exemplo (p. 53): "É evidente, que no tempo de Jesus, os escribas-fariseus coexistiam pacificamente no plano religioso e tinham opiniões semelhantes no plano político". Safrai ("Jewish", p. 384), cujas opiniões diferem de modo significativo das de Rivkin, concorda neste ponto: os sábios ou mestres da Torá, com frequência chamados escribas, eram a parte mais importante do movimento fariseu.

política, mas preocupava-se com a santidade do Templo ("Jewish", p. 26-27). Jesus ficou diante dessa assembleia étnica para a nação, que era executiva e tinha autoridade para sentenciar à morte. Assim, as teses de Meyer e Kennard a respeito de duas assembleias são virtualmente contraditórias. Outra variante foi proposta em diversos escritos sobre o assunto por Rivkin, que lembra que, na Mixná, em proporção de dezenove a três, "Beth-Din" é termo preferido a "sinédrio", apesar do nome do tratado. Ele acha que "Beth-Din" era a designação hebraica daquilo que Josefo chama de boule, que no tempo de Jesus era diferente do sinédrio dominado pelos chefes dos sacerdotes.[36] O boule dos intérpretes da lei tinha tendência farisaica, enquanto o sinédrio era saduceu. Segundo Rivkin, o boule originou-se no período asmoneu primitivo, mais de 100 anos antes de Jesus, e se reunia no Bouleuterion no monte do Templo. Depois de 70 d.C., o sinédrio sumo sacerdotal extinguiu-se, mas Vespasiano autorizou um Beth-Din reconstituído em Iavne (Jâmnia) e deu-lhe certa autonomia. O único organismo pós-70, então, era um Beth-Din que funcionava em parte como o sinédrio funcionara no período pré-70.

A meu ver, há duas observações a serem feitas. Primeiro, é muito provável que a teoria de duas assembleias *principais* na Jerusalém do tempo de Jesus é interpretação errada dos indícios, quer em Josefo, quer no NT. Com ainda maior certeza, nada na memória judaica ou cristã do tratamento de Jesus nos leva a crer que mais de uma assembleia judaica se ocupou dele — assembleia do tipo com que os romanos lidavam ao negociar com os judeus.[37] Segundo, a Mixná deve ser entendida como anacrônica, ao tentar remontar o Beth-Din de especialistas a esse período mais primitivo.[38] As observações a seguir apoiam essa opinião:

---

[36] "Beth-Din", p. 189; com maior minuciosidade em seu livro *What* (p. 35: "Portanto, não lidamos com um sinédrio que possuía posição religiosa ou política permanente, mas com um conselho privado que atuava como adjunto da autoridade política").

[37] McLaren (*Power*, p. 192ss) mostra com esmero até que ponto a administração romana governava a Judeia por meio de negociações com o grupo judaico que os dois lados consideravam autorizado. Esse grupo consistia em sacerdotes e outras pessoas proeminentes e quase sempre eles, não os romanos, iniciavam as negociações. Em outra seção do livro (p. 211-218) que admito não considerar clara, McLaren declara que não se deve confundir o boule de Jerusalém (que ele corretamente reconhece ser o sucessor da gerúsia mais antiga) com duas (!) outras instituições descritas pelo termo *synedrion* (sinédrio; p. 213), mas ele jamais explica realmente por quê. (Grande parte do que ele descreve poderia ser o boule atuando como sinédrio; ver nota 49.)

[38] Apesar da opinião citada na nota anterior, McLaren (*Power*, p. 217-218) é firme neste ponto: "Está agora evidente que a instituição descrita em Mixná *Sanhedrin* não existia no período examinado [100 a.C.-70 d.C.]. Permanece discutível se devemos mesmo tentar associar essa instituição a qualquer período

i) Nenhuma fonte de informações, Josefo/NT ou a Mixná, afirma que existiram duas assembleias ou sinédrios ao mesmo tempo no século I.[39] Essa é proposta moderna, baseada no fato de terem essas fontes empregado diversos termos (Josefo: "sinédrio" e "boule"; Mixná: "Beth-Din" e "sinédrio").[40] *Em Contra Apião* II,21-22; ##185.188-189, Josefo supõe claramente a existência de apenas um organismo governante (dominado por sacerdotes), que administrava os negócios da comunidade. Do mesmo modo, a Mixná (*Sota* 9,11) conhece um só organismo, pois o sinédrio mais primitivo se extinguira.

ii) Se a grande assembleia de expoentes que julgavam questões religiosas (como está descrita na Mixná do fim do século II) realmente existia no século I, por que não há nenhuma indicação dela nas testemunhas do século I, cristãs ou judaicas? Por que essas testemunhas atribuem funções não só políticas, mas também religiosas, ao sinédrio de sacerdotes, anciãos e escribas? Quanto ao NT, o julgamento de Jesus ocupa-se da sobrevivência do santuário do Templo, filiação divina e blasfêmia; o julgamento de Estêvão ocupa-se de blasfêmias, falar contra o Templo e a lei e mudar os costumes transmitidos por Moisés (At 6,12-14); o centurião entende que o julgamento de Paulo (At 22,30–23,10) se refere a questões da lei judaica (At 24,29). Transgressões da lei e assuntos levíticos são julgados perante o sinédrio descrito por Josefo (nn. 1*, 2* acima).

iii) Quanto à alegação da Mixná de que o Beth-Din erudito que ela descreve é uma instituição antiga, a Mixná é quase sempre anacrônica em suas suposições, na verdade até na suposição mais básica que alega grande antiguidade para a lei oral originária do próprio Moisés. A obra de muitos estudiosos judaicos recentes mostra como é difícil estabelecer situações autênticas anteriores a 70 a partir da Mixná. (Os numerosos escritos de J. Neusner demonstram claramente isso.) O ônus da prova é muito mais pesado quando testemunhas do século I, cristãs e judaicas, descrevem uma situação diferente daquela imaginada pela Mixná.

---

histórico".

[39] Os sinédrios menores mencionados na nota 33 não se envolviam na administração geral. A respeito disso, ver Tcherikover, "Was", p. 71, n. 17. Ele declara: "A situação religiosa-legal em Israel não leva em conta nenhuma divisão de autoridade entre instituições com funções políticas, por um lado, e funções religiosas, por outro [...]. Os que entendiam da Torá (fariseus, escribas) também participavam do sinédrio".

[40] Safrai ("Jewish", p. 382), que é relativamente conservador ao afirmar que a prova mixnaica tem valor para determinar os costumes e as instituições do século I, é claro: "Não temos outra escolha a não ser aceitar a presença de um só 'sinédrio', que aparece sob nomes diferentes".

iv) A variante de Meyer explicada acima não tem apoio nos Atos, nem nos Evangelhos. Blinzler (*Prozess*, p. 138) está perfeitamente correto ao afirmar que não existe um iota de diferença na apresentação lucana da atuação das autoridades judaicas nos capítulos 4 e 5 dos Atos, exceto que At 5 traz a sessão final. Além disso, Lucas certamente considerava essa assembleia ligada ao grupo que agia contra Jesus. Nada no relato que Marcos/Mateus fazem dos procedimentos contra Jesus sugere um sinédrio mais restrito que o descrito por Josefo.

v) Não há base adequada para a distinção que Rivkin faz entre o sinédrio e o boule na descrição por Josefo da Judeia sob os prefeitos romanos, pois o boule nada mais é que o sinédrio judaico de sacerdotes, anciãos ou nobres e escribas.[41] As passagens de Josefo dadas acima (nn. 4*-7*) mencionam todos esses componentes.[42] Se o boule era apenas uma assembleia religiosa de especialistas, por que o imperador romano se dirigia a ele juntamente com a nação toda dos judeus? (Os rabinos mais tardios podiam pensar que os especialistas religiosos tinham importância suficiente para serem tratados pelo imperador como importantes parceiros de diálogo, mas será que isso era verdade durante a administração romana?) Compare 4*, em Josefo, com a carta oficial à gerúsia (ou sinédrio) de sacerdotes e anciãos em 2Mc 11,27 (ver 1Mc 13,36; 14,20). Por que o prefeito informaria a um boule de especialistas que estava saindo da cidade, como em 5*? Se os saduceus ou sacerdotes não tinham papel importante nele, por que ele é associado a sacerdotes, como em 5*, 6*? Compare Mc 14,55 ("os chefes dos sacerdotes e o sinédrio inteiro") com Josefo, *Guerra* II,xv,6; #331: "os chefes dos sacerdotes e o boule". Finalmente, por que Josefo escolheu "boule" para representar a assembleia religiosa em vez da política, quando esse é um termo que ele usa alhures para o senado de Roma (*Guerra* I,xiv,4; #284; *Ant.* XIX,iv,5; #266) e para o organismo governante de Tiro (*Ant.* XIV,xii,4; #314)?[43] Ao apresentar o sinédrio de Jerusalém, o único

---

[41] Safrai ("Jewish", p. 389): "Devemos enfatizar que o boule se identifica com o sinédrio". Já vimos dois nomes para a mesma assembleia (sinédrio e gerúsia) no período anterior ao século I. As referências ao sinédrio em Jo 11,53 (ver Jo 12,10) e At 5,33 empregam o verbo *boulesthai*; e Lc 23,50-51 relaciona claramente José, *bouleutes* ("membro do boule"), à sessão do sinédrio contra Jesus.

[42] O boule, em 4*, não deve ser interpretado como se nada tivesse a ver com os sacerdotes e cidadãos principais, pois 6* associa essas autoridades ao boule.

[43] Ver também o termo "sinédrio" para assembleias realizadas em Berytus (Beirute, *Ant.* XVI,xi,1; #357) e em Roma (*Ant.* XVII,xi,1.4; ##301.317). Limitei o estudo ao emprego de "sinédrio" e "boule" durante a administração romana; mas como não há nenhuma grande distinção na descrição que Josefo faz do sinédrio sob os herodianos e sob os romanos, é muito implausível entender *Ant.* XIV,ix,3-5; ##163-184

alto concílio dos judeus, Josefo usa o termo "boule", que era bem conhecido de sua audiência de leitura grega, pois era o nome comum para o conselho de suas cidades-estados. Se existe alguma diferença para Josefo entre "boule" e "sinédrio", pode ser que ele considerasse o último quase o nome próprio ou título do boule de Jerusalém (ver *Vida* XII; #62).

Além disso, duas citações resumem essa discussão. Danby ("Bearing", p. 75) declara: "A Mixná deixa de concordar com os relatos mais primitivos [Josefo, NT, Macabeus] a respeito do sinédrio porque o sinédrio histórico cessara de existir e o sinédrio que ela realmente conhecia, no qual se baseava sua descrição, era uma instituição puramente acadêmica, que tinha poderes puramente acadêmicos e interesses puramente acadêmicos". Do mesmo modo, HJPAJC (v. 2, p. 208) está correto ao afirmar: "Se 'grande sinédrio' significa um organismo oficialmente reconhecido pelas forças de ocupação e dotado de competência em poderes judiciário e administrativo e em exegese legal, havia uma única instituição sob a presidência do sumo sacerdote".

C. O funcionamento geral de um sinédrio

As referências ao sinédrio (ou boule) no Novo Testamento e em Josefo não são detalhadas o bastante para nos dizer como o sinédrio atuava. Mesmo que o Beth-Din da Mixná descreva uma assembleia diferente, que surgiu mais tarde e sucedeu ao sinédrio do século I, estão preservadas as memórias legítimas do período mais primitivo? Responderemos a essa pergunta primeiro tratando de questões gerais (número de membros, os elegíveis, lugar de reuniões) e depois examinando o pensamento dominante (fariseu ou saduceu).

---

como se um organismo puramente político estivesse envolvido (muito menos "um conselho privado"). Há um organismo que exerce julgamento (##168.172) a respeito de uma violação da lei (#167), perante o qual o nome de Deus é invocado (#174) e cujos membros estão cientes de que mais tarde Herodes pode matá-los (##173.175). O relato menos detalhado em *Guerra* I,x,6-7; ##208-211 fala disso como um ato de Hircano, o sumo sacerdote, que *Antiguidades* torna parte do sinédrio. Do mesmo modo, os Evangelhos exageram o papel do sumo sacerdote, até o ponto em que o sinédrio endossa sem questionar as decisões dele.

§ 18. Introdução: Pano de fundo para o julgamento/interrogatório judaico de Jesus pelas autoridades sacerdotais

1. Quadro de membros e lugar de reuniões

Muitos aceitam como aplicável ao sinédrio do tempo de Jesus a declaração de Mixná *Sanhedrin* 1,6: "O grande sinédrio consistia em setenta e um membros" porque esse número teria sido sugerido por judeus conforme o modelo de Nm 11,16, onde Moisés se une aos setenta anciãos de Israel.[44] Supõe-se que os setenta e um do sinédrio consistiam nos setenta sacerdotes e escribas divididos em três, liderados pelo sumo sacerdote. (R. Judá na Mixná conta apenas setenta.) Entretanto, essa organização numérica do século I d.C. não está documentada por nenhum indício contemporâneo. Se voltarmos às citações de Josefo acima, veremos a linguagem da convocação de *um* sinédrio;[45] e assim podemos especular se no século I havia esse número fixo de membros. Será que, para lidar com um problema, o sumo sacerdote convocava membros do sinédrio que estavam disponíveis? Certamente, os textos de Josefo não nos estimulam a pensar em um organismo fixo regularmente em sessão como o senado dos EUA.

Ainda assim, havia membros do sinédrio no sentido de uma lista de pessoas conhecidas que o constituíam? (Resumo aqui o tratamento no APÊNDICE V, B1-3.) No tempo de Jesus, o prefeito romano designava o sumo sacerdote e este era com certeza uma pessoa proeminente. Os "chefes dos sacerdotes" que são mencionados eram provavelmente antigos sumos sacerdotes, juntamente com membros proeminentes de famílias de onde se originaram sumos sacerdotes recentes e alguns que haviam sido incumbidos de deveres sacerdotais especiais. A maior parte dos "anciãos" originavam-se de famílias abastadas ou ilustres (embora a literatura rabínica com frequência os considerasse sábios). Esses dois grupos explicam a observação de Josefo, citada acima, a respeito de um governo dominado pela aristocracia. Quanto aos "escribas", sua posição refletia excelência em inteligência e cultura. Contudo, em nenhum desses casos temos necessariamente de pensar em uma lista fixa além da presença esperada e frequente dos sacerdotes e nobres mais conhecidos. (A lista de nomes em At 4,6, seja ou não histórica, apoia a última parte dessa sugestão, pois

---

[44] Ver a ideia de setenta homens em Josefo, *Guerra* II,xviii,6; #482; II,xx,5; #570-571 (Blinzler, *Prozess*, p. 90-92). Quanto à questão de um sinédrio de setenta e dois membros, ver HJPAJC, v. 2, p. 210.

[45] Entretanto, como menciona Betz ("Probleme", p. 656-647), na história mais longa relatada por Josefo a respeito de um sinédrio, que lida com Herodes c. 47 a.C., o artigo definido ocorre seis vezes (*Ant.* XIV,ix,3-5; ##163-184). Consequentemente, não se deve exagerar a indefinição, como se uma reunião indefinida fosse convocada. O sinédrio era um organismo suficientemente definido para uma carta lhe ser dirigida (ver 3*).

pelo menos revela uma visão do que Lucas achava que devia ser o caso.) Em vez de membros designados, talvez tenhamos de pensar no comparecimento de grupos específicos quando um sinédrio era convocado.

Onde o sinédrio se reunia (ou "sentava", para usar a metáfora de Josefo)? Com referência ao julgamento de Jesus, Mc 14,53-55 fala do pátio ou palácio (*aule*) do sumo sacerdote (presumivelmente um antigo palácio asmoneu na encosta da colina ocidental voltada para o Templo). Nem Josefo nem a Mixná visualizam uma sessão do sinédrio nesse palácio.[46] Josefo descreve o lugar de reuniões como *Boule* ou *Bouleuterion*. Segundo *Guerra* V,iv,2; #144 (ver *Guerra* VI,vi,3; #354), esse lugar ficava na região onde o primeiro muro ou muro mais antigo da cidade de Jerusalém vinha do xisto (ginásio?) para se unir ao muro ocidental da área do Templo, desse modo dentro ou acima do Vale do Tiropeon, fora do Templo.[47] Mixná *Middot* 5,4 descreve o lugar de reuniões do sinédrio como o *Liskat ha-Gazît*, mais comumente entendido como a Câmara da Pedra Esculpida, que Mixná *Sanhedrin* 11,2 coloca nos pátios internos do Templo.[48] *Middot* 5,4 descreve-a como câmara meridional dos pátios do Templo. Entretanto, HJPAJC (v. 2, p. 224) entende o *Gazît* como o Xisto (assim, "a câmara ao lado do Xisto") e afirma que ela ficava onde Josefo situa o Bouleuterion fora do Templo. Contudo, outra tradição mixnaica (*Yoma* 1,1) associa o sumo sacerdote à Sala de Reuniões do Proedroi, que também pode ser a Sala de Reuniões dos Bouleutai ou Conselheiros (TalBab *Yoma* 8b; a respeito de vários nomes para a Sala de Reuniões, ver Tosepta *Yoma* 1,1-3; TalJer *Yoma* 38c

---

[46] Em Lc 22,66, Jesus é levado do pátio ou palácio do sumo sacerdote ao sinédrio sem estar claro onde este último estava reunido. João não descreve nenhuma sessão do sinédrio na noite antes de Jesus morrer, mas em Jo 18,24 Jesus é levado de Anás a Caifás sem estar especificado se isso envolve um edifício diferente do *aule* do sumo sacerdote (Jo 18,15). Se, como vou sugerir, historicamente houve duas ações legais judaicas, a saber, uma reunião do sinédrio que levou à prisão de Jesus com a intenção de condená-lo e um interrogatório de Jesus pelo sumo sacerdote antes que ele fosse entregue aos romanos, este último talvez fosse, na tradição pré-evangélica, associado ao *aule* do sumo sacerdote.

[47] A respeito de tudo isso, ver Blinzler, *Prozess*, p. 166-170. At 22,30–23,10 imagina um tribuno romano presente a uma sessão do sinédrio; isso favorece um local fora da área do Templo. Também At 22,30 e 23,10 usam verbos que indicam descer para uma reunião com o sinédrio, presumivelmente da fortaleza Antônia, que estaria no mesmo nível que a esplanada do Templo. (Entretanto, ocasionalmente, o uso bíblico do grego reflete expressões hebraicas; e, em hebraico, "subir" e "descer" podem refletir uma descrição tradicional estabelecida, em vez de uma indicação exata de direção.) Cantinat (*Jésus* [...] *Sanhédrin*, p. 300) acha que o sinédrio se reunia no próprio Xisto (ver Josefo, *Guerra* II,xvi,3; #344), mas parece que a descrição de Josefo do muro põe o lugar das reuniões adjacente ao Xisto.

[48] TalBab *Yoma* 25a imagina uma grande basílica, metade dentro e metade fora do pórtico do Templo.

[1,1,17]). Este ficava no pátio externo do Templo e se abria para fora, descrição que, com imaginação, concorda com a localização de Josefo.

Uma tradição do TalBab de confiabilidade duvidosa traz a mudança ou expulsão do sinédrio do *Liskat ha-Gazîr* quarenta anos antes de o Templo ser destruído (assim, c. 30 d.C.) para os Bazares (*Sanhedrin* 41a; *Sabbat* 15a; *'Aboda Zara* 8b). Há quem associe esses Bazares (*Hanut*) com a família sumo sacerdotal de Anás (*Hananyâ*); existe uma controvérsia quanto ao fato de os Bazares ficarem no Monte das Oliveiras ou no Monte do Templo. Outra confusão é causada por TalBab *Ros Hassana* 31a, que tem uma mudança subsequente do sinédrio na direção oposta, dos Bazares para Jerusalém. Em suma, não sabemos com certeza onde o sinédrio costumava se reunir na época da morte de Jesus, mas um lugar contíguo ao Templo e não dentro dele talvez seja mais correto. É muito provável que seria anacrônica para o tempo de Jesus a regra encontrada em TalBab *Sanhedrin* 41a e *'Aboda Zara* 8b, que consideram ilegal a sentença de morte imposta fora do *Liskat ha-Gazît*.

2. Influência dominante em um sinédrio: dos fariseus ou dos saduceus?

É costume pensar no sinédrio como tribunal que atuava como juiz e júri. Antes da época da administração romana na Judeia, o sinédrio de Jerusalém julgou se Herodes, o Grande, devia morrer (*Ant.* XIV,ix,4-5; ##168-180). Durante a administração romana, o NT relata julgamentos de Jesus, Estêvão e Paulo por crimes capitais; e Josefo (1* acima) relata que um sumo sacerdote e um sinédrio de juízes entregaram Tiago, "o irmão de Jesus chamado Cristo", para ser apedrejado. (A atmosfera semelhante a um tribunal recebe apoio da descrição rabínica mais tardia do sinédrio, pois, na época da Mixná, o sinédrio se tornara um organismo de especialistas na lei.) Entretanto, a imagem do sinédrio como tribunal talvez seja simples demais para o tempo de Jesus, pois os casos de atividade do sinédrio/boulé dados acima, em B2, mostram também atividade administrativa e executiva.[49] Em literatura escrita antes de 100 d.C., quando o sinédrio sentencia realmente à morte, não há indícios de procedimentos semelhantes ao de um tribunal para proteger o réu. Abaixo me dedicarei à análise da pergunta tradicional: "Segundo que interpretação da lei judaica o sinédrio do tempo de Jesus julgava causas, principalmente crimes capitais?". Contudo, tenho fortes suspeitas de que, como um organismo quase

---

[49] Dos três empregos de "sinédrio" citados ali, 1* abrange um julgamento, ao contrário de 2* e 3*.

legislativo e executivo, com interesses que eu chamaria de religiosos e políticos irremediavelmente entrelaçados, um sinédrio, quando convocado, quase sempre agia conforme o que parecia prudente e eficaz. Nem todos os que compareciam se preocupavam com sistemas de interpretação legal, a menos que tal preocupação fosse oportuna e vantajosa. Depois de fazer essa advertência, quero examinar de uma forma mais tradicional o sinédrio como organismo jurídico.

Vamos examinar saduceus e fariseus e podemos bem começar com algumas observações gerais sobre ambos. Muitos estudos sumários dos saduceus descrevem-nos como casta sacerdotal muito helenizada, pró-romanos e mundana, em vez de religiosa. Entretanto, em um livro que descreve as seitas judaicas, A. J. Saldarini corretamente adverte: "A tarefa de reconstrução dos saduceus a partir das fontes é desalentadora e, em muitos aspectos, impossível".[50] Josefo (que, durante a administração romana, identifica poucos indivíduos como saduceus, a saber, o sumo sacerdote Ananias e Anano II: *Guerra* II,xvii,10; #451; *Ant*. XX,ix,1; #199) nunca declara que todos os líderes judaicos ou todos os sacerdotes eram saduceus. Talvez eles constituíssem uma elite tirada dos grupos sacerdotais nobres e do laicato aristocrático. Para defender a autoridade rabínica, obras judaicas mais tardias, por exemplo, a Mixná e a Tosepta, descreveram os saduceus como adversários tradicionais; mas, na verdade, talvez os autores pouco soubessem a respeito dos saduceus históricos. Efetivamente, os saduceus seguiam a lei de Moisés escrita (*Ant*. XIII,x,6; #297). Talvez devamos acrescentar "pelo menos", pois inevitavelmente os saduceus cultivavam alguns costumes que estavam além da lei escrita. Entretanto, ao que parece, eles não tinham um sistema de interpretação/lei que reconhecessem superar a lei escrita (enquanto os fariseus reconheciam o caráter mais que bíblico de algumas de suas leis/interpretações).[51] Contudo, pouco ou nada sabemos dos

---

[50] *Fariseus, escribas e saduceus na sociedade palestinense*, São Paulo, Paulinas, 2005, p. 308 (Coleção Bíblia e História, Série Maior). Do mesmo modo, L. H. Schiffman (*From Text to Tradition*, Hoboken, KTAV, 1991, p. 110-111) afirma: "Não se pode dizer que o partido dos saduceus começou a existir em determinado ponto". Na verdade, ele pressupõe a existência de dois grupos de saduceus, uns mais helenizados, outros mais fiéis a tradições mais antigas.

[51] Ver E. P. Sanders, *Jewish Law*, p. 107-110. Há ainda uma oportunidade realista para aprender mais a respeito dos saduceus. L. H. Schiffman (BA 53, 1990, p. 64-73) afirma que um documento de Qumrã do século II a.C., descrito como "Atos legais pertinentes à Torá" (4QMMT), que é dirigido às autoridades (sacerdotais?) de Jerusalém, coloca o grupo de Qumrã mais perto de opiniões indicadas (três séculos) mais tarde como saduceias, e localiza as autoridades de Jerusalém mais perto de opiniões indicadas mais tarde como farisaicas. (Na ocasião em que Schiffman escreveu, o texto não tinha sido publicado.) As discordâncias são em grande parte rituais, e devemos tomar cuidado ao mudar disso para opiniões

costumes saduceus pós-bíblicos e precisamos nos contentar com sua adesão à lei escrita. Certamente, eles rejeitavam as tradições orais que os fariseus consideravam oriundas dos patriarcas e, assim, discutiam "com os mestres de sabedoria" (*Ant.* XVIII,i,4; #16).

Quanto aos fariseus, a fim de corrigir as muitas referências evangélicas hostis, biblistas cristãos lutam para apresentar um retrato benevolente dos fariseus, na suposição de que as opiniões deles eram as dos rabinos do século II que compuseram a Mixná e cuja piedade e legítima benevolência eram inegáveis. Deixando aberta a possibilidade de uma imagem favorável dos fariseus, os biblistas agora reconhecem que havia diferenças entre os fariseus e os rabinos. Saldarini (*Fariseus*, p. 15) observa com tristeza: "Paradoxalmente, a pesquisa recente sobre os fariseus tornou-os, a eles e ao seu papel na sociedade palestinense, mais obscuros e difíceis de descrever". Em uma dissertação apresentada na reunião da Associação Bíblica Católica de agosto de 1991, J. Sievers lembrou que, no NT, em Josefo e na Mixná, somente uma dezena de homens chegaram a ser identificados pelo nome como fariseus. Como vou salientar mais de uma vez, os Evangelhos atribuem a ação do sinédrio contra Jesus em grande parte aos chefes dos sacerdotes, anciãos e escribas. É de se presumir que alguns desses escribas fossem fariseus,[52] instruídos em tradições que aplicavam a lei escrita quase sempre de uma forma mais tolerante. Contudo, se havia fariseus entre os escribas do sinédrio, os Evangelhos não ressaltam essa adesão. Nos procedimentos legais judaicos, que levaram especificamente à entrega de Jesus aos romanos para execução, os fariseus são mencionados apenas em Jo 11,46.47.57; 18,3.[53] A hostilidade geral entre Jesus e os fariseus relatada pelos Evangelhos (na medida em que essa hostilidade não é influenciada pela experiência cristã mais tardia) faz com que se possa entender não haver nenhuma oposição

---

quanto à lei que foi seguida pelas autoridades de Jerusalém ao julgar Jesus.

[52] Certamente, é essa a impressão obtida da união sinótica de escribas e fariseus (cerca de quinze vezes). Contudo, há ainda mais vezes em que os escribas estão unidos aos chefes dos sacerdotes e com certeza havia também escribas da seita saduceia. Esdras, o escriba bíblico por excelência, era sacerdote (Ne 8,1-2). Havia "escribas do Templo" de seu tempo (*Ant.* XI,v,1; #128) e posteriores (século II a.C.: *Ant.* XII,iii,3; #142). O grupo de Qumrã era dominado por sacerdotes sadoquitas; contudo, seus escribas produziram numerosas interpretações da lei. Saldarini (*Fariseus*, p. 251-285) mostra que os escribas têm papel diversificado no âmbito da literatura judaica, porém, que mais que em qualquer outra fonte eles são considerados um grupo unificado no NT (p. 275: imagem que talvez não seja histórica).

[53] Há menção póstuma dos fariseus em Mt 27,62. Jo 11,47 e At 5,34; 23,6 mencionam que os fariseus faziam parte de um sinédrio.

nem queixa dos fariseus quanto ao fato de um judeu como Jesus ser entregue a estrangeiros para execução. Todavia, os Evangelhos *não* sugerem que a decisão que o declarou culpado aludia especificamente aos assuntos legais que constituíam o assunto de controvérsia entre Jesus e os fariseus.[54]

Saindo dessas questões gerais, encontramos a afirmação de que o sinédrio tinha de julgar crimes capitais segundo as regras dos fariseus (com o acréscimo adicional de lógica duvidosa de que as regras eram as mesmas que as mixnaicas). Isso é frequentemente defendido com base em alguns textos generalizados em *Antiguidades* de Josefo, que falam da influência dominante dos fariseus. "Todas as coisas divinas, orações e oblações dos sacrifícios se realizam segundo sua interpretação" (*Ant.* XVIII,i,3; #15); sempre que assumem um cargo, os saduceus, "embora a contragosto e sob coação, se submetem ao que os fariseus dizem, porque do contrário, as massas não os tolerariam" (*Ant.* XVIII,i,4; #17).[55] Tais declarações não podem ser aceitas sem críticas. Embora de família sacerdotal, Josefo decidira viver conforme as regras dos fariseus (*Vida* I,1-2; ##1.12). O que é mais importante, existe notável diferença entre o que ele diz em *Guerra* (escrito nos anos 70 e início dos 80) e em *Antiguidades* (anos 90) sobre a influência dos fariseus nos séculos I a.C. e I d.C. A teoria de Morton Smith[56] para explicar essa diferença conquistou muitos seguidores. Quando escreveu a obra mais tardia, Josefo estava ansioso para obter dos romanos o reconhecimento e a aceitação da incipiente autoridade rabínica da Palestina. Era o período posterior à destruição de Jerusalém durante a Revolta Judaica, quando a escola rabínica em Jâmnia emergia como a força principal na

---

[54] Não acho nada que apoie a tese de H. Falk (*Jesus the Pharisee*, New York, Paulist, 1985), segundo a qual a escola Shamai de fariseus opunha-se implacavelmente a Jesus, que era fariseu da seita de Hilel, e juntou-se à trama dos saduceus contra ele. É difícil ter certeza do papel que os debates Hilel-Shamai desempenharam no tempo de Jesus. O que é mais importante, é muito improvável que Jesus possa ser classificado como fariseu, apesar do fato de alguns em sua posição serem semelhantes aos que a tradição judaica mais tardia associou aos fariseus. Há divergência a respeito da pertinência do título do livro por J. P. Meier: *Um judeu marginal: repensando o Jesus histórico*, 3. ed., Rio de Janeiro, Imago, 1993-2004, 3 v. Contudo, com base na ideia implícita de que Jesus não se identificava como adepto de nenhuma das três seitas dos judeus (fariseus, saduceus, essênios), com certeza Meier (1.8, p. 345-349) está correto.

[55] A prova muito mais tardia de TalBab também é invocada, por exemplo, a observação de um saduceu a seu filho: "Embora sejamos saduceus, temos medo dos fariseus" (*Yoma* 19b); também a afirmação de que as mulheres dos saduceus tinham de seguir as regras farisaicas quanto à menstruação (*Niddah* 33b).

[56] "Palestinian Judaism in the First Century", em M. Cary *et alii*, orgs., *Israel: Its Role in Civilization*, New York, Harper, 1956, p. 67-81. Também J. Neusner, "Josephus' Pharisees: A Complete Report", em JJC, p. 272-292, esp. p. 282-283, onde ele acha inacreditável que os saduceus tivessem de seguir os fariseus no culto e nas orações — essa é uma opinião posterior a 70.

vida judaica palestinense. Como (até certo ponto) os fariseus eram os precursores intelectuais dos rabinos e haviam conquistado certo privilégio com os romanos (ver a seguir), em *Antiguidades*, Josefo quis descrever a grande influência dos fariseus durante cerca de dois séculos, na verdade uma influência tão grande que seria difícil governar a Palestina com eficiência se eles fossem hostilizados.

Examinemos algumas das diferenças entre *Antiguidades* e *Guerra* a fim de entender como a imagem de silêncio relativo sobre a influência dos fariseus[57] mudou para uma imagem de seu domínio. É comum os estudiosos que defendem o controle moral fariseu do sinédrio começarem seus argumentos com o relato em *Ant.* XIII,xv,5 a xvi,3 (##399-417) dos conselhos dados no leito de morte pelo sacerdote-rei Alexandre Janeu, em 78 a.C., a sua mulher Salomé Alexandra. Ele odiara os fariseus; e presumivelmente eles estavam entre os 800 homens que ele crucificou, pois mais tarde eles tentaram levar à morte aquele que o aconselhara a cometer esse ato cruel (*Ant.* XIII,xvi,2; #410). Contudo, agora ele reconhecia que eles tinham tanta influência sobre o povo judaico que quem quer que tivesse a oposição deles não governaria sem conflito. Desse modo, ele disse à mulher para conceder-lhes poder, pois o fato de não ter ele mesmo feito isso trouxera a terra a um triste impasse. Ela fez isso assim que ele morreu e, em troca, eles homenagearam publicamente o falecido Janeu. Embora designasse o filho Hircano para ser sumo sacerdote, ela ordenou ao povo que obedecesse aos fariseus e sua tradição (*paradosis*). Contudo, *Guerra* (I,v,1-3; ##107-114) dá uma imagem muito menos romântica. Não há instrução de Janeu no leito de morte,[58] nem declaração de que a Palestina é ingovernável sem os fariseus. Eles são descritos como rigorosos expoentes da lei que conquistaram demasiada influência sobre Alexandra, que tinha inclinações religiosas. Ao assumir o Estado, eles exterminaram impiedosamente os inimigos, o que provocou ódio.[59] Fica-se com a impressão de que essa não foi uma boa época e que foi imprudente deixar tal fanatismo à solta.

---

[57] Observemos que mesmo *Guerra* (II,viii,14; #162) fala deles como "a seita principal (*hairesis*)". Mas esse critério é subjetivo e reflete a decisão de Josefo de segui-los.

[58] TalBab *Qiddusin* 66a atribui a Simeon ben Shetah um papel (reconciliador?) nos problemas entre os fariseus e Janeu.

[59] E. J. Bickerman, *The Maccabees*, New York, Schocken, 1947, p. 103: "O farisaísmo primitivo era um movimento beligerante, que sabia odiar". Ver também em Sanders (*Jewish Law*, p. 85-86) exemplos de beligerância farisaica primitiva. Ouvimos relativamente pouco a respeito deles no cenário político depois dos primeiros tempos de Herodes, e há quem ache que eles desistiram de desempenhar um papel nacional ativo. Em termos de discórdia, nem Herodes, o Grande, nem os romanos permitiriam a disputa

Depois da era de Salomé, não ouvimos falar dos fariseus até a época de Herodes, o Grande, e mesmo no período herodiano eles não são com certeza tão proeminentes quanto eram sob Janeu e sua mulher. Há quem considere o relativo silêncio como mistério (ou mesmo um silêncio maquinado por parte de Josefo); mas, com maior influência romana depois de 63 a.C., quando Pompeu foi "o primeiro romano a subjugar os judeus e entrar em seu Templo por direito de conquista" (Tácito, *História* 5,9), e com a chegada de um governante forte como Herodes, havia provavelmente menos tolerância com a intromissão de pessoas religiosas que não tinham cargo público. C. 20 a.C., foi exigido um juramento de lealdade a César e ao governo de Herodes, mas os fariseus e os essênios não o fizeram (*Ant.* XV,x,4; ##370-372). Por essa descrição, fica-se com a impressão de que os essênios eram o grupo mais importante; porém, mais tarde (*Ant.* XVII,ii,4; ##41-45), Josefo descreve que seis mil fariseus estavam envolvidos, e acrescenta a informação de que eles poderiam ter sido de grande ajuda para o rei. Por causa da recusa deles, ele matou alguns. *Guerra* I,xxix,2; #571 não relata nada a respeito de seu potencial influente. (Em todo caso, eles eram influentes o bastante para impedir o povo judeu como um todo de fazer o juramento.) Contudo, se os protetores romanos de Josefo lessem *Antiguidades*, as passagens citadas acima poderiam dar a impressão de que era melhor trabalhar com os fariseus que tê-los como adversários.

Depois de ter apresentado a tese de M. Smith parenteticamente, devo mencionar que alguns estudiosos discordam dela. Uma forte voz discordante é a de D. R. Schwartz,[60] que inverte a proposta de Smith. Em *Guerra*, Josefo suprimiu o envolvimento fariseu em política e rebelião, enquanto em *Antiguidades* ele narrou mais os fatos. Entretanto, isso realmente justifica a diferença a respeito de Salomé Alexandra? Se fosse incluída em *Guerra*, a imagem de *Antiguidades* expressaria uma imagem favorável dos fariseus, sem envolvê-los de maneira censurável na revolta. D. Goodblatt[61] fez cuidadosa comparação de Smith e Schwartz, e decidiu que a causa de Smith é muito mais convincente. Se, em *Guerra*, Josefo quisesse poupar os fariseus, poderia tê-los tratado como tratou os sacerdotes, isto é, mostrando-os importantes politicamente, mas contra a revolta. Em todo caso, parece que, nas p. 164-165, Schwartz concorda que as reivindicações da influência política farisaica

---

mutuamente destrutiva que se desenvolveu durante o período da independência da Judeia.
60 "Josephus and Nicolaus on the Pharisees", em JSJ 14, 1983, p. 155-171.
61 "The Place of the Pharisees in First century Judaism: The State of the Debate", em JSJ 20, 1999, p. 12-30.

§ 18. Introdução: Pano de fundo para o julgamento/interrogatório judaico de Jesus pelas autoridades sacerdotais

dominante e do esmagador apoio popular são propaganda espúria.[62] E. P. Sanders (*Judaism*, p. 409-411), ao examinar os preconceitos de Josefo, afirma ser possível que a imagem confusa se origine do fato de, em *Antiguidade*, Josefo ter copiado mais de Nicolau de Damasco do que o fez em *Guerra*. Entretanto, isso não significa que *Antiguidades* deva ser seguida sem críticas. Em avaliação cuidadosamente sutil, pertinente a toda essa controvérsia, Sanders (*Judaism*, p. 393-409) afirma que os fariseus não tinham poder nem direto nem indireto. No século I a.C. e na época de Judas, o Galileu (6 d.C.), talvez os fariseus apoiassem insurreições; mas a maioria do povo não seguiria os fariseus em uma insurreição, a menos que fossem persuadidos de que a causa era justa e as possibilidades de sucesso eram boas. Sanders nega que os saduceus tivessem que se submeter aos fariseus e que o sumo sacerdote e seus associados tivessem de trabalhar conforme os ditames farisaicos. Os fariseus não controlavam as sinagogas e havia três vezes mais sacerdotes e levitas do que fariseus. Pode bem ser que os fariseus fossem populares, pois os essênios eram muito exclusivistas e os saduceus muito aristocráticos; mas seu apoio estaria entre os instruídos, em especial os mercadores, comerciantes e proprietários de terras, não entre as massas ou os trabalhadores comuns.

Voltando a nosso estudo da influência farisaica, mesmo na época da Revolta Judaica, no fim dos anos 60, não está claro que os fariseus fossem uma voz dominante, embora fossem ativos em questões políticas, em especial na pessoa de Simão, filho de Gamaliel I, que negociou com os romanos pelo poder.[63] Seu domínio na Palestina só aconteceu com Yohanan ben Zakkai e o movimento de Jerusalém para

---

[62] Há um crescente conjunto de literatura a respeito do debate que M. Smith originou. G. Stemberger (*Pharisäer, Sadduzäer, Essener*, Stuttgart, KBW, 1991, p. 23 [SBS 144]) salienta complexidades na comparação global de *Guerra* e *Antiguidades*, pois, mesmo nesta última, Josefo mostra alguns aspectos negativos dos fariseus. S. Schwarz (*Josephus and Jewish Politics*, Leiden, Brill, 1990) trata dos fariseus nas p. 170-208. Ele afirma que, em *Antiguidades*, Josefo não estava exatamente apoiando os fariseus, mas sim as características que favoreciam o movimento rabínico emergente. S. Mason (*Flavius Josephus on the Pharisees*, Leiden, Brill, 1991, p. 193-195 [Studia Post-Biblica 39]) duvida que Josefo mudasse seu propósito de propaganda romana em *Guerra* para apologética judaica em *Antiguidades*, apesar de haver uma diferença na apresentação dos fariseus. Para Mason, na verdade Josefo antipatizava com os fariseus, embora consistentemente os apresentasse como grupo religioso dominante (p. 356, 372-373). Em *Josephus and the New Testament*, Peabody, MA, Hendrickson, 1992, p. 142-143, Mason nega que Josefo fosse fariseu.

[63] Josefo (*Vida* XXXVIII; ##198-191) chama especificamente este Simão de fariseu; em *Guerra* IV,iii,9; #159, ele dá como nome Simeão. Seu pai, Gamaliel I, é chamado de fariseu, em At 5,34.

Jâmnia; o filho de Simão, Gamaliel II (em um tipo de dinastia farisaica),⁶⁴ tornou-se chefe da academia-governo de Jâmnia, que não raro se julga ter sido reconhecida pelos romanos com a condição de não haver apoio a subversão.⁶⁵

Outros argumentos de valor diferente têm sido apresentados para abandonar a suposição de que, no tempo de Jesus, o sinédrio tinha de julgar crimes capitais segundo regras farisaicas (derivadas da Mixná) e para reconhecer que a bem sucedida imposição de padrões farisaicos (mixnaicos) surgiu mais tarde. Uma referência no antigo *Manuscrito do Jejum* judaico (século II d.C., ou antes) exulta que no dia 4 (ou 14) de Tamuz "o Livro do Código foi revogado". Há quem considere isso alusão ao fim do código penal saduceu, mas essa referência e a data da revogação não estão claras.⁶⁶ A Mixná indica que há outra forma de pena de morte a ser imposta além das mencionadas na Bíblia, a saber, estrangulamento (*Sanhedrin* 9,3; 11,1). Muitos pensam que essa era uma concessão à expectativa farisaica de ressurreição corporal, pois o estrangulamento desfigurava menos que a lapidação. O estrangulamento também era apropriado ao período de domínio estrangeiro, pois era menos público. Contudo, nenhum caso de estrangulamento é citado no século I d.C. e Josefo acha claramente que a lapidação era o castigo em casos relevantes (*Ant.* IV,viii,23; #248; XX,ix,1; #200 — embora devamos ser cautelosos a respeito de "lapidar" como termo genérico para execução, como às vezes aparece em escritos rabínicos). Outro argumento é que, em um caso de pena de morte (1* acima), Josefo descreve o sumo sacerdote (identificado claramente como saduceu) capaz de impor sua vontade ao sinédrio, embora alguns não ficassem contentes com isso. Os Evangelhos mostram Caifás impondo suas opiniões a um sinédrio que lidava com

---

⁶⁴ Em Josefo e na Mixná, Yohanan ben Zakkai (que tem nome sacerdotal) na verdade nunca é chamado de fariseu. Superficialmente, parece que Mixná *Yadayim* 4,6 o distancia dos fariseus: "Não temos *nós* contra os fariseus [outros motivos de queixa] exceto apenas este?"; mas talvez isso tenha um propósito irônico, e assim ressalte a proximidade dos fariseus em muitas coisas. Gamaliel II é elo mais seguro entre fariseus e rabinos.

⁶⁵ Neusner, "Josephus", p. 280. Há quem afirme que, depois de 70, os romanos designaram Gamaliel II para o poder. Ver D. Goodblatt, "The Jews in the Land of Israel during the Years 70-132", em U. Rappaport, org., *Judea and Rome — the Jewish Revolts.*, Tel Aviv, 'Am 'Obed, 1983, p. 155-184 (artigo e livro em hebraico). D. R. Schwartz ("Josephus and Nicolaus", p. 167-168) contesta como sem prova real a teoria de que o domínio fariseu em Jâmnia foi negociado com os romanos. Contudo, S. Schwarz (*Josephus*, p. 201) afirma que Yohanan ben Zakkai não precisava da aprovação romana porque Jâmnia era propriedade imperial com procurador residente.

⁶⁶ Blinzler, Dalman, Jeremias, Olmstead e Strack estão entre os que defendem 66 d.C. e o início do levante contra Roma. Ver nota 87.

Jesus (Mc 14,63-64; Mt 26,65-66; também Jo 11,49-53, onde os fariseus seguem sua orientação). No assunto da ressurreição, que constituía importante diferença entre fariseus e saduceus, At 23,7-10 descreve um paralisante conflito no sinédrio. Porém, em consequência do debate, o sumo sacerdote e alguns anciãos apresentam o caso perante o procurador romano (At 24,1-2), talvez como sinal de quem dominava.

3. O julgamento de Jesus nos Evangelhos e sua relação com a lei mixnaica

Na descrição da Mixná do século II, o Beth-Din observa práticas que foram transmitidas por meio da interpretação/lei oral. Na suposição de que os fariseus dominavam o sinédrio do século I, alguns biblistas tentam argumentar que os preceitos mixnaicos teriam governado o julgamento de Jesus, se ele fosse dirigido pelo sinédrio. Formulo a sentença anterior com o subjuntivo "fosse", porque muitos desses estudiosos vão além e afirmam que, como os preceitos mixnaicos não foram observados no julgamento relatado pelos Evangelhos, esses relatos devem ser fictícios e, de fato, Jesus nunca foi julgado pelo sinédrio. Para examinar essa tese, quero primeiro relacionar os principais conflitos entre os relatos evangélicos e a lei rabínica (em especial como ela se encontra na Mixná) e depois fazer comentários a respeito da tese de narração evangélica fictícia que está relacionada a essa teoria.

a) *Conflitos entre os relatos evangélicos do julgamento e o procedimento rabínico mais tardio.* Às vezes, esses conflitos têm sido calculados em vinte e sete.[67] Os seguintes estão entre os citados mais frequentemente:

- Nos quatro Evangelhos, os procedimentos legais contra Jesus datam da véspera do sábado. Em João, as ações de Anás e Caifás contra Jesus têm lugar no dia anterior à refeição da Páscoa; nos sinóticos, o julgamento de Jesus diante do sinédrio tem lugar no dia que começou com a refeição da Páscoa (ver APÊNDICE II, B). Mixná *Sanhedrin* 4,1 proíbe o julgamento de crimes capitais na véspera do sábado ou na véspera de um dia de festa.

---

[67] Blinzler, "Geschichtlichkeit", p. 352; ver também Danby, "Bearing", p. 54-55. Em minha lista de exemplos, vou quase sempre citar a Mixná e só ocasionalmente a Tosepta. Os estudiosos debatem se a Tosepta representa principalmente progressos pós-mixnaicos ou interpretações complementares da mesma data que as da Mixná, com esta última sendo a opinião da maioria. Ver J. Neusner em W. S. Green, org., *Approaches to Ancient Judaism III*, Chico, CA, Scholars, 1981, p. 1-17, esp. 11-12; e R. Neudecker, *Frührabbinisches Ehescheidungsrecht*, Roma, PIB, 1982, esp. p. 11-16 (Biblica et Orientalia 39). Ver uma explicação inteligível da base racional por trás das regras mixnaicas a respeito do homicídio em Ostrov, "Tannaitic".

- Em João, só o sumo sacerdote Anás interroga Jesus, ao que parece sem a presença de outros juízes. Mixná *'Abot* 4,8 cita R. Ishmael b. Jose contra julgar sozinho.

- O interrogatório descrito em João e o julgamento do sinédrio diante de Caifás narrados em Marcos e Mateus têm lugar à noite. Em Marcos/Mateus, o veredicto é dado à noite. Mixná *Sanhedrin* 4,1 ressalta que crimes capitais precisam ser julgados durante o dia e a decisão tomada de dia.

- Em Marcos/Mateus, o julgamento começa com a procura pelos chefes dos sacerdotes e por todo o sinédrio de testemunho contra Jesus (falso testemunho, segundo Mateus), para poderem executá-lo. As testemunhas não são advertidas para falar a verdade, nem são apresentadas testemunhas a favor de Jesus. Na verdade, não é apresentado nada em sua defesa. Mixná *Sanhedrin* 4,5 exige que, nos crimes capitais, seja tomado cuidado especial para advertir as testemunhas sobre a necessidade de falar a verdade, e Mixná *Sanhedrin* 5,4 presume que tenham sido trazidas testemunhas para a defesa.

- Em Marcos e Mateus, embora o depoimento das testemunhas seja falso e não se harmonizem, não consta nenhuma ação contra elas por parte do sinédrio. Mixná *Sanhedrin* 5,2 enfatiza que, quando as testemunhas se contradizem, sua prova é inválida. Mixná *Sanhedrin* 11,6 afirma que todas as testemunhas falsas têm de sofrer a pena que o acusado teria recebido se fosse considerado culpado.

- Em Mateus e Marcos, as palavras que Jesus pronuncia a respeito de si mesmo são blasfêmia que os membros do sinédrio ouvem por si mesmos. Segundo Mixná *Sanhedrin* 7,5, a pessoa não é culpada de blasfêmia, a menos que tenha pronunciado expressamente o nome divino (o que Jesus não fez). Ouvir essa blasfêmia faria com que os membros do sinédrio se tornassem testemunhas e as pessoas não podem atuar como juízes em um caso onde são testemunhas (*Sanhedrin* 5,4).

- Em Marcos e Mateus (ver também Jo 11,49-53), o sumo sacerdote fala primeiro em considerar Jesus culpado e insiste com os outros juízes para que assim o sentenciem, com o resultado imediato de que "todos julgaram contra ele como sendo culpado, punível com a morte" (Mc 14,64). Mixná *Sanhedrin* 4,2 insiste que, nos crimes capitais, os juízes com menos antiguidade devem votar antes dos que têm mais antiguidade (obviamente para evitar influência indevida). Mixná *'Abot* 4,1 não quer que um juiz diga aos outros: "Adotai minha opinião". Mixná *Sanhedrin* 4,1 declara que a unanimidade de juízes que votam pela condenação anula a convicção nos crimes capitais (a fim de impedir conluio ou precipitação). Além disso, segundo *Sanhedrin* 4,1, não se pode chegar ao veredicto pela condenação em julgamento de crime capital no mesmo dia do julgamento (para permitir o amadurecimento da decisão).[68]

b) *Esses conflitos e a exatidão evangélica*. Obviamente, o julgamento ou interrogatório de Jesus descrito nos Evangelhos não foi conduzido de acordo com as regras rabínicas. As conclusões desse fato tomam uma de duas direções possíveis. Primeiro, quando se pensa que o sinédrio do século I estava preso a essas regras, ou os relatos evangélicos são fictícios, ou são reais e o sinédrio agiu ilegal e corruptamente. Segundo, quando se pensa que o sinédrio do século I não estava preso a essas regras, talvez os relatos evangélicos descrevam um julgamento que era legal por outro conjunto de regras.[69] Entretanto, talvez essas alternativas expressem a possibilidade com demasiada severidade. Como existem nos Evangelhos pelo menos três apresentações diferentes dos procedimentos judaicos contra Jesus, a questão da exatidão evangélica não se resolve unicamente em termos da aplicabilidade de

---

[68] Há quem procure encontrar a regra de duas sessões observadas nos Evangelhos lendo Mc 15,1 (Mt 27,1-2) como uma segunda sessão de manhã, distinta da sessão noturna. É uma exegese duvidosa e, de qualquer modo, o veredicto é pronunciado na primeira sessão à noite. Outros acham duas sessões realizadas em 40 a.C., quando Hircano II adia o julgamento de Herodes pelo sinédrio para outro dia (Josefo, *Ant*. XIV,ix,5; #177), mas essa é apenas uma tática astuta na campanha para poupar a vida de Herodes. A história em *Ant*. XV,vii,4; ##229-230 sugere que, no tempo de Herodes, a execução podia ser no mesmo dia, se não houvesse razão especial para adiamento.

[69] A prova superficial do NT favorece essa última ideia. At 23,3 afirma que o julgamento de Paulo foi ilegal; mas, embora os autores evangélicos indiquem que as autoridades judaicas eram desonestas e empedernidas, eles nunca declaram que, ao julgar e condenar Jesus, as autoridades agiam ilegalmente segundo a lei romana ou a lei de Moisés. Os evangelistas nunca chamam a atenção para um só dos conflitos com procedimentos mixnaicos que indiquei acima. A acusação, se fosse feita, se tornaria fator importante na polêmica antijudaica. Rejeito a opinião de Regnault (*Province*, p. 103-115), segundo a qual Pilatos trata o julgamento judaico como ilegal quando questiona Jesus a respeito de um problema (Rei dos Judeus) diferente do abordado no julgamento judaico (Messias, Filho de Deus). Os títulos diferentes são apenas um jeito de dramatizar o fato de estarem as autoridades judaicas e romanas preocupadas com problemas diferentes (ou aspectos diferentes do mesmo problema).

regras rabínicas a um sinédrio controlado pelos saduceus. Mesmo que se queira concentrar nos escribas e pressupor que eles eram fariseus, não sabemos ao certo até que ponto os fariseus do século I já praticavam as regras rabínicas do século II nos procedimentos jurídicos.[70] Os estudiosos judaicos modernos reconhecem que havia diferenças importantes entre os fariseus mais sectários do período anterior a 70 e os rabinos do século II.[71] (Na verdade, ao julgar o próprio código mixnaico, enfrenta-se o problema de saber se mesmo os rabinos observavam todas as regras, pois parte da legislação é claramente teórica: uma teoria legal idealizada, que dificilmente é prática. Por exemplo, a Mixná tem regras para o rei e para toda uma tribo que incorre em idolatria — dificilmente problemas do século II. Danby ["Bearing", p. 71-72] adverte contra entender com demasiada simplicidade que a Mixná é código ativo.) Houve com certeza continuidade desde os fariseus até os rabinos na concessão de autoridade a uma interpretação oral que ultrapassava a lei escrita e na tendência de acrescentar especificações que protegessem o réu. Mas é muito difícil, se não impossível, ter certeza de que muitas das especificações mixnaicas chegaram às mãos dos fariseus do tempo de Jesus. Assim, mesmo que os fariseus dominassem o sinédrio (o que é bastante duvidoso), não sabemos ao certo qual teria sido a lei farisaica pertinente ao julgamento de crimes capitais. Na verdade, parte da teoria e prática mixnaicas talvez fosse criada precisamente para corrigir a jurisprudência do século I, que era tão imprecisa a ponto de gerar injustiça.[72]

Vou comentar sumariamente algumas das diferenças relacionadas acima entre os relatos evangélicos e a lei rabínica. Já na lei escrita havia a tendência a adiar os veredictos contra os transgressores até se ter certeza de que o veredicto correspondia à vontade de Deus (Nm 9,8; 15,34; e especificamente no caso de blasfêmia, Lv 24,11-12). Entretanto, não se pode ter certeza de que já no tempo

---

[70] Rosenblatt ("Crucifixion", p. 317-320), achando que as regras mixnaicas obrigavam legalmente os fariseus do século I, atribui participação na morte de Jesus a pseudofariseus que eram hipócritas, do tipo criticado por Janeu em TalBab *Sota* 22b.

[71] Ver S. J. D. Cohen, "The Significance of Yavneh; Pharisees, Rabbis, and the End of Jewish Sectarianism", em HUCA 55, 1984, p. 27-53. Stenberger (*Pharisäer*, p. 40-41) argumenta contra a tendência geral de Neusner de pensar que as tradições pré-rabínicas são farisaicas. De fato, muito poucos indivíduos do período do segundo Templo são identificados pelo nome como fariseus e Stemberger (p. 45) especula se eles são todos fariseus do mesmo tipo.

[72] Abrahams, "Tannaitic", p. 137: "Na verdade, tão grande é a discrepância entre os julgamentos rabínicos e os evangélicos, que a Mixná (*Sanhedrin*) parece quase uma polêmica dos primeiros contra os segundos". Conhecessem ou não os detalhes dos relatos evangélicos do julgamento/interrogatório judaico de Jesus, os rabinos conheciam outros julgamentos pelo sinédrio sob a liderança saduceia que eles reprovavam.

de Jesus isso levasse alguém, mesmo os fariseus, à meticulosidade da lei mixnaica, que exige sessões independentes, para que o veredicto seja dado mais tarde. Seria a rapidez do veredicto descrito em Marcos e Mateus ilegal para os fariseus, em especial quando a festa iminente dava motivo para pressa? Quanto a julgar Jesus à noite, julgamentos noturnos de ofensas graves são suspeitos na maior parte da jurisprudência, pois não raro são sinal de "justiça ilegal e irregular". Que eles não eram comuns no Judaísmo do século I é atestado por At 4,3-5, onde Pedro e João, embora presos ao anoitecer, só são julgados perante o sinédrio no dia seguinte. Do mesmo modo, quando Paulo é preso, o julgamento perante o sinédrio é no dia seguinte (At 22,30). Mas teria a jurisprudência judaica alcançado o estágio em que não se realizava nenhum julgamento noturno mesmo que a proximidade do dia de festa tornasse a pressa obrigatória porque os sacerdotes tinham obrigações durante o dia?[73] Tais incertezas explicam a forte advertência de Blinzler (*Trial*, p. 154): "Não temos uma única prova documental de que o grande sinédrio aderiu a uma visão especificamente farisaica da lei em julgamentos criminais".

Por outro lado, podemos ter certeza de que o sinédrio aderiu às regras saduceias no julgamento ou interrogatório descritos nos Evangelhos? Blinzler e outros insistem que nenhuma parte da lei escrita encontrada no Pentateuco foi transgredida no julgamento de Jesus descrito nos Evangelhos; e na suposição de que a lei saduceia era a lei escrita,[74] eles respondem afirmativamente à pergunta há pouco formulada. Blinzler grifa a declaração seguinte (*Trial*, p. 157; *Prozess*, p. 227): "Tudo o que até agora foi atacado como ilegalidade no julgamento de Jesus, em vista do código criminal definido na Mixná, estava perfeitamente de acordo com o código criminal então em vigor, que era um código saduceu e não conhecia ou não reconhecia os aspectos humanitários e farisaicos do código mixnaico, que não se baseavam no Antigo Testamento". Contudo, uma objeção importante à alegação de Blinzler foi formulada por Lohse (*History*, p. 81-82; também TDNT, v. 7, p. 869), a saber, que a própria lei escrita seria contra o sinédrio ter julgado um crime capital no dia da festa que começava com a refeição pascal (cronologia sinótica), ou mesmo no Dia

---

[73] Por exemplo, se o dia da sexta-feira fosse véspera da Páscoa, eles estariam ocupados com o abate de cordeiros para a refeição da festa (Josefo, *Guerra* VI,ix,3; #423).

[74] Haufe ("Prozess", p. 95) é um de muitos biblistas que acham Blinzler excessivamente otimista ao declarar o que conhecemos sobre o "código saduceu", mas é provável que eles seguissem a lei escrita não importa que outros costumes tivessem. O problema, então, é se o julgamento de Jesus infringiu as leis pentateucas.

da Preparação antes da refeição pascal ou antes do sábado (cronologia joanina).[75] Infelizmente, Lohse não apresenta uma defesa detalhada de sua posição; e Blinzler (*Prozess*, p. 229) nega-a, ao assegurar que julgamentos de crimes capitais em um dia de festa não eram manifestamente proibidos no tempo de Jesus.[76] Entre os que discordam de Lohse estão Catchpole (*Trial*, p. 258) e JEWJ, p. 78 e 79. Na interpretação deste último, Dt 17,12-13 significa que certos pecados, como insultar os sacerdotes, deviam ser punidos diante de todo o povo, quando vinha a Jerusalém em festas de peregrinação (ver Tosepta *Sanhedrin* 11,7; TalBal *Sanhedrin* 89a — passagens que Lohse ["Prozess", p. 34] considera puramente teóricas). De modo geral, os indícios não são realmente claros. Na descrição de At 12,1-4, Agripa manda prender Pedro durante os dias dos Pães Ázimos/Páscoa, mas deixa-o na prisão até depois da festa para trazê-lo diante do povo. Ao citar um decreto de César Augusto que permitia aos judeus seguirem seus costumes, Josefo (*Ant.* XVI,vi,2; #163) declara que eles não precisam comparecer ao tribunal para pagar fiança no sábado nem depois das 3 horas da tarde no dia de preparação para ele (*paraskeue*). Ao seguir essa analogia, muita coisa depende de que dia era considerado o verdadeiro dia da festa da Páscoa (ver APÊNDICE II, B1e): o dia que começava com a refeição (cronologia sinótica para o dia em que Jesus morreu), ou o dia no qual os cordeiros eram sacrificados em preparação para a refeição (cronologia joanina para o dia em que Jesus morreu). Se o primeiro cálculo fosse usado para o dia da festa, então haveria em João (Jo 19,14) participação judaica no julgamento romano que chegou a uma conclusão ao meio-dia do dia de preparação. (Apesar disso, segundo Jo 19,21, os chefes dos sacerdotes continuaram ativos à tarde, quando deveriam estar no Templo sacrificando os animais para a refeição que se aproximava!) É curioso que uma passagem talmúdica (a ser citada em E abaixo), sem nenhuma indicação de impropriedade calendar, situa a execução de Jesus na véspera da Páscoa e, portanto, no Dia da

---

[75] Lengle ("Zum Prozess", p. 320) e Millar ("Reflections", p. 375-376) afirmam que as autoridades judaicas sabiam que seu julgamento de Jesus e a sentença de morte dele resultante eram ilegais por causa da data (e é a essa restrição que se refere Jo 18,31b: "Não nos é permitido matar ninguém"). Consequentemente, entregaram-no aos romanos, que podiam executá-lo, mesmo durante uma festa, sob uma acusação política. Entretanto, não há nenhuma sugestão evangélica de dificuldades calendares quanto ao julgamento judaico de Jesus, e os Evangelhos são nossa única fonte para esse julgamento.

[76] Certamente eram proibidos na Mixná (ver acima), mas Ostrow ("Tannaitic", p. 362-364) liga essa proibição a outro princípio mixnaico: Se alguém fosse condenado na véspera de um dia santo, o veredicto que como regra geral não podia ser promulgado no mesmo dia, agora não podia também ser promulgado no dia seguinte, mas tinha de ser adiado até depois do dia da festa. Devemos pensar que essas duas regras estavam em vigor no tempo de Jesus?

Preparação (embora subentenda que o julgamento de Jesus acontecera quarenta dias antes). Talvez tudo que se possa dizer é que o julgamento de Jesus relatado nos Evangelhos não transgrediria claramente a lei escrita na maioria de seus detalhes. (Essa declaração está tecnicamente correta, mas não capta o espírito dos relatos evangélicos que deliberadamente descrevem o sumo sacerdote como insensível a escrúpulos legais, pois já decidira a morte de Jesus e, em Marcos/Mateus, serve-se de falsas testemunhas.) Em retrospecto a respeito do período de domínio pagão, o muito mais tardio TalBab, *Sanhedrin* 46a, demonstra uma atitude tolerante para com os procedimentos quanto a crimes capitais não comprovados pela lei escrita "porque os tempos o exigiam".[77]

Quero acrescentar que grande parte deste estudo sobre a possível ilegalidade na cronometragem do julgamento judaico é irrelevante para uma teoria sutil da sequência de acontecimentos, isto é, uma teoria que leve a sério as informações de João e o caráter simplificado do esboço de pregação encontrado em Marcos. Todos os Evangelhos concordam que uma sessão do sinédrio examinou as atividades de Jesus e decidiu que ele devia morrer. Em todos os Evangelhos, Jesus é interrogado por um sumo sacerdote ou por sumos sacerdotes durante as últimas horas antes que os romanos o executassem. João pode bem ser mais exato ao descrever esse acontecimento como duas ações independentes, com a sessão do sinédrio muitos dias antes de Jesus ser preso, e pode ser que Marcos tenha resumido as ações outrora inconfundíveis em uma única cena final fácil de lembrar. Nesse caso, o único procedimento em um dia de festa ou na véspera de um dia de festa consistiria em perguntas feitas ao acusado — não um julgamento que transgredisse a lei que protegia as festas.

D. Competência de um sinédrio para condenar à morte e executar

Documentos cristãos e judaicos descrevem o envolvimento das autoridades na morte de Jesus (ver E abaixo). Contudo, todos os Evangelhos canônicos (mas não o *EvPd*) afirmam que o prefeito romano da Judeia julgou e executou esse judeu galileu que estava temporariamente em sua jurisdição. Eles não revelam nenhum

---

[77] Blinzler (*Prozess*, p. 204-205) contesta a abordagem de Stauffer de que esse era praticamente um princípio legal que governava a prática no tempo de Jesus, e assim justificava o procedimento contra ele em tempos proibidos pela lei. Essa é, antes, uma avaliação pós-fato de irregularidades.

conhecimento de conflito no fato de ter havido um julgamento prévio de Jesus pelo sinédrio, que resultou em condenação à morte.[78] Somente Jo 18,31 apresenta uma explicação da razão pela qual as autoridades judaicas não executaram Jesus elas mesmas: "os judeus" declaram a Pilatos: "Não nos é permitido matar ninguém".[79] Está essa explicação historicamente correta? Em 1914, ao investigar a situação dos judeus no início do Império Romano, um autor judeu, J. Juster, contestou a explicação de João, argumentando que durante a administração romana as autoridades judaicas tinham sim o poder de aplicar a pena de morte. Consequentemente, o fato de Jesus ser executado pelos romanos mostra que ele não foi condenado pelas autoridades judaicas e que os relatos evangélicos não são historicamente exatos.[80] A divulgação do posicionamento de Juster por Lietzmann, na década de 1930, chamou a atenção e basicamente foi aceita por Aguirre, Burkill, Ebeling, Guignebert, R. H. Lightfoot, Loisy, Winter e outros. Enérgica objeção a ela foi divulgada por Benoit, Blinzler, Büchsel, Catchpole, Fiebig, Goguel, Holzmeister, Jeremias, Kosmala, Lagrange, Lengle, Oepke, Schalit, Schubert e Strobel, entre muitos. (Digno de menção especial é o estudo sucinto de Schumann, "Bemerkungen", que discorda de Juster de uma forma muito menos desastrada que outros.) Ao tratar dessa questão, quero começar pela descrição do que sabemos a respeito da pena de morte em geral, e depois voltar-me para casos específicos que são evocados.

---

[78] A fraseologia a ser interpretada como o ato de sentenciar Jesus encontra-se nos relatos do julgamento em Mc 14,64; Mt 26,66; 27,1 (ver Winter, "Marginal", p. 229); também Jo 11,53. Lucas não relata uma sentença em seu relato evangélico do julgamento de Jesus, mas At 13,27 declara que os que viviam em Jerusalém e seus governantes o julgaram/condenaram (*krinein*). Ver nota 141.

[79] Embora Pilatos sarcasticamente os convidasse ("Levai-o, vós mesmos, e julgai-o conforme vossas leis"), essa resposta dada a ele pelos judeus com toda a probabilidade significa que não lhes é permitido *pela lei romana* matar ninguém — a lei judaica registrada no Pentateuco torna não só legal, mas obrigatório matar alguns criminosos. Contudo, ao avaliar essa passagem de João, é preciso lembrar que o evangelista não tinha interesse primordial em dar uma solução histórica; em outras passagens, ele relata tentativas de matar Jesus sem referência a tal limitação (Jo 5,18; 7,30; 8,59; 10,31). Contudo, nessas cenas, os romanos não estavam envolvidos.

[80] Que não houve nenhum julgamento de Jesus pelo sinédrio é defendido em outras bases que não a competência do sinédrio, com a qual estamos preocupados aqui, por exemplo, divergências entre os relatos evangélicos e inconsistências no relato marcano básico. Essas divergências serão examinadas na seção apropriada do COMENTÁRIO a respeito de passagens isoladas.

1. Imagem geral do controle romano da pena de morte

Vimos no final de A acima que o primeiro prefeito da Judeia, Copônio, foi enviado com o poder de executar sentenças de morte, e que nada relatado por Josefo faz-nos pensar que prefeitos/procuradores posteriores tinham menos poder. Que informações temos quanto à maneira como esse poder do governador relacionava-se com a autoridade judiciária de um sinédrio judaico? Já no século XIX, Mommsen, em seu estudo da lei penal romana, insistiu que, especialmente no Oriente, os romanos respeitavam a competência de tribunais locais em assuntos criminais, embora impusessem certas restrições. Na província do Egito, o prefeito romano fazia um circuito judiciário para decidir casos preparados de antemão para ele por funcionários subalternos (ver Danby, "Bearing", p. 56-59). E. R. Goodenough[81] recorre a *De specialibus legibus* para mostrar que, nesse sistema, os judeus egípcios tinham tribunais próprios, sendo o dignitário principal um etnarca judeu. Eles julgavam seus companheiros judeus em questões civis e criminais de acordo com sua lei, mas, em crimes contra a sociedade em geral, o acusado tinha de ser julgado segundo as normas romanas. Quanto à execução, os tribunais judaicos podiam sentenciar à morte, dependendo da aprovação do governante romano. Aparentemente, em questões religiosas que os romanos não consideravam fundamentais, nem sempre havia reação romana quando judeus assassinavam outro judeu; mas em uma questão pública que os romanos consideravam importantes, a sentença judaica tinha de ser ratificada pelo prefeito.

Uma analogia para a Judeia melhor que a província do Egito, maior e mais antiga, é fornecida pela pequena província de Cirenaica, que também ficou sob os editos de Augusto para a concessão de poderes. Enquanto a Judeia foi instituída por Augusto como província imperial em 6 d.C., Cirenaica, em 27 a.C., foi aquinhoada com o *status* de província senatorial unida a Creta. Em 7-6 a.C., Augusto publicou editos a respeito da distribuição de justiça, operação delicada em uma área onde muitos helenos (gregos) viviam ao lado de romanos abastados. Os editos para os procônsules (*strategoi*) de Cirene foram descobertos em 1927 (assim, não estavam ao alcance de Juster). Os tribunais provincianos locais deviam julgar muitos casos conforme sua lei (grega), mas, em crimes capitais, o procônsul não tinha de delegar-lhes a jurisdição. A maneira exata como esses casos eram tratados não

---

[81] *Jurisprudence*, p. 1-29. Nas páginas 21-26, ele rejeita a afirmação de Juster, segundo a qual Fílon é teórico, em vez de concreto, em sua descrição.

está perfeitamente clara.[82] O Edito I trata de crimes capitais envolvendo helenos; o júri devia ser metade heleno e metade romano. O Edito IV trata de outro grupo de crimes capitais a serem julgados pelo próprio governador e onde ele escolhe o júri: "Em crimes capitais, o encarregado da província instituirá pessoalmente procedimentos ou designará um grupo de juízes".[83] O último era uma alternativa à *cognitio* ou investigação do prefeito.[84] O direito supremo do governador é tratado não como incomum, mas como fundamental e tradicional.

De modo geral, então, analogias de outras províncias não refutam a possibilidade de haver procedimentos judaicos contra Jesus; contudo, Pilatos tem a última palavra, como descrevem os Evangelhos. Um sinédrio convocado pelo sumo sacerdote poderia ter apresentado ao prefeito um criminoso que seus membros julgavam merecer a morte, com o entendimento de que tal apresentação não tirava do prefeito o direito da sentença final.

Quanto a indícios do que era usual na Palestina, há algumas referências a certa mudança da lei que indicam o controle romano da pena de morte.[85] A tradição preservada em uma *baraita* (tradição primitiva) em TalJer *Sanhedrin* 18a e 24b (relacionada com Mixná *Sanhedrin* 1,1 e 7,2) declara que o direito de pronunciar sentenças de vida e morte foi tirado de Israel quarenta anos antes da destruição do Templo (assim, 30 d.C.). Por não sabermos de nenhuma razão pela qual essa mudança aconteceria no meio da administração de Pilatos (26-36 d.C.), alguns biblistas como Jeremias ("Geschichtlichkeit", p. 148) afirmam que quarenta era número redondo e a mudança aconteceu em 6 d.C., com a fundação da província. Embora haja uma possibilidade de que essa tradição se origine dos tempos tanaítas (século II d.C.), a ausência da tradição de alguns dos lugares correspondentes em

---

[82] As diferenças sutis entre os editos são cuidadosamente examinadas por F. de Visscher, *Les édits d'Auguste découverts à Cyrene*, Louvain Univ., 1940, esp. p. 44-69.

[83] V. Ehrenberg & A. H. M. Jones, *Documents Illustrating the Reigns of Augustus and Tiberius*, 2. ed., Oxford, Clarendon, 1955, #311. Também Goodenough, *Jurisprudence*, p. 20.

[84] Sherwin-White (*Roman*, p. 15-19) salienta que se cidadãos romanos estivessem envolvidos como acusador/acusado e a província estivesse sob lei ordinária (*ordo*), por exemplo, de *lex de maiestate* (ver § 31, D3a), haveria menos opções abertas ao prefeito. Mas, *extra ordinem*, o prefeito podia fazer uma *cognitio* pessoal.

[85] Em um período mais primitivo, o controle selêucida (grego antioqueno) da Palestina durante grande parte do século II a.C. já levantara a questão de judeus serem entregues à justiça gentia. Nos MMM, qualquer um que jura a destruição de outro pela lei dos gentios é ameaçado de morte (CD 9,1).

§ 18. Introdução: Pano de fundo para o julgamento/interrogatório judaico de Jesus pelas autoridades sacerdotais

TalBab e o uso da mesma data (quarenta anos antes da destruição do Templo) para outros acontecimentos, por exemplo, a mudança do sinédrio para os Bazares (§ 18, C1 acima),[86] tornam suspeita a historicidade da alegação. Porém, está claro que não é estranho à memória judaica que os tribunais judaicos perderam o poder de executar sentenças capitais. Outra declaração sobre mudança da lei encontra-se no *Manuscrito do Jejum*, bastante primitivo, com o relato de que, no dia 17 de Elul (setembro de 66 d.C.), os soldados romanos saíram de Jerusalém e, cinco dias mais tarde (22 de Elul), "eles voltaram a executar malfeitores". Aparentemente, isso significa que as autoridades judaicas recuperaram o direito de condenar à morte e que tiveram lugar as primeiras execuções segundo a justiça judaica.[87] Mixná *Sanhedrin* 9,6 prefigura algumas execuções realizadas por zelotas, e Schubert ("Verhör", p. 110) considera esse apelo a execuções irregulares prova de que o sinédrio não tinha o direito de impor a pena de morte.

Alguns exemplos concretos também são citados para mostrar que, durante a administração romana (6-66 d.C.), a pena de morte foi mantida sob o controle romano e é para eles que nos voltamos agora. Josefo (*Guerra* V,v,2; #193; *Ant.* XV,xi,5; #417; também Fílon, *Ad Gaium* 31; #212) nos fala de estelas em grego e latim que advertiam os estrangeiros para que não atravessassem o pátio externo dos pagãos para a parte interna do conjunto do Templo sob pena de morte. O texto de um aviso descoberto por Clermont-Ganneau contém o aviso e mostra a disposição: "Nenhum estrangeiro deve entrar dentro do pátio e do recinto ao redor do Templo e quem for apanhado será culpado da própria morte". Em outras palavras, há um castigo divinamente ordenado por poluir o ambiente sagrado, pelo qual os

---

[86] Em duas passagens do TalBab, a eliminação do direito de pronunciar sentenças de morte quarenta anos antes da destruição do Templo é comentário interpretativo daquela mesma datação para a mudança do sinédrio para os Bazares. Em *Sanhedrin* 41a, o comentário aparece como glosa anônima, datada provavelmente de c. 500; em '*Aboda Zara* 8b, é relatado como algo dito por R. Nahman b. Isaac (*c.* 325). Ver Fiebig, "Prozess", p. 217-220; Burkill, "Competence", p. 83-85. Lengle ("Zum Prozess", p. 321) pensa que a referência a quarenta anos aplicava-se realmente à pena capital, mas *de facto*, não *de jure*, isto é, a partir da época de Pilatos, com poucas exceções, na prática as autoridades judaicas tinham de obter a aprovação romana para execuções.

[87] Ver H. Lichtenstein, "Die Fastenrolle: eine Untersuchung zur Jüdisch-Hellenistischen Geschichte", em HUCA 8-9, 1931-1932, p. 257-307, esp. p. 305-306; também Bamme, "Blutgerichtsbarkeit". Winter ("Trial [...] Competence", p. 495) afirma que isso foi apenas usurpação por revolucionários, não mudança de governo. Há quem duvide que essa usurpação passageira explique por que o dia se tornou dia santo livre de jejum; mas esse documento dá atenção ao que parecem ser acontecimentos secundários.

juízes não são responsáveis.[88] Em *Guerra* VI,ii,4; ##124-126, Josefo deixa claro que esses avisos a respeito do recinto eram obra das autoridades judaicas *com permissão romana*, pois Tito diz: "Não vos permitimos executar quem quer que passasse por ele, mesmo que fosse um romano?". Obviamente, essa permissão não seria necessária se o romanos não impusessem restrições à pena de morte.[89] Talvez o acordo das autoridades romanas a respeito de certas penas de morte automáticas para a violação do Templo explique o relato em Fílon (*Ad Gaium* 39; #307) de que qualquer judeu ou sacerdote inferior ao sumo sacerdote que entrasse no Santo dos Santos sofreria a morte sem apelação.

Segundo At 21,27ss, por volta do ano 58, Paulo foi agarrado no Templo por judeus que o queriam matar por violar a lei mosaica e profanar o Templo. Um tribuno romano impediu-os e, no dia seguinte, ele ordenou aos chefes dos sacerdotes e a todo o sinédrio que se reunissem a fim de julgar o caso de Paulo (At 22,30). Quando viu a dissensão do sinédrio, o tribuno enviou Paulo a Cesareia, ao procurador Félix, pois, na opinião do tribuno, não haviam acusado Paulo de nada que merecesse a morte (At 23,29). O sumo sacerdote Ananias foi a Cesareia com anciãos e um porta-voz para acusá-lo (At 24,1), mas Paulo não voltou mais para a jurisdição deles.[90] Está claro que, nesse caso, os romanos passaram por cima de um sinédrio em um crime capital. O procurador seguinte, Festo (At 25), também se recusou a entregar Paulo a um sinédrio judeu.

Em *Ant.* XX,ix,1; ##200-203, Josefo descreve como, em 62 d.C., depois da morte do procurador Festo e antes de o novo procurador, Albino, chegar, o sumo sacerdote Anano II convocou "um sinédrio de juízes" e trouxe perante eles Tiago, o irmão de Jesus, e outros, que acusou de transgredir a lei. Ele os entregou à lapidação. Sabendo que Anano não fora correto no primeiro passo de convocar um

---

[88] P. Segal ("The Penalty of the Warning Inscription from the Temple of Jerusalém", em IEJ 39) apresenta boas razões para afirmar que a pena automática é exemplo de "morte nas mãos de Deus" (*myth bydy smym*; ver exemplos em Mixná *Sanhedrin* 9,1).

[89] Quando foi dada essa permissão? No início da administração romana, em 6 d.C., sob Copônio, samaritanos profanaram o Templo de Jerusalém ao colocarem ossos humanos ali; em resposta, para proteger o Templo, os sacerdotes tomaram novas medidas, que incluíam a exclusão de pessoas (Josefo, *Ant.* XVIII,ii,2; ##29-30). McLaren (*Power*, p. 80-81) ressalta que isso exemplifica a política romana, que deixava aos habitantes locais a responsabilidade pela paz e ordem de uma instituição que os incluía.

[90] Vemos o oposto em *Guerra* II,xii,7; #246; *Ant.* XX,vi,3; #136, onde o tribuno romano Celer, que atuava sob o prefeito Cumano (48-52 d.C.) é enviado de Roma de volta a Jerusalém pelo imperador Cláudio "para ser entregue à ira judaica", por crimes que ele cometera contra judeus.

sinédrio sem o consentimento do procurador, cidadãos de Jerusalém, "que eram meticulosos a respeito das leis", delataram-no para o rei Agripa II (que nomeava os sumos sacerdotes na época) e a Albino, de modo que o sumo sacerdote foi afastado do cargo. Esse exemplo mostra o rígido controle romano sobre um sinédrio, principalmente em crimes capitais.[91] É evidente que a lição fez efeito. Logo depois, em 62 d.C. (*Guerra* VI,v,3; ##300-309), certo Jesus, filho de Ananias, começou a clamar no Templo, referindo-se a uma voz de desgraça contra Jerusalém, contra o santuário e contra todo o povo. Alguns dos cidadãos proeminentes o prenderam e açoitaram, mas finalmente os líderes (*hoi archontes*) levaram-no a Albino, o prefeito romano. Jesus recusou-se a responder às perguntas do prefeito e, por isso, Albino soltou-o, achando que ele era louco. Assim, apesar da cólera, os líderes judeus, que podiam prender e açoitar, não ousaram executar esse Jesus, como haviam executado Tiago.

2. Exemplos propostos de execuções pelas autoridades judaicas

Há também exemplos que, aos olhos de alguns biblistas, levantam a possibilidade do direito que as autoridades judaicas tinham de executar independentemente dos romanos. Vamos avaliar essas sugestões.

A mulher adúltera. A história da mulher apanhada em adultério está inserida no Evangelho de João (Jo 7,53–8,11). Os escribas e os fariseus declaram a Jesus: "Moisés ordenou na lei que tais mulheres fossem apedrejadas.[92] E tu — o que tens a dizer a respeito?". A resposta de Jesus é: "O homem dentre vós que não tem pecado — que ele seja o primeiro a lhe atirar uma pedra". A história não presume

---

[91] Embora a questão exata fosse a convocação de um sinédrio (para impor sentenças de morte), com certeza a situação agravou-se por causa das execuções pelas quais esse sinédrio foi responsável (Strobel, "Stunde", p. 35). Burkill ("Competence", p. 92), juntamente com Lietzmann, presume que os crimes eram puramente políticos, e é por isso que o procurador ficou transtornado. Não há provas disso no texto; Josefo especifica que a acusação contra Tiago dizia respeito à transgressão da lei. Lengle ("Zum Prozess", p. 316), presumindo que as regras mixnaicas eram aplicáveis, afirma que esse não era o sinédrio completo de setenta e um membros, mas um grupo menor, selecionado pelo sumo sacerdote, que excluía os fariseus, de modo que a queixa contra a ação baseava-se em parte na composição do sinédrio.

[92] O castigo por lapidação é interessante (se é verdadeiramente específico e não apenas para ser igualado à execução). Dt 22,21-22 ordena o apedrejamento da mulher que, antes do casamento, perdeu a virgindade por fornicação ou adultério; ordena que a mulher que cometeu adultério depois do casamento deve morrer, mas não especifica o tipo de execução. Ez 16,38-40 mostra o apedrejamento sendo usado como castigo também nesse segundo caso. Mixná *Sanhedrin* 11,1 especifica o estrangulamento como o castigo; contudo, não há um exemplo claro de estrangulamento prescrito antes do século II, e certamente os fariseus de João não pensam nisso. Ver J. Blinzler, NTS 4, 1957-1958, p. 32-47.

que os que apanharam a mulher deveriam levá-la às autoridades romanas antes de executá-la. Embora haja quem tenha descrito a cena como armadilha para forçar Jesus a decidir entre a lei mosaica e a proibição romana de execuções, Schumann ("Bemerkungen", p. 318) está perfeitamente correto ao observar que as alternativas são a lei mosaica e a postura moral de Jesus para com os pecadores. É verdade que a passagem é inserção tardia, encontrada depois de Lc 21,38 em outros testemunhos textuais. Mesmo assim, como afirmei alhures (BGJ, v. 1, p. 335-336), embora não escrita pelo quarto evangelista, pode bem ser uma história primitiva. Nada nela sugere a mentalidade de uma turba linchadora e, embora não esteja claro se um sinédrio havia julgado a mulher, a história sugere indiretamente que as autoridades judaicas podiam condenar e executar por adultério — sugestão de valor incerto, entretanto, pois o ponto da história ao qual todo o resto se subordina é a clemência de Jesus. A passagem chama essas autoridades de escribas e fariseus, mas talvez isso seja uma simplificação posterior a 70, quando todos os adversários do tempo de Jesus reduziam-se aos que ainda continuavam significativos.

A filha do sacerdote. Mixná *Sanhedrin* 7,2 relata uma declaração de Rabbi Eleazar ben Zadok: Aconteceu outrora, no caso da filha de um sacerdote que cometeu adultério, em que colocaram um feixe de galhos ao redor dela e então a queimaram. Os sábios responderam que isso aconteceu porque naquela época não havia um tribunal apropriadamente treinado. Essa explicação talvez signifique que o tribunal tratara a mulher segundo os padrões saduceus, em vez de fariseus, a saber, seguindo a lei escrita de Lv 21,9 (também Josefo, *Ant.* IV,viii,23; #248), que queimaria a filha de um sacerdote até a morte, não a lei mixnaica de estrangulamento. TalBab *Sanhedrin* 52b acrescenta o detalhe de que, naquela época, R. Eleazar era uma criança que subia aos ombros do pai (também Tosepta *Sanhedrin* 9,11). Como professor, Eleazar é tradicionalmente datado da segunda geração dos tanaim – assim, no período de 90-130. Jeremias coloca essa execução durante a infância de Eleazar (TalJer *Sanhedrin* 24b, relacionado a Mixná *Sanhedrin* 7,2; menos de dez anos de idade), durante o reinado de Agripa I na Palestina (41-44) — período em que não havia prefeito romano e o rei permitia que tribunais judaicos impusessem a pena de morte (ver a execução de Tiago, o irmão de Jesus, por Agripa, em At 12,1-4, que "agradou aos judeus"). Outros biblistas tentam situar a execução em 62-63 no período entre as procuradorias de Festo e Albino, quando, como vimos acima, Tiago, o irmão de Jesus, foi executado. Essas datações eliminam o problema de tal execução ter acontecido sem a aprovação de um governador romano. Sem o recurso a essas datações (que são altamente especulativas), a história talvez ofereça outra indicação de que as autoridades judaicas sozinhas podiam executar por adultério. Embora o governador romano se encarregasse da pena de morte, vimos que ele permitia às autoridades judaicas executar quem entrasse na área proibida do Templo. Talvez ele também o fizesse para casos de adultério (assim Nörr, "Problems", p. 117), limitando a supervisão romana a crimes públicos e políticos, não a essas ofensas morais e cultuais. É precisamente em resposta a uma pergunta de como os judeus no cativeiro podiam ter tido autoridade para matar Susana quando pensaram que ela cometera adultério (Dn 13,28), que Orígenes (*Ep. ad Africanum* 20 [14]; SC 302,564-566) lembrou que não era raro os reis concederem a povos submetidos cumprir leis e ter julgamentos próprios — resposta que ele justifica pelo conhecimento que tinha dos judeus sob o governo romano no século III.

Estêvão. Em At 6,11ss, o povo e os anciãos e escribas são incitados pelos que alegam terem ouvido Estêvão falar blasfêmias contra Moisés e Deus e o conduzem perante o sinédrio. Falsas testemunhas declaram que Estêvão fala incessantemente contra este santo lugar e a lei, dizendo que Jesus de Nazaré destruirá este lugar e mudará os costumes transmitidos por Moisés. Em respostas à pergunta dos chefes dos sacerdotes, Estêvão fala longamente; mas sua afirmação contra o Templo, segundo a qual o Altíssimo não habita casas feitas pelas mãos dos homens, enfurece os ouvintes, de tal maneira que eles o arrastam para fora da cidade e o apedrejam até a morte. Por causa do tom de violência, há quem afirme que essa execução foi um caso da lei de linchamento e, portanto, ilegal. Contudo, At 26,10 fala que Paulo consentiu na morte de cristãos, de modo que um procedimento judiciário foi imaginado pelo autor dos Atos. Como o incidente relaciona-se com a conversão de Paulo que data de 36 d.C., outros sugerem que, embora não fosse um linchamento, aconteceu na época atribulada em que Pilatos foi afastado (ver nota 14). Nesse período, afirmam, o sinédrio aproveitou a oportunidade de agir contra Estêvão, do mesmo modo que, no início da década de 60, durante a ausência de um procurador romano, um sinédrio agiu ilegalmente contra a vida de Tiago, o irmão do Senhor. Outra solução está mais próxima do texto: Estêvão transgrediu a lei da santidade do Templo e os romanos tinham concedido aos judeus o direito de executar nesses casos. Um caso paralelo em At 21,27ss (examinado acima) descreve a tentativa de executar Paulo por ter profanado o Templo ao trazer gentios quando ali não era lugar deles, mas daquela vez os romanos interferiram. Entretanto, precisamos nos perguntar se a acusação contra Estêvão, de falar contra o Templo, incluía-se na concessão romana de jurisdição capital, pois, como vimos, no caso de Jesus, filho de Ananias, que advertiu sobre a ruína do santuário, as autoridades judaicas entregaram-no ao governador romano. Provavelmente, a melhor solução é reconhecer que o apedrejamento de Estêvão foi um exemplo da tensão inevitável que ocorria nos casos em que os judeus acreditavam que a lei recebida de Deus por Moisés exigia a pena de morte, mas o governo romano os proibia de executar essa pena. Havia, evidentemente, tendência de os judeus tomarem a lei para si, em especial quando a ofensa era considerada terrivelmente impiedosa. Se o governador romano reagia ou não com a punição desse procedimento ilícito dependia de ele ficar ou não sabendo e, caso ficasse, de a execução ter apoio popular, de modo que a intervenção causaria tumulto.[93] Por exemplo, o governador romano afastou o sumo sacerdote Anano II por matar Tiago, o irmão de Jesus (e outros), precisamente porque Anano foi denunciado por companheiros judeus praticantes da lei (presumivelmente fariseus). A citação de Orígenes mencionada no parágrafo anterior a respeito do adultério continua e afirma que, em sua experiência, julgamentos particulares segundo a lei judaica eram conduzidos até mesmo a ponto de se chegar a uma sentença de morte, na verdade não com a plena liberdade concedida pelos romanos, mas também não sem o conhecimento do prefeito romano.[94]

3. Conclusões

Se posso voltar à pergunta com a qual iniciei esta subseção D, a saber, se Jo 18,31 é ou não exato ao fazer os judeus exclamarem "Não nos é permitido dar a morte a ninguém", digo que os indícios existentes apoiam a historicidade, mas somente quando a declaração é entendida em sentido sutil. Os romanos permitiam

---

[93] Jeremias ("Geschichtlichkeit", p. 146-147) é importante neste ponto. Ele nega que o apedrejamento de Estêvão fosse linchamento ou acontecesse durante um interstício administrativo (afirmando com razão que Pilatos permaneceu no poder a maior parte de 36 [e provavelmente saiu da Judeia em dezembro de 36]. Ele acha que as autoridades judaicas ultrapassaram sua competência; contudo, a perseguição que se seguiu tinha de ter a aprovação romana, mesmo que tácita. Era do interesse de Pilatos que os cristãos fossem mantidos sob controle. Mas eram os cristãos um grupo tão importante aos olhos romanos já nos anos 30?

[94] DNTRJ, p. 307, sugere que o estrangulamento substituiu aos poucos a lapidação como castigo capital porque atraía menos atenção pública.

aos judeus executarem por certas ofensas religiosas claras,[95] por exemplo, por transgredir as proibições contra circular em determinados lugares do Templo e talvez por adultério. Fora dessa esfera religiosa especificada, as autoridades judaicas deviam entregar os casos aos romanos, que decidiriam ou não pronunciar e executar a sentença de morte. Isso corresponde ao que vimos acima (A3c) a respeito de, quando a província da Judeia foi instituída, ser concedido ao prefeito/procurador romano o *imperium* para executar. Era inevitável que houvesse tensões entre os judeus e os romanos a respeito de crimes que mereciam a pena de morte sob a lei judaica, mas não sob a lei romana.[96] Quando os judeus encarregavam-se de executar criminosos por esses crimes,[97] ao ficarem sabendo dessa ação judicial os romanos puniam ou não os envolvidos, dependendo da notoriedade do crime ou do criminoso. Grande notoriedade não permitia que os romanos tolerassem a questão em silêncio, e o mesmo acontecia quando havia queixas de cidadãos responsáveis. Essa conclusão sutil vai contra a afirmação de Juster, de que um sinédrio tinha o poder de execução e, como Jesus foi executado pelos romanos, um sinédrio não podia ter estado envolvido em sua condenação.

Se a situação complicada que acabei de descrever estiver certa, ainda podemos nos perguntar por que as autoridades judaicas que condenaram Jesus não aproveitaram a oportunidade e o executaram, na esperança de que Pilatos decidisse não criar problemas. Essa pergunta só pode ser respondida por especulação, mas não devemos esquecer os fatores a seguir: Caifás foi sumo sacerdote durante toda a administração de Pilatos; talvez os dois pusessem em prática um *modus vivendi* que permitia que certas ações fossem toleradas desde que não comprometessem o governo romano nem fossem publicamente embaraçosas para Pilatos. A execução no tempo da Páscoa, quando multidões de peregrinos estavam em Jerusalém[98] e o

---

[95] Em Josefo (*Guerra* VI,vi,2; ##333-334), Tito diz: "Mantivemos as leis ancestrais e vos permitimos um modo de vida como queríeis, não só entre vós mesmos, mas também em relação aos outros". Ver Smallwood, *The Jews*, p. 150-151.

[96] A julgar pelos Evangelhos e o caso de Jesus, filho de Ananias, relatado por Josefo, o sinédrio judaico podia declarar que alguém merecia a morte por alguma coisa que os romanos não consideravam grave (por exemplo, por apostasia, blasfêmia, infanticídio) antes de entregar o criminoso.

[97] Josefo (*Guerra* II,viii,9; #145) fala de tribunais essênios meticulosamente cuidadosos (obviamente não praticantes de linchamento) que puniam blasfêmias com a morte. Os romanos não podiam controlar todas as execuções em lugares remotos.

[98] Os biblistas calculam o número das pessoas que vinham para a Páscoa, mas muitos acham exagerados os três milhões dados por Josefo (*Guerra* II,xiv,3; #280). Houve distúrbios na Páscoa em 4 a.C., sob

próprio Pilatos ali se encontrava, dificilmente não seria notada. Pilatos podia ser mais sensível a respeito disso porque, como veremos em § 31, ele tivera conflitos com os judeus em Jerusalém durante uma festa. Os Evangelhos indicam que as autoridades judaicas temiam a ira das multidões se elas atacassem Jesus, por isso talvez servisse a seu propósito os romanos levarem a cabo a execução, para eles próprios não serem o alvo direto se houvesse uma reação irada. Além disso, os romanos crucificariam Jesus, e essa forma de morte, equivalente ao enforcamento em uma árvore mencionado na lei, colocaria Jesus sob maldição e, assim, o desacreditaria (ver E3 adiante, e §§ 23a-23B).[99] De qualquer modo, é preciso reconhecer que o procedimento das autoridades judaicas ao lidar com Jesus de Nazaré descrito nos Evangelhos dificilmente pode ser considerado incomum; Josefo descreve quase o mesmo procedimento trinta anos mais tarde em relação a Jesus, filho de Ananias.[100]

E. Prova de ação contra Jesus pelas autoridades judaicas

O que vimos até agora mostra ser possível que as autoridades do sinédrio tivessem julgado ou interrogado Jesus, o tivessem sentenciado como merecedor da morte e depois o entregassem a Pilatos para ser crucificado. Entretanto, a mudança de possibilidade para plausibilidade histórica é complicada. Por viverem no Império Romano, os evangelistas estavam a par de como os governadores romanos agiam nas províncias e, assim, *a priori* é improvável que descrevessem uma situação impossível (com a devida vênia a Juster). Contudo, será que eles estavam em posição de saber em detalhe o que realmente acontecera em Jerusalém trinta a setenta anos antes de escreverem? O fato de em Jerusalém quase sempre um sinédrio estar

---

Arquelau (*Ant.* XVII,ix,3; ##213-218), e c. 48 d.C., sob o procurador Cumano (*Ant.* XX,v,3; ##105-112).

[99] Foi sugerida outra consequência, mas que não tem apoio bíblico: entregá-lo aos romanos o excluiria do povo de Deus e o faria morrer como forasteiro (Bornhäuser, *Death*, p. 106). Acho completamente sem apoio no texto a sugestão de Aguirre ("Poderes", p. 266), segundo a qual, embora tivesse jurisdição para lapidar Jesus, o sinédrio teve de entregá-lo aos romanos porque seus membros não concordaram entre si a respeito dele. Ver também a imaginosa sugestão na nota 75 a respeito da necessidade calendar de entregá-lo aos romanos.

[100] Notemos também um padrão paralelo muito mais tardio: No fim do século II, embora fossem interrogados no fórum de Lião pelos tribunos locais e os magistrados da cidade, os mártires cristãos ficavam presos até a chegada do governador, para que ele aprovasse a execução (1,8; MACM, p. 62; ver também MACM, p. 156.206). No caso do martírio de Piônio em Esmirna, os funcionários locais dizem que os *fasces* não lhes permitem exercer o *imperium* de execução antes da chegada do procônsul — um procônsul que, quando chega, julga e então profere uma sentença em latim a partir de uma tabuinha (MACM, p. 148.162).

envolvido em questões religiosas de importância pública faz com que a tradição cristã presuma que ele estava envolvido na morte de Jesus? Foi um envolvimento judaico menos estruturado dramatizado no envolvimento formal de um sinédrio? De fato, não foi preservado nenhum registro judicial legal do julgamento de Jesus e, assim, certamente as narrativas evangélicas contêm dramatização e simplificação — mas quanto? Nunca conseguiremos responder a essas perguntas com certeza, mas vamos examinar a prova do inquestionável envolvimento judaico na morte de Jesus.[101] A prova origina-se de fontes judaicas, cristãs e pagãs.

1. Prova judaica

Duas informações são de grande importância: o testemunho de Josefo e o do Talmude babilônio.

a) *Testemonium Flavianum* de Josefo (*Ant.* XVIII,iii,3; ##63-64) é a famosa referência a Jesus[102] que o historiador judeu, ao escrever nos anos 90, inclui entre os acontecimentos que tiveram lugar na primeira parte da administração de Pilatos (26-36 d.C.):

> Ora, nessa época havia (apareceu) um sábio chamado Jesus **— se na verdade se deva falar dele como homem**, pois ele realizava coisas prodigiosas, era mestre de quem recebe alegremente o que é verdade.[103] Ele conquistou muitos judeus e muitos dos gregos. **Ele era o Messias [Christos]**. Quando Pilatos o condenou (Embora Pilatos o condenasse) à cruz por acusação [*endeixis*] dos homens do primeiro escalão [*protoi andres*] entre nós, os que o amaram desde o começo não cessaram (de fazer isso), pois ele voltou a lhes aparecer

---

[101] Blinzler (*Trial*, p. 10-20) relaciona no mínimo cinco graus de envolvimento e os biblistas que os defendem: 1) os judeus foram totalmente responsáveis pela morte de Jesus, com os romanos reduzidos à simples execução; 2) os judeus desempenharam o papel decisivo e os romanos tiveram uma participação menor; 3) os judeus e os romanos estavam igualmente envolvidos; 4) os romanos desempenharam o papel decisivo e os judeus tiveram uma participação menor; 5) os romanos foram totalmente responsáveis e não houve envolvimento judaico.

[102] A presença do *Testimonium* contribuiu significativamente para o papel cristão desempenhado na preservação das obras de Josefo. Como vou explicar, **é provável que as palavras em negrito sejam adições pós-Josefo**.

[103] Uma emenda sugerida com frequência (*ta aethe* por *talethe* [contração que envolve *alethe*]) diria "o que é inusitado/extraordinário". Isso é desnecessário, pois Josefo é capaz de ambiguidade deliberada: "Eles recebem alegremente o que (pensam) ser verdade".

vivo no terceiro dia. **Os profetas divinos tinham falado essas e outras coisas a respeito dele.** A classe dos cristãos [*Christianoi*] que receberam o nome dele ainda não desapareceu até agora.

Esse louvor excessivo de Jesus é suspeito quando refletimos que Josefo era um fariseu de ascendência sacerdotal que buscava o favor romano e que morou em Roma depois da perseguição dos cristãos por Nero e escrevia no tempo do desconfiado Domiciano. Consequentemente, do século XVI (J. J. Scaliger) ao século XX, a autenticidade dessa passagem foi questionada ou como interpolação inteiramente cristã ou como substituição cristã de uma referência genuína e desfavorável a Jesus por Josefo.[104] Entretanto, essa não é a opinião da maioria. Embora poucos biblistas de hoje afirmem que Josefo escreveu a passagem toda conforme citada,[105] muitos argumentam que Josefo escreveu um texto básico ao qual os cristãos fizeram adições. É plausível acreditar que, em vocabulário e estilo, grandes trechos do texto são da autoria de Josefo; e o contexto onde a passagem aparece em *Antiguidades* (isto é, entre os relacionamentos desagradáveis que envolviam os líderes judaicos e Pilatos) é apropriado. A passagem que se segue a ela fala de outra ação arbitrária ou ultrajante e, assim, indica a atitude de Josefo para com o modo como Pilatos tratou Jesus. Apesar de algumas declarações do *Testimonium* serem excessivamente lisonjeiras e próprias de uma pena cristã, outras declarações dificilmente se teriam originado (no século II ou mais tarde) com os que acreditavam ser Jesus o Filho de Deus, por exemplo, "um sábio" parece uma declaração moderada. Conhecendo como os cristãos vieram a execrar as autoridades judaicas pelo papel que desempenharam na morte de Jesus, "por acusação dos homens do primeiro escalão entre nós" parece brando. Além disso, não temos indícios de cristãos do século I que se referissem a si mesmos como tribo ou clã.[106] O *Testimonium* encontra-se em todos os mss. de *Antiguidades* e foi citado por inteiro no início do século IV por Eusébio (HE 1,11,7-8; também *Demonstratio Evangelica* III,v,105; GCS 23,130-131). Pode

---

[104] Os que a consideram totalmente inautêntica incluem Battifol, Birdsall, Burkitt, Conzelmann, Hahn, L. Hermann, Lagrange, Norden e Zeitlin. Thackeray mudou desta opinião para a de adições cristãs a um texto autêntico.

[105] As exceções são F. Dornseiff, ZNW 35, 1936, p. 129-155; ZNW 46, 1955, p. 245-250; e E. Nodet, RB 92, 1985, p. 320-348; 497-524.

[106] Ver o uso genuíno por Josefo em *Guerra* III,viii,3; #354: "a tribo dos judeus".

§ 18. Introdução: Pano de fundo para o julgamento/interrogatório judaico de Jesus pelas autoridades sacerdotais

ter sido conhecido de alguma forma no início do século III por Orígenes, que estudou o fato de Josefo mencionar Jesus *sem acreditar que ele era o Messias*.[107]

Já no século XVII, esse comentário de Orígenes levou (R. Montague) à afirmação de que Josefo realmente descreveu Jesus, mas escribas cristãos bem primitivos glosaram a passagem, acrescentando, por exemplo: "Ele era o Messias".[108] A teoria da interpretação parcial ou glosa encontra apoio também entre biblistas judeus.[109] Na tradução dada acima, pus em negrito as glosas cristãs mais plausíveis.[110] Mesmo retirando-as, a passagem de Josefo dá em linguagem não evangélica uma imagem de Jesus como mestre religioso e operador de milagres que foi crucificado pelo prefeito romano, mas só depois do envolvimento das autoridades judaicas — apresentação que concorda consideravelmente com a descrição apresentada pelo NT.

S. Pines[111] relata uma citação do *Testimonium* por um cristão do século X, Agápio de Mabbug, que escreveu em árabe e tirou suas informações de crônicas mais primitivas. A citação omite muitas das frases cristãs mais óbvias:

> Nessa época havia um sábio que era chamado Jesus. E sua conduta era boa e ele era conhecido como virtuoso. E muitos entre os

---

[107] Ver *Contra Celso* I,47; ver também *Comm. in Matt.* 10,17 sobre 13,55, GCS 40,22. Entretanto, não temos certeza de que Orígenes conhecia o *Testimonium*, pois há outra referência de Josefo a Jesus em *Ant.* XX,ix,1; 200: Tiago, "o irmão de Jesus que era chamado Cristo".

[108] É possível identificar um endurecimento entre os relatos de Orígenes e o que Eusébio relata a respeito da relação entre a execução de Tiago (o irmão de Jesus) e a queda de Jerusalém/Israel. Z. Baras (JJC, p. 338-348) dá boas provas de que o próprio Eusébio fez adições ao *Testimonium* e sua forma foi o modelo para o texto de Josefo. No século III, o texto de Josefo teria circulado sem as adições cristãs encontradas em Eusébio (p. 341).

[109] Por exemplo, L. H. Feldman, na tradução de Loeb (9,49), e o importante artigo de P. Winter, "Josephus on Jesus", em *Journal of Historical Studies* 1, 1968, p. 289-302. Que essa é agora a opinião de muitos biblistas está documentado por J. P. Meier, "Jesus in Josephus, a Modest Proposal", em CBQ 52, 1990, p. 76-103, que é defensivamente o melhor estudo dos últimos anos. Como Meier insiste, a teoria da interpolação completa não explica de modo satisfatório que há dois estilos na passagem, com algumas linhas demonstravelmente no estilo de Josefo e outras linhas não.

[110] Ver o estudo proveitoso em HJPAJC, v. 1, p. 428-441, com ampla bibliografia. Também o levantamento por Z. Baras de pesquisa e bibliografia a respeito do *Testimonium* em SRSTP, p. 303-313, 378-385. Eu já havia composto esta análise das glosas quando li Meier, "Josephus", e essas são exatamente as glosas que ele detecta, com muitos argumentos adicionais.

[111] *An Arabic Version of the Testimonium Flavianum and Its Implications*, Jerusalem, Israel Academy, 1971, tradução na p. 16. Ver as reações preliminares de R. McL. Wilson, "The New *Passion of Jesus* in the Light of the New Testament and Apocrypha", em E. E. Ellis & M. Wilcox, orgs., *Neotestamentica et Semitica*. Edinburgh, Clark, 1969, p. 264-271 (M. Black Festschrift).

judeus e outras nações tornaram-se seus discípulos. Pilatos condenou-o a ser crucificado e morrer. E os que haviam se tornado seus discípulos não abandonaram o discipulado. Eles relataram que ele lhes apareceu três dias depois de sua crucificação e que ele estava vivo; dessa maneira, talvez ele fosse o Messias a respeito de quem os profetas contaram maravilhas.

Uma das omissões é: "por acusação dos homens do primeiro escalão entre nós"; consequentemente, houve quem se apressasse em aclamar esse como o texto original de Josefo. O próprio Pines (p. 35, 70) é mais cauteloso quanto às omissões serem o resultado de negligência dos copistas. Ele sugere principalmente a possibilidade de Agápio ter preservado uma forma do *Testimonium* menos modificada pelos cristãos que a forma de Eusébio. Os críticos[112] têm sido menos generosos na avaliação da importância da citação, lembrando que ela só é atestada muito tarde, que Agápio não é muito rigoroso nas citações e que aparentemente houve modificações anti-islâmicas, por exemplo, na frase acrescentada "e morrer". (A respeito da opinião islâmica comum de que Jesus não morreu na cruz, ver § 42 D adiante.) Entretanto, a citação de Agápio ajuda a confirmar que copistas cristãos sentiram-se à vontade para modificar o Testimonium.[113]

b) O Talmude babilônio (*Sanhedrin* 43a) registra uma *baraita* ou tradição mais antiga que cito da tradução de London Soncino (*Nezikin*, v. 3, p. 281):[114]

Na véspera da Páscoa, Yeshu foi enforcado. Durante quarenta dias antes da execução, um arauto saía e gritava: "Ele vai ser lapidado porque praticou bruxaria e

---

[112] E. Bammel, ExpTim 85, 1973-1974, p. 145-147; M. Smith, JBL 91, 1972, p. 441-442.

[113] E. Bammel ("Zum Testimonium Flavianum", em O. Betz *et alii*, *Josephus-Studien*, Göttingen, Vandenhoeck & Ruprecht, 1974, p. 9-22 [70 Geburtstag O. Michel]) pressupõe emendas em vez de omissões, por isso ele surge com um texto original de Josefo que em extensão se aproxima mais do texto padrão.

[114] Só muito raramente o Talmude se refere a "Yeshu" sem outra identificação. Alguns estudiosos (Dalman, Jeremias) negam que Jesus de Nazaré esteja envolvido e sugerem um Jesus que era discípulo de Josué b. Perahiah, mestre do início do século I a.C., na época de Alexandre Janeu. Entretanto, o comentário que se segue no tratado *Sanhedrin* se refere aos discípulos de Yeshu, inclusive Matthai (Mateus) e indica que isso aconteceu durante domínio ("governo" = romano?) estrangeiro. Ver uma análise cuidadosa desta passagem e uma defesa de sua pertinência a Jesus de Nazaré em Betz, "Probleme", p. 570-580. Essa passagem era considerada referente ao Jesus dos cristãos, o que explica sua frequente supressão nas edições censuradas do Talmude. Em correspondência, o rabino B. L. Visotzky indicou emendas que ele faria com base em um ms. de Munique: As duas referências seriam ampliadas de "Yeshu" para "Yeshu ha-Nostri", que seria descrito como tendo "desorientado e seduzido Israel". Visotzky acredita que aqui "lapidado" é genérico para "executado".

estimulou Israel à apostasia. Quem puder dizer alguma coisa a seu favor, que se apresente e o defenda". Mas como nada foi apresentado a seu favor, ele foi enforcado na véspera da Páscoa.

Em reação a isso, TalBab traz os comentários do babilônio Ulla (c. 300?), que pergunta indignado se Yeshu era alguém merecedor de defesa. Não era ele um *mesith* (tentador mentiroso) a respeito de quem a Escritura diz "Não o pouparás nem o esconderás" (Dt 13,9[8])? O Talmude continua: "Entretanto, com Yeshu foi diferente, pois ele era ligado ao governo". Em outras palavras, parece que no século V havia uma percepção de que romanos e também judeus estavam envolvidos, o que modificava a referência *baraita* mais primitiva. Não está claro até onde a *baraita* recorre a fontes cristãs, por exemplo, a cronologia que ela contém é joanina. O emprego de "enforcar" para a crucificação é atestado no NT e nos MMM.[115] Talvez seja essa referência à crucificação (castigo associado aos romanos) que levou ao comentário talmúdico a respeito do envolvimento gentio — a menos que estejamos vendo apenas uma igualização judaica posterior a 325 do Cristianismo com o domínio romano. A acusação de Jesus ser um bruxo encaixa-se muito bem nas acusações judaicas do século II contra Jesus relatadas em Orígenes.[116] Quaisquer que sejam as origens da tradição no TalBab, a *baraita* mostra que os judeus antigos achavam que seus antepassados estavam envolvidos na morte de Jesus e até eram responsáveis por ela. M. Goldstein (*Jesus in the Jewish Tradition*, New York, Macmillan, 1950, p. 22ss) data a tradição do TalBab antes de 220.

Se tentarmos remontar a antes dessa data aproximada, descobriremos que, no fim da década de 100, o judeu citado por Celso diz: "Punimos este indivíduo (Jesus) que era impostor" e "Nós o julgamos, condenamos e decidimos que devia ser punido".[117] Ainda mais cedo, no mesmo século II, Justino fala ao judeu Trifão: "Vós o crucificastes" (*Diálogo* XVII,1). Naturalmente, Justino relata o que os cristãos julgavam ser a opinião dos judeus; contudo, Trifão quase sempre suaviza ou rejeita o que Justino diz e, em nenhum trecho do *Diálogo*, Trifão questiona essa acusação. Ao contrário, parece que o envolvimento judaico na morte de Jesus é aceito pelos

---

[115] Gl 3,13; At 5,30; 10,39; e 4QpNah 3-4, col. 1,7-8; 11Q Miqdas (Manuscrito do Templo) 64,8-12.

[116] *Contra Celso* II,28.71. H. Chadwick (*Origen: Contra Celsum*, Cambridge Univ., 1965, xxviii) afirma: "Portanto, tudo considerado, a probabilidade está com a opinião de que a data de Celso deve ser designada ao período de 170-180". Celso cita um judeu para algumas de suas opiniões a respeito de Jesus.

[117] *Contra Celso* II,4 e II,9; também II,5: "Como ofensor, ele foi castigado pelos judeus".

dois lados; na verdade, Trifão torce a frase teologicamente: "Se o Pai queria que ele sofresse essas coisas [...] não cometemos nenhum pecado" (*Diálogo* XCV,3).

Contra Celso de Orígenes e *Diálogo* de Justino fornecem apenas indícios indiretos (e não raro preconceituosos) do pensamento judaico. Contudo, quer recorramos a indícios diretos, quer a indiretos, não há nenhuma indicação antiga de qualquer tradição judaica que ponha em dúvida o envolvimento das autoridades judaicas na morte de Jesus. (Na verdade, se Jesus foi morto só pelos romanos, é possível se perguntar por que não era lembrado até certo ponto como herói judaico.) Que as autoridades judaicas ou os judeus não estavam envolvidos é ideia moderna. No estudo da historiografia judaica que realizou a esse respeito, Catchpole remonta a 1866 e a L. Philippson[118] o padrão de negar toda ação judicial judaica e atribuir a morte de Jesus inteiramente aos romanos. Em três edições de seu famoso *Geschichte der Juden*, entre 1856 e 1878, H. Graetz passou da defesa dos judeus do tempo de Jesus por executá-lo à defesa deles como não o tendo executado.

2. Prova cristã independente dos Evangelhos

Escritos no período de 70 a 100, todos os Evangelhos descrevem o envolvimento judaico na morte de Jesus e, ao fazerem isso, recorrem a tradições pré--evangélicas que certamente antedatam 60. É preciso refletir se uma ficção tão prodigiosa poderia ter sido criada em menos de trinta anos depois da morte de Jesus. Em termos de prova pré-evangélica e anterior a 60, os sermões nos Atos (At 3,14-15; 4,10; 5,30; 7,52; 13,27-28) atribuem um papel na morte de Jesus aos judeus e/ou às autoridades judaicas. Muitos biblistas afirmam que elementos da tradição primitiva estão incluídos nesses sermões, principalmente em fórmulas querigmáticas como "Vós o matastes, mas Deus o ressuscitou". Contudo, o fato de "Lucas" ter modificado esse material dos Atos elimina-o da categoria de prova independente dos Evangelhos.

É muito importante a passagem de 1Ts 2,14-16, que tem em mira dizer palavras incentivadoras aos cristãos tessalonicenses que sofreram perseguição:

---

[118] Em *Haben*, p. 11-14, Philippson está consciente de ser revisionista ao negar a clássica posição judaica de que as alegações divinas de Jesus fizeram-no ser considerado culpado de blasfêmia, para a qual a pena era a morte.

¹⁴De fato, irmãos, vós vos tornastes imitadores das igrejas de Deus que estão na Judeia em Cristo Jesus, porque vós também sofrestes da parte de vossos compatriotas as mesmas coisas que eles sofreram da parte dos judeus ¹⁵que mataram o Senhor Jesus e os profetas e que nos perseguiram e que não agradam a Deus e que se opõem a todos, ¹⁶impedindo-nos de pregar aos gentios para que sejam salvos. O resultado é sempre completarem a medida de seus pecados, mas a ira cai sobre eles até o fim.

Em geral se concorda que 1 Tessalonicenses foi escrito por volta de 50, e certamente Paulo teria tido a ideia de que os judeus mataram o Senhor Jesus muito antes de escrever essa carta. Na verdade, como Paulo estava em Jerusalém e foi hostil aos cristãos logo depois da morte de Jesus (Gl 1,13.18), esta passagem é contestação muito séria à tese de que não houve envolvimento judaico na morte de Jesus. Entretanto, essa prova tem sido questionada.

Apesar do fato de tal passagem não faltar em nenhum manuscrito da epístola, alguns biblistas afirmam que Paulo não poderia tê-la escrito.[119] Vou relacionar uma por uma as dificuldades que eles veem e ao mesmo tempo relatar a refutação de um grupo maior de biblistas para os quais a passagem é genuinamente paulina:[120]

- Aqui parece que Paulo se separa de seu povo no emprego hostil de "os judeus", que é característico dos escritos neotestamentários, por exemplo, João. Todavia, em 1 Tessalonicenses, Paulo se dirige principalmente a gentios e pode bem estar se utilizando da terminologia deles ("os judeus"), da qual ele gradativamente se apossava. O uso aqui não é mais difícil que o da indubitavelmente genuína passagem de 2Cor 11,24.26, onde vemos claramente que o uso de "os judeus" não separou Paulo deles: "Cinco vezes recebi dos judeus trinta e nove chibatadas [...] em

---

[119] Entre os biblistas mais antigos: Baur, Holtzmann, Ritschi, Schmiedel; recentemente, B. A. Pearson, HTR 64, 1971, p. 79-94; H. Boers, NTS 22, 1975-1976, p. 140-158; D. Schmidt, JBL 102, 1983, p. 269-279. Ver a crítica da literatura em G. E. Okeke, NTS 27, 1980, p. 127-136.

[120] Ver R. F. Collins, *Studies on the First Letter to the Thessalonians*, Leuven Univ., 1984, p. 135 (BETL 66); K. Donfried, *Interpretation* 38, 1984, p. 242-253; J. C. Hurd, AJEC, p. 21-36; R. Jewett, *The Thessalonian Correspondence*, Philadelphia, Fortress, 1986, p. 35-46; S. G. Wilson, "The Jews", p. 168; J. A. Weatherly, JSNT 42, 1991, p. 79-98; e G. Gilliard (NTS 35, 1989, p. 481-502), que acrescenta de maneira plausível que, embora genuína, a passagem é restritiva e se refere àqueles judeus específicos que mataram o Senhor Jesus.

perigo da parte de meus compatriotas (*genos*)". Quanto à hostilidade, a raiva pelos judeus ao escrever para Tessalônica será compreensível se At 17,5-15 estiver correto ao relatar que judeus se revoltaram contra Paulo naquela cidade e foram responsáveis por expulsá-lo para Bereia.

- Aqui há uma supressão do papel romano na morte de Jesus, o que é característica de escrito mais tardio, por exemplo, *EvPd*. Tal objeção deturpa os indícios ao equiparar silêncio a supressão. Se Paulo estivesse fazendo uma analogia entre a maneira como os judeus agiram em Tessalônica e a maneira como agiram para com Jesus, não haveria razão para mencionar o papel romano na morte de Jesus. Notemos que Paulo atribui responsabilidade aos judeus falando que eles "mataram" Jesus, não que o crucificaram, o que seria vocabulário paulino normal, de modo que ele não estava tentando fazer os judeus substituírem os que puseram Jesus fisicamente na cruz. Para Paulo, os judeus eram a força motriz na ação contra Jesus. Na verdade, pode-se até desconfiar que a prática paulina geral de falar a respeito da crucificação (comumente considerada castigo romano) significava que todos os seus convertidos sabiam do envolvimento romano; portanto, não havia necessidade de chamar a atenção para ele.[121]

- A referência em 1 Tessalonicenses aos judeus "que mataram [...] os profetas e que nos perseguiram" faz eco à linguagem pós-70 do assassinato dos profetas em Mt 23,29-31. Entretanto, a probabilidade de Mateus ter sido escrito depois de 70 não significa que o material ali preservado surgiu depois de 70. Além disso, há um paralelo paulino perfeitamente bom. Em Rm 11,3, Paulo se utiliza de Elias em 1Rs 19,10 para falar dos israelitas seus contemporâneos: "Senhor, mataram os teus profetas [...] e buscam minha vida".

---

[121] O substantivo "cruz" e o verbo "crucificar" ocorrem cerca de quinze vezes nas cartas paulinas indubitavelmente genuínas. Há alusão mais direta a um papel romano em 1Cor 2,8, onde os governantes deste éon crucificam o Senhor Jesus. Mesmo se os "governantes" forem forças sobrenaturais que controlam os acontecimentos deste mundo, isso não exclui uma referência aos agentes terrenos que eles utilizaram (ver a dualidade na atitude de Daniel para com o príncipe/rei angelical da Pérsia: Dn 10,13.20; 11,2). Em todo caso, julgo simplista o argumento de que deixar de incluir os romanos como fator na morte de Jesus é sinal de atraso. 1Tm 6,13 foi escrito *depois* de 1 Tessalonicenses e ali os romanos são mencionados e os judeus não.

- A afirmação de 1 Tessalonicenses de que a ira de Deus cai sobre os judeus "até o fim" parece supor a destruição de Jerusalém ou algum sinal muito dramático de castigo divino que não poderia já ter ocorrido na data em que 1 Tessalonicenses foi escrita. Esta é, antes, linguagem apocalíptica flexível e é perfeitamente adequada ao contexto apocalíptico geral de 1 Tessalonicenses. Pode bem ser aplicada ao que aconteceu imediatamente antes de Paulo escrever 1 Tessalonicenses em 50 — o que pode ser interpretado como castigo divino, por exemplo, a expulsão dos judeus de Roma por Cláudio em 49.

- A rejeição divina dos judeus sugerida pela última linha da passagem de 1 Tessalonicenses em termos de uma ira que cai sobre eles até o fim contradiz o que Paulo escreve em Rm 9–11 a respeito da última conversão de Israel (Rm 11,25-26). Entretanto, Romanos fala dez vezes da ira de Deus, dirigindo-se igualmente a judeu e gentio com a advertência: "Estás acumulando ira para ti mesmo no dia da ira" (Rm 2,5; também Rm 1,18; 9,22). É uma ira da qual, em última análise, todos serão salvos por intermédio de Cristo (Rm 5,9). Também em Romanos, Paulo pergunta aos compatriotas judeus: "Diremos que Deus é injusto, falando em termos humanos, para infligir ira? De modo algum!" (Rm 3,5-6; também 4,15). A ideia de 1 Tessalonicenses de que a ira cai sobre os judeus combina com Rm 11,14-15, que fala da rejeição dos que se relacionam com Paulo segundo a carne a fim de fazê-los ciumentos. (Ver também em Rm 11,7.11.21 o endurecimento e o tropeço de Israel que não é poupado.) Portanto, a vinda da ira sobre Israel em 1 Tessalonicenses não contradiz Rm 11,25-26, mas reflete a primeira parte daquela sentença: "Um endurecimento cai sobre Israel em parte, até que entre o número completo dos gentios e, assim, todo o Israel será salvo".

- 1Ts 2,13 se liga com fluência a 1Ts 2,17, de modo que 1Ts 2,14-16 pode facilmente ser inserção secundária. É o argumento mais fraco que se pode apresentar, pois, em quase qualquer página da Bíblia, é possível omitir alguns versículos e encontrar uma sequência fluente sem eles. Hurd (AJEC, p. 27-30) lembra que é uma estrutura paulina perfeitamente boa fazer, depois de uma interrupção, 1Ts 2,14-16 voltar ao tema de tribulação introduzido em 1Ts 1,2-10.

A meu ver, nenhum dos argumentos contra a autoria paulina de 1Ts 2,14-16 é persuasivo, e a passagem deve ser considerada representante de um testemunho cristão muito primitivo do envolvimento judaico na morte de Jesus.[122] Ela está em perfeita harmonia com Gl 3,13, que relata: "Cristo nos redimiu da maldição da lei, tornando-se maldição por nós", na medida em que sua morte cumpriu Dt 21,23: "Amaldiçoado todo aquele que é suspenso em uma árvore". Esse raciocínio, que vê a morte de Jesus em termos da lei mosaica, não faria sentido se a morte fosse simplesmente o resultado de uma intervenção romana sem envolvimento judaico. Do mesmo modo, as referências paulinas à crucificação ou morte como *skandalon* para os judeus (1Cor 1,23; ver Gl 5,11) e a declaração de que foi crucificado na "fraqueza" não se harmonizam com uma morte que só foi castigo civil romano. Schinzer ("Bedeutung", p. 152) leva mais longe o argumento a respeito da falta de sentido teológico da responsabilidade romana exclusiva. A tese paulina de que a morte de Cristo nos liberta da lei (Rm 7,1-6) e de que Cristo (por sua morte) é o fim da lei faz sentido porque, agindo conforme a lei, o sinédrio sentenciou Jesus à morte. Na verdade, os testemunhos de Paulo acerca de sua situação irrepreensível como judeu e fariseu e sua perseguição dos seguidores de Jesus (Gl 1,13; Fl 3,5)[123] ajudam a esclarecer como os judeus piedosos podiam ter estado envolvidos na morte de Jesus.

3. Prova pagã

Parte disso tem pouca utilidade para nosso propósito aqui. A prova romana antiga explícita a respeito da morte de Jesus foi fornecida c. 120 d.C. por Tácito, *Anais* 15,44.[124] Essa passagem não trata da questão da participação judaica,

---

[122] Lindeskog ("Prozess", p. 330-331) afirma que a Paixão vem a nós em duas formas: *o querigma cristão primitivo*, especialmente em sua forma paulina, onde a morte de Cristo é ato de Deus, e *a apresentação evangélica*, com ênfase nas responsabilidades judaicas. O querigma, que se origina de fontes judeu-cristãs, é primordial e mais claro; a apresentação evangélica reflete a história mais tardia (inclusive a experiência gentia) de relações com a sinagoga. Essa análise é demasiadamente simples, pois julga a pregação cristã primitiva a respeito da Paixão com base em algumas fórmulas querigmáticas. 1 Tessalonicenses mostra que Paulo disse àqueles a quem pregava que houve envolvimento judaico na morte de Jesus.

[123] É possível acrescentar-lhes os relatos de At 8,3 e 9,1-2 a respeito da hostilidade de Saulo (Paulo) contra os cristãos e sua atividade como emissário do sumo sacerdote (saduceu).

[124] Ver uma defesa da autenticidade da passagem em K. Linck, *De antiquissimis quae ad Jesum Nazarenum spectant testimoniis*, Giessen, Töpelmann, 1913, p. 67-81. A alegação de que essa é uma interpolação cristã (por exemplo, S. Cohen, "Jesus of Nazareth", em *Universal Jewish Encyclopedia*, v. 6, 1942, p. 83, tem pouco seguimento). Tácito havia estado no Oriente Próximo e conheceu Plínio (que lidou com

§ 18. Introdução: Pano de fundo para o julgamento/interrogatório judaico de Jesus pelas autoridades sacerdotais

pois procura explicar aos romanos a respeito do "grupo depravado popularmente chamado cristãos — o iniciador que deu nome ao grupo, Cristo, foi executado no reinado de Tibério pelo procurador, Pôncio Pilatos".[125] Várias referências patrísticas a documentos sobre o julgamento de Jesus supostamente preservados nos arquivos romanos (Justino, *Apologia* I,xxxv,9; I,xlviii,3; Tertuliano, *Apologia* v,2; xxi,24 [CC 1,94-95.127]) refletem a expectativa de que tal documentação existisse ou fossem ecos de escritos apócrifos cristãos (por exemplo, *Atos de Pilatos*; ver HSNTA, v. 1, p. 444ss) que não têm valor histórico independente.[126]

Mais útil, porém problemática, é a carta do sírio Mara bar Serapião, da região de Samosata (onde ele estava em prisão romana), a seu filho que estudava em Odessa.[127] Mara pergunta retoricamente de que adiantou aos atenienses matar Sócrates ou ao povo de Samos queimar Pitágoras, "ou aos judeus crucificar seu rei sábio, pois, a partir daquela época, o reino foi tirado deles". Em seguida, Mara fala de como Deus se vingou de todos; em especial: "Os judeus foram deportados e expulsos de seu reino e passaram a viver na diáspora". De fato, as três vítimas sobreviveram: Sócrates, por intermédio dos escritos de Platão; Pitágoras, por intermédio da estátua de Hera; "e o rei sábio, por intermédio da lei nova que legou". A data da carta de Mara é determinada pelos acontecimentos ali descritos, principalmente em termos da deportação de judeus da Judeia, que se presume se referir às consequências da destruição do Templo em 70 d.C., ou à construção da cidade romana de Aélia Capitolina, no local de Jerusalém, depois de 135. Alguns estudiosos datam a carta de 72-74 d.C. (Blinzler, *Trial*, p. 34-38; *Prozess*, p. 52-57); outros optam pelo fim do século II, o mais tardar; Léon-Dufour (DBS 6,1422-1423) propõe uma data c. 260. Não há prova de dependência direta dos Evangelhos por parte desse autor,

---

cristãos), e assim podia facilmente ter conhecido esse detalhe. Infelizmente, há uma lacuna nos *Anais* para o período de 29-31 d.C. que talvez mencionasse Pilatos.

[125] Outro testemunho pagão antigo da morte de Jesus, escrito alguns anos mais tarde por Luciano de Samosata, nada acrescenta à imagem. Ele escreveu a respeito de Peregrino, que por algum tempo se tornara cristão e cujos correligionários na Palestina "ainda cultuam o homem que foi crucificado na Palestina" (*De morte Peregrini* 11).

[126] Também não tem valor histórico a obra medieval "Epístola de Lêntulo" ao senado romano, que inclui uma ordem para a prisão de Jesus. Ver também a nota 4 acima.

[127] W. Cureton, org., *Spicilegium syriacum*, London, Rivingtons, 1855, p. 70-76, esp. p. 73-74; F. Schulthess, *Zeitschrift der Deutschen Morgenländischen Gesellschaft* 51, 1897, p. 365-391; A. Baumstark, *Geschichte des syrischen Literatur*, Bonn, Marcus & Webers, 1922, p. 10.

mas quanto mais tardia a data, maior a possibilidade de dependência indireta. Contudo, "rei sábio" não é designação perceptivelmente cristã.

Quando as provas judaicas, cristãs e pagãs são reunidas, o envolvimento dos judeus na morte de Jesus aproxima-se da certeza. Observe-se que não especifiquei de que maneira, pois o comentário vai examinar diversas descrições evangélicas de envolvimento. Todos os Evangelhos concordam que as autoridades judaicas, em especial os sacerdotes, não viam Jesus com bons olhos e que houve tentativas anteriores de impedir seu ensinamento. Todos concordam que houve uma ação judicial pelo sinédrio,[128] e (se juntarmos os Atos a Lucas) todos concordam que uma das acusações contra Jesus era a ameaça de destruição do santuário do Templo. Todos concordam que as autoridades judaicas entregaram Jesus a Pilatos, que o sentenciou à morte. É interessante comparar a concordância dos Evangelhos com a dos biblistas. Bartsch (*Wer*) avalia as ideias de Stauffer e Winter quanto à historicidade da Paixão — ideias que Bartsch considera em lados opostos (e exagerados) do espectro. Os três biblistas concordam quanto à historicidade da prisão de Jesus no Monte das Oliveiras e quanto a algum envolvimento do sinédrio; Stauffer e Bartsch concordam contra Winter que, em parte, a questão era religiosa (do Templo e/ou cristológica), em vez de simplesmente política.

Antes de passarmos a examinar versículo por versículo dos relatos evangélicos desse envolvimento, quero lembrar a importância de sua imagem global, comparando duas relevantes ações judiciais romanas descritas por Josefo. Em um caso concernente a galileus, Josefo (*Ant.* XX,v,2; ##102-103) relata que o procurador Tibério Alexandre (46-48 d.C.) crucificou dois filhos de Judas que lideraram uma revolta anterior. No caso de Jesus, filho de Ananias, que protestou contra Jerusalém e o santuário, Josefo (*Guerra* VI,v,3; ##300-304) relata que os líderes judeus o prenderam e entregaram ao procurador Albino. O primeiro caso, que não acarretou nenhuma ação legal judaica contra o crucificado, exemplifica o tratamento romano dado a revolucionários políticos; o segundo caso, que tinha forte envolvimento judaico, exemplifica o tratamento judaico/romano combinado de uma pessoa religiosa que era preocupação pública. Não é por acaso que o tratamento dado a Jesus de Nazaré descrito nos Evangelhos assemelha-se ao segundo, não ao

---

[128] Os sinóticos descrevem a audiência do sinédrio no período posterior à prisão de Jesus (Marcos/Mateus, à noite; Lucas, de manhã), enquanto João a registra dias ou semanas antes, com só um interrogatório pelo sumo sacerdote depois da prisão.

primeiro. Em § 31, como parte do estudo do cenário do julgamento romano, veremos que Jesus não pode ser simplesmente classificado como revolucionário político. Ele era uma pessoa religiosa importuna e foi tratado como tal.

F. Responsabilidade e/ou culpa pela morte de Jesus

Admitida a conclusão a que acabamos de chegar, são inevitáveis as questões de responsabilidade e culpa. A leitura dos Evangelhos convence a maioria de que, de qualquer modo, embora importuno, Jesus era uma pessoa religiosa sincera, que ensinava a verdade e ajudava muita gente[129] e que, portanto, crucificá-lo foi uma grande injustiça. Os que creem na divindade de Jesus têm um exagerado senso de injustiça, que às vezes soa como deicídio.[130] Já que, por sua própria natureza, os Evangelhos destinam-se a persuadir (evangelizar), as NPs provocam ressentimento contra os perpetradores da injustiça. Quanto aos perpetradores romanos, Roma cessou de atuar como poder internacional cerca de mil e quinhentos anos atrás; assim, a raiva contra Pilatos, por ter transformado em escárnio a apregoada reverência romana pela lei e a justiça, não tem efeitos contínuos. Entretanto, os judeus como povo e o Judaísmo como religião sobrevivem até hoje e, assim, a observação de que efetivamente as autoridades judaicas (e parte das multidões de Jerusalém) desempenharam um papel na execução de Jesus — execução que os cristãos e muitos não cristãos consideram injusta[131] — teve efeito duradouro.

---

[129] Naturalmente, os adversários de Jesus tinham e têm opinião diferente. Em termos de reação judaica pelos séculos, exceto pelos relativamente poucos que passaram a crer nele, havia no primeiro milênio apresentações de Jesus como ilegítimo, um mago, alguém que seduziu Israel com falso ensinamento e um blasfemo aspirante à divindade. Em séculos recentes, a imagem é mais bondosa; por exemplo, ele era bem-intencionado, mas pegou ideias erradas dos gentios (na Galileia), ou era um bom mestre, mas seus discípulos o interpretaram mal (em especial os discípulos que viveram entre gentios, como Paulo). Agora, há quem afirme que, se viesse hoje, Jesus seria tolerado entre os judeus porque era basicamente fiel ao Judaísmo. (E. P. Sanders [que não é judeu] afirma que o Jesus sinótico vivia como um judeu cumpridor da lei, cujas diferenças dos outros estavam dentro dos parâmetros do debate legal do século I [*Jewish Law*, p. 90-96].) Entretanto, outros, como J. Neusner (*A Rabbi Talks with Jesus*, New York, Doubleday, 1993), consideram parte do ensinamento de Jesus irreconciliável com a Torá revelada por Moisés.

[130] Melitão de Sardes (*c.* 170) foi um dos primeiros a falar claramente de deicídio: "Deus foi assassinado, o Rei de Israel foi eliminado por mão israelita" (*On the Pasch*, p. 96). E. Werner (HUCA 37, 1966, p. 191-210) coloca-o com *O Evangelho de Nicodemos*, em uma série que leva à obra latina *Improperia*, ou reprimendas que Deus dirige às audiências litúrgicas da Sexta-Feira Santa sobre a crucificação de Jesus; ele acredita que as *Improperia* foram maldosamente moldadas na oração litúrgica judaica *Dayenu*, que ele data do século II a.C.

[131] As explicações judaicas dos atos das autoridades judaicas que levaram à crucificação variam de acordo

Muito cedo a destruição do Templo de Jerusalém em 70 d.C. foi considerada castigo divino pelo que os judeus haviam feito a Jesus. Fora desse acontecimento, Mt 27,25, onde "o povo todo" aceita a responsabilidade legal pela execução de Jesus ("Seu sangue sobre nós e nossos filhos"), é interpretado com o significado de que os judeus de gerações posteriores e até de todos os tempos são culpados e devem ser castigados. Orígenes (*In Matt* 27,25; #124; GCS 38,260) foi uma das primeiras vozes em uma série de declarações patrísticas que aumentariam de intensidade: "Portanto, o sangue de Jesus caiu não só sobre os que existiam naquele tempo, mas também sobre todas as gerações de judeus que se seguiriam até o fim dos tempos". *Anguish of the Jews*, de Flannery, é um de diversos livros que documentam através dos séculos as muitas ações e palavras dirigidas contra os judeus por causa do papel que seus antepassados desempenharam na crucificação.[132] Alguns dos maiores nomes da história cristã (Agostinho, Crisóstomo, Tomás de Aquino, Lutero etc.) são citados ali como defensores com ferocidade assustadora do direito e mesmo dever dos cristãos de verem com maus olhos, odiarem e castigarem os judeus. Ao escrever sobre responsabilidades no julgamento de Jesus, Leroux começa referindo-se a um artigo sionista publicado logo depois da fundação do Estado de Israel que declarava: "a predisposição universal ao antissemitismo origina-se da acusação de

---

com as opiniões a respeito de Jesus relacionadas na nota 129. Quando Jesus era visto como homem mau, a crucificação (ou pelo menos a morte) era considerada castigo justo, pois as autoridades faziam o que a lei exigia como castigo para um blasfemador ou mágico tentador. Quando Jesus era visto como mal orientado ou mesmo bom, julgava-se que as autoridades foram forçadas pelos romanos a cumprir a ordem contra alguém que os romanos consideravam revolucionário. Examinei acima a alegação relativamente recente de que não houve envolvimento judaico.

[132] Também Kampling, *Blut*; Lapide, *Wer*, p. 95-101. Observe que aqui falo de hostilidade para com os judeus com base na *crucificação*. Em uma imagem total, seria necessário mencionar outros fatores. Por exemplo, entre os pagãos havia forte antijudaísmo, que persistiu quando os pagãos se converteram ao Cristianismo em grandes números. Ver W. Klassen, "Anti-Judaism in Early Christianity", em AJEC, p. 1-19, esp. 1-6; M. Stern, *Greek and Latin Authors on Jews and Judaism*, Jerusalem, Israel Academy of Sciences and Humanity, 1974-1984, 3 v.; J. N. Sevenster, *The Roots of Pagan Antisemitism in the Ancient World*, Leiden, Brill, 1975 (NovTSup 41). Em séculos subsequentes, houve componentes econômicos, étnicos e nacionalistas; e esses contribuíram para o moderno antissemitismo. Hannah Arendt (*The Origins of Totalitarianism*, New York, Harcourt, Brace, 1951, p. 9) declara: "O antissemitismo moderno precisa ser visto na estrutura mais geral do desenvolvimento da nação-Estado". S. J. D. Cohen (*From the Maccabees to the Mishnah*, Philadelphia, Westminster, 1987, p. 47-48) ressalta que "antissemitismo" é termo criado na Alemanha do século XIX para dar respeitabilidade "científica" ao ódio pelos judeus, com o argumento de que os alemães e os judeus pertenciam a espécies ou raças de humanidade diferentes, e que os antigos não tinham nada semelhante a uma teoria racial. Assim, não devemos usar o termo para a situação do século I.

§ 18. Introdução: Pano de fundo para o julgamento/interrogatório judaico de Jesus pelas autoridades sacerdotais

deicídio lançada contra o povo judeu pela Igreja cristã".[133] Como lembra Leroux, concordemos ou não com esse julgamento histórico, é preciso encarar o sofrimento e a sinceridade por trás dele.[134]

Pensadores cristãos reconheceram tardiamente que uma atitude hostil latente para com os judeus por causa da crucificação é religiosamente injustificada e moralmente condenável. Um sinal desse reconhecimento encontrou expressão no Concílio Vaticano II: "O que aconteceu na Paixão de Cristo não pode ser imputado indistintamente a todos os judeus que então viviam, nem aos judeus de hoje. Embora a Igreja seja o novo povo de Deus, os judeus não devem ser apresentados como rejeitados ou amaldiçoados por Deus, como se tais opiniões decorressem das Sagradas Escrituras".[135] Aos cristãos que chegaram muito antes a essa conclusão, essa declaração pode parecer óbvia, mas uma Igreja muito tradicional contradizia autoritária e publicamente atitudes para com os judeus expressas por alguns de seus mais venerados Padres e Doutores.

Entretanto, muito apropriadamente, tem havido uma contínua busca para melhorar a situação e impedir qualquer repetição de ódio pelos judeus por causa da crucificação. O esforço mais comum é insistir que Jesus morreu por todos ou pelos pecados; assim, é irrelevante falar de responsabilidade ou culpa judaica. Embora essa avaliação salvífica da morte de Jesus seja uma boa teologia cristã, ela na verdade não trata da situação histórica. Não importa que bem tenha advindo da morte de Jesus: alguns seres humanos o mataram, e continua a existir o problema de sua responsabilidade ou culpa. Outro caminho é negar que houve qualquer

---

[133] A referência que ele dá é *La Terre retrouvée* (1º de abril de 1947). Blinzler (*Trial*, p. 4-5) comenta o excesso de simplicidade da equação nesse artigo, pois o antissemitismo (ele quer dizer antijudaísmo) existia antes do Cristianismo. Contudo, Blinzler reconhece (p. 8): "A história da Paixão de Jesus tornou-se verdadeiramente uma história do sofrimento do povo judeu; a via-sacra do Senhor tornou-se a *via dolorosa* do povo judeu através dos séculos".

[134] A meu ver, as soluções de Leroux não são satisfatórias. Com toda razão ele ressalta que o antissemitismo é complicado e que grande parte dele não está enraizado nos relatos neotestamentários da Paixão (nota 132). Contudo, recorrendo a tradições judaicas e dando às imagens neotestamentárias seu significado manifesto, ele atribui a Anás, Caifás e seus adeptos não só a responsabilidade pela morte de Jesus, mas também uma "tendência pecaminosa secreta" (p. 117), a saber, rancor e orgulho, que por si só se inclina a suprimir Deus; "sua tendência básica é o deicídio". Como Leroux sabe tudo isso? Mesmo o NT, com sua imagem dos ardilosos sumos sacerdotes, não entra no relacionamento que eles têm com Deus e suas consciências.

[135] *Nostra aetate* ("Declaração sobre as relações da Igreja com as religiões não cristãs", aprovada em 28 de outubro de 1965), 4.

participação judaica na crucificação.[136] Minha opinião, como explicada na subseção anterior (e com mais detalhes no comentário a seguir) é que indícios históricos não justificam essa tese. Assim, creio que me cabe examinar as maneiras (algumas delas fortemente antijudaicas) nas quais os Evangelhos descrevem o papel judaico na morte de Jesus, e então fazer algumas observações que ajudem os leitores a lidar construtivamente com esse papel.

Francamente, houve quem me aconselhasse a não dedicar nem mesmo estas poucas páginas ao problema. Advertiram-me que o que quer que eu escreva será rejeitado como autojustificação cristã ou como inadequado. Dizem-me que eu faria melhor se tratasse o problema antijudaico do mesmo jeito que tratei as consequências da Paixão para a espiritualidade cristã e para a teologia sistemática da redenção, a saber, como assuntos muito importantes que estão fora do escopo de um livro dedicado a comentar o que os Evangelhos relatam. Sei que o que escrevo abaixo é inadequado. Devido à história de antissemitismo no século XX, mesmo livros inteiros dedicados a dois milênios de atitudes antijudaicas que se originam das NPs são inadequados. E, de um jeito real, o assunto está mesmo fora do escopo deste livro. Contudo, como sou comentarista cristão, é provável que os leitores confiem em minha afirmação de que estou sinceramente interessado nas consequências espirituais da Paixão e sua importância para a teologia da redenção, embora esses tópicos estejam fora da tarefa de meu comentário. Os não cristãos precisam de indícios mais tangíveis de que um comentarista cristão está ciente e preocupado com a maneira prejudicial na qual as NPs têm sido incorretamente usadas contra os judeus; e é preciso lembrar eficazmente os leitores cristãos de elementos hostis em seu modo de ler as NPs. Quanto à autojustificação cristã, estas observações visam apenas à inteligibilidade. Não ouso justificar nem condenar as atitudes dos cristãos do século I ou de seus adversários, pois não estamos bem informados quanto a seus motivos

---

[136] Sobosan ("Trial") faz um estudo interessante das interpretações propostas que absolvem historicamente as autoridades judaicas e/ou as multidões judaicas de participação na morte de Jesus. Durante o comentário, todas elas serão examinadas. Maier ("Who Killed", p. 17) queixa-se da alternância irregular entre ou culpar de maneira ilógica os judeus de todos os tempos pela morte de Jesus ou negar de maneira implausível todo envolvimento judaico. Essa alternância evita a tese mais plausível, a saber, o envolvimento de alguns. O debate entre Sizoo e Ernest, "Os judeus mataram Jesus?", tem, a meu ver, não só redação, mas também raciocínio infeliz. Sizoo afirma que muitos judeus amavam Jesus, de modo que só alguns políticos do sinédrio estavam envolvidos em sua execução por Pilatos. Ernest diz que os muitos não podem ser desculpados se permitiram que poucos perpetrassem um crime, do mesmo modo que a massa de alemães não pode ser desculpada por ter permitido que Hitler fizesse o que fez.

e consciências. Entretanto, se percebermos e entendermos mais claramente essas atitudes do século I, talvez consigamos julgar nossas atitudes e autojustificações.

1. Antijudaísmo nas narrativas da Paixão dos quatro Evangelhos

No final de E acima, descrevi aquilo em que todos os Evangelhos concordam: porque não viam com bons olhos Jesus e o que ele fazia e dizia, as autoridades do sinédrio estavam interessadas em agarrá-lo e entregá-lo aos romanos para ser executado. Entretanto, os Evangelhos diferem no grau de malevolência atribuído a essas autoridades e na maneira como representam ou se associam com o povo ("os judeus"). Sem dúvida, o contexto em que cada evangelista escreveu e a importância do conflito com as sinagogas sofrido por ele ou por sua comunidade cristã influenciaram a apresentação.

Marcos mostra os chefes dos sacerdotes e os escribas determinados a respeito da morte de Jesus e dispostos a dar dinheiro a Judas pela oportunidade de conseguir isso sem tumulto entre o povo (Mc 14,1-2.10-11). Eles procuram testemunho contra Jesus; mas quando esse testemunho se revela falso e inconsistente, eles o condenam por blasfêmia, com base nas palavras dele,[137] e o entregam a Pilatos (Mc 14,65-66; 15,1). Embora seja muito pouco indulgente, essa descrição é primordialmente de intolerância fanática, em vez de hipocrisia ou de rejeição intencional a Deus. Os chefes dos sacerdotes preveem que o povo será um obstáculo a seus planos e a multidão presente no julgamento romano tem de ser persuadida a preferir Barrabás a Jesus (Mc 15,11). Embora a partir desse momento a multidão seja hostil e clame pela crucificação de Jesus, e os transeuntes blasfemem contra ele na cruz, não há antijudaísmo enfático nem radical. Nem há um tremendo contraste com o comportamento romano. Pilatos percebe que a questão do "Rei dos Judeus" não se ajusta a Jesus, e que este foi entregue por causa do zelo judaico e da luta inter-religiosa; contudo, sem muita resistência, Pilatos cede aos gritos da

---

[137] Em Marcos (e até mais claramente em Mateus), os adeptos do sinédrio cospem em Jesus, esbofeteiam-no e escarnecem de sua capacidade de profetizar. No direito israelita, as testemunhas devem ser as primeiras a jogar uma pedra contra o condenado, e os adeptos do sinédrio são chamados para testemunhar a blasfêmia de Jesus; esse princípio pode justificar o procedimento. Entretanto, duvido que se espere que os leitores de Marcos (ou mesmo de Mateus) conheçam esse belo argumento e, assim, essa brutalidade contribui para a imagem de fanática aversão a Jesus.

multidão (Mc 15,10.15). Fica-se com a impressão de que o Jesus marcano não recebe tratamento justo de ninguém em posição de autoridade.[138]

Mateus. Há maior e mais ampla malevolência na imagem mateana do envolvimento judaico na morte de Jesus.[139] A partir do que era quando muito uma insinuação marcana, Mt 26,59 afirma que os chefes dos sacerdotes e o sinédrio inteiro estavam "procurando um *falso* testemunho contra Jesus". Quando Judas tenta devolver as trinta moedas de prata, os chefes dos sacerdotes e anciãos dizem: "Que temos nós com isso?". Ao ouvir que esse é o preço de sangue inocente, eles cinicamente seguem a lei contra depositar dinheiro de sangue no tesouro do Templo e compram o campo de um oleiro (Mt 27,3-10). Por causa de uma revelação em sonho, a mulher de Pilatos lhe diz que Jesus é um justo; e Pilatos lava as mãos, para mostrar que é inocente do sangue desse homem (Mt 27,19.24). Embora essa ação demonstre que um gentio até então desinformado reconhece a inocência de Jesus enquanto as maquinadoras autoridades judaicas a ignoram, isso dificilmente desculpa o governador romano, pois ainda assim Pilatos entrega para ser crucificado um homem que ele sabe ser inocente. Além de descrever as autoridades judaicas como desonestas e completamente maldosas, Mateus amplia a culpa, pois "todo o

---

[138] Minha avaliação geral da NP marcana, em razão do antijudaísmo difere da de C. P. Anderson, "Trial", que trata de blasfêmia e polêmica no Evangelho de Marcos. Em grande parte, é porque eu interpreto a impressão deixada pelo relato como ele está agora, enquanto Anderson o avalia com base em pressuposições a respeito das origens e do valor histórico do relato de Marcos: por exemplo, que o dito do santuário chegou a Marcos por meio de polêmica anticristã, que as reconstruções por Rivkin do papel do sinédrio e boule estão corretas, que Marcos criou a cena do julgamento judaico (sem analisar quanto a tradição antiga foi reformulada). Os leitores vão descobrir que considero essas pressuposições muito dúbias. Além disso, rejeito a tese de Anderson, que força a separação entre as NPs como relatos do julgamento de Jesus e as NPs como relatos de reações cristãs aos judeus e romanos na época em que os Evangelhos foram escritos. A segunda etapa influencia a imagem da primeira, mas é preciso respeitar a importante influência dos indícios pré-evangélicos a respeito do que aconteceu a Jesus.

[139] Ver os artigos de Buck e Przybylski e, em maior escala, *Matthew's Gospel*, de Overman (§ 3 acima). Infelizmente, Buck, ao relacionar de maneira proveitosa os toques antijudaicos mateanos que ultrapassam Marcos, rejeita com excessiva facilidade toda historicidade da Paixão que eles contêm na suposição de que todos refletem a situação de vida mateana. Por que é inconcebível que, como a comunidade mateana estava em conflito com a sinagoga, Mateus preservasse elementos mais primitivos de hostilidade que não eram de interesse para Marcos? Millar ("Reflections", p. 357) sabiamente adverte que todos os Evangelhos se originam de "um ambiente onde as *preocupações* da sociedade judaica pré-70 ainda eram significativas, se pensarmos nos sumos sacerdotes e no 'sinédrio', em fariseus e saduceus". Przybylski contradiz usando os elementos antijudaicos para apoiar a tese de Clark, Nepper-Christensen, Strecker e Trilling, segundo a qual o evangelista era gentio. As raízes de Mateus são judeu-cristãs, separadas da sinagoga, mas não geograficamente remotas; o antijudaísmo reflete uma Igreja que retém elementos do que era outrora um debate judaico interno, a fim de se definir contra a sinagoga.

povo" assume a responsabilidade legal para condenar Jesus à morte: "Seu sangue sobre nós e nossos filhos" (Mt 27,25). Como vou explicar em § 35, isso não é um grito sedento de sangue, ou uma maldição sobre si mesmo, mas uma afirmação de que, apesar do julgamento de inocência por Pilatos, eles consideram Jesus culpado e estão dispostos a ser responsabilizados perante Deus pelo derramamento de seu sangue. Ao contrário das autoridades, "todo o povo" não é desonesto, mas, na opinião de Mateus, cooperou e é considerado responsável. O tom antijudaico continua depois da morte de Jesus (Mt 27,62-66; 28,2-4.11-15). Os chefes dos sacerdotes e os fariseus obtêm uma custódia romana para impedir a prometida ressurreição no terceiro dia; e quando os guardas são subjugados pelos acontecimentos que cercam a ressurreição, os chefes dos sacerdotes e os anciãos lhes dão dinheiro para mentir que o corpo foi roubado. Essa mentira de que o corpo de Jesus foi roubado espalhou-se "entre os judeus" até este dia. Tem-se a impressão de que todos os judeus estão contra Jesus, mas foram enganados pelos líderes malévolos. O "até este dia" subentende que o antijudaísmo da descrição mateana do julgamento e da morte de Jesus foi influenciado pela situação atual, com sua descrição das autoridades judaicas do tempo de Jesus exagerada por causa da aversão pelas autoridades farisaicas da sinagoga que estava ativa quando Mateus escreveu.

Lucas. Diagnosticar até onde vai o antijudaísmo da NP lucana é complicado e tem produzido abundante literatura.[140] Por um lado, Winter e outros preferem o relato lucano do julgamento judaico, no qual não há falsas testemunhas e aparentemente nenhuma sentença condenatória, considerando-o mais original e prova de uma etapa menos antijudaica do pensamento cristão primitivo. Outros, embora atribuam essa diferença à reorganização lucana do cenário marcano, acrescentam à imagem sua descrição mais favorável do papel do povo judaico na crucificação. Como mencionei em § 1 C, sob "Lucas", entre os evangelistas, só ele descreve um grupo judaico que durante a crucificação está do lado de Jesus: uma multidão de pessoas acompanha Jesus ao lugar de execução e, ao ir embora, bate no peito, e as "Filhas de Jerusalém" batem em si mesmas e lamentam por Jesus (Lc 23,27-28.48). Outro grupo de biblistas tem uma interpretação diametralmente oposta.

---

[140] Em § 3, Parte IV, ver os escritos de Brawley, Carlson, Cassidy ("Trial"), Chance, Gaston, Kodell, Matera ("Responsibility"), Rice, Richard, Tyson, Via e Walaskay. Um criterioso estudo geral que ultrapassa a questão da Paixão lucana é apresentado por M. Rese, "Die Juden' im lukanischen Doppelwerk", em C. Bussman & W. Radl, orgs., *Der Treue Gottes trauen. Beiträge zum Werk des Lukas*, Freiburg, Herder, 1991, p. 61-79 (G. Schneider Festschrift).

Afirmam (corretamente, a meu ver) que Lucas moveu as falsas testemunhas para o julgamento de Estêvão (At 6,12-14); além disso, declarações dispersas mostram que Lucas achava que as autoridades judaicas condenaram Jesus à morte e que elementos da população judaica compartilhavam a responsabilidade pela crucificação,[141] embora agissem por ignorância. Abordarei essa questão nas seções apropriadas do comentário a seguir, mas acho particularmente exagerada a interpretação do antijudaísmo lucano por Walaskay. Ele descreve o interrogatório de Jesus pelo sinédrio em Lucas como "prelúdio caótico a um linchamento que nem mesmo a jurisprudência romana podia superar"! Comparado ao relato marcano, o relato lucano daria quando muito a impressão de um procedimento legal judaico menos formal.[142] Se há antijudaísmo no *Evangelho*, os leitores o encontram no julgamento romano, onde uma acusação relatada pelos acusadores judaicos tal como "proibir pagar os tributos a César" é evidentemente falsa (admitindo-se Lc 20,21-25) e onde, apesar dos julgamentos de Pilatos (reiterado) e de Herodes de que Jesus não é culpado, os chefes dos sacerdotes, os governantes e o povo pressionam por uma sentença de morte. O motivo primordial dessa descrição não é a justificativa dos romanos;[143] aprendemos, mais exatamente com os exemplos de Pilatos, Herodes,[144]

---

[141] Via ("According", p. 141) está correta em sua análise dos textos lucanos: "A ideia de que o povo judeu como um todo não estava *de modo algum* envolvido na morte de Jesus simplesmente não tem apoio à luz dos indícios destas passagens". Ver esp. At 13,27-28, onde *krinein* significa um julgamento negativo contra ele, com a devida vênia a Harvey (*Jesus [...] Constraints*, p. 174-175) que ignora o contexto e reduz o verbo a um neutro "tomou uma decisão". Catchpole (*Trial*, p. 183-189) é de grande auxílio ao mostrar a conclusão a que não se deve chegar ao comparar o interrogatório judaico lucano com o julgamento judaico marcano.

[142] Às vezes, vou falar de um "interrogatório" de Jesus em Lucas para fazer justiça a essa situação menos formal, mas não quero com isso sugerir que concordo com a tese de que Lucas (ou sua suposta fonte) pretendeu comunicar que na verdade não houve um julgamento judaico de Jesus. Tyson ("Lukan", p. 254) e Matera ("Trial", p. 7-8) pensam assim; Müller ("Jesus", p. 124) alega que Lucas mudou Marcos por ter uma visão mais realista da competência do sinédrio; e Bickermann ("Utilitas", p. 202) argumenta que, para Lucas, o sinédrio não atuou aqui como tribunal. Contudo, Catchpole (*Trial*, p. 202) é mais persuasivo ao argumentar que Lucas considera o procedimento judaico um julgamento. Em Lc 22,66, reúne-se "a assembleia dos anciãos [*presbyteryon*] do povo"; o ambiente inclui um movimento "para [a sala de reuniões do] sinédrio"; em Lc 22,71, é mencionado "testemunho"; em Lc 23,50-51, o organismo que julgou Jesus é citado como um boule que tomara uma decisão ou atitude (ou julgara: At 13,27).

[143] Aparentemente, At 2,23 classifica os romanos como sem lei e, em At 4,25-26, Pilatos e os romanos gentios se enfurecem contra Jesus.

[144] Para Walaskay, a introdução lucana de Herodes no julgamento romano é um aspecto antijudaico, apesar de Lc 23,14-15, onde Pilatos declara que Herodes considerou Jesus inocente das acusações apresentadas. Quanto à atitude de Lucas para com os romanos, Cassidy e Via, apesar de suas discordâncias, concordam que Lucas não estava interessado em descrever Jesus como leal a Roma ou louvando Roma

§ 18. Introdução: Pano de fundo para o julgamento/interrogatório judaico de Jesus pelas autoridades sacerdotais

o malfeitor na cruz e o centurião, que qualquer um (judeu ou gentio) que julgasse sem preconceitos veria imediatamente que Jesus era um homem justo.

Não há dúvida de que uma série de passagens nos Atos fortalecem a imagem do envolvimento judaico na morte de Jesus,[145] quando descrevem uma crescente hostilidade judaica contra a pregação cristã, o que atinge o auge com uma severa avaliação do futuro de toda missão para os judeus, que emprega a linguagem de Isaías: eles jamais compreenderão nem perceberão (At 28,25-28). É provável que parte da solução esteja em uma avaliação original da situação. O entendimento lucano é que o papel judaico na morte de Jesus era grave, mas passível de perdão, se eles aceitassem a pregação apostólica. Sua recusa a fazê-lo e seu tratamento severo de pessoas como Pedro, João, Estêvão, Tiago (irmão de João) e Paulo aumentavam o elemento de malevolência no que eles contribuíram para a crucificação de Jesus. Contudo, como lembra Matera ("Responsibility", p. 89), essa imagem mais sombria nos Atos não é apresentada com o propósito de denegrir os judeus; em um contexto missionário, tem a finalidade de chamar as pessoas (os gentios) ao arrependimento necessário para aceitar o Evangelho.

João. A luta com as autoridades de Jerusalém, as autoridades da sinagoga e simplesmente "os judeus" marca todo o Evangelho de João, de modo que a imagem antijudaica da NP[146] não muda nem aumenta surpreendentemente a hostilidade que Jesus encontrou e provocou até então. Se trabalharmos dentro dos limites da NP, em comparação com o relato marcano do julgamento pelo sinédrio, a imagem joanina do interrogatório por Anás é moderada. Mas, em Jo 11,47-53, João já nos mostrou os chefes dos sacerdotes e os fariseus decidindo cinicamente a morte de Jesus para afastar o perigo ao "lugar [Templo] e à nação". Uma razão mais teológica será apresentada pelos "judeus" em Jo 19,7: "De acordo com a lei, ele deve morrer porque se fez Filho de Deus". As declarações de Pilatos, de não encontrar motivo para condenar Jesus, não têm o propósito de desculpar os romanos. Muito pelo contrário, o Pilatos joanino destina-se a exemplificar a pessoa que tenta evitar

---

(ver Lc 21,12-16; 22,25-26; At 4,25-27). Via ("According", p. 138-139) põe o dedo no objetivo exato: nem Jesus, nem os discípulos deveriam ser considerados culpados de um crime contra o governo romano, ou de qualquer coisa que merecesse cadeia ou morte.

[145] At 2,23.36; 3,13-17; 4,10.25-28; 5,30; 7,52; 10,39; 13,27-29. Transcendendo a ideia de condenar Jesus, em alguns desses textos são os judeus que matam Jesus.

[146] A respeito desse tema, ver o artigo de Granskou em § 3, Parte V.

decidir entre a verdade e a mentira e que, ao não decidir pela verdade, decide, com efeito, pela mentira. Esse romano não é "da verdade", pois deixa de ouvir a voz de Jesus (Jo 18,37c). Entretanto, sua hesitação culmina em uma cena bastante antijudaica, onde os chefes dos sacerdotes negam as esperanças messiânicas de seu povo, a fim de conseguir a morte de Jesus: "Não temos nenhum rei além de César" (Jo 19,15b). A malevolência continua quando os "chefes dos sacerdotes dos judeus" tentam fazer Pilatos mudar o título na cruz que proclama ser Jesus "o rei dos judeus" (Jo 19,21-22) e, mesmo depois da morte de Jesus, houve quem visse rancor implícito no pedido dos "judeus" para Pilatos mandar quebrar as pernas (Jo 19,31), pois isso desfiguraria o corpo de Jesus. A aparição do Jesus ressuscitado será em um ambiente de "medo dos judeus" (Jo 20,19).

Tentei fazer uma apresentação sóbria do ponto até onde cada NP evangélica revela uma imagem antijudaica das autoridades do sinédrio e/ou de um grupo maior de pessoas ou "os judeus". As observações a seguir pretendem ser pelo menos uma pequena contribuição (especialmente aos que têm os Evangelhos em alta estima) para refletir nessa descrição que inclui não só as relações entre Jesus e alguns líderes importantes de seu povo, mas também as relações na última terça parte do século I entre os que acreditavam em Jesus e os judeus que não acreditavam — e, na verdade, até relações entre os cristãos e os judeus hoje.

2. Observações quanto ao envolvimento judaico na morte de Jesus

a) É preciso entender que pessoas religiosas podiam ter visto Jesus com maus olhos. Por diversas razões, alguns cristãos e judeus afirmam ser possível resolver a questão do envolvimento judaico admitindo-se que alguns sacerdotes e nobres conspiraram com os romanos para que Jesus fosse executado. Fora isso, a morte de Jesus não teve nada a ver com o Judaísmo. Obviamente, pregadores cristãos primitivos como Paulo pensavam diferente. Cristo crucificado foi proclamado uma pedra de tropeço para os judeus (1Cor 1,23) e a rejeição de Cristo um grande erro de Israel (Rm 9-11). Para refletir nessa diferença de pensamento, deixemos de lado a questão de ser ou não uma avaliação historicamente correta o fato de apenas um número insignificante e irresponsável de membros do Judaísmo estarem envolvidos, e tratemos de uma questão mais fundamental: se ele era o tipo de pessoa que os Evangelhos descrevem, poderia Jesus ter representado uma ofensa de tal magnitude a ponto de um grupo religioso judaico oficial julgá-lo intolerável?[147] Os cristãos pensam em Jesus como pessoa idealmente nobre, que cuida dos doentes, estende os braços para os pobres e abandonados, rejeita a hipocrisia e prega o amor. Como então as autoridades judaicas entregaram Jesus aos romanos para ser crucificado? Uma resposta cristã tradicional é que essas autoridades não eram verdadeiramente religiosas, mas eram hipócritas, bajuladores políticos, ou ultralegalistas intolerantes, por isso não hesitavam em ser desumanamente cruéis. Essa resposta não é satisfatória, embora em muitos grupos "religiosos" haja alguns membros que se enquadrem nessas descrições. Pela história, sabemos de mestres e líderes do Judaísmo do tempo de Jesus que eram genuinamente religiosos. Em vez de acusar as autoridades, é preciso refletir com maior cuidado sobre a reação provocada por Jesus, indivíduo nitidamente contestador, que nem sempre podia ser recebido com simpatia, mesmo pelos religiosos de verdade. Por um lado, Jesus é descrito misturando-se com frequência e prazer a pecadores públicos que não o ofendem. Por outro lado, ele critica com sarcasmo uma atitude religiosa que muitos julgariam louvável, por exemplo, condenando como injustificado diante de Deus o fariseu que toma cuidado para não violar os mandamentos, que observa práticas de devoção e reza e que é generoso com as causas religiosas (Lc 18,11-14). Ao ensinamento coletivo de sua época, Jesus às vezes apresenta um desafio soberano, a autoridade exclusiva para o que parece ser sua reivindicação de que fala por Deus. Se entendermos os Evangelhos por seu significado manifesto (e mesmo se os examinarmos pelo microscópio da crítica histórica), surge um Jesus capaz de provocar intenso desagrado.[148] Na verdade, esse é o resultado costumeiro quando se pede a pessoas constrangidamente religiosas para mudarem seus pontos de vista (que é o significado literal de *metanoia*). Os cristãos que consideram Jesus desrespeitoso apenas no contexto do (que eles julgam ser o) Judaísmo legalista não entendem

---

[147] Lindeskog ("Prozess", p. 329, 333-336), ao citar a questão levantada por S. Ben Chorin, é útil nesse ponto.

[148] Kamelský ("Über") argumenta que as autoridades judaicas tinham o dever de matar Jesus. Jesus profetizara que ele seria entregue aos gentios, seria morto e ressuscitaria depois de três dias. Se ele era um falso profeta, tinha de ser morto de acordo com Dt 18,20-22; se por acaso falava a Palavra de Deus, eles seriam compreensivos, entregando-o aos gentios, que o matariam e, assim, dariam a Deus a oportunidade de ressuscitá-lo. Como veremos no APÊNDICE VIII, é difícil verificar a historicidade dessa predição tão exata. (Kamelský rejeita todas essas objeções, não fazendo nenhuma distinção entre o ministério histórico de Jesus e o descrito nos Evangelhos, apesar de suas diversidades!) Além disso (ver § 23), a prova de que Jesus foi condenado como falso profeta segundo o Deuteronômio é relativamente tardia na tradição atestada do século I, e não há prova histórica de que algumas das autoridades esperavam para ver se ele seria confirmado sendo ressuscitado dos mortos.

que, *mutatis mutandis*, ele seria desrespeitoso em qualquer cenário religioso, se dissesse às pessoas que Deus quer algo diferente do que elas conhecem e há muito se esforçam por fazer, e se ele contestasse o ensinamento sagrado instituído, com base em sua autoridade como autodenominado porta-voz de Deus.

Besnier ("Procès", p. 191) relata que, em 25 de abril de 1933, às duas horas da tarde, foi encenada uma revisão de processo no caso de Jesus de Nazaré por um tribunal especial em Jerusalém.[149] A votação dos juízes foi quatro a um pela inocência. Essa votação nos diz que os juízes modernos, que merecem crédito por isso, são mais sensíveis a sutilezas legais (embora eu tenha assinalado acima que o procedimento contra Jesus *não* foi claramente ilegal pelos padrões perceptíveis de seu tempo). Entretanto, se a revisão do processo foi feita com o propósito de ter consequências religiosas, o resultado não está de acordo com a importância dos Evangelhos (embora os evangelistas também julgassem Jesus inocente). A descrição evangélica subentende que Jesus seria considerado culpado pela maioria religiosa constrangida de qualquer época e qualquer formação. Entretanto, com toda probabilidade, se Jesus aparecesse em nosso tempo (com sua contestação reformulada em termos de atitudes religiosas contemporâneas) e fosse preso e julgado novamente, muitos dos que o considerassem culpado se identificariam como cristãos e julgariam estar rejeitando um impostor — alguém que alegava ser Jesus, mas não se enquadrava no conceito que eles tinham de quem Jesus Cristo era e como ele deveria agir. Na linguagem joanina, se a Palavra se fizesse carne de novo, o Prólogo ainda seria verdade: "Ele veio para os seus e os seus não o aceitaram" (Jo 1,11). A constituição dos "seus" seria diferente.

b) No tempo de Jesus, a oposição religiosa muitas vezes levava à violência. Sugeri que Jesus poderia ser considerado culpado por pessoas sinceramente religiosas em qualquer época; mas, se o veredicto de culpado incluiria ou não uma sentença de morte, dependeria da seriedade com que eram consideradas

---

[149] Entretanto, Blinzler (*Trial*, p. 4) adverte a respeito da grande incerteza quanto à data e os detalhes desse acontecimento. Tem havido outras tentativas de reavaliações legais. Blinzler (*Trial*, p. 3) e Haufe ("Prozess", p. 93) relatam que, na primavera de 1949, apenas doze meses depois da fundação do Estado de Israel, um jurista holandês, conhecido apenas como H. 187, apresentou ao Ministério de Justiça israelense uma peça processual de quinze páginas solicitando a revisão do julgamento de Jesus. Blinzler (*Trial*, p. 4) relata que, no mesmo ano, membros da Faculdade de Direito da Universidade de Paris reexaminaram esse julgamento e descobriram que, devido a um erro técnico, a sentença de morte pronunciada contra Jesus aparentemente não tinha validade legal. Lapide ("Wer", p. 93) relata outro pedido de novo julgamento em 1974.

§ 18. Introdução: Pano de fundo para o julgamento/interrogatório judaico de Jesus pelas autoridades sacerdotais

as questões religiosas na época e da atitude da lei civil para com as penas de morte. No Primeiro Mundo, hoje os governos restringem vigorosamente as manifestações de antagonismo religioso e a tolerância religiosa de outros é considerada virtude por muitos que têm eles próprios fortes convicções religiosas quanto à exatidão de suas concepções. Isso dificulta para os leitores modernos entender a atitude religiosa do século I. Os escritos do NT são, não raro, considerados fortemente antijudaicos, mas como Johnson ("New Testament's") mostra, se examinarmos o contexto histórico e social da época e situarmos o NT entre escritos religiosos e filosóficos, seus ataques aos judeus são surpreendentemente moderados. Entretanto, além de polêmicos, os paralelos sugerem que, em sua oposição a Jesus, os judeus verdadeiramente religiosos do século I poderiam chegar ao extremo de querê-lo morto. Os indícios do período de 130 a.C. a 70 d.C. mostram de modo irrefutável que os judeus se odiavam e se matavam uns aos outros por causa de problemas religiosos (às vezes, como quase sempre é o caso nas questões religiosas, misturados com egoísmo).

Quero relacionar alguns exemplos das fontes judaicas como Josefo e os MMM. Os sumos sacerdotes (talvez representantes dos *saduceus*) foram responsáveis por muitos atos violentos. É provável que, no fim do século II a.C., um sumo sacerdote, que não tem o nome mencionado, solicitasse a morte do Mestre de Justiça essênio no Dia da Expiação celebrado em uma data específica do calendário essênio;[150] em 128 a.C., João Hircano destruiu o santuário dos samaritanos no monte Garizim, onde os patriarcas hebreus haviam adorado a Deus (*Ant.* XIII,ix,1; ##255-256); algumas décadas mais tarde, Alexandre Janeu massacrou 6.000 judeus na festa das Tendas por causa de uma contestação (pelos fariseus?) a suas qualificações legais para exercer as funções sacerdotais (*Guerra* I,iv,3; ##88-89; *Ant.* XIII,xiii,5; ##372-373); mais tarde, ele crucificou 800 (que aparentemente incluíam fariseus), enquanto suas mulheres e filhos eram executados diante de seus olhos (*Guerra* I,iv,6; #97; I,v,3; #113; *Ant.* XIII,xiv,2; #380); em 62-63 d.C., Anano II e o sinédrio executaram Tiago, o irmão de Jesus, e outros por transgredirem a lei de Moisés

---

[150] 1QpHab 11,2-8. E. P. Sanders, em seu esforço em parte necessário, mas em parte excessivo para não exagerar o caráter letal das controvérsias judaicas (por exemplo, a respeito de pontos da lei), declara que depois disso os essênios viveram em paz (*Jewish Law*, p. 85). Não sabemos disso, pois nossos relatos da existência dos essênios nos MMM derivados de comentários a respeito dos profetas não são consecutivos; e temos só uma limitada seção da biblioteca dos MMM. Com base no fato de terem os essênios composto uma carta (que foi enviada?) ao sumo sacerdote de Jerusalém a respeito de diferenças da lei cultual (4QMMT), Sanders afirma que as relações eram um tanto amistosas! Relações extremamente hostis entre grupos podem dar margem a um documento que tem a aparência de discordância racional.

(*Ant.* XX,ix,1; #200). No início dos anos 60 (d.C.), líderes judeus em Jerusalém (provavelmente anciãos e sacerdotes) procuraram fazer com que os romanos matassem o profético Jesus, filho de Ananias, porque ele proclamava a destruição da cidade e do santuário (*Guerra* VI,v,3; ##300-309). No período de 135-167 a.C., os *fariseus* incitaram o ódio entre as massas contra os sumos sacerdotes João Hircano (*Ant.* XVIII,x,5-6; ##288.296) e Alexandre Janeu (*Ant.* XVIII,xv,5; #402); e depois que a rainha judaica Salomé Alexandra permiti-lhes atacar os inimigos, as massas executaram e exilaram os inimigos religiosos/políticos (*Ant.* XIII,xvi,2; ##410-411). Mais tarde, mestres religiosos (presumivelmente fariseus) exortaram os jovens a derrubar a águia que Herodes, o Grande, colocou acima da porta do Templo, mesmo que tivessem de morrer por observar a lei contra imagens esculpidas (*Guerra* I,xxxiii,2; ##648-650).[151] Os autores dos Manuscritos do Mar Morto, presumivelmente *essênios*, zangaram-se contra a hierarquia (saduceia?) de Jerusalém e a condenaram como composta de sacerdotes corruptos, que desobedeciam aos mandamentos e criticaram um deles como "o jovem leão furioso [...] que pendura homens vivos" (4QpNah 1,5-6) e outro como trocista e mentiroso que perseguia os apóstatas (aparentemente os fariseus; CD 1,14-21). Percebo que muitos desses incidentes e atitudes pertencem ao período anterior à administração romana da Judeia. Entretanto, essa classificação secular significa que os romanos impunham restrições ao comportamento religioso mutuamente destrutivo, não necessariamente que as atitudes tinham mudado. Na verdade, com a deflagração da primeira revolta e a perda do controle romano em 66 d.C., explodiram lutas ferozes entre facções judaicas, lutas onde o idealismo religioso misturava-se a visões de como o povo de Deus devia ser governado.[152] Nesse contexto de sentimentos hostis entre os judeus, seria possível rejeitar como impensável que outros judeus desejassem uma ação rigorosa contra Jesus, pessoa religiosa incômoda, e, em última instância, contra os membros do Judaísmo que passaram a aceitá-lo? Para que ninguém pense que este parágrafo escrito por um cristão é tentativa dissimulada de condenar o Judaísmo, quero admitir claramente que cristãos motivados pelo "amor" de Deus e pela defesa

---

[151] Sanders (*Jewish Law*, p. 87-88) relaciona relatos rabínicos de fortes discordâncias entre os fariseus nesse período em geral.

[152] Importante contribuição do Judaísmo rabínico do período pós-70 foi ter se afastado das formas mais corruptas de sectarismo, de modo que importantes questões religiosas se tornaram assunto para debate judicial, e não para violência.

da "verdade" igualaram ou superaram em intensidade essa hostilidade religiosa durante dois milênios de ódio e matança de outros cristãos.

c) **Responsabilidade, não culpa.** Ao estudar acontecimentos identificáveis dentro das NPs evangélicas, os biblistas falam de uma tendência "para desculpar os romanos e incriminar os judeus" — em outras palavras, tornar os judeus mais culpados ou censuráveis do que realmente eram. Recomendo que usemos o termo "culpado" com muito cuidado ao nos referirmos historicamente à crucificação.[153] Segundo registros judaicos mais tardios, o sumo sacerdócio do período durante o qual Jesus viveu não foi de alta qualidade moral. É perfeitamente possível que, em um sinédrio convocado para investigar Jesus, alguns decidissem levar a cabo sua morte com base no interesse próprio e sem verdadeira preocupação religiosa. Para eles, "culpáveis" ou "culpados" é adjetivo apropriado, mesmo que apenas no nível de seu tratamento insensível de um ser humano. Mas, para os que (certamente a maioria) julgavam estar prestando serviços a Deus ao perseguir Jesus,[154] é muito melhor falar de "responsabilidade" pela morte de Jesus. Em qualquer época e em qualquer lugar, os que contribuem para a execução de um acusado são responsáveis por essa morte; são culpados somente se sabem que o acusado não merece esse castigo ou foram negligentes para reconhecer a inocência.

d) **A disputa religiosa com Jesus era disputa judaica interna.** Uma interpretação na qual "aqueles judeus" fazem violência a "Jesus, o cristão" torna os relatos evangélicos da Paixão particularmente provocadores. É verdade que, nas NPs de Mateus e João, escritas depois de 70, "os judeus" aparecem como grupo inaceitável contra Jesus, mas, no nível da história, os judeus lidavam com outro judeu.

A importância disso fica clara quando estudamos um paralelo que ocorrera seis séculos antes. O profeta Jeremias era homem justo e porta-voz de Deus, mas também incômodo desafiador das estruturas religiosas de seu tempo. Em especial, sua advertência "Melhorai vossa conduta", para que Deus não provocasse a

---

[153] Acho Haufe ("Prozess", p. 97) exemplo particularmente extravagante de interpretar tudo no julgamento romano como tentativa cristã de eliminar a responsabilidade de Pilatos (inclusive características com paralelos trinta anos mais tarde no tratamento de Jesus bar Ananias por um procurador romano!). Contudo (p. 101), ele está certo em insistir que o termo "culpa" seja omitido das considerações cristãs do papel judaico.

[154] Ver em Jo 16,2 um reconhecimento cristão de má vontade de que essa atitude existia entre judeus. Herranz Marco ("Proceso", p. 85-92) afirma que o reconhecimento, em Mc 15,10, de que os chefes dos sacerdotes entregaram Jesus aos romanos por *phthonos* refere-se ao zelo que eles tinham pela lei.

destruição do Templo de Jerusalém ("um covil de ladrões"), do mesmo que Deus destruiu o tabernáculo de Silo (Jr 7,1-15), conquistou para Jeremias a inimizade fatal das autoridades da Judeia. Sacerdotes e (falsos) profetas tentaram persuadir o povo de que Jeremias merecia a morte, embora Jeremias os advertisse de que seu sangue inocente cairia sobre eles (Jr 26,1-15). Os nobres abastados procuraram persuadir o rei a executá-lo e o rei pôs Jeremias nas mãos deles (Jr 38,1-5). Embora ele não perecesse naquele momento, em épocas mais tardias houve quem considerasse a destruição do Templo de Jerusalém a justificação de Jeremias por Deus; e, na tradição apócrifa, Jeremias acabou sendo morto por seus compatriotas judeus.

Judeus e cristãos leem a narrativa de Jeremias como Escritura. Os líderes judaicos perseguiram Jeremias; contudo, embora a linguagem de culpa de sangue apareça no relato, ninguém sugere que o sangue de Jeremias precisa ser vingado. Antes, para judeus e cristãos, Jeremias é exemplo importante de um justo inocente que os líderes do povo de Deus fizeram sofrer; e os sofrimentos do profeta dão a oportunidade para o exame de consciência sobre o que *nós*, que nos consideramos povo de Deus, fazemos a *nossos* profetas que Deus suscita entre nós. Embora uma história parecida seja contada de Jesus (com um governador pagão em lugar de um rei judeu como o que decide em última instância), o caso é diferente do ponto de vista emocional, porque os que julgavam Jesus certo acabaram por formar outra religião. Judeus e cristãos não puderam dizer neste caso que *nossos* líderes fizeram sofrer um dos *nossos* que Deus suscitou. Em vez disso, os cristãos falaram aos judeus de *vossos* líderes que fizeram isso a nosso Salvador, enquanto, para os judeus (séculos atrás), foram nossos líderes que fizeram isso ao (falso) profeta *deles*.[155] Talvez a perspectiva de "nosso", "vosso" e "deles" não seja superada, mas ajudará os leitores deste comentário se eles se lembrarem de que não era assim quando a crucificação teve lugar e mesmo quando a história tomou forma pela primeira vez.

(A bibliografia para A a E desta seção encontra-se em § 17, Parte I; a bibliografia para F encontra-se em § 17, Parte II.)

---

[155] Note-se que, em um caso, falo em "vosso"; no outro, em "deles". Através dos séculos, o evangelismo cristão força nos judeus o debate direto a respeito da crucificação porque essa era uma questão de importância para os cristãos. Os judeus não consideram a questão de importância judaica primordial e, até recentemente, os escritos judaicos a respeito da crucificação eram quase sempre para consumo interno, à guisa de comentário (explícito ou implícito) sobre as acusações cristãs.

§ 19. Episódio de transição: Jesus transferido para as autoridades judaicas; interrogado por Anás (Mc 14,53-54; Mt 26,57-58; Lc 22,54-55; Jo 18,12-25a)

Tradução

Mc 14,53-54: [53]E eles levaram Jesus ao sumo sacerdote e ali (agora) reúnem-se todos os chefes dos sacerdotes, e os anciãos, e os escribas. [54]E Pedro seguiu-o de longe até dentro do pátio do sumo sacerdote, e ele estava sentado junto com os guardas e se aquecendo perto do fogo flamejante.

Mt 26,57-58: [57]E tendo agarrado Jesus, levaram-no a Caifás, o sumo sacerdote, onde os escribas e os anciãos estavam reunidos. [58]Mas Pedro estava seguindo-o de longe até o pátio (quintal) do sumo sacerdote; e tendo entrado, sentou-se com os guardas para ver o fim.

Lc 22,54-55: [54]Mas tendo (o) pegado, eles o conduziram e levaram para a casa do sumo sacerdote, mas Pedro estava seguindo à distância. [55]Mas quando acenderam uma fogueira no meio do pátio e sentaram-se juntos, Pedro sentou-se no meio deles.

Jo 18,12-25a: [12]Logo a seguir, a coorte e o tribuno e os guardas dos judeus pegaram Jesus e o amarraram. [13]E eles (o) conduziram primeiro a Anás, pois ele era sogro de Caifás, que era sumo sacerdote aquele ano. ([14]Ora, Caifás era quem tinha aconselhado os judeus que "é melhor que um só homem morra pelo povo".) [15]Mas seguindo Jesus estava Simão Pedro e um outro discípulo. Mas esse discípulo era conhecido do sumo sacerdote e entrou junto com Jesus no pátio do sumo sacerdote. [16]Mas Pedro estava de pé na porta do lado de fora. Assim, o outro discípulo, o que era conhecido do sumo sacerdote, saiu e falou com a porteira e levou Pedro para dentro. ¹⁷E, então, a criada, a porteira, diz a Pedro: "És tu também um dos discípulos desse homem?". Ele diz: "Eu não sou". ¹⁸Mas os servos e os guardas estavam por ali, tendo acendido uma fogueira de lenha porque fazia frio; e estavam se aquecendo. Mas Pedro também estava com eles, de pé e se aquecendo.

¹⁹Logo a seguir, o sumo sacerdote interrogou Jesus a respeito de seus discípulos e a respeito de seu ensinamento. ²⁰Jesus respondeu-lhe: "Falei abertamente ao mundo. Sempre ensinei em uma sinagoga e no Templo, onde todos os judeus se reúnem, e em segredo não falei nada. ²¹Por que me interrogas? Interroga os que ouviram o que falei a eles. Vê, esses sabem o que eu disse".

²²Mas quando ele disse essas coisas, um dos guardas que estava ali deu um tapa em Jesus, dizendo: "Desse modo respondes ao sumo sacerdote?". ²³Jesus respondeu-lhe: "Se falei mal, dá testemunho a respeito do que é mau. Se (falei) bem, por que me bates?".

²⁴Logo a seguir, Anás mandou-o amarrado a Caifás, o sumo sacerdote. ²⁵ᵃMas Simão Pedro estava de pé ali e aquecendo-se.

Comentário

Passamos agora a um estudo detalhado da cena da NP onde Jesus é levado para interrogatório ou julgamento perante as autoridades de seu povo — obviamente um momento dramático em todos os Evangelhos.[1] A sequência de Marcos e Mateus é aproximadamente a mesma (com exceção do episódio mateano adicional, onde Judas devolve o dinheiro aos chefes dos sacerdotes). Apesar de Lucas conter grande parte do mesmo material, sua sequência nitidamente diferente revela considerável mudança. (Vou tentar de maneira consistente lembrar ao leitor o fluxo do pensamento lucano, embora o tratamento geral siga a sequência marcana.) O conteúdo joanino é muito diferente no interrogatório judaico de Jesus, ainda que o material pertinente às negações de Pedro seja quase o mesmo que o dos sinóticos. A divergência entre os Evangelhos quanto ao conteúdo e à sequência do julgamento/interrogatório estimula perguntas importantes a serem tratadas na ANÁLISE desta seção; a historicidade dos elementos do julgamento pelo sinédrio será tratada em seções posteriores.

---

[1] Em Marcos, os episódios no Monte das Oliveiras consistiam em 27 versículos; os episódios perante as autoridades judaicas consistem em 21; em Mateus, a relação é 27 a 29; em Lucas, 15 a 19; em João, 11 a 17. Dos versículos que cada Evangelho designa para o julgamento judaico, cerca de 7 ou 8 dizem respeito às negações de Pedro.

§ 19. Episódio de transição: Jesus transferido para as autoridades judaicas; interrogado por Anás

Este episódio é claramente de transição, embora em João essa transição não se diferencie do que acontece perante o sumo sacerdote Anás. Pelo desfecho inevitável da prisão de Jesus no Monte das Oliveiras, Jesus precisa vir perante os que o prenderam, principalmente os chefes dos sacerdotes, para que fique clara a causa teológica de sua hostilidade para com ele e seu destino seja decidido. Em Mc 14,10, Judas combinou entregar Jesus aos chefes dos sacerdotes e esse episódio cumpre perfeitamente o que foi combinado. "O servo do sumo sacerdote" é proeminente em todas as narrativas da prisão; não nos surpreende que seja para a residência do sumo sacerdote que levam o Jesus preso. Em três Evangelhos, a fuga ou permissão para a retirada dos discípulos, prognosticada por Jesus, foi resultado da prisão. Agora, está montada a cena para a tripla negação de Pedro, também prognosticada por Jesus. As subdivisões do COMENTÁRIO a respeito desse episódio estão relacionadas no Sumário anterior ao § 17.

Detalhes da transferência

Embora o material que inicia a cena seja bastante parecido nos quatro Evangelhos, cada evangelista deixou suas marcas estilísticas nos versículos iniciais. Em cada um, o primeiro versículo é um conectivo com o que o precedeu, empregando uma partícula apropriada (Marcos/Mateus: *kai*, "e"; Lucas: *de*, "mas"; João: *oun*, "logo a seguir"). Nos Evangelhos sinóticos, supõe-se que o leitor saiba quem são os "eles" que levam Jesus. Contudo, precisamos voltar dez versículos para descobrir que "eles" são a multidão que, em Mc 14,43 e Mt 26,47, veio com espadas e paus. Lucas tem um antecedente mais próximo, mas que mostra os efeitos constrangedores de sua redação. Embora, em Lc 22,47 (paralelo a Mc 14,43), Lucas também mencionasse uma multidão, os identificados por Marcos como os que permitiram a multidão foram levados, em Lc 22,52, ao Monte das Oliveiras para enfrentar Jesus e foram descritos como os chefes dos sacerdotes, capitães do Templo e anciãos. Esses são os antecedentes lógicos do "eles" de Lc 22,54. Talvez seja possível imaginar os chefes dos sacerdotes se apossando fisicamente de Jesus e trazendo-o para a casa do sumo sacerdote, mas a ideia de que então esses "eles" lucanos acenderam uma fogueira e sentaram-se com Pedro no meio do pátio (Lc 22,55) é um pouco demais.[2] João é claro quanto a quem leva Jesus ao sumo sacerdote (Anás). Em Jo

---

[2] Não só dessa maneira a habilidade redacional lucana sofre um lapso em Lc 22,52; ver em Fitzmyer (*Luke*, v. 2, p. 1464) a gramática descuidada e o uso inexato de verbos aqui, inépcia que provocou nas testemunhas textuais uma inundação de melhorias pelos copistas.

18,3 foi-nos dito que Judas veio com "a coorte" e (dos chefes dos sacerdotes e fariseus) "guardas" — implicitamente soldados/policiais romanos. Aqui (Jo 18,12), João fala da "coorte e o tribuno" (claramente romanos) e "os guardas dos judeus".

No meio da cena da prisão, Mc 14,46 e Mt 26,50 relataram que os que faziam parte do grupo aprisionador "lançaram as mãos sobre ele e o agarraram [*kratein*]". Quando iniciamos esta cena, Mt 26,57 nos lembra que Jesus foi agarrado, repetição que talvez reflita o embaraço do evangelista por apresentar Jesus constrangido durante toda a atividade de Mt 26,51-56. (Talvez também ajude esclarecer o antecedente do "eles": como mencionei no parágrafo anterior, o antecedente é a multidão que veio em Mt 26,47 e que *agarrou* Jesus em Mt 26,50.) Em Lucas e João, Jesus permaneceu sem ser agarrado durante toda a prisão. Nenhum deles usa *kratein* na NP, mas Lc 22,54 e Jo 18,12 falam que pegaram Jesus (*syllambanein*), o verbo que Marcos/Mateus empregaram na pergunta em que Jesus reclama: "Como se contra um bandido, saístes [...] para me pegar?". (Lucas não o usou nessa pergunta, guardou-o para descrever aqui a transferência; também At 1,16: "os que pegaram Jesus".) Somente João nesta etapa da NP menciona que amarraram Jesus quando ele é levado a Anás; ele será amarrado também quando for mandado por Anás a Caifás (Jo 18,24). Amarrar é mencionado por Marcos (Mc 15,1) e Mateus (Mt 27,2) *depois* da sessão do sinédrio, quando Jesus é conduzido a Pilatos. Lucas não apresenta Jesus amarrado durante a NP.[3] É explicação para a apresentação joanina de Jesus amarrado tão cedo nos procedimentos o fato de, para o quarto Evangelho, a sessão do sinédrio ter ocorrido semanas antes e a decisão de que Jesus devia morrer ter sido tomada então pelas autoridades judaicas? De qualquer modo, Jesus é tratado o tempo todo como um criminoso comum!

Os quatro Evangelhos falam que Jesus foi levado ao sumo sacerdote (*apagein* em Marcos/Mateus, tradição textual *koiné* de João; *agein* em Lucas e [melhor texto de] João). Muitas testemunhas textuais de Lc 22,54 têm um segundo verbo, *eisagein* ("conduzir a; levar a"), que acompanha a menção lucana de "a casa [*oikia*] do sumo sacerdote".[4]

---

[3] À guisa de comparação, é de interesse que, no tumulto que se inicia por causa da presença de Paulo no Templo, o tribuno que o prende ordena que ele seja preso com correntes (At 21,33) e tira as correntes antes de levá-lo ao sinédrio (At 22,30).

[4] Esse segundo verbo está ausente dos Códices de Beza e Koridethi, do latim e OS. Cf. o uso de *agein eis* quando Estêvão é levado ao sinédrio em At 6,12.

§ 19. Episódio de transição: Jesus transferido para as autoridades judaicas; interrogado por Anás

Mc 14,53 descreve uma reunião (*synerchesthai*) de "todos os chefes dos sacerdotes, e os anciãos, e os escribas". Os Códices Vaticano e Alexandrino e a tradição *koiné* trazem "para ele" (isto é, para o sumo sacerdote) depois de "reúnem-se"; e alguns estudiosos usam isso para argumentar que Marcos descreve apenas uma consulta, não uma reunião do sinédrio. Entretanto, Mc 14,55 menciona "o sinédrio inteiro".[5] Além disso, Josefo (*Guerra* II,viii,9; #145) usa *synerchesthai* para a reunião dos membros dos tribunais dos essênios; assim, a palavra talvez tenha um sentido tão técnico quanto o *synagein* que Mateus usa aqui e em toda a NP (ver também Lc 22,66), e isso repita Salmos do justo sofredor (Sl 22,17; 86,14).

Marcos é repetitivo dentro de Mc 14,53 ao mencionar "o sumo sacerdote" e "todos os chefes dos sacerdotes", em especial quando Mc 14,55 se inicia com "os chefes dos sacerdotes". Presumivelmente foi por causa da simplificação que o versículo mateano inicial (Mt 26,57) traz só "Caifás, o sumo sacerdote", de modo que "os chefes dos sacerdotes" são deixados para Mt 26,59 (ali, sem um "todos", pois "o sinédrio inteiro" é mencionado). Essa simplificação tem o efeito de realçar o papel de Caifás. Apesar da atividade que João atribui à coorte e ao tribuno, esses soldados romanos não levam Jesus a Pilatos, como seria de se esperar. João quer a prisão associada à sessão do sinédrio em Jo 11,47-53, que foi presidida por Caifás; assim, Jesus é levado ao sogro de Caifás e, por fim, ao próprio Caifás. O fato de At 22,30 mostrar um tribuno romano que leva Paulo perante o sinédrio deve nos prevenir contra as alegações de que João descreve uma óbvia impossibilidade.

Nos quatro Evangelhos, um versículo associado à transferência de Jesus para o sumo sacerdote menciona que Pedro o seguiu.[6] Vou deixar *inteiramente* para o § 27 o exame do papel de Pedro e suas negações de Jesus. De Mc 14,54 e par., no que diz respeito a Pedro, preocupo-me aqui só com informações pertinentes a Jesus. Bruce ("Trial") observa que a sincronização é construída na imagem de guardas e servos que se sentam ao redor da fogueira no meio da noite. Está acontecendo alguma coisa e, até que termine, eles estão de serviço. Lucas é o mais fraco a esse

---

[5] Tanto "todos" como "o [...] inteiro" são generalizadores e impressionistas (ver também "a coorte inteira" em Mc 15,16). Certamente, não pretendemos tratá-los como memórias históricas exatas. Flusser ("Literary") reconhece que Marcos está falando de uma reunião do sinédrio, mas acha que a fonte marcana (como ele a reconstrói) não estava.

[6] Mais precisamente, Jo 18,15 descreve Simão Pedro e "um outro discípulo" seguindo Jesus. Sua chegada, logo depois de Jesus ter sido levado a Anás, tem certo paralelo com a chegada de Judas logo depois de Jesus chegar ao jardim em Jo 18,1-3.

respeito, pois não está havendo nenhum julgamento. Os quatro Evangelhos mencionam o *aule* do sumo sacerdote. Em § 27, vou explicar que esse termo refere-se ao pátio de um príncipe, um palácio, um cômodo importante ali, ou ao quintal desse edifício. Os evangelistas têm imagens diferentes de onde Jesus estava em relação a Pedro e, portanto, em relação ao *aule*, um termo que não tem o mesmo significado para todos os autores.

João já mencionou "guardas" policiais (*hyperetes*) como parte do grupo aprisionador em Jo 18,3; eles aparecem novamente em Jo 18,12-13, transferindo Jesus para Anás; assim, não nos surpreende que, quando Pedro fica ao redor da fogueira no *aule* (Jo 18,18), haja guardas presentes se aquecendo. Há também guardas que vigiam Jesus quando ele está diante de Anás; um deles o esbofeteará por falar com arrogância (Jo 18,22).[7] Em Marcos/Mateus, a primeira menção aos guardas é quando Pedro se senta com eles. Em Mc 14,65, eles se juntam aos juízes do sinédrio que estão maltratando Jesus fisicamente e lhe dão tapas. Talvez devamos pensar que os guardas que aparecem no pátio do sumo sacerdote em Marcos/Mateus faziam parte do grupo que saiu para o Getsêmani a fim de prender Jesus. Entretanto, Pesch (*Markus*, v. 2, p. 426) acha que eles são servos que acabaram de chegar com os membros do sinédrio — isso explica o fato de serem deixados no *aule* e também como Pedro se mistura com esses estranhos sem criar suspeitas. Mas isso nunca fica claro, e o papel deles é nebuloso. (Lucas os omite completamente na NP, talvez por essa mesma razão.) Em João, eles têm um claro papel de polícia do princípio ao fim, na verdade, agora, o principal papel de polícia, pois não ouvimos mais falar dos soldados romanos. Todos os Evangelhos mencionaram o servo do sumo sacerdote na cena da prisão; Jo 18,18 tem servos com os guardas ao redor da fogueira. Todos os Evangelhos mencionam uma criada (*paidiske*) no relato das negações de Pedro.

Assim, juntando as imagens evangélicas de onde Jesus vai, tem-se a impressão de um palácio com uma porta, um pátio e um cômodo grande — um conjunto onde servos e policiais estão à disposição. Somente Lucas menciona a casa do sumo sacerdote, mas é provável que essa imagem esteja na mente dos outros três

---

[7] Charbonneau ("Interrogatoire", p. 200) afirma, erroneamente a meu ver, que a presença de guardas no *aule* e no interrogatório de Jesus significa que, para João, Anás interrogou Jesus no pátio. É mais provável devermos imaginar que um grupo maior de guardas que estavam no jardim para a prisão tinha se dividido e alguns ficaram no *aule*, enquanto outros levaram Jesus a Anás.

§ 19. Episódio de transição: Jesus transferido para as autoridades judaicas; interrogado por Anás

evangelistas. Isso significa que Marcos/Mateus não acham que o sinédrio se reuniu em um dos prédios mencionados em Josefo ou na Mixná (*Bouleuterion*, *Liskat ha--Gazit*; ver § 18 C). Essa, evidentemente, é uma sessão noturna, quando a sala de reuniões regulares está fechada. Os que apoiam a datação sinótica desses acontecimentos, pela qual essa noite já é 15 de nisan, a Páscoa, quase sempre mencionam a afirmação de Josefo (*Ant.* XVIII,ii,2; #29): à meia-noite, os sacerdotes abriram as portas do Templo, o que é irrelevante por várias razões. Primeiro, os próprios sinóticos não mostram a menor preocupação depois da ceia a respeito de detalhes da Páscoa (ver APÊNDICE II, B). Segundo, as portas foram abertas para que o povo se aglomerasse nos pátios do Templo (Mixná *Yoma* 1,8), e é precisamente a atenção pública que os sacerdotes estavam ansiosos para evitar ao lidar com Jesus. Terceiro, não está claro que a sala de reuniões regulares do sinédrio era dentro do Templo. Deixando de lado essa problemática historicidade, podemos imaginar se o local menos formal da reunião não é outra indicação de que os sinóticos simplificaram os fatos ao colocar uma sessão do sinédrio nessa sequência. João é mais cuidadoso ao descrever nessa noite, antes de Jesus morrer, apenas um interrogatório pelo sumo sacerdote que seria bastante plausível ter-se realizado "no pátio [= palácio] do sumo sacerdote". Entretanto, a imagem é complicada, pois Lucas e João mudaram Jesus do lugar para onde foi levado primeiro: Lc 22,66, do *aule* do sumo sacerdote para onde o sinédrio se reunia; Jo 18,24, de Anás para Caifás.

Onde ficava o palácio ou a casa do sumo sacerdote? Presumivelmente, devemos pensar no palácio asmoneu na colina ocidental de Jerusalém que se elevava acima do xisto (ginásio) e ficava em frente ao Templo (Josefo, *Guerra* II,xvi,3; #344). Desde o século IV, a "casa de Caifás" foi localizada na parte meridional da colina ocidental, do lado de fora da porta de Sião e perto do local tradicional do cenáculo (ver E. Powers, *Biblica* 12, 1931, p. 411-446); mas a historicidade dessa tradição é bastante duvidosa (ver HPG, p. 352-357). Por causa da indicação joanina de que Jesus foi mandado de Anás a Caifás, no século XIII a tradição local de Jerusalém começou a diferenciar a "casa de Anás" da "casa de Caifás"; antes, nenhuma atenção era dada ao lugar onde Anás morava. Há quem concilie João com Lc 22,66 e dê ao ato de mandar Jesus a Caifás o significado de mandá-lo aonde Caifás havia convocado o sinédrio e, assim, não a uma casa, mas a um lugar de reunião — nesse caso, é possível imaginar que Anás morava no palácio do sumo sacerdote (como Caifás morava). Biblistas em grande número afirmam que Anás e

Caifás moravam em alas diferentes do mesmo palácio. É tudo suposição baseada em descrições evangélicas que podem ter sido incluídas para facilitar a fluência da narrativa e não refletir nenhuma lembrança da localização.

Os sumos sacerdotes Anás e Caifás

No Evangelho todo, Marcos não menciona nenhum sumo sacerdote pelo nome. Nos extremos do espectro, alguns biblistas imaginam se Marcos (que eles presumem pouco saber a respeito de Jerusalém) sabia o nome do sumo sacerdote, enquanto Pesch (*Markus*, v. 2, p. 425) afirma que a narrativa tomou forma na comunidade de Jerusalém tão cedo que o sumo sacerdote ainda estava no poder e era desnecessário identificá-lo. Tudo o que sabemos com certeza é que "o sumo sacerdote" marcano tem efeito estilizado. Mateus só menciona Caifás pelo nome na trama contra Jesus (Mt 26,3) e aqui. Lucas não cita nenhum nome em toda a NP e emprega o título no singular somente nas frases fixas "o servo do sumo sacerdote" (Lc 22,50) e "a casa do sumo sacerdote" aqui. Como os chefes dos sacerdotes agem na NP lucana, não é muito importante saber em quem Lucas pensou ao usar essas frases fixas. Entretanto, com demasiada frequência se presume que, como Mateus, Lucas entendeu que, em Marcos, "o sumo sacerdote" significava Caifás; de fato, Lucas sempre menciona Anás antes de Caifás (Lc 3,2: "enquanto Anás e Caifás eram sumos sacerdotes"; At 4,6: "Anás, o sumo sacerdote, e Caifás").

João menciona *ambos*, Anás (duas vezes) e Caifás (cinco vezes), nos procedimentos judaicos contra Jesus, embora haja dificuldade para determinar seus papéis respectivos. Em Jo 11,49.51 e 18,13, Caifás é designado como "sumo sacerdote aquele ano". Bultmann (*John*, p. 410) exemplifica a ideia de que o evangelista erroneamente pensava que o sumo sacerdote mudava todo ano, como acontecia com os sacerdotes pagãos da Ásia Menor. Não concordo com essa interpretação de João, porque o evangelista demonstra conhecimento bastante adequado dos costumes litúrgicos e festivos judaicos, e porque a frase pode sugerir "sumo sacerdote aquele ano fatídico". Isso está associado à capacidade de Caifás profetizar a respeito de Jesus e João enfatiza não a extensão do mandato, mas sim seu sincronismo com a época da morte de Jesus.

Será que João achava que Anás também podia ser chamado "o sumo sacerdote"? *A priori*, essa ideia não apresenta nenhum grande problema, pois acabamos de ver nas referências lucanas que Anás fora sumo sacerdote cerca de quinze

§ 19. Episódio de transição: Jesus transferido para as autoridades judaicas; interrogado por Anás

anos antes; e Josefo (*Ant.* XVIII,iv,3; #95) ainda o chama de sumo sacerdote no final do mandato de Caifás. Além disso, em *Guerra* II,xii,6; #243, ele se refere a Jônatas e Ananias como "os sumos sacerdotes", quinze anos depois de Jônatas ter sido deposto. (Ver também Mixná *Horayot* 3,4, que fala de um antigo "sumo sacerdote" ainda vivo.) O problema de João de fato ter feito uso dessa terminologia surge da ambiguidade da sequência joanina. Caifás foi mencionado primeiro em Jo 11,45 e sem ambiguidade atuou como "sumo sacerdote aquele ano" para obter uma decisão do sinédrio a fim de matar Jesus (Jo 11,47-53). Portanto, quando, no início da NP joanina (Jo 18,10), ouvimos falar em "o servo *do sumo sacerdote*", se houvesse uma tendência a identificar a hierarquia, Caifás seria lembrado. Só depois da prisão Anás aparece em cena (Jo 18,13: "Eles o conduziram [Jesus] primeiro a Anás"); ele não é identificado como sumo sacerdote, mas como "sogro de Caifás, que era sumo sacerdote aquele ano". No episódio que se segue (e inclui a primeira negação de Pedro e o interrogatório de Jesus), o "sumo sacerdote" é mencionado cinco vezes (Jo 18,15.16.19.22), sem um nome pessoal identificador. Por um lado, como só Caifás é chamado sumo sacerdote, podemos considerar que João se refere a ele.[8] Entretanto, nunca ficou claro que ele estava presente no episódio, em especial durante o interrogatório. Além disso, no fim do episódio (Jo 18,24) nos é dito: "Anás mandou-o amarrado a Caifás, o sumo sacerdote", com a clara inferência de que Caifás estava (e estivera) em outro lugar. Portanto, a interpretação da maioria é que João considerava Anás (também) "o sumo sacerdote", que Pedro e os outros discípulos foram admitidos no território de Anás quando entraram "no pátio do sumo sacerdote" e que Jesus foi interrogado por Anás em Jo 18,19-23. Contudo, superficialmente, essa interpretação deixa Caifás praticamente inativo.[9] Não só ele não estava presente durante todo o episódio de Jo 18,13-23, como também não fez nada com Jesus depois de Anás mandar-lhe esse prisioneiro amarrado (Jo 18,24), pois apenas três versículos adiante (Jo 18,28a) nos é dito: "Eles levam Jesus de Caifás para o pretório [de Pilatos]". É possível perguntar por que, se Anás era o

---

[8] Contudo, como veremos na nota 15, Vicent Cernuda ("Jesús") afirma que, por causa de seu papel patriarcal em uma família de sumo sacerdotes, Anás era conhecido, por excelência, como "o sumo sacerdote". Consequentemente, assim que Jo 18,13a mencionou seu nome, alusões ao "sumo sacerdote" devem ser entendidas como referentes a ele, a menos que seja especificado o contrário (Caifás era "sumo sacerdote aquele ano").

[9] Vicent Cernuda ("Jesús", p. 60-65) explica a "modéstia" do papel designado a Caifás nessa cena joanina onde o sumo sacerdote é um adversário de Jesus, por meio de um apelo a sua teoria (comentada em "Condena II") de que Caifás no fim renunciou a suas funções e se tornou cristão. Como vou explicar quando analisar Caifás, julgo essa explicação totalmente implausível.

sumo sacerdote, que fez o interrogatório, ele não mandou Jesus diretamente a Pilatos, sem se preocupar com Caifás como agente de transição ou intermediário. A resposta pode ser simplesmente que Anás não era o sumo sacerdote *aquele* ano e, portanto, não podia lidar em bases oficiais com Pilatos da maneira como Caifás podia.

Alguns biblistas acham o arranjo joanino atual tão desajeitado a ponto de afirmarem que, originalmente, apenas um sacerdote esteve empenhado em interrogar Jesus e entregá-lo a Pilatos.[10] Que sacerdote? Um grupo (por exemplo, Schnackenburg, *John*, v. 3, p. 230-234) acha que só Anás era mencionado na fonte de João e Caifás foi acrescentado em redações joaninas posteriores. Essa proposição padece da costumeira incerteza quanto à suposta fonte, pois outros acham que o papel de Caifás era dominante na fonte (e o redator joanino misturou as coisas ao mudar para Jo 18,24 a referência a Caifás, que originalmente se seguia a Jo 18,13) e Dauer insiste que Anás e Caifás estavam na fonte. Além disso, muitas formas da teoria das fontes presumem que, de modo inexplicável, um redator mudou um original lucidamente claro para produzir (o que os teóricos das fontes consideram) o texto completamente confuso que está diante de nós. Sem recorrer a fontes, muitos conciliam os Evangelhos afirmando que o relato joanino de Jesus sendo mandado a Caifás tinha o intuito de deixar espaço para a narração do julgamento de Jesus perante o(s) sumo(s) sacerdote(s) relatado pelos sinóticos. Entretanto, não há em João nenhum indício de que ele ou seus leitores sabiam a respeito da sessão do sinédrio nos sinóticos na noite anterior à morte de Jesus (ou, se sabiam, que se importavam com ela). Na verdade, o equivalente joanino da sessão do sinédrio nos sinóticos apareceu já em Jo 11,47-53.

Desde a Antiguidade até hoje, tem havido tentativas de reorganizar ou reescrever João para Caifás ser o sumo sacerdote interrogador deste episódio (Jo 18,12-23).[11] O estudioso do século II que traduziu o grego de João para o siríaco

---

[10] Em apoio, eles invocam duas passagens posteriores. Em uma variante menor, em Jo 18,35, Pilatos diz: "Tua nação e o chefe dos sacerdotes entregaram-te a mim"; em Jo 19,11, Jesus fala daquele "que me entregou a ti". (Na verdade, talvez Jo 19,11 seja responsável pela introdução pelos escribas do singular em Jo 18,35). Contudo, essas duas passagens vêm depois de Jo 18,28a ("Então eles levam Jesus de Caifás para o pretório") e, por causa disso, concentram-se em Caifás. Elas não esclarecem se outro sumo sacerdote (Anás) interrogou Jesus em Jo 18,13-24.

[11] A tese de que Caifás foi o sumo sacerdote durante todo o interrogatório é defendida (com explicações variadas) por Cirilo de Alexandria, Erasmo, Lutero, Calvino, Beza, Bengel, Calmes, Westcott, Gardiner, Spitta, Farquhar, Lagrange, Streeter, Durand, Joüon, Vosté, Sutcliffe e Fortna. Um grupo muito maior, da Antiguidade (Agostinho, Crisóstomo) aos tempos modernos, segue a indicação de João ao pressupor que Anás foi o interrogador.

do OS^{sin} mudou Jo 18,24 para depois de Jo 18,13, para que Jesus fosse mandado imediatamente de Anás a Caifás e tudo acontecesse diante de Caifás. Como esse tradutor siríaco também apresenta a forma joanina das negações de Pedro de modo à primeira ficar ligada à segunda e à terceira, como nos sinóticos, é muito provável que, em todo o episódio, ele estivesse apenas conciliando o relato de João com a apresentação de Marcos/Mateus. (Ver outros indícios de que o tradutor da OS^{sin} é um astuto modificador de textos para resolver dificuldades, em BNM, p. 77 e 155). Outras teorias de transposição também foram propostas,[12] e o debate centenário entre Farquhar e Findlay mostra a erudição e as fraquezas dessa abordagem. Outros biblistas reinterpretam ou reformulam. Alguns propõem traduzir o aoristo Jo 18,24 como mais que perfeito: "Anás mandara-o amarrado a Caifás, o sumo sacerdote", a saber, antes de qualquer coisa narrada em Jo 18,15ss. Essa tradução é incomum, mas não impossível em uma oração independente (Gardiner, "Aorist"). Contudo, o *oun* joanino que traduzi por "logo a seguir" não a favorece; e tal reflexão tardia, expressa de maneira obscura e contendo o que era muito necessário para interpretar os doze versículos precedentes, estaria escrita de uma forma não característica de João. A. Mahoney ("New [...] Old") recorre a emendas textuais. Em Jo 18,24, em lugar de *dedemenon* ("amarrado"), ele lê *de menon*: "Mas Anás, *permanecendo* (depois da partida de Caifás) mandou-o a Caifás". Para apoiar isso, Mahoney precisa supor detalhes não mencionados: Caifás estava com Anás quando Jesus foi interrogado, mas, depois do interrogatório, foi para onde o sinédrio estava reunido.

Concordo com os biblistas que suspeitam de todo esse arranjo e desse texto reescrito, e aceitam o texto como está agora. Na verdade, na lógica joanina, não há nenhum problema intransponível quanto ao papel proeminente atribuído a Anás em Jo 18,13-23 e à menção (sem narrativa detalhada) de Caifás em Jo 18,24.28a. No Evangelho de João inteiro, ouvimos falar de *dramatis personae,* que não têm nenhum papel (ou papel significativo) nos sinóticos. As referências a Anás ao lado de Caifás em Lc 3,2 e At 4,6 podem bem significar que a tradição cristã considerava esses dois sumos sacerdotes importantes na história de Jesus e talvez João elaborasse a seu modo a importância de Anás. Na verdade, se, como sugeri acima, não houve nenhum julgamento formal de Jesus pelo sinédrio na noite anterior a sua morte, mas apenas um interrogatório, historicamente Anás pode ter sido o interrogador.

---

[12] Por exemplo, o ms. grego 225 (copiado em 1192 d.C.) colocou o v. 24 no meio do v. 13; Spita colocou os vv. 19-24 antes dos vv. 14-18; Farquhar colocou o v. 24 depois do v. 14.

(Essa possibilidade não precisa nos deixar cegos ao elenco distintamente joanino da cena como ela está agora.) O papel de Anás em João e na ausência ali de um julgamento pelo sinédrio perante Caifás apresenta grande dificuldade apenas para os que afirmam a dependência joanina de Marcos. Nem são o ato de mandar Jesus a Caifás, em Jo 18,24, e a transferência dele por Caifás a Pilatos, em Jo 18,28a (sem informações quanto ao que aconteceu no breve intervalo), obstáculos, devido ao pendor joanino para o simbolismo dramático. João quer enfatizar que o último funcionário judeu a lidar com Jesus é o Caifás que foi o primeiro funcionário judeu citado a exigir sua morte. Embora Anás possa ter sido o sumo sacerdote que interrogou Jesus nessa noite, Caifás era o "sumo sacerdote *aquele ano (fatídico)*", que tinha a capacidade de profetizar. Quando Jesus foi conduzido de Caifás ao pretório, os leitores são convidados a reconhecer que o oráculo enunciado pelo sumo sacerdote em Jo 11,50 está agora sendo cumprido: "É melhor que um só homem morra pelo povo, que a nação inteira perecer".

Assim, João atribui a Anás e Caifás, ambos sumos sacerdotes, importante papel nos procedimentos judaicos contra Jesus. Será proveitoso, então, antes de prosseguirmos neste estudo, obter informações a respeito desses dois homens.

Anás. Em 6 d.C., P. Sulpício Quirino, legado da Síria, nomeou Anás (grego: Ananos; hebraico: *Hananyâ*) sumo sacerdote.[13] Em 15, Valério Grato, prefeito da Judeia, depôs Anás.[14] Entretanto, ele continuou a ser uma força poderosa, pois, nos cinquenta anos que se seguiram a sua deposição, cinco de seus filhos foram sumos sacerdotes (*Ant*. XX,ix,1; #198: "isso jamais aconteceu com nenhum outro de nossos sumos sacerdotes"), e também um genro e um neto. No final dos anos 60, o túmulo de Anás ficava perto do muro meridional de Jerusalém.[15] Muitos sugerem

---

[13] Josefo, *Ant*. XVIII,ii,1; #26. Anás era filho de Set e substituiu Jesus filho de See (? ou Set — Jesus e Anás podem ter sido irmãos).

[14] *Ant*. XVIII,ii,2; #34. Ver uma lista e as datas dos vinte e sete sumos sacerdotes do tempo de Herodes e dos prefeitos romanos em HJPAJC, v. 2, p. 229-232; e NJBC, p. 1246.

[15] Josefo (*Guerra*, V,xii,2; #506) chama-o simplesmente de túmulo de "Anás, o sumo sacerdote"; mas, como Vicent Cernuda (*Jesús*, p. 55-57) afirma de modo convincente, Josefo certamente quer dizer Anás (Ananos) I, não Anás (Ananos) II, o filho. Em 67-68 d.C., em um momento particularmente violento da revolta judaica contra Roma, o sumo sacerdote (deposto) Ananos II foi morto em Jerusalém pelos idumeus e zelotas (*Guerra*, IV,v,1-2; ##305-325); ao descrever isso, Josefo (#317) comenta que os idumeus não se davam ao trabalho de enterrar cadáveres. Consequentemente, é improvável que houvesse um túmulo honorário para Ananos II. Além disso, Vicent Cernuda afirma que, por causa de seu papel patriarcal na

que a família rica de Anás esteve envolvida na obscura mudança do sinédrio para os Bazares c. 30 d.C. (§ 18, C1 acima [último parágrafo]); e há quem relacione essa sugestão de mercantilismo com o ataque de Jesus aos cambistas do Templo. Josefo (*Ant.* XX,ix,2; ##205-207) conta como Ananos II (Anás, filho de Anás), c. 62, subornou o procurador da Judeia, Albino, com dinheiro conseguido por extorsão nas eiras. (Aviso: antes, *Ant.* XX,viii,8; #101 atribuiu o mesmo abuso ao reinado de Ismael, não da casa de Anás.) Midraxe *Sifre* de Dt 14,22; #105 (também a *baraita* ou tradição antiga em TalBab *Baba Mesi'a* 88a) relata que as tendas de produtos dos "Filhos de Hanan" (que ficavam no Monte das Oliveiras) foram destruídas c. 67 porque seus proprietários não pagaram o dízimo; talvez eles estivessem implicados na cobrança exagerada dos requisitos para o sacrifício no Templo. Os documentos rabínicos criticam (talvez com preconceito) os sumos sacerdotes saduceus do período romano, mas parece haver animosidade especial para com a casa de Anás, por ganância e repressão.[16] TalBab *Pesahim* 57a; Tosepta *Menahot* 13,21 criticam os sacerdotes da casa de Hanin por causa dos conclaves secretos. Certamente, nem todos esses indícios são exatos, nem todos concordam que as diversas referências judaicas a Han(n)in ou Hanan digam respeito a Anás e seus descendentes; mas parece que parte da avaliação negativa é histórica.

No que diz respeito aos cristãos, é fortuito que Jesus, Estêvão (o primeiro mártir) e Tiago, o irmão do Senhor, fossem todos executados durante o domínio dos sacerdotes da casa de Anás? Na verdade, como Matias, filho de Anás, foi sumo sacerdote em 42/43 sob Herodes Agripa I (*Ant.* XIX,vi,4; #316), é possível que Tiago, irmão de João (o primeiro dos doze a ser martirizado) também perecesse sob a casa de Anás (At 12,1-3). Isso significa que todo cristão famoso que morreu violentamente na Judeia antes da Revolta Judaica morreu durante o domínio de um sacerdote parente de Anás.[17] Seja como for, entre os sumos sacerdotes saduceus, a casa de Anás pode ter tido antipatia especial pelos seguidores do homem cuja crucificação eles incentivaram em 30 ou 33. Embora só João atribua a Anás um

---

mais ilustre das famílias sacerdotais desse período, Anás (I) era, como forma de autonomia, conhecido como "*o* sumo sacerdote" por excelência.

[16] St-B, v. 2., p. 569-571; P. Gaechter, "The Hatred of the House of Annas", em TS 8, 1947, p. 3-34.

[17] J. J. Ensminger ("The Sadducean Persecution of Christians in Rome and Jerusalem, A.D. 58-65", em SWJT 30, #3, 1988, p. 9-13) tentou comprovar que a oposição *sacerdotal* seguiu Paulo de Jerusalém a Roma quando ele foi levado ali como cativo (c. 60), pois Josefo (*Ant.* XX,viii,11; ##194-195) menciona uma delegação em Roma sob Nero que incluía o sumo sacerdote Ismael e durou vários anos.

papel na morte de Jesus, não há nenhuma razão persuasiva para duvidar dessa memória, principalmente porque nenhum motivo teológico discernível fez a tradição joanina introduzir essa personagem.

Caifás. Josefo (*Ant*. XVIII,ii,2; ##34-35) nos conta que, depois que o prefeito Valério Grato depôs Anás do cargo (c. 15), em rápida sucessão, sempre em menos de um ano, ele nomeou quatro sumos sacerdotes diferentes, o último dos quais foi José, de sobrenome Caifás (hebraico: *Qayyapâ*; Jo 18,13 identifica-o como genro de Anás). Então Valério Grato voltou para Roma (depois de onze anos na Judeia) e Pôncio Pilatos veio como seu sucessor. Essa notícia resumida é um pouco confusa, pois parece que Caifás foi nomeado no ano 18, enquanto Pilatos substituiu Grato por volta de 26. É testemunho do poder duradouro de Caifás que, depois de um sumo sacerdócio tão cheio de idas e vindas entre os anos 15 e 18, ele continuasse sumo sacerdote não só durante os últimos oito anos do governo de Valério Grato, mas também durante onze anos do governo de Pôncio Pilatos. Josefo (*Ant*. XVIII,iv,1-2; ##85-89) relata que o legado da Síria, Vitélio, interveio na Palestina depois de problemas entre Pilatos e os samaritanos, e ordenou que Pilatos voltasse a Roma. Uma suposição é que Pilatos saiu da Judeia em 16 de dezembro. Na Páscoa de 37, Vitélio viera a Jerusalém e afastara Caifás, substituindo-o por Jônatas, filho de Anás (*Ant*. XVIII,iv,3; ##90.95). Esse pontificado de dezoito a dezenove anos, que sobreviveu a Pôncio Pilatos, significa que, dos dezenove sumos sacerdotes de Jerusalém no século I d.C., Caifás foi de longe o que mais governou, rivalizado apenas pelos nove anos de domínio de Anás. Como (§ 31, B3) houve incidentes públicos durante o período de Pilatos que provocaram atrito entre o prefeito e o povo (e seus líderes), é possível supor que Caifás era estrategista arguto e político nada desprezível, já que conseguiu sobreviver no cargo. Dá para desconfiar também que Pilatos, raro governador de longo tempo que nunca afastou um sumo sacerdote, não era tão empedernido e intratável como às vezes o descrevem.

Quanto ao que Caifás fez enquanto esteve no cargo, Josefo não dá informações. Muitos estudiosos inclinam-se a pressupor que o silêncio é porque ele (e suas fontes) não tinham informações sobre essa figura; mas inevitavelmente há quem argumente que Josefo procurava esconder alguma coisa embaraçosa a respeito de Caifás. O passo mais ousado nessa direção é a tese, exposta em 1991 por Vicent

Cernuda ("Condena II"), de que Caifás renunciou ao cargo e se tornou cristão![18] Como seria de se esperar, parece que a tese foi refutada indiretamente no mesmo momento em que foi proposta. Em novembro de 1990, perto de Abu Tor, ao sul da parte murada de Jerusalém (na região onde Josefo situara o túmulo de Anás), ao que tudo indica foi descoberto o túmulo de Caifás,[19] que comprovou um sepultamento judaico respeitoso dado ao antigo sumo sacerdote — dificilmente de acordo com a suposição de que ele se tornara um seguidor de Jesus. O nome de Caifás (se a referência for à mesma pessoa) está representado na Mixná (*Para* 3,5) em hebraico como *Qwp* ou *Qyyp (Qayyap[â])*; mas, em um dos doze ossários encontrados na desmoronada gruta de inumação, o nome de família aparece em aramaico como *Qp' (Qapa')*. No ossário mais elaboradamente decorado, encontram-se duas inscrições que se presume serem o nome do homem de sessenta e um anos cujos ossos foram encontrados dentro:[20] *Yhwsp br Qp'* e *Yhwsp br Qyp'*, assim, "José, filho de *Qapa'* ou *Qaypa*'".[21]

Mesmo com as novas descobertas, a história se lembraria de Caifás como pouco mais que um nome na lista de sumos sacerdotes se ele não fosse "sumo sacerdote aquele ano (fatídico)" (Jo 11,49; 18,13). No NT, só Jo 11,47-53 dá uma indicação do motivo de Caifás querer Jesus morto: "Não percebeis que é melhor que um só homem morra pelo povo, que a nação inteira perecer?". Éliás ("Erwählung", p. 34)

---

[18] Por que os Evangelhos e os Atos não mencionam isso em tom triunfal? Vicent Cernuda apela a At 6,7 (em Jerusalém, "uma grande multidão de sacerdotes tornou-se obediente à fé") e ao fato de Marcos e Lucas deixarem seu nome fora do contexto hostil da Paixão e Jo 18–19 atribuir-lhe apenas um papel modesto (exceto reiterar que [em Jo 11,49-52] Caifás profetizara que Jesus morreria pelo povo). Não é verossímil que a conversão do sumo sacerdote judeu ao seguimento de Jesus (que discutivelmente teria sido a conversão mais proeminente antes de Constantino) fosse insinuada tão indiretamente nas fontes cristãs.

[19] O que se segue recorre a Z. Greenhut, "Burial Cave of the Caiaphas Family", em BARev 18, #5, set./out. 1992, p. 28-36.76; e R. Reich, "Caiaphas' Name Inscribed on Bone Boxes", ibid., p. 38-44.76. Ver também a série de artigos a respeito de Caifás por Z. Greenhut, R. Reich e D. Flusser em '*Atiqot* 21, 1992, p. 63-87.

[20] Juntamente com os de outras cinco pessoas: dois bebês, duas crianças e uma mulher adulta — talvez a família próxima do homem idoso.

[21] Se existe uma boa razão para pensar ser esse o José Caifás de Josefo e o Caifás dos Evangelhos, recentes reflexões consideram "Caifás" um sobrenome. Outros dois sumos sacerdotes desse período são Simão Canteras e Elioneu, filho de Canteras, que representa o hebraico *Qntrs* (ou talvez com assimilação *Qtrs* [*Qatros*], nome de uma família sacerdotal encontrado inscrito em um peso de pedra em Jerusalém e em TalBab *Pesahim* 57a como paralelo à casa de Anás). Recorrendo a R. Brodi e outros, Reich ("Caiaphas", p. 42) sugere que Caifás, Canteras e Qatros eram versões diferentes do mesmo sobrenome etimologicamente relacionado à ideia de "cesto" ou "carregar", a respeito de uvas e vinhas.

comenta que, a seu modo, Caifás é patriota, mas essa dificilmente é a impressão que João deseja transmitir. Ao contrário, Caifás é apresentado como tendo um motivo político, concordando com a preocupação geral dos chefes dos sacerdotes e fariseus quanto a Jesus: "Se o deixarmos (continuar) assim, todos vão acreditar nele. E os romanos virão e tirarão de nós o lugar (santo) e a nação". Mas, aos olhos de João, o cargo de sumo sacerdote (principalmente naquele ano fatídico) transmitia o poder de profetizar (ver Josefo, *Ant.* XI,viii,4; ##327-328; XIII,x,7; #299). Ao declarar que um só homem devia morrer pelo povo (Caifás quis dizer "em lugar do povo"), o sumo sacerdote enunciou uma profunda verdade: Jesus morreria pela (em lugar da) nação e não apenas pela nação, mas para reunir os filhos de Deus dispersos (Jo 11,50-52). João lembra ao leitor essa profecia (Jo 18,14) quando menciona Caifás na cena que se segue à prisão de Jesus.

A pergunta feita a Jesus pelo sumo sacerdote (Jo 18,19)

Nos sinóticos, a transição do Monte das Oliveiras para o *aulé* do sumo sacerdote é mantida distinta do julgamento/interrogatório de Jesus perante o sinédrio. Mas João escreve sua transição de tal maneira que ela fica misturada ao interrogatório de Jesus por Anás (Jo 18,19-21). Antes desse interrogatório, Jesus é levado a Anás (Jo 18,13) e obtemos uma descrição do *aulé* (Jo 18,18). Em Jo 18,24, depois do interrogatório, Jesus é mandado a Caifás (que foi introduzido antes do interrogatório). Além disso, enquanto os outros Evangelhos situam as negações de Pedro antes da sessão do sinédrio (Lucas) ou simultâneas com ela, mesmo que narradas depois (Marcos/Mateus), o relato joanino das negações é simultâneo ao questionamento, e também misturado com ele. Sendo assim, parece melhor tratar o interrogatório joanino por Anás e a transferência de Jesus para os sumos sacerdotes que o cercam nessa mesma cena onde examino a transferência de Jesus ao *aulé* do sumo sacerdote nos sinóticos. Na tradução de João dada no início da seção, incluí forçosamente parte das negações de Pedro porque elas são intrínsecas à cena, mas o estudo dessas negações como tais será adiado até o § 27.

Para entender como o interrogatório se encaixa na cena joanina, precisamos mencionar que, assim como o evangelista começou a transição no v. 12 com um pospositivo *oun* ("Logo a seguir"), ele também usa um *oun* para começar o interrogatório em Jo 18,19 e para marcar o término do interrogatório e a transferência a Caifás em Jo 18,24. Essa técnica identifica três segmentos na cena:

§ 19. Episódio de transição: Jesus transferido para as autoridades judaicas; interrogado por Anás

- Jo 18,12-18: Transferência de Jesus a Anás; o outro discípulo e a primeira negação de Pedro.
- Jo 18,19-23: Interrogatório de Jesus pelo sumo sacerdote (Anás); tapa em Jesus por um guarda.
- Jo 18,24-27: Transferência de Jesus a Caifás; segunda e terceira negações de Pedro.

Apesar de, mais adiante (Jo 18,22), descobrirmos que há guardas presentes, o v. 19 descreve o sumo sacerdote interrogando Jesus frente a frente. O evangelista estava ciente de que, em uma sessão do sinédrio, Caifás guiou os membros a uma decisão (Jo 11,47-53); assim, sua apresentação de Anás sem o acompanhamento de testemunhas, júri ou sentença refuta a tese de Bultmann (*John*, p. 647) e JEWJ, p. 78[4], segundo a qual João considerou isso um julgamento pelo sinédrio. Na verdade, Jesus chama duas vezes a atenção para a falta de testemunhas ou testemunho (Jo 18,21.23). O Evangelho insiste que a presença de Jesus, a luz, no mundo, constitui oportunidade de julgamento, conforme a reação das pessoas à luz (Jo 3,17-21). Portanto, João gosta de descrever um indivíduo que está de pé, sozinho, diante de Jesus e tem de tomar uma decisão a respeito dele (ver Giblin, "Confrontation", p. 225). Chevallier ("Comparution", p. 179, 182) está certo tanto ao rejeitar todos os rearranjos destinados a harmonizar João com o julgamento sinótico pelo sinédrio (perante Caifás) como ao traçar um paralelo entre Anás diante de Jesus, em Jo 18,19-21, e Pilatos diante de Jesus, em Jo 18,28ss. (Notemos que falo de "diante de Jesus", pois esse é o significado teológico dessas cenas onde o que parece julgar está ele próprio sendo julgado, se ele é ou não da verdade [ver Jo 18,37-38].) Os leitores de João já sabem que Caifás se decidiu, como também os membros do sinédrio, mas aqui está um último líder judaico, Anás, o patriarca da família de sumos sacerdotes.[22] Pilatos pelo menos faz perguntas e tenta entender. O silêncio de Anás em face da resposta de Jesus e o tapa do guarda mostram uma decisiva rejeição da verdade. Além disso, em tudo o que se segue, é preciso estar bem consciente de que, embora superficialmente João descreva uma cena que gira em torno de Jesus na noite anterior a sua morte, ele também descreve a experiência cristã joanina de

---

[22] Como vimos acima (nota 15), Vicent Cernuda faz dele "*o* sumo sacerdote". Em "Jesús", p. 60-65, com base em indícios exteriores, Vicent Cernuda afirma que Jesus e Anás representavam dois modos de vida diferentes: pobreza e riqueza. Será que os leitores de João reconheceriam isso, já que João nunca lhes diz que Jesus era pobre ou que Anás era rico?

ser trazido perante autoridades judaicas que conduziam julgamentos que levavam à expulsão da sinagoga. Para João, esses cristãos não recebem satisfação quando se queixam da injustiça dos procedimentos como fez Jesus. O questionamento de Pedro por vários servos do sumo sacerdote, simultaneamente ao interrogatório de Jesus pelo sumo sacerdote, enfatiza o duplo nível dos procedimentos: o que acontece a Jesus acontece a seus discípulos.

A pergunta do sumo sacerdote concentra-se nos discípulos de Jesus e em seu ensinamento. Vamos procurar interpretar essa pergunta à luz daquilo que o Evangelho nos contou a respeito de Jesus. Quanto a seus *discípulos* em Jo 11,48, havia a preocupação de que os que acreditavam nele fossem tão numerosos a ponto de constituir uma ameaça: "Se o deixarmos (continuar) assim, todos vão acreditar nele. E os romanos virão e tirarão de nós o lugar (santo) e a nação". Pouco antes de Anás falar, a criada que é a porteira interroga Pedro ("És tu também um dos discípulos desse homem?" [Jo 18,17]); e ficamos sabendo de outro discípulo que é conhecido do sumo sacerdote (mas não necessariamente como discípulo). No plano do ministério de Jesus, as autoridades ficavam contrariadas quando ele atraía multidões. No plano da história da comunidade joanina, a presença de um número grande demais de discípulos de Jesus era um estorvo nas sinagogas. Para comparação, ver Josefo (*Ant.* XVIII,v,2; #118), que nos diz que, quando outros se juntaram aos que se apinhavam ao redor de João Batista, Herodes Antipas ficou alarmado e o matou.

Quanto ao *ensinamento* de Jesus, temos muitos exemplos de que ele ofendeu: ele chamava Deus de Pai, fazendo-se igual a Deus (Jo 5,18); alegava ser o Messias (Jo 10,24-25); blasfemava dizendo: "Eu sou Filho de Deus". Finalmente, "os judeus" serão bastante específicos: "Nós temos uma lei, e segundo a lei ele deve morrer, porque se fez Filho de Deus" (Jo 19,7). Por inferência, então, é possível encontrar em uma pergunta a respeito dos discípulos e do ensinamento de Jesus os temas da destruição do Templo e de ser o Messias, o Filho do Bendito, que estão expressos na sessão do sinédrio nos sinóticos (por exemplo, Mc 14,58.62). Mas tal harmonização não é plausível, pois alhures João expressou essas questões de modo muito específico. A pergunta geral feita aqui, se veio da tradição, pode ser vista como reflexo da preocupação do sumo sacerdote de ser Jesus o tipo de falso profeta condenado por Dt 13,2-6; 18,20, que leva outros (discípulos) para o mau caminho e falsamente se atreve a falar em nome de Deus (ensinamento). Entretanto, talvez seja mais prudente reconhecer que, na sinagoga do período posterior a 70, Jesus seria avaliado como rabi — para João, uma categoria incompetente.[23] Um rabi seria julgado por seus discípulos e por seu ensinamento.

A resposta de Jesus ao sumo sacerdote (Jo 18,20-23)

Já examinei o conteúdo de Jo 18,20-21 em relação à resposta do Jesus sinótico ao grupo aprisionador (que incluía chefes dos sacerdotes em Lucas; ver § 14): "Dia após dia eu estava convosco no Templo ensinando e não me agarrastes" (Mc 14,49 e par.). Embora o tema semelhante nas duas respostas sugira uma tradição cristã mais antiga, o modo de João se exprimir reflete sua teologia. Fortna ("Jesus", p. 38) pressupõe uma fonte por trás de João nesta cena, mas admite ter sido ela tão reescrita que dificilmente se consegue reconstruir a redação da fonte. O perfeito "falei", em Jo 18,20, é o verbo *lalein*, a palavra joanina usual para dar voz a Jesus, o revelador de Deus. O Jesus marcano afirma ter estado presente todos os dias; o Jesus joanino afirma ter falado "abertamente".[24] Para João, Jesus é a sabedoria divina personificada; no AT, a Sabedoria fala em lugares públicos, quando convida todos a ouvir sua mensagem (Pr 8,2-3; 9,3; Sb 6,14.16). Ao fazer sua defesa, o Jesus joanino protesta não ser subversivo ou não ser esotérico? O cenário histórico de buscar provas para levá-lo a Pilatos ajusta-se melhor ao entendimento não subversivo, mas a batalha posterior com a sinagoga ajusta-se melhor ao não esotérico.[25]

O Jesus joanino prossegue e diz: "Sempre ensinei em uma sinagoga e no Templo, onde todos os judeus se reúnem" (Jo 18,20). Com mais frequência que em

---

[23] Ver Jo 3,2, onde "rabi" é aplicado a Jesus por Nicodemos, que julga lisonjear Jesus, mas ouve que não entende nada (Jo 3,10).

[24] João usa *parresia* 9 vezes (Marcos 1, Mateus 0, Lucas 0, Atos 5). Neste uso joanino, como pessoa do alto, Jesus pode falar "em público" e ainda assim não falar claramente pelos padrões deste mundo. Em Jo 7,26, as pessoas veem que Jesus fala "publicamente" em Jerusalém, mas em Jo 11,54 nos é dito que ele já não andava "em público", agora que o sinédrio tentava matá-lo. Em Jo 10,24, ele foi desafiado a responder "claramente" se era o Messias, mas só em Jo 16,25 ele finalmente fala claramente do Pai aos discípulos sem figuras de linguagem. Os discípulos reconhecem isso com gratidão em Jo 16,29-30 e exclamam que agora entendem, mas Jesus põe isso em dúvida (Jo 16,31).

[25] Mencionei acima o problema de saber se o interrogatório do sumo sacerdote a respeito dos discípulos e do ensinamento de Jesus refletia uma preocupação de que Jesus fosse o falso profeta do Deuteronômio que leva os outros para o mau caminho. Em Mixná *Sanhedrin* 7,10, testemunhas que fingem estar interessadas (discípulos) preparam uma armadilha para o *mesit* que leva os outros para o mau caminho, e assim ouvem o que ele diz confidencialmente. Catchpole (*Trial*, p. 8-9) afirma que Jo 18,19 tem origem pré-joanina e se adapta ao tema do falso profeta.

qualquer outro Evangelho, o Jesus joanino ensina no Templo (Jo 2,14; 7,14.28; 8,20; 10,23). Enquanto nos sinóticos Jesus menciona só o Templo, em João ele acrescenta a sinagoga, embora o Evangelho (Jo 6,59) relate só um exemplo desse local para ensinar.[26] Está claro que o evangelista amplia a tradição para ir ao encontro das experiências na sinagoga da comunidade de seu tempo, período também refletido na referência a "os judeus" quase como se Jesus não fosse um deles. Além disso, o sumo sacerdote dificilmente precisaria ser informado onde "os judeus" se reúnem. (Em Jo 18,20, Jesus alega falar abertamente "ao mundo" e menciona "os judeus". No plano da vida comunitária joanina, os dois termos se referem a estranhos: os cristãos joaninos não são deste mundo [Jo 17,14] e foram expulsos da sinagoga [Jo 9,22; 12,42; 16,2].) O "e em segredo não falei nada" faz eco apropriadamente ao Deus da LXX do Dêutero-Isaías, que diz (Is 45,18-19): "Eu sou [*ego eimi*] o Senhor, e não há outro. Não falei em segredo [...] eu sou eu sou, o Senhor que fala justiça". Também Is 48,16: "Desde o princípio não falei em segredo; quando aconteceu, lá estava eu". O Jesus que responde a Anás é majestoso, como o foi o Jesus que disse "eu sou" para o grupo aprisionador e os fez recuar e cair ao chão.

"Por que me interrogas?" indica o caráter censurável do que está acontecendo, comparável à pergunta sinótica a respeito de sair contra ele com espadas e paus. Na lei judaica de uma época mais tardia (por exemplo, Maimônides), era impróprio fazer o acusado condenar a si próprio; mas não precisamos invocar essa lei aqui para explicar o desafio: "Interroga os que ouviram o que falei a eles". No plano da história, Jesus exige que haja testemunhas antes de ser condenado. No plano da mensagem do evangelista, isso serve também de declaração desafiadora aos líderes da sinagoga do tempo de João que, se quiserem saber o que Jesus disse, seus discípulos cristãos falam por ele. E esses discípulos devem falar de modo tão desafiador perante os juízes de sua sinagoga quanto Jesus fala perante Anás.

Josefo (*Ant.* XIV,ix,4; #172) nos diz que todo aquele que comparecia perante o sinédrio para julgamento se comportava com humildade e assumia os modos de quem está temeroso e procura misericórdia. Não admira que um dos guardas (policiais) considere o comportamento de Jesus uma afronta e o esbofeteie pela arrogância ao se dirigir assim ao sumo sacerdote. (Se estavam presentes no início

---

[26] Essa referência a ensinar em uma sinagoga é seguida de perto por uma referência à profissão de fé em Jesus por Simão Pedro. Aqui, a referência a ensinar na sinagoga está cercada pelas negações de Pedro (Charbonneau, "Interrogatoire", p. 207).

§ 19. Episódio de transição: Jesus transferido para as autoridades judaicas; interrogado por Anás

[Jo 18,12-13], parece que, no meio da cena, os soldados da coorte desapareceram completamente.) Os sinóticos têm uma cena mais elaborada de maus-tratos e escárnio de Jesus como pretenso profeta (Marcos/Mateus, pelos juízes do sinédrio; Lucas, pelos que o prendem) que será examinada em detalhe em § 26. Aqui, quero mencionar apenas que durante o escárnio, em Mc 14,65 (cf. Mt 26,67), os guardas o recebem a *tapas* e, em Lc 22,63, os que o vigiam *batem* nele; as duas palavras aparecem em Jo 18,22-23. Somente João associa os maus-tratos de Jesus a sua atitude soberana para com as autoridades judaicas, e o tapa aplicado é mais um insulto que um golpe fisicamente danoso.

Cena semelhante à de João ocorre em At 23,1-5, onde Paulo recebe um tapa na boca durante um julgamento pelo sinédrio. Ele insulta o sumo sacerdote Ananias por esse comportamento, mas os circunstantes protestam: "Insultas o sumo sacerdote de Deus?". Paulo se desculpa: "Eu não sabia, irmãos, que ele era sumo sacerdote; de fato, está escrito: 'Não falarás mal [*kakos*] de um governante de teu povo'" (Ex 22,27[28]). Essa mesma passagem bíblica pode bem estar sendo lembrada na resposta do Jesus joanino ao guarda que lhe bateu (Jo 18,23). Paulo se desculpou porque falara "mal", mas Jesus insiste que não há prova nem testemunho de que falou "mal". Em seu ministério, (Jo 8,46) Jesus perguntou em tom de desafio: "Pode algum de vós acusar-me de pecado? Se eu digo a verdade, por que não me acreditais?". Agora esse mesmo espírito de desafio chama a atenção para a falta de testemunhas e de comportamento legal. (Jesus fica calado do princípio ao fim dos relatos sinóticos do escárnio e dos maus-tratos judaicos, mas não em João; veremos o mesmo fenômeno no julgamento por Pilatos.) Em Jo 15,25, Jesus chama a atenção para a passagem bíblica: "Eles me odiaram sem motivo" (Sl 35,19; 69,5[4]; 119,161; *SlSal* 7,1). Há também aqui a lembrança de uma passagem bíblica? O servo sofredor de Is 50,6 diz: "Dei as faces para me baterem". (Veremos em § 26 que essa passagem de Isaías ecoa com certeza nos relatos que Marcos/Mateus fazem do escárnio contra Jesus.) No início do ministério, Jesus foi saudado como "o Cordeiro de Deus" (Jo 1,29) — símbolo polivalente, que aponta não só para elementos do cordeiro pascal em sua morte, mas também para seu papel como servo que vai para a morte como um cordeiro levado ao matadouro (Is 53,7; ver BGJ v. 1, p. 60-63).

Análise

A. A ordem dos acontecimentos

Em todos os Evangelhos, Jesus é levado do lugar da prisão (Getsêmani, no Monte das Oliveiras, do outro lado do Cedron) ao *aule* (pátio ou quintal) do sumo sacerdote. Essa transferência está sempre ligada a uma referência a Pedro, que segue Jesus a esse *aule*. Essas duas informações constituem #1 e #2 no quadro que se segue; os números de 3 a 6 mostram o que se segue nas diversas sequências dos Evangelhos. Embora haja muita semelhança, essa diferença de sequência e alguma diferença de conteúdo provocam algumas perguntas. Vou examinar essas perguntas primordialmente no plano daquilo que os Evangelhos contam a seus leitores, embora questões de fonte e historicidade estejam necessariamente misturadas nesse exame.

O QUE ACONTECEU DE NOITE E O QUE ACONTECEU DE MANHÃ CEDO? Todos os Evangelhos situam #1, a entrega de Jesus à custódia do sumo sacerdote, à noite. Provavelmente, a tradição da "noite em que foi entregue" (1Cor 11,23) era tão forte que não deixava escolha. Todos os Evangelhos situam o ato de Pedro segui-lo e suas três negações à noite, pois, já que terminaram na hora de o galo cantar, não havia escolha. O problema centraliza-se em duas outras informações: os procedimentos legais contra Jesus que incluíam o sumo sacerdote ou os chefes dos sacerdotes e os maus-tratos físicos e o escárnio de Jesus. Em relação à primeira informação, os procedimentos legais, os leitores devem ser alertados que provavelmente a solução mais comum (pelo menos no passado) tem sido harmonizar as apresentações de cada Evangelho com a suposição de que cada um deles é historicamente verdadeiro, mas relata apenas parte de uma cena muito maior. Não raro, muita imaginação entra nessas harmonizações, por exemplo a de Valentin ("Comparutions"):

- um interrogatório noturno de Jesus por Anás (João);
- um julgamento noturno de Jesus perante Caifás (Jo 18,24, com a primeira parte de Marcos/Mateus);
- uma sessão matinal do sinédrio (restante de Marcos/Mateus, com Lucas).

Como nenhum Evangelho incentiva essa harmonização, é melhor examinar separadamente as três estruturas que nos chegaram em Marcos/Mateus, Lucas e João. Independente de como surgiu, cada estrutura dá a impressão de ser a imagem completa daquilo que aconteceu, não parte de um todo consideravelmente maior.

§ 19. Episódio de transição: Jesus transferido para as autoridades judaicas; interrogado por Anás

Quadro 1. A ordem em que os Evangelhos descrevem os incidentes desde a prisão de Jesus até a transferência para Pilatos

Mc 14,53–15,1	Mt 26,57–27,2	Lc 22,54–23,1	Jo 18,12-28a
#1. Jesus (= J.) é levado ao s.s. (= sumo sacerdote); reunião de chefes dos sacerdotes, anciãos, escribas.	#1. J. é agarrado, levado ao s.s. Caifás, onde escribas, anciãos se reúnem.	#1. Pegam J. e o conduzem à casa do s.s.	#1. A coorte e o tribuno pegam J., amarram-no e o conduzem primeiro a Anás, sogro de Caifás, s.s. aquele ano.
#2. Pedro segue até o *aule* do s.s. e senta-se com os guardas perto do fogo flamejante.	#2. Pedro, seguindo até o *aule* do s.s., entra e senta-se com guardas para ver o fim.	#2. Pedro seguindo; acendem uma fogueira no meio do *aule*; Pedro senta-se no meio deles.	#2. Pedro e outro discípulo seguindo; outro discípulo entra no *aule* do s.s.; faz Pedro entrar; PRIMEIRA NEGAÇÃO; servos e guardas acendem fogueira de lenha, perto da qual Pedro está de pé.
#3. O sinédrio inteiro procura testemunho contra J.; muitos testemunham falsamente, inconsistentemente; falsificam a advertência de J. quanto ao santuário; de pé, o s.s. diz: "És tu o Messias, Filho do Bendito?". J. diz: "eu sou; vereis o Filho do Homem"; o s.s. rasga as vestes; acusa de blasfêmia; todos julgam J. réu de morte.	#3. O sinédrio inteiro procura falso testemunho; muitos testemunham falsamente; dois testemunham sobre a advertência de J. quanto ao santuário; de pé, o s.s. conjura: "És tu o Messias, Filho de Deus?"; J. diz: "*tu* o disseste; vereis o Filho do Homem"; o s.s. rasga as vestes; acusa de blasfêmia; eles respondem que Jesus é réu de morte.	#3. As TRÊS NEGAÇÕES de Pedro.	#3. O s.s. interroga J. a respeito de seus discípulos e ensinamento; J. responde que ensinou abertamente; desafia s.s. a interrogar os que o ouviram.

#4. Alguns cospem em J., cobrem-lhe o rosto, batem nele, dizendo: "profetiza"; guardas dão-lhe tapas.	#4. Eles cospem no rosto de J., batem nele; dando-lhe tapas, dizem: "profetiza para nós, ó Messias; quem te bateu?".	#4. Os homens que o (J.) vigiam escarnecem dele e o espancam; cobrindo-o, perguntam: "Profetiza: quem te bateu?". Blasfemando, falam contra ele.	#4. Um guarda que estava ali dá um tapa em J. e o repreende por responder assim ao s.s.; J. responde que não falou mal, portanto "Por que me bates?".
#5. As TRÊS NEGAÇÕES de Pedro.	5. As TRÊS NEGAÇÕES de Pedro.	#5. Ao amanhecer, uma assembleia de anciãos do povo, chefes dos sacerdotes e escribas reunidos; levam J. ao sinédrio.	#5. Anás manda J. amarrado a Caifás, o s.s.; Pedro está de pé ali, aquecendo-se. SEGUNDA E TERCEIRA NEGAÇÕES DE PEDRO.
#6. De manhã cedo, chefes dos sacerdotes com anciãos, escribas e o sinédrio inteiro, tendo deliberado e tendo amarrado J., tomam-no e o entregam a Pilatos.	#6. De manhã cedo, todos os chefes dos sacerdotes e anciãos do povo decidem contra J., para matá-lo; tendo-o amarrado, levam-no e o entregam a Pilatos, o governador.	#6. Eles dizem: "Se tu és o Messias, dize-nos"; J. diz: "Se eu vos disser, não acreditareis [...] o Filho do Homem estará sentado à direita do poder de Deus"; eles todos dizem: "És então o Filho de Deus?"; J. diz: "Vós mesmos dizeis que eu sou"; eles dizem: "Há mais necessidade de testemunho?"; toda uma multidão leva-o a Pilatos.	#6. Eles conduzem J. de Caifás ao pretório; é de madrugada.

Marcos/Mateus, em ##3 e 4, referem-se ao procedimento legal principal (testemunhas, interrogatório, resposta, acusação de blasfêmia, sentença) e aos maus-tratos/escárnio à noite, mas em #6, fazem outra referência a um procedimento legal de manhã. As negações de Pedro ocorrem simultaneamente com o procedimento legal noturno. Os biblistas divergem quanto ao fato de #6 destinar-se a ser um segundo procedimento ou apenas o término do primeiro (##3–4). Em § 28, optarei firmemente pela segunda posição. A simultaneidade na narrativa não é efeito fácil de alcançar. Marcos/Mateus interrompem o julgamento/os maus-tratos noturnos para narrar as negações de Pedro, que tiveram lugar sincronicamente e terminaram no (segundo) canto do galo; e então Marcos/Mateus voltam a relatar que, nesse mesmo momento em que a noite se transformava em manhã, o sinédrio terminou o julgamento de Jesus com a decisão de entregá-lo a Pilatos. Assim, toda a ação tem lugar à noite e termina quando começa a manhã.

João. A ordem joanina dos acontecimentos é bem parecida com a de Marcos, embora o conteúdo do procedimento legal (#3) seja muito diferente e haja uma ação ofensiva muito mais simples, sem escárnio (#4). Em #3, não há nenhuma testemunha, nenhum juiz, nenhum interrogatório a respeito do santuário ou a respeito da identidade cristológica de Jesus, nenhuma acusação de blasfêmia e nenhuma sentença. O sumo sacerdote que faz as perguntas é Anás[27] — não um sumo sacerdote não identificado, como em Marcos, e não Caifás, como em Mateus. A simultaneidade das negações de Pedro é mostrada com maior talento; uma negação situa-se antes do interrogatório de Jesus e as outras duas depois dele. Mais uma vez, as negações e o interrogatório de Jesus terminam com o raiar do dia, isto é, o canto do galo (Jo 18,27) e "de madrugada" (Jo 18,28, quando Jesus é conduzido de Caifás para Pilatos).

A semelhança de ordem entre João e Marcos cria um precedente interessante para teorias quanto à origem da NP joanina. Matera ("Jesus") reconhece que nítidas diferenças de conteúdo e linguagem neste episódio fazem com que biblistas proeminentes neguem a dependência joanina de Marcos e pressuponham uma fonte independente para a Paixão (por exemplo, Bultmann, Dodd, Hahn, Lindars). Ao discordar, ele acha que a semelhança estrutural básica é mais bem justificada se João recorreu a Marcos e incluiu material de redação própria. Entretanto, Matera tem como certo o que precisa ser provado, a saber, que o padrão estrutural marcano foi criado por Marcos e não se originou de tradição mais primitiva. Como veremos, penso que muitos dos elementos de estrutura paralela (levar Jesus ao *aule* do sumo sacerdote, interrogatório noturno de Jesus por um dos chefes dos sacerdotes e maus-tratos infligidos a ele, e negações de Pedro durante a mesma noite) eram pré-marcanos e pré-joaninos — é por isso que os dois Evangelhos têm a mesma

---

[27] Anás é mencionado em #1 e é o antecedente do sumo sacerdote em #3. Caifás é mencionado quatro vezes, mas não é o sujeito de nenhuma ação contra Jesus na noite antes de sua morte.

estrutura. Essa tradição primitiva passou por desenvolvimento independente nos processos que levaram ao Evangelho de Marcos e ao Evangelho de João. Matera está correto ao afirmar que o esboço básico de um interrogatório judaico de Jesus foi adaptado, revisto e completado pela introdução de temas joaninos para criar a audiência perante Anás na noite em que Jesus foi preso. Entretanto, é igualmente verdade que esse esboço foi adaptado, revisto e completado pela introdução de temas marcanos para criar o julgamento perante o sinédrio na noite em que Jesus foi preso.

Lucas representa, entre os Evangelhos, a única divergência de uma ação noturna total que termina no início da manhã. Embora #1 e #2 abranjam os mesmos acontecimentos em Lucas e nos outros Evangelhos, Lucas não tem simultaneidade entre as negações de Pedro e o procedimento legal. Em ##3 e 4, as negações e os maus-tratos/escárnio têm lugar à noite (e nisso Lucas concorda com os outros Evangelhos), mas todo o procedimento legal (##5 e 6), inclusive a transferência de Jesus do *aule* para o sinédrio reunido, tem lugar quando é dia. À guisa de harmonização, muitos afirmam que Lucas (##5 e 6) não narra a sessão de julgamento que #3 de Marcos situa durante a noite, mas uma forma ampliada da sessão matinal em #6 de Marcos. Essa tese deve ser rejeitada por três motivos: primeiro, ao narrar o julgamento matinal, Lucas não dá nenhuma indicação de uma sessão noturna anterior e não deixa espaço para uma; segundo, o conteúdo da sessão matinal lucana é muito semelhante a uma parte importante da sessão noturna marcana, mas não ao que Marcos relata de manhã; e terceiro, #6 de Marcos não descreve uma sessão matinal, mas apenas o término da única sessão que ocorreu à noite. Aceitando, então, que Lucas tem a mesma única sessão de Marcos, mas em ordem diferente, outros biblistas preferem o arranjo lucano (pelo qual o interrogatório judaico de Jesus não ocorreu à noite) por considerá-lo mais original e/ou até histórico.[28] Discordo, mas desejo comentar os argumentos apresentados com frequência.

Primeiro, a Mixná (*Sanhedrin* 4,1) declara que crimes capitais devem ser julgados durante o dia. Mencionei, em § 18, C3, a existência de pouca ou nenhuma prova sólida de que regras mixnaicas governassem os procedimentos do sinédrio neste período.[29] Segundo, a jurisprudência universal prefere julgamentos diurnos;

---

[28] Entre eles, há biblistas com posturas gerais muito diferentes: Benoit, Black, Bousset, Burkitt, Fitzmyer, Hauck, Husband, Kastner, W. Knox, Lagrange, Lebreton, Loisy, Rengstorf, Ricciotti, Schweizer, Taylor, Vosté e J. Weiss.

[29] Os procedimentos aperfeiçoados da Mixná foram formulados por especialistas com habilidade legal e descreviam um procedimento jurídico ideal, talvez em reação à maneira como os sumos sacerdotes do

organismos jurídicos que sentenciam as pessoas à morte à noite são, não raro, suspeitos de ser tribunais constituídos de maneira imprópria. Essa objeção supõe algo que é contraditório ao que os Evangelhos nos dizem, a saber, que esse era para ser um julgamento normal aberto à inspeção pública. Mc 14,1-2 (e par.) relata que as autoridades judaicas queriam Jesus preso e morto furtivamente, e com a menor atenção pública possível. Os procedimentos noturnos satisfazem muito bem esse desejo. Terceiro, Marcos/Mateus são ilógicos ao relatar duas sessões do sinédrio, uma à noite e uma segunda pela manhã. Afirmo, entretanto, que interpretar Mc 15,1 e Mt 27,1 como referência a uma segunda sessão é desnecessário e também improvável (§ 28). Quando, como sugeri acima, interpretamos esses versículos como aviso de que o julgamento do sinédrio (interrompido para relatar as negações) terminou pela manhã, como aconteceu com as negações, todo esse argumento desaparece. Quarto, os procedimentos descritos em Lucas são mais plausíveis que os descritos em Marcos/Mateus. Uma investigação (que é a maneira como alguns interpretam Lucas), em vez de um julgamento com testemunhas e uma sentença, é mais plausível, admitindo-se que um julgamento romano se seguirá. Sob B abaixo, vou examinar se Lucas pretende ou não descrever um julgamento e, se pretende, por que omite esses aspectos. Aqui, quero examinar, em relação a Lucas, a plausibilidade do que Marcos/Mateus descrevem e o problema de sequência.

Quanto a *plausibilidade*, há elementos polêmicos na descrição de Marcos/Mateus, mas aqui não tento determinar a historicidade. Contudo, no âmago da questão está a descrição de Marcos/Mateus (também em Lucas-Atos, quando tomados como um todo) de autoridades que não deram a Jesus um julgamento imparcial porque já haviam decidido que ele merecia morrer. Alguns que optam pelo relato dos procedimentos em Lc 22,66-71 (e ignoram outras passagens de Lucas-Atos) o fazem porque acham que essa passagem não descreve um tratamento tão preconceituoso de Jesus. Afirmam não ser possível que todas as autoridades do tempo de Jesus fossem tão infames. Os que defendem o ponto de vista contrário citam provas rabínicas que indicam a corrupção da casa de Anás. Embora possa muito bem ter havido corrupção entre os sumos sacerdotes, grande parte disso não compreende que se homens genuinamente religiosos decidissem que a lei de Deus exigia a morte de alguém como Jesus, eles não teriam sido infames a ponto de procurar

---

século I haviam conduzido os negócios sob governantes estrangeiros, isto é, agindo "como os tempos exigiam". Ver § 18, C3.

o meio mais seguro de conseguir isso. At 26,10-11 não considera Paulo um vilão desonesto, mas um zelota mal orientado, quando revela ter ele dito que com autorização dos chefes dos sacerdotes ele pôs na cadeia cristãos santos, puniu-os nas sinagogas, procurou fazê-los blasfemar e com fúria devastadora perseguiu-os até em cidades estrangeiras. Josefo (*Guerra* VI,v,3; ##300-309) não descreve vilãos quando diz que os governantes (*archontes*) de Jerusalém, que estavam contrariados com o mau presságio das profecias de Jesus, filho de Ananias, a respeito da destruição de Jerusalém e do santuário do Templo, embora achassem que ele podia ter um impulso sobrenatural, levaram-no perante o governador romano. Assim, um julgamento ético que prefere o relato lucano ao de Marcos/Mateus, por aquele ser menos preconceituoso, deve ser excluído da discussão.[30]

Quanto à *sequência*, não está Lucas mais uma vez seguindo Marcos, mas reorganizando para pôr as coisas "de maneira ordenada" (Lc 1,3)? Por que importunar os leitores com a complicada sequência marcana de Jesus (#1), Pedro (#2), Jesus (##3,4), Pedro (#5), Jesus (#6)? Por que não ter mais simplesmente *Jesus* trazido à casa do sumo sacerdote (#1), *Pedro* seguindo e negando Jesus três vezes (##2,3), e então *Jesus* escarnecido e interrogado (##4,5,6)? Por que importunar com complicada simultaneidade, interrompendo o interrogatório de Jesus para narrar as negações de Pedro e depois retrocedendo ao interrogatório para contar aos leitores que ele terminou ao mesmo tempo que as negações, a saber, de manhã?[31] Por que não contar a história de Pedro como um todo indiviso que ocorreu à noite? (Isso teria a vantagem adicional de Jesus poder ser mencionado no fim, como transição para o interrogatório e, por inferência, como presente durante as negações e, assim, capaz de oferecer perdão a Pedro imediatamente: § 27). E por que não descrever o procedimento legal contra Jesus como um todo indiviso, que aconteceu de manhã onde, de qualquer modo, ele terminou? Um Lucas que não hesitou em melhorar a ordem marcana no início do Evangelho, terminando a história de João Batista até sua prisão antes de contar a história de Jesus e situando a história da sogra de Simão Pedro antes de Simão seguir Jesus e não depois,[32] não hesitou em melhorá-

---

[30] Creio que essa avaliação qualitativa influenciou o critério de P. Winter, que favoreceu fortemente Lucas em seus estudos do julgamento sob outros aspectos muito perceptivos.

[31] As observações acima baseiam-se na suposição de que Lucas entendeu que Mc 15,1 era continuação da única sessão do sinédrio. Se Lucas entendeu que Marcos iniciou uma segunda sessão do julgamento, o desejo lucano de simplificar e evitar repetição torna sua sequência facilmente explicável.

[32] A respeito de João Batista, cf. Lc 3,1-20 e Mc 3,1-8; 6,17; a respeito da sogra de Pedro, cf. Lc 4,38-39;

-la no final do Evangelho, em especial quando o melhoramento combinaria com o padrão de Atos (At 4,3.5), onde Pedro e João, presos à noite, foram mantidos na cadeia até o dia seguinte.

B. O acontecimento legal: julgamento ou interrogatório?

Mesmo que a sequência lucana, que situa todo o procedimento legal de manhã, seja uma simplificação de Marcos, ainda há os problemas de saber se todo o *conteúdo* lucano foi ou não apropriado de Marcos e se Lucas descreve ou não um julgamento. Embora os procedimentos em Marcos/Mateus não satisfaçam os requisitos mixnaicos para julgamentos de réus de crimes capitais (§ 18, C3), certamente o conteúdo daria aos leitores a impressão de um julgamento: convocação das autoridades julgadoras, comparecimento de testemunhas com testemunho específico a respeito da ameaça por parte de Jesus de destruir o santuário do Templo, interrogatório pelo sumo sacerdote, admissão por Jesus de que ele se proclamava o Messias, instrução aos juízes de que o acusado era culpado de blasfêmia, e a condenação por todos como merecedor da morte. Lucas, por outro lado, não tem nenhuma testemunha, não tem nenhuma referência ao sumo sacerdote como interrogador, tem uma resposta muito vaga de Jesus à questão do Messias, não tem nenhuma acusação de blasfêmia e nenhuma sentença de morte. É compreensível que alguns afirmem que aqui Lucas não recorre a Marcos, mas a outra fonte que só tinha um interrogatório. Um interrogatório não levaria a um julgamento romano de forma mais plausível do que leva o julgamento judaico um tanto tautológico descrito por Marcos/Mateus? Nos §§ 21–22, quando examinarmos o relato lucano, vou concordar com a possibilidade de Lucas ter combinado *algum* material independente (semelhante ao encontrado alhures em João) com diretrizes tomadas de Marcos. Mas aqui quero mencionar que, apesar de suas omissões, Lucas pode ter pretendido descrever um julgamento (ver também § 18, nota 142).

Ao que tudo indica, o mais importante elemento do julgamento omitido por Lucas é a condenação de Jesus à morte pelo sinédrio. Contudo, em Lc 9,22, Jesus predisse: "É necessário que o Filho do Homem [...] seja rejeitado pelos anciãos e chefes dos sacerdotes e escribas e seja morto" (muito parecido com Mc 8,31). Em Lc 24,20, os discípulos a caminho de Emaús dizem: "Os governantes

---

5,9-11 e Mc 1,16-20.29-31: o fato de Lucas colocar o milagre primeiro e juntá-lo à pesca milagrosa de peixes tornou o seguimento de Jesus pelos apóstolos mais compreensível.

e nossos chefes dos sacerdotes o entregaram a uma sentença de morte [*krima*] e o crucificaram". Em At 7,52, ao falar no sinédrio, diante do povo, dos anciãos e dos escribas e dirigir-se ao sumo sacerdote, Estêvão diz que foram eles que entregaram e mataram o Justo (Jesus). Em At 13,27-28, ouvimos (de Paulo) que os habitantes de Jerusalém e seus governantes cumpriram a profecia "julgando-o [*krinein*]; e, embora não encontrassem nenhuma acusação realmente merecedora de morte, pediram a Pilatos que ele fosse morto". Assim, os leitores do conjunto de Lucas-Atos ficam sabendo que as autoridades do sinédrio acusaram Jesus, julgaram-no, rejeitaram--no e, embora não tivessem uma causa adequada, entregaram-no para morrer. Isso soa muito parecido com o julgamento e a sentença de morte em Marcos/Mateus. A ausência de testemunhas que atestem que Jesus ameaçou destruir o santuário do Templo é outro fator para julgar se Lucas tinha ou não em mente um julgamento. Contudo, os membros do sinédrio dizem: "Ainda temos necessidade de testemunho [*testemunha*]?" (Lc 22,71); e presume-se que Estêvão disse que Jesus destruiria o lugar santo (At 6,13-14).[33] A própria passagem que Lucas põe nos lábios de Paulo em At 13,27-28, citada acima, talvez signifique que Lucas achava natural que a pregação cristã típica tivesse informado a todos os cristãos que Jesus foi julgado e condenado pelos governantes de Jerusalém, e que ele escreveu seu breve relato no Evangelho (Lc 22,66-71) sem nenhuma obrigação de dar explicações a respeito.

O procedimento legal descrito em João não é ambíguo, pois nada sugere um julgamento — nem mesmo por um pequeno sinédrio, como sugerido por Doerr (*Prozess*, p. 23ss). Uma pergunta de uma única sentença é feita a Jesus pelo sumo sacerdote Anás; mas não há juízes nem julgamento, e o próprio Jesus menciona duas vezes a falta de testemunhas. Mais tarde, Jesus é mandado a Caifás, mas não nos é dito que alguma coisa acontece enquanto ele está com Caifás antes de ser mandado a Pilatos. Qualquer paralelismo de conteúdo ou formato com o julgamento do sinédrio nos sinóticos perante o sumo sacerdote (ou sacerdotes — Caifás para Mateus) está nos olhos do intérprete, não no texto de João.[34] Em Jo 11,47-53, vemos

---

[33] Veremos em § 20 ser provável que o desejo de Lucas de criar uma semelhança entre o julgamento de Estêvão e o julgamento de Jesus o tenha levado a encher a história de Estêvão com detalhes que Marcos colocara no julgamento de Jesus.

[34] João menciona que Jesus foi mandado a Caifás, não a fim de deixar espaço para um julgamento perante Caifás, mas para mostrar que, adequadamente, aquele que queria Jesus morto (Jo 11,47-53) foi o que o entregou a Pilatos e, assim, à crucificação. A falta de atenção a isso torna duvidosa a posição de Giblin ("Confrontations", p. 221-225), segundo a qual João relata terem eles levado Jesus *primeiro* a Anás (Jo 18.13), porque ele sabia de uma outra audiência perante Caifás. (Seria de se esperar que os leitores

que João sabe como descrever uma sessão do sinédrio em que Caifás preside e onde a ameaça que Jesus representa para o lugar sagrado é proeminente. Caifás instiga a morte e os outros membros concordam. Essa cena joanina, não o interrogatório por Anás, é paralela à imagem sinótica. Contudo, para João, essa cena ocorreu semanas antes da Páscoa. Jo 11,47-53 está fora da área das NPs evangélicas que comento neste livro, de modo que só faço comparações com esse trecho de passagem. Entretanto, Grandmann, em seu cuidadoso estudo da passagem ("Decision", p. 300-301), afirma de modo convincente que a cena joanina no sinédrio não é dependente da dos sinóticos, mas representa uma tradição independente.

Para resumir o que examinamos, os pontos a seguir estão bem atestados nas diversas tradições evangélicas:

- foi convocada uma sessão do sinédrio para lidar com Jesus (os quatro, mas João situa a sessão semanas antes da Páscoa);

- nessa sessão, um dos temas foi a ameaça que Jesus representava para o Templo/santuário (Marcos, Mateus, João; em Lucas-Atos, esse tema é mencionado no julgamento de Estêvão pelo sinédrio);[35]

- quem instigou os outros a decidir a morte de Jesus foi o sumo sacerdote (sem nome em Marcos; Caifás para Mateus e João);

- houve um julgamento equivalente a uma sentença de morte (os quatro, mas em Lucas-Atos ficamos sabendo disso por outros, não pelo relato direto da sessão do sinédrio);

- houve uma investigação sumo sacerdotal de Jesus na noite em que ele foi preso (os quatro; mas, para João, a investigação foi diferente da sessão do sinédrio).

Uma possibilidade importante é ser a organização de João mais original e talvez até mais histórica. Se havia uma lembrança cristã de um sinédrio convocado para lidar com Jesus, somente João, que tem múltiplas visitas de Jesus a Jerusalém,

---

soubessem dessa audiência?) Essa expressão significa apenas que eles o levaram a Caifás mais tarde (Jo 18,24).

[35] As questões de cristologia (Messias, Filho de Deus) e de blasfêmia que, em Marcos/Mateus, estão nessa sessão do sinédrio encontram-se em João, mas não na presença do sinédrio. Lucas coloca a questão cristológica quando Jesus está perante o sinédrio, mas expressa-a em linguagem próxima da de João. Ele coloca a questão da blasfêmia no julgamento de Estêvão.

estava livre para datar a sessão do sinédrio em qualquer período que não fossem os últimos dias de vida de Jesus. Marcos (seguido por Mateus e Lucas) pode ter fundido essa lembrança com outra, a saber, que na noite antes de morrer, Jesus foi interrogado pelo sumo sacerdote antes de ser entregue aos romanos.[36] Historicamente, ter uma sessão do sinédrio semanas antes da Páscoa era mais plausível que uma reunida às pressas no meio da noite.[37] Além disso, como já mencionamos, um interrogatório pouco antes de entregar Jesus aos romanos para julgamento faz mais sentido que um julgamento completo pelo sinédrio. Por outro lado, João não é guia seguro, pois ele tinha uma razão teológica para colocar a sessão do sinédrio no capítulo 11 diretamente depois da ressurreição de Lázaro: imediatamente depois de Jesus dar vida, o sinédrio se reúne para dar-lhe a morte.

C. Avaliação de Mc 14,53-54

Um dos fatores para julgar o material que reuni acima é pensamos ou não que foi Marcos quem juntou pela primeira vez na mesma noite as negativas de Pedro e um procedimento legal judaico contra Jesus. Na perspectiva da que foi chamada a "escola de Perrin",[38] não houve NP pré-marcana consecutiva; Marcos moldou o fluxo dos acontecimentos e João adaptou Marcos. Embora eu não tenha nenhuma certeza de que possamos reconstruir uma fonte pré-marcana consecutiva, afirmo que as tradições pré-marcanas já continham uma certa sequência e que não há prova cogente de que João conhecia ou usou Marcos.[39] Consequentemente, quando Marcos e João apresentam uma sequência comum, essa sequência pode bem ser muito antiga na tradição cristã. Portanto, nesta cena, defendo uma junção pré-marcana das negações de Pedro e um procedimento legal judaico na noite anterior

---

[36] Em Mc 14,1, *antes da* Última Ceia, é-nos dito que os chefes dos sacerdotes e os escribas buscavam um meio de agarrá-lo furtivamente. O paralelo em Mt 26,3-4 diz que os chefes dos sacerdotes e os anciãos do povo estavam reunidos (mesmo verbo que em Mt 26,57) no *aulē* do sumo sacerdote que se chamava Caifás. Será que Marcos/Mateus guardaram a lembrança de uma sessão do sinédrio realizada antes?

[37] Afirmei que o cenário noturno é bem adequado ao tema de ação furtiva nos Evangelhos: os adversários de Jesus queriam que ele fosse preso sem tumulto (Mc 14,1; Jo 11,53.57). Contudo, o cenário noturno não exige uma sessão do sinédrio — um simples interrogatório de Jesus pelo sumo sacerdote em sua casa teria sido menos visível.

[38] O falecido prof. Norman Perrin, da Universidade de Chicago, e os que trabalharam ou estudaram com ele; ver os autores reunidos em PMK.

[39] Existe a possibilidade de que o redator final de João conhecesse Marcos e embelezasse João com toques menores tirados de Marcos (BGJ, v. 1, xxxvi-xxxviii), mas prefiro não apelar a isso,

a Jesus ser levado a Pilatos. (A principal contribuição de Marcos[40] pode ter sido identificar o procedimento legal com outra tradição de um julgamento pelo sinédrio que determinou a morte de Jesus — tradição sem designação fixa de tempo.)

Quero examinar aqui um aspecto digno de nota da abordagem da "escola de Perrin" que se baseia em um estudo cuidadoso da narrativa do julgamento em Marcos feito pelo aluno de Perrin, J. R. Donahue: *Are You the Christ?* Ele prova que Marcos juntou o procedimento legal e as negações de Pedro pela descoberta de um padrão marcano de intercalação[41] na cena. Mc 3,21-35 exemplifica a intercalação. Em Mc 3,21, perturbados por relatos da intensidade do ministério de Jesus, "seus familiares" foram detê-lo, pois diziam: "Ele está fora de si". Então, em Mc 3,22-30, ficamos sabendo como Jesus lidou com os escribas hostis que vieram de Jerusalém com a acusação: "Ele está possuído por Belzebu". Julga-se que, outrora, esse material era independente e Marcos o intercalou entre a vinda dos "seus familiares" em Mc 3,21 e a chegada de sua mãe e seus irmãos para chamá-lo, conforme está descrito em Mc 3,31-35. A intercalação dá tempo para a viagem. Encontra-se outro exemplo em Mc 5,22-43. Em Mc 5,22-24, Jairo pede a Jesus que vá curar sua filha no leito de morte e Jesus parte com ele. Em Mc 5,25-34, há uma cena do que acontece no caminho quando uma mulher com um fluxo de sangue toca Jesus e é curada. A chegada de Jesus à casa de Jairo e a ressurreição de sua filha está narrada em Mc 5,35-43. Mais uma vez temos material outrora independente inserido para tomar o tempo da viagem. Por fim, podemos considerar Mc 14,1-11. Em Mc 14,1-2, os chefes dos sacerdotes e os escribas procuram um modo de prender Jesus furtivamente para poder matá-lo. Então, em Mc 14,3-9, temos a história da mulher que unge a cabeça de Jesus, ato que Jesus interpreta como unção antecipada de seu corpo para o sepultamento. Finalmente, em Mc 14,10-11, Judas procura os chefes dos sacerdotes com um plano para lhes entregar Jesus. A história da mulher deu tempo para a procura iniciada pelos chefes dos sacerdotes encontrar alguém que podia ajudá-los. Donahue está certo: se esse claro padrão marcano encontra-se em Mc 14,53-72, há razão para pensar que Marcos montou toda essa cena e, como João tem parte da mesma sequência, talvez pensar que João recorreu a Marcos.

---

[40] Marcos reescreve em seu estilo grande parte do material em Mc 14,53–15,1, mas ele trabalhou com elementos mais primitivos.

[41] Às vezes, isso é chamado de técnica do "sanduíche" marcano. A cena intercalada é o recheio entre as duas fatias de "pão". J. R. Edwards ("Marcan Sandwiches", em NovT 31, 1989, p. 193-216) trata essa passagem como "sanduíche" (p. 211-213). Ver APÊNDICE II, B2.

A sugestão de Donahue para a intercalação é a seguinte: Pedro sentou-se no *aule*, em Mc 14,54; uma cena intercalada do procedimento do sinédrio em Mc 14,55-65; e continuação da cena de Pedro em Mc 14,66-72. Discordo por diversos motivos. Marcos não preenche espaços entre o início da cena da negação de Pedro e sua conclusão; ele descreve duas ações simultâneas, e isso não é característica de intercalação. Além disso, o esquema de Donahue realmente não dá a razão de Mc 14,53, que não se enquadra no padrão. Sugiro que se dê a Mc 14,53 e Mc 14,54 o mesmo valor. Querendo descrever como simultâneos o procedimento legal judaico e as negações de Pedro, Marcos nos dá lado a lado duas sentenças temáticas: o v. 53 estabelece o cenário para o julgamento pelo sinédrio, que será narrado primeiro; o v. 54 estabelece o cenário para as negações de Pedro, que serão narradas em segundo lugar.[42] Como o procedimento do sinédrio é narrado em Mc 14,55-65, o versículo inicial (v. 55) toma o elenco de personagens e o cenário da sentença temática introdutória no v. 53; do mesmo modo, quando as negações são narradas em Mc 14,66-72, o versículo inicial (v. 66) toma as personagens e o cenário da sentença temática introdutória no v. 54. Então, no fim dessas duas cenas paralelas de extensão e valor semelhantes (nenhuma das quais é intercalada), Mc 15,1 volta à cena do sinédrio para mostrar que ela terminou ao mesmo tempo que as negações. Estou perfeitamente inclinado a reconhecer (e não só na base duvidosa de "linguagem marcana") que toda a disposição se origina de Marcos. Mas ela é muito mais elaborada que a intercalação marcana e representa uma forma engenhosa de fazer justiça à tradição de que essas duas cenas aconteceram ao mesmo tempo. João tem de fazer a mesma coisa, mas o próprio fato de sua solução ser diferente da de Marcos ajuda a mostrar sua independência.[43] Embora tenha uma introdução parecida, na qual Jesus é levado ao sumo sacerdote e Pedro segue de longe, João narra no início a história da primeira negação de Pedro, e só então leva-o ao *aule* (Jo 18,15-18). Em seguida, João conta a história do interrogatório de Jesus e tira Jesus da cena (Jo 18,19-24) antes de voltar para contar a segunda e terceira negações. Não vejo prova

---

[42] Schneider ("Gab", p. 34) também reconhece que os vv. 53-54 introduzem duas cenas; uma não forma uma estrutura para a outra. Do mesmo modo Gerhardsson ("Confession", p. 50), a respeito de Mt 26,57-58.

[43] Fortna ("Jesus") acha que pode reconstruir a NP pré-joanina com considerável exatidão e aceita parte do discernimento que Donahue tem da fonte e da redação marcanas. Contudo, depois de cuidadosas comparações entre João e Marcos, ele chega a praticamente a mesma conclusão à qual cheguei: as negações e o julgamento foram unidos em um plano pré-marcano, de modo que a união joanina deles não revela necessariamente dependência de Marcos.

aqui da dependência joanina de Marcos.[44] Julgo que Marcos e João são dependentes de tradições mais primitivas que tinham em comum procedimentos legais judaicos contra Jesus e as negações de Pedro. Cada evangelista reescreveu sua respectiva tradição, talvez mais amplamente nos procedimentos judaicos que nas negações.

(*A bibliografia para este episódio encontra-se em § 17, Parte III.*)

---

[44] Em § 27, vou examinar semelhanças entre Marcos e João nas negações. Evans ("Peter", p. 246-247) indica o maior paralelo: as palavras "Pedro [...] se aquecendo" encontram-se em Mc 14,54 e são retomadas no início das negações em Mc 14,67. Do mesmo modo, essas palavras encontram-se no final da primeira negação em Jo 18,18 e são retomadas quando as negações continuam, em Jo 18,25. (Em Marcos, Pedro está sentado; em João, de pé.) Entretanto, como Evans admite, dessa "junção" paralela (palavras usadas para recomeçar), é muito difícil deduzir a dependência joanina de Marcos — talvez fosse frase fixa de uma forma mais primitiva da história.

§ 20. Procedimentos do sinédrio, primeira parte: As autoridades reunidas, testemunhas e a afirmação de que Jesus destruiria o santuário (Mc 14,55-59; Mt 26,59-61; Lc 22,66)

Tradução

Mc 14,55-59: ⁵⁵Mas os chefes dos sacerdotes e o sinédrio inteiro procuravam depoimento contra Jesus a fim de lhe dar a morte e não encontravam (nenhum). ⁵⁶Pois muitos davam falso depoimento contra ele, e os depoimentos não eram consistentes. ⁵⁷E alguns, tendo se levantado, davam falso depoimento contra ele, dizendo ⁵⁸que "Nós o ouvimos dizendo que 'eu destruirei este santuário feito por mão humana e dentro de três dias outro não feito por mão humana eu construirei'". ⁵⁹E mesmo assim seu depoimento não era consistente.

Mt 26,59-61: ⁵⁹Mas os chefes dos sacerdotes e o sinédrio inteiro procuravam falso depoimento contra Jesus para que pudessem lhe dar a morte. ⁶⁰E não encontraram (nenhum), embora muitos falsos depoentes se apresentassem. Mas por fim, dois, tendo se apresentado, ⁶¹disseram: "Esta pessoa declarou: 'Eu sou capaz de destruir o santuário de Deus e dentro de três dias (o) construirei'".

Lc 22,66: E quando se fez dia, juntou-se a assembleia dos anciãos do povo, chefes dos sacerdotes e escribas; e eles o levaram para seu sinédrio.

[At 6,12-14: ¹²E eles incitaram o povo e os anciãos e os escribas; e tendo-o [Estêvão] atacado, eles o agarraram e o levaram ao sinédrio. ¹³E eles apresentaram falsos depoentes que disseram: "Este homem não cessa de dizer palavras contra este lugar santo e a lei; ¹⁴pois nós o ouvimos dizer que esse Jesus nazareu destruirá este lugar e mudará os costumes que Moisés nos transmitiu".]

[Jo 2,19: Jesus respondeu-lhes [aos judeus]: "Destruí este santuário e em três dias eu o erguerei".

11,47-48: ⁴⁷Então os chefes dos sacerdotes e os fariseus reuniram um sinédrio e diziam: "O que estamos fazendo? Porque este homem faz muitos sinais, ⁴⁸se lhe permitirmos (continuar) assim, todos acreditarão nele. E os romanos virão e tomarão de nós o lugar e a nação".

Comentário

Como os dividi, os procedimentos do sinédrio consistem em no mínimo quatro partes §§ 20-23) e uma conclusão (§ 28). Digo "no mínimo" porque, em Marcos/ Mateus, seria preciso enumerar mais partes; esses dois Evangelhos colocam na mesma estrutura do julgamento do sinédrio os maus-tratos e o escárnio judaico de Jesus (§ 26) e as negações de Pedro (§ 27). Entretanto, em Lucas esses episódios precedem o julgamento do sinédrio. Ver no sumário relacionado, entre os §§ 16 e 17, a organização de meu estudo. Na ANÁLISE da seção anterior (§ 19), já examinei questões de sequência e dos episódios que estão situados à noite.

Há na NP paralelos joaninos com os relatos sinóticos das negações de Pedro e dos maus-tratos judaicos de Jesus, mas os paralelos joaninos com o conteúdo das sessões do sinédrio nos sinóticos encontram-se fora da NP. Em especial, João narra em Jo 11,47-53 uma sessão do sinédrio que se pronunciou contra Jesus, mas essa sessão tem lugar bem antes da Páscoa. Há também partes espalhadas de diálogo joanino que citarei como paralelos.

Início da reunião do sinédrio e dos testemunhos

Marcos/Mateus colocam a cena do sinédrio no andar de cima ou dentro do *aule* do sumo sacerdote, enquanto Pedro está embaixo ou fora do *aule* (Mc 14,66; Mt 26,69), negando Jesus. A cena toda tem lugar à noite e termina de manhã cedo. Entretanto, quando Lucas inicia a cena, ele já descreveu as negações por Pedro no *aule*, juntamente com o escárnio e os maus-tratos de Jesus ali (Lc 22,54-65); agora que é dia, Jesus *é levado* para o sinédrio. Para evitar esse conflito de tempo, há quem traduza o aoristo lucano em Lc 22,66 como mais que perfeito: "reunira-se". A sugestão de que aqui, para Lucas, "sinédrio" não se refere ao grupo de homens, mas à reunião ou concílio deles (Bousset, Hauck, Holtzmann, Schmid, J. Weiss) suaviza um pouco o conflito de localização, porque esse concílio podia se realizar

§ 20. Procedimentos do sinédrio, primeira parte: As autoridades reunidas, testemunhas e a afirmação de que Jesus destruiria o santuário

na mesma casa da qual o *aule* seria o átrio.[1] Talvez Lucas soubesse que o sinédrio se reunia em uma sala do outro lado do Vale do Tiropeon fora do Templo (ver At 22,30; também § 18, C1) e inclua uma transferência para esse lugar na descrição desta cena onde "sinédrio" é coletivo, isto é o grupo dirigente em sessão no local de reuniões. Mas agora examinemos a origem dessa descrição lucana e se precisamos pressupor uma fonte especial para Lc 22,66.

No que chamei de sentença temática (§ 19C), que introduz o procedimento legal judaico, Mc 14,53 e Mt 26,57 já descreveram Jesus sendo conduzido ao sumo sacerdote e a vinda ou reunião dos chefes dos sacerdotes (Mateus: Caifás) com os anciãos e os escribas. Mc 14,55 e Mt 26,59 usam "os chefes dos sacerdotes e o sinédrio inteiro" para resumir esse grupo.[2] (A alegação de McLaren, *Power*, p. 92-93, de que Marcos [seguido por Mateus] fez distinção entre "os chefes dos sacerdotes e os anciãos, e os escribas", em Mc 14,53, e "os chefes dos sacerdotes e o sinédrio inteiro, em Mc 14,55, representa um erro no entendimento da relação de continuação de Mc 14,55 para Mc 14,53.) Lucas condensa Marcos em toda a NP. Assim, em Lc 22,66, que inicia o procedimento legal judaico, é possível explicar que Lucas condensa o início marcano em Mc 14,53.55 e também o combina com elementos do término marcano em Mc 15,1 ("E nesse instante, cedo, tendo feito sua consulta [*symboulion*], os chefes dos sacerdotes com os anciãos e escribas e o sinédrio inteiro..."). A colocação lucana "quando se fez dia" talvez seja uma nova redação da fixação marcana do tempo em Mc 15,1. Os três grupos componentes do sinédrio que se encontram em Mc 14,53 e 15,1[3] aparecem em forma modificada em Lc 22,66, com os chefes dos sacerdotes e os escribas quase em oposição à "assembleia [*presbyterion*] dos anciãos do povo".[4] De modo harmonioso, o Códice

---

[1] Em At 4,15 e 6,12, "sinédrio" parece local, isto é, a reunião *e* o lugar de reunião do sinédrio.

[2] Encontra-se expressão semelhante em Josefo (*Guerra* II,xv,6; #331), onde o procurador Floro manda chamar "os chefes dos sacerdotes e o boule".

[3] Conhecidos de Lucas, como vemos em Lc 20,1-2, onde "os chefes dos sacerdotes e os escribas com os anciãos" fazem perguntas a Jesus.

[4] O *presbyterion* lucano (também At 22,5) é praticamente combinação dos *presbyteroi* e *symboulion*. Em Inácio de Antioquia (*Magnésios* xiii,1; *Tralianos* vii,2; *et passim*) *presbyterion* é termo comum para assembleia ou grupo religioso com o bispo, e há quem conjeture se Lucas não usou um termo cristão antiqueno para descrever o concílio ou assembleia de Jerusalém. A descrição lucana "a assembleia dos anciãos do povo" destina-se provavelmente a salientar a posição oficial do grupo (ver Jr 19,1). Entretanto, é curioso que ela tenha o efeito secundário de colocar "o povo" contra Jesus, visto que Lucas não retrata "o povo" de maneira hostil (APÊNDICE V, A2).

de Beza aproxima mais Lc 22,66 de Marcos, dividindo a aposição e transformando *presbyterion* em tripla composição: "e os chefes dos sacerdotes e os escribas"; mas Lc 20,19-20 mostra que Lucas considera os chefes dos sacerdotes e os escribas os principais elementos hostis a Jesus *dentro do* sinédrio. O "juntou-se" lucano (*synagein*)[5] é sinônimo do "reúnem-se" de Marcos (*synerchesthai*) em Mc 14,53. O "eles o levaram" lucano encontra-se em Mc 14,53, enquanto "o sinédrio" retoma um termo que Marcos usou em Mc 14,55 e 15,1.[6] Na ANÁLISE de § 19B, afirmei que o elaborado entrelaçamento marcano do interrogatório judaico com as negações de Pedro, a fim de conseguir simultaneidade — entrelaçamento que ocupou três passagens independentes para descrever a sessão do sinédrio —, foi simplificado por Lucas. Considero esse versículo de Lucas produto dessa simplificação; não é preciso pressupor nenhuma fonte independente. Légasse ("Jésus", p. 192-194) estuda cuidadosamente o vocabulário lucano de Lc 22,66 e chega à mesma conclusão. Entretanto, ao analisar a composição lucana, não nos devemos esquecer da comparação entre Lucas e os Atos. Este sinédrio que acabará por entregar Jesus a Pilatos se parece com o grupo de judeus em Corinto que ataca Paulo e o leva diante do tribunal de Galião (At 18,12-13).

Falta no relato geral lucano do procedimento do sinédrio um dos dois temas principais do relato de Marcos/Mateus, a saber, testemunhas[7] que depõem que Jesus fez uma declaração a respeito da destruição do santuário do Templo "feito por mão humana (Marcos)". Lucas faz falsas testemunhas aparecerem em outro procedimento do sinédrio, onde a acusação de que Jesus destruiria o lugar santo é assunto importante, a saber, o julgamento de Estêvão de At 6,13; e ele tem o tema do Altíssimo não morar em casas "feitas por mãos humanas" no discurso de

---

[5] Veja também Mt 26,57, mas, o que é mais importante, At 4,5.

[6] Entretanto, Lucas evita o adjetivo marcano "inteiro", usado duas vezes para descrever o sinédrio. Deseja deixar espaço para José de Arimateia que, em Lc 23,50-51, ele descreve como "membro do concílio [*bouleutes*] [...] que não [estava] de acordo com a decisão e o modo de ação deles".

[7] Embora, ao descrever um julgamento no tribunal, muitas vezes haja preferência pelo verbo "depor" e o substantivo "depoimento" ao verbo "testemunhar" e ao substantivo "testemunho", há preferência por "testemunha" em vez de "depoente" para a pessoa envolvida. Contudo, minha tradução usa esta última palavra para mostrar que palavras da mesma raiz grega estão empregadas do começo ao fim: *martyrein, martyria, martys*. Por outro lado, em meus comentários, vou empregar o substantivo menos incômodo "testemunha" para a pessoa que depõe.

§ 20. Procedimentos do sinédrio, primeira parte: As autoridades reunidas, testemunhas e a afirmação de que Jesus destruiria o santuário

Estêvão em At 7,48.[8] Teria Lucas mudado material deste episódio marcano para o ambiente de Estêvão, e por quê? Voltaremos a essa questão depois de examinar o que nos dizem Marcos/Mateus.

Uma ênfase em depoimento domina o relato marcano da primeira seção do procedimento judaico contra Jesus, com cinco palavras da raiz *martyr* em Mc 14,55-59 (mais uma no sumário do sumo sacerdote [v. 60] e uma em sua referência inclusiva [v. 63]). É o único elemento jurídico explícito que Marcos narra nesses versículos.[9] Como lembra Wood ("Mythical"), muitos comentaristas criam um falso problema ao traduzir Mc 14,55 como "procuravam depoentes [testemunhas], como se supostamente no meio da noite os membros do sinédrio arrebanhassem pessoas para falar contra Jesus!" Na verdade, Marcos diz que eles "procuravam depoimento" no sentido de prova, não de pessoas. Em Mc 11,18, os chefes dos sacerdotes e escribas começaram a "procurar" destruir Jesus; em Mc 12,12, eles *procuravam* agarrá-lo; em Mc 14,1 eles *procuravam* furtivamente agarrá-lo e matá-lo; em 14,11, Judas *procurava* um jeito de entregá-lo; agora que ele foi entregue e agarrado, as autoridades *procuram* depoimento para realizar o que foi o objetivo desde o início: destruí-lo.

Desde a primeira vez que o depoimento é dado no v. 56, até a conclusão desse depoimento no v. 59, a ênfase marcana está em seu falso caráter (dois usos de falso depoimento; duas declarações de que o depoimento não era consistente). O caso todo contra Jesus é falso para Marcos, que diz isso aos leitores. (Na seção seguinte, ele não precisará comentar a veracidade do depoimento de Jesus para o sumo sacerdote. Os leitores marcanos sabem que Jesus sempre fala a verdade.) Mt 26,59-61 simplifica as redundâncias marcanas (que têm força narrativa) e, ao fazê-lo, muda a imagem. Ele preserva duas referências a falso depoimento, mas coloca-as nos vv. 59-60a como parte inicial e malograda do julgamento. Ele traz a sombria declaração "Os chefes dos sacerdotes e o sinédrio inteiro procuravam *falso* depoimento contra Jesus", mas SPNM (p. 163) está correto ao salientar que

---

[8] "O lugar santo" de At 6,13 e "este lugar" de At 6,14 são o (segundo) Templo, a forma existente da casa construída por Salomão para Deus, conforme descrito em At 7,47-49. Ver em Hasler, "Jesu", a estreita ligação entre o julgamento de Jesus em Lc 22 e o julgamento de Estêvão em At 6–7.

[9] Blinzler (*Trial*, p. 98-99) reflete sobre o fato de terem as testemunhas função de advogados de acusação; outros autores, ao comentar os relatos evangélicos, preenchem aspectos do tribunal com referências da Mixná a procedimentos legais. Tudo isso é incerto e, em grande parte, irrelevante.

esse é realmente um sumário da imagem marcana total e, mesmo se Marcos não dissesse que eles procuravam falso depoimento, é essa a implicação.

Embora seja frustrante para o desejo moderno de imparcialidade, Marcos e Mateus retratam de modo polêmico um sinédrio que é contra Jesus desde o início do julgamento — preconceito nada surpreendente, considerando que relatos literários antigos de julgamentos famosos são quase sempre narrados com um preconceito. Perto do início do ministério de Jesus (Mc 3,6), os fariseus e os herodianos já tomaram a decisão de destruir Jesus e os chefes dos sacerdotes e suas coortes "procuraram" fazer o mesmo. Que o depoimento usado contra Jesus era falso, como eram as interpretações que os adversários davam a suas palavras e ações durante sua vida e nas sinagogas do século I, era um julgamento cristão que vem à tona no relato do julgamento pelos evangelistas. Ao passarmos da imagem evangélica para a história, não sabemos até que ponto os adversários de Jesus fizeram uso consciente de distorções — as distorções não são incomuns nas polêmicas religiosas, mas o uso consciente delas talvez seja menos comum. Quanto à hostilidade atribuída ao sinédrio, ver minhas observações em § 18, F2a, onde insisto que homens religiosos talvez se considerassem no dever de eliminar uma pessoa como Jesus. Em um sinédrio onde os sumos sacerdotes (do presente e do passado) eram designados pelos romanos e estavam combinados com aristocratas e escribas, havia com certeza mistura de insinceridade, esperteza autoprotetora, devoção religiosa sincera, exame de consciência escrupuloso e fanatismo.

Além disso, precisamos reconhecer que os evangelistas descrevem o julgamento de Jesus em um ambiente influenciado pelos Salmos e outras passagens religiosas que descrevem as tramas contra os justos, onde os maus "se levantam", dão depoimento falso para acusar o justo de coisas que ele desconhecia e procuram dar-lhe a morte.[10] Pr 6,17, no contexto de "um coração que maquina projetos perversos", junta "uma língua mentirosa e mãos que derramam sangue inocente", assim como, neste julgamento "contra" Jesus, Marcos junta falsos testemunhos e a condenação de Jesus à morte. Notamos que, em At 6,13-14, Lucas usa a mesma linguagem estereotipada para descrever a tática dos adversários de Estêvão. Fator adicional é a concessão para o fluxo narrativo que domina a descrição. Perceber uma contradição entre a declaração em Mc 14,44 de que eles não encontravam nenhum depoimento e a declaração no versículo seguinte de que davam depoimento

---

[10] Sl 27,12; 35,11; 37,32; 38,13; 54,5; 71,10; 86,14; Sb 2,12-20.

§ 20. Procedimentos do sinédrio, primeira parte: As autoridades reunidas, testemunhas e a afirmação de que Jesus destruiria o santuário

falso é entender mal um estilo redacional repetitivo, que relata com dramaticidade o fracasso frustrante para encontrar depoimento legal adequado. Nem precisamos levantar questões de como havia testemunhas disponíveis no meio da noite.[11] Devido à trama marcana, a necessidade de tirar vantagem da ajuda de Judas para se livrar de Jesus rapidamente e sem provocar tumulto produz um julgamento apressado, com depoimentos mal preparados e inconsistentes. A falta de concordância no depoimento das falsas testemunhas é um toque novelístico, como na história de Susana (Dn 13,52-59). Mas, na história de Susana, os juízes são honestos e a demonstração de que o depoimento é falso põe fim ao julgamento. Aqui, o julgamento continua.

Mencionamos que, em Mc 14,56-59, todos os depoimentos são falsos; em Mt 26,59-61, só a primeira parte do depoimento é falsa. Agora chegamos ao depoimento a respeito da destruição do santuário do Templo, que Marcos e Mateus descrevem e avaliam de modo diferente.

Destruição do santuário: Mateus, Atos e João

Mc 14,58 dá um exemplo concreto do depoimento contra Jesus: "Nós o ouvimos dizendo que 'eu destruirei este santuário feito por mão humana e dentro de três dias outro não feito por mão humana eu construirei'". Marcos prefacia a citação atribuída a Jesus com a indicação de que as testemunhas *estavam dando depoimento falso* contra Jesus.[12] Marcos (v. 59) segue com a declaração de que "mesmo assim seu depoimento não era consistente". Ironicamente, o julgamento contra Jesus transgredira a lei contra o falso testemunho (Ex 20,16; Dt 5,20 — um dos dez mandamentos reiterados por Jesus em Mc 10,19). A influência de Marcos sobre Lucas é evidente em At 6,13-14, onde *falsas* testemunhas dizem: "Nós o ouvimos [Estêvão] dizer que esse Jesus nazareu destruirá este lugar".[13] É muito difícil interpretar a forma marcana da declaração de destruição, por isso, antes de tratar

---

[11] Na ANÁLISE de § 19B, vimos que talvez Marcos tenha colocado aqui uma sessão do sinédrio que na tradição não tinha data exata, mas de fato ocorrera antes, e que historicamente talvez João seja mais plausível ao descrever apenas um interrogatório sacerdotal na noite antes de Jesus ser entregue aos romanos.

[12] O grego do v. 58 inclui um verbo composto, que dificulta afirmar que Marcos se referia apenas ao conteúdo, não à intenção.

[13] De acordo com comentaristas dos Atos (por exemplo, Schneider), julgo que At 6,14 representa uma revisão lucana de Mc 14,58. Ver S. Arai, "Zum 'Tempelwort' Jesu in Apostelgeschichte 6.14", em NTS 34, 1988, p. 397-410, esp. 398-399; A. Weiser, "Zur Gesetzes- und Tempelkritik der 'Hellenisten'", em K. Kertelge, org., *Das Gesetz im Neuen Testament*, Freiburg, Herder, 1986, p. 146-168, esp. 159.162 (QD 108).

de Marcos, quero primeiro examinar as outras formas, menos difíceis: Mateus, os Atos (dependentes de Marcos) e João (talvez independente).

Mateus. As mudanças no relato mateano são consideráveis. Parece que o depoimento falso termina em Mt 26,60a. Então, "por fim", *duas* testemunhas se apresentam (Mt 26,60b). O número não é apenas toque literário, que torna mais específico o "muitos" de Marcos; é indicação de que o depoimento era legal, segundo o número de testemunhas exigido (ver Dt 17,6; 19,15; Nm 35,30; *Manuscrito do Templo* de Qumrã 61,6-12). Embora essas testemunhas sejam com certeza hostis, não há nenhuma indicação de que o que dizem seja falso. Mateus omite o "Nós o ouvimos dizendo" de Marcos, de modo que não há nenhuma questão desse depoimento depender de audição pessoal. Mas as principais mudanças estão na forma mateana da declaração em si: "Eu sou capaz de destruir o santuário de Deus e dentro de três dias (o) construirei". O "eu destruirei" marcano se transforma em "eu sou capaz de destruir". Na interpretação de alguns, a declaração de Mateus está qualificada mais cuidadosamente, ao mudar de futuro para possibilidade (cf. Jo 21,22-23). Mas é provável que Senior, Gnilka e outros estejam certos ao afirmar que o "eu sou capaz" (*dynasthai*) é primordialmente uma declaração de poder. Aparentemente, algumas passagens de Marcos (Mc 1,45; 3,20; 6,5; 7,24; 9,22-23) impõem limites ao que Jesus podia fazer; Mateus modifica ou elimina todas essas passagens e, assim, o leitor mateano tem a impressão de que o poder de Jesus era ilimitado. A enormidade desse poder é salientada aqui pela substituição que Mateus faz de "este santuário feito por mão humana" de Marcos por "o santuário de Deus". A declaração "Eu sou capaz de destruir o santuário de Deus" era uma irreverência digna da figura de anti-Deus ou anticristo, "aquele que se opõe e se exalta contra [...] todo objeto de culto, a ponto de se assentar no santuário de Deus, proclamando-se Deus" (2Ts 2,4). Talvez fosse assim que essa reivindicação soasse aos judeus que não acreditavam em Jesus, quer durante sua vida, quer no século I. Mas a declaração atribuída a Jesus em Mateus tem uma segunda metade que, para o crente, a afastava da irreverência: "e dentro de três dias (o) construirei" — observe, não "outro não feito por mão humana", como em Marcos, mas o santuário de Deus mais uma vez. O Jesus mateano que faz essa afirmação alia-se estreitamente ao plano final de Deus para Israel e o mundo, pois (ver item 2 sob "A forma marcana do depoimento a respeito do santuário", acima), no pensamento apocalíptico, Deus interviria para substituir o Templo terreno por um de desígnio ou construção divina.

O Jesus que faz essa reivindicação é o que fala de ser "maior do que o Templo" (Mt 12,6). Na fluência da narrativa mateana, o fato de Jesus não negar ter feito tal proclamação extraordinária de poder leva o sumo sacerdote a perguntar se ele é o Messias, o Filho de Deus. Em suma, então, enquanto para Marcos a declaração do santuário constitui falso testemunho (por razões que ainda não foram analisadas), parece que para Mateus ela é uma declaração verdadeira de Jesus, consistente com seu papel como alguém dotado do poder para inaugurar o reino.

Contudo, o leitor cristão sabe que Jesus se sujeitou à vontade do Pai quanto a beber o cálice e por isso não vai fazer neste momento todas as coisas que pode fazer. Do mesmo modo que é capaz de destruir o santuário, ele disse em Mt 26,53 ser capaz de pedir a seu Pai mais de doze legiões de anjos. Ele não pediu essa ajuda, e só mais tarde começará a destruir o santuário.

Lucas. Ainda uma terceira reação à declaração é dada por Lucas, que a omite do julgamento de Jesus. Por quê? Lucas não a considerava importante para o resultado dos procedimentos (Blinzler, *Trial*, p. 101)? Tinha outra fonte na qual ela não se encontrava e que ele preferiu seguir aqui, com o cuidado de mudar para o julgamento de Estêvão nos Atos o material que viu em Marcos? Fez um julgamento histórico de que o debate a respeito da destruição do santuário era mais apropriado ao contexto dos primeiros cristãos? A questão é complicada porque, como em Marcos, o depoimento com referência a Estêvão (e o que ele diz quanto a Jesus destruir o lugar santo) vem de falsas testemunhas. Contudo, fica-se com a impressão de que a ideia da destruição do Templo relacionada com Jesus foi um problema genuíno no julgamento de Estêvão e de que ele foi ouvido repetindo ou interpretando Jesus. (Ver P. Doble, NTS 31, 1985, p. 73.) O esforço de Lucas para fazer de Estêvão o porta-voz de Jesus origina-se da perspectiva teológica lucana, combinada com seu senso de ordem, que quer deixar claro aos leitores que, durante a vida, Jesus não era contra o Templo? Jesus advertira a respeito do julgamento divino no Templo de Jerusalém (Lc 13,35; 19,44; 23,28-31), mas ele não teria participação pessoal nisso. Situar essa ameaça específica nos Atos ressalta que a destruição do santuário (o que já era realidade concreta quando Lucas escreveu) era castigo pelo que os chefes dos sacerdotes e capitães do Templo fizeram não só a Jesus, mas também a Pedro, Estêvão e Paulo. Brawley (*Luke-Acts*, p. 117) tem muita certeza de que, para Lucas, os principais adversários do Cristianismo mais primitivo eram o partido sumo sacerdotal e os saduceus.

A forma da declaração que, em At 6,14, as falsas testemunhas atribuem a Estêvão é só a parte negativa da declaração do julgamento marcano: "Esse Jesus nazareu destruirá este lugar". Seja o que for que Estêvão representasse em termos de rejeição cristã do Templo,[14] o Jesus lucano disse que o Templo pertencia a seu Pai (Lc 2,49; 19,46) e os primeiros discípulos de Jesus não eram hostis ao Templo (Lc 24,53; At 2,46; 3,1). Mesmo no fim dos anos 50, ouve-se o Paulo dos Atos (At 25,8) proclamar que não fez, em absoluto, nada contra o Templo. Essa com certeza era também a maneira como Lucas entendia Jesus, embora Jesus e Paulo fossem trazidos diante das autoridades judaicas exatamente sob essa acusação.

João. Às diferenças entre os sinóticos que acabamos de descrever, é preciso acrescentar a prova de João. Primeiro, no relato joanino (Jo 11,47-48), semanas antes da morte de Jesus, durante uma sessão do sinédrio presidida por Caifás, a destruição do santuário vem à baila quando os chefes dos sacerdotes e os fariseus expressam o temor de que, se o que Jesus faz não for de alguma maneira reprimido, haja uma reação romana que "tire de nós" o lugar santo judaico. É importante mencionar que os inimigos de Jesus no sinédrio relatam o que será feito ao Templo exatamente como em Marcos/Mateus e nos Atos. Segundo, João (Jo 2,19) é o único Evangelho canônico no qual o próprio Jesus faz uma declaração direta a respeito do santuário (declaração essa claramente relacionada com o que, no julgamento em Marcos/Mateus, as testemunhas afirmam que ele fez: "Destruí este santuário e em três dias eu o erguerei". Proveitosamente, o evangelista explica que, embora os judeus pensassem que ele falava do Templo de Jerusalém e entendessem a indicação de tempo literalmente, na verdade Jesus falava do santuário do seu corpo.

---

[14] Lucas coloca nos lábios de Estêvão a antiga alegação profética contra o Templo: "O Altíssimo não mora em casas feitas por mão humana" (At 7,48). Na interpretação de Weinert ("Luke", p. 90), ela não é mais definitiva que a queixa profética, isto é, a crítica de qualquer conceito automático da presença de Deus, mas não uma rejeição do Templo. Entretanto, afirmo que, por causa da rejeição e perseguição de Estêvão, o pensamento cristão movia-se agora para uma rejeição mais definitiva do Templo que no passado profético e, na verdade, Lucas não relata nenhuma promessa de substituição. Contudo, concordo de modo geral com a série de escritos por Weinert a respeito da visão lucana do Templo que mostra que na maior parte de Lucas-Atos não havia polêmica contra o Templo, mas apenas contra abusos. J. M. Dawsey (*Perpectives in Religious Studies* 18, 1991, p. 5-22) afirma que a atitude lucana positiva para com o Templo existente e seu possível papel na era escatológica do reino era muito antiga no Cristianismo e talvez refletisse a Igreja mais primitiva de Jerusalém. As diferenças nas atitudes cristãs para com o Templo serão examinadas mais adiante nesta seção.

Sua declaração era, então, uma advertência para "os judeus" de que, se eles o matassem, como se inclinavam a fazer, ele ressuscitaria dos mortos em três dias.[15]

A forma marcana do depoimento a respeito do santuário

Antes de qualquer exame de diferentes tratamentos evangélicos da declaração do santuário, é preciso dar mais atenção ao relato de Marcos porque não está claro o que Marcos considerava falso e por quê. Começaremos comentando *a redação marcana* e então, na próxima seção, tentaremos localizar a falsidade. Adianto ao leitor que o que se segue, para tratar do santuário (e depois, na seção seguinte, dos títulos cristológicos), será um longo estudo. No século I d.C., os problemas envolvidos tornaram-se os pontos mais importantes nos debates entre os judeus que acreditavam em Jesus e os judeus que não acreditavam nele, e também em debates entre os fiéis, dos quais nem todos tinham essa mesma opinião. Assim, esta cena do julgamento é uma grande oportunidade de entender a criação evangélica (que reflete os vários níveis do debate) e o desenvolvimento do pensamento cristão.

Mc 14,58 usa *naco*, "santuário", isto é, a parte interior mais sagrada dos edifícios do Templo. A palavra ocorre 20 vezes nos Evangelhos e nos Atos (Mc 3, Mt 9, Lc 4, At 2, Jo 3), comparada com cerca de 67 usos nesses escritos de *híperon*, "Templo". Biguzzi[16] insiste em uma distinção muito nítida entre o Templo ser destruído em Mc 13,2.7-8.19-20 e Jesus dizer "eu destruirei o santuário" em Mc 14,58. Certamente, o Templo material podia ser deixado de pé, enquanto o santuário podia ser espiritualmente destruído no sentido de que a presença de Deus se afastara e ele já não era um lugar santo (Mc 15,38). Por outro lado, o Templo dificilmente podia ser destruído sem a destruição do santuário terreno. Marcos, Mateus e João são harmoniosos em usar "santuário" na declaração que estudamos e nas referências posteriores nas NPs; na verdade, esse uso é responsável por quase metade das vinte

---

[15] Cf. Jo 10,17-18. A respeito desse entendimento condicional de "destruir", ver BSSNT, v. 1, p. 252. Ver nas notas 40 e 45 o debate sobre o ambiente joanino diferente para esse dito. É muito difícil saber se a forma joanina do dito (Jo 2,19) é independente de Mc 14,58. O verbo joanino "erguer" reflete a interpretação teológica joanina e está talvez subordinado ao "construir", que aparece em Marcos. O "em [*en*] três dias" joanino talvez seja variante sem significado do "dentro de [*dia*] três dias" marcano, embora Schlosser ("Parole", p. 401-402) considere-o indicação muito frágil da dependência joanina de Marcos. Muita coisa depende de haver ou não uma forma pré-marcana de Mc 14,58 e de como era expressa (nota 37 abaixo).

[16] "Mc. 14", p. 236; *Io distruggerò*, p. 112-113. Schlosser ("Parole", p. 405-414) também defende dois ditos básicos (Templo e santuário) representados por Mc 13,2 e Mc 14,58.

ocorrências de *naco*. Os três usos marcanos estão ligados: o depoimento aqui em Mc 14,58; o escárnio pelos que passavam perto da cruz caçoando da afirmação de Jesus (Mc 15,29); e o rasgamento do véu do santuário quando Jesus morre (Mc 15,38), que é destruição simbólica do santuário. O fato de não ser usado "Templo" talvez seja importante, principalmente no que diz respeito à reconstrução.

Em Mc 14,58, supõe-se que Jesus disse "eu destruirei". O grego tem um *ego*, assim a ação não é insignificante. O verbo é futuro, como também em At 6,14. Contudo, é provável que a referência não seja a um futuro distante, pois, no escárnio de Mc 15,29, os particípios estão no presente: "Ah! Ó aquele que destruindo o santuário e construindo(-o) em três dias".[17] Que a destruição do santuário já começou (ou, na verdade, já aconteceu) é salientado em Mc 15,38, onde Deus rasga o véu do santuário.

Mc 14,58 distingue entre dois santuários: o que vai ser destruído é *chiropoetos* ("feito por mão humana") e o "outro" a ser construído é *acheiropoetos*. Nem Mateus nem João fazem a distinção, nem Lucas a faz na afirmação atribuída a Jesus em At 6,14 (embora Lucas esteja ciente dela, como demonstra At 7,48). No próprio Marcos, a distinção não se repete no escárnio de Mc 15,29. Os pares de adjetivos positivos e negativos são uma boa construção grega, mas muito difíceis de retroverter para o hebraico ou aramaico. Estamos, então, relativamente certos de que qualquer declaração feita historicamente por Jesus a respeito da destruição e reconstrução do santuário não continha essas duas palavras características — elas são interpretações que surgiram entre as pessoas de fala grega. O contraste não existe no uso da LXX porque não há na Bíblia hebraica contraste correspondente para traduzir. *Acheiropoetos* nunca ocorre e na LXX, *cheiropoetos* traduz o desprezo hebreu por ídolos, isto é, deuses imprestáveis feitos por seres humanos (ver Biguzzi, "Mc. 14", p. 226-229). Na verdade, é possível que os cristãos fossem os primeiros a formular o adjetivo negativo. Embora às vezes siga a LXX, em *Vida de Moisés* II,xviii; #88, Fílon usa *cheiropoetos* para descrever o tabernáculo construído por Moisés, sem tom pejorativo. O grego secular usa o *cheiropoetos* para distinguir o que é feito por seres humanos daquilo que se origina da natureza.

---

[17] Talvez o particípio presente em Mc 15,29 explique por que, em Mc 14,58, o Códice Alexandrino e Orígenes interpretam o tempo presente: "destruo"; contudo, Hoffmann ("Wort", p. 130) opta por essa interpretação como original, por ser mais difícil.

§ 20. Procedimentos do sinédrio, primeira parte: As autoridades reunidas, testemunhas e a afirmação de que Jesus destruiria o santuário

"Feito por mão humana" foi adotado no NT em parte para pôr em contraste o que é de origem humana e o que é de origem divina. Mas Juel[18] insiste que "não feito por mão humana" não é apenas o humano que Deus refez, mas uma substituição de ordem diferente, por exemplo, uma circuncisão comparada em Ef 2,11 e Cl 2,11. Em 2Cor 5,1, Paulo declara que se nossa casa ou tenda terrena for destruída, temos uma construída por Deus, não feita por mão humana, mas eterna, nos céus — aparentemente um contraste entre um corpo terreno e um celestial, mas expresso em termos de duas construções. Os outros usos neotestamentários de *cheiropoetos* dizem respeito a "santuário", "Templo" e "tabernáculo". At 7,48 e 17,24 afirmam que Deus não mora em casas ou santuários feitos por mãos humanas, respectivamente o Templo de Jerusalém e os santuários pagãos. Contra o pano de fundo do Dia da Expiação litúrgico da entrada do sumo sacerdote hebreu no santuário (Santo dos Santos) do tabernáculo israelita, em Hb 9,11, Cristo, o sumo sacerdote, entra no lugar santo celestial pelo tabernáculo maior e mais perfeito ou tenda não feita por mão humana (ou *cheiropoetos*). Hb 9,24 diz que ele entrou não em um lugar santo feito por mão humana, mas no próprio céu.[19]

Se o contraste marcano entre os dois santuários origina-se de adjetivos inseridos para interpretar as palavras de Jesus, o uso cristão desses dois adjetivos e da metáfora de Templo/santuário talvez seja chave importante para o que Marcos quer que os leitores entendam (mesmo que ele chame de falsa a declaração pertinente). Não há dúvida de que o "santuário feito por mão humana" que dizem que Jesus vai destruir é o lugar santo mais recôndito do Templo de Jerusalém. Pode ser que, ao usar esse primeiro adjetivo (que é a linguagem da LXX para ídolos), Marcos expresse desprezo por aquele santuário. Mas o que é "outro (santuário) não feito por mão humana" que Jesus construirá dentro de três dias? Foram dadas três sugestões importantes.

1) Uma sugestão identifica esse santuário como a comunidade ou Igreja cristã (Cullman, Donahue, Gaston, Juel, Sweet, Vielhauer — biblistas que abordam a narrativa marcana de maneiras muito diferentes). Wenschkewitz e Vielhauer afirmaram

---

[18] *Messiah*, p. 146-151, apresenta um bom estudo dos dois adjetivos.

[19] A segunda passagem de Hebreus sugere que o tabernáculo/tenda não feito por mão humana é o *reino celestial*, enquanto a primeira passagem de Hebreus levou alguns a identificá-lo com o *corpo glorioso* no qual Cristo foi para o reino celestial. Ver A. Vanhoye, Biblica 46, 1965, p. 1-28. A ambivalência da linguagem talvez se relacione com a posição paulina em 2 Coríntios, onde as ideias de corpo celestial e casa celestial se misturam.

que tal interpretação de "Templo" ou "santuário" não veio para o Cristianismo de origens hebraicas, mas do pensamento grego (especificamente estoico). Essa opinião foi destruída pelos Manuscritos do Mar Morto, que mostram que o Judaísmo palestinense estava perfeitamente familiarizado com a ideia de comunidade como Templo ou santuário.[20] 1QS 9,6 descreve o grupo de Qumrã como um santuário, uma casa para Israel e um Santo dos Santos para Aarão (também CD 3,19). Na interpretação de 4Q*Florilegium*, 2Sm 7,10 refere-se à comunidade de Qumrã: em contraste implícito com o Templo existente, essa é a "casa" que Deus construirá nos últimos dias, um "santuário" que consiste em seres humanos", em cumprimento de Ex 15,17-18: "No santuário, ó Senhor, que tuas mãos criaram, o Senhor será rei por todo o sempre". A interpretação (pesher) continua e comenta 2Sm 7,12 (a promessa de dinastia davídica): o ramo de Davi surgirá com o intérprete da lei em Sião no fim dos tempos. Em seguida, a interpretação volta-se para Sl 2,1, mas infelizmente interrompe-se, de modo que não sabemos se continuava até Sl 2,7, onde Deus diz ao rei: "És meu filho". Mesmo sem isso, associa-se a um santuário construído pelas mãos de Deus nos últimos dias (a comunidade) e ao Messias davídico. Se passarmos ao NT, Paulo considera o indivíduo santuário do Deus cristão (1Cor 3,16-17; 6,19) e diz: "somos o santuário do Deus vivo" (2Cor 6,16). Ef 2,21 fala de "um santuário santo no Senhor" e 1Pd 2,5 imagina "pedras vivas" construídas como "casa espiritual". Em At 15,16, Tiago associa a reconstrução da morada de Davi com o início da crença dos gentios em Jesus. Contudo, embora "não feito por mão humana" seja usado para a circuncisão que os cristãos recebem, nunca é usado no NT para a comunidade cristã como santuário, embora tal uso não estivesse longe do que é dito a respeito da comunidade.

2) Uma proposta diferente (Jeremias, Pesch, E. P. Sanders etc.) é que "outro (santuário) não feito por mão humana" em Mc 14,58 se refere *ao santuário de origem divina* que a apocalíptica judaica esperava que *nos últimos tempos* substituísse o Templo terreno. Já o cântico de Moisés (Maria) em Ex 15,17 previu um santuário criado divinamente: "Tu os plantastes no monte da tua herança [...] o santuário, ó Senhor, que tuas mãos fundaram" (quer esse santuário vá estar em Jerusalém, quer esteja no topo de um monte sagrado como o Sinai, ou no céu). O padrão de destruição e reconstrução do Templo tornou-se parte da metáfora religiosa de Israel,

---

[20] Gärtner, *Temple*; G. Klinzing, *Die Undeutung des Kultus in der Qumrangemeinde und im Neuen Testament*, Göttingen, Vandenhoeck & Ruprecht, 1971. Aqui, sou especialmente grato a Flusser, "Two Notes", que trata de 4Q*Florilegium*.

que se originou da amarga experiência do século VI da destruição babilônia e da reconstrução cerca de setenta anos mais tarde. Nas descrições idealistas do Templo, em Ez 40-44; 46,19-47,2 e no Terceiro Isaías (Is 60,7.13), a substituição esperada quase ultrapassa a construção humana. Na forma sinaítica de Tobias (lida à luz da OL) ouvimos em Tb 14,4: "A casa de Deus será incendiada e ficará em ruínas por um tempo". Tb 13,14[12] amaldiçoa todos os que destroem Jerusalém e seus edifícios, mas abençoa todos os que a reconstroem. Tb 13,11[10] fala da tenda de Deus edificada com alegria e, em Tb 13,17[16], Jerusalém é construída como casa do grande Rei para sempre. Inevitavelmente, como até o santuário reconstruído se tornou impuro aos olhos de alguns israelitas, a expectativa de um santuário celestial ficou mais forte. Aguardando ansiosamente desde o tempo do êxodo, *Jubileus* prediz o exílio de Israel da terra (*Jubileus* 1,13) e depois uma recuperação, como Deus promete: "Construirei meu santuário no meio deles e habitarei com eles" (*Jubileus* 1,17) — um santuário para toda a eternidade (*Jubileus* 1,27) em Jerusalém, no Monte Sião (*Jubileus* 1,29). *1 Henoc* 90,28-29 pensa no futuro e imagina a eliminação da antiga casa de Deus e o Senhor dos cordeiros trazendo uma nova casa maior e mais alta que antes. Ao prefigurar uma cidade do Altíssimo que será revelada, *4 Esdras (2 Esdras)* 10,54 declara que nenhum edifício de construção humana se ergue nela. Em Ap 21,10, a cidade santa de Jerusalém desce do céu, de junto de Deus; mas Ap 21,22 deixa claro que não há nenhum santuário na cidade, pois o Todo-Poderoso e o Senhor constituem o santuário.[21] No midraxe pós-NT *Mekilta* (Shirata, p. 10) sobre Ex 15,17, espera-se que Deus construa [tempo contestado] o santuário com Suas mãos. No midraxe muito mais tardio sobre Sl 90,16 (#19), agora que o Templo construído por carne e sangue foi destruído, Deus promete: "Eu mesmo o construirei", e ele durará para sempre. No lado cristão, *Barnabé* 16 ataca os judeus por depositarem sua esperança no Templo como uma construção, e não na verdadeira casa de Deus. Como a cidade e o povo de Israel, o edifício foi "entregue" à destruição; mas o santuário de Deus existe e está sendo construído gloriosamente — um santuário espiritual sendo construído para o Senhor. (Essa imagem combina a linguagem do santuário escatológico com a da comunidade constituída pela força interior divina.)

Essas últimas passagens demonstram a dificuldade na aplicação do santuário escatológico para interpretar Mc 14,58, a saber, o construtor natural desse santuário

---

[21] Observe mais uma vez (nota 19) a combinação ambivalente de santuário celestial com o Cristo ressuscitado.

é Deus, não o Messias.²² A observação de Bornhäuser (*Death*, p. 45) que reis como Ezequias e Josias assumiram a responsabilidade de restaurar o Templo não pode, sem outras provas, ser transferida para o Messias. Na verdade, os estilos apocalípticos quase sempre concentram-se na intervenção divina sem prefigurar um agente humano importante. Pesch (*Markus* v. 2, p. 435) tenta citar textos judaicos onde o Messias é o construtor do santuário; mas de fato não há nenhum texto pré-NT que apoie isso. É possível achar lógico que, como Davi e seu filho Salomão envolveram-se na construção do Templo, o Messias davídico o reconstruiria. Entretanto, na verdade, o contrário se deduz de 4QFlor 1,1-13, que é nossa confirmação mais antiga da aplicação do oráculo dinástico davídico (2Sm 7,8-16) ao Messias. Esse texto fala de uma casa que não será destruída como o santuário anterior — um santuário a ser construído entre seres humanos para os puros de Israel; contudo, essa construção não é atribuída ao Messias. De fato, a interpretação omite 2Sm 7,13a, que fala da construção de uma casa para o nome do Senhor pelo filho de Davi! *Salmos de Salomão* 17,32(30) prevê o rei ungido, o filho de Davi, que purifica Jerusalém e a faz santa como outrora; mas não é dito que ele constrói o Templo. Depois de refletir a respeito do segundo Templo destruído, *Oráculos Sibilinos* V, 414-433 (c. 100-120 d.C.?) fala de um homem bendito que vem do céu e faz uma casa santa com um belo santuário; contudo, saúda Deus como fundador do grande Templo. Por fim, Zc 6,12-13, que falou da construção do Templo (isto é, o segundo Templo, em 515 a.C.) pelo descendente davídico (Zorobabel), foi reinterpretado para se aplicar ao Messias, como vemos no targum dessa passagem. Do mesmo modo, depois que o targum de Is 52,13 identificou o servo do Senhor como o Messias de Deus, o targum de Is 53,5 afirmou: "Ele construirá o santuário [já destruído] que foi profanado por causa de nossas transgressões". Mas a forma escrita desse targum originou-se por volta do século V d.C. Mais tardio ainda é midraxe *Rabba* 9,6 sobre Lv 7,12, onde o rei Messias também reconstrói o santuário. Essas obras mais tardias constituem prova para interpretar Marcos e em nenhuma delas o Messias destrói o Templo.

3) Uma última possibilidade para o santuário marcano "não feito por mão humana" é o *corpo do Cristo glorificado* que ressuscitou no terceiro dia (Cole, Gärtner, Gaston [mais a comunidade], Lamarche, Nineham, Simon). Na verdade,

---

[22] Outra dificuldade é percebida por Schlosser ("Parole", p. 411-412). Apesar da prova na escatologia judaica e cristã da expectativa de um santuário dos últimos tempos, essa ideia não se encontra alhures na pregação do Reino de Deus por Jesus.

§ 20. Procedimentos do sinédrio, primeira parte: As autoridades reunidas, testemunhas e a afirmação de que Jesus destruiria o santuário

Prete ("Formazione", p. 16) afirma que "dentro de três dias" não fazia parte da declaração original, mas foi acrescentado para torná-lo aplicável à ressurreição. Jo 2,19 interpreta o santuário da substituição dessa maneira, mas tem apenas *um* santuário destruído e erguido (não construído). A ressurreição de si mesmo por Jesus adapta-se a uma cristologia joanina onde Jesus dá a vida e a recebe novamente; é menos fácil justificá-la para Marcos. Em apoio do santuário como o corpo de Cristo, há quem cite Mc 12,10-11 onde, no contexto do filho e herdeiro sendo morto pelos vinhateiros arrendatários, aparentemente Jesus fala de si mesmo como pedra angular rejeitada pelos construtores. Em um acréscimo em alguns mss. de Mc 13,2 (que fala da derrubada das pedras do Templo de Jerusalém), encontramos esse "dentro de três dias outro *se erguerá* sem mãos humanas" — claramente uma interpretação primitiva da ressurreição. Talvez as duas interpretações do santuário de Marcos (santuário celestial e corpo glorificado) possam ser combinadas, como vemos em 2Cor 5,1 e Hb 9,11.24 (ver notas 19 e 21 acima).

Há variações das três interpretações que acabamos de examinar e também outras interpretações, por exemplo, Biguzzi[23] fala do santuário como uma nova economia salvífica iniciada pela morte de Jesus; em um ensaio intrincadamente arrazoado, Vögtle ("Markinische", p. 373) entende que Mc 14,58 se refere ao fim do culto e da comunidade veterotestamentária e, implicitamente, por intermédio da morte de Jesus, à fundação de uma comunidade para judeus e gentios na presença de Deus.[24] Até certo ponto, a plausibilidade de todas as interpretações depende da maneira estrita como "eu construirei" exige uma ação que possa ser atribuída a Jesus — questão que não deve ser separada da literalidade de "eu destruirei".

Ligado ao problema de "outro santuário não feito por mão humana" está o sentido exato em Mc 14,58 de *dia trion hemeron*, que se refere a "um espaço de três dias *dentro* dos quais" (isto é, o tempo que o santuário levará para ser construído) ou "o momento *depois* de três dias" (o tempo para se completar a construção). A força de *dia* é o tempo no qual alguma coisa acontece. O fato de mais adiante Mc 15,29 usar "em [*en*] três dias", como faz Jo 2,19, parece-me indicar o sentido de "dentro de". Contudo, Jeremias ("Drei", p. 222-223) afirma que *dia* e *en* são

---

[23] "Mc. 14", p. 292; *Io distruggerò*, p. 114-164.
[24] Schlosser ("Parole", p. 414) está muito próximo de Vögtle em sua interpretação: não um Templo escatológico, pois Deus será considerado tudo. Mas é difícil reconhecer essa ideia em "outro santuário" se essa redação é original.

traduções diferentes do hebraico *le* e ele prefere a tradução "depois de". Talvez estejamos tentando ser precisos demais. "Três dias", expressos na Bíblia de várias maneiras, às vezes significam um curto tempo.[25] Em especial, referem-se à duração limitada de um tempo de calamidade do qual Deus liberta.[26] Realçam o tom de profecia aqui (e no final do julgamento, Jesus será escarnecido como falso profeta). Assim, a declaração marcana visualiza a construção de outro santuário. Quando se examinam as predições da Paixão (APÊNDICE VIII), a linguagem padrão em Marcos (8,31; 9,31; 10,34) é "depois de [*meta*] três dias", enquanto em Mateus (16,21; 17,23; 29,19) é "no terceiro dia". Será que "dentro [*dia, en*] de três dias" sugeria a ressurreição aos leitores marcanos, apesar da diferença de vocabulário e, assim, apoiaria a interpretação de "outro santuário" como o corpo glorificado de Jesus?

Grande parte deste exame do que Marcos quer dizer com a declaração a respeito do santuário em Mc 14,58 leva inevitavelmente a pensamentos encontrados em outras passagens de Marcos. Contudo, uma importante objeção a todas essas interpretações de sentido é o fato de, na descrição de Marcos, essa declaração atribuída a Jesus expressar um depoimento *falso*. Como isso restringe nossa interpretação?

A falsidade do depoimento a respeito do santuário

Diversas explicações foram oferecidas a respeito do que Marcos quer dizer quando, antes das palavras que relatam o que Jesus disse, ele fala de "falso depoimento" e, depois dessas palavras, ele comenta que, mesmo assim, o depoimento das testemunhas não era *isos*. Uma abordagem é que Marcos não pensa realmente em depoimento objetivamente falso. Um substantivo relacionado com o *pseudomartyrein* marcano encontra-se em 1Cor 15,15, onde Paulo é acusado de *descrição enganosa* por ter dado testemunho de que Deus ressuscitou Cristo (ver Wenschkewitz, *Spiritualisierung*, p. 99). Há quem tenha afirmado que "falso" não significa nada mais que "injusto", no sentido de que as testemunhas eram predispostas contra Jesus, embora o que relatavam fosse verdadeiro. Burkill ("Trial", p. 7) e Prete ("Formazione", p. 11) veem a falsidade na oposição a Jesus e na falta de entendimento de suas palavras misteriosas. Diversas passagens dos Salmos são importantes antecedentes aqui. O TM de Sl 27,12 é: "Contra mim se levantaram testemunhas falsas que anseiam

---

[25] 2Rs 20,5; Os 6,2; Lc 13,33; ver G. M. Landes, JBL 86, 1967, p. 446-450.

[26] Ver K. Lehman, *Auferweckt am dritten Tag nach dem Schrift*, Freiburg, Herder, 1968, p. 181 (QD 38).

§ 20. Procedimentos do sinédrio, primeira parte: As autoridades reunidas, testemunhas e a afirmação de que Jesus destruiria o santuário

por violência"; mas a LXX diz: "Testemunhas injustas se levantaram contra mim e sua injustiça é falsa". Sl 35,11 também é interessante: "Testemunhas violentas [LXX: injustas] se levantam; perguntam-me coisas que eu não sabia". Entretanto, é preciso mencionar que só às vezes a LXX equipara "injusto" a "falso"; e quando o faz, há em geral uma insinuação de falsidade no contexto. Marcos certamente quer dizer que as testemunhas são injustas para com Jesus, mas ele também indica que parte da injustiça é o falso relato que fazem.

Quanto a *isos*, duas vezes usado para o depoimento das testemunhas e traduzido por mim como "consistentes", significa "iguais" em número, tamanho ou qualidade. Aqui, o significado é, em parte, que seu depoimento não está à altura de condenar Jesus; assim, "adequado" não é tradução impossível. Plooij ("Jesus") pressiona a interpretação longe demais, em uma única direção, quando sugere que a dificuldade básica é que dizer "eu destruirei o santuário" não é ofensa passível de punição (pois havia outros que condenavam o Templo). A inadequação do depoimento é, afinal de contas, relacionada ao fato de ser falso (mesmo que esse não fosse o único problema com ele). Tem-se a impressão de que, por elas não concordarem, a falsidade das testemunhas é evidente e torna seu depoimento inútil para o sinédrio. É por isso que o sumo sacerdote agora intervém. Já chamei a atenção para a história de Susana, que abrange depoimento falso e também inconsistente (Dn 13). Se, então, a fidelidade a Marcos não nos permite modificar facilmente a falsidade para injustiça ou preconceito, em que ponto exato de Mc 14,58 encontra-se a falsidade?

1) Está na alegação das testemunhas, "Nós o ouvimos dizendo", alegação peculiar a Marcos? Em um tribunal moderno, se as testemunhas não ouviram elas mesmas o acusado, mas relatam o que alguém lhes contou, a prova é rejeitada como testemunho auricular. Entretanto, em uma narrativa como a de Marcos, isso pareceria demasiada tecnicidade, se Jesus tivesse de fato feito a declaração. Marcos quer que os leitores pensem que há mais coisas erradas além de uma questão de procedimento criminal. Kleist ("Two") expressa isso com requinte: o que o relato marcano excessivamente resumido quer transmitir é que uma testemunha disse: "eu o ouvi dizer: 'eu destruirei este santuário...'"; enquanto a outra disse: "eu o ouvi dizer: 'eu construirei outro santuário...'". Foi por causa dessas duas traduções diferentes das palavras de Jesus que o seus depoimentos não estavam de acordo. Ainda outra teoria é que, como os depoimentos divergiam, o tribunal não tinha

duas testemunhas (concordantes), como exige Dt 17,6. A meu ver, todas essas abordagens que encontram a falha unicamente no testemunho (e não na declaração em si) são refutadas por Mc 15,29, onde os que passam pela cruz escarnecem de Jesus a respeito da destruição e construção do santuário. Isso sugere uma alegação amplamente atribuída a Jesus e não dependente de alguns falsos ouvintes.

2) É a declaração atribuída a Jesus falsa no sentido de que Marcos pensa ou quer que os leitores pensem que Jesus nunca disse absolutamente nada parecido? Deixemos para 3) abaixo a possibilidade de Marcos considerar falso um ou outro aspecto da declaração. Primeiro, nós a examinaremos neste nível mais amplo.[27] Lührmann ("Markus 14", p. 459-460) é um dos que apresentam razões para entender que a falsidade significa que Marcos quer que os leitores julguem a declaração de Mc 14,58 total invencionice das testemunhas. O argumento básico é simples: embora os capítulos 11–12 de Marcos levantassem diversas vezes o problema do Templo, Jesus nunca fez *essa* declaração. Se alguém protestar que Mc 14,58 é um resumo das atitudes de Jesus, por que Marcos teve de recorrer a um resumo? Por que a declaração não foi feita por Jesus durante a purificação do Templo (como está em Jo 2,19) e em seguida citada (correta ou incorretamente) pelas testemunhas? (Ver como Mc 16,7 cita Mc 14,28, e Mc 14,72 cita Mc 14,30.) Lührmann considera mudança de abordagem quando o sumo sacerdote pergunta a Jesus em Mc 14,61: "És tu o Messias, o Filho do Bendito?"; de fato, os leitores reconheceriam que esse era agora um verdadeiro problema: em Mc 8,29, Pedro disse que Jesus era o Messias e, em Mc 1,11; 9,7, Deus disse que Jesus era seu Filho; ver Mc 1,1.

Entretanto, de modo geral, estou convencido de que esse enfoque da falsidade não está correto. Os dois assuntos do julgamento têm um paralelo nos escárnios a Jesus enquanto ele pende da cruz. Os passantes escarnecem de Jesus como o que destrói e constrói o santuário dentro de três dias, e os chefes dos sacerdotes escarnecem dele como o Messias. No duplo escárnio, nada sugere que uma acusação seja completamente falsa e a outra seja verdadeira. Como os leitores vão pensar que os passantes sabiam da declaração a respeito do santuário? Certamente não pelas falsas testemunhas! Os leitores de Marcos não presumiriam que a razão de até os passantes saberem da declaração a respeito do santuário era que, de fato, Jesus dissera algo parecido? Além disso, outro paralelo dos dois assuntos do julgamento

---

[27] Se historicamente Jesus fez alguma forma dessa declaração é um problema que será tratado na ANÁLISE; aqui interessa o que Marcos quer que o leitor suponha.

encontra-se no momento em que Jesus morre na cruz. Ali, a justificação de Jesus quanto aos dois temas é mostrada triunfantemente quando o véu do santuário se rasga de alto a baixo e o centurião reconhece que Jesus era verdadeiramente Filho de Deus (Mc 15,38-39). Será que, para Marcos, seria uma vitória ter cumprida uma declaração que Jesus nunca fez e que só existiu na ficção criada por falsas testemunhas? Mateus com certeza não achou que Marcos quis dizer que Jesus jamais fez essa declaração; nem esse sentido é apoiado pela apresentação de João na qual Jesus realmente faz a declaração a respeito do santuário, o que constitui outra prova de consciência cristã difundida. A acusação do julgamento tem de citar em vez de resumir? Os leitores de Marcos realmente pensariam que, *in globo*, a ameaça de destruir o santuário nunca fora feita por Jesus quando ele predisse que os edifícios do Templo seriam destruídos em Mc 13,2, usando o mesmo verbo (*katalyein*) que em Mc 14,58?[28] Marcos também cerca a purificação do Templo por Jesus com a maldição e o ressecamento da figueira (Mc 11,12-14 e Mc 11,20-21, ao redor de Mc 11,15-19) como interpretação simbólica de como ele tratará o Templo.[29] A meu ver, quando escreveu que esse depoimento era falso, Marcos não esperava que os leitores dissessem: "Ah, sim, pois a declaração é totalmente estranha ao Jesus sobre quem lemos". Ao contrário, eles supostamente diriam: "Bem, Jesus falou alguma coisa quanto ao Templo ser destruído, mas não da maneira como as testemunhas alegam".

3) Para Marcos, então, a falsidade está em um aspecto específico da declaração atribuída a Jesus em Mc 14,58. É de se perguntar se a redação propriamente dita da declaração é falsa ou só a compreensão que dela têm as testemunhas (e há quem entenda o *isos* em Mc 14,59 desta maneira: a maneira como elas entenderam a declaração não era consistente). A abordagem equivocada — uma declaração correta mal-entendida — já era aceita por Jerônimo e é, com toda a probabilidade, a mais comum entre os biblistas, por exemplo, Gnilka (*Markus*, v. 2, p. 280). Contudo, Marcos não nos dá nenhuma pista quanto à maneira como as testemunhas entenderam a declaração e nenhuma pista para distinguir entre o entendimento delas e um entendimento correto. A meu ver, é preciso seguir o caminho mais difícil para ver

---

[28] Os escribas antigos perceberam a estreita ligação entre Mc 13,2 e Mc 14,58; os Códices de Beza e Washingtonensis, o OL e Cipriano leem no fim de Mc 13,2: "[...] destruído e dentro de três dias outro se erguerá sem mãos humanas".

[29] Ver W. L. Telford, *The Barren Temple and the Withered Tree*, Sheffield, JSOT, 1980 (JSNTSupl 1). Na p. 238, ele acha a ação de Jesus contra a figueira "sinal proléptico que prefigura a destruição do culto do Templo".

se a declaração está redigida falsamente, que aparentemente é o que Marcos diz. Já que nem Mateus nem João tratam sua declaração correspondente como falsa, a atenção se concentra nos sentidos nos quais a declaração de Marcos difere da deles.

a) Apenas Marcos relata que Jesus disse: "eu [*ego*] destruirei". Jo 2,19 atribui a destruição do santuário "aos judeus"; Jo 11,48 levanta a possibilidade de os romanos tomarem o lugar santo judaico; Mc 13,2 trata a futura destruição dos edifícios do Templo como ação divina. Pode ser, então, que as testemunhas tenham falsificado a intenção de Jesus, fazendo dele o agente da destruição. Entretanto, é duvidoso que esse fosse todo o argumento da falsidade. No *Evangelho de Tomé* 71 (Nag Hammadi II,2,45,34-35), Jesus diz: "eu destruirei [esta] casa e ninguém conseguirá reconstruí-la". Se isso se refere ao Templo, alguns cristãos primitivos não viram nenhum problema em atribuir a ação a Jesus.[30] Em Mc 11,15-17, Jesus age de maneira pessoal e violenta para corrigir os abusos do Templo; assim, Marcos não imagina que Jesus fosse desinteressado. Como expliquei, na estrutura interpretativa da purificação do Templo, o Jesus marcano amaldiçoa a figueira e ela murcha, com certeza uma ação profética de julgamento destrutivo. O rasgamento do véu em Mc 15,38 ocorre exatamente quando Jesus morre e é a reação irada de Deus ao que foi feito ao Filho (Mc 15,39). Jesus não rasgou o véu do santuário, mas quem ele é e o que fez é de tal modo parte da cena que descrevê-lo em termos de "eu destruirei" seria mais inexato que falso. Além disso, Mateus, que muda a redação de Marcos e abandona a sugestão de falsidade, deixa Jesus como agente, "eu sou capaz de destruir". Mt 27,39-40 também preserva o escárnio marcano pelos passantes, o que faz de Jesus o agente, o que destrói o santuário.

b) Outro aspecto singular da forma marcana da declaração à qual muitos se prendem é a distinção entre dois santuários diferentes, um feito por mão humana, o outro não. Mencionei acima que isso é claramente interpretação que foi acrescentada na elaboração do dito pelos que falavam grego e que falta no escárnio em Mc 15,29. Há quem ache a solução para o problema de falsidade neste acréscimo,

---

[30] Mas Gaston (*No Stone*, p. 153) acha que o editor gnóstico desse Evangelho fala a respeito do corpo como prisão da alma. Achando impossível que, na forma de *Tomé*, o dito derivasse de Marcos/Mateus, onde a declaração é atribuída a falsas testemunhas, Quispel ("Gospel", p. 197-199) defende a origem judeu--cristã. Ele vê ecos dessa origem no uso de "esta casa" para o Templo e na alegação de que ninguém o reconstruirá. Quispel acha que o dito na forma de *Tomé* significava originalmente que Deus era o agente da destruição, pois citava Deus na primeira pessoa, do mesmo modo que Jr 7,14: "Farei a esta casa [...] como fiz a Silo". Assim, parte da ofensa era Jesus ousar falar por Deus.

mas de uma forma que é quase o oposto da direção que temos seguido. Juel, Vielhauer e outros sugerem que era falsa a declaração de destruir e construir o santuário *sem* esses adjetivos (em outras palavras, como está redigida no escárnio de Mc 15,29) e que Marcos contribuiu com esses adjetivos para dizer aos leitores como interpretar a declaração corretamente. Esses adjetivos, então, tornam-se os neutralizadores da falsidade, o que encontra objeções significativas. Marcos se torna um pedagogo quase impossível. Reformulou uma declaração falsa, de modo que agora ela é verdadeira, mas ele ainda a chama de falsa e sugere incoerência. Segundo, Mateus e João, que consideram a declaração verdadeira, o fazem sem os adjetivos! Esses argumentos quase sugerem o contrário: a declaração é falsa poque tem esses adjetivos! Mas não vimos que, ao que tudo indica, são interpretação cristã e, assim, como podem ser falsas?

A declaração a respeito do santuário, verdadeira e falsa de várias maneiras

Obviamente, está na hora de procurar uma resposta para o quebra-cabeça representado por Mc 14,57-59, resposta que talvez não solucione tudo, mas põe em primeiro plano fatores que precisam participar de uma solução. Quero relacionar algumas razões pelas quais, em primeiro lugar, deve-se pressupor que a *tradição cristã* continha uma declaração de Jesus sobre o tema da destruição e reconstrução do santuário.[31] Se Marcos considera a declaração falsa, obviamente algumas pessoas haviam dado voz ao tema básico. Jo 2,19 talvez seja um testemunho independente da declaração. (O dito Q em Lc 13,35/Mt 23,38-39 contrasta a casa de Deus abandonada com uma volta positiva de Jesus; isso mostra que o ponto de vista se encontra na tradição.) Ao examinarmos declarações semelhantes na tradição, que incluem um elemento futuro (característico do reino, do Filho do Homem, do fim dos tempos), descobrimos que a imprecisão de Jesus quanto ao futuro muitas vezes deixava amigos e adversários intrigados. (Os biblistas modernos ficam perplexos com Mc 9,1; 13,30-32; 14,62; Mt 10,23; Jo 21,22.) O que a proclamação da destruição do santuário por Jesus significava para o culto e o santuário judaicos foi, portanto, durante décadas, assunto de disputa entre judeus que não acreditavam e judeus que acreditavam em Jesus, e também de disputa entre seus seguidores. Os Atos retratam a hostilidade de líderes judaicos contra Estêvão e Paulo centralizada em assuntos do Templo. Entre os cristãos, os Atos (At 2,46; 3,1) mostram que alguns vão ao

---

[31] Mais uma vez, reservo para a ANÁLISE examinar se era ou não plausível Jesus fazer tal declaração.

Templo para as horas de oração e sacrifício, embora ouçamos Estêvão dizer que o Altíssimo não mora em casas feitas por mão humana (At 7,48). Desafios radicais à validade ininterrupta do culto no santuário praticado por sacerdotes levitas ou em Jerusalém são mais intensos em Hebreus e João.

Devido a essa situação instável, não nos surpreende encontrar uma declaração de Jesus a respeito da destruição e reconstrução do santuário considerada verdadeira em alguns documentos (Mateus, João) e falsa em outros (Marcos, Atos). Muita coisa depende de como a declaração era entendida e redigida; além disso, as atitudes mudaram quando cada vez mais gentios iniciaram o seguimento de Jesus, quando o Templo de Jerusalém foi destruído etc. Weeden ("Cross", p. 123-129) e Lührmann ("Markus", p. 466-469) argumentam que Marcos considerava falsa a declaração a respeito do santuário expressa em Mc 14,58, por causa da maneira como outros cristãos a usavam, como os que aguardavam que Jesus construísse um Templo não feito com mãos humanas, por um poder milagroso (Weeden: perspectiva de Jesus como homem divino) ou os que ligavam a parusia à queda de Jerusalém (Lührmann: já mantida distinta em Mc 13). Embora a abordagem geral seja bastante persuasiva, a tentativa de interpretar a declaração a respeito do santuário somente em um nível cristão interior torna o ambiente marcano de oposição judaica a Jesus simplesmente uma transparência através da qual se vê o debate religioso. Na NP, a luta entre Jesus e as autoridades judaicas é, a meu ver, tema básico demais para desaparecer tão completamente, em especial quando temos provas de que os judeus que não acreditavam em Jesus continuaram a lutar com os cristãos a respeito de assuntos do Templo durante todo o século I e até mais tarde. Mc 15,29 é chave tão importante para a perspectiva do evangelista quanto Mc 14,58, e ali passantes judeus que não creem em Jesus escarnecem dele como o destruidor e construtor do Templo, sem as frases de "feito por mão humana". Se é plausível que cristãos (e judeus) criassem falsas interpretações da declaração a respeito do santuário, é igualmente plausível que judeus escarnecessem de cristãos a respeito das alegações esquisitas de seu mestre. Marcos, então, não nos deu simplesmente uma transparência, mas uma história do fracasso judaico para crer em Jesus que também tem sentido em uma situação onde os cristãos não creem nele (porque distorcem suas palavras).

É proveitoso exemplificar o sentido de fluência e diversidade que proponho para interpretar essa declaração, não só em Marcos, mas também nos outros Evangelhos. 1) Comecemos supondo que, *em vida*, Jesus fez uma proclamação de advertência a respeito da destruição e substituição do santuário. Tal proclamação poderia ter sido uma atitude à la Jeremias (atestada alhures na tradição), avivada por um sentimento de importância escatológica que acompanhou o advento ou a chegada do reino. Aqueles em Jerusalém que não confiavam em pessoas religiosas rurais com tendências reformistas podiam bem ver nessa declaração um perigoso fanatismo religioso. Se Jesus incluiu em sua declaração uma indicação metafórica de brevidade ("dentro de três dias", para não ser entendida literalmente), ele poderia ter sido objeto de escárnio e também fonte de alarme. A alegação de Jesus é submetida a escárnio em Mc 15,29 e em Jo 2,20, onde os três dias são entendidos literalmente; na segunda passagem, fazem-no lembrar que a reconstrução por Herodes levou quarenta e seis anos! O que exponho aqui não seria inapropriado no século I. Josefo (*Ant.* XX,viii,6; ##169-170) descreve um profeta que, nos anos 50, veio do Egito para Jerusalém e, do Monte das Oliveiras, achou que poderia ordenar ao muro de Jerusalém que caísse. O procurador enviou tropas contra ele. Nos anos 60, Josefo (*Guerra* VI,v,3; ##300-309) fala do apocalíptico Jesus, filho de Ananias, que anunciou a futura destruição do santuário de Jerusalém; as autoridades judaicas tentaram fazer com que os romanos o executassem.

2) Passemos aos anos entre 30/33 e 70, entre o tempo de Jesus e a destruição romana do Templo de Jerusalém. Os cristãos tinham de se esforçar para entender o sentido da declaração do santuário por Jesus, porque sua morte e ressurreição não destruíra o santuário do Templo. (Durante esse período, os cristãos lutavam com outras declarações escatológicas atribuídas a Jesus, que diziam respeito ao fim dos tempos, como a aquela segundo a qual aquela geração não passaria antes que todas essas coisas acontecessem.) Como responderiam aos judeus incrédulos que, ao ouvir a declaração, apontariam para os magníficos edifícios ainda de pé? Uma resposta teria sido procurar incidentes que servissem de presságios de que o Templo logo seria destruído.[32] Em Mt 27,51-52, o véu do santuário se rasga, a terra treme e as pedras se partem, tudo ao mesmo tempo; presumivelmente esses eram sinais do fim dos tempos. No fim, Jesus, o Messias, mostraria seu poder destruindo o santuário de Deus e construindo-o. De modo mais radical, é provável que Mc 15,29 considere o rasgamento do véu um sinal divino de que, *a partir daquele momento*, o santuário já não tinha valor na história da salvação. Embora o Templo

---

[32] Quando examinar o rasgamento do véu do santuário em Mc 15,38 (§ 43), mencionarei as estranhas ocorrências que Josefo considerou presságios e precursores da destruição do Templo em 70.

estivesse de pé, o santuário fora destruído; já não era o lugar santo, pois Deus saíra.[33] Mesmo os que aguardavam a destruição literal do edifício do santuário talvez nesse período começassem a reinterpretar sua substituição, por exemplo, um tabernáculo celeste, ou a comunidade cristã, interpretações que deixaram sinais no pensamento neotestamentário. Ao mesmo tempo, por causa do progresso em cristologia no qual a proximidade do Senhor ressuscitado com o Pai tornou-se cada vez mais sistematizada, toda incerteza de atuação na forma mais primitiva da declaração de Jesus começou a desaparecer, passando talvez de "destruído" e "construído" para "destruirei" e "construirei".[34] Mas o NT também descreve outros (judeus, romanos, Deus) como agentes na declaração a respeito da destruição do Templo ou santuário. Outro tipo de mudança pode ter ocorrido porque alguns dos que acreditavam em Jesus eram mais hostis ao culto e ao sacerdócio judaicos. Talvez para Lucas, a audácia mostrada na alegação por Estêvão de que o Altíssimo não moraria em um lugar como o Templo, uma casa feita por mão humana (que faz eco a uma expressão veterotestamentária para os ídolos imprestáveis feitos pelos homens), levou à falsa acusação de que Estêvão tinha esperança de executar a ameaça que Jesus fez de destruir o lugar santo, declaração que se tornou ainda mais polêmica (e assim falsificada) com a perda do tema positivo de reconstrução.

3) Finalmente, passemos para o período posterior à destruição do Templo em 70, período em que muito provavelmente três Evangelhos canônicos foram escritos. Os cristãos para os quais o dito se referia literalmente ao santuário de Jerusalém consideravam-se confirmados, pois em sua fé viam por trás das águias romanas do exército de Tito a cruz de Jesus. Para eles, esse era o julgamento de Deus posto em prática por causa do que foi feito a Jesus.[35] Alguns cristãos talvez ainda ansiassem por um novo edifício material que satisfizesse os padrões de Deus. Hebreus acha necessário depreciar um tabernáculo terreno, como se alguns cristãos o almejassem; e Ireneu (*Contra as heresias,* I,xxvi,2) e Jerônimo (*In Isa.* 13, a respeito de Is

---

[33] Outra abordagem é reinterpretar a declaração de Jesus atribuindo a seu uso de "santuário" um sentido diferente — não o edifício em Jerusalém, mas o corpo de Jesus. "Os judeus" destruíram esse santuário corporal, que ressuscitou em três dias, exatamente como Jesus disse. É essa a interpretação em Jo 2,21-22, de modo que a declaração se torna predição simbólica da Paixão.

[34] Movimento parecido é muitas vezes registrado em declarações de ressurreição: Jesus foi "ressuscitado" cede lugar a Jesus "ressuscitou" — movimento não em qualquer sentido cronológico simplista, mas em frequência de uso atestada.

[35] Ver a continuação deste julgamento em Justino, *Diálogo,* cviii; Orígenes, *Contra Celso* I,47; IV,22.

49,14; CC 73A,543) atestam um anseio duradouro pelo Templo de Jerusalém entre judeu-cristãos. Contudo, certamente muitos cristãos não interpretaram o santuário reconstruído de maneira literal, mas sim simbólica, diferente do primeiro. Mas eles discordam quanto ao fato de esse segundo santuário já existir (a comunidade cristã ou o corpo ressuscitado de Cristo) ou logo vir (um tabernáculo celeste que desceria como parte do fim do mundo). Muitos judeus afirmaram que a destruição romana de Jerusalém se originou de uma combinação de brutalidade romana e fanatismo religioso. Josefo (*Ant.* XX,viii,5; #166), depois de descrever assassinatos e profanações que aconteceram em Jerusalém nos anos 50, declara: "Foi por esse motivo, penso eu, que o próprio Deus, odiando sua impiedade, se afastou de nossa cidade e, julgando que o Templo já não era uma morada pura para ele, decidiu lançar os romanos contra nós e o fogo purificador contra nossa cidade". Exatamente como depois da destruição babilônia, os judeus agora rezam pela reconstrução do Templo no mesmo lugar. Simon ("Retour", p. 247-248) menciona *Shemoneh Esreh* 14, com sua oração para Deus voltar e morar na cidade, que seria construída como edifício permanente; ele o compara com o *Maranatha* ou "Vem, Senhor Jesus!" cristão (Ap 22,20). Quando se depararam com a "profecia" por Jesus, os judeus escarneceram da alegação de que ele era a causa da destruição, e confiaram que, quando o Templo fosse reconstruído, sua arrogância seria refutada. É interessante que, séculos mais tarde, uma das táticas do imperador apóstata Juliano, na tentativa de desacreditar o Cristianismo, foi um plano para reconstruir o Templo judaico.

Nessa sucessão de interpretações e argumentos oscilantes contra o dito do santuário, como devemos entender Marcos? Certamente ele escreveu contra o escárnio incrédulo representado pelos passantes de Mc 15,29, que julgavam Jesus um charlatão impotente. Mas há também indícios de que rejeitou toda tendência de interpretação cristã que considerasse a destruição do Templo de Jerusalém sinal de que Jesus estava prestes a agir imediatamente para construir outro não feito por mão humana. Em Mc 13,2, Jesus prediz que os edifícios do Templo serão destruídos, e não ficará pedra sobre pedra. Mas quando em Mc 13,4 lhe perguntam quando isso acontecerá e tudo será consumado, Jesus faz uma distinção. Em Mc 13,5-23, ele descreve de modo apocalíptico as coisas que precedem e cercam o cenário da abominação desoladora onde tal descrição não deveria estar (Mc 13,14): linguagem que lembra a de Daniel para a profanação do Templo); mas esse não é o fim, pois ainda há mais tempo até que o Filho do Homem venha nas nuvens (Mc 13,26), um período que Marcos trata simbolicamente em Mc 13,24-37. Ele diz especificamente que o Filho não conhece aquele dia e aquela hora (Mc 13,32). Isso se opõe a um conjunto de falsos messias e falsos profetas que vêm em seu nome e levam as pessoas para o mau caminho (Mc 13,5-6.21-22). Lührmann ("Markus 14", p. 466-468) invoca isso de maneira plausível para explicar como a declaração "eu destruirei este santuário feito por mão humana e dentro de três dias outro não feito por mão humana eu construirei" pode ter servido de texto de apoio para os falsos profetas.

Sugestões de Vögtle ("Markinische", p. 373-375) também se incluem na discussão, se nos voltamos para Mc 15,37-39 como sinal do que Marcos pensa ser verdade a respeito da destruição e substituição do santuário. Por ocasião da morte de Jesus na cruz, Deus rasga o véu do santuário e leva um centurião romano a reconhecer Jesus como Filho de Deus. Essa é a interpretação marcana do "eu construirei": o poder de Jesus para fazer isso está em sua morte. Seu poder não é o poder de um falso messias que mostra sinais e prodígios (Mc 13,22), mas o poder da cruz. O Cristo crucificado compartilha o poder de Deus para rejeitar a descrença e gerar crença. O que substitui o santuário vazio do Templo de Jerusalém como o lugar santo de Deus é a comunidade de crentes, exemplificada pelo centurião, cujo verdadeiro reconhecimento de que Jesus é o Filho de Deus origina-se da compreensão da morte na cruz — comunidade disposta a tomar a cruz e seguir Jesus. Todos os que pensam que o reino virá e o santuário será instituído simplesmente porque o Templo de Jerusalém foi destruído não entenderam que também eles precisam sofrer antes que todas essas coisas aconteçam, que também eles devem passar tribulações (Mc 13,24). A ação de Deus não é automática de nenhum modo que elimine ter de beber o cálice que Jesus bebeu, um cálice bebido até o fim na cruz.

O entendimento que acabamos de enunciar está em harmonia com os indícios do texto marcano e o pensamento marcano comprovado.[36] Contudo, como leitores de Marcos neste ponto da fluência da história, não devemos prever demasiadamente o que Marcos mostrará ser a verdade a respeito da destruição e construção do santuário. Em Mc 14,58, a intenção é que os leitores vejam a intensidade dos sentimentos hostis para com Jesus nesse falso depoimento que o faz parecer um fanático apocalíptico. Mesmo assim, a manobra dos adversários fracassa, pois o depoimento não é consistente e, por isso, agora o próprio sumo sacerdote terá de intervir.

---

[36] Outras interpretações, como a de que Marcos rejeitou totalmente o santuário escatológico, embora possíveis, transcendem as provas disponíveis.

Mateus é o único evangelista além de Marcos que tem o dito a respeito do santuário na NP. Ele simplificou a declaração e o contexto que recebeu de Marcos (talvez porque considerasse Mc 14,57-59 tão difícil quanto o consideram os intérpretes modernos). O que em Mateus se torna uma clara afirmação de poder, "Eu sou capaz de destruir o santuário de Deus e dentro de três dias (o) construirei", é atribuído a Jesus sem sugestão de falsidade. A ideia de que Jesus tenha feito alegação tão extraordinária faz o sumo sacerdote Caifás intervir, e é para sua intervenção que nos voltaremos no COMENTÁRIO da próxima seção (§ 21).

Análise

Dois problemas importantes serão examinados em relação ao julgamento/investigação de Jesus pelas autoridades judaicas antes de o entregarem aos romanos. De modo geral, há o problema da *composição*: como foram formados os relatos dos vários Evangelhos? Deixarei o exame das muitas hipóteses a respeito da composição para depois de comentar todo o julgamento/interrogatório, e assim ela ficará para a ANÁLISE, que constituirá uma seção independente (§ 24). Mais imediato é o problema da *historicidade*. Na análise de cada uma das quatro partes nas quais dividi meu estudo dos procedimentos do sinédrio (§§ 20–23), levantarei questões pertinentes ao material comentado a esse respeito. Assim, nesta ANÁLISE da Primeira Parte, o tema é a historicidade do que é atribuído a Jesus a respeito do Templo/santuário.

Ao examinarmos Mc 14,58 e par., vimos que o dito atribuído a Jesus a respeito da destruição e reconstrução do santuário está preservado pelos vários evangelistas em redações diferentes, e que essa declaração é considerada falso testemunho por Marcos e pelos Atos. No COMENTÁRIO, ao tentar lidar com essa situação em termos do que os Evangelhos desejam transmitir, usei provas neotestamentárias esparsas para pesquisar experimentalmente por três períodos do século I d.C. (antes de 30, 30-70, depois de 70) como os seguidores de Jesus e os que se opunham a ele *podem ter* entendido uma alegação a respeito da destruição e reconstrução do santuário. Esse esforço mostrou que os modos de os vários Evangelhos entenderem a alegação não contradizem a possibilidade de Jesus ter em vida proferido um aviso profético de que o santuário seria destruído e substituído. É importante insistir aqui na palavra "santuário", pois não há registro de que Jesus prometeu a substituição do Templo todo. Além disso, falarei em "o" santuário; de fato, embora Marcos indique

que a substituição será de um tipo diferente, concordo com Hooker ("Traditions", p. 17) que essa distinção é uma exatidão que não remonta ao tempo de Jesus. No final das contas, não é possível determinar com certeza se Jesus fez ou não a alegação e exatamente em que forma.[37] Contudo, é proveitoso testar sucintamente se a pretensão de que, se sua proclamação do reino não fosse considerada, o santuário seria destruído e substituído por alguma coisa mais agradável a Deus[38] era consistente com outras atitudes de Jesus atestadas na tradição.

Comecemos com a ação, atribuída a Jesus nos quatro Evangelhos, de purificar o recinto do Templo, expulsando o comércio.[39] Se considerarmos essa uma ação histórica,[40] a esperança fundamental de reforma não seria incompatível com a ideia de que o Templo ou seu santuário precisavam ser destruídos? Jesus queria um culto purificado ou queria uma total reposição do Templo? (De fato, Mc 11,17 especifica mais que purificação: não simplesmente "uma casa de oração", mas uma casa de oração "para todas as nações" [Is 56,7]). A atitude registrada de Jesus para com o Templo não é como a dos essênios, que tinham todo um programa para assuntos de origem sacerdotal, sacrifício, os que seriam admitidos etc. Ele não era de Jeru-

---

[37] Muitos biblistas admitem que a essência do dito se origina de Jesus, mas para outros, Mc 14,57-59 é totalmente criação marcana. Para Bultmann, mesmo que seja pré-marcano, o dito é secundário. Para Lührmann ("Markus 14", p. 466), dificilmente é possível reconstruir o original por trás de Mc 14,58 e Jo 2,19, ou dizer que remonta a Jesus. Lohmeyer e Donahue observam que a primeira parte do dito do santuário (destruição) é mais bem demonstrada que a segunda parte (reconstrução — que falta nos Atos); mas Gaston acha que a segunda parte surgiu com Estêvão. Contudo, segundo a crítica formal, o padrão bipartido que fundamenta Marcos e também João tem a pretensão de ser considerado antigo. Ver a nota 48 a respeito dos que consideram a oposição de Jesus ao Templo o fator mais fundamental no antagonismo do sinédrio a ele.

[38] É melhor não tentar especificar o agente destruidor (Deus, Jesus, as autoridades sacerdotais), nem a reposição (um novo santuário, um lugar celestial de culto, uma comunidade de fiéis etc.). Devido ao pensamento israelita a respeito da presença de Deus entre o povo da aliança, com certeza teria havido uma noção de reposição de algum tipo. Isso é verdade mesmo na perspectiva radical de Jo 4,21-24, onde nem em Jerusalém nem em Garizim as pessoas adorarão o Pai, mas em Espírito e verdade.

[39] Vou usar o termo "purificar", embora respeite o objetivo de W. W. Watty ("Jesus and the Temple — Cleansing or Cursing?", em ExpTim 93, 1981-1982, p. 235-239), que afirma que essa foi, mesmo historicamente, ação simbólica que indicava a destruição do Templo.

[40] Theissen ("Tempelweissagung") apresenta um contexto para aceitar como históricas as ações (e as palavras) de Jesus contra o Templo. Contudo, as discordâncias neotestamentárias internas apresentam problemas. Em Jo 2,13-17, a purificação tem lugar no início do ministério público; nos sinóticos (Mc 11,15-17; Mt 21,12-13; Lc 19,45-46), ela acontece nos últimos dias. Ver em BGJ, v. 1, p. 117-119, o momento preferido por quais biblistas e por quê, e que relato é mais original. Era permitida a presença de bois e ovelhas no recinto do Templo? Não eram necessárias moedas para o apoio contínuo de oferendas sacrificais?

salém nem da classe sacerdotal, por isso não tinha nenhum interesse adquirido no edifício permanente do Templo e sua sobrevivência material como meio de vida. Os autores dos Evangelhos entenderam que a hostilidade de Jesus para com o Templo, quando ele a manifestou, era semelhante à dos profetas antigos; de fato, eles citam Jr 7,11 e Zc 14,21 a respeito da pureza que ali deveria ser encontrada. Contudo, os evangelistas não se esqueceram de que os profetas que procuravam purificar o Templo mais tarde começaram a predizer destruição se os abusos execrados não fossem corrigidos (Jr 7,14; 26,6.9; ver também Mq 3,12).

Marcos deixa a impressão de que a desilusão de Jesus com o Templo era cumulativa.[41] Em Mc 11,11, a primeira ação de Jesus ao entrar em Jerusalém é visitar e inspecionar o recinto do Templo. Ele volta no dia seguinte; e, ofendido com as vendas e compras, tenta impedi-las (Mc 11,15-17). Contudo, ele fala do Templo como casa de Deus. Theissen ("Tempelweissagung", p. 146-147) lembra que sua atitude geral é perfeitamente plausível na história da época. A população rural era apegada ao Templo, do qual tinha uma visão idealizada. Quando o imperador Calígula quis colocar uma estátua de si mesmo no Templo, os lavradores, embora fosse época de semeadura, deixaram os campos para protestar (Josefo, *Ant.* XVIII,viii,3; #272). Quanto a Jesus, a reação imediata dos chefes dos sacerdotes e dos escribas é procurar destruí-lo (Mc 11,18; cf. Jr 26,8); evidentemente, eles veem em sua ação uma crítica ao modo como administravam a casa de Deus.[42] Marcos interpreta tudo isso por meio da metáfora da figueira, com a qual ele expressa a purificação do Templo. Antes de entrar no Templo, Jesus procurara frutos da figueira, mas não encontrara nenhum (Mc 11,12-14); depois da reação das autoridades, a figueira é encontrada seca (Mc 11,20-21). Só quando confrontado com intransigência empedernida Jesus diz (Mc 13,1-2) que não ficará pedra sobre pedra do Templo magnificamente construído.[43]

---

[41] Assim McElvey, *New*, p. 70. Hooker ("Traditions", p. 17-18) também se move nessa direção quando discorda de E. P. Sanders que Jesus não queria o Templo destruído imediatamente; ele queria que o Templo servisse aos propósitos de Deus. C. A. Evans, "Jesus", apresenta importante refutação das opiniões de Sanders.

[42] Nas p. 539-541, mostrarei que as autoridades de Jerusalém reagiram violentamente ao que consideraram ataques ao Templo.

[43] Entre os biblistas, há considerável debate a respeito da relação entre Mc 13,2 e Mc 14,58. Muitos pensam que a essência de ambos é pré-marcana. Dupont ("Il n'en sera", p. 304-306) acha que a localização de Mc 13,2 origina-se do próprio Marcos. Pesch, antes, achava que Mc 13,2 era composição marcana baseada em Mc 14,58. Bultmann, Grundmann e Nineham estão entre os muitos que pensam o contrário,

Existem, evidentemente, fortes elementos de teologia marcana em tal criação, mas é digno de nota que Lucas, em material que lhe é peculiar, tem progressão semelhante com respeito à destruição de Jerusalém,[44] que incluiu a destruição do Templo. Quando recém-nascido, Jesus é apresentado no Templo e o visita aos doze anos — tudo em obediência à lei. Para ele, é um lugar relacionado com seu Pai de maneira peculiar (Lc 2,49). Certamente, então, não há nada em sua formação que, *a priori*, tornaria Jesus hostil ao Templo durante seu ministério. Somente quando ele volta a face para Jerusalém em sua grande viagem (Lc 9,51-19,27), o tema do julgamento castigador começa a aparecer. Em Lc 13,31-35, Jesus condena Jerusalém na linguagem dos oráculos proféticos contra as nações; contudo, o destino da cidade não está totalmente determinado. Ao se aproximar de Jerusalém, ele narra uma parábola que ameaça tirar o que foi dado ao servo inútil e adverte que os inimigos do rei serão mortos (Lc 19,11-27). Mesmo mais próximo da cidade (Lc 19,41-44: material das fontes lucanas), ele ainda deseja ardentemente que Jerusalém escute: mas ele combina isso com um oráculo de destruição violenta iminente. Segue-se a purificação do Templo e a reação hostil dos chefes dos sacerdotes, escribas e homens notáveis (Lc 19,45-48). Então, em um rearranjo lucano (Lc 21,20-24) de Marcos, ouvimos uma palavra definitiva de condenação: dias de castigo para cumprir tudo o que está escrito. O mesmo tema será visto no caminho da crucificação (Lc 23,27-31). Assim, os evangelistas não viam nenhuma contradição entre uma ação destinada a purificar o Templo e uma ameaça apocalíptica de destruir o santuário.[45] Essa mudança para um tratamento mais temível compara-se à atitude que encontramos nas parábolas de uma oportunidade oferecida e recusada (banquete, vinha etc.).

Se não há sérios obstáculos que refutem a possibilidade de Jesus ter feito uma declaração a respeito da destruição do santuário, há fatores positivos que dão plausibilidade. As diversas confirmações neotestamentárias com redação variada

---

dando prioridade a Mc 13,2. Lambrecht considera Mc 13,2 secundário em relação a Jo 2,19; Hartmann considera-o secundário em relação a Lc 19,44.

[44] Giblin (*Destruction*) demonstra isso com esmero; ver também Neyrey, "Jesus".

[45] A perspectiva de João é diferente, pois a purificação do Templo, colocada antes, é mais violenta e combina-se com a declaração a respeito da destruição do santuário. Essa combinação dá a impressão de que, desde o início de seu ministério, Jesus ameaçou a destruição do Templo, eliminando assim todas as objeções quanto à autenticidade da declaração a respeito do santuário baseadas em sua discordância com atitudes anteriores. Contudo, é provável que a descrição de João tenha sido influenciada pelo rompimento abrupto da comunidade joanina com a sinagoga, de modo que Jesus transmite desde o início uma mensagem de incompatibilidade.

§ 20. Procedimentos do sinédrio, primeira parte: As autoridades reunidas, testemunhas e a afirmação de que Jesus destruiria o santuário

significam que o dito certamente existia antes de 70 d.C. (também Sanders, *Jesus*, p. 74). Inicialmente, é difícil pensar que os cristãos inventaram uma predição que envolvia Jesus na destruição e reconstrução do santuário quando ele estava morto e o Templo ainda estava de pé, intacto.[46] É mais provável que as diferentes redações que foram preservadas ("eu destruirei..."; "Eu sou capaz de destruir..."; "Destruí [vós]...") sejam tentativas cristãs de reformular um difícil dito dominical que criações livres. O fato de Marcos, Mateus e os Atos colocarem o dito a respeito de destruir o santuário (lugar santo) nos lábios de inimigos de Jesus pesa contra a hipótese de cristãos a terem inventado. E, com certeza, se passou algum tempo em Jerusalém, dificilmente Jesus poderia ter ignorado o Templo. Em certo sentido, o segundo Templo (515 a.C. a 70 d.C.) era de maior importância que o primeiro, pois não havia monarquia e palácio davídicos para competir com ele como centro visível de Jerusalém e até do Judaísmo. Quer olhemos para Esdras e Neemias, quer para 1 e 2 Macabeus, ou para Josefo, descobrimos que o Templo, o sacerdócio e o culto constituem um foco importante no que é narrado. Jesus, que comentara tão asperamente a respeito das atitudes religiosas de seus contemporâneos, teria de refletir se o que viu no Templo valia para sua concepção do Reino de Deus.[47] Junto-me, então, aos biblistas que consideram muito provável Jesus ter falado a respeito da futura destruição e reconstrução do santuário.

Se é plausível que Jesus se empenhasse em dramática ação profética contra improbidades no Templo e expressasse uma ameaça profética de que a vinda do reino incluiria a destruição e reconstrução do santuário, ainda há duas perguntas. Primeiro, é historicamente provável que essa atitude, entendida como contrária ao Templo, influenciasse o desejo das autoridades de que ele morresse? Segundo, é histórico que o dito de Jesus a respeito do santuário foi realmente citado em um procedimento do sinédrio contra ele? É mais fácil avaliar a probabilidade da primeira. É quase certo que o sumo sacerdócio fosse o agente instigador do lado judaico nos procedimentos finais contra Jesus; e, se é preciso explicar o que esse grupo achava perturbador em Jesus, alguma coisa que na interpretação deles representasse perigo

---

[46] Theissen ("Tempelweissagung", p. 144-145) está correto ao afirmar que isso não é *vaticinium ex eventu*. Ele levanta a questão de como Herodes, o Grande, transformou o Templo de Zorobabel. As pessoas consideraram isso renovação ou destruição/reconstrução?

[47] S. J. D. Cohen (*From*, p. 106-107) considera que o debate a respeito do Templo foi fator importante no Judaísmo desse período.

para o Templo/santuário seria o fator mais plausível.[48] Muitos fatores teológicos poderiam ter induzido os sacerdotes saduceus a ver Jesus com maus olhos (K. Müller, "Jesus [...] Sadduzäer", p. 9-12): sua postura a respeito de uma vida após a morte (Mc 12,18-27) e de anjos; sua rejeição de algumas regras de pureza e sua qualificação de algumas regras do Korban (Mc 7,1-15); sua crítica dos juramentos, em especial os baseados no Templo e no altar etc. Algumas dessas ideias não eram exclusivas de Jesus e também faziam parte dos debates entre fariseus e saduceus; eram, quando muito, fatores agravantes, mas dificilmente graves o bastante para provocar o desagrado ou a desconfiança de Jesus em um grau letal. Entretanto, o Templo era a principal instituição da vida religiosa e cívica na Judeia e o tesouro da nação; ações contra ele ou ameaças a ele ultrapassavam as preocupações teológicas e chegavam aos domínios socioeconômicos e políticos. Mudanças drásticas afetavam o emprego das massas em Jerusalém, o meio de vida e o poder sacerdotal, e a esfera da ordem pública que necessariamente incluía os romanos. A apreensão produzida por ameaças de destruição pode bem ter sido agravada pela incerteza religiosa e econômica a respeito do que um profeta apocalíptico como Jesus poderia pôr no lugar do Templo, devido a sua falta de confiança na riqueza e ênfase na total dependência de Deus. Assim, a concordância de João, Marcos/Mateus e Atos de modos diferentes acerca do fato de que a questão do Templo ou lugar santo ou santuário provocava hostilidade sacerdotal letal para com Jesus tem, na verdade, plausibilidade. Entretanto, na descrição dos procedimentos do sinédrio, os Evangelhos não concordam na segunda questão: se o dito de Jesus foi realmente citado na sessão do sinédrio que fez com que os líderes de Jerusalém estimulassem sua morte. João e Lucas não têm o dito aqui; Marcos/Mateus sim. Assim, não há um meio de decidir a questão: o aparecimento do dito nos lábios de (falsas) testemunhas em Marcos/Mateus poderia ser um jeito de dramatizar uma questão que realmente estava em jogo, embora não por palavras citadas literalmente.

Quero concluir este exame completo com uma advertência. Embora seja provável que a questão do Templo/santuário fosse um fator na decisão para tentar se

---

[48] Goguel, Hooker, Simon e E. P. Sanders estão entre os que se concentram na questão do santuário/Templo como causa principal do desejo das autoridades de fazer Jesus morrer. Alguns reconstroem todo um cenário a partir de indícios limitados. Por exemplo, depois de descartar com demasiada rapidez a historicidade de grande parte dos relatos evangélicos do julgamento judaico, Watson ("Why Was", p. 107-109) apresenta como histórico o que os Evangelhos não comprovam. Por suas ações no Templo, que anunciavam uma destruição e reconstrução, Jesus provocou um tumulto.

§ 20. Procedimentos do sinédrio, primeira parte: As autoridades reunidas, testemunhas e a afirmação de que Jesus destruiria o santuário

livrar de Jesus, nos Evangelhos esse fator é visto pelo filtro do que aconteceu mais tarde na Judeia. Precisamos tomar cuidado, por exemplo, ao avaliar a historicidade do modo como João descreve as apreensões das autoridades do sinédrio a respeito de Jesus (Jo 11,48): "Se o deixarmos (continuar) assim, todos crerão nele. E os romanos virão e tomarão de nós o lugar (santo) e a nação". Durante a prefeitura romana da Judeia até o tempo da morte de Jesus (6-30/33 d.C.), Josefo não relata nenhum exemplo paralelo de entusiasmo religioso por um indivíduo que provocasse a intervenção romana. (O argumento de que com certeza esse incidente ocorreu e o silêncio é casual não é muito convincente.) Vou examinar a situação política sob os romanos em § 31 A, B e mostrar que líderes carismáticos e falsos profetas na Judeia, que atraíam grandes grupos de seguidores e, desse modo, provocavam a ação militar romana, eram característicos da *segunda metade da prefeitura* (44-46 d.C.).[49] Josefo (*Guerra* II,xv,2; ##315-317) nos relata como, em 66, os nobres mais poderosos e os chefes dos sacerdotes imploraram ao povo que não provocasse o procurador romano Floro e como, mais para o fim desse ano, (*Guerra* II,xvii,2; ##408-410) uma recusa no Templo de Jerusalém para continuar oferecendo sacrifícios por Roma e o imperador provocou a guerra que acabou levando à destruição do Templo. Assim, toda recordação quanto à ameaça de Jesus ao lugar santo que talvez desse ensejo a intervenção romana pode ter sido reformulada em João na linguagem e nas metáforas dos anos 50 e 60.[50]

Tudo isso me sugere uma redação modesta do que, em essência, tem alta probabilidade histórica. Alguma coisa feita e/ou dita por Jesus que pressagiasse a destruição do Templo/santuário era no mínimo causa parcial da decisão do sinédrio que levou a sua morte.

(*A bibliografia para este episódio encontra-se em § 17, Parte IV.*)

---

[49] Sabemos de um único caso anterior na Samaria em 36 d.C. (nota: depois do tempo de Jesus), onde um falso profeta reuniu muitas pessoas para irem ao monte Garizim, só para terem a passagem impedida pelas tropas de Pilatos. Mas essa reação excessiva do prefeito fez com que Vitélio, o legado da Síria, mandasse Pilatos de volta para Roma (Josefo, *Ant.* XVIII,iv,1-2; ##85-89). A severidade da intervenção do legado fortalece a suspeita de que esse era um movimento novo e incomum entre o povo. Depois de 44, houve muitos casos paralelos.

[50] Bammel ("Ex illa", esp. p. 25) menciona isso. O artigo penetrante a respeito da historicidade do relato joanino da sessão do sinédrio é dificultado pelo frequente apelo de Bammel ao *Toledoth Yeshu* para confirmação.

§ 21. Procedimentos do sinédrio, segunda parte: Pergunta(s) sobre o Messias, o Filho de Deus (Mc 14,60-61; Mt 26,62-63; Lc 22,67-70a)

Tradução

Mc 14,60-61: [60]E tendo se levantado, o sumo sacerdote no meio (deles) interrogou Jesus, dizendo: "Não tens absolutamente nada a responder ao que estes depõem contra ti?". [61]Mas ele ficou calado e não respondeu absolutamente nada. Novamente, o sumo sacerdote o interrogava e lhe diz: "És tu o Messias, o Filho do Bendito?".

Mt 26,62-63: [62]E tendo se levantado, o sumo sacerdote lhe disse: "Não tens nada a responder ao que estes depõem contra ti?". [63]Mas Jesus ficou calado. E o sumo sacerdote lhe disse: "Eu te conjuro, pelo Deus vivo, que nos digas se és o Messias, o Filho de Deus".

Lc 22,67-70a: [[66]...reuniu-se a assembleia dos anciãos do povo, tanto chefes dos sacerdotes como escribas; e o levaram a seu sinédrio] [67]dizendo: "Se tu és o Messias, dize-nos". [Mas ele disse a eles...] [70a]Mas eles todos disseram: "És tu então o Filho de Deus?".

[Jo 10,24.36: [24]Então os judeus o rodearam e diziam-lhe: "...Se tu és o Messias, dize-nos abertamente". ([25]Jesus respondeu-lhes...) [36]..."Vós dizeis que: 'Estás blasfemando' porque eu disse: 'Eu sou o Filho de Deus'?"]

[Jo 19,7: Os judeus responderam-lhe [a Pilatos]: "Nós temos uma lei e segundo a lei ele deve morrer, porque se fez Filho de Deus".]

Comentário

Ao continuar nosso comentário a respeito do sinédrio, lidamos aqui com perguntas "cristológicas" feitas a Jesus pelo sumo sacerdote em Marcos/Mateus[1] e pelos membros do sinédrio em Lucas. (Em João, há perguntas cristológicas semelhantes, feitas a Jesus durante o ministério pelos "judeus".) Em Marcos/Mateus, há apenas uma pergunta que combina "o Messias" e "o Filho do Bendito/de Deus". Em Lucas (como em João), os títulos, embora em estreita proximidade, estão em perguntas separadas pela resposta (ambivalente) de Jesus ao título de Messias. Ver no Sumário, entre os §§ 16 e 17, a subdivisão desta seção. Começaremos com uma parte da cena que é característica de Marcos/Mateus: quando o sumo sacerdote se levanta e interpela Jesus quanto a sua recusa a responder.

Intervenção do sumo sacerdote; silêncio de Jesus (Marcos/Mateus)

Em Marcos e também em Mateus, o sumo sacerdote levantar-se marca uma mudança definitiva nos procedimentos. Fica-se com a impressão de que o julgamento move-se em direção do que realmente interessa.[2] Indiquei acima (§ 20) o tema veterotestamentário dos maus conspiradores que se levantam contra o justo. Antes (Mc 14,57), as testemunhas se levantaram, mas não foram eficientes; o sumo sacerdote é mais persistente. Jesus foi levado até ele no início (Mc 14,53; Mt 26,57) e ele deve levar o assunto a uma conclusão. Para Marcos, ele se levanta *no meio deles* ou *diante deles*, posicionando-se para falar a Jesus em nome de todo o sinédrio.[3] O sumo sacerdote também desempenha o papel principal na sessão

---

[1] Em Mateus, esse sumo sacerdote é identificado como Caifás, que também toma a iniciativa no relato joanino dos procedimentos do sinédrio contra Jesus em Jo 11,47-53. (Ver a tradução deste último nos §§ 20 e 23.)

[2] Em nível histórico, alguns biblistas (por exemplo, Schumann, "Bemerkungen", p. 319) afirmam que, se as testemunhas que depuseram a respeito da destruição do santuário por Jesus não tivessem se mostrado falsas e inconsistentes, Jesus teria sido condenado à morte sob essa acusação sem mais cerimônias. Entretanto, no nível literário, em Marcos/Mateus, tem-se a impressão de que a pergunta cristológica feita pelo sumo sacerdote era a questão mais séria e a que mais preocupava as autoridades. Está claro que Lucas leu Marcos dessa maneira, porque, no julgamento do sinédrio, ele relata apenas o problema cristológico. No julgamento romano, "o Rei dos Judeus", que de certa maneira imita a questão messiânica, é o ponto focal, sem qualquer referência ao Templo/santuário.

[3] Embora Strobel ache que essa posição subtende que o sinédrio está sentado em uma sala semicircular, Broer ("Prozess", p. 87-88) está certo em discordar. De pé "no meio", ou avançando naquela posição para falar ou rezar, encontra-se diversas vezes em Josefo, sem qualquer alusão a respeito da forma do local no qual isso acontece: *Vida* 27; #134; *Ant*. III,i,4; #12; XIX,iv,4; #261 etc.

do sinédrio de Jo 11,47-53 (Caifás) e no interrogatório de Jo 18,19-23 (Anás). A tradição cristã menciona o envolvimento de outros como tomadores de decisão, testemunhas e guardas, mas o sumo sacerdote era lembrado como o principal adversário de Jesus. (Isso poderia até ser histórico, mas precisamos nos lembrar de que, em uma narrativa dramática, é comum o protagonista enfrentar o antagonista principal; cf. Amós e Amasias em Am 7,10-17.) Assim, é surpreendente que o "sumo sacerdote" não desempenhe nenhum papel no relato lucano dos procedimentos judaicos contra Jesus. Ao que tudo indica, mais uma vez Lucas mudou o material para o julgamento de Estêvão em At 6,9–7,1ss. Ali, falsas testemunhas depõem contra Estêvão, acusando-o de proclamar que Jesus de Nazaré destruiria "este lugar santo". Quando os que estavam sentados viram que o rosto de Estêvão se parecia com o de um anjo, o *sumo sacerdote* disse: "Essas coisas são assim?".[4] Em Marcos/Mateus, o sumo sacerdote fala primeiro do depoimento precedente contra Jesus.[5] Marcos usa o tema de "contra" (*kata*) para estruturar os procedimentos.

Em Mc 14,55, os chefes dos sacerdotes e todo o sinédrio começam a procurar testemunho *contra* Jesus, a fim de lhe dar a morte; o ponto central em Mc 14,60 é quando o sumo sacerdote chama a atenção para o que esses homens depuseram *contra* Jesus; na conclusão, em Mc 14,64, já não há necessidade de testemunho, e eles todos julgam *contra* Jesus, considerando-o merecedor da morte. Ao abandonar o "julgar contra" de Mc 14,64, Mt 26,66 perde a inclusão.

Quanto ao que o sumo sacerdote diz no início, a redação de Mc 14,60-61a e Mt 26,62-63a não é muito diferente, embora Mateus simplifique as redundâncias de Marcos e, desse modo, perca parte da intensidade a respeito do silêncio de Jesus e do fato de não responder absolutamente nada. Apesar da redação parecida, a lógica da sequência nos dois Evangelhos é diferente. Em Marcos, o depoimento é falso e inconsistente do começo ao fim; por isso, a pergunta do sumo sacerdote se Jesus tem uma resposta para o depoimento é um blefe, que tenta salvar a situação incômoda. O silêncio enfático do Jesus marcano é censura desdenhosa à baixa

---

[4] O texto ocidental de At 6,15 realça o paralelismo, inserindo "E tendo ficado de pé no meio deles" antes de "o sumo sacerdote". O paralelismo impressionou tanto J. R. Harris (ExpTim 39, 1927-1928, p. 456-458) que ele sugeriu o desaparecimento de um versículo em Marcos no qual os membros do sinédrio olharam para o rosto de Jesus e viram que era igual ao de um anjo!

[5] O que ele pergunta pode ser expresso em *uma única* pergunta: "Nada tens a responder ao que estes depõem contra ti?" (minha tradução; também Lagrange, Lohmeyer, Senior), ou em duas: "Nada tens a responder? O que estes depõem contra ti?". Há uma diferença de sentido, mas não de muita importância; ver BDF, p. 298[4]; 299[1].

qualidade da charada. Em Mateus, embora o primeiro depoimento fosse falso, o segundo depoimento (Mt 26,60b-61) foi dado por um número legal de testemunhas e foi uma revelação da reivindicação de poder por parte de Jesus: "Eu sou capaz de destruir o santuário de Deus e dentro de três dias (o) construirei". Em Mt 26,63a, ao testar se Jesus nega essa extraordinária reivindicação, é evidente que o sumo sacerdote considera o silêncio de Jesus consentimento tácito.

Em Mc 14,61, ouvimos que Jesus "ficou calado e não respondeu absolutamente nada". O grego deste último usa o tempo médio clássico, muito raro no NT, mas comum como termo legal técnico para resposta (MM, p. 64). "Não responder absolutamente nada" ou "não responder", isto é, a linguagem usada aqui para descrever o fato de Jesus não cooperar com o sumo sacerdote que pergunta por que ele não responde aos depoentes, reaparecerá em Mc 15,5 e Mt 27,14, quando Jesus não coopera com Pilatos (que pergunta por que ele não responde às muitas acusações feitas contra ele); mas o verbo "ficar calado" não será repetido. Lc 23,9 nos dirá que Jesus não respondeu nada a Herodes que o interrogou. Em João, Jesus fala a Anás e a Pilatos; mas, em uma passagem (Jo 19,9), ouvimos: "Jesus não lhe deu resposta [a Pilatos]".

Schreiber ("Schweigen", p. 81-83) chama a atenção para o comportamento majestoso de Jesus em toda a NP marcana. Ele não falou com Judas, nem com o que trazia a espada e decepou a orelha do servo. Seu silêncio diante do sumo sacerdote e de Pilatos é, nas palavras de Schreiber: "o silêncio do juiz escatológico antes da condenação final". Sem ir tão longe, podemos considerá-lo mais desprezo pelos procedimentos hostis. O Jesus mateano é muito mais eloquente antes da prisão. Nos dois Evangelhos, tem-se a impressão de que agora Jesus está resignado com seu destino e sabe que palavras ditas aos que são contra ele dessa maneira não mudarão o resultado.[6] Muitos intérpretes veem aqui o impacto na tradição cristã de passagens dos Salmos a respeito do justo sofredor que não abriu a boca ou na boca de quem não houve recriminações (Sl 38,13-15; 39,10; também Lm 3,28-30, onde o fato de ficar calado combina-se com o ato de dar o rosto para bater). At 8,32-35 aplica a Jesus parte da passagem do servo sofredor de Is 53,7, que em sua inteireza diz: "E apesar de atormentado, não abre a boca, como um cordeiro

---

[6] No nível do tema, não se encontra nada para apoiar a afirmação de Blinzler (*Trial*, p. 101-102), segundo a qual o silêncio de Jesus impedia legalmente o tribunal de usar o (falso) depoimento que havia sido apresentado.

levado ao abate; e como um cordeiro diante dos tosquiadores não tem voz, ele não abre a boca". Contudo, como Kosmala ("Prozess", p. 28) insiste, o vocabulário de silêncio e de não dar resposta na NP não é igual ao de nenhuma das passagens veterotestamentárias.[7] É de se perguntar se uma tradição do silêncio de Jesus não existiu primeiro, para acabar sendo comparada com passagens do Dêutero-Isaías e dos Salmos. Há quem remonte o silêncio a fato histórico, por exemplo, Rengstorf, K. L. Schmidt; e é preciso observar que Jesus, filho de Ananias, que falou contra o santuário, nada respondeu em defesa própria nem diante dos magistrados judaicos, nem do governador romano (Josefo, *Guerra* VI,v,3; ##302.305 — a respeito de tudo isso, ver Schreiber, "Schweigen"). É certo que o silêncio de Jesus se tornou modelo para outros. 1Pd 2,21.23 fala do sofrimento de Cristo, "que, embora injuriado, não injuriou; sofrendo, não ameaçou; ele se entregava àquele que julga com justiça".[8]

A pergunta cristológica: o Messias, o Filho de Deus

Assim como sequências diferentes deram um tom diferente em Marcos e Mateus respectivamente para a primeira pergunta a Jesus e ao silêncio de Jesus, o mesmo aconteceu com a segunda pergunta do sumo sacerdote. Quanto a Marcos, Juel (*Messiah*, p. 170) e outros interpretam *palin* ("Novamente"), em Mc 14,61b, como possivelmente relacionando a segunda pergunta cristológica ao tema do santuário que foi assunto da primeira pergunta quando o sumo sacerdote perguntou a respeito de depoimento (Mc 14,60). Entretanto, *palin* também inicia a segunda pergunta de Pilatos a Jesus, em Mc 15,4, e essa não é a mesma que sua primeira pergunta. Assim, parece que *palin* significa "outra vez" e ressalta a persistência do sumo sacerdote que estava "interrogando" Jesus. Ele não encontra outro jeito de avançar mais com o falso depoimento, por isso agora tenta outra tática para ver se faz Jesus falar. O uso do presente histórico ("diz") para a pergunta principal do sumo sacerdote e a resposta nos vv. 61.63 reflete a qualidade fortemente narrativa de Marcos aqui.

Em Mt 26,63, que omite o *palin* de Marcos, o sumo sacerdote põe Jesus sob juramento: "Eu te conjuro [*exorkizein*], pelo Deus vivo". Há quem pense que essa seja uma fórmula de juramento padrão aplicada no tribunal; outros indicam *Mixná*

---

[7] Em especial, Lc 22,71: "Nós mesmos ouvimos de sua própria boca" é quase o oposto de "ele não abre a boca".

[8] Ver também os mais problemáticos: Inácio, *Efésios* xv,2; *Testamento de Benjamim* 5,4.

Shebu'ot 4,13, que declara que, se alguém é posto sob juramento pelo nome divino ou um atributo divino reconhecido, está obrigado.[9] O "Deus vivo" ou "Deus que vive (para sempre)" é termo veterotestamentário (Dt 5,26; Js 3,10; Dn 4,31[34]) e é apropriado em juramentos (1Sm 14,39), pois invoca aquele que será eficiente para punir o perjuro. Aqui, "o Deus vivo" repete a confissão de Pedro de que Jesus é "o Messias, o Filho do Deus vivo", em Mt 16,16, e a intenção de Mateus é chamar a atenção para o paralelismo entre essa cena e a atual. Esse juramento aumenta o interesse da sala do tribunal nesta cena, mas ele se encaixa também em paralelos mais populares. *Exorkizein* e *orkizein* são empregados em exorcismo, por exemplo: "Eu te conjuro pelo Jesus que Paulo prega" (At 19,13; também Mc 5,7). Segundo Josefo (*Ant.* II,viii,2; #200), José pusera seus irmãos sob juramento para levar-lhe os ossos para Canaã (ver também Gn 24,3). Em 1Rs 22,16, embora tenha tido uma experiência infeliz com as profecias negativas de Miqueias, filho de Jemla, Acab, o rei de Israel, insiste: "Quantas vezes terei de conjurar-te para não me falares nada a não ser a verdade?". De fato, o Jesus mateano demonstra aversão por juramentos e instrui os discípulos para que os evitem (Mt 5,33-37). Contudo, por ironia, no exato momento em que, no fim da vida de Jesus, a mais alta autoridade de seu povo ordena-lhe que preste um juramento, Pedro, seu discípulo mais importante, está voluntariamente fazendo um juramento. A Jesus é dito que jure ser o Messias, o Filho de Deus, enquanto Pedro, que fez essa mesma confissão em Mt 16,16, agora jura voluntariamente que nem mesmo conhece Jesus (Mt 26,74).

A pergunta ou exigência do sumo sacerdote em Marcos/Mateus e a resposta de Jesus têm sido tratadas em uma quantidade quase interminável de artigos. A variação lucana com seu paralelo joanino não está muito atrás em literatura abundante. Muitos estudos combinam o que pode ter acontecido em 30/33 d.C. com a descrição dos evangelistas. Acho isso confuso e tentarei resistir a essa combinação. Na Análise de § 21 e § 23, vou examinar se é provável que, no tempo de Jesus, títulos como "o Messias" ou "o Filho de Deus" fossem aplicados a ele, e com que sentido; se, mesmo que títulos não estivessem envolvidos, havia problema quanto à identidade de Jesus causada por sua proeminência no advento ou entrada do reino; e se seria plausível isso ter contrariado o sumo sacerdote a ponto de entregá-lo

---

[9] Van Tilborg (*Jewish*, p. 80) sugere que a redação da exigência do sumo sacerdote a Jesus sob juramento continha uma violação da lei; mas Broer ("Bemerkungen", p. 35) mostra com base na literatura de Qumrã que eram usados juramentos em nome do "Deus Altíssimo, Senhor do céu e da terra, o Grande Santo" (1QapGen 2,4.14; 22,20-21).

aos romanos para ser crucificado. Aqui, desejo examinar o que cada evangelista comunica aos leitores cristãos de trinta a setenta anos mais tarde. Presumo que, quando essa audiência cristã ouvia "o Messias" ou "o Filho de Deus", essas expressões tinham o mesmo sentido que em expressões conhecidas do credo e do louvor litúrgico — sentido que certamente era diferente de qualquer prática do tempo de Jesus. Além disso, presumo que, para os leitores do Evangelho, o sumo sacerdote concretizou em sua pergunta todo o ceticismo e hostilidade que tinham encontrado ou que lhes contaram a respeito dos anos de rejeição judaica da proclamação cristã. Em outras palavras, a avaliação que o sumo sacerdote faz de Jesus foi assimilada ao que os judeus contemporâneos que não acreditavam em Jesus pensavam do Evangelho cristão. Os leitores são *Christianoi* (At 11,26), isto é, os que creem que Jesus é o Messias (*christos*); e essa questão separa-os dos judeus, que não creem (ver de Jonge, "Use of *Christos*", p. 182-187).

Assim, por exemplo, na pergunta relativa a Jesus ser o Messias, para o nosso propósito é irrelevante falar *simplesmente* de um rei ungido da Casa de Davi. O entendimento que os leitores têm do Messias (*ho christos*) foi moldado pelo fato de *christos* ter se tornado segundo nome de Jesus — o que Jesus era, o Messias era.[10] Nem devemos restringir "Filho de Deus" aqui a uma reflexão da promessa de Natã a Davi, segundo a qual todo rei de sua Casa seria tratado por Deus como filho. Para os leitores de Mateus e Lucas, "o Filho de Deus" significa alguém não gerado por pai humano, mas pelo Espírito Santo, de modo que Deus é seu único Pai. Para os leitores de João, "o Filho de Deus" é alguém que está sempre na presença do Pai (Jo 1,18), antes mesmo da criação do mundo. Esses leitores talvez estivessem conscientes de que o conteúdo do vocabulário no qual expressavam sua fé era diferente de um emprego mais primitivo, mas dificilmente separavam o que era perguntado a Jesus daquilo que eles confessavam que ele era. Diversos textos (Mc 12,35-37; Rm 1,3-4) mostram que os cristãos sabiam que o Messias não podia ser adequadamente descrito como filho de Davi.

Com essa premissa, examinemos aspectos do tratamento da questão cristológica em cada um dos Evangelhos sinóticos. (Em sua maioria, os paralelos joaninos não estão na NP e serão citados para comparação, e não como assunto de comentário

---

[10] W. Kramer (*Christos, Kyrios, Gottessohn*, ATANT 44, Zurich, Zwingli, 1963, p. 203-214) mostra como, mesmo na época pré-paulina, esse título era ligado estreitamente a fórmulas de fé usadas na pregação e no batismo.

direto.) Reservaremos a resposta de Jesus em termos do Filho do Homem para a seção seguinte (§ 22).

Marcos. A pergunta do sumo sacerdote em Mc 14,61 começa: "És tu o Messias?". Em grego, isso é *sy ei ho Christos*. A fórmula *sy ei* com um título é frequente em Marcos (Mc 1,11; 3,1; 8,29; 15,2), mas não devemos presumir que é criação marcana. Apesar dos tratamentos muito diferentes da questão crucial do Messias em Marcos/Mateus e Lucas/João, nos quatro Evangelhos a fórmula é *sy ei ho Christos*, o que sugere serem tais títulos formais a linguagem fixa de profissões de fé primitivas para identificar e louvar Jesus. À medida que o sumo sacerdote continua, não há nada na forma marcana de seu interrogatório (ou, aliás, no juramento exigido em Mateus) para sugerir que ele faz duas perguntas independentes: "És tu o Messias" e "És tu o Filho do Bendito?". A inferência natural, então, é entender os dois termos em aposição. Em importante contribuição, Marcus ("Mark") argumenta que essa é uma aposição restritiva, onde o segundo termo fornece informações essenciais para entender o primeiro. Havia vários tipos de Messias aguardados pelos judeus do tempo de Jesus, por exemplo, Messias de Aarão e de Israel em Qumrã.[11] Contra esse pano de fundo, está a descrição do sumo sacerdote perguntando a Jesus se ele é o Messias-Filho-de-Deus. Por causa da infeliz tendência a misturar os níveis de descrição histórica e evangélica e porque, no nível histórico, o sumo sacerdote não teria entendido "Filho do Bendito/de Deus" literalmente, muitos biblistas afirmam que a pergunta messiânica em Marcos/Mateus refere-se apenas ao fato de Jesus ser o (ou um) rei ungido da Casa de Davi, cujos monarcas Deus prometeu tratar como filhos (2Sm 7,14). Entretanto, se a interpretação for mantida no nível do Evangelho, Mc 12,35-37 e Mt 22,41-46 refutam claramente essa fraca leitura de Messias-Filho-de-Deus. Ali, o problema de definir o Messias foi especificamente mencionado ("De quem ele é filho?") e Jesus declarou que "filho de Davi" era descrição inadequada. Aqui, Jesus responde afirmativamente ao sumo sacerdote e, assim, "o Messias, o Filho do Bendito/de Deus" deve significar mais. Significa o que os leitores cristãos de Marcos e Mateus entendiam por essa terminologia quando esses Evangelhos foram escritos. Significa o que o primeiro versículo do Evangelho de Marcos proclama: "Início do Evangelho de *Jesus Cristo, Filho de Deus*" (texto

---

[11] Neste comentário, deixo de lado a expectativa do Messias, o filho de José, por não estar atestada claramente no século I d.C.; ver M. Barker, TJCSM, p. 40-46. Essa pessoa é um Messias sofredor e/ou moribundo. Um fragmento de Qumrã, 4Q285, menciona um assassinato em relação ao Ramo de Davi (messiânico); mas não está claro se ele mata (um inimigo perverso) ou é morto.

mais bem atestado). E assim, não há nenhuma surpresa quando Jesus diz "Eu sou"; ele afirma o que o Evangelho todo foi escrito para proclamar.

Por trabalharmos no nível do Evangelho, precisamos levar em consideração passagens anteriores, por exemplo, em Mc 8-9. (Há um paralelismo deliberado entre o meio e o fim do Evangelho. Em Mc 8,29, o mais importante dos Doze de Jesus confessou ser ele o Messias. (Não era uma confissão adequada, porque Pedro não levou em conta o sofrimento e Jesus teve de corrigi-lo, falando do Filho do Homem do mesmo modo que aqui ele fala do Filho do Homem — mas era uma confissão correta, como o leitor sabe pelo versículo inicial.) Deus complementou pessoalmente essa confissão dezessete versículos adiante (Mc 9,7), ao falar de Jesus como "meu Filho amado" (a mesma informação dada ao leitor no início do Evangelho em Mc 1,11).

Há também uma ligação entre a cena atual e Mc 13, que já vimos ser de grande importância para entender o dito a respeito da destruição do santuário.[12] Ali, o tema da destruição do Templo (santuário) levou à cristologia, como faz aqui. Em Mc 13,21-22, Jesus advertiu contra os falsos messias que anunciariam o fim dos tempos. (Mais uma vez depois disso, ele falou do Filho do Homem em Mc 13,26.) Dez versículos adiante (Mc 13,32), ele disse que daquele dia ou hora ninguém sabe, nem mesmo o *Filho*, mas somente o Pai. Assim, é preciso complementar a ideia do Messias com a ideia de Jesus como o Filho de Deus para obter toda a imagem cristã. Bem faz de Jonge ("Use of *Christos*", p. 180), ao insistir que "o Messias" fazia parte da confissão cristã essencial quando complementada pela gloriosa relação do Filho com seu Pai. O aspecto régio do Messias permanece, pois em Mc 15,32, Jesus será escarnecido como o Messias, o rei de Israel. Mas o elemento divino é muito forte em "o Filho de Deus" e a ideia toda está sendo contestada pelo sumo sacerdote.

Contudo, precisamos notar meticulosamente que, na verdade, na narrativa do julgamento, Marcos não usa "o Filho de Deus", mas "o Filho do Bendito" [*ho eulogetos*]". Por quê? *Eulogetos* aparece oito vezes no NT. Não é certo se Rm 9,5 aplica-o a Cristo ou a Deus, mas nas outras passagens esse versículo sempre descreve Deus. Com a exceção desta passagem, *eulogetos* é empregado em bênçãos como "Bendito seja o Senhor, o Deus de Israel" (Lc 1,68; 2Cor 1,3; Ef 1,3; 1Pd 1,3),

---

[12] Dewar, "Chapter", ressalta um forte elo entre Mc 13 e a NP, embora sua adaptação de cada detalhe seja excessiva.

ou em modificadores de louvor como "o Criador, que é bendito para sempre" (Rm 1,25; 9,5; 2Cor 11,31). Este é o único exemplo neotestamentário de "o Bendito" como *título* de Deus.[13] Apesar da tendência de alguns para declarar que *habarûk*, o equivalente hebraico de *ho eulogetos*, era substituto reconhecido para o nome divino (não raro citando as referências muito mais tardias apresentadas por Dalman ou St-B), não há prova real disso. "O Filho do Bendito" não se encontra alhures nem no NT nem na literatura judaica; *nem se encontra "o Bendito" como título para Deus.* Um uso adjetival predicativo ("Aquele que é bendito para sempre") aparece em *1 Henoc* 77,1; há também o uso como complemento nas orações judaicas primitivas ("O Santo, Bendito seja Ele"). Mixná *Berakot* 7,3 e os comentários talmúdicos a respeito dele (TalBab 50a; TalJer 7,11) têm outro uso adjetival predicativo. Esses parecem o uso neotestamentário geral de *eulogetos*, mas não apresentam indícios para um nome divino substituto.[14]

Uma crítica das razões pelas quais Marcos usa "o Bendito" deve também incluir o nome para Deus que Jesus emprega em sua resposta: "sentado à direita do Poder [*he dynamis*]" (Mc 14,62). Examinarei "o Poder" na próxima seção, que trata da resposta de Jesus a respeito do Filho do Homem; mas, se posso antecipar, "o Poder" nunca é usado como título para a pessoa de Deus (distinta de Deus operante no mundo ou revelador). Em uma breve troca de palavras, então, em vez de

---

[13] Excessivamente conjetural é a tese de F. C. Burkitt (JTS 5, 1903-1904, p. 451-455), segundo a qual *ho on [...] eulogetos* em Rm 9,5 repete a forma na LXX do tetragrama (*ho on* em Ex 3,14), de modo que ali e aqui *eulogetos* seria reconhecido como substituto para YHWH.

[14] Contudo, como sugere E. E. Urbach (*The Sages*, 2 v., Jerusalem, Magnes, 1979), nos capítulos 3 e 5 a respeito de epítetos, há uma linha estreita entre epítetos e títulos. O exemplo que Urbach dá (v. 1, p. 41) de um período mais tardio compara *barûk* ("Bendito seja") e *ha-meborak* ("o Bendito"). Em DJD (v. 2, p. 160), documento 43 (de Murabba'at) é uma carta de Simão ben Koseba (líder da Segunda Revolta Judaica) a Yeshua' ben Galgula e "aos homens de *hbrk*". As duas primeiras letras na última palavra são ininteligíveis, e há quem tenha entendido *hkrk*, "a fortaleza". O organizador, J. T. Milik, prefere achar aqui uma referência ao lugar Ha-Baruk, forma abreviada do nome de um vilarejo a leste de Hebron, Kaphar ha-Baruk (aldeia do bendito). Embora *kephar* ("aldeia de, propriedade de") seja um componente comum de topônimos talmúdicos, só raramente encontra-se um artigo definido antes do componente regido, por exemplo, Kephar ha-Babli ("Aldeia do babilônio"). O padrão mais normal seria Kephar Nahum (= Cafarnaum). No caso presente, recorrendo a F.-M. Abel (*Géographie de la Palestine*, 2 v., Paris, Gabalda, 1967, v. 2, p. 288), Milik identifica o local como a Caphar Barucha mencionada em Jerônimo, que interpretou o nome como *villa Benedictionis*, onde Abraão ficou diante de Deus (Gn 18,22). Milik entende que significa "Aldeia do Bendito [Abraão]". Entretanto, tem sido questionado se, como Betel ("Casa de Deus"), "o Bendito" aqui não poderia ser um título de Deus. Os indícios são incertos e, assim, em meus comentários acima, trabalho com a tese de que ainda não temos um exemplo seguro de "o Bendito" como título divino.

"Deus", Marcos usa "o Bendito" e "o Poder", nenhum deles terminologia judaica realmente exata, segundo provas agora disponíveis. Por quê? Exata ou não, não há dúvida de que, na tradução grega, esses títulos emprestam uma "atmosfera judaica" à troca de palavras. O costume de usar substitutos em vez do nome divino era bem conhecido de quem estivesse familiarizado com o Judaísmo de língua grega.[15] Juel (*Messiah*, p. 77-79) fala de uma impressão pseudojudaica tentada por Marcos e o uso dessas palavras talvez seja um toque literário para dar atmosfera. Não é diferente de deixar Jesus "mergulhar" em aramaico, sua língua pátria, pouco antes de morrer (Mc 15,34). Do princípio ao fim, vimos que a NP marcana é narrativa habilidosa, eficiente, com bons toques populares. O fato de aparentemente os substitutos do nome divino não serem muito exatos não faria diferença se tivessem o estilo da maneira como se julga que os judeus falavam.

Quando se indaga por que esse toque ocorre aqui, mas não extensamente em outras passagens, a resposta é que, apenas em momentos especialmente dramáticos, as pessoas se davam ao trabalho de atingir plausibilidade linguística como meio de realçar a importância desses momentos. Isso é certamente verdade para as últimas palavras da vida de Jesus e provavelmente é verdade para a única troca direta de palavras entre Jesus e a mais alta autoridade de seu povo, em especial quando a troca tocava na questão evangélica básica da cristologia que separava os cristãos (judaicos e gentios) dos judeus que não acreditavam em Jesus.[16] Creio que Pesch (*Markus*, v. 2, p. 437) está muito errado ao afirmar que o emprego de "o Filho do Bendito" em vez de "o Filho de Deus" mostra que Marcos não quer que seus leitores entendam os títulos no sentido confessional comum, mas em um nível mais baixo de simplesmente o Messias davídico. Isso presume uma sofisticação incrível. Com certeza, os leitores de Marcos c. 70 pensavam que Davi, em sua referência a "Messias" (Sl 2,2), queria dizer o que eles passaram a crer que Messias significava quando aplicado a Jesus. Como mencionei acima, eles entendiam que

---

[15] Aqui, não examinarei se a LXX preservada pelos cristãos sempre reflete a prática judaica do tempo de Jesus, nem se, em certos pontos (como *Kyrios* para YHWH), os grandes Códices da LXX dos séculos IV e V, têm a redação dos tradutores da LXX de quinhentos anos antes.

[16] Foi sugerido que outros fatores influenciaram a escolha marcana de "o Bendito" e "o Poder", por exemplo, o desejo de evitar a blasfêmia de pronunciar o nome divino (muito dúbio; ver nota 9 acima e § 23), ou o desejo de preservar a verossimilhança, não pondo nos lábios do sumo sacerdote judaico a fórmula confessional cristã completa: "Jesus Cristo, o Filho de Deus" (suscetibilidade histórica duvidosa).

os títulos na pergunta eram equivalentes aos de Mc 1,1. De outro modo, Jesus não responderia "Eu sou".

Mateus. Mais interessado em clareza pedagógica que em drama, Mt 26,63 prefere "o Messias, o Filho de Deus" ao "o Messias, o Filho do Bendito" de Marcos, a fim de fazer os leitores remontarem a confissões apostólicas de fé, por exemplo, "Verdadeiramente, tu és o Filho de Deus!", em Mt 14,33, e, em especial, à confissão praticamente idêntica por Pedro, em Mt 16,16: "Tu és o Messias, o Filho do Deus vivo". (Aqui, o sumo sacerdote conjura pelo "Deus vivo".) Ajuda os leitores saber que, embora Pedro e o sumo sacerdote apresentassem os mesmos títulos, um falou na fé e o outro na incredulidade; assim, as reações de Jesus foram diferentes. Também "o Filho de Deus" proporciona a Mateus um elo com o tema anterior no sentido de que agora se pergunta a quem falou a respeito de destruir o santuário "de Deus" se ele se julga o Filho de Deus. Mateus retém a imagem marcana do Filho do Homem sentado à direita do "Poder" (*dynamis*), pois o Jesus mateano dissera "Eu sou capaz [*dynamai*] de destruir o santuário de Deus" e Mateus quer fazer a ligação. É mais difícil decidir se, ao prescindir de "o Bendito" e manter "o Poder", Mateus, que aparentemente conheceu a ideia de sinagoga no fim do século I, optava pelo segundo como mais próximo do uso judaico.

Naturalmente, ao passar de "o Filho do Bendito" marcano para "o Filho de Deus", Mateus não divergia do entendimento marcano do termo. Na cena de cumprimento, quando Jesus morre na cruz, os dois evangelistas fazem o centurião confessar que Jesus era "verdadeiramente o Filho de Deus" (Mc 15,39; Mt 27,54). Para os dois evangelistas, o rei messiânico é entendido no sentido cristão do Filho de Deus glorificado até nos lábios de um sumo sacerdote descrente. Como veremos, Mateus tem consciência da incongruência, já que vai suavizar a resposta de Jesus.

Lucas. Ao contrário de Marcos/Mateus, onde o sumo sacerdote pergunta a respeito de um só título combinado, "o Messias, o Filho do Bendito/de Deus", em Lc 22,67[17] e 70a os investigadores sacerdotais separam os dois títulos, de modo semelhante à separação em Jo 10,24 e 36. Vimos que, em Marcos/Mateus, o título

---

[17] Para evitar confusão, é preciso mencionar que Lc 22,67 foi versificado de três maneiras diferentes. O padrão que segui ([67]dizendo: "Se tu és o Messias, dize-nos". Mas ele lhes disse: "Se eu vos disser, nunca acreditareis") é aceito pela maioria. Entretanto, o NT grego de Tischendorf põe a primeira metade de meu v. 67 como final do v. 66, enquanto o NT grego da NEB traz a segunda metade de meu v. 67 como primeira parte do v. 68.

combinado tem o propósito de ser lido no nível do entendimento cristão da terceira parte do século I, segundo o qual "Messias" é o divino Filho de Deus. Lucas também crê nisso (At 9,20.22), mas com um senso maior do que era apropriado antes. Sua separação tem o efeito historicístico de sugerir uma distinção entre o entendimento de "Messias" pelos judeus e o entendimento cristão de "o Filho de Deus". Jesus dará uma resposta evasiva à primeira pergunta, mas uma resposta positiva à segunda. (É interessante que, para os demônios de Lc 4,41, "o Filho de Deus" e "o Messias" são termos equivalentes, de modo que, embora malevolentes, eles têm percepção sobrenatural, o que falta entre as autoridades judaicas.) A primeira passagem cristológica em Lucas (Lc 1,32-35) manteve distintos, mas complementares, o Messias davídico ("o Senhor Deus lhe dará o trono de seu pai Davi") e o Filho de Deus (concebido por intermédio do Espírito Santo, "o poder do Altíssimo"). A designação de Jesus como Messias vem indiretamente por intermédio de João Batista, em Lc 3,15-16, mas a designação Filho de Deus vem diretamente da voz divina, em Lc 3,22. Pedro confessa o Messias em Lc 9,20, enquanto uma voz celeste proclama o Filho de Deus em Lc 9,35. Assim, para Lucas, parece ser necessário conhecimento divinamente revelado para interpretar "o Messias" de maneira correta como título que identifica plenamente Jesus como o Filho de Deus. (No paralelo joanino a Lucas, a pergunta e a resposta a respeito do Messias de Jo 10,24-25 são seguidas em Jo 10,26-28 por uma explicação dada por Jesus [o Messias-pastor davídico] de que só as ovelhas que o Pai lhe deu escutam sua voz e creem.)

Essa história da distinção lucana entre os títulos ajuda a explicar por que, embora Lucas com certeza conhecesse a forma marcana da pergunta do sumo sacerdote, ele preferiu segui-la apenas em parte (principalmente na resposta de Jesus em Lc 22,69) e, em especial em Lc 22,67-68, preferiu seguir outra tradição. Entretanto, como o exame desse tema inclui a resposta de Jesus à pergunta messiânica, vou deixá-lo para a seção seguinte.

Análise

No relato do julgamento de Jesus pelo sinédrio, os Evangelhos sinóticos têm, de várias maneiras, um interrogatório de Jesus a respeito de ser ele o Messias, o Filho de Deus (e na próxima seção [§ 22], uma resposta afirmativa na qual ele fala do Filho do Homem). No COMENTÁRIO, insisti em lidar com esses títulos no nível em que os leitores cristãos dos Evangelhos no período de 70 a 100 os entenderam (à luz de sua fé em Jesus) e os consideravam rejeitados pelos adversários judeus do Evangelho cristão. Aqui, volto o relógio para o ano da morte de Jesus (30 ou 33 d.C.) e, com referência a cada título, examino o seguinte problema complexo: poderia uma autoridade judaica ter perguntado a Jesus se ele aceitava esse título; e, se Jesus dissesse sim, o que ele e o sumo sacerdote teriam entendido por esse título confirmado? Não há nenhum meio para confirmar se a pergunta foi feita e a resposta dada, mas a possibilidade e a plausibilidade podem ser examinadas.[18]

A. Jesus, o Messias

A palavra "Messias" vem do aramaico *mesiha'*, que reflete o hebraico *masîah*; a tradução grega é *christos*, donde "Cristo". Os termos semítico e grego significam "ungido". Como veremos, várias pessoas eram consideradas ungidas física ou espiritualmente, mas, para nossos propósitos, é útil uma história sucinta da pessoa régia ungida. Parece que a ideia de ungir com óleo foi aplicada primeiro ao rei, e só mais tarde ao sumo sacerdote. Quando a monarquia davídica governou a Judeia (1000 a 587 a.C.), cada rei da dinastia era um ungido do Senhor, e considerado representante especial de Deus para o povo. Em Sl 2,2, encontramos: "YHWH e Seu ungido [= messias]" unidos contra os reis e governantes hostis. O documento literário da dignidade messiânica da dinastia davídica encontra-se em 2Sm 7; Sl 89; 1Cr 17. De várias maneiras continha estas ideias: a eleição de Davi por Iahweh; promessas de vitória e amplo domínio; adoção de Davi e seus sucessores como filhos; promessa de uma dinastia eterna, não condicionada à fidelidade dos sucessores de Davi a Iahweh. O rei seria instrumento para a segurança política e o bem-estar do povo.

No século VIII, houve progresso no messianismo régio, depois que reis ímpios e ineptos empanaram durante muito tempo a glória da linhagem davídica e deterioraram a esperança otimista de que todo rei fosse um salvador de seu povo. Isaías em especial expressou uma esperança mais sutil. Haveria uma invasão do

---

[18] A bibliografia a respeito da cristologia envolvida em "Messias", "Filho de Deus" e "Filho do Homem" é imensa. Aqui, sintetizo meu estudo "Messiah", em NJBC § 77, parágrafos 152-163. Além da bibliografia dada ali, têm pertinência especial para este ponto: J. Neusner *et alii*, orgs., *Judaisms and Their Messiahs at the Turn of the Christian Era*, Cambridge Univ., 1987; e S. Talmon, "Types of Messianic Expectation at the End of the Era", em *King, Cult and Calendar*, Jerusalem, Magnes, 1986, p. 202-224.

poder de Iahweh que restauraria a dinastia e asseguraria sua permanência, pois, no futuro próximo, Deus criaria um sucessor digno de Davi. Is 7,14-16 e 9,1ss. são rapsódicos na descrição do herdeiro que logo nasceria como sinal de que Deus ainda está com o povo escolhido (Emanuel). O herdeiro instituiria justiça, construiria um vasto império, traria paz a ele e seria digno dos títulos palacianos tradicionais da monarquia (Is 9,5: Maravilhoso [Admirável] Conselheiro; Deus Herói; Pai para Sempre; Príncipe da Paz). Em Is 11,1ss. (talvez de composição um tanto mais tardia), o governante ideal esperado restaurará as condições de Paraíso e trará a paz cósmica. Ver também, em Mq 5,1-4a, outra descrição do rei ideal. Apesar da linguagem exuberante que talvez pareça transcender a história, essa expectativa concentrava-se em um rei da dinastia que nasceria no futuro próximo.

No período pós-exílico, houve drástica mudança nessa esperança messiânica davídica, que não podemos descrever completamente por causa da escassez de documentação. A dinastia davídica já não governava em Jerusalém; assim, o ungido esperado dificilmente poderia ser o rei seguinte na linhagem. Em uma substituição, o rei ideal viria no futuro indefinido, quando o trono davídico seria restaurado. Aqui, temos o surgimento do rei messiânico, no sentido de que muitos aprenderam a pensar no Messias. Naturalmente, ele ainda era uma figura humana dentro dos laços da história; mas sua obra era manifestação especial do poder de Iahweh, que definitivamente libertava o povo e trazia bens espirituais e materiais. Contudo, como não havia dinastia visível para gerar essa pessoa, surgiram outras esperanças e expectativas judaicas ao lado da davídica, por exemplo, a salvação por meio de um sacerdote ideal, ou um profeta como Moisés, ou por Deus, sem ajuda humana.

Quando chegamos aos tempos que antecedem a vida de Jesus e ao longo dela, então, encontramos diversidade de expectativa: nem todos os judeus aguardavam o Messias, e os que o aguardavam tinham entendimentos diferentes de quem ele seria. De Jonge ("Use of Word") enfatiza o fato de poucas vezes a literatura judaica entre 200 a.C. e 100 d.C. mencionar o termo com referência a uma pessoa futura. Há mais de quinze ocorrências de *msyh* nos Manuscritos do Mar Morto, produzidos durante 150 anos, com uma série muito ampla de sentido. 4QPatr 3–4 fala do descendente de Davi como o Messias de Justiça, o Ramo de Davi; 1QSa 2,12.14.20 fala da possibilidade de Deus gerar o Messias no Concílio da Comunidade, o Messias de Israel que virá com os chefes dos clãs. 11QMelch 18 fala do

Messias profetizado por Dn 9,25. Há também um sacerdote ungido, pois 1QS 9,11 e CD 12,23-13,1; 19,10-11 e 20,1 falam do Messias de Aarão e Israel. CD 2,12; 6,1 referem-se aos profetas como ungidos. As referências na seção de parábolas de *1 Henoc* são mais difíceis de datar: em *1 Henoc* 48,10, ouvimos falar do "Senhor dos Espíritos e Seu Messias", que com toda a probabilidade é o mesmo que o Filho do Homem em *1 Henoc* 48,2; ver também "Seu Messias", em *1 Henoc* 52,4. Essa pessoa messiânica existia com Deus no céu desde antes da criação. Os *Salmos de Salomão* do século I a.C. (notemos "Salomão": o filho de Davi e construtor do Templo) falam do "ungido do Senhor" (*Salmos de Salomão* 17,32[36]), o filho de Davi (*Salmos de Salomão* 17,21-26) que quebrará em pedaços as nações ímpias e reunirá um povo santo que ele abençoará com sabedoria e guiará fielmente. Talvez um pouco mais tarde, *Salmos de Salomão* 18 (Título, 6[5], 8[7]) fala novamente do ungido do Senhor que empunhará uma vara de disciplina em espírito de sabedoria, justiça e força. A décima quarta bênção do *Shemoneh Esreh* (século I d.C.?) fala do reino da Casa de Davi e do "Messias de Tua justiça". No final do século I d.C., em *4 Esdras* (*2 Esdras*), Deus se refere a "meu Filho, o Messias" que governará durante quatrocentos anos e morrerá (*4 Esdras* 7,28-29). *4 Esdras* 12,32 fala do Messias que brotará da semente de Davi e que o Altíssimo conserva até o fim dos dias; ele repreenderá os injustos. 2 Barnabé 29,3 e 30,1 falam da revelação do Messias (do céu?) e, então, aparentemente depois de um reinado temporário, o advento final do Messias.

À insuficiência das menos de trinta referências nos trezentos anos (expectativas de um Messias que viria) deve ser acrescentado o fato de que, embora Josefo descreva todo tipo de personagens históricas (profetas, reis presuntivos, sacerdotes, agitadores) no século I a.C., ele nunca chama nenhum deles de messias. Admitindo-se esse silêncio, é notável que as duas referências de Josefo a Jesus aludam a ele como *christos* (*Ant.* XVIII,iii,3; #63; XX,ix,1; #200). Se entendermos o significado manifesto de referências rabínicas mais tardias (ver § 23, nota 26), elas nos dizem que Rabi Aqiba saudou Simão ben Koseba como o Messias (130 d.C.), mas parece que antes dele nesses séculos não houve nenhum judeu identificável saudado como o Messias régio além de Jesus de Nazaré. Ressalto isso para que, no estudo a seguir, algumas ideias comuns mas errôneas não sejam levadas em conta. *Não havia uma única expectativa nacional do Messias*; não se pode argumentar que, se os seguidores de Jesus pensassem que ele foi enviado por Deus, teriam de dizer que ele era o Messias. Ele *não* era um entre muitos pretendentes messiânicos nesse período (na verdade, não temos prova de nenhum outro). Embora já tenhamos visto que a palavra podia se referir a um sacerdote ou profeta, bem como a uma figura régia, no exame a seguir de Jesus como "o Messias" falaremos do rei messiânico. Jesus não era de ascendência levítica e, assim, as pessoas não podiam tê-lo considerado o sacerdote ungido de Aarão. As confissões dele como Messias distinguem deliberadamente entre essa designação e seu reconhecimento como profeta (Mc 8,28-29 e par.).[19]

A pergunta histórica básica é: foi Jesus chamado o Messias antes da ressurreição e, se a resposta for afirmativa, por quem e com que aceitação por ele? Vou mencionar algumas teorias, mas, ao avaliá-las, é preciso levar em conta três pontos. Dois desses pontos são fatos; o terceiro é uma probabilidade muito forte.

O *fato #1* é que, depois da ressurreição, Jesus foi chamado o Messias (Jesus Cristo, Jesus, o Cristo, o Cristo de Deus) por seus seguidores com espantosa frequência, conforme atestado nos vários gêneros da literatura cristã primitiva. Isso já é verdade nas confissões de fé pré-paulinas, mas tem presença maciça nos escritos paulinos, a ponto de "Cristo" se tornar um segundo nome para "Jesus" e até começar a substituir "Jesus".

O *fato #2* é que as cenas dos Evangelhos nas quais Jesus é tratado ou reconhecido como o Messias são muito poucas e a aceitação desse título por Jesus é prejudicada por complicações. Em Jo 4,25-26, a samaritana menciona a vinda do Messias e Jesus diz: "Eu sou ele". Contudo, os samaritanos não aceitavam a monarquia davídica; assim, se fôssemos avaliar essa cena como história literal, por "o Messias" ela queria dizer outra coisa, não o rei ungido da Casa de Davi — talvez uma pessoa parecida com Moisés, como encontramos na crença samaritana de atestação mais tardia no Taheb (BGJ, v. 1, p. 172). Em Mt 16,16-17, Jesus responde entusiasticamente à confissão de Pedro de que ele é "o Messias, o Filho do Deus vivo"; mas, no paralelo Mc 8,29-30, Pedro confessa-o apenas como "o Messias", e a resposta de Jesus é que não conte a ninguém. Qual deveríamos considerar com

---

[19] O'Neill ("Silence", p. 156) exagera a ambiguidade do termo "Messias", argumentando que, como não havia nenhuma interpretação padrão para aceitar ou rejeitar, se afirmasse ser o Messias, Jesus teria de fornecer uma interpretação da maneira como ele queria que o título fosse entendido. A combinação de seu uso da linguagem do reino e sua linhagem davídica reduziria as possibilidades de entendê-lo como Messias.

mais probabilidade de ter sido a resposta histórica? A mesma pergunta deve ser feita se tratarmos a cena atual como história; de fato, enquanto o Jesus marcano responde "eu sou" à pergunta do sumo sacerdote quanto a ser "o Messias, o Filho do Bendito", o Jesus mateano responde: "Tu o disseste". Se forem entendidos no nível de história, Lc 22,67-68 e Jo 10,24-25 não mostram nenhuma afirmação simples por Jesus de que ele é o Messias. Em Lc 4,41, Jesus age como se pensasse que o conhecimento dos demônios de que ele é o Messias estivesse correto; mas essa é a interpretação de Lucas, não são as palavras de Jesus. É óbvio que vai ser difícil harmonizar os Fatos #1 e #2: enorme confissão pós-ressurreição com mínima atestação pré-ressurreição lembrada.

A *probabilidade #3* é que Jesus foi crucificado sob uma acusação que incluía ele ser ou alegar ser o Rei dos Judeus. Embora o fraseado da inscrição varie ligeiramente em cada Evangelho (Mc 15,26 e par.), todos têm as quatro palavras gregas para "O Rei dos Judeus". Não era um título usado pelos seguidores de Jesus durante o ministério, nem era título comumente atestado na literatura judaica (ver § 32), de modo que não há razão para pensar que os cristãos simplesmente criaram o fraseado da acusação. Nos indícios extra-Evangelhos examinados em § 18 E, entretanto, a realeza é atestada em relação à morte de Jesus somente por Mara bar Serapion. Assim, alta probabilidade é o máximo que podemos reivindicar para isso como memória histórica. "O Rei dos Judeus" não precisa significar o rei ungido da Casa de Davi; na verdade, as primeiras atestações do título são para Alexandre Janeu e Herodes, o Grande, nenhum dos quais era descendente de Davi. Os romanos que fizeram a inscrição poderiam tê-la entendido simplesmente como rei judaico. Contudo, esse título se harmonizaria com o fato de Jesus ser chamado Messias durante a vida.

A respeito do problema de Jesus como o Messias durante a vida, surgiram as teorias a seguir entre os biblistas. Imediatamente depois do relato de cada uma, indicarei em itálico minha opinião quanto a seu valor.[20]

a) Em público ou em particular, Jesus claramente alegava ser o Messias. *Improvável*. Embora explique o Fato #1 e a Probabilidade #3, isso torna o Fato #2

---

[20] Ao fazer esses julgamentos, vou pressupor que, embora interpretassem, teologizassem e qualificassem a tradição a respeito de seu senhor, os cristãos não proclamavam nem preservavam o que eles *sabiam* ser falso ou totalmente oposto ao que Jesus de fato dissera. Sem essa pressuposição, não há controle racional de plausibilidades.

praticamente ininteligível. É preciso supor algum tipo de manobra durante a vida de Jesus para esconder o que ele se julgava ser. O'Neil ("Silence") afirma sem nenhum apoio textual verdadeiro que Jesus se considerava o Messias, mas não podia afirmar isso porque *Deus* devia identificar e entronizar o Messias; o Messias não ousa identificar a si mesmo. As crenças a respeito do Messias dificilmente eram tão uniformes a ponto de exigir esse silêncio.[21] Totalmente imaginária a meu ver é a teoria atraente de S. G. F. Brandon (*Jesus*), segundo a qual Jesus era um Messias político (na verdade revolucionário) e seus seguidores sabiam disso (ver § 31, A2). É grande a pressão para encontrar um único texto que (sem interpretação incrivelmente imaginativa) apoie isso. A história não mostra nenhum de seus seguidores do século I envolvidos em um movimento revolucionário (na verdade, o contrário);[22] e, segundo as referências reais em Josefo, o movimento zelota foi posterior ao tempo de Jesus em trinta e cinco anos (§ 31, A2). Ainda outra tese de que Jesus se entendia como o Messias não em seu ministério presente, mas na parusia futura do fim dos tempos, sofre de falta de provas nos textos evangélicos. Realmente encontra-se alguma coisa próxima disso em At 3,20, nos lábios de Pedro, mas essa abordagem é precisamente o tipo de ajuste que os cristãos do período pós-ressurreição tinham de fazer ao aplicar "Messias" a Jesus.

b) Jesus negou claramente ser o Messias. *Muitíssimo improvável.* Isso torna o Fato #1 praticamente impossível e a Probabilidade #3 muito difícil de entender; na verdade, não explica realmente o Fato #2. Não há nenhuma passagem preservada onde Jesus negue ser o Messias; nem Mc 8,29-33 quer dizer isso. Como um Messias não era expectativa universal, não há razão pela qual seus seguidores o proclamariam o Messias se ele dissesse que não era. Que ele foi crucificado como um suposto Rei dos Judeus se explicaria como calúnia inventada por seus inimigos, em vez de ser interpretado como parcialmente verdade (Jo 18,36-37). Talvez haja quem fique confuso com minhas ideias a respeito dos dois pontos que examinei.

---

[21] Admitindo a opinião de O'Neill, mencionada na nota 19 acima, acho curioso que ele considere esse mal atestado aspecto de silêncio do Messias indispensável. Para o Messias da Casa de Davi, linhagem e nascimento em Belém serviam de *identificação divina*, como vemos nas narrativas mateanas e lucanas da infância. (mais Jo 7,41-42).

[22] Jesus foi preso sozinho; isso não é verdade quanto aos bandoleiros, autoproclamados reis e profetas descritos por Josefo no século I, isto é, os propostos como paralelos a Jesus como revolucionário. Contra eles, foram enviados centenas de soldados, e na luta armada que se seguiu, seus seguidores pereceram e/ou foram presos. A única pessoa solitária (e a única tratada de modo semelhante a como Jesus foi tratado) foi Jesus bar Ananias, que não era manifestamente político nem revolucionário.

Se Jesus não alegava que era o Messias, não teria ele igualmente dito que não era o Messias? A chave para a lógica é mais uma vez que Messias não era um conceito unívoco. Negar que ele era o Messias poderia significar para alguns ouvintes que Jesus negava alguma coisa que não desejava negar, isto é, que era o agente único e final para instituir o Reino de Deus — papel do qual estava totalmente convencido. Afirmar que ele era o Messias poderia ter significado para outros ouvintes que Jesus afirmava uma coisa que não desejava afirmar, por exemplo, que venceria os inimigos de Israel e estabeleceria um reino davídico na terra.

c) Os adversários de Jesus (romanos ou judaicos) interpretaram (sincera ou insinceramente) que ele e seus seguidores alegavam que ele era o Messias e isso contribuiu para a acusação sob a qual os romanos o crucificaram. *Muito provável.* (Note que deixo de lado por enquanto se essa interpretação se justificava.) Isso tornaria a Probabilidade #3 inteligível e harmoniza-se com os Fatos #1 e #2. Que os judeus estavam interessados em saber se ele pensava que era o Messias e que os romanos estavam interessados em saber se ele pensava que era o Rei dos Judeus estão atestados nos quatro Evangelhos.

d) Durante sua vida, alguns de seus seguidores pensavam ser ele o Messias e fizeram essa alegação/confissão quer para ele quer para os outros. *Muito provável.* Isso faria o Fato #1 perfeitamente inteligível, e na verdade é exatamente o que está atestado nos textos citados sob o Fato #2 (a memória evangélica estaria correta). Também esclareceria a Proposição #3 e a declaração precedente feita sob c — a ideia de que ele era um rei messiânico estava na verdade em circulação para ser encontrada pelos adversários. Todos os Evangelhos apoiam essa alegação/confissão por parte dos discípulos.[23] Mesmo que se queira alegar que a acusação da realeza judaica associada à crucificação era falsa, tinha de haver alguma razão para fazê-lo com base no que acontecera antes. (Dificilmente podemos pensar que surgiu como ideia nova de um soldado romano quando ele fez o letreiro para ser colocado na cruz.) A sugestão de que seus seguidores nunca haviam pensado nele como o Messias, mas aceitaram a ideia porque ele fora crucificado como o Rei dos Judeus, merece a resposta simples: "Por quê?" (Dahl, *Crucified*, p. 10-36, percebe bem esse ponto.) Compreendo que o que proponho se choca com um "dogma" dos estudos críticos

---

[23] A objeção de que *christos* não aparece na fonte Q revela uma confiança duvidosa em ser possível reconstruir o conhecimento/a fé total do autor de Q a partir de nossa reconstrução do documento. Ele (ou eles) não acreditava em Jesus Cristo?

modernos desde a época de Wrede: nem Jesus nem seus seguidores pensavam ser ele o Messias, mas os cristãos pós-Páscoa pensavam. Mais plausível é a teoria de que os cristãos pós-Páscoa saudavam Jesus como o Messias em parte porque (pelo menos alguns de) seus seguidores pré-Páscoa haviam feito o mesmo — o que mudou não foi a confissão, mas o conteúdo e a interpretação dada a "Messias" à luz da forma como ele morreu. É possível fazer a objeção de que a ideia de Jesus como o rei messiânico não surgiria em seu ministério devido a suas origens galileias, ao tipo de gente com quem ele se associava e a seu desinteresse por riqueza e poder. Entretanto, a combinação de dois fatores poderia ter tornado difícil evitar o problema de messianismo. Primeiro, ele pregava vigorosamente na linguagem do reino. Realmente, o Reino de Deus não é o mesmo que o reino de Davi; mas seria preciso descobrir isso e seria uma suspeita natural que aquele que fez o reino já presente em sua pregação e cura era ele próprio o rei prometido. Segundo, é muito provável que o próprio Jesus fosse descendente de Davi (a respeito deste ponto, ver a análise em BNM, p. 603-612) e, portanto, alguém a quem os que aceitaram sua proclamação do reino poderiam, de modo plausível, atribuir o papel do rei ungido da Casa de Davi.

e) O próprio Jesus respondeu à questão messiânica de modo ambivalente, sem afirmar nem negar, em parte porque ele tinha uma concepção própria do que devia fazer e, em parte, porque deixou a suprema manifestação de seu papel nas mãos de Deus. *Provável.* Talvez haja quem queira teorizar que Jesus permaneceu calado, e o que temos nos Evangelhos é a interpretação de seu silêncio. Contudo, a posição de resposta ambivalente (combinada com [c] e [d] acima) explica melhor os Fatos #1 e #2 e a Probabilidade #3, bem como todos os textos messiânicos evangélicos. Entretanto, são necessárias algumas restrições. Embora nossos textos relatem que alguns dos que seguiam Jesus o saudavam como o Messias, é muito difícil discernir como os que o faziam entendiam "Messias" e, portanto, é difícil saber com certeza por que existe a lembrança da resposta ambivalente de Jesus. Mas, entre as passagens evangélicas, é possível selecionar as seguintes como entendimentos de "Messias" ou "rei" que os cristãos achavam que Jesus rejeitaria: entendimento no qual o sofrimento e a morte fossem excluídos (Mc 8,31-32); reivindicação de governar outras nações (Mt 4,8-10; Lc 4,5-8); aceitação e coroação públicas (Jo 6,15); ter lugares de honra e poder para aquinhoá-los (Mc 10,37-38); dar ênfase à ascendência davídica e a ligações familiares (Mc 12,35-37; 3,31-35). Deve-se também levar em conta que a tradição certamente não revela nenhuma tentativa de Jesus para definir seu papel. Essa reticência talvez se origine do fato de ele não afirmar conhecer com exatidão o que Deus tinha reservado para ele. Jesus parece autoconfiante para proclamar o Reino de Deus em atos e palavras, mas ele é lembrado como alguém que reconhecia que, quanto ao momento e à maneira da vinda desse reino, Deus retinha a soberania (Mc 4,26-29; 13,32; ver 1Cor 15,23-24). Se Jesus era ambivalente quanto à questão messiânica, talvez em parte fosse porque cabia a Deus designar o papel de um rei messiânico no Reino de Deus.[24] Se Jesus falava do menos definido Filho do Homem (ver abaixo), em Dn 7,13-14 é o Ancião de Dias que dá realeza a alguém semelhante a um filho de homem. Mesmo na cristologia mais exaltada do NT ouvimos (Jo 5,19): "O Filho não pode fazer nada por si mesmo; ele só faz o que vê o Pai fazer". E é possível acrescentar que, até na crença cristã mais ortodoxa, a realeza futura de Jesus ainda está para ser definida.

Assim, combinando c, d e e acima, acho plausível que, durante a vida de Jesus, alguns de seus seguidores pensassem ser ele o Messias, isto é, o aguardado rei ungido da Casa de Davi que governaria o povo de Deus. Confrontado com essa identificação, Jesus respondeu com ambivalência porque Deus ainda tinha de definir o papel que ele desempenharia no reino além daquilo que ele já fazia. Essa resposta tão indefinida e ambivalente poderia ter constituído a base na qual seus inimigos o entregaram aos romanos como pretenso rei.

B. Jesus, o Filho de Deus

Quando nos voltamos para o uso de "o Filho de Deus" por Jesus ou a respeito dele durante sua vida, e seu possível aparecimento em 30/33 d.C. nas investigações dos judeus sobre ele, há muito menos provas falsas do que houve para "o Messias". No antigo Oriente Próximo e no politeísmo greco-romano, governantes, heróis e milagreiros eram intitulados "filhos de deus", porque mítica ou literalmente acreditava--se que eles foram gerados pelo casamento de um deus com um ser humano. No

---

[24] Aceitando a imagem evangélica de que Jesus era seguro de si quanto a sua identidade e seu papel no plano de Deus, desconfiamos de que, entre as esperanças ligadas ao advento do Messias: a) algumas eram iguais à concepção que ele tinha de si mesmo, por exemplo, um agente singular do plano definitivo de Deus para Israel; b) outras talvez não combinassem, por exemplo, um líder militar que restabelecesse o reino davídico; c) a respeito de algumas, talvez ele estivesse em dúvida, sem saber direito o que Deus lhe tinha reservado (ver Mc 10,37-38a). Essas observações diferem em detalhes das propostas por O'Neill (notas 19 e 21 acima).

pensamento israelita, anjos eram chamados figurativamente de "filhos de Deus" (Gn 6,2; Jó 1,6; Sl 29,1; Dn 3,25 [3,92] etc.). Deus falava de Israel como "meu filho" (Os 11,1); e o indivíduo piedoso era chamado de "filho de Deus" (Sb 2,18) ou "filho do Altíssimo" (Eclo 4,10). Contudo, na literatura bíblica ou extrabíblica anterior ou contemporânea ao NT, "o Filho de Deus" *como título* para um ser humano é extremamente raro e, para todos os propósitos práticos, limitado a um único caso obscuro nos Manuscritos do Mar Morto. (O marcano "o Filho de Deus" não ocorre, como vimos.) No que foi chamado de fragmento do Pseudo-Daniel preservado em aramaico em Qumrã (4Q246), lemos: "o Filho de Deus dirão que ele é, e o Filho do Altíssimo eles o chamarão".[25] A falta de contexto nesse mal preservado fragmento de um documento maior dificulta a identificação do "ele", embora pareça que um rei esteja em mente. Milik, que o data de c. 25 a.C., viu referência a um rei sírio hostil aos judeus; e D. Flusser[26] argumentou que o uso dos títulos tinha uma atmosfera de anticristo (anti-Deus) de arrogância exemplificada por Antíoco Epífanes. Entretanto, agora mais biblistas entendem os títulos de modo positivo, não raro atribuindo-os a uma pessoa futura ao lado de Deus.[27] Isso é aprovado por outro documento de Qumrã (1QSa 2,12), que fala da geração do Messias por Deus em um momento aguardado no futuro. Em particular, J. J. Collins vê uma possível relação desse "Filho de Deus" com "alguém semelhante a um filho de homem" (em Dn 7,13-14), a quem o Ancião de Dias (Deus) dará domínio, glória e realeza. Examinarei a passagem de Daniel em § 22 e, se a ligação proposta por Collins puder ser confirmada, a lógica da resposta de "Filho do Homem" de Jesus à pergunta do sumo sacerdote a respeito do Filho de Deus torna-se muito mais clara. Contudo, nesta ANÁLISE, onde fazemos perguntas históricas, seria infundado, do ponto de vista metodológico, fazer muita coisa depender do obscuro 4Q246.

Deixando de lado o problema de exemplos registrados do título, muitos se voltam para textos veterotestamentários onde se diz que o rei davídico é tratado como

---

[25] Esse texto foi discutido e difundido por J. T. Milik em uma palestra em Harvard, em 1972. J. A. Fitzmyer tornou os versos cruciais disponíveis em NTS 20, 1973-1974, p. 39; republicado em FAWA, p. 90-94, 102-107. Foi finalmente publicado por E. Puech, *RB* 99, 1992, p. 98-131, e comentado por Fitzmyer, *Bíblica* 74, 1993, p. 153-174.

[26] *Immanuel* 10, 1980, p. 31-37.

[27] Fitzmyer (= um rei), F. García Martínez (= Melquisedec), M. Hegel (= povo judeu). O Messias é proposto por Puech e por J. J. Collins, "The 'Son of God' Text from Qumran", em M. de Boer, org., *From Jesus to John*, Sheffield, JSOT, 1993, p. 65-82 (M. de Jonge Festschrift; JSNTSup 84)..

filho por Deus (2Sm 7,14), gerado por Deus (Sl 2,7; 110,3), em especial porque de Qumrã temos prova confirmatória de que a linguagem de ser gerado por Deus foi adotada e aplicada ao Messias davídico (1QSa 2,11-12). Assim, é possível afirmar que deve ter sido um passo simples e óbvio chamar o Filho de Deus o Messias, o descendente de Davi. Entretanto, até agora não há nenhum indício claro de que esse passo foi dado dentro do Judaísmo, independente de reflexão em Jesus. A literatura judaica mais tardia *não* apresenta o título nem mesmo onde poderíamos esperá-lo, por exemplo, na tradução do targum Pseudo-Jônatas de 2Sm 7,14. Esse silêncio foi muitas vezes explicado como preconceito anticristão, por não se querer mencionar o Messias davídico como "o Filho de Deus" porque os cristãos empregavam o título. Entretanto, agora vemos que 4QFlor 1,7-13, que é anterior ao NT, e é uma interpretação de 2Sm 7,11-14, não enfatiza a relação de filho em 2Sm 7,14, embora o texto fosse interpretado como referência ao Messias davídico. *Salmos de Salomão* 17,23 [21] fala do Messias como o filho de Davi, não como o Filho de Deus.

A frequência e a data precoce do uso cristão de "o Filho de Deus" são impressionantes, por exemplo, nos escritos paulinos dos anos 50 ("Seu Filho" em 1Ts 1,10; Gl 1,16; 1Cor 1,9 e "o Filho de Deus" em Gl 2,20; 2Cor 1,19). Em uma fórmula de Rm 1,3-4 que Paulo presume ser conhecida dos romanos e que não está expressa no estilo paulino, "o Filho de Deus" é um título que dá a Jesus uma posição que transcende a ascendência davídica; essa fórmula pode facilmente remontar aos anos 40. A ideia da geração divina de Jesus como o Filho de Deus por intermédio do Espírito Santo, contida nas narrativas da infância de Mateus e Lucas, talvez remonte também a um período cristão primitivo (BNM, p. 189-191; 369-382).[28] A reflexão nas passagens dos Salmos pertinentes à posição do Messias davídico como Filho de Deus era muito comum (At 13,33; Hb 1,5; 5,5). Teria essa reflexão começado no tempo de Jesus, de modo que já então se pensava nele como o Filho de Deus?

Os indícios evangélicos devem nos tornar cautelosos. Embora em Marcos, o primeiro Evangelho escrito, Pedro, o mais importante dos seguidores de Jesus, saúde Jesus como "o Messias", ali nenhum ser humano o saúda como "o Filho de Deus" durante seu ministério. O emprego desse título pelos discípulos de Jesus em Mt 14,33 e 16,16 representa adição mateana para suplementar Marcos (embora,

---

[28] M. Hengel (*The Son of God*, Philadelphia, Fortress, 1976) argumenta vigorosamente que esse título fazia parte da proclamação querigmática mais primitiva.

principalmente em Mt 16,16, a adição tenha uma história primitiva própria). A mesma falta do emprego de "o Filho do Homem" pelos discípulos de Jesus durante sua vida é atestada por Lucas. A tradição de que demônios chamaram Jesus de "o Filho de Deus" (Mc 3,11; 5,7; também Q representada em Mt 4,3 e Lc 4,3), como fez um anjo (Lc 1,35), e de que Deus se dirigiu a ele como "meu Filho amado" (Mc 1,11), sugere que essa avaliação de Jesus era considerada discernimento mais que humano e tinha de ser revelada aos que acreditavam — conforme está declarado explicitamente em Mt 16,17. Mc 15,39 dramatiza isso no caso do primeiro humano a fazer a confissão, o que teve lugar depois que ele viu como Jesus morreu. Assim, há razão nos Evangelhos, lidos com discernimento, para pensar que, ao contrário de "o Messias", o título "o Filho de Deus" *não* foi aplicado a Jesus durante sua vida pelos seus seguidores[29] ou, *a fortiori*, por ele mesmo.[30] Era um discernimento revelado, no início do período pós-ministério. Isso significa que a pergunta do sumo sacerdote expressa em Mc 14,61, "És tu [...] o Filho do Bendito [= Deus?], *não* era o enunciado de uma investigação judaica em 30/33 d.C.

Se "o Filho de Deus" não foi empregado por Jesus ou seus seguidores durante sua vida, por que os cristãos começaram tão cedo a expressar [sua] fé nele sob esse título? Por que esse título tornou-se basicamente uma pedra de toque de fé batismal e confessional (Mt 28,19; Jo 20,31)? Se, conforme os indícios disponíveis, "o Filho de Deus" não era uma forma já existente de descrever a relação filial do rei davídico e, consequentemente, do Messias com Deus (2Sm 7,14; Sl 2,7; 110,3), o que fez os cristãos entenderem Jesus, o Messias davídico, como "o Filho de Deus"? Mc 12,35-37 revela uma percepção cristã de que a filiação exaltada de Jesus não se originava de sua condição davídica. Há quem encontre outro caminho para a linguagem de filiação no fato de Jesus rezar a Deus como *Abba* ("Pai"), que, com toda a probabilidade, realmente se origina de seu tempo (§ 7 acima), bem como em algumas declarações a respeito de si mesmo como "o Filho" (encontradas em tradições pré-evangélicas). Esses fatores nos levam à questão de uma cristologia exaltada, implícita na maneira como Jesus agia e falava, mas não abrangida pelo uso de títulos — sinais de uma autoavaliação que outros judeus consideravam blasfema.

---

[29] Os indícios disponíveis favorecem essa opinião, mas para uma opinião contrária, ver Lövestan, "Frage", p. 96-99.

[30] Em Jo 10,36, Jesus diz "Eu sou Filho de Deus", mas muitos consideram isso uma explicação evangélica daquilo que estava implícito — o equivalente de Marcos, onde Jesus diz "eu sou" quando o sumo sacerdote lhe pergunta se é o Filho do Bendito.

Então, admitindo-se que a frase "És tu o Filho de Deus?" do sumo sacerdote é o tipo de linguagem usada nas lutas judaico-cristãs mais para o fim do século, ter-se-ia de perguntar se ela traduz e expressa uma preocupação de 30/33 d.C. entre as autoridades judaicas a respeito das pretensões exaltadas de Jesus que ainda não haviam encontrado um título tão conveniente. Essa pergunta será examinada na ANÁLISE do § 23, que trata da historicidade da acusação de blasfêmia.

(A bibliografia para este episódio encontra-se em § 17, Parte V.)

§ 22. Procedimentos do sinédrio, terceira parte: Resposta(s) de Jesus e declaração a respeito do Filho do Homem (Mc 14,62; Mt 26,64; Lc 22,67-70b)

Tradução

Mc 14,62: Mas Jesus disse: "Eu sou e vós vereis o Filho do Homem sentado à direita do Poder e vindo com as nuvens do céu".

Mt 26,64: Jesus diz a ele: "*Tu* o disseste. Contudo, eu vos digo: 'De agora em diante vereis o Filho do Homem sentado à direita do Poder e vindo sobre as nuvens do céu'".

Lc 22,67-70: [⁶⁷dizendo: "Se tu és o Messias, dize-nos".] Mas ele disse a eles: "Se eu vos disser, nunca acreditareis. ⁶⁸Mas se eu fizer uma pergunta, nunca respondereis. ⁶⁹Mas a partir do presente haverá o Filho do Homem sentado à direita do poder de Deus". [⁷⁰Mas eles todos disseram: "És tu, então, o Filho de Deus?"] ⁷⁰ᵇMas ele disse a eles: "Vós (mesmos) dizeis que eu sou".

[Jo 10,25: (²⁴Assim os judeus [...] estavam lhe dizendo: "Se tu és o Messias, dize-nos abertamente".) ²⁵Jesus respondeu-lhes: "Eu vos disse e não acreditais".]

[Jo 10,36: "...Eu disse: 'Eu sou o Filho de Deus'".]

[Jo 1,51: E ele diz-lhe [a Natanael], "Amém, amém, eu vos digo: 'Vós vereis os céus abertos e os anjos de Deus subindo e descendo sobre o Filho do Homem'".]

Comentário

Ao nos voltarmos para a(s) resposta(s) de Jesus à(s) pergunta(s) a respeito de ser ele o Messias, o Filho de Deus (do Bendito), dois fatores são comuns a todos os Evangelhos: quando o Filho de Deus é mencionado, Jesus é afirmativo em vários graus e proclama positivamente o papel do Filho do Homem em relação a Deus.

(Esses dois fatores estão presentes, sob circunstâncias diferentes em Jo 10,36 e 1,51[1] também.) Entretanto, porque Lucas (como João) separa a questão do Messias como pergunta preliminar distinta da pergunta sobre o Filho de Deus, comentaremos primeiro a resposta ambígua de Jesus a essa pergunta em Lucas (e João) antes de nos voltarmos para os dois fatores comuns. (Ver esboço das subdivisões no Sumário, entre os § 16 e o § 17.)

Resposta à pergunta separada sobre o Messias em Lc 22,67-68

Ao mostrar os membros do sinédrio fazendo duas perguntas a Jesus (sobre o Messias e sobre o Filho de Deus) e ao mostrar Jesus respondendo a cada uma delas, está Lucas apenas reorganizando a única pergunta e resposta de Marcos? Muitos responderiam sim por analogia com a cena toda do julgamento judaico, na qual Lucas depende fortemente de Marcos. Nas seções apropriadas de meu comentário a respeito dos procedimentos do sinédrio, afirmo que as omissões lucanas do julgamento judaico marcano (nenhuma testemunha, nenhum relato da destruição do santuário, nenhuma intervenção pelo sumo sacerdote, nenhuma acusação de blasfêmia, nenhuma condenação formal) refletem revisão na qual grande parte desse material é usado no julgamento de Estêvão em At 6–7. Não vejo razão para pressupor que Lucas tinha a disposição outro relato do julgamento. Na parte de pergunta e resposta dos procedimentos do sinédrio, o tratamento lucano da segunda pergunta sobre o Filho de Deus (Lc 22,70) está muito próximo de Mc 14,62a, do mesmo modo que a forma lucana da resposta sobre o Filho do Homem (Lc 22,69) está muito próxima de Mc 14,62b. Mas essa explicação de Lc 22,69-70 como dependente de Marcos não dá certeza de que Lc 22,67-68,[2] que não tem paralelo estreito em Marcos, não recorreu a uma tradição independente a respeito da maneira como Jesus respondeu aos adversários judaicos.

Muitos que pressupõem a existência de tradição lucana especial atribuem a ela pelo menos Lc 22,67 (Fitzmyer, *Luke*, v. 2, p. 1458: "quase certamente").[3]

---

[1] As razões para recorrer a esse versículo serão mencionadas abaixo, no exame de Marcos/Mateus, mas devemos já observar que ele vem logo depois de uma confissão de Jesus como Filho de Deus em Jo 1,49.

[2] Matera ("Luke 22") afirma que, em toda esta cena, Lucas não possui uma transição independente a respeito do julgamento de Jesus; mas parece que ele reconhece não ter provado o direito de passar de Marcos como fonte primordial de Lucas para Marcos como a *única* fonte (p. 58), por exemplo, ele não examina Lc 22,67 em detalhe. Compare o estudo mais cuidadoso de Soards (*Passion*, p. 103-104).

[3] Remeto os leitores à nota 17 em § 21 e ao fato de que os intérpretes definem diferentemente os limites de Lc 22,67.

Schneider ("Verfahren", p. 117-118), apesar da mudança de opinião que o levou a rejeitar a maioria das tradições especiais lucanas propostas, ainda considera esse um dito tradicional, mas não um que historicamente tivesse feito parte do julgamento do sinédrio. Radl ("Sonderüberlieferungen", p. 143-147) afirma que, ao estudá-lo, é possível encontrar paralelos em Lucas-Atos para muitos dos aspectos de Lc 22,67-68, inclusive uma resposta evasiva construída por Lucas em Lc 20,1-8. Entretanto, Légasse ("Jésus", p. 183) e outros, ao dar atenção meticulosa à redação e à gramática de Lc 22,67, afirmam haver no grego dessa sentença condicional aspectos técnicos que não são o estilo lucano usual. Acima de tudo, há o fato de Jo 10,24-25 ter uma resposta à pergunta sobre o Messias que tem sentido muito parecido com o de Lc 22,67, como também o fato de, nos dois Evangelhos, isso logo ser seguido por uma indicação afirmativa na questão de Jesus como Filho de Deus. Não podemos, então, pressupor a dependência lucana de Marcos em Lc 22,67-68 simplesmente porque, no resto do interrogatório, encontra-se tal dependência; em vez disso, precisamos examinar esses dois versículos em detalhe.

As duas sentenças condicionais de Lc 22,67-68, pelas quais o Jesus lucano responde à pergunta sobre o Messias, têm apódoses futuras mais nítidas e, assim, enfaticamente preveem uma resposta negativa: as autoridades com certeza nunca vão acreditar nem responder. O mesmo tipo de resposta condicional, que mostra o interrogado perfeitamente cônscio de não lhe ser dada nenhuma escolha, encontra-se em Jr 38,14-15. O rei Sedecias diz que vai fazer uma pergunta ao profeta e exorta--o a não esconder nada. Jeremias responde: "Se eu te disser, não deixarás de me executar? E se eu der um conselho, não me atenderás". Provavelmente, a tradição que fundamenta Lucas e João foi influenciada pela experiência de fiéis a Jesus interrogados pelos hostis a ele. Quando interrogados a respeito da fé em Jesus como o Messias, percebiam que suas afirmações eram ignoradas e seus contra-argumentos não eram respondidos. A meu ver, essa explicação é decididamente preferível à complicada teoria apresentada por Derrett, "Midrash". Ele recorre à LXX de Is 41,28, em referência aos ídolos: "E se eu lhes perguntar 'De onde és tu?', eles não responderão". É verdade que Lucas (Lc 22,37 = Is 53,12) apresenta Jesus como o servo sofredor e que, portanto, talvez haja aqui um espírito de Is 53,1: "Quem acreditaria no que ouvimos?" — passagem aplicável à proclamação de Jesus e à proclamação cristã dele. Mas é forçada a ideia de que toda a cena seja um midraxe[4] que polemiza com os interrogadores judaicos de Jesus como se fossem ídolos.

Na narrativa de Lucas e João, a atitude cautelosa com aquilo que acontecerá se o messiado de Jesus for afirmado sugere que ambos estão cientes da necessidade de adaptação e tradução para "o Messias" ser aplicável a Jesus como ele era entendido na fé cristã. Esses dois evangelistas são mais inibidos que Marcos e Mateus quanto à forma como a fé cristã transformou todo o material pertinente a Jesus e proporcionou entendimento para o que não era entendido a princípio (Lc 24,25-27; Jo 2,21-22; 16,12-13). Essa sutileza ao responder a uma pergunta não é apropriada ao depoimento legal em um julgamento, mas os procedimentos judaicos contra Jesus em Lc 22,66-71 não são tão claramente um julgamento (mesmo que, graças a outras passagens, conheçamos por completo a ideia de Lucas sobre um julgamento). João situa a conversa sobre o Messias não em um julgamento, mas nas controvérsias gerais do ministério em Jerusalém.

Para ser exato, somente em Lc 22,67, a primeira condição quanto a dizer e nunca acreditar, Lucas está próximo de Jo 10,24-25. A segunda condição (Lc 22,68), "Mas se eu fizer uma pergunta, nunca respondereis", assemelha-se remotamente no tom, mas não nas palavras, a Jo 18,23 ("Se falei mal, dá testemunho a respeito do que é mau. Se [falei] bem, por que me bates?"). Suspeita-se de que Lucas concebe essa segunda condição conforme a primeira, que ele encontrou na tradição. O acréscimo dela começa a mudar Jesus de réu para juiz que processa com perguntas; nessa mudança, Lucas se aproxima mais do pensamento joanino. Com duas condições que formam a primeira parte da resposta de Jesus, encontramos outro exemplo do Jesus lucano que não é sobejamente cooperativo com perguntas de autoridades hostis. Quando lhe foi perguntado, em Lc 20,1-8, com que autoridade ele fazia coisas como purificar o Templo, ele perguntou aos chefes dos sacerdotes e aos escribas e aos anciãos a respeito de João Batista; como não souberam responder, ele disse: "Nem eu vos direi com que autoridade faço essas coisas". Ver também, em Lc 20,20-26; 20,27-40, os exemplos de responder apresentando perguntas e problemas. Também não nos devemos esquecer de que Lucas vê o julgamento de Jesus em relação aos julgamentos de cristãos descritos nos Atos. Estêvão termina seu depoimento em At 7,51-53 fazendo aos juízes perguntas e provoca ira. No final

---

[4] Percebido quando se salta para trás e para a frente do grego para o hebraico e se invocam como prova referências rabínicas muito mais tardias, que são de maneira muito duvidosa aplicadas ao século I.

de seu depoimento, Paulo passa a interrogar Agripa II (At 26,27). Se, ao se defenderem, os cristãos não deviam recorrer à espada (Lc 22,51), perguntas originadas por seu sentimento de inocência eram arma potente.

Há uma curiosa variante textual (que eu grifo) na segunda condição lucana (Lc 22,68) digna de exame: "[...] não responder-*me ou soltar*(-me)".[5] Falta nos melhores testemunhos alexandrinos,[6] mas encontra-se no Códice de Beza, nas versões latina e siríaca, e em toda a tradição *koiné*. Fitzmyer (*Luke*, v. 2, p. 1467) rejeita-a como típica tradição esclarecedora de Beza. Duplacy defende-a com veemência e sugere que os escribas a suprimiram. A omissão poderia ter sido acidental (homeoteleûtica) ou deliberada (se lida disjuntivamente, soa como se Jesus desejasse ficar livre de morrer). Se original, realça o papel de Jesus como juiz: ele lhes explica as alternativas que têm.

Contudo, Lc 22,67-68 não responde com precisão à pergunta se ou em que sentido Jesus é o Messias. Jesus esclarece quando fala do Filho do Homem (Lc 22,69); esse esclarecimento, por sua vez, produz outra pergunta (se, então, ele é o Filho de Deus), à qual Jesus responde afirmativamente. Isso inverte a ordem marcana, onde a resposta afirmativa precede o esclarecimento sobre o Filho do Homem. É de se presumir que mais uma vez vemos um exercício de lógica e senso de ordem lucanos. Uma resposta obscura precisa mais de esclarecimento que uma resposta afirmativa. Mas voltemos à ordem marcana lidando primeiro com a resposta afirmativa e depois com a declaração de Jesus de Filho do Homem.

Formas da resposta afirmativa de Jesus à pergunta sobre o Filho de Deus

Em cada sinótico, Jesus dá uma resposta um pouco diferente à pergunta cristológica, isto é, à pergunta combinada "o Messias, o Filho do Bendito/de Deus", em Marcos/Mateus, e "o Filho de Deus", em Lucas:[7]

Mc 14,62: Jesus disse: "Eu sou" (*ego eimi*)

---

[5] Nessa declaração negativa, "ou" é ambíguo: é copulativo e significa "e não me soltareis"? Ou é verdadeiramente disjuntivo e significa "ou então vós me soltareis"? (Ver, em BDF 446, o sentido copulativo; Duplacy, "Variante", p. 44.)

[6] P^{75}, Códices Vaticano, Sinaítico e Copta, Cirilo de Alexandria.

[7] Nesta comparação, grifei o "*Tu*" e o "*Vós*" para indicar onde o grego tem um pronome pessoal.

Mt 26,64: Jesus diz a ele: *"Tu* o disseste. Contudo..." (*sy eipas plen*)

Lc 22,70: Ele disse a eles: *"Vós* dizeis que eu sou" (*hymeis legete hoti ego eimi*)

Em cada um dos Evangelhos, os biblistas examinam a extensão até onde a resposta de Jesus deve ser considerada afirmativa e o que está sendo afirmado.

Vamos estudá-las uma por uma.[8]

Marcos. A resposta *ego eimi* é claramente afirmativa. Observemos que Marcos não faz Jesus se dirigir "a ele" (isto é, ao sumo sacerdote) como faz Mateus. Essa afirmação é dirigida a todos os que leem, e não é afetada pelo ceticismo ou a malevolência do interrogador. (A amplitude da resposta está explícita no "vós" de "vereis"). Já observamos (§ 13) que, na tradição joanina, "eu sou" serve praticamente como nome divino com o poder de lançar homens ao chão (Jo 18,5). Em vez de inventar um vocabulário totalmente novo, João desenvolvia as potencialidades de expressões já encontradas na tradição. Nossa prova disso é o aparecimento de "eu sou" em momentos muito solenes dos sinóticos, como em Mc 6,50 e na presente passagem, onde a frase afirma que Jesus é o Messias e o Filho de Deus. Entretanto, essa relação distante com o uso joanino não significa que aqui Marcos usa "eu sou" como nome divino[9] ou que, por si só, é a causa da acusação de blasfêmia. Alguns biblistas apelam para outra leitura de Marcos que é insatisfatoriamente atestada (Códice Koridethi, família 13 de minúsculos): "Vós dissestes que eu sou" (*sy eipas hoti ego eimi*) ou variantes disso.[10] A refutação detalhada de Kempthorne ("Marcan") é bem convincente em muitos aspectos: estilo não marcano; dois usos inábeis de formas de *eipon* ("disse") em sequência; mudança de singular para plural em empregos quase adjacentes, passando de "tu" para "vós" etc. Ao contrário, como

---

[8] Para os propósitos de comparação, quero apresentar aqui a resposta de Jesus à pergunta de Pilatos quanto ao fato de ele ser o Rei dos Judeus (Mc 15,2; Mt 27,11; Lc 23,3; Jo 18,33.37):
Sinóticos: *"Tu* o dizes" (*sy legeis*).
Jo 18,37: *"Tu* dizes que eu sou rei" (*sy legeis hoti basileus eimi*).

[9] Com a devida vênia a Stauffer ("Messias") e outros; ver Catchpole, *Trial*, p. 133. Parte da razão de Stauffer considerar a ofensa relacionada com "eu sou" nome divino é ele não aceitar essa declaração como afirmação por Jesus de que ele era o Messias. Tal objeção confunde o plano histórico com a comunicação que Marcos tencionava fazer aos leitores.

[10] Cranfield, Feuillet, Lohmeyer, O'Neill, J. A. T. Robinson, Strecker, Streeter e Taylor preferem essa leitura por diversas razões.

Kempthorne encontra em pelo menos outras dez passagens, os mss. que apoiam a leitura mais longa harmonizam *sy eipas* de Mateus com *ego eimi* de Marcos.

Não há dificuldade real em fazer Jesus dar uma resposta afirmativa quanto a ser o Messias, o Filho de Deus, pois, como vimos (§ 21), entendidos na fluência das cenas do Evangelho de Marcos, esses dois títulos juntos confirmam o que respectivamente Pedro e o Pai celeste disseram a respeito de Jesus — e o terceiro componente, "o Filho do Homem", vem logo a seguir. Mas, mesmo no plano evangélico, alguns intérpretes ficam surpresos com o fato de o Jesus marcano – que instruiu Pedro para não dizer a ninguém que ele era o Messias (Mc 8,30) e ordenou aos espíritos impuros que o reconheceram como o Filho de Deus para não torná-lo conhecido (Mc 3,11-12) – romper o código de silêncio. Contudo, naqueles casos, o silêncio era obrigatório porque essas confissões dariam a impressão errada se não fossem acompanhadas do reconhecimento da necessidade de se entregar para sofrer. Quando Jesus fala ao sumo sacerdote, seu sofrimento e degradação já começaram. Ser capaz de vê-lo como o Messias, o Filho de Deus, *nessas* circunstâncias, é entender o mistério.

Mateus. Enquanto o versículo marcano correspondente (Mc 14,62) tem um aoristo ("Jesus disse"), Mt 26,64 tem um presente histórico: "Jesus diz". Isso é incomum, mas não inexplicável estilisticamente; aqui, tem o impacto de dar força permanente à resposta de Jesus a essa questão importantíssima. Embora *sy eipas* (aoristo), *"Tu o disseste"*, usado por Mateus nessa resposta se pareça com *sy legeis* (presente), que é a resposta do Jesus sinótico a Pilatos, deixemos essa última frase para nosso exame de Lucas, que também emprega um tempo presente (plural) nesta cena. Essas respostas contêm o uso grego de um pronome pessoal; mas os biblistas não estão de acordo quanto a esse pronome ser ou não usado para ênfase: "Tu mesmo o disseste" (assim, uma forte afirmativa); ou em sarcástico desafio: "Tu o disseste, mas não acreditas nisso"; ou à guisa de contraste: "Tu, não eu, o disseste" (ver BDF 277[1,2]). Essa última interpretação tem toda uma série de possibilidades: eu não o disse porque não concordo (negativo); eu não o disse porque posso me meter em apuros (afirmativo cauteloso); eu não o disse porque, embora haja verdade nisso, não estou satisfeito com o fraseado (afirmativa condicional) etc.

Todas essas interpretações têm defensores, mas às vezes os argumentos entremisturam a atitude de Jesus em 30/33 d.C. ao responder ao sumo sacerdote (na pressuposição de que essas sejam suas palavras reais) com o que o evangelista queria que seus leitores pensassem de Jesus no período pós-70. Aqui, estou interessado apenas na segunda opção. Um estudo por Irmscher ("*Sy legeis*", p. 157-158) da fórmula comparável empregada na resposta a Pilatos argumenta que o grego clássico e o tipo de paralelos reunidos por Wettstein não esclarecem essa fórmula; também os Padres gregos não estavam de acordo ao interpretá-la. Catchpole ("Answer") faz um levantamento completo das interpretações da frase "Tu o disseste" por biblistas judaicos, que invocam os padrões de discurso dos documentos judaicos antigos; mas não surge nenhuma interpretação dominante. Muitos são de opinião que *sy eipas* é afirmativo; um número maior considera-o equívoco ou obscuro; e uma respeitável minoria julga-o ambíguo, mas afirmativo. Em outras palavras, os biblistas judeus não diferem muito dos cristãos na amplitude de opiniões, apesar do fato de alguns dos pesquisados tratarem a questão no plano da história e tentarem demonstrar que Jesus não tinha a mesma opinião de si mesmo que seus seguidores tinham.

De Wette alegou que *sy eipas* representa uma fórmula afirmativa atestada em documentos rabínicos; mas D. Chwolson, biblista judeu, em uma série de escritos entre 1892 e 1910, contestou isso (Catchpole, "Answer", p. 215-216) e defendeu uma interpretação descomprometida, por exemplo: se verdadeiro ou não, deixo de lado, mas não fui eu que o disse. O próprio Catchpole defende uma interpretação afirmativa, mas os textos judaicos que ele cita são também invocados por Aicher (*Prozess*, p. 71-72), que não acha neles nem um sim nem um claro não. É útil citar um exemplo que ilustra a obscuridade de "Tu o disseste". Tosepta *Kelim Baba Qamma* 1,6 (65b) nos diz que muitos sábios afirmavam que não se podia entrar entre o pátio externo do Templo e o altar sem se lavar, embora R. Meir (c. 130) dissesse que se podia. R. Simeon, o Modesto, fez isso e contou para R. Eliezer (c. 90), que o desafiou: "Quem é amado, tu ou o sumo sacerdote?". Quando R. Simeon ficou calado, foi-lhe perguntado: "Tens vergonha de admitir que o cão do sumo sacerdote é mais amado que ti?". R. Simeon respondeu: "Tu o disseste". Pelo que se segue, parece que R. Simeon afirma a questão imediata quanto ao cão, mas ele insiste que está correto quanto ao direito de caminhar onde caminhara. Embora seja possível encontrar outros exemplos judaicos mais claros[11] e em geral eles não

---

[11] *Midraxe Rabbah* sobre Ecl 7,12 nos diz que Rabi Judá, o Príncipe, agonizava e o povo da cidade decidiu executar o primeiro que desse a má notícia de que o rabi morrera. Bar Kappara anunciou-lhes que, na luta entre anjos e seres humanos pelas tábuas da aliança, os anjos foram vitoriosos. Entendendo o simbolismo, o povo gritou: "O rabi morreu". Bar Kappara declarou: "Vós o dissestes; eu não o disse". Neste caso, a declaração feita pelo povo é verdadeira, mas o que responde não quer sofrer castigo por dizê-la.

contrariem a interpretação de Mt 26,64 que prefiro, reluto em invocar essa prova remota de um período mais tardio.

Outros fatores mateanos internos são paralelos mais úteis que duvidosos paralelos na literatura judaica. Em Mt 26,25, depois de Jesus anunciar que um dos que molhavam o pão com ele na Última Ceia o entregaria, Judas disse: "Sou eu, Rabi?"; e Jesus respondeu: "Tu o disseste" (*sy eipas*). Ali, a expressão não pode ser negativa. É afirmativa; mas a resposta de Jesus livra-o de assumir a responsabilidade pelo que Judas está prestes a fazer, e o motivo para a qualificação é fornecido pelo contexto. Outra ajuda interpretativa é que, em Mt 26,64, *sy eipas* é seguido por *plen* ("Contudo"). Embora essa partícula não seja sempre adversativa absoluta,[12] sua presença aqui significa que pelo menos o afirmativo é condicional ou qualificativo.

As conclusões resumidas a seguir são apresentadas a respeito de "Tu o disseste": a) *Sy eipas* não é uma negativa (com a devida vênia a Héring, Cullmann) com o significado de "Tu o disseste, mas discordo, ou eu não o diria"; nem é *sy eipas* expressão de ausência total de envolvimento ("Se é ou não verdade, não posso dizer"); com efeito, Jesus já afirmou que a confissão "o Messias, o Filho do Deus vivo" é revelação de Deus (Mt 16,16-17). Além disso, os membros do sinédrio entendem-no como afirmativa, pois dizem a Jesus: "Profetiza para nós, ó Messias" (Mt 26,68), escárnio que não faria sentido se ele negasse ser o Messias — igualmente para o escárnio "o Filho de Deus" em Mt 27,40. Na verdade, em Mt 27,43, os chefes dos sacerdotes confirmam: "Ele disse que: 'eu sou o Filho de Deus'". b) *Sy eipas* não é uma afirmativa incondicional, que indica concordância absoluta com o que foi dito. Se quisesse uma afirmativa sem ambiguidade, Mateus teria repetido *ego eimi* de Marcos. É também preciso fazer justiça a *plen*: "Contudo...". c) *Sy eipas* é afirmativo qualificado. Há verdade no que o sumo sacerdote diz, mas ele precisa assumir responsabilidade pela maneira como o interpreta e o uso que planeja fazer dele. (O *sy eipas* dirigido a Judas e o *sy legeis* dirigido a Pilatos também são afirmativos qualificados, mas a sutileza da qualificação em cada caso precisa ser tirada do contexto.) A hostilidade demonstrada pelo sumo sacerdote significa que a exigência imposta a Jesus sob juramento expressa-se como tática para conseguir de Jesus um autotestemunho incriminador, depoimento a ser interpretado em harmonia

---

[12] Ver a nota em § 7. Aqui, se quisesse uma oração adversativa absoluta, Mateus deveria pôr o pronome contrastante *ego* antes de *lego*, desse modo: *sy eipas plen ego lego*.

com a declaração do santuário de Deus apresentada como arrogância irreverente.[13] Na cena do Getsêmani, quando o Jesus marcano ficou calado enquanto Judas o beijava, o Jesus mateano falou, para não haver dúvida na mente dos leitores que Jesus sabia o que Judas pretendia. Assim, também aqui Mateus quer deixar claro que o Jesus que dá uma resposta afirmativa ao sumo sacerdote está perfeitamente cônscio do que se pretende. Além disso, pondo no inquiridor a responsabilidade pelo que é dito, Jesus, como o interrogado, volta o julgamento contra o sumo sacerdote. Quando passa de *"Tu o disseste"* para "Contudo, eu vos digo", Jesus invoca a imagem do Filho do Homem vindo para julgar. Há ironia para os leitores perceptivos na questão de quem está realmente sendo condenado aqui.

Lucas. Ocasionalmente, encontra-se a observação de que o "Vós dizeis que eu sou" de Lucas parece combinar o *"Tu o disseste"* mateano com o "Eu sou" de Marcos. Entretanto, o *hymeis legete* de Lucas não é igual ao *sy eipas* de Mateus (com a devida vênia a Winter, "Treatment", p. 164); é, antes, o plural da resposta que o Jesus lucano dará a Pilatos: *sy legeis* (Lc 23,3), a mesma resposta que o Jesus marcano dará. Evidentemente, Lucas pensa em "Tu dizes" como padrão básico da resposta de Jesus às autoridades, judaicas e romanas, no interrogatório que o levou à morte. Assim, Lucas combina duas respostas marcanas (o "eu sou" ao sumo sacerdote e o "tu o dizes" a Pilatos) para formar a resposta de Jesus às autoridades do sinédrio judaico, que lhe perguntam: "És tu, então, o Filho de Deus?". Note que já não estamos na condição futura que expressou a pergunta a respeito do Messias: a pergunta do Filho de Deus está expressa no tempo presente e não condicional.[14]

Outros equívocos infestam a interpretação da cena lucana. Há a confusão costumeira provocada pela mistura da história com a interpretação evangélica, por exemplo, Aicher (*Prozess*, p. 75-76) afirma que a resposta lucana a "És tu, então, o Filho de Deus?" tem de ser ambígua, pois do contrário Jesus afirmaria ser um Messias político. Contudo, em Lc 1,35, o leitor fica sabendo por um anjo que Jesus

---

[13] Embora haja quem atribua à declaração do santuário uma participação igual na afirmação de Jesus, o fato de Mt 26,63 mostrá-lo calado em relação a ela sugere cautela. Por outro lado, não concordo com a opinião de que essa declaração não tenha papel decisivo, já que não é mais mencionada no julgamento (ver Broer, "Bemerkungen", p. 29-30). É igualmente desculpa para insultar Jesus em Mt 27,39 e é confirmada por Deus em Mt 27,51. Na imagem mateana, as autoridades do sinédrio irritam-se com a alegação de que Jesus tem o poder divino para destruir o santuário, e isso leva a um enfoque primordial em quem ele alega ser.

[14] E, como se vê, para os leitores gentios de Lucas ela não está expressa no estilo judaico (pseudojudaico?) de Marcos, "Filho do Bendito".

é o Filho de Deus concebido sem um pai humano — como a resposta pode ser outra coisa além de afirmativa? Parte do mesmo problema é o não reconhecimento de que, no interrogatório, Lucas distingue cuidadosamente entre Messias e Filho de Deus, nisso seguindo uma tradição semelhante à de João. Qualquer ambiguidade nas respostas do Jesus lucano diz respeito à questão do Messias, não à do Filho de Deus. Na verdade, o título "o Filho de Deus" é *conclusão* da identificação de si mesmo por Jesus como "o Filho do Homem sentado à direita do poder de Deus" (Lc 22,70). "O Filho de Deus" indica a origem e a posição divinas de Jesus.

Como então se deve interpretar "Vós dizeis que eu sou" em resposta a "És tu, então, o Filho de Deus?" Quem está correto, Fitzmyer (*Luke*, v. 2, p. 1453, 1463), que fala de "uma resposta meio afirmativa" e traduz: "Sois vós que dizeis que sou"; ou a SBJ, com sua resposta integralmente afirmativa: "Vós dizeis bem; na verdade eu sou" ("Vous dites bien. Je le suis")? A meu ver, a chave está no fato de Lucas, que obviamente queria certa conformidade entre a resposta às autoridades judaicas e a resposta a Pilatos, decidir incluir aqui o "eu sou" de Marcos[15] (ao contrário de Mateus, que o substituiu; note também que Lucas não tem nenhum *plen* contrastante). Na pergunta sobre o Messias, como vimos, Lucas seguiu uma tradição como a de João; se aqui ele voltou para o modelo da cena marcana, continua próximo do entendimento joanino (Jo 10,36) pelo qual Jesus declara afirmativamente que disse: "Eu sou o Filho de Deus". Não vejo justificativa, então, para falar de uma afirmativa qualificada (como em Mateus) precisamente porque Lucas separa as perguntas de Messias e Filho de Deus. Concordo com a SBJ, que vê uma afirmativa integral: "Vós mesmos dizeis que eu sou". Jesus transformou a pergunta das autoridades judaicas em uma afirmação do mais alto título cristão. Enquanto, em Marcos/Mateus, um centurião romano afirma que Jesus é o Filho de Deus, Lucas muda isso para uma confissão da inocência de Jesus (Lc 23,47); mas, aqui, o Jesus lucano interpreta afirmativamente o que estava nos lábios de *todos* os líderes do sinédrio de Jerusalém, de modo que, ironicamente, isso se torna uma confissão.[16] Lucas começa seu Evangelho em Jerusalém e o termina em Jerusalém, ficando dentro dos limites do

---

[15] Tal "eu sou" está ausente da resposta a Pilatos (nota 8): a indagação de Pilatos diz respeito a "o Rei dos Judeus", que não é um título ocorrido antes em Lucas; mas "Filho de Deus" ocorreu, e Lucas é mais positivo em relação a ele.

[16] Observemos o que Lucas fez com o "todos" que Marcos põe no início da sessão do sinédrio (Mc 14,53) e repete no final da condenação (Mc 14,64). Lucas usa-o para essa confissão não planejada. Heil ("Reader... Luke 22") revela efetivamente a ironia do relato lucano. Os membros do sinédrio pensam em uma coisa, os leitores cristãos pensam em outra.

Judaísmo; ele deixa as confissões de fé dos gentios para o livro dos Atos. Dentro do Judaísmo, Lucas construiu uma inclusão entre as primeiras palavras a respeito de Jesus ditas pelo anjo a Maria no início de Evangelho (Lc 1,34) e essas últimas palavras ditas pelos líderes do sinédrio em Lc 22,70; as duas passagens identificam Jesus como o Filho de Deus.

A declaração de Jesus sobre o Filho do Homem

Os três Evangelhos sinóticos concordam que, em resposta a uma pergunta que lhe fora feita no julgamento, Jesus fez referência ao Filho do Homem; Jo 1,51 é uma declaração um pouco parecida.

Mc 14,62: "E vós vereis o Filho do Homem sentado à direita do Poder e vindo com as nuvens do céu".

Mt 26,64: "Contudo, eu vos digo: 'De agora em diante vereis o Filho do Homem sentado à direita do Poder e vindo sobre as nuvens do céu'".

Lc 22,69: "Mas a partir do presente haverá o Filho do Homem sentado à direita do poder de Deus".

Jo 1,51: "Amém, amém, eu vos digo: 'Vós vereis os céus abertos e os anjos de Deus subindo e descendo sobre o Filho do Homem'".

É digno de nota que Jesus se dirige a mais de uma pessoa, embora (em Marcos/Mateus e João) ele fale com um indivíduo. Em Marcos e Mateus, este dito de Filho do Homem continua a resposta de Jesus à questão de ser o Messias, o Filho do Bendito (Deus); em Lucas, o dito segue-se a sua resposta fortemente condicionada a respeito do Messias e incita as autoridades a perguntar se ele é o Filho de Deus.[17] Nos três sinóticos, esse é o último dito do Filho do Homem que Jesus profere antes de morrer (ver Lc 24,7), levando assim ao auge seu ensinamento frequente sobre o Filho do Homem. Vamos estudar como cada evangelista sinótico queria que seus leitores entendessem essa referência.

Marcos. O "e vós vereis" continua o "eu sou" totalmente afirmativo; assim, a visão futura do Filho do Homem confirma a identidade atual de Jesus como o Messias, o Filho de Deus, além de expandi-la. Mas com que sutilezas e de que

---

[17] Em Jo 1,51, a declaração segue-se a confissões de Jesus como o Messias (Jo 1,41) e o Filho de Deus (Jo 1,49).

maneira? Em Mc 8,31, o ensinamento de Jesus segundo o qual o Filho do Homem precisa sofrer tinha o propósito de disfarçar a confissão que Pedro fez dele como o Messias; sem essa dimensão de sofrimento, o entendimento de Pedro estava completamente equivocado, pois tinha como origem os pensamentos humanos, não os de Deus. E essa foi a primeira de três predições de que o Filho do Homem sofreria (Mc 9,31; 10,33-34; também Mc 9,12; 10,45; 14,21.41). É inevitável, então, haver quem afirme que, mais uma vez aqui, Jesus emprega a pessoa do Filho do Homem para esclarecer que ele é o Messias, o Filho do Bendito, mas o autoentendimento inclui sofrimento não imaginado pelo sumo sacerdote. Entretanto, nada na gramática da sentença marcana favorece essa sugestão de "mas". E nas circunstâncias de Jesus como criminoso preso que as autoridades desejam destruir, a necessidade de sofrimento realmente não precisa ser enfatizada. O termo "o Filho do Homem" não é tão unívoco no uso marcano a ponto de, uma vez isolado, ter sentido estabelecido sem o aspecto plausível dado a ele pelas *funções* mencionadas no contexto. Maartens ("Son") expressa isso de outra maneira, quando afirma que "Filho do Homem" é metáfora multifacetada, que contém ideias de sofrimento e de exaltação.

    Na importante sequência cristológica que se estende da confissão por Pedro de Jesus como o Messias, em Mc 8,29, à proclamação de Jesus como "meu Filho amado", em Mc 9,7, há duas passagens diferentes de Filho do Homem. Além do Filho do Homem sofredor de Mc 8,31 já mencionado, há em Mc 8,38 o Filho do Homem julgador, que virá "na glória do seu Pai com os santos anjos".[18] Em outra seção cristológica que se estende de Mc 13,21-22, onde Jesus fala dos falsos messias que mostram sinais do fim dos tempos, a Mc 13,32, onde Jesus diz que o Filho não conhece o dia nem a hora (assim composto por temas de Messias e Filho de Deus), o Filho do Homem é mencionado em Mc 13,26: "E então eles verão o Filho

---

[18] Comparo o julgamento de Jesus em Mc 14 a uma seção em Mc 8 com base em *temas teológicos*. Beavis ("Trial", p. 584-586) traça um paralelo interessante entre Mc 8,27-33 e Mc 14,53-65 com base em *estrutura*, por exemplo, comparando propostas iniciais inadequadas de quem Jesus é, em Mc 8,27-28, com testemunhos falsos inadequados a respeito de Jesus como o destruidor do santuário, em Mc 14,55-59. Os dois são corrigidos por um porta-voz importante que introduz o tema do Messias. E é possível continuar: a confissão por Pedro de Jesus como o Messias em Mc 8,29 teve de ser ampliada pela referência de Jesus ao Filho do Homem em Mc 8,31, do mesmo modo que a pergunta do sumo sacerdote a respeito de Jesus como o Messias, em Mc 14,61, tem de ser ampliada pela referência de Jesus ao Filho do Homem em Mc 14,62. A observação de Beavis a respeito da leitura pública na Antiguidade (p. 594-596) nos lembra que havia mais de uma leitura e, portanto, essas ligações eram reconhecidas.

do Homem vindo nas nuvens com muito poder e glória". Esse Filho do Homem mandará seus anjos reunirem os eleitos (Mc 13,27).

Ao avaliar a resposta de Filho do Homem dada por Jesus à pergunta sobre o Messias, o Filho do Bendito, podemos, então, aceitar com o significado manifesto o que Mc 14,62 relata a respeito da atuação do Filho do Homem na glória e no julgamento, e não precisamos recorrer a algumas inferências codificadas de sofrimento. O sumo sacerdote pergunta o que Jesus é (tempo presente); Jesus responde no tempo presente: "Eu sou"; mas agora ele acrescenta um elemento futuro, "vós vereis", que vai além do sumo sacerdote até todos os membros do sinédrio. Por causa da dificuldade intrínseca de entender como os membros do sinédrio verão as coisas gloriosas sugeridas, Perrin ("High Priest's", p. 92) afirma que "vós" se refere aos leitores e cita Mc 13,14: "Mas quando virdes a abominação da desolação de pé onde não deveria estar (que o leitor entenda)". Contudo, naquela passagem há uma nota clara para os leitores e aqui não há nenhuma. A de Perrin é apenas uma de diversas tentativas de evitar a consequência óbvia daquilo que o Jesus marcano (e mateano) diz sobre os membros do sinédrio verem o Filho do Homem.

O Filho do Homem será visto em duas posições. A primeira, "sentado à direita do Poder", é descrição adaptada de Sl 110,1: "O SENHOR disse a meu senhor: 'senta-te à minha direita até que eu faça de teus inimigos o escabelo de teus pés'". Já em Mc 12,35-37, Jesus usara esse texto para esclarecer um entendimento sobre o Messias como o filho de Davi e, assim, de maneira bastante apropriada, ele o usa aqui para dar uma dimensão da glória celestial para si mesmo como Messias, o Filho do Bendito.[19] Com descrença, o sumo sacerdote pergunta a este criminoso que logo será condenado à morte se ele pensa ser o Messias de Deus (o qual, conforme se esperava, manifestaria realeza quando estabelecesse com poder o reino de Davi, destruindo os inimigos de Israel). Jesus responde que o sumo sacerdote e seus companheiros do sinédrio o verão na glória, em um trono dado por Deus e (implicitamente, a partir do Salmo), esmagando os inimigos debaixo dos pés. Ironicamente, os membros do sinédrio que condenam Jesus são os inimigos que ele esmagará.

---

[19] Meloni, "Sedet", dá exemplos semíticos de onde o assento à direita é o lugar do herdeiro, não apenas sinal de honra.

Precisamos analisar o termo incomum "o Poder", que Mc 14,62 (seguido por Mt 26,64 e adaptado por Lc 22,69[20]) põe em lugar de "o Senhor", a designação que seria de se esperar de Sl 110,1 citado. De certo modo, esse termo é paralelo ao incomum "o Bendito", que o sumo sacerdote usou em Mc 14,61 na pergunta que fez a Jesus sobre o Messias (embora, nesse caso, nem Mateus nem Lucas seguissem o uso marcano). Flusser ("At the Right") relaciona "o Poder" aqui distantemente com Is 9,5, onde "Deus de Poder" (*El Gibbôr*) é título do rei davídico. Lc 1,49 traz "o Todo-Poderoso [*ho dynatos*]" como sujeito. Entretanto, não encontramos um verdadeiro paralelo contemporâneo. Bastante clara é a hipóstase que Fílon faz do atributo: "Deus, o mais alto e maior *dynamis*" (*De vita Mosis* I,xix; #111), que ele compara com os Poderes menores. Nos escritos judaicos pós-NT (não a Mixná, mas os midraxes tanaíticos e os targumim), *ha-Gebûra* ("o Poder") é usado para Deus, não em todas as circunstâncias, mas como o Deus revelador, principalmente no Sinai. Portanto, o estudo cuidadoso de Goldberg ("Sitzend", p. 289-291) discorda de St-B (v. 1, p. 1007), que "o Poder" é paráfrase do nome divino. Nesses escritos judaicos, ele nunca é usado para Deus simplesmente como a pessoa divina; sempre se refere a Deus atuando no mundo, e nas passagens reveladoras ressalta a atividade de Deus distinta da dos anjos. Isso é diferente do uso em Marcos, onde o termo se refere ao majestoso Deus do julgamento (Goldberg, "Sitzend", p. 293).

De modo geral, a localização marcana "à direita do Poder" faz parte do aspecto glorioso de Jesus como o Filho do Homem, pois chama a atenção para a fonte da autoridade que ele exercerá sobre os inimigos. De fato, na linguagem de Sl 80,18, o Senhor protege o que Sua mão direita plantou, a saber, o Filho do Homem que o Senhor fez forte para Si Mesmo. Foi Sl 80,18, com "o homem de Tua mão direita [...] o Filho do Homem", a ponte entre Sl 110,1, onde Deus diz ao rei davídico (isto é, o ungido) "Senta-te à minha direita", e a resposta de Jesus à pergunta sobre o Messias em termos do Filho do Homem sentado à direita do Poder?

---

[20] A forma lucana "o poder de Deus" não apresenta nenhum dos problemas que veremos no uso que Marcos/Mateus fazem de "o Poder". Em Lc 1,35, "o poder do Altíssimo" é posto em paralelismo com o Espírito Santo como instrumento na concepção de Jesus na Virgem Maria; e At 8,10 diz de Simão, o Mago: "Este homem é o poder de Deus, chamado grande [*megale*]". O poder de Deus como atributo divino característico é bem atestado entre os judeus, em hebraico e grego, antes do tempo de Jesus (por exemplo, 1QM 1,11; 6,2; 1Cr (LXX) 12,23; 2Mc 3,38; Sb 7,25).

A segunda posição na qual o Filho do Homem será visto é "vindo sobre as nuvens do céu".[21] Embora haja uma complementaridade nas duas posições, Marcos quer que pensemos em uma sequência de uma ação para a outra, pois obviamente não se pode sentar e vir ao mesmo tempo. Em Dn 7,13, depois que foi tirado o domínio das bestas que representam os reinos passageiros desta terra, há a descrição "vindo com as nuvens do céu um como filho de homem"; e a ele é dado o domínio, a honra, o reino e um poder eterno. Em Daniel, a "vinda" da pessoa é para o Ancião de Dias que lhe dá esses dons, mas a sequência a "sentado" em Marcos exige que a vinda seja *da* (mão) direita do Poder para a terra e os seres humanos.[22]

Em Dn 7, "um como filho de homem" é descrição simbólica em contraste com as bestas que o precedem, e Dn 7,18.22 esclarece que "os santos do Altíssimo" são o que o simbolismo significa. Contudo, na época da etapa formativa da tradição evangélica, "o Filho do Homem" se tornara designação específica que Jesus usa para si mesmo em relação a momentos de sua vida, quer seu ministério, quer sua morte na cruz ou sua glória futura e sua vinda para julgar o mundo. Mc 14,62 e par. deram origem a numerosos estudos, combinados com todo o problema do Filho do Homem: o que provocou a evolução a partir do simbolismo impreciso em Daniel para o título nos Evangelhos? Que textos veterotestamentários ou intertestamentários desempenharam um papel? Jesus usou-o e o que ele queria dizer com esse título? Reservo todas essas perguntas para serem tratadas na ANÁLISE, pois nenhuma delas afeta realmente o que Marcos quer que os leitores entendam.

Quando, na concepção de Marcos, Jesus, como o Filho do Homem, senta-se à direita do Poder? Quando ele vem com as nuvens do céu? É de se presumir que a resposta à primeira pergunta seja o período depois da ressurreição e para a segunda, a parusia. (É melhor falar do período *depois* da ressurreição, pois *kathemenon*, "sentado", subentende continuação, não simplesmente começo.)[23]

---

[21] Há a costumeira tentativa desesperada para evitar o problema de como isso será visto pelos membros do sinédrio, por exemplo, a alegação de que "vós vereis" tem como objeto apenas o "sentado" — contudo, ambos, "sentado" e "vindo", estão na acusação.

[22] Perrin ("Mark", p. 151) cita dois textos de *Midrash Rabba* (*Gênesis* 13,11 sobre Gn 2,6; *Números* 13,14 sobre Nm 7,13), como prova de que Daniel foi interpretado também na direção do céu para a terra: ambos são muito tardios e não demasiadamente claros.

[23] Hay (*Glory*) tem estudado todos os textos neotestamentários pertinentes ao Sl 110 e à sessão de Jesus à direita de Deus; ele acha que não há interpretação consistente ou tempo determinado para a sessão além do fato de todas as referências suporem a glorificação de Jesus.

§ 22. Procedimentos do sinédrio, terceira parte: Resposta(s) de Jesus e declaração a respeito do Filho do Homem

Esses dois "momentos" fazem parte do estado e atividade contínuos de Jesus. As três predições da Paixão sobre o Filho do Homem terminam com uma referência a sua ressurreição depois de três dias; em Mc 9,9, é imposto silêncio a respeito do que os discípulos viram na Transfiguração "até que o Filho do Homem ressuscite dos mortos"; também um desfecho de ressurreição parece harmonioso com outras promessas futurísticas feitas na Última Ceia ou na NP (Mc 14,25.28). Quanto a entender o "vindo com as nuvens do céu" como a parusia, o futuro do verbo "ver" é não raro relacionado com os acontecimentos do fim dos tempos (Mc 9,1; 13,26.29). Mc 8,38 menciona o fato de o Filho do Homem se envergonhar dos que se envergonham de Jesus, "quando ele vier na glória do seu Pai, com os santos anjos". E o discurso escatológico fala claramente da parusia: "e eles verão o Filho do Homem vindo em nuvens, com grande poder e glória". Encontramos em Ap 1,7 essa linguagem quase estereotípica da parusia: "Eis que ele vem com as nuvens e todo olho o verá, até os que o traspassaram; e todas as tribos da terra se lamentarão por causa dele" — uma combinação de Dn 7,13 e Zc 12,10.[24]

Os membros do sinédrio *verão* a ressurreição e a parusia? As palavras do Jesus marcano são dirigidas aos membros do sinédrio, mas não nos devemos esquecer de que, para Marcos, esses líderes judaicos têm papel representativo. O que quer que seja predito a respeito deles, para os leitores de Marcos teria alguma relação com os judeus do tempo deles que continuam a negar e a escarnecer das alegações cristãs. Embora no que se segue eu enfrente a dificuldade de fazer os *membros do sinédrio* "verem", Marcos também pode (mas não principalmente) incluir no "vós" seus leitores cristãos, para quem essa visão é prova triunfante.[25] O verbo "ver" rege a posição de sentado e a vinda do Filho do Homem; não devem ser pressupostos dois tipos diferentes de percepção, um para a posição de sentado e um para a vinda. Em um contexto escatológico, "ver" transcende a visão física. Is 40,5 proclama: "A glória do Senhor será revelada e todos os seres humanos a

---

[24] Perrin e outros afirmam que o texto de Zacarias foi a fonte do "ver" marcano (*opsesthe*) em Mc 14,62, embora a LXX de Zacarias tenha "ser espectador" (*epiblepsontai*). Borsch ("Mark", p. 566) rejeita isso e remonta o "ver" a *1 Henoc* 62,5, "quando eles virem o Filho do Homem sentado no trono de sua glória". Gnilka ("Verhandlungen", p. 14; *Markus*, v. 2, p. 282) também duvida da originalidade da procedência de Zacarias e sugere Sb 5,1-2, onde os adversários do justo são tomados de medo ao "ver" como ele os confronta.

[25] Pesch (*Markus*, v. 2, p. 438) lembra que, nos relatos dos justos martirizados, a promessa de ver quem era realmente correto desempenha um papel (Sb 6,2; Ap 11,11-12), e que o lugar para os justos vitoriosos é à direita de Deus (*Testamento de Benjamim* 10,6).

verão juntos". (Observe-se também "ver" a salvação em Is 52,10, e o julgamento em Mq 7,10.16.) Contudo, deve-se respeitar o sentido da raiz da palavra (em grego, relaciona-se com "olho") e não reduzi-la apenas a conhecimento contemplativo (cf. Vanni, "Passione", p. 77). Para ser vista, uma coisa tem de acontecer, mesmo que o ato de ver signifique a capacidade de apreciar a importância do que acontece. Talvez se possa dizer que os membros do sinédrio "veriam" o Filho do Homem sentado à direita do Poder, se a proclamação pública de que Jesus ressuscitou e foi visto na glória forçasse sua atenção, como At 5,27-34 relata que ela fez. É muito mais difícil entender como se podia dizer que eles veriam a parusia. Seria a destruição de Jerusalém sinal do julgamento deles na parusia? Mas a passagem marcana não dá a impressão de que quarenta anos separariam o ato de sentar e a vinda. Além disso, em Mc 13,26-27, faz parte do ensinamento de Jesus o fato de estar a vinda do Filho do Homem em nuvens em um tempo futuro que ninguém conhece (Mc 13,32); é meta do falso messias e dos falsos profetas induzir as pessoas em erro sobre essa questão (Mc 13,21).

Embora o pensamento marcano a respeito do quando e do como de "vós vereis" não esteja claro, talvez estas três observações ajudem. *Primeiro*, o Cristianismo primitivo esforçou-se para entender as palavras de Jesus a respeito do que aconteceria no futuro, especialmente em relação à parusia. Alguns de seus ditos parecem subentender rápida volta ou instituição do reino (Mc 9,1; 14,25; Mt 10,23; Lc 23,43; Jo 14,3; 21,22-23); outros ditos pressupõem um ínterim indefinido (Mc 13,35; Mt 13,31-33; 24,50; 25,13; At 1,7); e o famoso versículo Mc 13,32 diz que o Filho do Homem não sabe. Em muitas camadas do NT, o resultado é uma combinação de escatologia futura e escatologia presente. Às vezes os biblistas modernos querem resolver esse problema dividindo os dois tipos de ditos e atribuindo um a uma fonte e o outro à revisão. Mas talvez a abordagem tanto/como seja intencional. Jesus tanto está como será glorificado; Jesus já governa e governará de modo mais visível; o julgamento que ele exerce já acontece e acontecerá. Feuillet ("Triomphe", p. 168) observa que o triunfo de Jesus tinha dois aspectos, presente e futuro (com o interesse primordial de Jesus no presente); os cristãos traduziram isso em acontecimentos diferentes. Portanto, não é impossível que Marcos tenha diversas maneiras de entender o julgamento na parusia simbolizado pela vinda do Filho do Homem com as nuvens do céu.

Segundo, embora seja o Filho do Homem, na resposta ao sumo sacerdote Jesus não diz: "Vós *me* vereis sentado à direita do Poder e vindo...". Ao falar do Filho do Homem, ele não fala de outra pessoa; mais exatamente, ele recusa qualquer sugestão de exaltar a si mesmo. O "um como filho de homem" em Dn 7 é um a quem o Ancião de Dias dá poder e domínio. Em Sl 110,1, é o Senhor que diz: "senta-te à minha direita até que eu faça de teus inimigos o escabelo de teus pés". Assim, com suas imagens bíblicas, a resposta do Filho do Homem é uma certeza de que *Deus* glorificará e justificará Jesus acima dos membros do sinédrio. Eles verão os sinais daquilo que Deus fará por Jesus.

Terceiro, no pensamento marcano, a ironia quanto às reivindicações por Jesus de santuário e Filho de Deus é que, embora os membros do sinédrio julguem Jesus um blasfemador (Mc 14,64) e escarneçam dele como falso profeta (Mc 14,65), tudo o que ele diz será comprovado. Quando ele morrer na cruz, o véu do santuário se rasgará em dois pedaços de cima a baixo e (ao *ver* que Jesus morreu assim) um centurião romano confessará que Jesus é o Filho de Deus. Marcos considera essas duas ações em Mc 15,38-39 obra de Deus justificando o Filho (e, na verdade, resposta de Deus ao grito agoniado de Jesus em 15,34: "Meu Deus, meu Deus, por que razão me abandonaste?"). Não é provável que Marcos considere essas ações o cumprimento da promessa ameaçadora que Jesus faz para os membros do sinédrio no julgamento? Não é a aclamação de Jesus como o Filho de Deus o sinal de que o Senhor o entronizou no alto (admitindo-se que haja um elemento régio davídico em "o Filho de Deus")? Não é o rasgamento do véu do santuário o sinal de condenação dos membros do sinédrio, pois seu lugar santo já não é mais santo? O fato de no relato de Marcos isso fazer parte do ato do centurião *ver* como Jesus morreu sugere não ser impossível interpretar essas ações como sendo vistas. Essa glorificação e esse julgamento na parusia seriam no futuro imediato (no mesmo dia da predição de Jesus), mas naturalmente não anulariam ou substituiriam a exaltação incluída na ressurreição, nem o julgamento incluído na parusia final. Seriam a concretização de tudo isso *aqui e agora* para os membros do sinédrio.

Mateus. O problema de futuridade levantado por Marcos era evidente para os dois primeiros intérpretes do Evangelho; de fato, Mateus e Lucas prefaciaram a declaração marcana do Filho do Homem com uma frase temporal de aproximadamente mesmo sentido: *ap' arti* ("a partir [exatamente] de agora") em Mateus, e *apo tou nyn* ("a partir de agora [do presente]") em Lucas. As tentativas de explicar uma concordância tão idealizada (em oposição a Marcos) têm sido imaginosas. Como Mateus usou a frase *ap' arti* antes, em declarações futuristas (Mt 23,39; 26,29), há quem sugira que sua presença aqui em Mt 26,64 é glosa derivada de copista. Entretanto, glosas de copistas costumam tornar o sentido de uma passagem mais compreensível; essa frase dificulta mais o problema relacionado ao fato de os membros do sinédrio verem. Acho que Hay (*Glory*, p. 68) não deve ser seguido ao interpretar a frase com o sentido de "em um tempo posterior" com base no fato de usos mateanos anteriores assinalarem o fim de um período significativo. Denotam o fim de um período e *o início* de outro (um mais escatológico), de modo que "a partir de agora" está perfeitamente correto. A solução de OS^{sin} de ler o equivalente de *ap' arti* em Marcos seria normalmente reconhecida por todos como a harmonização de Marcos com Mateus (o que, insisto, ela é). Contudo, J. A. T. Robinson ("Second", p. 339) afirma ser isso um original e, assim, a fonte da leitura mateana.[26] Outros biblistas afirmam que aqui Mateus e Lucas não dependem de Marcos, mas de outra fonte, e mencionam que eles concordam mais uma vez em oposição a Marcos ao colocarem a frase "à direita" depois do particípio "sentado", enquanto Marcos a coloca antes. Mas, nesse último detalhe, eles simplesmente seguem a ordem grega das palavras em Sl 110,1, que formou o dito do Filho do Homem. Também, de modo geral, em essência, aí Mateus está mais próximo de Marcos que de Lucas, ou da suposta fonte comum refletida em Lucas (Soards, *Passion*, p. 82); por exemplo, Mateus e Marcos trazem "*vós vereis* o Filho do Homem" e têm a segunda oração sobre a vinda, ambas ausentes de Lucas. De qualquer modo, o fato de haver nos três Evangelhos o incomum "à direita do Poder" (não a redação do Salmo) torna extremamente improváveis duas fontes independentes.

Se, então, ao rejeitar a explicação extraordinária, se afirmar que Mateus e Lucas recorrem a Marcos (mas, como é comum na NP, Lucas com maior liberdade), por que ambos têm uma frase temporal (expressa com palavras diferentes) que não está em Marcos? Uma chave importante é que exatamente a mesma frase, com as mesmas palavras, foi acrescentada respectivamente por Mateus e Lucas quando eles reescreveram Mc 14,25, outra declaração futurista na qual, na Última Ceia, Jesus diz: "Amém, eu vos digo que não beberei do fruto da videira até o dia em que

---

[26] Apesar da enorme dificuldade de explicar como essa leitura harmoniosa com Mateus não está presente na grande maioria de mss. gregos de Marcos, Hawkins e Glasson ("Reply") concordam com essa proposta e Feuillet ("Triomphe", p. 157) faz dela parte de seu argumento de que essa frase estava nas palavras do próprio Jesus.

o beberei novo no Reino de Deus". Mt 26,29 diz: "Eu vos digo que não beberei a partir de agora [*ap' arti*] do fruto...". (Ali o contexto lucano é muito diferente do de Mateus, e a ideia de *ambos* recorrerem a outra fonte independente de Marcos é ainda mais improvável.) Nessa passagem e na que estamos estudando, devemos considerar a frase temporal acrescentada como esforços independentes de Mateus e de Lucas para esclarecer que a iminente futuridade do triunfo de Jesus já está acontecendo. Cada um dos evangelistas faz isso em seu estilo: Mateus usa *arti* 7 vezes e *ap' arti* 3 vezes; Lucas/Atos não usa nenhum deles, e sim 39 vezes *nyn* (em comparação a 4 em Mateus) e 6 vezes *apo tou nyn* (0 em Mateus).

Quero mencionar mais uma tentativa (por A. Debrunner)[27] de evitar a importância do fato de Jesus dizer aos membros do sinédrio: "A partir de agora, vós vereis". Como a divisão de palavras não era comum na escrita grega da época neotestamentária, *ap' arti* poderia ter sido escrito como *aparti* ("certamente, com certeza").[28] Meu parágrafo anterior contrasta Mc 14,25 e Mt 26,29 usando a leitura *ap' arti* em Mateus. Está Debrunner correto quando lê *aparti* como "Eu vos digo: *certamente* não beberei do fruto" e afirma que essa é a maneira de Mateus preservar o "Amém" de Marcos? (Contudo, Mateus é perfeitamente capaz de escrever "Amém" quando quer e a posição normal na qual traduzir o sentido de "Amém" seria antes de "eu vos digo", não seis palavras adiante, depois de "beberei".) Debrunner, por analogia com sua interpretação de Mt 26,29, quer ler *aparti* na resposta de Jesus ao sacerdote: "Vós vereis certamente o Filho do Homem sentado...". Ora, aqui não há nenhum "Amém" no Mc 14,62 correspondente, mas Debrunner procura apoio no "Amém, amém" de Jo 1,51.[29] Concordo com Feuillet ("Triomphe", p. 156) quando ele rejeita isso como outra tentativa desesperada, embora erudita, de evitar uma interpretação difícil. Se se considera Jo 1,51 paralelo, é por ser exemplo do futuro realizado no presente.

Antes de nos concentrarmos no presente intensificado de Mateus, precisamos dar um pouco de atenção a algumas outras diferenças entre Mateus e Marcos. O Filho do Homem vem "sobre" (*epi*) as nuvens em Mateus, em vez do "com" (*meta*)

---

[27] ConNT 11, 1947, p. 33-49; o artigo examina interpretações dos papiros Chester Beatty.

[28] O papiro Beatty P[47] levanta a questão em Ap 14,13: "Benditos são os mortos que morrem no Senhor *aparti*". Deve ser lido "a partir de agora" ou "com certeza"?

[29] Os escribas antigos relacionaram as duas passagens na direção oposta e interpretaram *ap' arti* nos testemunhos *koiné* de João, acrescentados ao duplo "Amém".

de Marcos. A escolha de preposições talvez reflita a influência de diversos textos gregos de Dn 7,13: a LXX traz *epi*, enquanto Teodocião traz *meta*.[30] Uma diferença mais importante de Marcos é o acréscimo mateano de "eu vos digo" (assim também Jo 1,51), expressão que acrescenta solenidade e transforma o que se segue em um pronunciamento. Vanni ("Passione", p. 71-72) analisou todos os empregos dessa expressão em Mateus e descobriu que em trinta e nove das quarenta e sete vezes ela é uma fórmula reveladora. O sentido de uma proclamação reveladora aos membros do sinédrio se encaixa bem com o "contudo" (*plen*) que precede a declaração de Jesus. Jesus deu uma resposta afirmativa condicional à pergunta de Caifás se ele era o Messias, o Filho de Deus: "*Tu* o disseste", pondo a responsabilidade no sumo sacerdote. Agora Jesus faz sua proclamação: "Contudo, eu vos digo". Essa mesma expressão ocorreu em Mt 11,21.24, onde Jesus proclamou seu julgamento sobre Betsaida e Corazim: se as obras poderosas feitas por Jesus no meio delas tivessem sido feitas em Tiro, Sidônia e Sodoma, o povo dessas três cidades teria se arrependido e sobrevivido. "Contudo, eu vos digo", Jesus afirmou, haverá mais tolerância no dia do julgamento para Tiro, Sidônia e Sodoma que para Betsaida e Corazim. Assim, a inferência é adversativa e intensiva. Se Jesus já sugeriu que o sumo sacerdote será julgado e responsabilizado por seus motivos para buscar uma condenação forçando-o a jurar a respeito de sua identidade, Jesus agora proclama solenemente o julgamento a ser exercido por ele como o glorioso Filho do Homem, de maneira semelhante àquela em que ele advertiu Betsaida e Corazim de julgamento severo.

O principal objetivo de Mateus, então, não é diferente do de Marcos, mas é mais solenemente intenso. Há também maior atenção ao tempo na proclamação de que os membros do sinédrio verão "*a partir de* agora". Embora talvez não tão forte como um simples "agora", a frase assinala que uma mudança *começou* a acontecer. Tirando vantagem disso e ressaltando a importância negativa do "Contudo, eu vos digo", um grupo de biblistas (SPNM, p. 179-81, cita Hummel, Trilling, Walker) não acha que o estar sentado e a vinda do Filho do Homem em Mateus se refiram primordialmente à ressurreição futura e à parusia. A cena tornou-se de oposição polêmica; o julgamento de Deus contra o povo judeu e seus líderes começou. As autoridades rejeitam Jesus como o Messias; Jesus diz que elas o verão confirmado a partir desse momento. As prerrogativas judaicas estão no fim. Na verdade, parte

---

[30] Também em uma declaração muito semelhante, "Filho do Homem sobre as nuvens do céu", Mt 24,30 preferiu *epi* ao *en* de Mc 13,26.

dessa polêmica proposta é pertinente ao pensamento de Mateus (Mt 27,25), mas Senior está certo ao duvidar que seja tão evidente nesta cena. Duas vezes antes, Mateus usou *ap'arti*. Quando falou a Jerusalém em uma lamentação em Mt 23,39, Jesus disse: "Pois eu vos digo: não me vereis a partir de agora até dizerdes: 'Bendito aquele que vem em nome do Senhor'". Obviamente, nesse dito, "a partir de agora" não significava "a partir deste exato momento" (pois Jesus ficaria em Jerusalém durante dias), mas "a partir deste tempo crucial, quando tomais vossa decisão". Jesus usou "a partir de agora" também na Última Ceia, em seu dito de que não beberia do fruto da videira (Mt 26,29). Assim, "a partir de agora" não é necessariamente um momento exato, único, no julgamento; mas, com mais veemência que em Marcos, fica-se com a impressão do fim de uma era. Na nova era nitidamente distinta que começa, Jesus será justificado e glorificado por Deus. Esse lado positivo vem primeiro, mas secundariamente há um lado negativo para as autoridades judaicas. A revelação em "eu vos digo" é que elas verão Jesus como o Messias entronizado, como o Filho do Homem a quem é dado todo poder; entretanto, para elas, essa visão não trará salvação, mas julgamento. Os leitores cristãos ouviram Pedro abençoado quando ele confessou Jesus como "o Messias, o Filho do Deus vivo"; eram palavras de Deus, não apenas palavras humanas (Mt 16,16-18). Aqui, em suas palavras afirmativas, Jesus intensifica a revelação de quem ele é, e nas discussões com os que não creem, espera-se que os cristãos professem tudo isso a partir de agora. (Ver Broer, "Prozess", que enfatiza em Mateus o elemento de afirmação sobre o de julgamento.)

Quanto ao momento de ver, portanto, reitero o que afirmei no final do estudo sobre Marcos. O "tanto/como" da escatologia é mais intenso em Mateus que em Marcos. Embora o Filho do Homem vá estar sentado à direita do Poder e vindo sobre as nuvens, o Jesus mateano também diz: "Eis que estou convosco todos os dias, até o fim dos tempos/do mundo" (Mt 28,20)! Quanto à possibilidade de ter a morte de Jesus sido um momento crucial de ver, a situação é ainda mais convincente em Mateus. Segundo Mt 27,51-54, aconteceu na morte de Jesus muito mais que o rasgamento do véu do santuário: a terra tremeu, as pedras se partiram, os túmulos se abriram e os mortos ressuscitaram, aparecendo a muitos. O centurião e os que estavam com ele viram "o tremor (da terra) e esses acontecimentos". Esses sinais do fim dos tempos são descritos como ações visíveis; por isso, na narrativa, os membros do sinédrio poderiam ter visto sinais dramáticos da justificação de Jesus por Deus. Além disso, depois de Jesus ressuscitar, houve um terremoto e um anjo desceu e removeu a pedra. Os guardas viram esses fenômenos e os relataram aos chefes dos sacerdotes, que reuniram os anciãos (assim, um sinédrio) para discuti-los (Mt 28,2-4.11-12). Assim, os leitores de Mateus podiam ligar essa assembleia desesperada com a predição de Jesus de que veriam o Filho do Homem exaltado.

Lucas. O dito do Filho do Homem em Lc 22,69 é distorção dos componentes mais difíceis na forma de Marcos/Mateus: não é dito aos membros do sinédrio que *verão* alguma coisa; não há nenhuma referência à parusia (isto é, à vinda do Filho do Homem sobre as nuvens do céu). Deus não é chamado "o Poder". No corpo do Evangelho, Lucas atribui papéis ligados a julgamento e à parusia ao Filho do Homem (Lc 9,26; 12,8). Ele retém declarações de uma vinda iminente do Reino de Deus (Lc 9,27) e não hesita em registrar a promessa de Jesus: "Eles verão o Filho do Homem vindo sobre uma nuvem com poder e muita glória" (Lc 21,17). Contudo, o objetivo lucano geral é professar ignorância de quando tudo isso acontecerá, de modo que não se deve passar o tempo procurando-o (At 1,6-11). Por meio de sua vitória sobre a morte, Jesus é o Messias exaltado que o céu receberá até a hora de instituir tudo o que Deus falou pelos santos profetas; então, para os que se arrependem, ele será enviado como o Messias designado (At 3,19-21). Assim, as palavras que Jesus diz aos membros do sinédrio concentram-se na exaltação, não no julgamento.

Pelas sentenças condicionais de Lc 22,67-68, Jesus se recusa, de certo modo, a responder à pergunta do sinédrio quanto a ele ser ou não o Messias; depois, em Lc 22,69, ele dá uma resposta afirmativa. O "Mas" (*de*) de Lucas não é adversativo, como o *plen* ("contudo") de Mt 26,64; continua o que o precede em uma nova direção. Essa nova orientação interpreta o Messias como exaltado: "A partir do presente, haverá o Filho do Homem sentado à direita do poder de Deus". Lucas iguala o Messias e o Filho do Homem, pois, em At 2,32-35, esse mesmo texto é usado quanto ao Messias. Ali, Sl 110,1 é citado explicitamente para explicar que Deus ressuscitou Jesus e o exaltou à (mão) direita divina, fazendo-o Senhor e Messias. Aos membros do sinédrio, Jesus diz que isso "acontecerá" a partir do *presente* (*apo tou nyn*). Os tempos aparentemente contraditórios captam a ambivalência da escatologia neotestamentária que mencionei com referência a Marcos.[31] A exaltação de Jesus começa na sessão do sinédrio; prosseguirá na cruz, onde ele falará de

---

[31] As distinções de futuro e passado são apenas do ponto de vista de uma narrativa que continua no tempo; à direita de Deus, há apenas o presente.

§ 22. Procedimentos do sinédrio, terceira parte: Resposta(s) de Jesus e declaração a respeito do Filho do Homem

estar no paraíso *este dia* (Lc 23,43).[32] Como Plevnik ("Son") insiste, a exaltação se completa na ascensão de Jesus, que conclui o Evangelho (Lc 24,50-51) e é ponto de partida para os Atos (At 1,8-11). Talvez seja importante para Lucas enfatizar o aspecto vitorioso do "agora", porque ele já fez referência ao lado negativo quando Jesus falou às autoridades judaicas no momento da prisão (Lc 22,53): "Esta é a vossa hora e o poder das trevas".

Para explicar o aspecto vitorioso e o poder (*dynamis*) de Deus, Lc 22,69 copia de Marcos a linguagem do Salmo 110 e refere-se a Jesus "sentado à direita". A posição sentada será novamente citada do Salmo 110 em At 2,33, mas o discurso de Pedro que a acompanha e interpreta o acontecimento ali refere-se simplesmente a Jesus "sendo exaltado à direita de Deus". Que a *exaltação* de Jesus e não simplesmente uma posição sentada entronizada seja o elemento importante deduz-se de At 7,55-56, onde Estêvão, cheio do Espírito Santo e fitando o céu, vê a glória de Deus e Jesus *de pé* à direita de Deus — visão que o próprio Estêvão interpreta como: "Eu vejo o Filho do Homem de pé à direita de Deus". (Em Marcos/Mateus, é dito aos membros do sinédrio que eles verão o Filho do Homem à direita do Poder; para Lucas, é o primeiro cristão que vê isso!) O "à direita *do poder* de Deus" lucano[33] associa a exaltação de Jesus com um estado de poder divino. Já em seu ministério, depois do batismo e da tentação, Jesus voltou à Galileia sob a influência do "poder do Espírito" (Lc 4,14; At 10,38); ao expulsar demônios e curar, "o poder do Senhor" estava com ele e dele saía (Lc 4,36; 5,17; 6,19; 8,46; 9,1). Contudo, o poder é particularmente associado ao Filho do Homem no céu (Lc 21,27), de modo que ele pode enviá-lo do alto (Lc 24,49; At 1,8). Os que o recebem dele precisam reconhecer claramente sua fonte (At 3,12; 4,7) e é blasfêmia qualquer outro além de Jesus falar de si mesmo como "o poder de Deus" (At 8,10).

Os membros do sinédrio são descritos como entendendo as inferências da afirmação de Jesus de que, a partir de agora, haverá o Messias exaltado como o Filho do Homem, pois, em reação, eles dizem: "És tu, então, o Filho de Deus?" (Observemos o "és"; das duas indicações de tempo dadas por Jesus, eles entenderam *apo tou nyn* como a mais importante.) Walaskay ("Trial", p. 83) nega que

---

[32] O uso de Sl 110,1 em At 2,32-35 mostra o término da exaltação, quando Deus ressuscitou Jesus à mão direita.

[33] Vimos na nota 20 que "o poder de Deus" como atributo divino está bem atestado no AT e não apresenta nenhum dos problemas apresentados pelo uso marcano titular de "o Poder".

o *oun* ("então") de Lc 22,70 refira-se a Lc 22,69; ele quer aplicá-lo à questão do Messias de Lc 22,67; mas o Messias e o Filho do Homem são um só e o mesmo. Walaskay argumenta contra a ideia de que Jesus *se torna* o Filho de Deus por meio da exaltação. Entretanto, a questão não é de tornar-se. Os leitores do Evangelho sabem que Jesus foi concebido como o Messias davídico e, por intermédio do "poder do Altíssimo" que desceu sobre Maria, como o Filho de Deus (Lc 1,32-35). Quanto ao momento em que essa identidade de Jesus é revelada, isso acontece para pessoas diferentes, em ocasiões diferentes. Por exemplo, Lucas não hesita em usar a linguagem de "ser feito" e "ser gerado" em referência à exaltação de Jesus para exprimir isso como momento que manifesta a identidade de Jesus (At 2,36; 13,33). At 10,40 expressa-o: "Deus o ressuscitou no terceiro dia e concedeu-lhe que se manifestasse". O *oun* em Lc 22,70 é dedução daquilo que Jesus revela a respeito de sua identidade exaltada. Para Marcos/Mateus, parece que o dito do Filho do Homem transcende as dimensões do Messias, Filho de Deus, sobre o qual se fazem indagações; para Lucas, esse dito define o Messias como Filho de Deus. Jesus responde muito afirmativamente à conclusão a que os membros do sinédrio chegaram: "Vós mesmos dizeis que eu sou". Infelizmente, os membros do sinédrio rejeitam (Lc 22,71) a conclusão que corretamente deduziram — ou pelo menos muitos deles deduzem. Lc 23,50-51 falará de um membro do boule (ver § 18, B2) que aceitou a conclusão e não tomou parte na rejeição, a saber, José de Arimateia, que "procurava o Reino de Deus".

Análise

Nos sinóticos, a descrição que Jesus faz do Filho do Homem sentado à direita do Poder e (em Marcos/Mateus) vindo com/sobre as nuvens do céu tem a importância teológica de ressaltar majestade e julgamento à guisa de resposta ao sinédrio. Ao nos voltarmos para a questão de historicidade, não há nenhum meio para determinar se Jesus falou ou não a sentença em Mc 14,62 e paralelos em um interrogatório na noite anterior a sua morte. Contudo, podemos, pelo menos, examinar a plausibilidade de seu uso de *"o Filho do Homem" como título para si mesmo* (se é sempre um título). Quando começo a examinar a confusão moderna a respeito do título e do sentido do título, é um consolo saber que há sinais de perplexidade nas palavras dirigidas a Jesus em Jo 12,34: "Como podes dizer que o Filho do Homem precisa ser elevado? Quem é o Filho do Homem?".

O uso evangélico desse título para Jesus apresenta estatísticas que têm diferença dramática das estatísticas (§ 21) estudadas em relação a "o Messias" e "o Filho de Deus". Com a aceitação ou o uso desses títulos durante a vida de Jesus, é difícil perceber, mesmo superficialmente, alguma prova nos textos; mas "o Filho do Homem" aparece cerca de 80 vezes nos Evangelhos e, em todas as vezes, exceto duas (Mc 2,10; Jo 12,34), claramente como autodesignação por Jesus. Calcula-se que constituem 51 ditos (J. Jeremias, ZNW 58, 1967, p. 159-164), 14 dos quais estão em Marcos e 10 na Fonte dos Ditos. Fora dos Evangelhos, a frase ocorre somente 4 vezes (a saber, Hb 2,6; Ap 1,13; 14,4; At 7,56); e, somente na última delas (que Lucas toma por empréstimo do uso evangélico), essa frase tem artigos definidos como nos Evangelhos. O debate quanto ao fato de o Jesus histórico ter usado esse título a respeito de si mesmo, ou de ele ser produto da reflexão da Igreja primitiva retroprojetada no ministério de Jesus, tem sido animado durante os últimos cem anos. Quem adota essa última posição enfrenta duas grandes dificuldades. Por que esse título foi tão maciçamente retroprojetado, sendo colocado nos lábios de Jesus em uma escala que ultrapassa a retroprojeção de "o Messias", "o Filho de Deus" e "o Senhor"? E, se esse título foi moldado primeiro pela Igreja primitiva, por que quase não deixou nenhum vestígio na literatura neotestamentária fora dos Evangelhos, o que não aconteceu com os outros títulos?

Todavia, restam aspectos curiosos a respeito desse título no uso evangélico.[34] Ninguém se dirige a Jesus por esse título e Jesus não explica seu sentido. Quando vem à baila a pergunta sobre quem é Jesus, apesar de seus muitos empregos de "Filho do Homem", essa nunca é identificação sugerida para ele. (E não é usada a respeito dele pelos cristãos primitivos em suas confissões de louvor ou seus credos.) No que se segue na NP, Jesus será escarnecido na cruz a respeito de todos os detalhes do julgamento (a destruição do santuário, o Messias, o Filho de Deus), mas nunca a respeito de sua identificação de si mesmo como o Filho do Homem. Vou

---

[34] Essas observações foram tiradas de J. D. Kingsbury, *The Christology of Mark*, Philadelphia, Fortress, 1984, p. 166-179. Ele afirma (p. 174-175) que, ao contrário de "Filho de Deus" ou títulos que focalizam interiormente a identidade de Jesus, "Filho de Deus" focaliza exteriormente a relação de Jesus com o mundo. No caso presente, focaliza o que, por meio da iniciativa de Deus, será dado a Jesus à guisa de *status* e o que ele fará — fatores que complementam e manifestam o que ele é. Assim, julgo que esse título tinha dimensão exterior e interior.

agora mencionar abaixo, de maneira bem sumária, algumas questões que entram no debate a respeito da historicidade do uso do título por Jesus.[35]

Quando e como "o Filho do Homem" se tornou um título? Como *ho huios tou anthropos*, a frase evangélica usual, é desconhecida no grego secular e faz tão pouco sentido em grego quanto "o Filho do Homem" faria como título nas conversas nas línguas ocidentais, as origens do uso devem estar em um contexto semítico. A voz divina que fala a Ezequiel dirige-se a ele mais de noventa vezes como "filho de homem" (= "Ó ser humano"), termo que realça o contraste entre a mensagem celeste e o destinatário mortal. De modo mais pertinente, "um como filho de homem" no aramaico de Dn 7,13 entra na discussão, mas a designação ali significa simplesmente um como ser humano. Como não há mais nada na Escritura canônica pertinente a essa pessoa,[36] tornou-se moda durante algum tempo apelar a provas religiosas comparativas e a pressupor a existência no Oriente Próximo de uma imagem bastante aceita de um homem celeste (não raro considerado de origem iraniana) como base daquilo que o NT queria dizer ao chamar Jesus de "o Filho do Homem". Quando essa abordagem foi rejeitada por falta de provas, houve forte tendência de alguns biblistas (por exemplo, nos anos 1965-1990: Lindars, Perrin, Vermes) a negar que existisse no Judaísmo qualquer expectativa de uma pessoa específica conhecida como o filho de homem ou o Homem Celeste. Contudo, por meio do recurso a apócrifos judaicos (em vez de religiões não judaicas comparativas), outra linha de pensamento, que agora parece reviver, argumentou que no século I havia uma expectativa judaica de que Deus faria vitorioso e entronizaria sobre os inimigos de Israel uma figura humana específica que seria o instrumento do julgamento divino — uma pessoa que podia ser apropriadamente designada "o filho de homem", porque concretizava ou exemplificava o destino de todos os seres

---

[35] Ver um bom levantamento da excessivamente abundante literatura a respeito dessa questão em J. R. Donahue, CBQ 48, 1986, p. 484-498; também em M. Casey, JSNT 42, 1991, p. 17-43. As opiniões de Casey são marcadas pela confiança de poder detectar quais os ditos de Filho do Homem nos Evangelhos que são originais pela reconstrução do aramaico subjacente (para o que, entretanto, ele depende de targumim posteriores ao século I). Depois do tempo de Jesus, houve um desdobramento secundário do conceito e dos ditos à luz de Dn 7 e da parusia de Jesus.

[36] Seitz ("Future") aponta o Salmo 80 como complemento da imagem de Dn 7. Se este último relaciona um como filho de homem aos santos do Altíssimo, Sl 80,15-16, em uma oração a Deus, relaciona um filho de homem à vinha de Israel: "Cuida desta vinha e protege o que tua mão direita plantou, um filho de homem que tu mesmo fortaleceste". A súplica continua em Sl 80,18: "Que tua ajuda esteja com o homem de tua mão direita, com o filho de homem que tu mesmo fortaleceste". Seitz argumenta que, como esse Salmo trata da elevação de um ser terreno, talvez constituísse a origem primordial de Mc 14,62.

humanos justos. Para respeitar a incerteza da situação entre os biblistas, decidi responder à pergunta da plausibilidade do uso de "o Filho do Homem" por Jesus dentro de cada uma dessas abordagens, a saber, se havia um conceito judaico específico de "o filho de homem" e se não havia.

A. Se havia um conceito judaico do Filho de Homem

Nos círculos judaicos apocalípticos cuja voz ecoa na literatura não canônica dos séculos II e I a.C. e I d.C., talvez se desenvolvesse a imagem forte de um filho de homem celeste por meio da reflexão em Dn 7[37] — imagem não amplamente atestada fora desses círculos e que por isso deixou traços relativamente escassos, mas uma imagem que bem poderia ter atraído Jesus e seus primeiros seguidores cristãos por causa de sua forte inclinação apocalíptica.[38]

Há muito é reconhecido que a seção de "Parábolas" (Similitudes) de *1 Henoc* 37-71 contribuiu para o tema do filho de homem. Contudo, a ausência dessa seção dos muitos fragmentos de *1 Henoc* encontrados em Qumrã pareceu a princípio recomendar que as Parábolas fossem consideradas uma composição cristã que refletia, em vez de explicar, o uso neotestamentário.[39] Entretanto, ultimamente, reconhece-se que os argumentos a favor de uma composição judaica pré-cristã ou não cristã têm maior força e surgiram propostas para explicar por que os sectários de Qumrã poderiam não ter concordado com a teologia das Parábolas de *1 Henoc* e por isso não tê-las preservado. Julgando que uma data anterior a 70 d.C. dificilmente pode ser negada, por causa da influência das Parábolas em Mt 19,28; 25,31 e da ausência de uma referência à queda de Jerusalém, J. J. Collins ("Son") sugere uma

---

[37] Embora os indícios que apoiam essa ideia tenham sido conhecidos por muito tempo, houve problemas de datação e interpretação. A segunda metade do século XX aprimorou a apreciação que os biblistas tinham dos epígrafos, em especial quando o estudo dos Manuscritos do Mar Morto reforçou nosso entendimento da ampla esfera do Judaísmo contemporâneo. No que se segue, devo ideias adicionais a J. J. Collins, que me permitiu ver antes da publicação o manuscrito de vários artigos, inclusive "The Son of Man in First Century Judaism" (NTS 38, 1992, p. 448-466).

[38] O autor de Dn 7 dificilmente criaria do nada sua metáfora de monstros vencidos por um ser humano; na verdade, tal metáfora talvez remonte a raízes há muito esquecidas da mitologia cananeia de Baal conquistando o monstro marinho. Contudo, as tentativas por estudiosos veterotestamentários de remontar a seção do "filho de homem" em Dn 7,9ss a uma fonte poética anterior a Daniel são especulativas demais para servir a nosso propósito aqui, e toda a literatura que vou examinar pode ser explicada por meio de reflexão em Dn 7, em vez de fontes mais primitivas.

[39] Ver o relato dessa discussão por D. W. Suter, *Religious Studies Review* 7, 1961, p. 217-221.

data c. 50 d.C. para a composição. As referências ao Ancião (Chefe) de Dias em *1 Henoc* 46,1 e 47,3 indicam que o autor usou Dn 7,9-10.13-14 e apoiam a probabilidade de sua descrição do filho de homem ter surgido da reflexão em Daniel. Na verdade, a linguagem de Henoc deixa aberta a possibilidade de estarmos vendo o surgimento de uma pessoa convencional da imagem mais vaga de Daniel. A imprecisão de Daniel está representada em *1 Henoc* 46, que a princípio fala apenas a respeito de um "cuja face tinha a aparência de um ser humano"; contudo, ao ser questionado, é explicado ser ele "o filho de homem que tem probidade". Embora seja como um dos santos anjos, ele tem posição superior à dos anjos.[40] O filho de homem é um cujo nome era mencionado na presença do Senhor dos Espíritos antes que o sol e as estrelas fossem criados (*1 Henoc* 48,3). É descrito como "o Eleito" (o servo escolhido de Is 42,1?), pois os dois títulos estão justapostos em *1 Henoc* 62,1.5. Na verdade, *1 Henoc* 48,10 e 52,4 parecem identificá-lo como o Messias do Senhor.[41] O filho de homem é mostrado sentado no trono de glória em *1 Henoc* 62,5 (presumivelmente uma dedução de que um dos tronos de Dn 7,9 lhe era destinado [Collins]) — entronização que sugere que, já nos círculos judaicos, Dn 7 era ligado a Sl 110,1 ("senta-te à minha direita"), como está refletido em Mc 14,62. Em Dn 7,13-14, já havia insinuações de julgamento: "Um como filho de homem" é levado à corte celeste, onde são abertos os livros que decidirão o destino do grande reino representado pelas bestas (Dn 7,10c). Contudo, não nos é dito especificamente qual a participação que esse como filho de homem terá quando, na vinda do Ancião de Dias, o julgamento for pronunciado (Dn 7,22).[42] A metáfora de Is 11,1-4 que

---

[40] Parte da dificuldade de imaginar o filho de homem em *1 Henoc* é a aparente identificação dele com o exaltado Henoc celeste em *1 Henoc* 71,11-17, principalmente 71,14. Para muitos, isso significa que o filho de homem em *1 Henoc* é mais um papel que uma pessoa específica. Para neutralizar a identificação de Henoc, R. H. Charles mudou deliberadamente a tradução e houve quem argumentasse que essa passagem era uma adição secundária às Parábolas. J. J. Collins ("Son", p. 455-457) afirma agora que, em *1 Henoc* 71,14, Henoc não é identificado com o filho de homem, mas é abordado como ser humano que é exaltado para partilhar a aparência do filho de homem celeste. Em *1 Henoc* 70,1, o nome de Henoc é elevado vivo à presença do filho de homem, metáfora que parece distinguir entre os dois.

[41] K. Schubert ("Verhör", p. 121-122) julga encontrar na descrição do filho de homem em *1 Henoc* 48,4-5 sinais de passagens do Messias davídico (Gn 49,10; Nm 24,17; Is 9,1); mas isso não está de modo algum claro.

[42] Às vezes, Dn 7 é apresentado simplesmente como entronização desta representativa figura humana (ascensão ao céu com as nuvens), sem nenhuma indicação de atividade futura relacionada com as da terra, caso em que a combinação de entronização e parusia em Mc 14,62 é grande inovação. Entretanto, Beasley-Murray ("Jesus", p. 425-426) insiste que a cena inclui a participação dessa figura humana na teofania do Ancião de Dias e uma teofania sempre inclui uma intervenção nos negócios humanos na

descreve o espírito dado ao rei davídico para capacitá-lo a julgar com justiça talvez ressoe em *1 Henoc* 62,2, onde o espírito de justiça é derramado no escolhido, a fim de capacitá-lo para matar pecadores. Em *1 Henoc* 63,11; 69,27.29, os maus são trazidos diante do filho de homem para serem humilhados, enquanto o nome do filho de homem é revelado aos benditos. Collins ("Son", p. 459) afirma que as Parábolas de *1 Henoc* "mostram como o texto de Daniel inspirou visões de uma figura salvadora celeste no Judaísmo do século I".

Se o autor de *1 Henoc* especificou a imagem de Daniel para descrever uma figura humana entronizada celestialmente como juiz, a saber, o filho de homem, houve catalisadores que podiam ter movido seu pensamento nessa direção.[43] Ezequiel, o Trágico (antes de 150 a.C.), faz Deus, com coroa e cetro, levar Moisés para o trono celeste para ali se sentar, ser coroado e capacitado a observar cuidadosamente os céus. P. J. Kobelski fez um trabalho interessante sobre a figura celeste de Melquisedec em Qumrã, comparando-a a material do filho de homem. Ele está convencido de que "o conceito de uma pessoa entronizada que viria a julgar os justos e os maus existia antes do NT".[44] Em um fragmento hínico do Manuscrito da Guerra da gruta 4 publicado por M. Baillet em DJD 7, 1982, p. 26-30, alguém que tem intrepidez como mestre e para proferir julgamento legal é exaltado a um assento nos céus e é introduzido com deuses na congregação santa. M. Smith[45] cita isso como prova da tese que a ascensão ao céu era parte importante do contexto palestino do século I.

A reflexão sobre Dn 7 e o filho de homem aparece depois de *1 Henoc* no final do século I. Em *4 Esdras* (*2 Esdras*) 13, outro apocalipse judaico, composto originalmente em hebraico ou aramaico, Daniel (Dn 7,1-28) viu quatro bestas

---

terra. Ele cita K. Müller para afirmar que em nenhum lugar do AT ou da literatura judaica e talmúdica "nuvens" desempenham um papel quando a preocupação é expressar a atividade de seres celestes uns com os outros inteiramente no domínio da transcendência. Somente quando eles saem da transcendência oculta as nuvens entram em ação e, assim, em Dn 7 haveria uma inferência de que a figura humana ainda tem papel descendente.

[43] J. J. Collins desenvolve esse tema em "A Throne in the Heavens: Apotheosis in pre-Christian Judaism", que ele planeja publicar em M. Fishbane & J. J. Collins, orgs., *Death, Ecstasy and Otherwordly Journeys* (Memory of I. Culianu, no prelo).

[44] *Melchizedek and Melchiresaʻ*, monografia em CBQ, série 10, Washington, Catholic Biblical Association, 1981, p. 126.

[45] "Ascent to the Heavens and Deification in 4QMaª", em L. H. Schiffman, org., *Archaeology and History in the Dead Sea Scrolls*, Sheffield, JSOT, 1990, p. 181-188 (Memory of Y. Yadin).

monstruosas representando os grandes reinos da história do Oriente Próximo e seu poder substituído pela autoridade que Deus deu a um como filho de homem que veio com as nuvens do céu. Quando Esdras vê uma águia monstruosa, lhe é dito (*4 Esdras* 12,11) que aquele é "o quarto reino que apareceu em uma visão a teu irmão Daniel". Em *4 Esdras* 13,3, alguém "na forma de um homem" ergue-se do mar e voa com as nuvens do céu. Essa figura sobre-humana destrói as forças do mal com o hálito flamejante de sua boca e reúne uma multidão pacífica e alegre. Em seu comentário, M. Stone[46] escreve: "O homem é interpretado como o Messias, pré-criado e preparado de antemão, que libertará a criação e dirigirá os que restarem". Ele afirma que a própria visão de sonho, independente da interpretação, talvez se origine de uma fonte pré-Esdras; essa fonte teria recorrido a Dn 7, como fez o autor de *4 Esdras*.

Todos esses indícios sugerem que, nos círculos judaicos apocalípticos do século I d.C., a descrição em Dn 7 fizera surgir a imagem de uma figura humana messiânica, de origem celeste preexistente, que é glorificada por Deus e feita juiz.[47] Contra esse pano de fundo, se Jesus estava familiarizado com o pensamento apocalíptico, ele pode ter usado terminologia do filho de homem.[48] Ele não precisa ter lido as Parábolas de *1 Henoc*, mas apenas ter estado a par de algumas das reflexões que surgiam a respeito de Dn 7 que davam ou dariam origem à apresentação do

---

[46] *Fourth Ezra*, Hermeneia, Minneapolis, Fortress, 1990, p. 397. O termo "meu filho" é usado em algumas versões para a figura do homem em *4 Esdras* 13,37.52, do mesmo modo que foi usado para o Messias em *4 Esdras* 7,28. Outras versões trazem "meu servo", como em *4 Esdras* 13,32, que imita a linguagem do servo de Isaías. Vimos que, nas Parábolas de *1 Henoc*, o filho de homem tinha identificação messiânica e de servo.

[47] Além dos apócrifos, se Justino (*Diálogo* xxxii,1) relata as opiniões judaicas corretamente, a identificação de "um como filho de homem" de Daniel com o Rei Messias foi aceita por volta de meados do século II d.C. Ver também (mas com muita cautela) St-B, v. 1, p. 956-957.

[48] Em geral, os estudiosos distinguem três tipos de ditos do Filho do Homem encontrados nos lábios de Jesus nos Evangelhos: 1) os que se referem à atividade terrena do Filho do Homem (comer, morar, salvar os perdidos); 2) os que se referem ao sofrimento do Filho do Homem; 3) os que se referem à glória futura e à parusia do Filho do Homem no julgamento. No APÊNDICE VIII, onde trato das predições por Jesus de sua Paixão e morte, terei de lidar com o tipo 2, pois muitas das predições são expressas em termos do "Filho do Homem". Por enquanto, preocupo-me apenas com o tipo 3. Donahue (*Are You*, p. 150ss) subdivide o tipo 3, pois acha uma diferença entre os ditos do futuro do Filho do Homem em Marcos, que se referem a "vir", "ver", "glória", "nuvens do céu", e os ditos do futuro em Q, que são desprovidos dessas imagens. A meu ver, essa distinção não resiste bem a argumentos. No dito de Q, em Lc 12,20 e Mt 24,44, o Filho do Homem *vem*; no de Lc 17,24 e Mt 24,27, *relâmpagos* acompanham (Mt: a vinda de) o Filho do Homem, isto é, o equivalente funcional de nuvens.

Filho do Homem nas Parábolas e do homem em *4 Esdras*. Na verdade, o cenário apresentado para a autorreferência de Jesus ao Filho do Homem em Mc 14,62 faz sentido: foi usada para interpretar a questão do Messias e explicar em que sentido Jesus respondia afirmativamente a essa designação proposta pelo sumo sacerdote.[49] Como veremos em § 23, a reivindicação de Jesus a esse papel de Filho do Homem apocalíptico também explica a indignada acusação de blasfêmia feita pelo sumo sacerdote, se a blasfêmia for entendida como pretensões arrogantes que infringem prerrogativas divinas.

B. Se não havia um conceito judaico do Filho de Homem

Embora eu ache atraentes os indícios e a especulação apresentados sob A, é provável que a opinião da maioria dos biblistas seja que Jesus e seus seguidores foram responsáveis pela especificação do conceito do Filho do Homem,[50] pois não havia nenhuma comprovada descrição ou expectativa judaica dessa pessoa. Há teorias diferentes quanto a como os cristãos criaram esse conceito.

Os que querem atribuir essa criação à Igreja primitiva argumentam que Jesus usou a expressão semítica equivalente ao filho de homem, mas não como título. G. Vermes indica indícios targúmicos onde o aramaico *bar ('e)nas(a')* ("filho de homem") serve de perífrase para "eu"; mas J. A. Fitzmyer (FAWA, p. 95-96, 143-160) insiste, muito corretamente, que todos os indícios apresentados são posteriores ao NT e não constituem prova para esse uso no tempo de Jesus. Realmente, a frase pode significar "alguém"; e B. Lindars[51] argumenta que em nove ditos de Jesus que parecem ser autênticos, "Filho do Homem" é usado com o significado de "um homem

---

[49] Acima, na Análise de § 21B, examinei o fragmento ambivalente de Qumrã "Filho de Deus" (4Q246) e a alegação de J. J. Collins de que ali "Filho de Deus" deve ser relacionado ao uso de "filho de homem" em Dn 7. Se ele está certo e havia no Judaísmo apocalíptico uma cadeia interpretativa que ligava a expectativa do Messias davídico (na reflexão em 2Sm 7,11-16), o "filho de homem" de Daniel que ia ser elevado ao céu e o régio a quem Deus chamou "filho" e fez sentar à direita do trono (Sl 2,7; 110,1), então, pode ter havido mais ligação do que até agora foi identificada entre os títulos na pergunta do sumo sacerdote ("o Messias", "o Filho do Bendito/de Deus") e a resposta de Jesus em termos de "o Filho do Homem". Contudo, a cadeia toda de interpretação, com Dn 7 como elo vital, é altamente especulativa. Além disso, se fosse verdade, ainda não teríamos certeza se Jesus e seus primeiros seguidores foram responsáveis por expressar o diálogo cristológico no julgamento em termos de um título como resposta a uma pergunta a respeito dos outros.

[50] Em especial, L. Hartman (em M. Didier, org.), *L'Évangile selon Matthieu*, Gembloux, Duculot, 1972, p. 142-146 [BETL 29]) argumenta que a vinda do Filho do Homem para julgar o mundo é criação cristã.

[51] *Jesus Son of Man*, Grand Rapids, Eerdmans, 1983, p. 25-29.

tal como eu" ou "um homem em minha posição". Entretanto, quando se examina Mc 8,31 ou Mc 8,38, que estão entre esses ditos, é difícil perceber como eles fazem sentido traduzidos dessa maneira. Consequentemente, parece que, se Jesus usou a expressão "o Filho do Homem", foi com o sentido de título. A posição de Bultmann, Hahn, Tödt e Fuller, a saber, que Jesus usou mesmo o título de uma pessoa futura que viria julgar, mas que essa pessoa não era o próprio Jesus, perdeu grande parte de seus seguidores. Admitindo-se a concepção que Jesus tinha do papel que ele representava ao fazer presente o preceito de Deus, parece improvável sua previsão de outra figura de aparência humana não identificada para concluir o trabalho.

Os escritos de N. Perrin sobre a questão do Filho do Homem[52] tratam as apresentações evangélicas do Filho do Homem como se elas derivassem da reflexão cristã voltada para o midraxe de Dn 7, empregando Sl 110,1 para anunciar Jesus como o Senhor exaltado, e Zc 12,10-14 ("olhando para aquele que eles trespassaram") para criar a ideia do Filho do Homem vindo do céu para ser visto aqui embaixo.[53] Essas, evidentemente, são passagens veterotestamentárias que aparecem no NT e obviamente faziam parte dos recursos cristãos para interpretar Jesus. Mas é preciso fazer duas observações com referência à tese de Perrin. Primeiro, se parece muito provável que a imagem evangélica foi criada fora de qualquer passagem ou expectativa veterotestamentária ou intertestamentária conhecida e que provavelmente essa criação aconteceu por meio da combinação interpretativa de diversas passagens, qualquer afirmação de que toda essa criação *deve ter* se originado dos cristãos primitivos, e nenhuma parte dela de Jesus, reflete um dos preconceitos típicos dos biblistas modernos. Um Jesus que não refletia sobre o AT e não usava as técnicas interpretativas de seu tempo é uma projeção irreal que certamente nunca existiu. *A percepção de que passagens veterotestamentárias foram interpretadas para dar um discernimento cristológico não data o processo.* Provar que isso não poderia ter sido feito por Jesus, pelo menos incoativamente, não é com certeza menos difícil que provar que foi feito por ele. Oculta por trás de uma atribuição à Igreja primitiva, costuma estar a pressuposição de que Jesus não tinha nenhuma cristologia, nem mesmo à guisa de leitura das Escrituras para discernir

---

[52] Reunidos em *A Modern Pilgrimage in New Testament Christology*, Philadelphia, Fortress, 1974.

[53] Perrin atribui a combinação dos textos veterotestamentários à tradição pré-marcana; Lührmann ("Markus 14", p. 470) a atribui à revisão marcana (em parte por causa do uso de "o Poder"). Embora eu vá sugerir que a reflexão bíblica em sua essência (não necessariamente em sua redação) *poderia* remontar a Jesus, a discordância Perrin-Lührmann demonstra a incerteza da datação.

de que maneira antecipada ele se ajustava no plano de Deus. É realmente possível achar isso verossímil? Minha segunda observação é que Perrin fala de uma técnica *pesher*. Ele quer dizer uma leitura das Escrituras veterotestamentárias e a aplicação interpretativa delas à situação atual, conforme demonstrado por obras de Qumrã como o pesher sobre Habacuc, o pesher sobre os Salmos etc. Obviamente, parte dessa técnica teria sido usada por Jesus e/ou por cristãos para criar a imagem do Filho do Homem. Contudo, o pesher é um comentário linha por linha de um livro veterotestamentário onde o fator de controle tem de ser a revelação por meio daquele escrito sagrado. É altamente significativo que nenhum dos vinte e sete livros do NT seja um pesher ou um midraxe, isto é, um comentário linha por linha do AT. Mais exatamente, os Evangelhos são, em certo sentido, comentários sobre Jesus. O enfoque hermenêutico mudou. Embora passagens veterotestamentárias sejam aplicadas a Jesus, a ideia primordial não é que o AT dá sentido à situação atual, mas que a situação atual dá sentido ao AT: o controle é proporcionado por Jesus, não pelas Escrituras. Menciono isso porque não creio que a interpretação cristológica do Filho do Homem se originou simplesmente da interpretação de textos veterotestamentários; a cristologia existia a partir de uma percepção de Jesus (ou a partir da percepção que Jesus tinha de si mesmo) e encontrava voz e fundamento em frases de passagens veterotestamentárias que agora se percebia terem um sentido mais profundo do que até então se reconhecia.

Em suma, creio que *nada nesta abordagem B elimina as possibilidades a seguir*: Jesus chegou à firme convicção de que, se fosse rejeitado e morto como os profetas de outrora haviam sido, Deus realizaria o reino divino, justificando-o contra os que o consideravam um falso porta-voz e que rejeitavam como diabólico o poder que Deus lhe dera sobre o mal e o pecado. Na reflexão sobre Dn 7 e outras passagens veterotestamentárias (Sl 110,1; talvez Sl 80,18), Jesus teria expandido o conceito simbólico de "um como filho de homem" a quem Deus daria glória e autoridade. Tornou-se "o Filho do Homem", a figura humana específica que Deus glorifica e por intermédio de quem Deus manifesta seu triunfo; e Jesus usou-a a respeito de si mesmo visto como instrumento do plano de Deus. Os cristãos primitivos, pegando a deixa da linguagem de Jesus, desenvolveram mais a ideia, aplicaram-na a aspectos diferentes da vida dele e usaram-na frequentemente para descrever o entendimento que Jesus tinha de si mesmo. Mas a razão de tal ideia aparecer nos Evangelhos de uma forma que "o Messias" e "o Filho de Deus" não aparecem é precisamente porque essa descrição era lembrada como tendo se originado de Jesus de maneira muito afirmativa.

Quando refletimos sobre a historicidade de Mc 14,62 na abordagem B, se alguma parte do parágrafo acima é verdade, Jesus podia ter falado de "o Filho do Homem" como seu entendimento do papel que desempenhava no plano de Deus, precisamente quando enfrentava desafios hostis que refletiam as expectativas de seus contemporâneos. Era inevitável que o registro cristão explicasse minuciosamente a base bíblica de suas palavras.[54] Embora *toda* a passagem de Mc 14,61-62 e par. esteja expressa na linguagem cristã dos anos 60 (linguagem que não deixa de se relacionar com os problemas de 30/33 d.C), há razão para acreditar que, em Mc 14,62, estamos próximos da atitude mental e do estilo do próprio Jesus.[55] Vimos anteriormente que havia também probabilidade de Jesus ter falado sobre destruição e reconstrução futuras do santuário.[56] Cada uma dessas declarações futuras a respeito do plano de Deus tem um elemento ameaçador de julgamento mais um elemento no qual Jesus, justificado por Deus, ajudaria a levar o plano de Deus ao auge. O elemento ameaçador seria muito compreensível contra o pano de fundo da história dos profetas. O segundo elemento seria aquele que, aos ouvidos dos inimigos, soaria como blasfêmia arrogante, e é para ele que agora nos voltamos.

(*A bibliografia para este episódio encontra-se em § 17, Parte V.*)

---

[54] Catchpole (*Trial*, p. 136-140) defende com energia que Mc 14,62b se origina de Jesus praticamente como está agora. Como veremos quando estudarmos a causa histórica da acusação de blasfêmia, alguns biblistas (Bruce, Flusser, Héring) relacionam a blasfêmia ao fato de Jesus ter realmente falado de si mesmo à direita do Poder.

[55] A dificuldade de determinar o que Jesus queria dizer com "vós vereis" favorece a autenticidade. *Post factum*, os cristãos que fizeram tal declaração poderiam ter sido mais claros. "Vós vereis" nos lábios de Jesus significava que ele achava que a parusia surgiria imediatamente? Winterbotham ("Was") pensa que sim, e argumenta que Jesus podia cometer e cometia erros, do mesmo modo que os profetas quando se tornavam específicos a respeito do que aconteceria. Mc 13,30; Mt 10,23; 16,28, todas essas passagens parecem supor uma volta rápida (ver R. E. Brown. *Jesus God and Man*, New York, Macmillan, 1967, p. 70-79). Outros, que se baseiam no aramaico de Dn 7, acham que "as nuvens do céu" eram entendidas como o cenário para a cena toda (isto é, para uma teofania; ver Scott, "Behold"), e que Jesus pensava estar indo para Deus, não vindo de Deus (Glasson, "Reply"; ver 1Ts 4,17). Mas, então, seria de se esperar encontrar o "indo" mencionado antes do "sentado" (McArthur, "Mark").

[56] Do mesmo modo que a dificuldade mencionada na nota de rodapé anterior, o problema de entender como a reconstrução se realizaria constitui um argumento para a autenticidade. *Post factum*, a tendência é formar profecias "mais claras".

§ 23. Procedimentos do sinédrio, quarta parte: Reação das autoridades judaicas à resposta de Jesus (Mc 14,63-64; Mt 26,65-66; Lc 22,71)

Tradução

Mc 14,63-64: ⁶³Mas o sumo sacerdote, tendo rasgado suas vestes, diz: "Que outra necessidade temos de depoentes? ⁶⁴Ouvistes a blasfêmia. O que é evidente para vós?". Mas eles todos julgaram contra ele como sendo culpado, punível com a morte.

Mt 26,65-66: ⁶⁵Então o sumo sacerdote rasgou suas roupas, dizendo: "Ele blasfemou. Que outra necessidade temos de depoentes? Vede, agora ouvistes a blasfêmia. ⁶⁶Que vos parece?". Mas em resposta eles disseram: "Ele é culpado, para ser punido com a morte".

Lc 22,71: Mas eles disseram: "Que outra necessidade temos de depoimento? Pois nós mesmos ouvimos de sua própria boca".

[Jo 10,33.36: ³³Os judeus responderam-lhe: "Não por causa de uma obra boa nós te apedrejamos, mas por causa de blasfêmia e que tu, sendo um homem, te fazes de Deus". ³⁶(Jesus respondeu-lhes...) "Dizeis que 'Estás blasfemando' porque eu disse: 'Eu sou Filho de Deus'?"]

[Jo 11,49-53: ⁴⁹Mas um deles, Caifás, sendo sumo sacerdote aquele ano, disse-lhes: "Vós (povo) não entendeis absolutamente nada! ⁵⁰Não percebeis que é melhor para vós que um só homem morra pelo (= em lugar do) povo, em vez de perecer a nação inteira?". ⁵¹Isso ele não disse por si mesmo, mas, sendo sumo sacerdote aquele ano, profetizou que Jesus morreria pela [= em benefício da] nação... ⁵³Assim, a partir desse dia eles decidiram executá-lo.

Comentário

Em Mc 14,63-64 e Mt 26,65-66, a resposta de Jesus à pergunta/exigência do sumo sacerdote a respeito do Messias, o Filho do Bendito (Deus) e sua declaração a respeito do Filho do Homem provocam reação dos sumos sacerdotes e do sinédrio (todo). Há quatro elementos na reação: *Elemento A*: O sumo sacerdote rasga suas vestes/roupas; *Elemento B*: Ele indica, por meio de uma pergunta retórica, que não há mais necessidade de depoentes (testemunhas); *Elemento C*: Ele diz aos membros do sinédrio que Jesus blasfemou (Mateus) e que eles ouviram a blasfêmia de Jesus; *Elemento D*: Quando ele os estimula, eles chegam à conclusão de que Jesus é culpado e deve morrer.

Meu comentário sobre esses elementos individuais vai incorporar material comparativo pertinente de Lucas-Atos, isto é, do desfecho do interrogatório do sinédrio (Lc 22,71: Elemento B), de declarações gerais sobre o que foi feito a Jesus (C, D), e do julgamento paralelo de Estêvão em At 6,7 (C). Passagens joaninas apropriadas também serão requisitadas, por exemplo, quando "os judeus" no capítulo 10 questionam se Jesus se considera o Messias, o Filho de Deus (Elementos C, D), e a sessão do sinédrio no capítulo 11, onde o sumo sacerdote Caifás assume o comando (D).

Elemento A: O sumo sacerdote rasga suas vestes/roupas

Este violento ato simbólico só se encontra em Marcos/Mateus.[1] O uso mais antigo de deliberadamente rasgar as roupas era para simbolizar profunda tristeza, em especial quando se era informado da morte de uma pessoa amada e/ou importante. Jacó rasgou as roupas ao ser informado da morte de José (Gn 37,34), como fez Davi ao ser informado da morte de Saul e Jônatas (2Sm 1,11-12; ver também Js 7,6; 2Rs 2,12). Exemplos extrabíblicos mostram que os leitores greco-romanos estavam familiarizados com esse gesto de tristeza e raiva. Em *História* (LIV,xiv,1-2), Díon Cássio nos fala de Licínio Régulo que rasgou seus trajes (*estheta*) publicamente no senado romano quando descobriu que não estava na lista de membros selecionados. O imperador Augusto rasgou seus trajes ao ser informado da derrota de Varo na Alemanha (*História* LVI, xxiii,1).

---

[1] O mais próximo a ele no material lucano é onde os que depõem no apedrejamento de Estêvão põem suas roupas no chão (At 7,58).

Rasgar as roupas ao ser informado de alguma coisa ofensiva a Deus indica que a tristeza que isso provoca é tão grande ou maior que a provocada quando se é informado sobre a morte de alguém. O comandante dos exércitos assírios blasfemou em 2Rs 18,30 ao afirmar publicamente que o Senhor Deus de Israel não podia libertar Jerusalém e seu rei (Ezequias) das mãos do rei da Assíria; os que relataram isso a Ezequias foram com as roupas rasgadas (2Rs 18,37), e o rei rasgou as suas quando ouviu o relato (2Rs 19,1). Muitos apontam para a lei da Mixná mais tardia em *Sanhedrin* 7,5 como pano de fundo para esta cena: os juízes de um julgamento por blasfêmia precisam rasgar as roupas ao ouvir a blasfêmia. Mas o costume bíblico mais amplo torna a ação do sumo sacerdote mais inteligível.[2]

Mt 26,65 fala de rasgar *himatia* ("roupas"), a palavra usada na LXX para todos os textos bíblicos que acabamos de citar. Mc 14,63 usa o plural de *chiton*, palavra que, quando empregada com sentido técnico, se refere a uma peça de roupa de baixo. (Mt 5,40 distingue entre *chiton* e *himation*.) Muitos comentaristas afirmam que uma pessoa próspera usava duas dessas vestes e citam Josefo (*Ant.* XVII,v,7; #136), que se refere à *chiton* íntima de um escravo que usava duas. Há quem busque uma explicação mais exótica, lembrando que a descrição dos paramentos litúrgicos especiais do sumo sacerdote (Ex 28,4; Lv 16,4) inclui uma *chiton* (hebraico *katonet*). Pensaria Marcos que o sumo sacerdote rasgou a *chiton* íntima ou externa?[3] Josefo (*Guerra* II,xv,4; ##321-322) relata que, c. 66 d.C., em suas súplicas ardentes para os compatriotas não resistirem aos romanos e provocarem a destruição do Templo, os sacerdotes vestiam em procissões os mantos com os quais

---

[2] Lembro aos leitores que, no COMENTÁRIO, o estudo todo é no nível temático daquilo que os evangelistas pretendiam transmitir e/ou daquilo que os primeiros leitores entenderam. A questão toda da historicidade (em especial da blasfêmia) é reservada para a ANÁLISE. Entretanto, a bem da inteligibilidade, preciso comentar aqui o problema histórico elementar levantado pelo ato do sumo sacerdote ao rasgar as vestes/roupas em Marcos/Mateus. Em Lv 10,6, Moisés diz a Aarão e seus filhos para não rasgarem suas roupas (*himatia*, como em Mateus) — presumivelmente, pelo contexto, seus paramentos sagrados. (A respeito da santidade dos paramentos sacerdotais, ver J. Milgrom, *Leviticus 1-16*, New York, Doubleday, 1991, p. 447-449.606 [AB 3]). Há limitações rabínicas e debates a respeito da possibilidade de o sumo sacerdote rasgar suas vestes comuns (Mixná *Horayot* 3,5 e TalBab *Horayat* 12b) que têm como base Lv 21,10, que proíbe o sumo sacerdote de rasgar suas roupas. Não importa o que o tema de Marcos/Mateus subentenda (ver meu exame acima), o *sumo sacerdote* jamais rasgaria as vestes sacrificais sagradas; não está claro se ele rasgaria suas vestes comuns.

[3] Josefo (*Ant.* III,vii,2; #153) descreve uma *chiton* íntima do sumo sacerdote que descia até os tornozelos e, sobre esta, outra *chiton* que também chegava aos pés, de cor azul/púrpura, com borlas, campainhas douradas e romãs na bainha, não composta de duas peças, mas tecida como uma só peça (*Ant.* III,vii,4; ##159-161; ver Ex 28,31-35).

desempenhavam as funções sacerdotais e se ajoelhavam; e os chefes dos sacerdotes eram vistos cobrindo a cabeça de pó, "com os paramentos [pl. de *esthes*] rasgados". Vestia o sumo sacerdote judaico seus paramentos quando reunia um sinédrio? Em parte, isso dependia de ser a reunião dentro da área do Templo adjacente ao lugar santo, pois Ez 42,14; 44,19 especifica que os paramentos (pl. *stole*) usados nas liturgias não podiam ser tirados do lugar santo. Também nesse período, os romanos, como Herodes antes deles, mantinham o controle dos paramentos sumo sacerdotais. Blinzler (*Prozess*, p. 160) afirma que isso acontecia porque o sumo sacerdote realmente os usava quando reunia um sinédrio, e os romanos não queriam que nenhum sinédrio se reunisse sem permissão; mas Josefo (*Ant.* XV,xi,4; ##403-408) nos diz que os paramentos (*stole*) eram tirados da fortaleza Antônia com permissão romana (mais tarde, com a de Agripa I e II), na véspera da festa, dando a impressão de que a legitimidade do sumo sacerdote que fazia a requisição (reconhecido pelos romanos) era a razão dos controles.

Menciono tudo isso a fim de dar aos leitores dados para a decisão. Não tenho razão para pensar que Marcos sabia muita coisa a respeito disso, e ainda menos razão para pensar que seus leitores sabiam (ver em Mc 7,3-4 seu nível de ignorância dos costumes judaicos). Mateus talvez estivesse certo ao entender que Marcos queria dizer "roupas", pois o plural de *chiton* significa isso (BAGD, p. 882). Quanto à razão de Marcos usar uma palavra um pouco menos comum, talvez ele o fizesse com propósitos narrativos para descrever uma figura exótica. Desconfio que muitos dos leitores teriam imaginado o sumo sacerdote vestido sempre com roupa exótica, como os artistas e leitores o imaginam desde então.

Elemento B: "Que outra necessidade nós temos de depoentes?"

No relato joanino do sinédrio que sentenciou Jesus à morte *in absentia* (Jo 11,47-53), não há depoimento dado por testemunhas e, portanto, nenhum paralelo a essa pergunta de Marcos/Mateus.[4] Há uma forma da pergunta sobre mais depoimento na investigação lucana pelo sinédrio (Lc 22,71) — à primeira vista, um aspecto surpreendente, pois Lucas não descreveu nenhum testemunho na investigação, ao

---

[4] Em Jo 7,51, Nicodemos protesta contra a ação dos chefes dos sacerdotes e dos fariseus ao mandarem guardas (*hyperetai*; cf. Jo 19,6) para prender Jesus em Jo 7,32.45-49 e o pré-julgamento de Jesus incluído nessa tentativa: "Nossa lei condena um homem sem antes ouvi-lo e saber o que ele faz?".

que tudo indica porque ele mudou essa parte dos procedimentos para o julgamento de Estêvão pelo sinédrio em At 6,13.

A pergunta em Marcos/Mateus e Lucas subentende que Jesus agora se incriminou. Alguns biblistas se preocupam quanto à plausibilidade de um sinédrio permitir que a autoincriminação de uma pessoa seja a prova total, e mencionam TalBab *Sanhedrin* 9b e o princípio de Raba: "Ninguém pode incriminar a si mesmo". Essa questão não é apropriada em nível histórico, pois é duvidoso que essa jurisprudência mais tardia seja pertinente a um sinédrio do século I. Em nível narrativo, ter uma admissão de culpa da boca da pessoa é muito persuasivo e é isso que o sumo sacerdote alega em Marcos/Mateus, e as autoridades do sinédrio alegam em Lucas. Precisamos lembrar que os três sinóticos relataram tentativas anteriores (fracassadas) por parte das autoridades judaicas de Jerusalém de apanhar Jesus em suas palavras (Mc 12,13; Mt 22,15-16a; Lc 20,20); assim, está claro que, para eles, a autoincriminação seria eficaz. Contudo, a declaração idêntica quanto a não haver mais necessidade de depoentes tem sutilezas um pouco diferentes em Marcos e Mateus. Em Marcos, os depoentes que apareceram deram falso testemunho que não era consistente. É possível dispensar tudo isso, diz o sumo sacerdote, à luz do claro "eu sou" da resposta de Jesus à pergunta sobre ser o Messias, o Filho do Bendito, e sua orgulhosa alegação posterior de que os membros do sinédrio o veriam sentado como o Filho do Homem à mão direita do Poder e vindo como juiz celestial. Em Mateus, embora, em resposta ao juramento exigido quanto a sua posição como o Messias, o Filho de Deus, a afirmativa de Jesus procurasse jogar a responsabilidade para o sumo sacerdote, o seu "Contudo, eu vos digo" fez a alegação incondicional do Filho do Homem exaltado. Isso, *mais* o depoimento legal de duas testemunhas quanto a sua capacidade de destruir o santuário de Deus, tornou desnecessários outros depoentes ou procedimentos legais.

Para os leitores modernos que conhecem Marcos, o uso lucano de praticamente as mesmas palavras – "Que outra necessidade temos de depoimento?" (ordem de palavras ligeiramente diferente) – é curioso porque, ao contrário de Marcos, nenhum depoente falou a respeito de Jesus.[5] Mas, naturalmente, os leitores de Lucas não tinham Marcos escorado a sua frente; e o uso lucano de "depoimento" (não "depoentes") os faria pensar no depoimento dado por Jesus. Jesus respondeu a duas

---

[5] Argumentei que, aqui, Lucas usa Mateus: mesmo argumento de Bultmann, Creed, Finegan, Streeter etc.

perguntas e falou por conta própria; por isso, não é necessário nenhum depoimento além do seu. Há um elemento de triunfo na declaração dos membros do sinédrio, pois eles haviam tentado antes, e com menos sucesso, conseguir que Jesus dissesse palavras comprometedoras. Os escribas e chefes dos sacerdotes, "tendo-o observado atentamente, enviaram espiões que fingiam ser sinceros, a fim de se aproveitar de suas palavras para entregá-lo ao poder do governador" (Lc 20,20). Agora, ao lhe fazerem perguntas diretas sem subterfúgio, eles tinham o que precisavam. No fim da cena lucana (Lc 22,71), os membros do sinédrio se vangloriam: "Nós mesmos o ouvimos de sua própria boca".[6]

Elemento C: A acusação de blasfêmia

Lucas substitui o alarde que acabamos de citar na declaração marcana pelo sumo sacerdote: "Ouvistes a blasfêmia". É evidente que o senso de decoro não lhe permitiria relatar que a mais alta autoridade do povo judeu insultou de modo tão direto o Filho de Deus. Mais exatamente, Lucas reformulou de duas maneiras a acusação de blasfêmia. Primeiro, no escárnio de Jesus que precedeu a investigação do sinédrio (Lc 22,63-65), os que retinham Jesus "estavam dizendo contra ele muitas outras coisas, blasfemando" — desse modo, nenhuma acusação de que Jesus blasfemou, mas uma blasfêmia contra Jesus! Segundo, em At 6,11, Estêvão é acusado de ter dito palavras blasfemas contra Moisés e contra Deus, palavras que consistiam em Estêvão dizer que Jesus, o Nazareu, destruiria este lugar (santo) e mudaria os costumes transmitidos por Moisés — acusação indireta de blasfêmia por Jesus. Que uma acusação de blasfêmia por Jesus fazia parte da tradição (e não foi simplesmente criada por Marcos) é vigorosamente sugerido por Jo 10,33.36 (tradição, como vimos, com paralelos ao relato lucano do julgamento pelo sinédrio). Ali, "estás blasfemando" é a resposta judaica relatada à afirmação de Jesus: "Eu sou o Filho de Deus".

O exame da acusação de blasfêmia em Marcos/Mateus tem sido indevidamente complicado, não só pela costumeira mistura do nível histórico (ver a ANÁLISE), mas também pelo problema de saber o que constituía blasfêmia no século I d.C.,

---

[6] A frase "de sua própria boca", característica do relato lucano da investigação do sinédrio, apareceu três vezes antes no que muitos identificariam como material especial da fonte lucana, mas sempre com a preposição *ek*. O emprego aqui de *apo* (estilo normal da LXX) sugere que Lucas está compondo livremente.

problema que afeta também o nível evangélico.[7] Em Lv 24,16, a lei estabelece: "Aquele que blasfema/amaldiçoa (*nqb*) o nome de YHWH será com certeza morto; toda a comunidade o apedrejará". (Isso é enunciado em relação à narrativa do filho de mãe israelita e pai egípcio que brigou com um israelita e amaldiçoou [presumivelmente *qbb*] o Nome [Lv 26,11]; foi levado para fora do acampamento e apedrejado.) O que Lv 24,16 quer dizer ao usar uma forma de *nqb*: amaldiçoar o nome de Deus ou pronunciar o divino nome YHWH? Lv 24,16 é o único caso desse uso de *nqb* na Bíblia hebraica. É uma variação de *nqb*, "perfurar" ou, mais provavelmente, é expressão biforme de *qbb*, "amaldiçoar". Há passagens relacionadas, como Ex 22,27 ("Não fareis pouco [*gll*] de Deus e não amaldiçoareis [*'rr*] um príncipe entre vós") e Nm 15,30 ("Quem peca desafiadoramente insulta [*gdp*] YHWH, e essa pessoa será eliminada do meio de seu povo"). Em Qumrã, lemos: "Com uma língua afrontosa [*gdp*], eles abriram a boca contra as ordenações da aliança de Deus" (CD 5,11). Na época da Mixná (*Sanhedrin* 7,5), houve um esclarecimento quanto à aplicação da pena de morte: "O blasfemador [*gdp*] não é culpado, a menos que pronuncie o Nome". Easton ("Trial", p. 437-438) especula até que ponto o significado disso era literal — será que os rabinos julgariam alguém inocente de blasfêmia quando disse "eu sou Deus", só porque usou *'Elohîm* em vez de YHWH para "Deus"? Na literatura rabínica, encontram-se fragmentos de interpretações menos rígidas, por exemplo, Tosepta *Sanhedrin* 1,2 relaciona como blasfêmia arbitragem interveniente em defesa de pessoas indignas, como um ladrão; em TalBab *Sanhedrin* 56a, R. Meir argumenta que a pessoa que amaldiçoa Deus blasfema mesmo que não pronuncie o divino nome; e o midraxe tanaítico *Sipre*, sobre Dt 21,22 (#221), descreve a blasfêmia como o ato de estender a mão contra Deus. (Entretanto, definir a blasfêmia limitadamente é ser benevolente, pois isso reduz o número de casos sujeitos à pena de morte.) Temos indícios, anteriores às referências rabínicas, de que pronunciar o nome de YHWH realmente resultava em pena de morte (Fílon, *De vita Mosis* II,xxxviii; #206). Na verdade, a LXX esclareceu as ambiguidades das passagens de Lv 24 citadas acima, traduzindo-as não com o verbo "blasfemar", mas com a expressão "pronunciar o Nome do Senhor". É o que resultava em apedrejamento.

---

[7] Eu havia terminado meu estudo da blasfêmia quando foi publicada a cuidadosa análise por Sanders (*Jewish Law*, p. 57-67); suas observações sobre a importância do uso judaico não são muito diferentes das minhas.

Mas nada disso tem muito a ver com a descrição em grego da acusação de blasfêmia relacionada à morte de Jesus. No grego usado por autores judaicos antes e durante o tempo de Jesus, *é bastante difícil encontrar um único exemplo de palavra da raiz "blasphem-" usada precisa e especificamente para designar o divino Nome*, quer se considere o adjetivo *blasphemos* ("blasfemo", ou substantivamente "blasfemador"), o substantivo *blasphemia* ("blasfêmia"), ou o verbo *blasphemein* ("blasfemar"). Os leitores precisam ser pacientes se comunico estatísticas aqui, pois muitas vezes esse ponto não é reconhecido.

O sentido básico do grego é "maltratar, insultar". De cerca de 89 usos do adjetivo, do substantivo e do verbo em Josefo e Fílon, 67 (75 por cento) são para os maus-tratos, a calúnia ou a difamação de *outros seres humanos* ou seus costumes, especialmente para maus-tratos de pessoas de eminência: um patriarca, Moisés, um rei, um governador, um sacerdote, um deficiente, ou mesmo os judeus em geral. Quase sempre há um tom de arrogância no insulto e, em um caso, a blasfêmia consiste simplesmente em se vangloriar dos antepassados. Os usos na LXX e os outros 25 por cento dos usos de Josefo e Fílon referem-se a insultos *à divindade* ou às divindades. Os maus-tratos podem ser por palavra ou por ações indecentes ou aviltantes. Uma vez no AT grego (Teodocião de Bel 9, na literatura de Daniel) e cerca de 5 vezes em Josefo e Fílon, o ato de insultar os deuses pagãos é chamado de blasfêmia. Geralmente, o fundamento lógico é que esse comportamento para com deuses pagãos levava o blasfemador ou os insultados por sua blasfêmia a ir além e insultar o Deus de Israel (Fílon, *De specialibus legibus* I,ix; #53). Nessa questão, às vezes uma reverência é expressa para o nome do Deus de Israel; mas em *De vita Mosis* II,xxxviii; #206, Fílon distingue entre blasfemar contra o Senhor dos Deuses e ousar pronunciar o Nome — ambos merecem o mais grave castigo, mas "blasfemar" (insultar) não é confundido com pronunciar. Fílon (*De decalogo* XIX; #93) não quer que aquele que já é blasfemador faça um juramento, pois a boca insultuosa não deve pronunciar o mais santo dos nomes — mais uma vez uma diferenciação entre blasfêmia e o emprego do Nome. Josefo (*Apião* II,33; #237) diz que Moisés, o legislador, proíbe blasfemar contra os deuses reconhecidos pelos outros, por respeito à própria palavra "Deus". Achamos a mesma coisa na LXX, onde, no decisivo Lv 24,11.16, é usado "pronunciar o Nome", não *blasphemein*.

De 22 usos de *blasphem-* na LXX (adjetivo, substantivo, verbo), 19 dizem respeito a maltratar, ridicularizar ou insultar o *Deus de Israel*, o povo ou os bens de Deus, como acontece com 13 dos usos de Josefo e Fílon. (Um exemplo especial deste último é invocar Deus para testemunhar perjúrio.) Mais uma vez, o tom de arrogância se insinua, como quando 2Mc 9,28 chama a grande figura anti-Deus, Antíoco Epífanes, de blasfemador, e 2Rs 19,4.6.22 acha blasfêmia nas palavras presunçosas do general assírio que exalta seu rei acima do Deus de Israel. Fílon (*De somniis* ii,18; ##123-131) escreve a respeito de um governante do Egito que tentou destruir os costumes judaicos, vangloriando-se de seu poder e ousando igualar-se ao Deus Santíssimo. Ele até blasfemaria contra o sol, a lua e as estrelas, se o que ele desejava em cada uma das estações não acontecesse (#131). Fílon (*Ad Gaium* 46; #368) fala de blasfêmias pronunciadas contra o Deus de Israel pela multidão em uma discussão mantida perante Gaio Calígula a respeito da razão pela qual os judeus não reconheciam a divindade do imperador.

Assim, não há razão convincente para pensar que, quando empregaram as palavras gregas para blasfêmia com referência a Jesus, os quatro evangelistas pensaram no fato de ter ele pronunciado o Nome; nem haveria razão para seus leitores os interpretarem dessa maneira. (Há quem tenha cogitado se, ao evitar *theos* ["Deus"] em Mc 14,61-62 e usar "o Bendito" e o "Poder", Marcos estava evitando até a impressão de pronunciar o Nome. Entretanto, Mateus, que em geral estava mais atento às sensibilidades judaicas, não viu problema em Jesus falar de *theos*.) Do contexto do uso da palavra "*blasphem-*" dado acima, Jesus está sendo acusado de arrogantemente reivindicar para si o que pertence a Deus e assim insultar Deus. E quando se diz que outros blasfemaram contra Jesus, os evangelistas os acusam de insultar e caluniar uma figura que merece respeito. Os mesmos dados serão aplicáveis quando estudarmos a questão da blasfêmia em nível histórico na ANÁLISE. As pessoas eram condenadas à morte por insultar o Deus de Israel por arrogância, *bem como* por pronunciar o Nome, antes e durante o século I d.C. segundo o conceito da LXX, de Josefo e de Fílon.

Deixando isso claro, voltemo-nos para a acusação que associava Jesus à blasfêmia (nos quatro evangelistas, mas de modos diferentes nas passagens que examinamos). Em Jo 10,36, embora antes tenham perguntado a Jesus a respeito de ser ele o Messias, a questão que provoca a acusação de blasfêmia é explicitamente a alegação de Jesus: "Eu sou o Filho de Deus". (Ver também Jo 5,18; 19,7.) Para Lucas-Atos no julgamento de Estêvão (At 6,11-14), suas palavras blasfemas contra Moisés e Deus, palavras contra o lugar santo e a lei, consistem em supostamente ele ter dito que Jesus, o Nazareu, destruiria o "lugar" e mudaria os costumes que Moisés transmitiu aos judeus. Quanto à execução de Estêvão, é quando ele diz que vê "o Filho do Homem, de pé, à direita de Deus" que os ouvintes são compelidos a apedrejá-lo (At 7,56-58). Já que o apedrejamento era o castigo para blasfêmia, Lucas apresenta essa declaração como blasfema?

Em Marcos, a blasfêmia que eles ouviram certamente não é o depoimento falso e inconsistente a respeito de destruir o santuário, mas o claro "eu sou" de Jesus quanto a ser o Messias, o Filho do Bendito, e a identificação de si mesmo como o exaltado Filho do Homem sentado à direita do Poder e vindo sobre as nuvens para julgar — as alegações cristológicas. Em Marcos, essa acusação de blasfêmia feita pelo sumo sacerdote (com a qual todos os membros do sinédrio vão concordar), vindo no fim da vida de Jesus, é particularmente dramática. No início do ministério de Jesus, seu primeiro encontro com as autoridades (escribas) fê-las acusar: "Ele blasfema" (Mc 2,7). Do começo ao fim, essas autoridades acharam que ele arrogantemente reivindicava o que pertence só a Deus.

No contexto do julgamento, Mateus é o mais enfático a respeito da questão, pois Caifás começa com "Ele blasfemou" (ou até: "Vede, ele blasfemou", no Códice Sinaítico e na Peshitta siríaca), e volta depois de uma sentença com: "Vede, *agora* ouvistes a blasfêmia". Essa dupla referência é apropriada, pois a blasfêmia é dupla: de acordo com o depoimento legal, Jesus disse que era "capaz de destruir o santuário de Deus" (claramente um insulto a Deus); e então, posto sob juramento, ele afirmou ser o Messias, o Filho de Deus. E se alguém protesta que Jesus pôs no sumo sacerdote a responsabilidade por fazê-lo declarar essa identidade ("*Tu* o disseste"), claramente e sem reservas o próprio Jesus afirmou ("Contudo, eu vos digo") que os ouvintes a partir daquele momento veriam o Filho do Homem sentado à mão direita de Deus, vindo sobre as nuvens do céu.

Talvez possamos resumir *as percepções dos evangelistas*. Aos olhos do sinédrio, Jesus blasfemava ou arrogantemente insultava Deus por causa de um ou mais de três tipos de alegações:

- Alegações "cristológicas" de ser o Filho de Deus (João, Marcos, Mateus [em parte]), de ser o Messias (Marcos, Mateus [em parte]) e/ou de ser o Filho do Homem exaltado (Marcos, Mateus). Para os leitores cristãos, todos esses títulos referiam-se a um Jesus que tinha um relacionamento singularmente próximo com Deus, uma singularidade que os Evangelhos expressam de modo diferente. A acusação de blasfêmia contra uma cristologia descrita em títulos está em harmonia com a acusação de blasfêmia encontrada nos relatos que os Evangelhos sinóticos fazem do ministério, quando Jesus afirmou perdoar pecados, poder reservado somente a Deus.[8] João relata tentativas de apedrejamento contra Jesus (claramente um castigo para blasfêmia) por causa de seu uso de "Eu sou" (Jo 8,58-59), ou de sua afirmação de que "o Pai e eu somos um" (Jo 10,30-31). No modo de ver dos evangelistas, a verdade é o contrário daquilo que o sinédrio afirma: a verdadeira blasfêmia é da parte dos incrédulos, que escarnecem das alegações divinas de Jesus pouco antes do julgamento (Lc 22,64: "Profetiza!"), ou na cruz (Mt 27,39-40: "o Filho de Deus"; Lc 23,39: "o Messias"). Os evangelistas também empregam palavras de "blasfêmia" durante o ministério, quando incrédulos atribuem o poder extraordinário de Jesus a um espírito impuro (Mc 3,30) e falam contra o Espírito Santo (Mc 3,29; Mt 12,32; Lc 12,10).

- Alegações de (ser capaz de) destruir o santuário de Deus ou o lugar santo (Mateus, Atos). No julgamento, Mateus liga isso estreitamente com as alegações cristológicas, do mesmo modo que Mt 12,6.8 liga estreitamente as palavras de Jesus "alguma coisa maior que o Templo está aqui" a "o Filho do Homem é Senhor do sábado". Marcos e João não usam palavras de "blasfêmia" em relação às alegações e atitudes de Jesus quanto ao santuário/Templo. Contudo, Jo 11,47-53 mostra o sinédrio pensando que o perigo representado por Jesus para o lugar santo é tão grave que ele deve ser morto; e Mc 11,27-28 (também Mt 21,23; Lc 20,1-2) localiza na questão da *autoridade* de Jesus a agressividade de sua ação de purificar o Templo. Além disso, quando se considera a acusação cristã de que os adversários de Jesus blasfemaram contra ele, o que consiste em reflexo da blasfêmia com a qual os adversários acusaram Jesus, Mc 15,29 diz que os transeuntes blasfemaram contra ele quando ridicularizaram sua afirmação de que destruiria o santuário e o reconstruiria em três dias.

---

[8] Mc 2,5-11; Mt 9,2-6; Lc 5,20-24 — notemos que Lucas, que não relata uma acusação de blasfêmia com referência aos títulos durante o julgamento de Jesus, relata uma acusação de blasfêmia nesta cena anterior.

- Alegações de ser capaz de mudar a lei mosaica (Atos no julgamento de Estêvão). Embora pareça que só Lucas associa a palavra "blasfêmia" com isso, durante o ministério todos os Evangelhos mostram que a atitude de Jesus para com a lei é causa de aversão e ódio, a ponto de quererem executá-lo.[9] Mateus segue e aviva essa descrição, pois traz as passagens "Ouvistes o que foi dito [...], mas eu vos digo", em Mt 5,21ss., que explicam uma justiça maior que a dos escribas e fariseus, sem a qual não se entra no reino do céu (Mt 5,20). Ele também faz ataques implacáveis a fariseus e escribas sobre interpretações legais no capítulo 23, que relacionam suas atitudes para com Jesus ao assassinato dos profetas (Mt 23,30-35). Até o comedido Lucas, em Lc 6,1-11, faz das alegações legais e a respeito do sábado por Jesus uma coisa que gera fúria e o desejo de matá-lo. Em Jo 5,18, a atitude de Jesus ao "infringir" o sábado liga-se (subordinadamente) a ele se fazer igual a Deus como razão para o fato de que "os judeus procuravam ainda mais executá-lo". Em Jo 7,19-24, uma discussão a respeito da lei de Moisés é mencionada como motivo de procurarem matar Jesus. Lucas não está longe, então, do pensamento cristão comum quando, na última terça parte do século I, relata que as alegações de Jesus de ser capaz de mudar a lei de Moisés faziam parte do que era considerado blasfemo a seu respeito pelos adversários.

Assim, apesar de pequenas variações, ao escreverem em lugares diferentes, em décadas diferentes, entre 60 e 100, para audiências cristãs diferentes, os quatro evangelistas apresentam quase a mesma imagem da acusação de blasfêmia contra Jesus. Eles diziam aos leitores que os judeus que não acreditavam em Jesus pensavam[10] que o que os cristãos proclamavam a respeito de Jesus era blasfemo,

---

[9] Por exemplo, ver Mc 2,16.18.24; 3,2 (que culmina em Mc 3,6); 7,5; em Mc 7,6, Jesus condena os fariseus e escribas por distorcerem o propósito religioso da lei.

[10] Quero ressaltar que examino uma *imagem cristã de atitudes judaicas* extraídas dos Evangelhos, porque, exceto pelo *Testimonium Flavianum* de Josefo, não temos praticamente nenhum indício judaico do período de 60 a 100 que nos diga como os judeus viam Jesus, seus seguidores e suas alegações a respeito dele. (No início do século II, há indícios de que alguns judeus consideravam os cristãos *minîm* ou dissidentes.) É hipercrítica afirmar que a descrição cristã das atitudes judaicas é pura ficção, mas deve ser recomendada cautela. Por exemplo, a descrição mateana dos fariseus baseia-se com certeza nas atitudes de algumas autoridades da sinagoga de seu tempo. Contudo, há hostilidade exagerada em sua descrição. Gerhardsson ("Confession", p. 47) comenta: "Ele nem mesmo *tenta* entendê-los ou ver *alguma coisa* defensável em sua atitude para com Jesus". Além disso, Mateus universaliza sua percepção, passando dos fariseus que conhece para os fariseus em geral e para "os judeus" (Mt 28,15). (Uma tendência a universalizar a partir

principalmente por causa da maneira como os cristãos enalteciam Jesus quando, em suas fórmulas confessionais, o chamavam de o Messias, o Filho de Deus e o Filho do Homem (ou mesmo o descreviam empregando o "eu sou" divino), e assim atribuíam-lhe um relacionamento singular com Deus. Para os adversários judeus, tal proclamação que envolvia o Deus de Israel era um insulto à divina majestade e singularidade.[11] Aspecto particularmente significativo de alegações cristológicas censuráveis era a opinião cristã de que a destruição visível do Templo de Jerusalém e a retirada invisível da presença de Deus do santuário ou lugar santo de Jerusalém eram sinal do poder de Jesus Cristo, no sentido de que Deus estava julgando os líderes judaicos pela rejeição do Filho de Deus (ver § 20). Também relacionadas com a proclamação cristológica estavam as lembranças cristãs da pretensão de Jesus de perdoar os pecados e sua atitude soberana para com os estatutos e as interpretações da lei de Moisés — lembranças que governavam os estilos de vida dos cristãos e o entendimento que eles tinham de si mesmos. Para os cristãos, essas atitudes não o faziam outro rabino que debatia a lei, mas alguém que tinha autoridade sobre a lei que Deus revelou a Moisés e, assim, maior que Moisés, a quem, no pensamento judaico, Deus falara e fizera uma revelação como a nenhum outro ser humano: "Não surgiu desde então um profeta em Israel semelhante a Moisés, a quem o Senhor conheceu face a face" (Dt 34,10). Os indícios sugerem que, nesse período, os cristãos estavam cada vez mais *articulando* sua cristologia em declarações impassivelmente divinas a respeito do "Filho de Deus";[12] por isso, para os judeus, as atitudes legais de Jesus se tornaram proporcionalmente menos o assunto de preocupação ao julgar a blasfêmia cristã. Por que se preocupar com implicações quando explicitações estavam facilmente disponíveis e os adversários diziam: "Nós mesmos ouvimos a blasfêmia"?

No lado oposto da controvérsia, os que acreditavam em Jesus no período posterior a 70 consideravam os adversários judaicos de Jesus culpados de blasfêmia,

---

de um pormenor é elemento básico no preconceito.) Da mesma forma, embora haja ligação histórica entre oposição a Jesus nos anos 20 e oposição aos cristãos mateanos nos anos 70, precisamos reconhecer que a apresentação mateana de Jesus é vivamente influenciada pela situação local depois de 70.

[11] Um autor judeu, C. Setzer ("You Invent a Christ", em *Union Seminary Quarterly Review* 44, 1991, p. 315-328) lembra que as mais antigas objeções perceptíveis a Jesus baseavam-se em alegações cristológicas pelos cristãos.

[12] Por exemplo, que Deus falou a Jesus como "meu Filho singularmente amado", que Jesus foi concebido sem pai humano pela ação direta do Espírito Santo de Deus, que ele existia antes de o mundo começar.

porque escarneciam das confissões de fé cristã e eram tão ímpios a ponto de não ver o julgamento de Deus contra eles na destruição do Templo judaico. Depois da destruição do primeiro Templo salomônico, Baltazar "blasfemava" ao mesmo tempo que a mão julgadora de Deus escrevia na parede (*Ant.* X,xi,2-3; ##233,242); do mesmo modo, aos olhos cristãos, apesar da advertência da destruição do segundo Templo, ao continuarem a denunciar Jesus e a denunciar suas alegações, os judeus blasfemavam contra o Espírito Santo, o pecado imperdoável (Mc 3,29). Lido assim, os textos evangélicos do período posterior a 70 afirmam que, em muitos lugares, os seguidores de Jesus (judeus e gentios) e os judeus que não aceitavam sua proclamação eram duas comunidades separadas, cada uma apaixonada pela honra do Deus de Israel e cada uma considerando a outra blasfema por causa da maneira como entendiam Jesus.

Elemento D: O julgamento pelo sinédrio abrangendo culpa e morte

No início de meu estudo do Elemento C, observei que a última parte de Lc 22,71 ("Pois nós mesmos ouvimos de sua própria boca") é o equivalente funcional de Mc 14,64 ("Ouvistes a blasfêmia"), e que Lucas mudara o tema da blasfêmia para outras passagens. Mas a frase citada em Lucas é o fim do interrogatório judaico de Jesus, a ser seguida por "a aglomeração inteira deles, tendo se levantado", levou-no a Pilatos (Lc 23,1). Assim, enquanto Marcos/Mateus fazem o julgamento terminar com a declaração do sinédrio de que Jesus é culpado, punível com a morte (Mc 14,64; Mt 26,66), e enquanto João conclui seu relato da sessão do sinédrio contra Jesus (Jo 11,47-53) declarando "A partir desse dia eles decidiram executá-lo", o interrogatório lucano de Jesus não afirma que os membros do sinédrio declararam-no culpado ou o sentenciaram à morte. É esse silêncio explicável pela teoria de que Lucas conhecia o "Eles todos julgaram contra [*katakrineim*] ele como sendo culpado, punível com a morte"? Uma resposta afirmativa é sugerida pela concordância implícita com Marcos em Lc 24,20: "Os governantes e nossos chefes dos sacerdotes entregaram-no para um julgamento [*krima*] de morte e o crucificaram". Lucas sabia que, segundo o julgamento do sinédrio judaico, Jesus devia morrer, e o sermão em At 13,27-28 faz o relato lucano analítico "ordenado" do que aconteceu: "Tendo-o julgado [*krinein*]... embora não encontrassem nenhuma acusação que merecesse a morte, eles pediram a Pilatos que ele fosse morto". Houve um julgamento contra Jesus pelas autoridades do sinédrio, mas que se baseou em indícios inadequados.

De modo geral, então, nesta última parte do julgamento (Lc 22,69-71, julgo que Lucas remodelou o material marcano e não tinha nenhuma tradição independente na qual a sessão do sinédrio terminasse de modo diferente. Na questão do Messias (Lc 22,67b-68), Lucas deu precedência a material semelhante ao encontrado em Jo 10,24-25. Não vejo como decidir se, nessa tradição, como também em João, o problema do Messias foi levantado em uma simples pergunta feita a Jesus, e não em um julgamento pelo sinédrio, e se esse fator influenciou Lucas a adaptar o julgamento marcano pelo sinédrio menos formalmente. Contudo, lembro aos leitores que, acima (§ 18, nota 142), concordei com a alegação de que Lucas ainda descrevia um *julgamento* judaico de Jesus. Indicações espalhadas por Lucas-Atos mostram que Lucas deu como certo um elemento essencial do julgamento, a saber, um julgamento judaico contra Jesus, e pressupôs que esse julgamento fora pregado pelos apóstolos. Adverti, em § 1A, que não se pode interpretar uma passagem evangélica semelhante a Lc 22,66-71 como se ela existisse inteiramente como entidade isolada. O evangelista e também sua audiência tinham ouvido a narrativa da Paixão antes e, portanto, tinham certas pressuposições que influenciaram o que foi escrito no Evangelho e como isso foi ouvido.

Em Marcos/Mateus, o sumo sacerdote domina os procedimentos contra Jesus e virtualmente diz aos colegas o que eles devem julgar; contudo, no final do julgamento, ele segue a formalidade de pedir a decisão deles. Mateus expressa isso assim: "Que vos parece?".[13] Como veremos, o "ser evidente" de Marcos e o "parecer" de Mateus desempenham papel importante para alguns estudiosos na avaliação da resposta. Obedientemente, os membros do sinédrio ("todos", em Marcos, para combinar com o "todos" no início da sessão, em Mc 14,53) dizem ao sumo sacerdote o que ele quer ouvir. Em teoria, eles tinham diversas possibilidades, como sabemos por outras passagens neotestamentárias. Por exemplo, eles poderiam ter soltado o acusado depois de açoitá-lo, como fariam no caso de Pedro e João (At 5,40);[14] porém, esses apóstolos não eram acusados de blasfêmia, que exigia a pena de morte. Entretanto, ao procurar alternativas, talvez pensemos de modo abstrato demais. Ao descrever a sentença contra Jesus, os evangelistas e suas tradições

---

[13] Mateus fez uma inserção semelhante em Mt 22,42, em contraste com Mc 12,35. É evidente que Mateus gosta da pergunta "que vos [te] parece", usando-a em Mt 17,25; 18,12; 21,28; 22,17 — todas sem paralelos.

[14] Mc 13,9 também associa açoitamentos a sinédrios e sinagogas.

foram influenciados por passagens bíblicas que descreviam como os ímpios lidam com os justos, por exemplo, Sb 2,20: "Vamos condená-lo [*katadikazein*] à morte vergonhosa"; Jr 26,11: "Os sacerdotes [...] disseram aos governantes e a todo o povo: 'um julgamento de morte para este homem!' [Jeremias]" (ver também Dn 13,53 [Susana]).

Mc 14,64 expressa a resposta em termos do verbo *katakrinein*, "julgar contra", para harmonizá-lo com as repetidas declarações "contra", que estão presentes no julgamento (Mc 14,55.56.57.60). Bickermann, Lagrange e Schneider estão entre os que interpretam o *katakrinein* marcano não como sentença, mas como opinião jurídica. (Mais uma vez precisamos manter rigorosamente bem definido o que Marcos queria dizer [nossa preocupação aqui] daquilo que aconteceu historicamente.) Em si mesmo, *katakrinein* significa "acusar hostilmente";[15] mas também significa "sentenciar, condenar", como em Jo 8,10-11, onde a mulher que já foi acusada está agora sujeita a ser condenada. Parece que o sentido usual nos papiros é "condenar" ou "decidir contra" (MM, p. 328). Quando se coloca o verbo no contexto da descrição de Marcos, depois da panóplia de convocar todo o sinédrio, procurar testemunhas, conseguir uma confissão e o rasgamento das vestes pelo sumo sacerdote, com uma afirmação de blasfêmia, então é quase inconcebível que o clímax seja uma opinião, não um julgamento. Entre os que reconhecem isso, há quem sugira que, ao não usar *katakrinein*, Mt 26,66 enfraqueceu o desfecho da sessão. Mas isso não é verdade, pois imediatamente depois da sessão, só Mateus relata a cena da morte de Judas, que ele começa assim: "Então Judas, o que o entregou, tendo visto que *julgaram contra* ele (Jesus)..." (Mt 27,3) — Mateus apenas reservou *katakrinein* para essa passagem.

Em Marcos (e Mateus), o julgamento é expresso como *enochos thanatou*, frase difícil de traduzir, pois *enochos* com genitivo significa "culpado de" e "punível por ou a ser punido com". Procurei captar as duas ideias na minha tradução: "culpado, para ser punido com a morte". Mais uma vez, muitos fazem uma tradução tão fraca, de modo que essa não constitui uma sentença de morte, mas uma opinião de que Jesus poderia justificadamente ser morto, se outro poder assim decidisse (Husband, Klausner, Montefiore), ponto de vista que não raro pressupõe o conhecimento marcano das informações, fornecidas em João, de que o sinédrio não podia

---

[15] Como é seu significado na passagem Q de Mt 12,41-42; Lc 11,31-32; também Josefo, *Ant.* III,xiv,4; #308.

executar criminosos. Mas, mesmo sem essa pressuposição, é possível argumentar que essa interpretação explica melhor por que Jesus foi entregue aos romanos. Por si só, a frase *enochos thanatou* não soluciona o problema. Ela pode bem refletir a expressão de Dt 21,22 (a lei relativa a blasfêmia examinada na ANÁLISE a seguir): "um crime julgado merecedor de morte" (*het mispat mawet*). Fiebig ("Prozess", p. 224) vê aqui um reflexo do *hyyb mwt* rabínico, que inclui ser agarrado e sentenciado à morte. Outros biblistas citam vários exemplos no grego secular que têm *enochos thanato* ou *thanatou* como decreto que afeta os criminosos quando eles são apanhados. Em alguns casos, a pena de morte é automática; em outros, é possibilidade ameaçada, mas pode ser comutada. Em Mt 5,21-22, há quatro casos de *enochos* com o dativo; nos três primeiros, significa "passível de" (julgamento ou ir para o sinédrio), mas, no último, certamente não significa "passível do fogo do inferno": a ideia ali é "punido com o fogo do inferno". Com certeza, na LXX de Gn 26,11, a decisão do rei filisteu Abimelec, segundo a qual quem quer que causasse dano a Isaac e Rebeca seria *enochos thanato*, significa "punido com a morte", não apenas "punível com a morte".

A meu ver, o sentido dessa passagem em Marcos/Mateus é determinável pela redação da terceira predição da Paixão em Mc 10,33; Mt 20,18; ali, os dois evangelistas dizem que os chefes dos sacerdotes e os escribas "o condenarão à morte [*katakrinousin auton thanato*] e o entregarão aos gentios". A segunda frase é importante, pois evidentemente nenhum evangelista vê problema a respeito de uma firme sentença de morte seguida pela entrega de Jesus aos gentios, para a execução dessa sentença. Assim, Marcos/Mateus descreviam uma sentença de morte pelo sinédrio no final do julgamento (do mesmo modo Gnilka, Juel, Klostermann, Taylor e Winter). A cuspidela insolente em Jesus que se segue em Marcos (Mc 14,65) é o tratamento dispensado a um blasfemador condenado. Em João, o julgamento do sinédrio também terminou no tom de uma decisão contra Jesus (Jo 11,53: "A partir daquele dia, eles decidiram [*eboulesanto*] executá-lo"), embora João deixe claro que a decisão não tinha importância legal para os romanos (Jo 18,31). No início deste Elemento D, indiquei que Lucas também pensava que "as autoridades entregaram-no para um julgamento de morte [*eis krima thanatou*]" (Lc 24,20), embora, em razão de uma fluência narrativa mais suave no julgamento romano, ele não explique isso aqui (seu senso de "ordem").

Assim, na última terça parte do século, os evangelistas, que sabiam perfeitamente bem que os romanos sentenciaram e crucificaram Jesus, partilharam com os leitores a opinião de que o sinédrio judaico também decidiu pela morte de Jesus. Os evangelistas deixam claro que, nas ações dos dois grupos, judeu e romano, razões diferentes acarretaram a sentença de morte. Mas, embora os romanos realizassem o julgamento e fizessem a execução, houve maior veemência da parte das autoridades judaicas para tirar Jesus do caminho. As questões tratadas nas narrativas do sinédrio eram religiosas e, para os evangelistas, eram as mais importantes.

Análise

Assim como as ANÁLISES dos §§ 20–22 trataram da historicidade das partes anteriores dos procedimentos do sinédrio, também esta ANÁLISE vai avaliar a historicidade do tema principal da Quarta Parte, a saber, a acusação de blasfêmia.[16] Começando com o julgamento, perguntarei se a blasfêmia poderia ter sido punida com a entrega do blasfemador para crucificação, e se algum assunto associado a Jesus no julgamento poderia ter sido considerado blasfemo (Messias, Filho de Deus, Filho do Homem, destruir o santuário, falso profeta). Em seguida, vou examinar sucintamente se, fora do julgamento, as consequências gerais das palavras e das obras de Jesus eram blasfemas. É importante ser claro do começo ao fim a respeito do que constituía blasfêmia.

É historicamente possível que, em 30/33 d.C., as autoridades judaicas chegassem à conclusão de que Jesus era blasfemador e por essa razão quisessem sua morte? Certamente a questão da blasfêmia surgiu em círculos *judaicos* (quer dirigida contra Jesus, quer contra judeu-cristãos), pois a blasfêmia sobre assuntos de teologia judaica não surgiria como acusação criminal grave entre os pagãos. No COMENTÁRIO, apresentei provas acumuladas depois de estudar todas as palavras da raiz *blasphem-* na LXX, em Josefo e em Fílon. Essa pesquisa deixa claro que essas palavras não se referem basicamente a pronunciar o divino Nome; assim, o problema de Jesus ter mencionado YHWH pode ser eliminado do estudo — não tem nada a ver com a afirmação na tradição pré-evangélica grega de que, no tempo

---

[16] Dos quatro elementos examinados no COMENTÁRIO, este é o único que pode ser submetido a uma inspeção histórica com base em consideráveis indícios de fora.

de Jesus, os que se opunham a ele acusavam-no de blasfêmia.[17] *Blasphemos, blasphemia* e *blasphemein* às vezes referem-se a amaldiçoar Deus, ridicularizar Deus, ou depreciar Deus. Isso também pode ser eliminado do estudo porque nada na tradição sugere uma atitude deliberadamente irreverente da parte de Jesus para com Deus. A partir dos sentidos demonstrados das palavras da raiz *blasphem-*, *a única acusação histórica provável teria sido que Jesus arrogantemente reivindicou para si posições ou privilégios que pertenciam apropriadamente apenas ao Deus de Israel e, nesse sentido, implicitamente aviltavam Deus*.[18] Se houvesse alguma coisa que Jesus disse ou fez que levou as autoridades a pensar que ele blasfemou nesse sentido, poder-se-ia indicar os antecedentes para a plausibilidade do ato delas de rasgar as vestes quando essa audácia foi afirmada.[19] A pena de morte era castigo apropriado para essa blasfêmia.[20] Entretanto, muitos biblistas rejeitam a historicidade da acusação de blasfêmia, e apresentam duas principais objeções: que a crucificação não era a pena apropriada para a blasfêmia e/ou que nada que Jesus disse no julgamento era blasfemo por si só.

A. O castigo para a blasfêmia

A primeira objeção contra a historicidade da acusação de blasfêmia é esta: Lv 24,16 especifica o apedrejamento como a pena de morte a ser aplicada para a blasfêmia; Jesus não foi apedrejado; assim, a blasfêmia não era a acusação. Às vezes, o apedrejamento de Estêvão por blasfêmia é apresentado como exemplo do

---

[17] Ocasionalmente é sugerido que a restrição mixnaica mais estrita de blasfêmia (= imprecação do nome divino) surgiu por causa do mau uso de um entendimento mais amplo contra Jesus. Entretanto, nos primeiros séculos não há nenhum indício de defensiva judaica quanto ao modo como Jesus foi julgado.

[18] Kosmala ("His Blood", p. 101-102) exagera um pouco: "Com toda certeza, *hybris*, em qualquer forma, atos realizados ou palavras ditas em desafio à lei ou á vontade de Deus, que desacreditavam Deus ou se colocavam ao lado Dele, era considerado blasfêmia".

[19] O grego de 2Rs 19,4.6.22 chama de blasfemas as alegações do general assírio de que o Deus de Israel não será capaz de defender o rei da Assíria, e duas vezes ficamos sabendo de vestes rasgadas ao se ouvir tal alegação. Entretanto, quanto ao relato evangélico, embora o sumo sacerdote realmente pudesse rasgar as vestes se ouvisse blasfêmia, obviamente a intenção é dramatizar a acusação, e não há nenhum meio para estabelecer a historicidade desse detalhe.

[20] Fílon (*De fuga et inventione* XVI; ##83-84) diz que quem injuriar pai ou mãe deve morrer; por mais forte razão, para quem blasfema (= injuria) contra Deus, o Pai e Criador do universo, não há perdão. Na verdade, Fílon declara (*De vita Mosis* II,xxxviii; #206) que a pena de morte é determinada para quem blasfema contra o Senhor dos deuses e seres humanos, ou mesmo ousa pronunciar o Nome — observe-se a distinção, com a inferência de que a blasfêmia é mais grave.

que deveria ter acontecido, embora não raro seja então esquecido que as palavras blasfemas de que acusaram Estêvão eram a respeito do que Jesus de Nazaré dissera (At 6,11.14) — fato que paradoxalmente apoia a tese de que Jesus teria sido considerado blasfemador! É preciso fazer várias observações quanto a esse argumento. *Primeiro*, Estêvão não foi entregue aos romanos, Jesus foi; e esse fator foi importante para determinar o tipo de morte que Jesus sofreu.[21] *Segundo*, embora essa mudança possa não ter afetado a morte de Jesus, o apedrejamento começou a ser substituído como castigo no século I, quando a crença dos fariseus na ressurreição dos mortos ganhou mais influência — o apedrejamento estragava o corpo que um dia seria ressuscitado. *Terceiro*, Josefo (*Ant.* IV,viii,6; #202) relata uma interessante adaptação das leis antigas a respeito da execução: "Que aquele que blasfemou contra Deus, depois de apedrejado, seja suspenso por um dia e enterrado sem honra e sem reconhecimento [isto é, em uma sepultura desconhecida]". A pena de apedrejamento específica para a blasfêmia (que, no uso que Josefo faz da palavra, significa insultar Deus) foi combinada com a pena mais geral de Dt 21,22-23: "Se houver contra alguém um crime julgado merecedor da morte e ele for morto e tu o pendurares em uma árvore, seu cadáver não permanecerá a noite toda na árvore".[22] Agora sabemos, por textos dos Manuscritos do Mar Morto e Gl 3,13, que no tempo de Jesus considerava-se que a crucificação satisfazia a descrição da lei de ser suspenso em uma árvore (ver também At 5,30; 10,34). Assim, teoricamente era possível combinar o apedrejamento e a crucificação como a pena para blasfemar.[23] *Quarto*, o Manuscrito do Templo de Qumrã (11Q *Miqdai* 64,7-13) menciona que, na interpretação que Qumrã faz de Dt 21,22, suspender/crucificar não se seguiam a ser morto, mas levavam à morte: "Então o suspenderás na madeira para que ele morra". Essa passagem relaciona-se com 4QpNaum (4Q 169) 3-4 i 7-9, que se entende afirmar que tal forma de execução existira no Israel *de outrora*. Antes conhecíamos alguns exemplos de crucificação realizada por judeus, sem indicação de que essa era prática aprovada; por exemplo, o sumo

---

[21] Observe-se a antiga combinação de penas na famosa passagem do TalBab *Sanhedrin* 43a (ver, acima, § 18, E1, item b). Embora fosse anunciado que Jesus seria apedrejado, ele foi suspenso na véspera da Páscoa. Talvez "apedrejado" equivalha de modo geral a "executado". De qualquer modo, a explicação acrescentada de que o governo (romano) estava envolvido esclarece por que Jesus foi crucificado ("suspenso").

[22] Josefo entende que o Deuteronômio quer dizer que o corpo devia ser suspenso *depois* da execução.

[23] Mixná *Sanhedrin* 6,4 dá como opinião da maioria que a pena dupla de apedrejar e suspender devia ser aplicada somente ao blasfemador e ao idólatra.

sacerdote Alexandre Janeu crucificou 800 inimigos judaicos (*Guerra* I,iv,6; #97), e presume-se que seu contemporâneo Simeão ben Shetah crucificou 80 feiticeiras em Ascalon (TalJer *Sanhedrin* 23c). Contudo, parece que, em Qumrã, a crucificação era considerada castigo determinado pela lei![24] Se os saduceus também julgavam ser isso o que se fazia no Israel de outrora (e parece que o texto de 4QpNaum se refere ao que o sumo sacerdote de Jerusalém fez quando crucificou fariseus e outros), talvez eles não tivessem problema ao ver Jesus crucificado pelos romanos. *Quinto*, o hebraico de Dt 21,22-23 continua para dizer: "o que é suspenso é maldito de Deus", que a LXX esclarece falando do "amaldiçoado *por* Deus". Mas parece que Mixná *Sanhedrin* 6,4 entende que o Deuteronômio quer dizer "amaldiçoador de Deus", em vez de "amaldiçoado *por* Deus"; e Wilcox ("Upon", p. 87-90) mostra que essa interpretação foi mantida pela tradução do grego Símaco, pelo Targum Onqelos e pela Peshitta siríaca. (Ver o longo exame da passagem em van Unnik, "Fluch", e a exposição das complexidades por M. J. Bernstein, JQR 74, 1983, p. 21-45.) Um amaldiçoador de Deus era blasfemador pelos padrões da literatura grega que estudamos (embora a própria Mixná considere blasfêmia pronunciar o divino Nome). Se essa interpretação era compartilhada pelo sinédrio (não era compartilhada em Qumrã, que fala do "amaldiçoado por Deus e pelos homens"), então a suspensão (isto é, crucificação) de Jesus por blasfêmia foi uma pena totalmente justificada pela lei (assim Betz, "Jesus", p. 88). Menciono todos esses fatores (de valores divergentes) para mostrar que o argumento de "nenhuma blasfêmia porque (não houve) nenhum apedrejamento" é na verdade muito fraco.

---

[24] Ver Y. Yadin, "Pesher Nahum (4QpNahum) Reconsidered", em IEJ 21, 1971, p. 1-12, esp. p. 9-12, a respeito da crucificação; também Ford, "Crucify"; Betz, "Jesus". Fitzmyer, "Crucifixion", apresenta um tratamento claro; na p. 505, ele apresenta razões para rejeitar a interpretação por Baumgarten ("Does") de que o Manuscrito do Templo refere-se a suspender (como forma de estrangulamento). Díez Merino ("Crucifixion", p. 16-24) invoca o Targum Neofiti de Nm 25,4 (isto é, os líderes como juízes crucificarão na cruz os que merecem a morte) para a crucificação pelo sinédrio dos condenados, afirmando que essa prova é anterior a 30 d.C.! Mais ousado ainda, ele atribui uma data pré-mixnaica à tradição do Targum de Rute 1,17, que relaciona a crucificação em lugar do estrangulamento como a quarta forma de pena capital.

J. Efron examina Simeão ben Shetah em A. Kasher, org., *Jews and Hellenistic Cities in Eretz-Israel*, Tübingen, Mohr (Siebeck), 1990, p. 318-341. A execução que ele realizou foi dirigida contra feiticeiras pagãs e foi exemplo de fanatismo por hassidim zelosos no período asmoneu. Betz ("Jesus", p. 85-87), seguindo Hengel, acha que foi execução de saduceus por fariseus depois da morte de Alexandre Janeu (60 a.C.).

B. Alguma coisa alegada no julgamento era blasfêma?

Muito mais séria é a segunda objeção, de que nada abordado por Jesus ou referente a ele no julgamento era em si blasfemo. Teremos de percorrer ponto por ponto.

A alegação de ser o Messias e a blasfêmia. Afirmei, na ANÁLISE do § 21, ser improvável que pública ou privadamente Jesus afirmasse ser o Messias. Mas também afirmei ser muito provável que alguns de seus seguidores achassem que ele era o Messias e que não há indícios de Jesus ter negado essa designação. Poderiam as autoridades judaicas ter considerado a aclamação de Jesus como o Messias por seus seguidores uma blasfêmia, merecedora da morte, isto é, arrogância que infringia os privilégios de Deus? (Lembro aos leitores que, agora, *não* estamos falando da reinterpretação exaltada de "Messias" na fé pós-ressurreição, como é manifesto nos exames em nível evangélico apresentados no COMENTÁRIO.) Muitos biblistas reconhecem que não temos nenhuma prova real de que a acusação de blasfêmia se justificaria pela asserção de que Jesus era o rei ungido da Casa de Davi, enaltecido por Deus como parte do plano culminante planejado para Israel.[25] Sou fortemente a favor da expressão negativa da última sentença ("nenhuma prova real") como verdadeira para a situação, em vez de "*nós sabemos* que a alegação de ser o Messias não era blasfema". Por não encontrarmos o termo "Messias" aplicado a nenhuma outra figura histórica além de Jesus de Nazaré entre 150 a.C. e 100 d.C., não "sabemos" como as pessoas reagiam ao termo. Há quem se refira a cem anos depois da morte de Jesus, quando Rabi Aqiba designou o rebelde Simão ben Koseba como rei Messias. Infelizmente, a documentação rabínica corroborante origina-se de séculos mais tarde, e há vigoroso debate a respeito da historicidade da designação.[26] Como Marcus ("Mark", p. 128) indica, na tradição rabínica há

---

[25] W. Beilner ("Prozess", p. 238) afirma que a questão de Jesus ser saudado como Messias foi responsável pelo rancor dos fariseus por ele. Concordo que seu papel no plano de Deus, implicitamente proclamado na maneira como ele agia e falava, era elemento importante de controvérsia entre Jesus e algumas das autoridades religiosas; mas não vejo nenhum jeito de ter certeza de que esse papel encontrou expressão em uma aclamação dele como Messias amplamente conhecida durante sua vida.

[26] TalJer *Ta'anit* 68d (4,5); TalBab *Sanhedrin* 93b; Midraxe *Rabba* 4 sobre Lm 2,2. A designação de Aqiba explica "Bar Kochbá", o nome patriótico de Simão, que reflete a aplicação da "profecia" messiânica em Nm 24,17 a respeito da estrela (*kôkab*) que sai de Jacó, e também explica a perseguição de Simão àqueles que aclamavam Jesus como o Messias, conforme relatado por Justino (*Apologia* I,xxxi,6), que escreveu cerca de vinte anos depois da revolta de Simão. A. Reinhartz ("Rabbinic Perceptions of Simeon ben Kosiba", em JSJ 20, 1989, p. 171-194) descreve bem a divisão dos estudiosos judaicos quanto à

duas reações à alegação a respeito de Ben Koseba. Em TalJer *Ta'anit*, a designação por Aqiba é considerada ridícula: Aqiba estará morto antes que o Messias venha. Em TalBab *Sanhedrin*, é proposto um teste para saber se Simão é o Messias. (O relato posterior de que Simão falhou no teste e foi executado não é histórico, mas reflete a condenação posterior do líder revolucionário fracassado.) Nenhuma das duas reações é favorável; mas, embora a alegação não seja menosprezada, não há sugestão de blasfêmia.

Alguns biblistas se apegam a um aspecto específico da questão de blasfêmia do Messias. Jesus era de origens galileias modestas. Sua insignificância tornou-se visível porque ele fora feito prisioneiro com tanta facilidade e agora era um criminoso acusado. Se ele fosse condenado e crucificado, morreria maldito de Deus (Dt 21,23; Gl 3,13). Sob essas circunstâncias, ele não negar ser o Messias era sujeitar Deus ao ridículo, dizendo que o plano divino fundamental para libertar o povo da aliança por meio de um rei ungido reduziu-se a enviar este ineficiente maldito. Gl 3,13 menciona alguma coisa semelhante a isso na experiência paulina, talvez sendo a essência do motivo de a princípio ele perseguir os que proclamavam ser Jesus o Messias. Mas é mais provável que essa rejeição do messianismo de Jesus como blasfemo tenha surgido depois de sua condenação e crucificação, não como a causa da condenação. Surgiu com a proclamação de Jesus ressuscitado ser o Messias Filho de Deus. De modo geral, então, se Jesus foi acusado de blasfêmia em 30/33 d.C., não é provável que a única ou mesmo a principal base para essa acusação fosse que seus seguidores o aclamavam como o esperado Messias da Casa de Davi.[27]

---

designação messiânica de Simão por Aqiba. Há quem rejeite totalmente a historicidade; outros a pressupõem, mas acham que Simão era considerado apenas um Messias político, não apocalíptico (e, na verdade, as moedas e cartas de Simão mostram uma forte autoconcepção). As opiniões de Reinhartz são proveitosamente sutis. Ela duvida que Simão se proclamou o Messias; mas quer ele aceitasse quer não, havia na revolta quem achasse que ele era o Messias e, já durante sua vida, havia diversas concepções do Messias.

[27] Stauffer ("Messias", p. 94) afirma que, até o aparecimento do *Toledot Yeshu* (cerca de quinhentos anos depois da morte de Jesus), não havia nos documentos judaicos nenhuma forte oposição a Jesus como o suposto Messias. (Entretanto, isso deve ser em parte porque os elementos divinos nas afirmações cristãs a respeito de Jesus eram mais censuráveis). As primeiras referências judaicas não dão importância ao papel romano na execução de Jesus, e a acusação de ser o rei Messias era mais significativa para os romanos que para os judeus. Blinzler ("Trial", p. 104-107) foi um grande biblista que remontou a blasfêmia à questão do Messias, mas seu exame foi prejudicado por não distinguir adequadamente entre o nível evangélico (onde "Messias" significa único Filho de Deus) e o nível histórico. Para seu tempo, esse biblista cristão mostrou um senso perceptivelmente crítico no uso de documentos rabínicos, mas foi insuficientemente crítico na abordagem ao NT.

A alegação de ser o Filho de Deus e a blasfêmia. Também pode ser respondida negativamente, pois afirmei acima ser improvável que esse título fosse usado para Jesus durante sua vida tanto por ele como por seus seguidores.[28]

A alegação de ser o Filho do Homem e a blasfêmia. A meu ver, dos três títulos marcanos mencionados no julgamento, só este é favorecido pela prova de ter sido usado pelo próprio Jesus durante a vida. No relato de Marcos/Mateus, "o Filho do Homem" é a verdadeira adição de Jesus ao julgamento; parece que ela intensifica a ofensa e segue-se imediatamente a acusação de blasfêmia. Em Mc 2,7-10, a primeira referência de Jesus ao Filho do Homem foi em resposta a uma acusação de blasfêmia a respeito de perdoar pecados. Não é surpreendente, então, que, em nível histórico, muitos biblistas respeitáveis sugiram que o uso por Jesus desse título produziu a acusação de blasfêmia (ver os que foram relacionados por Catchpole, *Trial*, p. 140-141). Uma grande dificuldade é nossa incerteza quanto ao que esse título significava para o autoentendimento de Jesus ou para o entendimento que dele tinham os que o ouviam. Na declaração no julgamento onde se chama de o Filho do Homem (Mc 14,62; Mt 26,64; Lc 22,69), Jesus implicitamente emprega textos bíblicos para interpretar o que ele quer dizer. Em nível histórico, precisamos perguntar se, no caso de serem usados, esses textos criariam uma imagem que, na interpretação dos inimigos de Jesus, seria considerada blasfema.[29] Como Jesus fala de ver "o Filho do Homem sentado à direita do Poder e vindo com as nuvens

---

[28] O'Neill ("Charge", p. 77), recorrendo à declaração de Q em Mt 11,25-27; Lc 10,21-22, declara imaginosamente: "A acusação técnica com base na qual Jesus foi condenado à morte pelo sinédrio pode bem ter sido que ele blasfemou ao se fazer Deus (Jo 10,33) quando ousou dizer que ele era o Filho, quando só o Pai sabia quem era o Filho". Se a declaração de Q (fenômeno isolado na tradição sinótica dos ditos de Jesus) foi historicamente feita por Jesus, poderia ter expressado/sido entendida parabolicamente como o relacionamento do filho com o pai, sem provocar a acusação de que ele se fazia Deus. Aicher (*Prozess*) é outro para quem "Filho de Deus" no sentido divino foi o que levou à morte de Jesus.

[29] Na ANÁLISE do § 22, apresentei duas possibilidades quanto ao emprego de "o Filho do Homem" em referência a uma pessoa específica. A possibilidade A era que, em círculos apocalípticos, a reflexão em Dn 7 criara a imagem de um Filho do Homem, figura de aparência humana com origens no céu e que Deus elevaria ao céu, entronizaria e nomearia juiz sobre os justos e os maus. Como mencionei ali, o uso do termo por Jesus para si mesmo contra o pano de fundo dessa evolução seria facilmente considerado arrogante (e, assim, blasfemo) e ameaçador pelos que se opunham a ele. Contudo, é provável que essa abordagem do título não seja dominante entre os biblistas; por isso, aqui vou examinar a questão da blasfêmia no contexto da possibilidade B, isto é, que entre os judeus do século I não havia nenhum conceito estabelecido do Filho do Homem, e que Jesus e/ou seus seguidores criaram a imagem dessa pessoa que encontramos nos Evangelhos. Poderiam aspectos dessa imagem ou sua evolução terem sido considerados blasfemos?

do céu", os dois textos geralmente invocados nas discussões são Sl 110,1 e Dn 7; e devemos examinar as possibilidades de cada um.

A declaração de Jesus a respeito de ver o Filho do Homem sentado à direita do Poder faz eco a Sl 110,1 (como vimos no COMENTÁRIO do § 22), com seu tema de sentar-se à direita do Senhor (talvez combinado com Sl 80,18, onde um Filho do Homem senta-se à direita de Deus).[30] Em outras passagens do Evangelho, há o relato de que Jesus usou esse texto para debater com os escribas a respeito do Messias como o filho de Davi (Mc 12,35-37), de modo que não é inconcebível que ele tenha refletido sobre o Salmo durante sua vida. A autoaplicação de "sentado à direita do Senhor" foi considerada blasfêmia no sentido de que Jesus, desse modo, alegava estar no mesmo nível que Deus? Lövestam ("Frage", p. 107) responde afirmativamente, pois Sl 110,1 havia sido unido a Dn 7. Linton ("Trial", p. 260-261) responderia afirmativamente se o sentido da imagem fosse literal (que é como os cristãos passaram a entendê-la depois da ressurreição), mas negativamente se seu sentido fosse metafórico. Afinal de contas, parece que, em 1Cr 29,23, não há nenhuma dificuldade na descrição de Salomão sentado "no trono de YHWH". A exegese rabínica do século II d.C. (Justino, *Diálogo* xxxiii,1) aplicou esse Salmo ao rei Ezequias de Judá, sem ver nele nenhuma blasfêmia. Em TalBab *Sanhedrin* 38b, Rabi Aqiba levanta a possibilidade de um Messias davídico que estaria sentado ao lado de Deus no céu, mas R. Jose contesta: "Aqiba, até que ponto profanarias a Glória?". Assim, em um período mais tardio, o relacionamento com Deus subentendido na imagem de uma sessão celeste foi debatido. Contudo, mesmo que Aqiba tenha sido lembrado dos perigos de sua interpretação, não há indicação de que fosse reunido um tribunal rabínico contra ele por blasfêmia.

Mais biblistas voltam-se para o uso de Dn 7 como a base possível para uma acusação contra Jesus de arrogância blasfema ao falar de "o Filho do Homem"

---

[30] Para Flusser ("At the Right"), a frase "à direita do Poder" é a fonte da ofensa tomada pelo sumo sacerdote, mas a questão não é o eco de Sl 110,1. Em Is 9,5, dois títulos consecutivos para o rei davídico são "Maravilhoso Conselheiro" (literalmente, "Maravilhoso de Conselho") e "Deus Forte" (literalmente, "Deus de Força"). É evidente que gerações mais tardias acharam o segundo título perturbador quando aplicado a um ser humano (a LXX traduz como "anjo"; ver a equiparação entre Deus e um anjo subentendida em Gn 22,11-12; 32,29-31). Flusser vê os dois títulos reformulados em 1QH 3,10 (passagem muito obscura): "Maravilhoso Conselheiro *com* seu poder" usado como título messiânico. Imaginando que essa interpretação era amplamente conhecida, Flusser afirma que o sumo sacerdote entendeu que Jesus alegava ser o Maravilhoso Conselheiro com poder de Deus. Julgo essa abordagem especulativa demais para esta análise se apoiar nela.

em exaltação celestial.[31] Quando se procura a base veterotestamentária para os elementos apocalípticos na visão que Jesus tem do Reino de Deus descrito nos Evangelhos, vêm à mente Daniel em geral e Dn 7 em especial. Se Jesus se via como a figura humana, "um como filho de homem", que seria levado ao Ancião de Dias[32] sobre as nuvens do céu e receberia a glória, o domínio eterno e um reino que nunca seria destruído, ele certamente teria uma visão exaltada de si mesmo. Há uma reação violentamente hostil à descrição do arrogante rei da Babilônia em Is 14,13-14, que diz: "Subirei acima do topo das nuvens [...], eu me farei igual ao Altíssimo". Contudo, como em Dn 7,14 esse privilégio é concedido a um como filho de homem voluntariamente pelo Ancião de Dias, seria arrogância blasfema Jesus alegar ser *o* Filho do Homem que recebe esse privilégio? A metáfora de ser levado sobre as nuvens do céu para encontrar o Senhor aplica-se a todos os fiéis vivos em 1Ts 4,17.

Stauffer ("Messias", p. 82) julga ter provas de que o Judaísmo realmente achou ofensivo o uso por Jesus do título de Filho do Homem em um comentário rabínico a respeito de Nm 23,19: "Deus não é homem para falar falsamente, nem (é) filho de homem para mudar de ideia". Segundo TalJer *Ta'anit* 2,1 (Neusner XII [L-M]), R. Abbahu disse: "Se um homem te disser 'sou um deus', ele mente; se diz 'sou o filho de homem', ele se arrependerá". Abbahu viveu em Cesareia c. 300, e era conhecido por se associar com forasteiros heterodoxos, de modo que ele pode perfeitamente estar criticando alegações feitas em defesa de Jesus por cristãos. Mas essa passagem tardia (na qual "eu sou um deus" aumenta a ofensividade de "eu

---

[31] Lamarche ("Blasphème", p. 80) localiza a blasfêmia na conjunção do versículo do Salmo 110 com Dn 7, pois este último leva à conclusão de que a sessão no céu faz Jesus idêntico a Deus. Héring (*Royaume*, p. 116-120), depois de rejeitar a ideia de que Jesus se identificaria perante o sumo sacerdote como o Messias (rei), aceita a historicidade da acusação de blasfêmia ligada à alegação feita por Jesus de ser o divino Filho do Homem. Como essa expressão significa "homem", a alegação é que um mero mortal pode ser colocado à direita de Deus. É de interesse a sugestão de Héring de que um sumo sacerdote saduceu não aceitaria Daniel como Escritura por causa da descrição ali da ressurreição dos mortos (Dn 12,2).

[32] Embora a tradução de Dn 7,13 por Teodocião tenha a preposição *heos* ("até") regendo "o Ancião de Dias", uma construção diferente na LXX usa *hos* ("como"). Ao reconstruir o grego antigo com base na *Héxapla* de Orígenes, F. F. Bruce defende a leitura: "Um como filho de homem apareceu *como* o Ancião de Dias". Familiarizado com tal interpretação, o sumo sacerdote teria percebido que Jesus usava uma designação de Filho do Homem que equivalia a alegar ser como Deus. Entretanto, ao examinar essa visão do grego antigo de Daniel no *Bulletin of the International Organization for Septuagint and Cognate Studies* 17 (1984), p. 15-35, esp. p. 28-32), S. Pace argumenta de modo persuasivo que *heos* era a leitura original e *hos* uma corruptela. Como essa corruptela é evolução grega, dificilmente estaria incluída em uma cena histórica com Jesus e o sumo sacerdote.

sou o filho de homem") não esclarece se a autodesignação "o Filho do Homem" era considerada blasfêmia no tempo de Jesus. De modo geral, então, embora seja *possível* que, sendo interpretado por passagens de exaltação no AT, o uso por Jesus de "o Filho do Homem" fosse considerado arrogância blasfema em seu tempo, seria imprudência basear a historicidade da acusação judaica de blasfêmia apenas nisso.

A destruição do santuário e a blasfêmia. No relato mateano do julgamento, "Eu sou capaz de destruir o santuário de Deus e dentro de três dias (o) construirei" é depoimento legal e presumivelmente liga-se à declaração em Mt 26,65: "Eis que agora ouvistes a blasfêmia". Embora, para Marcos, a declaração comparável do santuário seja depoimento falso e inconsistente, a blasfêmia atirada a Jesus a respeito dela em Mc 15,29 talvez signifique que, no entender de Marcos, os adversários de Jesus julgavam haver alguma blasfêmia nessa alegação. At 6,11.13-14 também menciona a blasfêmia na declaração de que Jesus de Nazaré destruiria este lugar (santo). Muitos pensam, portanto, que a chave para a acusação de blasfêmia contra Jesus está em suas palavras e atitude com respeito ao Templo/santuário.[33]

Na ANÁLISE do § 20, apresentei argumentos para considerar plausível que, além de agir simbolicamente para purificar o Templo, Jesus falou profeticamente sobre a iminente destruição do Templo por causa da hostilidade demonstrada pelas autoridades de Jerusalém à proclamação por Jesus do Reino de Deus. Historicamente, a crítica do Templo provocou mesmo uma reação violenta. Jr 26,6-8 relata o clamor de sacerdotes e profetas da corte pela morte de Jeremias porque ele predisse que o Templo de Jerusalém construído por Salomão se tornaria como o santuário destruído de Silo. Jeremias foi salvo pelo argumento de que o profeta Miqueias predissera que a montanha do Templo se transformaria em espinhaço coberto por árvores e não fora executado pelo rei Ezequias (Jr 26,18-19). Quer seja quer não seja correta, a história que Josefo relata do debate no Egito, c. 150 a.C., a respeito dos méritos dos Templos samaritano e de Jerusalém, contém a imagem de que os que defendiam o Templo samaritano contra o de Jerusalém perderam e *foram mortos* (*Ant.* XIII,iii,4; #79). O sumo sacerdote asmoneu João Hircano (em 128 a.C.) destruiu o lugar santo samaritano que tivera por modelo o santuário do

---

[33] Entre os biblistas que se concentram no Templo/santuário como o fator que fez as autoridades quererem Jesus morto estão Flusser, Jülicher, Schubert e Welhausen. Entretanto, nem sempre é possível discernir até onde eles consideram a questão de blasfêmia; contudo, ver Kilpatrick, *Trial*, p. 10-13. Historicamente, o sumo sacerdote considerou a alegação sobre o santuário parte de uma hostilidade geral para com o Templo e não a isolou de ações hostis (a purificação) por Jesus.

Templo de Jerusalém (Josefo, *Ant.* XIII,ix,1; ##254-256). Diversas passagens de Qumrã (1QpHab 9,9-10; 11,4-8; 4QpPs 37 4,8-9) descrevem como os maus sumos sacerdotes asmoneus tentaram matar o Mestre sacerdote de Qumrã, até perseguindo-o em Qumrã no Dia da Expiação dos essênios. Certamente, grande parte do ódio asmoneu pelo Mestre de Qumrã baseava-se na crítica que Qumrã fazia ao Templo e ao sacerdócio de Jerusalém. Entretanto, depois de 6 d.C., a violência intrajudaica pública por causa do Templo foi reprimida pelos prefeitos romanos.

A análise sociológica de Theissen ("Tempelweissagung") que recorre em grande parte a incidentes nos trinta e cinco anos depois da morte de Jesus, menciona uma hostilidade específica entre camponeses que idealizavam o Templo e a aristocracia sacerdotal saduceia. As origens galileias de Jesus trouxeram-no para esse conflito? Com base em números fornecidos por Josefo (*Ant.* XX,ix,7; #219), Theissen calcula que cerca de 20 por cento da população de Jerusalém dependia do Templo para viver e, portanto, como os sacerdotes, ficariam transtornados com ameaças a ele. Vimos em § 18, D1 que os judeus receberam dos romanos o direito de executar quaisquer gentios que violassem os recintos do Templo. Büchsel ("Blutgerichtsbarkeit", p. 206-207) afirma que, como extensão desse direito, eles puderam apedrejar Estêvão porque ele defendia a destruição do santuário do Templo.[34]

Séria reação a tribulações proferidas contra o Templo é confirmada pela história de Jesus, filho de Ananias (Josefo, *Guerra* VI,v,3; ##300-309 — já mencionei isso diversas vezes, mas aqui é útil ter uma descrição mais longa para que os leitores vejam quantos paralelos há com os relatos evangélicos, apesar do caráter um tanto incomum de bar Ananias). Ele era um rude camponês que, na festa das Tendas, no início dos anos 60, proclamou no Templo uma mensagem de triste presságio, na qual estava incluída "uma voz contra Jerusalém e o santuário".[35] Isso aborreceu os cidadãos principais (em linguagem evangélica, os anciãos). Os *archontes* ou autoridades (que certamente incluíam os chefes dos sacerdotes), achando que ele estava sob alguma influência sobrenatural ou demoníaca, mandaram-no açoitar e o levaram perante o governador romano Albino (62-64 d.C.). Embora tenha ficado

---

[34] Na verdade, Büchsel acha que, se as testemunhas tivessem concordado contra Jesus a respeito da questão do santuário, o sinédrio poderia tê-lo executado.

[35] Nas últimas décadas antes da destruição do Templo, houve diversas ameaças a Jerusalém. Nos anos 50, um profeta do Egito tentou, do alto do Monte das Oliveiras, fazer com que os muros de Jerusalém caíssem. TalBab *Gittin* 56a relata que R. Zadok começou a jejuar no ano 30 para impedir a destruição de Jerusalém.

esfolado até os ossos com açoites, ele não suplicou misericórdia, mas não parou de repetir: "Ai de Jerusalém". Não respondeu uma palavra a Albino, que finalmente decidiu que ele era maníaco e soltou-o. Anos mais tarde, por ocasião do cerco, ele foi morto enquanto exclamava: "Ai mais uma vez da cidade e do povo e do santuário, e ai de mim também".

Esse último caso mostra que não só os sacerdotes e os hierosolimitas, mas também os *romanos* podiam se envolver em uma ameaça ao Templo. Jo 11,48 torna esse último perigo importantíssimo para os sacerdotes e os fariseus reunidos em um sinédrio contra Jesus: "Se o deixarmos (continuar) assim, todos crerão nele. E os romanos virão e tomarão de nós o lugar [isto é, o Templo] e a nação". Eles parecem estar receosos (sincera ou insinceramente) que o seguimento atraído por Jesus provoque um distúrbio público, que levaria os romanos a enviar tropas ao recinto do Templo. Os assuntos cultuais que levavam a distúrbios e provocavam a ação dos romanos estão bem atestados em Josefo, pelo menos nos anos depois do tempo de Jesus (ver a advertência na Análise do § 20). Em 36 d.C., ocorreu um incidente importante em Samaria, quando um homem persuadiu a multidão de que lhes mostraria onde Moisés enterrara os vasos sagrados no monte Garizim. Pilatos interferiu em uma sangrenta repressão que levou a seu afastamento (*Ant.* XVIII,iv,1-2; ##85-89). Em 66 d.C., Josefo (*Guerra* II,xv,4; ##321-322) relata que houve em Jerusalém uma procissão, luto e orações por parte dos sacerdotes, para suplicar ao povo que não provocasse os romanos, para que eles não violassem o Templo. Um pouco mais tarde, quando Eleazar, o capitão sacerdotal do Templo, defendeu com sucesso o passo ousado de cessar os sacrifícios em honra do imperador, os cidadãos influentes (*dynatoi*), os chefes dos sacerdotes e o sinédrio reuniram-se para deliberar o que fazer para impedir o desastre que os romanos causariam ao Templo (*Guerra* II,xvii,3; #411). Em *Ant.* XX,viii,5-6; ##166-167, ao descrever como impostores induziram o povo em erro, com promessas de prodígios e sinais, Josefo julga que foi por causa desse comportamento que Deus enviou os romanos para queimar a cidade — o Templo já não era um lugar puro de habitação divina. Roma e o Templo estão associados na declaração paulina de inocência em At 25,8: "Não cometi nenhuma ofensa contra a lei judaica, o Templo ou o imperador".

Tudo isso se torna mais importante em relação a Jesus por causa de uma passagem no Manuscrito do Templo de Qumrã que consiste em uma aplicação de Dt 21,22-23, que trata de suspender alguém por um crime julgado merecedor de morte — passagem que, como vimos (§ 23A), foi interpretada à luz da crucificação e unida à pena por blasfêmia. Um dos crimes que o manuscrito (11Q *Miqdas* 64,7) julga merecedor de crucificação é trair o próprio povo para uma nação estrangeira e assim trazer o mal para o povo. Betz ("Temple", p. 7) afirma, à luz de Jo 11,48, que pôr em perigo o Templo e trazer o mal à nação constituíam a acusação contra Jesus e a razão pela qual ele foi entregue para ser crucificado. Há razões para ser cauteloso quanto a essa teoria, e nossa ignorância sobre a difusão dessa interpretação de Qumrã não é a menor delas. Mas essa teoria aumenta os já amplos indícios de que o temor da intervenção romana em ações ou ameaças ao Templo se transformou em forte antipatia religiosa em relação aos responsáveis pelas ameaças e ações. De modo geral, julgo que a atitude de Jesus para com o Templo/santuário pode muito bem ter estado entre as razões legais religiosas apresentadas ao sinédrio para defender uma sentença de morte. *Mas nenhum dos paralelos* citados acima, onde atitude séria foi tomada a respeito de questões do Templo, *declara que a blasfêmia estava envolvida.*

O falso profeta e a blasfêmia. O escárnio pelo sinédrio, que culmina no julgamento em Marcos/Mateus, e o escárnio pelos captores de Jesus, que precede o interrogatório pelo sinédrio em Lucas, centralizam-se em um desafio a Jesus para profetizar. Como ressaltarei no COMENTÁRIO do § 26, o paralelismo com o sarcasmo romano no final do julgamento romano, com seu foco em "Rei dos Judeus", dá a impressão de que, para Marcos, as questões essenciais nos dois julgamentos eram (respectivamente) profeta e rei; e Deus confirmaria que o Filho era os dois. Assim, há um objetivo altamente teológico no escárnio marcano de Jesus como profeta, e não se deve simplesmente presumir a historicidade. Ficamos precavidos também pela falta do tema do profeta no relato joanino dos procedimentos judaicos contra Jesus (embora antes, em Jo 7,52, os chefes dos sacerdotes e os fariseus usem um teste bíblico para provar que Jesus não pode ser um profeta). Contudo, biblistas importantes sugerem que, do ponto de vista histórico, para os adversários verdadeiramente religiosos de Jesus, a acusação que fundamentava tudo o mais era Jesus ser um falso profeta. Essa figura é descrita por Dt 13,2-6 como alguém que, com sinais e prodígios, tira o povo do bom caminho, no qual o Senhor dirige Israel; e por Dt 18,20-22, como alguém que ousa falar em nome de Deus um oráculo que Deus não lhe ordenou falar (para ser testado por cumprimento e descumprimento). Esse profeta "morrerá". É interessante que, no Manuscrito do Templo de Qumrã, a seção a respeito da crucificação que era importante para nosso estudo (acima) da pena por blasfêmia (11Q *Miqdas* 64,7-13) está logo depois de uma interpretação (11Q *Miqdas* 61,1-5) do falso profeta de Dt 18. O falso profeta que induz o povo em erro é tema importante das cols. 54-56, com o conselho de que as pessoas devem ser guiadas por mestres levíticos aprovados, enquanto o profeta desencaminhador deve ser morto. Tosepta *Sanhedrin* 14,13 mostra uma profunda hostilidade constante para com o profeta que leva o povo à idolatria. Jeremias (JEWJ, p. 78-79), para quem Jesus foi executado na Páscoa, cita esse "morrerá" como razão justificadora para as atividades dos líderes religiosos que, de outro modo, seriam proibidas em um dia de festa — sobrepunha-se a todos os outros deveres.[36]

Quando refletimos sobre a possibilidade de Jesus ter sido considerado e condenado como falso profeta, um pequeno incentivo origina-se do fato de Josefo dar exemplos de supostos profetas do século de Jesus (ao passo que ele não apresentou nenhum paralelo para pretensos Messias, Filhos de Deus ou Filhos do Homem). Examinarei esses exemplos em detalhe em § 31, A2d. Mas esses profetas viveram depois do tempo de Jesus, principalmente no fim da fase da prefeitura (depois de 44), quando os tempos eram muito mais conturbados; eram associados ao ato de liderar grandes multidões, de modo que divisões de soldados romanos eram enviadas contra eles. Jesus foi preso como um solitário, sem que as autoridades romanas mostrassem algum interesse real em seus seguidores; e ele se queixou que nenhuma força era necessária, apesar das armas do grupo aprisionador. Ele foi levado a julgamento pelos romanos; os outros pereceram em combate ou fugiram. Uma possível semelhança é que alguns poderiam ter entendido a alegação de poder destruir o santuário de Deus com o mesmo sentido das promessas daqueles profetas de dividir as águas do Jordão ou derrubar os muros de Jerusalém.[37]

Em estudos críticos de cristologia, às vezes a questão histórica sobre o papel que Jesus designou a si mesmo no plano de Deus é respondida em termos do profeta

---

[36] Entre os que pensam que a questão do falso profeta desempenhou papel importante na decisão que Jesus tinha de morrer estão P. E. Davies, Easton, D. Hill ("Jesus"), Strobel (*Stunde*), J. Weiss; ver também P. Stuhlmacher, "Warum musste Jesus sterben?", em *Theologische Beiträge* 16, 1985, p. 273-285.

[37] As ações milagrosas de Jesus teriam sido consideradas mágicas por alguns que então o menosprezaram como falso profeta? Juel (*Messiah*, p. 124) conjetura se os adversários de Jesus achavam que ele destruiria o santuário por meio de mágica. At 13,6 junta as duas ideias: "certo mago, um falso profeta judeu". Segundo Justino (*Diálogo* lix,7), os judeus do século II acusaram Jesus de ser mago e impostor (= falso profeta). Ver C. H. Kraeling, "Was Jesus Accused of Necromancy?", em JBL 59, 1940, p. 147-157.

do fim dos tempos. Os indícios evangélicos são confusos. Jesus é reconhecido pelos outros como um/o profeta em passagens como Mt 21,11; Lc 7,16; 9,8; 24,19; e Jo 7,40, sem informações do evangelista quanto a esse ser um discernimento adequado. Em Jo 4,19; 9,17, pela fluência da narrativa que se segue, podemos dizer que "profeta" é discernimento correto, mas apenas incoativo. Em Mc 8,28 e par., a palavra é uma avaliação inadequada quando comparada com "o Messias", enquanto em Jo 6,14-15, Jesus quer evitar a multidão que o saúda desse modo. Em Mc 6,4; Mt 23,37 e Jo 4,44, Jesus faz uma comparação entre ele próprio e os profetas em geral. Em Lc 13,33, ele compara seu destino de morrer em Jerusalém com o dos profetas, tema repetido em At 7,52. (Ver também, em At 3,22 e 7,37, Jesus como o profeta semelhante a Moisés.) Portanto, embora não haja dúvida de que, segundo os Evangelhos, Jesus pode fazer muitas coisas que os profetas (em especial Elias e Eliseu) fizeram, e seu comportamento e atitudes não raro sejam como os deles (principalmente como os de Jeremias), não há nenhum texto que indique uma aprovação convicta por parte dele de "profeta" como avaliação satisfatória, e até seus seguidores sabem que a palavra é inadequada. Obviamente, todos esses textos foram escritos na última terça parte do século por evangelistas que sabiam ser Jesus o Filho de Deus; assim, temos dificuldade para discernir se "profeta" foi ou não alguma vez considerado satisfatório.

Entretanto, o fato de Jesus ter agido como profeta e, assim, levado algumas pessoas a considerá-lo um, também podia levar outros a julgá-lo um falso profeta. Um dos aspectos condenáveis da figura deuteronômica é sua capacidade de afastar as pessoas de Deus e enganá-las fingindo falar por Deus. Lc 19,48; 20,19.26; 22,2 mostram o medo que as autoridades judaicas tinham da influência de Jesus sobre o povo; e Lc 23,2.5.14 relatam uma acusação, que continua em todo o julgamento perante Pilatos, segundo a qual Jesus subverteu a nação e agitou o povo.[38] A discussão em Jo 7,17-18 (também Jo 12,48-50 — BJG, v. 1, p. 491-492) quanto ao fato de Jesus falar por si mesmo, ou com a autoridade daquele que o enviou, faz eco a Dt 18,20-22.[39] A acusação de ser um impostor (*planan, planos*) é feita

---

[38] Hill ("Jesus", p. 185) lembra que essa é uma acusação religiosa que também deixaria os romanos alarmados.

[39] Em At 6,13-15, a (falsa) acusação de que Jesus de Nazaré "mudará os costumes que Moisés nos transmitiu". Isso reflete de modo plausível uma acusação feita pelos judeus no tempo de Lucas; parece-se com a acusação de tirar o povo do caminho no qual o Senhor dirigira Israel, isto é, a descrição que Moisés faz do falso profeta (Dt 13,6).

contra Jesus em Jo 7,12.47 e Mt 27,63-64. Continua nas adições cristãs aos (ou edições dos) *Testamentos* (*Testamento de Levi* 16,3) e no *Diálogo* de Justino (lxix,7; cviii,2). Esse último autor (*Diálogo* cviii,2; ver xvii,1) relata que, em toda parte, os judeus acusavam os cristãos de serem uma "seita ímpia", talvez refletindo o tema de que Jesus os afastara do verdadeiro Deus de Israel. Strobel (*Stunde*, p. 81-94) lembra que a oposição a um falso profeta era uma coisa na qual saduceus e fariseus concordavam. Tudo isso culmina na *baraita* relatada em TalBab *Sanhedrin* 43a (ver § 18, Elb). Yeshu é claramente acusado de ser o falso profeta de Dt 13,2-6 que induz Israel à apostasia, e o castigo decretado para ele é ser apedrejado e, por fim, suspenso. É esse o castigo para a blasfêmia; assim, certamente pelos padrões desse período mais tardio (século III?), Jesus era considerado um falso profeta blasfemador.[40] Ao estudar a polêmica judaico-cristã primitiva (NTS 31, 1985, p. 377-392), G. Stanton menciona toda essa sequência de ideias a respeito de Jesus. Embora reconheça essa sequência de ideias, Schneider ("Verfahren", p. 121-125) usa-a para contestar a alegação de Stuhlmacher e Strobel de que "falsos profetas" eram importante questão histórica na vida de Jesus, pois ele lembra que todos esses indícios, inclusive os encontrados em Mateus, Lucas-Atos e João, são posteriores a 70. Foram precisamente algumas das experiências da Guerra Judaica com seus fanáticos fracassados que fizeram os judeus do pós-guerra considerar Jesus um falso profeta? Schneider não encontra o tema do falso profeta em Marcos e, assim, nas raízes mais antigas da memória cristã. Contudo, o grande teste do falso profeta no Deuteronômio é o cumprimento ou descumprimento do que ele diz que acontecerá. Na cena marcana do julgamento, Jesus é escarnecido e desafiado a profetizar com referência a suas predições concernentes à destruição do santuário e a sua justificação como Filho do Bendito — predições que provocaram a acusação de blasfêmia. Entretanto, precisamos julgar com cuidado até mesmo essa possível imitação do tema do falso profeta, pois Marcos escreve a fim de preparar os leitores para o exato cumprimento de suas predições por Jesus quando ele morre. Em suma, é possível que a principal acusação de blasfêmia contra Jesus, principalmente na mente de judeus religiosos, fosse que ele era um falso profeta, mas novamente os indícios são insuficientes para comprovar esse ponto.

---

[40] Há quem incorpore ao falso profeta o ancião rebelde de Mixná *Sanhedrin* 11,2-4 e observe que seu castigo devia ter lugar em Jerusalém, diante da multidão, em uma das três grandes festas, e que seu julgamento deveria começar e terminar no mesmo dia (Tosepta *Sanhedrin* 10,11) — aspectos que são verdadeiros a respeito da morte de Jesus. Mas são essas regras mais tardias relevantes para o tempo de Jesus?

C. Eram blasfêmias as inferências do ministério de Jesus?

Até aqui, ao examinar se é ou não historicamente provável que as autoridades religiosas judaicas considerassem Jesus blasfemador, concentrei-me em títulos (ou, no caso do santuário, um problema) mencionados no julgamento pelo sinédrio (descrito por Marcos/Mateus), onde é feita a acusação de blasfêmia. É esse o lugar lógico e necessário para começar; contudo, esse ponto de partida atrapalha o estudo, pois sem dúvida esse julgamento está expresso à luz da experiência cristã mais tardia. Nele, ouvimos como os cristãos da última terça parte do século I entendiam os adversários judaicos que consideravam blasfemas as alegações cristãs a respeito de Jesus. Da cena do julgamento concluímos que (aos olhos cristãos) os adversários judaicos consideravam blasfêmia a exaltação de Jesus como o Messias, o Filho de Deus (único amado, nascido de uma Virgem, preexistente — entretanto, essa Filiação foi expressa em um lugar determinado). Talvez também (nessa imagem cristã), os adversários judaicos desse período considerassem blasfêmia arrogante a avaliação cristã da destruição do Templo de Deus, como um julgamento dos judeus por Jesus, o Filho do Homem, porque esses adversários sabiam que todas essas coisas estavam somente nas mãos do Deus de Israel — "Bendito seja Ele". Aos olhos desses adversários judaicos, os correligionários que seguiam Jesus haviam sido desencaminhados de Israel e já não eram discípulos de Moisés, mas discípulos "desse aí" (Jo 9,28-29). Relembrando, muitos judeus do fim do século I (como seus descendentes de séculos subsequentes, que produziram TalBab *Sanhedrin* 43a) talvez já tivessem chegado à conclusão de que Jesus era um falso profeta que merecia ser suspenso da árvore (da cruz), amaldiçoado por Deus.

Enfatizei na nota 10 acima que tudo isso é uma imagem cristã de atitudes defendidas por adversários; não temos acesso a como os judeus se expressaram em suas próprias palavras. Raramente, em um conflito desses, um lado faz justiça a todas as sutilezas do outro. Ainda mais importante, ressalto que essa é uma imagem de cerca de trinta a setenta anos depois dos acontecimentos, em um período no qual as questões que separavam os que acreditavam em Jesus dos (judeus) que não acreditavam eram enunciadas com maior clareza e hostilidade. Se estamos interessados na questão de Jesus ter sido, em vida, considerado blasfemador, não podemos deixar a cena do julgamento, que foi escrita tão mais tarde, impor todas as questões a serem examinadas. Essa cena foi criada pelos evangelistas a partir da ampla variedade do ministério de Jesus, inclusive conflitos ali descritos. Como

§ 23. Procedimentos do sinédrio, quarta parte: Reação das autoridades judaicas à resposta de Jesus

tentativa de fazer justiça àquele ministério mais amplo, e sua contribuição para o tema da blasfêmia, quero relacionar quase sem comentário as ações, atitudes e palavras de Jesus que poderiam perfeitamente ter parecido religiosamente arrogantes ou presunçosas (e, assim, blasfêmias)[41] para aqueles que os Evangelhos descrevem como sem ouvidos para ouvir e olhos para ver. O que relaciono abaixo são, a meu ver, possível ou plausivelmente, aspectos históricos selecionados dos relatos evangélicos:[42]

- Jesus falava com grande autoridade e, por seu "Amém", praticamente exigia aceitação.

- Jesus alegava ter o poder de perdoar o pecado. Parecia quase como se a associação de pecadores com Jesus os isentava de padrões de santidade impostos por outras autoridades religiosas.[43]

- Jesus realizou ações e curas extraordinárias, e relacionou-as com o fato de tornar o preceito/Reino de Deus presente para o povo.[44]

- Jesus subentendeu e até declarou que as pessoas seriam julgadas por Deus conforme tivessem reagido a sua proclamação do reino. Outros judeus proclamaram o envolvimento indulgente de Deus; mas, na

---

[41] Aqui, preocupo-me apenas com a blasfêmia. Entretanto, psicologicamente, essa acusação pode ter sido auxiliada por outros fatores que fizeram Jesus ser visto com maus olhos, por exemplo, seu relacionamento com coletores de impostos, prostitutas e pecadores públicos (ver Reichrath, "Prozess", p. 143-144). Os herodianos não teriam gostado de seu elogio a João Batista, que Herodes Antipas executara. Ritt ("Wer", p. 170-172) afirma que as origens galileias de Jesus o tornaram suspeito (por causa da história revolucionária de Judas, o Galileu, cerca de vinte anos antes), como também sua solidariedade com os pobres.

[42] A ordem em que os pontos estão relacionados é temática e *não* reflete uma progressão em importância ou plausibilidade.

[43] J. Jeremias afirmou que Jesus insultava os fariseus (*haberim*), que tinham padrões de amizade determinados por leis de pureza. E. P. Sanders (*Jesus*, p. 176-177) afirma que mais do que pureza ritual estava envolvido, pois Jesus aceitava os ímpios sem exigir seu arrependimento ou obediência à lei (p. 207). B. D. Chilton (*Tyndale Bulletin* 39, 1988, p. 3-18) afirma que o fato de Sanders se livrar de questões cultuais tão facilmente é excesso de simplificação.

[44] Por si mesmas, as curas não eram blasfêmias, e não raro Jesus é comparado a fazedores de milagres como Honi, o fazedor de chuvas [e] Desenhador de Círculos (século I a.C.) ou R. Hanina b. Dosa (século I d.C.). Contudo, essas pessoas não ligavam seus feitos à vinda do Reino de Deus definitivo e seu papel essencial nele. Curar com a inferência errada era seriamente ofensivo. Em Tosepta *Hulin* 2,22-23, R. Ismael louva R. Eliezer b. Damah, que preferiu morrer a deixar Jacó de Kefar Sama curá-lo em nome de (Jesus) ben-Pantera.

proclamação de Jesus, havia um elemento declarado de oportunidade única, que ele proclamava ser diferente de todos os que surgiram antes ou voltariam a surgir (parábolas da pérola de grande valor e do tesouro no campo). A linguagem de entrada no reino usada por Jesus tinha um tom de frescor escatológico que transcendia os chamados proféticos ao arrependimento.

- Jesus adotou atitudes a respeito da lei, em especial a respeito do sábado, que pareciam altamente contestáveis a saduceus, fariseus e essênios. Embora essas controvérsias devam ser avaliadas com cautela,[45] adversários que não eram legalistas nem careciam de imaginação religiosa poderiam, assim mesmo, ter ressentido profundamente a liberdade de Jesus em relação ao que Moisés ordenara e a devoção que dela brotava. A um discípulo que pediu para ir primeiro enterrar o pai, Jesus respondeu: "Siga-me e deixe que os mortos enterrem os mortos". Parece que essa resposta invalida o mandamento (a Palavra) de Deus "Honra teu pai e tua mãe" e a piedosa imposição para enterrar os mortos (notemos como Tb 4,3 liga esses dois deveres). Deus falara de pessoa a pessoa com Moisés e ninguém deve se sentir à vontade para se sobrepor à autoridade de Moisés (Nm 12,7-8). Até Sanders (*Jesus*, p. 267) admite que Jesus "não considerava a prescrição mosaica definitiva ou absolutamente obrigatória". Assim, não as diferenças de interpretação, mas a autoridade sobre a lei pode ter sido a questão importante em relação a Jesus.[46]

---

[45] Por um lado, Moule ("Gravamen", p. 177) afirma que o centro da oposição a Jesus se originava da maneira como ele ofendia o Judaísmo de seu tempo. Por outro lado, em geral, os Evangelhos não mostram Jesus negligenciando, nem menosprezando a lei com arrogância. Grande parte das discordâncias era a respeito de interpretações de leis aceitas; e, em seus livros *Jesus* e *Jewish Law*, E. P. Sanders afirma que as diferenças legais historicamente verificáveis entre Jesus e outros grupos não ultrapassavam assustadoramente as controvérsias toleráveis da época. Por exemplo, Sanders acha que todos os judeus concordavam que necessidades humanas suficientes se sobrepunham às obrigações do sábado, mas discordavam quanto ao que constituía suficiência, com CD (presumivelmente essênio) quase sempre demonstrando o ponto de vista mais estreito. Embora fizessem observações amargas a respeito de interpretações da lei feitas por outros grupos, no tempo de Jesus os grupos judaicos normalmente não usavam coação física para fazer os outros concordarem com eles, nem matavam os outros por causa de interpretações legais.

[46] De fato, a memória cristã não relatou que uma postura negativa ou ultrajante para com a lei foi mencionada como razão pela qual o sinédrio queria Jesus morto. Saulo, fariseu praticante, perseguiu os seguidores de Jesus logo depois de sua morte; mas não temos certeza se essa extrema hostilidade religiosa incluía a interpretação da lei. Outros fatores religiosos provocavam hostilidade devastadora. Cem anos antes da

- Jesus, um leigo, fez críticas aos costumes do Templo e demonstrou que a rejeição punha em perigo a sobrevivência do Templo.[47]

- Jesus nunca explicou sua autoridade em termos que o tornassem identificável contra um pano de fundo veterotestamentário, por exemplo, como se ele fosse um profeta que recebera seu poder quando a Palavra de Deus veio a ele. Parecia que sua autoridade fazia parte daquilo que ele era.[48]

- Jesus dirigia-se a Deus com familiaridade como *Abbá*, prática de oração não atestada de outra maneira.[49]

- Em certas ocasiões, Jesus falou de si mesmo em relação a Deus como o Filho, por exemplo, nas parábolas em Mc 12,6; Jo 5,19 (ver BGJ, v. 1, p. 218); no dito de Q de Mt 11,27; Lc 10,22; e em Mc 13,32, onde há uma limitação no conhecimento do Filho.[50]

Se é plausível que Jesus, durante a vida, disse ou fez muitas dessas coisas, não vejo razão para duvidar que seus adversários o considerassem blasfemo (isto é, reivindicando com arrogância prerrogativas ou prestígio associados mais apropriadamente com Deus), da maneira como os Evangelhos relatam que aconteceu no julgamento.

---

morte de Jesus, apedrejaram até a morte Honi (Onias), o fazedor de chuva, quando ele pediu a Deus que não ouvisse as orações de sumos sacerdotes judaicos que brigavam uns com os outros (*Ant.* XIV,ii,1; #24). A tradição rabínica (Mixná, *Ta'anit* 3,8) reflete hostilidade quase a ponto de excomunhão para com essa pessoa por causa de sua petulância diante de Deus em sua oração para fazer chuva. Trinta anos depois da morte de Jesus, as autoridades queriam que Jesus, filho de Ananias, fosse morto por suas advertências apocalípticas (*Guerra* VI,v,3; ##300-308).

[47] Essa expressão é verdadeira, quer sua ação no Templo seja considerada purificação quer gesto profético de condenação (Moule, "Gravamen", p. 183-184); ela também faz justiça para a forma mais simples da alegação de destruir/reconstruir a respeito do santuário. Para Jeremias, um sacerdote, o que punha em perigo o Templo era não guardar as exigências morais de Deus.

[48] Desse entendimento originou-se a lógica do Prólogo de João: a Palavra de Deus não veio a Jesus, pois ele é a Palavra.

[49] Em § 7 (sob Outros aspectos da oração), adverti contra exagerar a familiaridade neste modo de tratamento ou sua importância cristológica. Também se pode perguntar se o uso dele por Jesus era público o bastante para ser conhecido pelos adversários — a mesma coisa para o ponto seguinte na lista acima.

[50] Ver Catchpole, *Trial*, p. 141-148. Observemos que Marcos e Q não põem "o Filho de Deus" nos lábios de Jesus.

Antes de tratar das consequências dos procedimentos do sinédrio em Marcos/Mateus, a saber, maus-tratos e escárnio de Jesus pelas autoridades do sinédrio (§ 25), vou parar e fazer uma seção para refletir sobre como foi composta a narrativa dos procedimentos do sinédrio.

(A bibliografia para este episódio encontra-se em § 17, Parte V.)

§ 24. Análise que abrange a composição das quatro partes dos procedimentos do sinédrio (Mc 14,55-64; Mt 26,59-66; Lc 22,66-71)

Terminamos os comentários da narrativa central dos procedimentos do sinédrio, que foi dividida em quatro partes. Nas seções respectivas (§§ 20–23), a parte do COMENTÁRIO concentrou-se na imagem que cada um dos evangelistas quis pintar de Jesus sendo interrogado, enquanto as ANÁLISES concentraram-se na avaliação da historicidade do que foi relatado. Chegou a hora de nos voltarmos para a composição desse julgamento pelo sinédrio, conforme está descrita em Mc 14,55-64.[1] Embora "composição" trate primordialmente de como a narrativa do julgamento foi formada, muitas das teorias apresentadas relacionam-se estreitamente com os problemas de historicidade que venho estudando. Na produção de teorias de composição, esta cena se iguala e até ultrapassa a cena no Getsêmani. Na verdade, muitas teses do século XX a respeito da composição e da historicidade da NP toda têm como foco esse julgamento. Os livros de Donahue e Juel são exemplos disso na década de 1970, mas o debate começa antes. Primeiro será apresentado adiante um levantamento de como evoluíram os estudos a respeito da cena do julgamento e de algumas abordagens atuais representativas. Em seguida, apresentarei o que

---

[1] A fim de entender estes relatos, no COMENTÁRIO todo tive de enfrentar a alegação de que Lucas tinha uma fonte ou tradição independente de Marcos. Achei indícios insuficientes para uma fonte contínua, e somente nas sentenças condicionais relacionadas à questão do Messias (Lc 22,67-68 — ali, por causa de paralelos com João) vi provas convincentes de tal tradição. Não vi nada que sugerisse ter Mateus uma fonte independente. João não tem um julgamento pelo sinédrio nesse ponto. Portanto, para todos os propósitos práticos, o relato marcano é o foco principal nos estudos composicionais. Os versículos de Mc 14,55-64 serão às vezes citados sem designação do capítulo.

considero mais proveitoso: um levantamento daquilo que os Evangelhos têm em comum e como isso pode nos dar acesso a uma estrutura pré-evangélica.

A. A evolução dos estudos e algumas abordagens atuais

Tem havido comentários a respeito do julgamento de Jesus desde Josefo, no fim do século I. Como Catchpole, *Trial*, documentou, no século XIX, quando os historiadores judaicos cada vez mais se deram conta da crítica cristã mais elevada do NT, houve um crescimento em suas discussões da confiabilidade da imagem sinótica havia muito aceita, na qual houve um julgamento pelo sinédrio na noite anterior à morte de Jesus. Contudo, em uma crítica de todos os estudos cristãos e judaicos anteriores, Easton ("Trial", p. 430) escreveu em 1915: "O primeiro estudo minuciosamente crítico do julgamento de Jesus apoiado por conhecimento histórico adequado foi *Die evangelische Geschichte und der Ursprung des Christenthums*, por W. Brandt, publicado em 1893". Depois dessa obra, os estudos críticos, em grande parte alemães, foram em duas direções: Wellhausen, Klostermann e Norden encontraram seu núcleo histórico básico no relato de Marcos; J. Weiss e Spitta voltaram-se para Lucas (considerado independente de Marcos). O próprio Easton achava que o relato central de Marcos (menos alguns detalhes insignificantes) se apoiava em sólida base histórica, enquanto Lucas recorreu em parte a Marcos e em parte a uma tradição independente.

Avanço importante ocorreu em 1931 quando, ao reagir contra o ceticismo liberal a respeito da NP, Hans Lietzmann publicou "Der Prozess Jesu". Ele afirmou que Marcos era a única fonte original para a Paixão, e que o relato marcano (Mc 14,26–16,8) dividia-se em nove cenas. Lietzmann deu grande ênfase a Pedro como a fonte de testemunho ocular para grande parte do material, mas Pedro não estava no julgamento pelo sinédrio. Assim, em meio à abordagem um tanto conservadora da NP, Lietzmann argumentou energicamente que Mc 14,55-64 foi inserido por Marcos e não era histórico. Ele perceptivelmente invocou os problemas reais da cena (os que nos importunaram no COMENTÁRIO), como falsas testemunhas preparadas, que depois não chegam a um acordo; a dificuldade de entender como Jesus destruiria o santuário; os paralelos em Lucas com a história de Estêvão; expressões do credo cristão nos lábios do sumo sacerdote; a questão da blasfêmia à luz da Mixná. Ele seguiu J. Juster (§ 18 D acima) ao afirmar que o sinédrio tinha o direito de executar criminosos e que, portanto, o próprio fato de ter havido um julgamento romano provava o caráter não histórico do julgamento judaico. Os fariseus e outros líderes judaicos não gostavam de Jesus, mas não queriam um julgamento religioso ("Prozess", p. 321) e entregaram Jesus aos romanos. Os cristãos sabiam que o verdadeiro ponto em questão era religioso e inventaram a narrativa do julgamento para dramatizar isso.

O ensaio de Lietzmann logo passou a ser o centro de calorosa discussão.[2] (O interesse não era só acadêmico; na Berlim do início da década de 1930, Lietzmann podia, em certo sentido, ser considerado pró-judeu.) Em uma crítica, Burkitt chamou a atenção do mundo de língua inglesa para as opiniões de Lietzmann. Embora concordasse com grande parte de "Prozess", Burkitt sugeriu que talvez Marcos tenha descrito uma investigação judaica realizada para os romanos.[3] Büchsel ("Blutgerichtsbarkeit") concentrou seu ataque no direito que o sinédrio tinha de executar sentenças de morte e (eficientemente, a meu ver) eliminou isso como argumento contra a historicidade do julgamento marcano.[4] Na França, Goguel ("À propos") discordou de Lietzmann em uma porção de pontos: demasiada ênfase em Pedro; ignorar a prova joanina; não reconhecer que o dito a respeito do santuário era intrincado para os cristãos e dificilmente foi criado por eles.[5] Goguel (p. 298) propôs ser autêntica a resposta de Jesus como o Messias por ser tão rudimentar, e sugeriu que Pilatos queria se proteger ao executar Jesus obtendo uma opinião do

---

[2] Além dos biblistas a serem examinados acima, Kosmala ("Prozess") contestou as afirmações de que os cristãos não podiam ter nenhuma informação sobre o que aconteceu no sinédrio, o silêncio de Jesus era uma criação de Is 53,7 e as regras da Mixná eram aplicáveis. As ideias de Kosmala quanto aos títulos cristológicos (p. 30-33) são obsoletas. Fiebig ("Prozess") considerou fraca a alegação de Juster-Lietzmann, segundo a qual o sinédrio podia executar por crimes que afetavam os interesses romanos. A acusação contra Jesus não era puramente assunto religioso interno, e os romanos tinham de ser consultados. Duas décadas depois, Jeremias ("Geschichtlichkeit") acrescentou outros argumentos contra a posição de Juster-Lietzmann quanto à competência do sinédrio (ver § 18 D).

[3] Lietzmann ("Bemerkungen II", p. 84) respondeu a Burkitt corretamente que Marcos descreve um julgamento, não uma investigação, e que nenhum dos assuntos discutidos é usado por Pilatos.

[4] Em sua maior parte, "Bemerkungen II" de Lietzmann foi resposta a Büchsel, que então respondeu com "Noch Einmal". Büchsel tem os melhores argumentos quanto aos casos de pena de morte, mas Lietzmann (p. 83) afirma corretamente que a refutação desse único argumento contra a historicidade não estabelece a historicidade.

[5] Goguel ("À propos", p. 296) acha que esse dito ofendia os judeu-cristãos leais ao Templo, por isso foi atribuído a falsos testemunhos.

sinédrio, temendo que houvesse distúrbios durante a festa. A total liberdade para o sinédrio executar seria perigosa demais para os romanos.

Com toda a probabilidade, a resposta decisiva veio de Dibelius ("Historische"), que foi motivado a examinar a historicidade da NP inteira e assumiu uma posição mais radical e mais conservadora que a de Lietzmann. Ele defendeu a existência de uma narrativa pré-marcana, mas deu menos ênfase às testemunhas oculares; grande parte da narrativa originou-se de reflexão no AT. Lietzmann apresentou duas alternativas: histórica ou marcana; Dibelius defendeu vigorosamente a não histórica pré-marcana.[6] Em especial, Dibelius (p. 200) afirmou que Mc 14,62-66; 15,1-2 eram pré-marcanos.

Embora essas fossem as contribuições mais importantes no início da década de 1930, algumas das contribuições do pós-guerra seguiram praticamente a mesma linha. No fim da década de 1950, Burkill, em dois artigos ("Competence",[7] "Trial"), descreveu as objeções históricas contra o relato marcano (com mais discernimento que Lietzmann quanto à utilidade do material da Mixná) e optou pela confiabilidade da breve declaração em Mc 15,1 — essa declaração não demonstra conhecimento de Mc 14,55-65, que é criação marcana. (Em algumas dessas argumentações, Marcos se torna um escritor incompetente ao extremo, que não percebe as próprias contradições.) Os muitos escritos de Winter sobre o assunto começaram nesse período, e artigos como "Marginal" e "Markus" reproduziram a combinação que Lietzmann fez, de impossibilidade histórica e criação marcana livre (quando o evangelista escrevia em Roma para mostrar que Jesus não era um revolucionário do tipo visto na Revolta Judaica). As defesas da possibilidade histórica do julgamento do sinédrio foram montadas com erudição[8] contra Lietzmann e seus mais recentes adeptos por Blinzler ("Geschichtlichkeit", "Probleme") e K. Schubert (dois artigos "Juden"; "Verhör", "Kritik"). Entretanto, é interessante encontrar mais recentemente

---

[6] Dibelius ("Historische", p. 199) protestou que Lietzmann não podia tratar a passagem do Getsêmani como histórica e a do julgamento como não histórica, pois em ambas Jesus fala de suas reivindicações; elas estavam juntas na tradição e foram fortemente influenciadas por temas bíblicos. Lietzmann respondeu a Dibelius em "Bemerkungen I", lembrando que o caráter bíblico não se opõe à historicidade. Curiosamente, Dibelius aceita como testemunha do que aconteceu o jovem nu de Mc 14,51-52, mas não aceita Pedro.

[7] Esse defende a posição de Lietzmann contra Jeremias, "Geschichtlichkeit".

[8] Os indícios tirados dos decretos de Augusto, segundo os quais a pena de morte, em Cirene, era da competência do prefeito romano, tornaram-se amplamente conhecidos desde sua publicação, em 1927.

§ 24. Análise que abrange a composição das quatro partes dos procedimentos do sinédrio

Aguirre ("Poderes"), que repete os argumentos de Lietzmann para provar que o sinédrio podia sentenciar as pessoas à morte, mas com uma nova peculiaridade: houve realmente um julgamento judaico de Jesus; contudo, os juízes não chegaram a um acordo (coisa da qual não há nenhum indício evangélico), e assim tiveram de entregá-lo para uma decisão romana.

Em muitas das discussões técnicas mais recentes, a ênfase passou da historicidade do julgamento para as técnicas da composição marcana. Além dos autores selecionados que representam posições diferentes e que vou mencionar, lembro ao leitor os muitos autores estudados por Soards (APÊNDICE IX). Sloyan ("Recent") comenta a literatura das décadas de 1960 e 1970. Atualmente, há pelo menos três posições importantes a respeito do julgamento pelo sinédrio em Mc 14,55-64.

Uma formação regressiva do julgamento por Pilatos. Em 1961, Braumann defendeu uma teoria já apresentada por E. Wendling[9] meio século antes. Há um padrão de semelhança muito estreito entre Mc 14,55-64 e o julgamento por Pilatos em Mc 15,2-5, em especial se a ordem for reorganizada:[10] acusações contra Jesus pelos outros; surgimento de um interrogador principal credenciado, que aponta o número de acusações e pergunta "Não tens absolutamente nada a responder?"; Jesus não responde nada; "És tu o ____?"; Jesus responde no afirmativo. Embora haja quem pense (Norden) que o julgamento por Pilatos foi ajustado ao julgamento pelo sinédrio, Wendling e Braumann afirmam que o julgamento pelo sinédrio é inteiramente uma composição secundária com base no julgamento por Pilatos. Parte dele, evidentemente, origina-se da natureza dos julgamentos (acusações, interrogatório, resposta), mas grande parte se origina de Marcos. Há muitos paralelismos na NP marcana (por exemplo, os discípulos encontrados três vezes dormindo, comparável às três negações por Pedro etc.); o paralelismo é técnica parenética para realçar pontos teológicos. Mas o paralelismo entre os dois julgamentos nada nos diz quanto à origem do material assim moldado, e imperfeições no paralelismo (sem os benefícios de reajustes modernos) sugerem que Marcos era controlado por algum material tradicional que ele se sentia obrigado a relatar. Schneider ("Vorsynoptische", p. 34) tem um argumento interessante a favor do paralelismo entre o julgamento pelo sinédrio e as negações por Pedro, por exemplo, três seções de

---

[9] *Die Enstehung des Markus-Evangeliums*, Tübingen, Mohr, 1908, p. 178-180. Lietzmann também recorreu a essa ideia.

[10] Braumann propõe a ordem 15,3.4.5.2. Mas, assim, *palin* ("novamente") em Mc 15,4 fica difícil.

crescente importância nas perguntas feitas e o que acontece.[11] Esse paralelismo nos adverte contra uma teoria simplista que molda o julgamento pelo sinédrio conforme o julgamento por Pilatos.

A combinação de duas narrativas. Muitos observam que Mc 14,57-59 parece duplicar os vv. 55-56 (Bultmann) e que os vv. 61b-62 poderiam ser omitidos (Wellhausen). Se adotarmos a ideia de que duas narrativas foram reunidas, Valentin ("Comparutions", p. 233) tem uma teoria simples (mas que não resolve nenhum dos problemas de repetição): dois julgamentos foram reunidos, um (vv. 55-61a) que trata das testemunhas (ausente de Lucas), outro (vv. 61b-64) que trata do sumo sacerdote. Taylor (*Mark*, p. 566), que se concentra na primeira parte do julgamento, sugere que os vv. 55-56 e 57-59 eram duas narrativas paralelas reunidas por Marcos, ambas com depoimentos "falsos" e "não consistentes".[12] Muito complexa é a tese de Linnemann (*Studien*, p. 129-134): um relato (Mc 14,55.57.58.61b.60b.61a) tinha o tema de Jesus calado perante falsas testemunhas; no outro relato (Mc 14,55.56.60a.61c.62.63.64), Jesus era condenado porque proclamou ser o Messias.[13] Marcos teria acrescentado Mc 14,59 a respeito do depoimento inconsistente, e talvez os adjetivos relativos a "feito por mão humana", no v. 58. Juel (*Messiah*, p. 24-29) faz uma crítica enérgica, e a maioria acha a teoria deficiente por demonstrar pouco apreço pelas técnicas estilísticas marcanas. É muito difícil acreditar que Marcos encontrou, ambos em uma narrativa pronta que precisava apenas de uma alteração insignificante, os dois temas principais da destruição do santuário e do Messias/Filho de Deus, e que ele então fez um tema recorrente dos dois percorrer a Paixão até a cruz e até as consequências da morte de Jesus.

---

[11] No julgamento pelo sinédrio, as três perguntas/questões dizem respeito a falsos testemunhos em geral (Mc 14,55-56), os falsos testemunhos a respeito do santuário (Mc 14,57-59) e o interrogatório pelo sumo sacerdote (Mc 14,60-64). Gerhardson ("Confession", p. 50-51) encontra o mesmo triplo paralelismo julgamento/Pedro em Mateus e, além disso, ressalta que cada parte termina com um símbolo: roupas rasgadas e canto do galo.

[12] Muitas teorias de composição contendem com a relação entre os vv. 55-56 e os vv. 57-59, no que diz respeito à questão de quais seriam os mais antigos ou pré-marcanos. A tendência a considerar os vv. 57-59 secundários (por exemplo, Vögtle, "Markinische") inclui passagens relacionadas com eles: 15;29b.38.

[13] Aqui, ela é consistente com sua tese geral de que não havia nenhuma NP pré-marcana, apenas tradições. Observemos que ela tem de reorganizar a ordem dos versículos e usar o tema de testemunho hostil do v. 55 nas duas tradições. A primeira das duas tradições é organizada com um olho em Mc 15,1 (assim, ela tem algumas concordâncias com a hipótese de Braumann).

A glosa de uma tradição ou narrativa mais primitiva. Essa glosa pode estar em uma etapa pré-marcana ou ser feita pelo próprio Marcos. O objeto da glosa é uma NP pré-evangélica ou apenas tradições dispersas (nesse caso, o próprio Marcos é o autor da NP original). Algumas das teorias são extremamente complicadas. Por exemplo, Pesch (*Markus*, v. 2, p. 428-429) contesta vigorosamente dez adições ao texto pressupostos por Schenke, que vê em cada duplicação (que Marcos usa para ênfase narrativa) o sinal de uma adição. A teoria de formação evangélica e relação sinótica defendida por Benoit e Boismard encontra a tradição mais primitiva em Mc 14,55-56.61b-64.[14] De outro documento primitivo foram acrescentados o v. 58 (enquanto vv. 57 e 59 foram criados a partir do v. 56) e os vv. 60-61a. Pessoalmente, Marcos contribuiu apenas com frases, por exemplo: "Nós o ouvimos dizendo"; "[não] feito por mão humana". Com isso, é possível comparar a teoria de Donahue (*Are You*), que reconhece como *tradição* básica Mc 14,53a.56a.60-61a (material já formado por referências veterotestamentárias) — ele e Benoit têm em comum apenas parte de um versículo! A isso Marcos acrescentou outro material tradicional examinado minuciosamente: Mc 14,54.57-58.63-65 — mais uma vez, Donahue tem apenas um versículo em concordância com Benoit. O próprio Marcos compôs Mc 14,53b.55.56b.59.61b-62 (recorrendo a Sl 110,1 e Dn 7,14), isto é, grande parte do que Benoit atribui à tradição mais primitiva.[15] Juel (*Messiah*, p. 30-35), que faz uma crítica a Donahue, menciona com ceticismo que nessa teoria Marcos introduziu a acusação das falsas testemunhas a respeito do santuário (vv. 57 e 58) e depois compôs o v. 59 para que a acusação não parecesse tão falsa.

---

[14] Ver M.-E. Boismard et alii, *Synopse des Quatres Évangiles*, Paris, Cerf, 1972-1977, v. 2, p. 404-405. Ao relatar essa teoria favoravelmente, Prete ("Formazione", p. 7) afirma que o v. 56 é secundário. Um tanto próximas dos resultados de Benoit estão as teorias independentes a respeito do relato original por Mohr (*Markus*, p. 275: Mc 14,53a.55-56.61b-64.65b) e L. Schenke (*Gekreuzigte*, p. 26-46: Mc 14,53a.55-56.60-61.63-65).

[15] Schneider ("Gab"), que realizou estudos importantes a respeito da NP e tem abordagem própria, apresenta-se mais próximo de Benoit que de Donahue: originais eram vv. 61b-63a.64a; acrescentados foram os vv. 57-58; talvez de redação marcana fossem os vv. 55-56.60-61a. Fatores de estilo muitas vezes entram nas decisões. Por exemplo, Donahue afirma que o v. 53b é marcano, marcado pela parataxe *kai* e o uso de "todos". (Contudo, é *synerchesthai*, "reunir-se" especificamente marcano?) Ele considera o v. 55 também marcano, apesar do fato de claramente não usar a parataxe *kai* e usar *thanatoun* para destruir Jesus, enquanto em todas as referências anteriores (Mc 3,6; 11,18; 12,12, 14,1) os verbos foram *apollynai* e *kratein*. Dormeyer (*Passion*, p. 299) considera Mc 14,55 o elemento mais primitivo no julgamento pelo sinédrio!

Três proeminentes comentaristas alemães a respeito de Marcos, Pesch (1976), Gnilka (1979) e Lührmann (1987), pressupõem todos uma *narrativa* da Paixão pré--marcana, mas diferem amplamente sobre quanto dessa cena estava nela. Olhando apenas para a problemática passagem de Mc 14,57-59, descobrimos que Pesch a atribui (e todo o julgamento pelo sinédrio) à NP pré-marcana; Gnilka considera-a acrescentada (juntamente com os vv. 61-62) por um editor de mentalidade apocalíptica que examinou minuciosamente a NP antes que ela chegasse a Marcos; e Lührmann considera-a acrescentada por Marcos.

B. Fatores comuns nos Evangelhos

A história das teorias e as opiniões divergentes que acabamos de descrever (diversidade que é apenas a ponta do *iceberg*) dão origem, a meu ver, a algumas observações inatacáveis. Nenhuma reconstrução da história pré-evangélica tem concordância suficiente para servir de base para uma interpretação da NP marcana que seja seguramente proveitosa para um grande número de leitores. Portanto, foi inteiramente justificável permanecer no COMENTÁRIO no nível evangélico daquilo que o evangelista pretendia, apesar do fato de haver praticamente certeza de que existiu uma estrutura mais primitiva do material. A passagem toda de Mc 14,55-64 tem aparência marcana, adaptada cuidadosamente ao plano teológico geral de Marcos. Embora nessa cena Marcos usasse material mais primitivo, quer tradições, quer narrativa consecutiva, *nossos melhores métodos não nos dão a capacidade de isolar com confiança esse material em sua redação exata, determinando versículos e meios versículos pré-marcanos* a partir do relato completamente marcano existente.

Mais uma vez, então, é mais proveitoso prestar atenção àquilo que os evangelistas têm em comum como um guia possível ao que os precedeu. A utilidade desse método, evidentemente, depende em parte da observação de que João (em raras ocasiões, Lucas) é tão diferente de Marcos que eles provavelmente recorreram a material independente e, por isso, a concordância entre eles pode ser a resposta para a situação pré-evangélica. Como a independência joanina de Marcos é questão essencial, algumas palavras podem ser ditas quanto à argumentação que questiona isso em relação ao julgamento/interrogatório judaico de Jesus. Dauer ("Spuren", p. 3-7) dá um bom exemplo da tentativa de tornar Jo 10,22-38 dependente do interrogatório sinótico pelo sinédrio. Na verdade, Dauer acha que a dependência já existia no plano pré-joanino, mas a força da argumentação é também aplicável no plano do evangelista. Ele afirma que havia, na fonte de João, um julgamento de Jesus pelo sinédrio que foi tirado do julgamento sinótico pelo sinédrio. Para entender isso, tudo que se precisa fazer é reconhecer a equivalência entre os membros sinóticos do sinédrio e "os judeus" de João; entre o "Ele é culpado, para ser punido com a morte" sinótico e o "Eles pegaram pedras para apedrejá-lo" joanino (Jo 10,31 — ou melhor, Jo 11,53: "A partir desse dia, eles decidiram executá-lo"); e entre a sala de reuniões do sinédrio nos sinóticos e os pátios joaninos do Templo. Dauer então passa a especular se esse sinédrio joanino ficava outrora onde agora se passa o interrogatório por Anás. Na verdade, tudo o que Dauer faz é tomar paralelos dispersos entre João e os sinóticos, e criar uma cena joanina; é um exercício clássico em *a posse ad esse*: passar daquilo que poderia ser para aquilo que foi. Por que, então, não se poderia mais logicamente mover na outra direção e, em vez de desintegração joanina de uma cena, supor criação integradora marcana de uma cena a partir de elementos outrora dispersos? Seria possível fornecer um motivo para a integração marcana: uma apresentação unificada mais eficiente, pouco antes da morte de Jesus. É mais difícil discernir um motivo para a desintegração joanina. É muito mais fácil imaginar que tanto Marcos como João recorrem a elementos pré-evangélicos.

Lembramos ao leitor que, já na ANÁLISE de § 19 A, foram examinados aspectos de sequência comum aos Evangelhos, e as observações feitas aqui pressupõem esse estudo anterior. Começaremos com fatos incontestáveis, e então passaremos a uma possível explicação desses fatos. Entretanto, *na parte fatual*, quando falo dos quatro evangelistas, faço uma suposição: o julgamento de Estêvão em At 6,11-15; 7,1-2a; 7,54-60 é por intenção lucana deliberada paralelo ao julgamento de Jesus; e abertamente (ao citar Estêvão a respeito de Jesus) e também mais sutilmente, esse paralelismo foi adotado mudando parte do que Lucas encontrou no julgamento marcano pelo sinédrio para a cena de Estêvão. Insisti nesse ponto repetidas vezes no COMENTÁRIO (ver também Hasler, "Jesu").

Foi mencionado em § 19 B que os quatro Evangelhos[16] têm uma sessão do sinédrio que lidou com Jesus. Há concordância quádrupla sobre o fato de que a

---

[16] Há lógica em ressaltar a concordância dos quatro Evangelhos quando se afirma, como faço, que Mateus e Lucas usaram Marcos? Sim — porque esses dois evangelistas estavam com certeza cientes da tradição cristã antes de começarem a usar Marcos como guia geral ao comporem seus Evangelhos e se mostrarem perfeitamente capazes de divergir do relato marcano onde tinham uma posição diferente.

acusação de que Jesus provocaria a destruição do santuário (Marcos/Mateus) ou do lugar santo (João, Atos[17]) foi apresentada de modo proeminente naquela sessão. Segundo João e os Atos, Jesus não estava presente quando fizeram essa acusação; segundo Marcos/Mateus, ele estava. Contudo, em Marcos/Mateus, a acusação foi feita por outros citando-o, e ele nunca falou a respeito dessa acusação. Marcos e os Atos classificam como falsa a acusação de que Jesus destruiria o santuário ou lugar santo. Em João, os leitores entendem como no mínimo exagerado o temor expresso pelos fariseus de que Jesus faça os romanos agirem contra "o lugar" porque leram em Jo 2,19 o que Jesus realmente disse a respeito da destruição do santuário (os judeus destruirão o santuário, isto é, seu corpo). Somente Mateus considera o depoimento a respeito do santuário legal e aparentemente verdadeiro.[18] Para os quatro evangelistas, a sessão do sinédrio terminou com a decisão que Jesus tinha de morrer.[19]

Nos quatro Evangelhos (em João, durante o ministério), Jesus foi interrogado por contemporâneos judeus a respeito de ser o Messias. Em nenhum Evangelho ele negou isso. Sua resposta foi afirmativa em Marcos, qualificadamente afirmativa em Mateus, evasiva pelo uso de sentenças condicionais em Lucas e João. Os quatro Evangelhos relacionam estreitamente essa pergunta à questão de ele ser o Filho de Deus. Sobre essa questão, Jesus falou afirmativamente em Marcos, João (Jo 10,36) e Lucas;[20] com uma afirmativa qualificada em Mateus.[21] Os quatro Evangelhos contêm uma declaração a respeito do Filho do Homem que de certa forma acrescenta uma dimensão glorificada aos títulos "Messias" e "Filho de Deus". (Deve ser lembrado que Jo 1,51 é o desenlace de uma cena onde Jesus foi saudado como o Messias [Jo 1,41] e o Filho de Deus [Jo 1,49].) Os quatro autores descrevem uma reação de blasfêmia a um ou a todos esses títulos aplicados a Jesus: em Marcos/Mateus, aos três; em João (10,35-36), ao Filho de Deus; nos Atos, ao Filho do Homem.[22]

---

[17] Jo 11,48 tem *ho topos*, como tem At 6,14, enquanto At 6,13 tem *ho topos ho agios*.

[18] No COMENTÁRIO, afirmei que isso foi deliberada mudança teológica da difícil redação marcana.

[19] A decisão, ausente de Lc 22,71, está presente em Lc 24,20; At 13,27-28 (cf. At 4,10, dirigida ao sinédrio). Em At 6-7, Estêvão é morto por ter dado testemunho de Jesus.

[20] Foi assim que interpretei "Vós mesmos dizeis que eu sou" em Lc 22,70.

[21] No COMENTÁRIO, afirmo que essa foi uma deliberada mudança de Marcos feita por Mt 26,64 para mostrar que Jesus estava consciente da armadilha armada para ele.

[22] Em At 6,11-14, as palavras atribuídas a Estêvão contendo as asserções de Jesus são consideradas "blasfêmias"; em At 7,55-58, Estêvão é apedrejado (castigo para a blasfêmia) depois de dizer que viu Jesus, o Filho do Homem, de pé, à direita de Deus.

§ 24. Análise que abrange a composição das quatro partes dos procedimentos do sinédrio

Os quatro Evangelhos têm, depois de Jesus ser preso e antes de ser entregue aos romanos, um interrogatório judaico de Jesus. Foi realizado pelo sumo sacerdote em Marcos/Mateus e João, à noite, enquanto Pedro negava Jesus; em Lucas, foi pelos membros do sinédrio, na manhã depois da conclusão das negações de Pedro. (Em § 19, onde examinei isso, afirmei que aqui Lucas indiretamente embaralha Marcos de novo e não recorre a material pré-evangélico.) Nos quatro Evangelhos, Jesus é maltratado fisicamente (estapeado, surrado) na noite depois de sua prisão. Em Marcos/Mateus e João, isso aconteceu ao fim do interrogatório; em Lucas, antes do interrogatório, que foi indiretamente mudado. Nos três sinóticos, o maltrato foi unido ao escárnio de Jesus como profeta; isso está ausente de João.

Se olharmos para os últimos três parágrafos, veremos que há uma extraordinária quantidade de material em comum. A principal diferença é no arranjo. Para Marcos/Mateus e (em parte) Lucas, o material dos três parágrafos está unido em uma cena; para João e (em parte) Lucas, está separado. Como se explica isso? *Passo agora de fatos para algumas propostas a respeito de arranjos pré-evangélicos*[23] que, a meu ver, melhor justificam os fatos relacionados. No que se segue, note que falo de uma sequência de material antes que os autores dos Evangelhos o reorganizassem para servirem a seus propósitos teológicos. Não proponho que aquilo que descrevo seja necessariamente história, embora quase sempre esteja mais próximo da história que os rearranjos evangélicos.[24]

Antes da simplificação atestada em Marcos,[25] pela qual o ministério público de Jesus foi agrupado concisamente em duas partes (tudo na Galileia e seus arredores, até que no fim da vida ele vai pela primeira e única vez a Jerusalém), mais atividades de Jesus foram descritas acontecendo em Jerusalém (claras em João; insinuadas em Lc 13,34). Mesmo na simplificação marcana no início do ministério é dito que escribas (Mc 3,22) vieram de Jerusalém e expressaram intensa hostilidade

---

[23] No que se segue, "pré-evangélico" descreve a época anterior aos Evangelhos escritos, isto é, principalmente no período de 30 a 60, quando oralmente (e com toda a probabilidade por escrito) estavam se formando as tradições que foram reformuladas e incorporadas (com acréscimos) pelos evangelistas em 60-100 d.C.

[24] Pesch (*Markus*, v. 2, p. 442-443), para quem a cena marcana toda foi tirada praticamente inalterada da NP pré-marcana, acha que quase tudo ali descrito ocorreu historicamente na noite antes de Jesus morrer!

[25] Fujo do problema de o próprio Mateus fazer ou não a simplificação. Parte ou toda ela talvez já tivesse sido feita com propósitos de pregação, e Marcos simplesmente a seguisse ao escrever, como desconfio que aconteceu.

para com Jesus. Assim, na tradição pré-evangélica, Jesus não foi a Jerusalém no fim da vida como um desconhecido; ele gozava de certa popularidade entre os hierosolimitas, mas já não era visto com bons olhos pelas autoridades religiosas dali. Quer antes quer perto do fim, foram sua pregação no recinto do Templo, suas ações ali, inclusive a purificação do Templo, e suas palavras a respeito de sua destruição que o tornaram o centro da hostilidade dos chefes dos sacerdotes e seus aliados.

No último período em que Jesus esteve ativo em Jerusalém, o sinédrio se reuniu para discutir o que fazer a respeito dele.[26] Durante essa sessão, foi discutida a ameaça que ele representava para o Templo (santuário, lugar santo).[27] É provável que esse não tenha sido um julgamento no tribunal no sentido técnico de Jesus estar presente; mas alguns "depuseram" quanto ao tipo de coisas que ele disse e representava, e houve uma decisão segundo a qual ele deveria morrer. Nos Evangelhos, não há nenhuma sugestão de que as autoridades judaicas pensaram em executá-lo elas mesmas; elas são lembradas apenas como planejando agarrá-lo ou prendê-lo sem causar distúrbio. Pela unanimidade evangélica segundo a qual elas acabaram por entregar Jesus ao governador romano, sem uma indicação de que isso era mudança de planos, temos toda razão de acreditar que, na tradição pré-evangélica, esse resultado era previsto desde o início. Vemos que essa imagem é plausível na descrição que Josefo faz de como, nos anos 60 (assim, no período de formação dos Evangelhos), os principais cidadãos (= os anciãos) de Jerusalém lidaram com Jesus, filho de Ananias, quando ele ameaçou a destruição de Jerusalém e do santuário (*Guerra* VI,iii,5; ##300-309). Eles prenderam esse Jesus e o açoitaram; então os "governantes" (*archontes* ou líderes do sinédrio; ver APÊNDICE V, B6) levaram-no perante o governador romano.

Além do santuário do Templo, a tradição cristã relatava duas outras importantes questões relevantes para o último período da vida de Jesus em Jerusalém.

---

[26] Jo 11,47 descreve uma reunião do sinédrio nesse período. Mas, antes de tirar a conclusão de que João nos dá uma reminiscência histórica, é preciso observar que João deliberadamente faz uma sequência entre o fato de Jesus dar a vida a Lázaro e a decisão do sinédrio de executar Jesus. Seu arranjo é teológico; contudo, isso não exclui a possibilidade de um pouco de história. Três vezes durante esse período (Mc 11,18; 12,18; 14,1), Marcos descreve as autoridades que tomariam parte em uma sessão do sinédrio já decididas que Jesus deveria ser morto. São ecos da sessão que estou pressupondo?

[27] Na memória cristã, embora Jesus realmente tenha falado da iminente destruição do Templo ou seu santuário, a maneira como suas palavras foram apresentadas ou entendidas pelas autoridades de Jerusalém era uma distorção, até ao ponto de falsidade.

§ 24. Análise que abrange a composição das quatro partes dos procedimentos do sinédrio

Seus adversários o consideravam blasfemador, isto é, alguém que agia e falava de modo tão arrogante a ponto de ofender a singularidade do Deus de Israel. Isso dava uma razão religiosa para ele ser morto.[28] A tradição também descrevia Jesus sendo perguntado: "És tu o Messias?". Nas décadas pós-ressurreição, quando a tradição pré-evangélica estava se formando, a questão da identidade de Jesus era o grande divisor entre os judeus que acreditavam em Jesus e os que não acreditavam. Consequentemente, ao descrever a resposta de Jesus a sugestões de ser ele o Messias, a tradição reflete as sensibilidades cristãs provocadas por debates com incrédulos. Em especial, o título de "Messias" é com frequência glosado por "Filho de Deus", formulação das confissões cristãs. Encontra-se unanimidade quanto a Jesus não ter negado ser o Messias e unanimidade quanto a ter afirmado ser o Filho de Deus; mas as afirmações quanto a ele ser o Messias variam à medida que a interpretação de Filho de Deus se torna dominante.[29] Uma forma da pergunta e resposta quanto ao título de Messias foi apresentada na tradição como levando à morte de Jesus; de fato, quando combinada com a avaliação de Filho de Deus (e Filho do Homem), ele era considerado blasfêmia. Não há uniformidade nos Evangelhos existentes quanto à questão de Messias/Filho de Deus/blasfêmia ter feito parte formalmente da sessão do sinédrio que decidiu executar Jesus ou de ter feito parte da atmosfera que contribuiu para a necessidade que se sentiu de convocar um sinédrio para lidar com Jesus.

Por fim, com a ajuda de Judas, Jesus foi apanhado em um ponto isolado do Monte das Oliveiras e trazido ao palácio do sumo sacerdote. Na tradição, era lembrado que os discípulos de Jesus não o acompanharam para lhe dar apoio nessa hora sombria; na verdade, depois da prisão, Pedro o negou. (Cada evangelista dramatiza isso de uma forma diferente, pondo esse comportamento em contraste com a postura de Jesus.) Assim, na tradição, Jesus foi uma pessoa solitária durante todo o resto da Paixão e existe uma lembrança de que ele foi surrado pelos que agora estavam encarregados dele (ver o paralelo no relato de Jesus, filho de Ananias, acima). Durante esse período posterior à prisão, ele foi interrogado pelo sumo sacerdote,[30] antes

---

[28] A tradição não cita, mas presume uma interpretação da lei de Lv 24,16 a respeito de executar quem blasfema (e não só quem pronuncia o Nome).

[29] Esta é uma descrição inadequadamente sucinta de uma situação mais complicada; ver maiores detalhes em § 21, que explica a diferença entre a situação histórica do ministério de Jesus e a tradição pré-evangélica examinada aqui.

[30] Caifás, segundo Mt 26,57; Anás, segundo Jo 18,13.19; talvez ambos fossem lembrados na tradição (Lc 3,2;

de o entregarem aos romanos. Não está claro se, na tradição pré-evangélica, outros membros do sinédrio estavam ou não presentes,[31] mas há unanimidade quanto a alguns deles se juntarem ao sumo sacerdote pela manhã e levarem Jesus a Pilatos, a fim de pressionar o governador romano para executar Jesus.

Os problemas vistos nos relatos evangélicos desse interrogatório (e que deram origem às várias teorias de composição descritas acima) ficam mais inteligíveis quando reconhecemos como os evangelistas reformularam a tradição pré-evangélica. João manteve a descrição do interrogatório simples; mas a redação do interrogatório (a respeito dos discípulos e de seu ensinamento) pode perfeitamente refletir as investigações de seguidores de Jesus na sinagoga, investigações que eram lembrança viva na comunidade joanina. Marcos, seguido por Mateus e (em parte) por Lucas, combina com o interrogatório ecos da sessão do sinédrio que acontecera antes e decidira a morte de Jesus, desse modo provocando sua prisão. Essa combinação provocou as seguintes dificuldades: um tema importante daquela sessão anterior, a questão do santuário do Templo, agora ocorre aqui, mas estranhamente na terceira pessoa — falada a respeito de Jesus, mas não respondida por ele.[32] Embora desde o início do interrogatório já haja a decisão de que Jesus deve ser condenado, é pedido aos membros do sinédrio que decidam no fim, o que dá a impressão de fingimento. As questões Messias/Filho de Deus/blasfêmia aparecem como essência do interrogatório; contudo, não parecem estar entre as acusações contra Jesus apresentadas pelos membros do sinédrio no julgamento romano que se segue. (A única exceção

---

At 4,6 menciona-os juntos). No COMENTÁRIO, expressei minha suspeita de qualquer reestruturação de Jo 18 pela qual, em um nível pré-evangélico, Caifás teria feito o interrogatório. A razão de João mencionar Caifás em Jo 18 é lembrar ao leitor que ele foi o sumo sacerdote que presidiu o sinédrio que decidiu a morte de Jesus (Jo 11,49). Bastante errôneas, a meu ver, são teorias que afirmam que a referência a Caifás em Jo 18 mostra o conhecimento ou dependência de João da tradição marcana de uma sessão do sinédrio na noite da prisão de Jesus. Marcos não se refere a Caifás; João não menciona o sinédrio nessa noite.

[31] Em Jo 18,19-24, eles não estão, mas João gosta de confrontos cara a cara, de modo que isso poderia ser omissão. No "eles" que levam Jesus a Pilatos depois da prisão e do interrogatório noturnos (Jo 18,28), estão os chefes dos sacerdotes e a nação (Jo 18,35), de modo a haver uma aura de delegação oficial.

[32] Lucas sabia a respeito dessa questão do santuário por Marcos, mas moveu-a para os Atos (o julgamento de Estêvão). Estava ele consciente de que, na tradição pré-evangélica, isso não ocorreu na noite da prisão? Ele preserva da tradição uma forma da pergunta e resposta a respeito do Messias semelhante à conhecida por João, e assim pode também ter estado a par de outro cenário para a discussão pelo sinédrio de Jesus e o Templo.

possível é se "o Messias" é trazido ao julgamento romano como "o Rei dos Judeus";[33] nesse caso, os relatos joanino e lucano podem estar mais próximos da tradição pré--evangélica ao manter "Messias" separado de "Filho de Deus" e de blasfêmia.) Há uma decisão de morte no fim, mas então Jesus é entregue aos romanos.

Mencionei dificuldades que foram criadas pela união de incidentes que na tradição estavam separados. Por que Marcos (ou seu predecessor imediato) o fez? Mais uma vez, considero isso uma simplificação que serviu a propósitos querigmáticos e é a marca do Evangelho de Marcos. Se havia na tradição três ou quatro informações separadas nos procedimentos contra Jesus (uma sessão do sinédrio com a decisão de se livrar dele, questionando sobre ele ser o Messias, acusação de blasfêmia e interrogatório pelo sumo sacerdote depois da prisão), não estão elas todas ligadas? Por que não apresentá-las eficazmente como uma única cena dramática onde a interação de motivos e decisões seja entendida com facilidade? É o que (em minha opinião) foi feito aqui muito diferente do fato de Marcos narrar juntas histórias de conflito outrora separadas, unindo acontecimentos que na tradição eram isolados, para fazer um único dia dramático no início do ministério, ou concentrar parábolas em uma unidade? A clareza e a força da apresentação unificada do julgamento comovem e são lembradas por centenas de milhões; as dificuldades perturbam um punhado de biblistas que submetem a narrativa a exame microscópico.

(*A bibliografia para esta seção encontra-se em § 17, em especial na Parte I.*)

---

[33] É tentador especular que a alegação de Jesus de que ele é o Messias foi assunto no interrogatório pós--prisão, quando o sumo sacerdote procurou material que impressionasse Pilatos. Contudo, os relatos joanino e sinótico do interrogatório estão tão sobrecarregados pela teologia mais tardia que é muito difícil perceber *tradição pré-evangélica comum* a respeito do assunto do interrogatório.

Sumário do segundo ato, cena dois

CENA DOIS: Escárnio e maus-tratos a Jesus; negações de Pedro; Judas (Mc 14,65–15,1; Mt 26,67–27,10; Lc 22,54b-65; Jo 18,15-18.22-23.25-28a)

§ 25. Bibliografia da seção (§§ 26–29)

    Parte I: Os maus-tratos e o escárnio a Jesus por parte dos judeus (§ 26)

    Parte II: As três negações de Jesus por Pedro (§ 27)

    Parte III: O suicídio de Judas e o preço do sangue inocente: Mt 27,3-10 (§ 29)

§ 26. Os maus-tratos e o escárnio a Jesus por parte dos judeus (Mc 14,65; Mt 26,67-68; Lc 22,63-65; Jo 18,22-23)

    COMENTÁRIO

- Comparações provocadas pelos relatos evangélicos do escárnio por parte dos judeus
- O relato marcano
- O relato mateano
- O relato lucano

    ANÁLISE: A historicidade dos maus-tratos e do escárnio por parte dos judeus

§ 27. As três negações de Jesus por Pedro (Mc 14,66-72; Mt 26,69-75; Lc 22,54b-62; Jo 18,15-18.25-27)

    COMENTÁRIO

- Cenário geral
- Primeira negação
- Segunda negação
- Terceira negação
- Canto do galo
- Reação de Pedro

    ANÁLISE

    A. Os relatos evangélicos e a tradição

    B. Historicidade

    C. A função das narrativas das negações

§ 28. Fim dos procedimentos do sinédrio; transferência para Pilatos (Mc 15,1; Mt 27,1-2; Lc 23,1; Jo 18,28a)

COMENTÁRIO

- Hora
- A reunião
- Os participantes
- Transferência para Pilatos

§ 29. Judas, os chefes dos sacerdotes e o preço do sangue inocente (Mt 27,3-10)

COMENTÁRIO

- Judas e o preço do sangue inocente (Mt 27,3-5)
- Os chefes dos sacerdotes e o preço do sangue inocente (Mt 27,6-8)
- A citação de cumprimento (Mt 27,9-10)

ANÁLISE

A. Comparação com outros relatos da morte de Judas

B. Impacto da Escritura na formação da narrativa de Mateus

§ 25. Bibliografia da seção para a cena dois do segundo ato: Escárnio judaico, negações de Pedro, suicídio de Judas (§§ 26–29)

Esta bibliografia trata de três episódios que ocorrem no contexto do julgamento/interrogatório judaico de Jesus; eles serão comentados respectivamente nos §§ 26, 27, 29. A Parte I trata dos maus-tratos e do escárnio por parte dos judeus a Jesus que são um complemento do interrogatório de Jesus. A Parte II contém escritos a respeito das três negações de Jesus por Pedro. A Parte III concentra-se na cena tipicamente mateana de Judas e o preço do sangue inocente. Alguns desses episódios também são tratados em obras que examinam o julgamento judaico todo, já relacionadas em § 17, Parte I.

Parte I: Os maus-tratos e o escárnio a Jesus por parte dos judeus (§ 26)

(A bibliografia a respeito do escárnio e dos maus-tratos dos romanos a Jesus encontra-se em § 30, Parte VI; estudos comparativos dos dois escárnios estão relacionados aqui.)

BENOIT, P. Les outrages à Jésus Prophète (Mc xiv 65 par.). In: *Neotestamentica et Patristica*. Leiden, Brill, 1962, p. 92-110 (O. Cullmann Festschrift; NovTSup 6). Reimpresso em BExT, v. 3, p. 251-269.

FLUSSER, D. Who Is It That Struck You? *Immanuel* 20, 1986, p. 27-32.

GUNDRY, R. H. *LMTLYM*. 1QIsaiah[a] 50,6 and Mark 14,65. RevQ 2, 1960, p. 559-567.

MILLER, D. L. *Empaizein*: Playing the Mock Game (Luke 22:63-64). JBL 90, 1971, p. 309-313.

NEIRYNCK, F. *Tis estin ho paisas se?* Mt 26,28/Lk 22,64 (diff. Mk 14,65). ETL 63, 1987, p. 5-47. Reimpresso em NEv, v. 2, p. 95-138.

RUDBERG, G. Die Verhöhnung Jesu vor dem Hohenpriester. ZNW 24, 1925, p. 307-309.

SCHMIDT, K. L. *Iesous Christos kolaphizomenos* und die "colaphisation" der Juden. *Aux sources de la tradition chrétienne*. Neuchatel, Delachaux & Niestlé, 1950, p. 218-227 (Mélanges Goguel).

SOARDS, M. L. A Literary Analysis of the Origin and Purpose of Luke's Account of the Mockery of Jesus. BZ 31, 1987, p. 110-116.

VAN UNNIK, W. C. Jesu Verhöhnung vor dem Synedrium (Mc 14,65 par.) ZNW 29, 1930, p. 310-311. Reimpresso em seu *Sparsa collecta I*. Leiden, Brill, 1973, p. 3-5 (NovTSup 29).

Parte II: As três negações de Jesus por Pedro (§ 27)

(É comum as negações serem tratadas juntamente com as predições delas, que foram comentadas em § 5; mas toda a bibliografia pertinente às negações foi reservada até este ponto.)

BALAGUÉ, M. Las negaciones de San Pedro. CB 8, 1951, p. 79-82.

BOOMERSHINE, T. E. Peter's Denial as Polemic or Confession: The Implications of Media Criticism for Biblical Hermeneutics. *Semeia* 39, 1987, p. 47-68.

BOYD, W. J. P. Peter's Denial — Mark xiv.68, Luke xxii.57. ExpTim 67, 1955-1956, p. 341.

BRADY, D. The Alarm to Peter in Mark's Gospel. JSNT 4, 1979, p. 42-57.

BRUNET, G. Et aussitôt le coq chanta. CCER 27, 108, 1979, p. 9-12.

BUCHANAN, G. W. Mark xiv.54. ExpTim 68, 1956-1957, p. 27.

DASSMANN, E. Die Szene Christus-Petrus mit denn Hahn. Zum Verhältnis vom Komposition und Interpretation auf früchristlichen Sarkophagen. In: DASSMANN, E. & FRANK, K. S., orgs. *Pietas*. Münster, Aschendorff, 1980, p. 509-527 (B. Kötting Festschrift).

DERRETT, J. D. M. The Reason for the Cock-crowings. NTS 29, 1983, p. 142-144. Reimpresso em DSNT, v. 4, p. 129-131.

DEWEY, K. E. Peter's Curse and Cursed Power (Mark 14:53-54,66-72. In: PMK, p. 96-114.

_____. Peter's Denial Reexamined: John's Knowledge of Mark's Gospel. SBLSP, 1979, v. 1, p. 109-112.

DRUM, W. The Disciple Known to the High Priest. ExpTim 25, 1913-1914, p. 381-382.

ERNST, J. Noch einmal: Die Verleugnung Jesu durch Petrus (Mc 14,54.66-72). *Catholica* 30, 1976, p. 207-226.

EVANS, C. A. "Peter Warming Himsef": The Problem of an Editorial "Seam". JBL 101, 1982, p. 245-249.

GARDINER, W. D. The Denial of St. Peter. ExpTim 26, 1914-1915, p. 424-426.

GEWALT, D. Die Verleugnung des Petrus. LB 43, 1978, p. 113-144.

GOGUEL, M. Did Peter Deny his Lord? A Conjecture. HTR 25, 1932, p. 1-27.

GUYOT, G. H. Peter Denies His Lord. CBQ 4, 1942, p. 111-118.

HERRON, R. W. Jr. *Mark's Account of Peter's Denial of Jesus: A History of Its Interpretation.* Lanham, MD, University Press of America, 1992.

HUNTER, J. Three Versions of Peter's Denials. *Hudson Review* 33, 1980, p. 39-57.

KLEIN, G(ünther). Die Verleugnung des Petrus. ZTK 58, 1961, p. 285-328. Reimpresso em seu *Rekonstruktion und Interpretation. Gesammelte Aufsätze.* München, Kaiser, 1969, p. 49-98 (Beiträge zur evangelischen Theologie 50).

KOSMALA, H. The Time of the Cock-Crow. ASTI 2, 1963, p. 118-120. The Time of the Cock-Crow (II). ASTI 6, 1967-1968, p. 132-134.

KOSNETTER, J. Zur Geschichtlichkeit der Verleugnung Petri. *Dienst der Lehre.* Vienna, Herder, 1965, p. 127-143 (Cardinal F. König Festschrift; Wiener, Beiträge zur Theologie 10).

KRAUSS, S. La défense d'élever du menu bétail en Palestine et questions connexes. REJ 53, 1907, p. 14-55, esp. p. 28-37 com referência a Mc 14,72.

LAMPE, G. W. H. St. Peter's Denial. BJRL 55, 1972-1973, p. 346-368.

LATTEY, C. A Note on Cockcrow. *Scripture* 6, 1953-1954, p. 53-55.

LAVERDIERE, E. Peter Broke Down and Began to Cry. *Emmanuel* 92, 1986, p. 70-73.

LEE, G. M. St. Mark xiv.72: *epibalon eklaien.* ExpTim 61, 1949-1950, p. 160.

____. Mark 14,72: *epibalon eklaien. Biblica* 53, 1972, p. 411-412.

LEHMANN, M. *Synoptischen Quellenanalyse und die Frage nach den historische Jesus.* BZNW 38. Berlin, de Gruyter, 1970, p. 106-112 sobre Lc 22,31-34.54b-62.

LINNEMANN, E. Die Verleugnung des Petrus. ZTK 63, 1966, p. 1-32. Ver também seu *Studien*, p. 70-108.

MCELENEY, N. J. Peter's Denials — How Many? To Whom? CBQ 52, 1990, p. 467-472.

MASSON, C. Le reniement de Pierre. Quelques aspects de la formation d'une tradition. RHPR 37, 1957, p. 24-35

MAYO, C. H. St. Peter's Token of the Cock Crow. JTS 22, 1921, p. 367-370.

MENESTRINA, G. Nota: *katathema, katathemazein.* BeO 21, 1979, p. 12 (com referência a Mt 26,74).

MERKEL, H. Peter's Curse. TJCSM, p. 66-71.

MURRAY, G. Saint Peter's Denials. DRev 103, 1985, p. 296-298.

NEIRYNCK, F. The "Other Disciple" in Jn 18,15-16. ETL 51, 1975, p. 113-141. Reimpresso em NEv, v. 1, p. 335-364.

Pesch, R. Die Verleugnung des Petrus. In: Gnilka, J., org. *Neues Testament und Kirche.* Freiburg, Herder, 1974, p. 42-62 (R. Schnakenburg Festschrift).

Politi, J. "Not (Not I)". *Literature & Theology* 6, 1992, p. 345-355.

Ramsay, W. M. The Denials of Peter. ExpTim 27, 1915-1916, p. 296-301, 360-363, 410-413, 471-472, 540-542; ExpTim 28, 1916-1917, p. 276-281.

Riesenfeld, H. The meaning of the verb *arneisthai.* ConNT 11, p. 207-219, esp. 213-214 (In honorem A. Fridrichsen).

Rothenaicher, F. Zu Mk 14,70 und Mt 26,73. BZ 23, 1935-1936, p. 192-193.

Schneider, G. "Stärke deine Brüder!" (Lk 22,32). Die Aufgabe des Petrus nach Lukas. *Catholica* 30, 1976, p. 200-206.

Seitz, O. J. F. Peter's "Profanity". Mark 14,71 in the Light of Matthew 16.22. StEv I, p. 516-519.

Smith, P. V. St. Peter's Threefold Denial of our Lord. *Theology* 17, 1928, p. 341-348.

Soards, M. L. "And the Lord Turned and Looked Straight at Peter": Understanding Luke 22,61. *Biblica* 67, 1986, p. 518-519.

Thomson, J. R. Saint Peter's Denials. ExpTim 47, 1935-1936, p. 381-382.

Tindall, E. A. John xviii 15. ExpTim 28, 1916-1917, p. 283-284.

Walter, N. Die Verleugnung des Petrus. TV-VIII, 1977, p. 45-61.

Wenham, J. W. How Many Cock Crowings? The Problem of Harmonistic Text-Variants. NTS 25, 1978-1979, p. 523-525.

Wilcox, M. The Denial-Sequence in Mark xiv.26-31.66-72. NTS 17, 1970-1971, p. 426-436.

Parte III: O suicídio de Judas e o preço do sangue inocente: Mt 27,3-10 (§ 29)

(Esta bibliografia contém estudos do relato mateano da morte de Judas, às vezes em comparação à descrição diferente de sua morte em At 1,15-26. Os escritos que tratam mais amplamente de Judas encontram-se na bibliografia do apêndice IV.)

Bauer, J. B. Judas' Shicksal und Selbstmord. BibLit 20, 1952-1953, p. 210-213.

Benoit, P. The Death of Judas. BJG, v. 1, p. 189-207. Original francês em *Synoptische Studien.* Munich, Zink, 1953, p. 1-19 (A. Wikenhauser Festschrift).

Bernard, J. H. The Death of Judas. *Expositor* 6th Ser., 9, 1904, p. 422-430.

Colella, P. Trenta denarii. RivB 21, 1973, p. 325-327.

Conard, A. The Fate of Judas: Matthew 27:3-10.TJT 7, 1991, p. 158-168.

Desautels, L. La mort de Judas (*Mt* 27,3-10; *Ac* 1,15-26). ScEsp 38, 1986, p. 221-239.

ESCANDE, J. Judas et Pilate prisonniers d'une même structure (Mt 27,1-26). FV 78, 3, junho de 1979, p. 92-100.

FOLLET, R. Constituerunt ei trigenta argenteos (ad Mt 26,15). VD 29, 1951, p. 98-100.

HARRIS, J. R. Did Judas Really Commit Suicide? AJT 4, 1900, p. 490-513.

HATCH, H. R. The Old Testament Quotation in Matthew xxvii. 9,10. BW NS 1, 1983, p. 345-354.

HILL, G. F. The Thirty Pieces of Silver. *Archaeologia* 59, parte 2 (ou Séries 2, 9), 1905, p. 235-254.

JERVELL, J. Jesu blods aker. Matt. 27,3-10. NorTT 69, 1968, p. 158-162.

LAKE, K. The Death of Judas. In: JACKSON, F. J. Foakes & LAKE, K., orgs. *The Beginning of Christianity. Part I: The Acts of the Apostles.* 5 v. London, 1920-1933, v. 5, p. 22-30.

LUKE, K. The Thirty Pieces of Silver. *Indian Theological Studies* 19, 1982, p. 15-22.

MENKEN, M. J. J. The References to Jeremiah in the Gospel according to Matthew (Mt 2,17; 16,14; 27,9). ETL 60, 1984, p. 5-24.

MOESER, A. G. The Death of Judas. TBT 30, 1992, p. 145-151.

MOO, D. J. Tradition and Old Testament in Matt. 27:3-10. In: FRANCE, R. T. & WENHAM, D., orgs. *Gospel Perspectives III.* Sheffield Univ., 1983, p. 157-175.

MUNRO, J. I. The Death of Judas (Matt. xxvii.3-8; Acts i.18-19). ExpTim 24, 1912-1913, p. 235-236.

MURMELSTEIN, B. Die Gestalt Josefs in der Agada und die Evangeliengeschichte [Matt 27:3; John 19:23]. *Angelos* 4, 1932, p. 51-55.

NIEDNER, F. A. The Role of Judas in Matthew's Economy. SBLA, 1989, S156, p. 176-177.

QUESNELL, M. Les citations de Jérémie dans l'évangile selon saint Matthieu. EsBib 47, 1989, p. 513-527 (com referência a Mt 27,9-10).

REINER, E. Thirty Pieces of Silver. In: HALLO, W. W., org. *Essays in Memory of E. A. Speiser.* New Haven, American Oriental Society, 1968, p. 186-190.

SCHWARZ, W. Die Doppeldeutung des Judastodes. BibLit 57, 1984, p. 227-233.

SENIOR, D. A Case Study in Mathean Creativity: Matthew 27:3-10. BR 19, 1974, p. 23-36.

_____. The Fate of the Betrayer. A Redactional Study of Matthew xxvii, 3-10. ETL 48, 1972, p. 372-426. Também em SPNM, p. 343-397.

SPARKS, H. F. D. St. Matthews's References to Jeremiah. JTS NS 1, 1950, p. 155-156.

SUTCLIFFE, E. F. Matthew 27.9. JTS NS 3, 1952, p. 227-228.

TORREY, C. C. The Foundry of the Second Temple at Jerusalem. JBL 55, 1936, p. 247-260 (com referência a Mt 27,5).

Upton, J. A. The Potter's Field and the Death of Judas. *Concordia Journal* 8, 1982, p. 213-219.

Vaccari, A. Le versioni arabe dei Profeti. *Biblica* 3, 1922, p. 401-423 (com referência a Mt 27,9-10).

van Tilborg, S. Matthew 27:3-10: an Intertextual Reading. In: *Intertextuality in Biblical Writings*. Kampen, Kok, 1989, p. 159-174.

van Unnik, W. C. The Death of Judas in St. Matthew's Gospel. ATR Sup. Serv. 3, março de 1974, p. 44-57.

§ 26. Os maus-tratos e o escárnio a Jesus por parte dos judeus (Mc 14,65; Mt 26,67-68; Lc 22,63-65; Jo 18,22-23)

Tradução

Mc 14,65: E alguns começaram a cuspir nele e a cobrir sua face e golpeá-lo e dizer-lhe: "Profetiza"; e os guardas pegaram-no com tapas.

Mt 26,67-68: [67]Então eles cuspiram em sua face e o golpearam. Mas houve os que o estapearam [68]dizendo: "Profetiza para nós, Messias, quem é que te agrediu?".

Lc 22,63-65: [63]E os homens que o seguravam estavam escarnecendo dele, batendo nele; [64]e tendo-o coberto, eles o interrogavam dizendo: "Profetiza, quem é que te agrediu?". [65]E blasfemando, diziam muitas outras coisas contra ele.

Jo 18,22-23: [22]...um dos guardas que estava por perto deu um tapa em Jesus, dizendo: "Dessa maneira respondes ao sumo sacerdote?". [23]Jesus respondeu-lhe: "Se falei mal, depõe sobre o que é mau. Se (falei) bem, por que me bates?".

Comentário

Essa cena, narrada por João antes de mandarem Jesus a Caifás, e por Lucas antes da investigação por parte do sinédrio, segue-se, em Marcos/Mateus, imediatamente depois que os membros do sinédrio julgaram Jesus culpado, punível com a morte. Desse modo, houve uma forte tentação de intitulá-la: Procedimentos do sinédrio, Parte V — e, para Marcos/Mateus, é isso que este episódio é. Contudo, em parte graças ao desejo de fazer justiça a Lucas e também a João, escolhi um título que atraísse a atenção do leitor antecipadamente para o paralelo "O escárnio e os maus-tratos dos romanos a Jesus" (§ 30),[1] que se seguirá imediatamente ao julgamento e condenação romana. Aqui, o escárnio refere-se a Jesus como (falso) profeta; ali, se refere a Jesus como (falso) Rei dos Judeus. Além do paralelismo entre esses dois escárnios, os biblistas trazem a essa discussão os relatos sinóticos do escárnio de Jesus na cruz e o relato lucano de um escárnio por Herodes. (*EvPd* não tem nenhum julgamento romano de Jesus, por isso transfere para depois de um julgamento por Herodes o escárnio que os Evangelhos canônicos associam aos romanos.) Alguns desses escárnios fazem eco aos maus-tratos acumulados contra o servo sofredor em Is 50 e 53 e, até certo ponto, o tratamento dado ao justo sofredor em Sl 22. Em um quadro anexo, faço comparações de todos esses escárnios; só depois do estudo das comparações haverá uma subseção dedicada a comentar separadamente cada relato evangélico do escárnio associado ao julgamento judaico.

Comparações provocadas pelos relatos evangélicos do escárnio por parte dos judeus

Comparações entre as cenas judaica e romana de maus-tratos/escárnio. Somente Marcos/Mateus têm a elaborada sequência paralela na qual ambos os julgamentos, judaico e romano, concluem com uma cena onde Jesus é insultado quando palavras escarnecedoras de avaliação lhe são dirigidas (respectivamente, "profeta" e "o Rei dos Judeus"). Obviamente, há estruturação deliberada (marcana) nesse paralelo. Embora em Marcos/Mateus os maus-tratos/escárnio judaicos e romanos de Jesus só tenham um detalhe em comum (cuspir), relativamente poucos biblistas (por exemplo, Goguel!) aceitam a historicidade de ambos, e alguns negam a de ambos. A posição mais comum é que uma cena foi formada em imitação da outra, em geral a judaica em imitação da romana (Winter, Gnilka etc.), sem muita concordância quanto à historicidade da mais original. Às vezes Lucas e João são invocados como prova dessa teoria, mas isso não é feito com muita facilidade. A descrição de Lucas é complicada. Ele tem uma cena de maus-tratos e escárnio de Jesus pelos judeus antes do julgamento pelo sinédrio, um breve escárnio por Herodes e suas tropas no decorrer do julgamento romano e, finalmente, um escárnio de Jesus por soldados (implicitamente romanos) não no fim do julgamento romano, mas enquanto Jesus pende da cruz. João tem uma cena de maus-tratos romanos (não escárnio) a Jesus no final do interrogatório pelo sumo sacerdote e uma cena de

---

[1] Notemos que, nos dois títulos, a sequência dos dois substantivos difere; essa sequência reflete o espaço proporcional dado ao escárnio e aos maus-tratos nas cenas respectivas.

escárnio e maus-tratos por parte dos romanos no meio do julgamento romano.² Em suma, então, os quatro Evangelhos, imediatamente antes ou depois do julgamento/interrogatório, têm uma cena de maus-tratos de Jesus (mais escárnio dele como profeta nos sinóticos). Os quatro, durante ou depois do julgamento romano, têm escárnio dele como "o Rei dos Judeus", por soldados romanos (mais maus-tratos dele por soldados romanos em Marcos, Mateus e João). Uma impressão *superficial* é que os elementos comuns da tradição eram maus-tratos judaicos e escárnio romano, e que as combinações resultaram de assimilar os maus-tratos ao escárnio. Teremos de verificar isso.

---

[2] Bertram e Loisy estão entre os que pressupõem que João tirou de Marcos seu relato dos maus-tratos pelos judeus; Hahn considera o relato marcano dos maus-tratos e do escárnio pelos judeus um complemento aperfeiçoado da breve referência joanina a maus-tratos. Contudo, Marcos e João concordam apenas nos tapas.

QUADRO 2. COMPARAÇÃO DOS DIVERSOS RELATOS DE ESCÁRNIO/MAUS-TRATOS

	I	II	III	IV	V	VI	COMENTÁRIOS
Vocabulário empregado para descrever o escárnio e os maus-tratos (grego e minha tradução) agrupado sistematicamente	Servo em Is 50; 53	Terceira predição da Paixão (Mc 10,33-34; Mt 20,18-19; Lc 18,31b-33)	Contexto do julgamento judaico (Mc 14,64-65; Mt 26,65-68; Lc 22,63-65; Jo 18,22)	Julgamento por Herodes (Lc 23,11; *EvPd* 4,13-14)	Contexto do julgamento romano (Mc 15,15b-20a; Mt 27,26b-31a; Jo 19,1-3)	Na cruz (Mc 15,29-32; Mt 27,39-44; Lc 23,35b-39; *EvPd* 4,13-14)	
#1. *blasphemein, blasphemia*: blasfemar, blasfêmia			Mc/Mt* Lc**			Mc/Mt** Lc**	* = Jesus acusado de blasfêmia (também Jo 10,33-36 — paralelo a III); ** = Dizem blasfêmias contra Jesus
#2a. *empaizein*: escárnio		Mc/Mt Lc	Lc	Lc	Mc/Mt	Mc/Mt Lc	

690

§ 26. Os maus-tratos e o escárnio a Jesus por parte dos judeus

#2b. *ekmykterizein*: zombar de			Lc	Sl 22,7: Zombam do salmista abandonado; no NT, somente Lc 16,14: os fariseus zombam de Jesus
#2c. *oneidizein*: injuriar		EvPd	Mc/Mt	Sl 22,7: O salmista é objeto de injúria; Mt 5,11: "Bem-aventurados [...] quando vos injuriarem"
#2d. *hybrizein*: destratar com arrogância	Lc			
#2e. *exouthenein*: desdenhar, tratar com desprezo ou como nada		Lc		Biforme no grego de Áquila de Is 53; Sl 22,7: O salmista é objeto de desprezo; Mc 9,12: "O Filho do Homem [...] precisa ser tratado com desprezo"
#3a. *trechein*: empurrar (correndo)		EvPd		
#3b. *syrein*: arrastar		EvPd		

#4a. *phragelloun:* flagelar					
#4b. *mastigoun, mastizein, mastix:* açoitar	√	Mc/Mt Lc		EvPd	Mc/Mt
#4c. *paideia, paideuein:* castigo, castigar (açoitar)	√				Jo	Lc 23,16.22: Pilatos oferece-se para castigar Jesus
#5a. *derein:* bater			Lc Jo			Os servos na parábola da vinha (Mc 12,3.5 e par.); nas sinagogas (Mc 13,9)
#5b. *paiein:* agredir			Mt Lc			Mc 14,47: circunstantes agridem o servo do sumo sacerdote
#5c. *typtein:* golpear					Mc/Mt	
#5d. *kolaphizein:* golpear		Mc/Mt				
#5e. *nyssein:* furar, apunhalar, esfaquear				EvPd	Jo	*EvPd* com um caniço; João com uma lança Sl 22,17: *oryssein* para traspassar mãos e pés

§ 26. Os maus-tratos e o escárnio a Jesus por parte dos judeus

#5f. *rapisma, rapizein*: tapa, estapear	√		Mc/Mt Jo	*EvPd*	Jo		
#5g. *emptyein, emptysma*: cuspir	√	Mc Lc	Mc/Mt	*EvPd*	Mc/Mt		
#6a. *kephale*: cabeça (de Jesus)				*EvPd*	Mc/Mt	Mc/Mt	Mc/Mt: cabeça golpeada; Mt, Jo, *EvPd*: coroa de espinhos na cabeça; em Mt, inscrição sobre a cabeça
#6b. *opsis*: face, rosto				*EvPd* (cuspir)			
#6c. *prosopon*: face, rosto	√		Mc (cobrir) Mt (cuspir)				
#6d. *siagon*: face	√			*EvPd* (tapa)			

Comparação dos diversos relatos evangélicos da cena judaica. Uma enxurrada de leituras textuais diferentes nos mss. gregos antigos e nas versões mostra que os escribas daquele período já eram importunados pelas diferenças nos Evangelhos. No grego que fundamenta minha tradução, por exemplo, Marcos tem "cuspir nele" e "cobrir sua face", enquanto Mateus tem "cuspiram em sua face". Mas o Códice de Beza e algumas versões (Vercellensis OL, Peshitta siríaca, Bohairico) leem "cuspir em sua face" em Marcos e omitem o ato de cobrir; e o Códice Koridethi e alguns minúsculos combinam as duas leituras em "cuspir em sua face e cobrir sua face"! A leitura pelo Códice Koridethi do que é dito a Jesus em Marcos inclui "Quem é que te agrediu?" em concordância com Mateus e Lucas. Há outros exemplos do que normalmente seria reconhecido como tentativas de harmonizar. Contudo, importantes biblistas modernos afirmam que, a menos que se aceitem essas leituras um tanto insatisfatórias de Marcos, não é possível explicar Mateus e Lucas como dependentes de Marcos. Outros aceitam as leituras sinóticas que são mais bem atestadas (minha tradução segue a crítica do NT grego de Nestle-Aland, 26. ed.), mas, pelo menos neste caso, desistem da tese da dependência mateana e lucana de Marcos, e surgem com as mais diversas teorias. BHST (p. 271), por exemplo, assim divide Lucas: Lc 22,63, de uma fonte lucana; Lc 24,64, composição de Marcos e *Mateus*; Lc 22,65, redação lucana. Em uma teoria muito complicada, Benoit ("Outrages", p. 102-106) faz Lucas mais original que Marcos e Mateus. (Ver § 19, nota 28.) Para ele, Marcos compõe-se de três tradições: a primeira (cuspir nele) reflete Is 50,6 e está ausente de Lucas; a segunda ("Profetiza") é forma secundária de Lucas; a terceira (guardas que o recebem a tapas) é forma secundária de João. Quanto a Mt 26,67, é tomado por empréstimo de Marcos, e Mt 26,60 é tomado de Lucas ou de uma fonte comum. Flusser ("Who") mistura confusamente os níveis históricos e evangélicos, e dá preferência a Lucas porque faz mais sentido historicamente (e poupa os membros do sinédrio). Flusser não lida adequadamente com a ideia de que a melhor ordem lucana é produto do propósito professado por Lucas de estabelecer ordem e se origina da alteração de Marcos. Para Flusser, Marcos se torna uma reescrita um tanto confusa e malfeita de Lucas. No nível dos Evangelhos como documentos teológicos, porém, veremos abaixo que Marcos faz sentido.

Normalmente, deixo exames composicionais complicados para um breve estudo na ANÁLISE segundo o princípio de que um comentário deve comentar o que existe e não o que poderia ter sido. Contudo, como aqui as teorias composicionais afetam o próprio texto (principalmente de Marcos) que é preciso comentar, parece mais sensato estudar os problemas composicionais à medida que trato de cada evangelista. Eles também me darão a oportunidade de realçar a mensagem que cada um dos evangelistas deseja transmitir. Para evitar dúvidas, a abordagem aqui é consistente com a abordagem composicional adotada no resto deste volume. Mateus e Lucas explicam-se como dependentes de Marcos quando se reconhece que, em certas frases bem lembradas, a tradição oral perdurou. O relato de Marcos é o mais antigo dos três, mas ainda assim teológico e longe de ser apenas histórico.

O relato marcano

Embora (quando se examina Mateus) se perceba que há certas dificuldades em Marcos, o texto básico que traduzi faz sentido narrativo. Por exemplo, apesar de sofismas minuciosos, é fácil inferir que a razão para cobrir a face de Jesus é porque o desafio para "profetizar" tem a ver com adivinhar quem o golpeou — mesmo sem o pano de fundo de um bem conhecido jogo que será explicado abaixo. Realmente, chocados porque o "alguns" de Marcos parece se referir aos membros do sinédrio que acabaram de condená-lo, os comentaristas expressam sua dúvida quanto ao fato de pessoas judaicas eminentes agirem tão desumanamente. Isso é confundir questões históricas com o objetivo pretendido de uma narrativa evangélica que, desde o início, tem uma visão hostil dos chefes dos sacerdotes, escribas e anciãos. Em Marcos, os membros do sinédrio procuram a morte de Jesus durante vários capítulos: eles fizeram planos para agarrá-lo sub-repticiamente para que não houvesse tumulto entre o povo; compraram os serviços de Judas, que o entregou; enviaram contra ele uma multidão com espadas e paus; buscaram depoimentos contra ele, ouvindo depoimentos manifestamente falsos que não se harmonizavam. Não é surpreendente que agora expressem desprezo por Jesus em um gesto dramático em sintonia com o do sumo sacerdote ao rasgar as vestes.[3] Na verdade, a única surpresa é que Marcos fale em "alguns", em vez de seu costumeiro "todos". Aliás, o tema opõe-se à teoria dos que desejam justificar os membros do sinédrio, argumentando que o "alguns" de Marcos não se refere a eles, e sim aos guardas mencionados no final do versículo (ver Blinzler, *Prozess*, p. 164; K. L. Schmidt,

---

[3] Em *(Martírio e) Ascensão de Isaías* 5,1-2, depois de Isaías ser sentenciado à morte, os falsos profetas que o acusaram escarnecem dele.

"*Iesous*", p. 218). Essa sugestão choca-se com a gramática, o padrão de pensamento e também a interpretação mateana.

"Começaram" é tipicamente estilo marcano (cerca de vinte e seis vezes) e combina eficazmente isso com o que precede. É provável que a primeira impressão de cuspir seja desprezo (Jó 30,9-10) e seja única ação de maus-tratos/escárnio desta cena partilhada com o relato marcano do escárnio e dos maus-tratos romanos de Jesus (Mc 15,19). Contudo, no AT cuspir no rosto é também castigo para a culpa, por exemplo, ministrado pelo pai a uma filha que fez alguma coisa errada (Nm 12,14), ou pela viúva prejudicada a um cunhado que recusa o casamento pela lei do levirato (Dt 25,9). Teoricamente, pode-se até invocar a interpretação de Qumrã de Dt 21,23 (11Q *Miqdas* [Rolo do Templo] 64,7-13), onde o enforcado (crucificado) deve ser amaldiçoado por Deus *e pelos seres humanos* em apoio da tese de que era *dever* dos membros do sinédrio expressar desprezo por esse criminoso condenado à morte (na cruz). Mc 14,63-64; Mt 26,65 e Lc 22,71 fazem dos membros do sinédrio testemunhas/depoentes da culpa de Jesus; e em Dt 17,7, as testemunhas são as primeiras pessoas a se envolver na execução dos culpados. Duvido, entretanto, que os leitores de Marcos tivessem tal conhecimento e que devamos invocá-lo ao interpretar o que Marcos quer dizer. Contudo, o fato de o ato de cuspir seguir-se à condenação e ser praticado pelos que condenaram Jesus move-o do domínio dos maus-tratos a esmo para uma ligação com a expressão de ultraje por alguém julgado culpado de blasfêmia, ainda que os leitores de Marcos suspeitassem que o ultraje, como o ato de rasgar as vestes, era teatral.[4]

Comentários exóticos e complicados são evocados pela ação seguinte de cobrir a face de Jesus. Foi para fazê-lo parecer um adivinho de Templo pagão e assim explicar o desafio para profetizar? (Wellhausen menciona o árabe *kâhin*.) Era a descrição marcana uma derivação malfeita do "tendo-o coberto" lucano, já que o verbo *perikalyptein* normalmente se refere a cobrir objetos grandes?[5] Porém, o verbo talvez se refira a cobrir apenas a cabeça no Códice Alexandrino de 1Sm 28,8 [já que outras vestes são mencionadas] e se relacione com *kalymma*, palavra

---

[4] Se alguém for estudar isso no nível da história, uma alegação de Pesch (*Markus*, v. 2, p. 441) é interessante. Segundo a lei, o sinédrio tinha o dever de apedrejar esse homem considerado culpado de blasfêmia. Sob o governo romano, esse poder de execução lhes era negado; assim, esse é um castigo "ersatz" para eles cumprirem seu dever.

[5] Por exemplo, a arca da aliança em Hb 9,4 ou o efod (de que tamanho?) na LXX de Ex 28,20; ver também Josefo, *Guerra* II,viii,9; #148.

para "véu do rosto". A ausência de uma expressão comparável em Mateus convenceu muitos biblistas[6] de que essa frase estava ausente de Marcos. Quando examino o relato mateano, apresento argumentos em contrário (ver também Blinzler, *Prozess*, p. 164-165).

A meu ver, há uma boa possibilidade de a frase marcana a respeito de cobrir a face ser bastante inteligível à luz de um jogo que era conhecido dos leitores. Uma série de artigos de Rudberg, van Unnik e D. L. Miller esclarecem a origem antiga, e Flusser ("Who") menciona paralelos modernos. A obra do século II *Onomasticon*, de Pollux (dicionário de sinônimos organizados de acordo com o assunto) menciona três jogos que envolviam olhos cobertos ou vendados: 1) Em *Onomasticon* 9,113, *myinda* ou agarrar às cegas, onde o participante fecha os olhos e procura os outros para agarrá-los ou tocá-los. O verbo *manteuesthai*, "adivinhar, profetizar", é usado neste contexto, de modo que um elemento do jogo era a capacidade de perceber sem ver. 2) Em *Onomasticon* 9,129, *kollabismos* ou jogo de adivinhar, onde um participante cobre os olhos com a mão, de modo que, quando outro o estapeia, ele tem de adivinhar que mão foi usada. Van Unnik cita isso como paralelo para o que Marcos descreve. 3) Em *Onomasticon* 9,123, *chalke myia* ou "cabra-cega", onde um participante é vendado e tenta achar os outros enquanto é agredido com cascas de papiro. Este último, que Miller (*"Empaizein"*) sugere como origem da presente cena, às vezes ficava bastante desagradável, dependendo da inclemência dos golpes. Marcos usa *kolaphizein*, que vai desde um leve sopapo até uma surra (1Cor 4,11; 1Pd 2,20-21 — este último liga-o aos sofrimentos de Cristo e, assim, talvez fosse vocabulário convencional da Paixão).[7]

Embora alguns biblistas (Hauck, Wellhausen) achassem que o propósito da cena era advertir Jesus para não mais profetizar, a analogia do jogo deixa claro que aqui temos uma paródia de sua capacidade de profetizar (Dibelius, Juel, Klostermann, Loisy, Taylor). Duas profecias foram narradas no julgamento: que Jesus destruiria o santuário e em três dias construiria outro, e que um aspecto do fato de ser o Filho de Deus incluía os membros do sinédrio vendo-o sentado à direita

---

[6] Benoit, Catchpole, Gundry, Hauck, Kilpatrick, S. Schneider, Senior, Streeter, Taylor etc.

[7] Schmidt (*"Iesous"*, p. 221-226) faz um estudo interessante de *kolaphizein* no grego cristão, em latim (*colaphizare, colaphis caedere*) e em francês. *Colaphiser le juif* era expressão usada para a cerimônia das duas últimas semanas da Quaresma nos séculos IX a XI, onde um judeu era trazido à catedral de Toulouse para receber um golpe simbólico dado pelo conde — uma honra!

do Poder, vindo nas nuvens do céu. Embora profetize coisas tão maravilhosas, tem ele ao menos a capacidade de profetizar exigida por um jogo infantil? Miller (*"Empaizein"*, p. 313) está correto ao insistir que, ao lidar com Jesus, o jogo infantil tornou-se bastante adulto.

A atitude de escárnio manifesta indignação pela audácia das pretensões de Jesus. Portanto, não estamos muito longe da atmosfera de 1Rs 22, a cena com o profeta Miqueias, filho de Jemla, já invocado como paralelo para o fato de Jesus ser posto sob juramento em Mateus (em 1Rs 22,16, o rei Acab de Israel pôs Miqueias sob juramento para dizer a verdade). Miqueias predisse que profetas mentirosos enganariam Acab para que lutasse em Ramot de Galaad, onde ele morreria. Sedecias, um dos falsos profetas, deu um tapa em Miqueias e contestou que ele falasse no espírito do Senhor (1Rs 22,24). Marcos espera que o leitor cristão veja ironia no fato de Jesus ser escarnecido dessa maneira como profeta. Embora de olhos vendados, é ele quem vê, enquanto seus inimigos são os cegos.[8] As profecias de Jesus a respeito da traição por Judas e a dispersão dos discípulos já se cumpriram. Na verdade, na mesma hora em que o escarneciam — e é por isso que Marcos interrompe o julgamento, deixando o resumo para Mc 15,1 —, Pedro o nega três vezes antes que um galo cante duas vezes, exatamente como Jesus profetizara. E mais ironia está contida no que ainda está por vir, pois no momento da morte de Jesus começará a destruição do santuário e o confessarão como Filho de Deus, as duas profecias ridicularizadas feitas no julgamento.

Em Marcos, a cena se encerra com tapas pelos guardas, personagens que até este ponto não haviam sido mencionados no julgamento, embora estivessem no pátio, em Mc 14,54. A presença de tais personagens em um julgamento é bastante apropriada, pois, em Mt 5,25, o juiz entrega um ofensor "aos guardas". Seu papel talvez fosse tradicional, pois eles também são mencionados por João e por Lucas ("os homens que o seguravam"); e, como veremos, sua ausência de Mateus é editorial. É provável que os leitores de Marcos pensassem nos que prenderam Jesus (como faz Lucas), embora no Getsêmani Marcos mencionasse apenas a multidão e o escravo do sumo sacerdote. Os textos judaicos citados acima (§ 14), a respeito da brutalidade dos servos do sumo sacerdote, são com frequência invocados aqui também. Flusser ("Who", p. 29) acrescenta a especulação ("muito mais provável"!)

---

[8] Não vejo necessidade de apresentar, como faz Gnilka (Verhandlungen, p. 13), a ideia de que o Messias tem o Espírito que dá conhecimento (ver Is 11,2).

de que estes eram escravos gentios; ele menciona o nome sírio Malco, encontrado em João. Nada sabemos a respeito disso historicamente, mas no nível evangélico é diametralmente oposto àquilo que Marcos (e provavelmente os outros evangelistas) pretendia nessa descrição infelizmente preconceituosa. São guardas judeus que imitam seus senhores judeus; as brutalidades gentias são igualmente más, mas ficam para o julgamento romano.

Como traduzir a expressão que Marcos usa para o que eles fizeram (*rapismasin auton elabon*: "com tapas, eles o tomaram/receberam" [*lambanein*]) tem sido um problema! Para esclarecer as maneiras opostas de interpretar essas três palavras, temos, de W. Barclay, o prolixo "Os guardas o estapearam na face quando o tomaram sob custódia" e, da *Bíblia de Jerusalém*, temos: "Os guardas também o golpearam". O primeiro combina os aspectos ativo e passivo de *lambanein*, de modo que os guardas *tomam* conta de Jesus, *recebendo*-o do sinédrio como criminoso condenado. "Com tapas" serve de dativo de modo, indicando que, quando assumiram a custódia, acrescentaram brutalidade própria (assim também Pesch, *Markus*, v. 2, p. 442). Entretanto, BDF 198[3] e BAGD, p. 464[1e], insistem que *lambanein* não significa em absoluto isso, mas é latinismo "completamente vulgar" que traduz de maneira literal *accipere*, "receber, tomar, tratar", como na descrição por Cícero de garotos espartanos que recebem chicotadas (*verberibus accipuntur*) para se fortalecer (*Tusculan Disp.* II,xiv,34). O uso coloquial de "pegar alguém" dá a mesma ideia, daí "pegaram-no com tapas". Prefiro isso a os guardas receberem a custódia de Jesus, pois, no tema marcano, Jesus permanece sob o controle dos membros do sinédrio; e, em Mc 15,1, eles ("os chefes dos sacerdotes com os anciãos e os escribas"), depois de o amarrarem, levam-no embora e o entregam a Pilatos.

Por que Marcos termina a cena com os tapas dos guardas? Muitos biblistas reconhecem no relato marcano diversos ecos da descrição do servo sofredor na LXX de Is 50,6-7: "Dei [...] as bochechas a *tapas*; não virei a *face* à vergonha dos *escarros*. E o Senhor Deus tornou-se meu aliado e assim não fiquei envergonhado". Paralelos às três palavras em itálico encontram-se em Marcos, dois deles no início da cena e o outro no final.[9] Esse arranjo chama a atenção para mais uma ironia. Ao tratarem Jesus com desprezo como falso profeta, cuspirem nele e cobrirem-lhe

---

[9] Gundry menciona que o ms. de 1QIsa[a] difere do TM ao ler *Imtlym* e que, se essa leitura for entendida como o *hiphil* de *tll* ("cobrir"), também ela pode ter influenciado a descrição que agora aparece em Marcos.

a face, e com os tapas de seus guardas, os membros do sinédrio inconscientemente cumprem uma profecia — a grande profecia de Isaías que revela que, ao se entregar, a vítima transforma os sinais de rejeição humana em vitória com a ajuda de Deus. Assim, no centro da cena marcana, está o desafio a Jesus para profetizar, lançado no momento em que ele se mostra verdadeiro profeta. Emoldurando-o dos dois lados estão os ecos do profeta Isaías. Se essa análise está correta, a cena marcana é artística, além de teológica.

O relato mateano

Os leitores de Mateus encontram uma cena de mais ou menos a mesma extensão que a de Marcos, com muito da mesma teologia em um arranjo um tanto diferente. Como presumivelmente não tinham Marcos para comparar com Mateus, eles não se espantavam com as discrepâncias que tomam a maior parte do espaço que os biblistas dedicam à passagem mateana. Enquanto tento mostrar que a reorganização mateana de Marcos é inteligível, procuro também indicar as ligeiras variantes apresentadas pela teologia mateana.

O início "Então" e a abstenção do "começaram" marcano são típicos toques mateanos. O amor de Mateus por sentenças mais equilibradas quase sempre faz com que ele melhore gramaticalmente o estilo marcano de fluência livre (mas de eficiência narrativa). Mateus não aprecia a série marcana de quatro infinitivos (cuspir, cobrir, golpear, dizer). Ele reconhece que o "alguns" referia-se a membros do sinédrio, mas poderia perfeitamente se preocupar com o aparecimento de "os guardas". Organizador mais pedagógico, Mateus talvez também se preocupasse pelo fato de Marcos dividir os maus-tratos físicos de "golpes" e "tapas" (este último em um latinismo) pela ordem para "profetizar". Um arranjo mais lógico poderia simplificar transformando os membros do sinédrio e guardas marcanos em dois grupos de membros do sinédrio, cada um desempenhando dois papéis. O primeiro grupo "cuspiu" e "golpeou" (observemos a coordenação, em vez de infinitivos); e então havia os que "estapearam" e "diziam: 'Profetiza'". (A segunda oração de Mateus começa com *hoi de*: "Mas [houve] os que", construção que sugere que parte de todo o grupo mencionado na primeira oração estava envolvida.)[10] Esse arranjo mantém as ações físicas em sequência e faz o desafio "Profetiza" levar a cena ao clímax.

---

[10] Ver Neirynck (*"Tis estin"*, p. 33-36); ele aceita o sentido partitivo aqui, mas em nenhuma outra passagem.

A reorganização mateana geral que proponho não precisa de defesa. (Mateus também reorganiza ligeiramente o escárnio e os maus-tratos romanos.) Mas, agora, voltemo-nos para o primeiro dos dois aspectos que deixaram bastante intrigados tanto os copistas antigos como os teóricos modernos dos sinóticos. Por que Mateus omitiu o "cobrir sua face" marcano? Até Senior (SPNM, p. 187), tão empenhado em explicar tudo de Mateus por meio de Marcos, tem de ceder à teoria desesperada de que, no Marcos original, nunca se leu "cobrir sua face". O estranho argumento dessa tese, que, como já mencionei, foi seguida por muitos, é que, se visse a frase em Marcos, Mateus jamais a omitiria, pois a frase ajuda a tornar inteligível o desafio a profetizar. Mas então nossa solução do problema omitindo a frase de Marcos tornaria menos inteligíveis dois evangelistas em vez de um! Igualmente desesperada é a sugestão (Grundmann, Lagrange, Loisy) de que Mateus deixou a face de Jesus descoberta porque queria mudar o teste de profetizar revelando o invisível para profetizar revelando o desconhecido — como se Jesus devesse adivinhar a identidade dos membros do sinédrio que ele via dando-lhe tapas. A meu ver, há uma solução mais simples. Marcos tem a expressão incomum "cuspir nele", mas a expressão idiomática normal encontrada nos textos bíblicos que citei ao examinar o ato de cuspir, e principalmente na importantíssima passagem do servo em Isaías, é "cuspir na face". Evidentemente, Mateus queria usar essa frase para enfatizar o paralelismo com Isaías; mas, tendo mudado para "cuspiram em sua face", ele não podia manter "cobrir sua face" (embora o Códice Koridethi tenha essa incrível combinação em Marcos). Não só a dupla menção de "face" seria estilisticamente incômoda, mas dificilmente seria possível cuspir em uma face coberta. (Lucas, que prefere manter o ato de cobrir, omite o ato de cuspir.) Em todo caso, para Mateus, a frase "cobrir sua face" era realmente dispensável, pois Marcos estava apenas explicando um jogo bem conhecido, que podia ser sinalizado com muito mais facilidade.

Isso leva ao segundo aspecto intrigante ao se relacionar Mateus a Marcos: de onde Mateus tirou a pergunta "Quem é que te agrediu?", principalmente considerando que Lucas tem literalmente a mesma pergunta? Os Códices Koridethi e Washingtonensis, família 13 de minúsculos, várias versões e Agostinho seguem a solução de ler essa pergunta também em Marcos.[11] Mais uma vez, Senior opta por uma solução desesperada (SPNM, p. 189) ao propor que a pergunta foi acrescentada

---

[11] Abordagem defendida por G. D. Kilpatrick, JTS 44, 1943, p. 29-30.

a Mateus por um escriba com o propósito de harmonizar Mateus com Lucas.[12] Ele segue esse caminho em parte porque não reconhece suficientemente que a tradição oral pode ter influenciado tanto Mateus como Lucas. Contudo, a abordagem oral que Soards ("Literary", p. 113) defende aqui é a chave para importantes concordâncias entre Mateus e Lucas que dificilmente trabalharam com textos de total independência, pela maneira como essas histórias continuaram a ser narradas oralmente entre os cristãos. E esse é exatamente o tipo de história realista atraente para ser repetida que envolve um jogo brutal. Em vez de descrevê-los, é comum assinalá-los com uma frase fundamental do jogo. Em diversos parquinhos, ouve-se a pergunta "Quem é?" e se sabe o jogo que está sendo jogado, sem a menor necessidade de pressupor a influência de um grupo frequentador do parquinho sobre outro. A pergunta é tão estereotipada que imediatamente revela o nome do jogo. (Neirynck ["*Tis estin*", p. 29] não reconhece essa possibilidade quando pergunta à guisa de rejeição: "Pode uma tradição oral comum restringir-se a essas cinco palavras?".) Sugiro que Mateus abandonou o "cobrir sua face" marcano porque, quando acrescentou "Quem é que te agrediu?", deu aos leitores informações perfeitamente claras a respeito do jogo de uma forma com a qual estavam mais familiarizados; e não é nenhuma surpresa que Lucas tenha seguido o mesmo caminho sem dependência de Mateus. É plausível que esse caminho tivesse sido tomado antes da época de qualquer um dos dois evangelistas na maneira popular como essa história do escárnio de Jesus era contada entre os que conheciam o jogo pelas palavras explicativas da pergunta.

Depois de relutantemente ceder ao delírio de argumentar que não é necessário adotar interpretações pouco atestadas de Marcos ou procedimentos extraordinários por parte de Mateus para explicar o texto mateano atual, quero voltar a comentar o texto mateano, que tem a mesma importância da cena marcana, embora organizado mais pedagogicamente, conforme os padrões de Mateus. Os três ecos de Is 50,6 ("cuspiram", "face", "estapearam") estão mais próximos e mais óbvios, já que o ato de cuspir, não o de cobrir, afeta a face. O desafio à profecia, a chave para a ironia teológica do julgamento, é agora a última linha do julgamento antes de Mateus voltar-se para as negações de Pedro que demonstram a verdadeira posição de Jesus como profeta. A conhecida pergunta do jogo ("Quem é que te agrediu?") constitui um fim dramático — irrespondível para os escarnecedores, mas que

---

[12] Solução também defendida por seu mestre Neirynck, "*Tis estin*", p. 41-47.

mostra ser uma brincadeira infantil sem sentido quando comparada ao verdadeiro poder do profeta confirmado por Deus, como Is 50,6 predissera.

A saudação "Messias" é típica de Mateus. (O vocativo *Christe* é único na Bíblia. Realça o paralelo com o escárnio romano de Jesus em Mt 27,29, onde Jesus é chamado pelo título vocativo "Rei dos Judeus".) Há quem explique a lógica da adição afirmando que a capacidade de profetizar era um teste bem conhecido para o Messias.[13] Como prova, é apresentado TalBab *Sanhedrin* 93b, onde a afirmação de Aqiba, de que Simão ben Kosiba era o Messias, é testada pela verificação de ele poder ou não julgar pelo olfato; ele não podia e foi morto. Entretanto, esse relato muito mais tardio explica-se *depois* do fracasso da revolta de Kosiba: pretensos Messias agora precisavam ser testados. Como foi mencionado, não temos indícios de homens chamados de Messias no século I (exceto Jesus) e, assim, é possível duvidar que um teste padrão já tivesse sido criado. Realmente, as pessoas juntam as noções de profeta e de rei (Messias?) em Jo 6,14-15 e um teste padrão foi decretado para o profeta em Dt 18,21-22; mas a junção em João é com base em sinais milagrosos, não em predições. Outra explicação, apresentada por Benoit ("Outrages", p. 106-107), recorre a confirmação em Josefo e Jo 11,51 de que se acreditava ser o sumo sacerdote ungido (aqui messiânico) capaz de profetizar. Benoit[14] argumenta que o Jesus mateano apresentou-se como o sacerdote Messias e, como tal, devia ser capaz de profetizar. Entretanto, percebemos com base em Qumrã que o sacerdote Messias esperado (de Aarão, isto é, Levi) era diferenciado do Messias davídico (de Israel) e, certamente a partir de Mt 1,1 (inclusive na NP, com seu paralelismo Judas/Aquitofel), Jesus é enfaticamente o Messias *davídico* sem nenhuma sugestão de um papel levítico.

Afirmo, mais simplesmente, ter Mateus o mesmo entendimento de Marcos de que o teste da profecia se relaciona com o conteúdo do julgamento, a saber, que Jesus fizera declarações futuristas relacionadas com o santuário, com "o Messias, o Filho de Deus" e com "o Filho do Homem" à direita do Poder e, portanto, suas capacidades proféticas foram escarnecidas. Contudo, enquanto em Marcos é preciso fazer a ligação por análise, ao mencionar o Messias Mateus torna a ligação mais clara.[15] É interessante que, enquanto em Marcos Jesus é escarnecido como o Mes-

---

[13] Catchpole, *Trial*, p. 175-176.

[14] Ele cita G. Friedrich, ZTK 53, 1956, p. 265-311.

[15] E se fosse possível mostrar que, a esse tempo, a destruição do santuário e a reconstrução eram os papéis

sias na cruz, um escárnio estreitamente relacionado com os temas do julgamento, em Mateus ele não o é; assim, é de se pensar se Mateus prefere apresentar esse escárnio do Messias aqui. É possível debater se o "Profetiza para nós, Messias" faz o sinédrio mais malévolo, um toque da severidade encontrada em outras passagens da NP mateana (Mt 27,25; 28,14-15). Em todo caso, Mateus começou seu Evangelho com o tema do Messias davídico, por isso o reconhecimento de Jesus sob esse título é crucial para ele. SPNM (p. 191) afirma: "Para Mateus, o assunto primordial é [...] revelar o Cristo"; mas, com ironia, Mateus agora se volta para as negações (que Jesus predisse) por Pedro, que foi o primeiro (Mt 16,16) a confessar Jesus como o Cristo (Messias).

O relato lucano

O tempo e o ambiente da cena lucana de escárnio diferem dos outros Evangelhos. Nos outros, o escárnio acontece no fim do julgamento ou interrogatório de Jesus pelas autoridades; em Lucas, acontece à noite, logo depois do canto do galo, mas antes do julgamento matinal pelo sinédrio. Nos outros Evangelhos, o escárnio e os maus-tratos ocorrem no lugar onde Jesus está sendo julgado; em Lucas, ocorre perto da chama abrasadora, no meio do *aule* da casa do sumo sacerdote (ver Lc 22,54-55). Nesse mesmo lugar, com Jesus presente, Pedro acaba de negá-lo três vezes; e o Jesus que se voltou e olhou (com clemência) para Pedro, agora está de pé, calado e sofrendo o escárnio e a blasfêmia pelos captores. (A tradução do relato lucano das negações de Pedro, a saber, Lc 22,54b-62, que precede imediatamente este relato dos maus-tratos e do escárnio em Lc 22,63-65, encontra-se em § 27.)

As teorias a respeito de como a cena lucana foi composta têm ramificações para a história. Bussmann, Grundmann, Plummer, Streeter, Taylor e Winter estão entre os muitos para quem aqui Lucas teve uma fonte independente de Marcos; e essa ideia levou outros (Benoit, Catchpole, Flusser) a julgar que o relato de Lucas é mais histórico que os dos outros Evangelhos. Por outro lado, Creed, Finegan, Schneider e Soards duvidam ou negam firmemente uma fonte lucana especial; e, embora conservador, K. Schubert ("Juden und die Römer", p. 239) desafia a originalidade do relato lucano, avaliando-o como reorganização de material tomado por empréstimo. Quanto a relações entre os sinóticos, somente nove de vinte e sete

---

esperados do Messias (distinto de Deus), como muitos biblistas afirmam, a ligação seria mais próxima — mas como já foi indicado (§ 20), é preciso mais prova disso.

palavras[16] da passagem lucana encontram-se no relato marcano do escárnio judaico; mas esse número é um pouco ilusório, pois precisamos levar em consideração o hábito lucano de recorrer ao vocabulário de outras passagens marcanas que ele omitiu. Consideremos os detalhes da narrativa lucana, usando a questão composicional para examinar aspectos do pensamento lucano.

Lucas começa falando dos "homens que o seguravam" como os agentes que vão escarnecê-lo. A meu ver, essa expressão afasta o exame da fonte original em direção à composição secundária. O verbo *synechein* ("vigiar") ocorre seis vezes em Lucas, comparado com uma vez nos outros Evangelhos. Com o sujeito "homens", a frase parece ser o equivalente dos guardas marcanos e joaninos, e Fitzmyer (*Luke*, v. 2, p. 1461) declara que eles são "subalternos". Contudo, Lucas jamais menciona guardas, e as últimas pessoas citadas a quem isso poderia se referir são os "chefes dos sacerdotes e capitães do Templo e anciãos" de Lc 22,52. Por causa da forma como Lucas deslocou material, já em Lc 22,55, a sequência lucana produziu o problema lógico de parecer que esses ilustres estavam sentados confortavelmente com Pedro perto do fogo; agora parece que eles são os que seguram Jesus fisicamente. Na verdade, o "o" que eles seguram deveria ser Jesus, já que a última pessoa mencionada (Lc 22,62) a quem o pronome gramaticalmente se referiria é Pedro?[17] De fato, quando se lê a narrativa sem prestar atenção a essas sutilezas, tem-se a verdadeira impressão que Lucas pretendia transmitir; mas, ao reorganizar, ele deixou marcas reveladoras, ao não designar atentamente os sujeitos das ações que tomou por empréstimo de Marcos.

Lucas nos diz que os homens que seguravam Jesus "estavam escarnecendo" (ou "começaram a escarnecer", se o imperfeito for conativo [BDF, 326; Fitzmyer, *Luke*, v. 2, p. 1465]). Sendo o único evangelista a usar *empaizein*, Lucas ainda elabora implicações em Marcos. A terceira predição marcana da Paixão falava do Filho do Homem sendo entregue aos chefes dos sacerdotes e aos escribas, que o condenariam à morte e o entregariam aos gentios (Mc 10,33-34, descrevendo o que acontecerá em Mc 14,64 e 15,1): "Eles escarnecerão dele, cuspirão nele e o açoitarão e (o) matarão". Esses quatro verbos descrevem o que acontecerá em Marcos depois de Pilatos julgar Jesus; Jesus será flagelado (Mc 15,15); soldados romanos

---

[16] Conta de Neirynck em *"Tis estin"* 17 x Taylor.
[17] Catchpole (*Trial*, p. 174) e outros solucionam o problema omitindo Lc 22,62 das negações de Pedro; mas essa é uma solução fácil demais (Fitzmyer, *Luke*, v. 2, p. 1457-1458).

cuspirão nele e o escarnecerão (*empaizein*) (Mc 15,19-20), e então ele será levado e crucificado. Lucas não vai narrar um escárnio romano imediatamente depois do julgamento por Pilatos; assim, ele reinterpreta a aplicação da terceira predição da Paixão. Em Lc 18,32-33, está: "Pois ele será entregue aos gentios e será escarnecido e será arrogantemente destratado [passiva de *hybrizein*] e cuspirão nele; e tendo (o) açoitado, eles o matarão". Lucas eliminou a menção marcana de ser condenado pelos chefes dos sacerdotes e escribas porque omitirá a condenação de Jesus pelo sinédrio. Ele muda para a voz passiva os verbos iniciais (inclusive a adição "arrogantemente destratado") porque os gentios não farão essas coisas (como fazem em Marcos). Assim, para Lucas, a ação dos homens que seguram Jesus no *aule* da casa do sumo sacerdote cumpre pelo menos parte dos maltratos prenunciados. É *aqui* que Jesus é "escarnecido" e, por equivalência, "arrogantemente destratado", daí o acréscimo lucano na cena presente de "estavam escarnecendo", no início, e "blasfemando, diziam muitas outras coisas contra ele" no final. Não há necessidade de pressupor uma fonte especial para tais adições.

Na verdade, Lucas faz certo arranjo artístico do tema de escárnio estar presente em toda a NP, usando o verbo *empaizein* três vezes (ver o Quadro 2): para a ação aqui dos homens que o seguram, para a ação em Lc 23,11a de Herodes e suas tropas que tratam Jesus com desprezo; e para a ação na cruz, em Lc 23,36, dos soldados (romanos) que se apresentam, fingidamente com respeito, para lhe oferecer o vinho azedo e desafiá-lo, se ele é o Rei dos Judeus, a salvar a si mesmo. (O último, para Lucas, substitui o escárnio romano imediatamente depois do julgamento por Pilatos.)

Para Lucas, o escárnio domina tanto esta cena, a ponto de permitir a eliminação dos maus-tratos físicos, narrados em Marcos, que se relacionam com o escárnio – por exemplo, o ato de cuspir que Marcos tem no início e os tapas no final. Dos maus-tratos físicos, o único que Lucas menciona é "bater", essencial para a pergunta que identifica o jogo da cabra-cega: "Quem é que te agrediu?".[18] Marcos não menciona blasfêmia no escárnio de Jesus pelos judeus, mas ele tem Jesus acusado de blasfêmia pelo sumo sacerdote. Lucas a omite de sua versão do

---

[18] O verbo *derein* ("bater", usado também por João) é um que Lucas usa com certa frequência (oito vezes, em Lucas/Atos, contra quatro vezes nos outros Evangelhos); e, presumivelmente, ele o prefere ao que Marcos usa: *kolaphizein* ("golpear" que, como sugeri, pode ter sido vocabulário primitivo da Paixão, mas nunca é usado por Lucas).

julgamento pelo sinédrio, talvez horrorizado pela ideia de a principal autoridade entre o povo de Deus acusar o Filho de Deus de blasfemar contra Deus. Em vez disso, ele torce a acusação e considera o escárnio de Jesus blasfêmia *contra* o Filho de Deus. O que Lucas escreve literalmente em Lc 22,65 é: "E muitas outras coisas, blasfemando, eles diziam" — construção gramatical que usou antes, em Lc 3,18: "Assim e muitas outras coisas, exortando, ele pregava". Isso identifica como blasfêmia tudo o que aconteceu. Esse termo (§ 23, Elemento C, acima) significa amaldiçoar ou injuriar, mas, quase sempre em um contexto religioso, tem o tom de arrogância que ofende a dignidade de Deus. Na terceira predição da Paixão, (só) Lucas usou o verbo *hybrizein*, e *hybris* é uma arrogância pela qual a pessoa se lança contra Deus. É assim que Lucas via esse ultraje contra Jesus.

Então, se concordo com os que acham que a cena lucana pode ser explicada como reescrita e reorganização livres do relato marcano (mais o acréscimo do uso oral estabelecido da identificação do jogo como "Quem é que te agrediu?"), restam duas questões intrigantes.

Primeiro, sugeri que Lucas não mencionou nem o início marcano ("cuspir em"), nem o final marcano ("com tapas") porque eram irrelevantes para o jogo escarnecedor de cobrir Jesus, bater nele e então perguntar: "Profetiza, quem é que te agrediu?". Contudo, com essa omissão, Lucas também excluiu os ecos de Is 50,6, a descrição do servo sofredor que deu a face a tapas, que não escondeu a face da vergonha das cuspuradas.[19] Teria Lucas sentido que aqui não precisava de uma referência indireta a Jesus como o servo sofredor, porque ele poria uma cena nos Atos (At 8,26-39), com o eunuco etíope que explicitamente aplicava a imagem do servo de Isaías a Jesus? Lucas mudou parte do julgamento marcano de Jesus pelo sinédrio para o julgamento de Estêvão em At 7, de modo que a sugestão não é impossível. (A sugestão de que Lucas nos dá uma forma mais primitiva do escárnio judaico, que reflete o período antes que os cristãos o explicassem com uma

---

[19] Parenteticamente, também é preciso reconhecer que Lucas excluiu o cumprimento da terceira predição da Paixão por ele mesmo: "cuspirão nele". Como mencionei, para Marcos, "cuspir em" e "açoitar" foram cumpridos no escárnio posterior ao julgamento romano que Lucas eliminou. É um problema para toda teoria de composição lucana que Lucas tenha conservado esses dois elementos em sua terceira predição da Paixão, quando eles jamais acontecem no Evangelho! *Não cospem no Jesus lucano e ele não é açoitado, embora ele diga que o será.* Há quem afirme que Lucas inclui esses elementos na blasfêmia feita a Jesus. Explicação mais provável é que as sensibilidades de Lucas e seu senso de ordem ditaram reorganizações de material marcano, a ponto de às vezes serem criadas iniquidades. Indicarei outras delas quando examinar o fim do julgamento por Pilatos.

referência a Is 50,6, contraria um número demasiadamente grande de indicações de que a cena lucana não é primitiva.) Aqui, Lucas talvez esteja primordialmente interessado em outra imagem de Jesus, a saber, como modelo para o martírio. Lucas acabou de narrar a história das negações de Pedro, onde Pedro não se manteve perseverante sob questionamento hostil; mas, agora, Jesus não cede nem mesmo sob os golpes do escárnio blasfemador. Esse modelo do mártir fora apresentado ao Judaísmo de língua grega (cuja linguagem Lucas entendia muito bem) por 2Mc 6-7 e por *4 Macabeus* 6 e 8-14. Nos Atos, Lucas descreve a perseverança de Estêvão, Pedro e Paulo; e, para eles, o Jesus lucano é exemplo e precursor.

Outra questão intrigante no relato lucano é a lógica exata de "Profetiza". Para Marcos/Mateus esse desafio fazia sentido no nível narrativo porque no julgamento Jesus estava ligado a profecias, mas em Lucas o julgamento ainda está para acontecer. No nível de teologia irônica, já se vê, Jesus se mostra verdadeiro profeta porque Pedro acabou de negá-lo três vezes antes de um galo cantar, mas no nível narrativo os homens que seguravam Jesus dificilmente saberiam disso. Em Lucas, talvez mais do que nos outros Evangelhos, Jesus é saudado publicamente como profeta (Lc 7,16; 9,8.19; ver Lc 24,19); e publicamente e aos discípulos, Jesus se compara aos profetas (Lc 4,24.27; 13,34). Significativo é Lc 13,33: "É impossível que um profeta morra fora de Jerusalém". Quando expressou suas dúvidas quanto a Jesus, o fariseu o fez nestes termos: "Se este homem fosse profeta, ele saberia" (Lc 7,39). Seria isso suficiente para explicar por que, quando seus captores quiseram escarnecer de Jesus, o fizeram como profeta? Ou Lucas simplesmente tomou isso de Marcos e (já que fazia sentido como ironia teológica) não se preocupou demais quanto à lógica exata da linha narrativa? Ou estamos olhando na direção errada quando procuramos o que *precede*? Os homens que seguram Jesus escarnecem dele como profeta; de manhã, os membros do sinédrio indagarão, incrédulos, se Jesus é o Messias e o Filho de Deus. É essa uma descrição ascendente da descrença dos inimigos, pela qual, ironicamente, eles aproximam-se mais da verdade?

O relato joanino do tapa que um guarda deu em Jesus, depois de Jesus responder ao sumo sacerdote, foi examinado em § 19. Vimos que foi um ato, não de escárnio, mas de indignação, reflexo da ordem de Ex 22,27(28) a respeito de não falar mal do governante do povo de Deus, isto é, neste caso, do sumo sacerdote. Ali deixei em aberto se, neste ato de estapear, João supunha que o leitor veria um reflexo de Is 50,6 (entretanto, admitindo-se que o Jesus joanino, ao contrário do servo sofredor de Is 53,7, abre realmente a boca para falar majestosamente).

Análise

A cena joanina mais simples nos leva a um exame da historicidade. (Esse será o único tema nesta seção analítica, já que tivemos de examinar questões composicionais no COMENTÁRIO.) Podemos descobrir quais e de quem são as ações que fundamentam os vários relatos evangélicos dos maus-tratos e do escárnio de Jesus por parte dos judeus? Quem as cometeu e quando? Quero relacionar algumas observações breves, em harmonia com o que vimos, e depois chegar a uma conclusão apreciativa:

- A cena de Marcos/Mateus depois do julgamento judaico com seu desafio a Jesus para profetizar e a cena de Marcos/Mateus, estreitamente paralela, depois do julgamento romano com seu desafio a Jesus como Rei dos Judeus representam uma estruturação teológica que chama a atenção para temas nos respectivos julgamentos. Os detalhes das duas cenas são, na maior parte, diferentes, e não se deve tirar a conclusão precipitada de que uma foi criada do nada para imitar a outra. Mas com certeza ambas não são históricas simplesmente como descritas; toda tradição fundamental foi fortemente reformulada.

- É preciso rejeitar a afirmação de que a cena lucana é mais histórica porque o escárnio não é da parte do sinédrio, mas de captores, enquanto seguram um prisioneiro que aguarda julgamento pelo sinédrio. A mudança do julgamento do sinédrio para de manhã é reorganização lucana; a identidade dos captores, quando examinada criticamente, mostra as marcas reveladoras de problemas causados pela reorganização. Do princípio ao fim, o relato de Lucas é com toda a probabilidade dependente de Marcos (com uma pequena influência da tradição oral).

- Também o relato joanino mostra as marcas da interpretação teológica, por exemplo, a soberania de Jesus. Contudo, a ação básica joanina permanece simples: um tapa de um dos guardas. É inútil especular se João extraiu isso da última parte de Mc 14,65, ou se essa parte de Marcos (que para alguns foi acrescentada) foi extraída de uma tradição semelhante à de

João. É preciso menos imaginação para supor que os dois evangelistas eram dependentes de tradições similares mais antigas.

Por trás dos relatos, quando se examinam suas origens criticamente (inclusive o que um ou o outro evangelista omitiu), está um tapa ou um açoitamento em Jesus por um ou mais guardas como consequência de seu interrogatório pelo sumo sacerdote durante a noite de sua prisão. (Tais maus-tratos não são, em absoluto, implausíveis historicamente: nos anos 60, quando Jesus, filho de Ananias, foi preso pelos principais cidadãos de Jerusalém, porque ficou de pé no Templo e profetizou destruição, eles o deixaram com muitas contusões (*plege*) por ele ficar calado, antes de o entregarem aos romanos [Josefo, *Guerra* VI,v,3; #302].) Essa violência é descrita pela tradição cristã e pelos evangelistas (talvez pela inclusão de outras tradições, por exemplo, escárnio de alegações a respeito de Jesus) de uma forma que mostra como tal insulto horrendo à pessoa do Filho de Deus se ajusta à vontade de Deus revelada nas descrições veterotestamentárias do justo sofredor e da arrogância dos pecadores. Os relatos de Marcos/Mateus pelos quais os maus-tratos foram feitos pelos membros do sinédrio talvez não sejam históricos, em especial para os que (como eu) julgam que a reunião do sinédrio pertinente a Jesus aconteceu algum tempo antes de Jesus ser preso. Contudo, os evangelistas (ou a tradição que se criou antes deles) não buscavam caluniar os membros do sinédrio.[20] Expressavam sua opinião de que, com a decisão contra Jesus (mesmo se historicamente ela foi tomada antes), os membros do sinédrio foram responsáveis não só pela morte de Jesus, mas por todos os outros infortúnios que lhe aconteceram.

Ao descrever papéis negativos na NP, os evangelistas não se restringem aos inimigos de Jesus. Importante componente da ação legal judaica contra Jesus é a tripla negação dele por Pedro, o único dos Doze que ainda tenta vir atrás dele quando os outros já não fazem parte da cena. Embora a relação sequencial com o julgamento ou interrogatório judaico varie, as negações de Pedro recebem tanta atenção quanto o questionamento e o escárnio de Jesus. É para essa tripla negação dramática que agora nos voltamos.

(*A bibliografia para esta seção encontra-se em § 25, Parte I.*)

---

[20] H. C. Waetjen (*A Reordering of Power: A Socio-political Reading of Mark's Gospel*. Minneapolis, Fortress, 1989, p. 16) menciona que a imagem dos maus-tratos de Jesus pelo sinédrio talvez reflita a avaliação pejorativa que a classe baixa tinha dos governantes, avaliação não sem base na experiência.

§ 27. As três negações de Jesus por Pedro
(Mc 14,66-72; Mt 26,69-75; Lc 22,54b-62; Jo 18,15-18.25-27)

Tradução

Mc 14,[54]66-72: [⁵⁴E Pedro seguiu-o de longe até dentro do pátio do sumo sacerdote, e ele estava sentado junto com os guardas e se aquecendo perto da chama abrasadora.]

(1ª negação) ⁶⁶E Pedro estando embaixo, no pátio, vem uma das criadas do sumo sacerdote; ⁶⁷e tendo visto Pedro se aquecendo e tendo olhado para ele, ela lhe diz: "Tu também estavas com o nazareno, Jesus". ⁶⁸ªMas ele negou, dizendo: "Não sei nem entendo o que estás dizendo".

(2ª negação) ⁶⁸ᵇE ele foi para fora no pórtico [e um galo cantou]. ⁶⁹E a criada, vendo-o, começou novamente a dizer aos circunstantes que "Este é um deles". ⁷⁰ªMas novamente ele o negava.

(3ª negação) ⁷⁰ᵇE pouco depois, os circunstantes novamente diziam a Pedro: "Verdadeiramente tu és um deles, pois de fato és galileu". ⁷¹Mas ele começou a amaldiçoar e a jurar que: "Não conheço esse homem de quem falas". ⁷²E nesse instante, uma segunda vez um galo cantou; e Pedro lembrou-se da palavra como Jesus a tinha falado para ele que: "Antes que um galo cante duas vezes, três vezes tu me negarás". E tendo saído apressadamente, ele chorava.

Mt 26,[58]69-75: [⁵⁸Mas Pedro estava seguindo-o de longe até o pátio (quintal) do sumo sacerdote; e entrando, sentou-se com os guardas para ver o fim.]

(1ª negação) ⁶⁹Mas Pedro sentou-se fora no pátio (quintal); e uma criada veio até ele dizendo: "Tu também estavas com Jesus, o Galileu". ⁷⁰Mas ele negou diante de todos, dizendo: "Não sei o que estás dizendo".

(2ª negação) ⁷¹Mas depois que ele saiu para a entrada, uma outra mulher o viu e diz aos (que estavam) ali: "Este um estava com Jesus, o Nazareu". ⁷²Mas novamente ele negou, com um juramento de que "Não conheço o homem".

(3ª negação) ⁷³Mas pouco depois, os presentes, aproximando-se, disseram a Pedro: "Verdadeiramente tu também és um deles, pois de fato teu modo de falar te denuncia". ⁷⁴Então ele começou a amaldiçoar e a jurar que "Não conheço o homem". E nesse instante, um galo cantou; ⁷⁵e Pedro se lembrou da palavra falada por Jesus que "Antes que um galo cante, três vezes me negarás". E tendo ido para fora, ele chorou amargamente.

Lc 22,54b-62: ⁵⁴ᵇMas Pedro estava seguindo à distância. ⁵⁵Mas quando eles acenderam uma fogueira no meio do pátio e se sentaram juntos, Pedro sentou-se no meio deles.

(1ª negação) ⁵⁶Mas vendo-o sentado perto da chama abrasadora e encarando-o, uma certa criada disse: "Este também estava com ele". ⁵⁷Mas ele negou, dizendo: "Eu não o conheço, mulher".

(2ª negação) ⁵⁸E depois de pouco tempo, um outro homem, vendo-o disse: "Tu também és um deles". Mas Pedro disse: "Homem, eu não sou".

(3ª negação) ⁵⁹E depois que cerca de uma hora se passou, um certo homem insistia, dizendo: "Em verdade, este também estava com ele, pois de fato ele é galileu". ⁶⁰Mas Pedro disse: "Homem, não sei o que dizes". E naquele momento, enquanto ele ainda falava, um galo cantou. ⁶¹E o Senhor, virando-se, olhou para Pedro; e Pedro lembrou-se do dito do Senhor como ele o tinha falado para ele que "Antes que um galo cante hoje, tu me negarás três vezes". ⁶²E tendo ido para fora, ele chorou amargamente.

Jo 18,15-18.25-27: ¹⁵Mas seguindo Jesus, estava Simão Pedro e outro discípulo. Mas esse discípulo era conhecido do sumo sacerdote e entrou junto com Jesus no pátio do sumo sacerdote. ¹⁶ᵃMas Pedro estava de pé à porta, do lado de fora.

(1ª negação) ¹⁶ᵇConsequentemente, o outro discípulo, o que era conhecido do sumo sacerdote, saiu e falou com a porteira e trouxe Pedro para dentro. ¹⁷E assim, a criada, a porteira, diz a Pedro: "És tu também um dos discípulos desse homem?". Ele diz: "Eu não sou". ¹⁸Mas os servos e os guardas estavam de pé ao redor, tendo feito uma fogueira porque estava frio; e estavam se aquecendo. Mas Pedro também estava com eles, de pé e se aquecendo. [18,19-24 descreve o interrogatório de Jesus por Anás.]

(2ª negação) ²⁵Mas Simão Pedro estava de pé ali e se aquecendo. Então eles lhe disseram: "És tu também um de seus discípulos?". E ele negou e disse: "Eu não sou".

(3ª negação) ²⁶Um dos servos do sumo sacerdote, sendo parente daquele de quem Pedro decepara a orelha, diz: "Não te vi no jardim com ele?". ²⁷E então Pedro negou novamente e nesse instante um galo cantou.

Comentário

Como vou ressaltar na ANÁLISE, onde tratarei da composição e antiguidade desta cena, ironicamente este episódio da NP revela aspectos contrastantes. Por um lado, é o episódio a respeito do qual os quatro Evangelhos mais concordam; por outro, há detalhes secundários irritantemente diferentes na narrativa do ambiente e das três negações. Apresento em páginas adjacentes o Quadro 3, que incorpora esses detalhes, e os leitores serão repetidas vezes aconselhados a consultar esse quadro a fim de seguir o exame de minúcias.

Cenário geral

Em Lucas e João, depois de Jesus ser preso no Monte das Oliveiras, do outro lado do Cedron, e ser levado ao sumo sacerdote ou a sua casa, imediatamente ficamos sabendo como Pedro, que seguia, começou a ser confrontado e assim foi levado a negar Jesus. Nesses dois Evangelhos, então, não há nada que separe o cenário geral com a descrição do local onde Pedro está e as negações. Em Marcos/Mateus, entretanto, há uma separação, pois o julgamento pelo sinédrio está entre a descrição do paradeiro de Pedro e o relato das negações. Como vimos em § 19, Mc 14,53-54/Mt 26,57-58 constitui uma dupla introdução, com o primeiro versículo preparando os leitores para o julgamento pelo sinédrio e o segundo versículo (repetido entre colchetes na minha tradução aqui) preparando para as negações — preparação dividida por cerca de uma dezena de versículos do relato real das negações. Quando começam esta seção, Marcos e Mateus têm de recorrer a esse versículo que localizou Pedro sentado junto com os guardas dentro do *aule* (pátio[quintal]) do sumo sacerdote. Na verdade, o início marcano em Mc 14,66 ("E Pedro estando embaixo") e a repetição mateana em Mt 26,69 de "sentou-se" (com a insinuação de "estava sentado") servem para salientar a simultaneidade das negações de Pedro e do julgamento pelo sinédrio que foi descrito nos versículos que separam a preparação das negações.

Em lugar de um julgamento pelo sinédrio, depois da prisão João descreve um interrogatório de Jesus por Anás, e ele também ressalta a simultaneidade, ao colocar a primeira negação de Pedro antes daquele interrogatório, e a segunda e a terceira negações depois dele. (Mais precisamente elas estão depois de Jo 18,24, onde Anás manda Jesus amarrado a Caifás; mas o *de* no início de Jo 18,25 equivale

Segundo ato • Jesus diante das autoridades judaicas

QUADRO 3. COMPARAÇÃO DOS RELATOS DAS TRÊS NEGAÇÕES DE JESUS POR PEDRO

Geral	Marcos	Mateus	Lucas	João
#1. Tempo	Na noite em que J. (= Jesus) foi agarrado no Getsêmani no Monte das Oliveiras e levado ao s.s. (= sumo sacerdote).	Na noite em que J. foi agarrado no Getsêmani no Monte das Oliveiras e levado a Caifás, o s.s.	Na noite em que pegaram J. no Monte das Oliveiras e o levaram à casa do s.s.	Na noite em que pegaram J. em um jardim do outro lado do Cedron e o levaram à casa de Anás, sogro de Caifás, s.s. aquele ano.
#2. Sequência de cenas	Depois do julgamento pelo sinédrio, quando J. foi interrogado pelo s.s. e maltratado pelos membros do sinédrio.	Depois do julgamento pelo sinédrio, quando J. foi interrogado pelo s.s. (Caifás) e maltratado pelos membros do sinédrio.	Antes de J. ser escarnecido pelos homens que o seguravam e antes (quando o dia começou) de ser levado a um sinédrio para ser interrogado pelos seus membros.	*Primeira negação:* Antes de J. ser interrogado pelo s.s. (Anás) e de ser estapeado pelo guarda. *Segunda e terceira negações:* Depois do acima; quando J. foi levado amarrado a Caifás.
Primeira negação	Mc 14,54.66-68a	Mt 26,58.69-70	Lc 22,54b-57	Jo 18,15-18
#3. Lugar	Pedro seguiu J. de longe até dentro do *aule* do s.s., embaixo de onde J. estava.	Pedro seguia J. de longe até dentro do *aule* do s.s., fora de onde J. estava.	Pedro seguia à distância. Estava no meio do *aule* do s.s., onde J. também estava.	Simão Pedro e outro discípulo estavam seguindo Jesus. O discípulo entrou no *aule* do s.s. junto com J.; Pedro foi deixado de pé à porta, do lado de fora.
#4. Posição de Pedro	Sentado junto com os guardas, se aquecendo perto da chama abrasadora (*phos*).	Sentou-se com os guardas para ver o fim.	Sentado no meio do grupo aprisionador perto da chama abrasadora (*phos*) da fogueira (*pyr*) que tinham acendido.	Levado pelo outro discípulo, Pedro ficou com os servos e os guardas se aquecendo em uma fogueira (*anthrakia*) feita por eles.

714

§ 27. As três negações de Jesus por Pedro

	Mc	Mt	Lc	Jo
#5. Interpelador	Uma (*mia*) das criadas do s.s.	Uma (*mia*) criada	Uma certa (*tis*) criada	A criada que era a porteira
#6. Acusação ou pergunta	"Tu também estavas com [*meta*] o nazareno, Jesus".	"Tu também estavas com [*meta*] Jesus, o Galileu".	"Este também estava com [*syn*] ele".	"És tu também um dos discípulos desse homem?"
#7. Resposta	Mas ele negou, dizendo: "Não sei nem entendo o que estás dizendo".	Mas ele negou diante de todos, dizendo: "Não sei o que estás dizendo".	Mas ele negou, dizendo: "Eu não o conheço, mulher".	Ele (aquele) diz: "Eu não sou".
Segunda negação	**Mc 14,68b-70a**	**Mt 26,71-72**	**Lc 22,58**	**Jo 18,25**
#8. Cenário	Pedro foi para fora, no pórtico. [*proaulion*].	Pedro sai para a entrada [*pylon*].	Depois de pouco tempo (ainda no *aule*).	Nenhum intervalo indicado (ainda de pé no *aule* se aquecendo).
#9. Interpelador	Mesma criada, vendo-o, começou novamente a dizer aos circunstantes:	Uma outra criada o viu e diz aos (que estavam) ali:	Um outro homem, vendo-o disse:	Eles (servos e guardas do v. 18) lhe disseram:
#10. Acusação ou pergunta	"Este é um deles".	"Este um estava com Jesus, o Nazareu".	"Tu também és um deles".	"És tu também um de seus discípulos?"
#11. Resposta	Mas novamente ele o negava.	Mas novamente ele negou com um juramento de que "Não conheço o homem".	Mas Pedro disse: "Homem, eu não sou".	E ele negou e disse: "Eu não sou".
Terceira negação	**Mc 14,70b-72**	**Mt 26,73-75**	**Lc 22,59-62**	**Jo 18,26-27**
#12. Cenário	Pouco depois (ainda no pórtico).	Pouco depois (ainda na entrada).	Depois de cerca de uma hora (ainda no *aule*).	Nenhum intervalo indicado (ainda de pé perto da fogueira).
#13. Interpelador	Os circunstantes novamente diziam a Pedro:	Os presentes, aproximando-se, disseram a Pedro:	Um (um outro) certo (*tis*) homem insistia, dizendo:	Um dos servos do sumo sacerdote, sendo parente daquele de quem Pedro decepara a orelha, diz:

#14. Acusação ou pergunta	"Verdadeiramente tu és um deles, pois de fato és galileu."	"Verdadeiramente tu também és um deles, pois de fato teu modo de falar te denuncia."	"Em verdade, este também estava com [*meta*] ele, pois de fato ele é galileu."	"Não te vi no jardim com [*meta*] ele?"
#15. Resposta	Mas ele começou a amaldiçoar e a jurar que "Não conheço esse homem de quem falas".	Então ele começou a amaldiçoar e a jurar que "Não conheço o homem".	Mas Pedro disse: "Homem, não sei o que dizes".	E então Pedro negou novamente.
#16. Canto do galo	Nesse instante, uma segunda vez um galo cantou.	Nesse instante, um galo cantou.	Naquele momento, enquanto ele ainda falava, um galo cantou.	Nesse instante, um galo cantou.
#17. Reação de Pedro	Pedro lembrou-se da palavra como J. a tinha falado para ele que "Antes que um galo cante duas vezes, três vezes tu me negarás". E tendo saído apressadamente, ele chorava.	Pedro lembrou-se da palavra falada por J. que "Antes que um galo cante, três vezes me negarás". E indo para fora, ele chorou amargamente.	O Senhor, virando-se, olhou para Pedro; e Pedro lembrou-se do dito do Senhor como ele o tinha falado para ele que "Antes que um galo cante hoje, tu me negarás três vezes". Tendo ido para fora, ele chorou amargamente.	

a "Nesse meio-tempo", de modo que a segunda e a terceira negações continuam enquanto Jesus está sendo interrogado e despachado.) Sem dúvida (ver a ANÁLISE), o objetivo primordial da simultaneidade é teológico, e contrasta dramaticamente a negação de Pedro com a confissão de Jesus. Somente Lucas quebra o padrão de simultaneidade, deixando as negações ficarem sozinhas — depois de Jesus encontrar os chefes dos sacerdotes e os anciãos no Monte das Oliveiras, quando foi preso, e antes da reunião matinal do sinédrio. O senso e a ordem de Lucas abominam a atitude marcana de introduzir Pedro em Mc 14,54 e, depois, só voltar a ele em Mc 14,66-72. Como McEleney ("Peter's", p. 469) indica, Lucas prefere "desocupar o palco", fazendo o exame completo de uma personagem, antes de passar a outro assunto. Por exemplo, em Lc 3,1-20, Lucas descreve o ministério de João Batista até e inclusive sua prisão, antes mesmo de escrever sobre o batismo de Jesus em Lc 3,21-22, embora esse batismo tivesse de acontecer antes de João Batista ser preso. Assim, também aqui, Lucas integra a descrição marcana de Pedro no *aule* em uma composição consecutiva, mas notamos que ele não muda a hora das negações. Se são históricas, elas certamente aconteceram no plano temporal, onde todos os Evangelhos as colocam, isto é, nas horas mais escuras da noite em que Jesus foi preso. O tema do canto do galo assegura isso.

Em todos os Evangelhos, Pedro "segue" o Jesus preso, sequência que é surpreendente. Em Mc 14,50/Mt 26,56, foi-nos dito que todos os discípulos abandonaram Jesus e fugiram quando ele foi agarrado no Getsêmani; em Jo 18,8, Jesus insistiu para deixarem os discípulos irem sem serem retidos, como preço de sua prisão. (Aqui novamente, Lucas é a exceção, pois esse Evangelho não relata o que aconteceu aos discípulos que estavam com Jesus no Monte das Oliveiras.) Contudo, a indicação em Marcos/Mateus (e em Lucas também, o que mostra a percepção do assunto pelo evangelista) de que Pedro seguiu "de longe", embora tenha implicações teológicas,[1] tinha o propósito de lidar com a aparente contradição entre fuga e seguimento. Pedro segue porque alegou ser exceção. Um seguimento verdadeiramente característico de discipulado não seria à distância, mas até a cruz (Gnilka, *Markus*, v. 2, p. 278). Plummer (*Luke*, p. 513) observa de modo convincente que Pedro segue por amor, mas à distância por medo. João afirma implicitamente a tradição de "de longe", pois mostra Pedro chegando à porta *depois de* Jesus (com outro discípulo) já estar dentro. Na verdade, nenhuma tentativa de prender os seguidores de Jesus

---

[1] Sl 38,12[11] descreve a família do justo sofredor de pé a (a certa) distância.

foi relatada durante a cena da prisão, mas, no nível da história, é crítica exagerada alegar que a insinuação de medo por parte de Pedro é ininteligível ou ilógica (com a devida vênia a Gardiner, "Denial"). Foi relatada violência durante a prisão de Jesus, e três dos quatro Evangelhos identificaram claramente como discípulo de Jesus aquele que decepou a orelha do servo. Na verdade, uma vez dentro do *aule* do sumo sacerdote, o Pedro joanino tinha razão especial para ter medo, pois foi ele que feriu o servo do sumo sacerdote. Além disso, em João, o sumo sacerdote Anás interrogara Jesus a respeito de seus discípulos (Jo 18,19); que esse interrogatório pode tê-los tornado suspeitos é subentendido em Jo 20,19, onde os discípulos trancam a porta do lugar onde estavam "por medo dos judeus". *EvPd* 7,26 dramatiza isso, quando Pedro diz: "Mas, com meus companheiros, eu estava triste; e tendo sido feridos em espírito, estávamos escondidos, pois éramos procurados por eles [os judeus, os anciãos e os sacerdotes] como malfeitores que desejavam pôr fogo no santuário".[2] Esses relatos em João e *EvPd* refletem o crescente antijudaísmo do período posterior a 70. Historicamente, não existe registrada nenhuma memória cristã primitiva de uma tentativa de executar os seguidores de Jesus juntamente com ele.

Os quatro Evangelhos concordam ao colocar as negações no *aule* do sumo sacerdote ou próximo a ele. Esse termo refere-se a toda uma construção palaciana (um pátio), a um cômodo (saguão) dentro dele, ou a um quintal do lado de fora. Mt 26,69 imagina claramente este último sentido: o *aule* das negações fica do lado de fora do lugar onde Jesus está sendo julgado pelo sinédrio; mas é preciso lembrar que Mt 26,3 mencionou o *aule* do sumo sacerdote como o lugar onde os chefes dos sacerdotes e os anciãos se reuniam — exemplo do primeiro ou segundo sentidos do termo. Marcos imagina a casa do sumo sacerdote com mais de um andar, de modo que, enquanto Jesus é julgado pelo sinédrio em um lugar, Pedro o nega "embaixo" (Mc 14,66). É provável que, para Marcos, *aule* signifique um saguão ou pátio interno no edifício, enquanto o *proaulion* de Mc 14,68b seja o pórtico ou quintal fora do *aule*, aonde Pedro vai para a segunda negação.

É muito mais difícil adivinhar o que Lucas e João querem dizer com o *aule*. Há quem pense em um edifício *com duas alas*, para que os movimentos que esses dois Evangelhos pressupõem durante os procedimentos se harmonizem com a imagem de Marcos/Mateus de todos os procedimentos que tiveram lugar adjacente ao

---

[2] A última frase é o eco em *EvPd* da acusação contra Jesus no julgamento pelo sinédrio em Marcos/Mateus, segundo a qual ele planejava destruir o santuário.

aule das negações. Depois das negações e do escárnio de Jesus no *aule* da casa do sumo sacerdote, em Lc 22,66, Jesus é levado ao sinédrio dos chefes dos sacerdotes e escribas; e depois do interrogatório de Jesus no *aule* do sumo sacerdote Anás, em Jo 18,24 mandam Jesus amarrado para Caifás, o sumo sacerdote. Entretanto, é óbvio que Lucas e João podiam estar imaginando outro edifício, em outra parte de Jerusalém. Harmonizações presumem que um ou todos os evangelistas preservaram lembranças precisas e exatas do ambiente. Muito mais provável é que, na tradição, veio até eles um cenário geral para as negações (o *aule* do sumo sacerdote) e um padrão no qual as negações eram colocadas do lado de fora e/ou dentro desse *aule*. Cada um dos evangelistas fez uma adaptação própria. Quanto à historicidade, a questão principal a respeito do *aule* (presumivelmente no palácio asmoneu na colina ocidental; ver § 19) é se ele era originalmente associado com o interrogatório judaico de Jesus ou com as negações, ou com ambos.

Quer o *aule* seja descrito fora ou dentro, três evangelistas imaginam Pedro posicionado perto de uma fogueira (sentado, em Marcos e Lucas; de pé, em João). Mc 14,54, o versículo preparatório, já havia situado Pedro "perto da chama abrasadora". Entretanto, o versículo mateano correspondente (Mt 26,58) omitiu toda referência à fogueira e pôs Pedro sentado com os guardas, "para ver o fim". Embora tenha havido uma tentativa de relacionar "o fim" (*to telos*) a uma frase no título grego (*eis to telos*) em cerca de um terço dos Salmos (e de ver uma inferência messiânica), esse versículo ecoa mais simplesmente a determinação do Pedro mateano expressa em Mt 26,35: "Mesmo que seja necessário para mim morrer contigo, não te negarei". A frase "para ver o fim" também prepara os leitores para um relato prolongado, que narrará o julgamento de Jesus pelo sinédrio antes que a atenção se concentre mais uma vez em Pedro. Ainda assim, é curioso que, quando Mateus volta a descrever as negações de Pedro em Mt 26,69-75, ele não menciona o fogo ou a fogueira que Marcos descreve. Em março e no início de abril, as noites são um tanto frias em Jerusalém, de modo que não há nada implausível na descrição marcana.[3] Além disso, o costume de soldados manterem fogueiras acesas durante a noite é atestado em 1Mc 12,28-29. Os evangelistas usam vocabulário diferente para a fogueira (#4 no quadro); mas a tentativa de Buchanan ("Mark") de apelar ao hebraico *'wr* (*'ôr*,

---

[3] Contudo, para demonstrar isso, não se pode recorrer ao muito citado Jr 36,22, que menciona a necessidade de uma fogueira no palácio real no nono mês: esse mês é dezembro, medido a partir da primavera, não março, medido a partir do outono.

"luz"; *'ûr*, "fogo") para explicar a alternância *phos/pyr* é desnecessária. Os dois termos são usados para "fogo" no grego desse período e aparecem em versículos sucessivos em Lucas (Lc 22,55-56). Marcos e Lucas, que empregam *phos*, "luz, chama", ressaltam que a criada pôde ver Pedro claramente por sua iluminação; o *anthrakia* de João é mais apropriado para sua imagem de Pedro se aquecendo.

Pedro não é descrito como estando sozinho no *aule*: Marcos/Mateus mencionam *hyperetai* ("atendentes, guardas"[4]), como faz João (juntamente com *douloi*, "servos"); e ouviremos falar de uma criada (*paidiske*). A imagem lucana não está clara, pois ele se refere simplesmente a um vago "eles", para o qual o último antecedente seria "os chefes dos sacerdotes e capitães do Templo e anciãos que eram chegados contra ele", de Lc 22,52. De qualquer modo, é provável que todos os evangelistas (João mais claramente que os outros) imaginem que no *aule*, ao lado dos que desempenharam um papel policial na prisão de Jesus, havia outros servos e guardas que não tinham estado no Monte das Oliveiras. Isso, mais o fato de que, de acordo com três Evangelhos, os discípulos de Jesus fugiram ou tiveram permissão para ir, ajuda a explicar a fluência da narrativa. A acusação contra Pedro não produz histeria; e, embora ele seja suspeito, deixam-no ir. Os que lhe fazem perguntas, ou ouvem por acaso essas perguntas, não são policiais com a responsabilidade de procurar adeptos. Não fica claro o que eles fariam se Pedro confessasse. Eles o prenderiam (provavelmente sim em João, pois ele causara ferimento com uma espada) ou simplesmente o expulsariam do recinto? A história tem base lógica; não devemos pressionar demais por nenhuma consequência.

Primeira negação

Os quatro evangelistas concordam em identificar a primeira pessoa a interpelar Pedro como sendo uma criada (*paidiske*); nas outras duas negações, os Evangelhos não se harmonizam quanto à identidade dos interpeladores (compare ##5, 9, 13 no quadro). Marcos usa uma expressão partitiva: "uma (*mia*) das criadas", que Lucas e Mateus simplificam. Lucas, que gosta de demonstrativos indefinidos, expressa isso como "uma certa (*tis*) criada"; Mateus tem "uma (*mia*) criada".[5] João

---

[4] Nos §§ 13 e 19, examinei o que os evangelistas queriam dizer com *hyperetai*.

[5] Houve uma tentativa de interpretar o uso de Mateus como semitismo para "*uma* criada"; mas SPNM, p. 197, menciona a tendência mateana para usar o número cardinal no par contrastante: "um [...] um outro" — neste caso, o "uma outra" aparece na segunda negação em Mt 26,71.

especifica que a criada era a porteira.[6] Há quem questione isso: seria permitido que uma mulher cuidasse da porta do palácio do sacerdote tarde da noite? Foi essa a dificuldade que fez o escriba de OS^{sin} usar um artigo masculino: "a criada do porteiro"? Entretanto, é preciso ser cauteloso. A menos que o simbolismo teológico inspire-o de outra maneira, João respeita a plausibilidade e esse evangelista estava muito mais próximo que nós daquilo que pareceria plausível no século I. (At 12,13 tem uma criada [*paidiske*] responsável pela casa de uma residência particular à noite; e Josefo [*Ant.* VII,ii,1; #48] não via nada inconsistente em descrever uma porteira na casa de Isbôshet, filho do rei Saul.) Talvez a localização de uma das negações na entrada do *aule* estivesse estabelecida na tradição: é o cenário da primeira negação em João e da segunda em Marcos/Mateus (ver #8 no quadro).

Para a avaliação de João, um problema mais sério que a porteira é a presença de "outro discípulo" (*allos mathetes*, sem o artigo definido nos melhores mss.), um discípulo conhecido do sumo sacerdote (Jo 18,15). A solução segundo a qual o evangelista tirou esse "outro discípulo" de uma fonte pré-joanina e o evangelista não sabia nada mais a respeito dele é possível, mas um pouquinho temerária. Muitos biblistas pensam que esse "outro discípulo" é o mesmo que uma conhecida personagem joanina, o discípulo amado. Na cronologia de João, algumas horas antes desta cena, "um de seus discípulos, aquele que Jesus amava, estava reclinado sobre o peito de Jesus" na Última Ceia; e Simão Pedro acenou-lhe que perguntasse o que Jesus queria dizer ao falar do traidor (Jo 13,21-26). Algumas horas depois da cena da negação, de pé perto da cruz de Jesus, estará "o discípulo que ele amava" (Jo 19,25-27). Um senso de economia a respeito das *dramatis personae* joaninas nos faz pensar em um discípulo amado inominado, perto de Jesus na ceia, que ficou com Jesus quando ele foi preso, e também quando ele foi executado, em vez de pressupor nas negações outro discípulo inominado que não é mencionado no texto de outra maneira. O apoio para essa identificação é tirado da designação combinada em Jo 20,2: "o outro discípulo [*ho allos mathetes*], (aquele) que Jesus amava". Os

---

[6] O substantivo *thyroros* pode ser masculino ou feminino; em sua maioria, os mss. de João usam um artigo feminino aqui. João usou esse substantivo em Jo 10,3 onde o porteiro abre para o verdadeiro pastor das ovelhas. A alegação de que, como a porteira em Jo 18,16-17 não quer deixar Simão Pedro entrar, ele deve se equiparar ao ladrão e bandido de Jo 10,1, que não entra pela porta, representa a falha de não reconhecer a avaliação que João faz de Simão Pedro. Ele é fraco, mas dificilmente alguém que não sirva como pastor do rebanho (Jo 21,15-17).

escribas perceberam essa semelhança, pois alguns dos mss. gregos *koiné*, de modo harmonioso, transportam o *ho* (artigo definido) de Jo 20,2 para Jo 18,15.[7]

Uma objeção a identificar "outro discípulo" de Jo 18,15 com "o discípulo que Jesus amava" origina-se da suposição de que este último era João, filho de Zebedeu. Como um pescador galileu seria conhecido do sumo sacerdote de Jerusalém? Imaginosas, mas dificilmente persuasivas, são explicações (algumas delas antigas) de que os Zebedeus eram fornecedores de peixe para o palácio sumo sacerdotal ou faziam parte da nobreza, ou eram de linhagem sacerdotal.[8] Influenciados em parte pelo problema de Jo 18,15, alguns biblistas identificam como o discípulo amado, outro candidato que teria mais chance de ser conhecido do sumo sacerdote, por exemplo, João Marcos, cuja mãe tinha uma casa em Jerusalém (At 12,12), ou Lázaro, que vivia em Betânia, perto de Jerusalém (Jo 11,1.18). O problema desaparece parcialmente quando reconhecemos que a identidade do discípulo amado (e, portanto, do "outro discípulo") não pode ser estabelecida com plausibilidade — senão negativamente: não um dos Doze e não puramente simbólica.[9]

Há um problema mais grave que o da identidade pessoal de "outro discípulo". Como poderia um discípulo de Jesus (e, por mais forte razão, o que ele particularmente amava) que era conhecido do sumo sacerdote conseguir entrar no *aule* justo no momento em que o grupo aprisionador entregava Jesus ali?[10] Como esse discípulo entraria no momento em que a entrada de Pedro era questionada porque ele poderia ser um discípulo? Aqui, ajuda prestar rigorosa atenção ao texto: João não diz que o discípulo era *bem ou favoravelmente* conhecido do sumo sacerdote (embora Nonnus, em sua paráfrase poética do século V [PG 43,892], entendesse

---

[7] À guisa de influência na direção contrária, o artigo em Jo 20,2 pode remontar a um uso anterior da designação *allos mathetes* em Jo 18,15: "aquele outro discípulo [mencionado anteriormente]".

[8] A última sugestão é não raro fortalecida por uma teoria complicada, segundo a qual a mãe de João era irmã de Maria, mãe de Jesus (ver BGJ v. 2, p. 906) que, como parente de Isabel, era de ascendência levítica, aarônica (Lc 1,5.36).

[9] Parenteticamente, nada recomenda a identificação de "outro discípulo" de João com o homem de Mc 14,51-52 que seguiu Jesus depois que os outros o abandonaram, mas que fugiu nu (identificação defendida por Bacon, Schenk; ver Neirynck, "Other", p. 135-136). Mesmo se fosse possível ter esperança de que ele reabasteceu o guarda-roupa antes de se aproximar da porteira, não há nada à guisa de vocabulário ou ação que favoreça a teoria.

[10] A solução de que o "outro discípulo" era Judas, que entregara Jesus ao sumo sacerdote, defendida por E. A. Abbot (*Expositor*, 8. Ser., 7, 1914, p. 166-173) evita essa objeção; contudo, é inteiramente implausível que João descrevesse o traidor tão evasivamente.

que João queria dizer que o discípulo era "bem conhecido do sumo sacerdote usual [famoso, bem estabelecido?]"; ver Drum, "Disciple"). Na verdade, não está claro que ele seja *conhecido como discípulo* de Jesus, embora essa seja a inferência mais provável. Thomson ("Saint", p. 381) afirma que o "assim" (*oun*) em Jo 18,17 é dedutivo: a criada perguntou a Pedro se ele era discípulo de Jesus porque sabia que "o outro" era. Entretanto, *oun* é tão frequente em João como simples continuativa, que não se pode ter certeza de que seja verdadeiramente significativo, e o grego da pergunta que ela faz a Pedro não subentende que se espera uma resposta afirmativa. Quanto ao "também" naquela pergunta: "És tu *também* um dos discípulos desse homem?", ela não está necessariamente contraposta ao conhecimento da criada de que a pessoa inominada seja discípulo. Todos os Evangelhos sinóticos têm um "também" na primeira interpelação de Pedro (#6 no quadro) e eles nada relatam a respeito de uma pessoa inominada que estivesse refletida no "também". A ênfase adverbial deve ser entendida como reflexo de um conhecimento geral de que Jesus tinha discípulos (ver Jo 18,19) que estavam com ele quando foi preso, mas ainda estão em liberdade. Assim, não podemos saber com certeza se João quer que os leitores pensem que a porteira estava a par de que esse outro homem, que haviam deixado entrar no *aule* como conhecido da casa sacerdotal, fosse discípulo de Jesus.[11] João descreve Nicodemos como membro do sinédrio (e, portanto, implicitamente, alguém conhecido do sumo sacerdote) que é secretamente bem-intencionado para com Jesus. Neste *aule*, podemos ter outro conhecido do sumo sacerdote que, sem conhecimento daquele dignitário, tornara-se discípulo favorito de Jesus.

De qualquer modo, esses elementos pertinentes à identidade e à origem desse homem são incidentais; o ponto principal da descrição é o contraste entre aquele outro discípulo (amado) e Pedro. "Discípulo" é categoria importante na teologia joanina. Ao lhe perguntarem, no início da cena, se é discípulo, também, está sendo oferecida a Pedro a chance de se mostrar verdadeiro discípulo que irá com Jesus

---

[11] A meu ver, duas tentativas para entender isso fracassam. a) Há quem tente argumentar a partir do uso joanino de negativas nas perguntas contestadoras feitas a Pedro. A primeira pergunta contém um *me*, e no uso clássico, *me* indica que se espera uma resposta negativa: "Tu não és, és?". Mas João também usa um *me* na segunda pergunta a Simão Pedro, e uma resposta negativa dificilmente é esperada ali. Provavelmente, tudo que a troca *me/ouk* representa é o amor joanino por variação estilística, especialmente em padrões de três, por exemplo, Jo 21,15-17; 1Jo 2,12-14. b) Há quem argumente que Pedro é reconhecível (por seu modo de falar: Mateus) como galileu (sinóticos) e, daí, como discípulo de Jesus; por isso, se o "outro discípulo" não é reconhecido, ele não deve ser galileu. Não se podem usar informações dos sinóticos para decidir um problema joanino dessa maneira.

para a cruz. Ao negar, ele fracassa, enquanto o outro discípulo prosseguirá e ficará ao pé da cruz (ver Giblin, "Confrontations", p. 228-229).

Quanto à criada, Mt 26,69 relata que ela "veio até" Pedro.[12] Marcos e Lucas dizem que ela viu e olhou para Pedro ou o encarou[13] à luz da chama abrasadora. Em João, como porteira, ela interpela Pedro quando ele tenta entrar no *aule*. As palavras que a mulher dirige a Pedro são muito semelhantes nos quatro Evangelhos, quando se observa que as interpelações nos sinóticos são sempre na forma de pergunta (##6, 10, 14 no quadro). Na acusação de Marcos,[14] Jesus é chamado "o nazareno" (*Nazarenos*), enquanto na de Mateus, ele é chamado "o galileu" (designação que aparece somente aqui para Jesus no NT). Um padrão invertido é visto nas acusações que levam à segunda negação mateana ("o Nazareu": *Nazoraios*) e à terceira negação de Marcos (e de Lucas) ("galileu", com referência a Pedro). *Nazarenos* (4 vezes em Marcos, 2 em Lucas, nunca em Mateus nem em João) e *Nazoraios* (8 vezes em Lucas/Atos, 3 em João, 2 em Mateus, nunca em Marcos; ver BNM, p. 248-253) referem-se ao fato de Jesus ser originário de Nazaré na Galileia e, assim, ser galileu é fator identificador na cena de negações sinóticas. Theissen ("Tempelweissagung", p. 149) acha plausível uma apreensão quanto aos galileus em Jerusalém na ocasião em que muitos desses camponeses tinham subido para a festa e havia o temor de tumultos (Mc 14,2). Lc 13,1-3 relata que Pilatos teve problemas na área do Templo com galileus, parece que em uma festa anterior.

Ao descrever a resposta de Pedro à criada, os três sinóticos dizem que "ele negou" (*arneisthai*, ampliado em Mateus para uma negação "diante de todos"). Esse verbo aparece novamente na segunda resposta em Marcos/Mateus e em João (#11 no quadro) e na forma joanina da terceira resposta (#15). Na predição que Jesus faz da tripla negação (§ 5), e quando Pedro recorda essa predição no fim desta cena, os sinóticos usam consistentemente *aparneisthai*, enquanto João usa *arneisthai* na

---

[12] "Vir até" é *proserchesthai*, usado cinquenta e duas vezes por Mateus, em especial para o movimento de pessoas para Jesus (§ 13 acima); não oferece precisão real a respeito de gesto que nos ajudasse a visualizar a imagem mental mateana do *aule* aqui ou do *pylon* na segunda negação (Mt 26,71). A tese de J. R. Edwards, de que *proserchesthai* descreve uma abordagem reverente a uma figura de distinção cai por terra neste caso.

[13] O *atenizein* de Lucas (doze dos quatorze usos neotestamentários são lucanos) é de conotação mais intensiva que o *emblepein* de Marcos.

[14] Em Marcos/Mateus, "Tu também estavas..." emprega a forma verbal *estha*, antigo tempo perfeito ático usado como imperfeito. Este é o único caso neotestamentário dessa forma e, em Marcos, alguns minúsculos o substituem pela forma imperfeita regular *es*.

predição (e não tem recordação). Nenhuma diferença de alusão deve ser encontrada nesta variação de verbos. (No grego desse período, *arneisthai* pode ter o sentido de negar que se tem envolvimento pessoal ou relação com alguém; mais tarde, veio a significar alusão a apostatar.[15]) Uma diferença digna de nota encontra-se na redação textual da primeira negação de Pedro (#7 no quadro):

Marcos: Não sei nem entendo o que estás dizendo.

Mateus: Não sei o que estás dizendo.

Lucas: Eu não o conheço, mulher.

João: Não sou (discípulo desse homem).

A negação joanina é a mais grave, pois desde o início Pedro nega seu discipulado. Seu "Não sou" (*ouk eimi*) é contraste dramático ao "Eu sou", dito por Jesus diante do grupo aprisionador no jardim. Mateus simplifica a complexa declaração de Marcos ao atribuir a Pedro apenas uma evasiva, quando finge não entender o que a mulher diz.[16] Na simplificação lucana de Marcos, Pedro faz uma coisa mais grave, pois mente ao dizer que não conhece Jesus. Uma peculiaridade na forma lucana das três respostas de Pedro (#7, 11, 15) é a inclusão de uma oração vocativa, ao interpelador, respectivamente: mulher, homem, homem (*anthropos*) — talvez um toque narrativo para demonstrar sinceridade. Lc 5,20 e 13,12 também têm esse vocativo.

A resposta verdadeiramente complexa atribuída a Pedro encontra-se em Marcos. Eu a traduzi em linguagem imperfeita ("não sei nem entendo") para refletir um problema no grego. Ao usar *oute [...] oute* para "não [...] nem", o evangelista está tecnicamente incorreto, pois essas partículas não deveriam ligar sinônimos como "saber" e "entender"; assim, não nos surpreende que os escribas cujo senso de grego mais elegante era cultuado na tradição *koiné* deixassem indícios de mudança para *ouk [...] oude* (BDF 445²). Alguns intérpretes modernos melhoram a tradução normal de Marcos e leem: "Não sei nem entendo. O que estás dizendo?". Contudo, o "Não sei o que estás dizendo" mateano deixa claro que ele não entendeu Marcos dessa maneira. Outros afirmam que Lucas entendeu Marcos como um anacoluto, que significava "Não *o* conheço, nem entendo o que estás dizendo", e então copiou

---

[15] Riesenfeld, "Meaning", esp. p. 213-214.

[16] Ver o hebraico da Mixná equivalente à forma simplificada mateana em *Sebu'ot* 8,3, onde é também uma evasiva.

só a primeira metade. Mais exatamente, do mesmo modo que Mateus selecionou uma declaração mais simples a partir da complicação de Marcos, também Lucas simplificou com "Eu não o conheço", que está completamente em harmonia com sua expressão da predição de Jesus a Pedro em Lc 22,34: "O galo não cantará hoje, até que tenhas três vezes negado *me conheceres*".[17] O entendimento mais apropriado é que a expressão marcana capta a monotonia da fala comum para explicar um ponto — na linguagem da análise gramatical, uma hendíadis. Contudo, o estilo popularesco não deve disfarçar o fato de, entre os evangelistas, Marcos ter a progressão psicológica e teológica mais cuidadosa na expressão das respostas de Pedro, passando de alegada falta de compreensão e conhecimento (#7 no quadro) para negação (#11), para a rejeição de Jesus, praguejando (#15; ver ANÁLISE).

Segunda negação

Embora com propósitos de organizar informações achemos útil dividir o estudo das negações dessa maneira, os Evangelhos o fazem apenas em graus variados. A divisão é mais nítida em João, onde a primeira negação de Pedro está separada da segunda e terceira negações pelas ações (intervenientes, mas simultâneas) de Anás, que interroga Jesus e o manda amarrado para Caifás. Entretanto, a continuidade é mantida com a repetição do vocabulário da primeira negação no início da segunda: "Mas Simão Pedro estava de pé ali e se aquecendo". Entre os sinóticos, Lucas separa a primeira e a segunda negação pelo tempo, com "E depois de pouco tempo", enquanto Marcos/Mateus mudam o local. A saída de Pedro do *aule*, "pátio", para o *proaulion*, "pórtico", em Mc 14,68b, conclui, em certo sentido, a primeira negação e poderia ter sido colocada com a seção precedente, como sugere a divisão dos versículos.

Esse senso de determinação em Marcos é fortalecido em alguns mss. da tradição grega *koiné* (mais a OL, a Vulgata e a Peshitta siríaca) pelo acréscimo de "e um galo cantou". Alguns biblistas defendem a plausibilidade dessa interpretação (por exemplo, Pesch, *Markus*, v. 2, p. 447) e sugerem que a frase foi eliminada posteriormente para fazer Marcos semelhante aos outros Evangelhos. Entretanto, é mais provável que a "melhoria" tenha sido na outra direção: como Mc 14,72 menciona que

---

[17] Certamente essa é uma análise mais plausível que o apelo desnecessário de BAA, p. 79-81, à interpretação errônea de um suposto original aramaico de Marcos, presumivelmente desfeita pelos evangelistas mais tardios.

o galo cantou uma segunda vez, os escribas acharam que deveria ser mencionada uma primeira vez. A omissão (Códices Vaticano, Sinaítico, OS^{sin}) é a interpretação "mais difícil" e deve ser preferida. Não é ilógico que Marcos mencione o segundo canto do galo sem mencionar o primeiro, pois é o segundo que realiza a predição de Jesus. Mencionar um canto do galo depois da primeira negação prejudicaria a plausibilidade da narrativa: não teria já lembrado a Pedro as palavras de Jesus?

João colocou a primeira das negações de Pedro na porta (*thyra*) para o pátio e os sinóticos a colocaram harmoniosamente no *aule*.[18] Há mais diversidade na localização da segunda negação. Lucas e João colocam-na no *aule*; Marcos coloca-a no *proaulion* (pórtico) para o qual Pedro saiu do *aule*; Mateus coloca-a na *pylon* (entrada) aonde Pedro foi ao sair do *aule*. Marcos e Mateus usam *exerchesthai* para a ação de sair; além disso, Marcos tem um *exo* ("fora").[19] É provável que a omissão mateana desse advérbio se origine da tentativa de evitar tautologia. A harmonização arquitetural das informações evangélicas foi tentada nos artigos de Ramsay ("Denials", p. 541) e Balagué ("Negaciones", p. 79). Em um edifício retangular, havia um caminho contínuo que levava da entrada (*pylon*) para o pórtico (*proaulion*) e, então, pela porta (*thyra*), para o *aule*, fosse esse um pátio ou um saguão do edifício? Ou eram *pylon*, *proaulion* e *thyra* nomes diferentes da única entrada para o *aule*?[20] Às vezes, tais indagações baseiam-se na improvável suposição de que cada Evangelho preserva memórias históricas exatas do local, em vez de uma tradição não especificada a respeito de um *aule* e uma entrada para ele. Muito mais plausível é a prosaica sugestão (SPNM, p. 201) de que Mateus prefere *pylon* como palavra mais comum, em vez do incomum *proaulion* marcano (não encontrado na LXX, nem em outras passagens do NT).

Por que, em Marcos, Pedro vai para fora, no *proaulion*, para a segunda negação? Alguns biblistas veem aqui os traços de uma história mais primitiva, na qual Pedro saía depois de uma única negação. Não creio que os indícios favoreçam essa tese, como explicarei na ANÁLISE. Ao contrário, o movimento dramatiza a fraqueza

---

[18] Lembremo-nos de que talvez os evangelistas imaginassem o *aule* de maneira diferente.

[19] O uso de *exo* aqui é o único caso de seu emprego marcano nas negações. Mateus usa-o duas vezes nesta cena: o *aule* da primeira negação é fora e Pedro vai mais para fora depois da terceira negação. Lucas o tem apenas depois da terceira negação; Jo o tem apenas antes da primeira negação.

[20] Em especial, Ramsay ("Denials", p. 411) afirma que a casa era um retângulo com torres nos quatro cantos (*tetrapyrgion*) e, de um lado, uma passagem que constituía um pórtico de entrada (*pylon* ou *proaulion*) com a porta (*thyra*) do lado exterior.

de Pedro. Ele quer evitar outro confronto perigoso, mas ainda não está disposto a desistir completamente da tentativa desanimada de cumprir a fanfarronada de que não seria como os outros discípulos, que eram ovelhas dispersas (Mc 14,27). As objeções de biblistas à lógica da cena (por exemplo, Pedro foi para fora, mas a mesma criada está envolvida) com frequência não fazem justiça à sutileza da imagem marcana. Marcos não relata na segunda negação que a criada olhou (com atenção) para Pedro, nem que ela lhe falou, como relatado na primeira negação. A mulher não está no *proaulion* ao lado de Pedro, mas atrás, no *aule*, vendo-o de longe e falando sobre ele em voz alta para os circunstantes. A importuna persistência da mulher frustra a manobra de Pedro para não chamar atenção. Mateus e Lucas decidem simplificar a complexidade da imagem marcana. Mateus preserva o movimento de Pedro, mas no *pylon* há outra audiência ("os que estavam ali"), e na presença de Pedro, outra criada é o acusador.[21] Assim, Mateus dá maior nitidez às negações (semelhante ao procedimento mateano quanto à segunda visita de Jesus aos discípulos adormecidos no Getsêmani; § 10). Lucas evita a complicação de tirar Pedro do *aule*, e tem outra pessoa (um homem)[22] como acusador. Pelo menos essa explicação parece mais provável que pressupor que, aqui, Lucas segue uma tradição não marcana testemunhada também em João, que faz a segunda negação ter lugar no *aule* — no Quadro 3, Lucas está mais próximo de Marcos em #9, mais próximo de João em ##8, 11. Talvez a negação diante de um homem torne a atitude de Pedro legalmente mais grave.

Quanto à negação textual por Pedro (#11 no quadro), já que, para Marcos, a criada acusadora ainda está lá no *aule*, Pedro não dirige palavras diretamente a ela. Contudo, apesar do caráter repetitivo dessa cena da segunda negação em Marcos ("novamente" em Mc 14,70a), a atitude de Pedro torna-se mais condenável; de fato, ele se mostra negando (tempo imperfeito) repetidamente a acusação da mulher de que ele é "um deles" (Mc 14,69), isto é, um dos que estavam "com o nazareno, Jesus", como anteriormente, em Mc 14,67 — precisão que Mt 26,71 explica. O Pedro marcano já não usa de subterfúgios, alegando que não entende: Jesus designara os Doze para estarem *com ele* e, primeiro, entre os assim agraciados,

---

[21] A possibilidade de outra criada pode ter sido sugerida pela descrição marcana da interpeladora na primeira negação (Mc 14,66): "uma das criadas". McEleney ("Peter's", p. 468, 471) considera isso exemplo do pendor mateano para pluralizar informações que Marcos apresenta no singular.

[22] *Heteros* ("um outro") é cinco vezes mais frequente em Lucas-Atos que nos outros três Evangelhos juntos.

estava Simão, a quem ele atribuiu o nome Pedro (Mc 3,14.16); agora, esse Pedro "negava" tudo isso. O Pedro mateano fortalece a negação com um juramento e, em discurso direto, diz que nem mesmo conhece Jesus.[23] (Observemos um contraste semelhante no Getsêmani [§ 11] entre o Jesus marcano, que não tem discurso direto na segunda oração, e o Jesus mateano, cuja oração envolve novo discurso direto, criado em variedade fora da primeira oração.) As palavras do Pedro lucano, "Eu não sou [*ouk eimi*]", além de negarem o discipulado, formam por antecipação um interessante contraste com as palavras que Jesus vai falar (Lc 22,70) perante os chefes dos sacerdotes que o provocam a respeito de ser o Filho de Deus: "Vós (mesmos) dizeis que eu sou [*eimi*]". Mencionei um contraste semelhante em João, que usou "Eu não sou [*ouk eimi*]" para a primeira negação de Pedro e repete essa resposta aqui, contraposta às palavras ditas em Jo 18,5 por Jesus aos que vieram com Judas à procura do nazareno: "eu sou ele [*eimi*]". Em Lucas e João, a redação mostra aos leitores que o comportamento de Pedro é o oposto do de Jesus.

Terceira negação

Ao contrário da segunda negação, aqui não há mudança de ambiente que apresente dificuldades. Contudo, os três sinóticos postulam um intervalo de tempo (#12 no quadro), com Lucas pressupondo "cerca de uma hora".[24] Mais uma vez, há descrições diferentes do interpelador de Pedro nos Evangelhos (#13 no quadro). João é específico: um dos servos do sumo sacerdote, parente do servo de quem Pedro decepara a orelha. (Essa identificação tem a função de ligar as negações a uma cena petrina anterior em João; os sinóticos alcançam o mesmo resultado ao fazer Pedro se lembrar da predição anterior de Jesus [#17 no quadro].) Marcos refere-se aos circunstantes (*parestotes*) como os interpeladores de Pedro, enquanto Mateus se refere aos presentes (*estotes*). Parece que ambos imaginam um grupo de pessoas no *proaulion* ou *pylon* semelhante à audiência que estivera no *aule*.[25] Gerhardsson

---

[23] Nas três negações, o Pedro mateano diz: "Não sei/não conheço".

[24] *Hosei* ("cerca de") ocorre quinze vezes em Lucas/Atos, contra quatro vezes nos outros Evangelhos. A "hora" ajuda a preencher a noite deixada livre quando Lucas mudou o julgamento marcano para de manhã.

[25] Na verdade, sem prova no texto, alguns biblistas mudam a cena de Marcos/Mateus de volta para o *aule*, onde a cena ocorre para Lucas e João. Essa mudança destrói o progressivo distanciamento de Pedro de Jesus; ele está cada vez mais longe, do lado de fora. É um tema importante para Marcos/Mateus que percorre as negações.

("Confession", p. 52) afirma que a gradação para uma audiência plural na terceira negação em Marcos/Mateus faz com que a negação seja mais pública e, portanto, legalmente mais grave.

A terceira acusação sinótica (#14 no quadro) subentende que era fácil perceber que Pedro era galileu, por seu modo de falar, segundo Mateus. (De fato, Pedro dissera poucas palavras até então; mas, de uma narrativa tão fluente, não se devem exigir minúcias pormenorizadas, e não é preciso supor que Pedro disse outra coisa além do que foi registrado.) É provável que Mateus não queira dizer nada mais específico que Pedro, como Jesus, tinha um sotaque regional característico da Galileia.[26] A interpelação ao Pedro lucano está expressa de tal maneira que ele terá de negar "em verdade" que estava com (*meta*) Jesus; ironicamente, em Lc 22,33, Pedro insistira: "Senhor, estou pronto para ir contigo para a prisão e também para a morte".

A resposta de Pedro (#15 no quadro) é digna de atenção em Marcos/Mateus, pois inclui duas ações intensificadoras: ele começou "a praguejar" (respectivamente *anathematizein* e *kathanathematizein*[27]) e "a jurar" (respectivamente *omnynai* e *omnyein*[28]). O segundo verbo é claro. A negação alcança tal grau de intensidade que Pedro está disposto a fazer um juramento de que não conhece Jesus. (Em Mateus, isso tem a gravidade adicional de desafiar a ordem de Jesus para não fazer juramentos [Mt 5,34].) Entretanto, o primeiro verbo exige esclarecimentos. Alguns consideram "praguejar" e "jurar" uma hendíadis, de modo que nada mais está incluído além de um juramento. Mas Mt 26,72 já tinha um juramento na segunda negação e, assim, é provável que o acréscimo de "praguejar" aqui se refira a outra ação. Que ação independente seria considerada por *anathematizein*?

---

[26] Rothenaicher ("Zu Mk") tem razão ao contestar a tese de Holtzmeister, segundo a qual Marcos mudou o "teu modo de falar te denuncia" para "és galileu" porque a audiência romana de Marcos não entenderia que o dialeto da área galileia de Pedro era diferente do de Jerusalém. Com certeza os romanos da península italiana conheciam diferenças dialetais! Ao contrário, Mateus explica pedagogicamente o que Marcos subentende. O texto "Ocidental" de Mt 26,73 (Códice de Beza, OL, OS^{sin7}) liga claramente o estilo de fala de Pedro ao de Jesus. "Teu modo de fala é semelhante". J. C. James (ExpTim 19, 1907-1908, p. 524) e outros tentam identificar a peculiaridade da fala como tendência galileia a pronunciar indistintamente guturais semíticas (por exemplo, '*ayin* se transforma em *aleph*), conforme atestado em TalBab '*Erubin* 53b.

[27] Merkel ("Peter's", p. 66) afirma que esses dois verbos não têm significado muito diferente.

[28] *Omnynai* é uso mais clássico e *omnyein* (que aparece também nos testemunhos *koiné* de Marcos) é mais popular.

O verbo, normalmente transitivo, significa colocar alguma coisa sob maldição ou comprometer alguém com um juramento que, se quebrado, implicaria em maldição. Em At 23,12.14.21, é usado como objeto pronominal reflexivo: "Os judeus comprometeram-se por um juramento". Em Mc 14,71, nenhum objeto, reflexivo ou de outro tipo, é expresso para a ação de Pedro amaldiçoar (o único exemplo bíblico de tal construção); assim, é muito duvidoso que deva ser entendido intransitivamente como simplesmente "amaldiçoar" ou, mais precisamente, como "comprometeu-se sob uma maldição" (RSV; "invocar uma maldição sobre si mesmo").[29] Ainda mais duvidosa é a argumentação (SPNM, p. 206, citando Schlatter) de que o *katanathematizein* mateano intensifica a força intransitiva: "invocar maldições [sobre si mesmo]". Lampe, Gerhardson, Menestrina, Merkel e Seitz estão entre os muitos biblistas que argumentam com veemência que "amaldiçoar" deve ser considerado transitivamente, com "Jesus" entendido como o objeto: Pedro amaldiçoou Jesus e jurou não ter relações pessoais com ele.[30] A importância dessa interpretação será examinada na ANÁLISE. Admitindo-se a severidade da imagem marcana aqui, não é surpresa que o relato lucano da terceira negação a modifique — as negações lucanas não aumentam a intensidade.

Canto do galo

Em todos os Evangelhos, a terceira negação é seguida pela informação de que "nesse instante, um galo cantou" (#16 no quadro; Lucas usa seu favorito *parachrema*, "naquele momento"). Somente Mc 14,72 menciona que isso acontecia "uma segunda vez". Acima, ao examinar o término da primeira negação, que constitui uma transição para a segunda (Mc 14,68b; ver frase entre colchetes na tradução), mencionei que alguns escribas acrescentaram um (primeiro) canto do galo ali, a fim de explicar como este poderia ser o segundo. De vez em quando, há quem sugira que a referência em Mc 14,68b não só era original, mas também a única referência marcana ao canto do galo, e que escribas mais tardios acrescentaram um canto do galo aqui, depois da terceira negação, para harmonizar Marcos com

---

[29] Há quem invoque na discussão uma outra descrição da ação de Pedro em um Evangelho judaico apócrifo: "Ele negou e jurou e amaldiçoou [*katarasthai*]". Não raro, isso é atribuído ao *Evangelho dos Hebreus* 16 e traduzido transitivamente (JANT, p. 7). Mas HSNTA, v. 1, p. 149 (ed. rev., v. 1, p. 162) o atribui ao *Evangelho dos Nazarenos* 19 e o traduz intransitivamente: "amaldiçoou-se".

[30] Parece que o obscuro Did 16,5 fala de Jesus como "o amaldiçoado" (*to katathema*).

os outros Evangelhos[31] — um canto de galo que logicamente tinha de se tornar o segundo canto do galo. Por outro lado, em alguns manuscritos, os escribas omitiram "segunda" aqui precisamente para harmonizar Marcos com os outros Evangelhos que não têm a palavra, e também porque Marcos jamais menciona um primeiro canto do galo (indicação de que não encontraram nenhum canto do galo em Mc 14,68b). Julgo que o que escribas mais tardios fizeram, Mateus e Lucas já haviam feito. Eliminaram o "uma segunda vez" marcano porque, para eles, não fazia sentido.[32] Como mencionei em § 5, essa frase talvez tenha sido uma precisão implícita equivalente a "antes do próximo alvorecer", pois o alvorecer estava associado ao segundo canto do galo.[33]

Além da dificuldade criada pela leitura característica de Marcos, há diversos outros problemas levantados pela referência ao canto do galo. Os evangelistas descrevem um canto do galo real ou apenas uma hora especificada da noite? Havia galos em Jerusalém? Se havia, a que horas eles costumavam cantar?

Mayo (St. "Peter's", p. 367-370) exemplifica a tese de que os evangelistas em geral, ou Marcos em particular, ou mesmo a tradição pré-marcana, se referiam, não ao canto de um pássaro doméstico acordado do sono, mas à terceira vigília da noite pelo cálculo romano (12-3 da manhã), chamado "canto do galo" (*gallicinium alektorophonia*). Mais especificamente, nessa tese, o canto do galo é identificado como o sinal dado na trombeta ou corneta curva (*buc[c]ina*) no fim da vigília. Mais especificamente ainda, os dois cantos do galo mateanos são identificados como os sinais no início e no fim dessa vigília (Balagué, "Negaciones", p. 80). É verdade que, nesse tempo, em Jerusalém, as quatro vigílias (*vigilia, phylake*) da noite,

---

[31] Ainda outra tese é a de Wenham ("How Many"), a interpolação do primeiro canto do galo em Mc 14,68b levou a outra interpolação de "segunda" aqui. Seu artigo é útil para se perceberem as alternativas, embora eu não aceite a tese de que "segunda" é uma interpolação.

[32] Acho bastante implausível a tese de G. Murray ("Saint"), segundo a qual Marcos recorreu a Mateus e Lucas. Estranhamente incapaz de achar uma razão para Mateus e Lucas omitirem "uma segunda vez", se estavam usando Marcos (enquanto, a meu ver, eles o consideraram uma complicação desnecessária, como fizeram escribas textuais), Murray não dá nenhuma razão para Marcos acrescentar "uma segunda vez", se estava usando Mateus e Lucas, nenhum dos quais o tinha. Além disso, não há razão para pensar que Marcos usou Lucas do princípio ao fim para as negações, pois o único elemento compartilhado por Marcos e Lucas que não é compartilhado por Marcos e Mateus é ter Pedro "perto da chama abrasadora" (#4 no quadro). Para mim, esta passagem é outro exemplo da improbabilidade da hipótese de Griesbach.

[33] Deprecatório dos esforços de Wenham (nota 31) porque ele não recorre aos antecedentes judaicos, Derrett ("Reason") apela a indícios judaicos que vão *de 500 a 1.000 anos depois* do tempo de Jesus para afirmar que espíritos maus se moviam de um lado para o outro, à noite, até o segundo canto do galo!

refletindo a disciplina militar romana, haviam se tornado um modo padrão para contar o tempo, provavelmente mais usado que a divisão hebraica mais antiga da noite em três vigílias.[34] Em Mixná *Yoma* 1,8, estão relacionadas quatro vigílias. Cada uma das quatro vigílias romanas consistia em três horas: *opse*, "a hora tardia [à tarde]" (6-9 da noite); *mesonyktion*, "à meia-noite" (9-12 da noite); "canto do galo [de madrugada" (12-3 da manhã); *proi*, "cedo [ao amanhecer]" (3-6 da manhã): estão relacionadas em Mc 13,35. Contudo, não há *nenhum* indício de que, aqui, os evangelistas pensaram em um período de tempo fixo. A designação temporal abstrata, *alektorophonia*, não ocorre na NP, a menos que se aceite para ela o indício muito insuficiente em Mt 26,34.75, compilado por Zuntz (§ 5 acima); e, mesmo assim, a palavra naquele contexto refere-se ao grito da ave. De modo consistente, os Evangelhos referem-se ao canto de *um* galo; a falta de um artigo definido sugere que, se a referência original era à vigília do canto do galo, todos os evangelistas a entenderam mal.

Aceitando a probabilidade de referirem-se os Evangelhos ao grito de uma ave, precisamos agora perguntar se havia galos em Jerusalém. Mixná *Baba Qamma* 7,7 proíbe a criação de aves comestíveis em Jerusalém, e também proíbe os sacerdotes de criá-las em todo o Israel. (Lembramos que, nos Evangelhos, ouve-se o galo cantar no *aule* do sumo sacerdote, ou contíguo a ele.) Entretanto, não se pode ter certeza de que essa lei, registrada no fim do século II, estivesse em vigor no tempo de Jesus, ou mesmo fosse observada rigorosamente em qualquer época (ver JJTJ, p. 70[153]). TalJer *'Erubin* 10,1 supõe a presença de galos em Jerusalém e Krauss ("Défense", p. 28-125) conjetura se a restrição não se aplicava somente à área do Templo. Referências a galos no AT são contestáveis:[35] Pr 30,31 talvez tenha em mente qualquer ave; Jó 38,36 refere-se a um galo. Em um ambiente helenístico, *3 Macabeus* 5,23 alude a galos de manhã. Uma *baraita* (tradição mais antiga) de TalBab *Berakot* 60b declara que Deus deu "ao galo entendimento para distinguir entre o dia e a noite"; e TalBab *Yoma* 21a imagina que maus espíritos estão por todos os lados, à noite, até que o galo cante. Nenhum desses indícios é especificamente apropriado para a Jerusalém do tempo de Jesus; e talvez tudo o que possamos argumentar seja que os evangelistas que estavam próximos aos costumes do tempo (e, ao que parece,

---

[34] A respeito de vigílias noturnas, cf. Lm 2,19; Jz 7,19; Ex 14,24; Mt 24,43 e Lc 12,38.

[35] Ver Brunet, "Et aussitôt"; Fitzmyer, *Luke*, v. 2, p. 1427.

João, em especial, preserva algumas informações detalhadas exatas a respeito de Jerusalém) não hesitaram em relatar que um canto de galo foi ouvido.

Quando os galos costumavam cantar nessa época do ano? É jocoso imaginar biblistas não se deitarem à noite na Jerusalém do século XX, procurando ouvir galos cantar, mas acontece! Lattey ("Note") argumenta que a primeira luz faz os galos cantar e relata que M. J. Lagrange ouviu o primeiro canto do galo em abril, às 2h30min da manhã, com a maioria dos gritos acontecendo entre 3 e 5 horas da manhã. Kosmala ("Time") argumenta que o canto do galo habitual era conhecido desde a Antiguidade e que há indícios de três cantos do galo noturnos distintos durante o ano na Palestina (cerca de 12h30min, 1h30min e 2h30min), sendo o segundo tradicionalmente mais importante. W. M. Ramsay (ExpTim 28, 1916-1917, p. 280) situa o canto do galo entre 2h e 5h15min da manhã. Apesar de tudo isso, Cícero (*De divinatione*, II,xxvi,56) pode bem estar certo: "Há alguma hora, de dia ou de noite, em que os galos não cantem?". Os evangelistas imaginam as primeiras horas da manhã antes do alvorecer; não se pode concluir nada mais definitivo.

Reação de Pedro

Todos os Evangelhos correlacionam o canto do galo com a terceira negação de Pedro; desse modo, os evangelistas desejam que os leitores se impressionem com o cumprimento exato da profecia de Jesus de tripla negação antes de o galo cantar — profecia da qual, nos sinóticos, Pedro se lembra quase literalmente.[36] O verbo grego "lembrar-se" difere no relato de cada Evangelho sinótico, mas a descrição daquilo que foi lembrado é mais fluente em Mateus e Lucas que no embaraçoso: "Pedro lembrou-se da palavra como Jesus a tinha falado para ele" (Mc 14,72). J. N. Birdsall (NovT 2, 1957-1958, p. 272-275) argumenta que *hos* ("como") é usado em construções como a de Marcos, quando o objeto de referência é mais que a simples existência do antecedente. Para ele, Pedro se lembrou não só das palavras da predição, mas também do contexto mais caloroso da Última Ceia que a precedeu.

Admitindo-se a ênfase dos evangelistas sinóticos na recordação por Pedro da profecia de Jesus, como eles imaginam o último estado de espírito de Pedro? Os

---

[36] Quando uma ação que João narra cumpre algo que foi dito antes, ele normalmente menciona isso (na NP: Jo 18,9.14.32; 19,39). É surpreendente que ele deixe os leitores sozinhos para se lembrarem do cumprimento da predição de Jesus nas negações de Pedro.

três usam a palavra *klaiein* (Marcos: tempo imperfeito; Mateus e Lucas: aoristo, mais *pikros*, "amargamente"). Em cerca de metade dos outros usos evangélicos do verbo, ele se refere a chorar os mortos, assim parece que uma reação muito emotiva está subentendida aqui (LaVerdiere, "Peter"). Na verdade, vê-se a lamentação aperfeiçoada imaginativamente em *Atos de Pedro* (Vercelli) 7,20: "Eu lamentei amargamente e deplorei a fraqueza de minha fé, porque fui enganado pelo diabo e não me lembrei da palavra do Senhor".

O drama de Pedro ir para fora e chorar amargamente em Mateus e Lucas sugere um homem tomado pelo remorso e agora afastado de qualquer possibilidade de cumprir sua promessa: "Senhor, estou pronto para ir contigo para a prisão e também para a morte" (Lc 22,33) ou "Mesmo que seja necessário para mim morrer contigo, não te negarei" (Mt 26,35). A predição de Jesus, não a de Pedro, tinha se realizado. Agora, tudo que Pedro pode esperar é que a outra predição de Jesus também se realize: "Simão, Simão [...] rezei por ti para que tua fé não desfaleça. E tu, quando tiveres te convertido [virado], fortalece teus irmãos" (Lc 22,31-32) e "Depois de minha ressurreição, irei à vossa frente para a Galileia" (Mt 26,32). Tratar a ação de Pedro em Mateus e Lucas como de desespero sem esperança é não fazer justiça ao quadro completo desses Evangelhos. Mt 12,32 e Lc 12,10 prometeram a possibilidade de perdão mesmo que a pessoa falasse contra o Filho do Homem. Em Mt 28,16 (dentro dos "Onze") e Lc 24,34, Pedro será lembrado como tendo visto Jesus ressuscitado.

Em Lucas, antes da saída de Pedro do *aule*, há uma cena singular, na qual "o Senhor" (Lucas costuma usar esse título), que agora temos de supor ter estado presente em todas essas negações, "virando-se [*strephein*], olhou para Pedro" (Lc 22,61). Esse ato, não o canto do galo, é o principal estímulo para Pedro se lembrar "do dito do Senhor". Devemos pensar que, ao ver Jesus se virar, o Pedro lucano se lembrou também da profecia de que ele próprio, no futuro, se viraria, desta vez com energia, não fraqueza?[37] Segundo Mc 14,66, Jesus estava no andar de cima na casa do sumo sacerdote, enquanto Pedro estava embaixo, no *aule*; por isso, uma tentativa artística para harmonizar Marcos com Lucas é imaginar que Jesus se virou e olhou pela janela de uma sala no andar superior, atraindo a atenção de Pedro no pátio (ver Schweizer, *Luke*, p. 347). Como veremos na ANÁLISE, é mais provável

---

[37] Em Lucas-Atos, *strephein* ("virar") é usado dez vezes, não raro com importância teológica.

que estejamos lidando com uma deliberada mudança lucana. Lucas põe Jesus com Pedro no *aule* para mostrar o cuidado duradouro de Jesus por seu seguidor neste momento em que Satanás o põe à prova (Lc 22,31).

João diverge dos outros Evangelhos no final da terceira negação, não só por não relatar nenhuma lembrança da predição de Jesus por Pedro, mas também por não mencionar que Pedro chorou. Funcionalmente, essa última omissão será compensada em Jo 21,15-17, onde a tripla pergunta de Jesus a respeito do amor de Pedro deixa Pedro magoado — tudo isso antes de ser atribuído a Pedro um papel favorável pós-ressurreição.

Ainda não examinamos a descrição marcana da reação de Pedro depois de lembrar a predição que Jesus fez das negações. Sua obscuridade, que será assunto do próximo parágrafo, ajuda a explicar por que nem Mateus nem Lucas houveram por bem copiá-la (conferir as últimas linhas de #17 no Quadro 3). Mas como então os dois evangelistas escolheram uma substituição literalmente idêntica ("E tendo ido para fora, ele chorou amargamente"), já que, na teoria de sua dependência de Marcos, Mateus e Lucas não conheciam a obra um do outro? Uma solução para essa inquietante "pequena concordância" recorre ao fato de que Lc 22,62 (portanto, essa frase) falta em um ms. grego minúsculo (0171) do século IX e em alguns testemunhos do OL. Conjetura-se que escribas mais tardios de Lucas copiaram a frase de Mateus; assim, ela entrou na maioria dos testemunhos textuais. De modo mais plausível, Soards (*Passion*, p. 102) sugere que, mesmo depois de recorrer a Marcos, em uma narrativa popular como essa, que com certeza era contada repetidas vezes, os dois evangelistas foram influenciados pela tradição oral e, naquela tradição, uma frase como essa já estava arraigada. (*Pikros*, "amargamente", não é característico nem de Mateus nem de Lucas.)

A descrição marcana da reação de Pedro que conclui Mc 14,72 é problema bem conhecido: *kai epibalon, eklaien*, "E ____, ele chorava". O tempo imperfeito de *eklaien* pode ser traduzido incoativamente (cf. aoristo BDF, p. 331): "ele começou a chorar"; mas a força de *epibalon* permanece obscura. A forma é o particípio aoristo de *epiballein* ("abandonar/cobrir-se/desfazer-se (em lágrimas)/vestir-se"), que pode ser transitivo ou intransitivo. Para que o sentido proposto do verbo faça sentido com a frase principal onde Pedro chora, é preciso suplementação imaginosa. A lógica da suplementação é quase sempre incerta, mas eis algumas sugestões:

a) Tendo (se) abandonado, isto é, sucumbiu (RSV).

b) Tendo (se) atirado, isto é, ao chão.[38]

c) Tendo (se) atirado (para fora), isto é, ido apressadamente para fora; esta interpretação confirma-se pelo "tendo ido para fora" de Mateus e Lucas e foi preferida por T. Beza.

d) Tendo (se) lançado (em), isto é, começado (a chorar), desfez-se em lágrimas.[39] É interpretação mencionada por Teofilacto e preferida de Lutero. Talvez se reflita na leitura ocidental de Mc 14,72: "Ele começou [*erxato*] a chorar", mas pode ser que represente apenas uma interpretação de *eklaien*, como já mencionamos.[40] Ver também BDF, p. 308.

e) Tendo lançado (sua mente a isso), isto é, pensado na predição de Jesus.[41] Essa foi a leitura da KJ e da RV.

f) Tendo lançado (os olhos), isto é, em Jesus. Isso aproximaria Lucas de Marcos, mas é preciso lembrar que Mc 14,66 separa Jesus de Pedro, em um arranjo em cima/embaixo.

g) Tendo lançado (de volta), isto é, respondido. São citados usos de Políbio (*Histories* I,lxxx,1; XXII,iii,8).

h) Tendo vestido apressadamente (uma peça de roupa), por exemplo, "e cobrindo a cabeça" (Teofilacto), talvez para se disfarçar (covardia) ou esconder o rosto (vergonha).

i) Tendo batido em si mesmo, isto é, o gesto de bater no peito (Boomershine, "Peter's", p. 59).

Gnilka (*Markus*, v. 2, p. 294) argumenta que só (d) "começado" e (e) "pensado" são prováveis, mas acho essas duas sugestões tautológicas (principalmente

---

[38] Ver C. H. Turner, *The Gospel According to St. Mark*, London, SPCK, 1928, p. 74.

[39] Em artigos a respeito de Mc 14,72 em ExpTim e *Biblica*, Lee cita exemplos de Diógenes Laércio e Ateneu; ver também Papiro Tebtunis 1,50,12.

[40] Essa solução mais simples tornaria desnecessária a proposta de F. Bussby (BJRL 21, 1937, p. 273-274), que pressupõe um mal-entendido baseado na leitura aramaica *sd'/sdy* ("despejar"), em vez do correto *sr'/sry*, que em siríaco significa "começar".

[41] Em apoio, M. Danson (ExpTim 19, 1907-1908) cita exemplos clássicos.

se *eklaien* for incoativa). Com muita hesitação, escolho (c); entretanto, essa é mais uma das frases muito obscuras na narrativa da Paixão marcana (ver APÊNDICE III, A).

Análise

A. Os relatos evangélicos e a tradição

Talvez em nenhuma outra passagem da NP os Evangelhos concordem tanto na fluência geral da narrativa quanto nas negações de Jesus por Pedro. A leitura cuidadosa do quadro apresentado no início do COMENTÁRIO mostra que os pequenos detalhes variam bastante (quem interpelou Pedro, com que palavras, onde e como ele respondeu[42]), mas em dezesseis de dezessete pontos de comparação há comparabilidade de sequência. Mesmo em detalhes, Mateus segue Marcos de perto; assim, não há razão para pressupor uma fonte independente para Mateus. Biblistas competentes (Bultmann, Catchpole, Dodd, Grundmann, G. Klein, Rengstorf) argumentam que o relato lucano das negações difere do marcano o bastante para permitir a dependência lucana ou uma fonte independente. Entretanto, mais biblistas (inclusive Finegan, Fitzmyer, Linnemann, Schneider e Soards) consideram Lucas derivado de Marcos. Taylor (*Passion*, p. 77-78), que normalmente é adepto decidido da independência lucana, lembra que cerca de 50 por cento da redação lucana aqui se encontram em Marcos, espalhados por toda parte. Ele julga "a fonte de Lucas manifestamente Marcos" e variações explicam-se adequadamente por inferências em Marcos. Pequenas diferenças de vocabulário são geralmente compreensíveis como preferências estilísticas lucanas (Fitzmyer, *Luke*, v. 2, p. 1457). Diante de Perry e Osty, Soards (*Passion*, p. 77) está correto ao argumentar que, no relato das negações de Pedro, Lucas está mais próximo de Marcos que de João. Como o COMENTÁRIO acima indica, também considero Lucas dependente de Marcos nessa cena e não vejo necessidade de fonte independente.[43]

---

[42] Os detalhes variam tanto que harmonizadores determinados, tentando preservar a exatidão histórica dos vários Evangelhos, às vezes pressupõem seis negações, ou até nove (três grupos de três)!

[43] Ver a cuidadosa argumentação de Linnemann (*Studien*, p. 97-101) a respeito disso. Eu não estudara a questão em detalhes quando, em um comentário perfunctório, preferi a posição contrária em BGJ, v. 2, p. 837. Como mencionado acima, no COMENTÁRIO de Mt 26,75 e Lc 22,62, creio que a memória oral da tradição pré-evangélica tenha perdurado mesmo depois do relato escrito marcano, e essa memória explica a "pequena concordância" entre Mateus e Lucas quanto a "E tendo ido para fora, ele chorou amargamente".

§ 27. As três negações de Jesus por Pedro

João apresenta o único indício de um relato evangélico das negações independente de Marcos. N. Perrin e outros que afirmam ser Marcos quem originou a NP logicamente concluem que aqui João depende de Marcos. Fortna ("Jesus") estuda as negações com a suposição de que, embora Perrin superestime o caso para a composição marcana do julgamento noturno pelo sinédrio, o estudo que Donahue faz dessa cena (que é a base da tese de Perrin) merece confiança em sua investigação de elementos marcanos. (Ver § 19, onde expressei discordância com aspectos da abordagem de Donahue; assim, tenho mais razão que Fortna para contestar a tese de Perrin.) Mesmo com essa condescendência, Fortna ("Jesus", p. 381) defende a independência de João nesta cena,[44] como também fazem Boismard e Schneider.

Um argumento fundamental para a dependência joanina de Marcos é que ambos colocam as negações de Pedro no mesmo momento do interrogatório judaico de Jesus. Entretanto, quero repetir o raciocínio que invalida a força desse argumento. Foi estabelecido na tradição que Jesus foi entregue (às mãos de seus captores) à noite (1Cor 11,23) e igualmente estabelecido que foi crucificado em público (Gl 3,1) e, portanto, de dia. Qualquer interrogatório judaico de Jesus nesse período antes de ser entregue a Pilatos tinha de acontecer ou à noite depois da prisão ou de manhã cedo antes da crucificação — as duas situações nas quais o encontramos nos vários Evangelhos. Se havia uma tradição de que, em ligação com a prisão, todos os discípulos traíram Jesus e Pedro, em especial, negou conhecê-lo ou ser discípulo, isso tinha de acontecer à noite, quando ele foi preso, ou logo depois de sê-lo (tempo mais inevitável se o canto do galo estava envolvido na negação de Pedro). Portanto, os Evangelhos que colocaram o interrogatório judaico à noite não tinham escolha quanto a correlacioná-lo de algum modo às negações. (O Evangelho que pusesse o interrogatório de manhã cedo teria de pôr as negações antes, e foi exatamente isso que Lucas fez.[45]) Assim, o *fato* da correlação entre o interrogatório judaico e

---

[44] O argumento de Fortna é complexo, porque ele crê poder reconstruir a fonte grega joanina e ser possível mostrar que a fonte joanina é independente de Marcos. Não tenho certeza de que a fonte joanina ou a mateana possam ser reconstruídas com exatidão; assim, vou comparar os Evangelhos existentes. Eu particularmente rejeito o uso do texto OS^{sin} de Jo 18,15-27; esse ms. revela uma tentativa muito primitiva de melhorar a ordem joanina; dá testemunho da engenhosidade do escriba, não da ordem original de João. Ver § 19 acima.

[45] A ordem marcana no capítulo 14 é julgamento pelo sinédrio, escárnio, negações; a ordem lucana no capítulo 22 é negações, escárnio, interrogatório pelo sinédrio. A mudança lucana do escárnio para antes do interrogatório pelas autoridades judaicas combina com a sequência de sofrimento antes da rejeição pelos líderes judaicos na predição de Jesus em Lc 9,22. Além disso, o padrão das narrativas de martírio,

as negações de Pedro nada revela quanto a onde o evangelista conseguiu o relato detalhado de cada cena; a *maneira* de correlação talvez revele. A forma joanina de correlação (uma negação antes, duas depois) é diferente da marcana, do mesmo modo que o relato joanino do interrogatório judaico é diferente do marcano; assim, a estrutura da cena não dá nenhum apoio claro à dependência joanina de Marcos.[46]

E os detalhes? Marcos e João concordam que Pedro seguiu o Jesus preso e o negou três vezes antes de o galo cantar, em um cenário que inclui uma fogueira no *aule* do sumo sacerdote e uma criada. São detalhes básicos que se podem facilmente atribuir a uma simples narrativa pré-evangélica.[47] Mas os dois Evangelhos diferem bastante na maneira como combinam esses detalhes (mais amplamente do que Mateus ou Lucas diferem de Marcos). João coloca a primeira negação fora, antes de Pedro entrar no *aule*, e a segunda e a terceira negações perto da fogueira no *aule*; Marcos coloca a primeira negação no *aule* perto da fogueira e a segunda e a terceira negações, fora do *aule* e longe do fogo. Exceto por termos fundamentais como *aule*, *paidiske* ("criada"), "galo", "aquecendo" e "negar", não há nenhuma verdadeira concordância de vocabulário. É difícil perceber que João preserva alguns aspectos claramente marcanos; por isso, não encontro nenhuma razão convincente para pensar que João recorreu a Marcos para seu relato.[48] Mais plausível é a teoria de que João, como Marcos, tirou sua narrativa da tradição mais primitiva — não necessariamente a mesma forma pré-evangélica da tradição, mas uma que tinha os detalhes básicos que relacionei no início deste parágrafo. Cada um dos evangelistas fez ajustes na forma pré-evangélica respectiva que usou.

---

que é importante para Lucas, coloca os maus-tratos antes, de modo que a confissão é considerada mais nobre (2Mc 7,1-2; *4 Macabeus* 6,3-30; 8,12ss).

[46] Dewey ("Peter's Denial") argumenta que o fato de Marcos e João intercalarem as negações em meio a um interrogatório pelo sumo sacerdote mostra a dependência de Marcos por parte de João; ele não leva em consideração se a intercalação ou correlação é diferente. Os outros argumentos de Dewey não tratam da possibilidade de Marcos e João recorrerem de modo independente a uma forma mais primitiva da narrativa. O principal argumento apresentado por ele que oferece dificuldade para a independência joanina de Marcos é que cada Evangelho usa "se aquecendo" duas vezes, a segunda fazendo parte da repetição, quando o evangelista volta à narrativa de Pedro (Mc 14,54.67; Jo 18,18.25). Entretanto, reatar uma narrativa retomando a linguagem da última referência não é técnica incomum.

[47] Fortna ("Jesus", p. 378) tem toda razão ao contestar a atribuição do padrão de três e do canto do galo à *redação* marcana, como na análise por Dewey ("Peter's Curse", p. 100-102). Ver abaixo.

[48] Não se pode refutar uma teoria da dependência joanina de Marcos que atribui a João liberdade editorial ou uma importante adição de material não marcano; a questão é de plausibilidade e de prática joanina em geral.

Precisamos agora examinar a questão de *uma* ou *três* negações. Em § 11, A2, vimos como K. G. Kuhn teorizou que a cena do Getsêmani em Marcos representava a combinação de duas fontes paralelas, e que só por meio dessa combinação surgiram *três* visitas de Jesus aos discípulos adormecidos. Do mesmo modo aqui, há quem argumente que, no centro daquilo que veio a Marcos, havia apenas uma negação, e que três negações apareceram na forma marcana da narrativa apenas por combinação ou revisão. Por exemplo, Masson ("Reniement", p. 28-29) sugere que Marcos combinou tradições independentes paralelas representadas em Mc 14,66-68 e Mc 14,69-72. No último versículo da primeira, Pedro foi para fora e um galo cantou; na segunda (que, antes da redação marcana, tinha lugar no *aule*), mais uma vez a conclusão tinha um canto do galo e Pedro saía para fora.[49] Outros biblistas, como Dewey, acham que Marcos recebeu da tradição o relato de apenas uma negação e que ele a reorganizou para consistir em três negações. A afirmação de que o relato joanino pode perfeitamente ser independente do de Marcos obviamente opera contra essas abordagens, mas vamos examinar a questão mais detalhadamente.

Estão incluídas duas possibilidades que devem ser mantidas distintas. A *primeira possibilidade* é que, no conceito mais primitivo da tradição, havia apenas a especificação de que Pedro negou Jesus e que, mais tarde, sob a influência da predição de Jesus – que, de maneira generalizada, havia mencionado reiteradas negações –, surgiram três negações. Quando chegarmos ao exame das negações de Pedro como narrativa eficiente e incentivo para cristãos perseguidos, vou indicar qualidades parabólicas. Assim, do mesmo modo que com a narrativa do Getsêmani, o objetivo parabólico talvez tenha posto em jogo "a regra de três", tão comum nas parábolas (§ 1, A4). Julgo essa teoria plausível, embora impossível de provar, pois ela exige uma etapa primitiva da tradição que não pode ser reconstruída com segurança. Embora não julgue as negações históricas, é provável que G. Klein ("Verleugnung", p. 309-310) esteja certo ao argumentar que a tradição pré-evangélica identificável tem o padrão triplo.[50]

---

[49] Essa é apenas uma das teorias imaginosas de combinação. Walter ("Verleugnung", p. 49) pergunta se a forma original das negações continha apenas duas (a primeira e a última atuais), com a desajeitada negação do meio inserida mais tarde.

[50] Em BGJ, v. 2, p. 1094-1095, 1110-1114, argumentei que a cena envolvendo uma interpelação tripla de Simão Pedro por Jesus em Jo 21,15-17 talvez represente uma tradição muito antiga. O padrão triplo ali relaciona-se com o padrão triplo aqui.

A *segunda possibilidade* é que Marcos foi responsável por criar três negações a partir de uma e deixou junções de compilação ou combinação. (Obviamente, então, a narrativa das três negações não podia ter existido antes de 70; teria se tornado rapidamente tão sacrossanta que nos trinta anos seguintes foi copiada pelos outros três evangelistas.) Que argumento positivo apoia essa abordagem? Referências ao estilo marcano na segunda e na terceira negações (Mc 14,68-72) nada provam, pois seriam esperadas quer Marcos criasse quer reescrevesse. Além disso, há elementos do estilo marcano na primeira negação, que é supostamente original (ver o COMENTÁRIO).[51] Mais importante é a questão de Mc 14,66-68 ser ou não uma unidade independente que Marcos recebeu da tradição e expandiu de um jeito ou de outro. Textualmente, a presença de um (primeiro) canto do galo em Mc 14,68 é duvidosa ao extremo, e é mais provável que seja correção de um copista.[52] A ideia de que a ida de Pedro para fora, em Mc 14,68, é claramente o fim das negações, causando embaraço para uma continuação, é, a meu ver, uma falha em entender corretamente a sutileza do tema marcano (ver o COMENTÁRIO). Assim, embora não seja desarrazoado desconfiar que os primeiros versículos da cena marcana contêm muito do que considero a tradição mais antiga sobre a negação de Jesus por Pedro, não encontro nenhum indício forte de que essa tradição tenha chegado a Marcos na forma de uma só negação (nem como totalidade que ele reorganizaria, nem como tradição independente que ele combinaria com outra tradição para chegar a três negações). Embora, como indicado na nota 44, eu não seja tão otimista como Fortna quanto à possibilidade de reconstruir uma fonte pré-joanina, acho importante que sua reconstrução dessa fonte (*Gospel*, p. 117-122) pressuponha uma tripla negação (= Jo 18,16b-18.25b-27).

---

[51] Lembro o leitor de meu ceticismo geral quanto a nossa habilidade de detectar a diferença entre o estilo marcano e o de sua fonte (§ 2, C2). Falo, portanto, daquilo que muitos biblistas consideram aspectos do estilo marcano.

[52] Em § 5 (Mc 14,30), examinei as quatro passagens que apoiam a autenticidade da referência a um segundo canto do galo. Somente essa passagem que introduz o primeiro canto do galo é, a meu ver, verdadeiramente duvidosa. Foi acrescentada precisamente porque um segundo canto do galo foi prometido e cumprido sem nenhuma referência a um primeiro (ver o COMENTÁRIO a respeito de Mc 14,68b). Mas, mesmo se fosse genuína, a menção do primeiro canto do galo dificilmente constituiria uma "junção" convincente. O apelo todo a uma sequência "embaraçosa" como sinal de junção editorial é duvidoso. Presume que um editor antigo não sabia juntar material de maneira uniforme. Além disso, não raro o embaraço está no olho do analista técnico.

B. Historicidade

Se a mais antiga tradição identificável já continha uma tripla negação, isso ainda nos leva apenas à maneira como os cristãos primitivos relatavam a história. Pedro de fato negou Jesus nessa noite fatídica? Quantas vezes?

1. *Exame de diversas respostas*. Em § 5 vimos que a predição por Jesus de que Pedro o negaria relacionava-se com duas outras profecias a respeito de seus seguidores atribuídas a Jesus na noite antes de morrer: a predição de traição (por Judas) e a predição de que os discípulos se dispersariam e escandalizariam. Adiei até aqui a questão da autenticidade da predição a respeito de Pedro para tratar dela junto com a questão da autenticidade das negações em si. Nessas questões, podemos ter esperança de uma série de julgamentos que vão de possibilidade, passando por probabilidade, a plausibilidade, e não para prova definitiva.

Em sua maioria, os biblistas atribuem uma base autêntica às negações, inclusive personalidades tão diferentes como J. Weiss, E. Meyer, Schniewind, Loisy (primeira opinião, 1912), Lietzmann, Dibelius, Bertram, Taylor, Dinkler e Greeven. O argumento dominante para essa posição é o de que dificilmente os cristãos teriam inventado uma história que trouxesse desonra para um de seus líderes mais proeminentes. Orígenes (*Contra Celso* II,15; SC 132,326) usou essa história para mostrar a fidedignidade dos Evangelhos: eles não esconderam essa desonra. Outros Padres da Igreja, constrangidos pelas negações, procuraram explicar a vergonha das negações de Pedro, por exemplo, Pedro disse que não conhecia o homem; mas isso foi um escrúpulo, pois ele conhecia o Filho de Deus![53] Podemos perguntar se essa historia a respeito de Pedro teria sido contada pelos quatro evangelistas (com grande harmonia nos fundamentos), que claramente exerceram a liberdade no que preservaram e escreveram depois de Pedro ter morrido como mártir na colina Vaticana, a menos que isso estivesse firmemente estabelecido como tradição.

Embora eu ache esse raciocínio geral persuasivo, rejeito as conclusões exageradas que às vezes têm sido tiradas dele. Um exemplo delas encontra-se em Taylor (*Mark*, p. 550, 572). Com referência à predição das negações de Pedro, ele

---

[53] Outra crítica patrística nada convincente baseada na cena é que uma mulher levou Pedro a cair, do mesmo modo que mulheres criaram problemas para Adão, José, Sansão, Davi, Salomão e João Batista (ver Kosnetter, "Geschichtlichkeit", p. 128-129). O fato de Pedro ter sido perdoado depois de negar Jesus foi usado como argumento contra o rigorismo dos novacianistas e donatistas.

afirma: "A tradição cristã não a teria preservado, salvo no testemunho mais alto, a saber, o do próprio Pedro". Com referência às negações, ele cita com parcialidade Loisy: "Se há uma reminiscência verdadeira de Pedro em alguma passagem do segundo Evangelho, ela está com toda a certeza na narrativa da negação, na forma em que se encontra em Marcos". Não é implausível que Pedro tenha sido a fonte suprema da tradição de que ele negou Jesus (se a tradição é autêntica), mas outros poderiam tê-la conhecido e relatado. Muitas vezes, a verdadeira razão para apelar a Pedro é reivindicar historicidade para os detalhes "realistas" das negações, como faz Taylor quando escreve a respeito da sinceridade da narrativa das negações, da pertinência psicológica das respostas a acusações cada vez mais diretas, e dos semitismos. (Como indica o COMENTÁRIO acima, muitos dos semitismos são duvidosos.) Pesch vai mais além e defende não só uma fonte petrina, mas também a redação desse material enquanto Caifás era sumo sacerdote (assim, antes de 36 d.C.), daí a relutância marcana em mencionar o nome de Pedro! Todo esse raciocínio ignora o indício de ser provável que a arte e o realismo da narrativa tenham surgido de circunstâncias na atividade de contar histórias durante a etapa de tradição oral e durante a reescrita marcana dessa tradição. A partir da coincidência de tempo do interrogatório judaico e das negações por Pedro, que tiveram lugar à noite, Marcos transformou as negações em um contraste dramático com a confissão de Jesus — um cumprimento da profecia de Jesus no momento em que ele era escarnecido como falso profeta. A partir de um comentário geral de que as negações estavam associadas ao *aule* do sumo sacerdote, Marcos compôs um movimento de Pedro de dentro, perto de Jesus, para fora, longe de Jesus, à medida que as negações se tornam mais veementes. Em suma, um argumento persuasivo para uma base na realidade nada faz para garantir a cena completa, que é claramente produto de evolução à medida que as negações se transformaram em uma parábola a respeito do fracasso do discípulo principal quando interpelado, e sua reabilitação absoluta por meio do arrependimento.

Antes de me voltar para o importante argumento contra uma base na realidade para as negações de Pedro, quero mencionar que, com demasiada frequência, são feitas objeções contra detalhes secundários que são irrelevantes para um entendimento sutil de historicidade, por exemplo, uma mulher seria porteira no palácio do sumo sacerdote, ou Pedro não teria se lembrado da predição de Jesus

§ 27. As três negações de Jesus por Pedro

na *primeira* vez que negou Jesus. No que se segue, vou ignorar essas objeções, que foram tratadas no COMENTÁRIO.

Muitos biblistas negam ou duvidam seriamente da historicidade das negações de Jesus por Pedro, por exemplo, Goguel, Bultmann, Loisy (opinião mais tardia, 1924), G. Klein e Linneman. Às vezes, eles fazem isso contestando o principal argumento usado para apoiar a autenticidade, a saber, que os cristãos não teriam inventado uma cena tão desfavorável a Pedro, pregador e mártir reverenciado. É a história tão desfavorável a Pedro? Não há uma clara sugestão de que ele se arrependeu e então a cena não tem um significado positivo, que dá aos leitores coragem em suas tribulações e falhas? Seria uma religião que pregava um Messias crucificado, mas ressuscitado, atrapalhada por um discípulo que a negou, mas agora a proclama? Esse contra-argumento não é realmente persuasivo. Historicamente, Jesus foi crucificado, e assim seus seguidores tiveram de aprender como isso era teologicamente significativo. Por analogia, aprenderam a tirar valor parenético do erro de Pedro, mas isso não significa que teriam se sentido à vontade para inventar a cena. Quanto ao fato de a negação por Pedro ser considerada uma desonra embaraçosa, ela certamente foi apresentada como tal, pois está profetizada no contexto de Mc 14,27-29, que apresenta tal erro dos discípulos como escândalo. Em Mateus, como poderia não ser um problema à luz de Mt 10,33: "Aquele que me nega perante os outros, eu também o negarei perante meu Pai que está no céu"?

Quando se aceita que as negações de Pedro eram desonra, pode-se perguntar se não teriam elas sido inventadas como propaganda antipetrina. Como mencionamos (§ 2, C1; § 5, A), alguns biblistas (inclusive Kelber e Weeden) consideram Marcos uma tentativa de contestar a cristologia pregada por Pedro ou em seu nome. Ao aplicar essa tese a esta cena, Dewey ("Peter's Curse", p. 108) declara: "Marcos reintroduz Pedro na narrativa para levar ao clímax o tema da oposição petrina a Jesus e servir de modelo negativo". Foi sugerido que essa história explica por que Pedro (Cefas) não é relacionado entre os apóstolos por Paulo em 1Cor 9,5. Mas o próprio Paulo não perseguiu Jesus e não apresentou Cefas como modelo de evangelização apostólica em Gl 2,7? Boomershine ("Peter's", p. 57) lembra que, em Marcos todo, depois de cada caso de erro ou modo de pensar errado por parte de Pedro, o evangelista dá passos explícitos para reestabelecer a simpatia por ele, de modo que "a exegese de Kelber é improvável como descrição da intenção de Marcos" (p. 47). Os outros evangelistas não entenderam que a narrativa das negações de Pedro tinham um significado negativo final, pois todos atribuíram a Pedro um papel muito positivo na vida pós-ressurreição da Igreja (Mt 16,16-18; Lc 22,31-33; Jo 21,15-17). Na verdade, o livro de Herron (*Mark's*) fornece, através dos séculos, uma história interessante das negações de Pedro, história que ele considera refutação da interpretação por Weeden e K. E. Dewey, segundo a qual esta cena constitui a rejeição cabal de Pedro. E, naturalmente, se a tradição das negações é pré-marcana, ou se João tinha um relato independente, toda essa teoria de invenção antipetrina marcana cai por terra. Quanto à exegese de Marcos, independentemente de todos os outros indícios, se a atitude marcana para com Pedro é totalmente negativa, por que Marcos mostra o remorso de Pedro e insinua seu arrependimento no fim da narrativa das negações (Mc 14,72) e dá a Pedro uma eminência pós-ressurreição em Mc 16,7? (A sugestão de que Mc 16,7 é inserção pós-marcana não tem apoio textual.) Herron (*Mark*'s, p. 143) traduz Mc 16,7 de modo que a boa nova angelical dirige-se "até a Pedro", como sinal de que seu discipulado singularmente enfraquecido podia ser restaurado. Segundo Herron, a Igreja marcana sem dúvida enfrentava perseguição e essa narrativa oferecia incentivo a seus apóstatas: "Se existe para ele [Pedro], a possibilidade [de se reconciliar] existe para todos *perante a parusia*".

Com ainda mais imaginação que Kelber, G. Klein vê uma relação entre as três negações (ficcionais) de Pedro e as três mudanças na situação ou relação de Pedro com a Igreja de Jerusalém que Klein detecta nos Atos (desde primeiro dos Doze a apóstolo, de apóstolo a coluna da Igreja, de subordinado a Tiago a missionário independente). Tudo isso é altamente especulativo. Outras teorias de origem inautêntica para as negações não se apoiam nessa reconstrução duvidosa da ideologia marcana. Bertram considera que a NP toda surgiu e foi preservada no culto, ideia relacionada com 1Cor 11,23-25, onde a Eucaristia é uma *anamnesis* ("lembrança, *re*apresentação") dos sofrimentos do Senhor. Schille aplica isso às negações de Pedro, com a sugestão de que cantos do galo acompanhavam a celebração anual da Última Ceia como uma Páscoa cristã à maneira judaica (comprovada no século II [?] em *Epistula Apostolorum* 15), o que é sumamente vago. A lembrança eucarística básica em 1Cor 11 é apresentada como recordação de uma coisa que aconteceu; que indício existe de que a liturgia criou a narrativa da negação de Pedro? Paulo "recebeu" da tradição mais antiga aquilo que o Senhor Jesus fez na noite em que foi entregue e muitos acham que uma fonte disso foi Cefas ou Pedro, de quem Paulo obteve informações depois de sua conversão (Gl 1,18: *historesai*;

ver PNT, p. 23). *A priori*, nada nesses antecedentes favorece a invenção de uma narrativa que desonre Pedro.

Se descartarmos como improváveis e vagas as diversas teorias a respeito do que poderia ter causado a invenção das negações, há ainda o argumento básico de que a narrativa contradiz o contexto. Mc 14,50 relata: "E deixando-o, eles todos fugiram". Contudo, aqui está Pedro, não fugindo, mas ainda seguindo Jesus. É preciso fazer duas observações. Primeiro, a fuga dos discípulos é o cumprimento da predição de Jesus em Mc 14,27: "Vós todos vos escandalizareis". As negações de Pedro são tratadas em Mc 14,29-30 como exemplo ou especificação dessa predição. (A alegação de que Marcos não notou que, em quatro versículos, ele juntou duas passagens contraditórias supõe dubiamente que, à distância de dois milênios, somos mais capazes de reconhecer a importância de uma passagem que a primeira pessoa a usá-la.) Segundo, com Pedro seguindo Jesus à distância, Mc 14,54 correlaciona as negações com a fuga dos discípulos: Pedro também fugiu do Getsêmani, mas agora está cautelosamente seguindo o grupo aprisionador, só que fraqueja novamente.

Outra alegação é que as negações de Pedro contradizem Lc 22,31-32: "Simão, Simão, vê, Satanás pediu para vos testar como trigo. Mas rezei por ti para que tua fé não desfaleça. E tu, quando tiveres te convertido (virado), fortalece teus irmãos". Em especial, G. Klein argumenta que Lucas nos dá a tradição mais antiga (sem "quando tiveres te virado"), na qual as orações de Jesus fizeram de Pedro uma exceção que não fraquejou onde os outros discípulos fraquejaram. Klein discorda da historicidade das negações nessa base.[54] Novamente é preciso fazer diversas observações. Primeiro, Lucas relatou lado a lado essa declaração de Jesus e sua predição das negações de Pedro (Lc 22,34); assim, é óbvio que ele não viu contradição entre as duas, mas sim uma imagem total do destino e papel de Pedro. Segundo, na hipótese de Klein, o texto tem de ser deturpado para remover a frase que toma conhecimento das negações. Mas, mesmo sem "quando tiveres te virado", a preocupação especial de Jesus por Pedro não sugere que sua fé estaria ameaçada na peneira de Satanás, e assim daria margem para as negações? Terceiro, poucos diriam que Lc 22,31-32 (peculiar só a um Evangelho) era mais original para a

---

[54] Ele lembra que a NP faz sentido sem as negações de Pedro. Esse argumento extremamente fraco aplica-se a muitas cenas da NP; ela faz sentido sem a traição por Judas, sem Barrabás, sem os bandidos crucificados junto com Jesus etc.

Última Ceia e suas consequências do que a predição das negações de Pedro (quatro Evangelhos). A passagem tem a característica clara de um acréscimo lucano para suavizar a atitude de Jesus para com os discípulos. Se não está no contexto original, o dito tinha originalmente relevância direta para as negações de Pedro?[55] Quarto, é um dos três ditos famosos que lidam com o papel eclesiástico de Pedro depois da ressurreição. Mt 16,16-18 constitui Pedro a pedra sobre a qual a Igreja será construída, mas Mt 16,21-23 mostra a falta de entendimento por parte de Pedro e o chama de Satanás. Jo 21,17-17 atribui a Pedro o papel pastoral muito importante de alimentar as ovelhas de Jesus, mas só depois de Pedro ter seu amor por Jesus questionado três vezes. Nessa analogia de realçar uma fraqueza ou um fracasso do passado de Pedro como parte da predição de seu futuro papel positivo, há justificativa para Klein (e Bultmann) considerar "quando tiveres te virado (convertido)" (com sua inferência de um lapso) secundário? Está claro que as objeções à autenticidade baseadas na inconsistência com outro material da Paixão não são fortes.[56]

A relação das negações de Pedro (narradas nos quatro Evangelhos) com a predição por Jesus dessas negações na Última Ceia (Lucas, João), ou no caminho para o Monte das Oliveiras (Marcos/Mateus), está incluída no estudo da historicidade. Alguns biblistas que aceitam a historicidade das negações consideram a predição formulada depois do evento (*vaticinium ex eventu*) para dar a Jesus *status* de profeta.[57] Um modelo para essa teoria é a suposição de que as predições que Jesus fez de sua morte e ressurreição foram formuladas depois do evento. É bastante incerto se foram completamente formuladas dessa maneira (APÊNDICE VIII). Além disso, é compreensível o desejo cristão de saber se Jesus previu de alguma forma sua morte horrível e como isso se adaptava a sua visão do Reino; assim, há um contexto que poderia ter ajudado a criar as predições que Jesus fez de sua morte. Não está claro por que um *vaticinium ex eventu* teria sido criado para as negações de Pedro quando tantos outros incidentes da Paixão foram deixados sem nenhum.

---

[55] Existem sólidos indícios para pensar que o dito é pré-lucano, não criação lucana (Fitzmyer, *Luke*, v. 2, p. 1421). A respeito desse dito, ver W. Foerster, ZNW 46, 1955, p. 129-133.

[56] Também não é persuasivo o argumento de que, se tivesse negado ou amaldiçoado Jesus, Pedro não poderia se tornar coluna da Igreja (Goguel). A história de Paulo mostra o que é possível.

[57] Schenke (*Studien*, p. 41) e Wilcox ("Denial", p. 431-432) dão prioridade à forma da predição de que Pedro se lembra em Mc 14,72 (sem "hoje" nem "esta noite") e acham que isso foi remontado ao cenário de Mc 14,30. Mas a proximidade de "hoje" e "esta noite" faz parte da força da predição. Se o canto do galo fazia parte da predição, implicitamente tinha de ser a mesma noite.

A noção de que era necessário para a reintegração de Pedro não é persuasiva, pois um diálogo pós-ressurreição com Jesus (como em Jo 21,15-17) teria deixado sua reabilitação mais clara. Comentei sob § 5 que a dúvida quanto às profecias de Jesus não raro tem laivos de racionalismo moderno, uma pobre óptica para se entender como os cristãos pensavam e agiam. Quando se estudam as negações, é de se imaginar se a predição não é fator importante na razão pela qual a narrativa foi formulada e preservada.[58]

Dessa maneira, às vezes se dá prioridade a ter a predição produzido a *narrativa* das negações (assim, com sutilezas diferentes, Goguel, Linnemann, Gewalt). Há muita coisa perceptiva nessa abordagem, quando se deixa de lado a complicação desnecessária promovida por seus principais defensores (Gewalt não tem certeza) de que não há autenticidade no ato de Pedro negar Jesus na ocasião da prisão. Por que essa predição seria preservada se não se cumpriu? Essa predição é muito diferente da predição que Jesus fez da destruição do Templo de Jerusalém, que não tinha limite de tempo intrínseco. A declaração do canto do galo foi ligada à prisão de Jesus com demasiada rapidez para ter algum sentido, mesmo como especificação do fracasso dos discípulos, sem uma base em fatos. Mas se combinarmos uma base em fatos com algumas das observações de Linnemann, recorrendo também ao importante artigo de Wilcox, surgem as linhas gerais (não reivindico nada mais) de uma teoria viável.

2. Hipótese viável. Quando foi para Jerusalém e encontrou o antagonismo exacerbado das autoridades, Jesus reconheceu que, se houvesse uma tentativa de agarrá-lo, haveria omissão entre os discípulos, que levaria à deserção e traição. Ditos para esse efeito, talvez pronunciados em momentos diversos de seus últimos dias, foram preservados na tradição em um contexto da Última Ceia que se tornara cena das palavras de Jesus a seus seguidores a respeito da participação deles em seu futuro. (Em § 5, insisti que foi Marcos quem mudou os ditos a respeito dos discípulos e Pedro para um cenário no caminho para o Monte das Oliveiras.) Dos três ditos preservados em Marcos (Judas, os discípulos, Pedro), só o dito pertinente a Pedro, com sua referência a canto do galo (que não foi *qualquer* canto do galo) precisa ser relacionado com a noite na qual Jesus foi entregue (1Cor 11,23) e preso;

---

[58] Wilcox ("Denial", p. 434-435) insiste nisso com veemência.

mas o instinto da tradição de relacionar esse dito à expectativa geral do fracasso dos discípulos talvez seja bastante histórica.[59]

No dito a respeito de Pedro, alguns biblistas (por exemplo Gnilka, *Markus*, p. 251) consideram as "duas vezes" criação de Marcos; mas quando se entende que a predição tem um tom parabólico ou proverbial, os numerais podem bem ter sido uma parte apropriada: "Antes que o galo cante duas vezes, três vezes me negarás".[60] Na verdade, os numerais podem ter sido usados em sentido figurado, não literal, do mesmo modo que vimos a possibilidade (§ 20) de serem os "três dias" na predição da destruição do Templo uma expressão idiomática para um tempo curto.[61] Jesus talvez quisesse realçar a rapidez e a totalidade do fracasso pela negação da parte de um Pedro que a tradição, de modo paradoxal, apresenta como aquele dos Doze com maior probabilidade de chamar a atenção por sua agressividade.

É de se presumir que a forma mais primitiva de um relato consecutivo da Paixão mencionasse a traição de Jesus por Judas e o fracasso dos discípulos. Incluída nesta última, à guisa de exemplo, poderia ter havido uma breve menção do fracasso particular de Pedro ao negar que ele estava associado a Jesus quando interpelado por uma criada perto de uma fogueira no *aule* do sumo sacerdote, onde Jesus fora levado. A separação dessa negação por Pedro em uma *narrativa* independente[62] surgiu mais tarde, quando o papel de Pedro no Cristianismo tornou-se mais visível (líder dos Doze, coluna da Igreja de Jerusalém [Gl 2,9] e evangelista dos circuncisos [Gl 2,7]). Acompanhando essa separação estava a expansão do comportamento predito de uma forma literal, de modo que Pedro negou Jesus exatamente três vezes, com a última ocorrendo no momento em que o galo cantou. Essa evolução levou a formas pré-marcanas e pré-joaninas da narrativa onde há certa concordância a respeito da primeira negação, mas diferenças maiores na segunda e na terceira negações. Essa

---

[59] Em § 5, ressaltei que o fracasso dos discípulos foi predito em um contexto evocativo dos últimos capítulos de Zacarias. Wilcox ("Denial", p. 431) sugere que a reflexão em Zacarias se origina do próprio Jesus.

[60] Brady ("Alarm", p. 54) menciona um paralelo ao padrão "duas vezes/três vezes" no padrão "três/quatro" de provérbios (Pr 30,15.18.21.29). Contudo, este último padrão inclui modos três/quatro de descrição do mesmo fenômeno e dois cantos do galo e três negações são coisas diferentes.

[61] E. A. Abbott (AJT 2, 1898, p. 6) menciona a expressão idiomática hebraica em Jó 33,29: "Todas estas coisas Deus faz duas vezes, três vezes com um ser humano" como paralelo às duas/três de Marcos. Ver nota 60.

[62] O caso do túmulo vazio de Jesus ilustra o fato de uma lembrança histórica ser transformada em narrativa baseada nessa lembrança.

teoria faz justiça às duas questões básicas que é preciso enfrentar ao examinar a historicidade das negações por Pedro. A sobrevivência da narrativa sem uma base em fatos é inacreditável; contudo, as narrativas evangélicas refletem fortemente um estilo imaginoso de contar histórias. Entretanto, fato básico e descrição imaginosa não são uma combinação impossível. Gewalt ("Verleugnung", p. 142-143) lembra que a longa marcha do Exército Vermelho Chinês foi histórica, mas Mao, que foi testemunha ocular e principal participante, fez dela um poema.

C. A função das narrativas das negações

Essas últimas observações nos levam de um exame do valor histórico da tradição que fundamenta as narrativas das negações à questão mais importante do impacto desses relatos nas NPs dos diversos Evangelhos. São narrativas extraordinariamente eficazes, que prendem a imaginação.[63] Entre os elementos que contribuem para a intensidade, estão: a implícita hesitação de Pedro exemplificada por ele seguir à distância; ser identificado pela luz da fogueira; ir para fora, no intuito de se afastar da criada persistente (Marcos); o arranjo progressivo das três negações de evasiva para negação de discipulado, para amaldiçoar (Jesus?) e fazer um juramento (Marcos e, com variações, Mateus); Pedro ser traído por sua origem ou fala galileia (Mateus); o canto do galo, que ocorre precisamente na última negação e traz a Pedro a lembrança da palavra de Jesus; a última reação patética de Pedro, quando ele percebe o que fez.[64]

Para Marcos, essas negações tiveram lugar no momento em que Jesus estava de pé diante do sinédrio. Ali, um Jesus que em seu ministério fora muito reticente quanto a sua identidade diz: "Eu sou" (Marcos), em resposta à pergunta do sumo sacerdote: "És tu o Messias, o Filho do Bendito?". Nas negações, um Pedro que antes

---

[63] Gewalt ("Verleugnung", p. 114-116) começa pelo exame do uso das categorias da literatura clássica, como a comédia, para classificar uma cena como essa. Na p. 121, ele a considera uma forma de parábola trágica. Algumas das descrições na arte são examinadas por Hunter: "Three". Dassmann ("Szene") mostra a frequência com que o tema do galo aparece na arte dos sarcófagos no Cristianismo primitivo, não raro como o aspecto principal na iconografia de Pedro. É sinal não primordialmente da negação, mas do prometido perdão e da esperança de reconciliação, donde o uso no lugar de sepultamento. Isso é importante à luz de uma tese que rejeito, a saber, que para Marcos as negações representavam o fracasso definitivo de Pedro.

[64] Comentaristas mais antigos usaram esses detalhes para estabelecer a historicidade, oriunda da participação de testemunhas oculares. Entretanto, a verossimilhança pode ser produto da imaginação, bem como da história.

confessara Jesus como o Messias (Mc 8,29), agora nega sob juramento conhecê-lo. (Em Mateus, a redação em contraste é ainda mais precisa: Jesus faz uma afirmação qualificada em resposta à pergunta do sumo sacerdote: "És o Messias, o Filho de Deus?", ao passo que Pedro outrora confessara Jesus como "o Messias, o Filho do Deus vivo" [Mt 16,16].)

O ambiente lucano da cena é ainda mais dramático. Em vez da ironia de Pedro negar embaixo/fora, enquanto Jesus confessa em cima/dentro, o Jesus lucano está presente na hora em que Pedro o nega.[65] O "E o Senhor, virando-se, olhou para Pedro" lucano é efetivamente dramático, mas, o que é mais importante, mostra o cuidado de Jesus pelos discípulos. Jesus rezara por Pedro, para que sua fé nunca fraquejasse; agora, Jesus leva o discípulo ao arrependimento, de modo que, virando--se (convertendo-se), ele possa fortalecer os outros (Lc 22,32). Na sequência lucana, tendo visto seu principal discípulo negá-lo, Jesus em seguida será escarnecido e levado diante dos sacerdotes para ser interrogado. Contudo, não devemos perguntar como o que os outros faziam afetava Jesus. Lucas quer que saibamos que Jesus, em meio a seus sofrimentos, pensava nos outros.

Nos sinóticos, as palavras de Jesus sobre negação são lembradas por Pedro e, assim, os leitores têm a atenção atraída para o cumprimento da profecia de Jesus exatamente quando ele é escarnecido pelo sinédrio (Marcos/Mateus) ou pouco antes de ser escarnecido pelos guardas (Lucas) como falso profeta. É o cumprimento da terceira profecia de Jesus a respeito dos discípulos feita na Última Ceia ou a caminho do Monte das Oliveiras: Judas já o entregara; os discípulos já se dispersaram. Em § 5, examinei o grande impacto da Escritura na traição e fuga, por exemplo, a narrativa em 2Sm 15 sobre como Davi, abandonado por muitos de seus seguidores e por seu conselheiro de confiança (que mais tarde se enforcou) foi para o outro lado do Cedron para a Subida das Oliveiras, onde chorou e rezou a Deus; e outro contexto do Monte das Oliveiras, nos últimos capítulos de Zacarias, com referências ao sangue da Aliança, uma ovelha sacrificada e trinta siclos de prata lançados ao tesouro do Templo. As negações de Pedro fazem parte dessa mesma atmosfera geral, embora a "Escritura" mais influente aqui não seja uma passagem

---

[65] Sob a influência do relato marcano, do qual Lucas é dependente, não há nenhuma alusão à presença de Jesus nas negações até bem no fim. Mesmo então, Jesus precisa se virar para olhar para Pedro. Cabe a nós deduzir que ele deve ter estado presente o tempo todo e, assim, que (a parte de) a casa (*oikia*) à qual Jesus foi conduzido em Lc 22,54a era idêntica ao *aule* onde Pedro se senta perto da fogueira. Ver Soards, "And the Lord", p. 518.

veterotestamentária, mas a palavra profética de Jesus. O imperativo divino, a "imposição" que domina a Paixão e ressurreição (ver APÊNDICE VIII) revela-se não nos profetas de Israel, mas na profecia de Jesus. Ao enfrentar o futuro, o Jesus marcano dissera (Mc 13,23): "Cuidado. Eu vos preveni de todas essas coisas"; e agora, o que Jesus previra assumia a força de Escritura e tinha o mesmo papel para criar e dar cor a cenas da Paixão que a profecia veterotestamentária tinha.[66]

A esse respeito, a abordagem de João às negações é diferente. João não lembra ao leitor as palavras proféticas de Jesus,[67] embora (somente) ele o fizesse antes, no momento da prisão, com referência à traição por Judas e à partida dos discípulos (Jo 18,8-9), onde as palavras de Jesus foram colocadas em nível de Escritura. Aqui, quando Anás pergunta a Jesus a respeito dos discípulos, João nos mostra o comportamento de dois discípulos que seguem Jesus mesmo depois da prisão, a saber, Pedro e outro discípulo (isto é, o discípulo que Jesus amava; ver COMENTÁRIO). Ao descrever Pedro, João relata a história tradicional com pequenos toques dramáticos, por exemplo, ter-se mostrado corajoso ao cortar a orelha do servo no jardim. Pedro agora nega até mesmo ter estado no jardim com Jesus, quando interpelado por um parente do mesmo servo (Jo 18,26-27). Mas, em João, Pedro não é denegrido. De fato, alguns dos elementos marcanos sombrios estão ausentes, por exemplo, a progressão no fraseado das três negações; ir para fora e, assim, abandonar Jesus; amaldiçoar (Jesus) e jurar que não conhece Jesus. A tradição a respeito de Pedro serve antes de contraste para o comportamento de outro discípulo que nunca se desvia do seguimento de Jesus. Ele entra no *aule* do sumo sacerdote sem oposição[68] e, sem ele, Pedro não conseguiria seguir até ali. Ele não nega Jesus; ao contrário, reaparecerá aos pés da cruz de Jesus, onde não há outro discípulo homem (Jo 19,25-27). Não há nenhum jeito de verificar a historicidade do aparecimento do discípulo, pois só João o relata.[69] Na verdade, a invisibilidade

---

[66] Wilcox ("Denial", p. 434) é persuasivo neste ponto. Gewalt ("Verleugnung", p. 135) examina a visão de W. Schenk de que o que outrora era cumprimento da palavra de Jesus torna-se lenda pessoal. Mais exatamente, a narrativa consiste nas duas coisas. A meu ver, o estudo das negações de Pedro tem sido prejudicado pela crítica formal excessivamente estrita, que não reconhece a flexibilidade da tradição.

[67] Uma tradição joanina (Jo 21,15-17), onde Jesus encontra Pedro cara a cara e lhe pergunta três vezes: "Simão Pedro, tu me amas?", é o equivalente funcional de Pedro se lembrar da predição que Jesus fez de tripla negação, especialmente na forma lucana onde Jesus olha para Pedro.

[68] No COMENTÁRIO, insisto que não se deve fazer demasiado mistério de ser ele conhecido do sumo sacerdote; essa é simplesmente a explicação de como ele entrou com facilidade, ao passo que Pedro foi interpelado.

[69] É possível argumentar seriamente que, apesar de seu valor simbólico, o discípulo presente em João é

para os outros evangelistas (reconhecível aos leitores dos quatro Evangelhos) ajuda a realçar o fato de ter esse discípulo de ser visto à luz da fé da comunidade joanina. Ele não aparece no relato joanino do ministério público, mas só no contexto da Última Ceia, onde Jesus manifesta seu amor pelos seus (Jo 13,1). O contraste com Pedro (na ceia, aqui e em duas cenas pós-ressurreição) exalta um discípulo que está próximo a Jesus em uma prioridade de amor e que nunca decepcionou. O Evangelho de João reflete uma situação de vida na qual os cristãos eram expulsos da sinagoga por confessarem Jesus como a Messias (Jo 9,22; 12,42). O medo de expulsão e de ser morto criou o perigo de enfraquecimento da fé (Jo 16,1-2). Contra esse pano de fundo, o modelo de um discípulo ideal, que não negou Jesus nem o abandonou quando ele foi levado à cruz, era importante para os cristãos joaninos.

Além de mostrar o cumprimento da profecia de Jesus, o propósito de Marcos ao narrar as negações de Pedro inclui a teologia da cruz, que examinamos em relação ao fracasso dos discípulos no Getsêmani. Marcos mostra que mesmo o discípulo que foi o primeiro a ser designado no Evangelho (Mc 1,16) e seria o último a ser citado (Mc 16,7), e que fora o mais disposto a confessar Jesus, não conseguiu permanecer fiel até depois de Jesus ter morrido na cruz. Os outros discípulos haviam fugido; agora Pedro procura seguir sozinho,[70] à distância, o que exemplifica sua fanfarronada: "Mesmo que todos se escandalizem, contudo eu não" (Mc 14,29). Mas Pedro não compreendeu as palavras que Jesus falou logo depois de repreendê-lo, como se ele fosse Satanás: "Se alguém deseja seguir-me, negue a si mesmo, tome sua cruz e siga-me" (Mc 8,34). Pedro não satisfazia esse critério ao seguir à distância e procurar evitar a cruz.

A narrativa das negações de Jesus por Pedro talvez não fosse muito proveitosa para a exortação cristã depois de Pedro ter a morte de um mártir em meados dos anos 60, desse modo finalmente dando testemunho de tomar a cruz para seguir Jesus (§ 11, nota 19). Contudo, inevitavelmente, durante a perseguição, muitos cristãos não foram tão corajosos, de modo que *1 Clemente* 5 e Tácito (*Anais*, XV,44) sugerem que, na perseguição por Nero, na qual Pedro morreu, alguns

---

pessoa real, do mesmo modo que a inominada mãe de Jesus tem valor simbólico para João e, contudo, é pessoa real. Entretanto, essa realidade não garante a historicidade de seu aparecimento em uma cena individual. Ver Schnackenburg, *John*, v. 3, p. 385-386.

[70] Em Marcos, é comum "seguir" referir-se a discipulado, por exemplo, Mc 1,18; 2,14-15; 6,1; 9,38; 10,21.32.52; 15,41. De significância especial para esta cena são as palavras ditas por Pedro em Mc 10,28: "Deixamos tudo e te seguimos".

cristãos denunciaram outros aos romanos. Estava toda esperança perdida para os que fracassavam e negavam Cristo? Um Pedro que outrora negara e mais tarde deu testemunho constituía um incentivo para o fato de que o arrependimento e uma segunda oportunidade são possíveis.[71] Por essa razão, talvez fosse importante salientar a gravidade do que Pedro fizera. Antes de sua prisão, Jesus advertira os discípulos: "Continuai rezando, para não entrardes em provação/aflição/tentação [*peirasmos*]", precisamente porque eles ainda não eram suficientemente fortes. Mas com bravata, ao tentar seguir, Pedro entrara em *peirasmos* e fracassara. (Entretanto, Lucas subentende que, embora inspecionada, sua fé não fracassou graças à oração de Jesus.) Ele negara Jesus, apesar da advertência muito triste que Jesus fez das consequências de negá-lo diante dos outros (Mt 10,33; Lc 12,9). Em Lucas, essa negação foi solene, pois não aconteceu só diante de uma mulher, mas também diante de dois homens, que podiam servir de testemunhas legais (Dt 19,15; Josefo, *Ant.* IV, vii,15; #219); em Marcos/Mateus, ele fizera um juramento (apesar de Jesus proibir juramentos [Mt 5,34]) e amaldiçoara (Jesus).[72] Parte disso, como veremos agora, talvez evocasse nas mentes dos leitores as tribulações do martírio cristão.

O verbo "negar" já fazia parte da provação de mártires no Judaísmo pré--cristão, pois *4 Macabeus* 8,7; 10,15 mostram os irmãos macabeus desafiados a negar a lei ancestral e sua fraternidade. Nos tempos cristãos, Ap 2,13 refere-se a uma perseguição em Pérgamo, onde Antipas, testemunha fiel (*martys*), foi morto e congratula os outros cristãos que não negaram a fé. 1Tm 6,13 mostra como a morte de Jesus fora modelada no martírio na perseguição: "Cristo Jesus, que fez a confissão modelar em seu testemunho perante Pôncio Pilatos".[73] 2Tm 2,13 promete: "Se somos fiéis, ele permanece fiel, pois ele não pode negar-se a si mesmo". Plínio (*Epístolas*, 10,96-97) relata que, ao interrogar os suspeitos de serem cristãos, dava--lhes três oportunidades de negar. Se negavam, tinham de insultar ou amaldiçoar

---

[71] Se Marcos foi escrito em Roma, o exemplo de Pedro é ainda mais persuasivo no lugar onde ele morreu. A respeito de Roma como possível lugar da composição marcana, ver R. E. Brown & J. P. Meier, *Antioch and Rome*, New York, Paulist, 1983, p. 191-201; D. Senior, BTB 17, 1987, p. 10-20. Entretanto, nada precisa depender disso; havia outras circunstâncias nas quais a fé dos cristãos era testada (Mc 13,9).

[72] O mal que um juramento podia fazer está demonstrado em Mc 6,23, onde Herodes jura a Herodíades que lhe dará o que ela quiser; juramento que leva à decapitação de João Batista. Quanto a amaldiçoar (e amaldiçoar Jesus), deve-se mencionar 1Cor 12,3: "Ninguém que fale pelo Espírito de Deus jamais diz: 'Jesus seja maldito!'".

[73] A respeito da morte de Jesus descrita como martírio, ver P. E. Davies, "Did Jesus"; de Jonge, "Jesus"; Downing, "Jesus" e Gnilka, *Jesu*.

Cristo (*male dicere*) para provar a sinceridade da negação; nenhum verdadeiro cristão faria isso. Justino (*Apologia* I,xxxi,6) relata que, na Segunda Revolta Judaica (132-135 d.C.), Bar Kochbá punia cruelmente os cristãos, "a menos que negassem Jesus e proferissem blasfêmias". Ouvimos no *Martírio de Policarpo* ix,2-3 que o pró-cônsul tentou persuadi-lo a negar, a praguejar e a injuriar Cristo.[74] Não podemos ter certeza se todas essas exigências foram feitas aos cristãos perseguidos do século I, mas há indícios suficientes para tornar plausível que eles entendessem a provação de Pedro à luz da que eles sofreram.

(A bibliografia para este episódio encontra-se em § 25, Parte II.)

---

[74] Lampe ("St. Peter's", p. 351) vê a influência das acusações dos perseguidores dos cristãos na acusação dirigida a Pedro: "Verdadeiramente, tu és um deles" (Mc 14,70).

§ 28. Fim dos procedimentos do sinédrio; transferência para Pilatos (Mc 15,1; Mt 27,1-2; Lc 23,1; Jo 18,28a)

Tradução

Mc 15,1: E nesse instante, cedo, tendo feito sua consulta, os chefes dos sacerdotes com os anciãos e escribas e o sinédrio inteiro, tendo amarrado Jesus, levaram-no embora e o entregaram a Pilatos.

Mt 27,1-2: ¹E quando a hora matinal tinha chegado, todos os chefes dos sacerdotes e os anciãos do povo tomaram uma decisão contra Jesus que eles deviam executá-lo. ²E tendo-o amarrado, eles o levaram e o entregaram a Pilatos, o governador.

Lc 23,1: E a aglomeração inteira deles, tendo se levantado, levaram-no a Pilatos.

Jo 18,28a: Então eles levam Jesus de Caifás ao pretório. Ora, era cedo.

Comentário

Essa breve nota que termina os procedimentos judaicos contra Jesus e serve de transição para os procedimentos romanos requer estudo sob diversos títulos: hora, a reunião, os participantes e a transferência para Pilatos.

Hora

O "E nesse instante" marcano é estereótipo (vinte e três vezes).[1] D. Daube exagera sua interpretação quando argumenta que isso expressa o resultado inevitável, posterior: "na hora oportuna, consequentemente, como tinha de acontecer". Em contrário, dá poucas informações e simplesmente continua a narrativa; a partir dela, não sabemos se o que é descrito aconteceu simultaneamente com o que

---

[1] *The Sudden in the Scriptures*, Leiden, Brill, 1964, p. 59-60.

precedeu ou depois de um breve intervalo. Se entendido com o advérbio seguinte, significa, quando muito: "E assim que chegou a manhã". O *proi* marcano (que aqui dá a hora para levar Jesus a Pilatos depois que a reunião terminou) pode se referir à quarta vigília da noite (3-6 da manhã), mas não raro é menos específico: "(de manhã) cedo". Mt 27,1 usa *proia*, forma feminina que modifica uma hora tácita: "a hora matinal". (A redação mateana: "quando a hora matinal tinha chegado" é mais elegante que a de Marcos, evita o excessivamente usado "nesse instante" e faz par com "quando a tarde tinha chegado", que emoldura a NP mateana em Mt 26,20; 27,57.) Não há nenhuma indicação de tempo na descrição lucana da transferência de Jesus para Pilatos. Contudo, o entendimento lucano de Marcos reflete-se na indicação de tempo tomada por empréstimo (Lc 22,66), e com a qual ele iniciou a sessão do sinédrio (§20 acima): "E *quando se fez dia*, juntou-se a assembleia dos anciãos do povo, chefes dos sacerdotes e escribas; e eles o levaram para seu sinédrio". Como Marcos, Jo 18,28a tem *proi*.

Podemos ser mais específicos quanto à hora pretendida para a transferência a Pilatos? Poucos biblistas teriam hoje a segurança de W. R. Ramsay (ExpTim 27, 1915-1916, p. 363) para reconstruir um horário preciso: antes das 4 horas da manhã, Jesus chegou à casa de Caifás; às 5h30min, o interrogatório e os maus--tratos noturnos terminaram; às 6, Jesus foi levado a Caifás, no saguão do concílio do sinédrio; e às 7, ele foi levado ao pretório de Pilatos para um julgamento que duraria até o meio-dia. É preciso reconhecer que o *proi* marcano adapta-se a uma sequência de tempo que ele usa como moldura para os acontecimentos da NP. Mc 13,35 mostra um conhecimento das *quatro vigílias* da noite (períodos de três horas, das 6 da tarde às 6 da manhã) e na NP Marcos usa termos evocativos delas, embora não se refira a períodos exatos de três horas. "Entardecer" foi especificado por Mc 14,17 como a hora em que Jesus foi com os Doze comer a Última Ceia; embora "meia-noite" não fosse mencionado especificamente, em Mc 14,30, entre a ceia e as negações, Jesus falou de "esta mesma noite"; "canto do galo" serviu de clímax para as negações de Pedro (Mc 14,72) e "cedo" é mencionado aqui. No dia que se segue, "a terceira hora" (9 da manhã) especificará a hora da crucificação (Mc 15,25); "a sexta hora" (meio-dia) assinalará a chegada da escuridão sobre a terra (Mc 15,33); "a nona hora" será a hora do último grito de Jesus (Mc 15,34) e "entardecer" assinalará o sepultamento, em Mc 15,42, e completará o círculo. Muitos biblistas ficam perplexos com a importância desse arranjo estilizado. A intenção era que os cristãos rezassem em horas determinadas nesse dia sagrado? De modo mais prosaico, ele reflete apenas o amor marcano por números?[2] Gnilka ("Verhhandlungen" p. 9) fala da historização secundária de um relato parenético original; mas esse raciocínio aspira a mais conhecimento do original pré-marcano do que (a meu ver) é possível. Em todo caso, os horários são gerais e não dão precisão horologial.

Nenhum outro evangelista tem uma sequência tão completa. Na verdade, os Evangelhos discordam entre si a respeito de onde Jesus estava em uma hora mencionada – por exemplo, para Jo 19,14, Jesus ainda estava diante de Pilatos ao meio-dia, enquanto para Marcos ele estava na cruz. Talvez tudo que pode ser alegado em relação a essa passagem, então, seja que, como Marcos/Mateus e João usam uma forma de "cedo" (e Lucas indica conhecimento dela, em uma forma modificada, ligada à sessão do sinédrio), na tradição essa citação de tempo estava ajustada à transferência de Jesus para Pilatos.[3] Uma hora matinal para isso caberia na alegação já defendida de que (antes da reordenação lucana) a tradição situava unanimemente os procedimentos legais judaicos à noite. A que horas? A tradição também falava do canto do galo em relação às negações de Pedro; assim, o período de 3-5 horas da manhã pode ter sido imaginado. Embora alguns autores modernos duvidem que se imaginasse Pilatos à disposição a tal hora, não lhe falta verossimilhança. Sêneca (*De ira*, II,vii,3) indica que os julgamentos romanos realmente começavam ao raiar do dia. Sherwin-White ("Trial", p. 114) observa que o dia de trabalho da maioria dos funcionários romanos (muitos deles treinados no exército) começava nas primeiras horas da manhã: o imperador Vespasiano concluía seus trabalhos administrativos antes do amanhecer; e, como comandante da frota, às 10 horas da manhã, Plínio já concluíra todo o seu dia de trabalho. Herodes Agripa I entrava no teatro em Cesareia para celebrar um espetáculo antes dos primeiros raios do Sol (Josefo, *Ant.* XIX,viii,2; #344). Abordei essa questão pormenorizadamente porque tem relação com o próximo assunto a respeito de Marcos ter ou não imaginado uma segunda sessão do sinédrio de dia. Se ele quis dizer que Jesus foi conduzido a Pilatos tão cedo, sua percepção de tempo não incluía uma segunda sessão.

---

[2] C. H. Turner, JTS 26, 1924-1925, p. 337-345.

[3] A meu ver, Matera (*Kingship*, p. 12) argumenta erroneamente que esse é um adendo marcano por causa do fascínio de Marcos por indicações de tempo, que acabamos de examinar. É preciso fazer uma distinção entre uma indicação de tempo ocasional, confirmada por outro indício (como "cedo" é por João), e a expansão marcana dela para torná-la parte de uma sequência completa.

A reunião

Três interpretações principais estão atestadas em Mc 15,1, pertinentes a este assunto:

symboulion hetoimasantes: Códices Sinaítico, de Efrém Reescrito

symboulion poiesantes: Códices Vaticano, Alexandrino, textos *koiné*

symboulion epoiesan: Códices de Beza, Koridethi, OL, Orígenes

O problema de qual é mais antigo complica-se pela discordância dos biblistas quanto ao sentido de *symboulion*. Certamente pode significar "concílio, consulta, reunião"; mas muitos biblistas alegam que essa palavra também se refere ao que acontece nessa reunião ou dela resulta: "conselho, plano, decisão". Benoit ("Jesus", v. 1, p. 150) contesta esse último sentido e a prova apresentada para ele pelos dicionários de Liddell-Scott e BAG. Contudo, esse sentido reaparece em BAGD, p. 778. De fato, é difícil traçar uma linha nítida entre "concílio" e "conselho". Na tradução de Teodocião de Pr 15,22, parece que *symboulion* significa "decisão", traduzindo *sod* (que tem os dois sentidos). O único outro uso marcano de *symboulion* é em Mc 3,6, onde é praticamente impossível distinguir entre os fariseus "realizarem um concílio" com os herodianos e "aconselharem-se" com eles.[4]

Uma escolha quanto a que interpretação textual é preferível e se *symboulion* significa ou não "decisão" afeta o que é descrito por Marcos/Mateus. É provável que, em sua maioria, os biblistas suponham que uma nova ou segunda reunião do sinédrio esteja incluída. Há quem alegue que é essa segunda reunião, matinal, que Lc 22,66-71 relata, e que essa segunda reunião harmoniza Marcos/Mateus com Mixná *Sanhedrin* 4,1, com sua regra segundo a qual uma outra sessão de julgamento era necessária para impor uma sentença capital. Essas duas observações são inválidas. A sessão matinal lucana contém grande parte do mesmo material da sessão noturna de Marcos/Mateus e é quase certamente produto da reescrita lucana; Lucas não dá apoio para interpretar uma segunda sessão em Marcos. Já vimos que, com toda a probabilidade, as regras da Mixná não se aplicam ao tempo de Jesus (§ 18, C3). Em todo caso, a regra citada aqui exige que a segunda sessão se realize em *um outro* dia; e como, no modo de ver judaico, tarde da noite e de

---

[4] Mateus usa cinco vezes a frase *symboulion lambanein* (latinismo que reflete *consilium capere*) para a situação onde os líderes judaicos conferenciam e decidem que atitude tomar (SPNM, p. 214).

madrugada são o mesmo dia, a regra não é seguida, não importa como se interprete Mc 15,1 (Blinzler, *Trial*, p. 145). A alegação de Barton ("On the Trial", p. 210), de que a segunda sessão era obrigatória, mas não o dia intermediário, é um pouco temerária. Uma variante da teoria da segunda sessão é que houve uma continuação da primeira sessão onde nova questão foi discutida, a saber, como fazer Jesus ser executado e que essa discussão levou ao ato de entregá-lo aos romanos. Na narrativa marcana, isso é plausível? O sinédrio vem tramando executar Jesus já há algum tempo (Mc 11,18; 12,12; 14,1.10-11). Com certeza, não é para os leitores marcanos pensarem que os membros do sinédrio só cogitaram como isso podia acontecer depois de o condenarem! Alguns intérpretes que respondem a essa objeção confundem história e a narrativa marcana. Por exemplo, afirmam que foi necessário os membros do sinédrio se reunirem novamente para levar Jesus a Pilatos porque perceberam a ilegalidade de sua sessão noturna (Buss) que se realizou em dia de festa (Lengle, Millar). Entretanto, Marcos nunca sugere qualquer ilegalidade a respeito do julgamento judaico nem chama a atenção para qualquer fator de tempo como objecionável. Bickermann ("Utilitas", p. 194) afirma que os membros do sinédrio precisavam de um intervalo e outra sessão depois do julgamento principal, a fim de tirar dela material para formular a acusação oficial contra Jesus a ser levada perante Pilatos. Contudo, Marcos não relata nenhuma acusação oficial, e a pergunta do Pilatos marcano a Jesus não tem nenhuma relação superficial com o julgamento que os membros do sinédrio acabaram de conduzir. Assim, não há nada na narrativa marcana que faria necessário ou mesmo inteligível um segundo julgamento judaico (ou uma sessão conclusiva separada do julgamento original). Jesus foi condenado à morte pelos membros do sinédrio em Mc 14,64; por que haveria outras deliberações do sinédrio?

O grego de Mc 15,1 sugere uma segunda sessão?[5] *Hetoimasantes*, que é preferido por um número impressionante de biblistas,[6] é muitas vezes entendido no sentido de "tendo preparado sua decisão" com referência ao julgamento feito previamente em Mc 14,64; e assim não sugere um segundo julgamento.[7] Mas esse

---

[5] Entre os que acham que o texto *não* subentende uma segunda sessão estão Blinzler, Easton, Klövekorn, Léon-Dufour, Lührmann, Matera, Schmid, Schneider, Sherwin-White e Sickenberger.

[6] Por exemplo, Easton, Holtzmann, Klostermann, Mann, Tischendorf, B. e J. Weiss e Wellhausen.

[7] Easton ("Trial", p. 432, 444) afirma que os membros do sinédrio não se dispersaram e voltaram a se reunir, mas, no prosseguimento da assembleia, houve agora renovada deliberação a respeito de como apresentar Jesus aos romanos.

mesmo fato leva alguns a sugerir que a interpretação *hetoimasantes* foi criada por copistas que estavam ansiosos para evitar a dificuldade de um segundo julgamento; eles preferem *poiesantes*, com a conotação de "tendo realizado uma reunião". (A alegação de Benoit, segundo a qual *symboulion* significa "reunião", não "decisão", é às vezes invocada no argumento deles.) Contudo, mesmo que se prefira *poiesantes* (do qual *epoiesan* é apenas uma variante para uma sintaxe mais uniforme) por ser a interpretação mais bem atestada e a mais difícil (e, portanto, com probabilidade de ter sido mudada por copistas), essa palavra refere-se a uma nova reunião? O verbo está no aoristo e poderia simplesmente servir de recapitulação, referindo-se à sessão noturna. Se *symboulion* significa apenas "reunião, concílio", então a tradução seria: "tendo feito [realizado] sua consulta", isto é, terminado a sessão do sinédrio de Mc 14,55-65. Se *symboulion* significa "conselho, resolução", então a tradução é "tendo feito [tomado] sua decisão", isto é, dado a sentença de Mc 14,64. A esta altura, seria necessário um recomeço ou recapitulação porque Marcos interrompeu a narrativa da sessão do sinédrio para contar as negações de Pedro. (Quando começou a descrever essas negações em Mc 14,66-67, Marcos recapitulou o que narrara ao leitor em Mc 14,54, a respeito de Pedro se aquecer perto da fogueira no *aule*.) Nesse entendimento, *poiein*, "praticar, fazer", assume a conotação de "terminar com". Schneider ("Gab", p. 27-28) defende o sentido de recapitulação de Mc 15,1 a partir da leitura *hetoimasantes*; Matera (*Kingship*, p. 9) e Lürmann ("Markus 14", p. 463) defendem esse sentido a partir da leitura *poiesantes*. Deliberadamente escolhi, em minha tradução, a leitura *poiesantes*, mais difícil com *symboulion* como "reunião, consulta", para deixar claro que minha firme rejeição de uma segunda reunião não precisa de apoio. Na ANÁLISE de §19 A, mostro que um Mc 15,1 recapitulativo faz sentido perfeito em um resumo marcano.

Mt 27,1 não apresenta nenhuma objeção à leitura de Mc 15,1 como recapitulação. Na verdade, Senior (SPNM, p. 211-212), que reconhece ser Mc 15,1 composto por Marcos com base em material de Mc 14, mas curiosamente em seguida acha uma referência a um segundo julgamento, alega que Mt 27,1 não se refere a um segundo julgamento, mas conclui o primeiro. Embora, igual a Mc 14,66, Mt 26,66 mostre que os membros do sinédrio consideraram Jesus culpado, punível com a morte, Mateus não reproduziu a declaração marcana: "Eles todos julgaram contra ele". Agora, depois de ter narrado as negações simultâneas por Pedro, Mt 27,1 menciona esse julgamento sob a forma de "tomaram uma decisão" (*symboulion elabon*). Assim, embora Mc 15,1 recapitule a decisão já tomada ou a sessão do julgamento já narrada, Mateus guarda o último passo do julgamento até aqui (Mt 27,1 destina-se a ser imediatamente consecutivo a Mt 26,68, pois as negações de Pedro em Mt 26,69-75 são acontecem durante o julgamento). Que o *symboulion elabon* de Mt 27,1 equivale ao *katekrinan* de Mc 14,64 fica claro quando, dois versículos adiante, Mt 27,3 descreve Judas "tendo visto que julgavam contra [*katekrithe*] ele [Jesus]". Ao transformar a recapitulação marcana em uma descrição consecutiva, Mateus cria um fluxo narrativo mais suave e providencia uma introdução para a história de Judas. Quanto a Lucas, sua modificação dos detalhes temporais de Mc 15,1 e a reutilização deles para introduzir uma sessão matinal do sinédrio (Lc 22,66) podem ter sido um ato de liberdade editorial ou significar que ele entendeu (mal) que Marcos se referia a outra sessão.

Os participantes

A interpretação de Mc 15,1, não como segunda sessão, mas como recapitulação, é implicitamente firme rejeição da tese de Bultmann, Taylor, J. Weiss, Winter e outros de que a breve notícia em Mc 15,1 preservou o relato pré-marcano original do julgamento judaico de Jesus, de modo que Mc 14,53.55-65 foi como Marcos completou essa notícia. Na ANÁLISE do § 24, vimos que grande parte do relato do julgamento em Mc 14 representa uma tradição mais primitiva, embora Marcos a reformule e reinterprete, colocando-a na noite anterior à morte de Jesus. Por outro lado, como recapitulação, a primeira parte de Mc 15,1 é totalmente uma criação marcana.[8] Senior (SPNM, p. 211, ao resumir H. Van der Kwaak) defende isso com base no vocabulário. Em particular, a lista de participantes em Mc 15,1 ("os chefes dos sacerdotes com os anciãos e escribas e o sinédrio inteiro") é realmente uma inclusão que retoma a relação de participantes que iniciou o julgamento: "os chefes dos sacerdotes e o sinédrio inteiro", de Mc 14,55.

No início e no fim (recapitulativo) do julgamento judaico, depois de mencionar os grupos individuais de componentes, Marcos acrescenta: "e o sinédrio inteiro". Isso não é simplesmente tautologia, pois tem o efeito de deixar claro que os agentes que condenaram Jesus não agiram como grupos individuais, mas como o organismo governamental judaico representativo, e que, como coletividade, eles o entregaram

---

[8] Isso é contra a opinião de Légasse ("Jésus", p. 191, 196-197), que, ao defender duas sessões do sinédrio, admite que Mc 15,1 foi claramente redigido por Marcos, mas talvez não tenha sido criado por ele.

a Pilatos. *"Todos* os chefes dos sacerdotes e os anciãos *do povo"* mateano conserva essa ênfase na coletividade representativa, ao mesmo tempo que evita até a aparência de tautologia. Essa ênfase indica que Marcos e Mateus imaginam leitores cristãos. Se os evangelistas escrevessem para leigos neutros, talvez refletissem que mostrar *todos* os líderes responsáveis do povo de Jesus rejeitando-o criaria a suspeita de que ele devia ter sido um criminoso. Mas os evangelistas descrevem Jesus contra um pano de fundo bíblico do justo que está sozinho (exceto pela ajuda de Deus) contra todos os adversários.

Como a descrição lucana das negações por Pedro (Lc 22,54b-62) e do escárnio de Jesus (Lc 22,63-65) precederam a sessão matinal do sinédrio (Lc 22,66-71) o versículo estudado aqui (Lc 23,1) segue-se imediatamente a essa sessão. Na verdade, apesar da mudança de número de capítulo, é parte ininterrupta dessa sessão, onde a última sentença (Lc 22,71) foi: "Que outra necessidade temos de depoimento? Pois nós mesmos ouvimos de sua própria boca". Essa sentença não descrevia nenhum julgamento e, assim, é a partir da atitude da aglomeração inteira ao se levantar em Lc 23,1 para conduzir Jesus a Pilatos que ficamos sabendo o que foi decidido. Na cena marcana do julgamento, falsas testemunhas e o chefe dos sacerdotes "levantaram-se" (Mc 14,57.60); muitas vezes, o verbo é pleonástico e não expressa mais que o início de uma ação, mas, em um contexto de sala de tribunal, talvez tenha um tom legal, indicando um momento decisivo. "Toda a *aglomeração* deles" emprega *plethos*, que é usado cerca de vinte e quatro vezes em Lucas-Atos (cinco delas com "toda").[9] Aqui, refere-se à "assembleia dos anciãos do povo, chefes dos sacerdotes e escribas" que Lc 22,66 descreve levando Jesus para o sinédrio. De modo mais geral, três versículos adiante, Lc 23,4 descreve "os chefes dos sacerdotes *e as multidões"* presentes diante de Pilatos.

Em Jo 18,28, os que levam Jesus a Pilatos são simplesmente "eles". Havia guardas judaicos presentes quando Jesus foi interrogado por Anás (Jo 18,22) e, mais tarde, Anás o enviou amarrado a Caifás (Jo 18,24); assim, o leitor pensaria no "eles" como os chefes dos sacerdotes e os guardas. Isso se confirma em Jo 19,6, que menciona esses dois grupos tratando com Pilatos. Contudo, no contexto de Pilatos, um grupo mais amplo também é imaginado acusando Jesus, isto é, "os judeus".[10]

---

[9] Em At 6,5; 15,12.30, *plethos* descreve a assembleia cristã e pode se relacionar com o termo (*rabbîm*, "os muitos") que os MMM usam para descrever a assembleia votante em Qumrã.

[10] Jo 18,31; 19,12.38; também "os chefes dos sacerdotes dos judeus" (Jo 19,21) e "tua nação e os sumos sacerdotes" (Jo 18,35).

Transferência para Pilatos

A segunda parte de Mc 15,1 ("tendo amarrado Jesus, [eles] levaram-no embora e o entregaram a Pilatos") continua abruptamente sem conetivo. Mt 27,2 acrescenta um "e" (como fazem alguns copistas em Marcos) porque, na primeira parte, ele substituiu o particípio de Marcos por um verbo finito. São descritas diversas ações. É a primeira vez em Marcos/Mateus que Jesus é amarrado. Agora, criminoso condenado, Jesus é tratado como tal (semelhante a Barrabás, em Mc 15,7). Amarrar ajudará a mostrar para Pilatos como Jesus é perigoso; teologicamente, lembrará aos leitores o destino do justo que é amarrado (Is 3,10 [LXX] e entregue (Is 53,6.12 [LXX]; Sl 27,12 etc.). Aparentemente, Lucas não tem coragem de narrar tal indignidade; por isso, nenhuma passagem da NP lucana descreve Jesus amarrado. Alguns biblistas sugerem como outra razão para a omissão o desejo lucano de descrever Jesus agindo livre e espontaneamente na NP. João não tem nenhum julgamento formal de Jesus nessa noite de sua prisão. Em vez disso, o sinédrio condenou Jesus antes (Jo 11,47-53) do início da NP, de modo que Jesus foi amarrado como criminoso desde o momento da prisão (Jo 18,12) e foi transferido para Caifás amarrado (Jo 18,24).

Em seguida, Mc 15,1 relata que eles "levaram-no embora" (*apopherein*). Mt 27,2 usa o verbo composto *apagein*, e Lucas e João usam o verbo simples *agein* para levar Jesus embora. *Agein* e seus compostos não são incomuns para entregar um criminoso; Josefo (*Guerra* VI,v,3; #303) nos diz que os líderes de Jerusalém, pensando que Jesus, filho de Ananias, era movido por um impulso sobrenatural, "o levaram [*anagein*] ao eparca romano". Em especial, o *epi* que Lucas usa para levar Jesus *a* Pilatos está empregado no contexto de entregar criminosos a magistrados em Mt 10,18; Lc 12,11.58; At 25,12.

Finalmente, Mc 15,1 fala da entrega de Jesus a Pilatos. A sequência cumpre a predição de Mc 10,33: "O Filho do Homem será entregue aos chefes dos sacerdotes e aos escribas e eles julgarão contra ele (condenando-o) à morte; e eles o entregarão aos gentios". Mc 14,64 cumpriu a primeira parte da ação predita por sacerdotes e escribas: "Eles todos julgaram contra ele como sendo culpado, punível com a morte"; Mc 15,1 trata da segunda parte. Ao usar *paradidonai* (§ 10, acima), Marcos forma uma sucessão na qual Judas entrega Jesus às autoridades judaicas (Mc 14,41-44), que agora o entregam a Pilatos, que o entregará para ser crucificado (Mc 15,15). Mateus segue Marcos em tudo isso, tanto no cumprimento da terceira predição da Paixão (Mt 20,18-19) como no uso da sequência de *paradidonai*. João usa *paradidonai* para Judas (Jo 18,2.5) e para a transferência a Pilatos (não aqui, mas em Jo 18,30.35); Pilatos entregará Jesus para ser crucificado (Jo 19,16) e Jesus entregará seu Espírito (Jo 19,30). Lucas usa o verbo para Judas (Lc 22,48) e para Pilatos (Lc 23,25) quando eles entregam Jesus, mas quebra a sequência ao não usá-lo a respeito das autoridades judaicas na NP.

Essa é nossa primeira referência a Pilatos, que estudaremos em detalhe em § 31. Marcos não se esforça para identificá-lo, presumivelmente porque os leitores marcanos já conheciam seu nome como o daquele sob quem Jesus foi crucificado (cf. 1Tm 6,13). Somente Mateus especifica que Pilatos é o "governador" (*hegemon*), designação que ele usa seis vezes no capítulo 27, também em Mt 28,14, e que Josefo usa para os procuradores imperiais ou prefeitos das províncias (*Ant.* XVIII,iii,1; #55 para Pilatos; ver § 18, A3b). Lc 3,1 usa o verbo relacionado *hegemoneuein* para o governo de Pilatos na Judeia (e para Quirino na Síria em Lc 2,2) e usará o substantivo para os procuradores romanos da Judeia, Félix e Festo, em At 23–26. João só menciona Pilatos no versículo seguinte (Jo 18,29) e ali, como Marcos, sem informações introdutórias.

Só João se preocupa em primeiro dizer aos leitores onde Pilatos está, isto é, no pretório, porque o cenário do interior e do exterior do edifício será importante para a dramatização teológica joanina (§ 32 D, ANÁLISE). Nos sinóticos, nenhuma informação localizadora é dada enquanto o julgamento romano não termina. Então, em Mc 15,16 e Mt 27,27, os soldados aos quais Jesus é entregue para crucificação primeiro levam-no embora, ou ao pretório. Por inferência, tem-se a impressão de que o julgamento de Jesus perante Pilatos acontecera fora do pretório — cenário diferente do de João, onde Pilatos interroga Jesus no interior. Em § 31 C, dedicarei algumas páginas à discussão de qual o prédio de Jerusalém que servia de pretório. Com toda a probabilidade, era o palácio herodiano, que, com três grandes torres, ficava no topo da colina ocidental da cidade (e não a fortaleza Antônia, da "Via-Sacra" medieval e moderna). O local exato não é importante para um comentário evangélico. O importante é que agora Jesus está sendo entregue ao campo de influência dos gentios.

(A bibliografia para este episódio encontra-se em § 17, Parte I.)

§ 29. Judas, os chefes dos sacerdotes e o preço do sangue inocente (Mt 27,3-10)

Tradução

Mt 27,3-10: ³Então Judas, o que o entregou, tendo visto que julgaram contra ele [Jesus], tendo mudado com remorso, devolveu as trintas moedas de prata aos chefes dos sacerdotes e aos anciãos, ⁴dizendo: "Pequei, ao entregar sangue inocente". Mas eles disseram: "O que é isso para nós? Tu hás de ver isso". ⁵E tendo lançado as moedas de prata para dentro do santuário, ele partiu; e tendo ido embora, enforcou-se.

⁶Mas tendo recolhido as moedas de prata, os chefes dos sacerdotes disseram: "Não é permitido atirar estas para dentro do tesouro, pois é o preço de sangue". ⁷Tendo tomado uma decisão, eles compraram com elas o campo do oleiro para um cemitério de forasteiros. ⁸Portanto, esse campo é chamado "Campo de Sangue" até hoje.

⁹Então se cumpriu o que foi falado por intermédio do profeta Jeremias dizendo: "E eles pegaram as trinta moedas de prata, o preço do que foi avaliado, que os filhos de Israel avaliaram. ¹⁰E eles as deram pelo campo do oleiro, conforme o Senhor me ordenou".

At 1,16-20 (Excerto do discurso de Pedro em At 1,15-26, situado entre a ascensão de Jesus, quarenta dias depois da ressurreição, e antes da descida do Espírito em Pentecostes [cinquenta dias depois da Páscoa]; Pedro dirige-se aos homens da comunidade, que ele chama de irmãos):

¹⁶"Era necessário que se cumprisse a Escritura que o Espírito Santo anunciou pela boca de Davi a respeito de Judas, que era o líder dos que pegaram Jesus, ¹⁷porque ele se contava entre nós e foi incumbido de uma parte deste ministério. (¹⁸Desse modo, esse homem adquiriu um terreno com o salário de sua maldade; e prostrado, partiu-se ao meio e todas as suas vísceras se despejaram. ¹⁹E tornou-se conhecido de todos os habitantes de Jerusalém com o resultado que seu terreno foi chamado na língua deles Hacéldama, isto é, 'Terreno de Sangue'.*) ²⁰Está escrito no

livro dos Salmos: 'Que sua habitação se torne um deserto, que não haja nenhum morador nela' e 'Que outro assuma sua supervisão'."

(Segue-se em At 1,21-26 o relato da escolha de Matias "para tomar o lugar do ministério e apostolado do qual Judas se desviou para ir ao seu lugar" [v. 25].)

* Muitos biblistas acham que os vv. 18-19 constituem um parêntese, em vez de palavras ditas por Pedro. Certamente não dá para imaginá-lo dizendo: "em sua língua [dialeto]", ao falar em Jerusalém. Parece que Irineu (*Adv. Haer.* III,xii,1) reconheceu o problema; ele cita a passagem sem os vv. 18-19.

Comentário

Só Mateus interrompe a narrativa da transferência de Jesus a Pilatos para contar aos leitores o destino de Judas ou, mais precisamente, sua tentativa de livrar-se da responsabilidade pelo sangue inocente de Jesus, devolvendo aos chefes dos sacerdotes as trinta moedas de prata que deles recebera, e como eles, por sua vez, procuraram livrar-se desse dinheiro de sangue, comprando o campo de um oleiro. O elemento mais consistente encontrado aqui nas três subseções são as trintas moedas de prata (Mt 27,3.6.9). Esse é o preço do *sangue inocente*; e é esse o verdadeiro interesse de Mateus, ao qual ele voltará no julgamento romano (Mt 27,24-25), onde Pilatos tenta desculpar-se como "inocente do sangue deste homem", forçando "todo o povo" a aceitar a responsabilidade por ele. Esta obsedante cena de sangue com Judas, que não se erradica facilmente, antecipa em seu tema a descrição shakespeariana da angústia de Lady Macbeth.

Na noite anterior a sua morte, o Jesus mateano fez três profecias pertinentes aos discípulos. Duas delas se cumpriram: todos fugiram (Mt 26,56); Pedro negou-o três vezes (Mt 26,69-75). Resta a predição a respeito daquele que, embora comesse com Jesus à mesa, o entregaria (Mt 26,21): *"Ai daquele [...] para quem seria melhor não ter nascido"* (Mt 26,24). Judas entregou-o; agora vemos o dramático infortúnio que afligiu Judas.

Apesar dessa pertinência geral à sequência de acontecimentos, a cena em Mt 27,3-10 é claramente uma interrupção constrangedora. Em Mt 27,1-2 (também em Mt 27,12), os chefes dos sacerdotes e anciãos levam Jesus para entregá-lo a Pilatos. Contudo, aqui estão os chefes dos sacerdotes e anciãos na área do santuário do Templo, catando moedas de prata espalhadas e, então, dando-se ao trabalho de comprar um campo com elas. Autor perspicaz demais para não ter percebido essa inconsistência, é provável que Mateus narre a história não porque tenha acontecido nesse momento da NP, mas porque ela foi resultado direto da decisão de entregar Jesus. Relatar essa história depois da ressurreição seria um anticlímax negativo para o Evangelho. (Lucas realmente narra uma história da morte de Judas depois da ressurreição, mas não no fim do Evangelho — coloca-a no começo dos Atos, onde, como leva ao preenchimento dos Doze, prepara para os primórdios da Igreja e da missão cristã.) Além disso, na narrativa mateana, no momento em que as autoridades judaicas julgam contra Jesus, as reações de Pedro e Judas, colocadas em paralelismo antes e depois do julgamento (Mt 27,1), constituem um contraste interessante.

Judas e o preço do sangue inocente (Mt 27,3-5)

A história de Judas restringe-se realmente aos primeiros versículos e, mesmo ali, seu papel principal é colocar o dinheiro de sangue no centro da cena. Mateus já não nos lembra que Judas é um dos Doze, como em Mt 26,14.47. O que ele fez a Jesus tirou-o dessa posição (cf. At 1,17.25), e agora ele é conhecido simplesmente como o que entregou Jesus.[1] Judas *viu* que julgaram contra Jesus, a saber, na decisão tomada em Mt 27,1; a descrição mateana dá aos leitores a impressão de que Judas estava presente naquela decisão do sinédrio, o que produziu imediata mudança de perspectiva.[2]

Como devemos interpretar essa mudança de perspectiva? Traduzi a forma do verbo *metamelesthai* como "tendo mudado com remorso"; o verbo significa "ter um sentimento diferente com respeito a, para mudar a preocupação" (ver O. Michel, TDNT, v. 4, p. 626-629). A mudança incluída em *metamelesthai* é inaceitável para Deus (Ex 13,17). *Metanoein* é o verbo neotestamentário comum para "arrepender-se, mudar sentimentos/ideia"; e o fato de não ter sido usado provoca considerável debate sobre o fato de aqui Mateus ter ou não o arrependimento em mente.[3] Dois dos outros quatro empregos neotestamentários de *metamelesthai* estão em Mt 21,29.32 para o filho que mudou de ideia quanto a obedecer à ordem do pai: foi

---

[1] Essa também era sua designação na lista dos Doze em Mt 10,4.

[2] É preciso ser cauteloso, pois a mesma construção gramatical com "então" mais um particípio aoristo de "ver" aparece em Mt 2,16 para indicar consequência imediata e ali há uma dedução, não uma visão material envolvida.

[3] Orígenes (*Contra Celso* II,11) entendeu que o arrependimento era genuíno, apesar da cobiça anterior de Judas: "Veja, quando ele se arrependeu de seus pecados, como foi dominado por um remorso tão doloroso que não suportava nem viver".

essa mudança de sentimento por reconhecer que mais respeito era devido, ou foi verdadeira tristeza pela desobediência? Judas mudou seu sentimento por Jesus para crer nele (*metanoein* incluiria isso), ou apenas lamenta que sua ação tenha tido consequências não completamente previstas por ele (assim Halas, *Judas*, p. 146)? Neste último caso, ele não ouvira Jesus, que três vezes predisse que o Filho do Homem, quando entregue aos chefes dos sacerdotes, anciãos e escribas, seria morto (Mt 16,21; 17,22-23; 20,18-19)? E quando foi aos chefes dos sacerdotes para tratar da entrega de Jesus (Mt 26,14-16), Judas não sabia que eles tinham resolvido matar Jesus (Mt 26,3-4) e que por isso estavam comprando sua ajuda?

Nessa ocasião (só Mateus nos conta) Judas pedira dinheiro e recebera trinta moedas de prata.[4] Agora sua mudança cheia de remorso expressa-se pela devolução dessas moedas.[5] Em toda esta seção, inclusive na citação veterotestamentária em Mt 27,9, Mateus usa (quatro vezes) o plural de *argyrion* para "moedas de prata", do mesmo modo que fez na referência inicial em Mt 26,15. Na verdade, os nove empregos mateanos desse substantivo constituem quase metade de todo o uso neotestamentário (vinte e uma vezes). A LXX emprega *argyrion* com frequência;[6] mas na passagem fundamental de Zc 11,12-13 a que Mateus recorre, a LXX usa *argyrous*, forma abreviada de *argyreos* (ver BDF 45).

Colella ("Trenta") discute que moedas foram pagas; mas devemos nos lembrar de que Mateus escreveu cerca de cinquenta anos depois que Jesus morreu e pensou no dinheiro de seu tempo, no ínterim desvalorizado diversas vezes. Na cunhagem romana geral, entre o áureo de ouro e o sestércio de bronze (e moedas de menor valor), havia o denário, que no tempo de Nero continha 3,45 gramas de prata. Na Síria e na Palestina, circulando a partir da casa da moeda em Tiro, um equivalente era o dracma de prata (3,66 gramas) e seus múltiplos maiores, o didracma e o tetradracma (= estáter). O termo mateano *argyrion* (plural) não é

---

[4] Reiner ("Thirty", seguido por Luke, "Thirty") salienta que, em sumério, trinta siclos é soma desprezível e na carta de Amarna EA 292, trinta siclos de prata é quantia de resgate para pessoas da classe baixa; ela afirma que o tom de desprezo talvez ainda ecoe no AT e no NT. Contudo, embora as autoridades sentissem desprezo por Jesus, a lógica da história é que Judas foi pago adequadamente.

[5] *Strephein*, "voltar" (a melhor leitura comprovada aqui), rege "trinta moedas" como objeto. Não é usado em nenhuma outra passagem neotestamentária no sentido transitivo de "devolver"; assim, copistas de mss. quase sempre prefeririam escrever aqui o *apostrephein* composto, usado para "devolver" em Mt 26,52.

[6] No singular, porém, não o plural mateano; Mc 14,11 também usa o singular.

exato;[7] mas no papiro Murabb'at 114 (DJD, v. 2, p. 240-243), *argyrion* de Tiro é usado para descrever uma soma que consiste de estáteres e denários. O siclo hebraico muitas vezes representa uma dracma ou o estáter maior, e muitos biblistas afirmam que Mateus estava pensando em trinta siclos de prata. Essa soma era a recompensa por ferimentos graves sofridos por um escravo em Ex 21,32. Também Zc 11,12, que influenciou a passagem de Judas, usa o verbo relacionado *sql* para pesar pagamentos que consistiam em trinta moedas de prata; e Jeremias (Jr 32,9) pagou siclos de prata ao comprar um campo. Se Mateus estava pensando em tetradracmas/estáteres/siclos (quatro vezes mais valiosos que denários de prata), os cunhados em Tiro tinham o deus fenício Melcart (laureado como Hércules) na face da frente, enquanto os cunhados em Antioquia tinham a cabeça laureada de Augusto (Hill, "Thirty", p. 254).[8]

Acompanham a mudança cheia de remorso e a devolução do dinheiro por Judas suas palavras que inclinam a interpretação para um sério arrependimento: "Pequei, ao entregar sangue inocente". Embora assim ele testemunhe indiretamente que Jesus é inocente, a principal preocupação de Judas é ser ele próprio culpado. Ao entregar Jesus a Pilatos, as autoridades judaicas decidiram irrevogavelmente a sorte de Jesus; contudo, Judas não as acusa, e sim a si mesmo, do pecado de homicídio judicial. É estranho que a gravidade do pecado pareça não aumentar pelo fato de Judas ter sido infiel àquele que era seu amigo e mestre, e que era agente especial de Deus; a questão é responsabilidade pela morte de um inocente (*athoos*).[9] Por suas palavras, então, Judas indiretamente dá testemunho de Jesus ser inocente de culpa. Assim, o sangue de Jesus é associado com "todo o sangue justo [*dikaios*] derramado na terra desde o do justo Abel até o sangue de Zacarias, filho de Baraquias", que Mt 23,34-35 invoca contra os escribas e fariseus que perseguiam os seguidores de Jesus. Vemos a influência da passagem (mais possivelmente Mt 27,19, onde a mulher de Pilatos chama Jesus de *dikaios*) na leitura de Mt 27,4

---

[7] Uma leitura ocidental variante de Mt 26,15 diz que Judas pagou trinta estáteres.

[8] Hill também tem informações fascinantes a respeito de como essas trinta moedas atuaram na lenda mais tardia. Eram identificadas com as moedas pelas quais José, o patriarca, foi vendido como escravo — moedas levadas à Palestina pela rainha de Sabá, saqueadas e levadas embora por Nabucodonosor, mas devolvidas pelos magos etc. Seis cidades europeias alegam tê-las entre suas relíquias muito apreciadas; muitas vezes são moedas de prata de Rodes (talvez porque a marca "Rodion" era relacionada com o rei Herodes), com a imagem do deus Sol. Se houve evoluções lendárias da história de Judas já no NT, elas não cessaram com o NT.

[9] No NT, *Athoos* só aparece aqui; Daniel (Dn 13,46) proclama-se *athoos* do sangue de Susana.

encontrada no Códice Koridethi e um testemunho da OL com "sangue justo", em vez de "sangue inocente".[10]

Como devemos julgar a avaliação mateana de Judas nesta cena? Em APÊNDICE IV, vamos encontrar muita teorização a respeito dos motivos de Judas e a respeito de que informação ele deu aos sumos sacerdotes. Obviamente, essas teorias, algumas das quais são altamente imaginosas, afetam o comportamento de Judas descrito nesta cena mateana. Alguns biblistas argumentam que Judas foi uma pessoa conscienciosa, por exemplo, Bornhäuser (*Death*, p. 50-52) afirma que *exomologesen* em Lc 22,6 não significa que Judas "prometeu" entregar Jesus aos chefes dos sacerdotes, mas que ele "confessou" que Jesus blasfemara ao alegar ser o "Filho de Iahweh"! Niedner ("Role") alega que Judas recebeu o cálice eucarístico clemente na Última Ceia e que Jesus não foi irônico ao chamar Judas de "amigo" na hora da prisão (Mt 26,50). O arrependimento de Judas nesta cena foi sincero e é realmente possível ele ter sido perdoado por Deus — opinião que remonta no mínimo a Orígenes. (Essa opinião muitas vezes se combina com a tese, a ser examinada abaixo, de que o suicídio de Judas foi sentença que ele executou contra si mesmo como reparação.) Acho que toda essa abordagem contraria a sequência mateana que descreve claramente a morte de Judas como cumprimento da predição de Jesus a respeito dele: "Ai daquele homem [...] para quem teria sido melhor não ter nascido" (Mt 26,24).

Contudo, se a expressão de remorso por Judas for considerada ineficiente e sua morte for considerada negativamente, isso infringe a misericórdia de Jesus ou de Deus? Essa questão muitas vezes torna-se crítica para os leitores modernos quando se faz uma comparação entre Judas e Pedro. São a tripla negação e a maldição de Jesus por Pedro muito menos criminosas que a entrega por Judas? Pedro nunca diz "eu pequei" ou tenta desfazer suas negações voltando imediatamente à criada e confessando Jesus. Por que Judas é considerado indigno de perdão na tradição cristã (ver APÊNDICE IV), enquanto Pedro é venerado? Há quem focalize a resposta no suicídio de Judas em contraste com a recuperação da coragem por Pedro, que chegou a ser um grande apóstolo. Certamente, esse é um fator; mas muito mais importante na comparação é que Pedro não foi responsável pela morte de Jesus, e Judas foi. Judas participou do derramamento de "sangue inocente" e, no pensamento judaico, a responsabilidade por esse ato era um horror.[11] Era uma coisa que assombraria

---

[10] Ver também Lm 4,13, onde os falsos profetas e sacerdotes derramaram "sangue justo".

[11] 1Sm 19,5; 25,26 (LXX); 1Rs 2,5; 2Mc 1,8; Jr 7,6; 19,4; 22,3; Sl 94,21; *Testamento de Zabulon* 2,2; Fílon, *De specialibus legibus* I,37; #204.

o perpetrador (Jr 26,15 [LXX 33,15]); provocava uma profanação (Sl 106,38-39) e o Senhor não a perdoaria (2Rs 24,4). "Eliminarás de teu meio [o culpado de derramar] sangue inocente", ordena Dt 21,9. "Maldito seja quem aceitar suborno para tirar a vida de sangue inocente" (Dt 27,25). Josefo (*Ant.* I,ii,1; #58) relata que Deus amaldiçoou Caim e ameaçou seus descendentes até a sétima geração. No *Protoevangelho de Tiago* 14,1, José declara que, se tivesse denunciado Maria por adultério, "teria entregue sangue inocente à sentença de morte". Assim, a atitude de Judas foi tão abominável que nenhum arrependimento comum a afeta. Além desse temor respeitoso por sangue que era muito convincente aos que compartilhavam a teologia mateana, é possível mencionar um argumento mais convincente para os leitores modernos, a saber, que Judas procurou os chefes dos sacerdotes, inimigos de Jesus, em busca de uma forma de absolvição por seu pecado. Ele não procurou Jesus, que perdoara muitos pecadores; assim, pode-se muito bem suspeitar que, na psicologia da narrativa mateana, seu remorso não significava realmente crença.

Mateus faz uma descrição bastante hostil (Mt 27,4b) da reação dos chefes dos sacerdotes e anciãos a Judas.[12] Embora Judas lhes entregasse Jesus, são eles que entregam Jesus para ser crucificado por ordem de Pilatos (Mt 27,2). Contudo, eles não demonstram nenhum remorso, nem mesmo interesse no pecado de Judas e na inocência de Jesus. Para Mateus, de todos os que serão manchados por sangue inocente, eles são os mais empedernidos. A expressão elíptica "O que para [*pros*] nós?" é uma negação de interesse. "Tu verás" também é elíptica e minha tradução: "Tu hás de ver isso" dá-lhe substância. (Van Unnik, "Death", considera-a um latinismo que reflete *videris*.) A mesma expressão ocorre em Mt 27,24, quando Pilatos procura transferir a responsabilidade ao povo. At 18,15 coloca-a nos lábios de Galião, quando ele se recusa a se envolver em um problema da lei judaica.

A insensibilidade da resposta força Judas a duas ações violentas. A *primeira ação violenta* consiste em lançar as moedas de prata para dentro do santuário.[13] O

---

[12] Van Tilborg (*Jewish*, p. 88-89), que pensa ter havido uma narrativa pré-mateana, afirma que a declaração de arrependimento por Judas em Mt 27,4 foi acrescentada para avivar o contraste da hostilidade permanente dos líderes judaicos. Ele acha que essa declaração foi moldada por Jr 2,34-35, onde alguém que foi manchado pelo sangue dos inocentes diz: "Sou inocente; não pequei".

[13] Para explicar a maneira como Judas devolve o dinheiro, Jeremias, Gnilka e Moo estão entre os que mencionam o costume citado em Mixná 'Arakin 9,3-4: X, que vendeu uma casa, tem doze meses para resgatá-la, devolvendo o dinheiro recebido; se Y, que pagou o dinheiro, se esconde de X, segundo Hilel, X pode depositar o dinheiro na câmara do Templo. Entretanto, a imagem mateana de Judas arremessando o dinheiro no santuário dificilmente evoca esse procedimento.

pagamento original do dinheiro a Judas, em Mt 26,15 ("Eles combinaram lhe pagar trinta moedas de prata"), imita Zc 11,12 (LXX): "Eles estabeleceram meu salário [ver At 1,18] em trinta moedas de prata". A ação aqui repete por antecipação Zc 11,13 (a ser citado por Mateus no v. 9 abaixo): "E o Senhor me disse: 'Atira para dentro do oleiro [?] ...'. E eu peguei as trinta (moedas) de prata e as atirei para dentro da Casa do Senhor, para o oleiro". Da comparação entre o TM, a LXX e Mateus, surgem alguns problemas importantes. Primeiro, Mateus fala no "santuário" (*naos*), ao invés de na "Casa do Senhor"; mas só os sacerdotes entravam no santuário. O verbo mateano "lançar" (*riptein*) subentende uma ação forte,[14] mas com certeza Mateus não quer dizer que Judas atirou as moedas de uma grande distância. Na verdade, alguns mss. de Mateus têm "em" em vez de "para dentro de", deixando explícito que Judas estava no santuário. Mateus não conhecia as regras do Templo ou estava deliberadamente exagerando a ação de Judas para transmitir o horror da profanação? Ou *naos* representa todo o recinto do Templo ou mesmo especificamente "o tesouro"?[15] Esta última sugestão leva-nos a outro problema. O *yôser* do TM de Zacarias significa "oleiro", mas a LXX o traduz por *choneuterios*, "fundidor, fundição", e o Targum de Jônatas tem "santuário". Muitos biblistas emendam o TM de *yôser* para *'ôsar*, "tesouro", leitura consistente com a menção de "tesouro" em Mt 27,6 e apoiada pela Peshitta siríaca. Torrey ("Foundry") faz uma sugestão engenhosa, que pode ser considerada independentemente de sua tese implausível de que Mt 27,3-10 foi traduzido de um documento aramaico que citava as Escrituras em hebraico. Torrey sugere que havia uma fundição no Templo para transformar doações de metal em vasos sagrados e que "o Oleiro" era o principal artesão da fundição, que ganhou esse nome por causa da forma dos vasos sagrados nos quais o metal era moldado. É provável que os vasos sagrados fossem guardados no tesouro,[16] o que ajuda a explicar diversas formas da passagem de Zacarias; mas estamos interessados principalmente no emprego da passagem por Mateus e não podemos presumir que Mateus tivesse tal conhecimento dos costumes do Templo.

---

[14] Embora a LXX use *emballein* ("atirar em"), Áquila e Símaco usam *riptein*, de modo que Mateus pode ser influenciado por uma tradução grega alternativa.

[15] Muitos biblistas afirmam que, aqui, *naos* significa todo o recinto do Templo (por exemplo, Joüon, Lagrange, McNeile, Zahn); ver BAGD, p. 533¹. A respeito do emprego de *naos* para o tesouro do Templo de Olímpia, ver *Journal of Hellenic Studies* 25, 1905, p. 311.

[16] Outros teorizam que o oleiro do Templo vendia seus trabalhos para as pessoas colocarem oferendas de cereais ou de azeite e que os lucros iam para o tesouro.

Ao contrário, muitos que estudam o uso mateano da Escritura concordam que esse autor tinha a habilidade para utilizar formas do hebraico, do aramaico e do grego conforme seu propósito (BNM, p. 122-124). Pode bem ser que, aqui, com sua referência ao tesouro e ao oleiro, Mateus recorra a diferentes entendimentos de Zc 11,13 (combinados com Jeremias, como veremos).

A *segunda ação violenta* por Judas está resumida na descrição: "Ele partiu; e tendo ido embora, enforcou-se". Diversas vezes acima (§§ 5, 13 e 27 C) vimos como a NP foi influenciada pela história da fuga de Davi de Jerusalém e de Absalão em 2Sm 15–17. Quando Aquitofel, que fora o conselheiro de confiança de Davi, mas agora tentara entregá-lo nas mãos de Absalão, viu que seu conselho não era seguido e que a revolta contra Davi fracassaria, "ele foi para sua casa [...] e enforcou-se" (2Sm 17,23). O vocabulário é o mesmo que em Mateus; na verdade, na Bíblia grega, além dessas duas passagens, o verbo *apagchesthai* ("enforcar-se") só se encontra em Tb 3,10.[17]

Conforme Josefo (*Ant.* VII,ix,8; #228-229) relata, Aquitofel disse que era melhor para ele se retirar da vida livre e briosamente (decidindo enforcar-se em vez de ser punido mais tarde). Do mesmo modo, alguns biblistas interpretam a escolha de Judas pela morte como ação positiva; por exemplo, Conard ("Fate", p. 164) fala do "fato de Judas remover a maldição de si mesmo com seu suicídio". Isorni (*Vrai*, p. 39-40) fala do suicídio de Judas como ato de esperança e fé, como o haraquiri japonês. (Na verdade, mais próxima dessa comparação é a escolha feita pelos que saltaram no incêndio do Templo em 70 d.C. em vez de se entregarem aos romanos: Josefo, *Guerra* VI,v,1; #280.) Há quem recorra a passagens bíblicas que tratam de expiar o sangue inocente e de aniquilar a maldição resultante para impedi-la de se espalhar. Entre outros textos,[18] podemos citar 2Sm 21,1-6, onde o sangue dos gabaonitas derramado por Saul e seus parentes é expiado pelo enforcamento de sete dos descendentes de Saul. Entretanto, a atitude judaica em relação ao suicídio, que infringe os direitos de Deus, faz com que seja extremamente improvável que o ato de Judas se enforcar fosse considerado uma expiação divinamente aceitável

---

[17] Como o verbo, na voz ativa, significa "estrangular", há quem o traduza em Mt 27,5 como "estrangulou-se", com o entendimento harmonizador de que essa tentativa malogrou-se e foi seguida pela morte descrita em At 1,18.

[18] Van Unnik ("Death", p. 57) cita Dt 27,25. Niedner ("Role") alude ao campo de Jeremias como um campo de esperança (ver Jr 32,15). Mas dificilmente o cemitério perto da Porta dos Cacos, em Jr 19,2.11, é um bom lugar.

(assim Desautels, "Mort", p. 227, contra Derrett). Aos que dizem que, por várias razões, é nobre se matar, Josefo (*Guerra*, III,viii,5; #369) responde com indignação: "É um ato de impiedade para com Deus que nos criou". As regiões mais sombrias do mundo inferior recebem as almas dos suicidas e Deus pune até sua posteridade. Josefo cita a lei judaica, segundo a qual o corpo do suicida deve ser exposto insepulto até o pôr do sol, embora os judeus sepultem até os inimigos mortos na guerra. No Judaísmo mais tardio, o tratado talmúdico menor *Semahot ('Ebel Rabbati)* 2 dá mais provas da repugnância pelos suicidas. Por eles, não se rasgam as vestes, não se descobre a cabeça, nem se chora abertamente. Pertinente de modo mais específico ao suicídio de Judas, Mixná *Sanhedrin* 10,2 declara a crença de que Aquitofel não teria lugar no mundo futuro. At 1,20 dá prova, independente de Mateus, de que a morte violenta de Judas foi tratada como desgraça adicional do ex-apóstolo e sentença divina contra ele.[19] A autoentrega na morte eliminava uma maldição (Gl 3,13), mas não a morte infligida a si mesmo. É provável que Mateus pretendesse que suas últimas palavras a respeito de Judas em Mt 27,5 ("E tendo ido embora, enforcou-se") contrastassem desfavoravelmente com suas últimas palavras a respeito de Pedro em Mt 26,75: "E tendo ido para fora, ele chorou amargamente".

Os chefes dos sacerdotes e o preço do sangue inocente (Mt 27,6-8)

Apesar da resposta empedernida que recebeu dos chefes dos sacerdotes (e anciãos), ao lançar as moedas no domínio deles, Judas agora visivelmente envolve os chefes dos sacerdotes na culpa ligada à entrega de Jesus. Ele os contamina com a maldição de sangue e também eles se tornam testemunhas indiretas da inocência de Jesus pela má vontade que demonstram para guardar o preço de seu sangue. (A história foi claramente escrita de uma perspectiva cristã; do contrário, os chefes dos sacerdotes teriam reagido justificando a condenação de Jesus.) A passagem legal análoga à declaração deles "Não é permitido atirar estas [moedas de prata] para dentro do tesouro [*korbanas*]" é provavelmente Dt 23,19(18) a respeito de não levar os salários da prostituição à Casa do Senhor. Na mordaz descrição mateana, o decoro a respeito do sangue do dinheiro é puro legalismo, pois eles não mostram preocupação quanto ao maior crime de derramar o sangue.

---

[19] Que o castigo divino pode se manifestar em morte violenta e repentina é exemplificado pela história de Ananias e Safira, em At 5,1-11.

No NT, a palavra *korbanas* para tesouro do Templo só se encontra aqui; relaciona-se com a palavra *korban*, ou "dedicado a Deus", empregada em Mc 7,11, e ambas refletem o hebraico *qorban* (ver J. A. Fitzmyer, JBL 78, 1959, p. 60-65). As duas ideias estão unidas em uma referência de Josefo (*Guerra* II,ix,4; #175) que chama o conteúdo do tesouro sagrado (*hieros thesauros*) *korbanas*.[20] Provavelmente o dinheiro para pagar Judas veio do tesouro do Templo e, por isso, Judas o atirou de volta ali; mas a impureza adquirida pelo uso impede a devolução. Essa história popular deixa a impressão de que o tesouro ficava dentro ou perto do santuário.[21]

A declaração de que as moedas de prata constituíam um "preço [*time*] de sangue" (Mt 27,6) já prevê a linguagem da passagem de Jeremias/Zacarias a ser citada em Mt 27,9.[22] At 1,18 fala do dinheiro (não especificado) como o "salário [*misthos*] de sua maldade" e Nellessen ("Tradition", p. 211) argumenta que as duas palavras gregas se originam da mesma fonte semítica, hebraico *mehîr*, aramaico *damîn* — tese que até certo ponto supõe uma narrativa pré-evangélica consecutiva, que pode ser reconstruída. Na tentativa de evitar contaminar o tesouro do Templo com dinheiro de sangue, os chefes dos sacerdotes "tomam uma decisão". Mt 27,7 usa a mesma expressão grega que Mt 27,1 empregou para descrever a decisão do sinédrio contra Jesus — repetição que dá a impressão de serem todas essas ações muito deliberadas. Presumivelmente devemos pensar que essa consulta aconteceu perto do santuário onde eles pegaram as moedas de prata. A redação da decisão quanto a comprar um campo de oleiro é mais uma vez ditada pela Escritura, a ser citada no v. 10. "Campo" é *agros* em Mt 27,7 e 10 (cf. *chorion* ["terreno"] em At 1,18.19).[23] Desautels ("Mort", p. 228) afirma que o vocabulário de Mt 27,7 originou-se da tradição, mas em parte esse julgamento depende de Mateus ou a tradição pré-mateana terem empregado primeiro as passagens bíblicas. Mateus

---

[20] Assim sendo, não vejo necessidade para a alegação de Moo ("Tradition", p. 164), para quem, nesta cena, talvez Mateus não se referisse ao tesouro, mas às dádivas sagradas depositadas no Templo, às quais, entretanto, esse dinheiro não podia ser acrescentado, por causa do propósito profano. Talvez Mateus pensasse no tesouro como o lugar onde essas dádivas eram guardadas.

[21] Contudo, Mc 12,41-44 descreve um tipo de tesouro (*gazophylakeion*) fora da área acessível aos leigos (inclusive mulheres) para contribuições; ver também Jo 8,20; Josefo, *Guerra* V,v,2; #20; Mixná *Seqalim* 6,5.

[22] Isso será importante para nosso estudo na ANÁLISE da composição dessa narrativa.

[23] Munro ("Death") considera *agros* um pedaço de terra imprestável e *chorion* uma propriedade rural ou fazenda. Entretanto, Lc 23,26 descreve a vinda de Simão de Cirene para Jerusalém de um *agros*; e, em At 4,36-37, Barnabé de Chipre vende um *agros* em Jerusalém — estes são claramente fazendas, não terras imprestáveis.

fala literalmente em "o campo do oleiro", com artigos definidos que sugerem um campo bem conhecido. Mas conhecido desde quando? Era famoso na época da compra, como lugar em Jerusalém com esse nome ou (para o autor) como o campo mencionado nas Escrituras? Ou era conhecido na época em que Mateus escreveu por causa da história de Judas? (Contudo, parece que "Campo de Sangue", não "Campo do Oleiro", é o nome mais próximo da narrativa de Judas.) Em "compraram com elas" de Mt 27,7, Mateus usa *ek* mais um genitivo de preço, como antes, em Mt 20,2 (também em At 1,18: "com o salário").

O principal elemento na descrição mateana da compra que não deriva da Escritura citada em Mt 27,9-10 é que o campo serviria de cemitério (*taphe*) para forasteiros. (Notamos também a total ausência do tema do sepultamento nos Atos.) É de se presumir que, no fórum público,[24] os "forasteiros" não eram gentios, pois o sepultamento destes era responsabilidade dos romanos. Mais exatamente, tratava-se de visitantes judeus a Jerusalém ou prosélitos. A combinação do suicídio de Judas e o uso do dinheiro devolvido por ele sugerem que, em Jerusalém, ele era considerado um forasteiro que podia ser enterrado ali, por exemplo, por ser judeu da Galileia?[25] Entretanto, esse cemitério seria concedido a um suicida? Outros biblistas acham que o campo destinava-se a servir de cemitério para a vítima de Judas, Jesus de Nazaré, depois de sua execução em Jerusalém.[26] Entretanto, provavelmente, Mateus quis dizer que os "forasteiros" a serem sepultados formavam um grupo geral, sem referência nem a Judas nem a Jesus. Desse modo, Mateus não oferece apoio para a tese de Judas ser lembrado como tendo sido sepultado nesse campo, nem At 1,25 o oferece, com a declaração de que "Judas se desviou para ir ao seu lugar" — isto é, não seu cemitério, mas o lugar a ele destinado (de castigo) no outro mundo.[27]

---

[24] Parece que Mateus fala de um campo que seria conhecido *publicamente* como "cemitério de forasteiros". É improvável que Mateus queira salientar o fato de Judas ter se separado do grupo de discípulos, pois aqui Judas já não é chamado "um dos Doze", como foi antes (Mt 26,47).

[25] Isso se oporia à teoria que explica "Iscariotes" em termos de Judas ser um homem da cidade de Cariot na Judeia (ver APÊNDICE IV, B1).

[26] Essa explicação presume que as autoridades judaicas providenciariam o sepultamento de Jesus; em § 46, vou sugerir que, de fato, José de Arimateia, que sepultou Jesus, era membro do sinédrio, mas (na hora da crucificação) não um discípulo (embora Mateus dê essa impressão).

[27] Ver *1 Clemente* 5,4, que relata como Pedro, "tendo assim dado seu testemunho, foi para o lugar glorioso a ele devido".

Mt 27,8 é introduzido por um "portanto", o que sugere que a designação de "Campo de Sangue" para o cemitério vem do dinheiro de sangue devolvido por Judas e usado para comprá-lo. O nome é lembrete do sangue inocente de Jesus, que torna culpados os que o entregaram.[28] Mateus relata que o campo é chamado "Campo de Sangue" *até hoje* e, desse modo, indica uma origem antiga para a narrativa. (O AT emprega "até hoje" para dar explicações etiológicas de topônimos, por exemplo, Gn 26,33; Js 7,26; 2Sm 6,8; e a frase será encontrada mais uma vez no material tipicamente mateano de Mt 28,15.) A Antiguidade também está subentendida nos Atos, onde, no discurso grego de Pedro, o nome é dado primeiro *na língua deles* (a língua semita dos hierosolimitas) como "Hacéldama".[29] Essa é uma transcrição grega exata do aramaico *haqel dema'*, "campo [ou terreno] de sangue", pois *aleph* era quase sempre transliterado pelo grego *chi*. A sugestão (Klostermann, Bernard e outros) de que é uma alteração do nome original "campo [ou terreno] de sono" [*demak* = grego *koimeterion*, "cemitério, lugar de dormir"] não é necessária.[30]

Onde era esse lugar? A localização lembrada na tradição desde Jerônimo é na região sul-sudoeste de Jerusalém, fora dos muros atuais, onde os Vales do Cedron, Tiropeon e Ben-Enom se encontram. Ali estavam disponíveis água e correntes de vento para os fornos dos oleiros.[31] (Naturalmente, a referência mateana é ao campo de propriedade do oleiro, não necessariamente ao lugar onde ele trabalhava.) Essa área recebe apoio de algumas referências bíblicas. Com sua bilha de barro, Jeremias (Jr 19,1) desceu em direção ao Vale de Ben-Enom pela Porta dos Cacos (assim chamada, talvez, porque dava para o Bairro do Oleiro). Essa área do Vale do Cedron era o local da "vala comum [*taphos* ou *mnema*] do povo" (2Rs 23,6; Jr 26[33],23), na qual coisas ou pessoas rejeitadas pelos monarcas de Judá eram enterradas. Parece que a água que levava o sangue respingado nos sacrifícios do Templo era canalizada nessa mesma região (Rolo do Templo de Qumrã [11Q *Mi-*

---

[28] At 1,19 não dá uma explicação do nome "Campo de Sangue", pois os Atos não mencionam sangue em relação a Judas. Devemos fazer duas suposições: que Judas morreu no campo que comprara e que sua morte violenta (arrebentando-se) incluiu derramar seu sangue ali, de modo que o terreno lembra seu sangue?

[29] Uma designação também inserida na Vulgata de Mt 27,8.

[30] Além disso, como Bernard ("Death", p. 427) reconhece, a alteração teria de ocorrer antes de os Atos serem escritos.

[31] Schick, "Aceldama", relata que, no final do século XIX, os oleiros haviam se mudado mais para cima, na ladeira da colina, porque o poço original se esgotara.

qdas] 32; Mixná *Me'ila* 3,3; *Yoma* 5,6). Isso faz com que Y. Yadin (*The Temple Scroll*, New York, Random House, 1985, p. 134) sugira que "Campo de Sangue" era um nome pré-cristão da área, que Mateus tomou e interpretou à luz da história de Judas — técnica bem atestada em etiologias bíblicas.

A citação de cumprimento (Mt 27,9-10)

Estes versículos trazem a cena ao clímax. No início, a morte escandalosa de Judas cumpriu o dito de desgraça de Jesus contra aquele que o entregaria (Mt 26,24). No final, Mateus deixa claro que o tema dominante da cena (o preço pago por sangue inocente) cumpre o que Deus falou pelo profeta Jeremias. Aqui, Mateus copia as palavras específicas da citação veterotestamentária, uma coisa que ele fez antes (Mt 26,31), ao citar Zc 13,7 (de Mc 14,27) no início da NP, quando Jesus foi ao Monte das Oliveiras. Vale a pena lembrar essa referência anterior, pois Mateus também tem Zacarias em mente nesta passagem. Mateus introduz esta passagem com uma fórmula de cumprimento (alemão: *Reflexionszitate, Erfüllungszitate*): "Então se cumpriu o que foi falado por intermédio do profeta Jeremias dizendo". Há cerca de quatorze dessas fórmulas em Mateus,[32] em comparação com uma vez em Marcos (Mc 15,28), três em Lucas (Lc 18,31; 22,37; 24,44) e nove em João (ver BNM, p. 115-125). Nas fórmulas mateanas, só dois profetas são mencionados pelo nome: Isaías (cinco ou seis vezes) e Jeremias (duas vezes). A citação em Mt 26,56 era, como mencionado ali, paralela em redação a uma citação formal na narrativa da infância (Mt 1,22). Aqui, a fórmula é paralela a outra fórmula da narrativa de infância (Mt 2,17), a outra referência a Jeremias. (No final, Mateus faz inclusões deliberadas com o início de seu Evangelho; mostraremos mais em seções futuras.) As duas citações de Jeremias têm exatamente a mesma redação em suas fórmulas introdutórias, sendo os únicos exemplos mateanos de início com "então" (*tote*). É provável que elas devam ser mantidas separadas de outras fórmulas de cumprimento que começam com uma frase de intenção de *hina* ou *hopos*: essas duas passagens descrevem ações perversas dos inimigos de Jesus (Herodes, em Mt 2,17; os chefes dos sacerdotes aqui); assim, não se pode dizer que cumprem o desígnio de Deus (BNM, p. 243). Há também um efeito na trama, se o "Então" descreve outro acontecimento importante na continuação da narrativa (SPNM, p. 365-366).

---

[32] O único exemplo anterior na NP é Mt 26,56, mas ali não foi dada nenhuma citação específica.

Passando agora à citação mateana em si, para facilitar o exame quero dividi-la em cinco partes, numeradas por letras:

Mt 27,9 a. E eles pegaram as trinta moedas de prata (*argyria*),

    b. o preço daquele que foi avaliado,

    c. que os filhos de Israel avaliaram.

Mt 27,10 d. E eles as deram pelo campo do oleiro,

    e. conforme o Senhor me ordenou.

Essas palavras citadas por Mateus não existem *em parte alguma* do AT aprovado. Apesar da atribuição mateana a Jeremias, uma passagem de Zacarias aproxima-se mais de grande parte da redação, passagem que não é predição do futuro, mas obscura descrição simbólica de acontecimentos que tiveram lugar no tempo do autor. Acima, chamei a atenção para diferenças entre o hebraico e o grego de Zc 11,13, e para o fato de Mateus dar a impressão de escolher entre esses testemunhos para seus propósitos. Permitam-me traduzi-los literalmente:

TM a. E o Senhor disse-me:

   b. Atira-a no oleiro,

   c. o valor de preço pelo qual fui avaliado por eles.

   d. E eu peguei as trinta de prata

   e. e atirei-as para dentro da casa do Senhor para dentro do oleiro.

LXX a. E o Senhor disse-me:

   b. Coloca-os para dentro da fornalha,

   c. e verei se é genuíno da maneira como fui testado por causa deles.

   d. E eu peguei as trinta de prata [*argyrous*]

   e. e atirei-as para dentro da casa do Senhor para dentro da fornalha.

Somente *a*, *b* e *e* de Mateus têm estreitas semelhanças com Zacarias; e mesmo aí a sequência é diferente: *a* de Mateus = *d* de Zacarias; *b* de Mateus = *c* de Zacarias; *e* de Mateus = *a* de Zacarias. Passemos agora a um estudo linha por linha da redação mateana.

O *a de Mateus* está próximo do *d* de Zacarias, que é praticamente o mesmo no TM e na LXX, exceto que, em Mateus, aparentemente o sujeito não é o "eu", que é uma figura de pastor heroico em Zacarias (§ 5 acima), mas as autoridades judaicas, que são figuras hostis.[33] Judas, a figura dominante em Mt 27,3-5, foi despachado do lugar; e a cena tornou-se um julgamento implícito dos chefes dos sacerdotes.

O *b de Mateus* está, em palavra e conteúdo, mais próximo do TM de Zacarias *c* que da complexa LXX. A semelhança com o hebraico é realçada quando observamos que o *time* mateano significa tanto "preço" quanto "valor" e, desse modo, "o preço" do que foi avaliado pode ser uma tradução livre de "o valor de preço" do TM. Para Mateus "aquele que foi avaliado" é Jesus, que assim se torna o pastor vitimado descrito por Zacarias. Contudo, Zacarias usa "o valor de preço" ("o preço senhoril") sarcasticamente e expressa indignação pelos salários insignificantes (retribuição por um escravo ferido). A indignação de Mateus não é com a quantia bastante grande, mas com a ideia de terem pago pelo sangue inocente de Jesus.

O *c de Mateus* é literalmente: "que eles avaliaram (alguns) a partir dos filhos de Israel". Como nem Zacarias nem qualquer outro texto veterotestamentário pertinente a Mateus menciona "os filhos de Israel" como agente (Jervell, "Jesu", p. 159), em Mateus é provável que a frase seja uma interpretação do "por eles" no TM de Zacarias *c*. Embora a narrativa mateana dirija sua ira contra os chefes dos sacerdotes (e os anciãos), a citação estende a culpa mais amplamente a Israel, e antecipa Mt 27,25, onde *todo o povo* diz: "Seu sangue sobre nós e sobre nossos filhos".

O *d de Mateus* não apresenta relação com Zacarias, exceto a referência a "o oleiro" no TM de Zacarias *b* e *e*. Mateus conhecia essa história, mas a usou na parte narrativa da cena (Mt 27,5). O Códice Sinaítico, a família minúscula 13 e OS[sin] aumentam a semelhança com Zacarias em Mateus *d* (Mt 27,10), lendo "eu

---

[33] Digo "aparentemente" porque o *elabon* mateano significa tanto "eu peguei" quanto "eles pegaram"; a preferência por "eles" é sugerida pela presença da terceira pessoa do plural em *c* e *d* (também Mt 27,6 acima).

dei", em vez de "eles deram", mas essa é claramente uma tentativa dos copistas de preparar para a primeira pessoa na linha seguinte.

O *e de Mateus* assemelha-se em parte a Zacarias *a*, ao empregar o verbo mais forte *syntassein* (ordenou), verbo esse que só Mateus usa no NT (três vezes).[34]

A atribuição a Jeremias. Com semelhanças tão sólidas com Zacarias, por que Mt 27,9 se refere à citação como "o que foi falado por intermédio do profeta Jeremias"? Esse problema foi reconhecido logo, pois alguns mss. minúsculos e algumas versões antigas (por exemplo, OS[sin]) omitem o nome de Jeremias. Eusébio (*Demonstratio Evangelica* X,iv,13; GCS 23,463) sugeriu como uma possibilidade que Mateus escreveu "Zacarias" e copistas o mudaram. Uma sugestão moderna é que Mateus escreveu apenas "o profeta" e um copista erroneamente forneceu o nome de Jeremias.[35] Essas soluções são por demais inautênticas, considerando-se os indícios irresistíveis nos mss. para entender "Jeremias".

Mateus é o único autor neotestamentário a empregar o nome de Jeremias (três vezes). Será que a memória traiu o evangelista, de modo a fazê-lo atribuir confusamente ao profeta a quem recorre com maior frequência uma passagem de Zacarias (assim, com sutilezas diferentes, Klostermann, Stendahl e, na Antiguidade, Agostinho e Jerônimo)? É possível defender uma confusão mateana aceitável com base em Mt 23,35, onde, embora tenha em mente Zacarias, filho de Joiada (o profeta martirizado descrito em 2Cr 24,20-22), Mateus descreve-o como Zacarias, filho de Baraquias, o profeta escritor (Zc 1,1), que é citado aqui. Contudo, devido ao cuidado com que Mateus reflete sobre a citação em Mt 27,9-10, somente em último recurso devemos considerar a atribuição a Jeremias simplesmente um erro.

Mateus citava uma obra ou forma perdida de Jeremias que continha uma passagem similar à citada em Mt 27,9-10?[36] Orígenes defendeu esse ponto de vista; e Jerônimo (*Comm. in Matt IV*, a respeito de Mt 27,9; CC 77,205) afirmou ter visto essa obra de Jeremias entre os nazarenos judeu-cristãos. Uma variação dessa tese

---

[34] A frase "conforme o Senhor me ordenou" aparece em Ex 9,12 no contexto do faraó não dar atenção a Moisés.

[35] Em Mt 21,4-5, onde cita Zacarias, Mateus chama-o simplesmente "o profeta". Embora Hatch ("Old", p. 347) mencione a possibilidade de uma abreviação mal interpretada (*Zriou* por *Zacariou*, entendido como *Iriou* por *Ieremiou*), ele lembra que, aqui, os mss. não abreviam esse nome.

[36] Com certeza, as profecias de Jeremias existiam em formas diferentes, pois a versão da LXX é um oitavo mais curta que o TM.

é outra possibilidade levantada por Eusébio na mesma passagem de *Demonstratio Evangelica*: que o texto estava em Jeremias, mas os judeus o eliminaram.[37] Um apócrifo pertinente de Jeremias é conhecido em etiópico, copta e arábico. Vaccari ("Versioni") apresenta um Códice Arábico do século IX d.C. dos profetas, onde o texto citado por Mateus se encontra no discurso de Jeremias a Fassur (Jr 20), mas claramente com um quê cristão. Aquele que é avaliado cura doenças e perdoa pecados; a perdição eterna é invocada sobre os envolvidos no campo do oleiro "e sobre seus filhos depois deles, porque sangue inocente será condenado".[38] Todos esses indícios originam-se da era cristã e apresentam a probabilidade de terem os textos de Jeremias sido influenciados por Mt 27,9-10. Não temos provas de que esse escrito de Jeremias estivesse em circulação no tempo de Mateus.

Quesnel ("Citations") argumenta que Mateus não cita Zacarias, e sim Lm 4,1-2 (que menciona prata, avaliação, os filhos de Sião e o oleiro), obra que foi juntada a Jeremias na LXX. Outra sugestão é apresentada por Sparks ("St. Matthew's"): Mateus usou um cânon dos escritos proféticos no qual Jeremias estava em primeiro lugar, de modo que a referência a uma passagem da coletânea poderia ser feita reportando-se a Jeremias. Entretanto, essa solução não depende unicamente da existência desse cânon,[39] mas da maneira de citá-lo. A única outra citação formal mateana que menciona Jeremias (Mt 2,17-18) cita o livro de Jeremias, e devemos presumir que esse livro está sendo citado aqui.

A explicação mais simples e mais plausível é que, em Mt 27,9-10, Mateus apresenta uma citação mista, com palavras tiradas de Zacarias e Jeremias, e que ele se refere a essa combinação por um único nome. Mateus usa realmente citações combinadas (mesmo que, nos casos a serem citados, ele não anexe um nome específico): Mt 2,5-6 cita Mq 5,1 com um verso intermisturado de 2Sm 5,2; Mt 21,4-5 cita Is 62,11 e Zc 9,9; é provável que Mt 2,23b cite Is 4,3 e Jz 17,17 (BNM, p. 265-267).

---

[37] A respeito da suposta eliminação de passagens de Jeremias usadas por cristãos, ver Justino, *Diálogo* lxxii.

[38] A. Resch, *Agrapha* (TU 15³/⁴; Leipzig, Hinrichs, 1906) logion 42, p. 317-319, tem o mesmo tipo de passagem traduzida do Saídico.

[39] Há quem invoque a antiga lista judaica em uma *baraita* em TalBab *Baba Bathra* 14b e dê a ordem dos escritos proféticos como Jeremias, Isaías, Ezequiel e os Doze. Ver também Sutcliffe, "Matthew", a respeito dos mss. hebraicos.

Que passagens de Jeremias percebemos (intermisturadas com Zacarias) em Mt 27,9-10?[40] Não há dúvida de que Jr 19,1-13 tem uma série de temas com ecos em toda a cena de Judas. Deus ordena a Jeremias que leve os anciãos do povo para o Vale de Ben-Enom e acuse os hierosolimitas que encheram o lugar de sangue inocente. Deus transformará Ben-Enom no Vale da Matança, que será um lugar de sepultura (ver também Jr 26[33],23), pois não haverá outro lugar para sepultar. Como sinal de tudo isso, Jeremias deve quebrar uma bilha. Embora alguns biblistas a apresentem como a que tem maior probabilidade de estar envolvida em Mt 27,9-10,[41] na verdade esta passagem de Jr 19 não lança muita luz sobre a importante frase *d* na citação mateana, que não tem paralelo em Zacarias: "E eles as deram [as trinta moedas de prata] pelo campo do oleiro". Para essa frase, é possível combinar elementos de duas cenas famosas de Jeremias: o capítulo 18, onde Deus fala extensamente a Jeremias a respeito do oleiro, a partir de Jr 18,3 ("Eu desci à casa do oleiro"), e o capítulo 32 (LXX 39), que se concentra parabolicamente na compra de um campo: "E eu comprei o campo [...] e pesei [*sql*] a prata para ele, dezessete siclos de prata" (Jr 32[39],9).

A lembrança dessas expressivas narrativas de Jeremias pode facilmente ter levado à descrição mateana de entregar prata pelo campo do oleiro, que então foi combinada com uma seção de Zacarias — seção essa que também tinha temas de moedas de prata e do oleiro. Ainda assim, por que Mateus atribuiria a combinação a Jeremias, e não a Zacarias? Seria porque Jeremias era mais importante? Ou porque Mateus queria uma inclusão com a citação de Jeremias que ele empregara na narrativa da infância (Mt 2,17-18)? Ou porque Jesus era uma pessoa semelhante a Jeremias (Mt 16,14), rejeitado pelos líderes de Judá porque falou contra o Templo? SPNM (p. 365-366) menciona que uma citação como essa, além de se aplicar ao contexto imediato, promove a "linha da vida" do Messias. Zacarias forneceu toda uma série de textos que permitiam aos cristãos primitivos externar sua interpretação de Jesus. (Bruce, "Book", p. 348-350), mas esse profeta, em seu livro, não tinha história pessoal. Em sua mensagem e em sua "Paixão" pessoal, Jeremias era uma introdução mais expressiva ao plano de Deus para o Messias. A passagem profética combinada com as palavras de Zacarias e a missão de Jeremias serve para mostrar

---

[40] Sobre as passagens tiradas dos dois profetas, ver Upton, "Potter's", p. 216-217.
[41] R. H. Gundry, *The Use of the Old Testament in St. Matthew's Gospel*, NovTSup 18, Leiden, Brill, 1967, p. 124.

aos leitores que, mesmo os aspectos mais difíceis da Paixão (traição por Judas, a recusa dos chefes dos sacerdotes e anciãos a serem influenciados por sangue inocente) estavam no plano de Deus. Tudo isso está de acordo com o que o Senhor ordenou (Mt 27,10), como estava a recusa hostil do faraó a atender Moisés (Ex 9,12).

Análise

Ao escrever a respeito da NP, é preciso decidir colocar esta cena antes de um exame inicial do julgamento romano (§ 31) ou depois dele. Mt 27,2 relata: "E tendo-o amarrado [Jesus], eles o levaram e o entregaram a Pilatos, o governador". Isso talvez indique que o que se segue em Mt 27,3-10 deveria vir sob a configuração dos procedimentos perante Pilatos. Contudo, como vimos em § 28, as deliberações das autoridades do sinédrio em Mt 27,1-2 constituíram para Mateus o último passo nos procedimentos judaicos: as autoridades judaicas tomaram a decisão de levar Jesus a Pilatos no mesmo momento em que acontecia a última negação de Pedro. A cena de Judas, com seu realce dos chefes dos sacerdotes e dos escribas, faz parte do mesmo contexto; as autoridades judaicas tomam uma decisão (*symboulion*) aqui (Mt 27,7), do mesmo modo que em Mt 27,1. Na passagem anterior, a decisão era o que fazer com Jesus; aqui, a decisão é se livrar da culpa pelo sangue inocente de Jesus, o que acontece, logicamente, antes de Mateus voltar a atenção para Pilatos.

No início do COMENTÁRIO acima, indiquei que, de certa forma, a sequência é inábil, pois os chefes dos sacerdotes e os anciãos deveriam estar levando Jesus a Pilatos; contudo, estão agora no recinto do Templo, aparentemente perto do santuário e do tesouro. De outra forma, entretanto, descrever a morte dramática de Judas, ausente de Marcos, concorda com a consistente glosa mateana das narrativas marcanas de Judas acrescentando aspectos dramáticos. Na cena em que Judas faz contato com os chefes dos sacerdotes para ajudar o plano deles de prender Jesus (Mt 26,14-16 = Mc 14,10-11), Mateus acrescenta a exigência de Judas: "O que me dareis, se eu o entregar?" — um toque de avareza. Na cena da Última Ceia, onde Jesus prevê que um dos que estão à mesa o entregará (Mt 26,21-25 = Mc 14,18-21), Mateus acrescenta a pergunta feita por Judas (que não é mencionado na ceia em Marcos): "Sou eu, rabi?" — um desafio à ordem de Jesus para não chamar ninguém de rabi (Mt 23,8). Na cena do Getsêmani, quando Judas chega para entregar Jesus (Mt 26,47-50 = Mc 14,43-46), Mateus acrescenta uma declaração por

Jesus que desmascara a intenção de Judas: "Amigo, é para isso que estás aqui". Marcos não menciona mais Judas depois dessa cena, mas Mateus tem de narrar o desenlace daquele a respeito de quem Jesus preveniu: "Ai daquele [...] para quem seria melhor não ter nascido" (Mt 26,24).[42]

A. Comparação com outros relatos da morte de Judas

Onde Mateus conseguiu essa cena? A resposta inclui inevitavelmente o exame dos outros relatos da morte de Judas em At 1,16-20.25[43] e nas citações de Pápias, autor do século II. No APÊNDICE IV, dedicado a tudo o que sabemos sobre Judas, examino esses outros relatos (e dou uma tradução das formas extensa e concisa de Pápias), analiso como foram compostos e procuro discernir o que pode ser histórico. Aqui, só estou interessado na luz que eles lançam sobre a composição de Mt 27,3-10. Como ilustração da extensão da opinião dos biblistas,[44] Haugg (*Judas*, p. 160) argumenta que, segundo a crítica formal, o relato mateano é mais antigo que o de Atos;[45] mas até onde uma comparação crítico-formal entre uma narrativa (Mateus) e uma notícia contida em um discurso (Atos) é eficiente? Além disso, esse discurso está inserido em uma narrativa da eleição de Matias como substituto de Judas que para muitos biblistas representa tradição antiga (ver Menoud, "Additions"). Na verdade, há os que pensam em um original aramaico escrito que fundamenta os Atos (Kilpatrick), talvez conhecido também de Pápias (Schweizer) e até de Mateus, por meio da tradição oral. Quanto a Mateus, Jeremias pensa em uma fonte escrita antiga, que é solidamente histórica,[46] enquanto Kilpatrick e Strecker postulam uma tradição oral pré-mateana. Outros, como Senior, consideram Mt 27,3-10 uma criação quase totalmente mateana.

Intrinsecamente, duas questões importantes entram nessa decisão: primeiro, houve um relato original ao qual a citação formal de Mt 27,9-10 foi acrescentada

---

[42] A história do dramático exagero mateano em relação a Marcos leva alguns biblistas a classificar a cena de Judas como lenda (por exemplo, Wrede, "Judas", p. 146).

[43] A tradução da cena dos Atos é dada no início desta seção.

[44] Mais informações sobre algumas das opiniões que relaciono aqui encontram-se em Vogler, *Judas*, p. 67.

[45] Ver também Benoit ("Death" 1,195), que atribui maior probabilidade a Mateus.

[46] Talvez Desautels ("Mort", p. 230) seja um dos biblistas mais generosos na quantidade de material que atribui à composição pré-mateana, mas ele considera Mt 27,5b (o enforcamento de Judas) inserção mais tardia.

como comentário, ou a citação formal deu origem à narrativa básica? Segundo, qual a importância do número de palavras em Mt 27,3-8 que não se encontram em nenhuma outra passagem de Mateus; elas provam a existência de um relato pré-mateano?

Podemos tratar sucintamente do *segundo* ponto (vocabulário). Típicos desta narrativa de Mateus são *apangchesthai* ("enforcar-se"), no v. 5; *korbanas* ("tesouro") e *time* ("preço"), no v. 6; *kerameus* ("oleiro") e *taphe* ("cemitério"), no v. 7. A singularidade de todas essas palavras explica-se por causa do assunto especial da narrativa, e nada nos diz quanto à origem da história.[47] Uma possível exceção a essa crítica é *strephein*, no v. 3, no sentido de "devolver"; mas, de modo geral, a peculiaridade da linguagem não é grande explicação para a composição da cena mateana. Na verdade, é provável que Vogler (*Judas*, p. 66) esteja correto ao afirmar que, se for considerada toda a linguagem da cena, o vocabulário favorece a composição (ou pelo menos a reescrita) mateana.

Voltando ao *primeiro* ponto, quero começar o exame da composição relacionando aspectos que Mateus e os Atos têm em comum, de acordo com o princípio de que, como nenhum copia do outro a respeito da morte de Judas (tão diferentes são os relatos), os aspectos comuns indicam uma tradição que precede ambos. Mencionarei aqui assunto pertinente dos relatos de Pápias (ver APÊNDICE IV, A6), mas com a advertência de que o material de Pápias está preservado indiretamente e sem seu contexto original, de modo que o fato de os relatos de Pápias não mencionarem certos detalhes não pode ser facilmente invocado.

- Depois de entregar Jesus às autoridades judaicas, Judas já não é mais considerado um dos Doze (implicitamente em Mateus, onde todos os discípulos de Jesus fogem; explicitamente em At 1,25).

- Na memória cristã, Judas morreu em estreita proximidade com a morte de Jesus (Mateus conta a morte de Judas antes de contar a morte de Jesus; os Atos falam dela no discurso de Pedro feito antes de Pentecostes).

---

[47] *Time* e *kerameus* também se explicam como tomados por empréstimo da citação formal em Mt 27,9-10, se essa citação deu origem à narrativa. Como vimos no COMENTÁRIO, a referência a tesouro reflete uma interpretação do *yôser* do TM de Zc 11,13 como *'ôsar*. Uma frase em Zc 11,13 que Mt 27,9-10 prefere não repetir ecoa na própria narrativa: "E atirei-as para dentro da casa do Senhor para dentro do oleiro/ tesouro".

- Judas teve morte violenta, enforcando-se em Mateus; partindo-se ao meio nos Atos;[48] inchando em Pápias, de modo que foi esmagado por uma carroça (forma sucinta) e contraiu uma doença repugnante (forma mais extensa).

- Envolvido com sua morte, estava o uso do dinheiro que ele recebeu por sua má ação a fim de comprar terra (compra de um campo pelos chefes dos sacerdotes em Mateus; aquisição de terreno pelo próprio Judas nos Atos e implicitamente em Pápias [forma extensa], que fala de "seu terreno").

- Essa terra foi chamada "o Campo/Terreno de Sangue": *agros* em Mateus e *chorion* nos Atos e em Pápias (forma extensa),[49] traduzindo o aramaico *haqel dema'*. A designação "Sangue", em Mateus, origina-se do fato de ser o campo comprado com dinheiro de sangue; nos Atos, talvez se origine do fato de Judas ter morrido ali (embora sua morte não seja descrita como sanguinolenta; ver nota 28 acima).[50]

- Sua morte está relacionada explicitamente com algumas passagens bíblicas (Jeremias/Zacarias em Mateus; Salmos 69 e 109 nos Atos) e implicitamente relacionadas com outras.[51]

- Elementos da história são apresentados como antigos: o campo em Mt 27,8 tem seu nome "até hoje";[52] o terreno em At 1,19 foi chamado Ha-céldama "na língua deles" (isto é, aramaico, dos hierosolimitas).

No que se segue, precisaremos lembrar sempre essa lista.

---

[48] Aqui, vou trabalhar com a tradução "prostrado", de *prenes genomenos* de At 1,18. Em APÊNDICE IV, chamarei a atenção para outra tradução: "tendo inchado"; essa tradução harmonizaria os Atos e Pápias.

[49] Ver nota 23 acima. Embora use o termo *chorion*, Pápias não menciona nada a respeito de sangue. O terreno descrito por Pápias é lembrado não devido à ligação com sangue, mas por causa do fedor.

[50] Pápias (forma extensa) é específico a respeito deste ponto: "Dizem que sua vida terminou em seu terreno". O fedor do terreno talvez signifique que Judas foi enterrado ali.

[51] Entre as descobertas em Mateus estão 2Sm 17,23, onde Aquitofel se enforca; talvez Gn 37,26-28, onde Judá (Judas) combina a venda de José aos ismaelitas por vinte/trinta moedas de prata; talvez Gn 4,10, onde o sangue de Abel clama a Deus contra Caim. As sugestões sobre as descobertas em Lucas serão examinadas em APÊNDICE IV.

[52] Nellessen ("Tradition", p. 209-210) afirma que o "até hoje" mateano fazia parte da narrativa semítica original, mas foi omitido por Lucas porque ele pôs a história em um discurso de Pedro algumas semanas depois do acontecimento.

B. Impacto da Escritura na formação da narrativa de Mateus

O relato de Marcos (Mc 14,21), segundo o qual, na Última Ceia, Jesus prenunciou uma tremenda desgraça contra o que ia entregá-lo (melhor para ele não ter nascido) podia ter dado origem a histórias de um terrível destino para Judas. Contudo, para explicar Mt 27,3-10, é preciso passar da inevitabilidade da morte violenta de Judas para um relato específico, do qual nenhum dos detalhes se explicam a partir de Marcos. (Se for mencionado o dinheiro pago a Judas em Mc 14,11, ainda falta a esse relato a especificação mateana de trinta moedas.) Está claro que a Escritura teve papel importante na evolução da história de Judas.[53] Mateus não está em desacordo com At 1,16, segundo o qual a Escritura falada antecipadamente pelo Espírito Santo a respeito de Judas tinha de ser cumprida,[54] nem com Jo 17,12: "Nenhum deles pereceu, exceto o filho da perdição — a fim de que a Escritura fosse cumprida".

Para avaliar o impacto da Escritura na formação da narrativa mateana, comecemos com a influência implícita do suicídio por enforcamento de Aquitofel, que conspirou contra Davi (2Sm 17,23).[55] Uma solução simples para a composição seria que historicamente Judas realmente se enforcou, e que o relato dessa morte fez Mateus lembrar-se do suicídio de Aquitofel, que ele então usou para influenciar a narrativa. Minha conclusão no APÊNDICE IV, onde examino as quatro mortes diferentes atribuídas a Judas no Cristianismo primitivo, é que, à primeira vista, apenas duas têm alguma plausibilidade (suicídio [Mateus] e acidente [forma sucinta de Pápias]), mas que todas correspondem à morte dos famigeradamente maus nas Escrituras (e nos escritos clássicos). Assim, a probabilidade é que, embora os cristãos primitivos soubessem que Judas morrera logo e violentamente, *a maneira*

---

[53] Na verdade, pode já ter havido uma interação bíblica na desgraça marcana na ceia, pois, em *1Henoc* 38,2, encontra-se uma desgraça semelhante contra os pecadores: "Seria bom para eles se não tivessem nascido".

[54] Quando At 1,16 diz "Era necessário que se cumprisse a Escritura [...] a respeito de Judas", a que aspecto do desaparecimento de Judas os Atos se referem? Muitos presumem que a referência é a sua substituição entre os Doze, porque At 1,16 menciona a Escritura davídica e porque os Salmos pertinentes à substituição são dados em At 1,20. Mas Haugg (*Judas*, p. 177-178) aponta para o tempo passado e o fato de que, no tema, a substituição ainda não aconteceu. Ele acha que a referência é à morte de Judas.

[55] Van Unnik ("Death", p. 96) contesta a relação com Aquitofel, porque ela se baseia em apenas uma frase: "enforcou-se". Mas em toda a NP vimos uma série de referências implícitas à história de Davi-Absalão--Aquitofel, de 2Sm 15-17: um conselheiro íntimo que traiçoeiramente entrega Davi/Jesus; ir do outro lado do Cedron para o Monte das Oliveiras; chorar e rezar ali etc.

de sua morte entrou nas várias narrativas por meio do instinto de compará-lo com outros que resistiram a Deus ou ao ungido de Deus. Portanto, é provável que a narrativa de Aquitofel desse origem ao relato mateano de suicídio por enforcamento.

Voltando agora à Escritura explícita que Mateus cita em Mt 27,9-10, lembramos que ela consistia, na maior parte, de Zc 11,13 combinado com ecos de Jr 18, 19 e 32 (LXX 39). Elementos na narrativa mateana que têm paralelo em (no todo de) Zc 11,13 são autoridades judaicas hostis, trinta moedas de prata, lançá-las para dentro do santuário (casa do Senhor), o preço e tesouro/oleiro. Elementos na narrativa que têm paralelo nas três passagens de Jeremias são o oleiro, comprar um campo, moedas de prata, sangue inocente e um cemitério, mais o cenário subentendido no Vale de Ben-Enom. Novamente precisamos nos informar sobre a sequência: uma história que tinha alguma coisa ou tudo o que está em Mt 27,3-8 lembrava aos cristãos paralelos na Escritura, que eram então usados para fundamentar a narrativa; *ou* foi a história criada a partir da Escritura? Neste último caso, como essas passagens bíblicas foram lembradas? Por exemplo, a menção da prata prometida a Judas em Mc 14,11 chamou a atenção de Mateus para passagens veterotestamentárias que se referiam ao pagamento de dinheiro? À guisa de observação geral, devemos nos lembrar que citações bíblicas explícitas desempenham obviamente papel importante em aspectos da história de Judas em At 1,16-20.25; contudo, a narrativa dos Atos em geral é muito diferente da narrativa mateana. Esse fato dificilmente favorece a noção de que uma narrativa original completa estava por trás de Mateus e dos Atos e foi apenas glosada pela Escritura.

Talvez possamos obter uma visão da prática geral de Mateus: ele costuma acrescentar as citações formais da Escritura a uma história já existente, ou elas dão origem à trama essencial? Há cinco citações formais na narrativa da infância de Mt 1,18–2,23 (também história de estilo popular típica de Mateus) e ali, embora alguns biblistas achem que as citações deram origem à narrativa, concordo firmemente com outros (Bultmann, Dibelius, Hirsch, Strecker), segundo os quais uma história pré-mateana foi glosada por essas citações à medida que ela foi incluída no Evangelho (BNM, p. 119-121). Meu principal argumento é que as citações da narrativa da infância tratam apenas de aspectos secundários, que são irrelevantes para a trama principal. Aqui, porém, as passagens de Zacarias e Jeremias tratam de detalhes essenciais à trama, tão essenciais que, sem eles, certamente não haveria uma trama. Assim, julgo Rothfuchs, Gnilka e Senior (SPNM, p. 371-373.392) corretos, ao contrário de Strecker, ao atribuir às passagens bíblicas importante papel generativo em Mt 27,3-8. Isso significa que a maior parte da história do suicídio de Judas e do preço do sangue inocente foi composta pela combinação de alguns fatos tradicionais com a Escritura.[56]

Agora, quero ser mais específico e trazer à baila como essas passagens vieram a ser utilizadas, tratando primeiro de Zacarias e depois de Jeremias. Os últimos capítulos de Zacarias desempenham um papel importante na NP, como vimos logo no início, com a citação explícita de Zc 13,7 em Mt 26,31-32 (Mc 14,27-28) com referência a ferir o pastor e dispersar as ovelhas. Como aparentemente[57] era o mesmo pastor de quem se estabeleceu a paga ou o preço em trinta moedas de prata em Zc 11,12-13, o salto da promessa marcana de dinheiro feita a Judas para uma reflexão nas trinta moedas de prata em Zacarias pode não ter sido grande demais. Além disso, textos bíblicos intermediários podem ter facilitado essa ligação. No COMENTÁRIO, chamei a atenção para trinta siclos de prata como a recompensa estabelecida para ferimentos infligidos a um escravo (Ex 21,32). Adaptações de Gn 37,26-28 também voltam a atenção para essa quantia em um contexto perverso.[58] Ali, Judá (= Judas) sugeriu que, em vez de matar José e esconder seu sangue, ele fosse vendido como escravo; desse modo, "eles venderam José aos ismaelitas por vinte siclos de prata". Em *Testamento de Gad* 2,3, esse patriarca diz: "Eu e Judá o vendemos aos ismaelitas por *trinta* moedas de ouro; e ocultando dez, dividimos [vinte] por igual com nossos irmãos".[59] Orígenes (*Homilia sobre Êxodo* 1,4 [GCS 29,149]) relata que um dos irmãos de José o vendeu por trinta moedas de prata. Ambrósio (*De Joseph Patriarcha* 3,14 [CSEL 32 II 81B]) comenta esse ponto: "Achamos o preço de compra de José às vezes vinte moedas de ouro [*sic*], às vezes vinte e cinco,

---

[56] O emprego da Escritura pode ter sido em etapas: por exemplo, a uma história pré-mateana que tinha ecos de Zacarias e Jeremias, Mateus acrescentou a citação formal de Mt 27,9-10 (assim Strecker, *Weg*, p. 76-82; van Tilborg, *Jewish*, p. 86-88).

[57] Ver observações em § 5 sobre a lógica complexa dessas obscuras passagens de Zacarias. Além da dificuldade de discernir o que o autor de (Dêutero-)Zacarias quis dizer, é preciso levar em conta a maneira como os capítulos eram entendidos nos tempos neotestamentários.

[58] Ver Murmelstein ("Gestalt", p. 54), a respeito da possível influência de Gn 37 na história de Judas. Até certo ponto, a aplicabilidade depende de saber se nos tempos neotestamentários Jesus era considerado uma figura semelhante a José. Os indícios são escassos; por exemplo, há quem considere que a origem da túnica de Jesus em Jo 19,23 foi o Midraxe *Rabbah* 84,8 sobre Gn 37,3, que é muito mais tardio e descreve a túnica de José (entre outras interpretações) como objeto de sorteio.

[59] *Testamento de Judá* 17,1; 18,2 ressalta que Judá não pretendia que José morresse; esse poderia ser outro paralelo com o homônimo Judas, que em Mt 27,3-4 não queria que Jesus morresse.

às vezes trinta". Se já existia nos tempos neotestamentários, a variante do preço de Judá por José como trinta moedas de prata pode bem ter ajudado a mudança mateana da vaga referência marcana a prata para a expressão mais precisa trinta moedas de prata em Mt 26,15 e à passagem em Zc 11,12-13, que então pode ter contribuído de modo criativo para uma história daquilo que aconteceu com esse preço de sangue inocente.

Algumas passagens de Jeremias também contribuíram para a história mateana: na verdade, na medida em que Mateus descreve o cumprimento da Escritura de vv. 9-10 como "falado por intermédio do profeta Jeremias". Uma forma na qual essas profecias poderiam ter se tornado conspícuas é a semelhança entre Jeremias e Jesus, ambos maltratados pelas autoridades dominantes da nação. Outra ligação possível é que o tema do oleiro em Zc 11,13 se encontra em Zc 18 e 19. Mas talvez outro fator seja ainda mais importante. Se relembrarmos a lista de aspectos comuns partilhados por Mt 27 e At 1, até aqui tudo que supomos ao explicar a composição da história de Mateus é uma tradição cristã primitiva, que afirmava ter Judas tido morte violenta em estreita proximidade com a morte de Jesus. O argumento é que, no relato mateano, essa tradição se combinou com a adversidade marcana contra o traidor para formar a história de como Judas morreu — história que junta o suicídio de Aquitofel por enforcamento e o relato por Zacarias de como o pastor foi avaliado em trinta moedas de prata que foram atiradas ao oleiro/tesouro da casa do Senhor. Mas ainda não levamos em conta a concordância entre Mateus e os Atos quanto ao fato de o dinheiro dado a Judas ter sido usado para comprar terra e a terra ter sido chamada um lugar "de Sangue". Mateus e os Atos não são mutuamente influenciados neste detalhe, pois diferem quanto à compra ter sido feita antes ou depois da morte de Judas, feita por ele ou pelos chefes dos sacerdotes e quanto à designação ser "Campo [*agros*] de Sangue" ou "Terreno [*chorion*] de Sangue". Assim, é possível propor que a tradição pré-mateana continha não só a primitiva morte violenta de Judas, mas também o uso de seu mal adquirido dinheiro para a compra de terra que trazia o nome de "Sangue".[60] Essa tradição talvez levasse Mateus a se concentrar

---

[60] Para Mateus, a designação "Sangue" origina-se do fato de ser o campo comprado com dinheiro dado em troca do sangue inocente de Jesus; os Atos não explicam a designação de "Sangue", mas deixam que se imagine que ela se relaciona com a morte de Judas nesse terreno. No COMENTÁRIO, apresentei razões para pensar que essa terra no Vale de Ben-Enom já tinha o nome de "Campo/Terreno de Sangue", e que talvez os cristãos tenham reinterpretado esse nome na história de Judas, cuja morte era associada de uma forma ou de outra com essa região.

em textos de Jeremias a respeito da compra de um campo (Jr 32[39]) e do sangue inocente ter profanado o Vale da Matança (Jr 19) — cemitério que estava na mesma área do Ben-Enom, com a qual o campo de Judas era associado.

Outro fator deve ser mencionado como parte da composição mateana. Embora Jr 19,4 mencione "sangue inocente", esse é um tema importante que vai da história mateana de Judas (Mt 27,4.6.8) para o julgamento por Pilatos (Mt 27,24-25). Escande ("Judas") chama a atenção para um número notável de paralelos entre o material mateano típico a respeito de Judas e Pilatos: a) Judas tenta se livrar da culpa, dizendo: "Pequei, ao entregar sangue inocente"; Pilatos tenta se livrar da culpa, dizendo: "Sou inocente do sangue deste homem"; b) os chefes dos sacerdotes e os anciãos judeus respondem a Judas: "Tu hás de ver isso"; Pilatos diz aos chefes dos sacerdotes, anciãos e multidões de judeus: "Vós haveis de ver isso"; c) a ação de Judas envolve as autoridades com sangue, já que elas devem usar o dinheiro de sangue; a ação de Pilatos envolve todo o povo com sangue, já que eles exclamam: "Seu sangue sobre nós e sobre nossos filhos". Tanto Judas como Pilatos professam inocência; ambos entregam Jesus, nenhum deles controla a ação dos mais diretamente responsáveis pelo sangue de Jesus e, assim, os efeitos do sangue permanecem. Como Escande observa, Judas e Pilatos são prisioneiros de um sistema. O sistema julga contra Jesus e eles não escapam do sistema. Essa qualidade persistente do sangue de Jesus já envolvia Judas e Pilatos em um nível pré-mateano? Nesta conjuntura do comentário, é cedo demais para responder a essa pergunta, porém, mais adiante vou argumentar que Mateus recorreu a um imaginoso conjunto de material pré-mateano onde a Escritura (mas não necessariamente citações da Escritura) desempenhou papel fundamental. Por ora, simplesmente observo que esse paralelismo entre Judas e Pilatos ajuda a tornar inteligível o fato de Mateus fazer a cena de Judas preceder imediatamente o julgamento por Pilatos. É a esse julgamento que agora voltamos a atenção.

(*A bibliografia para este episódio encontra-se em § 25, Parte III.*)

Terceiro ato:
Jesus diante de Pilatos, governador romano
(Mc 15,2-20a; Mt 27,11-31a; Lc 23,2-25; Jo 18,28b–19,16a)

O terceiro ato da narrativa da Paixão descreve como Jesus, tendo sido entregue a Pilatos, foi interrogado por ele a respeito de ser o Rei dos Judeus. Embora Pilatos não estivesse convencido da culpa de Jesus, as multidões preferiram a soltura do criminoso Barrabás e exigiram que Jesus fosse crucificado. Pilatos concordou, mandou açoitar Jesus e o entregou para ser crucificado por soldados romanos que primeiro escarneceram dele e o maltrataram.

Sumário do terceiro ato

§ 30. Bibliografia da seção: O julgamento romano de Jesus (§§ 31–36)

    Parte I: Jesus como revolucionário e figuras da cena política (§ 31 A)

    Parte II: Pano de fundo: a carreira de Pilatos; pretório; lei do julgamento (§ 31 B, C, D)

    Parte III: Relatos evangélicos do julgamento de Jesus diante de Pilatos

    Parte IV: Jesus diante de Herodes em Lc 23,6-12 (§ 33)

    Parte V: Barrabás; a mulher de Pilatos (§ 34)

    Parte VI: Mt 27,24-25: "Seu sangue sobre nós" (§ 35)

    Parte VII: O escárnio e os maus-tratos romanos a Jesus (§ 36)

§ 31. Introdução: Pano de fundo para o julgamento romano de Jesus por Pôncio Pilatos

    A. Governo da Judeia/Palestina por procuradores romanos

    B. A prefeitura de Pôncio Pilatos na Judeia (26-36 d.C.)

    C. O local do julgamento de Jesus: o pretório

    D. O tipo de julgamento romano

§ 32. O julgamento romano, primeira parte: Interrogatório inicial por Pilatos (Mc 15,2-5; Mt 27,11-14; Lc 23,2-5; Jo 18,28b-38a)

    COMENTÁRIO

    Diferentes abordagens ao julgamento por Pilatos

    Padrão comum nas trocas de palavras entre Pilatos e Jesus

    O relato marcano do interrogatório

    O relato mateano do interrogatório

    A ampliação lucana da troca essencial de palavras

    A ampliação joanina da troca essencial de palavras

    ANÁLISE

    A. O julgamento romano marcano (Mc 15,1-15)

    B. O julgamento romano mateano (Mt 27,1-26)

    C. O julgamento romano lucano (Lc 23,1-25)

    D. O julgamento romano joanino (Jo 18,28–19,16a)

§ 33. O julgamento romano, segunda parte: Jesus diante de Herodes (Lc 23,6-12)

COMENTÁRIO

Jesus é enviado a Herodes (Lc 23,6-7)

Herodes interroga Jesus (Lc 23,8-10)

Jesus é enviado de volta a Pilatos (Lc 23,11-12)

ANÁLISE

A. Formação da história

B. Historicidade da tradição herodiana

§ 34. O julgamento romano, terceira parte: Barrabás
(Mc 15,6-11; Mt 27,15-21; Lc 23,13-19; Jo 18,38b-40)

COMENTÁRIO

Os prefácios transicionais (Lc 23,13-16; Jo 18,38b)

O costume de soltar um prisioneiro por ocasião da festa (Mc 15,6; Mt 27,15; Jo 18,39a)

A identidade de Barrabás (Mc 15,7; Mt 27,16; Lc 23,19; Jo 18,40b)

Oferta de soltura por Pilatos (Mc 15,8-10; Mt 27,17-18; Jo 18,39b)

O recado da mulher de Pilatos (Mt 27,19)

A escolha de Barrabás (Mc 15,11; Mt 27,20-21; Lc 23,18 [At 3,14]; Jo 18,40a)

ANÁLISE

A. Composição da cena

B. Historicidade de Barrabás

C. Historicidade da soltura pascal

§ 35. O julgamento romano, quarta parte: Condenação de Jesus (Mc 15,12-15; Mt 27,22-26; Lc 23,20-25; Jo 19,1.4-16a)

COMENTÁRIO

Primeiro clamor pela crucificação e a resposta de Pilatos (Mc 15,12-14a; Mt 27,22-23a; Lc 23,20-22; Jo 19,1.4-8)

Segundo clamor sinótico pela crucificação; o Pilatos mateano lava as mãos (Mc 15,14b; Lc 23,23; Mt 27,23b-25)

O Pilatos joanino fala a Jesus (Jo 19,9-15)

Jesus é entregue à (flagelação e) crucificação
(Mc 15,15; Mt 27,26; Lc 23,24-25; Jo 19,16a + 19,1)

ANÁLISE: Resumo da formação do relato do julgamento romano

§ 36. O escárnio e os maus-tratos romanos a Jesus
(Mc 15,16-20a; Mt 27,27-31a; Jo 19,2-3)

Comentário

Os soldados e o pretório (Mc 15,16; Mt 27,27)

A veste real e a coroa de espinhos (Mc 15,17; Mt 27,28-29a; Jo 19,2)

A saudação do Rei dos Judeus e os maus-tratos (Mc 15,18-19; Mt 27,29b-30; Jo 19,3)

Jesus é despido e vestido depois do escárnio (Mc 15,20a; Mt 27,31a)

Análise

A. Composição da cena

B. A fonte das imagens para o escárnio

§ 30. Bibliografia da seção para o terceiro ato: O julgamento romano de Jesus (§§ 31–36)

Escritos que tratam do julgamento judaico e *também* do romano estão incluídos em § 17 (Parte I), a BIBLIOGRAFIA DA SEÇÃO para o julgamento judaico. As sete subdivisões desta bibliografia estão relacionadas no sumário imediatamente anterior.

Parte I: Jesus como revolucionário e figuras da cena política (§ 31 A)

ALONSO DÍAZ, J. El compromiso político de Jesús. ByF 4, 1978, p. 151-174.

BAMMEL, E. The Revolutionary Theory from Reimarus to Brandon. JPHD, p. 11-68.

_____ & MOULE, C. F. D., orgs. *Jesus and the Politics of His Day*. Cambridge Univ., 1984. Abreviado como JPHD.

BARNETT, P. W. The Jewish Sign Prophets — A.D. 40-70: Their Intention and Origin. NTS 27, 1980-1981, p. 679-697.

_____. Under Tiberius all was Quiet. NTS 21, 1974-1975, p. 564-571.

BAUMBACH, G. Die Stellung Jesu in Judentum seiner Zeit. FZPT 20, 1973, p. 285-305.

BORG, M. The Currency of the Term "Zealot". JTS NS, 22, 1971, p. 504-512.

BRANDON, S. G. F. *Jesus and the Zealots*. Manchester Univ., 1967.

CARMICHAEL, J. *The Death of Jesus*. London, Penguin, 1966.

CRESPY, G. Recherche sur la signification politique de la mort du Christ. LumVie 20, 1971, p. 89-109.

DANIEL, C. Esséniens, zélotes, et sicaires et leur mention par paronymie dans le N. T. Numen 13, 1966, p. 88-115.

FREYNE, S. Bandits in Galilee: A Contribution to the Study of Social Conditions in First--Century Palestine. In: NEUSNER, J. et alii, orgs. *The Social World of Formative Christianity and Judaism*. Philadelphia, Fortress, 1988, p. 50-68.

GIBLET, J. Un mouvement de résistence armée au temps de Jésus? RTL 5, 1974, p. 409-426.

GUEVARA, H. *Ambiente político del pueblo judío en tiempos de Jesús*. Madrid, Cristiandad, 1985.

____. *La resistencia judía contra Roma en la época de Jesús*. Dissertação S.S.D. no Pontifício Instituto Bíblico; impresso em Meitinge, Alemanha.

HENGEL, M. *Was Jesus a Revolutionary?* Philadelphia, Fortress, 1971.

____. *The Zealots*. Edinburgh, Clark, 1989. Original alemão, 1961.

HILL, D. Jesus and Josephus' "messianic prophets". In: BEST, E. & WILSON, R. McL., orgs. *Text and Interpretation*. Cambridge Univ., 1979, p. 143-154 (M. Black Festschrift).

HORBURY, W. Christ as a Brigand in Ancient Anti-Christian Polemic. JPHD, p. 197-209.

HORSLEY, R. A. *Jesus and the Spiral of Violence: Popular Jewish Resistance in Roman Palestine*. San Francisco, Harper & Row, 1987 [*Jesus e a espiral da violência: Resistência popular judaica na Palestina romana*. São Paulo, Paulus, 2010].

____. Josephus and the Bandits. JSJ 10, 1979, p. 37-63.

____. "Like One of the Prophets of Old": Two Types of Popular Prophets at the Time of Jesus. CBQ 47, 1985, p. 435-463.

____. Popular Messianic Movements around the Time of Jesus. CBQ 46, 1984, p. 471-495.

____. The Sicarii; Ancient Jewish "Terrorists". *Journal of Religion* 59, 1979, p. 435-458.

HORSLEY, R. A. & HANSON, S. *Bandits, Prophets and Messiahs*. Minneapolis, Winston, 1985 [*Bandidos, profetas e messias*. São Paulo, Paulus, 1997].

JENSEN, E. E. The First Century Controversy over Jesus as a Revolucionary Figure. JBL 60, 1941, p. 261-272.

KEALY, S. P. JESUS AND POLITICS. Collegeville, Liturgical Press, 1990.

KINGDON, H. P. Had the Crucifixion a Political Significance? HibJ 35, 1936-1937, p. 556-567.

MACCOBY, H. Z. *Revolution in Judea. Jesus and the Jewish Resistance*. New York, Taplinger, 1980.

MORIN, J.-A. Les deux derniers des Douze: Simon le Zélote et Judas Iskariôth. RB 80, 1973, p. 332-358, esp. p. 332-349 sobre os zelotas.

SMITH, M. Zealots and Sicarii: Their Origins and Relation. HTR 64, 1971, p. 1-19.

STERN, M. Sicarii and Zealots. SRSTP, p. 263-301, 404-405.

SWEET, J. P. M. The Zalots and Jesus. JPHP, p. 1-9.

VARGAS-MACHUCA, A. ¿Por qué condenaron a muerte a Jesús de Nazaret? EstEcl 54, 1979, p. 441-470.

WINTER, P. The Trial of Jesus as a Rebel against Rome. *The Jewish Quarterly* 16, 1968, p. 31-37.

ZIESLER, J. *The Jesus Question*. Guildford, Lutterworth, 1980, esp. p. 28-39 sobre Jesus e os zelotas.

Parte II: Pano de fundo: a carreira de Pilatos (Josefo, Fílon); pretório; lei do julgamento (§ 31 B, C, D)

ALINE DE SION, Mère. *La Forteresse Antonia à Jérusalem et la question du prétoire*. Thèse de l'Université de Paris; Jerusalem, Franciscan Press, 1956, esp. capítulo 14, p. 119-142: Le lusoriae tabulae.

BAGATTI, B. La tradizione della chiesa di Gerusalemme sul pretorio. RivB 21, 1973, p. 429-432.

BAMMEL, E. Pilatus' und Kaiphas' Absetzung. *Judaica. Kleine Schriften I.* Tübingen, Mohr, 1986, p. 51-58 (WUNT 37).

_____. Syrian Coinage and Pilate. JJS 2, 1951, p. 108-110.

BENOIT, P. L'Antonia d'Hérode le Grand et le Forum Oriental d'Aelia Capitolina. HTR 64, 1971, p. 135-167. Reimpress em BExT, v. 4, p. 311-346.

_____. Praetorium, Lithostroton and Gabbatha. BJG, v. 1, p. 167-188. Original francês em RB 59, 1952, p. 531-550.

_____. Le Prétoire de Pilate à l'époque byzantine. RB 91, 1984, p. 161-177.

Bible et Terre Sainte 57, 1963. Número inteiro sobre Pilatos.

BLINZLER, J. Der Entscheid des Pilatus — Exekutionsbefehl oder Todesurteil? MTZ 5, 1954, p. 171-184.

_____. Die Niedermetzelung von Galiläern durch Pilatus. NovT 2, 1958, p. 24-49.

CHILTON, C. W. The Roman Law of Treason under the Early Principate. JRS 45, 1955, p. 73-81.

COLIN, J. *Les villes libres de l'Orient gréco-romain et l'envoi au supplice par acclamations populaires*. Brussels-Berchem, Latomus, 1965 (Coll. Latomus 82).

_____. Sur le procès de Jésus devant Pilate et le peuple. REA 67, 1961, p. 159-164.

ERHARDT, A. Pontius Pilatus in der frühchristlichen Mythologie. EvT NS 9, 1949-1950, p. 433-447.

_____. Was Pilate a Christian? CQR 137, 1944, p. 157-167.

FROVA, A. L'Inscrizione di Ponzio Pilato a Cesarea. *Rendiconti* 95, 1961, p. 123-158.

HIRSCHFELD, O. *Die kaiserlichen Verwaltungsbeamten bis auf Diocletian*. 2. ed. Berlin, Weidmann, 1905.

JONES, A. H. M. *Studies in Roman Government and Law*. Oxford, Blackwell, 1960.

Kindler, A. More Dates on the Coins of the Procurators. IEJ 6, 1956, p. 54-57.

Klostermann, E. Die Majestätsprozesse unter Tiberius. Historia 4, 1955, p. 72-106.

Kraeling, C. H. The Episode of the Roman Standards at Jerusalem. HTR 35, 1942, p. 263-289.

Kreyenbühl, J. Der Ort der Verurteilung Jesu. ZNW 3, 1902, p. 15-22.

Lattey, C. The Praetorium of Pilate. JTS 31, 1930, p. 180-182.

Leclercq, H. Flagellation (Supplice de la). DACL 5, 1923, p. 1638-1643.

Lémonon, J.-P. *Pilate et le gouvernement de la Judée.* Paris, Gabalda, 1981 (EBib).

Liberty, S. The Importance of Pontius Pilate in Creed and Gospel. JTS 45, 1944, p. 38-56.

Lohse, E. Die römischen Statthalter in Jerusalem. ZDPV 74, 1958, p. 69-78.

McGing, B. C. The Governorship of Pontius Pilate: Messiahs and Sources. PIBA 10, 1986, p. 55-71.

____. Pontius Pilate and the Sources. CBQ 53, 1991, p. 416-438.

MacMullen, R. *Enemies of Roman Order.* Cambridge, MA, Harvard, 1966.

Maier, P. L. The Episode of the Golden Roman Shields at Jerusalem. HTR 62, 1969, p. 109-121.

Müller, G. A. *Pontius Pilatus.* Stuttgart, Metzler, 1885.

Oestreicher, B. A New Interpretation of Dates on the Coins of the Procurators. IEJ 9, 1959, p. 193-195.

Overstreet, R. L. Roman Law and the Trial of Christ. BSac 135, 1978, p. 323-332.

Pflaum, H. G. *Essai sur les procurateurs équestres sous le Haut-Empire romain.* Paris, Maisonneuve, 1950.

Pixner, B. Noch einmal das Prätorium. Versuch einer neuen Lösung. ZDPV 95, 1979, p. 56-86.

____. Where Was the Original Via Dolorosa? *Christian News from Israel* 27, 1979, p. 7-10.

Revuelta Sañudo, M. La localización del Pretorio. EstBib 20, 1961, p. 261-317.

____. La polémica del Pretorio de Pilato. *Lumen* 10, 1961, p. 289-321.

Reyero, S. Los textos de Flavio Josefo y de Filón sobre la residencia de los procuradores romanos en Jerusalém. *Studium* 1-2, 1961-1962, p. 527-555.

Riesner, R. Das Prätorium des Pilatus. BK 41, 1986, p. 34-37.

Rogers, R. S. Treason in the Early Empire. JRS 49, 1959, p. 90-94. Resposta a Chilton.

Schwartz, D. R. Josephus and Philo on Pontius Pilate. *The Jerusalem Cathedra* 3, 1983, p. 26-45.

SMALLWOOD, E. M. The Date of the Dismissal of Pontius Pilate from Judaea. JJS 5, 1954, p. 12-21.

____. Philo and Josephus as Historians of the Same Event. JJS, p. 114-129.

STAATS, R. Pontius Pilatus in Bekenntnis der frühen Kirche. ZTK 84, 1987, p. 493-513.

STAUFFER, E. Zur Münzprägung des Pontius Pilatus. *La Noulle Clio* 1-2, 1949-1950, p. 495-514.

STEELE, J. A. The Pavement. ExpTim 34, 1922-1923, p. 562-563.

VAN BEBBER, J. Das Prätorium des Pilatus. TQ 87, 1905, p. 209-230.

VANEL, A. Prétoire. DBSup 44, 1960, p. 513-554.

VANDERMAN, J. A New Inscription which Mentions Pilate as "Prefect". JBL 81, 1962, p. 70-71.

VINCENT, L.-H. L'Antonia et le Prétoire. RB 42, 1933, p. 83-113.

____. L'Antonia, palais primitif d'Herode. RB 61, 1954, p. 87-107.

____. Le lithostrotos évangélique. RB 59, 1952, p. 513-530.

VOLKMANN, H. Die Pilatusinschrift von Caesarea Maritima. *Gymnasium* 75, 1968, p. 124-135, gravuras XIII-XV.

Parte III: Relatos evangélicos do julgamento de Jesus diante de Pilatos

ALEGRE, X. "Mi reino no es de este mundo" (Jn 18,36). EstEcl 54, 1979, p. 499-525. Resumo em inglês em TD 29, 1981, p. 231-235.

ALLEN, J. E. Why Pilate? TJSCM, p. 78-83.

BALAGUÉ, M. Y lo sentó en el tribunal (Jn 19,13). EstBib 33, 1974, p. 63-67.

BALDENSPERGER, G. Il a rendu témoignage devant Ponce Pilate. RHPR 2, 1922, p. 1-25, 95-117.

BAMMEL, E. *Philos tou Kaisaros*. TLZ 77, 1952, p. 205-210 sobre Jo 19,12.

____. The Trial before Pilate. JPHD, p. 415-451.

BARTINA, S. Ignotum *episèmon* gabex (cf. PG 85,1512B) (Io 19,14: hora sexta an hora tertia?). VD 36, 1958, p. 16-37.

BAUM-BODENBENDER, R. *Hoheit in Niedrigkeit: Johanneische Christologie im Prozess Jesu vor Pilatus (IJoh 18,28-19,16a)*. Würzburg, Echter, 1984 (Forschung zur Bibel 49).

BLANK, J. Die Verhandlung vor Pilatus: Joh 18,28–19,16 im Lichte johanneischer Theologie. BZ 3, 1959, p. 60-81.

BOISMARD, M.-E. La royauté universelle du Christ (Jn 18,33-37). AsSeign 88, 1966, p. 33-45; reimpresso em AsSeig 2, série 65, 1973, p. 36-46.

Bonsirven, J. Hora Talmudica: La notion chronologique de Jean 19,14 aurait-elle un sens symbolique? *Biblica* 33, 1952, p. 511-515.

Brüll, A. Die Ergreifung und Überlieferung Jesu an Pilatus. TQ 83, 1901, p. 161-186, 396-411.

Cantinat, J. Jésus devant Pilate. VSpir 86, 1952, p. 227-247.

Charbonneau, A. *"Qu'as-tu-fait?"* et *"D'où es-tu?"* – Le procès de Jésus chez Jean (18,28–19,16a). ScEsp 38, 1986, p. 203-219, 317-329.

Corssen, P. *Ekathisen epi bematos.* ZNW 15, 1914, p. 338-340.

Creed, J. M. The supposed "Proto-Lucan" Narrative of the Trial before Pilate: A Rejoinder. ExpTim 46, 1934-1935, p. 378-379.

de la Potterie, I. Jésus roi et juge d'après Jn 19,13 *ekathisen epi bematos. Biblica* 41, 1960, p. 217-247. Resumo em inglês em *Scripture* 13, 1961, p. 97-111.

Derrett, J. D. M. Christ, King and Witness (John 18,37). BeO 31, 1989, p. 189-198.

____. Ecce homo Ruber (John 19,5 with Isaiah 1:18; 63:1-2). BeO 32, 1990, p. 215-229.

Derwacter, F. M. The Modern Translators and John 19,13: Is It "Sat" or "Seated"? *The Classical Journal* 40, 1944-1945, p. 24-28.

Dewailly, L.-M. "D'où es tu?" (Jean 19,9). RB 92, 1985, p. 481-496.

Eager, A. R. "The Greater Sin". A Note on S. John xix.11. *Expositor* 6th Ser., 12, 1905, p. 33-40.

Ehrman, B. D. Jesus' Trial before Pilate: John 18:28–19:16. BTB 13, 1983, p. 124-131.

Escande, J. Jésus devant Pilate: Jean 18,28-19,16. FV 73, 3, 1974, p. 66-82. Análise estrutural.

Flourney, P. P. What Frightened Pilate? BSac 82, 1925, p. 314-320.

Flügel, H. Pilatus vor Christus. *Eckart* 16, 1940, p. 58-63 sobre o relato joanino.

Flusser, D. What Was the Original Meaning of *Ecce Homo? Immanuel* 19, 1984-1985, p. 30-40.

Foulon-Piganiol, C.-I. Le rôle du peuple dans le procès de Jésus. NRT 98, 1976, p. 627-637.

Genuyt, F. La comparution de Jésus devant Pilate. Analyse sémiotique de Jean 18,28-19,16. RechSR 73, 1985, p. 133-146.

Giblin, C. H. John's Narration of the Hearing Before Pilate (John 18,28–19,16a). *Biblica* 67, 1986, p. 221-239.

Grey, H. G. A Suggestion on St. John xix,14. *Expositor* 7th Ser., 2, 1906, p. 451-454.

Guillet, P.-E. Entrée en scène de Pilate. CCER 24, 98, 1977, p. 1-24.

HAENCHEN, E. Jesus vor Pilatus (Joh 18,28–19,15). TLZ 85, 1960, cols. 93-102. Reimpresso em seu *Gott und Mensch*. Tübingen, Mohr, 1965, p. 144-156.

HEIL, J. P. Reader-Response and the Irony of the Trial of Jesus in Luke 23:1-25. ScEsp 43, 1991, p. 175-186.

HILL, D. "My Kingdom is not of this world" (John 18.36). IBS 9, 1987, p. 54-62.

HORVATH, T. Why Was Jesus Brought to Pilate? NovT 11, 1969, p. 174-184.

HOULDEN, J. L. John 19.5: "And he said to them, Behold, the man". ExpTim 92, 1980-1981, p. 148-149.

IRMSCHER, J. *Sy legeis* (Mk. 15,2; Mt 27,11; Lk 23,3). *Studii Clasice* 2, 1960, p. 151-158.

JAMES, E. H. *The Trial Before Pilate*. 2 v. Concord, MA, publicação do autor, 1909.

JAUBERT, A. La comparution devant Pilate selon Jean. Jean 18,29–19,16. FV 73, 3, 1974, p. 3-12.

KASTNER, K. *Jesus vor Pilatus*. NTAbh 4/2-3. Münster, Aschendorff, 1912.

KINMAN, B. Pilate's Assize and the Timing of Jesus' Trial. *Tyndale Bulletin* 42, 1991, p. 282-295.

KOLENKOW, A. The Trial before Pilate. KKS, v. 2, p. 550-556.

KURFESS, A. *Ekathisen epi bematos* (Io 19,13). *Biblica* 34, 1953, p. 271.

LAMPE, G. W. H. The Trial of Jesus in the *Acta Pilati*. JPHD, p. 173-182.

LÜHRMANN, D. Der Staat und die Verkündigung. TCSCD, p. 359-375.

MARIN, L. Jesus before Pilate. TNTSJ, p. 97-144. Original francês em *Langages* 22, 1971, p. 51-74.

MATERA, F. J. Luke 23, 1-25: Jesus before Pilate, Herod, and Israel. In: NEIRYCNK, F., org. *L'Évangile de Luc* (ed. rev.). Leuven, Peeters, 1989, p. 535-551 (BETL 32).

MERLIER, O. *Sy legeis, hoti basileus eimi* (Jean 18,37). *Revue des Études Grecques* 46, 1933, p. 204-209.

MICHAELS, J. R. John 18.31 and the "Trial" of Jesus. NTS 36, 1990, p. 474-479.

MOLLAT, D. Jésus devant Pilate (Jean 18.28-38). BVC 39, 1961, p. 23-31.

NICKLIN, T. "Thou Sayest". ExpTim 51, 1939-1940, p. 155 sobre Mc 15,2.

OLIVER ROMAN, M. Jesús proclamado rey por un pagano en Juan 18,28–19,22. *Communio* 19, 1986, p. 343-364.

O'ROURKE, J. J. Two Notes on St. John's Gospel. Jn 19,13: *eis ton topon*. CBQ 25, 1963, p. 124-126.

PANACKEL, C. *Idou ho Anthropos (Jn 19,5b). An Exegetico-Theological Study of the Text in the Light of the Use of the Term Anthropos Designating Jesus in the Fourth Gospel*. Analecta Gregoriana 251. Roma, Univ. Gregoriana, 1988.

PORTEOUS, J. Note on John xix.11: "The Greater Sin". ExpTim 15, 1903-1904, p. 428-429.

QUINN, J. F. The Pilate Sequence in the Gospel of Matthew. *Dunwoodie Review* 10, 1970, p. 154-177.

RAMSAY, W. M. The Sixth Hour. *Expositor* 5th Ser., 3, 1896, p. 457-459.

RAU, G. Das Volk in der lukanischen Passionsgeschichte, eine Konjektur zu Lc 23.13. ZNW 56, 1965, p. 41-51.

RENSBERGER, D. The Politics of John: The Trial of Jesus in the Fourth Gospel. JBL 103, 1984, p. 395-411.

ROBERT, R. Pilate, a-t-il fait de Jésus un juge? (Jean, xix, 13). RThom 83, 1983, p. 275-287.

ROBERTS, A. On the proper rendering of *ekathisen* in St. John xix.13. *Expositor* 4th Ser., 8, 1893, p. 296-308.

ROBINSON, W. C. *The Way of the Lord*. University of Basel, 1962, p. 43-56 sobre Lc 23,5.

SABBE, M. The Trial of Jesus before Pilate in John and Its Relation to the Synoptic Gospels. DJS p. 341-385. Também em seu *Studia Neotestamentica: Collected Essays*. Leuven Univ. 1992, p. 467-513 (BETL 98).

SCHLIER, H. Jesus und Pilatus nach dem Johannesevangelium. *Die Zeit der Kirche*. Frieburg, Herder, 1956, p. 56-74. Publicado originalmente em 1940.

____. Der königliche Richter (19,8-16a). SuS 29, 1964, p. 196-208.

____. The State according to the New Testament. *The Relevance of the New Testament*. New York, Herder & Herder, 1968, p. 215-238 sobre o relato joanino do julgamento romano.

SCHMIDT, D. Luke's "Innocent" Jesus: A Scriptural Apologetic. PILA, p. 111-121.

SCHNACKENBURG, R. Die Ecce-Homo-Szene und der Menschensohn. In: PESCH, R. & SCHNACKENBURG, R., orgs. *Jesus und der Menschensohn*. Freiburg, Herder, 1975, p. 371-386 (A. Vögtle Festschrift).

SCHNEIDER, G. The Political Charge against Jesus (Luke 23,2). JPHD, p. 403-414.

SCHWANK, B. Ecce Homo. ErbAuf 65, 1989, p. 199-209.

SUGGIT, J. John 19:5: "Behold the Man". ExpTim 94, 1982-1983, p. 333-334.

THIBAULT, R. La réponse de Notre Seigneur à Pilate (Jean xix,11). NRT 54, 1927, p. 208-211.

TOLMAN, H. C. A Possible Restoration from a Middle Persian Source of the Answer of Jesus to Pilate's Inquiry "What is Truth?". *Journal of the American Oriental Society* 39, 1919, p. 55-57.

TREBOLLE BARRERA, J. Posible substrato semítico del uso transitivo o intransitivo del verbo *ekathisen* en Jn 19,13. *Filología Neotestamentaria* 4, #7, 1991, p. 51-54.

Vicent Cernuda, A. La aporía entre Jn 18,31 y 19,6. EstBib 42, 1984, p. 71-87.

____. La condena inopinada de Jesús. II. La agresividad obtusa de Pilato y política ignorada de Caifás. EstBib 49, 1991, p. 49-96.

____. Nacimiento y Verdad de Jesús ante Pilato. EstBib 50, 1992, p. 537-551 sobre Jo 18,37.

von Campenhausen, H. Zum Verständnis von Joh. 19,11. TLZ 73, 1948, cols. 387-392.

von Jüchen, A. *Jesus und Pilatus. Eine Untersuchung über das Verhältnis von Gottesreich und Weltreich im Anschluss an Johannes 18,v.28–19,v.16*. München, Kaiser, 1941 (Thelogische Existenz heute 76).

Wansbrough, H. Suffered Under Pontius Pilate. *Scripture* 18, 1966, p. 84-93.

Wead, D. W. We have a Law. NovT 11, 1969, p. 185-189.

Zabala, A. M. The Enigma of John 19:13 Reconsidered. *SE Asia Journal of Theology* 22, 2, 1981, p. 16-28; 23, 1, 1982, p. 1-10.

Zumstein, J. Le procès de Jésus devant Pilate. FV 91, 1992, p. 89-101 sobre o relato de João.

Parte IV: Jesus diante de Herodes em Lc 23,6-12 (§ 33)

Blinzler, J. *Herodes Antipas und Jesus Christus*. Stuttgart, KBW, 1947.

____. Herodes und der Tod Jesu. *Klerusblatt* 37, 1957, p. 118-121.

Bornhäuser, K. Die Beteiligung des Herodes am Prozesse Jesu. NKZ 40, 1929, p. 714-718.

Bruce, F. F. Herod Antipas, Tetrarch of Galilee and Peraea. *The Annual of Leeds University Oriental Society* 5, 1963-1965, p. 6-23.

Buck, E. The Function of the Pericope "Jesus before Herod" in the Passion Narrative of Luke. In: Haubeck, W. & Bachmann, M., org. *Wort in der Zeit*. Leiden, Brill, 1980, p. 165-178 (K. H. Rengstorf Festgabe).

Corbin, M. Jésus devant Hérode. Lecture de Luc 23,6-12. *Christus* 25, 1978, p. 190-197.

Darr, J. A. Glorified in the Presence of Kings; A Literary-Critical Study of Herod the Tetrarch in Luke-Acts. Nashville, Vanderbilt, 1987, esp. p. 278-305.

Derrett, J. D. M. Daniel and Salvation-History. DRev 100, 1982, p. 62-68 com referência a Lc 23,1-16. Reimpresso em DSNT, v. 4, p. 132-138.

Dibelius, M. Herodes und Pilatus. ZNW 16, 1915, p. 113-126. Também em DBG, v. 1, p. 278-292.

Harlow, V. E. *The Destroyer of Jesus: The Story of Herod Antipas, Tetrarch of Galilee*. Oklahoma City, Modern, 1954.

HOEHNER, H. W. *Herod Antipas.* SNTSMS 17. Cambridge Univ., 1972, esp. p. 224-250 sobre Lc 23,6-12.

____. Why did Pilate hand Jesus over to Antipas? TJCSM, p. 84-90.

JERVELL, J. Herodes Antipas Og hans plass i evangelieoverleveringen. NorTT 61, 1960, p. 28-40.

JOÜON, P. Luc 23,11: *estheta lampran.* RechSR 26, 1936, p. 80-85.

MANUS, C. U. The Universalism of Luke and the Motif of Reconciliantion in Luke 23:6-12. *African Theological Journal* 16, 1987, p. 121-135.

MÜLLER, K. Jesus vor Herodes. Eine redaktionsgeschichtliche Untersuchung zu Lk 23,6-12. In: DAUTZENBERG, G. et alii, orgs. *Zur Geschichte des Urchristentums.* Frieburg Herder, 1979, p. 111-141 (QD 87).

PARKER, P. Herod Antipas and the Death of Jesus. In: SANDERS, E. P., org. *Jesus, the Gospels, and the Church.* Macon, Mercer, 1987, p. 197-208 (Honor of W. R. Farmer).

SOARDS, M. L. Herod Antipas' Hearing in Luke 23,8. BT 37, 1986, p. 146-147.

____. The Silence of Jesus before Herod. *Australian Biblical Review* 33, outubro de 1985, p. 41-45.

____. Tradition, Composition, and Theology in Luke's Account of Jesus before Herod Antipas. *Biblica* 66, 1985, p. 344-364.

STREETER, B. H. On the Trial of Our Lord before Herod — a Suggestion. In: SANDAY, W., org. *Studies in the Synoptic Problem.* Oxford, Clarendon, 1911, p. 228-231.

TYSON, J. B. Jesus and Herod Antipas. JBL 79, 1960, p. 239-246.

VERRALL, A. W. Christ Before Herod. JTS 10, 1909, p. 321-353.

Parte V: Barrabás; a mulher de Pilatos (§ 34)

AUS, R. D. The Release of Barabbas (Mark 15:6-15 par.: John 18:39-40), and Judaic Traditions on the Book of Esther. *Barabbas and Esther and Other Studies.* Atlanta, Scholars, 1992, p. 1-27.

BAJSIC, A. Pilatus, Jesus und Barabbas. *Biblica* 48, 1967, p. 7-28.

BAUER, J. B. "Literarische" Namen und "literarische" Brauche (zu John 2,10 und 18,39). BZ NS 26, 1982, p. 258-264.

CHAVEL, C. B. The Releasing of a Prisoner on the Eve of Passover in Ancient Jerusalem. JBL 60, 1941, p. 273-278.

COHN, H. M. Christus = Barabbas. *Jahrbuch für jüdische Geschichte und Literatur* 8, 1905, p. 65-75.

COUCHOUD, P. L. & STAHL, R. Jesus Barabbas. HibJ 25, 1926-1927, p. 26-42.

DAVIES, S. L. Who Is Called Bar Abbas? NTS 27, 1980-1981, p. 260-262.

DAVIS, W. H. Origen's Comment on Matthew 27:17. RevExp 39, #1, 1942, p. 65-67.

DERRETT, J. D. M. Haggadah and the Account of the Passion, "Have nothing to do with that just man!" (Matt. 27,19). DRev 97, 1979, p. 308-315. Reimpresso em DSNT, v. 3, p. 184-192.

DUNKERLEY, R. Was Barabbas also Called Jesus? ExpTim 74, 1962-1963, p. 126-127. Ver resposta por R. C. Nevius, ExpTim 74, p. 255.

FASCHER, E. *Das Weib des Pilatus (Matthäus 27,19). Die Auferweckung der Heiligen (Matthäus 27,51-53)*. Halle, Niemeyer, 1951, respectivamente p. 5-31, 32-51 (Hallische Monographien 20).

GILLMAN, F. M. The Wife of Pilate (Matthew 27,19). LS 17, 1992, p. 152-165.

HERRANZ MARCO, M. Un problema de crítica histórica en el relato de la Pasión: la liberación de Barrabás. EstBib 30, 1971, p. 137-160.

HUSBAND, R. W. The Pardoning of Prisoners by Pilate. AJT 21, 1917, p. 110-116.

LANGDON, S. The Release of a Prisoner at the Passover. ExpTim 29, 1917-1918, p. 328-330.

MACCOBY, H. Z. Jesus and Barabbas. NTS 16, 1969-1970, p. 55-60.

MERKEL, J. Die Begnadigung am Passahfeste. ZNW 6, 1905, p. 293-316.

MERRITT, R. L. Jesus Barabbas and the Paschal Pardon. JBL 104, 1985, p. 57-68.

OEPKE, A. Noch einmal das Weib des Pilatus. Fragment einer Dämonologie. TLZ 73, 1948, p. 743-746.

OTT, E. Wer war die Frau des Pilatus? *Geist und Leben* 59, 1986, p. 104-106.

RIGG, H. A. Barabbas. JBL 64, 1945, p. 417-456.

SCHOLZ, G. "Joseph von Arimathäa" und "Barabbas". LB 57, 1985, p. 81-94.

SOLTERO, C. Pilatus, Jesus et Barabbas. VD 45, 1967, p. 326-330.

TWOMEY, J. J. Barabbas was a Robber. *Scripture* 8, 1956, p. 115-119.

VAGANAY, L. *Initiation à la critique textuelle néotestamentaire*. Paris, Bloud & Gay, 1934, esp. p. 162-166 sobre Mt 27,16-17.

VICENT CERNUDA, A. La condena inopinada de Jesús. I. Pesquisa sobre la identidad de Barrabás. EstBib 48, 1990, p. 375-422.

WALDSTEIN, W. *Untersuchungen zum römischen Begnadigungsrecht: Abolitio-Indulgentia-Venia*. Innsbruck, Universitätsverlag Wagner, 1964 (Commentationes Aenipontanae 18).

WILLIAMS, C. S. C. *Alterations to the Text of the Synoptic Gospels and Acts*. Oxford, Blackwell, 1951, p. 31-33 (sobre Mt 27,16-17).

WRATISLAW, A. H. The Scapegoat-Barabbas. ExpTim 3, 1891-1892, p. 400-403.

Parte VI: Mt 27,24-25: "Seu sangue sobre nós" (§ 35)

Bowman, J. The Significance of Mt 27:25. *Milla wa-Milla* 14, 1974, p. 26-31.

Cargal, T. B. "His blood be upon our children!": A Matthean Double Entendre? NTS 37, 1991, p. 101-112.

Cohn, H. M. "Sein Blut komme über uns". *Jahrbuch für jüdische Geschichte und Literatur* 6, 1903, p. 82-90.

Fitzmyer, J. A. Anti-Semitism and the Cry of "All the People" (Mt 27:25). TS 26, 1965, p. 667-671.

Frankemölle, H. *Jahwebund und Kirche Christi. Studien zur Form- und Traditions- -geschichte des "Evangeliums" nach Matthäus.* NTAbh NS 10. Münster, Aschendorff, 1974, p. 204-211 sobre "todo o povo" em Mt 27,25.

Haacker, K. "Sein Blut über uns". Erwägungen zu Matthäus 27,25. *Kirche und Israel* 1, 1986, p. 47-50.

Joüon, P. Notes philologiques sur les Évangiles. RechSR 18, 1928, p. 349-350 sobre Mt 27,25.

Kampling, R. *Das Blut Christi und die Juden. Mt 27,25 bei den lateinischsprachigen christlichen Autoren bis zu Leo dem Grossen.* NTAbh NS 16. Münster, Aschendorff, 1984.

Koch, K. Der Spruch "Sein Blut bleibe seinem Haupt" und die israelitische Auffassung vom vergossenen Blut. VT 12, 1962, p. 396-416.

Kosmala, H. "His Blood on Us and Our Children". The Background of Mat. 27,24-25. ASTI 7, 1968-1969, p. 94-126.

Lovsky, F. Comment comprendre "Son sang sur nous et nos enfants"? ETR 62, 1987, p. 343-362.

Matera, F. J. "His blood be on us and our children". TBT 27, 1989, p. 345-350.

Mora, V. *Le Refus d'Israël. Matthieu 27,25.* Paris, Cerf, 1986 (LD 124).

Pfisterer, R. "Sein Blut komme über uns ...". In: Marsch, W.-D. & Thieme, K., orgs. *Christen und Juden.* Mainz, Grünewald, 1961, p. 19-37.

Rabinowitz, J. J. Demotic Papyri of the Ptolemaic Period and Jewish Sources. VT 7, 1957, p. 398-399 com referência a Mt 27,25.

Reventlow, H. G. "Sein Blut knomme über sein Haupt". VT 10, 1960, p. 311-327.

Sanders, W. Das Blut Jesu und die Juden Gedanken zu Matt. 27,25. *Una Sancta* 27, 1972, p. 168-171.

Schelkle, K. H. Die "Selbstverfluchung" Israels nach Mattäus 27,23-25. AJINT, p. 148-156.

SMITH, R. H. Matthew 27,25. The Hardest Verse in Matthew's Gospel. CurTM 17, 1990, p. 421-428.

SULLIVAN, D. New Insights into Matthew 27:24-25. *New Blackfriars* 73, 1992, p. 453-457.

Parte VII: O escárnio e os maus-tratos romanos a Jesus (§ 36)

BONNER, C. The Crown of Thorns. HTR 46, 1953, p. 47-48.

DELBRUECK, R. Antiquarisches zu den Verspottungen Jesu. ZNW 41, 1942, p. 124-145.

GEFFCKEN, J. Die Verhöhnung Christi durch die Kriegsknechte. *Hermes* 41, 1906, p. 220-229.

GOODENOUGH, E. R. & WELLES, C. B. The Crown of Acanthus (?). HTR 46, 1953, p. 241-242.

HA-REUBÉNI, E. Recherches sur les plantes de l'Évangile: l'épine de la couronne de Jésus. RB 42, 1933, p. 230-234.

HART, H. St. J. The Crown of Thorns in John 19.2-5. JTS NS 3, 1952, p. 66-75.

KASTNER, K. Christi Dornenkrönung und Verspottung durch die römische Soldateska. BZ 6, 1908, p. 378-392.

_____. Nochmals die Verspottung Christi. BZ 9, 1911, p. 56.

LÜBECK, K. *Die Dornenkrönung Christi*. Regensburg, Pustet, 1906.

REICH, H. Der König mit der Dornenkrone. *Neue Jahrbücher für das klassische Altertum* 13, 1904, p. 705-733.

SCHLIER, H. Der Dornengekrönte (18,38b-19,7). SuS 29, 1964, p. 148-160.

VOLLMER, H. *Jesus und das Sacäenopfer, Religionsgeschichtliche Streiflichter*. Giessen, Töpelmann, 1905.

_____. "Der König mit der Dornenkrone" [H. Reiche]. ZNW 6, 1905, p. 194-198.

_____. Nochmals das Sacäenopfer. ZNW 8, 1907, p. 320-321.

WENDLAND, P. Jesus als Saturnalien-Koenig. *Hermes* 33, 1898, p. 175-179.

§ 31. Introdução: Pano de fundo para o julgamento romano de Jesus por Pôncio Pilatos

Já vimos (§ 18, A2, 3) que, no tempo da Paixão, a Judeia era uma província imperial menor, administrada por um prefeito. No estudo anterior, nós nos concentramos nos direitos dos tribunais judeus durante a administração desses prefeitos e na probabilidade de um procedimento legal judaico com respeito a Jesus. Agora passamos ao procedimento legal romano, que estudaremos sob estes cabeçalhos:

A. Governo da Judeia/Palestina por procuradores romanos

   1. Diferenças nos dois períodos de domínio romano (6-41, 44-66 d.C.)

   2. Jesus como revolucionário e personalidades da cena política

      a) "Líderes carismáticos"

      b) Messias

      c) Pretensos reis

      d) Profetas e charlatões

      e) Bandidos

      f) Sicários

      g) Zelotas

B. A prefeitura de Pôncio Pilatos na Judeia (26-36 d.C.)

   1. O contexto e dados da carreira de Pilatos

   2. Avaliações de Pilatos, favoráveis e desfavoráveis

   3. Seis incidentes ou itens que envolvem Pilatos

C. O local do julgamento de Jesus: o pretório

1. Sentido e natureza do pretório
2. Dois candidatos ao pretório da Paixão

D. O tipo de julgamento romano

1. A qualidade legal do registro evangélico do julgamento.
2. Relação do julgamento romano com o julgamento/interrogatório judaico
3. Situação legal de aspectos selecionados do julgamento romano de Jesus

   a) A acusação contra Jesus e o crime que ela representava
   b) As respostas de Jesus
   c) O papel da multidão (*Acclamatio*)

Começamos com o reconhecimento de que os anos de domínio romano direto na Palestina não eram de qualidade igual de governo.

A. Governo da Judeia/Palestina por procuradores romanos

Em 6 d.C., a Judeia, outrora uma etnarquia sob Herodes Arquelau (filho de Herodes, o Grande) passou para a administração direta de um prefeito imperial. Os tempos de prefeitos/procuradores terminaram sessenta anos mais tarde, em 66 d.C., quando explodiu a primeira revolta judaica e os exércitos romanos tiveram de reconquistar o país.

1. Diferenças nos dois períodos de domínio romano (6-41, 44-66 d.C.)

A prefeitura romana foi dividida em dois períodos pelo ínterim de 41-44 d.C., quando a Judeia foi devolvida ao governo de um rei judeu, Herodes Agripa I.[1]

---

[1] Estudo importante desse governante é o de D. R. Schwartz, *Agrippa I*, Tübingen, Mohr, 1990; ver a detalhada crítica contestadora por N. L. Collins, NovT 34, 1992, p. 90-101. Herodes Antipas, tetrarca da Galileia, foi afastado em 39 d.C. e seu território acrescentado ao reino de Herodes Agripa I, que governava os territórios do NE, ao redor de Itureia, antes administrados por (Herodes) Filipe. Em 41, Cláudio acrescentou a Judeia ao domínio de Agripa, de modo que, de 41 a 44, Agripa governou praticamente toda a extensão de território que constituíra o reino de seu avô Herodes, o Grande, antes de 4 a.C. Quando o governo por procuradores foi restaurado, em 44, administrou esse território maior (pelo menos até 51-54, quando a antiga tetrarquia de Filipe foi dada a Agripa II).

Sete prefeitos romanos administraram a Judeia no período de 35 anos antes de Agripa; sete procuradores governaram a Palestina toda no período de 22 anos depois de Agripa. Essas estatísticas sugerem que o período pós-Agripa, que levou diretamente à revolta, foi mais agitado e exigiu maior frequência de mudanças na administração. M. Stern ("Status", p. 277) faz a interessante observação de que os prefeitos anteriores a Agripa vieram da Itália – portanto, da parte ocidental do império –, enquanto pelo menos três dos procuradores posteriores a Agripa vieram da parte oriental mais grega do império e podem ter sido contaminados com atitudes antijudaicas ali reinantes. De qualquer modo, a combinação de um gosto adquirido pela realeza judaica sob Agripa e a incompetente desonestidade dos procuradores posteriores a Agripa deixou o povo muito mais inquieto na segunda parte do governo por procuradores.

É preciso enfatizar o ambiente diferente na Judeia/Palestina entre o período anterior e o posterior a Agripa.[2] Não raro, os últimos anos antes da revolta, com seu fervilhante descontentamento e o terrorismo zelota, são considerados característicos do período anterior no qual Jesus viveu, o que facilita a criação do mito de que Jesus era revolucionário político, do tipo de Che Guevara, que reuniu um grupo de seguidores armados, ou do tipo de Gandhi, que praticava e incentivava a resistência pacífica. Essa impressão é promovida, no nível popular, pelo que se pode chamar de "propaganda da mídia", pois a visão de Jesus como defensor da libertação judaica ou camponesa é apresentada com entusiasmo, e não exige que apresentadores de rádio ou televisão e jornalistas assumam uma posição quanto às reivindicações religiosas de Jesus que possa ofender o público.

Entretanto, dados concretos mostram que o período anterior a Agripa foi mais pacífico porque a chegada da prefeitura romana direta na Judeia não foi simplesmente uma ocupação hostil. O século anterior assistira a lutas rancorosas entre representantes de opiniões religiosas e políticas divergentes. Alexandre Janeu, o rei e sumo sacerdote asmoneu (107-76 a.C.), crucificou centenas, inclusive fariseus. Mesmo dentro da herança sacerdotal asmoneia, os filhos de Alexandre, Hircano II e Aristóbulo II, lutaram entre si e arrasaram a terra. Herodes, o Grande

---

[2] Ver Barnett, "Under". Alonso Díaz ("Compromiso") é exemplo de estudo que não faz essa distinção; ele presume que no tempo de Jesus havia opressão romana maciça, de modo que a entrada de Jesus em Jerusalém pode ter sido um protesto contra os que governavam Israel e "Hosana", um grito de rebelião contra Roma. *Não é isso que os Evangelhos descrevem.*

(40/37-4 a.C.), exterminou muitos dos asmoneus restantes que teriam direito a governar, matou muitos de seus próprios parentes e executou fariseus (Josefo, *Ant.* XVII,ii,4; ##44-45). Numerosas revoltas marcaram seus últimos anos e a ocasião de sua morte, e levaram ao advento de seu filho Arquelau como governante da Judeia (4 a.C. — 6 d.C.).[3] Este último foi um governante tão ruim que, a pedido de seus súditos judeus, o imperador afastou-o e designou Copônio o primeiro prefeito da Judeia (Josefo, *Guerra* II,vii,3-viii,1; #111-117). Embora Judas, o Galileu, resistisse ao recenseamento fiscal por Quirino, o legado da Síria, que acompanhou essa transição no governo da Judeia em 6 d.C., Smallwood (*The Jews*, p. 153) julga que: "Aparentemente, a confusão por causa do recenseamento em si não foi grave e foi sem demora sufocada". Depois dessa história venenosa de governo judaico, a prefeitura romana representou uma administração mais sensata e ordeira, embora governantes estrangeiros raramente sejam apreciados. O reinado do imperador Tibério (14-37 d.C.) coincidiu com grande parte do período anterior a Agripa da prefeitura na Judeia. Em relação à Judeia, esse reinado foi descrito como tempo em que tudo estava tranquilo (Tácito, *História* v,9: "sub Tiberius quies"). Pouco antes de Tibério morrer e Caio Calígula (37-41) começar a reinar, houve uma resistência preocupante, como a que houve em 6 d.C.[4] Mas isso aconteceu depois do tempo de Jesus. Assim, se considerarmos a idade adulta de Jesus, dos doze anos até sua morte (de c. 7 a 30/33 d.C.), nossas fontes para a prefeitura da Judeia nesse período não mostram indícios de uma revolta armada, nem de execução *romana* de bandoleiros famigerados, pretensos reis, profetas ou revolucionários.[5] Guevara (*Ambiente*, p. 259) conclui seu detalhadíssimo estudo do contexto político na Judeia

---

[3] Judas, filho de Ezequias, chefe de bandoleiros (*archilestes* — observemos que Jo 18,40 chama Barrabás de *lestes* ou até *archilestes* em alguns mss.), criou confusão na Galileia (*Guerra* II,iv,1; #55-56). Simão, um pretenso rei, foi importuno na Pereia (*Guerra* II,iv,2; #57-59). O pretendente real Atrongeu perturbou a Judeia até o reinado de Arquelau (*Guerra* II,iv,3; #60-65).

[4] A impiedosa supressão por Pilatos de um movimento samaritano mal orientado em 36 d.C. (a ser estudado abaixo) fez com que Vitélio, o legado da Síria, o afastasse (*Ant.* XVIII,iv,1-2; ##85-89). Ao chegar da Síria para prover administração interina, Vitélio foi bem recebido na Judeia. Em 37, sem oposição, ele fez o juramento prometendo lealdade ao novo imperador, Caio Calígula (*Ant.* XVIII,v,3; #24). Contudo, em 40 na Judeia, houve resistência à ordem de Calígula para que sua estátua fosse colocada no Templo de Jerusalém. Felizmente, o imperador foi assassinado antes de a questão chegar a um ponto crítico.

[5] Alguns biblistas, como Rivkin, citam o exemplo da execução de João Batista por Herodes Antipas, mas isso não leva em conta a importante distinção entre o reinado do tetrarca/rei judeu na Transjordânia (Pereia) e Galileia e a prefeitura romana na Judeia. Quanto aos contatos de Jesus com Herodes, ver § 33.

com estas palavras: "A resposta das fontes é muito clara: a época da vida pública de Jesus foi pacífica".

2. Jesus como revolucionário e figuras da cena política

Antes de examinar especificamente os anos cruciais para o ministério e Paixão de Jesus (27-30/33), quero examinar as tentativas de descrever Jesus e/ou seus seguidores como representantes de um movimento revolucionário.[6]

A obra de H. S. Reimarus publicada postumamente, *Vom dem Swecke Jesu und seine Jünger* (1778), afirmou que João Batista e Jesus eram revolucionários e que, para disfarçar, os discípulos de Jesus criaram o mito de um salvador espiritual. Historicamente, Jesus tinha esperança de ser proclamado rei pelos judeus que vieram a Jerusalém para a Páscoa, mas só o populacho o aplaudiu e ele se apavorou e frustrou a tentativa. No século XIX, essa opinião de Jesus influenciou personalidades alemãs tão diversas como Goethe e Wellhausen e, no início do século XX, o socialista marxista K. Kautsky descreveu Jesus como um rebelde contra as autoridades judaicas e romanas ao planejar um ataque ao Templo.[7] Proeminentes na história mais recente dessa tese são autores judaicos como: R. Eisle,[8] que recorre à forma eslava de Josefo e chamou a atenção para a tentativa de Jesus de "tomar" Jerusalém e ocupar o Templo;[9] Carmichael (*Death*), que recorreu a Eisler,

---

[6] Para um levantamento, ver Catchpole, *Trial*, p. 116-120; Kealy, *Jesus*, p. 38-47, e em especial Bammel, "Revolutionary". Alguns dos que descrevem Jesus assim estão interessados em usar seu destino como uma previsão dos dissidentes modernos, julgados politicamente por governos opressores. O'Meara ("Trial", p. 454) apresenta um exemplo extremo: "Que proeza foi essa dissidência — ser executado ao mesmo tempo pelo Templo e o Estado [...]. Esse drama tem como tema não a desobediência de Jesus a Moisés e/ou a César, mas a *nova dignidade religiosa e humana do homem pregada pelo Cristo*"! Ver a resposta de Wallace, "Trial".

[7] Em parte dessas teorias, os cristãos são uma sociedade secreta que planeja a revolução. O relato antigo (HE III,v,3), com a sugestão de serem pacifistas os judeu-cristãos que preferiram fugir para Péla, do outro lado do Jordão, a se aliar à revolta judaica de 66-70 contra Roma é rejeitado como invenção. Ver a defesa dessa tradição por S. Sowers, TZ 26, 1970, p. 305-320.

[8] *Iesous Basileus Ou Basileusas*, Heidelberg, Winter, 1929-1930; tradução em inglês: *The Messiah Jesus and John the Baptist*, New York, Dial, 1931.

[9] A entrada de Jesus no Templo e o ataque aos cambistas desempenham papel importante em todas as tentativas de descrevê-lo como revolucionário. Se essa era a conotação, é notável que não tenha sido preservada nenhuma memória da intervenção da polícia do Templo, nem dos soldados romanos, que interfeririam se houvesse um distúrbio no pátio do Templo (ver At 4,1-3; 21,29-33). Ao contrário, não haveria razão para interferir em um gesto profético simbólico, que é o sentido mais óbvio do que Jesus fez. Ver Harvey, *Jesus [...] Constraints*, p. 129-134.

reviveu essa tese; e Winter (*On the Trial*) que, depois de rejeitar a historicidade dos procedimentos do sinédrio, descreve a acusação pela qual Jesus foi crucificado como quase totalmente política. Winter ("Trial [...] Rebel") afirma que Jesus foi preso como rebelde e, como tal, executado pelos romanos. Marcos ocultou isso, não como propaganda antijudaica, mas para assegurar que os cristãos não fossem vistos como ameaça pelo governo romano. Entretanto, a mídia de língua inglesa deu mais atenção ao biblista britânico Brandon (*Jesus* e *Trial*), que também recorreu à forma eslava de Josefo como possível reflexo de um esboço aramaico no qual Jesus era descrito como simpatizante zelota que desafiava as autoridades sacerdotais e o governo romano de Jerusalém. Por baixo da imaginação marcana,[10] Brandon acha que as autoridades judaicas prenderam Jesus porque o consideravam uma ameaça à paz do Estado judaico pela qual Roma as considerava responsáveis. Elas o entregaram aos romanos por ensinamento e atos sediciosos; por já saber alguma coisa a respeito de como Jesus era considerado, Pilatos aceitou a acusação. Alguns defensores da teologia da libertação agarram-se a essa visão de Jesus. Contudo, em círculos eruditos menos suscetíveis à atenção da mídia, têm sido comuns as rejeições (quase sempre detalhadas) da tese de que Jesus era um violento revolucionário, por exemplo, Catchpole, Guevara, Haufe, Hengel, H.-W. Kuhn e Ziesler.

Esse exame sofre de imprecisão e/ou imaginação desenfreada na interpretação dos indícios de Josefo a respeito da prefeitura romana na Judeia. Um elemento importante consiste em designações que têm implicação revolucionária, a saber, "líderes carismáticos, messias, pretensos reis, profetas e charlatões (plural de *goes*), bandidos (plural de *lestes*), esfaqueadores (plural de *sicarius*) e zelotas". Todos esses se misturam como se pertencessem ao tempo de Jesus e de modo alternado se referem aos mesmos candidatos, quer ou não Josefo justaponha essas designações na mesma estrutura temporal ou mesmo as empregue. Examinemos as designações uma a uma.

a) *"Líderes carismáticos"*. Podemos começar o exame pela atribuição moderna desse papel a muitas personalidades judaicas do século I, muitas vezes com a conotação de que eram revolucionários. Tal designação, que não aparece em Josefo, está sujeita a diversas interpretações. Se significa uma pessoa persuasiva,

---

[10] Marcos (e os outros evangelistas) não só teria deixado de revelar que a entrada de Jesus em Jerusalém e a purificação do Templo eram atos revolucionários, mas também teria alterado totalmente os fatos, por exemplo, Jesus na verdade proibiu o pagamento de tributo a César, apesar de Mc 12,13-17.

que atrai seguidores para uma mensagem proclamada, é termo aplicável a muitas pessoas, de qualquer época, e seria aplicável a Jesus (ou a Paulo) sem nenhuma conotação revolucionária. Estabelecido no ambiente bíblico, um líder ou visionário talentoso seria considerado enviado ou criado por Deus e, assim, "dotado de graça" para a tarefa que Deus queria realizada (*charis*, "graça", relaciona-se com *charisma*, "dom"). Entretanto, devemos tomar cuidado ao interpretar as atitudes neotestamentárias para com Jesus. Realmente, os Evangelhos mostram as pessoas admiradas por Jesus ter poderes excepcionais (como para curar, para falar com autoridade) e conhecimento extraordinário. Mas, se carisma é empregado em um sentido mais exato, semelhante ao encontrado em 1Cor 12, isto é, dom do Espírito para um papel específico (por exemplo, ser profeta ou o Messias), é duvidoso que os seguidores de Jesus o julgassem assim, pois eles não o descrevem recebendo do Espírito um dom que estabelecesse sua identidade ou seu papel. Talvez eles pensem que ele foi concebido por meio do Espírito, e que o Espírito pousou nele; mas não há nenhuma indicação de que pensassem ter sido ele dotado pelo Espírito de um papel que já não possuísse.[11]

b) **Messias**. Se nos voltarmos para termos antigos, a literatura erudita a respeito da situação política está cheia de referências a figuras "messiânicas" judaicas no século I, embora, como ressaltei na ANÁLISE de § 21 (A), Josefo jamais aplica o termo "Messias" (*christos*) a nenhum judeu, exceto Jesus. Aparentemente, alguns estudiosos chamavam de "messiânico" qualquer líder ou movimento que produzisse agitação social ou política, às vezes fazendo essa designação equivaler a escatológico. Ao reagir a esse uso excessivamente amplo, Horsley ("Popular", p. 473) distingue com cuidado entre profetas e líderes de bandidos e figuras messiânicas. Contudo, apesar de reconhecer que referências a um Messias esperado são relativamente poucas nos séculos I a.C. e d.C., ele aplica "messiânico" a pretensos reis carismáticos e seus movimentos, mesmo que não aleguem herança davídica.[12] À guisa de apoio, ele lembra que a ideologia da dinastia davídica que se desenvolveu

---

[11] Do mesmo modo, embora pensemos que Jesus fala com autoridade o que Deus quer que as pessoas ouçam, nunca se diz que a Palavra de Deus veio a Jesus — silêncio bastante significativo à luz do padrão veterotestamentário. Em vez disso, pelo menos na linguagem joanina, é dito que Jesus é a Palavra.

[12] McGing, por exemplo, que deu sólida contribuição ao estudo da prefeitura de Pilatos, é bastante profuso a esse respeito. O movimento iniciado por Judas, o Galileu, "provavelmente tinha um quê messiânico, embora Judas não se declarasse rei ou profeta" ("Governorship", p. 57-58). Do mesmo modo, na p. 59: "durante a Grande Revolta [66-70], não é surpreendente que figuras messiânicas estejam mais uma vez em evidência".

por meio de Salomão era apenas parte da experiência de Israel com a realeza. Saul (e até o próprio Davi) era uma figura popular carismática que, por seus dons, levou o povo a aceitá-lo como rei; e esse padrão continuou no Reino do Norte, apesar de tentativas efêmeras de criar dinastias ali. Não tenho problema com essa análise de realeza em Judá e Israel pré-exílicos, nem com o fato de pretensos reis surgirem à testa de seguimentos populares nos últimos tempos do segundo Templo. Meu problema é com a sabedoria de usar "messiânico" para descrever manifestações não davídicas de realeza carismática *para este período mais tardio*. Embora a realeza dinástica davídica fosse apenas parte da história, vemos pelos MMM, os *Salmos de Salomão* e a 14a. (e a forma babilônica da 15a.) das *Dezoito bênçãos* que havia se criado a expectativa de um filho régio e ungido de Davi que restauraria a glória do reino davídico. Não existe nenhuma prova clara de que os pretensos reis do período mais tardio do segundo Templo reivindicassem esse papel davídico ou fossem aclamados como davididas pelos seguidores. Chamá-los de "messias" cria a falsa impressão de que esses reis alegavam ser o Messias ou seus movimentos se pareciam estreitamente com o seguimento de Jesus, embora não haja indício de que seus seguidores disseram serem eles o Messias. Os seguidores de Jesus realmente o aclamaram como Messias (talvez já durante seu ministério público) e reivindicaram a linhagem davídica para ele. Afirmo, então, que a louvável advertência de Horsley para restringir "messiânico" deve ser ampliada de modo que esse termo não seja empregado para pretensos reis *não davídicos*.[13]

c) **Pretensos reis**. Se deixarmos de lado o problema de terminologia messiânica, como os pretensos reis judeus do "tempo de Jesus" se comparam com Jesus? Josefo (*Guerra* II,iv,1-3; #55-65) menciona três homens com pretensões a rei que, por ocasião da morte de Herodes, o Grande, c. 4 a.C., tentaram suceder a ele (nenhum deles alegando ser davidida): Judas, filho de Ezequias (o chefe bandido/bandoleiro), Simão, um escravo, e Atrongeu, o pastor.[14] Em um período mais tardio, em 66 d.C., Manaém, filho/neto de Judas, o Galileu, armou um bando de bandidos/bandoleiros e entrou em Jerusalém como rei, vestido com trajes reais (*Guerra* II,vii,8-9; ##433-448). O relato mais completo que Josefo faz de um pretenso rei

---

[13] Horsley ("Popular", p. 484) faz uma formulação parcial da diferença: "Parece que os reis populares do tempo de Jesus eram diferentes dos 'ungidos' espiritualizados e formalizados aguardados nas tradições farisaicas e essênias, cujo *modus operandi* seria pedagógico ou cerimonial".

[14] Note-se que omito Judas, o Galileu, em 6 d.C., que não deve ser chamado nem de messias nem de pretenso rei; ele não estava interessado em reis terrenos, judeus ou romanos, mas apenas no poder de Deus.

diz respeito a Simão, filho de Joras, herói militar que também começou a ser de importância digna de nota em 66 d.C. Ele acabou por reunir um exército considerável, formado de descontentes, aos quais ele impôs disciplina marcial e, finalmente, eles o reconheceram como rei. Quando ele entrou em Jerusalém, tornou-se o chefe de Estado *de facto* durante o cerco romano (*Guerra* IV,ix,3-4; ##507-513). Não conseguindo fugir quando a cidade caiu, ele surgiu de uma passagem debaixo das ruínas do Templo, vestido de branco e com um manto púrpura. Foi por fim exibido na volta triunfal dos vitoriosos a Roma, onde foi executado (*Guerra* VII,ii,2; ##26-36; e VII,v,6; ##153-154). Quando se procura analisar esses pretensos reis, vê-se que os três primeiros foram ativos na zona rural e, segundo Horsley ("Popular", p. 485-486), atraíram os camponeses que estavam desesperados devido a circunstâncias econômicas apertadas. Seu objetivo era conseguir se libertar do domínio herodiano e restabelecer uma estrutura social com mais igualdade e justiça. Os dois últimos (Manaém e Simão ben Joras) foram a Jerusalém e se envolveram na grande revolta judaica contra os romanos.

Ao compará-los a Jesus, devemos mencionar antes de tudo que um grupo atuou trinta anos antes de seu ministério público, em um período em que ainda não havia nenhuma prefeitura romana, e o outro grupo atuou mais de trinta anos depois de sua morte, na tentativa de cessar a prefeitura romana. É um tanto incorreto, então, falar dos pretensos reis do tempo de Jesus. A Judeia foi mais bem governada sob Pilatos e na primeira prefeitura do que fora nos últimos anos de Herodes, o Grande, ou seria nos últimos anos da prefeitura romana — os dois períodos que deram origem aos pretensos reis.[15] Todos esses "reis" cercaram-se de grandes grupos de tropas armadas e pereceram, ou foram presos enquanto estavam envolvidos em ações militares apoiados por seus seguidores. O que Jesus tinha em comum com essas figuras? Sua crítica dos ricos em Lucas não fazia parte de uma reestruturação econômica defendida; seus seguidores mais íntimos não eram camponeses, mas, até onde sabemos, pessoas com ocupação independente (inclusive pescadores e coletores de impostos); não eram muitos e, com certeza, não formavam um grupo armado organizado; nenhuma campanha militar foi dirigida contra ele; foi preso sozinho e desarmado (ver Mc 14,48 e par.); seus seguidores não foram perseguidos;

---

[15] A convicção de Tácito (*História* V,9), mencionada acima, de que, sob Tibério (portanto, durante a idade adulta de Jesus), as coisas na Judeia estavam tranquilas, contrasta com o relato três linhas antes de que, por ocasião da morte de Herodes, Simão (o escravo) aceitou com entusiasmo (*invaserat*) o nome de rei.

foi julgado e condenado de forma ordeira, não morto em uma batalha ou depois dela. Quanto à atitude de Jesus para com a realeza, embora não saibamos ao certo como as pessoas entendiam suas referências ao Reino de Deus, nenhuma de suas declarações preservadas sugerem a intenção de instituir um reino político nesta terra. Embora na memória cristã as pessoas associassem a entrada de Jesus em Jerusalém com a vinda do "reino de nosso pai Davi" (Mc 11,10) e ele fosse aclamado como "filho de Davi" (Mc 10,47), ele é também lembrado por não dar importância à ascendência davídica (Mc 12,35-37). O Jesus joanino resistiu a uma tentativa de fazê-lo rei (Jo 6,15) e afirmou que seu reino não era deste mundo — na verdade, ele comentou a falta de defesa armada como prova de que não era rei terreno (Jo 18,36). Defensores do enfoque revolucionário de Jesus muitas vezes usam como argumento a declaração de Jesus "Não vim trazer a paz, mas a espada" (Mt 10,34; no paralelo em Lc 12,51, Jesus vem para trazer a divisão) e a presença de uma espada nas mãos de seus discípulos quando ele foi preso (Mt 26,51; Jo 18,10). Entretanto, esse raciocínio não leva em conta argumentos contrários. Os três sinóticos (Mc 12,17 e par.) preservam um dito em que Jesus insiste em pagar a César o que é de César. A forma preservada mais antiga da história da orelha decepada do servo não afirma que foi um seguidor de Jesus que desembainhou a espada (Mc 14,47); nos Evangelhos que identificam o que empunhou a espada como discípulo, Jesus corrige seu seguidor (Mt 26,52; Jo 18,11); e o tratamento mais longo dessa questão faz Jesus indicar duas vezes que a posse e o uso de espadas eram irrelevantes para o que estava acontecendo e não eram a solução certa (Lc 22,38.49-51). Para fazer de Jesus alguém que planejava ser um rei político, é preciso recorrer à tese de um maciço disfarce cristão manifestado em mentiras relatadas em todos os Evangelhos.[16]

d) **Profetas e charlatões**. Mais uma vez, Horsley ("Like", p. 436) é útil para advertir contra referências a "profecia" (e profético) sem estrita atenção às figuras realmente chamadas de "profetas" no século I e contra misturar essas figuras com zelotas e sicários. Vamos examinar as diversas figuras chamadas de profetas nesse período.

---

[16] Baumbach ("Stellung", p. 285-296) é bom a respeito das diferenças entre Jesus e revolucionários. Nenhum dos pretensos reis mencionados acima foi levado diante de um sinédrio; uma questão de importância religiosa provocou esse julgamento/interrogatório no caso de Jesus (p. 301), do mesmo modo que falar contra o Templo levou Jesus, filho de Ananias, às autoridades judaicas antes que fosse entregue aos romanos.

§ 31. Introdução: Pano de fundo para o julgamento romano de Jesus por Pôncio Pilatos

i) Há videntes que manifestam a capacidade de interpretar o futuro. Josefo (*Guerra* II,viii,12; #159) escreve a respeito de essênios cultos que descobrem nos livros sagrados conselhos para o que acontecia agora; e o Mestre de Justiça de Qumrã era lembrado como o que revelou os segredos daquilo que os profetas antigos escreveram (sem entender) a respeito da história de Qumrã (1QpHab 7,4-5). Encontra-se um paralelo na imagem de Jesus que vê profecias das Escrituras cumpridas em sua Paixão (por exemplo, Mc 14,27; Lc 22,37). Em outros exemplos citados por Josefo, sem clara referência às Escrituras, atribui-se aos essênios ou fariseus a capacidade de dizer o que ainda estava para acontecer (*Ant.* XIII,xi,2; #311; XVII,ii,4; ##41-45; XVII,xiii,3; ##346-347). Isso também tem paralelo em imagens da capacidade de Jesus de prever o futuro (por exemplo, Mc 14,13; 14,30 e par.; Jo 21,18-19).[17]

ii) Entretanto, mais importante para nossos propósitos aqui é outro tipo de profeta, que divulgou oráculos terríveis a respeito da iminente intervenção divina que castigaria o povo ou Jerusalém e seu Templo. Isso fora feito na Antiguidade por profetas como Amós, Isaías, Miqueias, Jeremias e outros;[18] e especialmente nos casos de Amós e Jeremias, os oráculos provocaram reações violentas das autoridades, inclusive dos sacerdotes. As advertências proféticas oraculares continuaram nos tempos neotestamentários. Já mencionei que Jesus, filho de Ananias, foi a Jerusalém no início dos anos 60 com uma mensagem de julgamento divino contra a cidade e o Templo, mensagem perigosa o bastante para fazer com que as autoridades o prendessem e açoitassem, e o entregassem aos romanos para ser executado (*Guerra* VI,v,3; ##300-309). Com suas palavras a respeito do machado posto contra a raiz da árvore e o medo mortal que inspirava em Herodes Antipas, João Batista se encaixa nesse modelo, e também Jesus, com o ato de purificar o Templo e a advertência a respeito da iminente destruição do santuário (considerada ameaçadora em Marcos/Mateus, João e Atos). Segundo Mt 16,14 e Mc 8,28, uma das identificações de Jesus que circulavam entre o povo era "(Jeremias ou) um dos profetas".

---

[17] Os que acreditavam em Jesus eram também considerados possuidores da capacidade de profetizar nesse sentido: At 21,9-11; provavelmente em 1Cor 14,1-6.

[18] Horsley ("Like", p. 450-451) menciona que alguns desses vinham da classe dos camponeses, mas sua origem é tão variada que eles não se enquadram facilmente em nenhuma classe ou movimento socioeconômico.

iii) Ainda um terceiro tipo de profeta liderava grandes movimentos de seguidores, às vezes armados, com a intenção de iniciar uma destruição e libertação que ele previu. Ao reunir pessoas, esses profetas prometiam sinais (quase sempre parecidos com os de Moisés quando liderou os hebreus para fora do Egito e através do deserto), mas não os emitiam em face da repressão armada — fracasso que levava a muitas mortes. É compreensível que Josefo os descreva sarcasticamente como charlatões e impostores.[19] Por volta de 36 d.C., no final da prefeitura de Pôncio Pilatos (e, assim, entre três e seis anos depois da morte de Jesus), um profeta samaritano reuniu o populacho para ir ao Monte Garizim, onde ele lhes mostraria o local em que Moisés depositara os vasos sagrados, movimento que Pilatos sufocou com derramamento de sangue (*Ant.* XVIII,iv,1-2; ##85-89; ver B3, #6 abaixo). Por volta de 45, sob o procurador Cúspio Fado, um autodesignado profeta chamado Teudas persuadiu as massas a reunir seus bens e segui-lo até o rio Jordão, cujas águas ele prometeu dividir para que pudessem atravessar sem molhar os pés; foi capturado e teve a cabeça cortada e levada a Jerusalém (*Ant.* XX,v,1; ##97-98). Mais simplesmente, segundo At 5,36, ele foi morto e os 400 que o seguiam debandaram. O procurador Félix (52-60 d.C.) teve de castigar algumas pessoas que não têm o nome citado, que reuniram uma multidão para segui-las ao deserto, prometendo-lhes maravilhas "conforme o desígnio de Deus" (*Guerra* II,xiii,4; ##258-260). Em especial, foi a Jerusalém um egípcio que se proclamava profeta e ludibriou 30.000 (ou 4.000) para irem com ele ao Monte das Oliveiras, de onde ele prometeu ordenar que os muros de Jerusalém caíssem; mais de 400 foram mortos (*Guerra* II,xii,5; ##261-263; *Ant.* XX,viii,6; ##167-172; neste caso, At 21,38 fala de sicários). O procurador Festo (60-62 d.C.) perseguiu e destruiu um charlatão sem nome e os que o seguiram ao deserto em resposta a sua promessa de conseguir-lhes a salvação (*Ant.* XX,viii,10; #188). Em agosto de 70, no final do cerco romano, quando o Templo estava pegando fogo, 6.000 refugiados fugiram para o pórtico no pátio externo, onde pereceram porque um "falso profeta" lhes prometera que veriam sinais de sua libertação (*Guerra* VI,v,2; ##284-286).

---

[19] Além de Horsley ("Like", p. 454ss), ver Barnett ("Jewish") e Hill ("Jesus") sobre esses profetas. Infelizmente, o último chama-os de "profetas messiânicos", prática que Horsley corretamente critica. Barnett (p. 686-687) afirma que eles não eram zelotas, nem sicários, messias, ou devotos carismáticos. Na p. 681, ele menciona que, na narrativa do êxodo, Moisés, verdadeiro profeta, foi posto em contraste com os charlatões e magos da corte egípcia (*Ant.* II,xiii,3; #286).

Segundo Josefo, todos esses "profetas" do terceiro grupo atuaram em um período posterior à vida de Jesus; assim, talvez só em retrospecto depois de sua morte, quando o número de seguidores aumentou, Jesus e seus seguidores podiam ser comparados a eles (por Gamaliel em At 5,34-38).[20] A brutalidade e a venalidade de alguns dos procuradores posteriores a Agripa, em cujos governos surgiram muitos desses profetas, fizeram o povo se lembrar dos malvados faraós contra quem Moisés operou sinais. Durante seu ministério público, Jesus operou milagres semelhantes aos de Moisés, por exemplo, caminhar sobre a água e milagrosamente alimentar multidões de 5.000 ou 4.000 com pão em um lugar deserto. Em Jo 6,14, esse último "sinal" levou as pessoas a aclamá-lo "o profeta que deve vir ao mundo". Havia também um padrão de sinais semelhantes a Elias/Eliseu[21] que fizeram Jesus ser aclamado profeta (Lc 7,11-16; 4,23-27). Contudo, Jesus nunca é lembrado por reunir multidões ou conduzi-las a lugares simbólicos com promessas de que ia realizar sinais milagrosos; na verdade, consta que sua atitude para com milagres "exibicionistas" era desdenhosamente não cooperativa (Mt 12,38-39; 16,1-4; 27,42). Por fim, seus adversários podem ter vindo a considerar Jesus um impostor que prometia milagres (Mt 27,63), mas não há nada no relato evangélico que faça Jesus se parecer com esse terceiro grupo de "profetas" de Josefo. Ao contrário, Mateus distingue as atividades de Jesus das dos que gostariam de tomar o reino do céu pela força (Mt 11,12) e faz Jesus advertir contra os falsos profetas (Mt 7,15) que realizariam sinais e prodígios tão grandes a ponto de enganar até os eleitos, e que incentivam as pessoas a sair para o deserto (Mt 24,24-26). O próprio Josefo, que falou muitas vezes a respeito desses profetas charlatões, não considerava Jesus um deles; em uma passagem indubitavelmente genuína, ele identifica Tiago como o irmão de "Jesus, chamado o Messias [Cristo]" (*Ant.* XX,ix,1; #200). Além disso, nem os pretensos reis da subseção anterior (Judas, filho de Ezequias, Simão, Atrongeu, Manaém e Simão, filho de Joras), nem os profetas do terceiro tipo (o samaritano, Teudas e o egípcio) são lembrados como tendo sido submetidos, antes da execução, a um julgamento legal, judaico ou romano, como os Evangelhos relatam a respeito de Jesus.

---

[20] Barnett ("Jewish") levanta a possibilidade de Teudas ter sido influenciado por algumas das tradições que cercavam Jesus.

[21] É possível debater se em João a multiplicação dos pães assemelha-se mais claramente a Moisés ou a Elias-Eliseu; ver BGJ, v. 1, p. 245-246.

e) **Bandidos**. A designação *lestes* (plural *lestai*) ocorre quatorze vezes nos Evangelhos, metade das quais estão na NP. Esses últimos casos consistem no protesto indignado de Jesus quando é preso no Monte das Oliveiras (Mc 14,48 [= Mt 26,55; Lc 22,52]: "Como se contra um bandido, saístes com espadas e paus para me pegar?"); a designação de Barrabás como *lestes* (Jo 18,40); e o relato de que os crucificados em ambos os lados de Jesus eram *lestai* (Mc 15,27; Mt 27,38.44). Assim, os Evangelhos dão a impressão de que, embora Jesus negasse ser um *lestes*, ao executá-lo, seus inimigos o associaram a *lestai* ou o trataram como um. Essas referências incentivam os que argumentam ser Jesus um revolucionário político, e suas interpretações ou traduções de *lestes* percorrem a escala de ladrão, passando por terrorista até chegar a lutador pela liberdade, com visões de Pancho Villa e Che Guevara no fundo. Grande parte da abundante discussão não é precisa, por exemplo, K. H. Rengstorf (em TDNT, v. 4, p. 258-329) praticamente identifica *lestai* com zelotas (a ser discutido a seguir), mas cita como exemplos textos de Josefo nos quais "zelota" jamais ocorre.[22]

Como mencionei em § 14 com referência à primeira ocorrência da NP, a designação *lestes* tinha conotações diferentes em 30/33 d.C. e depois de 66 d.C. Essa é uma distinção importante se perguntarmos historicamente o que Pilatos pensava de Jesus. Certamente, em qualquer época da Judeia do século I, o termo compreendia homens violentos armados (não de posição policial ou militar oficial), que outros (inclusive Josefo) muitas vezes não consideravam melhores que bandidos ou assassinos.[23] Em especial, *lestai* abrangia bandos de saqueadores e assaltantes da zona rural[24] e desordeiros das cidades que incentivavam tumultos. No tempo da morte de Jesus, os relatos sinóticos do incidente de Barrabás indicam que recentemente ocorrera um tumulto em Jerusalém e Barrabás é identificado como *lestes*

---

[22] Alonso Díaz ("Compromiso", p. 173-174), que considera Jesus um revolucionário contra Roma, pressupõe ter havido uma ligação entre Jesus e Barrabás que foi atenuada; contudo, em sua opinião, Jesus não era zelota, mas sim fariseu apocalíptico. Maccoby, *Revolution*; também retrata Jesus como um ardente fariseu envolvido em atividades políticas, que anunciava o fim do domínio romano. Nem o silêncio dos Evangelhos (rejeitado como supressão cristã), nem a falta de indícios nas fontes judaicas quanto aos fariseus desse período dá credibilidade a esses voos da imaginação.

[23] A hostilidade evangélica para com *lestai* é descrita em Mc 11,17 (= Mt 21,13) e Jo 10,1-8.

[24] Horsley ("Josephus" e *Bandits*) dá muitas informações a respeito do assunto, mas lembra que, nos anos 20 e 30, não havia muita atividade de bandoleiros. Na parábola que Jesus elabora em Lc 10,30.36, um homem que vai de Jerusalém a Jericó cai nas mãos de assaltantes (*lestai*).

em Jo 18,40. Talvez esses antecedentes também estejam associados à designação em Marcos/Mateus dos crucificados com Jesus como dois *lestai*.

Entretanto, é de suma importância o fato de não termos nenhum indício na prefeitura romana *do tempo em que Jesus viveu* de que *lestai* eram equivalentes a revolucionários. Josefo usa *lestes* 78 vezes, mais 11 vezes *archilestes*; desses usos, apenas 39 casos descrevem inimigos de Roma. Entre os 39, 1 ocorre por ocasião da morte de Herodes, o Grande, 4 ocorrem no período de 44 a 66 d.C. e 34 ocorrem durante a Revolta Judaica de 66-70. Em outras palavras, durante a vida de Jesus e no segmento pré-Agripa da prefeitura romana, Josefo nunca usa *lestes* para descrever um revolucionário contrário a Roma,[25] o que condiz com a situação já mencionada de não ter havido revoluções na prefeitura de 6 a 41 d.C. (depois da resistência de Judas, o Galileu, que precedeu a prefeitura). Mas, mesmo na prefeitura mais tardia de 44-66, cabe a distinção entre *lestai* e revolucionários como sicários e zelotas. Em *Guerra* II,xiii,2-3; #253-254, Félix (o procurador romano em 52-60) livra-se de Eleazar, o *archilestes*, crucificando muitos dos *lestai* que haviam estado com ele, mas outro tipo de *lestai* aparece, os terroristas esfaqueadores conhecidos como sicários. Manaém, que tinha consigo *lestai*, é descrito algumas linhas adiante como rodeado de *zelotai* armados (*Guerra* II,xvii,9; #441.444), talvez a primeira menção em Josefo dos zelotas,[26] a menos que o termo ainda signifique simplesmente "zeloso". *Guerra* IV,iii,12; ##198-199 mostra que outros não consideram os zelotas, apesar de suas pretensões religiosas (nacionalistas?) melhores que *lestai*; contudo, os zelotas resistem amargamente a Simão bar Joras quando ele reúne seus *lestai* de Massada e os ataca. Assim, se seguirmos Josefo estritamente, mesmo no período revolucionário, décadas depois do tempo de Jesus, *lestai* são uma classe mais ampla de homens violentos de tipos e motivações diferentes.

Reconheço que, no período de c. de 70 em diante, os evangelistas e suas audiências podem não ter feito uma distinção tão precisa e podem ter mentalmente associado Barrabás e os crucificados ao lado de Jesus no Gólgota com os revolucionários da grande Revolta Judaica de 66-70 d.C., tipos dos quais eles cuidadosamente

---

[25] Ver as estatísticas em Guevara, *Ambiente*, p. 122-123.

[26] Como veremos abaixo, antes do livro IV de *Guerra* (que abrange 67 d.C.), há poucas referências a zelotas; desse modo, há quem ache que esta referência seja a fanáticos e que só mais tarde surgem os zelotas propriamente ditos (*Guerra* II,xxii,1; #651). Apesar da confusa tendência de Rengstorf e outros a quase igualar *lestai* com zelotas, os *lestai* constituem uma categoria muito mais ampla.

diferenciaram Jesus.[27] A propaganda anticristã hostil do período pós-70 certamente igualava Jesus aos judeus que criavam problemas para a ordem romana.[28] Mas nada disso apoia a opinião de que Barrabás ou os crucificados com Jesus, associados a acontecimentos de 30 ou 33 d.C., eram de fato revolucionários ou que Jesus era considerado revolucionário pelos inimigos de seu tempo.

f) **Sicários**. *Sicarii* é plural de *sicarius*, literalmente "esfaqueador", isto é, alguém que se infiltrava na multidão e, esfaqueando indiscriminadamente, criava tumulto e assim provocava reação romana. Como veremos em APÊNDICE IV, *"sicarius"* é invocado (ao que tudo indica incorretamente) como explicação da designação Iscariotes de Judas. Tem sido apresentada prova de haver sicários entre os seguidores de Jesus chamando a atenção para a espada usada para decepar a orelha do homem durante a prisão de Jesus. Esse caso isolado de defesa espontânea, que poderia ter ocorrido em um entrevero de qualquer período, dificilmente é indicativo de pertencer a um movimento de resistência. Além disso, a referência de Josefo a esses terroristas situa-os na época do procurador Félix (52-60 d.C.) e mais tarde. Os bandoleiros que vieram a Jerusalém com adagas na época de Félix (*Ant.* XX,viii,5; ##164-165) praticaram assassinatos seletivos, eliminaram a pequena nobreza judaica e incendiaram vilarejos (*Guerra* II,xiii,3; ##254-257). Prosperaram sob Festo (60-62 d.C.; *Ant.* XX,viii,10; ##186-187), mas estavam divididos e perdiam a popularidade na época da primeira revolta (*Guerra* VII,viii,1; ##254-258).[29] Somente por analogia anacrônica Josefo os menciona antes dessa época, em relação à revolta em 6 d.C.

---

[27] Fosse o que fosse que a acusação de Jesus em Mc 11,17 ("Fizestes dela [a casa de Deus] um covil de *lestai*") significava em seu tempo, depois de 70 d.C. as pessoas podem ter pensado nas figuras violentas que usavam o Templo quase como um baluarte para sua causa durante a Revolta Judaica contra Roma (ver Juel, *Messiah*, p. 134, que cita G. Vermes).

[28] O adversário do Cristianismo do século II, Celso, imagina Jesus como um *lestes* punido pela violência (Orígenes, *Contra Celso* II,44), ou como provocador de uma insurreição (*stasis*; III,7.14; VIII,14).

[29] Barnett ("Under", p. 564) conjetura se os sicários duraram até o centro da revolta contra Roma depois da morte de Manaém, filho de Judas, o Galileu, em 66 d.C. Ver detalhes em Horsley e Hanson, *Bandits*, p. 200-216. Contudo, Josefo (*Guerra* VII,viii,1; ##252-253) relata que Eleazar e os sicários estavam no controle de Massada (c. 73 d.C.). Guevara (*Ambiente*, p. 124-130) apresenta outra solução. Josefo usa *sicários* 19 vezes, 5 das quais ocorrem no período de 52-64 d.C.; 3 durante a revolta de 66-70; e 12 no livro VII de *Guerra*, onde ele trata do período de 70-74 depois da revolta. Esse último grupo de ocorrências retrata os sicários como revolucionários antirromanos em Massada, no Egito e em Cirene (Norte da África). Guevara acha que Josefo encontrou por acaso em Roma um documento escrito em latim que completou seu conhecimento do período pós-guerra e tinha esse uso especial de sicários que divergia um pouco de seu uso anterior. Isso serviu para reforçar a tese de que o termo não descrevia um grupo de revolucionários contra Roma, fundado por Judas, o Galileu, em 6 d.C. e atuante no tempo de Jesus.

por Judas, o galileu, contra o recenseamento de Quirino (*Guerra* VII,viii,1; #254). Ele não os menciona no período de Pilatos, nem sob Tibério.

g) ***Zelotas***. O grego *zelotes* significa alguém que é zeloso; traduz palavras hebraicas associadas à raiz *qn'*. Ao refletir a crença israelita de que Deus não gosta dos desanimados, "zelota, zeloso" eram usados a respeito dos que protegiam ardentemente os interesses de Deus, por exemplo, de Fineias que massacrou transgressores da lei (Nm 25,6-13), dos macabeus que resistiram ao sincretismo helenístico (1Mc 2,24.26), de Paulo quando ele estava ligado às tradições de seus antepassados (Gl 1,13-14), e dos judeus que eram encarniçadamente anticristãos (*zelos* em At 5,17-18; *zeloun* em At 17,5). Observemos que nos exemplos desse emprego durante a prefeitura romana antes da revolta judaica de 66-70, a ira dos chamados "zelosos" era contra transgressores da lei, não contra os romanos (Morin, "Deux", p. 343-347).

Entretanto, havia também um uso mais específico de *zelotes* para se referir aos zelotas, grupo de pessoas, na maior parte jovens, que fizeram um juramento para agir fanaticamente e sem piedade contra quem quer que atravessasse o caminho de sua visão de pureza cultual em relação à lei e ao Templo (*Guerra* IV,vi,3; ##381-388). Josefo acha que, apesar de suas intenções, os atos eram repreensíveis e com certeza eles eram revolucionários violentos. As referências em Josefo indicam a existência do partido zelota somente na época da Revolta Judaica no fim de 67 d.C. e imediatamente depois.[30] Na verdade, muitas das referências estão no livro 4 de *Guerra*, no período de julho de 67 a julho de 69.

(Parenteticamente podemos mencionar que, antes desse livro, apenas três exemplos em *Guerra* de Josefo são possíveis referências aos zelotas.[31] *Guerra* II,xxii,1; #651, que descreve Jerusalém em 66-67 d.C., menciona os chamados zelotas, e essa talvez seja a primeira referência ao partido como tal. *Guerra* II,xvii,9; #444 descreve *zelotai* que cercaram Manaém, o filho [neto] de Judas, o Galileu,

---

[30] É o ponto de vista da maioria: Barnett, Baumbach, Borg, Giblet, Guevara, Horsley & Hanson, Lake, M. Smith, Zeitlin (ver bibliografia em § 30, Parte I). É interessante que a referência a zelotas no tratado talmúdico menor *'Abot de Rabbi Nathan* 21a (6,1) também os associa a esse período tardio. Quando Vespasiano foi destruir Jerusalém, eles procuraram queimar seus armazéns. B. Salmonsen (NTS 12, 1965-1966, p. 164-176) adverte contra identificar radicalmente como zelotas os que a literatura rabínica chama de zelosos pela lei; por exemplo, Mixná *Sanhedrin* 9,6 diz que se alguém rouba um vaso sagrado ou tem relações sexuais com uma idólatra arameia, os zelotas (= zelosos) podem agarrá-lo.

[31] Ver acima, sob A2e, o uso de *lestes* que às vezes é erroneamente considerado equivalente a *zelotes*. Morin ("Deux", p. 332-349) é muito bom quanto às precisões necessárias a respeito de zelotas.

na primavera de 66 d.C., quando ele foi ao Templo com vestes régias, mas talvez se tratasse apenas de fanáticos armados.[32] Se a designação se refere realmente a zelotas no sentido técnico, o período de sua atividade não muda significativamente. Na menção de *Guerra* II,xx,3; #564, algum tempo depois de novembro de 66, o sacerdote Eleazar, filho de Simão, está cercado por uma escolta de zelotas em Jerusalém.)

Ao analisar cerca de trinta e nove casos de *zelotes* no livro 4 de *Guerra*, Guevara (*Ambiente*, p. 135-139) conclui que o grupo descrito por Josefo teve origem em Jerusalém na época em que outros grupos rivais durante a revolta (os de João de Giscala, Simão, filho de Joras, os idumeus e Manaém) foram de fora para Jerusalém. Eles eram o menor grupo na cidade (2.400, conforme *Guerra* V,vi,1; #250), o único dirigido por sacerdotes, e estavam fortificados em um pátio interior do Templo. Alinharam-se com João de Giscala e lutaram contra Simão, filho de Joras, e os sumos sacerdotes aristocráticos.

Apesar dessas provas, há quem remonte a existência dos zelotas a um período muito mais primitivo da história, aos tempos herodianos ou mesmo macabeus.[33] Muita discussão se concentra em *Guerra* II,viii; #118 (= *Ant.* XVIII,i,6; ##23-25), que menciona uma quarta filosofia ou seita (que se somava aos fariseus, saduceus e essênios) fundada por Judas da Galileia (ou Gaulanita). Pouco sabemos a respeito dele, além de que resistiu ao recenseamento e à tributação pelos romanos sob Quirino, em 6 d.C., e que dirigia o quarto grupo, embora eles estivessem convencidos de que só Deus devia ser o governante (*despotes*). Exceto por seu extraordinário amor à liberdade, eram muito parecidos com os fariseus (*Ant.* XVIII,i,vi; #23) — embora *Ant.* XVIII,i,1; #9 associe Judas com Sadoc, cujo nome sugere contatos sacerdotais e saduceus. At 5,37 diz que esse Judas morreu e seus seguidores se dispersaram.[34]

---

[32] Guevara (*Ambiente*, p. 131-134) é veementemente contrário a identificar esses indivíduos como zelotas. Devemos nos lembrar de que um parente de Manaém, Eleazar, também descendente de Judas, o Galileu, é associado por *Guerra* VII,viii,1; #253 aos sicários, que para Josefo são diferentes dos zelotas (*Guerra* VII,viii,1; ##268-270).

[33] Baron, Bousset, Graetz, Hengel, K. Kohler, E. Meyer, Schlatter, Yadin. W. R. Farmer (*Maccabees, Zealots and Josephus*, New York, Columbia Univ., 1956) afirma que, para proteger judeus sob Roma, Josefo disfarçou a relação entre os zelotas da revolta e os antigos rebeldes macabeus. Os fariseus eram os herdeiros dos hassidim daquele período e os zelotas eram os herdeiros dos macabeus.

[34] Os biblistas interpretam Judas por intermédio daquilo que se seguiu a ele e daquilo que o precedeu. Depois dele, dois de seus filhos, Jacó e Simão, foram crucificados em 46 d.C. pelo procurador Tibério Alexandre (Josefo, *Ant.* XX,v,2; #102) e outro filho (ou neto) foi morto nos distúrbios de Jerusalém em

A alegação de que esse quarto grupo era formado de zelotas não é confirmada por Josefo, mas se baseia em grande parte na dúbia referência (mencionada acima parenteticamente) aos "zelosos" (zelotas?) que cercaram Manaém, o filho ou neto de Judas, sessenta anos mais tarde. Em *Ant.* XVIII,i,1; #9, Josefo diz que Judas plantou as raízes sob o pior dos procuradores, Géssio Floro (64-66 d.C.). Contudo, embora nos sessenta anos que separam Judas de Manaém possa ter havido pessoas de idealismo apocalíptico semelhante a respeito de como Deus deveria governar a Judeia, nada em Josefo aponta para um grande movimento revolucionário contínuo que ligue os dois homens; na verdade, sua linguagem de "raízes" sugere um período de letargia entre eles.³⁵ M. Smith ("Zealots", p. 13) declara: "Nenhum dos principais distúrbios políticos e religiosos entre a repressão a Judas em 6 [d.C.] e o surgimento dos sicários depois de 54 tem o registro de qualquer ligação com o partido de Judas". Borg ("Currency, p. 505-506) lembra que não há razão pela qual Josefo suprimiria toda menção aos zelotas antes de 66 d.C., se de fato eles estivessem em circulação.

"Zelota" tem importância em nosso estudo aqui, porque a designação *zelotes* foi ligada a um dos Doze (Simão) de Jesus em Lc 6,15; At 1,13.³⁶ Quase certamente

---

66 (*Guerra* II,xvii,8-9; ##433-448). Quanto ao que precedeu, a descrição por Josefo de "um homem da Galileia chamado Judas" (*Guerra* II,viii,1; #118) à primeira vista não nos incentiva a identificar esse desordeiro com Judas, filho de Ezequias, que causara problemas em Séforis, na Galileia, uma década antes (c. 4 a.C.; nota 3 acima) e invadiu os arsenais reais depois da morte de Herodes, o Grande. Contudo, M. Black ("Judas of Galilee and Josephus' 'Fourth Philosophy'", em O. Betz et alii, orgs., *Josephus-Studien*, Göttingen, Vandenhoeck & Ruprecht, 1974, p. 45-53 [O. Michel 70 Geburtstag]) não só identifica as duas pessoas, mas também faz delas o que restou da resistência asmoneia na Palestina — talvez como ramo caçula da família régia sacerdotal! Entretanto, a descrição que Josefo faz da quarta filosofia, afirmando que ela concorda a quase todos os respeitos com os fariseus (*Ant.* XVIII,i,6; #23) certamente não se adapta aos príncipes asmoneus. Ver argumentos contra identificar os dois Judas em Smallwood, *The Jews*, p. 153.

35 Com a devida vênia a B. Witherington (*The Christology of Jesus*, Minneapolis, Fortress, 1990, p. 81-88), que tenta apoiar a tese de Hengel, de atividade contínua durante todo o século I. Embora M. Stern ("Sicarii and Zealots", em SRSTP, p. 263-301, 404-405), reconheça que não há prova real de que havia zelotas no tempo de Judas, o Galileu, ele argumenta que Judas e os revolucionários antirromanos do período mais tardio eram ligados por uma ideologia de liberdade — conceito um tanto vago. Kealy (*Jesus*, p. 36) vai longe demais ao argumentar que a resistência armada zelota era uma opção real no tempo de Jesus e "na verdade, na situação humana de todas as épocas". Historicamente, uma manifestação mais intensa de opressão injusta que existiu na primeira prefeitura da Judeia era necessária para fazer um grande número de pessoas arriscar a vida dessa maneira. Kealy introduz metáforas modernas em demasia em todo o seu estudo, conforme demonstra sua declaração desconcertante na p. 37: "O problema com os zelotas de todas as épocas e seu modelo teocrático é que eles não entendem as complexidades de um Estado moderno". O Estado moderno existiu em todas as épocas?

36 Na verdade, é plausível que, como lembra Borg ("Currency", p. 507), a designação de Simão como cananeu em Mc 3,18 e Mt 10,4 seja mais original. Contudo, como não é provável que o grego *Kananaios*

a palavra tinha o sentido geral de "zeloso", do mesmo modo que nos dois outros usos na obra de Lucas (At 21,20; 22,3). Contudo, com base nessa designação, há quem associe Jesus e/ou seus seguidores com o movimento zelota.[37] Em apoio, são citadas a entrada triunfal de Jesus em Jerusalém e sua purificação do Templo. Porém, não há indícios de que "zelotas" no sentido mais específico existisse no tempo de Jesus, nem ele se encaixa na descrição que Josefo faz deles. Ele não era fanático a respeito da lei. Relacionava-se positivamente com os coletores de impostos favoráveis ao sistema vigente que estavam a serviço de um governante terreno (por exemplo, Mateus e Zaqueu; ver Smallwood, *The Jews*, p. 151-153). Depois de sua morte, alguns dos seguidores de Jesus não foram leais ao Templo (At 7,47-50), ao passo que esse Templo era o centro das atividades e aspirações zelotas na Revolta Judaica. O fato de terem os romanos crucificado Jesus sozinho, e não com seus seguidores, e o fazerem em um momento potencialmente transitório (durante uma festa, quando é provável que houvesse 100.000 pessoas em Jerusalém; ver § 18, nota 98), sugere que eles não julgavam estar enfrentando um grupo de perigosos revolucionários.[38]

Se podemos julgar pelo emprego de Josefo, então, nem a categoria dos sicários nem a dos zelotas se aplica a Jesus e seus seguidores. Não só porque esses termos técnicos não estão atestados no tempo de Jesus, mas, o que é mais importante, porque na parte pertinente do período pré-Agripa (depois de 6 até 30/33), o estilo de governo romano na Judeia ainda não gerava esses violentos movimentos revolucionários.[39] Isso não significa que tudo era perfeito politica ou socialmente. A pesada tributação era sempre um problema.[40] Havia proprietários ausentes que

---

derive de um topônimo, mas reflita a raiz hebraica/aramaica para "zeloso" (*qn'*), a questão básica não muda de forma significativa.

[37] Daniel ("Esséniens", p. 91) usa etimologias altamente duvidosas para encontrar indicações de João Batista e Natanael serem zelotas.

[38] H.-W. Kuhn ("Kreuzesstrafe", p. 735) julga historicamente certo que Jesus não era zelota nem revolucionário.

[39] Duas generalizações que entram na discussão exigem cautela. S. Freyne (*Galilee from Alexander the Great to Hadrian*, Notre Dame Univ., 1980, p. 208-255) adverte quanto à tese exagerada de que a Galileia, terra natal de Jesus, fervilhava de revolucionários. MacMullen (*Enemies*) alerta-nos de que, no período anterior, a força revolucionária vinha com maior frequência das classes mais altas que dos camponeses.

[40] Em 17 d.C., o povo provinciano da Judeia e da Síria solicitou uma redução do tributo (provavelmente o imposto por cabeça) a ser pago aos romanos (Tácito, *Anais* II, xlii,5).

provocavam infortúnios econômicos entre os arrendatários. Visionários escatológicos e homens santos apelavam para a gente comum e despertava seu fervor.

B. A prefeitura de Pôncio Pilatos na Judeia (26-36 d.C.)

Voltemo-nos agora a fatores que envolvem o imperador Tibério e o prefeito Pôncio Pilatos no tempo do ministério público e da morte de Jesus (27 a 30/33).

1. O contexto e os dados da carreira de Pilatos

Durante o reinado de vinte e três anos de Tibério (14-37 d.C.), o período de 26 a 31 foi peculiar. Lúcio Aélio Sejano, nobre romano, tinha aos poucos crescido em importância na estima do imperador, embora já no início dos anos 20 Sejano participasse de tramas com membros da família imperial e contra eles. Em 26-27, Tibério saiu de Roma, e acabou por se instalar em um promontório que dominava a ilha de Capri, deixando Sejano em Roma para lidar com os detalhes comuns da administração do império. Sejano acumulou cada vez mais poder até que, em 31, ele era praticamente cossoberano. Quando, por fim, suas ambições traiçoeiras se tornaram conhecidas, Sejano foi rejeitado por Tibério e morreu em 18 de outubro de 31. Se Jesus morreu na Páscoa de 30 ou 31, Sejano ainda estava no poder; se morreu em 33, Sejano já caíra. (Sobre a data da morte de Jesus, ver APÊNDICE II.) A possível correlação da morte de Jesus com a administração de Sejano seria importante se outras duas possibilidades fossem verificáveis.

Primeiro, foi o prefeito pretoriano Sejano o patrono de Pilatos, designado prefeito da Judeia em 26?[41] Em caso positivo, Pilatos estaria mais confiante de ter o apoio de Roma em 30-31 que em 33. Em Jo 19,12, a objeção de que, se ele soltasse um rei com possibilidade de vir a ser rival do imperador, ele não seria "amigo de César" subentende que Pilatos poderia ser denunciado para Roma. É óbvio que essa queixa teria impacto se seu patrono tivesse caído recentemente do poder e os clientes de Sejano estivessem sob suspeita. Entretanto, na lista de seis incidentes ou elementos históricos da carreira de Pilatos a ser dada imediatamente abaixo, tanto em #5 como em #6 Pilatos foi de fato denunciado a funcionários romanos mais altos (por ter comportamento desagradável); e João poderia ter formado a ameaça

---

[41] Assim Maier, "Episode", p. 114-115. Lémonon (*Pilate*, p. 275) discorda dos biblistas que relacionam Pilatos a Sejano.

velada em Jo 19,12 com base nessas lembranças sem quaisquer antecedentes de um relacionamento entre Sejano e Pilatos.

Segundo, era Sejano fortemente antijudeu, como Fílon relata (*Ad Gaium* 24; ##160-161; *In Flaccum* 1)? Os que acham que Pilatos demonstrou grande severidade para com os judeus durante seu governo às vezes afirmam que ele imitava seu patrono dessa maneira, ou pelo menos tentava agradá-lo. Entretanto, nenhum outro autor antigo sugere que Sejano era antijudeu; e muitos biblistas duvidam de Fílon nesse ponto. Em uma obra planejada para persuadir o imperador Caio Calígula e (subsequentemente) o imperador Cláudio, Fílon tinha de ser muito cauteloso ao criticar Tibério por ações antijudaicas;[42] assim, talvez ele tenha transferido a culpa para Sejano, a quem, por já estar em desgraça, todo o mal podia ser atribuído. Embora a questão de Sejano nos torne conscientes de que o Pilatos que julgou Jesus tinha de estar atento a realidades políticas (como ele estava a outros assuntos de governo), achamos que há um número demasiado grande de "suposições" para explicar a aquiescência de Pilatos a exigências para crucificar Jesus, por meio de especulação de que um relacionamento com Sejano era uma dessas realidades.

Passemos agora da cena política romana em geral para alguns fatos biográficos pertinentes a respeito do prefeito. Pôncio Pilatos era da classe equestre, isto é, da nobreza romana baixa, em contraste com a classe senatorial — situação de vida que sugere ter ele seguido uma carreira militar antes de ser designado prefeito. Seu nome Pôncio (que representa a *gens* ou tribo) era de origem saminita; seu cognome Pilatos (que representa a *família*) originou-se de *pileus*, "barrete, capacete", ou *pilum*, "lança". Seu prenome ou nome pessoal não foi preservado em registros romanos, judaicos ou cristãos. Rosadi (*Trial*, p. 215-217) é exemplo dos que apresentam como fato material lendário sobre Pilatos: seu prenome era Lúcio; ele veio de Sevilha; casou-se com Cláudia, filha caçula de Júlia (a filha de Augusto), com a aprovação de Tibério, que imediatamente o enviou para a Judeia.

Pilatos serviu como o quinto dos sete prefeitos pré-Agripa na Judeia e é o mais conhecido por causa do número de referências a ele em Josefo e Fílon. Na verdade, dos quatorze prefeitos/procuradores da Judeia no período de 6-66, Pilatos, que governou de 26 a 36, só foi igualado em longevidade administrativa por

---

[42] Wansbrough ("Suffered", p. 88). Em 19 d.C., Tibério fez os judeus serem expulsos de Roma; Díon Cássio (*História* LVII,xviii,5) dá como razão para isso o sucesso do proselitismo judaico.

seu predecessor, Valério Grato, que serviu onze anos. Três legados[43] governaram na Síria durante o mandato de Pilatos na Judeia. É digno de nota que, em sua prefeitura de uma década de duração, Pilatos nunca demitiu um sumo sacerdote judeu — Caifás desempenhou esse papel religioso de 18 a 36/37 e foi finalmente afastado por Vitélio, o legado da Síria, aparentemente logo depois da demissão de Pilatos. Essa estabilidade era bastante incomum, por exemplo, quatro sumos sacerdotes foram depostos durante a década do governo de Valério Grato (Josefo, *Ant.* XVIII,ii,2; ##34-35). Além disso, quando avaliamos o desempenho de Pilatos como governador, não nos devemos esquecer de que, embora depois de 31 Tibério tenha dispensado muitos dos que haviam sido designados por Sejano, Pilatos permaneceu no cargo mais cinco anos. Essas estatísticas advertem contra prejulgar Pilatos como irresponsável ou extremamente controverso.

Já mostramos (§ 18, A3b) que, na época de Pilatos, o título formal ou dominante do governador romano era *praefectus* (gr.: *eparchos*). Em escavações em Cesareia, na costa palestina (sede do controle governamental romano), em 1961 foi descoberta uma inscrição que mencionava Pilatos.[44] Essa inscrição refere-se à construção (c. 31) e dedicação de um edifício em honra de Tibério (o Tiberieum), que se presume contivesse uma estátua dele e servisse a propósitos cívicos, não necessariamente religiosos. A inscrição foi mais tarde reutilizada na construção de um teatro. O lado esquerdo da inscrição se perdeu; o que resta dela tem um pouco mais de 68 cm de comprimento e 82 cm de altura. Das poucas linhas conservadas da inscrição, estas são as palavras-chave que pelo menos nos revelam como esse homem se referia ao próprio cargo:

| PON]TIUS PILATUS | Pôncio Pilatos |
| PRAEF]ECTUS IUDA[EA]E[45] | Prefeito da Judeia |

---

[43] L. Aélio Lâmia, L. Pompônio Flaco e L. Vitélio. Em tudo o que se segue, dou a datação usual para a prefeitura de Pilatos. A posição revisionista de D. R. Schwartz (*Studies in the Jewish Background of Christianity*, Tübingen, Mohr, 1992, p. 182-201) data a elevação de Pilatos em 26/27, em vez de 18/19, e a demissão de Pilatos e Caifás, em pouco antes da Páscoa de 37 d.C.

[44] Ver Frova, Vardaman e Volkmann, na Bibliografia da Seção (§ 30, Parte II); também Lémonon, *Pilate*, p. 29-31. Está descrita em *Bible et Terre Sainte* 57, 1963, p. 15, gravura.

[45] Existe um debate sobre as palavras que teriam precedido *praefectus*. Imbert (*Procès*, p. 64) sugere *procurator Augusti*; outros discordam; ver § 18, nota 21.

2. Avaliações de Pilatos, favoráveis e desfavoráveis

Havia na Antiguidade opiniões diametralmente opostas a respeito de Pilatos. Mesmo que a descrição marcana dele não seja lisonjeira — Pilatos sabe que Jesus foi entregue por causa da zelosa inveja das autoridades judaicas, mas nada faz para ajudá-lo[46] —, os outros três evangelistas descrevem um Pilatos mais nobre, que procura livrar Jesus de acusações manifestamente exageradas e até falsas. Na teologia cristã subsequente, Pilatos serviu primordialmente como clara indicação cronológica greco-romana da realidade da morte de Jesus. Exemplo importante é a frase do Credo: "padeceu sob Pôncio Pilatos";[47] às vezes há o acréscimo de uma nota de bravura ("perante Pôncio Pilatos", em 1Tm 6,13)[48] ou da responsabilidade (Jesus foi crucificado por decisão de Pilatos). A leitura alternativa de 1Pd 2,23 atestada em uma tradição latina[49] relata que Jesus "entregou-se a um juiz injusto", obviamente se referindo a Pilatos. Contudo, predominaram os ecos da descrição favorável. Tertuliano (*Apologeticum* xxi,18.24; CC 1,126-127), que erroneamente identifica Pilatos como procurador da Síria, admira-o como sendo no fundo um cristão. *Didascalia Apostolorum* (V,xix,4; Funk, org., p. 290) da Síria do século III confirma que Pilatos não consentiu os atos maldosos dos judeus. Hipólito (*Sobre Daniel* i,27; SC xiv,121) imagina Pilatos inocente do sangue de Jesus, como Daniel o era em relação a Susana. Os *Atos de Pilatos* (nota 87 adiante) são favoráveis a ele e o mostram solidário com a parte da aglomeração judaica que chora e deseja que Jesus não seja executado (*Atos de Pilatos* 4,5). Alguns dos autores religiosos

---

[46] Muitos biblistas reconhecem que em Marcos não há justificativa para Pilatos. Em um passo adiante, Guillet ("Entrée") argumenta imaginosamente que a referência de Tácito à morte de Jesus sob Pilatos é interpolação cristã e que Marcos (escrito em 135-138) é a tentativa mais antiga dos cristãos (na verdade hostis a Adriano) de culpar Pilatos e os romanos. Assim, Marcos se torna exemplo da incriminação de Pilatos!

[47] Inácio, *Magnésios* xi ("sob o governo de Pôncio Pilatos"); *Tralianos* 9,1 ("sob Pôncio Pilatos"); *Esmirniotas* 1,2 ("sob Pôncio Pilatos e o tetrarca Herodes"). Também Justino, *Apologia* I,13; *Apologia* II,6; Agostinho, *De Fide et Symbolo* V,11 (CSEL 41, p. 14). Ver Liberty, "Importance". A referência a Pilatos nos credos antigos talvez tenham ido do Cristianismo ocidental para o oriental (Staats, "Pontius", p. 508). Nesses credos, o motivo para incluir "nasceu da Virgem Maria [...] padeceu/foi crucificado sob Pôncio Pilatos" era em parte antidocético, mas esse fator não era importante nesses testemunhos primitivos nem em 1Tm 6,13.

[48] Blinzler (*Trial*, p. 287) apresenta diversas interpretações deste versículo. Baldensperger ("Il a rendu") argumenta corretamente que a força primordial é o testemunho que Jesus deu quando chamado a depor diante de uma autoridade interrogadora, como ajuda a uma comunidade que tinha de fazer o mesmo (Mt 10,18; Lc 12,8; 2Tm 1,8; Hb 12,4; Ap 2,13; *Hermas, Similitudes* IX,xxviii,4).

[49] Vulgata, Cipriano e o latim das *Adumbrationes* de Clemente de Alexandria.

até começaram a classificar Pilatos como profeta do Reino de Deus.⁵⁰ A mulher de Pilatos, identificada como Procla em parte da literatura apócrifa de Pilatos (JANT, p. 155), é homenageada de maneira especial na hagiografia, às vezes com e às vezes sem o marido. Homilias etíopes que citam passagens de um *Evangelho de Gamaliel* descrevem o martírio de Pilatos; e nos séculos VI e VII, "Pilatos" aparece como nome de batismo entre os coptas. Um *synaxarion* etíope mais tardio menciona que Pilatos e sua mulher são venerados no dia 19 de junho. A Igreja grega reverencia a mulher de Pilatos em 27 de outubro. Um apócrifo latino, *Paradosis*, descreve como Pilatos se apresentou diante do imperador e foi decapitado.⁵¹ No século IX, pensava-se que Vienne fosse o local de sua morte e, mais tarde, a Suíça. A memória do prefeito da Judeia está preservada pelo monte Pilat, de 1.432 metros, perto de Vienne, e pelo monte Pilatus, de 2.129 metros, perto de Lucerna.

Fora da tradição cristã, a imagem de Pilatos dada por Josefo não é favorável; Fílon faz uma descrição extremamente hostil; e até fontes romanas não dignificam Pilatos. Quase sempre essa descrição sombria é aceita como história, em contraste com a melhora cristã, mas agora biblistas revisionistas são mais cautelosos.⁵² Eles lembram que o historiador romano Tácito não gostava da classe equestre, à qual Pilatos pertencia, nem sempre fazia justiça a membros dessa classe que ocupavam cargos públicos. Em *Ant.*, Josefo acrescentou às histórias de Pilatos detalhes hostis ausentes da *Guerra* anterior; desse modo, levantou o problema de precisão e veracidade.

A obra de Fílon *Ad Gaium*, que é a mais hostil a Pilatos, precisa ser entendida do ponto de vista de seu gênero literário. A introdução a ela na coleção Loeb (10,xxiii) descreve-a como "essencialmente uma história filípica e não moderada". (Smallweed, "Philo", que descreve o pano de fundo da obra, tem uma estimativa um tanto melhor da veracidade de Fílon, embora ela admita [*The Jews*, p. 160] ser

---

⁵⁰ Agostinho, *Sermão* 201 (PL 38,1031-1032).

⁵¹ JANT, p. 154-155. Uma tradição contrária que envolve o suicídio de Pilatos encontra-se em Eusébio (HE II,7). Ver mais sobre esses acontecimentos em HSNTA, v. 1, p. 481-484 (ed. rev., v. I, p. 530-533); JANT p. 157-161; Lémonon, *Pilate*, p. 266-271; e os artigos por Erhardt e Staats, sobre o papel de Pilatos no pensamento cristão. Erhardt nos lembra que, na Igreja ocidental, a imagem de Pilatos era menos favorável que na Igreja oriental. Ele se tornou figura abominável e mal-assombrada nas peças medievais sobre a Paixão.

⁵² Entre os biblistas mais antigos que trabalharam para a reabilitação de Pilatos estão G. A. Müller, H. Peter e E. von Dobschütz. Blinzler (*Prozess*, p. 267-271), Lémonon, McGing e Wansbrough deram contribuições ponderadas.

provável que Fílon enegreceu Pilatos retoricamente como contraste para Tibério.) Embora trate das tentativas de Caio Calígula de ser venerado como deus e erguer uma estátua que transformaria o Templo em santuário para o culto imperial, a obra de Fílon acabou sendo escrita em 41 d.C., depois que Calígula foi assassinado em janeiro e Cláudio se tornou imperador, a fim de impressionar o novo soberano. Assim, há dois níveis de discurso persuasivo: o original, que procura persuadir Caio Calígula a mudar os planos quanto à estátua em Jerusalém, e um segundo, que procura persuadir Cláudio a ser mais favorável aos judeus que seu predecessor. A principal referência a Pilatos ocorre como parte de uma carta que se supõe ter sido escrita c. 39-40 pelo rei Agripa I a Calígula (*Ad Gaium* 36-41; ##276-329). Agripa escreveu realmente ao imperador, mas a carta de Fílon é uma composição livre sobre o mesmo tema. O governo de Agripa na Judeia substituiu o dos prefeitos romanos a partir do ano 41; portanto, não nos surpreende que a descrição negativa do governo de Pilatos desempenhasse um papel interesseiro — Agripa queria descrever uma necessidade real para sua ascensão. O Agripa de Fílon censura "os subornos, insultos, roubos, ultrajes, danos injustificados, execuções constantemente repetidas sem julgamento, crueldade incessante e extremamente atroz" por parte de Pilatos (*Ad Gaium* 28; #302).

O debate sobre Pilatos não se encerrou na Antiguidade. Ele continua a atrair a imaginação até hoje. Mais de cem anos atrás, uma figura de prestígio na literatura francesa, Anatole France, em sua coletânea *A caixa de madrepérola*, escreveu um conto racionalista, *O procurador da Judeia*, onde o idoso Pilatos nem se lembrava de ter lidado com uma figura secundária chamada Jesus. Em 1961, R. Caillois compôs um romance francês (tradução em inglês *Pontius Pilate*, New York, Macmillan, 1963) onde Pilatos, cansado da imagem de alguém que lavava as mãos por indecisão, solta Jesus. Em alemão, A. Lernet-Holenia, autor de ampla variedade de literatura, que vai de romances fantásticos, passando pela poesia, até um perfil de Greta Garbo, escreveu *Pilatus, Ein Komplex* (Viena, Zsolnay, 1967), baseando-se imaginosamente em "The Passion of the Lord in a Version by an Unknown" e incluindo uma discussão entre o dignitário que presidia o tribunal e um cardeal.[53]

---

[53] É também digno de menção K. A. Speidel, *Das Urteil des Pilatus* (Stuttgart: KBW, 1976), relato popularizado da Paixão, entremeado de forma atraente com citações antigas e modernas e ilustrado por fotografias admiráveis.

§ 31. Introdução: Pano de fundo para o julgamento romano de Jesus por Pôncio Pilatos

Remontando aos parágrafos anteriores, vemos muitas descrições de Pilatos, favoráveis e desfavoráveis, marcadas respectivamente por generalização, caricatura e imaginação. Essa característica aumenta a necessidade de examinar ponderadamente seis itens dos dados a respeito de Pilatos que ajudam a graduar nosso julgamento, seis de Josefo, um de Fílon, um do NT e um da cunhagem de moedas.

3. Seis incidentes ou itens que envolvem Pilatos

#1. Os estandartes icônicos: 26 d.C. (Josefo, *Guerra* II,ix,2-3; ##169-174; *Ant.* XVIII,iii,1; ##55-59). Logo depois de chegar à Palestina,[54] Pilatos enviou tropas a Jerusalém, com medalhões icônicos ou bustos de César atados a seus estandartes. Não está totalmente claro até que ponto e como esses estandartes icônicos tinham caráter implicitamente religioso.[55] Ao que tudo indica, o recém-chegado governador quis demonstrar sua lealdade ao imperador, fazendo os soldados agirem na Judeia da mesma maneira que em qualquer outro lugar. Pilatos era publicamente leal a Tibério; a inscrição descoberta com seu nome, como relatamos acima, foi instalada em um edifício de Cesareia dedicado a esse imperador. O relato em *Guerra* reconhece que Pilatos fez os soldados entrarem à noite, dando a entender que ele sabia ser esse um gesto controverso, que exigia cautela. Entretanto, o relato em *Ant.* silencia a esse respeito e ressalta que Pilatos estava fazendo uma coisa que seus antecessores na prefeitura não haviam feito. De qualquer modo, Pilatos calculou mal a intensidade dos sentimentos judaicos contra imagens na cidade santa.[56] Os judeus

---

[54] A datação do episódio é sugerida pela sequência na qual Josefo a coloca, mas essa parte de *Ant.* XVIII não é notável pela lógica de sua ordem. Se esse é o mesmo incidente que o #5 abaixo, poderia ter ocorrido mais tarde.

[55] Kraeling ("Episode", p. 269-275) examina esses estandartes (um com a imagem de Calígula foi encontrado na Alemanha); ele argumenta que os estandartes representavam o nume ou a divindade venerada pela unidade que o conduzia. A. D. Nock (HTR 45, 1952, p. 187-252, esp. p. 239-240) examina a veneração de estandartes. Josefo (*Guerra* VI,vi,1; #316) descreve como os romanos celebraram a vitória sobre o Templo (e, implicitamente, sobre o Deus dos judeus), oferecendo sacrifícios a seus estandartes na porta oriental. Antes, nos MMM, 1QpHab 6,1-6 refere-se de maneira hostil aos Cetim (romanos), que sacrificavam a seus estandartes.

[56] É a razão apresentada em *Guerra*, mas *Ant.* fala da lei que proíbe até mesmo a fabricação de imagens. Na verdade, parece que a atitude anti-icônica judaica ultrapassou o mandamento que proibia imagens de outros deuses (Ex 20,4-5). Josefo (*Ant.* XVII,vi,2-3; #150-157) relata uma tentativa, por ocasião da morte de Herodes, o Grande, de remover a águia dourada que estava sobre a porta do Templo. Ver C. Roth, An Ordinance against Images in Jerusalém, A.D. 66, HTR 49, 1956, p. 169-177. O antigo *Rolo do Jejum* judaico, que contém muitas lembranças do século I, relata: "Em 3 de Kisleu, as insígnias [romanas] foram removidas do pátio do Templo" (*Meguillat Ta'anit* 18). Autores religiosos mais tardios mencionam

foram até seu quartel-general em Cesareia, no litoral, a fim de exigir a retirada dos estandartes de Jerusalém. Pilatos relutava em removê-los — talvez não apenas por teimosia, pois Tácito (*Anais* III,70) nos fala de Ênio, que foi acusado de traição por ter derretido uma estátua de prata de Tibério.[57] No sexto dia do protesto judaico, Pilatos cercou os suplicantes com soldados armados e ameaçou matar os judeus se eles não fossem para casa. Atônito quando eles se deitaram no chão prontos para morrer, Pilatos não levou a cabo sua ameaça, mas cedeu e removeu os estandartes ofensivos. Esse incidente sugere um homem nada astucioso que, sem habilidade diplomática inata, seguia procedimentos romanos gerais conhecidos em outros lugares, e talvez tentasse criar fama e um precedente no início de sua prefeitura. Não sugere um tirano teimoso a ponto de praticar selvageria.[58]

#2. Moedas com símbolos cultuais pagãos: 29-31 d.C. As moedas imperiais para a região siro-palestina eram cunhadas em Antioquia; entretanto, havia hiatos, e às vezes as moedas eram cunhadas na Judeia. Em especial, durante a prefeitura romana houve moedas cunhadas na Judeia que retratavam um *simpulum* (isto é, uma colher grande de cabo comprido usada para despejar o vinho em sacrifícios de libação) e não raro um *lituus* (bastão recurvado para agourar). A. Kindler (IEJ 5, 1956, p. 54-57) afirmou que essas moedas com os símbolos cultuais pagãos já eram produzidas na prefeitura de Valério Grato (15-26), predecessor de Pilatos. Essa datação antecipada foi contestada por B. Ostreicher (IEJ 9, 1959, p. 193-195) e outros, e posteriormente Kindler mudou de opinião. É agora geralmente reconhecido que só sob Pôncio Pilatos essas moedas foram cunhadas. Ao que parece, havia um molde estereotipado que podia ser usado em várias áreas; assim, não necessariamente um molde gravado primeiro na Palestina. Nesse molde, o lugar para a data era quase sempre deixado em branco, para ser preenchido localmente, daí a controvérsia a respeito da datação muitas vezes ilegível nas moedas emitidas na Judeia. São atestadas três datas para as moedas: moedas do 16º ano de Tibério (= 29 d.C.), com o *simpulum* representado em uma face e trigo da outra, e uma

---

o aspecto antirreligioso do fato de Pilatos mandar levar estandartes icônicos à área do Templo: Orígenes, *Comentário a Mateus* 22,15, #25 (GCS 40,653-654); Eusébio, *Demonstratio Evangelica* VIII,ii,122-123 (GCS 23,390); Jerônimo, *Comentário a Mateus* IV,xxiv,15 (CC 77,226).

[57] Ver em Tácito (*Anais* III,36) e Sêneca (*De Beneficiis* III,26) a sensibilidade na época de Tibério a imagens do imperador.

[58] McGing ("Governorship", p. 62): "Este episódio mostra em Pilatos uma curiosa mistura de provocação, indecisão, teimosia e, por fim, fraqueza".

referência a Júlia/Lívia (assim, antes de sua morte naquele ano); moedas dos 17º e 18º anos de Tibério (= 30-31), com o *simpulum* e o *lituus*. Eram essas moedas um gesto antijudaico planejado para forçar os súditos de Pilatos a lidar com representações de culto pagão? Stauffer ("Münzprägung", p. 507) responde vigorosamente na afirmativa; Lémonon (*Pilate*, p. 112-114) é mais cauteloso. Sob Herodes, o Grande, vale a pena notar, siclos tírios com a cabeça de Héracles eram cunhados em Jerusalém; assim, havia uma história constrangedora de moedas na Judeia. Além disso, os símbolos cultuais pagãos não eram característicos da Judeia. Mais uma vez, então, Pilatos pode ter esperado seguir, no território da Judeia, o procedimento romano geral em outros lugares. Não temos indícios de tumultos ou agitações por causa dessas moedas; mas, se elas realmente deram origem a oposição, Pilatos foi culpado mais uma vez de subestimar a sensibilidade dos judeus.[59] Os que julgam Pilatos uma pessoa indicada por Sejano mencionam que as moedas cessaram no ano da morte de Sejano. Outros lembram que, pelo visto, a partir de 32 d.C., a casa da moeda de Antioquia assumiu um papel mais monopólico, suspendendo a cunhagem na prefeitura da Judeia pelos vinte e três anos seguintes.[60] Essa última sugestão é mais plausível.

#3. O tumulto do aqueduto (Josefo, *Guerra* II,ix,4; ##175-177; *Ant.* XVIII,iii,2; ##60-62). Mais tarde, a fim de construir um aqueduto de 36 km de comprimento para Jerusalém,[61] Pilatos começou a gastar a riqueza guardada no tesouro do Templo sagrado, dinheiro conhecido como *qorban* (gr. *korbonas*). Era uma audácia, pois nem o grande Pompeu despojara esse tesouro (*Guerra* I,vii,6;

---

[59] Assim Y. Meshorer, *Ancient Jewish Coinage*, Dix Hills, NY, Amphora, 1982, v. 2, p. 180 e Jewish Numismatics, EJMI, p. 216: "Parece que isso foi feito por ignorância da cultura judaica, não para deliberadamente irritar os judeus".

[60] Bammel ("Syrian", p. 109) explica por que a casa da moeda síria não produziu moedas durante uma década antes de 32, a saber, a ausência de um governador romano. L. Aélio Lâmia foi nomeado governador c. 20, mas Tibério o impediu de viajar à Síria. Somente quando ele conseguiu outro cargo, em 32, um novo governador foi enviado.

[61] Smallwood (*The Jews*, p. 162) acha que Pilatos construiu o aqueduto de "nível alto" a partir de Bir al--Daraj, 7 km a sudoeste de Belém. Para A. Mazar ("The Aqueducts of Jerusalém", em Y. Yadin, org., *Jerusalem Revealed*, Jerusalem, Israel Exploration Society, 1975, p. 79-84), Pilatos estava realizando melhoramentos em um sistema já existente (o aqueduto de "nível baixo") de Ain Arrub a Etam. Não é possível datar este incidente, mas, entre os três incidentes de Josefo (#1, #3 e #6) que incluo aqui, o *Testimonium Flavianum*, a respeito da morte de Jesus (§ 18, E1, acima) está colocado depois dos dois primeiros e antes do terceiro. Será que isso indica que o incidente do aqueduto (#3) ocorreu antes da morte de Jesus? Smallwood (p. 163) julga que #4 aconteceu em protesto a #3.

#153).⁶² Contudo, o dinheiro destinava-se ao bem-estar social e a obras públicas para manter Jerusalém (JJTJ), de modo que Pilatos não estava apenas sendo ganancioso. Multidões (ou "dezenas de milhares", de acordo com *Ant.*) cercaram o tribunal de Pilatos em Jerusalém e o sitiaram. (O fato de Pilatos estar em Jerusalém sugere que a demonstração aconteceu em uma festa.) Em reação, Pilatos mandou muitos soldados se misturarem ao povo vestidos como civis "com ordens para não usarem a espada" (omitido em *Ant.*), mas para bater nos desordeiros com cacetes. Entretanto, quando Pilatos deu o sinal, muitos judeus pereceram, alguns devido aos golpes, outros pisoteados na fuga confusa que se seguiu. *Ant.* relata que os soldados deram golpes muito mais fortes do que Pilatos ordenara, e puniram do mesmo modo os que perturbavam e os que não perturbavam a ordem.⁶³ Obviamente, Pilatos subestimara a brutalidade de seus soldados, mas da parte dele não houve selvageria calculada contra os inocentes. A cena nos lembra que, levando em conta o pessoal à disposição de Pilatos,⁶⁴ a violência das ações repressivas durante sua prefeitura não reflete necessariamente seus desejos.

#4. Sacrifícios galileus sanguinolentos: c. 28-29 d.C. (Lc 13,1-2). Durante o ministério de Jesus (e, portanto, provavelmente antes de 30 d.C.), foi relatado que Pilatos misturou o sangue dos galileus com seus sacrifícios. A referência a sacrifícios

---

⁶² Entretanto, Pompeu entrou no Santo dos Santos e não há nenhuma indicação de que Pilatos tenha entrado no recinto do Templo. McLaren (*Politics*, p. 86) acha que os sacerdotes podem ter entregado o dinheiro a Pilatos. Tal colaboração torna mais inteligível a ausência de protesto no momento em que o dinheiro foi tomado e o uso (ultrajante) de coerção por Pilatos contra os reclamantes tardios.

⁶³ No relato de *Ant.*, Josefo chama isso de *stasis*, a mesma terminologia que aparece na descrição marcana e lucana da desordem em Jerusalém que levou à prisão de Barrabás.

⁶⁴ Ver Smallwood, *The Jews*, p. 146-147. Nos anos 40 (Josefo, *Ant.* XIX,ix,2; #365), os soldados romanos na Judeia, disponíveis para o serviço do prefeito/procurador, consistiam em cinco coortes (pelo menos cerca de 2.500-3.000 soldados), mais um esquadrão de cavalaria (*Ala I gemina Sebastenorum*; ver At 23,23-24.32) recrutada de Samaria (Sebaste) e Cesareia. (*Guerra* II,iii,4; #52 menciona tropas de Sebaste muito antes; a respeito de *cohortes equitatae*, ver R. W. Davies, *Historia* 20, 1971, p. 751-763.) É plausível que as coortes incluíssem a *Secunda Italica Civium Romanorum* (At 10,1; Tácito, *Anais* 1,8) e a *(Prima) Augusta* (At 27,1). Kraeling ("Episode", p. 268, 278-279) sugere que uma coorte se alojava em Jerusalém (ver At 21,31-32) na fortaleza Antônia, que dava vista para a área do Templo, enquanto as outras quatro ficavam em Cesareia. É inevitável que nossas informações se originem de diversos períodos, mas a imagem total é clara. Como os judeus haviam sido dispensados do serviço militar (Josefo, *Ant.* XIV,x,6; #204), essas coortes eram formadas de algumas tropas da Itália e de muitos soldados não judeus da área siro-palestina. (Ver G. L. Cheesman, *The Auxilia of the Roman Imperial Army*, Oxford, Clarendon, 1914.) Muitos desses últimos podem ter sido antijudaicos. Os legionários mais bem qualificados ficavam à disposição do legado da Síria (Legiões *VI Ferrata, X Fretensis, III Gallica, XII Fulminata* — HJPAJC, v. 1, p. 362), mas eram enviados para intervir na Palestina apenas em momentos de grande dificuldade.

situa o acontecimento em Jerusalém, provavelmente em uma festa de peregrinação que levava muitos galileus ao Templo.[65] Embora o número dos envolvidos possa ter sido pequeno demais para chamar a atenção de Josefo ou Fílon, alguns biblistas conjeturam se Lucas não se refere a um dos incidentes mencionados pelos autores judaicos. Certamente esse não é o incidente #1, pois esse aconteceu em Cesareia e não é mencionado nenhum derramamento de sangue. O incidente #3 é uma possibilidade, mas esse incidente não envolveu especificamente galileus, nem sacrifícios. De modo mais proveitoso, é possível cogitar se esse incidente narrado por Lucas explica um fato mencionado posteriormente no mesmo Evangelho: havia inimizade entre Herodes Antipas, tetrarca da Galileia, e Pilatos (Lc 23,12). Mas o incidente que menciono a seguir também pode ter contribuído para essa inimizade.

#5. Os escudos dourados: data incerta, mas talvez posterior a 31 d.C. (Fílon, *Ad Gaium* 38; ##299-305). É o único dos seis incidentes/itens de Pilatos tirado de Fílon e os leitores estão lembrados do que foi dito acima a respeito da dificuldade de avaliar a carta de Herodes Agripa a Caio Calígula, na qual o incidente foi narrado. No palácio herodiano em Jerusalém, Pilatos dedicou escudos banhados de ouro. Ele fez isso, ficamos sabendo, para irritar a aglomeração de judeus; contudo, Fílon admite que os escudos não tinham imagens nem nenhum outro detalhe proibido aos judeus, exceto que eles especificavam a pessoa homenageada e a que fez a dedicação. Lémonon (*Pilate*, p. 212-216) acha que a referência à dedicação e o termo para "escudo" (*aspis*, com a possível inferência de um retrato pintado) sugerem um contexto religioso. McGing ("Governorship", p. 64) acha que a dedicação se referia ao *divino* Augusto, descrição abominável para os judeus monoteístas. Em resposta, uma aglomeração de judeus, com quatro príncipes herodianos à testa, fez a Pilatos um protesto a respeito de uma transgressão da tradição judaica. Os nomes dos príncipes, literalmente "filhos do rei", não são mencionados, mas talvez entre eles estivessem filhos de Herodes, o Grande, como Herodes Antipas, Filipe de Itureia e Herodes "Filipe", pai de Salomé. Quando Pilatos resistiu, eles o advertiram de que ele estava provocando um levante e até guerra: "Não tomes Tibério como teu pretexto para ultrajar a nação; ele não deseja que nenhum de nossos costumes seja subvertido". Pilatos receou que eles enviassem uma embaixada ao imperador contra

---

[65] Blinzler ("Niedermetzlung", p. 31) ressalta "os sacrifícios deles" como indicação de que a festa era a Páscoa, pois em 14 de Nisã, o laicato tinha interesse na matança de animais para serem consumidos em suas mesas depois do pôr do sol. Ele a data em 29 d.C. Lucas subentende que Jesus não estava em Jerusalém na ocasião, pois tiveram de lhe contar a respeito.

ele, como ameaçaram. Quando eles o fizeram, o imperador repreendeu Pilatos e ordenou-lhe que tirasse os escudos de Jerusalém e os levasse para Cesareia. Podemos bem desconfiar que o relato apresentado por Fílon/Agripa não seja objetivo. É narrado contra o pano de fundo da impudente tentativa de Caio Calígula de erguer estátuas de si mesmo em Jerusalém, e o autor implicitamente incentiva o imperador Cláudio (que reina na ocasião em que Fílon escreve) a assumir a mesma posição que Tibério assumiu quando Pilatos instalou os escudos. Se historicamente Tibério ficou mesmo tão zangado com Pilatos quanto Fílon/Agripa relata, por que ele não afastou o prefeito?

Uma dúvida surge se esse incidente dos escudos deve ser identificado com #1 acima, narrado por Josefo: o incidente dos estandartes icônicos — mistura que já aparece em Eusébio (*Demonstratio Evangelica* VIII,ii, 122-123; GCS 23,290). Muitos biblistas (por exemplo, Doyle, Maier, Smallwood) acham que os incidentes são separados com base no fato de na história de Fílon a ação em si de Pilatos ser muito menos ofensiva que sua ação na história de Josefo; na verdade, parece que seus súditos na história de Fílon provocam uma briga com ele. Além disso, parece que na história de Fílon Pilatos não tem nenhum apoio em Roma, como sabem a aglomeração de judeus e os príncipes herodianos. Com base nas suposições (impossíveis de verificar) de que Pilatos foi designado por Sejano e que Sejano era antijudaico, há quem atribua o incidente a um período posterior à queda de Sejano em 31 d.C., pelo menos cinco anos depois da data provável do incidente dos estandartes icônicos narrado por Josefo.[66] Entretanto, D. R. Schwartz ("Josephus and Philo") identifica os dois incidentes[67] levando em consideração as limitações de Josefo e de Fílon. Josefo pode ter sido incorreto quanto à sequência temporal. Fílon talvez ajude a esclarecer que os objetos ofensivos não eram bustos, mas escudos presos às partes superiores dos estandartes, e que os porta-vozes da aglomeração de judeus eram os príncipes herodianos. Entretanto, a ausência de imagens neles se harmoniza com a ênfase apologética, em Fílon/Agripa, de que Calígula fez uma coisa nunca feita

---

[66] Maier ("Episode", p. 114) e Doyle ("Pilate", p. 191-192) sugerem a data da Páscoa de 32. O comentário de Fílon, segundo o qual Pilatos temia uma denúncia de todos os abusos de seu governo, subentende que ele já era prefeito havia um bom tempo. Smallwood (*The Jews*, p. 166) julga ser provável que o incidente dos escudos precederam a crucificação (33 d.C.).

[67] Também McLaren (*Power*, p. 82-83), que indaga por que Pilatos se esforçaria para introduzir os escudos, quando os estandartes haviam provocado tantos aborrecimentos. Pilatos recuou no caso dos estandartes e McLaren afirma que faria mais sentido se os príncipes herodianos estivessem envolvidos, como foi relatado no caso dos escudos.

antes, quando insistiu em erguer imagens em Jerusalém. A alegação de ter havido um apelo a Tibério, que dera uma contraordem a Pilatos, ajudou Fílon/Agripa a fazer Cláudio mudar a diretriz de Calígula.

Em termos de aplicabilidade neotestamentária, se tomada em seu significado manifesto, a provocação de Pilatos por seus adversários judeus no incidente dos escudos tem forte semelhança com a provocação de Pilatos no relato joanino da Paixão, inclusive a ameaça de apelo ao imperador. Quanto aos príncipes herodianos, é preciso lembrar que Lucas faz Herodes Antipas dialogar com Pilatos na decisão sobre Jesus.

#6. O profeta samaritano: 36 d.C. (Josefo, *Ant.* XVIII,iv,1-2; ##85-89). Um falso profeta anunciou aos samaritanos que, se o acompanhassem ao Monte Garizim, ele lhes mostraria o local onde Moisés depositara os vasos sagrados.[68] Eles se reuniram com armas em Tirátana (possivelmente Khirbet ed-Duwara ou Daweta, no sopé de Garizim); mas, talvez receoso de fanatismo escatológico, Pilatos bloqueou a subida deles à montanha com cavalaria e infantaria fortemente armada. Houve um combate; alguns samaritanos foram mortos, muitos foram presos e os líderes foram executados. O conselho dos samaritanos protestou junto a Vitélio, o legado da Síria, que ordenou a Pilatos que saísse da Judeia e voltasse para Roma.[69] Quando ele ali chegou, Tibério havia morrido (17 de março de 37). Assim, parece que a demissão ocorreu entre dezembro de 36 e fevereiro de 37.[70] A impressão é que Pilatos não foi irresponsável nesse incidente e é de se questionar se a rapidez de Vitélio em afastá-lo foi responsabilidade desinteressada. Tácito (*Anais* IV,6) relata que (pelo menos no início de seu governo) Tibério não queria que a crueldade dos governadores perturbasse antigos padrões aceitos; e Vitélio pode ter procurado impressionar o imperador, ficando ao lado dos samaritanos contra o que eles consideravam repressão cruel. Mas outras explicações são possíveis. Bammel ("Pilatus",

---

[68] Quanto à crença samaritana a respeito de vasos ocultos, ver a discussão entre M. F. Collins e A. Zeron em JSJ 3, 1972, p. 97-116; e JSJ 4, 1973, p. 165-168.

[69] Precisamente o que Vitélio fez para Pilatos: afastou-o permanentemente ou o suspendeu até que o imperador o julgasse? Há quem argumente que um governador em exercício não podia ser julgado: tinha de se aposentar ou ser demitido antes de um julgamento ser possível. Por outro lado, McGing ("Governorship", p. 65) afirma: "Com certeza Vitélio não levou o governo de Pilatos ao fim, por sua própria autoridade; foi o imperador que decidiu isso". Ver em § 18, A3a as relações peculiares entre o legado romano da Síria e o prefeito romano da Judeia.

[70] Assim Smallwood, "Date"; Lémonon, *Pilate*, p. 241-245. Outros acham que Pilatos foi demitido em 35 e levou quase um ano para chegar a Roma (HJPAJC, v. 1, p. 387-388; Bammell, "Pilatus").

p. 58) indica que, embora o próprio Pilatos não tivesse interesse em descobertas cultuais no Monte Garizim, o sumo sacerdócio de Jerusalém nutria um ódio antigo pelo culto samaritano ali, desde quando João Hircano destruiu o lugar santo samaritano em Garizim, em 128 a.C.[71] Será que Caifás pressionara Pilatos a agir e por isso foi afastado em 36 quase imediatamente depois da dispensa de Pilatos?

Quando se lê nas entrelinhas, o Pilatos que surge desses seis incidentes[72] não deixa de ter defeitos muito graves; mas com certeza ele é um governador muito melhor que a caricatura que Fílon descreve à guisa de resumo. Esse Pilatos se compara às descrições neotestamentárias? Com sua técnica costumeira, João apresenta Pilatos como um tipo de personagem dramática, a saber, a pessoa que, ao se confrontar com Jesus, procura evitar ter de decidir entre a verdade e a falsidade. João e Lucas são convencionais ao fazer Pilatos declarar três vezes que Jesus é inocente. Entretanto, apesar dessas exceções, as descrições neotestamentárias de Pilatos, com suas variações, não são manifestamente implausíveis. (Sua subsequente canonização é!) Isso não significa que alguma delas seja histórica, mas a teoria de que os Evangelhos absolvem os romanos ao criar um Pilatos compreensivo totalmente ficcional é exagerada. Deixando de lado a parte autêntica do *Testimonium Flavianum* (§ 18, E1 acima), que em Josefo vem depois do #3 e antes do #6, suponhamos que Josefo tenha narrado (em versões ligeiramente diferentes em *Guerra* e *Ant.*) outro incidente a ser acrescentado aos citados acima. A saber, por ocasião de uma festa, as autoridades de Jerusalém entregaram a Pilatos para punição um homem que ameaçou o santuário do Templo e fingiu ser um rei. Depois de interrogá-lo, Pilatos achou que ele era irrelevante e que os líderes judeus agiam por motivos próprios. Um príncipe herodiano envolveu-se no caso, pois o homem era galileu e Pilatos anunciou que não ia executar o sujeito. Contudo, quando viu que um tumulto se iniciava em Jerusalém por causa de seu anúncio, Pilatos voltou atrás e cedeu às exigências dos líderes judeus. Quem teria sido movido a pôr em dúvida essa história

---

[71] Entretanto, um ensaio revisionista por R. T. Anderson ("The Elusive Samaritan Temple", BA 52, 1991, p. 104-107) põe em dúvida toda a tradição desse santuário.

[72] Tentei interpretá-los cuidadosamente. Vincent Cernuda ("Condena II") é muito mais ousado em sua reconstrução a partir de praticamente os mesmos indícios. Ele fala da agressividade antijudaica de Pilatos e remonta-a às circunstâncias de sua nomeação e sua incompetência para o cargo. A passividade de Caifás diante de Pilatos esconde uma estratégia muito eficaz para impedir os abusos do governador. Longe de ser demitido na mesma ocasião que Pilatos, Caifás renunciou ao cargo e acabou por abraçar a fé cristã! (Ver em § 19 acima provas contra essa tese.)

de Josefo até então desconhecida porque ela não coincidia com o comportamento de Pilatos nos outros incidentes?[73]

C. O local do julgamento de Jesus: o pretório

Os sinóticos dão a impressão de que Jesus ficou diante de Pilatos em público e ao ar livre. Parece que os chefes dos sacerdotes, os anciãos, os escribas e o povo estão por perto e podem conversar com Pilatos, reagindo às palavras que ele dirige a Jesus e a respeito dele. Em Mc 15,8, a multidão chega e junta-se à cena. Só depois de Jesus ter sido condenado e açoitado, ficamos sabendo, em Mc 15,16 (= Mt 27,27), que os soldados romanos "o levaram para dentro do pátio/palácio [*aule*], isto é, o pretório". Entretanto, segundo Jo 18,28ss, desde o início do julgamento Jesus foi levado ao pretório, onde foi interrogado por Pilatos em particular, enquanto "todos os judeus" permaneciam do lado de fora do edifício — localização que forçou Pilatos a ir de um lado para o outro, para fora e para dentro do pretório (Jo 18,29.33.38; 19,4.9). Finalmente (Jo 19,13), Pilatos "levou Jesus para fora [do pretório] e sentou-se no tribunal [*bema*], no lugar chamado Litóstroto [pavimento de pedra], mas em hebraico Gábata". Ali Pilatos dirigiu-se "[a]os judeus" e sentenciou Jesus. Mt 27,19 é o único outro Evangelho a mencionar que Pilatos "estava sentado no tribunal [*bema*]" aparentemente do lado de fora, pois se dirigiu aos chefes dos sacerdotes, aos anciãos e às multidões. *EvPd* 3,7 mostra o povo judeu aparentemente do lado de fora e, em um contexto de escárnio e açoite, senta Jesus no tribunal (*kathedra kriseos*). O que era e onde ficava este pretório, que Marcos identifica com o pátio ou palácio, na vizinhança do qual ficava o tribunal?

---

[73] Haufe ("Prozess", p. 97) julga que os Evangelhos descrevem Pilatos como criatura fraca, que age contra o que pensa, e que essa imagem é exatamente o oposto do que Josefo e Fílon descrevem. Pode bem ser o contrário da descrição sucinta de Pilatos em Fílon (que muitos consideram deturpada), mas não é o contrário da descrição por Josefo. O incidente #1 é um exemplo de como Pilatos reagia quando seu julgamento de uma questão era forçosamente posto em dúvida: recuava e fazia o que o populacho judeu queria, embora tivesse ameaçado fazer o contrário. É quase uma descrição do que ele fez no caso de Jesus.

1. Sentido e natureza do pretório

O termo "pretório" liga-se a "pretor", oficial romano que muitas vezes servia de general dirigente do exército (*prae-itor*: o que vai à frente).[74] O lugar que ele ocupava no acampamento era o pretório. Quando pretores começaram a servir de governadores de territórios controlados pelos romanos, o pretório era a residência do governador na cidade principal, quase sempre o palácio do antigo rei, que os romanos tinham substituído. O público tinha acesso ao governador no pretório, pois ele servia de sede administrativa e não só de residência; mas normalmente ali não era o lugar onde a justiça era ministrada. É mais provável que fosse ministrada em uma basílica, no fórum, ou em praça pública, ou pátio (quase sempre em frente ao pretório). Elemento importante era uma plataforma elevada (lat. *tribunal*; gr. *bema*) e, para acesso a ela, se construíam degraus e sobre ela era colocado um assento ou banco onde o funcionário apropriado se sentava quando julgava.[75] (O nome latino técnico para esse assento passou a ser *sella curulis*; o grego *bema* era usado para o assento e também para a plataforma.)

Como Cesareia, no litoral, era o centro da administração romana da Judeia, o prefeito normalmente residia ali no pretório. At 23,35 chama-o de pretório de Herodes, talvez porque os prefeitos/procuradores houvessem tomado posse do edifício onde o rei ou tetrarca herodiano vivia. Vimos em Josefo e Fílon que o prefeito/procurador da Judeia subia de Cesareia para Jerusalém em certas ocasiões, não raro festas judaicas, provavelmente para propósitos conjuntos de administração, supervisão e para manifestar a presença romana. Onde ele residia nessas ocasiões? Nos incidentes com Pilatos que acabamos de narrar, aonde, em Jerusalém, o povo ou os príncipes herodianos iam quando desejavam ver Pilatos ou fazer um protesto? Esse conhecimento lançaria luz sobre o edifício descrito pelos evangelistas quando eles falavam do pretório em Jerusalém (Marcos: o "palácio"). Não há nenhum indício convincente de que houvesse dois pretórios na mesma cidade. Nem Josefo nem Fílon usam "praetorium" para um edifício em Jerusalém, mas eles dão informações a respeito de dois edifícios de origem herodiana que são candidatos plausíveis para o que significava "pretório" nos Evangelhos.

---

[74] Dois artigos por Benoit ("Antonia" e "Praetorium") são muito úteis para esclarecer a ideia de pretório.

[75] A plataforma, evidentemente, também era usada com outros propósitos. At 12,21 descreve Herodes Agripa I sentando-se na *bema* para proferir um discurso.

2. Dois candidatos ao pretório da Paixão[76]

O primeiro é a *fortaleza Antônia*, castelo dos reis-sacerdotes asmoneus, que foi restaurado por Herodes, o Grande, c. 37-35 a.C. e recebeu o nome em homenagem a Marco Antônio.[77] Ficava na colina oriental de Jerusalém, em uma elevada formação rochosa que dominava o ângulo noroeste da área do Templo, e parece que foi parte intrínseca das defesas setentrionais e servia de limite para a segunda muralha (Josefo, *Guerra* V,iv,2; #146), a que era a fronteira da cidade no tempo de Jesus. Herodes fez a reforma prodigamente, com grandes despesas, de modo que a Antônia era comparável a uma residência régia (*Guerra* I,xxi,1; #401; V,v,8; #238-246); e durante algum tempo foi usada como uma das residências de Herodes. Contudo, Josefo não a chama de *aule*, "palácio", mas de *pyrgos*, "torre", e *phourion*, "fortaleza". Nos tempos romanos, sua importância primordial era como sede de uma coorte romana, que dava acesso à área do Templo durante festejos: "Pois se o Templo situava-se como fortaleza acima da cidade, Antônia dominava o Templo e os que estavam naquele posto dominavam os três" (*Guerra* V,v,8; ##244-245). A fortaleza Antônia teve papel proeminente nos tumultos sob o procurador Floro (*Guerra* II,xv,5-6; xvi,5; #328.330.403-404). O manto que o sumo sacerdote usava quando oferecia sacrifícios ficava guardado ali (*Ant.* XV,xi,4; #403).

---

[76] Um terceiro candidato foi proposto pela tradição cristã primitiva. (Veremos que a tradição *medieval* favorece fortemente a fortaleza Antônia). Em uma série de artigos (§ 30, Parte II), Bagatti, Pixner e Riesner lembram que a mais antiga tradição cristã identificável (século IV) alegava preservar a memória cuidadosamente estudada do lugar onde Jesus foi condenado e o localizava no lugar tradicional do antigo palácio asmoneu (mais tarde herodiano), na ladeira inferior da colina ocidental que se voltava para o Templo, marcado pela igreja de santa Sofia, destruída em 614. Contudo, esse é sempre considerado o local do palácio do sumo sacerdote, onde Jesus fora julgado/interrogado pelas autoridades judaicas (§ 18, C1). Quando a tradição localizou a casa de Caifás em outro lugar (mais acima, na colina para o sudoeste), a memória de um julgamento acontecido aqui foi transferida para os romanos? De qualquer modo, é duvidoso que Pilatos residisse aqui, quando os dois outros candidatos ofereciam acomodações melhores. Certamente, Josefo deu muito mais atenção aos outros dois.

[77] O nome dado ajuda a datar a conclusão; obviamente, ela não foi dedicada dessa maneira depois da derrota de Antônio em Ácio, em 31 a.C. O nome anterior era Baris (*Guerra* I,iii,3; #75; *Ant.* XV,xi,4; #403), que representa o hebraico *bîrâ*, "lugar fortificado". Acredita-se ter sido Hircano I quem a construiu, c. 134 a.C., como um forte-residência. Na época dos macabeus, uma cidadela (gr. *akra*) foi construída pelo rei selêucida sírio Antíoco IV Epífanes "na cidade de Davi, com alta e sólida muralha e torres possantes" (1Mc 1,33) — cidadela tão forte que só o terceiro irmão macabeu, Simão, finalmente conseguiu conquistá-la, em 141 a.C. (1Mc 13,49-52). O local exato da cidadela é controvertido. Foi ele o precursor de Baris e Antônia?

O segundo é *"o palácio* [aule] *do rei"* (*Guerra* V,iv,4; ##176-183), na colina ocidental da cidade — outra fortaleza que serviu de residência para Herodes, o Grande, mas construída sobre ruínas asmoneias no ponto mais alto dentro das muralhas.[78] Também fazia parte das defesas setentrionais, a fortaleza (*phrourion*) da cidade alta, do mesmo modo que a Antônia era a fortaleza do Templo (*Guerra* V,v,8; #245). Seu exterior incluía três torres imensas, construídas por Herodes, que receberam nomes em homenagem a amigos e parentes (Hípico, Fasael, Mariana; *Guerra* V,iv,3-4; ##161-175). Josefo (*Guerra* I,xxi,1; 402; *Ant.* XV,ix,3; #318) diz que seu luxo e extravagância eram indescritíveis; assim, parece que, depois de 23 a.C., esse edifício maior se tornou a residência herodiana principal. A descrição sucinta em *Ant.* XV,VIII,5; #292 capta a diferença entre os dois edifícios que acabamos de examinar: "O palácio em que ele vivia tornou a cidade segura para ele [Herodes] e a sólida fortaleza chamada Antônia, que ele construíra, tornou o Templo seguro".

Embora houvesse soldados romanos na fortaleza Antônia e no palácio herodiano, é provável que Benoit ("Praetorium", p. 174) esteja correto ao achar inacreditável que, quando vinha à cidade, o prefeito/procurador preferisse a fortaleza Antônia como residência e deixasse ao tribuno que chefiava a coorte de Jerusalém as excelentes acomodações no palácio. Nas p. 175-176, Benoit afirma que as descrições de Josefo e Fílon adaptam-se melhor ao palácio como residência do prefeito/procurador em comparação com a fortaleza Antônia. A meu ver, entre as muitas passagens, a mais clara para comparação neotestamentária é a descrição que Josefo faz do último procurador (64-66 d.C.) em *Guerra* II,xiv,8; #301: "Floro instalou-se [*aulizein*] na residência real e, no dia seguinte, mandou colocar um tribunal [*bema*] na frente e tomou seu assento. Os chefes dos sacerdotes, os cidadãos mais poderosos e mais conhecidos, apresentaram-se diante do *bema*". Entretanto, Reyero duvida que os textos judaicos sirvam para comprovar a identidade da residência.[79] Ele admite que Floro estava no palácio, mas alega que isso aconteceu porque Floro foi impedido pelo povo de ir para a fortaleza Antônia, como ele pretendia (*Guerra* II,xv,5; ##328-329). Porém, esse distúrbio ocorreu mais

---

[78] A respeito da escavação desta área do palácio herodiano no fim da década de 1960, ver R. Amiran e A. Eitan, IEJ 20, 1970, p. 9-17.

[79] Por exemplo, Benoit tenta mostrar (a partir de *Guerra* II,iii,1-4; #39-54) que o oficial romano Sabino estava no palácio, enquanto Reyero ("Textos", p. 528-529) argumenta que Sabino não era procurador governamental, mas um questor ou tesoureiro que coletava impostos no palácio.

§ 31. Introdução: Pano de fundo para o julgamento romano de Jesus por Pôncio Pilatos

tarde; e ele queria ir à fortaleza Antônia como parte de sua estratégia militar, não porque desejasse residir ali.

O que dois incidentes cruciais com Pilatos nos dizem a respeito dos costumes desse prefeito quando ele estava em Jerusalém? Em #3 acima (Aqueduto), nos é dito que "o povo cercou o tribunal [*to bema*] de Pilatos que então estava em visita a Jerusalém" (*Guerra* II,ix,4; #175). Ali, Josefo usa a mesma linguagem que logo usaria para Floro na passagem citada acima;[80] assim, ele pode perfeitamente estar pensando no palácio herodiano como residência e tribunal de Pilatos. Em #5, Pilatos dedicou na "residência real" (*basileia*) de Herodes alguns escudos dourados (Fílon, *Ad Gaium* 38; #299). Essa designação podia ser usada para a fortaleza Antônia (Josefo, *Guerra* I,xxi,1; #401), embora pareça mais normal para o palácio herodiano. De modo geral, uma estimativa razoável é que as descrições judaicas favoreçam o palácio herodiano na colina ocidental como lugar de residência de Pilatos e dos outros prefeitos/procuradores.

Quanto ao NT, na cena de Barrabás, Mc 15,8 descreve a multidão em Jerusalém como "tendo avançado" (*anabainein*) para fazer um pedido a Pilatos a respeito da soltura de um prisioneiro. Realmente a linguagem bíblica padrão tem peregrinos que vêm ou vão a Jerusalém, que era descrita como montanha. Contudo, se o desejo é impor o verbo marcano como descrição geográfica de movimento dentro da cidade, ele se adaptaria ao nome "hebraico" Gábata,[81] que Jo 19,13 dá ao lugar onde Pilatos condenou Jesus. Por sua localização geográfica e arquitetura, o palácio tinha a maior altura de todos os edifícios oficiais de Jerusalém. Mc 15,16 descreve o pretório como o *aule*, termo usado por Josefo para o palácio herodiano, mas não para a fortaleza Antônia. Mt 27,19 fala de Pilatos sentado em *to bema*, enquanto Jo 19,13 usa o mesmo termo sem o artigo; os dois evangelistas o imaginam montado fora do pretório. Na citação dada acima de *Guerra* de Josefo, que descreve Floro no palácio, o *bema* localiza-se exatamente na mesma posição relacionada com o palácio herodiano. Em Mc 15,15 e Mt 27,26, Jesus é açoitado publicamente do lado de fora do pretório, e em seguida entregue para ser crucificado. Na cena de Floro que acabamos de mencionar algumas linhas atrás (*Guerra* II,xiv,9; #306

---

[80] Contudo, Reyero ("Textos", p. 530-531) enfatiza (demais) que o artigo é usado com *bema* na cena de Pilatos, mas não na cena de Floro.

[81] O "hebraico" (aramaico) *Gabbatha* não é tradução de *Lithostrotos*. Significa lugar alto ou colina, e pode ser mais aplicável ao palácio que à fortaleza Antônia.

— portanto, é de se presumir que no mesmo ambiente fora do palácio), cidadãos são levados diante do procurador, açoitados e crucificados. Jo 19,13 descreve um *Lithostrotos*, "pavimento de pedra", fora do pretório. Na verdade, o nome só nos diz que as pedras eram notáveis o bastante para atrair o olhar e a imaginação. Eram particularmente grandes ou cortadas e projetadas com esmero, ou dispostas em um arranjo muito atraente, ou tinham valor especial?[82] Josefo não menciona pedras com referência à fortaleza Antônia, mas uma notável variedade de pedras preciosas (*lithos*) é mencionada com referência ao palácio (*Guerra* V,iv,4; #178). At 21,27-32 mostra o tribuno romano com os soldados da coorte apressando-se para impedir que batessem em Paulo, que se metera em encrenca na área do Templo. Paulo foi conduzido para o quartel (*parembole*: At 21,34-37; 22,24; 23,10.16). Com certeza esse relato se refere à fortaleza Antônia, que ficava adjacente ao pátio do Templo; mas, nessa ocasião, o prefeito estava em Cesareia, no litoral (At 23,32-33), não em Jerusalém, e assim o relato não nos diz onde o prefeito residia quando estava na cidade santa. De modo geral, então, os limitados indícios neotestamentários favorecem o palácio herodiano na colina ocidental como pretório temporário de Pilatos em Jerusalém durante a Páscoa, quando ele encontrou Jesus. Na verdade, as concordâncias involuntárias entre as cenas dos Evangelhos e as de Josefo e Fílon realçam a plausibilidade do ambiente neotestamentário do julgamento.

Entretanto, antes de prosseguir, podemos perguntar por que a fortaleza Antônia é, tantas vezes, identificada com o pretório.[83] São influentes dois fatores importantes. Primeiro, desde o século XII, a tradição cristã reverencia a área geral da fortaleza Antônia como local do julgamento de Jesus. Até hoje, a "Via-Sacra" avança estação por estação para o oeste, da fortaleza Antônia em direção à igreja do Santo Sepulcro (o local tradicional do Calvário). Porém, não se deve separar

---

[82] Steele ("Pavement") imagina um pavimento móvel (instalado e erguido novamente conforme o pretor ou oficial romano ia e vinha) composto de pequenos cubos coloridos ou tésseras arrumados para representar deuses pagãos. Ele não apresenta uma prova real para esse tipo de pavimento de pedra como equipamento judicial para governadores romanos; e a ironia proposta de que Jesus, quando foi julgado, estava de pé sobre uma imagem de Júpiter é fantasiosa.

[83] Os que preferem Antônia incluem Albright, Aline de Sion, Flusser, Lagrange, Lattey, Meistermann, Olmstead, Revuelta Sañudo, Ricciotti, J. Starcky (DBSup, v. 5, p. 398-405), Vincent e Vosté. Os que preferem o palácio como local incluem Abel, Belser, Benoit, Billerbeck, Blinzler, Boismard, Bornkamm, Dalman, Dibelius, Edersheim, Kastner, Kopp, Kraeling, Kreyenbühl, Lémonon, Lohse, Rostovtzeff, Schürer, van Bebber e Vanel. Para harmonizar João com Mc 15,16, Reicke sugere que Jesus foi condenado na fortaleza Antônia (João) e depois levado ao pretório (Marcos), que era o palácio de Herodes.

essa tradição dos locais que passaram para mãos cristãs e, assim, reforçaram a tradição. Segundo, em 1870, na área da fortaleza Antônia (no que é agora o porão do convento das Irmãs de Sião, adjacente ao arco *"Ecce Homo"*), foi descoberto um pavimento de lajes de pedra maciça. O famoso arqueólogo de Jerusalém, L.-H. Vincent, identificou-o como o *Lithostrotos* ou "pavimento de pedra" de Jo 19,13. A dissertação de Aline de Sion, em meados de 1950, organizou de maneira impressionante os indícios, inclusive a presença de grafite do "jogo do rei" que se ajustou ao escárnio de Jesus como rei, que Mc 15,16-20 e Mt 27,27-31 colocam no pretório (§ 36 B adiante). Entretanto, a arqueologia mais recente (Benoit, "Antonia") indica ser provável que o pavimento fizesse parte de um fórum relacionado com um arco triunfal na porta de entrada oriental para a Aélia Capitolina, a cidade romana construída no local de Jerusalém depois da Segunda Revolta Judaica (132-135 d.C.). Então, o pavimento não teria existido no tempo de Jesus. Se essa conclusão arqueológica é verdadeira, a identificação do palácio com o pretório se torna quase certa, pois desaparece o argumento mais impressivo a favor da fortaleza Antônia.

D. O tipo de julgamento romano

Em § 18, D3 acima, vimos que a explicação tradicional do motivo de Jesus ser levado a Pilatos ainda é a mais provável, a saber, que exceto por alguns crimes em que se concordava que a punição seria automática, a execução da pena capital estava sob o controle do prefeito/procurador romano, não das autoridades do sinédrio. Contudo, essa explicação não nos diz que tipo de procedimento legal romano foi seguido no interrogatório e na condenação de Jesus. A decisão a respeito deve se basear na combinação de informações: informações gerais quanto a circunstâncias semelhantes e as informações neotestamentárias especiais a respeito da conduta de Pilatos com Jesus. Começaremos com comentários a respeito da qualidade legal dos indícios evangélicos e em seguida nos voltaremos para a relação entre os julgamentos romano e judaico e para a legalidade de certos aspectos do julgamento romano.

1. A qualidade legal do registro evangélico do julgamento

Desde o início, precisamos ser cuidadosos a respeito dos relatos neotestamentários. O que os Evangelhos narram tem o objetivo de dramatizar o sentido *religioso* da condenação de Jesus. As diferenças entre os relatos evangélicos quase sempre representam opiniões teológicas divergentes. Por exemplo, enquanto fica praticamente silencioso nos relatos sinóticos do julgamento romano, em João Jesus fala longamente com Pilatos.[84] Para explicar essa diferença, não se pode simplesmente recorrer a um detalhe histórico joanino mais amplo. O que o Jesus joanino diz a Pilatos reflete uma questão que os cristãos da época de João enfrentavam em relação a Roma, isto é: eles defendiam um reino político separatista e perigoso? A resposta é não: o reino de Jesus não é deste mundo e seus seguidores não lutaram em sua defesa. A conversa também reflete questões que se originam da teologia joanina: Jesus veio ao mundo para dar testemunho da verdade e Pilatos tem de enfrentar esse julgamento enquanto está diante da verdade. Lucas talvez tivesse uma tradição independente para justificar sua inclusão de Herodes Antipas no julgamento romano de Jesus, mas seu principal interesse pode ter sido estabelecer um paralelo entre essa cena que reúne o prefeito Pilatos e Herodes como juízes de Jesus e a cena em At 25–26 que reúne o procurador Festo e o herodiano Agripa II como juízes de Paulo. Essa intensa caracterização religiosa significa que os poucos aspectos do julgamento relatados no Evangelho não esclarecem os motivos históricos dos envolvidos.[85]

Mais importante, como se pode supor do caráter e do objetivo dos relatos evangélicos, praticamente nenhum detalhe legal do julgamento de Jesus por Pilatos é, de fato, relatado. Para adequar esse julgamento ao padrão dos procedimentos judiciais romanos atestados alhures, os juristas haveriam de querer documentos do julgamento ou ao menos o relato de uma testemunha ocular. Nada que se pareça remotamente com um registro do tribunal do julgamento de Jesus foi conservado ou pode ser reconstruído a partir das narrativas evangélicas. Na verdade, não temos razão para pensar que os evangelistas recorreram a tal registro. Em At 21–25, Lucas dá consideráveis detalhes do julgamento de Paulo, mas mesmo ele não demonstra nenhum conhecimento detalhado do julgamento de Jesus. Os evangelistas também não afirmam que alguém solidário a Jesus estava presente no julgamento romano para fornecer o relato de uma testemunha ocular. Quaisquer informações históricas

---

[84] Notemos que nos sinóticos o interrogatório de Jesus é público e do lado de fora; contudo, o relato sinótico é mais sucinto que o relato joanino, onde o interrogatório é dentro e, portanto, reservado.

[85] É o silêncio de Jesus diante de Pilatos nos sinóticos um fato histórico, a saber, ele respondeu à pergunta legal do governador a respeito de sua identidade como rei, mas ficou insolentemente calado a respeito das falsas acusações que os membros do sinédrio impingiram a Pilatos? Ou esse silêncio é tema teológico, por exemplo, Is 53,7: "Ele não abriu a boca"? Ou é histórico e também teológico?

que tivessem a respeito do julgamento seriam, em última análise, derivadas de boatos, de explicações apresentadas pelas autoridades romanas e judaicas depois da ocorrência do fato e de suposições argutas quanto à probabilidade. Como no julgamento judaico de Jesus (§ 18, E), aqui também, devido ao envolvimento de soldados, servos e adversários, é inacreditável que alguma informação quanto ao assunto não tivesse circulado. Na execução pública de Jesus, a acusação "o Rei dos Judeus" foi divulgada e essa acusação relacionava-se com certeza ao julgamento que a precedera. Assim, apesar da ausência dos autos, não se justifica nenhum ceticismo extremo a respeito da questão básica do julgamento romano; e os evangelistas estavam em posição de narrar honestamente a seus leitores a inocência de Jesus diante de seu juiz romano.

Sem reconhecer o relato limitado de legalidades imposto pelo gênero evangélico, Rosadi (*Trial*, p. 293-294) enumera aspectos processuais que deveriam ter sido seguidos (por exemplo, juramentos, um relato escrito da transgressão, testemunhas, discursos para a defesa) e conclui que esse não foi um julgamento legal onde houve uma decisão injusta, mas assassinato judicial. Os escritores da Igreja antiga tomaram um caminho diferente, mas igualmente enganoso. Embora reconhecessem que os Evangelhos não forneceram os autos do julgamento, imaginaram que esses autos deviam ter existido.[86] Tal suposição foi influenciada por sua familiaridade com processos legais romanos comuns de seu tempo e, por fim, com os *Atos dos mártires* (que eram mais atentos às legalidades romanas que os evangelistas). Os escritores da Igreja achavam que Pilatos escrevera um registro dos procedimentos para Roma. Justino (*Apologia* I,35) declarou: "Que tudo isso aconteceu assim [a crucificação], podeis comprová-lo pelas Atas redigidas por Pôncio Pilatos" (também *Apologia* I,48). Entretanto, Justino também achava que os arquivos romanos continham os registros do recenseamento de Quirino (*Apologia* I,34)! Nenhum autor cristão importante alega ter visto o documento nos arquivos romanos ou tê-lo copiado.[87] Relacionada com isso foi a criação do apócrifo *Atos de*

---

[86] Blinzler (*Trial*, p. 22) argumenta que o governador romano não tinha de enviar um relatório a Roma a respeito de todos os crimes capitais. Precisamos nos lembrar de que Jesus não era cidadão romano, de modo que, sob a lei, ele não possuía direitos. Ele era antes objeto da lei (ver Overstreet, "Roman Law", p. 326.330).

[87] Ver o estudo de Steinwenter, "Processo", p. 472-476; Blinzler, *Trial*, p. 22-23. Em seu imaginoso *Messiah Jesus* (nota 8 acima), p. 15-16, R. Eisler afirmou que os Atos de Pilatos estavam realmente nos arquivos romanos, mas que o arquétipo desapareceu durante o reinado de Maximino Daia, em 311, para impedir que ele voltasse a ser usado contra a Igreja. (Eusébio [HE IX,v,1] realmente menciona uma obra blasfema

Pilatos, favorável ao prefeito, preservado em várias versões gregas. Essa obra já era conhecida por Epifânio (*Panarion* L,i,5; GCS 31,245). (Em mss. latinos posteriores ao século X, sob o título de *Evangelho de Nicodemos*, os *Atos* eram combinados com uma obra a respeito da descida de Cristo ao inferno.) Supostamente contém o testemunho de Nicodemos preservado em hebraico e encontrado por Ananias, um guarda romano convertido.[88] É claramente uma expansão imaginosa da tradição evangélica: milagres ocorrem durante o julgamento, enquanto as imagens imperiais nos estandartes romanos reverenciam Jesus e Pilatos obtém muito mais informações sobre a vida de Jesus. Também a partir do século II apareceram cartas espúrias de Pilatos a Tibério e Cláudio. Tertuliano afirmou: "Pilatos, agora de fato cristão em sua consciência, mandou notícias de todas essas coisas pertinentes a Cristo ao César então reinante, Tibério".[89] Uma carta de Pilatos a Cláudio, encontrada nos tardios *Atos de Pedro e Paulo*, está traduzida em JANT, p. 146. Nada disso tem valor para o julgamento histórico.

Reconhecendo, então, as fronteiras impostas pelos indícios, vamos prosseguir com observações limitadas a respeito da situação legal do julgamento romano de Jesus. A busca não é sem drama, pois nesse momento Jesus estava de pé diante de um representante do maior sistema legal que a história já conhecera.

2. Relação do julgamento romano com o julgamento/ interrogatório judaico

Quanto ao estilo do julgamento romano de Jesus, até que ponto ele dependeu do julgamento ou interrogatório judaico precedente?[90] Se, na estimativa judaica

---

chamada *Atos de Pilatos* nesse contexto, mas considera-a falsificação.) É tudo muito implausível. Se os arquivos romanos possuíam alguma coisa pertinente à morte de Jesus, era uma composição apologética do tipo descrito no texto acima.

[88] JANT, p. 94-146. Lampe ("Trial") argumenta ser essa obra bastante tardia, provavelmente reproduzida pelo relato de Tertuliano. Lémonon (*Pilate*, p. 262) data-a de c. 310-320. Outros optam por uma data anterior, por exemplo, para Mommsen (contra quem Lampe debate), ela foi composta a partir dos quatro Evangelhos e de material não canônico, sem nenhum conhecimento do direito romano. Erhardt ("Pontius", p. 446) acha que ela se origina de um midraxe ebionita do século I a respeito de Dn 13,43 e Sl 2,1. HSNTA (v. 1, p. 444-449; ed. rev., v. 1, p. 501-505) também opta por origens primitivas (século II?).

[89] *Apology* XXI,24; CC I, p. 127 (também V, p. 2; CC I, p. 94-95). Está comentado em HE II,2. T. D. Barnes (JRS 58, 1968, p. 32-33) rejeita a historicidade da alegação de Tertuliano. Ver a correspondência mais tardia de Pilatos com Tibério (e Herodes) em JANT, p. 153-157. P. Winter ("A Letter from Pontius Pilate", em NovT 7, 1964-1965, p. 37-43) descreve uma composição do século IV encontrada em Liverpool. Ver também em § 32, nota 17, e § 35, nota 61, o texto do século XIII da sentença pronunciada por Pilatos, conforme relatada em uma tabuinha de cobre.

[90] Blinzler, "Entscheid", trata disso em detalhe. Steinwenter ("Processo", p. 484) menciona que, mais

e também romana, essa ação judaica constituía uma investigação válida de Jesus, Pilatos deveria ter passado a examiná-la com base no que as autoridades judaicas relataram do interrogatório. Só em Lucas e, então, só parcialmente,[91] há no julgamento romano um eco verbal específico do interrogatório pelas autoridades judaicas; em nenhum Evangelho o assunto principal do interesse de Pilatos, "o Rei dos Judeus", foi mencionado como tal no interrogatório judaico de Jesus. Assim, a nossa falta geral de informações a respeito do estilo da *cognitio* romana nas províncias, precisamos acrescentar a peculiaridade da separação evangélica de assuntos nos interrogatórios judaico e romano. Assuntos específicos serão tratados adiante, no comentário sobre episódios individuais; aqui, só serão feitas observações mais gerais.

Em 1674, J. Steller sugeriu que Pilatos simplesmente pôs em prática o julgamento judaico de Jesus e, em um número surpreendente, estudiosos e juristas (inclusive Bammel, Doerr, Lippert, J. Merkel, Mommsen, Siefert e von Mayr) concordaram que o julgamento romano foi pouco mais que uma confirmação do julgamento judaico — um *exsequatur*: "Cumpra-se".[92] Entretanto, ao examinar o assunto, notamos primeiro que só em Marcos/Mateus (e não em Lucas ou João) houve um julgamento judaico imediatamente anterior, *com uma sentença de morte explícita* que Pilatos poderia confirmar. Além do fato de terem os dois julgamentos

---

tarde, sob Constantino, sempre que nas províncias as autoridades locais tinham permissão para fazer a acusação (Justiniano, *Código* XII,xxii,1), o funcionário que presidia tinha de estar muito atento ao verificar a acusação.

[91] Em Lc 23,2, a terceira acusação contra Jesus apresentada pela multidão judaica a Pilatos é: "dizendo que ele é o rei Messias", o que talvez repercuta Lc 22,67, onde os anciãos, os chefes dos sacerdotes e os escribas desafiam Jesus: "Se tu és o Messias, dize-nos". Contudo, Jesus respondeu-lhes de maneira ambígua ("Se eu vos disser, nunca acreditareis") e o Pilatos lucano ignora completamente essa referência ao Messias quando pergunta: "És tu o Rei dos Judeus?" (Lc 23,3). Exceto em Lucas, nem os temas da destruição do santuário e do Messias Filho de Deus (julgamento judaico em Marcos/Mateus), nem os temas dos discípulos e do ensinamento (interrogatório joanino por Anás) se repetem nos julgamentos por Pilatos desses Evangelhos. Blinzler (*Trial*, p. 170) afirma sem provas que as autoridades judaicas (Marcos/Mateus) tentaram sem sucesso encontrar material para apresentar a Pilatos, a saber, a destruição do santuário do Templo teria sido um assunto plausível, mas as testemunhas não concordaram. Finalmente, eles extraíram possibilidades políticas da questão religiosa do Messias.

[92] Há quem fale do que Pilatos fez como *recognitio causae*: não investigação independente, mas inquérito para ver se a acusação no julgamento anterior era justificada e a determinação dos detalhes da pena. Para propósitos práticos, a teoria imaginosa de James (*Trial*, v. 1, p. 226-229) pode ser considerada uma alternativa dessa abordagem. Temendo a unificação do povo judaico por um grande líder, Pilatos conspirou contra Jesus, fazendo com que o verdadeiro processo legal ficasse nas mãos do sinédrio. Ele admitiu a sua audiência de Jesus somente os que eram hostis ao nazareno (v. 1, p. 250) e apresentou Barrabás para distrair o povo de Jesus e forçar uma escolha contra ele (v. 1, p. 256).

(judaico e romano) assunto diferente, como foi mencionado no parágrafo anterior, a oferta que Pilatos faz de Barrabás como alternativa a Jesus (nos quatro Evangelhos) e o fato de mandar Jesus a Herodes para uma decisão (Lucas; cf. *EvPd*) dão a impressão de tomada de decisão independente. Mateus e João põem Pilatos sentado no tribunal quando condena Jesus, como se ele desse sua própria sentença. Os que apoiam a abordagem de confirmação ou *exsequatur* ao julgamento romano afirmam que, de outra maneira, toda a investigação judaica é fora de propósito e irrelevante. Porém, do ponto de vista romano um tanto arrogante, não é um julgamento de irrelevância para com o julgamento ou interrogatório judaico anterior, reconciliável com os relatos evangélicos e também com nossas outras informações quanto aos procedimentos romanos no tocante aos judeus? Todos os evangelistas mostram que Pilatos ignora até certo ponto a pressão das autoridades judaicas, como se não confiasse nelas. Em Jo 18,30-31, sua recusa a aceitar uma determinação judaica de culpa é explícita. Os Atos (18,12-16; 23,26-29) mostram os funcionários romanos recusando-se a julgar os que os judeus lhes entregavam como infratores contra a lei religiosa judaica — os funcionários romanos estariam dispostos a lidar com esses casos somente se alguma coisa que consideravam crime real estivesse envolvida. Isso não significava que tal crime não poderia ter nenhum aspecto religioso, mas tinha de incluir um elemento que os romanos consideravam legalmente culpável. Josefo (*Ant.* XX,v,4; ##115-117) mostra-nos o procurador Cumano (48-52) executando um soldado por rasgar em público uma cópia da lei de Moisés, blasfemando contra ela. O motivo não foi Cumano crer nessa lei, mas o soldado ter cometido um ultraje público. Um caso mais ambíguo foi julgado pelo procurador Albino (62-64 d.C.), quando os magistrados de Jerusalém trouxeram-lhe Jesus, filho de Ananias, que protestara contra Jerusalém e o Templo. Albino mandou açoitá-lo, mas soltou-o por considerá-lo um maníaco religioso (*Guerra* VI,v,3; ##300-309). Assim, mesmo quando os judeus ou seus líderes tomavam uma decisão quanto a um prisioneiro, a independência romana era preservada. A partir dessas analogias, não é implausível um julgamento romano de Jesus conduzido independentemente do julgamento/interrogatório anterior e que deixava aberta a possibilidade de soltura ou condenação. Não há nada nos Evangelhos que sugira uma simples confirmação da sentença judaica.

Se, com a maioria dos biblistas, julgarmos que Pilatos era lembrado como tendo chefiado um julgamento independente de Jesus, restam alguns problemas. A mera confirmação dos procedimentos judaicos explica por que o julgamento descrito em Marcos/Mateus é tão sumário, sem narrar nenhuma acusação, por que uma resposta ambígua à pergunta básica é toda a prova apresentada e por que Pilatos cede aos clamores das multidões pela crucificação. São esses fatores explicáveis como parte de um julgamento romano normal? Alguns comentaristas respondem negativamente, afirmando que o Pilatos dos Evangelhos age de maneira totalmente arbitrária e ignora os elementos jurídicos essenciais à legalidade. Tal procedimento ilegal é consistente com a imagem de Pilatos como tirano cruel, capaz de grandes crimes contra o povo que ele governava; mas essa imagem não se confirma na análise dada acima dos seis incidentes a respeito de Pilatos que conhecemos de fontes primitivas. Se *a priori* alguém não se dispuser a aceitar que, como prefeito romano, Pilatos era indiferente a legalidades,[93] outro caminho mais plausível é afirmar que, como Jesus não era cidadão romano, o julgamento foi conduzido *extra ordinem*.[94] Isso significa que não era preciso observar as especificações completas da lei ordinária de Roma, pois Pilatos tinha o direito de conduzir uma *cognitio* ou investigação mais simples. Conforme Jones (*Studies*, p. 85) enfatiza, a *ordo* era incômoda e a *cognitio* eficiente. O governador podia procurar obter os fatos a respeito de Jesus: por que os líderes judaicos queriam que esse homem fosse executado; se havia matéria legal para a pena romana e qual seria a pena apropriada. Ao usar sua autoridade imperial delegada, o prefeito da Judeia sofria poucas limitações nesse inquérito.[95] Ele podia tirar informações da autoridade local sem requerer o tipo de prova exigido pela lei ordinária.

Josefo narra muitas ações judiciais por prefeitos/procuradores romanos que envolviam a pena capital, e nenhuma delas tem muito mais detalhes que os relatos evangélicos do julgamento de Jesus. Não me refiro às narrativas de Josefo em que terroristas e insurgentes armados eram presos e sumariamente executados com

---

[93] E. Bickermann ("Utilitas"), biblista judeu, estudou os relatos evangélicos do julgamento romano e achou-os legalmente plausíveis, exceto pelo episódio de Barrabás, que foi um "coup de théâtre" (p. 190). Steinwenter ("Processo", p. 481) argumenta que nem mesmo o incidente de Barrabás foi ilegal.

[94] Mommsen (*Römisches*, p. 193-194) menciona que o contexto legal no fim da república romana e no início do império (reinados de Augusto e Tibério) contribuiu para tratar processos judiciais *extra ordinem*, principalmente em uma nova província imperial como a Judeia onde, em sua maioria, os habitantes não eram cidadãos romanos.

[95] Com certeza, tal procedimento administrativo legal não seria limitado pela supervisão do legado da Síria.

seus seguidores.⁹⁶ O tratamento de Jesus nos Evangelhos não tem nada em comum com tais execuções, e essa falta de semelhança constitui prova de que Jesus não era considerado um revolucionário violento (ver A2 acima). Penso, na verdade, em exemplos em Josefo quando o prefeito/procurador tinha de chegar a uma decisão sobre culpa ou castigo em uma ação judicial apresentada a ele.⁹⁷ As descrições nessas ações judiciais são muito concisas, sem muitas das legalidades detalhadas que os Evangelhos também desprezam. Parte dessa concisão talvez se origine do estilo narrativo em Josefo e nos Evangelhos, mas parte talvez também reflita os procedimentos sumários da *cognitio*. Em todo caso, contra esse pano de fundo, não parece que os relatos evangélicos do tratamento dado pelo prefeito a Jesus estejam demasiadamente truncados. Mas voltemo-nos agora para os detalhes do julgamento romano de Jesus para examinar legalidades.

3. Situação legal de aspectos selecionados do julgamento romano de Jesus

Começamos com alguns aspectos secundários. É reflexo da seletividade evangélica que Pilatos aparentemente seja o único romano a lidar com Jesus durante todo o julgamento, até entregá-lo a soldados romanos no final, depois da sentença. Embora o juiz romano atuasse de modo altamente individual, em um julgamento formal, como lembra Blinzler (*Trial*, p. 170-171), normalmente havia *assessores* (advogados juniores) e *comites* (atendentes) presentes para consulta. Mesmo se alguém argumentasse que o julgamento de Jesus não era um julgamento importante, o julgamento paralelo de Paulo (cidadão romano, com certeza) mostra o juiz, o procurador Festo, consultando o conselho antes de proferir a sentença (At 25,12). Conforme a analogia dos editos de Augusto para Cirene (§ 18, D1 acima), em crimes capitais o prefeito podia fazer sua própria *cognitio* (investigação) ou designar outros para fazê-la. Nada em Josefo, nem no NT, sugere que, na província da Judeia, o prefeito precisava do voto de um júri. Uma última personagem que presumivelmente estaria à disposição é um tradutor (Cícero, *In Verren* II,iii,37; #84; Josefo, *Guerra* V,ix,2; #361). A ausência de menção a tecnicalidades nos relatos evangélicos invalida a suposição de J. A. Fitzmyer (BARev 18, #5, 1992, p. 60-61), segundo a qual Jesus e Pilatos teriam falado um com o outro em grego.

---

⁹⁶ *Ant*. XVIII,iv; #87; XX,v,1; #98; XX,viii,5-7; ##161.171.177; XX,ix,2; #204.

⁹⁷ *Ant*. XVIII,iii,1; ##57-59; XX,v,2; #117; XX,vi,2; #127-132.

Os evangelistas não apresentam em absoluto nenhum meio de julgar que língua foi usada no interrogatório e nas respostas.

a) *A acusação contra Jesus e o crime que ela representava.* É provável que Marcos nos mostre a etapa preservada mais antiga da narrativa cristã dos procedimentos judiciais que levaram Jesus diante de Pilatos. Embora não seja relatada nenhuma apresentação explícita da acusação, Pilatos está a par da questão principal, do mesmo modo que, sem apresentação formal, o prefeito/procurador conhece a acusação em muitos dos relatos de Josefo. (Mateus segue Marcos de perto nesta imagem.) Etapas mais desenvolvidas da narrativa encontram-se em Lc 23,2, com a apresentação formal de acusações (tiradas de questões do ministério), e em Jo 18,29-32, que dramatiza a ausência de uma apresentação formal a fim de fazer "os judeus" inconscientemente cumprir a palavra de Jesus quanto ao tipo de morte que ele ia ter. Esses fatos são secundários para nossos propósitos aqui. A imagem de Marcos/Mateus é consistente com a compreensão de que, em tempos de pressão (uma festa movimentada, tumultos recentes), o procedimento romano podia ser sumário, iniciado com o equivalente de um relatório policial (*elogium*) originário de magistrados locais.[98]

A acusação contra Jesus no julgamento é que ele se proclamava Rei dos Judeus, o que, sob o direito romano, podia parecer sedição, e os indícios mais tardios de DJ XLVIII,viii,3.4 são às vezes invocados. Os autores de sedição ou que levam o povo à sublevação são passíveis de crucificação. Mais especificamente, muitos biblistas presumem que a alegação de ser rei merecia a pena de morte, pois era ofensa contra a *Lex Iulia de maiestate*.[99] Entretanto, a situação é complicada. Primeiro, quero explicar o direito romano; depois, examinar se ele se aplicava ou não a Jesus. (No que se segue, é importante lembrar que, na maior parte, nossos indícios dizem respeito a cidadãos romanos e à Itália.) Especialistas em direito romano não estão de acordo quanto ao relacionamento entre *perduellio* e as diversas

---

[98] Assim, Bickermann, "Utilitas", p. 194-196. Na p. 198, ele contesta, como sem sentido, a objeção de alguns críticos que afirmam que o Pilatos marcano não podia ter sabido bastante a respeito de Jesus para fazer perguntas, pois não recebeu a lista de acusações. Marcos simplesmente não explica os detalhes de como Pilatos foi informado. Entretanto, tenho dúvidas quanto à tese de Bickermann, segundo a qual Jesus era um fugitivo procurado oficialmente quando foi preso (ver § 14 acima).

[99] Innes (*Trial*, p. 85) fala de *crimen laesae aut imminutae maiestatis* ou *crimen adversus maiestatem populi Romani*. Alguns, como Kennard ("Jewish", p. 51), acham que por si só a alegação de ser o Messias não era ofensa contra a *maiestas* do império.

leges de maiestate, nem quanto às penas ligadas a elas por estatuto.[100] Em parte, a dificuldade surge de uma situação legal inconstante, principalmente nesse período de transição de república para império. Termo originário de tempos primitivos, *perduellio* abrangia toda ofensa malévola contra o povo romano e podia ser punida por uma série de penas de morte a multas. Em 100 a.C., Saturnino aprovou sua *Lex Appuleia de maiestate*, que punia com a morte ou o exílio voluntário magistrados incompetentes por negligência culpável. Sula combinou ofensas do *perduellio* e da *Lex Appuleia* em sua nova *Lex Cornelia de maiestate*, ampliando sua aplicabilidade, por exemplo, à guerra privada, à intromissão na lealdade das tropas, à saída de uma província sem permissão. A morte ainda era a pena, embora nunca aplicada a cidadãos, que tinham permissão para se exilar e ficavam proibidos de voltar à Itália (*interdictio aquae et ignis*). O amplo conceito de ofensas *de maiestate* (lesa-majestade)[101] praticamente substituiu o *perduellio* (que se tornou arcaico e obsoleto). Com o início do império, incumbido do *imperium* e chefe da religião do Estado, o *princeps* ou governante simbolizava a majestade de Roma; consequentemente, as leis de lesa-majestade começaram a incluir insultos a ele. Não temos certeza do que era abrangido pela *Lex de maiestate* de Júlio César, mas com ela a pena do exílio para cidadãos tornou-se compulsória. A principal ampliação de *maiestas* surgiu sob Augusto, com a famosa *Lex Iulia de maiestate* (expansão da lei de Júlio César).[102] Embora a lei exata não tenha sido preservada, ela incluía a difamação do imperador e sua família. Sob Augusto, e em especial sob Tibério (que era particularmente sensível quanto a traição), o banimento ficou mais severo,

---

[100] C. W. Chilton ("Roman") expõe os problemas em detalhe. R. S. Rogers ("Treason"), que antes (1935) escrevera *Criminal Trials and Criminal Legislation under Tiberius*, responde discordando em parte. Basicamente eles concordam que *perduellio* se tornou obsoleto, embora o termo continuasse a aparecer em escritos mais tardios (Ulpiano). Apesar de ser preciso tomar cuidado quanto a supor que as declarações de Ulpiano no século III se aplicam ao século I, a lei tende a ser extremamente conservadora, como observa Rogers ("Treason", p. 90).

[101] Cícero (*De inventione* II,17; #53) escreve: "Diminuir a *maiestas* consiste em tirar alguma coisa da dignidade, ou da plenitude, ou do poder do povo ou daqueles a quem o povo deu poder". Alguns séculos mais tarde, Ulpiano (DJ XLVIII,iv,1,1) escreve: "O crime de *maiestas* é o crime cometido contra o povo romano ou sua segurança". Para ele, a traição está mais próxima do sacrilégio.

[102] As diferenças entre a lei de Augusto e a lei de Júlio são ponto de discussão entre Chilton e Rogers, com o primeiro afirmando que a pena legal continuava a mesma e Rogers insistindo que numerosas sentenças de morte haviam sido impostas sob Augusto. Para Chilton, Augusto e Tibério eram arbitrários na administração dessa lei, enquanto Rogers insiste que o desdobramento da lei significava que as aplicações eram legais.

e a execução sumária passou a ser mais comum.[103] Tácito comenta (*Anais* II,50): "A *Lex maiestatis* se fortalecia". Na opinião desse historiador romano, Tibério era cruel ao invocá-la (*Anais* III,38; também Suetônio, *Tiberius*, p. 58).

Voltemo-nos agora para a aplicabilidade a Jesus. Parece não haver dúvida de que o fato de Jesus ter pretensões a rei rival em uma província romana constituía lesa-majestade contra o imperador e/ou o povo romano.[104] No entanto, em uma única narrativa (Jo 19,12) é feita essa ligação. Essa passagem joanina preserva o detalhe histórico; ou, em retrospecto, João revela as inferências da tradição (centralizada em: "És tu o Rei dos Judeus?"), do mesmo modo que só ele explica por que, tendo condenado Jesus, os chefes dos sacerdotes conduziram-no a Pilatos? Em Josefo, as narrativas das ações dos prefeitos romanos contra vários judeus não explicam a base legal para a condenação. Esses indivíduos são desordeiros ou encrenqueiros e o prefeito dá um jeito neles. O princípio geral de manter a ordem em uma província subjugada, em vez de uma lei específica, pode ter orientado o tratamento de um não cidadão como Jesus. Naturalmente, em retrospecto, encontra-se uma relação entre esse princípio geral e as leis romanas contra a traição; mas seria errado imaginar que o prefeito consultava livros de direito toda vez que tinha de lidar com provincianos acusados de crimes.

b) *As respostas de Jesus*. Feita essa advertência muito séria, examinemos o interrogatório de Jesus no relato de Marcos/Mateus do julgamento, indicando paralelos com o direito romano onde eles existem. Quando reconhecemos que não lidamos com autos nem história precisa, não há nada implausível na pergunta inicial que, embora tenha importância dramática, formula diretamente a pergunta básica: "És tu o Rei dos Judeus?". Encontrada nos quatro Evangelhos, essa pergunta talvez seja o componente mais antigo da tradição cristã a respeito do julgamento romano de Jesus. Realmente, há quem a explique como retrospectiva da acusação sobre a cruz (Mc 15,26); mas essa não é uma qualificação importante, pois a acusação anunciada na execução teria sido a acusação envolvida no interrogatório e na condenação. A pergunta seguinte em Mc 15,4 é: "Não respondes absolutamente

---

[103] Chilton ("Roman", p. 76): "Desde o início do reinado de Tibério, a pena de morte foi muitas vezes exigida", em especial por tramar contra o imperador. Ver também Klostermann, "Majestäts-prozesse", p. 75-79.

[104] Em comentários mais tardios sobre a *Lex Iulia de maiestate* (DJ IV,XLVIII,4,3-4), Marcião inclui entre os infratores alguém que, embora civil, age como se ocupasse um cargo ou magistratura; Scaevola inclui o rei de uma nação estrangeira que, com intenção maldosa, não promete submissão ao povo romano.

nada? Vê de quanta coisa te acusaram". Por si só, essa não é uma reação judicial implausível, como vemos no papiro Oslo 16, onde, em um relato também sucinto de um interrogatório, a pergunta é: "O que tens a dizer a respeito deste assunto?". Assim, embora obviamente um relato resumido e popular, o interrogatório marcano por Pilatos não mostra sinais de criação teológica. (O relato joanino é outro assunto!)

Uma dificuldade mais séria é se um juiz romano teria ou não ficado satisfeito em proferir sentença considerando o tipo de respostas dadas por Jesus registradas em Marcos (já que nenhuma outra prova é mencionada). O COMENTÁRIO a respeito de Mc 15,2 (§ 32) examinará detalhadamente a importância exata de "Tu dizes"; mas, se posso antecipar, essa não é uma negativa nem uma afirmativa inequívoca. Em Mc 15,5, ficamos sabendo que Jesus não respondeu mais nada. E assim, à única pergunta que lhe é feita, vemos Jesus se recusando a dar uma resposta clara. (Seu silêncio tem, com certeza, um aspecto teológico, mas aqui indago a respeito do efeito legal de tal atitude. Ver um exame detalhado em § 32.) Catão (Salústio, *Bellum Catalinae* LII,36) defende o princípio de que um magistrado deve punir com base no que foi confessado. Jesus, entretanto, não confessa. O que deve o juiz fazer no caso de um criminoso acusado que não se confessa culpado, mas não declara inocência nem nega as acusações básicas contra ele, quando interrogado? Não é lícito condenar uma pessoa tão difícil e impassível? Realmente, segundo Mc 15,10, Pilatos estava ciente de que os chefes dos sacerdotes entregaram-lhe Jesus por zelo ou inveja. (Essa observação com certeza tem o objetivo teológico de assegurar ao leitor a inocência facilmente reconhecível de Jesus, mas aqui, mais uma vez indago se o conhecimento da inveja tornou necessariamente ilegal o veredicto de Pilatos.) Poderia o juiz refugiar-se no ato de proferir sentença conforme as provas apresentadas no próprio julgamento, em especial quando estava sob pressão política para condenar o acusado?

c) *O papel da multidão* **(Acclamatio)**. O que se deve concluir do clamor das multidões judaicas ("Crucifica-o"), quase como se tivessem voz ativa na decisão a ser tomada pelo juiz romano? (Sua manifestação é ainda mais prova de terem escolhido entre Jesus e Barrabás, principalmente na opção apresentada em Mt 27,17. Mas a cena de Barrabás é um problema especial a ser tratado em § 34.) Ao comentar essa passagem, alguns biblistas invocam o costume de decisão por *acclamatio populi* ("aclamação do povo").[105] Em especial, Colin estuda a forma de governo das "cidades livres". As dez cidades que constituíam a Decápole estavam fora da prefeitura da Judeia e eram ligadas à província da Síria; juntamente com diversas cidades dentro da prefeitura da Judeia (Cesareia e Samaria [Sebaste]), elas eram altamente helenistas, quase sempre com uma população de maioria pagã. Colin argumenta que, nessas cidades, as ações judiciais costumavam ser decididas pela aclamação do povo.[106] Por exemplo, em Cesareia, no litoral, Herodes, o Grande, levou diante da assembleia trezentos líderes militares acusados e a multidão os matou (*Ant.* XVI,xi,7; ##393-394). Em Jericó, Herodes voltou-se para a multidão no anfiteatro para decidir o destino de cerca de quarenta jovens que haviam arrancado a águia dourada do Templo (*Ant.* XVII,vi,3-4; ##157-164). Quase dois séculos mais tarde (174 d.C.) em Tiro, sob Marco Aurélio, a assembleia votou por aclamação. Parece que tal decisão de ações judiciais por aclamação da multidão era costume oriental. Muitas vezes os romanos respeitavam os costumes locais (talvez mais durante a transição de república para império que mais tarde).[107] Mas esse "processo judicial" realmente explica a decisão tomada contra Jesus em Jerusalém? Jerusalém não era cidade livre; a população era predominantemente judaica, não pagã. A decisão das ações judiciais por aclamação popular certamente não era um costume judaico que os romanos estariam respeitando, pois no entendimento israelita a lei vinha de Deus e os castigos eram determinados divinamente. Os clamores da multidão contra Jesus nos relatos evangélicos são pressão do populacho sobre o prefeito, não a voz de um júri reconhecido. Tal distinção está clara em At 25,23-27, onde, embora os judeus de Jerusalém e Cesareia tenham clamado que Paulo não podia viver, o procurador Festo insiste em um inquérito legal formal.

Contudo, embora não faça parte das legalidades, a presença da multidão hostil não é elemento raro em relatos de um julgamento condenatório escrito pelos que simpatizam com o acusado e são contra a sentença. O *Martírio de Policarpo* 11–12 mostra o procônsul de Esmirna decidido a condenar Policarpo à morte, a

---

[105] Por exemplo, Strobel, *Stunde*, p. 124-129. Em vários graus: Blinzler, *Trial*, p. 169; J. Merkel, "Begnadigung", p. 309; Colin, *Villes*. Contudo, Lémonon (*Pilate*, p. 96) lembra a escassez de exemplos da aclamação sendo usada a fim de determinar a pena capital para um indivíduo.

[106] O vocabulário grego nessa aclamação inclui os verbos de clamor *epiphonein, epiboan, anaboan*, e os substantivos *ekboesis, epiboesis, ababoesis*. As correspondências latinas são *clamare, acclamare, acclamatio*.

[107] Steinwenter ("Processo", p. 481) lembra que o direito romano mais tardio não era favorável à aclamação. O Código de Justiniano (IX,xlvii,12) nega-a e Diocleciano comenta as "vozes tolas do povo".

não ser que ele se retrate; os clamores da multidão composta de pagãos e judeus determinam a maneira da morte. Quanto ao fato de historicamente tal clamor de multidões ter ocorrido ou não durante o julgamento de Jesus por Pilatos, só podemos falar de probabilidade. Em três dos seis incidentes com Pilatos examinados acima (seção B), multidões de judeus se reuniram para protestar a Pilatos (##1.3.5). Assim, ao avaliar o julgamento de Jesus como os Evangelhos o descrevem, nós nos vemos mais uma vez não longe da descrição da prefeitura de Pilatos que surgiu acima, no exame de sua carreira com base em Josefo, Fílon e moedas. Um Pilatos ansioso para assegurar as prerrogativas romanas na responsabilidade por condenações à morte deseja verificar por si mesmo a culpa de Jesus, embora as autoridades judaicas tenham conduzido Jesus a ele como alguém que é culpado. Pilatos sabe por experiência que o povo e os governantes de Jerusalém muitas vezes não concordam quanto ao que deve ser feito.[108] O silêncio virtual do Jesus sinótico não ajuda o caso legalmente — se é inocente, por que não afirma isso? Contudo, Pilatos desconfia que o verdadeiro problema é uma questão judaica interna, não um crime político contra a majestade do imperador. A multidão pressiona Pilatos e ele não quer que o caso exploda em outro tumulto em Jerusalém, em especial no contexto da Páscoa. Legalmente, a inocência do acusado não é tão clara a ponto de Pilatos dever se arriscar; assim, ele cede à pressão da multidão, como fez no caso dos estandartes icônicos. Essa atitude do Pilatos descrita nos Evangelhos, então, não foi nobre nem corajosa; contudo, não foi ilegal. Em 37 d.C., quando Pilatos chegou a Roma para ser investigado pelo imperador, depois que o legado da Síria ordenou que fosse para lá (*Ant.* XVIII,iv,2; ##88-89), houve imprudências que poderiam ser citadas. Entretanto, este julgamento de Jesus (além de ser insignificante na carreira de Pilatos) não precisa ter sido mencionado como transgressão abusiva do direito romano. Jesus não encontrara nem o melhor nem o pior dos juízes romanos.

(A bibliografia pertinente encontra-se na seção anterior [§ 30]; em especial, ver em § 30, Parte I, o tema de Jesus, o revolucionário [A2 acima], e em § 30, Parte II, o pano de fundo geral pertinente a Pilatos, o pretório e o direito romano.)

---

[108] Lémonon (*Pilate*, p. 189) afirma que, examinados com discernimento, os relatos evangélicos não nos dão nem um Pilatos que cede ao medo, nem um Pilatos que escrupulosamente defende o acusado, mas sim um Pilatos que não deseja ser manipulado pelos judeus.

§ 32. O julgamento romano, primeira parte: Interrogatório inicial por Pilatos (Mc 15,2-5; Mt 27,11-14; Lc 23,2-5; Jo 18,28b-38a)

Tradução

Mc 15,2-5: ²E Pilatos interrogou-o: "És tu o Rei dos Judeus?". Mas em resposta ele lhe diz: "Tu (o) dizes". ³E os chefes dos sacerdotes estavam acusando-o de muitas coisas. ⁴Mas Pilatos tentou interrogá-lo novamente, dizendo: "Não respondes absolutamente nada? Vê de quanta coisa te acusaram". ⁵Mas Jesus não respondeu mais nada, de modo que Pilatos ficou espantado.

Mt 27,11-14: ¹¹"Mas Jesus ficou de pé na frente do governador e o governador interrogou-o, dizendo: "És tu o Rei dos Judeus?". Mas Jesus disse: "Tu (o) dizes". ¹²E embora estivesse sendo acusado pelos chefes dos sacerdotes e anciãos, ele nada respondeu. ¹³Então Pilatos lhe diz: "Ouves quanta coisa eles estão depondo contra ti?". ¹⁴E ele não lhe respondeu, nem mesmo uma só palavra, de modo que o governador ficou muito espantado.

Lc 23,2-5: ²Mas eles [toda a aglomeração deles] começaram a acusá-lo, dizendo: "Achamos este sujeito desencaminhando nossa nação, proibindo o pagamento de tributos a César e dizendo que ele é o rei Messias". ³Mas Pilatos inquiriu-o, dizendo: "És tu o Rei dos Judeus?". Mas em resposta ele disse a ele: "Tu (o) dizes". ⁴Mas Pilatos disse aos chefes dos sacerdotes e às multidões: "Não acho nada criminoso neste homem". ⁵Mas eles eram insistentes, dizendo que "Ele instiga o povo, ensinando por toda a Judeia, tendo começado desde a Galileia até aqui".

Jo 18,28b-38a: ²⁸ᵇE eles não entraram no pretório para não se contaminarem e a fim de poderem comer a (refeição da) Páscoa. ²⁹Assim, Pilatos saiu até eles e diz: "Que acusação apresentais contra este homem?". ³⁰Eles responderam e lhe disseram: "Se este sujeito não estivesse fazendo o que é mau, não o teríamos entregado a ti". ³¹Assim, Pilatos disse-lhes: "Tomai-o vós mesmos e julgai-o segundo vossa lei". Os judeus disseram-lhe: "Não nos é permitido executar ninguém", [32]a fim de que pudesse ser cumprida a palavra de Jesus que ele falou, indicando que tipo de morte ele ia morrer.

[33]Assim Pilatos entrou novamente no pretório e chamou Jesus e lhe disse: "És tu o Rei dos Judeus?". [34]Jesus respondeu: "Dizes isso por ti mesmo ou outros te contaram isso de mim?". [35]Pilatos respondeu: "Sou eu judeu? Tua nação e os chefes dos sacerdotes entregaram-te a mim. O que fizeste?". [36]Jesus respondeu: "Meu reino não é deste mundo. Se meu reino fosse deste mundo, meus guardas teriam lutado para eu não ser entregue aos judeus. Mas nestas circunstâncias, meu reino não é daqui". [37]Assim Pilatos lhe disse: "Com que então tu és rei". Jesus respondeu: "Tu dizes que sou rei. A razão pela qual nasci e vim ao mundo é que eu possa dar testemunho da verdade. Todo aquele que é da verdade ouve minha voz". [38a]Pilatos lhe diz: "O que é a verdade?".

Comentário

A seção anterior (§ 31) forneceu o pano de fundo do julgamento romano para *os leitores deste livro*. Ao que me é dado saber, nenhum dos quatro Evangelhos foi dirigido a uma comunidade pré-70 *na Judeia*; portanto, é muito duvidoso que os leitores dos respectivos Evangelhos conhecessem muita coisa desse pano de fundo, isto é, cristãos que viviam em Antioquia, Éfeso ou Roma entre 60 e 100 não estavam familiarizados com os detalhes da prefeitura de Pilatos na Judeia, nem com o local do pretório em Jerusalém trinta a setenta anos antes. (Somente a respeito da última questão tratada em § 31, a saber, de que maneira os romanos conduziam julgamentos, eles tinham mais conhecimento experiencial do que agora está disponível para nós a partir de fontes escritas; mas mesmo assim eles não tinham experiência de julgamentos *extra ordinem* em uma pequena província imperial como a Judeia.) Esse é um ponto importante a lembrar quando temos de julgar a maneira como eles entenderam os relatos evangélicos do julgamento romano.

Vou destinar a ANÁLISE desta seção ao esboço de todo o julgamento em cada Evangelho, pois a estrutura total contribui para o sentido de cada segmento. Aqui no COMENTÁRIO, entretanto, desejo começar com o exame sucinto das várias abordagens que guiam a pesquisa erudita do julgamento. (Para uma lista resumida com a ordem das subseções, ver o Sumário inserido entre os §§ 29 e 30.)

Diferentes abordagens ao julgamento por Pilatos

Historicidade. Muitos deixam questões de história combinadas com a lógica guiar suas expectativas. Muitas vezes, dirigem suas perguntas à narrativa marcana como o relato mais sucinto e básico, e com frequência surpreendente essas perguntas produzem conclusões céticas. Será que um prefeito como Pilatos interrogaria pessoalmente um judeu galileu sem grande posição social acusado de um crime? Em caso afirmativo, o julgamento se concentraria em um único assunto ("o Rei dos Judeus"), sem uma investigação romana detalhada dos antecedentes de Jesus, e seria verossímil que Pilatos aceitasse o silêncio de Jesus? Na verdade, por que "o Rei dos Judeus" teria vindo à baila no julgamento romano, já que não temos nenhum indício de que esse título fosse aplicado a Jesus durante seu ministério, muito menos reivindicado por ele antes do julgamento romano. (Com seu uso desse título para o Jesus recém-nascido, Mt 2,2 é a única exceção, à qual poucos biblistas se sentiriam inclinados a recorrer em um exame histórico.) Mesmo se não se insistir no título exato, como Pilatos teria tomado conhecimento de qualquer coisa relacionada com as pretensões de Jesus, já que nenhuma informação introdutória lhe foi transmitida pelos líderes judaicos? (Aqui, Lc 23,2 é a exceção entre os Evangelhos, mas, como veremos, aquela lista de diversas acusações é quase certamente uma tentativa lucana de enfrentar o problema.) Por que não há nenhuma relação clara entre a questão levantada por Pilatos e as questões levantadas no julgamento pelo sinédrio que acabou de ser concluído (Sinóticos: destruir o santuário e ser o Messias, o Filho do Bendito/de Deus) ou o interrogatório de Anás (João: a respeito de seus discípulos e seu ensinamento)?[1] A meu ver, muitas dessas perguntas são inadequadamente dirigidas ao tipo de narrativa apresentada pelos Evangelhos que, insisto, não é nem relatório legal sobre o julgamento, nem resumo de testemunho ocular. Como ficará evidente, creio que há um núcleo histórico no julgamento romano: Pilatos condenou Jesus a morrer na cruz sob a acusação de ser "o Rei dos Judeus". Entretanto, os evangelistas estão interessados em tornar isso dramaticamente eficaz como veículo para proclamar quem Jesus é, não para dizer aos leitores como Pilatos conseguiu suas informações, por que ele as expressou dessa maneira, nem com que formalidades legais ele conduziu o julgamento. Com sua concisão, o relatório marcano do tratamento romano dispensado a Jesus de Nazaré não é

---

[1] Há outras perguntas históricas a serem feitas, por exemplo, a respeito de Barrabás e o costume de soltar um prisioneiro na festa, mas essas são suficientes por enquanto para esclarecer a abordagem.

muito diferente do relato que Josefo faz do tratamento romano dispensado a Jesus, filho de Ananias, trinta anos mais tarde (*Guerra* VI,v,3; ##303-305). Cada Jesus havia sido entregue ao governador romano pelos líderes judaicos em Jerusalém, que ficaram apreensivos com seus comprometimentos religiosos (no caso de Jesus, filho de Ananias, se seus protestos eram ou não de origem sobrenatural ou mesmo diabólica [*daimonios*]), mas parece que esses comprometimentos não desempenham um papel no interrogatório que o governador conduziu pessoalmente. Não somos informados em nenhum dos casos que as autoridades judaicas transmitiram ao governador as acusações contra o respectivo Jesus. Cada Jesus é interrogado pelo governador a respeito de uma questão fundamental (no caso de Jesus, filho de Ananias, por que ele proferiu o grito de "Infelicidade para Jerusalém"); e os dois se recusam a responder, embora sejam açoitados. Contudo, o governador chega a uma decisão a respeito do prisioneiro (no caso de Jesus, filho de Ananias, ele é solto como maníaco). É possível levantar contra a historicidade da narrativa de Josefo muitas das questões de lógica e plausibilidade que são levantadas contra os relatos evangélicos. Não conheço nenhum exemplo de que isso foi feito; ao contrário, ao aceitar sua historicidade básica, muitos facilmente reconheceriam que o gênero do relato por Josefo não permite reconstrução detalhada do procedimento legal.

Crítica das fontes. Outros reconstroem etapas do desenvolvimento da narrativa marcana precisamente porque, como ela está agora, eles a acham ilógica. Ao fazer ao relato marcano algumas das mesmas perguntas que relaciono acima, Braumann, Bultmann e Wendling dão primazia, de várias maneiras, não a Mc 15,2 ("o Rei dos Judeus"), mas a Mc 15,3: "E os chefes dos sacerdotes estavam acusando-o de muitas coisas". Esta última é considerada a tradição mais antiga; e às vezes é colocada antes de Mc 15,2, de modo que o "És tu o Rei dos Judeus?" de Pilatos se torna uma especificação dela.[2] Gnilka ("Verhandlungen", p. 10) afirma que, originalmente, o julgamento consistia apenas na censura pelos adversários, de um lado, e no silêncio soberano de Jesus, do outro. Então, em um nível secundário, foi acrescentado "o Rei dos Judeus"; e se tornou da maior importância, sendo desenvolvido no incidente de Barrabás. Finalmente, foi colocado no começo, embora então ilogicamente precedesse a acusação mais geral de Mc 15,3.

---

[2] Essa solução relaciona-se com a tese de Wendling e Braumann (rejeitada em § 24, A), segundo a qual Mc 15,3-5 é a mais antiga tradição do julgamento, da qual o julgamento pelo sinédrio era uma formação regressiva.

Já manifestei minha desconfiança dessa reconstrução das fontes porque outros que procurem fazê-la vão produzir resultados muito diferentes (ver APÊNDICE IX). Em uma rejeição dessa abordagem ao julgamento romano em particular, Dahl (*Crucified*, p. 23) indica que tal abordagem tem de significar que só mais tarde a inscrição da cruz, "o Rei dos Judeus" (que expressa a acusação pela qual os romanos condenaram Jesus), foi inserida no julgamento romano que até então fora narrado sem ela. Além disso, uma série de versículos concatenados em diversos episódios têm todos de ser considerados secundários, pois a realeza é o tema que os une (Mc 15,9.12.16-20a.32). Dahl argumenta em contrário que "o Rei dos Judeus" é tema muito antigo, tão antigo que foi espiritualizado em João e até parcialmente atenuado em Mateus. (Comparem-se Mt 27,17 com Mc 15,9; e Mt 27,22 com Mc 15,12.) Em todo este comentário, afirmo que a tese da dependência joanina de Marcos não é convincente. Se João não era dependente de Marcos, então o tema de "o Rei dos Judeus" compartilhado por ambos deve ter existido antes dos Evangelhos. Na verdade, a meu ver, um dos argumentos mais fortes a favor da Antiguidade desse tema é que os quatro Evangelhos têm grego idêntico para a pergunta de Pilatos (*Sy ei ho Basileus ton Ioudaion* ["És tu o Rei dos Judeus?"]) e para a resposta de Jesus (*Sy legeis* ["Tu [o] dizes"]). Isso é quase único na NP e acho minimamente verossímil a explicação de que veio tarde para a NP marcana e foi tão eficiente que todos os outros evangelistas a adotaram literalmente. Com certeza, pergunta e resposta faziam tanto parte da tradição a ponto de terem de ser preservadas, mesmo por um evangelista como João, que as separou (Jo 18,33 e 18,37b) por uma interpretação expandida.

O significado aparente das narrativas. A observação acima leva-me para uma abordagem diferente do julgamento romano, baseada não em especulação a respeito de elementos históricos (embora eu aceite sua presença), nem em fontes (embora eu ache que Marcos e João recorreram a tradições mais primitivas). Essa abordagem, consistente com meu tratamento dos dois "Atos" anteriores da Paixão, concentra-se no sentido transmitido pelas narrativas como elas estão agora — sentido que surge quando se pergunta o que é mais provável terem os leitores/ouvintes dos Evangelhos entendido daquilo que os evangelistas lhes contaram. Antes de chamar a atenção para esse sentido, quero mostrar a diferença que essa abordagem faz voltando à última questão levantada no primeiro parágrafo acima, sob *Historicidade*. Por que não há nenhuma relação clara entre as questões levantadas no interrogatório judaico que acabou de terminar e o fundamental "És tu o Rei dos Judeus?" perguntado inicialmente por Pilatos no julgamento romano? A série de especulações entre os que elaboram uma lógica em termos de historicidade ou fontes inclui:

a) Pilatos conhecia os detalhes das acusações religiosas feitas no sinédrio contra Jesus e

- estava simplesmente reformulando ou aceitando uma reformulação judaica (Messias = Rei); ou
- considerava-os irrelevantes ou inutilizáveis em um julgamento romano; ou
- estava em busca de um jeito próprio em uma nova situação, já que nenhum prefeito romano anterior da Judeia teve de lidar com uma figura religiosa que não era um bandoleiro à testa de criminosos armados; ou
- sabia também que eles se baseavam em falsas provas e distorções e precisava de prova válida para julgar Jesus.

b) Pilatos não se deu ao trabalho de descobrir o que aconteceu no julgamento judaico

- porque o considerava ilegal ou nada; ou
- porque preferia lidar com o que ele próprio ouvira ou podia descobrir a respeito de Jesus.

c) Pilatos foi enganado ou não foi informado pelas autoridades judaicas a respeito do que acontecera no sinédrio.

Em parte, as opiniões dos biblistas são determinadas por sua opinião se Pilatos conduziu um julgamento legal ou uma charada, se ele sabia que Jesus não era culpado ou julgava haver uma causa razoável contra ele, se a conduta de Pilatos pode ser julgada conforme o padrão jurídico resumido em DJ (por exemplo, Goldin, Innes, Powell) e se (não importa qual a legalidade dos procedimentos) Pilatos proferiu uma sentença honesta ou pressionada. Muitas dessas perguntas são irrespondíveis.

Que me seja permitido sugerir como os leitores/ouvintes podem ter entendido o julgamento romano a partir das narrativas na forma em que elas existem agora. Pilatos é governador romano, por isso não há nada para lhes sugerir que o fato de levar Jesus a julgamento seja ilegal, embora todos os evangelistas deem a impressão de que a condenação de Jesus por Pilatos foi sob coerção pública e contra o que foi possível ao prefeito julgar. Embora Marcos, Mateus e João não nos digam de que maneira Pilatos obteve suas informações, a presença dos sacerdotes judaicos (e, nos sinóticos, dos membros do sinédrio) sugere aos leitores que *eles* deram a Pilatos informações a respeito de Jesus quando o entregaram a ele como prisioneiro a ser julgado e condenado. (Desse modo, Lucas só tornou explícito o que já estava implícito.) É provável que o fato de em todas as narrativas Pilatos expressar a questão como "És tu o Rei dos Judeus?" — linguagem que não foi usada anteriormente, nem no ministério nem no julgamento/interrogatório judaico de Jesus —, sugira duas coisas. Primeiro, há uma insinuação de que as autoridades judaicas eram enganosas, pois não disseram a Pilatos o que realmente tinham contra Jesus, o que se reflete no interrogatório de Jesus por eles. (João dramatiza isso, mostrando "os judeus" a princípio relutantes em contar a Pilatos a verdadeira questão [Jo 18,30] e, por fim, admitindo que o problema era Jesus se fazer Filho de Deus [Jo 19,7].) Segundo e mais importante, das novas palavras que Pilatos emprega, os leitores/ouvintes ficam com a impressão de que agora estava sendo introduzida uma questão na qual os romanos estavam realmente interessados. Os assuntos de interesse das autoridades judaicas no julgamento/interrogatório judaico que acabou de acontecer eram claramente religiosos; a questão romana tem tom político.[3] A resposta moderada de Jesus – "Tu (o) dizes" – alertou os leitores que tal politicagem não era um entendimento exato de sua realeza. (Mais uma vez João torna isso dramaticamente explícito [Jo 18,36-37].) É evidente que essa abordagem baseada no que leitores/ouvintes deduziriam das narrativas mostra que grande parte da especulação relacionada acima é inaplicável como *sentido das passagens evangélicas*.

Depois dessas conjeturas sobre abordagens ao julgamento romano, passemos a comentar a primeira parte do julgamento, primeiro prestando atenção a um padrão comum a todos os Evangelhos e depois estudando cada relato evangélico separadamente.

---

[3] Historicamente, a situação pode ter sido muito mais complicada, pois a destruição do santuário e a alegação de ser o Messias teriam tido implicações políticas. Entretanto, é provável que os leitores dos Evangelhos sinóticos não reconhecessem essas implicações pelo que os evangelistas lhes contam. Comparar com Jo 11,48.

Padrão comum nas trocas de palavras entre Pilatos e Jesus

Duas breves trocas de palavras são comuns aos quatro Evangelhos no interrogatório direto de Jesus por Pilatos. Primeiro, Pilatos lhe pergunta: "És tu o Rei dos Judeus?" e Jesus responde: "Tu (o) dizes" (em João, ver Jo 18,33.37). Já chamei a atenção para o fato notável de ser o grego da pergunta e resposta idêntico nos quatro Evangelhos. Segundo, quando Pilatos continua com o interrogatório, Jesus não lhe responde nada. Essa forma de pergunta e resposta constitui um dos elementos mais estáveis na NP. Em Marcos/Mateus, as duas trocas de palavras estão nesta primeira parte do julgamento e constituem todo o interrogatório direto de Jesus por Pilatos. Em Lucas e João, a primeira troca de palavras é precedida de material introdutório que aumenta a inteligibilidade, e a segunda prolonga-se por partes posteriores do julgamento.[4] Depois de estudar o padrão das duas trocas de palavras em Marcos/Mateus, vamos analisar a importância da primeira e mais importante troca de palavras.

Para compreender esse padrão em Marcos/Mateus, é preciso prestar atenção à semelhança entre o interrogatório pelo sumo sacerdote no julgamento pelo sinédrio em Mc 14,60-62 e o interrogatório por Pilatos no julgamento romano. Em Mc 14,60-62, o sumo sacerdote começa seu interrogatório mencionando o que foi testemunhado contra Jesus, mas Jesus não responde absolutamente nada. Em seguida, o sumo sacerdote faz uma pergunta específica sobre a *identidade* de Jesus ("És tu o Messias [*Sy ei ho Christos*], o Filho do Bendito?") e Jesus responde, acrescentando uma qualificação (cf. também Mt 26,62-64). Em Mc 15,2-5, o conteúdo é semelhante, mas a ordem está invertida. Pilatos faz primeiro a pergunta específica sobre a *identidade* de Jesus ("És tu o Rei [*Sy ei ho Basileus*] dos Judeus?") e Jesus responde de maneira condicional. Depois, Pilatos faz uma pergunta geral, mencionando do que Jesus é acusado, mas Jesus não responde absolutamente nada. É óbvio que ouvimos excertos de autos do julgamento ou mesmo relatos diretos do(s) julgamento(s). Ouvimos a tradição cristã sobre a questão básica da identidade de Jesus enunciada respectivamente entre Jesus e as autoridades judaicas e Jesus e o governador romano. Essa questão é moldada em cada caso no formato de uma pergunta simples e centralizada em um cenário de julgamento dramatizado. A segunda troca de palavras, onde há muito mais acusações às quais Jesus não responde, tem

---

[4] Lc 23,9 muda o silêncio para o interrogatório por Herodes; e João o adiou até Jo 19,9.

o efeito de preterir tais questões (além da pergunta respectiva sobre Messias ou Rei) como irrelevantes. Quanto à resposta qualificada de Jesus à pergunta principal, ela tem o propósito de insinuar que os cristãos veem tanto os aspectos verdadeiros como os falsos na identificação de Jesus como o Messias e como o Rei dos Judeus. Os dois títulos têm sua verdade, mas precisam ser entendidos com sutileza quando aplicados a Jesus. A sutileza é mais complexa com respeito ao primeiro título e, como vimos, difere nos vários Evangelhos, precisamente porque a identidade de Jesus como Messias é questão religiosa debatida continuamente entre os judeus que creem em Jesus e os que não creem — debate mais intenso quando "Messias" era interpretado em termos de filiação divina. É evidente que a questão mais política do sentido em que Jesus era o Rei dos Judeus não passou por esse debate ativo, pois os quatro Evangelhos preservam "Tu (o) dizes" como a resposta sutil, e só João acha conveniente comentar o sentido de "rei/reino".

Ao avaliar a lógica da narrativa marcana do julgamento, precisamos levar em conta o entendimento da cena como dramatização querigmática das fórmulas preservadas na tradição. Consequentemente, a pergunta de como Pilatos sabe o que perguntar é irrelevante. No nível da narrativa consecutiva simples, é possível argumentar que Marcos/Mateus nos dão um resumo no qual pularam o óbvio, a saber, que as autoridades judaicas deram a Pilatos informações sobre Jesus.[5] Entretanto, em termos de composição, outra resposta é a chave: na tradição cristã, a acusação romana contra Jesus foi preservada por ele ser "o Rei dos Judeus" e, assim, essa pergunta foi colocada nos lábios de Pilatos. Como vimos, Dahl (*Crucified*, p. 10-36) argumenta que a pergunta entrou na tradição a partir da declaração do crime ligada à cruz, que em Mc 15,26 e par. contém um elemento comum a todos: "o Rei dos Judeus". Essa fraseologia pode bem ser histórica. Taylor (*Mark*, p. 579), trabalhando com a hipótese de que a narrativa do julgamento é basicamente histórica, pensa que os chefes dos sacerdotes expressaram a acusação em termos da afirmação de Jesus de que ele era "o Rei de Israel", termo que aparece nos lábios deles em Mc 15,32; Mt 27,42 e passa a ser o título na condenação/no escárnio de Jesus e na cruz em *EvPd* 3,7; 4,11. Entretanto, na teoria de composição que expus, "o Rei dos Judeus" é a lembrança primordial como acusação política romana (ver também Mc 15,12.18) e "o Rei de Israel" se torna uma interpretação religiosa secundária —

---

[5] Isso está implícito em Mc 15,12 ("ele a quem vós chamais 'o Rei dos Judeus'") e está explícito na dramatização lucana onde as autoridades dão a Pilatos informações sobre Jesus.

título do qual os judeus escarneciam quando aplicado a Jesus, mas que cristãos de todas as classes aceitavam, já que se consideravam o Israel renovado.

A história do título "o Rei dos Judeus" é interessante. Os comentaristas neotestamentários lembram que ele aparece com mais frequência nos lábios de não judeus (Jo 19,21 não é realmente uma exceção). Isso apoia a impressão superficial de que ouvimos como um romano entenderia Jesus, e o emprego passado do título revelado em Josefo mostra por que talvez o prefeito considerasse seu uso ameaçador. Descendentes dos líderes da revolta macabeia por linhagem e herança política, os sumos sacerdotes asmoneus instituíram um Estado judaico independente na Palestina e começaram a se designar reis; e eles são os primeiros usuários registrados do título "o Rei dos Judeus". Josefo (*Ant.* XIV,iii,1; #36, citando uma passagem de Estrabão não preservada de outra maneira) relata que uma vinha de ouro com a inscrição "De Alexandre, o Rei dos Judeus" foi instalada no Templo do Júpiter Capitolino em Roma. Herodes, o Grande, era chamado "Rei dos Judeus" profeticamente quando menino (*Ant.* XV,x,5; #373) e, mais tarde, como governante (*Ant.* XVI,x,2; #311); e Mt 2,1-18 mostra-o mortalmente ciumento quando os magos dão esse título a Jesus. Assim, na Palestina do século I, a acusação de que Jesus reivindicava esse título podia perfeitamente ter sido entendida pelos romanos como tentativa de restabelecer a realeza sobre a Judeia e Jerusalém exercida pelos asmoneus (como Alexandre Janeu) e por Herodes, o Grande.[6]

E que dizer da objeção mencionada acima, segundo a qual, durante o ministério, Jesus nunca falou de si mesmo como rei e, assim, mesmo como forma de narrativa, Marcos é implausível ao descrevê-lo sendo acusado por reivindicar esse título? Entretanto, os leitores marcanos sabem que Jesus fala muitas vezes do Reino de Deus, evidentemente com a pressuposição fundamental de que ele próprio tinha um lugar especial no reino. Dois dos membros mais proeminentes dos Doze, que ele designara para estar com ele (Mc 3,14), Tiago e João, deram a entender isso quando lhe pediram para se sentar à sua direita e à sua esquerda, em sua glória (Mc 10,37). Em Mc 11,10, as multidões saudaram Jesus em termos de sua expectativa do reino *de Davi*, saudação que dá posição régia a Jesus. Mateus fortalece a inferência de que Jesus é rei. Os magos de Mt 2,1-2 foram procurar o menino recém-nascido que era

---

[6] Como paralelo, há quem indique a reação militar romana contra pretensos reis como Simão e Atrongeu depois da morte de Herodes, o Grande (Josefo, *Ant.* XVII,x,6-7; ##273-284); mas a semelhança é fraca, pois esses homens empenham-se em ações violentas e estão acompanhados por bandos armados.

"o Rei dos Judeus". Em Mt 13,37-42, a comunidade estabelecida neste mundo pelo Filho do Homem é chamada de "seu reino", um reino distinto do reino do Pai. Em Mt 21,5, a entrada de Jesus em Jerusalém é especificamente comparada à profecia de Zc 9,9: "Eis que teu rei vem a ti [...] montado em um jumento". Em Mt 25,34, Jesus descreve (-se como) o Filho do Homem sentado em seu trono para julgar os que estavam colocados a sua direita e a sua esquerda. Assim, não é realmente ilógico nas narrativas de Marcos/Mateus que os inimigos de Jesus distorçam esses ditos e acontecimentos em uma reivindicação de sua parte para ser rei.

É provável que a falta de ligação verbal entre as acusações no julgamento do sinédrio e a acusação conhecida de Pilatos dê a impressão de que Pilatos foi enganado pelas autoridades do sinédrio. Contudo, a lacuna não é tão pronunciada a ponto de tornar a narrativa implausível, pois, de certa maneira, "o Messias" e "o Rei dos Judeus" podem ser considerados facetas diversas de um tema comum. Realmente, Marcos não explica aos leitores que "Messias" (*Christos*), em sua aplicabilidade básica a Jesus, significa o rei *ungido* da casa de Davi, mas essa informação talvez fosse conhecimento elementar para os cristãos, pois a própria designação dada a eles incluía confessar Jesus como o Messias (Cristo). A pressuposição de que os leitores identificariam o Messias com o rei davídico é reforçada por Mc 15,32, que, sem quaisquer explicações, coloca "o Messias" e "o Rei de Israel" em aposição. Os leitores mateanos fariam ainda mais facilmente uma ligação entre a pergunta do sinédrio a respeito do Messias e a pergunta romana a respeito do Rei dos Judeus; de fato, na narrativa da infância, depois de ver Jesus descrito quatro vezes como "o Messias" (Mt 1,1.16.17.18: *Christos*), Mt 2,2 lhes narra o nascimento do "Rei dos Judeus".

O relato marcano do interrogatório (Mc 15,2-5)

Depois dessas observações gerais a respeito da dramatização da tradição cristã básica que preserva a acusação romana, examinemos a cena marcana versículo por versículo. Em § 28, examinamos Mc 15,1 como versículo de transição que concluía o julgamento pelo sinédrio e descrevia a transferência para o controle romano: "Os chefes dos sacerdotes com os anciãos e escribas e o sinédrio inteiro, tendo amarrado Jesus, levaram-no embora e o entregaram a Pilatos". Concatenado por uma série de partículas *kai* ("e") e *de* ("mas"), Mc 15,2-5 agora descreve a conduta de Pilatos com este prisioneiro que lhe foi trazido pelos chefes dos sacerdotes.

No v. 2, "interrogar" é *eperotan*.[7] Embora teoricamente essa forma composta com a preposição *epi* fosse mais intensiva que a forma simples *erotan* (usada por Lucas em Lc 23,3, com a forma composta mantida em Lc 23,6), no grego *koiné* elas são praticamente intercambiáveis. "És tu o Rei dos Judeus?" é pergunta que emprega um pronome pessoal, mas não necessariamente de modo intensivo ("És tu...?"). E. Norden (*Agnostos Theos*, Leipzig, Teubner, 1913; reimpressão 1956, p. 194-200) relaciona-a com uma fórmula reveladora como "Tu és meu Filho" (Mc 1,11; cf. 3,11); mas a resposta de Jesus aqui adverte que essa é uma avaliação humana que requer sutileza, não igual à avaliação divina como Filho, que pode ser entendida literalmente. Do mesmo modo, não aprovo as interpretações dadas por Nicklin ("Thou"): uma pergunta sarcástica ("Tu és o Rei dos Judeus, és?") e uma resposta ("És tu que o dizes?"). Essas traduções estão mais próximas da elaboração joanina da tradição básica, mas o relato de Marcos é singularmente livre desse tom psicológico.

Com forte sentido narrativo, Marcos emprega o presente histórico ao introduzir a resposta de Jesus, embora apresente o incômodo "ele diz [...] 'Tu dizes'" (*legei* [...] *sy legeis* — que Mateus e Lucas "melhoram" usando o tempo passado [*ephe*]). Quanto ao *sy legeis*, estudamos esse tipo de resposta acima (§ 22) e suas variantes, com referência a Mt 26,64 ("*Tu* o dizes" [*sy eipas*]) e Lc 22,70 ("Vós dizeis que eu sou" [*hymeis legete*]). A conotação é que o que foi expresso como pergunta é verdade;[8] contudo, quem o expressou precisa assumir a responsabilidade por isso — nesse caso, precisa assumir a responsabilidade por qualquer interpretação política na qual Jesus derrubaria a administração romana da Judeia. Os leitores sabem que Jesus não afirma essa distorção de suas palavras, embora seja rei.[9] O Jesus marcano foi muito menos ambíguo ao responder "Eu sou [*ego eimi*]" à pergunta sobre ser *o Messias*, o Filho do Bendito (Mc 14,62; comparar Mt 26,64: "*Tu* o dizes"). Os leitores marcanos teriam de presumir que Jesus é mais o Messias

---

[7] O verbo ocorre 25 vezes em Marcos, comparado a 8 em Mateus, 17 em Lucas, 2 em João.

[8] Certamente a narrativa marcana (Mc 15,12) mostra que Pilatos não a entendeu como negativa (com a devida vênia a Pesch, *Markus*, v. 2, p. 458).

[9] Como veremos abaixo, João explica a distinção apropriada. Não se deve historicizar a sutileza, como faz Blinzler (*Trial*, p. 190-191) ao argumentar que Pilatos entendeu a ressalva e é por isso que não condenou Jesus imediatamente. O julgamento de inocente por parte de Pilatos origina-se da inocência transparente de Jesus, não da ambiguidade do: "Tu (o) dizes" de Jesus.

que o Rei dos Judeus. Em todo caso, Pilatos não faz a Jesus outras perguntas a respeito desse título.

No versículo seguinte, os chefes dos sacerdotes usam a ambiguidade da resposta de Jesus a Pilatos, a fim de promover a causa deles. Sabem que, ao não negar o título, Jesus ficou à mercê de uma inferência que poderia parecer ameaçadora aos romanos. A cena que Marcos descreve evoca a imagem veterotestamentária do justo sofredor cercado de inimigos que falam com línguas mentirosas e rodeado de palavras de ódio (Sl 109,2-3). Ao mencionar apenas os chefes dos sacerdotes, Marcos faz deles o fator explícito agravante do julgamento.[10] Embora o *polla* em Mc 15,3 possa ser traduzido adverbialmente ("acusando-o muito"), a tradução literal "de muitas coisas" é preferível, pois parece que Pilatos entende essa inferência em Mc 15,4.[11] A teoria (rejeitada acima) que coloca Mc 15,3 antes de Mc 15,2 e faz "o Rei dos Judeus?" uma das "muitas coisas" falsifica a intenção de Marcos. Há apenas uma pergunta genuína, que é o tema do julgamento todo; à exceção da questão do Rei, as muitas outras coisas são subordinadas e irrelevantes, e é por isso que Jesus não responde absolutamente nada a elas (Mc 15,4). Com desprezo parecido, em Mc 14,61 Jesus não respondeu absolutamente nada quando o sumo sacerdote apresentou as muitas coisas que as *falsas* testemunhas depuseram contra ele.[12]

A reação de Pilatos está registrada em Mc 15,4-5, onde ele ignora o protesto dos chefes dos sacerdotes e se dirige diretamente a Jesus. A reação tem aspectos que estão em harmonia com o estilo marcano (o que prova pelo menos que Marcos reescreveu a tradição): *palin*, "novamente"; *ide*, "vê, vede" (nove vezes em Marcos [quatro em Mateus], sempre em discurso direto) e duas negativas duplas (literalmente "Não respondes nada?" e "Jesus não respondeu mais nada"). Em Mc 15,4, o verbo "interrogar" é imperfeito (cf. aoristo em Mc 15,2), combinando com a acusação contínua (no imperfeito) dos chefes dos sacerdotes em Mc 15,3. A tradução conativa ("tentou interrogá-lo"; ver BDF, p. 326) capta o efeito do silêncio de Jesus. O fato de Pilatos alertar Jesus ("Vê") sobre o perigo de guardar silêncio

---

[10] Todos os outros Evangelhos ampliam o elenco e acusadores: Mt 27,12 acrescenta os "anciãos"; em Lc 23,1-2, a acusação é feita por "toda a multidão deles"; Jo 18,31.35 inclui "os judeus" e "os chefes dos sacerdotes".

[11] Lc 23,2 explica as "muitas coisas".

[12] Embora a rejeição seja o principal significado da recusa de Jesus a responder, há ecos veterotestamentários possíveis, como vimos acima (§ 21). Há também o paralelo no relato por Josefo de como Jesus, filho de Ananias, "não respondeu absolutamente nada" ao procurador Albino (*Guerra* V,v,3; #305).

em face de tantas acusações dá a impressão de imparcialidade, impressão que falta no julgamento judaico na importunação (Mc 14,60) pelo sumo sacerdote que conspirou no depoimento contra Jesus. De conformidade com sua conspiração, o sumo sacerdote não expressou espanto pelo silêncio de Jesus, como faz Pilatos. Está claro que Marcos descreve um Pilatos que não tomou parte na conspiração judaica contra Jesus, apesar de algumas reconstruções modernas nesse sentido.[13]

Legalmente, qual era o valor da recusa de Jesus a responder? Há quem argumente que essa recusa justificou a condenação por Pilatos, apelando para o princípio de que o silêncio equivale à aquiescência. Diversas vezes na Reforma inglesa, por exemplo, Thomas More a seus acusadores, ou Crammer a Gardiner, encontramos a lei (consuetudinária ou geral) enunciada: *Qui tacet, consentire videtur*, isto é, "Quem cala, consente".[14] É possível remontá-la ao século XIII e ao *Sextus Liber Decretalium* 3,444 do papa Bonifácio VIII, e a c. 1200 e Tomás Becket, mas, ao que tudo indica, não ao direito romano primitivo. Naturalmente, na experiência comum, o silêncio embaraçoso do acusado é quase sempre sinal de culpa (Eurípedes, *Iphigenia in Aulis* 1142: "O próprio silêncio constitui a confissão"). Contudo, um tribunal exige mais que impressões; e "quem cala consente" não explica o espanto de Pilatos — ele não se espanta por Jesus agir como se fosse culpado do que o acusam, mas por Jesus ficar indiferente às acusações. Além disso, em Marcos, o silêncio de Jesus não se segue à acusação de ser "o Rei dos Judeus" (que reaparece nos lábios de Pilatos), mas às muitas outras acusações que Pilatos ignora. A impressão é de que Pilatos não leva as muitas outras acusações mais a sério que Jesus as leva.

O relato mateano do interrogatório (Mt 27,11-14)

Em comparação com as ampliações lucana e joanina das trocas básicas de palavra entre Pilatos e Jesus, que examinaremos adiante, as mudanças mateanas de Marcos são muito modestas. Em sua maioria, são estilísticas ou adaptações à

---

[13] A descrição do espanto de Pilatos fortalece a opinião que vê na recusa de Jesus a responder um eco do servo sofredor de Is 53,7, que não abriu a boca. Oito versículos antes dessa passagem de Isaías (Is 52,14), muitas nações ficam *espantadas* com o servo. Gnilka (*Markus*, v. 2, p. 300) vê no espanto de Pilatos aqui e em Mc 15,44 uma reação à presença do divino.

[14] Ver F. P. Wilson, org., *The Oxford Dictionary of English Proverbs*, Oxford, Clarendon, 1970, p. 733. É discutível a aplicabilidade desse princípio a julgamentos criminais.

sequência mateana. Mt 27,2 assim descreveu a transferência do sinédrio: "Eles [os chefes dos sacerdotes e os anciãos do povo] o levaram e o entregaram a Pilatos, o governador". Mas, depois disso, Mateus interrompeu a sequência com a história de Judas. Nessa história, os chefes dos sacerdotes e os anciãos ouviram Judas confessar que ele entregou sangue inocente, e esse conhecimento torna mais hipócritas suas contínuas acusações contra Jesus diante de Pilatos. A fim de retomar a sequência interrompida de Mt 27,2, Mt 27,11 acrescenta ao material tomado de Mc 15,2 um prefácio: "Mas Jesus ficou de pé na frente do governador", para reintroduzir os dois protagonistas principais. A linguagem dessa frase reproduz Mc 13,9 (cf. Mt 10,17-18): "Eles vos entregarão aos sinédrios [...] e ficareis de pé diante de governadores [...] por minha causa". Os seguidores de Jesus têm o futuro prenunciado pelo que acontece ao mestre. Esse paralelo é uma das razões de, em Mt 27,11, Mateus preferir "governador" (duas vezes) ao "Pilatos" marcano. E o emprego de "o governador" enfatiza o clima oficial, do mesmo modo que o verbo "ficar de pé" enfatiza o clima de julgamento.[15]

Até a primeira troca de palavras entre Pilatos e Jesus, Mateus segue exatamente as citações marcanas de Pilatos e Jesus. Mas Mateus introduz a resposta de Jesus mais graciosamente que Marcos, esclarecendo o assunto e empregando o tempo passado (*ephe*: "Jesus disse") de preferência ao presente histórico marcano ("ele diz"). SPNM (p. 95) sugere que, em Mateus, *ephe* é reservado para proclamações mais solenes. "Tu (o) dizes" (*sy legeis*) se parece com o "Tu (o) disseste" (*sy eipas*) dirigido por Jesus a Judas em Mt 26,25 e a Caifás em Mc 26,64. Havia trapaça nas perguntas planejadas por eles, mas isso não está evidente aqui. No versículo seguinte (Mt 27,12): "E embora estivesse sendo acusado pelos chefes dos sacerdotes e anciãos, ele nada respondeu", Mateus subordina verbos para um estilo de redação mais gracioso e acrescenta "anciãos", em conformidade com Mt 27,1. Mais lógico que Mc 15,4, que faz o leitor deduzir (a partir da declaração de Pilatos) que Jesus não respondeu nada, Mateus o declara diretamente. O "Então" de Mt 27,13 é o costumeiro *tote* mateano. O "Ouves" que inicia a pergunta de Pilatos dá a impressão de que o romano quer ter certeza de que o silêncio de Jesus não se origina de um impedimento ou mal-entendido. "Depondo contra" evita o duplo uso marcano de "acusar" em Mc 15,3-4, e Mateus simplifica os repetitivos "muitas

---

[15] Ver o emprego de "ficar de pé" em At 24,20-21; 25,10; 26,6. A descrição mateana também insinua uma dignidade desafiadora por parte de Jesus.

coisas" e "quanta coisa" marcanos em favor do último. Mt 27,14, que começa com "E ele não lhe respondeu", apresenta a mesma imagem que Mc 15,5; mas a tradução das palavras seguintes de Mateus, *pros oude hen rema* (lit. "a nada uma palavra"), apresenta dificuldade. Não importa como esse realce da negação seja traduzido,[16] o Jesus mateano está se recusando a lidar seriamente com uma sequer das acusações. O espanto de Pilatos com essa recusa é intensificado em Mateus.

A ampliação lucana da troca essencial de palavras (Lc 23,2-5)

Observações gerais. Em Lucas, o julgamento de Jesus por Pilatos segue-se imediatamente a um interrogatório pelo sinédrio, que não proferiu nenhuma sentença explícita a respeito de Jesus e aparentemente só chegou à decisão relatada em 23,1, a saber, levar Jesus a Pilatos. De fato, como afirmei acima (§ 23, Elemento D), outras passagens de Lucas-Atos deixam claro que Lucas entendeu que houve um julgamento pelo sinédrio e que as autoridades judaicas condenaram Jesus à morte. Além disso, é provável que seus leitores presumissem isso. Contudo, na trama da NP, os procedimentos lucanos do sinédrio levam ao julgamento romano formal mais suavemente que os procedimentos de Marcos/Mateus.

Biblistas respeitados afirmam que, no todo ou na maior parte, o relato lucano do julgamento romano (Lc 23,1-25) tem origem em outra fonte da Paixão — uma fonte mais bem organizada que Mc 15 e talvez mais histórica. Que me seja permitido relacionar os argumentos individuais para essa posição e, com cada um deles, uma dúvida quanto a sua validade. A contagem do vocabulário constitui argumento importante, por exemplo, Taylor (*Passion*, p. 86) relata que das 373 palavras em Lc 23,1-5, somente 52 aparecem em Mc 15,1-15, ou 13,9 por cento. Se omitirmos da comparação a cena de Herodes em Lc 23,6-15 (cena ausente de Marcos), a porcentagem de vocabulário comum sobe para apenas 27,2 por cento. Na verdade, dezesseis palavras comuns a Lucas e Marcos, quase um terço do vocabulário comum, concentram-se em Lc 23,3 (= Mc 15,2), versículo que Lucas pode ter tirado de Marcos. (Dúvida: É a presença de tanto vocabulário não marcano prova do uso

---

[16] SPNM, p. 232-234. O Códice de Beza simplifica, omitindo *pros oude* e deixando "não lhe respondeu uma palavra". Se se preferir lutar com todas as quatro palavras, uma tradução é "nem mesmo uma única palavra", onde *pros* rege *rema* ("palavra" = acusação contra Jesus; ver Mt 18,16). Outra tradução é "uma palavra nem mesmo a uma (delas)", onde o verbo "responder" rege *rema* (cf. Mt 15,23; 22,46) e "uma" significa uma das acusações. Comparar Ex 14,28: "Entre elas, não sobrou uma só".

lucano de uma fonte da Paixão que não era Marcos? Não poderia a ampliação lucana além de Marcos ter vindo do fato de reutilizar material encontrado em outras passagens de Lucas-Atos?) Outro argumento apresentado para a teoria de uma NP pré-lucana é a maior inteligibilidade de Lc 23,2-5, onde, ao contrário de Marcos, um conjunto de acusações é apresentado antes de Pilatos começar a fazer perguntas. (Dúvida: Lucas encontrou essa inteligibilidade em uma fonte independente; ou reorganizou Marcos como parte de sua intenção declarada de tornar a história mais ordenada [Lc 1,3]? Além disso, parte dessa transformação tinha o intuito de fazer o julgamento romano de Jesus lembrar mais de perto o estilo dos julgamentos romanos de Paulo nos Atos?) Tyson ("Lukan") e outros acham que, na fonte pré-lucana, Herodes era o magistrado principal; e ele condenou Jesus (ver *EvPd* 2,5c). Nessa abordagem, Lucas modificou o que recebeu da fonte a respeito de Herodes, combinando-o com material marcano que fazia de Pilatos o magistrado. (Dúvida: Se Lucas é nosso acesso para o material herodiano da fonte, é prudente desprezar uma parte tão grande daquilo que Lucas realmente nos diz a respeito de Herodes [ele estava em Jerusalém por acaso e só foi consultado por iniciativa de Pilatos] e preferir um relato diferente reconstruído a partir de uma fonte putativa? Em § 33, vou afirmar que Herodes conduziu uma *anakrisis* ou investigação preliminar, e nesse procedimento ele devolveria o prisioneiro ao governador com uma avaliação.) Os que atribuem Lc 23,2-5 (ou 23,2.4-5) a uma fonte especial incluem Ernst, Grundmann, Marshall, Rengstorf e Taylor.

Como sugerem minhas dúvidas parentéticas no parágrafo anterior, para mim Lc 23,2-5 é ampliação lucana de Mc 15,2-5; portanto, concordo com Creed, Dibelius, Fitzmyer, Klostermann e Schneider. Mas precisamos verificar essa tese versículo por versículo.

Lc 23,2-5 em detalhe. Embora em nosso exame em § 28 Lc 23,1 abrangesse a conclusão da sessão do sinédrio e a transferência a Pilatos, Lucas combina essa transição bem estreitamente com o julgamento que se segue. Por exemplo, "toda a aglomeração deles", que é o sujeito de Lc 23,1, se torna o antecedente do "eles" que começaram a acusar (*kategorein*) Jesus em Lc 23,2. Embora essa "aglomeração" devesse se reportar ao grupo especificado em Lc 22,66 ("a assembleia dos anciãos do povo, chefes dos sacerdotes e escribas"), Lc 23,4 mostra que Lucas considera "os chefes dos sacerdotes *e as multidões*" presentes diante de Pilatos. Contudo, nas duas descrições detalhadas dos participantes, os chefes dos sacerdotes são o denominador comum (também Lc 23,10.13). Assim, "toda a aglomeração" lucana que começou a acusar Jesus não é muito diferente dos participantes descritos em Mc 15,3: "E os chefes dos sacerdotes estavam acusando-o de muitas coisas". Marcos não elabora as "muitas coisas", mas Lc 23,2 faz exatamente isso.

Um fator importante na apresentação lucana do julgamento romano de Jesus é a concordância com as apresentações dos Atos dos diversos julgamentos de Paulo. Por exemplo, em At 17,6-7, os judeus de Tessalônica acusam Paulo e Silas de *subverter* o mundo, agindo contra os decretos de *César* e dizendo que há outro *rei*, Jesus. As palavras em itálico têm forte semelhança com as acusações contra Jesus em Lc 23,2. Em uma escala mais ampla, Radl (*Paulus*, p. 211-220) aponta para uma série de paralelos da Paixão no julgamento de Paulo diante dos procuradores palestinenses Félix e Festo, em At 24-25, c. 58 d.C. Em At 24,1-2, o sumo sacerdote Ananias vem com alguns anciãos acusar (*kategorein*) Paulo. Seu porta-voz diz: "Encontramos este homem [...] provocando revoltas entre todos os judeus do mundo inteiro [...]. Ao investigar, tu mesmo te certificarás de todas estas coisas das quais o acusamos" (At 24,5.8). Talvez Lucas tivesse uma fonte para o julgamento de Paulo; com certeza ele tinha conhecimento popular de como eram conduzidos os julgamentos governamentais romanos; e segue esse padrão para Jesus e Paulo. A ideia básica de que os conterrâneos de Jesus o "delataram" aos romanos parece muito plausível, a julgar por Plínio, *Epístolas* X,xcvii,2.

Depois de ver o que guiava o padrão geral das acusações relacionadas em Lc 23,2, vamos agora estudar essas acusações em detalhe.[17] A tradução da RSV dá a impressão de que estão incluídas três acusações, e essa pode muito bem ser a interpretação mais comum.[18] Entretanto, o grego favorece a estrutura de uma acusação geral de "desencaminhando [*diastrephein*] nossa nação [*ethnos*]" que se subdivide em dois exemplos quanto a não pagar tributos e dizer que é rei Messias (assim Büchele, Fitzmyer, Grundmann, Schneider). Em palavras um pouco diferentes, a primeira acusação (desencaminhar) repete-se em Lc 23,5.14, o que sugere ser

---

[17] Depois de Lucas estabelecer o padrão para relacionar diversas acusações contra Jesus, uma combinação de imaginação e reflexão sobre os Evangelhos tendeu a aumentar o número. No texto da tabuinha de cobre da sentença de Pilatos descoberta c. 1200 (§ 35, n. 61), há seis acusações: 1) Ele é sedutor; 2) Sedicioso; 3) Inimigo da lei; 4) Denomina-se falsamente o Filho de Deus; 5) e o Rei de Israel; 6) Entrou no Templo com uma multidão que carregava palmas.

[18] Cassidy ("Trial", p. 167) defende um padrão de três, sendo a terceira (que ele é o rei Messias) a culminância, pois essa é a que Pilatos se apega.

ela a acusação principal. Como essa é uma acusação política, Lucas mostra que os que acusam Jesus a Pilatos se afastaram quase completamente dos assuntos mais manifestamente religiosos do interrogatório pelo sinédrio.

A palavra inicial da acusação principal é o demonstrativo *touton*, que interpretei como empregado desdenhosamente: "este sujeito" (BDF 290[6]; também em João 18,30). É possível hesitar quanto ao fato de aqui o sentido primordial de *distrephein* ser "perverter" (BAG) ou "desvirtuar [= desencaminhar]" (Dicionário Liddell e Scott). O sentido radical ("desvirtuar-se") e o contexto lucano favorecem o último sentido. Os tiranos acusam os adversários de transviar o povo, por exemplo, o faraó acusa Moisés e Aarão de desviar o povo do trabalho (Ex 5,4) e o perverso rei Acab acusou Elias de transviar Israel (1Rs 18,17). Em Lucas, duas outras descrições equivalentes dessa acusação geral são "instigar" (*anaseiein*) o povo, em Lc 23,5, e "induzir em erro" (*apostrephein*) o povo, em Lc 23,14.[19] Em Atos, uma acusação semelhante é feita contra Paulo em vocabulário multiforme: "perturbando nossa cidade" (At 16,20: *ektarassein*); "subvertendo o mundo" (At 17,6: *anastatoun*); "ensinando contra o povo [judeu] e a lei e este lugar [Templo de Jerusalém]" (At 21,28); "provocando desordens [plural de *stasis*] entre todos os judeus" (At 24,5). "Nossa nação", em Lc 23,2, é obviamente o povo judeu dos paralelos em Lc 23,5.14.[20] A frase é linguagem lucana, pois, em Lc 7,5, os anciãos judeus de Cafarnaum dizem a Jesus que o centurião romano ama "nossa nação". Kosmala ("His Blood", p. 116-117) relaciona essa acusação principal com a linguagem usada para o falso profeta em Dt 13,2-6; 18,20-22, aquele que desvia o povo do Senhor Deus. Ele menciona a *baraita* em TalBab *Sanhedrin* 43a (§ 18, E1), que acusa Yeshu de ter estimulado Israel à apostasia. Acima (§ 23 B, sob "O falso profeta e a blasfêmia"), examinamos a questão de Jesus ter sido ou não condenado como falso profeta, mas descobrimos que todos os indícios que ligam Jesus a essa figura fazem parte das seções posteriores do NT, depois da revolta judaica. (Possivelmente por ironia deliberada, aquilo de que Jesus é acusado em Lc 23,2 foi bem verdade a respeito dos líderes da revolta judaica quatro décadas mais tarde.) Lucas escreve as acusações em Lc 23,2 a partir do ambiente da polêmica judeus

---

[19] Kosmala ("His Blood", p. 117) remonta essas variantes do vocabulário grego à conjugação hiphil de raízes verbais hebraicas como *swt* e *ndh*.

[20] O fato de não haver nenhum pronome possessivo nesses outros versículos explica por que os escribas da tradição textual *koiné* omitiram "nossa" de Lc 23,2.

versus cristãos dos anos 70 a 80. Em todo caso, os leitores lucanos sabem que essa acusação é falsa: Jesus muitas vezes ensinou as pessoas (Lc 4,14b-15.31-32; 5,1-3 etc.), mas ele não as transviava de nenhum modo que ameaçasse Roma. A verdade é que ele conduziu o povo de uma forma que desagradou os que o acusam (Lc 19,47-48; 20,6.19.26; 21,38; 22,2).[21]

Os leitores de Lucas também reconheceram a falsidade nas acusações subordinadas. A primeira delas diz respeito aos tributos pagos a César. Os tributos individuais e os de caráter municipal faziam parte do sistema romano. "César" era o cognome de Júlio (Caio Júlio César) e o nome adotado de Augusto (sobrinho neto de Júlio pelo casamento) e dos sucessores de Augusto.[22] Quanto a Jesus proibir "o pagamento de tributos a César", Lc 20,22 (só Lucas entre os sinóticos) usa a mesma expressão *dounai* na pergunta capciosa proposta a Jesus: "É-nos *permitido* ou não *pagar tributo* a César?". Nessa troca de palavras, Jesus *não* proibiu pagar tributo a César.[23] Na verdade, ele era notório por se associar a coletores de impostos (Lc 5,27-30; 7,34; 15,1; 18,9-14).

A segunda acusação subordinada é que Jesus dizia ser "o rei Messias". *Christos basileus* poderia ser traduzido como "rei ungido", mas tão depressa depois da questão de Jesus como o Messias (Lc 22,67: *ho Christos*) no interrogatório judaico, com certeza "rei Messias" é indicado aqui. Na cena do sinédrio, Jesus deu uma resposta muito ambígua à pergunta se era ou não o Messias. Contudo, antes, em Lc 19,38-40, ele se recusou a repreender os que, em Jerusalém, o saudavam como rei, embora em Lc 22,25 demonstrasse desdém pelo senhorio dos reis. D. Schmidt ("Luke's"), ao tentar analisar a inocência de Jesus com respeito a essas acusações, introduz uma sutileza importante na imagem, ao mostrar que, nas atitudes de Jesus, existem ambiguidades que poderiam ser exploradas. A meu ver, entretanto, sua alegação de que os leitores lucanos não consideraram necessariamente os acusadores de Jesus mentirosos (p. 116) é tolerante demais. Os que acusam Jesus usam a ambiguidade de uma forma que muitos leitores reconheceriam como distorção.

---

[21] Lc 9,41 falou de uma geração "transviada" (passiva de *diastrephein*), mas Jesus tentou corrigi-la.

[22] Lucas e sua audiência entendiam "César" como "o imperador". Se o uso lucano remonta ao tempo de Jesus, "César" pode ter sido uma referência mais específica a Tibério César. Ver § 35, nota 39 adiante.

[23] Contudo, S. Talavero Tovar (CTom 108, 1981, p. 3-40) afirma que Jesus não foi um modelo de lealdade a Roma, pois esses ocupantes arrecadavam tributos sobre terra dedicada a Deus. Os leitores do Evangelho que viviam fora da Palestina não tinham os mesmos problemas, nem as mesmas sensibilidades quanto a tributos.

Eles tiram proveito dos temores do governador romano de que esse judeu esteja tentando restaurar um reino do qual Roma tomara o lugar vinte e cinco anos antes e ao fazer isso, desafie o governador.[24] Encontramos em Tácito (*História* V,9) uma atitude condenatória para com Simão, que, depois da morte de Herodes, o Grande, adotou o nome de rei sem esperar a decisão de César. Em At 17,5-7, os judeus tentam alarmar as autoridades de Tessalônica afirmando que Paulo e Silas agiram contra os decretos de César ao dizerem que existe outro rei, Jesus. Por meio de sua manipulação contra Jesus, as autoridades judaicas provocam o sofrimento de um *inocente*, e é isso que Lucas quer que os leitores reconheçam (assim também Schmidt, "Luke's", p. 118).

Depois de ouvir em Lc 23,2 uma acusação principal, subdividida em duas acusações específicas,[25] em Lc 23,3 Pilatos presta atenção só à parte da última acusação, isto é, à parte "rei" de "rei Messias", ampliada para "o Rei dos Judeus". (Assim, Pilatos parece interessado não em realeza abstrata, mas naquilo que afeta a Judeia.) Em outras palavras, apesar da introdução lucana ampliada, quando se trata de troca direta de palavras entre Pilatos e Jesus, Lucas recorre à linguagem exata de Mc 15,2.[26] O NT grego Westcott-Hort levanta em nota marginal a possibilidade de *sy legeis*, "Tu (o) dizes", ser traduzido como pergunta: "Tu (o) dizes?". Outros insistem que, aqui, deve ser negativo, pois leva Pilatos a não achar nada criminoso em Jesus. Entretanto, se a frase serve de afirmativa condicional (em vez de pergunta ou negativa), então, na trama dessa condição, Pilatos reconhece que Jesus não é culpado de ser um adversário político ameaçador. Muitos biblistas afirmam que, quando se passa de Marcos para os Evangelhos posteriores, há uma tendência de inculpar os judeus e absolver os romanos. Entretanto, como em Lc

---

[24] Esta sugestão é mais plausível que a de Fitzmyer (*Luke*, v. 2, p. 1475), segundo a qual Pilatos não via com bons olhos um rei por causa de reis tirânicos da história romana primitiva.

[25] Há uma série notável de variantes textuais nessas acusações. Acima, sugeri que, ao formulá-las, Lucas estava ciente de ataques a Jesus na última terça parte do século I. Na OL de Lc 23,2, as acusações se multiplicaram: "E destruindo a lei e os profetas" (cf. Mt 5,17) e "induzindo em erro as mulheres e as crianças". A última continua em alguns mss. da OL: "pois elas não são lavadas [ou batizadas] como nós, nem se limpam". (Ver n. 17 acima.) Tais acréscimos são quase sempre atribuídos a Marcião e refletem sua aversão a atitudes judaicas e exemplificam sua rejeição da lei, do casamento e/ou das purificações judaicas. Ver Blinzler, *Prozess*, p. 280; também Epifânio, *Panarion* XCII,xi,6; GCS 31.108ss.

[26] Somente variam as introduções às palavras citadas. O "inquiriu" lucano é *erotan*, que substitui o *operotan* marcano ("interrogou"), que Lucas guarda para Lc 23,6; e o "disse" lucano é *ephe*, usado de preferência ao presente histórico marcano ("diz").

22,70 uma forma plural de *sy legeis* foi a resposta de Jesus aos sumos sacerdotes, Jesus não se mostra mais cordial a Pilatos que a eles.

Em Lc 23,4, Pilatos se dirige aos chefes dos sacerdotes e às multidões,[27] uma coisa que ele não faz na passagem comparável de Marcos/Mateus. É de se presumir que as "multidões" façam parte da "aglomeração" de Lc 23,1 e sejam "o povo" de Lc 23,13. Mas não se pode afirmar com muita exatidão de onde vieram as multidões e seu perfil exato; nem é necessário identificar os que estão aqui com a multidão, que veio prender Jesus em Lc 22,47.[28] A introdução de multidões é a forma lucana de um fenômeno que vou examinar em APÊNDICE V A: além de descrever as autoridades judaicas, todos os Evangelhos incluem uma coletividade que era hostil a Jesus. Na resposta aos chefes dos sacerdotes e às multidões, Pilatos faz a primeira de três declarações solenes quanto à inocência de Jesus.[29] As três incluem a negativa "nada", mais o verbo "achar", mais *aition*, mais a preposição *en*. Traduzi essa combinação por: "Não acho nada criminoso", entendendo que *aition* é forma adjetival que modifica *oudeis*. Entretanto, o neutro *aition* também significa "causa, caso" e há quem (lidando livremente com *oudeis* e *en*) traduza: "Não acho nenhuma causa contra este homem" (ver Jo 18,38b, onde essa tradução é mais apropriada). Como três declarações semelhantes encontram-se em Jo 18,38b; 19,4.6, talvez Lucas e João estejam recorrendo a uma tradição comum não utilizada por Marcos (ver § 2, F3 e § 22 acima).

Por que Pilatos reage assim à resposta não cooperativa de Jesus, "Tu (o) dizes", a menos que ele interprete essa declaração como negativa? Já citei a decisão de Albino de soltar Jesus bar Ananias, que cooperou ainda menos (Josefo, *Guerra* VI,v,3; #305), simplesmente porque o procurador julgou o homem um fanático religioso politicamente inofensivo. Mas a lógica lucana deve ser vista em um nível diferente: Jesus é claramente inocente a quem quer que não tenha os olhos fechados pelo preconceito. Além de Pilatos, veremos estes outros testemunhando sua inocência: Herodes julgará Jesus, que não responde absolutamente nada, inocente das acusações (Lc 23,9.15); um criminoso na cruz, que apenas viu Jesus, declarará

---

[27] A expressão *eipen pros* ("disse a") é bem lucana.

[28] Fitzmyer (*Luke*, v. 1, p. 467) acha que, em todo o Evangelho, o emprego lucano de "multidão" e "multidões" é "desconcertante".

[29] Ver Lc 23,14-15.22. Há quem ache uma quarta em Lc 23,20, mas esse versículo não tem uma declaração direta de inocência.

que este homem não fez nada desregrado (Lc 23,41); e um centurião que viu o que aconteceu quando Jesus estava na cruz afirmará: "Certamente, este homem era justo" (Lc 23,47). Nessa sequência, seria incoerente Pilatos achar Jesus inocente por causa de argumentação! O instinto de Pilatos em Lc 23,4 equivale a sua percepção em Mc 15,10 (Mt 27,18): "Pois ele tinha conhecimento de que foi por inveja/zelo que os chefes dos sacerdotes o tinham entregado".

Do mesmo modo que Mc 15,3, Lc 23,5 nos diz que "eles" persistem nas acusações, isto é, os chefes dos sacerdotes e as multidões, que não se intimidam pela declaração de inocência por Pilatos. Em sua forte insistência (imperfeito de *epischyein*), eles reiteram sua acusação principal de Lc 23,2 em vocabulário um pouco diferente: "Ele instiga [*anaseioun*] o povo".[30] Desta vez, a acusação tem uma nota geográfica anexada: "ensinando por toda a Judeia, tendo começado desde a Galileia até aqui".[31] Como Lucas entende a geografia da terra? Por que ele omite a Samaria, que separava a Galileia da Judeia? É porque só está interessado em Pilatos e Herodes e, já que Pilatos controlava a Judeia e a Samaria, a menção da Judeia é suficiente (como em Lc 3,1)? É porque Jesus não pregou ali (Lc 9,52-53), passando apenas ao longo da fronteira entre a Samaria e a Galileia (Lc 17,11)? De qualquer modo, "por toda a Judeia, tendo começado desde a Galileia" não significa que Lucas considerou confusamente a Galileia uma parte da Judeia, nem que temos de entender a Judeia como designação ampla da "terra dos judeus" maior. A fórmula "tendo começado desde a Galileia" destina-se a assinalar o ponto de origem do ministério de Jesus, como em Lc 24,47: "começando por Jerusalém" assinala o ponto de origem do ministério dos pregadores cristãos. Se, com essa fórmula, em At 10,37 Pedro elogia todo o ministério de Jesus, em Lc 23,5 os adversários de Jesus condenam todo o ministério de Jesus. Há quem tenha julgado que, ao mencionar a Galileia, esses oponentes tiram proveito da lembrança de Judas, o Galileu (At 5,37), que veio da Galileia para instigar a revolta contra os romanos em 6 d.C. Entretanto, na narrativa lucana, "Galileia" desperta a possibilidade de mandar Jesus a Herodes (Antipas), o tetrarca da Galileia (Lc 3,1) e pedir àquele governante um inquérito preliminar (ver § 33).

---

[30] *Laos* ("povo") é empregado 84 vezes em Lucas-Atos, 2 em Marcos, 14 em Mateus, 2 em João.

[31] Robinson (*Way*, p. 43) afirma que a fórmula é pré-lucana. Tal descrição pode ter surgido em imitação da dimensão geográfica veterotestamentária convencional: "de Dã a Bersabeia" (Jz 20,1; 1Sm 3,20 etc.).

A ampliação joanina da troca essencial de palavras (Jo 18,28b-38a)

Na ANÁLISE a seguir, vou fazer um esboço da estrutura primorosa de sete episódios do relato joanino do julgamento romano, uma das magistrais construções dramáticas deste Evangelho. Os dois primeiros desses episódios (comentados aqui) são uma elaboração tão primorosa da troca essencial de palavras entre Pilatos e Jesus, que quem não conhecesse os elementos de Mc 15,2-5 não seria capaz de reconhecê-las em Jo 18,33.37 e Jo 19,9 (estas últimas no episódio 6).[32] Em sua reconstrução da fonte que João utilizou, Fortna (*Fourth*, p. 163) identifica elementos em Jo 18,28a.29.33.37b, isto é, basicamente o que está em Marcos. Entretanto, o perigo de reconstruir uma fonte pré-joanina eliminando tudo que é joanino é que logicamente se é forçado a pressupor uma fonte que é estranha à comunidade joanina. Se a fonte (ou, prefiro, tradição) aperfeiçoou-se na comunidade joanina da qual o evangelista fazia parte, então o que é joanino era compartilhado pela tradição e também pelo evangelista. Baum-Bodenbender (*Hoheit*, p. 238) é mais generoso que Fortna ao reconhecer como pré-joanino aqui Jo 18,28ac.33.36-38, que para ela também vem de uma fonte anterior a Marcos. Continuo cético quanto a reconstruções exatas da fonte ou tradição; mas julgo que ela incluía elementos que não estão em Marcos, por exemplo, o centro da declaração em 18,36: "Se meu reino fosse deste mundo, meus guardas teriam lutado para eu não ser entregue aos judeus". O quarto evangelista contribuiu para a redação final, mas usou elementos como "meu reino" e "meus guardas", que não ocorreram antes — a semelhança de tema com Mt 26,53 (a capacidade de Jesus recorrer ao Pai por ajuda angelical) sugere uma tradição pré-evangélica comum, que Mateus e João aperfeiçoaram de maneiras diferentes.

Episódio 1: Pilatos e os de fora do pretório (Jo 18,28b-32). Como nos outros Evangelhos, precisamos não nos esquecer do versículo de transição estudado em Jo 18,28a: "Então eles levam Jesus de Caifás para o pretório. Ora, era cedo". No início do julgamento romano, João introduziu o pretório,[33] que Marcos/Mateus só mencionam quando do escárnio romano depois do julgamento (§ 36; Mc 15,16). O adiamento sinótico do cenário significa que em nenhum dos três primeiros

---

[32] Teoricamente, é possível argumentar que João usou Marcos (muito liberalmente) como fonte, mas o que vimos alhures sugere que, aqui, Marcos e João são testemunhas independentes da tradição pré-evangélica (Dodd, *Historical*, p. 120; Hahn, "Prozess", p. 26-27; B. Ehrman, "Jesus", p. 125).

[33] A respeito da localização do pretório, ver § 31 C.

§ 32. O julgamento romano, primeira parte: Interrogatório inicial por Pilatos

Evangelhos se tem uma ideia de onde ocorre o julgamento. A capacidade da multidão de avançar e falar com Pilatos (Mc 15,8; Lc 23,4), e dos chefes dos sacerdotes de interromper (Mc 15,3), quase dá a impressão de que tudo isso aconteceu em praça pública. A localização joanina mais precisa talvez seja histórica — pelo menos não é implausível —, mas a precisão está primordialmente a serviço do simbolismo teológico joanino. "Os judeus" estão fora do pretório, recusando-se a entrar; Jesus está dentro do pretório; são as forças separadas de trevas e luz. Pilatos precisa ir de um lado para o outro, pois é ele quem está no meio, quem não deseja tomar uma decisão e, assim, inutilmente tenta conciliar as forças opostas. Entretanto, para João, é preciso decidir entre luz ou trevas e, assim, julgar a si mesmo quando se encara a luz que veio ao mundo (Jo 3,19-21). Ao não decidir pela verdade, Pilatos decide pela falsidade e trevas.

Os "eles" que não entram no pretório em Jo 18,28b devem, pelo menos em parte, ser identificados com os sumos sacerdotes e os guardas dos judeus de Jo 18,12-27, isto é, os protagonistas do interrogatório noturno que ocorreu simultaneamente às negações de Pedro.[34] Contudo, em Jo 18,31, nós os veremos descritos simplesmente como "os judeus", e é assim que João quer que os leitores pensem neles. Os chefes dos sacerdotes ainda são um agente específico no relato joanino do julgamento (Jo 19,6.15), mas foram associados à nação (Jo 18,35); e há referências a "os judeus" cerca de dez vezes.

Admitida essa generalização de "eles" em Jo 18,28b, tem havido especulações quanto ao que os tornaria (os chefes dos sacerdotes em particular ou "os judeus" em geral?) contaminados se entrassem no pretório. A. Büchler (JQR, 1926-1927, p. 1-81) rejeita a tese de que os judeus da Palestina do século I d.C. consideravam todos os gentios ritualmente impuros, e argumenta que até os fariseus, o partido mais severo, não eram dessa opinião. Era a impureza calculada segundo as atitudes judaicas mais exigentes, condenatórias das mulheres gentias que ignoravam as leis de Lv 15,19-33 a respeito da impureza durante a menstruação? Entretanto, ao contrário de Mt 27,19, João não menciona a presença da mulher de Pilatos. Outra possibilidade origina-se do fato de estarem os judeus sujeitos a contaminação pelo contato com um cadáver (Nm 19,16; 31,19), de modo que casas ou cômodos

---

[34] Essas duas cenas, interrogatório noturno pelo sumo sacerdote e julgamento de manhã cedo, estão visivelmente ligadas pelas sentenças iniciais: "Eles (o) conduziram primeiro a Anás" (Jo 18,13) e "Eles levam Jesus de Caifás ao pretório" (Jo 18,28a).

construídos sobre cemitérios eram considerados impuros (Mixná *Oholot* 17,5). Temos testemunho em Qumrã quanto a se ter repugnância pelos gentios porque eles enterravam cadáveres (sacrifícios de alicerces?) debaixo das casas: "Não fareis como os gentios: eles enterram os mortos em toda parte; enterram-nos até em suas casas" (11Q *Miqdas* [Rolo do Templo] 48,11-12). Fosse qual fosse a causa da impureza,[35] é provável que João estivesse consciente de uma atitude existente; mas o próprio fato de não ser explicada a contaminação específica sugere que a razão de João mencionar a impureza talvez seja ironia teológica. Os que estão fora do pretório são cuidadosos quanto à pureza ritual; contudo, desejam executar Jesus!

A razão para evitar a impureza é "a fim de poderem comer a (refeição da) Páscoa". Esd 6,9-22 descreve a Páscoa: os levitas tinham se purificado e entre os participantes estavam os que se tinham separado da impureza dos povos da terra. Fílon (*De specialibus legibus* ii,27; #145) explica a Páscoa: todo o povo se envolve com as vítimas animais e "a nação toda funciona de maneira sacerdotal com mãos puras". A referência em Jo 18,28b significa que, para João, o dia seguinte (noite de sexta-feira/sábado) seria 15 de Nisã, com a refeição pascal e, portanto, Jesus foi condenado por Pilatos e morreu em 14 de Nisã.[36] Acho bastante implausível a explicação de Story ("Bearing"), segundo a qual, para João, Jesus comera a refeição pascal na noite de quinta-feira, mas os guardas judeus que o prenderam e os sacerdotes ainda não tinham tido tempo de comer a refeição. De acordo com a interpretação que Story faz de Ex 12,10, eles tinham até as 6 horas da manhã de sexta-feira para comê-la e, fora do pretório de Pilatos, estavam preocupados em manter aberta essa possibilidade. Entretanto, João não relata isso — para ele, a preocupação deles era a contaminação. Logicamente, eles perderam a possibilidade de comer a Páscoa, pois o julgamento durou até o meio-dia (Jo 19,14) e eles ainda estavam ali. Além disso, "os judeus", não apenas os que o aprisionaram, formavam o grupo diante do pretório. Quando Jesus estava comendo, na quinta-feira à noite, ficou claro que a festa ainda não chegara (Jo 13,19) e, em Jo 19,14.31, há confirmação de que só o dia seguinte (noite de sexta-feira/sábado) seria a Páscoa. Quando muito, João faz um jogo teológico com o fato de "os judeus" ainda não

---

[35] Outra tese baseia-se na data: a partir do meio-dia de 14 de Nisã (véspera da Páscoa), não deveria haver nenhum contato com fermento (Dt 16,4) e os gentios podiam ter fermento em suas casas.

[36] Ver em APÊNDICE II B argumentos de que essa data era histórica, ao contrário da inferência sinótica de que Jesus morreu no dia 15, depois de ter comido a refeição pascal na noite de quinta-feira.

terem comido a Páscoa; depois de Jesus ter sido morto como o Cordeiro de Deus que tira o pecado do mundo (Jo 1,29), a refeição pascal que "os judeus" comeriam foi substituída em seu significado redentor.

Jo 18,28b não explica exatamente como a impureza ritual impediria comer a refeição pascal. Segundo Nm 9,6-12, se contraíssem impureza e não pudessem comer a refeição pascal na hora habitual, os israelitas teriam de adiar a celebração por um mês. A exposição aleatória à contaminação por gentios ritualmente impuros era um perigo só para sacerdotes a serviço do Templo, ou para judeus que já tinham sido preparados para a participação em uma refeição sacrifical. Se outros contraíssem impureza por entrar no pretório, ela seria removida antes da refeição por um banho ao pôr do sol. Entretanto, a impureza pelo contato com um cadáver era contaminação de sete dias (Nm 19,11).[37] De qualquer modo, encontramos mais uma vez a ironia teológica: os que são tão cuidadosos com a refeição pascal vão exigir a morte do Cordeiro de Deus (Jo 1,29.36), o que acontecerá ao meio-dia, exatamente quando começam a ser abatidos no recinto do Templo os cordeiros para a Páscoa (ver § 35, a respeito de Jo 19,14).

Em Jo 18,29, Pilatos aparece sem introdução prévia, do mesmo modo que nos sinóticos. A pergunta "Que acusação [*kategoria*]?" exerce o mesmo papel introdutório que Lc 23,2: "Eles começaram a acusá-lo [*kategorein*]"; os dois autores estão familiarizados com julgamentos romanos onde primeiro são apresentadas as acusações. Há quem crie um cenário onde os judeus são ofendidos por essa pergunta porque determinaram eles mesmos a sentença e vieram apenas procurar a licença (*exsequatur*) para executá-la (ver § 31, D2). A objeção fatal a esse cenário é que em João não houve nenhum julgamento judaico durante a noite. Em vez disso, a falta de cooperação à pergunta de Pilatos faz parte da técnica joanina de diálogo: cria uma tensão que será usada para descobrir o que está abaixo da superfície. Na resposta judaica de Jo 18,30, exatamente como em Lc 23,2, há um uso insolente do demonstrativo ("este sujeito"). "Fazendo o que é mau [*kakon poiein*]" ecoa em parte a declaração desafiadora de Jesus diante do sumo sacerdote em Jo 18,23: "Se falei mal [*kakos lalein*], depõe sobre o que é mau [*kakou*]". Na ironia joanina, os que estão do lado de fora do pretório são os que fizeram o que é mau ou praticaram

---

[37] É digno de nota que, segundo Josefo em *Ant.* XVIII,iv,3; ##93-94, os judeus iam pegar as vestes sacerdotais que estavam sob custódia romana sete dias antes da festa, e então as vestes eram purificadas; mas, em *Ant.* XV,xi,4; #408, Josefo menciona só um dia antes da festa.

o mal, pois se recusaram a vir para a luz (Jo 3,19-20). Embora antes (oito vezes), em João, *paradidonai*, "entregar", só tenha tido Judas como agente, agora (três vezes: Jo 18,30.35; 19,11) será empregado tendo como agentes "os judeus"; e aqui eles usam o verbo a respeito de si mesmos, como se a ação fosse digna de elogios.

A resposta de Pilatos em Jo 18,31 apresenta dificuldades: o prefeito romano diz para "os judeus" que julguem Jesus e é informado *por eles* que não têm poder para fazê-lo! Contudo, o diálogo é obviamente para informação dos leitores, não de Pilatos. Mais difícil é decidir se Pilatos fala com ironia, pondo "os judeus" no seu lugar: se eles não vão seguir os procedimentos romanos (ou não podem, pois não têm uma causa grave), eles mesmos podem cuidar do assunto — sabendo o tempo todo que eles são legalmente impotentes para fazê-lo. Seria preciso então também pressupor ironia em Jo 19,6: "Levai-o vós mesmos e crucificai(-o)". Outros, entendendo que o desafio de Pilatos era sério, não ironia, sugerem que o prefeito não tinha ideia de que essas pessoas queriam a morte de Jesus e estava lhes dizendo que podiam condená-lo a um castigo (menor), sob a lei deles mesmos. Só quando "os judeus" responderam, Pilatos descobriu que eles exigiam a pena de morte. Entretanto, na trama, parece que Pilatos sabe o que "os judeus" pretendem e, assim, a explicação de ironia é mais provável.

Igualmente difícil é o que significa "Não nos é permitido executar ninguém".[38] Que lei ou costume não permite execução? Em Jo 5,10, "não é permitido" refere-se aos princípios da lei mosaica, e Pilatos acabou de falar em "vossa lei"; mas a lei dada por Moisés (Jo 1,17) permite claramente a execução. Se considerarmos que a lei é a lei mosaica (Allen, Liberty, Michaels etc.), devemos entender essa restrição? Agostinho, Crisóstomo e biblistas modernos, como Millar, pensam em uma restrição de tempo: não permitida na véspera de uma festa ou Páscoa. Em

---

[38] O verbo *apokteinein* significa "matar"; mas, embora na polêmica joanina "os judeus" sejam considerados desejosos de matar Jesus, aqui na atmosfera legal do julgamento parece apropriado o menos tendencioso "executar". Michaels ("John") defende o significado "matar" (afirmando que *thanatoun* é o termo judicial para "executar") e vê uma referência ao Decálogo: "Não matarás" (Ex 20,13). Em defesa dessa opinião, ele cita a estatística de que *exestin* (ou seu equivalente), para "permitido/lícito", refere-se em vinte e cinco de trinta e um usos neotestamentários ao que Deus proíbe ou permite, com Atos (At 16,21; 22,25) fornecendo os exemplos incomuns do que era legal pelos padrões romanos. Contudo, *apokteinein* não é usado no mandamento do Êxodo (LXX, Ex 20,15) e, em sua maioria, as referências neotestamentárias que empregam *exestin* não são conversas com um juiz romano. Em nenhuma outra passagem de João "os judeus" reconhecem de maneira franca que o que queriam que fosse feito a Jesus transgredia a lei de Deus como, para Michaels, eles fazem aqui.

At 12,3-4, embora Pedro seja preso durante os dias dos Pães Ázimos, seu destino é adiado até depois da Páscoa. Contudo, JEWJ, p. 78, contesta a eficácia de tal limitação. Certamente, TalBab *Sanhedrin* 43a (§ 18, E1 acima) não demonstra nenhum embaraço ao relatar que "na véspera da Páscoa Yeshu foi enforcado". Outros sugeriram uma restrição da acusação: não era permitido executar ninguém acusado de crime político. Em Jo 8,59 e 10,31, houve tentativas de apedrejar Jesus; em Jo 10,33, a razão foi especificada como blasfêmia; mas não houve nenhuma sugestão de que, para isso, era necessário ter permissão romana. Assim, é possível que, aqui, Jesus seja conduzido aos romanos, porque a acusação não é religiosa. Vicent Cernuda ("Aporía") tem uma variante sutil dessa abordagem: eles não têm permissão para executar *ninguém*. (Para esse sentido de *oudeis*, ele indica Pr 27,4; Sb 1,8; Eclo 40,7.) Embora pudessem executar Jesus por motivos religiosos, não podiam executá-lo como pretenso rei que se rebelou contra o imperador — e era assim que queriam que ele fosse lembrado.

Entretanto, contra essa abordagem e defendendo a ideia de que Jo 18,31 significa a lei romana, existe o fato de que o versículo seguinte se concentra no *tipo* de morte que (aparentemente) só podia partir dos romanos. Esse tipo de morte é erguer Jesus na cruz, como Jo 12,32-33 deixa claro. A ideia de que a crucificação é o que os judeus querem, mas não podem conseguir sozinhos, é sugerida também por Jo 19,6.[39] A opinião mais geral de que a referência é à lei romana, não à judaica, traz uma solução mais fácil, mas é possível provar que os romanos proibiram os judeus "de executar alguém"? Ver argumentos pró e contra em § 18 D; ali, concluí que, segundo os melhores indícios, exceto para certos crimes religiosos e morais especificados, onde a morte era a pena automática, os judeus da Judeia não tinham permissão para executar. Essa limitação imposta fez "os judeus" ficarem frustrados ao lidar com Jesus, como eles subentendem quando citam a lei mosaica em Jo 19,7: "Temos uma lei e segundo a lei ele deve morrer".[40] A autoridade romana fundamenta

---

[39] Vimos (§ 23 A) que uma interpretação de Qumrã de Dt 21,22 aprovava a crucificação como forma de execução; mas não sabemos se isso chegou a ser posto em ação pelos judeus ou lhes foi permitido pelos romanos.

[40] Acho implausível a afirmação de Michaels ("John", p. 478), segundo a qual essa frase representa a *opinião* dos judeus de que Jesus devia morrer, mas, para eles, se eles mesmos o executassem, violariam o mandamento para matar (n. 38 acima), porque não levaram Jesus a julgamento (em João — Michaels lança dúvida sobre a tradição sinótica de julgamento). Contudo, as várias *ordens* veterotestamentárias para executar o blasfemador ou sedutor não especificam um julgamento, nem em que consistiria a investigação; além disso, em João, a decisão de que Jesus devia morrer fora tomada pelo sinédrio, formado pelas mais

a fanfarronice de Pilatos em Jo 19,10, quando ele lembra Jesus de que *ele* tem o poder de soltar e o poder de crucificar.

A disputa técnica entre intérpretes a respeito de qual lei é mencionada não deve nos fazer esquecer de dois importantes pontos joaninos em Jo 18,32: "a fim de que pudesse ser cumprida a palavra de Jesus que ele falou, indicando que tipo de morte ele ia morrer". A principal preocupação joanina não é que lei proíbe executar, mas sim o cumprimento da palavra de Jesus a respeito da morte. Os acusadores judeus e também o juiz romano são atores em um drama escrito por um planejador divino. Com referência a Jo 18,9, vimos (§ 14) que a necessidade de que se cumprisse a palavra de Jesus era a mesma que a necessidade de se cumprir a palavra falada por Deus por intermédio dos profetas. A "palavra" é, com certeza, a de Jo 12,31-32, onde o evangelista explicou que, ao dizer "Quando eu for elevado da terra", Jesus estava "indicando que tipo de morte ele ia morrer". (A última é a mesma frase usada em Jo 18,32.) Jesus não vai morrer uma morte como o apedrejamento, o castigo usual para blasfêmia, que o lançaria à terra, mas uma morte que o elevará. Os romanos podem apresentar sua crucificação como o castigo de um pretenso rei que queria se rebelar contra César, mas os fiéis a reconhecerão como a triunfante elevação de Jesus de volta para o Pai. Ironicamente, "os judeus" querem forçar o romano a contribuir para a glorificação de Jesus.

Episódio 2: Pilatos e Jesus dentro do pretório (Jo 18,33-38a).
O diálogo entre Pilatos e "os judeus" deixou claro que estes últimos não estão interessados em um julgamento para determinar a culpa de Jesus. Eles sabem que ele está "fazendo o que é mau" e precisa ser executado. Contudo, eles ainda não fizeram a Pilatos sua acusação exata; por isso não há mais preparação em Jo 18,33 do que em Mc 15,2 para o "És tu o Rei dos Judeus?" de Pilatos. Para fazer essa pergunta, Pilatos entra "novamente" no pretório e chama Jesus.[41] Acima, rejeitei a ideia de que, nos sinóticos, o "tu" da pergunta seja enfático e expresse incredulidade. Apesar do contexto mais longo em João e do maior interesse em descrever Pilatos, é provável que a ideia de incredulidade deva ser rejeitada aqui também;

---

altas autoridades religiosas (Jo 11,47-53). Longe de transgredir a ordem para matar, a execução de Jesus seria considerada por alguns um dever religioso (Jo 15,20; 16,2).

[41] *Palin* ("novamente", encontrado na maioria dos mss. em Jo 18,32, mas em sequências diferentes) pode ser traduzido "de volta". Jesus já estava dentro do pretório enquanto Pilatos falava do lado de fora, ou é agora levado para dentro, como em Mc 15,16? A primeira hipótese é mais plausível.

Pilatos ainda não está humilhando Jesus. Há quem se pergunte se "o Rei dos Judeus" assume um tom especial graças à hostilidade joanina para com "os judeus"; encontra-se algum apoio para isso no sarcástico "vosso rei", de Jo 19,14.15. A resposta sinótica à pergunta – "Tu (o) dizes" – aparecerá em João quatro versículos adiante (Jo 18,37), mas só depois que as ambiguidades quanto às implicações do título forem aclaradas. A primeira ambiguidade diz respeito à origem do título e Jo 18,34-35 mostra que nada disso era ideia romana. Também não seria joanino basear o diálogo em rumores. O *meti* em "Sou eu judeu?" supõe uma resposta negativa (mas não é claramente desdenhoso). Toda a oposição vem da nação judaica (*ethnos*, como em Lc 23,2) e dos chefes dos sacerdotes (cf. Lc 23,13: "os chefes dos sacerdotes [...] e o povo"). Schnackenburg (*John*, v. 3, p. 248) está errado ao argumentar que João não se refere a toda a nação judaica que, como totalidade, não havia entregado Jesus a Pilatos, mas se refere a seus representantes, os anciãos, que nunca são mencionados em João. Esse argumento histórico é irrelevante; João generaliza, pois considera "os judeus" de seu tempo, que expulsaram fiéis cristãos da sinagoga, herdeiros das autoridades hostis do tempo de Jesus.

Devem os leitores de João pensar que Jesus é verdadeiramente "o Rei dos Judeus", embora o título tenha vindo de seus inimigos e esteja sendo usado contra ele? Em Jo 6,15, quando percebeu que o povo queria levá-lo e fazê-lo rei, Jesus fugiu sozinho para a montanha. Contudo, ele não rejeitou a saudação de Natanael, que o chamou de "o Rei de Israel" em Jo 1,49. Jesus foi aclamado por esse título novamente em Jo 12,13 e não o contestou, embora o abrandasse por sua reação em Jo 12,15. De qualquer modo, Jesus responde à pergunta de Pilatos sobre ser rei discutindo seu reino. Pilatos entende ser rei em termos daquilo que Jesus fez para levar sua nação e os chefes dos sacerdotes a fazer essa acusação. Precisamos nos lembrar de que esse diálogo foi escrito depois da revolta em 66-70 d.C., quando o mundo viu os revolucionários judaicos derrubarem o controle romano durante um breve período. Do mesmo modo, em Jo 18,36, Jesus tenta esclarecer o equívoco de Pilatos ressaltando que seus guardas não lutaram em sua defesa. Mencionei acima (Episódio 1) que a presença de um dito em Mt 26,53 com mais ou menos a mesma força significa que temos aqui, reescrito por João, um argumento de uma tradição mais primitiva que combate a descrição de Jesus como pessoa perigosa. As palavras de Jesus são expressas como condição contrária ao fato: "Se meu reino fosse deste mundo, meus guardas...". Nunca tínhamos ouvido falar de seus guardas; todas as referências anteriores foram aos guardas hostis das autoridades judaicas. Não está claro se devemos pensar que, porque seu reino é de outro tipo, o mesmo acontece com seus guardas, ou pensar que ele não tem guardas (mas somente amigos: Jo 15,15).[42] O verbo "lutar" é *agonizesthai*, da mesma raiz que a *agonia* que acometeu Jesus em Lc 22,44 — os dois Evangelhos repetem a linguagem dos últimos tempos com sua luta cataclísmica. Curiosamente, "para eu não ser entregue aos judeus" ignora a afirmação de Pilatos, no versículo anterior, de que Jesus foi entregue *a ele* pelos judeus ("Tua nação e os chefes dos sacerdotes"). Talvez Jesus esteja sendo diplomático em não salientar os romanos nesse contexto hostil. Em todo caso, Jo 18,36 é muito joanino ao fazer Jesus falar de "os judeus" de maneira tão alienada que não se suspeitaria ser ele próprio judeu. É a linguagem dos cristãos joaninos expulsos da sinagoga.

O aspecto mais importante de Jo 18,36 é a afirmação de Jesus, reiterada três vezes, de que seu reino não é deste mundo, não daqui — a afirmação de uma Palavra encarnada que veio do alto para este mundo. Não se deve identificar com demasiada facilidade o reino de Jesus em João com o Reino de Deus nos Evangelhos sinóticos. Durante todo o Evangelho de João, Jesus luta para impedir que as pessoas entendam mal as dádivas que ele lhes traz, em parte porque essas dádivas têm o mesmo nome que os elementos bem conhecidos na experiência humana (luz, pão, água etc.). Mas as dádivas de Jesus não são deste mundo; o que as torna verdadeiras ou reais (*alethinos*) é serem de Deus. Vêm a este mundo com Jesus e são possibilidades porque ele as oferece gratuitamente. Na verdade, ele se identifica com elas: eu sou a luz, eu sou o pão da vida etc. Do mesmo modo, o reino de Jesus veio com ele ao mundo, mas, como ele, não é deste mundo (Jo 17,14). Se tem guardas, isto é, discípulos de Jesus, "Eles não são do mundo, como eu não sou do mundo" (Jo 17,16). Enquanto o que João nos diz do reino de Jesus destina-se a contrabalançar qualquer acusação secular de que ele procurava estabelecer um reino terrestre para rivalizar com o de César, é de se perguntar se também não se destinava a contrabalançar as ideias de outros cristãos que, com demasiada simplicidade, identificavam o reino do Filho (do Homem ou de Deus) com a Igreja visível, por exemplo, orientações reveladas por Mt 13,14 e Cl 1,13. João discordaria da resposta que os parentes

---

[42] A situação é complicada pelo evidente esquecimento de que Simão Pedro cortara a orelha do servo do sumo sacerdote em Jo 18,10. Aparentemente, essa ação era insignificante demais para ser considerada luta dos guardas de Jesus. Acima (§ 14), achei implausível a tese de que essa ação significava que Simão Pedro já não podia ser considerado discípulo (= guarda?) de Jesus.

de Jesus na Palestina supostamente deram à pergunta do imperador Domiciano a respeito do reino de Cristo: "Não era mundano na terra, mas celeste e angelical e seria instituído no fim do mundo, quando ele viria na glória para julgar os vivos e os mortos" (Eusébio, HE III,xx,4). O Jesus joanino diria que, como ele já veio como a luz do mundo, o julgamento ocorre à medida que as pessoas decidem pró ou contra ele; seu reino não está só no céu nem é só angelical — antes, está neste mundo, mas não é dele.

"Com que então" (*oukoun*: único no NT) em Jo 18,37 devolve o diálogo ao tema principal. Apesar de todas as sutilezas a respeito do reino, Pilatos deduz que, afinal de contas, Jesus é rei, o que dá a João a oportunidade de usar a resposta fixa da tradição: *sy legeis*. A esse "Tu dizes", é acrescentada uma frase: "que sou rei". Notemos que o título completo, "o Rei dos Judeus", foi modificado por Jesus, pois sua resposta não é simples afirmativa (com a devida vênia a Bultmann, *John*, p. 654). Nem é negativa. Embora o que Pilatos pergunta constitua a verdade, não está expressa como Jesus deseja.[43] Ao apresentar sua própria fraseologia, Jesus, que falou negativamente para esclarecer o que seu reino não é, agora fala positivamente para proclamar quem ele é. "Nasci" e "vim ao mundo" não são momentos separados; antes, estão em paralelismo, e a segunda frase interpreta a primeira. Em Jo 9,39, Jesus disse: "Vim ao mundo para um julgamento" e confronto com a verdade é julgamento. A razão para Jesus poder dar testemunho da verdade é porque ele desceu do céu (Jo 3,13) e vê o que o Pai faz (Jo 5,19) e ouviu o que o Pai disse (Jo 8,26). Jesus pode dar testemunho porque *ele é a verdade* (Jo 14,6), frase que é avaliação aceitável incondicional de Jesus, enquanto *ele é rei* precisa de condições. (É interessante que, na especulação mais tardia que se repetiu em um fragmento maniqueu do médio persa, Jesus responde à pergunta de Pilatos no versículo seguinte [Jo 18,38a: "O que é a verdade?"] com "Eu sou a verdade" — ver Tolman, "Possible".)

A ideia de que Jesus deu testemunho diante de Pilatos encontra-se em 1Tm 6,12-13; mas o testemunho em João é mais que ausência de negação. É um testemunho que explica a natureza e a extensão da realeza de Jesus. A ligação entre ser rei e dar testemunho tem antecedentes veterotestamentários? Há quem aponte

---

[43] Merlier ("*Sy legeis*"): "És tu que o dizes, não eu"; ver também BDF 441³. Essa tradução deve ser preferida a tentativas de ler uma pergunta: "Dizes que sou rei?" ou de dividi-la de modo diferente: "Tu o dizes. Porque nasci...".

para Is 55,3-4, onde Davi é feito testemunha e chefe e comandante dos povos; e Derrett ("Christ", p. 192ss) acrescenta Sl 89,36-38, onde a descendência régia de Davi em seu trono continua para sempre como testemunho fiel da promessa divina a Davi. Von Jüchen (*Jesus*, p. 11) considera o "Tu dizes que sou rei" de Jesus em Jo 18,37 resposta não só a Pilatos, mas também a todas as pessoas que esperam um Messias. Jesus prefere explicar o sentido no qual o Messias é rei, não em diálogo com "os judeus" (Jo 10,24-25), mas a um romano, como prova de que ele veio para "todo aquele que é da verdade".

Pilatos não consegue entender um reino que não foi instituído pelo empenho humano, mas sim por Deus; e seu fracasso para entender origina-se primordialmente não do fato de ser ele representante do domínio terreno, mas também e, primordialmente, porque ele não é da verdade. Isso fica claro quando Jesus explica como um reino que "não é deste mundo" não ameaça a autoridade reinante de César. Em vez de guardas de um reino mundano, Jesus pensa nos que são da verdade e, por essa razão, ouvem sua voz. (*Akouein* com o genitivo significa escutar com entendimento e aceitação.) Jesus falou antes das ovelhas que ouvem a voz do Bom Pastor (Jo 10,3) e o seguem. Parte disso repete a linguagem veterotestamentária – por exemplo: "O Senhor suscitará para ti um profeta como eu [Moisés]... escutarás sua voz" (Dt 18,15) – e a disposição para ouvir relaciona-se com a maneira como a pessoa vive. As ações de Deus preparam a pessoa para escutar (ou se aproximar da luz: Jo 3,21) e também manifestam que a pessoa é verdadeiramente adepta da verdade (1Jo 3,18-19). Contudo, no dualismo joanino dos que são *da* verdade e *da* falsidade, há uma predisposição para uma ou outra que ultrapassa as ações. As ovelhas que ouvem Jesus estão à espera dele e reconhecem sua voz (Jo 10,4-5); são aquelas que o Pai lhe deu do mundo (Jo 17,6). Em certo sentido, então, a declaração de Jesus "Todo aquele que é da verdade ouve minha voz" é um teste de Pilatos; o juiz está sendo julgado. A reação de Pilatos – "O que é a verdade?" – não deve ser entendida como pergunta filosófica profunda. Ela realmente faz eco à arrogância do romano quando contestado (ver também Jo 19,22); mas, ironicamente, é uma condenação de si mesmo: sua falha em reconhecer a verdade e ouvir a voz de Jesus mostra que ele não pertence a Deus. É a última vez em João que Jesus fala da verdade e sua voz não foi ouvida.

Análise

Cada Evangelho trata o julgamento romano de Jesus de maneira diferente. Em nenhum Evangelho lidamos com um relato de testemunho ocular completo do que aconteceu (principalmente em João, onde Jesus está dentro do pretório, longe dos olhares do público e mesmo do olhar de um discípulo que poderia ter se lembrado). Como vimos (§ 31, D1), a tese de que existia um registro escrito nos arquivos romanos é ficção, apesar de referências patrísticas mais tardias a ele. Mais exatamente, há elementos de tradição cristã que são comuns aos quatro Evangelhos — elementos que surgiram de maneiras diferentes e têm valor histórico diferente (como será estudado em cada cena).[44] Esses elementos incluem duas breves trocas de palavras entre Jesus e Pilatos (esta seção), uma cena que envolve Barrabás (§ 34) e a condenação à cruz (§ 35). Contudo, a amplitude em que esses elementos são dramatizados e outros são introduzidos varia consideravelmente entre os Evangelhos. Mesmo a descrição de Pilatos não é consistente.[45] Para perceber isso, vamos examinar a organização do julgamento romano como um todo em cada Evangelho.[46]

A. O julgamento romano marcano (Mc 15,1-15)

Este relato muito sucinto tem apenas 60 por cento da extensão do relato marcano dos procedimentos judaicos e, dramática e teologicamente, não é, nem de longe, tão empolgante. As maquinações das autoridades do sinédrio consolidaram o julgamento judaico, mas aqui não estão claros nem o caráter nem os motivos de Pilatos. O âmbito de seu comportamento apenas moderadamente interessado e até

---

[44] No COMENTÁRIO acima, mencionei a tese de que "És tu o Rei dos Judeus?" se origina do título sobre a cruz, considerado histórico. Em § 34, vou afirmar que a soltura de um criminoso chamado Barrabás pode ser lembrança histórica; entretanto, isso não precisa incluir o costume de uma soltura durante a festa, nem a estreita relação entre a soltura de Barrabás e a condenação de Jesus.

[45] A tese de que, quanto mais tardio o Evangelho, melhor a imagem de Pilatos não é estabelecida tão simplesmente. Por exemplo, no último dos quatro Evangelhos, segundo Rensberger ("Politics", p. 402), o Pilatos joanino é uma figura forte, que usa Jesus para realizar seu propósito de fazer os judeus aceitarem publicamente a realeza de Jesus, figura ridícula, desse modo depreciando o nacionalismo deles. Julgo o Pilatos joanino indeciso e fraco a ponto de fracassar nesse momento de crise. Quando desafiado a ser da verdade ouvindo a voz de Jesus, ele se mostra condenado ao perguntar o que é a verdade — isso significa que ele não é um dos dados por Deus a Jesus. A tentativa de Pilatos de recuperar o ganho político é uma petulante reflexão tardia.

[46] Aqui, vou incluir em esboços os versículos de transição Mc 15,1; Mt 27,1-2; Lc 23,1; Jo 18,28a (examinado em § 28), onde se encerram os procedimentos judaicos e Jesus é transferido para a custódia romana.

empedernido inclui ficar espantado quando Jesus se recusa a responder (Mc 15,5); reconhecer que foi por inveja/zelo que Jesus foi entregue (Mc 15,10); perguntar que mal ele fez (Mc 15,14); entregá-lo para ser crucificado a fim de satisfazer a multidão (Mc 15,15). O Pilatos marcano não é inocentado: ele não é tão malévolo quanto os chefes dos sacerdotes, mas é exemplo inadequado de justiça romana.

O julgamento judaico apresentou as negações de Pedro como contrapartida interessante à fidelidade de Jesus sob interrogatório. No julgamento romano, Barrabás é a contrapartida. Embora seja culpado de violenta perturbação política, ele é solto, enquanto Jesus, que é inocente da mesma acusação, é condenado. Mas não há notícia da participação pessoal de Barrabás comparável à do crescente desespero de Pedro. Teologicamente, o que se percebe no julgamento romano marcano é a persistente hostilidade dos chefes dos sacerdotes, a facilidade com que a multidão é manipulada contra Jesus e a inocência política de Jesus. (Esta última é evidente até para Pilatos; nem sequer há um esclarecimento quanto à atitude de Jesus a respeito de ser chamado "o Rei dos Judeus".) Quando trabalhou com a tradição, Marcos foi mais comovente ao escrever o julgamento do sinédrio do que aqui. (Os outros evangelistas aperfeiçoam a situação.) Embora, com o propósito de comentar os quatro Evangelhos, eu vá dividi-lo em três segmentos – Mc 15,2-5; 15,6-11 (Barrabás), e Mc 15,12-15 (condenação) –, o julgamento romano marcano é realmente uma unidade. Gnilka (*Markus*, v. 2, p. 297) está correto ao argumentar que não há intervalo entre os vv. 5 e 6; e Soltero ("Pilatus", p. 327) está correto ao afirmar que não há nenhum entre os vv. 11 e 12.

B. O julgamento romano mateano (Mt 27,1-26)

Com quase o dobro do comprimento do relato marcano, o julgamento romano mateano é mais longo que seu julgamento judaico. Embora use material marcano como esteio, Mateus suplementa-o com incidentes dramáticos que animam grandemente o relato e aumentam a importância teológica. A comparação com Marcos está delineada no Quadro 4 a seguir (com os suplementos mateanos marcados pelo sinal *). Se mantivermos juntos Mc 15,2-5 e 6-11 como unidade, há três segmentos em cada um dos quais Mateus suplementou Marcos. A cena de Judas que constitui o suplemento no primeiro segmento (§ 29) aponta de certa forma para trás, para o julgamento do sinédrio, pois Pedro e Judas concretizam as respostas profetizadas dos discípulos ao que foi feito a Jesus naquele julgamento. De outra forma, aponta para a frente, para o julgamento romano: os chefes dos sacerdotes começaram a transferir Jesus para Pilatos, mas o sangue inocente de Jesus assombra Judas, que tenta passar a responsabilidade para os chefes dos sacerdotes. A inocência de Jesus assombra os sonhos da mulher de Pilatos, no suplemento mateano do segundo segmento, e o sangue inocente é assunto de debate entre Pilatos e "todo o povo", no suplemento do terceiro segmento. Assim, há um tema comum que atravessa os três segmentos,[47] tema dramatizado com toques inesquecíveis: trinta moedas de prata e o Campo de Sangue no primeiro, o sonho da mulher pagã no segundo e lavar as mãos e "Seu sangue sobre nós e sobre nossos filhos" no terceiro.

Mateus usa temas populares, quase folclóricos, para ensinar a lição teológica de que a justiça divina não é escarnecida, mas é imposta a cada uma das partes envolvidas no derramamento do sangue do Filho de Deus. Importante enfoque no julgamento de Jesus não é sua condenação, mas sim a condenação dos que o entregaram. Pilatos é apenas uma pessoa torturada, um homem forçado a condenar Jesus contra sua vontade e que ainda procura ser inocentado pelos que vão ficar sabendo o que ele fez. Um toque final de habilidade mateana é usar o tema do sonho, a maior perceptividade gentia da verdade e a hostilidade das autoridades judaicas e do povo durante o julgamento romano para formar uma inclusão com temas similares das narrativas da infância, de modo que há paralelos entre o começo e o fim da vida de Jesus.

QUADRO 4. COMPARAÇÃO DOS RELATOS MARCANO E MATEANO DO JULGAMENTO ROMANO

Mc 15,1-15	Mt 27,1-26
Mc 15,1: Fim dos procedimentos do sinédrio e transferência para Pilatos	Mt 27,1-2
	* 27,3-10: Judas — sangue inocente

---

[47] Em uma análise estrutural, Marin ("Jesus") divide Mt 27,1-31 em doze partes que depois organiza quiasticamente. Para fazer isso, tem de reorganizar o v. 11b depois de 11a.12-14 e *omitir a cena de Judas em Mt 27,3-10!* Assim, ele não aproveita a fluência de pensamento descrita pouco antes. Além de aspectos óbvios reconhecíveis sem essas complexidades, não vejo contribuição interpretativa real em um esforço tão complexo que não segue o texto exatamente como ele se encontra agora.

Mc 15,2-5: Julgamento: Perguntas iniciais por Pilatos	Mt 27,11-14
	Mt 27,15-18.20-21
Mc 15,6-11: Julgamento: Barrabás ou Jesus	
	* 27,19: Sonho da mulher de Pilatos
Mc 15,12-15: Julgamento: Condenação de Jesus	Mt 27,22-23.26
	* Mt 27,24-25: Pilatos lava as mãos; sangue inocente

C. O julgamento romano lucano (Lc 23,1-25)

O julgamento lucano tem mais ou menos o mesmo tamanho que o mateano, o que é novamente o dobro do comprimento do marcano. Também Lucas tirou o assunto básico de Marcos; contudo, do mesmo modo que reformulou em grande parte o material marcano que utilizou no interrogatório pelo sinédrio,[48] também aqui Lucas reorganizou drasticamente. Em resultado, não tem sentido uma comparação com o esboço marcano semelhante à que fizemos acima para Mateus. Três pontos importantes nos quais Lucas difere de Marcos incluem a apresentação detalhada de acusações (Lc 23,2); Jesus enviado a Herodes por Pilatos para investigação, quando Herodes o julga inocente (Lc 23,6-15); e três declarações por Pilatos que não acha nada criminoso em Jesus (Lc 23,4.14.22). Lucas partilha com João o último aspecto que provavelmente reflete uma tradição comum a ambos. Os dois primeiros aspectos sofreram forte influência de padrões dos julgamentos de Paulo diante de autoridades romanas, descritos em Atos.[49] Em especial quando é preso em Jerusalém e as autoridades judaicas tramam matá-lo (At 23-25), Paulo tem de ficar de pé diante de um procurador romano (Félix), enquanto os chefes dos sacerdotes e os anciãos apresentam acusações detalhadas contra ele. Contudo, o procurador romano (agora Festo) busca ajuda porque considera Paulo inocente e convida um rei herodiano para interrogar Paulo; e esse rei julga-o inocente. Dentro de Lucas-Atos, é mais provável que a influência tenha vindo do julgamento de Paulo para o de Jesus, não vice-versa. (Ver S. G. Wilson, "The Jews", p. 162-164; historicamente, evidentemente, Lucas pode ter imposto aos dois julgamentos um padrão romano fixo.)

---

[48] Por exemplo, Lucas colocou as negações de Pedro e o escárnio judaico de Jesus antes das perguntas feitas a Jesus pelo sinédrio. Fazem elas, então, para ele, realmente parte dos procedimentos judaicos?

[49] Do mesmo modo, o relato nos Atos do julgamento de Estêvão pelo sinédrio tinha paralelos com o relato lucano do interrogatório de Jesus pelo sinédrio. Assim, os leitores reconheciam que não importava se seus heróis cristãos primitivos eram julgados por tribunais judaicos ou romanos, o que lhes acontecia tinha paralelo no que aconteceu a Jesus.

Quanto à organização de Lc 23,1-25, há diversas teorias. Büchele ("Tod") tentou encontrar nessa seção da NP um padrão esmerado de três,[50] no qual o julgamento romano é a primeira parte (Lc 23,1-25), a crucificação é a segunda (Lc 23,26-49) e o sepultamento é a terceira (Lc 23,50-56). Cada uma dessas partes divide-se, por sua vez, em três, e cada uma dessas divisões subdivide-se em outras três partes. Büchele relaciona tudo isso a Dt 19,15 (cf. Dt 17,6-7), o que exige o depoimento de duas ou três testemunhas. Já que veremos na narrativa marcana da crucificação diversos padrões de três,[51] não podemos rejeitar a teoria em princípio, embora seja muito difícil discernir um padrão tão consistente como o que Büchele propõe. Tyson (*Death*, p. 117) está correto ao alegar que Dt 19,15 não é citado aqui e achar que o tema de testemunhas em todas essas divisões é forçado. Uma proposta muito diferente, feita por Neyrey (*Passion*, p. 69.98), encontra quatro julgamentos de Jesus em Lc 22,66–23,25, a saber: a) Jesus diante do sinédrio (Lc 22,66-71); b) Jesus diante de Pilatos (Lc 23,1-5); c) Jesus diante de Herodes (23,6-12); d) Jesus diante das multidões judaicas reunidas (Lc 23,13-25).[52] É forçado tratar os três últimos como julgamentos distintos: Pilatos atua nos três e só ele profere sentença quanto a Jesus (Lc 23,24: *epikrinein*). O paralelo com At 25,17– 26,32 opõe-se a tratar o interrogatório por Herodes como julgamento separado.

Por conveniência, a fim de descrever os quatro Evangelhos lado a lado, dividirei Lc 23,1-25 em três segmentos (Lc 23,1-5; 23,6-12; 23,13-25 — a divisão que é provavelmente a proposta mais comum entre os biblistas). Contudo, tal divisão deturpa elementos de transição. Em § 28, já examinei Lc 23,1 como transição entre o interrogatório judaico e o julgamento romano. Dentro de Lc 23,1-5, os vv. 4-5 (que não são paralelos a Marcos) indicam o que segue: contêm a primeira das três declarações de "inocente" e a referência à Galileia que estimula Pilatos a mandar Jesus para Herodes, o tetrarca da Galileia, e assim levam ao interrogatório por Herodes. Ao se atribuir Lc 23,6-12 ao interrogatório por Herodes, só se encontra a avaliação feita por Herodes em Lc 23,15, de modo que Lc 23,13-16 também pode

---

[50] Notemos o comprimento desigual das partes, principalmente da terceira. Não raro isso é sinal de que se está forçando material em um molde ou padrão que não se ajusta.

[51] Em Marcos, já vimos diversos desses padrões, por exemplo, no Getsêmani Jesus rezou três vezes e três vezes foi encontrar os discípulos dormindo; Pedro negou Jesus três vezes.

[52] Essa proposta é muito diferente de uma abordagem que já rejeitei (§ 23, Elemento D, acima), isto é, a de que Lucas não pensava que a sessão do sinédrio fosse um verdadeiro julgamento; assim, para Lucas só teria havido um julgamento, o romano.

ser colocado com o que precede.⁵³ A história de Barrabás, que ocupa quase um terço do relato marcano, se transforma em Lucas (Lc 23,18-19.25a), em referência passageira dentro da conclusão lucana centralizada no julgamento de Jesus por Pilatos. A melhor conclusão, portanto, pode ser enfatizar a unidade geral em Lc 23,1-25, de modo que subdivisões sejam uma percepção mais de nossa parte que de Lucas.

D. O julgamento romano joanino (Jo 18,28–19,16a)

João apresentou o relato mais sucinto de Jesus diante das autoridades judaicas (Jo 18,13-27),⁵⁴ que tem apenas 60 por cento do comprimento do relato marcano. Entretanto, o julgamento romano joanino tem quase o triplo do comprimento do marcano. Em qualidade dramática, só a história do cego de nascença em Jo 9 se compara à habilidade revelada nesta cena do julgamento romano. Se há no máximo três passos identificáveis na formação do material sinótico comum (interrogatório inicial, Barrabás, condenação), muitos exegetas concordam em reconhecer sete episódios em João em um arranjo quiástico,⁵⁵ que inclui cenários alternados dentro e fora do pretório. (Quiástico significa que o primeiro combina com o sétimo, o segundo combina com o sexto, o terceiro combina com o quinto, sendo o quarto um episódio intermediário.) O Quadro 5 mostra esse arranjo.⁵⁶

---

[53] Para Fitzmyer (*Luke*, v. 2, p. 1483), Lc 23,13-16 está separado entre *quatro* cenas do julgamento romano.

[54] A razão é que, para João, o julgamento de Jesus pelo sinédrio ocorreu antes, em Jo 11,47-53.

[55] Ao examinar a estrutura em § 8, rejeitei um exemplo de descoberta de quiasmo porque envolvia um padrão comumente encontrado, facilmente explicável em outras bases. Esse não é o caso aqui.

[56] O esquema que apresento sofre influência das propostas de Janssens de Varebeke ("Structure"), conforme explicado em BGJ, v. 2, p. 803, 858-859. Bultmann (*John*, p. 648) fala em seis episódios porque considera Jo 19,1-7 (meus 4º e 5º) um só. Haenchen (*John*, v. 2, p. 185) detecta uma introdução (Jo 18,28-32 = meu episódio 1), uma seção central com quatro subseções (Jo 18,33-38a = meu episódio 2; Jo 18,38b-40 = meu episódio 3; Jo 19,1-3 e 19,4-11 = meus episódios 4, 5, 6) e uma cena final (Jo 19,12-16a = meu episódio 7). Obviamente, o julgamento de alguém ao tratar de Jo 19,1-11 depende de se achar ou não que a alternância fora-dentro deva marcar as subdivisões. É decisão difícil, porque os movimentos não são todos expressamente indicados, embora sejam sugeridos, por exemplo, Pilatos, que estava do lado de fora em Jo 18,38b-40, deve ter ido para dentro em Jo 19,1-3, porque ele vai para fora novamente em Jo 19,4.

QUADRO 5. ESTRUTURA QUIÁSTICA DO RELATO JOANINO DO JULGAMENTO ROMANO

1. Fora (Jo 18,28-32), os judeus exigem a morte	=	7. Fora (Jo 19,12-16a), os judeus obtêm a morte
2. Dentro (Jo 18,33-38a), Pilatos e Jesus a respeito da realeza	=	6. Dentro (Jo 19,9-11), Pilatos e Jesus a respeito do poder
3. Fora (Jo 18,38b-40), Pilatos não encontra nenhuma culpa; escolha de Barrabás	=	5. Fora (Jo 19,4-8), Pilatos não encontra nenhuma culpa; "Vede o homem"
4. Dentro (Jo 19,1-3), os soldados açoitam Jesus		

Não há dúvida de que essa é uma obra de arte deliberada, que expande e reorganiza o que foi transmitido pela tradição.[57] Os episódios estão quiasticamente equilibrados não só em cenário e tema, mas até (parcialmente) em extensão, pois 2 + 3 = 5 + 6. Pilatos aparece como ator importante em todos os episódios, exceto o 4, o episódio intermediário, que contém a flagelação e o escárnio de Jesus. Sua presença secundária ali é compreensível se nos lembrarmos de que, em Marcos/Mateus, essas ações ocorrem depois que Pilatos condenou Jesus e o transferiu para a custódia dos soldados, que o levam embora para dentro do pretório. Para seus propósitos dramáticos, João mudou a flagelação para o meio do julgamento, mas não violou a tradição dando proeminência a Pilatos durante ela.

Nos cenários fora-dentro, há ambientes de contraste. Dentro, Jesus está sereno, de maneira soberana que reflete sua convicção: "Dou minha vida [...] ninguém a tira de mim; antes, eu a dou por minha vontade" (Jo 10,17-18). Ele não trata Pilatos como um igual, muito menos como um superior; mais exatamente, Jesus pronuncia declarações oraculares que deixam Pilatos estonteado. Do lado de fora, "os judeus" provocam Pilatos e começam a gritar para ele quando ele frustra sua exigência de que ele "aprove sem questionar" a decisão, que eles tomaram, de que este sujeito (Jesus) precisa morrer. O diálogo do lado de dentro revela a incapacidade de Pilatos para reconhecer a verdade, que está de pé, encarnada, diante dele; o diálogo do lado de fora revela o verdadeiro motivo por trás da hostilidade de "os

---

[57] Acima, sob Padrão comum nas trocas de palavras entre Pilatos e Jesus, examino o que pode ter estado na tradição para os episódios 1 e 2, juntamente com os critérios discutíveis para determinar isso. Sherwin-White (*Roman*, p. 47) afirma que os detalhes legais e administrativos peculiares a João não são, de modo algum, implausíveis.

judeus": não a pretensão de Jesus de ser "o Rei dos Judeus", mas sua pretensão de ser o Filho de Deus.[58]

Em suma, então, se Marcos pouco fez como forma de dramatizar os elementos básicos recebidos da tradição cristã a respeito do julgamento romano e não os organizou em um drama teológico significativo, os outros Evangelhos fizeram as duas coisas. A busca mateana do tema de culpa pelo sangue inocente ilustra a questão da responsabilidade em vinhetas de força teatral. Ao dar nova forma ao julgamento de Jesus, a partir do modelo do julgamento de Paulo, Lucas produziu um paradigma a ser imitado pelos cristãos arrastados diante de juízes romanos. Se o Jesus lucano revela uma tranquilidade confiante que força até o governador romano a reconhecer sua inocência, os cristãos devem ser capazes de fazer o mesmo. Mas, tendo dito isso, o raciocínio de Haenchen (John, v. 2, p. 185) está correto, embora exagerado: "A versão joanina da cena com Pilatos é muito superior à de Mateus e Lucas". João nos deu a obra-prima do drama cristão primitivo, ao expor com perspicácia o confronto do divino e humano.

(*A bibliografia para este episódio encontra-se em § 30, Parte III.*)

---

[58] Observemos o duplo esclarecimento joanino dos motivos dos judeus para conduzir Jesus a Pilatos: o motivo teológico descrito acima e o motivo prático de que não lhes era permitido executar ninguém — motivo que, de modo paradoxal, tem o resultado teológico de cumprir a palavra de Jesus expressando o tipo de morte que ele ia morrer (Jo 18,32). Como foi ressaltado em todo o COMENTÁRIO das seções que tratam do julgamento romano, a descrição joanina hostil de "os judeus" aqui é moldada pelas relações iniciais que separaram das sinagogas os crentes joaninos em Jesus, uma separação aparentemente efetuada levando-os a julgamento em tribunais das sinagogas (Jo 9,24-34; 12,42; 16,2). Ver J. L. Martyn, *History and Theology in the Fourth Gospel*, ed. rev., Nashville, Abingdon, 1979.

§ 33. O julgamento romano, segunda parte: Jesus diante de Herodes (Lc 23,6-12)

Tradução

Lc 23,6-12: ⁶Mas tendo ouvido (isso), Pilatos interrogou se este homem era galileu; ⁷e tendo se certificado de que ele era (da esfera de) poder de Herodes, ele o mandou embora para Herodes que estava ele próprio em Jerusalém nesses dias. ⁸Ora, Herodes, tendo visto Jesus, exultou grandemente, pois durante muito tempo tinha estado desejando vê-lo, por causa do que tinha ouvido a respeito dele; na verdade, ele estava esperando ver algum sinal feito por ele. ⁹Consequentemente, com muita conversa, ele tentava interrogá-lo; mas Jesus nada lhe respondeu, ¹⁰ainda que os chefes dos sacerdotes e os escribas tivessem estado de pé ali, acusando-o insistentemente. ¹¹Mas, tendo-o tratado com desprezo e feito um escárnio, Herodes com suas tropas, tendo-o vestido com uma veste esplêndida, mandou-o de volta a Pilatos. ¹²Mas tanto Herodes como Pilatos nesse mesmo dia ficaram amigos um do outro, pois antes estavam em antagonismo com respeito ao outro.

Comentário

Tendo em vista a estrutura unificada do capítulo 23 de Lucas (§ 32 C), este pode ser considerado um episódio isolado só em comparação com o esboço marcano, do qual está ausente. (Essa ausência é significativa, porque grande parte do que precede e se segue no relato lucano do julgamento está presente em Marcos.) Quando se julga que Lucas glosou o esboço de Mc 15 acrescentando o episódio herodiano da mesma forma que Mateus o glosou acrescentando o episódio da morte de Judas, há uma diferença significativa entre as duas adições. Embora se adapte à sua teologia e perspectiva, o episódio mateano é claramente uma interrupção até na sequência mateana (ver início do § 29); o episódio lucano se encaixa facilmente dentro da sequência lucana. Se, com seu silêncio a respeito de Herodes no julgamento de Jesus, os outros Evangelhos não nos alertassem para um problema, poucas dificuldades, quando muito, seriam percebidas na sequência lucana. Realmente, os biblistas familiarizados com os procedimentos legais romanos podem fazer perguntas quanto à base lógica, mas essas perguntas dificilmente ocorrem aos leitores comuns. A própria regularidade da sequência torna difícil decidir se o episódio se inicia em Lc 23,4 ou Lc 23,6. Entretanto, como explicamos em § 32, já que a reação de Pilatos ao comportamento de Jesus faz parte da cena inicial do julgamento em Marcos/Mateus, tomei a decisão de também em Lucas pôr a reação de Pilatos em Lc 23,4-5, com a cena inicial. Mas, de outra perspectiva, Lc 23,4-5 aponta para a frente e há uma suave fluidez da referência à Galileia em Lc 23,5 para a referência à Galileia em Lc 23,6.

Como Manus ("Universalism", p. 122-125) documenta, este episódio herodiano gerou interpretações muito diferentes. Na ANÁLISE, vou examinar historicidade, composição e fontes, mas uma área de discussão não pode ser adiada até lá, pois contribui também para o exame de versículo por versículo, a saber, a questão do estilo lucano na cena herodiana. Escrita e vocabulário atestados abundantemente em outras passagens de Lucas-Atos estão bastante em evidência aqui e não há praticamente nada no episódio que possa ser considerado não lucano. Na verdade, se Lucas tivesse tirado esta cena como um todo de uma fonte especial, seria preciso julgar que a fonte tinha o mesmo estilo que Lucas! Abaixo, no início de cada uma das subseções (delineadas no Sumário do terceiro ato), vou salientar aspectos estilísticos antes de comentar os versículos. Ver mais detalhes em K. Müller, "Jesus vor Herodes", p. 114-116; Fitzmyer, *Luke*, v. 2, p. 1479; Soards, "Tradition [...] Herod", p. 347-358.

Jesus é enviado a Herodes (Lc 23,6-7)

Entre os aspectos estilísticos lucanos, "se certificado" no v. 7 traduz *epiginoskein*, que ocorre cerca de vinte vezes em Lucas-Atos, isto é, cerca de metade do uso neotestamentário. "Ele próprio", que modifica Herodes, traduz *kai autos*, característica da LXX apreciada por Lucas. "Nesses [*tautais*] dias" ocorre meia dúzia de vezes em Lucas-Atos. "Jerusalém" é aqui *Hierosolyma*; em Lc 23,28, será *Hierousalem* — duas das três referências à cidade pelo nome na NP (ver Mc 15,41). A grafia mais adaptada aos ouvidos helenísticos, *Hierosolyma*, é a única usada por Marcos, João e Mateus (com a única exceção de um dito de Jesus em

Mt 23,37). A outra, *Hierousalem* (que é praticamente transliteração do hebraico *Yerusalem*), aparece com *Hierosolyma* em Lucas-Atos, em um padrão heterogêneo: no Evangelho, *Hierosolyma* ocorre 3 ou 4 vezes e *Hierousalem* 27 ou 26 vezes; nos Atos, *Hierosolyma* ocorre 23 vezes e *Hierousalem* 36 vezes. Embora haja quem apele para diferenças situacionais ou teológicas no contexto para explicar a variação lucana, é provável que essa variação seja inexpressiva e não apresente nenhuma prova de que aqui Lucas usa uma fonte especial.[1]

Em Lc 23,5, os chefes dos sacerdotes e os escribas reiteraram a Pilatos sua oposição a Jesus, e ele guardou seletivamente, das palavras deles, que o ensinamento de Jesus começou *desde a* Galileia. Embora essa referência seja "plantada" como introdução à cena herodiana, ela também lembra aos leitores que Jesus está sendo julgado por todo o seu ministério, não apenas por um ponto ("o Rei dos Judeus"), que só foi mencionado quando ele foi conduzido diante de Pilatos. Na verdade, a presença de Herodes é uma ligação viva entre o ministério de Jesus e sua Paixão, pois Herodes foi mencionado no início do ministério em Lc 3,1.19-20. A referência à Galileia provoca uma pergunta da parte de Pilatos.[2] O verbo "interrogar" (*eperotan*), embora muitas vezes não tenha função especial (Lc 22,64), é preferido por Lucas para interrogatório legal, por exemplo, em At 5,27; 23,34.

Aquilo de que Pilatos se certifica em Lc 23,7 (que Jesus "era [da esfera de] poder de Herodes") tem o propósito de afirmar que Jesus é galileu. Essa designação

---

[1] Para J. Jeremias (ZNW 56, 1974, p. 273-276), algumas das variações não têm importância. J. M. Ross (NTS 38, 1992, p. 474-476) acha que Lucas tinha um plano quanto a onde e quando cada grafia devia ser usada, mas o esqueceu, de modo que o uso final não é consistente. A tese de que Lucas usou *Hierousalem* em contextos judaicos exige a escolha de variantes de cópias parcamente atestadas e muita imaginação. Por exemplo, o que faz o contexto aqui, que inclui a presença de Herodes em Jerusalém (*Hierosolyma*) menos judaico que o contexto em Lc 23,28 (onde *Hierousalem* é usado), principalmente porque At 4,25-27 mostra que Lucas contrastou Pilatos e os gentios com Herodes e os povos de Israel? I. de la Potterie (RechSR 69, 1981, p. 57-70) defende a tese de que Lucas usa *Hierosolyma* em contextos negativos e profanos, e *Hierousalem* em contextos positivos e sagrados. Argumentarei que essa precisão não pode ser verificada com referência a Lc 23,28. Aqui, embora o próprio Herodes possa ser uma figura negativa, ele decidirá a favor de Jesus e, assim, o contexto é ou neutro ou positivo.

[2] Alguns biblistas veem uma relação entre esta pergunta feita pelo Pilatos lucano, quanto a Jesus ser galileu, e a pergunta feita por Pilatos a Jesus em Jo 19,9: "De onde és tu?". Eles teorizam que, em uma fonte comum a Lucas e João, havia uma pergunta a respeito da origem de Jesus; Lucas a manteve no nível geográfico do *exousia* ou poder de Herodes na Galileia, enquanto João, em sua teologia de "no alto e embaixo", transformou-a em oportunidade para Jesus responder em termos de o *exousia* de Pilatos ser dado do alto (Jo 19,11). Essa relação é possível, mas não mais que isso. Boismard ("Royauté", p. 39) insiste que a pergunta em Jo 19,9 significa na verdade: "Quem és tu?".

exemplifica o fato de material que aparece na narrativa lucana da infância, por exemplo, o nascimento de Jesus em Belém, na Judeia, não ter tido muita influência na imagem do ministério de Jesus que Lucas tirou de Marcos (ver BNM, p. 284-285). Talvez nesse caso se possa argumentar que não há nenhuma inconsistência, pois, antes do nascimento, os pais de Jesus residiam em Nazaré.[3] Em Lc 4,16.24, Nazaré é a *patris*, "cidade natal" de Jesus.

Os que não atribuem nenhuma historicidade a esta cena lucana afirmam que a pergunta feita por Pilatos é implausível, pois com certeza ele teria sido informado de que o acusado era Jesus *de Nazaré*. De fato, a designação de Nazaré *não* se encontra na forma lucana da acusação romana contra Jesus colocada sobre ele na cruz (Lc 23,38). Entretanto, de maneira mais fundamental, tal objeção histórica é *à cote*, pois os temas Galileia-galileu em Lc 23,5-6 têm propósitos narrativos lucanos. Embora a origem galileia de Jesus e seus discípulos seja um tema em todos os Evangelhos (cf. Lc 22,59 e Mc 14,70b), uma ênfase maior na transição do ministério na Galileia para um desenlace em Jerusalém é bem lucana. As mulheres que olham de longe a morte e o sepultamento de Jesus são duas vezes identificadas por Lucas como mulheres que tinham acompanhado Jesus "desde a Galileia" (Lc 23,49.55); na manhã da Páscoa, homens angelicais fazem-nas lembrar o que Jesus lhes dissera "enquanto ele ainda estava na Galileia" (Lc 24,6). Em At 13,31, é dito que as aparições de Jesus ressuscitado foram dirigidas "àqueles que subiram com ele da Galileia".

O tema da Galileia traz à cena Herodes, que Lucas chama de "o tetrarca" da Galileia (Lc 3,1; 9,7). É Herodes Antipas, filho de Herodes, o Grande, com Maltace, sua mulher samaritana.[4] Ele, o irmão mais velho Arquelau e o meio-irmão Filipe eram os herdeiros designados das subdivisões do reino de Herodes, o Grande, depois da morte deste em 4 a.C. Mais competente que o desajeitado Arquelau, deposto do governo da Judeia em 6 d.C. pelos romanos, Herodes Antipas ficou como governante da Galileia e da Pereia (Transjordânia) até 39 d.C, quando foi deposto pelo imperador Caio Calígula e exilado em Lião [Lyon], na Gália. Não se deve interpretar essa deposição como indicadora de que Antipas era um mau governante do ponto de vista romano, pois em parte ela se originou do favoritismo de Calígula por Herodes Agripa,

---

[3] Lc 1,26; 2,4, ao contrário de Mt 2,8.11, onde eles residiam em Belém.

[4] Ver detalhes a respeito de Antipas em Bruce, "Herod"; S. Perowne, *The Later Herods*, New York, Abington, 1958, p. 43-57.

a quem acabou sendo dado o reino de Antipas. Mais exatamente, durante quatro décadas do reinado de Augusto e Tibério, sob Antipas a Galileia não viu nenhuma revolta contra os romanos. (A revolta de Judas, o Galileu, dizia respeito ao censo da Judeia.) Herodes Antipas demonstrou sua lealdade ao construir Tiberíades, no Mar da Galileia, em homenagem ao imperador.[5] Em seu território, os poderes do tetrarca Herodes não eram muito diferentes dos poderes de Pilatos como prefeito da Judeia e Samaria. Embora At 4,26-27 identifique Herodes Antipas como um dos "reis da terra" unidos contra Jesus, tecnicamente ele não era rei.[6] O título "O Rei dos Judeus" era associado a Herodes, o Grande (*Ant.* XVI,x,2; #311), e alguns biblistas, ao cogitar se havia ambição entre seus filhos por esse título, lembram que, em Lc 23,6-12, Pilatos entrega à clemência de Herodes Antipas uma pessoa que seria crucificada como "o Rei dos Judeus" (Bajsic, "Pilatus", p. 21). Entretanto, talvez essa ligação seja excessivamente imaginosa.

Quanto ao NT, Herodes Antipas é citado 8 vezes em Marcos (7 delas na decapitação de João Batista, em Mc 6,14-29), 4 vezes em Mateus, 13 vezes em Lucas e 2 vezes nos Atos. Essas estatísticas indicam o interesse especial de Lucas nesse Herodes e suas relações com Jesus[7] — ele reduz a narrativa de Marcos a respeito da decapitação de João Batista por Herodes a duas notas de um versículo cada uma (Lc 3,20; 9,9). Ao comentar o v. 8 a seguir, vou apresentar as passagens lucanas pertinentes à atitude de Herodes para com Jesus, mas um dito de Jesus que não menciona Herodes também é importante para esta cena. Em Lc 21,12, ele adverte seus seguidores que eles seriam levados "diante de reis e governadores por causa de meu nome". Assim, não é surpreendente encontrar o próprio Jesus levado diante de um rei e também de um governador romano.

Afastando-nos agora das informações gerais a respeito de Herodes, vamos nos concentrar na descrição em Lc 23,7 daquilo que Pilatos faz; segundo muitos biblistas, essa é a chave para o motivo de Pilatos. Por exemplo, "se certificado" (*epiginoskein*, em vez do simples *ginoskein*, "saber" por observação) subentende

---

[5] Em duas passagens (*Ant.* XVIII,ii,3; #36 e XVIII,iv,5; ##104-105), Josefo fala da proximidade e da íntima comunicação entre Herodes Antipas e Tibério.

[6] Ironicamente, a razão de Antipas ser deposto foi seu excesso de ambição para ser chamado de rei, imitando o privilégio dado a Herodes Agripa, que fora feito rei do território do falecido Filipe.

[7] Duas personagens mencionadas unicamente por Lucas, Joana, mulher de Cuza, intendente de Herodes (Lc 8,3; ver Lc 24,10), e Manaém, *syntrophos* de Herodes (At 13,1: "irmão de criação"? "companheiro"? "guardião"? "intendente"?), têm sido invocadas como possíveis canais de informação de Lucas.

uma investigação? Entretanto, ZBG #484 observa que o grego *koiné* quase sempre prefere verbos compostos com preposições, a formas simples, sem qualquer inferência de significado especial.

Pilatos se certifica de que Jesus é do (*ek*) *exousia* ("poder") de Herodes. Há quem interprete como "jurisdição", tradução que levanta a questão de quem tinha a autoridade legal para julgar Jesus. Mommsen (*Römisches*, p. 356-357) sugeriu que, no primeiro período do império, a jurisdição prevalecente era *forum domicilii* (isto é, determinada pelo lugar de onde vinha o acusado; também *forum originis*), não *forum delicti* (isto é, determinada pelo lugar onde o crime foi cometido ou o acusado foi preso; também *forum apprehensionis*). Uma forma modificada dessa teoria é a possibilidade, mencionada por Blinzler (*Trial*, p. 195), de que Herodes tinha o direito de julgar as pessoas de seu território quando estava residindo em seu palácio de Jerusalém. Em geral, porém, essa argumentação não tem o apoio de especialistas em direito romano, por exemplo, Steinwenter e Sherwin-White. Este último (*Roman*, p. 28-31) defende a sequência oposta: *forum delicti* (o procedimento mais simples) no primeiro império e só mais tarde a introdução de *forum domicilii*. At 23,34 deixa claro que Lucas não pensava em um *forum domicilii* obrigatório, depois que Paulo foi levado diante do procurador Félix. Embora o romano pergunte "qual a província [*eparcheia*]" de origem de Paulo, a resposta de que ele era da Cilícia não o impede de ser julgado em Cesareia, na Judeia, por seu suposto crime. Paulus, que viveu c. 200 d.C., declara (DJ, I,xviii,3) que é só sobre pessoas de sua província que o prefeito tem *imperium* (§ 18, A1), e mesmo então ele só tem *imperium* enquanto ele próprio está dentro dos limites da província — quando sai, passa a ser uma pessoa comum. Segundo esse modelo (se era aplicável à Judeia e Galileia do século I), independente de sua importância política, em Jerusalém Herodes Antipas era uma pessoa comum, sem jurisdição sobre Jesus.

O sentido de *anapempein* (literalmente "mandar subir") no v. 7 está relacionado com essa questão. É outro exemplo da preferência do grego *koiné* por verbos compostos com preposições, de modo que não há grande diferença de *pempein*, tendo o sentido de "mandar embora, de volta" (Fm 12)? Ou tem o sentido técnico de devolver (latim *remittere*) um prisioneiro a uma jurisdição diferente, quase sempre superior (Bickermann, Creed, Harlow, Verrall)? O verbo tem esse sentido em Josefo (*Guerra* II,xx,5; #571) e em At 25,21, onde Paulo é enviado para julgamento do procurador Festo para o imperador de Roma. Mas, se alguém argumentar que

§ 33. O julgamento romano, segunda parte: Jesus diante de Herodes

Pilatos formalmente devolve Jesus à jurisdição de Herodes, em Lc 23,7, então o uso do mesmo verbo no v. 11 significa que Herodes está formalmente devolvendo Jesus à jurisdição de Pilatos. Essa parece uma complicação desnecessária. Biblistas importantes (Blinzler, Steinwenter, Sherwin-White) discordam de se dar sentido técnico a *anapempein*. Talvez a melhor solução seja evitar um e outro extremo (quando significaria simplesmente "enviar" ou legalmente "devolver" um prisioneiro) e reconhecer que Lucas o emprega para realçar o ambiente legal.

Não penso em uma transferência técnica de Jesus para outra jurisdição, por isso, se posso voltar à questão original, é preferível uma tradução mais comum de *exousia* como "poder", em vez de "jurisdição" de Herodes. Talvez haja um caráter teológico ameaçador nessa palavra, que Lucas empregou em contextos malignos. Em Lc 4,5-6, onde o diabo tenta Jesus mostrando-lhe todos os reinos do mundo, ele diz: "Eu te darei todo este *exousia* [...], pois me foi dado e eu o darei a quem eu quiser". Vimos que, para Lucas, a Paixão é o tempo da volta de Satanás para testar Jesus (Lc 22,3), de modo que Lc 22,53 assim a define: "vossa hora e o *exousia* das trevas". Desse modo, os leitores lucanos podem bem pensar que há uma ameaça satânica quando Jesus é enviado à *exousia* de Herodes.

O versículo 7 termina com o comentário de que Herodes estava em Jerusalém naqueles dias, o que sugere uma decisão impulsiva de Pilatos possibilitada por uma circunstância afortunada — sugestão à qual voltarei abaixo. Não há nada implausível quanto a Herodes Antipas estar em Jerusalém para a Páscoa, mesmo suspeitando que, como o pai, Herodes, o Grande, talvez ele tenha vindo principalmente não por devoção, mas pela importância política de um gesto religioso correto. Josefo (*Ant*. XVIII,v,3; #122) apresenta Herodes e Vitélio (governador romano da Síria) em Jerusalém, durante a Páscoa de 37 d.C. "para sacrificar a Deus". Durante o incidente dos escudos dourados (§ 31, B3, #5 acima), Fílon (*Ad Gaium* 38; #300) revela quatro filhos de Herodes, o Grande, presentes em Jerusalém, plausivelmente no contexto de uma festa, colocando-se à testa de uma demonstração de protesto contra Pilatos. Onde em Jerusalém estaria Antipas? Josefo (*Guerra* II,xvi,3; #344; *Ant*. XX,viii,11; ##189-190) menciona um palácio construído pelos asmoneus estrategicamente na colina ocidental acima do Xisto, com vista geral da cidade e um ponto de observação das seções sagradas do Templo. Embora tenha se casado na família asmoneia, Herodes, o Grande, aos poucos eliminou os sumos sacerdotes e substituiu sua linhagem. Os sumos sacerdotes do tempo de Jesus, Anás e Caifás, ocupavam o palácio, embora não fossem asmoneus? Devemos imaginar que Jesus fora conduzido ali em Mc 14,53 e par.? Ou os Herodes tomaram posse do palácio desses reis-sacerdotes e os príncipes herodianos tinham permissão para residir ali mesmo depois que os romanos assumiram o controle direto da Judeia e de Jerusalém? As passagens de Josefo mostram Agripa II ali nos anos 60, o que deixava contrariados os homens eminentes de Jerusalém, que construíram um muro para impedir Agripa de ter uma visão do Templo.

Por que Pilatos enviou Jesus para Herodes Antipas? É possível lidar com essa pergunta em três níveis de resposta: 1) em nível histórico, que supõe ser essa uma cena real, de modo que é preciso lidar com legalidades romanas e manobras por Pilatos consistentes com sua fama; 2) em nível da reação de leitores superficiais, em que se pergunta como leitores sem formação histórica entendiam a cena; 3) em nível de leitores do mundo greco-romano aos quais Lucas se dirigia, que conheciam alguma coisa a respeito dos procedimentos romanos e entendiam a cena, levando-os em consideração. O terceiro nível combina parte do primeiro nível (com a história cedendo à verossimilhança) e do segundo. Os comentários abaixo ocupam-se da cena nesse terceiro nível.

Em Papyrus Oxyrhynchus II 237 (B. P. Grenfell e A. S. Hunt, orgs., p. 146-148), o prefeito romano no Egito encarrega de investigar um crime o *strategos* ou magistrado do distrito do qual o acusado faz parte. É uma forma de *anakrisis* ou interrogatório preliminar que os funcionários das províncias romanas empregavam precisamente porque elas não exigiam muita burocracia e tinham de depender de vários tipos de pessoas do lugar. Pilatos pode muito bem ter considerado os procedimentos do sinédrio relevantes para Jesus como anakrisis*anakrisis*; mas já que seu primeiro interrogatório indicou a inocência de Jesus, agora ele precisa de uma avaliação independente de alguém que tenha uma relação legal com Jesus, porque este era da região sob o governo de Herodes e porque (se há alguma verdade na acusação judaica de Lc 23,5) Jesus começou a instigar o povo quando estava na Galileia. Nada na história ou no Evangelho de Lucas faz os leitores considerarem Herodes entendido em questões religiosas, mas ele era muito competente para detectar insurreições.

Que Lucas pense em um *anakrisis* (entendido como interrogatório delegado), e não em uma cessão formal de jurisdição, é sugerido pelo paralelo em At 25,23-27, onde o procurador Festo tenta preparar um documento de acusações contra Paulo que irá com ele para o imperador, a quem Paulo apelou. "Toda a aglomeração do povo judeu" exigiu a morte, mas Festo não encontrou nada que justificasse essa decisão. Ele tira proveito da presença em Cesareia do rei herodiano Agripa II assim: "Eu o trouxe [...] diante de vós, rei Agripa, a fim de que, depois de ser feito o *anakrisis*, eu possa ter alguma coisa para escrever".[8] Em cada uma dessas duas cenas, o governador romano (Pilatos, Festo) espontaneamente tira vantagem da presença de um governante herodiano por ocasião do julgamento de um homem (Jesus, Paulo) acusado pelas autoridades judaicas de Jerusalém de ser arruaceiro religioso e político. Em cada uma delas, o herodiano que queria ver ou ouvir o prisioneiro (Lc 23,8; At 25,22), depois de interrogá-lo, não toma a decisão final (nem está claro que se espera que ele a tome), de modo que o prisioneiro deve mais uma vez ficar diante do governador romano. Mas, em cada uma das entrevistas, a avaliação do herodiano confirma a do romano, qual seja a de que o prisioneiro não precisa ser executado (Lc 23,14-15; At 26,30-32). Não vejo razão para concordar com Blinzler (*Trial*, p. 195-196), para quem Pilatos, na lógica da narrativa, tinha de supor que haveria um julgamento de inocente da parte de Herodes Antipas, ou então seu próprio julgamento de inocência pareceria tolo. Devido à atitude geral dos romanos em Lucas-Atos, de que querelas judaicas internas são incompreensivelmente complicadas (At 18,14-15; 23,29), não haveria um grande embaraço para Pilatos no tema, se Herodes tivesse descoberto no *anakrisis* alguma coisa para Pilatos mudar de ideia.

Pela narrativa lucana e pela história, descobrimos fatores adicionais que poderiam fazer este *anakrisis* de Herodes parecer a Pilatos um plano de ação inteligente. Lc 13,1-2 fala de Pilatos ter misturado o sangue de galileus com seus sacrifícios — presumivelmente peregrinos que tinham vindo a Jerusalém para oferecer sacrifícios em uma festa (§ 31, B3, #4 acima). Lc 23,12 relata que existira inimizade entre Herodes e Pilatos. Será que Lucas quer que os leitores liguem esses dois relatos, a fim de que Pilatos não queira aumentar a inimizade derramando o sangue de outro galileu em uma festa? Se o incidente mencionado por Fílon (*Ad Gaium* 38; #300) em relação aos escudos dourados já tivesse ocorrido, Pilatos teria visto príncipes herodianos se colocarem à testa do populacho durante uma festa para protestar contra ele. Assim, convidar Antipas para fazer um *anakrisis* a

---

[8] Mais adiante, em At 28,18, utilizando uma forma verbal relacionada, Paulo considera até os procedimentos de Festo um *anakrisis* ou interrogatório preliminar com respeito a ele ser julgado pelo imperador.

respeito de Jesus seria uma engenhosa forma diplomática de neutralizar o tetrarca e impedir outras desordens.[9] De qualquer modo, Lc 23,12 deixa claro para os leitores que Herodes considerou amigável a ação de Pilatos. Outras sugestões quanto aos motivos de Pilatos, por exemplo, que ele procurava evitar culpa moral, não têm apoio adequado no Evangelho e na história.

Herodes interroga Jesus (Lc 23,8-10)

Mais uma vez começamos com aspectos do estilo lucano nesta subseção. No v. 8, *chairein* (19 vezes em Lucas-Atos) tem o sentido de "exultar", em vez de "saudar". *Hikanos* ("suficiente", mas com o sentido ampliado de "considerável, muito, muitos") é usado no v. 8 ("durante muito tempo [pl. de *chronos*]") e no v. 9 ("com muita conversa [palavras]"), empregando *en* instrumentalmente.[10] Encontra-se 27 vezes em Lucas-Atos, comparadas a 6 vezes nos três outros Evangelhos juntos. No NT, só Lucas-Atos usa *hikanos* com *chronos* (6 vezes) e entre os Evangelhos, só Lucas usa *chronos* no plural (3 vezes + 3 nos Atos). Quanto a "tinha estado desejando" no v. 8, a combinação perifrástica do verbo "ser" ("estava" = "tinha estado") mais o particípio presente ocorre 33 vezes em Lucas.[11] A construção capta a intensidade do desejo de Herodes. *Dia* ("por causa"), com o acusativo do infinitivo articular ("ouvir"), é uma construção que aparece cerca de 16 vezes em Lucas-Atos. Soards ("Herod") apresenta razões para traduzi-lo "por causa do que tinha ouvido", e não simplesmente "porque ele estava ouvindo". No modo repetitivo um tanto inábil do v. 8, "exultou" e "estava esperando" são os verbos principais que descrevem o estado de espírito de Herodes no momento do encontro; o resto descreve sua atitude anterior. A última frase "algum sinal feito por ele" parece prolixa para alguns, pois "sinal" seria suficiente; talvez ecoe Lc 9,9, onde Herodes "ouviu falar de tudo que estava sendo feito" por Jesus.

Há um excesso de uso da partícula *de* nesta cena (7 em 7 versículos; 548 vezes em Lucas; 558 vezes nos Atos). No estilo de tradução literal que adotei, eu o traduzi normalmente "mas"; entretanto, aqui isso é impossível. Soards ("Tradition

---

[9] Justino (*Diálogo* ciii,4) considera-o um gesto condescendente.

[10] Aqui, Lucas reflete os livros da LXX mais tardios, que tendem a substituir *megas* e *polys* por *hikanos*.

[11] Fitzmyer (*Luke*, v. 1, p. 122-123) acha que dezoito delas são influenciadas pelo uso semítico, mas é mais provável que essa seja uma influência da LXX, não o produto de influência direta hebraica/aramaica (que talvez indique uma fonte).

[...] Herod", p. 352) argumenta que os três casos inábeis de *de* nos vv. 9-10, relacionados com três assuntos diferentes (Herodes, Jesus, sacerdotes), devem ser traduzidos coordenativamente, por isso: "Consequentemente [...] mas [...] ainda que". Para interromper a repetição confusa de "ele" e "lhe", introduzi o sujeito "Jesus" no v. 9. O grego é *autos de*, usado como toque literário no início de uma sentença cerca de nove vezes em Lucas. *Eutonos* ("insistentemente") encontra-se alhures no NT só em At 18,28.

Quanto à narrativa nesta subseção, Darr ("Glorified", p. 288) julga encontrar aqui um padrão de resposta-reconhecimento que tem função retórica. Mais simplesmente, as emoções que Jesus provoca em Herodes (exultando grandemente, desejando por muito tempo vê-lo, esperando ver algum sinal, muita conversa, repetido interrogatório) estão em nítido contraste com o comportamento totalmente fleumático a ser manifestado pelo prefeito romano (mesmo em face de exigências gritadas para pressionar: Lc 23,21-22). Na verdade, no v. 8, a reação de Herodes ao ver Jesus é descrita antes de Lucas narrar os antecedentes que fazem a reação inteligível! O triplo uso de "ver" nesse versículo e a repetição de "desejando [...] esperando" dão a impressão de fanatismo. Se só existisse esta cena, as atitudes de Herodes poderiam se classificar em uma faixa entre pueril e impertinente, mas declarações lucanas anteriores deram a impressão de um caráter instável capaz de violência homicida. Vou citar três declarações agora e grifar os versículos pertinentes a nosso estudo: Lc 3,19-20; 9,7-9; e 13,31-33.[12]

A primeira ação pertinente de Antipas é narrada por Lucas (Lc 3,19-20) no contexto da pregação do Evangelho ao povo por João Batista: "Mas Herodes, o tetrarca, que tinha sido repreendido por ele [João Batista] a respeito de Herodíades, mulher de seu irmão, e a respeito de *todas as coisas más que Herodes tinha feito*, acrescentou também esta a elas todas: encarcerou João". Josefo relata que a causa de Herodes se chocar com João Batista (*Ant.* XVIII,v,2; #118-119) é o entusiasmo que João despertava entre as multidões.[13]

A importante informação lucana seguinte (Lc 9,7-9) a respeito de Antipas está no contexto do envio dos Doze por Jesus para pregar nos lugarejos da Galileia:

---

[12] Ver a composição dessas declarações na nota 41 a seguir.
[13] Há quem tenha tentado comparar a perseguição de João Batista por Herodes (e Herodíades) com a perseguição de Elias por Acab (e Jezabel); as coisas más que Acab fizera estão enfatizadas em 1Rs 16,30-33; 21,25-26.

"Ora, Herodes, o tetrarca, *ouviu falar de tudo que estava sendo feito*, e ficou muito perplexo porque alguns diziam que João tinha ressuscitado dos mortos, mas outros diziam que Elias tinha aparecido e outros ainda que um dos antigos profetas tinha ressuscitado. Mas Herodes disse: 'Eu decapitei João, mas *quem é este* sobre quem ouço tais coisas?' E ele procurava vê-lo". (Isso é tudo o que se lê a respeito da morte de João Batista em Lucas!) O forte "tudo que estava sendo feito" sugere que Antipas estava transtornado por todo o ministério de Jesus, inclusive a missão dos discípulos. A questão da identidade de Jesus domina a mente de Herodes e nenhuma das três suposições o teria tranquilizado. Esta passagem atribui a Herodes Antipas as únicas palavras que ele pronuncia em qualquer Evangelho, a saber, uma pergunta retórica para que os leitores saibam o que ele pensa.

O último texto lucano pertinente é Lc 13,31-33, onde, quando Jesus põe-se a caminho da Galileia para Jerusalém, alguns fariseus lhe dizem: "Sai daqui e vai embora porque Herodes deseja te matar". E ele lhes diz: "Ao irdes, dizei a essa raposa: 'Olha, eu expulso demônios e realizo curas hoje e amanhã; então no terceiro dia estarei acabado. Mas é necessário que hoje e amanhã e depois de amanhã eu continue, pois não é possível que um profeta pereça fora de Jerusalém'". Quem são esses fariseus? Estão dizendo a verdade? Estão tentando ajudar Jesus ou se livrar dele? A imagem da raposa tem o propósito de descrever Herodes como astuto ou destruidor, ou ambos? A. Denaux,[14] acreditando que, em Lucas, os fariseus são pessoas más e Herodes é curioso, mas não homicida, argumenta que esse é outro exemplo de hipocrisia e mentiras farisaicas. Mas M. Rese[15] defende o ponto de vista oposto: os fariseus estão dizendo a verdade. A meu ver, Darr ("Glorified", p. 264) afirma corretamente que o propósito é fazer os leitores acreditarem nos fariseus, mas desconfiarem de seus motivos; assim, Herodes realmente tenta conseguir matar Jesus. No grego helenístico clássico e na literatura rabínica, a raposa tem fama de ser ardilosa (Fitzmyer, *Luke*, v. 2, p. 1031), mas há também referências nas quais as raposas são destruidoras (Ct 2,15; Ez 13,4-5). A astúcia de Herodes se revela destrutivamente na maneira como ele se livra dos que o deixam apreensivo. Aqui (com a conivência dos fariseus?), talvez ele tente ameaças e, se isso falhar, planeje violência. Jesus leva a ameaça a sério: Herodes decapitou João Batista e Jesus responde a Herodes com a predição da própria morte como profeta em Jerusalém.

---

[14] Em F. Neirynck, org. *L'Évangile de Luc*, BETL 33, Gembloux, Duculot, 1973, p. 245-285.

[15] Em J. Dupont, org., *Jésus aux origines de la christologie*, BETL 40, Gembloux, Duculot, 1975, p. 201-225.

Todos esses antecedentes devem deixar os leitores de Lucas apreensivos quando leem em Lc 23,8 que Herodes exulta por ter finalmente visto Jesus. É uma coisa que ele tentou fazer com intenção maldosa e agora se realizou sem nenhum custo para ele. Se Lc 23,8 fala do que Herodes "ouviu" a respeito de Jesus como motivo para querer vê-lo, nada do que foi dito que ele "ouviu" em Lc 9,7-8 era tranquilizador para o tetrarca que achara João Batista um profeta sincero demais e mandara matá-lo. Herodes tem esperança de ver um "sinal"; mas como reagiria se Jesus lhe desse um sinal? Aplaudiria o prodígio, só para reconsiderar e ruminar se esse ator poderia obter um grande seguimento? Em Lc 11,16, um pedido a Jesus de um sinal é considerado por ele marca de uma geração perversa (Lc 11,29) e deveria ser recusado. Pedidos de prodígios (sem a palavra "sinal") representam um teste diabólico para Jesus em Lc 4,9-12 e falta de fé em Lc 4,23-24. Como ali, aqui não será concedido um sinal e, assim, o tetrarca não verá o que só é concedido aos de fé: "Muitos [...] reis desejaram ver o que vedes e não viram, e ouvir o que ouvis e não ouviram" (Lc 10,24).

O aspecto frenético do comportamento de Herodes continua em Lc 23,9, quando ele interroga Jesus "com muita [*hikanos*] conversa". Harlow atribui a *hikanos* o tom de "ríspido" ou "hostil", mas dificilmente a palavra significa, no v. 9, algo diferente do que significa no v. 8: "durante *muito* tempo". Derrett ("Daniel", p. 66) quer traduzir *eperotan* por "consultar", de modo que Herodes se aproximaria de Jesus como de um oráculo profético.[16] Contudo, *eperotan* não tinha o sentido de consultar um oráculo profético três versículos antes, usado a respeito do interrogatório por Pilatos e provavelmente também não tem esse sentido aqui. Muitos biblistas especulam a respeito do assunto do interrogatório por Herodes. Relaciona-se com as acusações feitas contra Jesus quando ele estava diante de Pilatos, por exemplo, Jesus alegou ser "o Rei dos Judeus"? Ou relaciona-se com questões anteriores que Herodes levantara a respeito de Jesus, por exemplo: "Quem é esse sobre quem ouço dizer tais coisas?" (Lc 9,9)? O fato de Lucas não responder a essas perguntas sugere que sua maior ênfase está no esforço frustrado de Herodes, subentendido no uso conativo do imperfeito (BDF 326: "tentava interrogar").

Essa atmosfera de frustração é intensificada pelo coro dos chefes dos sacerdotes e escribas (Lc 23,10), que procuram forçar a mão de Herodes com suas

---

[16] É parte de uma tentativa maior de descrever Jesus diante de Pilatos e Herodes como paralelo a Daniel diante de Ciro e Dario, tentativa caracterizada por Fitzmyer (*Luke*, v. 2, p. 1480) como "simples eisegese".

contínuas acusações contra Jesus. O advérbio *eutonos*, literalmente "bem exagerado", traduzido como "insistentemente", pode ter a conotação de "a todo vapor"; e o *eis* em *eis + stanai* (de pé ali") pode ter uma conotação adversativa, o que transmite a imagem dos chefes dos sacerdotes e escribas como presença insistente e gritante. (Em At 25,7, quando Paulo comparece diante de Festo, seus inimigos judeus de Jerusalém ficam por ali [*peri + stanai*] fazendo contra ele muitas e pesadas acusações.) A última menção de chefes dos sacerdotes e escribas foi em Lc 22,66, quando, como componentes da "assembleia dos anciãos do povo", eles o levaram para seu sinédrio. Implicitamente, essas pessoas ilustres fizeram parte de "toda a aglomeração deles" que levaram Jesus a Pilatos e o acusaram (*kategorein*) de três coisas. É de se presumir que a acusação em Lc 23,10 (*kategorein*) seja da mesma natureza. O fato de Pilatos não encontrar nenhum crime em Jesus (Lc 23,4) não impediu os chefes dos sacerdotes e a multidão de repetir uma das três acusações contra Jesus em Lc 23,5 e agora esses adversários seguem Jesus até Pilatos. Talvez se possa apelar ao meticuloso cuidado romano para fazer os acusadores confrontarem o acusado (At 23.30.35), a fim de argumentar que Pilatos os enviara junto. Mas a primeira impressão é que eles vieram por conta própria, como parte de sua contínua malevolência. Teoricamente, os leitores greco-romanos poderiam confundir "os escribas" com os escribas do tribunal, mas a presença dos chefes dos sacerdotes deve deixar claro a todos que a oposição a Jesus é em nível religioso, não simplesmente em questões políticas que poderiam ser do interesse de Pilatos e Herodes (Delorme, "Procès", p. 143).

A tudo isso, Jesus nada responde — em surpreendente contraste com a verbosidade de Herodes. Esse silêncio é também importante desvio do padrão usual dos mártires judaicos e cristãos.[17] A frase lucana é *ouden apekrinato*. O *ouden* poderia ser traduzido adverbialmente como "absolutamente nada", mas o paralelismo de declarações semelhantes (abaixo) apoia traduzi-lo como objeto. A rara forma média de aoristo do verbo "responder" lembra a muitos biblistas a descrição semelhante do silêncio de Jesus diante do sumo sacerdote em Mc 14,61 ("Mas ele ficou calado [*siopan*] e não respondeu absolutamente nada [*ouk apekrinato ouden*]") e menos

---

[17] O mártir também ficava de pé diante de um interrogador tirânico cercado por tropas (cf. Lc 23,11) e acusadores insistentes (Darr, "Glorified", p. 165-171), mas geralmente fazia um discurso desafiador (2Mc 6,23-28; 7,2.9.11; *4 Macabeus* 5,14-38; 9,1-9; *Martírio de Policarpo* 10–12). O silêncio de Jesus perturbou os copistas antigos, que fizeram emendas: OS[cur] acrescenta "como se ele não estivesse presente"; o ms. Colbertinus latino acrescenta "como se ele não ouvisse".

diretamente seu silêncio diante de Pilatos em Mc 15,5 ("Mas Jesus não respondeu mais nada [aoristo passivo: *ouketi ouden apekrithe*]"). Lucas não relatou nenhum desses dois silêncios marcanos; decidiu mudar o tema para cá?[18] Era a motivação lucana o fato de não querer descrever Jesus calado por não querer cooperar diante de pessoas que tinham posição legal respeitável, a saber, o sinédrio judaico e o prefeito romano, mas não sentia nenhuma obrigação de fazê-lo recusar-se a responder à curiosidade de Herodes? Lucas faz Paulo falar diante de Agripa II nos Atos, mas aqui talvez ele se sentisse obrigado, por conta da tradição marcana de silêncio. Além disso, no ministério público, Jesus já mandara uma resposta a "essa raposa" (Lc 13,32), o que talvez se pensasse eliminar a necessidade de outra resposta.

Como os leitores reagiriam ao silêncio de Jesus? Esse silêncio faria com que ele parecesse mais majestoso? Grundmann (*Lukas*, p. 425) responde afirmativamente quanto aos leitores pagãos, mencionando o silêncio na liturgia de Mitras 6,42. Sb 8,12 relaciona o silêncio com a Sabedoria divina; e Inácio ressalta reverentemente o silêncio de Jesus (*Efésios* xv,2), que é a "Palavra que procede do silêncio" (*Magnésios* viii,2). Já mencionamos o silêncio do servo sofredor de Is 53,7 que não abriu a boca, como possível base para exemplos anteriores (Marcos/Mateus) do silêncio de Jesus, mas sempre com a advertência de que o vocabulário não era o mesmo. (Talvez se possa defender melhor a influência de Isaías em Lucas, pois, em Lc 22,37, Lucas cita Is 53,12.) Um padrão mais amplo de vítimas que sofrem em silêncio diante dos acusadores (ao contrário dos mártires, com suas eloquentes profissões de fé) fez a cena lucana inteligível, por exemplo, a descrição por Josefo (*Ant.* XV,vii,6; #235) da morte dignificada de Mariana, a mulher asmoneia de Herodes, o Grande, que "não pronunciou uma palavra sequer". Contudo, nenhum desses temas é abertamente desenvolvido por Lucas e, assim, a impressão mais óbvia é o contraste entre o calmo interrogatório por Pilatos, ao qual Jesus responde, e a exibição emocional de Herodes, diante da qual Jesus fica calado. A resposta que Jesus deu a Herodes durante o ministério (Lc 13,32-33) mostrou a determinação de Jesus de não ser desviado de sua obra, que, no terceiro dia, chegaria a um fim relacionado com a morte dos profetas em Jerusalém. Agora, o fim chegou e Jesus

---

[18] A ideia de que uma tradição primitiva do silêncio de Jesus podia ser ligada a situações diferentes por autores diferentes é reforçada por *EvPd* 4,10, onde Jesus fica calado (*siopan*) na cruz — ver Cambe, "Récits", p. 23-24.

está em Jerusalém; outra resposta seria irrelevante, pois não importa o que Herodes decida, Jesus vai sucumbir.

Jesus é enviado de volta a Pilatos (Lc 23,11-12)

Mais uma vez começamos com a menção de aspectos estilísticos, mas desta vez misturados com problemas gramaticais. Estes dois versículos continuam o uso lucano frequente de *de* (um *de* ["Mas"] no início de cada um). Há três particípios singulares de nominativo aoristo no v. 11 antes de ser dado o verbo principal da sentença ("mandou"). Os primeiros particípios (de *exouthenein*, "tratar com desprezo", literalmente "tratar como nada"; e *empaizein*, "escarnecer", literalmente "caçoar de") são coordenados. *Exouthenein* (três vezes em Lucas-Atos) é usado nos outros Evangelhos somente em Mc 9,12 com referência aos sofrimentos do Filho do Homem que estão previstos. Este é o segundo dos três usos lucanos de *empaizein* na NP para descrever o escárnio de Jesus (§ 26, sob "O relato lucano"): o primeiro escárnio foi pelos que seguraram Jesus durante a noite em que ele foi preso (Lc 22,63); o terceiro será pelos soldados, quando Jesus pende da cruz (Lc 23,36). Os escárnios correspondem à predição de Jesus de que o Filho do Homem seria entregue aos gentios e escarnecido (Lc 18,32). Esses dois particípios modificam "Herodes";[19] mas a frase "com [*syn*] suas tropas [pl. de *strateuma*]" traz os soldados de Herodes à ação.[20] *Syn* ocorre cerca de 75 vezes em Lucas-Atos, 6 vezes em Marcos, 4 vezes em Mateus e 3 em João. Aqui, embora praticamente equivalha a "e" (BAGD, p. 782, 4b), a construção preposicional deixa Herodes como o único sujeito do ato de mandar de volta. O ceticismo quanto a terem os romanos permitido que Herodes Antipas trouxesse um exército a Jerusalém (Loisy) é irrelevante, pois não precisamos pensar em mais que uma pequena comitiva. Traduzi o segundo particípio (de *empaizein*) de modo mais geral que o primeiro porque não há nenhum objeto direto depois dele e quero tornar possível explicar por que, para alguns biblistas, Lucas descreve um escárnio de todo o processo, não só de Jesus. Verrall ("Christ", p. 340-344) vai além e não encontra nenhum desprezo por Jesus no v. 11a, mas o

---

[19] Ou "até Herodes", quando se aceita o *kai* adicional em P[15] e no Códice Alexandrino.

[20] Os únicos outros usos lucanos de *strateuma* (três de oito usos neotestamentários) estão em At 23,10.27, com referência às tropas do tribuno que prendeu Paulo e o salvou de ser morto pelos judeus em Jerusalém. Embora o substantivo seja coletivo, é usado no plural (também *4 Macabeus* 5,1; Mt 22,7).

auton na frase inicial certamente indica Jesus como objeto do primeiro particípio; e os que o consideram objeto do segundo devem estar certos.

Questão importante é o terceiro particípio, *peribalon*, "tendo vestido", também singular de nominativo aoristo (lit. "tendo lançado em volta").[21] Se o objeto implícito é Jesus e se Herodes com suas tropas está pondo nele uma veste, como, em termos de lógica e gramática, devemos entender o que *peribalon* modifica? Embora seja um verbo comum, "vestir" (por exemplo, é usado em Mc 14,51 para o jovem vestido com um pano de linho sobre sua nudez), Jo 19,2 usa-o no escárnio romano de Jesus, onde ele é vestido com um *himation* púrpura. É o traje aqui o conteúdo do particípio derivado de *empaizein*, que ele segue imediatamente: "feito um escárnio com o ato de vestir"? (Assim Delbrueck, Grundmann, Marshall.) Alguns dos que defendem esse ponto de vista veem o escárnio em termos de vestir Jesus com roupas reais; outros acham que roupas comuns eram colocadas em quem se proclamava rei. Gramaticalmente, entretanto, há dificuldade em se ter um particípio aoristo subordinado ao outro dessa maneira; e muitos biblistas[22] julgam que *peribalon* deve estar ligado a "mandou", exatamente como eu o traduzi.

Esthes ("veste") ocorre 7 vezes no NT, 4 das quais estão em Lucas-Atos (nunca em outro Evangelho). Duas das referências lucanas (Lc 24,4; At 10,30) referem-se a vestes angelicais. É perda de tempo debater (como faz Delbrueck, "Antiquarisches", p. 136-137) qual a veste que está indicada, por exemplo, *chiton*, *chlamys*, *himation*; o que é importante é a força do adjetivo. *Lampros* ("esplêndida") ocorre 9 vezes no NT (2 em Lucas-Atos; 0 nos outros Evangelhos); dá a ideia de "brilhante". É vestido com essa veste brilhante que Herodes manda (*anapempein*) Jesus de volta para Pilatos. O uso do mesmo verbo de mandar, enviar, como no v. 7, onde Jesus foi mandado a Herodes, constitui uma inclusão.[23]

As características gramaticais lucanas continuam no v. 12, para enfatizar a interdependência de Herodes e Pilatos. A função de "tanto [...] como" é

---

[21] Bornhäuser ("Beteiligung", p. 715-717) argumenta que esse é autorreflexivo e por isso descreve Herodes vestindo-se para voltar com Jesus a Pilatos: "tendo lançado sobre si o manto real". Blinzler ("Herodes", p. 121) e Hoehner (*Herod*, p. 242) contestam, alegando que, no NT, *periballein* na voz ativa é sempre transitivo. K. Müller ("Jesus vor Herodes", p. 133) considera absurda a tradução de Bornhäuser.

[22] Blinzler, Fitzmyer, Joüon, Klostermann, Merk, Nestle, Rudberg, Verrall, Vogels.

[23] Isso exclui a tentativa de Bornhäuser ("Beteiligung", p. 716) de equiparar *anapempein* a *propempein* em At 20,30, de modo que Herodes acompanha Jesus até Pilatos. *Anapempein* é sempre transitivo no NT.

desempenhada por *te* (quase 150 vezes em Lucas-Atos, comparadas a 0 em Marcos, 3 em Mateus, 3 em João) e colocá-lo depois do artigo definido que acompanha *Herodes* é característica bastante lucana. "Nesse mesmo dia" (com o uso proléptico de *autos*, também em Lc 24,13) reflete a gramática aramaica, mas acho que por intermédio da tradução da LXX do aramaico (assim Fitzmyer, *Luke*, v. 2, p. 117-118); esse tipo de frase ocorre 11 vezes em Lucas-Atos, mas não nos outros Evangelhos. *Philos* ("amigo") ocorre 18 vezes em Lucas-Atos, comparadas com 0 em Marcos, 1 em Mateus, 6 em João. A última linha do v. 12 (lit.: "pois eles existiam antes, estando em hostilidade para com eles próprios") emprega *prohyparchein* mais um particípio; construção semelhante ocorre em At 8,9, mas em nenhuma outra passagem do NT.

Ao passarmos do estilo e da gramática difícil para o sentido, os biblistas discordam a respeito de como interpretar o tratamento que Herodes dá a Jesus no v. 11. Em Lc 23,14-15, Pilatos vai interpretar o ato de Herodes mandar Jesus de volta como sinal da inocência de Jesus. Como o silêncio de Jesus leva Herodes a essa conclusão e são o tratamento desdenhoso e o escárnio de Jesus por parte de Herodes consistentes com ela? Em um extremo, Verrall ("Christ", p. 340-344) tira proveito de algumas das obscuridades gramaticais mencionadas acima e argumenta que não há nenhum desdém real por Jesus na cena, apenas desdém pelo processo político. O ato de vestir Jesus com uma veste esplêndida torna-se gesto positivo de tratá-lo respeitosamente como rei. Quanto à hostilidade passada por parte de Herodes, Verrall (p. 327) argumenta que, se só relutantemente e sob pressão de Herodíades Herodes matou João Batista, Jesus não devia ter nada a temer dele. Na verdade, isso não trata de passagens específicas em Lucas (Lc 9,7-9; 13,31-33), onde Herodes é hostil com Jesus e quer matá-lo, e nos lembramos do fato de que Lucas não explica a morte de João Batista por pressão de Herodíades e sua filha. Dá realmente para considerar provável que, na narrativa, o silêncio de Jesus em face do entusiasmo frenético de Herodes tenha produzido benevolência por parte de Herodes?

No extremo oposto, Harlow (*Destroyer*, p. 172-179, 229-242) interpreta (ou interpreta exageradamente) quase todas as palavras para confirmar a máxima hostilidade para com Jesus por parte de Herodes. Por exemplo, no início do v. 11: "Essa palavra [*exouthenein*], que expressa o intenso desprezo e avaliação por menos que nada absolutamente, é sem dúvida expressão da tentativa de Herodes para destruí-lo, se não for paráfrase de uma sentença formal de condenação" (p.

224). Herodes quer matar Jesus há muito tempo, mas o silêncio de Jesus em face de um exame severo deixa-o frustrado. Jesus está vestido com um manto real para mostrar que Herodes considerou-o culpado de se proclamar rei — um usurpador digno de castigo.[24]

Entre esses dois extremos, há uma opinião de que escárnio e declaração de inocência estão expressos. Lucas usa *exouthenein* em Lc 18,9 para descrever pessoas que desprezam outras, e é assim que o frustrado Herodes reage ao silêncio de Jesus — reação consistente com as emoções transitórias descritas nos versículos precedentes de Lucas. Na verdade, Herodes rebaixa-se para juntar-se a suas tropas em um escárnio desse Jesus ridículo. Entretanto, Herodes tem de reagir não só a Jesus, mas também a Pilatos e, nesta última reação, lidar com realidades políticas. Pilatos, que considera Jesus inocente, faz um gesto amigável ao mandar um galileu a Herodes para investigação. Os chefes dos sacerdotes e os escribas querem que Herodes condene Jesus; mas é mais importante agradar Pilatos e restabelecer boas relações, inocentando esse pobre infeliz, de modo a confirmar o julgamento de Pilatos.

Essa interpretação intermediária depende de considerar o ato de vestir Jesus com uma veste esplêndida declaração de inocência. A lógica para essa interpretação vem indiretamente de Lc 23,14-15, onde Pilatos entende que o ato de Herodes mandar Jesus de volta é confirmação de inocência. Como Jesus não disse nada que Herodes possa relatar, o único fator interpretativo nesse ato tem de ser a veste com a qual Herodes vestiu Jesus. *Esthes lampra* transmite uma conotação de inocência? O uso de *periballein* sugere que esse traje envolve Jesus. *Esthes* é uma veste, mas quase sempre com conotação de um tipo melhor de veste, por exemplo, do rico em Tg 2,2-3.[25] Relacionei acima biblistas segundo os quais Herodes estava colocando um manto real sobre Jesus, mas muitas vezes eles presumem dois fatores, ambos improváveis: *primeiro*, que o "tendo vestido" no v. 11 aperfeiçoa "(tendo) feito um escárnio" — gramática que, como indiquei acima, é improvável; *segundo*, que isso é a "púrpura" de Mc 15,17, ou a "capa escarlate" de Mt 27,28; ou o "manto púrpura"

---

[24] Muitos biblistas, que não concordam com a opinião geral de Harlow, concordam neste último ponto: a veste é um escárnio das reivindicações régias (Blinzler, Hoehner, Kastner, Schneider).

[25] Há quem aponte para At 12,21, onde é usado para falar do traje real de Herodes Agripa I, traje que Josefo (*Ant.* XIX,viii,2; #344) descreve como tecido de prata e cintilante ao sol. Entretanto, nessa passagem dos Atos, é o adjetivo *basilikos* que torna a veste régia.

de Jo 19,2, todos eles parte do escárnio de Jesus como rei pelos soldados — o que não encontra absolutamente nenhum apoio na linguagem nem no cenário lucanos.

Joüon ("Luc 23", p. 83-84) faz um estudo muito cuidadoso de *esthes lampra* e argumenta que a cor mais apropriada para o caráter brilhante ou esplêndido da descrição é branca, de modo que está correta a tradução latina, *vestis alba*, não a tradução da Peshitta siríaca, escarlate. Ele indica o branco como símbolo de nobreza, alegria e pureza, com os essênios vestindo branco habitualmente (Josefo, *Guerra* II,viii,3; #123), enquanto os acusados comparecem diante do sinédrio vestidos de preto (*Ant.* XIV,ix,4; #172). Em outro campo e em direção um tanto oposta, apontando para a nobreza, Grundmann, Hoehner e Derrett afirmam que *esthes lampro* é a *toga candida* dos candidatos romanos a cargos públicos e citam uma passagem em Políbio (*História* X,iv,8, combinada com X,v,1), onde os dois se equivalem. Isso tudo é prova muito vaga, como Darr ("Glorified", p. 298) menciona em relação à teoria de Derrett e como Fitzmyer (*Luke*, v. 2, p. 1482) observa a respeito da interpretação como "branco". Não uma cor específica, mas a descrição como "esplêndida, brilhante" estabelece inocência, pureza ou santidade. O adjetivo condiz com as vestes de anjos em At 10,30 e Ap 15,6, e as da esposa do cordeiro (Ap 19,8). Aqui, adquire força do contexto: Jesus foi mandado como prisioneiro para Herodes (segundo Justino, *Diálogo* ciii, mandaram Jesus "amarrado"); Herodes manda-o de volta em uma veste esplêndida. Ao que tudo indica, em seu *anakrisis*, o Herodes lucano não encontra nada que justifique continuar a tratar Jesus como prisioneiro. Argumentos contrários, segundo os quais Herodes não poderia deduzir inocência do silêncio de Jesus ou uma decisão benevolente seria contra o caráter de Herodes, não fazem justiça à indicação dada no v. 12. (É difícil dizer se o modo disfarçado de Lucas deixar o julgamento de Herodes até esse versículo é controlado por uma tradição na qual a posição de Herodes era ambígua [cf. At 4,27].) Lucas mostra um Herodes que age para agradar Pilatos; sem dúvida ele teria julgado de outra maneira se fosse de seu interesse.

Para Lucas (Lc 23,14-15), o importante efeito final é que duas testemunhas persuasivas (o tetrarca judeu e o prefeito romano) atestam ser Jesus inocente das acusações apresentadas — persuasivas não porque a lei judaica exigia duas testemunhas (Dt 19,15), mas por causa da posição delas. Os fatos de Herodes estar mal-intencionado com respeito a Jesus (Lc 9,7-9; 13,31-33), de Jesus não lhe responder para conquistar sua benevolência e de Herodes tratá-lo com desprezo e escárnio tornam mais impressionante a recusa de Herodes a condená-lo. Na verdade, pela maldade passada de Herodes e por ele ter decapitado João Batista, pode-se argumentar que, se Herodes considerasse Jesus um perigo real, ele destruiria o profeta de Nazaré, não importa o que Pilatos pensasse.

Lucas vai além de juntar Herodes e Pilatos em um julgamento de inocência; ele relata que esses antigos inimigos se tornaram amigos mútuos. Fitzmyer (*Luke*, v. 2, p. 1482) considera o v. 12 "mais uma das irrelevantes notas explicativas lucanas", o que talvez não seja uma avaliação adequada. A escassez de dados históricos significa que não podemos verificar nem a inimizade nem a amizade subsequente, mas nenhuma das duas é implausível. Quanto à inimizade anterior, já mencionamos a tradição de Pilatos ter matado galileus em Jerusalém, provavelmente durante uma festa (Lc 13,1) e o relato de Fílon (*Ad Gaium* xxxviii; #300) de que príncipes herodianos lideraram uma demonstração popular contra Pilatos em Jerusalém durante uma festa. Walaskay ("Trial", p. 89-90) acha que a amizade é dedução lucana do fato de Pilatos e Herodes terem sido depostos mais ou menos na mesma época (36 e 39 d.C. respectivamente). Entretanto, é preciso mencionar que, embora apresentem imagens diferentes de como Jesus foi tratado, At 4,26-28 e Lc 23,6-12 concordam na cooperação entre Pilatos e Herodes, de modo que Lucas não variou nesse ponto. Havia uma razão prática para os governadores romanos tratarem cordialmente os príncipes reinantes herodianos: estes últimos tinham boas relações com a família imperial júlio-claudiana em Roma. Josefo (*Guerra* I,xx,4; 399) nos diz que, já no tempo de Herodes, o Grande, os governadores romanos da Síria estavam proibidos de tomar medidas sem sua concordância e, mais tarde, o futuro imperador Vespasiano mandou de presente para Agripa II cativos judeus que eram de seu reino (*Guerra* III,x,10; #541). At 25,13ss pode bem ser histórico ao descrever uma amizade entre Agripa II e o procurador Festo c. 60.

Contudo, nem plausibilidade nem história são o propósito de Lucas em Lc 23,12. Esse versículo reflete a teologia lucana da Paixão como perdão e cura (§ 14 acima). Herodes mostra-se inimigo de Jesus, em um desejo anterior de matá-lo e em um exercício de desprezo e escárnio durante o julgamento; mas Jesus proporciona a oportunidade de graça para Herodes e Pilatos, ao curar sua inimizade, do mesmo modo que curou a orelha do servo que veio prendê-lo. Soards ("Tradition [...] Herod", p. 363) está correto quando julga ser esse outro exemplo onde o Jesus da NP é consistente com o Jesus do ministério ao "fazer o bem" (At 10,38). Darr

("Glorification", p. 304) também está correto quando acha que o tema da amizade prepara o leitor para a união de Herodes e Pilatos em At 4,27, embora essa cena de união adote o ponto de vista geral de que, não deixando Jesus ir, os dois homens se uniram contra ele.[26] Há quem veja aqui um eco da LXX de Pr 15,28 (= TM 16,7): "Os caminhos do justo são recebidos pelo Senhor e, por meio deles, inimigos se tornam amigos". Entretanto, não vejo razão suficiente para interpretar a reconciliação de Herodes e Pilatos como abstratamente simbólica, por exemplo, a reconciliação de judeus e gentios (E. Schweizer, Talbert) ou a reconciliação da religião judaica baseada na lei e do paganismo gentio (Manus).

Análise

A ausência total de qualquer referência a Herodes Antipas nas NPs dos outros Evangelhos provoca dois problemas cruciais: onde Lucas conseguiu esse material? O material é histórico? Voltemo-nos agora para essas duas perguntas.

A. Formação da história

Existem basicamente três possibilidades:[27] 1) Lucas tirou a história toda de uma fonte mais primitiva, que os biblistas descrevem de várias maneiras[28] (Ellis, Grundmann, Hoehner, Perry, Rehkopf, Rengstorf, Tyson, Wente); 2) Lucas compôs ele mesmo a cena, com base em uma tradição primitiva de envolvimento herodiano na morte de Jesus, combinada com material tirado de Marcos etc. (Dodd, Ernst, Fitzmyer, Kratz, Loisy, Pesch, Schneider, Soards); 3) Lucas criou ele mesmo a cena toda sem recorrer consideravelmente a uma fonte ou tradição primitiva que relacionasse Herodes a Jesus (F. C. Baur, Beare, Bultmann, Cadbury, Creed, Dibelius,

---

[26] "Reunidos" não significa que eles se encontraram pessoalmente (com a devida vênia a Bornhäuser); é linguagem que se harmoniza com Sl 2,2 e só indica que seus esforços eram harmoniosos.

[27] Embora em princípio esses três enfoques sejam bastante distintos, variações e sutilezas dadas a eles por alguns adeptos embaçam a linha de demarcação. A designação do nome de um biblista a uma das teorias está sujeita a essa limitação. Além disso, há biblistas que mudaram de opinião: originalmente, Schneider fazia parte do grupo 1, mas em "Verfahren", p. 127, o máximo que ele permite por trás da história é um comentário lendário ou anedótico.

[28] Para alguns, o objetivo da fonte é o mesmo de Lucas; para outros, na fonte Herodes condenou Jesus e o mandou de volta a Pilatos para ser executado. Alguns biblistas falam de uma fonte lucana independente para parte da cena, por exemplo, afirmando que o escárnio de Jesus em Lc 23,11 não se originou de Marcos (Benoit, Delbrueck).

Finegan, Hendrickx, H. Klein, Klostermann, Leaney, K. Müller, Radl, Sloyan). De vez em quando, há quem julgue que Lucas tirou a ideia para a cena do Sl 2 ou do envolvimento de Agripa II no julgamento de Paulo.

Começamos com a solução 1. No COMENTÁRIO, dei mais que a atenção usual à quantidade de estilo lucano na passagem e concordei com K. Müller ("Jesus vor Herodes", p. 114-116) quanto ao fato de que os elementos lucanos encontram-se do princípio ao fim. Se a história foi toda tirada de uma fonte, ou essa fonte foi escrita quase inteiramente em estilo lucano (e assim a fonte é realmente uma forma mais primitiva de composição lucana), ou Lucas reescreveu em estilo próprio a história completa que tirara da fonte. Esse último caso não é uma impossibilidade; mas a concordância de Lc 23,6-12 com outro material lucano a respeito de Herodes[29] e os paralelos com a cena de Paulo diante de Agripa II sugerem consideravelmente mais atividade lucana que simplesmente retraduzir em estilo próprio uma história sem originalidade. Já examinamos diversas outras seções da NP lucana que alguns biblistas remontam a uma fonte e descobrimos consistentemente que uma tradição, não uma fonte, é um ponto de origem adequado. Vamos ver se isso funciona também aqui.

Entretanto, antes de nos voltarmos para a solução 2, precisamos examinar um fator importante na solução 3 — fator que, segundo muitos, torna desnecessário recorrer a uma tradição. At 4,24-28 descreve um grupo cristão primitivo que reza citando Sl 2,1-2 de acordo com a LXX:[30]

Por que os gentios [*ethne* = nações] agem com arrogância

e os povos pensaram em coisas vãs?

Os reis da terra vieram ocupar sua posição

e os governantes [pl. de *archon*] uniram-se no mesmo lugar

contra [*kata*] o Senhor e contra Seu Messias [*Christos*].

---

[29] Mais atrás, em Lc 3,19-20; 9,7-9; 13,31-33, Herodes ouvira falar de Jesus, desejara vê-lo, tinha perguntas a respeito dele etc.

[30] Segundo o paralelismo hebraico, conforme estão visíveis nos versos poéticos, "os gentios" são o mesmo que "os povos" e os reis são o mesmo que os governantes, de modo que apenas um grupo hostil e suas autoridades estão envolvidos. Ao ignorar o paralelismo, a interpretação dos Atos aparece com dois grupos hostis e duas autoridades diferentes. Entretanto, ignorar paralelismos da poesia veterotestamentária parece ser mais a regra que a exceção no NT, por exemplo, Mt 21,4-7 (dois animais); Jo 19,23-24 (vestes interpretadas como sendo distintas de traje/túnica).

Segue-se uma aplicação do Salmo: "Pois na verdade, nesta cidade eles se uniram contra [*epi*] Teu santo servo Jesus a quem Tu ungiste, Herodes e Pôncio Pilatos com os pagãos e os povos de Israel, para fazer o que quer que Tua mão e Tua[31] vontade [ou plano: *boule*] tinham predestinado para suceder". Dibelius ("Herodes", p. 124-125) afirma que a citação de Sl 2,7 na cristologia primitiva (por exemplo, At 13,33; Hb 1,5) indica o fato de que esse era um Salmo sobre o qual os cristãos refletiam e que usavam no culto; e essa reflexão estendeu-se a Sl 2,1-2 e produziu o envolvimento de Herodes na Paixão. Um de seus argumentos é tirado de Justino (*Apologia* I,40), que cita Sl 2,1-2 e Sl 2,7, e declara que Davi predisse "a conspiração idealizada contra Cristo por Herodes, o rei dos judeus, e os próprios judeus, e Pilatos, que era procurador [*epitropos*], entre eles e seus soldados". Dibelius afirma que Justino não obteve isso de Lucas, mas da meditação no Salmo. Entretanto, a linha de pensamento de Dibelius é contestada a diversos respeitos. A interpretação do Salmo em Atos inclui exageros engenhosos para adaptação aos fatos da Paixão. Entender que "os povos" do Salmo se referem a "os povos [pl.!] de Israel" é extraordinário. Alhures, Lucas refere-se a Herodes Antipas como um tetrarca, nunca no Evangelho como rei;[32] ele não se refere a Pilatos como *archon*.[33] Se já não houvesse uma tradição do envolvimento contra Jesus, como a leitura do Salmo sugeriria tais interpretações? Quanto a Justino, se sua interpretação não é dependente de Lucas (nem mesmo por intermédio da memória oral),[34] ele pode ser dependente do mesmo tipo de tradição a respeito de Herodes à qual Lucas recorreu.

Outra objeção à criação lucana total do envolvimento herodiano com base no Sl 2 é a diferença nas descrições do papel de Herodes em At 4,24-28 e Lc

---

[31] O "Tua" está omitido em importantes testemunhos textuais.

[32] De várias maneiras os biblistas trazem ao estudo a origem idumeia do avô de Antipas (Antípater II) e a designação de seu pai (Herodes, o Grande) como "meio-judeu" (Josefo, *Ant*. XIV,xv,2; #403), de modo que Antipas não pode ser considerado nem judeu nem gentio. Nada disso aparece no NT: para os cristãos primitivos, Herodes era uma figura judaica que At 4,27 alinha claramente com "os povos de Israel", em contraste com os gentios.

[33] Com respeito à Paixão, o plural de *archon* refere-se a autoridades judaicas (Lc 23,13.35; 24,20; At 3,17 etc.).

[34] Demasiadas vezes a questão da dependência de autores do século II do NT é debatida apenas quanto ao fato de esses autores terem diante de si documentos escritos; nesse período, com poucas cópias de obras neotestamentárias, a memória oral era importante. Em *Diálogo* ciii, Justino diz: "Quando Herodes recebeu o *exousia* a ele designado, Pilatos, como benevolência, mandou-lhe Jesus amarrado". Seria puro acaso as duas referências a Herodes em Justino (*Diálogo* e *Apologia*) se parecerem estreitamente com os tons discordantes de Lc 23 e At 4?

23,6-15. Em At 4, Herodes e Pôncio Pilatos unem-se contra Jesus, como fazem os povos de Israel. Em Lc 23,14-15, Herodes e Pilatos julgam Jesus inocente e em Lc 23,27.35, o "povo" não é particularmente hostil. Se havia uma tradição pré-lucana de hostilidade herodiana para com Jesus, percebe-se como Lucas adaptou-a no Evangelho para fazer Herodes dar testemunho da inocência de Jesus.[35] Mas Lucas *criaria* nos Atos um relacionamento de Salmo que é o oposto da maneira como ele descreve Herodes no Evangelho? E se a passagem do Salmo foi o ponto de origem de toda a imagem de Herodes Antipas, por que ela não aparece nas muitas referências a Antipas no Evangelho, em vez de ficar guardada até o fim das descrições de Herodes nos Atos?

Mais um argumento contra a pura criação lucana do envolvimento herodiano vem de outras referências primitivas ao envolvimento de Herodes na morte de Jesus. Inácio (*Esmirniotas* i,2) fala de Jesus ser pregado a uma árvore na carne, por amor a nós, "sob Pôncio Pilatos e o tetrarca Herodes". Com certeza isso não se baseia em Sl 2, pois o título dado a Herodes não é "rei"; nem há indícios importantes de que, aqui, Inácio recorre a Lucas ou aos Atos, nenhum dos quais, na referência da NP a Herodes, chama-o de "tetrarca". Não há absolutamente nenhum indício de que *EvPd* 1,1–2,5, que descreve o papel do rei Herodes na morte de Jesus, seja a fonte do conhecimento que Lucas tem do papel de Antipas.[36] Nem existe prova de que o *EvPd* recorre a Sl 2, do qual a interpretação põe Herodes Antipas e Pôncio Pilatos no mesmo nível. No *EvPd*, o rei Herodes é o principal magistrado no julgamento de Jesus; recusa-se a lavar as mãos (do sangue inocente de Jesus); ordena que Jesus seja levado embora; recebe o pedido de Pilatos para o corpo de Jesus; entrega Jesus ao povo, que escarnece dele como "Rei de Israel", vestindo-o (*periballein*) de púrpura. Em APÊNDICE I, vou afirmar que, embora o autor do século II do *EvPd* estivesse familiarizado com os Evangelhos canônicos, ele também conhecia independentemente algumas tradições populares das quais os Evangelhos canônicos se serviram — de fato, conhecia essas tradições em um nível mais desenvolvido daquele que vemos nos Evangelhos canônicos. No contínuo desenvolvimento da tradição a respeito de Herodes procurar a morte de Jesus, ele se torna instrumento da serpente diabólica ao lado de Caifás, em oposição a Jesus, nos *Atos de Tomé* 32;

---

[35] Embora os enfoques do papel de Herodes em Lc 23 e At 4 sejam diferentes, não se deve tratá-los como contraditórios (ver o parágrafo final do COMENTÁRIO). O fato de Justino ter os dois enfoques (nota anterior) sugere que eles não eram considerados em conflito total.

[36] Ver Brown, "Gospel of Peter", em contraste com a extravagante teoria de Crossan, que quer fazer do *EvPd* a mais antiga NP à qual os Evangelhos canônicos recorreram. Esta questão será tratada em detalhes no APÊNDICE I.

e é ele quem dá a ordem para Jesus ser crucificado, na forma siríaca de *Didascalia Apostolorum* XXI,v,19 (Connolly, org., p. 190). Entretanto, nesses desenvolvimentos mais tardios, é impossível decidir se ainda se ouvem mutações da tradição primitiva de Herodes ou desenvolvimentos das variações de Lucas-Atos sobre esse tema, ou mesmo desenvolvimentos do *EvPd*.[37]

Tudo isso indica a existência de uma tradição primitiva a respeito de oposição herodiana letal a Jesus e, portanto, apoia a segunda solução que relacionei no início desta ANÁLISE. Essa tradição não surgiu da leitura do Sl 2, mas levou à interpretação do Salmo da maneira como vemos em At 4. A história que encontramos em Lc 23,6-12 não é simplesmente uma adaptação da interpretação de Sl 2 e At 4, mas sim outra variação lucana da tradição primitiva de Antipas expandida por três adições:[38] a) material de Marcos a respeito do interrogatório de Jesus durante o julgamento (em Marcos por Pilatos), sobre o silêncio de Jesus diante do interrogador e a respeito do escárnio de Jesus;[39] b) esquema do convite do governador romano a um príncipe herodiano para examinar um prisioneiro judeu acusado pelos líderes de seu povo — esquema semelhante ao do relato do convite de Festo a Agripa II para examinar Paulo em At 25,13–26,32;[40] c) dito pertinente a Herodes, preservado especialmente em Lc 13,31-33.[41]

---

[37] Irineu (*Proof of Apost. Preaching* [Demonstração da pregação apostólica] 77 [SC 62,144]) reconta a história de Lc 23,6-12, enquanto Tertuliano (*Adv. Marcion* IV,xlii,2-3 [CC 1,659]) recorre a At 4,24-28 e também a Lc 23. Blinzler ("Herodes", p. 120) relaciona todo um grupo de obras apócrifas que ele julga serem direta ou indiretamente dependentes do *EvPd*, inclusive a *Didascalia* siríaca.

[38] Em grande parte disso, concordo bastante com Soards ("Tradition [...] Herod", p. 358-359), que, entretanto, é mais preciso na distribuição de cada versículo lucano.

[39] Mc 15,16-20 (= Mt 27,27-31) relata o escárnio de Jesus como "o Rei dos Judeus" por soldados romanos (no final do julgamento por Pilatos) que inclui vestir nele uma pretensa veste real e maus-tratos físicos. (Jo 19,1-3 tem elementos desta cena, mas no meio do julgamento romano.) Lucas decide não narrar a cena marcana como um todo nem pôr nada em seu lugar no final do julgamento romano. Em vez disso, Lc 23,36-37 fala do escárnio de Jesus por soldados romanos como "o Rei dos Judeus" enquanto Jesus pende da cruz. Na cena de Herodes, Lucas usa outros elementos do relato marcano do escárnio de Jesus: a saber, *empaizein* ("escarnecer") e o ato de vestir Jesus com uma veste esplêndida. Entretanto, este último elemento mantém-se afastado do escárnio.

[40] A direção da influência foi de At 24–26 para Lc 23, ou vice-versa, ou Lucas criou ambas? Os Atos constituem nossa única prova de como Paulo foi tratado. Nos discursos de Paulo, há criação lucana, mas é muito plausível que os Atos preservem tradição a respeito *dos fatos* do julgamento de Paulo. Ao relacionar as acusações contra Jesus, parece que Lc 23,2 sofreu influência de At 24,5-6; e, do mesmo modo, parece que Lc 23,6-7.11b-12 (mandar o galileu a Herodes, mandá-lo de volta, amizade entre Herodes e Pilatos) sofreu influência de At 25,13ss.

[41] Mais uma vez é preciso perguntar a respeito da direção da influência: de Lc 9,7-9 e Lc 13,31-33 para Lc 23,6-12 ou vice-versa? Blinzler (*Herodes*) torna a questão relativa ao considerar históricas todas as

Na tradição primitiva, Herodes era hostil a Jesus. Não está claro até que ponto o povo judeu era mencionado ao lado de Herodes (como em At 4 e *EvPd*). Lucas transportou para Lc 23,11 parte dessa hostilidade, descrevendo *Herodes com suas tropas* tratando Jesus com desprezo e fazendo (dele) um escárnio. Essas tropas ocupam o lugar dos "povos de Israel" associados a Herodes em At 4,27 (talvez sob a influência da cena do escárnio marcano, que envolve soldados romanos). A omissão de referência direta ao povo judeu harmoniza-se com a mudança importante que Lucas faz em Lc 23,11b.14-15, pela qual, apesar do desprezo e do escárnio, Herodes é alguém que confirma a inocência de Jesus.[42] No COMENTÁRIO, salientei a importância dessa mudança: os leitores percebem que o tetrarca judeu e o prefeito romano consideram Jesus inocente de incitar o povo contra César e ser um pretendente real. Mas ainda é preciso perguntar o que levou Lucas a mudar dessa maneira a tradição de Herodes hostil. O conteúdo do julgamento romano marcano foi fator importante? Introduzir um Herodes que desempenhou papel importante para condenar e matar Jesus (como em *EvPd*) seria uma revisão muito drástica de Marcos, talvez mais do que Lucas desejava.[43] Outro fator importante é a tradição do julgamento de Paulo, onde o envolvimento de Agripa II a convite do procurador Festo resultou no julgamento por Agripa de que Paulo era inocente da acusação (At 26,31). Em todo caso, o que Lucas fez foi uma acomodação. Ele mudou o esboço marcano introduzindo Herodes, mas não mudou a fluência do julgamento: Pilatos permanece o juiz controlador que toma a decisão final. Em At 4,24-28, Lucas toma uma tradição primitiva a respeito de hostilidade herodiana letal a Jesus e mantém o tom dela com uma adaptação a Sl 2,1-2. Mas, no Evangelho, onde ele trabalha a partir de diretrizes marcanas, Lucas adapta essa tradição herodiana, preservando

---

passagens. Fitzmyer (*Luke*, v. 1, p. 756-758) trata Lc 9,7-9 como modificação lucana de material marcano e dessa modificação, alguns temas foram levados para Lc 23,8, por exemplo, ter ouvido falar de Jesus, querer saber quem ele é, desejar vê-lo. Basicamente, então, Lc 9,7-9 e Lc 23,8 são uma composição lucana livre inspirada por temas de Marcos. Fitzmyer (*Luke*, v. 2, p. 1028) registra um consenso de que, em Lc 13,31-32, "o relato dos fariseus a Jesus a respeito da atitude de Herodes para com ele é fragmento de tradição autêntica enraizada na Etapa I [o ministério de Jesus] do material evangélico". A imagem da raposa astuta, destruidora, resume essa tradição e Lucas usa-a para descrever Herodes em Lc 23,6-12.

[42] Com demasiada frequência, a introdução lucana de Herodes no julgamento de Jesus é tratada como gesto antijudaico. Complica, de certa forma, a imagem da responsabilidade judaica, pois um governante judeu (ver nota 32) assume uma posição diferente da dos chefes dos sacerdotes e escribas.

[43] Quanto ao esboço marcano, Lucas não faz da cena de Herodes um julgamento independente; o que Herodes decidiu só é conhecido por meio das palavras de Pilatos em Lc 23,15, de modo que Pilatos permanece claramente o juiz presidente.

apenas parte da hostilidade e usando-a para um efeito diferente. Essa mudança na apresentação evangélica de Herodes foi em preparação para as últimas palavras que serão pronunciadas a respeito de Jesus na NP lucana: "Certamente este homem era justo [*dikaios*]".

B. Historicidade da tradição herodiana

A teoria de formação que acabamos de expor indica que a cena de Lc 23,6-12(14-15) dificilmente é um relato histórico direto. Mas resta a questão de a tradição da hostilidade mortal de Herodes para com Jesus — a tradição a que Lucas recorreu e interpolou no julgamento — ser ou não histórica.[44] Obviamente, os que defendem a solução 3 a respeito da formação da narrativa lucana, na qual a totalidade foi criada por Lucas, negam a historicidade de uma tradição da qual eles contestam até a existência. As soluções 1 e 2 presumem material pré-lucano a respeito de Herodes, mas esse material não é necessariamente histórico; e a ausência dele em Marcos, Mateus e João mostra que ainda há um grave problema. Contudo, Marcos (seguido por Mateus) fornece um esboço predicante simplificado da NP, e talvez não faça justiça à tradição oral popularmente preservada a respeito de incidentes secundários da Paixão que poderiam ser históricos. O silêncio quanto a Herodes em João é um problema maior; contudo, a tradição joanina é idiossincrática no que ela preserva como útil, e o fato de jamais mencionar um Herodes significa que João não é um guia particularmente certo neste ponto.

Alguns estudiosos estão convencidos de que a informação lucana a respeito do papel de Herodes na morte de Jesus é apenas a ponta do *iceberg* histórico. Para eles, Herodes era o principal adversário de Jesus, um conspirador magistral que teve o papel decisivo na morte de Jesus (por exemplo, Harlow, Parker). Nas referências neotestamentárias a Herodes, Harlow dá mais valor a toda frase que indique hostilidade, como mencionei ao examinar "tendo-o tratado com desprezo" em Lc 23,11; e disso surge sua metáfora de Herodes, o destruidor de Jesus. Parker reúne as referências neotestamentárias dispersas para formar uma trama digna de um romance que envolva o sinédrio, Pilatos e os herodianos contra Jesus.[45] Há

---

[44] Entre os que julgam haver um substrato histórico, estão Blinzler, Marshall, Rengstorf, Taylor e Verrall.

[45] Na teoria de Parker, há muito uso da imaginação e um apelo ao silêncio. O aparecimento da coorte em Jo 18,3 é tratado como histórico sem qualquer exame de que poderia ser um aspecto introduzido para servir à teologia joanina da supremacia de Jesus. O motivo de Antipas e os herodianos não aparecerem

referências obscuras à oposição a Jesus pelos herodianos em Mc 3,6; 12,13 (= Mt 22,16). Entretanto, Lucas jamais menciona os herodianos e talvez eles representem apenas a forma marcana da tradição herodiana que Lucas usa de outra maneira. Nesse caso, eles realmente não oferecem nenhuma prova adicional.

Isso me leva a um fator que muitas vezes não é levado em consideração para avaliar a historicidade da hostilidade de Herodes Antipas a Jesus. Três homens são chamados *Herodes* no NT: Herodes, o Grande, Herodes Antipas e Herodes Agripa I. Essa enumeração de três é por *nossa* contagem culta, pois tais distinções como "o Grande", ou "Antipas", ou "Agripa" nunca ocorrem como modificações de *Herodes* no NT.[46] Para aumentar a confusão, os três homens são chamados "rei": Herodes, o Grande, é rei em Mt 2,1.3.9; Lc 1,5; Herodes Antipas é rei em Mt 14,9; Mc 6,14.22.25.26.27; At 4,26-27;[47] Herodes Agripa I é rei em At 12,1.20. O que os cristãos primitivos entendiam quando ouviam "o rei Herodes", já que dificilmente tinham à mão uma árvore genealógica herodiana? Mt 2 mostra o rei Herodes, aconselhado pelos chefes dos sacerdotes e os escribas, procurando matar Jesus que está sendo saudado como "o Rei dos Judeus". Uma combinação de Lc 13,31; 23,10; At 4,26-27 mostra um Herodes identificado como rei procurando matar Jesus e sendo aconselhado a fazê-lo pelos chefes dos sacerdotes e escribas depois de ter sido perguntado a Jesus se ele é "o Rei dos Judeus". At 12 mostra um Herodes ("o rei") que, para agradar aos judeus, mata Tiago (o irmão de João) e planeja fazer o mesmo com Pedro. Quantos ouvintes ou leitores saberiam que se tratava de três homens diferentes?

Acima, quando escrevi a respeito de uma tradição primitiva sobre um papel herodiano na morte de Jesus ou uma oposição herodiana letal a Jesus, usei deliberadamente uma descrição expressa de maneira ampla. Creio que essa mesma tradição pode surgir em Marcos, quando herodianos procuram matar Jesus; na narrativa mateana da infância, quando Herodes (o Grande) tenta matar Jesus em

---

nesse contexto joanino é "sem dúvida [!] porque, por mais dificuldades que possam provocar, eles não têm nenhuma autoridade *legal* em Jerusalém" ("Herod", p. 199). A decisão de Pilatos de mandar Jesus para Herodes e as palavras que os membros do sinédrio disseram a Herodes estavam "todas conforme o que fora planejado" — assim, Parker trata a cena lucana como história, mas nega o que Lucas indica quanto ao acaso da presença de Herodes.

[46] Na verdade, "Agripa" ocorre em At 25–26 para Agripa II, mas nunca para Herodes Agripa I, que aparece (somente) em At 12 cinco vezes como *Herodes*.

[47] Ele é também chamado tetrarca em Mt 14,1; Lc 3,19; 9,7; At 13,1.

Belém; em Lucas-Atos, quando Herodes (Antipas) quer matar Jesus e toma parte em seu julgamento, e talvez até quando Herodes (Agripa I) executa os principais seguidores de Jesus. Com tantos ecos no NT e outros ecos em Inácio e *EvPd*, é muito provável que houvesse um núcleo histórico na tradição. Contudo, os próprios relatos que preservam a tradição mostram considerável elaboração imaginativa, de modo que fica difícil, se não impossível, saber se um, dois ou três Herodes era/eram hostis a Jesus (e a seus seguidores).[48] Mesmo que devamos nos concentrar em Antipas, as referências não estão de acordo quanto ao momento do ministério em que surgiu a oposição letal. A admiração de Jesus por João Batista com certeza faria com que ele não confiasse em Herodes, que matou aquele profeta; e vice-versa, Antipas não sentiria amor por Jesus, que elogiu João Batista e atraiu alguns dos seguidores do Batista. Depois de matar uma figura religiosa, Antipas tinha de agir com maior discrição com outra de quem queria se livrar, talvez se conformando em fazer Jesus sair da Galileia. A meu ver, precisamos aceitar um autor lucano de Lc 23,6-12 que não é nem um simples registrador de fatos históricos nem totalmente um romancista criativo e imaginoso. Ele transmite a tradição primitiva a respeito de Herodes Antipas — tradição que tinha um núcleo histórico, mas já se desenvolvera além da simples história quando Lucas a recebeu. Ao misturar essa tradição e outros elementos na narrativa de Lc 23,6-12, Lucas não só fez uma importante declaração teológica quanto à inocência de Jesus e o poder benéfico de sua Paixão;[49] ele também contribuiu para a ulterior evolução da imagem do envolvimento herodiano.[50]

(*A bibliografia para este episódio encontra-se em § 30, Parte IV.*)

---

[48] A narrativa mateana da infância e o *EvPd* evidenciam um desenvolvimento lendário popular da tradição herodiana pela qual ele representa a oposição judaica a Jesus e se torna o principal adversário de Jesus.

[49] Fitzmyer (*Luke*, v. 2, p. 1480) declara: "Na narrativa lucana da Paixão, esta cena é, na verdade, secundária. Não tem nenhuma importância para o entendimento da pessoa e do destino de Jesus". Como indiquei acima, faço uma avaliação mais ampla da cena.

[50] Do mesmo modo que a tradição primitiva a respeito de Herodes resultou em uma interpretação de Sl 2,1-2 como vemos em At 4,24-28, também o desenvolvimento da tradição herodiana em Lc 23,7 chamou a atenção para outro texto veterotestamentário, citado por muitos autores religiosos (Ireneu, Tertuliano, Cirilo de Jerusalém): "E tendo-o amarrado, levaram-no à Assíria, como presente ao rei Jarim" (variação sobre a LXX de Os 10,6).

§ 34. O julgamento romano, terceira parte: Barrabás (Mc 15,6-11; Mt 27,15-21; Lc 23,13-19; Jo 18,38b-40)

Tradução

Mc 15,6-11: ⁶Mas em uma/na festa, ele costumava soltar para eles um prisioneiro que eles solicitassem. ⁷Mas havia alguém chamado Barrabás aprisionado com os desordeiros, os que haviam cometido homicídio durante o tumulto. ⁸E a multidão, tendo subido, começou a solicitar (que ele fizesse) como ele costumava fazer para eles. ⁹Mas Pilatos respondeu-lhes, dizendo: "Quereis que eu liberte para vós 'o Rei dos Judeus'?", ¹⁰pois ele tinha conhecimento de que (foi) por inveja/zelo que os chefes dos sacerdotes o tinham entregado. ¹¹Mas os chefes dos sacerdotes instigaram a multidão que ele, de preferência, soltasse Barrabás para eles.

Mt 27,15-21: ¹⁵Mas em uma/na festa, o governador estava acostumado a soltar para a multidão um prisioneiro que eles quisessem. ¹⁶Mas naquela ocasião eles tinham um notório prisioneiro chamado [Jesus] Barrabás. ¹⁷Assim, quando eles se tinham reunido, Pilatos lhes disse: "Quem quereis que eu solte para vós: [Jesus] Barrabás ou Jesus que é chamado Messias?". ¹⁸Pois ele estava ciente de que (foi) por inveja/zelo que eles o entregaram. ¹⁹Mas enquanto ele estava sentado no tribunal, sua mulher mandou a ele, dizendo: "Não deixes que haja nada entre ti e esse homem justo, pois muitas coisas sofri hoje em um sonho por causa dele". ²⁰Mas os chefes dos sacerdotes e os anciãos persuadiram as multidões de que eles deveriam solicitar Barrabás, mas Jesus deveriam destruir. ²¹Mas em resposta o governador disse-lhes: "Qual dos dois quereis que eu vos solte?". Mas eles disseram: "Barrabás".

Lc 23,13-19: ¹³Mas Pilatos, tendo convocado os chefes dos sacerdotes e os governantes e o povo, ¹⁴disse a eles: "Vós trouxestes a mim este homem como induzindo em erro o povo; e vede, tendo-o investigado em vossa presença, não encontrei nada neste homem (que o faça) culpado do que acusais contra ele. ¹⁵Nem

Herodes, pois ele mandou-o de volta a nós; e vede, não há nada merecedor de morte que tenha sido feito por ele. ¹⁶Tendo-o castigado (com chicotadas), portanto, eu o deixarei ir". [¹⁷*] ¹⁸Mas todos juntos eles gritaram, dizendo: "Toma esse sujeito, mas solta-nos Barrabás", ¹⁹que era alguém atirado à prisão por causa de certo tumulto que tinha tido lugar na cidade e (por causa de) homicídio.

Jo 18,38b-40: ³⁸ᵇE tendo dito isso, novamente saiu até os judeus e diz a eles: "Não encontro nenhuma causa em absoluto contra ele. ³⁹Vós tendes um costume de que eu solte para vós uma pessoa na Páscoa. Assim, desejais que eu solte para vós 'o Rei dos Judeus'?". ⁴⁰Assim, eles bradaram de volta: "Não este sujeito, mas Barrabás". Mas Barrabás era um bandido.

At 3,14 [Pedro falando no recinto do Templo para os homens de Israel, tendo mencionado a decisão de Pilatos de soltar Jesus, diz:] "Mas vós negastes o santo e justo e solicitastes que um homem que era assassino vos fosse agraciado".

> * Nos mss. gregos koiné e em algumas versões (OL, Vulgata, Peshitta), há um v. 17 (ou no Códice de Beza, um versículo depois do 19) que é provavelmente adição de um copista para fazer Lucas corresponder a Marcos/Mateus: "Mas ele tinha a obrigação de soltar uma pessoa para eles em uma/na festa".

Comentário

Embora pela comodidade de obter unidades inteligíveis eu trate o episódio de Barrabás separadamente, só em João, com sua técnica de fora/dentro, este episódio parece ter existência própria. Entre os sinóticos, o relato de Marcos é fundamental. O relato mais longo de Mateus é, na maior parte, um fiel seguimento de Marcos,[1] com duas exceções. Mateus o interrompe no meio (Mt 27,19), para relatar um recado a Pilatos que se origina do sonho de sua mulher, recado que ressalta a inocência de Jesus, "esse homem justo". No final (Mt 27,21), Mateus tem uma pergunta endereçada por Pilatos às autoridades judaicas e ao povo judeu, que os força a expressar diretamente sua preferência por Barrabás sobre Jesus, o Messias, preferência que já foi indicada indiretamente. O contraste entre sua escolha e o conselho dado pela mulher de Pilatos intensifica a decisão injusta.

O relato de Lucas também é mais longo que o de Marcos, mas o que ele abrange é diferente. Se deixarmos de fora Lc 23,17 como glosa de um copista posterior, o que se refere a Barrabás em Lc 23,18-19 é uma importante condensação de Marcos. O costume de soltar um preso desapareceu, e Barrabás é identificado

---

[1] Mt 27,15-18 = Mc 15,6-10; Mt 27,20 = Mc 15,11.

apenas por reflexão tardia. O aspecto dominante é o prefácio (Lc 23,13-16) à escolha de Barrabás, que consiste em uma transição do interrogatório diante de Herodes (Lc 23,6-12 = § 33 acima). Esse prefácio transicional contém a reação de Pilatos à decisão de Herodes com ênfase na declaração de Pilatos (segunda de três) de que não encontra nada em Jesus que o faça culpado e, por isso, vai deixá-lo ir. Funcionalmente, então, Pilatos desempenha em Lucas o papel que a mulher de Pilatos tem em Mateus: proclamação gentia da inocência de Jesus, enquanto as autoridades judaicas e as multidões/o povo optam pela soltura do culpado Barrabás.

O relato de João é, de longe, o mais curto. Seu prefácio transicional (Jo 18,38b), embora muito mais curto que o de Lucas, também contém uma declaração de Pilatos (primeira de três) de que ele não encontra em absoluto nenhuma causa contra Jesus. O material de Barrabás é tão breve quanto o de Lucas, embora mencione o costume de soltar um preso; e, novamente, só no fim Barrabás é identificado, mas com força dramática. Vamos examinar esses relatos seção por seção (ver o esboço no Sumário do terceiro ato).

Os prefácios transicionais (Lc 23,13-16; Jo 18,38b)

Lc 23,13-16. Na sequência lucana, Jesus, vestido com uma veste esplêndida, acabou de ser mandado de volta a Pilatos por Herodes (Lc 23,11); e Pilatos faz essa a ocasião de convocar (para si mesmo: voz média de aoristo, BDF 316[1]) "os chefes dos sacerdotes e os governantes e o povo".[2] Os biblistas dão atenção minuciosa a detalhes deste versículo. O verbo *sygkalein* (convocar) encontra-se sete vezes em Lucas/Atos *versus* um único uso no resto do NT (em Mc 15,16: a coorte para o escárnio de Jesus). Em At 5,21, descreve a convocação do sinédrio. Foulon-Piganiol ("Rôle", p. 631) vê em *sygkalein* uma decisiva intervenção formal de Pilatos, no exercício de jurisdição. Bickermann ("Utilitas", p. 318) chamou a atenção para o fato de, nos papiros judiciais, os acusadores terem de esperar até serem convocados e às vezes o juiz poder convocar o público para proferir sentença. Entretanto, por si só, a convocação do povo não exige que se lhe dê uma função judicial, por exemplo, em 2Mc 15,31 as multidões são convocadas (*aygkalein*) para assistir a um bárbaro espetáculo.

---

[2] Jaubert (*Date*, p. 104-105, 112-115) quer colocar o interrogatório de Jesus na tarde de quinta-feira e essa convocação na manhã da sexta-feira, mas não há em Lc 23,13 nada que apoie isso.

Quanto aos convocados, Lc 23 introduz com crescente detalhe os adversários judeus de Jesus que estão diante de Pilatos. No início, Lc 23,1 fala de uma coletividade: "toda a aglomeração deles" (presumivelmente referindo-se a "a assembleia dos anciãos do povo, chefes dos sacerdotes e escribas" de Lc 22,66); então Lc 23,4 fala de dois grupos: "os chefes dos sacerdotes e as multidões". Agora Lc 23,13 tem três grupos: é inevitável que os chefes dos sacerdotes sejam os mais proeminentes, mas em seguida a eles aparecem "os governantes" (*archontes*), designação na NP característica de Lucas (a mesma dupla encontra-se em Lc 24,20). Como é explicado no APÊNDICE V, B6, lexicograficamente o plural de *archon* abrange uma ampla série de funcionários e homens de importância; mas, nas descrições em Lucas-Atos dos que se opõem a Jesus ou a seus seguidores, *archontes* é termo abrangente para todos ou parte dos chefes dos sacerdotes, os capitães do Templo, os anciãos e os escribas (ver At 3,17; 4,5-8; 13,27-29) — em suma, nesta sequência (a partir de Lc 22,66), membros do sinédrio.

Maior atenção tem sido concentrada no terceiro grupo mencionado em Lc 23,12, "o povo" (*laos*). Em uma direção, o Códice de Beza agrava a situação lendo "todo o povo", fazendo a cena lucana comparável a Mt 27,25, onde "todo o povo" responde: "Seu sangue sobre nós e sobre nossos filhos".[3] Na outra direção, alguns biblistas modernos ficam perplexos por Lucas mencionar "o povo" em Lc 23,13 em um contexto que o mostra hostil a Jesus, a saber, pondo-o entre os que vão bradar rejeitando-o em Lc 23,18. Exceto pelo uso citado em § 20, nota 4, em uma forte sequência de passagens (Lc 19,47-48; 20,6.19.45; 21,38; 22,2), Lucas mostra (todo) o povo favorável a Jesus, protegendo-o contra as autoridades; e, na crucificação, o povo não agirá com hostilidade (Lc 23,27.35; cf. 24,19-20). Rau ("Volk", p. 48) fica tão impressionado pela consistência lucana ao descrever o *laos* favoravelmente que emenda Lc 23,13 para ler: "os governantes *do* povo" (como em At 4,8), leitura que Winter (*On the Trial*, p. 141) defende como parte de seu esforço para mostrar que, no julgamento original de Jesus (mais bem preservado por Lucas), houve um mínimo de antijudaísmo. É uma pena que essa sugestão (que não tem apoio textual) precise ser rejeitada, pois Lucas não é tão consistente e, como os outros Evangelhos, ele descreve uma coletividade judaica oposta a Jesus. At 4,27 descreve "os povos

---

[3] Rice ("Role") lembra que isso é consistente com a tendência de aumentar o papel do povo judeu contra Jesus, por exemplo, incluindo-o na captura em Lc 22,52 ("aos *do povo* que eram chegados contra ele"), do mesmo modo que o Códice de Beza intensifica a hostilidade das autoridades judaicas.

de Israel" unidos aos gentios contra Jesus; e uma hostilidade semelhante para com Jesus é atribuída aos "homens de Israel" em At 2,22-23; 3,12-15, a "os judeus" em At 10,39 e aos hierosolimitas em At 13,27-28. "O povo" em Lc 23,13 é, com certeza, não muito diferente das "multidões" em Lc 23,4-5, que insistiram em acusar Jesus diante de Pilatos.[4] "O povo tornou-se parte de "toda a aglomeração deles" que está envolvida desde Lc 23,1.[5] Mas se "o povo" equivale a "a aglomeração" ou "as multidões", como afirmo, por que Lucas mudou para esse termo aqui? Não se deve desprezar o desejo estilístico de variar o vocabulário, mas é mais provável que Lucas quisesse "o povo" presente para ouvir Pilatos no versículo seguinte recordar a acusação, feita contra Jesus, de que ele induziu em erro *o povo*. A rejeição dessa acusação por Pilatos será testemunhada não só pelas autoridades, mas também pelos que supostamente foram desencaminhados.

Em Lc 23,14, encontramos muito vocabulário lucano: *eipen pros* para "disse a" (ver Lc 23,4); *kai idou*, "e vede" (26 vezes em Lucas; não em Marcos, mas em um dito de Q: Fitzmyer, *Luke*, v. 1, p. 121); *enopion (hymon)*, "em (vossa) presença" (equivalente na LXX a uma preposição, usada cerca de 35 vezes em Lucas-Atos, uma vez nos outros Evangelhos); e *apostrephein* ("induzir em erro"), que é apenas uma variante de *diastrephein* ("desencaminhar") em Lc 23,2 e *anaseiein* ("instigar") em Lc 23,5. "Tendo investigado" é o verbo *anakrinein*, do qual se origina o substantivo *anakrisis*, examinado em § 33 acima como descrição legal de parte do processo romano. Mencionamos paralelos nos julgamentos de Paulo em Atos: o procurador Félix "investiga" Paulo em At 24,8, enquanto em At 25,26 o procurador Festo fala da "investigação" de Paulo que ele e Agripa II estão fazendo.

O tom oficial das palavras introdutórias de Pilatos em Lc 23,14, que repete a acusação e insiste que ele fizera uma investigação pública, dá solenidade a seu julgamento. Em Lc 23,4, Pilatos já disse: "Não acho nada criminoso neste homem"; mas foi depois de apenas uma pergunta, e era inevitável que os acusadores judaicos protestassem que Pilatos não levara suficientemente a sério a acusação que eles reiteraram em Lc 23,5. Agora ele fez uma investigação completa e seu julgamento é idêntico: "não encontrei nada neste homem [...] culpado". Na verdade, Pilatos

---

[4] Ver a equivalência de *laos* e *ochlos* em Lc 22,2 e 6; também Tyson, *Death*, p. 32, 35.
[5] A meu ver, essa prova refuta a tese de Cassidy ("Luke's", p. 151), que sugere que Pilatos trouxe o povo para deter o ímpeto dos chefes dos sacerdotes contra Jesus.

afirma que o "inocente" se refere especificamente ao que eles tinham acusado contra Jesus. Eles já não podem dizer que Pilatos ignorou suas acusações.

Então, em Lc 23,15, Pilatos indica que a investigação de Herodes chegou ao mesmo resultado. Muitos intérpretes, antigos e modernos, acharam esse relato a respeito de Herodes uma surpresa, tendo em conta que Jesus não demonstrou nenhum respeito por ele e que Herodes escarnecera de Jesus — ainda mais surpreendente se eles compreenderam mal o ato de Herodes vestir Jesus com uma veste esplêndida como escárnio continuado em vez de declaração de inocência. As possibilidades de confusão aumentam com o elíptico *alla oude Herodes* (literalmente "Entretanto não Herodes") de Lucas. Na interpretação de Harlow (*Destroyer*), isso significa que Herodes não concordou com Pilatos a respeito da inocência de Jesus; do contrário, ele não mandaria Jesus de volta para outro julgamento. Tal interpretação, entretanto, supõe Pilatos ilógico: por que ele enfraqueceria a própria posição, citando o julgamento por Herodes, se era contraditório, e, assim, daria aos adversários judaicos de Jesus um argumento contra uma decisão de inocência? Ao contrário, o grego significa: "Nem Herodes (achou-o culpado)", onde a lógica de *alla* ("Entretanto") é contra a insistência implícita dos adversários judaicos de Jesus quanto a ele ser culpado.[6]

A confusão a respeito de como interpretar a atitude de Pilatos para com Herodes é visível em leituras alternativas da segunda frase de Lc 23,15. A primeira e mais bem atestada (Códices Vaticano e Sinaítico, P[75], Copta) é para "pois ele mandou-o de volta a nós", isto é, Herodes mandou Jesus de volta a Pilatos e aos acusadores judaicos.[7] Os acusadores estão incluídos porque tinham ido a Herodes (Lc 23,10). Uma alternativa secundária (família 13, alguns mss. da Vulgata e siríacos) é "ele mandou-o de volta a vós", pela qual Verrall ("Christ", p. 351) e outros optam por entender que ela significa que Herodes mandou Jesus de volta a seus acusadores judaicos, e que ele se recusou a levar a julgamento a queixa deles. (Presume que Pilatos tinha passado a Herodes a jurisdição completa.) Na direção

---

[6] Ver ZAGNT, v. 1, p. 276 ("Herodes também não") e BAGD 38³ (explicando que o uso indica "que o que precede deve ser considerado assunto resolvido").

[7] O "nós" não é um plural régio, como se Jesus fosse mandado de volta só a Pilatos, pois nesta passagem Pilatos fala como "eu", não como "nós". Uma alternativa proeminente (tradição *koiné*, Códices Alexandrino, de Beza, muitos testemunhos latinos) é: "eu vos mandei a ele", isto é, Pilatos mandou os chefes dos sacerdotes e escribas a Herodes (mas não há nenhuma referência a mandá-los em Lc 23,7.10). Uma terceira interpretação (minúsculos; ver MTC, p. 179) é "eu mandei-o [Herodes] a vós".

oposta, Harlow (*Destroyer*, p. 225) argumenta que o ato de Herodes mandar Jesus de volta representa o desejo de que Jesus fosse levado a julgamento; com efeito, se julgasse Jesus inocente, Herodes o teria mantido sob sua proteção. Ainda outra alternativa implícita é a teoria de Bornhäuser ("Beteiligung", p. 715), segundo a qual, em Lc 23,11, Herodes não *mandou* Jesus a Pilatos, mas *foi* com Jesus a Pilatos (supondo um uso neotestamentário não atestado de *anapempein* como intransitivo) — contudo, se Herodes estava presente, por que Pilatos teria de falar por ele? A interpretação mais bem atestada, explicada acima em primeiro lugar, é a mais persuasiva.

A última parte de Lc 23,15 ("nada merecedor de morte") reforça o julgamento de Pilatos em Lc 23,14, que chega à conclusão de que Jesus não é culpado da acusação.[8] Esse reforço faz com que seja ainda mais surpreendente a oferta de meio-termo de Pilatos para castigar Jesus antes de soltá-lo. *Paideuein* significa "disciplinar, castigar, dar uma lição"; em 1Rs 12,11.14, Roboão fala de castigar e menciona vários tipos de chicotes. Aqui, muitos biblistas presumem que o castigo deva ser por chicotadas, embora nenhum desses instrumentos seja especificado. Não é a flagelação (*phragelloun* = latim *flagellare*) da qual falam Mc 15,15; Mt 27,26 e que era parte da sentença de crucificação. Lucas se refere a uma pequena surra, que seria a penalidade toda.[9] Isso se aproxima de uma forma de apelo-regateio em busca de sentença menor. Diversos fatores são dignos de nota. Lucas conhecia o relato de Marcos onde Jesus é flagelado pelos romanos; ele atenua a situação para uma oferta por Pilatos (aparentemente não levada a cabo) de chicotadas. Insistir que a oferta absolve Pilatos leva a se enfrentar a objeção de que, depois de dizer duas vezes que Jesus não é culpado, Pilatos está disposto a castigá-lo — certamente uma imagem nada nobre da justiça. O Pilatos que surge, embora não malévolo, quer aplacar "os chefes dos sacerdotes e os governantes e o povo". De modo geral, entretanto, para os leitores, a maior importância deste prefácio, que Lucas coloca antes da menção a Barrabás, não é a fraqueza de Pilatos, mas seu testemunho (e de Herodes) da inocência de Jesus.

---

[8] Contém outro *kai idou* e no "feito por ele", um dativo de ação extremamente raro, se não único (BDF 191; ZBG, p. 59).

[9] Ver a distinção entre castigos por açoites em § 35. Hengel (*Crucifixion*, p. 34) menciona uma inscrição de Mira em Lícia no tempo de Cláudio (41-54 d.C.), onde um legado imperial manda açoitar um escravo com a advertência de que outra ofensa traria mais castigo (crucifixão?). Ver também o exemplo de G. Septímio Végeto no Egito (§ 34 C adiante).

Jo 18,38b. A transição muito mais breve para o episódio de Barrabás em João requer poucos comentários. Por ter sido desafiado a ouvir a voz de Jesus e, assim, mostrar que ele é da verdade, de certo modo Pilatos foge da presença judicial de Jesus quando, depois de sua pergunta ("O que é a verdade?"), vai para fora até "os judeus". Estando entre dois fogos, ele não está disposto a dar a Jesus a oportunidade que a verdade exige; mas, como demonstra agora, também não está disposto a dar a "os judeus" o que eles exigem. Ao contrário do lucano, o Pilatos joanino não tem de convocar os adversários de Jesus; "os judeus" (isto é, "a nação e os chefes dos sacerdotes", de Jo 18,35) já estão reunidos do lado de fora. A declaração de Pilatos "Não encontro nenhuma causa em absoluto contra ele", com *heuriskein* ("encontrar") e *oudemian aitian* ("nenhuma causa [culpada]: substantivo *aitia*), está muito perto do grego de Lc 23,14, que tem *heuriskein* e *outhen aition* ("nada culpado": adjetivo *aitios*). Já mencionei uma tradição de três negações de culpa com redação parecida à qual Lucas e João recorreram de forma independente.

O costume de soltar um prisioneiro por ocasião da festa (Mc 15,6; Mt 27,15; Jo 18,39a)

Se o Pilatos lucano convoca os chefes dos sacerdotes, os governantes e o povo, e o Pilatos joanino vai para fora do pretório para falar com "os judeus" já reunidos em Mc 15,8, a multidão agora sobe para acrescentar sua presença ao sinédrio inteiro (Mc 15,1) diante de Pilatos.[10] Mt 27,17, com o uso reflexivo da voz passiva de *synagein*, traz "quando eles se tinham reunido", sem especificar o "eles" — o pronome incluiria "todos os chefes dos sacerdotes e os anciãos do povo" de Mt 27,1.12, bem como "a(s) multidão(ões)" de Mt 27,15.20. O *synagein* de Mateus dá um tom mais oficial às pessoas presentes que o *anabas* de Marcos ("tendo subido"); mas, para este último, há uma interessante alternativa na tradição *koiné* e no OS[sin]: *anaboesas* ("tendo gritado/bradado"), relacionado com *epiboesis* ("aclamação"). Collin (*Villes*, p. 14) aceita essa interpretação como parte de sua tese de que o veredicto no julgamento romano foi por aclamação da multidão/do povo (§ 31, D3c); copistas teriam entendido mal essa forma verbal rara e a substituíram por *anabas*. Entretanto, o "reunido" de Mateus significa que ele leu um verbo de movimento em Marcos, não um verbo de convocação. É provável que a mudança do copista

---

[10] Verbos de "ir para cima" ou "vir para cima", isto é, "subir", são idiomáticos para uma viagem a Jerusalém, mas há quem tenha usado a expressão aqui para localizar o pretório no palácio de Herodes no topo da colina ocidental da cidade; ver § 31 C.

§ 34. O julgamento romano, terceira parte: Barrabás

tenha sido na outra direção, isto é, eliminou "tendo subido" porque contradizia a imagem de Lucas e João onde os envolvidos já estavam presentes.

Marcos explicitamente e Mateus implicitamente dão como propósito da subida ou reunião da(s) multidão(ões) diante de Pilatos o costume de soltar um prisioneiro em uma/na festa. Jo 18,39a também menciona o costume. Mas, antes de estudarmos esse costume, quero mencionar que Lc 23,17, que se refere a ele, está ausente dos melhores testemunhos textuais de Lucas (P^{75}, Códices Vaticano, Alexandrino, Saídico). Alguns biblistas para os quais o costume mencionado em Mc 15,6-8 é adição secundária de Marcos a uma tradição original que não a continha (Dibelius, "Herodes") avaliam que Lc 23 sem o v. 17 está mais próximo dessa tradição original. Outros duvidam que Lucas tenha tido acesso especial a essa tradição original e explicam seu texto (sem o v. 17) como redução deliberada de Marcos para facilitar a narrativa. A abordagem oposta é afirmar que Lc 23,17 ("Mas ele tinha a obrigação de *soltar uma* pessoa *para eles em uma/na festa*") foi originalmente escrito por Lucas (apesar de sua atestação *koiné* mais fraca)[11] e foi omitido por erro de um copista quando seu olhar passou de *anagken de*, que começou o v. 17, para o *anekragon de*, que inicia o v. 18. Para a tese mais comum de que o v. 17 é inserção de um copista em imitação de Marcos e Mateus (porque todas as palavras que grifei estão nesses dois Evangelhos), levanta-se a objeção de que nenhum deles fala de uma "obrigação" (*anagke*), coisa que um copista imitador não teria introduzido. Reconhecendo a dificuldade de resolver o problema, embora eu siga a opinião da maioria, de que Lc 23,17 é acréscimo de um copista, não vou especular sobre a razão de Lucas omitir toda referência ao costume. Seu silêncio não pode ser usado com segurança como argumento de que ele achava o costume inacreditável (ver § 34 C).

Nos três Evangelhos que mencionam o costume de soltar, há uma combinação de concordâncias e discordâncias. João liga o costume especificamente à Páscoa, mas Marcos/Mateus (e Lc 23,17) usam *kata heorten* anartricamente, o que poderia significar "em uma festa" (todas ou qualquer uma: *kata* como distributivo). Entretanto, a mesma expressão em Josefo (*Guerra* I,xi,6; #229) significa

---

[11] G. D. Kilpatrick, em H. W. Anderson & W. Barclay, orgs., *The New Testament in Historical and Contemporary Perspective*, Oxford, Blackwell, 1965. (Honor of G. H. C. Macgregor). As páginas 189-205, especialmente 195, tratam o v. 17 à luz de uma tese segundo a qual, às vezes, o *koiné* ou *Textus Receptus* deve ser preferido à tradição alexandrina representada por P^{77} e o Códice Vaticano.

"na festa".¹² Ora, no último exemplo de *heorte* ("festa") em todos os sinóticos (Mc 14,1-2; Mt 26,2.5; Lc 22,1), a referência é à Páscoa. Assim, parece provável que Marcos/Mateus se refiram à ocorrência anual *da* festa, isto é, a Páscoa, e assim, implicitamente concordem com João. Entretanto, nenhum evangelista coloca a soltura necessariamente no próprio dia da Páscoa.

Para descrever o caráter habitual do costume, Mc 15,6 emprega o imperfeito de *apolyein* ("costumava soltar"); e em Mc 15,8, a alternativa do ms. *koiné* traz: "como ele *sempre* costumava fazer para eles". Mt 27,15 usa o verbo *eiothein* ("estava acostumado"); Jo 18,39a tem o substantivo *synetheia* ("costume"). O dúbio Lc 23,17 endurece-o para uma obrigação. Marcos (juntamente com Lc 23,17) indica que este é um costume de Pilatos. Ao falar de modo mais geral do "governador", Mt 27,15 não descreve necessariamente o costume de todos os governadores, pois ele identifica Pilatos como governador em Mt 27,2 e Mt 27,13-14. Por outro lado, o "Vós tendes um costume" em Jo 18,39a faz dele um costume de "os judeus". Todos os Evangelhos concordam que o conteúdo do costume é soltar uma pessoa ou prisioneiro — alguém que eles solicitassem (Marcos: *paraiteisthai*), ou quisessem (Mt: *thelein*),¹³ ou desejassem (João: *boulein*).

A soltura é "para vós" (= por causa de vós) em Marcos/Mateus e em João.¹⁴ A multidão constituída pelo populacho judaico ou de Jerusalém é o principal agente na escolha de quem será solto. Em João (e em Lc 23,17), os chefes dos sacerdotes fazem parte do grupo que escolhe, ao passo que, em Marcos/Mateus, eles têm de influenciar a(s) multidão(ões).

À guisa de resumo, então, os Evangelhos concordam em relação a um costume festivo ligado à Páscoa (explicitamente em João, implicitamente em Marcos/Mateus), pelo qual era solto um prisioneiro que as multidões judaicas escolhessem. A principal discordância é se era um costume do governador Pilatos ou um costume judaico reconhecido por Pilatos.

---

¹² O Códice de Beza de Mc 15,6 e Mt 25,15 lê o artigo.

¹³ O *paraiteisthai* de Marcos tem um tom jurídico (ver At 25,11). É provável que Mateus o tenha mudado para *thelein* para concordar com o uso desse verbo dois versículos adiante em Mc 15,9 e também em Mt 27,17, no "Quereis?" de Pilatos (ver também Mt 27,21, de modo que Mateus tem um vocabulário consistente por completo). A sequência marcana de *paraiteisthai* em Mc 15,6, seguida por *thelein*, em Mc 15,9, lembra uma sequência em Mc 6,22.

¹⁴ Essa frase falta no uso que Taciano faz de Jo 18,39a e aparece como genitivo em alguns testemunhos textuais secundários.

A identidade de Barrabás (Mc 15,7; Mt 27,16; Lc 23,19; Jo 18,40b)

Todos os Evangelhos concordam que os romanos tinham sob custódia[15] um prisioneiro chamado Barrabás. (As palavras para "prisioneiro" e "aprisionado" em Mc 15,6-7 relacionam-se com o verbo usado para Jesus sendo "amarrado" [*deein*] em Mc 15,1 — vocabulário que cria uma atmosfera onde "soltar" [*apolyein*: Mc 15,6.9.11.14] é muito importante.) O grego perifrástico marcano em Mc 15,7 é um tanto desajeitado, literalmente: "Mas havia aquele chamado/dito ser Barrabás com os desordeiros aprisionados".[16] Gnilka (*Markus*, v. 2, p. 301) menciona a possibilidade de, caso Barrabás signifique "filho do Pai" (ver ANÁLISE), Marcos querer dizer "aquele pretenso Barrabás", com a ideia de que Jesus de Nazaré é verdadeiramente "o filho do Pai". Pesch (*Markus*, v. 2, p. 463) tem outra possibilidade: aquele *designado* (para soltura) era Barrabás. Talvez seja melhor interpretar que Marcos se refere a alguém chamado Barrabás. Não nos é dito se, tendo sido preso, Barrabás já fora julgado e até condenado (ver as duas situações legais diferentes em Mt 5,25 e 14,3).

Não há perfeita uniformidade entre os Evangelhos quanto ao motivo de Barrabás ter sido preso. João refere-se simplesmente a ele como um *lestes* (§ 31, A2e), um dos violentos homens sem lei, quase sempre bandidos, que Josefo descreve na Palestina no século do reinado de Herodes, o Grande, até a Revolta Judaica. Nenhum outro Evangelho usa esse termo para ele, embora o que eles descrevem a respeito dele seja consistente com essa descrição. Mc 15,27 e Mt 27,38.44 descrevem Jesus crucificado entre dois *lestai* (plural de *lestes*); assim, os evangelistas têm a mesma perspectiva geral a respeito do aprisionamento de *lestai* na ocasião da prisão e execução de Jesus, embora nenhum evangelista ligue explicitamente Barrabás, que foi solto, com os dois outros, que foram crucificados. Talvez Marcos faça preparativos para esses últimos quando fala de outros desordeiros aprisionados com Barrabás (ou, na tradição *koiné*, "codesordeiros" [*systasiastes*]). Marcos e Lucas associam a prisão de Barrabás com uma *stasis* ("insurreição, tumulto, desordem"). Marcos também usa o termo *stasiastes* ("desordeiro"), empregado por Josefo (*Ant.*

---

[15] Na verdade, gramaticalmente, o "eles" mateano em "eles tinham um notório prisioneiro" (Mt 27,16) deveria referir-se à multidão — "eles quisessem", no final do v. 15 —, mas logicamente deve referir-se aos romanos controlados pelo governador. Mateus escreve sem cuidado ou a ambiguidade tem o propósito de preparar-nos para o papel negativo da multidão?

[16] Veremos que alguns mss. de Mateus têm o nome próprio "Jesus" antes de "Barrabás"; e há quem pense que o texto marcano usado por Mateus tinha esse nome ("Mas havia Jesus chamado Barrabás") — suposição que os indícios dos mss. marcanos não apoiam. Ver nota 23 a seguir.

XIV,i,3; #8; *Guerra* VI,ii,8; #157) para descrever desde um arruaceiro até um rebelde. Lucas especifica que a *stasis* teve lugar em Jerusalém. O texto não exige que pensemos em uma revolução muito difundida (coisa não atestada no tempo de Jesus); uma desordem local pode ser tudo que Marcos e Lucas tinham em mente. (Ver em § 33, sob "Jesus é enviado de volta a Pilatos [Lc 23,11-12]", tumultos durante festas.) Marcos prefacia *stasis* com o artigo definido, como se fosse um evento bem conhecido, mas talvez apenas para os cristãos, porque tradicionalmente fazia parte do contexto da Paixão de Jesus. Marcos e Lucas indicam que mortes (*phonos*, "homicídio") tinham marcado a desordem; mas nenhum sugere que soldados romanos fossem as vítimas, como alguns biblistas supõem na tentativa de fazer dessa uma insurreição importante.

Quanto a Barrabás, embora Marcos não especifique que ele tomou parte na desordem ou cometeu homicídios,[17] o propósito marcano na cena é pôr em contraste a soltura de um desordeiro culpado e a crucificação de um inocente dessa ofensa política. Lucas entendeu isso, pois explica o envolvimento de Barrabás em três passagens. Em Lc 23,19, ele apresenta Barrabás "que[18] era alguém atirado à prisão por causa de certo tumulto que tinha tido lugar na cidade e (por causa de) homicídio". Em Lc 23,25, Lucas escreve que Pilatos "soltou aquele que tinha sido atirado à prisão por desordem e homicídio". Em At 3,14, ele chama claramente Barrabás de "um homem que era assassino". Talvez, independentemente de Marcos, a designação joanina de Barrabás como *lestes* mostre que, na tradição, Barrabás não era nenhum inocente. (Contudo, a escolha joanina da designação talvez reflita mais que violência. Em Jo 10,1-2, ele comparou Jesus, o [bom] pastor das ovelhas, com todos os outros que eram apenas *lestai*. Agora, "os judeus" preferem um *lestes* a Jesus!)

É interessante notar que Mateus não repete a referência marcana a uma desordem, talvez como reflexo de uma sensibilidade pós-Revolta Judaica, por conta da qual a memória de Jesus não devia ser associada nem mesmo indiretamente com distúrbios políticos. Mas Mateus descreve realmente Barrabás como "notório" ou

---

[17] A. Menzies força o silêncio de Marcos ao conjeturar que Barrabás era um inocente espectador preso por engano durante a desordem (*The Earliest Gospel*, London, Macmillan, 1901, p. 273). A imaginação na direção oposta é exemplificada por Isorni (*Vrai*, p. 96-104), que nos diz que Barrabás matara um soldado romano. Ao preferi-lo a Jesus, o populacho preferiu um lutador pela liberdade que resistiu a um aparente colaboracionista que os incentivara a pagar impostos romanos!

[18] *Hostis*, em lugar do relativo simples, como outras trinta vezes em Lucas-Atos.

"notável" (*episemos*).[19] O fato de na tradição ter sido preservado o nome Barrabás, enquanto os nomes dos *lestai* crucificados não o foram, poderia facilmente ter levado à conclusão de que ele era o mais famoso dos arruaceiros na ocasião da morte de Jesus e, na verdade, o cabeça. Na nova redação dada à narrativa evangélica por Bajsic e Soltero, na qual Pilatos está primordialmente interessado em executar Barrabás, o fato de Mateus chamá-lo de "notório" é indício importante.

"Barrabás" é patronímico, isto é, nome paterno usado para fazer distinção entre homens que têm os mesmos nomes próprios. Por exemplo, entre os muitos homens chamados Jesus na Palestina do século I (Josefo menciona cerca de uma dúzia), o de maior interesse para nós se distinguia como Jesus de/originário de Nazaré, e se houvesse diversos homens chamados Jesus em Nazaré, ele seria também identificado como Jesus *Barioseph* ("filho de José": Jo 1,45; 6,42). Não é raro o patronímico ser usado em uma descrição – por exemplo, uma inscrição Bar-Rekub do século VIII a.C., e no NT, Bartolomeu e Bartimeu. Mais usual é a combinação de um nome próprio com o patronímico: Simão Bar Jonas (Mt 16,17); José Barnabé (At 4,36); João e Tiago, filhos de Zebedeu (Mc 1,19).

Qual era o nome próprio de Barrabás? Testemunhos textuais menores de Mateus leem no v. 16, no v. 17, ou em ambos, "*Jesus* Barrabás".[20] É o nome Jesus a leitura original em um e outro versículo mateano? Os que respondem negativamente (outrora a maioria) indicam a tendência de gerações mais tardias a providenciar nomes para os que o NT deixou sem nome (ver § 34, sob "O recado da mulher de Pilatos [Mt 27,19]"; § 40, #7; § 44). Além disso, o padrão nítido no v. 17 ("Jesus Barrabás ou Jesus que é chamado Messias") pode refletir o toque dramático de um copista para ressaltar o paralelismo das duas pessoas que Pilatos confrontava. Os que respondem afirmativamente lembram que, em contraste com Marcos, nomes são às vezes acrescentados ou mudados em Mateus (Mt 9,9: "Mateus"; Mt 26,3.57: "Caifás").

---

[19] Este termo é usado por Josefo (*Guerra* II,xxi,1; #585) para descrever o líder bandido João Giscala. No mesmo estilo, alguns testemunhos textuais secundários de Jo 18,40b leem *archilestes* ou chefe dos *lestai*. Davis ("Origen's", p. 66) descreve Barrabás como um pseudomessias que chefiava um bando de soldados.

[20] Esses testemunhos incluem o Códice Koridethi, a família Lake de minúsculos, OS[sin], ao lado de outros Códices que manifestam variações que subentendem estarem os escribas que os escreveram cientes da leitura "Jesus".

Contudo, se o nome Jesus aparecia realmente no texto original de Mateus, por que escribas mais tardios o omitiram, fazendo com que ele ficasse ausente de muitos mss. importantes? Pelo menos no caso do v. 17, tem sido proposta a haplografia (Streeter, Metzger): a saber, a omissão de *in* (abreviação de *Iesoun*, "Jesus") seguindo a última sílaba de *hymin*. Mais comum é a sugestão de que o julgamento teológico causou a excisão deliberada. C. 250 d.C. – assim, antes de todas as cópias de Mateus preservadas –, Orígenes (*Comentário a Mateus* 27,16-18; #121; GCS 38, p. 255-256) argumentou defensivamente: "Em muitas cópias, *não* está enunciado que Barrabás também se chamava Jesus". Ele insistiu que não é apropriado ser o nome de Jesus dado a uma pessoa iníqua; e como a nenhum pecador jamais é dado o nome de Jesus em outras passagens das Escrituras, Orígenes achava que o nome podia ter sido acrescentado ao texto mateano por hereges. A autoridade e a atitude de Orígenes tornam improvável que escribas cristãos de séculos posteriores tivessem acrescentado "Jesus" ao nome de Barrabás em mss. mateanos que não o continham. Na verdade, eles teriam sido incentivados a apagá-lo como irreverência onde ele já aparecia.[21] Contudo, agora muitos biblistas defendem a originalidade da leitura "Jesus Barrabás" em Mateus;[22] na verdade, muitos ultrapassam a questão textual para afirmar que essa leitura representa uma tradição histórica que falta em Marcos.[23]

O que significa "Barrabás"? Uma explicação diz que reflete Bar-Rabban (leitura refletida na grafia "rr" encontrada em alguns mss.). "Rabban" era título honorífico para um mestre ou chefe do sinédrio, baseado em "rabi". A obra medieval *Epístola de Sherira Gaon* afirmava que a primeira pessoa a ostentar o título "rabban" foi Gamaliel, no final do século I d.C.; entretanto, o título foi, com maior frequência, aplicado a Rabi Judá ha-Nasi um século mais tarde. Nesse mesmo espírito, há quem entenda que "Barrabás" significa "filho do mestre [eminente]", ou mesmo simplesmente "mestre" (com a analogia de que "filho do homem" significa

---

[21] Do mesmo modo, Efraim e a Peshitta omitem "Bar-Jesus" como nome do mago em At 13,6 e preferem "Bar-Shema" ("Filho do Nome").

[22] Allen, Bertram, Burkitt, Couchoud, Gaechter, Goguel, Grundmann, Klostermann, Lohmeyer, MacNeile, Maccoby, Moffatt, Rigg, Streeter, Trilling, Vaganay, Zahn, mais a NEB e a maior parte da comissão UBSGNT.

[23] Alguns, como Taylor e Vincent, afirmam que, embora nenhum ms. de Marcos tenha "Jesus", o grego marcano fica forçado sem ele e, assim, originalmente havia um nome próprio também em Marcos antes de *ho legomenos Barabbas* em Mc 15,7, na analogia de Mt 1,16; 4,18; 10,2; 27,22.

"homem").²⁴ Outra alternativa é a sugestão de que, no século II, *berabbî* significava "ligado ao rabi". Em um ms. uncial neotestamentário (S) do século X, e em cerca de vinte mss. minúsculos, aparece um comentário marginal: "Em muitas cópias antigas com as quais lidei, vi que o próprio Barrabás era também chamado Jesus [...] aparentemente o nome paterno do ladrão era 'Barrabás', que é interpretado como 'filho do mestre'".²⁵ De modo geral, a interpretação rabban/mestre de "Barrabás" não é realmente provável por causa da falta de provas de que esse título estava em uso no início do século I, porque a ortografia mais bem atestada tem um "r" e também porque seria de se esperar que um patronímico contivesse um nome próprio e "rabban" não o é.

Uma interpretação mais plausível relaciona "Barrabás" a "Bar-Abba" ("filho de [uma pessoa chamada] Abba"). "Abba" aparece com frequência como nome próprio na seção de Gemara do Talmude (c. 200-400 d.C.). Em TalBab *Berakoth* 18b, encontramos: "'Procuro Abba'. Eles lhe disseram: 'Há muitos Abbas aqui'. Ele disse: 'Eu quero Abba bar Abba'. Eles disseram: 'Há diversos Abbas bar Abba aqui'. Ele então lhes disse: 'Eu quero Abba bar Abba, pai de Samuel'." No mesmo TalBab, o único exemplo de "bar Abba" como nome próprio aplicado a alguém do período tanaíta antes de 200 d.C. é Rabi Hiyya bar Abba (*Berakoth* 48A,B). Contudo, "Abba" agora apareceu como nome em um sepultamento anterior a 70 d.C. em Giv'at ha-Mivtar (E. S. Rosenthal, IEJ 23, 1973, p. 72-81). O aramaico *'abba'* significa, evidentemente, "pai", e os autores neotestamentários estavam cientes disso, por causa do uso associado a Jesus (ver Mc 14,36). Assim, alguns biblistas acham que "Barrabás" não continha nome próprio, mas significava "filho do pai". Ver ANÁLISE abaixo.

Oferta de soltura por Pilatos (Mc 15,8-10; Mt 27,17-18; Jo 18,39b)

Em Marcos, a iniciativa que traz ao julgamento de Jesus o costume de soltar um prisioneiro parte da multidão que subiu exatamente com o propósito de fazer

---

[24] W. Brandt (§ 24 A acima) sugere romanticamente que ele era filho de um advogado famoso e que a argumentação do pai provocou a exigência popular para que fosse solto (Merkel, "Begnadigung", p. 300).

[25] Este escólio é atribuído variadamente a Anastácio (bispo de Antioquia, fim do século VI) ou a Crisóstomo, ou a Orígenes (MTC, p. 67). Jerônimo (*In Matt.* 27,16-17; CC 77,265) relata que o *Evangelho segundo os Hebreus* (= nazoreus) interpretou Barrabás como "filho do mestre deles" (também CC 72,135). Entretanto, é preciso lembrar que essa interpretação patrística representa conhecimento por cristãos de séculos posteriores de que "rabban" se tornara título rabínico.

um pedido.[26] Em Lc 23,18 (sem qualquer referência a um privilégio festivo), as autoridades judaicas e o povo que Pilatos convocou mostram iniciativa e respondem à oferta de Pilatos para soltar Jesus (Lc 23,16) com a exigência de que seja solto um substituto. Em Mateus e João (uma concordância incomum), a iniciativa para uma soltura correspondente ao costume parte de Pilatos. Em João, isso faz sentido pelo fato de que Pilatos não encontra nenhuma causa contra Jesus e procura um meio para soltá-lo. Em Mateus, faz sentido porque o costume é do governador. Como ouvimos que ele ficou admirado (Mt 27,14), devemos supor que sua oferta é uma tentativa de reduzir sua perplexidade.

Ao examinar melhor cada uma das passagens, descobrimos algumas obscuridades. Mc 15,8 não deixa claro se os que constituem a multidão que sobe já têm um candidato para soltura, mas, no que se segue, ninguém tem de lhes explicar quem Barrabás é. Usando o imperfeito como em Mc 15,6, a construção verbal de Marcos é canhestra: "solicitar como ele costumava fazer para eles". É de se presumir que isso seja uma elipse de "solicitar (que ele fizesse) como costumava fazer para eles", embora haja quem recorra a um suposto original aramaico.[27] O "ele" de Mc 15,8 também é canhestro, pois o antecedente lógico não é "Barrabás" de Mc 15,7, mas o "ele" (Pilatos) de Mc 15,6. BAA 92[1] menciona que muitas vezes o semítico não é específico a respeito do sujeito impessoal, de modo que, na tradução grega, o efeito pode ser: "solicitar exatamente como *se* estava acostumado a fazer".

Mt 27,17 é menos canhestro que Marcos; contudo, de modo não gramatical o antecedente de "eles" que se tinham reunido não é o "eles" de Mt 27,16 (implicitamente os romanos), mas a multidão de Mt 27,15. A sequência de Jo 18,39b é mais homogênea, pois o "vós" para quem a soltura será feita são "os judeus" do versículo precedente. Embora em Lucas e João os envolvidos na escolha já sejam hostis a Jesus, parece que a multidão de Marcos/Mateus se reuniu recentemente e ainda não é entusiasta, pois, depois de Pilatos falar, os chefes dos sacerdotes terão de persuadi-la a decidir contra Jesus. Os pregadores às vezes ignoram a precisão do texto para descrever uma multidão entusiasticamente a favor de Jesus por ocasião de sua entrada em Jerusalém uma semana antes, mas que agora se volta contra ele (por exemplo, Mode, "Passionsweg"). De fato, "multidão" não aparece no relato

---

[26] O "começou a solicitar" (*archesthai* ajudando um infinitivo) é estilo marcano típico; ver Mc 14,33.65.69.71.
[27] Herranz Marco, "Problema", p. 150; G. M. Lee, NovT 20, 1978, p. 74. A tradição textual *koiné* lê o advérbio "usualmente, sempre" antes do imperfeito, ressaltando desse modo a noção de costume.

marcano da entrada em Jerusalém (comparar Mt 21,8-9) e os leitores marcanos não teriam razão para identificar a multidão que sobe com nada que se passou antes, nem mesmo com a multidão que veio ao Getsêmani para prender Jesus (Mc 14,43; Mt 26,47.55).

A pergunta que o Pilatos marcano faz à multidão em Mc 15,9 é quase equivalente a uma condição: "Se quiserdes, soltarei para vós 'o Rei dos Judeus'" (assim Pesch, *Markus*, v. 2, p. 464). Marcos e João usam esse título; e eu o coloco entre aspas não porque o uso é sarcástico, como seria "vosso rei", mas porque é a designação que tem sido o problema em todo o julgamento romano. Parece que o Pilatos marcano não sabe mais nada a respeito de Jesus. O Pilatos joanino já sabe que Jesus não tem ambições políticas; mas, ao tentar se sair bem com "os judeus", Pilatos emprega o título que eles forneceram. Em Mt 27,17, Pilatos emprega a designação "Messias" (*Christos*), que até então não fora mencionada no julgamento romano, mas foi fundamental no julgamento anterior pelo sinédrio (Mt 26,63). É evidente que o Pilatos mateano percebe o problema religioso que está por trás do título político "o Rei dos Judeus". Além disso, Mateus alcança um contraste dramático que falta nos outros Evangelhos, ao fazer Pilatos mencionar as duas pessoas, "Barrabás", que é um notório prisioneiro, e "Jesus que é chamado Messias" — contraste realçado se os dois homens se chamavam Jesus.[28]

Mc 15,10 e Mt 27,18 dão agora o passo importante de revelar aos leitores o pensamento de Pilatos (Lucas e João fazem isso com as declarações de inocência). A razão de Pilatos incluir Jesus na soltura é que ele sabe por que Jesus foi entregue, conhecimento que se reflete no caráter dos que fizeram isso. Marcos usa o imperfeito de *ginoskein* como se Pilatos tivesse o conhecimento já havia algum tempo; Mateus usa *edein*; mas nenhum dos dois deixa claro se esse conhecimento se origina de uma convivência pessoal com o caráter dos chefes dos sacerdotes ou do conhecimento de alguma coisa a respeito de Jesus antes que eles o prendessem. A declaração marcana de que os chefes dos sacerdotes entregaram Jesus por inveja/zelo dá a impressão de que Pilatos espera maior sinceridade da multidão na

---

[28] O fato de o Pilatos marcano trazer à baila Barrabás é ponto fundamental na reconstrução da história por Bajsic: o objetivo de Pilatos era fazer com que Barrabás fosse condenado e não ter sua soltura solicitada pela multidão. Ao subestimar a hostilidade contra Jesus de Nazaré, ele achou que a multidão poderia ser persuadida a aceitar "o Rei dos Judeus". Além de depender do que não é dito, essa teoria fantasiosa supõe infundadamente a historicidade do costume de soltura (ver ANÁLISE).

decisão quanto ao "Rei dos Judeus".²⁹ Aparentemente, o "eles" mateano se refere aos que entregaram Jesus por inveja/zelo, à multidão que tinha se reunido, e isso torna problemática a pergunta que lhes é feita sobre qual eles querem que seja solto. Alguns biblistas seguem o Códice Vaticano e OS^{sin} ao omitir os "chefes dos sacerdotes" de Mc 15,10; assim, leem "eles" também em Marcos. C. H. Turner (JTS 25, 1923-1924, p. 385-386) acha que a inferência de "eles" era equivalente à voz passiva: "que ele tinha sido entregue por inveja/zelo" sem especificar quem o entregara. Tal hipótese não é necessária. É provável que a omissão de "os chefes dos sacerdotes" em alguns mss. de Mc 15,10 seja aperfeiçoamento de um copista para evitar a repetição de "os chefes dos sacerdotes" no início do versículo seguinte. Mt 27,18 omite deliberadamente a referência marcana aos chefes dos sacerdotes, porque esse evangelista considera todo o povo responsável (Mt 27,20.25). Jo 19,11 apresenta reflexão cristã semelhante na responsabilidade pela morte de Jesus.

A ideia de "entregar" (*paradidonai*) foi estudada anteriormente (§ 10). Embora Marcos seja muito consistente ao mostrar como um grupo entrega Jesus para o outro e ninguém assume uma posição favorável a Jesus, Mt 27,4 amplia a noção de culpa por meio do horror do pecado de entregar sangue inocente.³⁰ Ao especificar *phthonos*, "inveja, zelo ciumento", como a causa de entregar Jesus, Marcos tem em mente uma paronomásia com *phonos* ("homicídio"), que era a razão do aprisionamento de Barrabás. *Phthonos* abrange o escopo de aversão violenta pelo bem, a ponto até de cometer homicídio: "Por *phthonos* do diabo, a morte entrou no mundo e os que são de seu partido a experimentam" (Sb 2,24). Em Josefo (*Ant.* X,xi,5-6; ##250-257), os sátrapas temem que Dario perdoe Daniel, de quem sentem inveja (*phthonein*); *3 Macabeus* 6,7 especifica que foi por *phthonos* que Daniel foi lançado aos leões. Contudo, Herranz Marco ("Proceso", 1975, p. 90-111) é de grande auxílio ao indicar que a inveja ou o ciúme abrangido por *phthonos* não raro relaciona-se estreitamente com zelo. (1Mc 8,16 equipara *phthonos* e *zelos*; o hebraico *qn'* significa "ter ciúme de" ou "ser zeloso por"; e as palavras da língua inglesa "jealous" [ciumento] e "zealous" [zeloso] têm a mesma raiz.) O *zelos* que fez

---

[29] Blinzler (*Trial*, p. 208-209) considera essa a situação histórica.

[30] Alguns biblistas acrescentam outro elemento: as autoridades e a multidão judaicas entregando um compatriota judeu aos romanos (§ 23 B). Contudo, em Marcos/Mateus, não parece que a maldade de entregar seja afetada pelo fato de ser o governador estrangeiro (explícito apenas em Jo 18,35), mas pela certeza da crucificação: Jesus é entregue para morrer. O anúncio da Paixão em Mc 10,33 e par. enfatiza o elemento gentio.

de Paulo um perseguidor da Igreja (Fl 3,6) talvez incluísse inveja do sucesso dos pregadores cristãos, mas com certeza incluía zelo pela lei, à qual ele se dedicava como fariseu (Fl 3,5). Muitos dos conflitos entre Pilatos e seus súditos na Judeia, como descrevem Josefo e Fílon (§ 31, B3), originaram-se do zelo intransigente dos judeus pela lei de Deus, como eles a entendiam. Nesta cena, em Marcos/Mateus, Pilatos reconhece que as autoridades judaicas lhe entregaram Jesus por *inveja e zelo*, isto é, as duas nuanças do sentido de *phthonos*. Elas tinham inveja do domínio que Jesus tinha sobre o povo e eram zelosas pela lei infringida pelas ameaças dele contra o Templo/santuário e sua blasfêmia.

Ao salientar que *phthonos* levou Jesus à morte, Marcos/Mateus talvez estejam advertindo os leitores contra uma ameaça semelhante entre os cristãos. Quando Paulo (Fl 1,15) fala de alguns de seus competidores cristãos que proclamam Cristo por *phthonos*, ele indica um espírito de rivalidade que brotou do zelo pelo entendimento que eles tinham do Evangelho. É provável que o temor de *phthonos* na comunidade cristã (1Tm 6,4; Tt 3,3; 1Pd 2,1) seja o temor de concorrência divididora entre grupos que lutam por seus pontos de vista. Esse mesmo entendimento sustenta *1 Clemente* 5,2 e sua explicação de como Pedro e Paulo foram abandonados para morrer na perseguição de Nero: "Por causa de ciúme e *phthmos*, as colunas mais altas e justas [da Igreja] foram perseguidas e sua morte foi desejada". *Phthonos* matou o mestre e seus apóstolos mais famosos.

O recado da mulher de Pilatos (Mt 27,19)

Se para Marcos e Mateus saber que Jesus foi entregue por inveja faz Pilatos propor soltá-lo, Mateus acrescenta outra razão: o recado a respeito da inocência de Jesus que Pilatos recebe da mulher.[31] Seja qual for a tradição mais antiga preservada em Mt 27,19, Mateus a reescreveu em seu estilo, como mostra SPNM, p. 242-248, seguindo Trilling, por exemplo, "sentado no", como em Mt 24,3; *dikaios* ("justo, reto"), que corresponde a *dikaiosyne*; *semeron* ("hoje"), usado oito vezes em Mateus, em comparação com uma em Marcos; "em um sonho", só encontrado em Mateus (seis vezes) no NT.

---

[31] Há quem pense que a conduta de Pilatos a respeito desse recado também dá tempo na narrativa para os chefes dos sacerdotes e anciãos persuadirem as multidões (Mt 27,20).

Um cenário dramático é dado ao recado: Pilatos está sentado no *bema*,[32] prestes a proferir uma sentença de vida ou morte. Essa impressão de drama faz com que essa breve comunicação seja tema de muita reconstrução imaginosa e faz a mulher de Pilatos ocupar um lugar ao lado do jovem que fugiu nu, como personagens da NP com maior probabilidade de servir ao desejo insaciável dos intérpretes de tirar narrativas inteiras de um único versículo.[33]

Primeiro, quem era ela? Os Padres da Igreja e os apócrifos cristãos bem cedo começaram a identificar a mulher de Pilatos fazendo-a nobre e santa. Em um apêndice aos *Atos de Pilatos*, ela é identificada como Procla, e G. A. Müller (*Pontius*, p. 5) defende a historicidade de Cláudia Procla como seu nome. Uma forma ainda mais completa aparece: Cláudia Vília Prócula; e Rosadi (*Trial*, p. 215-217) afirma ser ela a filha caçula de Júlia, filha de Augusto. (Na verdade, às vezes o paradeiro da família imperial na ocasião da morte de Jesus é apresentado para responder ao segundo ponto abaixo, por exemplo, Drucker, *Trial*, p. 24). Para Orígenes, a conversão dela a Cristo começa aqui (ver *Comentário a Mateus* XXVII,19; #122; GCS 38,257-258). A literatura apócrifa a respeito de Pilatos nos diz que, anos mais tarde, ela testemunhou a decapitação do marido diante do imperador em Roma e se regozijou ao ver um anjo pegar a cabeça (HSNTA, v. 1, p. 483-484; ed. rev., v. 1, p. 532). Finalmente, ela veio a ser relacionada como santa em algumas das Igrejas ortodoxas. No outro lado da imagem, nos *Atos de Pilatos* 2,1, os adversários judaicos de Jesus explicam a Pilatos que o sonho de sua mulher foi causado por feitiçaria de Jesus. Uma forma dessa abordagem aparece na tradição cristã subsequente,[34] que atribui seu sonho ao diabo, segundo a estranha lógica de que, se ela tivesse conseguido que Pilatos soltasse Jesus, a salvação não teria sido alcançada.

Segundo, é possível que a mulher de Pilatos estivesse em Jerusalém com ele? Suetônio (*Augustus*, p. 24) relata que Augusto não permitira que os governadores

---

[32] Este assento ou plataforma só é mencionado em outra passagem da NP em Jo 19,13 e ali será examinado.

[33] Como estudo diversos elementos nas circunstâncias a respeito da mulher de Pilatos, reconheço que Fascher (*Weib*) dá muitas informações úteis.

[34] Rabano Mauro, Bernardo de Claraval e principalmente o poema aliterativo do antigo saxão, *Heliand*. Esta vida de Jesus na tradição de canções heroicas fazia parte de uma tradução da Bíblia para o vernáculo no empreendimento missionário do imperador Luís, o Piedoso, para converter os saxões. Entra em estudos bíblicos por causa de suas fontes (que remontam ao Diatessarão) e porque foi popularizada em 1562 pelo ardente classicista luterano (Matias) Flaco Ilírico. Ao estudo que dele faz Fischer, Oepke ("Noch", p. 743) acrescenta uma versão encontrada em um drama da Paixão do fim da Idade Média, onde o diabo se disfarça como um dos serafins e defende a causa de Jesus contra os judeus.

levassem as esposas para seus postos, mas permitia apenas uma visita durante os meses de inverno. Parece que essa rigidez foi rompida sob Tibério, pois o filho adotivo do imperador, Germânico, levou a mulher, Agripina, à Alemanha e ao Oriente (Tácito, *Anais* I,40; II,54). Em 21 d.C., Cacina, antigo legado, tentou ratificar a norma pela qual os magistrados não levariam suas mulheres para seus postos; mas ele não persuadiu o senado (Tácito, *Anais* III,33-34).

Terceiro, ela personaliza o simbolismo veterotestamentário? Agostinho (*Sermão* 150 [121 *De tempore*]; PL 39,2038) contrasta Eva, que incitou o marido a tomar uma decisão que levaria à morte, e Prócula, que tentou persuadir o marido a tomar uma decisão que levaria à vida.[35]

Quarto, como ela sabia a respeito de Jesus para poder sonhar com ele no exato momento em que Pilatos o encontrava pela primeira vez? Em parte, esse tipo de pergunta reflete a tese de que o sonho tinha origens naturais. Há quem afirme que, depois de três anos de ministério na Galileia, o nome de Jesus era conhecido em toda a Palestina, inclusive na Judeia. Ou então, Pilatos, tendo ouvido na noite da prisão falar de Jesus, comentou isso com a mulher, fazendo-a sonhar com Jesus. (Assim, com variantes, Paulus, B. Weiss, Zahn etc.) Nesse mesmo espírito, pode-se perguntar por que ela não contou o sonho a Pilatos antes que ele saísse para o julgamento, ou devemos supor que ela era dorminhoca e costumava sonhar pouco antes de se levantar?

Quinto, como ela sabia que Jesus era *dikaios* ("justo, reto")? Alguns Padres da Igreja achavam que ela podia reconhecer isso por ser uma pessoa mais santa que Pilatos e, assim, mais espiritualmente perceptiva que Pilatos (Crisóstomo, Teofilacto).

Com o devido respeito pelo esforço despendido nas questões acima, julgo que as soluções, e mesmo as perguntas, estão longe dos padrões de pensamento mateanos. A afirmação imaginosa da inocência de Jesus vincula esse episódio a

---

[35] Derrett ("Haggadah", p. 314), ao tentar usar a tradição de José (grandemente representada em fontes posteriores ao século I) para explicar elementos da NP (ver § 29 B acima), compara-a à mulher de Putifar, o padeiro-mor, que se opôs à ação do marido de mandar despir e surrar José, dizendo: "Teu julgamento é injusto" (*Testamento de José* 13,9-14,1). A data da tradição é incerta e o objetivo da mulher era pecar com José (*Testamento de José* 14,4). Ao adotar uma abordagem semelhante, apesar da declaração em Est 5,14 de que a mulher de Amã queria que Mardoqueu fosse enforcado, Aus ("Release", p. 21) recorre a tradição judaica muito mais tardia para fazê-la aconselhar o marido a não fazer mal àquele homem "justo". Assim, ela supostamente deu origem à mulher de Pilatos.

outros episódios mateanos especiais na NP, por exemplo, a Judas e o sangue inocente e à ação de Pilatos lavar as mãos — episódios que refletem o desenvolvimento da narrativa da Paixão em círculos populares por meio de simbolismo e imaginação. (Uma expansão mais completa dessa atribuição a uma tradição especial encontra-se em Gillman, "Wife", que a localiza na região de Cesareia Marítima, onde Pilatos instalou seu quartel-general.) Quanto ao meio do sonho, na narrativa mateana da infância há quatro exemplos de revelação divina feita em um sonho. Além dos três sonhos de José, há em Mt 2,12 uma revelação em sonho concedida aos magos gentios, que já tinham recebido por intermédio de uma estrela a revelação da identidade de Jesus e vieram adorá-lo, enquanto Herodes, os chefes dos sacerdotes e os escribas do povo procuravam matá-lo (Mt 2,3-4.20 ["os que buscavam a vida da criança"]). Essa revelação à mulher de Pilatos por intermédio de um sonho origina-se do mesmo tipo de narrativa popular na qual Deus usa meios extraordinários para revelar Jesus aos gentios, pois eles não têm as Escrituras e onde sua presteza em aceitar a revelação contrasta com a rejeição hostil de Jesus pelos que têm as Escrituras. Muitos autores religiosos (Orígenes, Jerônimo, Agostinho, Calvino) reconheceram que o sonho da mulher de Pilatos era de origem divina. Esse tipo de paralelo com a narrativa da infância no início de Mateus é um tipo de inclusão já mencionado em diversas ocasiões (§ 14, § 29).

Por que, em vez de Pilatos, é a mulher de Pilatos que recebe a revelação? A história exótica dos magos, sábios do Oriente que veem a estrela do nascimento do rei davídico, recebeu suas principais características do relato veterotestamentário de Balaão, mago do Oriente que viu surgir a estrela de Davi (Nm 22–24; ver BNM, p. 228-232). Essa história parecia ingenuamente romântica aos leitores do século I por causa de diversos casos contemporâneos de emissários exóticos que vinham do Oriente com presentes e pompa (BNM, p. 206-207), em especial a visita do rei armênio Tiridates a Roma no tempo de Nero. Assim, aqui também os leitores de Mateus tinham como paralelo a imagem de mulheres pagãs romanas nobres que eram favoráveis ao Judaísmo. Josefo (*Guerra* II,xx,2; #560) relata que, no tempo de Nero, embora os homens pagãos de Damasco fossem virulentamente antijudaicos, suas mulheres, "com algumas exceções, tinham todas se convertido à religião judaica". Em *Ant.* XX,viii,11; #195, ele descreve Popeia, mulher de Nero, como temente a Deus, que defendia os judeus. Essas imagens talvez não sejam estritamente históricas,[36] mas, ao examinar a reação dos leitores à descrição mateana da mulher de Pilatos, estamos no plano das probabilidades. Os *Atos de Pilatos* 2,1 captam essa atmosfera ao fazer da mulher de Pilatos uma adoradora de Deus e adepta da religião judaica.

À guisa de sumário, então, se, em Lucas e João, Pilatos julga Jesus inocente três vezes, em um plano dramático mais popular em Mateus, a mulher de Pilatos proclama *dikaios* ("justo, reto") um Jesus que no início de Mateus (Mt 3,15) declarou que é adequado cumprir toda *dikaiosyne* ("justiça"). Mateus continua o tema persistente de sangue inocente, que vai de Judas (Mt 27,4), passa por este versículo (Mt 27,9), até a tentativa de Pilatos de lavar as mãos desse sangue (Mt 27,24). Alguns biblistas pensam que o objetivo de Mateus é primordialmente apologético: convencer os romanos depois de 66 d.C. de que Jesus não era, em absoluto, como os fanáticos da Revolta Judaica. Entretanto, em Mt 27,19 o tema da mulher de Pilatos entrou na imagem mateana primordialmente como sinal da sinceridade evangélica dos gentios que reconheciam a verdade a respeito de Jesus. (De modo comparável, um centurião romano vai proclamar que Jesus era *dikaios* imediatamente depois de sua morte, em Lc 23,47.)

O fato de ter a mulher de Pilatos declarado Jesus inocente cria nos leitores mateanos uma opinião mais negativa de Pilatos, que ignorou os conselhos dela, soltou Barrabás e entregou Jesus para ser crucificado (Mt 27,26)? Creio que, ao contrário, a primeira impressão é que o testemunho dela foi que levou Pilatos a fazer o esforço extraordinário em Mt 27,24-25 para não ser manchado por sangue inocente (ver Broer, "Prozess", p. 107). Ele estava seguindo seu conselho: "Não deixes que haja nada entre ti e esse homem justo". Em Mt 27,4.6-8, o chefe dos sacerdotes também queria evitar a tentativa de Judas de transferir para eles a responsabilidade pelo sangue inocente de Jesus. Mas eles foram tocados pelo sangue, da mesma forma que Pilatos será tocado.

Elisabeth Ott ("Wer") ressalta os sofrimentos da mulher de Pilatos ("muitas coisas sofri hoje em um sonho por causa dele") e se pergunta se ela foi o primeiro gentio a sofrer por Cristo. Gnilka (*Matthäus* v. 2, p. 456) sugere que o sofrimento dela era pelo marido, a fim de que ele não fizesse um julgamento contra a diretriz que ela recebeu no sonho. Ele menciona outro paralelo no mundo greco-romano: o

---

[36] Ver E. M. Smallwood, JTS 10 NS, 1959, p. 329-335.

sonho da mulher de Júlio César na noite anterior a seu assassinato (Díon Cássio, *História* XLIV,xvii,1). Entretanto, o tema principal no sofrimento da mulher de Pilatos talvez seja que ela compartilha parte da angústia provocada por sangue inocente.

A escolha de Barrabás (Mc 15,11; Mt 27,20-21; Lc 23,18 [At 3,14]; Jo 18,40a)

Para começar, devemos prestar atenção à segunda descrição lucana desta escolha, a saber, At 3,14, onde, ao falar aos homens de Israel, Pedro menciona a decisão de Pilatos de soltar Jesus e então condena a audiência por negar o santo e justo (*dikaios*, como em Mt 27,19) e solicitar que um assassino lhes fosse agraciado. Nos quatro Evangelhos, o verbo estabelecido com referência a Barrabás é *apolyein* ("soltar"), mas os Atos usam *charisthenai* ("agraciar") à guisa de variação de "soltar" no versículo anterior. Também avivam a descrição de Barrabás ao chamá-lo claramente de assassino. Se juntarmos a passagem dos Atos a Lucas, então há *duas abordagens básicas* ao ato de escolha, uma representada por Lucas e João, a outra por Marcos/Mateus, as duas envolvendo o populacho. Desde o início, devemos reconhecer que o papel do povo no julgamento legal, tão estranho ao exercício de muita jurisprudência moderna, é ordenado no AT. Nm 35,12 insiste que um homicida não seja executado antes de ser julgado na presença da comunidade. Schinzer ("Bedeutung", p. 145) observa que os juízes oficiais são os representantes da comunidade.

Para Lucas e João, os chefes dos sacerdotes estão com o povo ou fazem parte de "os judeus"; essas partes gritam sua escolha sem que um grupo precise persuadir o outro. O antagonismo expresso contra Jesus é surpreendentemente forte em Lc 23,18, que usa o advérbio *pamplethei* ("todos juntos" — o único caso na Bíblia grega) para ressaltar a unanimidade da oposição. (Evoca o uso lucano de *plethos* em "toda a aglomeração deles" em Lc 23,1.) Também Lucas emprega *anakrazein*, que antes se referira aos possuídos pelo demônio (Lc 4,33; 8,28).[37] Os imperativos ("toma", "solta") com os quais todos os convocados por Pilatos rejeitam seu plano de soltar Jesus têm o efeito psicológico de começar a forçá-lo. "Toma" tem conotação destrutiva também nos julgamentos de Paulo, em At 21,36; 22,22; no último caso, é usado com o desdenhoso "esse sujeito", exatamente como aqui. Alguns biblistas argumentam que, sem a referência ao costume festivo no dúbio v.

---

[37] O uso pleonástico de "dizendo" depois de "gritaram" é característica do estilo lucano.

17, Lc 23,18 dificilmente é inteligível. Sem essa referência, a exigência audaciosa em Lc 23,18 de que Pilatos solte Barrabás torce a proposta de Pilatos de soltar Jesus, com a inferência de uma preferência por qualquer um que não fosse Jesus, mesmo assassino. O ato definitivo de Pilatos ao soltar um homem como Barrabás (Lc 23,25) era apaziguamento total, pois nenhum costume exigia isso.

Quanto a Jo 18,40, o advérbio *palin* modifica o "bradaram" (*kraugazein*). Embora não tenha havido nenhum protesto anterior, o significado "novamente" é às vezes defendido como sinal de que João resume um relato mais longo. É mais provável que *palin* signifique "de volta", quando "os judeus" respondem a Pilatos. Lucas e João começam com a rejeição da oferta de Pilatos para soltar Jesus; Barrabás é escolhido só de modo secundário. Se em Lucas eles preferem escolher um assassino, em João eles escolhem um *lestes* ou homem de violência. Giblin ("John's", p. 228) não pode ser seguido ao argumentar que "os judeus" aceitam Barrabás *como* rei em lugar de Jesus — erro que se origina da equiparação de *lestes* com "zelota" e, além disso, do entendimento de que significa líder messiânico.[38] Para João, é César que "os judeus" escolhem como rei em lugar de Jesus (Jo 19,15); aqui, eles escolhem um bandido em vez de um rei.

No início, Marcos/Mateus atribuem menos hostilidade à(s) multidão(ões), pois elas são induzidas em erro pelos chefes dos sacerdotes. Contudo, depois de "instigada",[39] a multidão assume um papel importante entre os adversários de Jesus. Em Mc 15,11, o grego marcano mais uma vez é elíptico: "instigaram a multidão para que ele soltasse". Obviamente, precisamos supor depois de "a multidão" a frase "para que eles pedissem".[40] Marcos nunca nos diz que a multidão fez tal solicitação, mas a ação de Pilatos no versículo seguinte subentende que ela fizera.

Além de acrescentar aos chefes dos sacerdotes marcanos "os anciãos" para descrever os manipuladores,[41] Mt 27,20 preenche a elipse marcana especificando que eles persuadiram as multidões. Observemos a mudança para o plural "multi-

---

[38] Em § 21 A acima, mencionei que Josefo nunca chama nenhuma figura revolucionária de messias; na verdade, ele nunca chama nenhum judeu de "*christos*", exceto Jesus.

[39] Em Mc 15,11, *Anaseiein*, verbo usado por Lc 23,5 na acusação, feita pelos chefes dos sacerdotes contra Jesus, de que ele instigara o povo.

[40] Aparentemente, o ms. latino Bobbio *k* para Mc 15,11 foi harmonizado com Mateus: "persuadiram ao povo que deveriam mais ainda dizer: 'Solta Barrabás para nós'"; ver D. DeBruyne, RBen 27, 1910, p. 498.

[41] Ver em APÊNDICE V, B3 a frequência com que Mateus menciona os anciãos entre os inimigos de Jesus.

dões" do singular de Mt 27,15; mudança semelhante foi feita na cena do Getsêmani em Mt 26,47.55; o plural ajuda o sentido de persuasão de massa. Em Marcos e em Mateus, a rapidez com que os chefes dos sacerdotes conquistam a(s) multidão(ões) é um toque impressionante. Um pouco na mesma direção que Lucas e João, Mateus ultrapassa Marcos ao fazer a escolha não só por Barrabás, mas contra Jesus, que é chamado Messias (Mt 27,21, reportando-se a Mt 27,17). Na verdade, o objetivo é a destruição de Jesus e, na gramática de Mt 27,20, não Pilatos, mas *eles* farão a destruição. O grau até o qual a hostilidade para com Jesus domina em todas as imagens evangélicas fica evidente quando consideramos dois detalhes sobre os quais há um curioso silêncio: nenhum Evangelho explica por que o populacho queria Barrabás, que certamente não tinha um caráter desejável, e nenhum menciona uma única voz erguida a favor de Jesus, que até esse ponto tinha se saído bem em suas relações públicas. Em todos os Evangelhos, a oposição em massa a ele é o que, em última instância, força Pilatos a concordar com a crucificação.

Análise

Começarei com um breve exame de composição e então me voltarei para duas questões importantes de historicidade, isto é, a historicidade de Barrabás e do costume de uma soltura na Páscoa.

A. Composição da cena

Mateus é dependente de Marcos, que ele complementa com elementos da tradição popular, a saber, o nome próprio (Jesus) de Barrabás e o sonho da mulher de Pilatos. O final da cena lucana (Lc 23,18-19) é modificação de Marcos; a primeira parte (Lc 23,13-16) é composição lucana. Combina um elemento da tradição do qual João também dá testemunho, isto é, uma das três declarações de inocência, que combina com uma transição da cena de Herodes. (Vimos em § 33 que a cena de Herodes recorre à tradição a respeito da oposição herodiana a Jesus, com uma modificação para fazer de Herodes testemunha relutante da inocência de Jesus.) A primeira parte do relato joanino tem uma declaração semelhante de inocência. A segunda parte, que lida com Barrabás, é tão breve que, considerando-a isoladamente, não é possível dizer se era dependente de Marcos ou de outra tradição. Contém realmente a descrição de *lestes* ausente de Marcos, mas isso pode ser dedução da referência marcana a *lestai* crucificados com Jesus. Fortna (*Gospel*, p. 124) atribui a maior parte de Jo 18,38b-40 à fonte joanina independente; e admitindo-se que em outras passagens da Paixão achamos ser mais provável não ter João recorrido a Marcos, é provável que aqui também devamos adotar essa atitude. A questão não é sem importância, pois a independência joanina de Marcos nesta cena significa que Barrabás e o privilégio pascal de soltar um prisioneiro faziam parte da tradição pré-evangélica.

Quanto à composição da cena marcana: como sempre, não há concordância entre os estudiosos que querem reconstruir exatamente o relato pré-marcano. A teoria segundo a qual Marcos combinou duas fontes (§ 2, C2, nota 45) afirma que a história de Barrabás em Mc 15,6-11, tirada por Marcos de uma fonte diferente da que lhe proporcionou o restante do julgamento por Pilatos, foi inserida por ele nesse julgamento. Obviamente, os cristãos poderiam ter narrado versões menos detalhadas do julgamento, bem como versões mais detalhadas que envolviam Barrabás; mas é possível reconstruir essa história de fontes a partir de Marcos? Os que respondem sim apontam para as quebras na fluência da narrativa que para eles são provas de uma inserção, por exemplo, o antecedente de "[para] eles" em Mc 15,6 é vago.[42] Entretanto, é preciso lembrar que em geral Marcos não é um autor meticulosamente lógico. Além disso, quando se tenta remover o incidente de Barrabás de Mc 15,6-11 como se tivesse sido acrescentado, há ainda mais problemas na fluência do relato: o v. 6 segue o v. 5 mais uniformemente do que o seguiriam o v. 12 ou o v. 15 (que menciona Barrabás).[43]

Outra teoria é que apenas parte de Mc 15,6-11 foi acrescentada por Marcos a um relato maia antigo e mais breve. Como sinal, alguns apontam para um padrão de *de* ("mas") pospositivo nos vv. 6.7.9.11. (e 12) que é interrompido por um *kai* ("e") no v. 8 e um *gar* ("pois") no v. 10. Entretanto, esse aspecto, que talvez reflita simplesmente o desejo de variar o estilo, certamente não é um guia para a composição, por exemplo, a resposta no v. 9 supõe a ação no v. 8. Matera (*Kingship*, p. 17ss.) considera os vv. 6.9.11-12 mais antigos e os vv. 7-8.10 redação marcana.[44]

---

[42] Dibelius ("Herodes", p. 116) acha que Mc 15,1 e Mc 15,8 representam duas localizações diferentes do julgamento, de modo que, originalmente, Mc 15,1-5 e 6-15 não estavam juntos. Mas o vago cenário que Marcos dá ao julgamento por Pilatos apoia realmente esse ponto de vista?

[43] Gnilka (*Markus*, v. 2, p. 296-298) menciona a estreita unidade de Mc 15,1-5 como está agora em Marcos.

[44] Escolho uma teoria como exemplo. Gnilka, ibidem, acha que os vv. 12-14 não podem ser fragmentados e

O relato mais antigo tinha uma multidão hostil, mas Marcos introduziu a inveja dos chefes dos sacerdotes no v. 10 para suavizar a imagem. Acho os critérios para esse julgamento subjetivos ao extremo, pois há elementos de estilo marcano em versículos atribuídos ao estrato primitivo.[45] Como mencionei anteriormente, se João é independente de Marcos, então o estrato pré-marcano da tradição continha uma referência a Barrabás e ao costume de soltar um prisioneiro; mas Marcos reescreve tanto o julgamento que não se pode mais reconstruir exatamente o relato pré-marcano. Do mesmo modo que no julgamento pelo sinédrio, Marcos escreveu dois versículos (Mc 14,53-54) para prefaciar o que se seguiria, aqui Marcos escreve Mc 15,6-7 como breve prefácio à cena, o que explica a natureza um tanto intrusiva desses versículos.[46] Seja como for, embora usem metodologias diferentes, muitos estudiosos concordam com a existência pré-marcana de uma tradição a respeito de Barrabás e a respeito de um costume pascal. Precisamos agora nos voltar para a questão da historicidade de um desses pontos ou de ambos.

B. Historicidade de Barrabás

Vou restringir o exame à historicidade do que está descrito no texto a respeito de Barrabás e às circunstâncias de seu aprisionamento, e não vou tentar investigar dramatizações nem mesmo insinuadas no texto. Alguns biblistas, na interpretação dos quais Marcos e Lucas falam de uma insurreição (*stasis, stasiastes*), buscam identificá-la com uma das demonstrações públicas durante o governo de Pilatos mencionadas por Fílon ou Josefo.[47] Talvez os evangelistas descrevam nada mais que um tumulto local, indigno das páginas da história. Se, *quando muito*, Jesus foi mencionado em um pequeno parágrafo nas *Antiguidades* de Josefo (§ 18, E1),

---

talvez tenham sido reescritos por Marcos. Dormeyer (*Passion*, p. 300) atribui os vv. 6-7.11 à fonte mais antiga, os vv. 9-10 à etapa seguinte e, por fim, o v. 8 a Marcos. Lührmann (*Markus*, p. 257) atribui os vv. 1-15 à fonte com revisão nos vv. 7 e 10.

[45] Há elipses no v. 8, que Matera supõe marcano, e no v. 11, que ele supõe pré-marcano; palavras usadas só uma vez em Marcos ocorrem no v. 7 marcano e nos vv. 6 e 11 pré-marcanos.

[46] O problema do vago "[para] eles" no v. 6 é atenuado, pois o evangelista prepara para o grupo maior que vai mencionar nos vv. 8ss. O "ele" do v. 8 é também esclarecido como sendo o Pilatos do v. 5 (antes da introdução parentética).

[47] Dos acontecimentos descritos em § 31, B3 acima, *stasis* é usado por Josefo em #3, o tumulto do aqueduto; mas não há nada no relato que nos faça identificá-lo com o tumulto de Barrabás. Como estamos examinando a historicidade, preocupo-me com o que *stasis* e *lestes* refletiam c. 30 e deixo de lado como os leitores dos Evangelhos os entenderiam depois do período muito mais conturbado nos anos 50 e 60.

seria de se esperar o aparecimento ali de uma personagem que até os Evangelhos consideram muito menos importante?

Começamos com a pergunta mais fundamental: Barrabás existiu? Superficialmente, isso não seria mais problema que o da existência de outras figuras menos importantes nos Evangelhos, conhecidas apenas por patronímicos, por exemplo, Bartimeu. Mas, como indicado no COMENTÁRIO, a situação é complicada por dois fatos: há tradição mateana de que seu nome próprio era Jesus e seu patronímico é suscetível de ser traduzido figurativamente como "filho do pai". É possível formar a imagem mental de um Pilatos confuso, que se defronta com dois prisioneiros chamados Jesus. Em uma reconstrução romântica, quando a multidão veio pedir que Jesus fosse solto, Pilatos poderia confiantemente ter presumido que pediam Jesus de Nazaré, só para se atrapalhar quando era Jesus Barrabás que eles queriam. De modo mais radical, biblistas como Cohn, Rigg, Maccoby e S. L. Davies interpretam a cena como se originalmente houvesse apenas uma pessoa chamada Jesus que estava de pé diante de Pilatos, a saber, Jesus de Nazaré. Barrabás, então, não seria outra pessoa, mas apenas um aspecto da identidade de Jesus, por exemplo, sob uma acusação religiosa Jesus era chamado Barrabás, o filho do Pai,[48] e sob uma acusação política era chamado o Rei dos Judeus. Pilatos supostamente rejeitou a acusação religiosa ou de Barrabás por estar fora da competência romana, mas condenou Jesus na acusação política. (Outra dramatização acrescenta a ideia de que a multidão estava do lado de Jesus religiosamente, ao contrário dos sacerdotes, e é por isso que eles apoiaram o título de Barrabás.) Por confusão ou por deliberado estratagema antijudaico, o evangelista então teria feito uma pessoa separada de (Jesus) Barrabás e transformado o apoio da multidão a Barrabás em condenação de Jesus de Nazaré por eles.

Essa reconstrução novelística não se sustenta sob uma análise crítica. A mudança proposta da dupla designação de uma pessoa para designações de duas pessoas diferentes não poderia ter acontecido mais tarde que Marcos (fim da década de 60) e quase certamente precisaria remontar à época pré-marcana, pois aparece em todos os Evangelhos, mesmo em João, que com toda a probabilidade não depende

---

[48] Se o título fosse usado por seus seguidores, o Pai seria Deus; se o título fosse usado por seus adversários (que pensavam que ele trabalhava pelo poder de Belzebu), o pai poderia ser sarcasticamente entendido como o diabo. A polêmica em Jo 8,38.44 sugere que ter o diabo como pai era uma acusação lançada de um lado para outro.

do relato marcano de Barrabás. É possível mostrar semelhante confusão histórica a ponto de criar uma pessoa inexistente tão no início da tradição evangélica? Além disso, nenhuma forma da acusação religiosa na Paixão lida com o "filho do pai". Na tradição evangélica mais primitiva (distinta de fatos em Mateus e João), Jesus não fala frequentemente de Deus como seu Pai, nem se chama de "o Filho" e "o Filho de Deus". Ele nunca se chama de "o Filho do Pai"; e só uma vez nos Evangelhos (Mc 14,36) ele usa a palavra *Abbá*. Assim, não é provável que em 30 d.C. "Barrabás" tivesse se tornado um título de Jesus. Se fosse um título de Jesus, então teria sido sob a perspectiva de Barrabás que seus inimigos na Judeia queriam matá-lo, por exemplo, Jo 5,18: "Por essa razão, os judeus procuravam ainda mais matá-lo [...] ele estava falando de Deus como seu pai"; também Mc 12,6-8 e par. A pretensa trama cristã para esconder o entusiasmo da multidão judaica por Jesus usando a figura de Barrabás é muito implausível. (Há suficiente antijudaísmo no que é narrado sem agravá-lo repreensivamente com tal teoria.) No Evangelho de Lucas, distinto dos Atos, o populacho é com maior frequência tratado como favorável e solidário com Jesus; contudo, isso não impede Lucas de apresentar Barrabás como figura independente e assassino.

Outra tentativa de interpretar Barrabás metaforicamente recorre a indícios encontrados em Fílon (*Flaccus* 6; ##36-39), que descreve os acontecimentos que cercaram a visita do rei judeu Herodes Agripa I a Alexandria em 38 d.C. Desordeiros antijudaicos de Alexandria expressaram seu desprezo por essa visita, levando para exibição pública no ginásio um lunático chamado Karabas. Ele fora alvo de muitas piadas, pois vagava nu pelas ruas dia e noite. Vestiram Karabas com um manto felpudo, um diadema falso e um cetro feito de caniço de papiro; então se aproximaram e o saudaram como soberano. Vamos examinar essa cena mais adiante em relação ao escárnio romano de Jesus como rei, com o qual ela tem claros paralelos. S. Reinach[49] e outros sugerem que o nome da figura saudada pela multidão como rei foi levado como Barrabás à história de Jesus. Uma alternativa a essa proposta é serem Karabas e Barrabás formas do título dado a um papel de-

---

[49] Ver Couchoud, "Jesus", p. 32; Reinach combina a cena de Karabas com o drama saca (§ 36 B adiante). H. Box, em sua edição de *In Flaccum* de Fílon (Londres, Oxford, 1939, p. 91-92), relaciona outros que encontram antecedentes para o escárnio de Karabas (e Jesus) no escárnio do rei das Saturnais (também § 36 B). Ele afirma que o nome Karabas significa "couve", presumivelmente pensando no hebraico *kerûb*, aramaico *kerûba*, que têm esse significado e com os quais se relaciona a palavra grega para "couve", *krambe*. Lidamos, então, com um apelido desdenhoso?

sempenhado no jogo de escárnio. Entretanto, a objeção básica a todas as formas da proposta é haver pouca similaridade (além da semelhança parcial de nome) entre a figura/o papel em Alexandria e o Barrabás dos relatos evangélicos. Não há nenhum escárnio de Barrabás pela multidão de Jerusalém, nenhuma referência a ele como rei — o que está muito mais próximo ao que acontece com Jesus. É provável que um acontecimento em Alexandria em 38 d.C. se tornasse tão maciçamente confuso que, por volta de 65-70 d.C. em Marcos (ou muito antes, na tradição pré-evangélica que fundamenta Marcos e João), Karabas se tornasse Barrabás e o que lhe aconteceu fosse transferido para Jesus? Com certeza nenhum dos evangelistas mostra ter conhecimento das supostas origens de Karabas.

Mais uma interpretação de Barrabás como personagem puramente fictícia recorre à Escritura. Em outro escrito, Aus atribui a mudança de água para vinho, a decapitação de João Batista e grande parte da crucificação a uma interpretação do livro de Ester popular ou à maneira de um midraxe. Em "Release", ele explica o relato de Barrabás como midraxe de Est 2,18-23. Recorrendo ao midraxe dos Salmos (séculos IV ao IX d.C.) e aos dois targumim de Ester do século VII, Aus relaciona Ester com a Páscoa judaica, Sl 22, a *Aqedah* ou Amarração de Isaac e os assassinatos pelos sicários. Se deixarmos de lado tudo que é improvável para o período marcano, a ligação de Aus que pode datar do século I fica muito mais vaga, por exemplo, a frequência do verbo "enforcar" em Ester (nove vezes, com conotações ocasionais de crucificação na LXX), e um entendimento do feriado ou remissão de tributos em Est 2,18 como equivalente à soltura de prisioneiros na história de Barrabás. Josefo (*Ant.* XI,vi,4; #207) menciona Barnabazos, judeu que revelou a Mardoqueu a trama contra o rei. Para Aus (p. 17), foi "apenas um pequeno passo" para seu nome se tornar Barrabás — embora as funções das duas figuras não sejam, em absoluto, a mesma!

Em vez dessas teorias fantasiosas, exige muito menos imaginação pressupor que, historicamente, um homem real com o patronímico "filho de Abbá" e o nome próprio Jesus foi preso durante um tumulto em Jerusalém, mas foi poupado por Pilatos.[50]

---

[50] Uma alegação muito mais ampla é feita por Vicent Cernuda ("Condena I"). Em apresentação muito erudita, mas altamente idiossincrática, ele argumenta a partir de *lestes* e *stasis* que um cocheiro estrangeiro chamado Abas atuou no hipódromo de Jerusalém e involuntariamente atropelou um pedestre e provocou um distúrbio. O pensamento cristão mais tardio entendeu que ele era um revolucionário.

C. Historicidade da soltura pascal

Há mais uma pergunta. Na ocasião da execução de Jesus de Nazaré, foi a clemência concedida a Barrabás porque havia o costume estabelecido de soltar um prisioneiro durante a Páscoa?[51] Mais uma vez, há teorias fantasiosas que ultrapassam os indícios evangélicos. Por exemplo, Bajsic faz de Barrabás o centro de interesse de Pilatos. Em sua teoria, o governador sabia que a multidão judaica ia querer que esse perigoso revolucionário fosse solto e, embora tivesse de observar o costume da soltura festiva, ele estava tentando evitar soltar Barrabás. É óbvio que Jesus de Nazaré era politicamente inofensivo, por isso Pilatos tentou oferecer Jesus à multidão a fim de que Barrabás não fosse solto. Embora bem-intencionada, essa teoria é tão contrária aos indícios evangélicos quanto a abordagem totalmente fictícia a Barrabás.

Ao estudar os relatos evangélicos, é preciso perguntar que procedimento legal de perdão os evangelistas tinham em mente. Em todo sistema legal evoluído, há formas distintas de clemência, por exemplo, encerrar um julgamento e pôr o prisioneiro em liberdade por falta de provas; suspender a sentença e pôr o prisioneiro em liberdade, embora haja prova suficiente de culpa, porque há circunstâncias atenuantes; depois de uma sentença ter sido proferida, conceder o perdão do castigo — ação quase sempre desempenhada por uma autoridade superior. Devemos mencionar que a última (o perdão) é quase sempre a mais difícil de obter; e no direito romano mais tardio havia relutância a que os governadores revertessem suas decisões. Infelizmente, os evangelistas não são precisos quanto a Barrabás. Ele está na prisão por ainda não ter sido julgado, ou porque foi julgado e aguarda a sentença, ou porque foi sentenciado e aguarda execução? O procedimento romano normal não sugere intervalos no padrão de julgamento, sentença e execução. No *Código de Justiniano* (IX,iv,5), é enunciado um princípio que parece remontar aos primeiros tempos imperiais e até republicanos: "O que é condenado deve rapidamente sofrer o castigo". Contudo, por várias razões, inclusive prudência, o procedimento romano normal nem sempre era seguido. Josefo (*Ant.* XX,ix,5; #215) sugere que precisamos ser cuidadosos ao relatar que o imperador Albino tinha muitos presos na Judeia merecedores da morte, mas não executados. Como presumivelmente

---

[51] Entre os que optam pela historicidade do costume de soltura pascal, podem ser mencionados: Bammel, Blinzler, Bruce, Chavel, Cole, Flusser, Merritt e Strobel. Entre os que negam ou duvidam estão Aus, Beare, H. Cohn, Gordis, Watson e Winter.

Pilatos tinha de presidir julgamentos de pena capital em relação a um tumulto, o julgamento de Barrabás talvez tivesse esperado a chegada de Pilatos a Jerusalém, vindo de Cesareia, por ocasião da festa da Páscoa. O fato de alguns criminosos serem executados com Jesus sugere que Pilatos estava sentenciando e executando sentenças durante a festa. (De aplicabilidade incerta é a diretriz atestada mais tarde em Tosepta *Sanhedrin* 11,7, segundo a qual certos tipos de criminosos não deveriam ser executados imediatamente, mas mantidos em Jerusalém até poderem ser executados mais publicamente durante a festa.)

Como a clemência se encaixa no procedimento legal romano? Lembrando que Roma acabara de passar de república a império, devemos nos conscientizar de que há incerteza em nosso conhecimento dos procedimentos no tempo de Pilatos,[52] em especial em uma província como a Judeia. Embora alguns comentaristas falem de anistia, o termo legal grego *amnestia* só aparece raramente na literatura latina e na maioria das vezes como estrangeirismo. O verdadeiro equivalente latino é *abolitio*, quase sempre no sentido de perdão em massa, às vezes revogando um procedimento legal controverso (Quintiliano). *Indulgentia*, de novo quase sempre em escala de massa, tendia a abranger a não aplicação de um castigo porque havia sido feito um apelo; no tempo de Jesus, era concedido em grande parte como ato do imperador. Mais aplicável a indivíduos era a *venia*, às vezes concedida porque circunstâncias atenuantes eliminavam a culpa, mas também concedida independente de culpa — na verdade, a alguém que se sabia culpado (*poenae meritae remissio*: Sêneca, *De clementia* II,vii,1). Tudo considerado, o que os Evangelhos descrevem pode ser mais bem classificado como *venia* a ser concedida ou a Jesus antes da sentença (deixando de lado o valor da causa contra ele) ou a Barrabás, onde quer que ele estivesse no processo legal.

Os Evangelhos diferem quanto à origem do costume de perdoar; cabia ao governador romano, segundo Marcos/Mateus, e a "os judeus", segundo João. (Por causa do ambiente da Páscoa, esse costume passou a ser conhecido como *privilegium paschale*.) Os biblistas procuram paralelos ao costume na prática greco-romana de clemência atestada e nas práticas judaicas.

Paralelos greco-romanos. *1) Anistias festivas.* A atmosfera referente ao costume subentende uma festa (não especificada por Marcos/Mateus, mas

---

[52] Recorro aqui ao inestimável estudo de Waldstein, *Untersuchungen*.

especificada como Páscoa por João). Grotius (+ 1645) sugeriu um paralelo nos lectistérnios romanos. Lívio (*História* V,xii,7-8) relata que na primeira celebração histórica desse tipo de festa de oito dias em 399 a.C., prisioneiros foram desacorrentados e tal foi a reverência religiosa inspirada pelos procedimentos que ninguém ousou depois reacorrentá-los. Dionísio de Halicarnasso (*Ant. romana* XII,ix,10) relata que houve uma soltura de escravos que haviam sido presos por seus senhores. Os lectistérnios não eram celebrados anualmente, mas só por ocasião de ação de graças em tempo de tensão especial. Não está claro se os atos de desacorrentar se repetiram ou se as concessões foram muito além da palavra. Outros biblistas (J. Gothofredus) apelam para a clemência concedida na festa grega de Tesmoforia (festa associada a Deméter, o legislador, para assegurar a fertilidade da terra). As Panateneias, que incluíam uma procissão até a acrópole em honra de Atena, também são propostas como paralelo. Merritt ("Jesus", p. 62.65) menciona a soltura de um prisioneiro durante a celebração de Dionísia maior no início de abril em Atenas desde o século VI a.C. e no festival grego das Crônias (= Saturnais romanas; ver § 36 B adiante) celebrado extensamente em dezembro. Biblistas estudaram o papiro Tebtunis v,1-5, onde, seguindo o modelo grego de rei clemente, os monarcas egípcios helenísticos Ptolomeu e Cleópatra proclamaram "uma anistia a todos os súditos por erros, crimes...". Entretanto, essas são, quando muito, anistias em massa de escopo variado; nenhuma delas é verdadeiramente paralela ao costume de perdão judicial concedido a um indivíduo pelo governador romano que dominava um povo subjugado.

2) Práticas comuns por funcionários imperiais. Não há dúvida de que esses funcionários concediam perdões. O Pilatos de Jo 19,10 declara: "Eu tenho autoridade para soltar-te e autoridade para crucificar-te". Cinicamente, Orígenes (*Comentário a Mateus* 27,17, #120; GCS 38, p. 254) comenta: "Assim, eles concedem alguns favores a pessoas que submetem a si, até que o jugo sobre elas esteja firme". Plínio, em correspondência com o imperador Trajano (*Epístolas* x,31-32) relata que, por ordem de procônsules e legados, criminosos condenados que se misturaram a escravos que trabalhavam no serviço público foram soltos. Trajano queria esse abuso corrigido, insistindo que sentenças só podiam ser revertidas pela autoridade competente. Em especial, o papiro Florentino 61,59ss (LFAE, p. 267-269) narra um incidente no Egito em 85 d.C. quando G. Septímio Végeto soltou para as multidões um prisioneiro que era culpado de ter mandado para a prisão uma família honesta e que, assim, merecia ser açoitado (*mastigoun*). Josefo (*Ant.* XX,ix,5; #215) relata que, em 64 d.C., o procurador da Judeia, Albino, quando ouviu dizer que Floro vinha sucedê-lo, em um último esforço para conseguir um nome para si, esvaziou as prisões. Mandou executar os que mereciam a morte, mas por um suborno soltou os condenados por crimes insignificantes. Contudo, todos esses exemplos nada nos dizem a respeito de um costume usual em uma festa; são, quando muito, casos isolados de comportamento humano. Outra história de Josefo a respeito de Albino (*Ant.* XX,ix,3; ##208-209) passa-se em uma festa (provavelmente a Páscoa) quando o procurador teve de soltar dez bandidos (*lestai*) a fim de resgatar o secretário do filho do sumo sacerdote, que fora raptado por terroristas (sicários). Obviamente, apesar do ambiente festivo, nenhum costume benevolente estava incluído. Sob esse mesmo cabeçalho geral, pode-se tratar a tese de que a soltura de Barrabás estava no padrão de "aclamação" ou *anaboesis* (§ 31, D3c acima).[53] O Código de Justiniano (IX,xl,12) insiste: "Quando o populacho fala de viva voz, não se deve ouvi-los; nem se deve crer em suas vozes quando eles desejam que alguém culpado de um crime seja posto em liberdade, ou que alguém inocente seja condenado". Teria essa máxima feito Pilatos se decidir? Suetônio (*Tibério* 47) conta-nos que o próprio imperador foi forçado a soltar um escravo que tinha se saído bem na arena, porque as multidões o pediram aos gritos. Contudo, isso está longe do costume descrito nos Evangelhos. Teria a soltura por aclamação sido um costume festivo usual? Estendia-se a um populacho subjugado quando um tumulto ocorrera recentemente?

3) Uma concessão romana especial para judeus como válvula de segurança. J. Spencer (1727) achava que os reis selêucidas do século III ou II a.C. iniciaram esse costume e que os romanos o continuaram. Realmente, 1Mc 9,70-72 e 10,23 nos dão exemplos da soltura de cativos capturados na guerra como parte de uma tentativa por governantes sírios de fazer a paz com os líderes macabeus. Entretanto, mais uma vez, isso é muito diferente de soltar um único prisioneiro da cadeia na Páscoa. Outros biblistas acham que os imperadores romanos começaram esse costume. Josefo (*Ant.* XIV,x; ##185-267) dá uma longa lista de concessões romanas imperiais e locais para os judeus, a começar com as de Júlio César, mas nenhuma dessas concessões menciona soltar um prisioneiro em uma festa. Ainda outra sugestão (ou suposição) é que Pilatos introduziu o costume para compensar seu comportamento desastrado e seus erros como prefeito (§ 31, B3). As fraquezas de todos esses paralelos são óbvias e ficamos com a dúvida permanente se os governadores romanos se

---

[53] Ver Colin, *Villes*; Steinwenter, "Processo", p. 481; mas também Merkel, "Begnadigung", p. 309-311. A leitura alternativa *anaboesas* em Mc 15,8 (§ 34, sob "O costume de soltar um prisioneiro por ocasião da festa [Mc 15,6; Mt 27,15; Jo 18,39a"] acima) talvez signifique que escribas posteriores entenderam a soltura de Barrabás como exemplo de aclamação.

envolveriam em um costume que exigia que eles soltassem um assassino em meio a um tumulto recente em uma província imprevisível.

Paralelos judaicos. Há quem ache que os romanos e Pilatos tiveram de aceitar um costume já adotado. Talvez o tema da Páscoa de libertação do Egito levasse de forma exequível ao costume judaico de soltar um prisioneiro naquela festa. Merritt ("Jesus", p. 59, 61) menciona solturas ocasionais de presos como parte do rito *sigu* de perdão e menciona a influência do calendário e dos costumes babilônicos sobre os judeus. Indícios de que o rei babilônio soltava um prisioneiro no 6º, no 16º e no 26º dias do 8º mês do ano são mencionados para explicar por que os judeus se inclinaram a tal prática (Langdon, "Release"). Entretanto, parte dessa teorização esquece a mentalidade da lei bíblica, na qual os castigos foram estabelecidos por Deus e, portanto, não podem ser anulados. Nm 35,31 afirma: "Não aceitareis resgate pela vida do homicida que for culpado de morte, mas ele será executado". Hb 10,28 não é menos firme: "Quem desobedece à lei de Moisés morre sem misericórdia...". Assim, não é surpreendente que na Bíblia não haja indícios de um costume de soltura na Páscoa, nem mesmo concedida por um rei judaico. Havia mudança de atitude quando casos graves não eram decididos conforme a lei bíblica, mas sim segundo a lei dos conquistadores helenísticos ou romanos? Chavel ("Releasing", p. 277-278) acha que no século I a.C., quando havia muitos prisioneiros políticos por causa de lutas judaicas internas, os reis-sacerdotes asmoneus de Jerusalém introduziram esse costume de perdoar para agradar aos excitáveis ajuntamentos de peregrinos. Josefo (*Guerra* II,ii,5; 28) nos diz que Arquelau libertou os que seu pai havia aprisionado pelos crimes mais graves. Esses indícios estabelecem apenas uma possibilidade; a literatura talmúdica dá uma descrição quase hora por hora da Páscoa e jamais menciona o costume. Nem Josefo nem Fílon o mencionam. Têm sido procurados indícios indiretos em Mixná *Pesahim* 8,6, que orienta o abate do cordeiro pascal (ver Blinzler e Chavel). A questão legal diz respeito aos que podem e não podem ser contados como membros de uma reunião pascal (*haburah*), para quem um cordeiro é preparado por sacrifício. O debate inclui "alguém que recebe uma promessa para ser solto da prisão". A responsabilidade por essa pessoa é um problema, pois a promessa pode não ser cumprida. (TalBab *Pesahim* 91 menciona que alguém em uma prisão israelita é um caso especial, pois uma soltura temporária para a Páscoa era dada pelos judeus.) A citação lida com uma série de casos possíveis, inclusive os doentes e idosos (ver também Tosepta *Pesahim* 7,11), diz respeito a alguém que pode ser elegível para soltura permanente ou temporária; não tem nada a ver com o direito do populacho de fazer com que um prisioneiro fosse solto.

A conclusão desse debate de paralelos de anistia/perdão romano e judaico é que não há nenhuma boa analogia que apoie a probabilidade histórica do costume na Judeia de habitualmente soltar um prisioneiro em uma/na festa (de Páscoa), conforme descrito nos três Evangelhos.[54] Já no início do século III, Orígenes (*Comentário a Mateus* 27,15; #120; GCS 38,253-254) mostrou-se surpreso com esse costume. Há quem julgue que a omissão do costume por Lucas, embora ele conhecesse Marcos, represente um ceticismo mais primitivo.[55] Dá para reconciliar a possível não-historicidade do privilégio da Páscoa com a existência do Barrabás histórico que foi libertado da prisão por Pilatos (os quatro Evangelhos)? Pode-se desconfiar que os evangelistas (ou seus predecessores na tradição) supuseram que a soltura era o reflexo de um costume usual, quando de fato foi incidente isolado. O que teria levado os evangelistas a supor que existia um costume? Wratislaw ("Scapegoat") sugere que a descrição foi influenciada pelo costume litúrgico israelita dos dois bodes descritos em Lv 16,7-22: um bode era solto; o outro, morto para uma oferenda pelo pecado. Outros biblistas teorizam que já podia haver o costume *cristão* de perdoar no tempo da Páscoa.[56] Merritt ("Jesus") indica a semelhança geral: a existência de várias anistias e perdões nas diversas culturas descritas acima faz a ideia do costume usual de soltar prisioneiros em uma festa parecer plausível a narradores e ouvintes que não tinham conhecimento exato da Judeia c. 30. Bauer ("Literarische") dá exemplos onde uma coisa que aconteceu era livremente explicada como originária de um costume.

Quando deixamos de lado o costume como evolução secundária, o substrato histórico do incidente de Barrabás pode ter sido relativamente simples. O esboço a seguir foi reconstruído com base nos relatórios evangélicos: um homem de nome Barrabás foi preso em uma batida policial depois de um tumulto que provocara algumas mortes em Jerusalém. Ele acabou sendo solto por Pilatos quando uma festa levou o governador a Jerusalém para supervisionar a ordem pública. Presume-se que isso aconteceu ao mesmo tempo que Jesus foi crucificado, ou não muito longe dessa ocasião, ou em outra Páscoa. De qualquer modo, para os cristãos, essa soltura

---

[54] Herranz Marco ("Problema", p. 150-155), reconhecendo que a prova para um costume de perdão é fraca, apela ao aramaico reconstruído para proporcionar uma tradução que a suprima de Mc 15,8: "Começou a solicitar como era costumeiro [fazer] para eles" — costume de suplicar que a tradição subsequente confundiu com costume de perdoar. Em vez de recorrer a um original aramaico muito dúbio, acho mais fácil supor que um caso de perdão foi interpretado como costume.

[55] Em At 25,16, Lucas demonstra conhecer um costume romano oposto: de fato, o prefeito Festo afirma que não é costume dos romanos renunciar a um prisioneiro antes dos procedimentos legais apropriados.

[56] Os imperadores romanos do século IV concediam anistias em massa na Páscoa, mas não temos como verificar uma mentalidade *abolitio paschalis* intracristã no século I.

foi irônica: a mesma questão legal estava envolvida, sedição contra a autoridade do imperador.[57] Embora eles soubessem que Jesus era inocente, ele foi condenado por Pilatos, enquanto Barrabás foi solto. (Como vimos no COMENTÁRIO sobre Mc 15,7, esse versículo não declara que Barrabás participou do tumulto ou matou. Mesmo que o evangelista julgasse Barrabás culpado, em uma etapa pré-marcana, mais próxima da narrativa original, a culpa de Barrabás pode não ter sido estabelecida — fato que permitiria a Pilatos soltá-lo.) A tendência narrativa de pôr em contraste o Barrabás solto e o Jesus crucificado, reunindo-os no mesmo momento diante da "justiça" de Pilatos,[58] seria realçada se ambos tivessem o mesmo nome, Jesus.

Inevitavelmente seria desejada uma investigação histórica para produzir resultados mais seguros que as probabilidades descritas acima. (Naturalmente, há o efeito benéfico de mostrar que parte dos enfoques da trama de Barrabás, que não raro incluem criação antijudaica pelos evangelistas, é ficção sem plausibilidade.) Contudo, a crítica histórica não supera a falta de material comparativo e o caso de Barrabás é frustrante, em especial a esse respeito.[59] Contudo, a verdadeira importância do tema de Barrabás está em outro nível, a saber, a verdade que os evangelistas desejavam transmitir a respeito da morte de Jesus. Para eles, a convicção do Jesus inocente tinha um lado negativo, a escolha do mal. A história de Barrabás, com base em fatos, foi dramatizada para transmitir essa verdade.

(A bibliografia para este episódio encontra-se em § 30, Parte V.)

---

[57] O *stasis* de Mc 15,7 e Lc 23,19 é o equivalente grego normal do *seditio* latino. Paulus (c. 200 d.C.) escreve até a respeito de cidadãos romanos (DJ 48,18,38,2): "Autores de sedição e incitadores do povo devem, de acordo com sua posição, ser crucificados, expostos às bestas, ou deportados para uma ilha".

[58] A mais antiga forma registrada do contraste entre os dois homens envolvia o patronímico Barrabás e o título "o Rei dos Judeus". Dibelius ("Herodes", p. 117-120) sugere uma combinação entre a lembrança de um conhecido malfeitor, Barrabás, e a reflexão acerca da acusação sobre a cruz (Mc 15,26).

[59] Uma imagem destorcida emerge quando se ignoram as dúvidas levantadas pela crítica histórica. Besnier ("Procès", p. 203-205) vê três medidas tentadas pelo governador antes de ceder às exigências judaicas pela crucificação: 1) mandar Jesus a Herodes; 2) apelar para a anistia festiva; 3) oferecer um castigo menor, por exemplo, o açoite. Besnier continua e teoriza que Pilatos teria tido o bom senso de não tentar essas medidas condenatórias de antemão (em especial a 2) se soubesse que Jesus já havia sido julgado e condenado pelo sinédrio. Essa teorização ignora que as medidas 1 e 3 só se encontram em Lucas (duvidosamente fonte primária para a história) e a historicidade da medida 2 é altamente contestada. É possível até argumentar do outro lado: só porque Jesus fora condenado pelo sinédrio, Pilatos acabou por concordar com sua crucificação, pois esse conhecimento assegurou-lhe que Jesus não seria considerado um herói cuja morte provocaria tumultos.

§ 35. O julgamento romano, quarta parte: Condenação de Jesus (Mc 15,12-15; Mt 27,22-26; Lc 23,20-25; Jo 19,1.4-16a)

Tradução

Mc 15,12-15: [12]Mas em resposta novamente, Pilatos continuava dizendo a eles: "O que, portanto, farei com ele, a quem vós chamais 'o Rei dos Judeus'?". [13]Mas eles gritaram de volta: "Crucifica-o". [14]Mas Pilatos continuava dizendo a eles: "Pois o que fez ele que é mau?". Mas eles gritaram ainda mais: "Crucifica-o". [15]Mas Pilatos, desejando satisfazer a multidão, soltou para eles Barrabás; e ele entregou Jesus, tendo mandado flagelá-lo, a fim de que ele fosse crucificado.

Mt 27,22-26: [22]Pilatos diz a eles: "O que, portanto, farei com Jesus chamado o Messias?". Todos dizem: "Deixa-o ser crucificado". [23]Mas ele disse: "Pois o que fez ele que é mau?". Mas eles continuaram gritando ainda mais: "Deixa-o ser crucificado". [24]Mas Pilatos, tendo visto que nada adiantava, mas sem dúvida um tumulto estava tendo lugar, tendo tomado água, lavou as mãos diante da multidão, dizendo: "sou inocente do sangue deste homem. Vós haveis de ver isso". [25]E em resposta, todo o povo disse: "Seu sangue sobre nós e sobre nossos filhos". [26]Então ele soltou para eles Barrabás; mas tendo mandado flagelar Jesus, ele entregou(-o) a fim de que ele fosse crucificado.

Lc 23,20-25: [20]Mas novamente Pilatos bradou dirigindo-se a eles, desejando soltar Jesus. [21]Mas eles continuaram bradando de volta dizendo: "Crucifica, crucifica-o". [22]Mas ele disse a eles uma terceira vez: "Pois o que fez este sujeito que é mau? Eu não encontrei nada nele (que o faça) culpado de morte. Tendo-o castigado (por chicoteamento), portanto, eu o soltarei". [23]Mas eles estavam pressionando com altos brados exigindo que ele fosse crucificado e seus brados estavam ficando mais fortes. [24]E Pilatos fez o julgamento de que sua exigência fosse posta em ação; [25]assim, ele soltou o que tinha sido atirado à prisão por desordem e homicídio que eles tinham estado exigindo, mas Jesus ele entregou a sua vontade.

Jo 19,1.4-16a: ¹Então Pilatos tomou Jesus e mandou açoitá-lo. *[Ver 19,2-3, onde os soldados, tendo posto em Jesus uma coroa de espinhos e um manto de púrpura, saúdam-no como "o Rei dos Judeus" e lhe dão tapas, em § 36 a seguir.]* ⁴E novamente Pilatos foi para fora e diz a ele: "Olhai, eu o trago para fora para vós, a fim de que saibais que não encontro nenhuma causa em absoluto [contra ele]". ⁵Portanto, Jesus foi para fora trazendo a coroa de espinhos e o manto de púrpura; e ele [Pilatos] diz a eles: "Vede o homem". ⁶Então, quando os chefes dos sacerdotes e os guardas viram-no, eles berraram dizendo: "Crucifica, crucifica". Pilatos diz a eles: "Tomai-o vós mesmos e crucificai, pois eu não encontro uma causa contra ele". ⁷Os judeus responderam-lhe: "Temos uma lei e segundo a lei ele deve morrer, porque ele se fez Filho de Deus". ⁸Então, quando Pilatos ouviu essa declaração, ele teve mais medo.

⁹E ele voltou ao pretório e diz a Jesus: "De onde és tu?". Mas Jesus não lhe deu resposta. ¹⁰Então Pilatos diz: "Não falas comigo? Não sabes que eu tenho poder para soltar-te e poder para crucificar-te?". ¹¹Jesus respondeu: "Tu não tens nenhum poder sobre mim, em absoluto, exceto o que foi dado a ti do alto. Portanto, aquele que me entregou a ti tem maior pecado".

¹²A partir disso, Pilatos estava procurando soltá-lo. Mas os judeus berraram dizendo: "Se soltas este sujeito, não és amigo de César. Qualquer um que se faça rei contradiz César". ¹³Ora, Pilatos, tendo ouvido essas palavras, levou Jesus para fora e sentou-se no tribunal, no lugar chamado Litóstroto, mas em hebraico Gábata. ¹⁴Ora, era dia de preparação para a Páscoa; era a sexta hora. E ele diz aos judeus: "Olhai, vosso rei". ¹⁵Então eles berraram: "Toma(-o), toma(-o), crucifica-o". Pilatos diz a eles: "Crucificarei vosso rei?". Os chefes dos sacerdotes responderam: "Não temos nenhum rei além de César". ¹⁶ªEntão ele entregou-o a eles, a fim de que ele fosse crucificado.

Comentário

Nos Evangelhos sinóticos, Pilatos reage à escolha de Barrabás pelo populacho, perguntando o que fazer com Jesus (Marcos/Mateus) ou expressando o desejo de soltar Jesus (Lucas). (Alguns biblistas argumentam que Pilatos ainda tem esperança de usar o privilégio pascal em benefício de Jesus, pois não solta Barrabás até o fim do julgamento em que condena Jesus. Entretanto, o "novamente" em Marcos e Lucas sugere uma nova iniciativa.) Essa tática provoca no populacho o primeiro clamor para crucificar Jesus. Quando Pilatos ainda resiste, perguntando o que Jesus fez que é mau, há um segundo clamor até mais insistente para a crucificação. Então Pilatos consente (em Mateus, depois de lavar as mãos para expulsar a culpa pelo sangue inocente): solta Barrabás, mas entrega Jesus (depois de mandá-lo flagelar: Marcos/Mateus) para ser crucificado.

O relato joanino é mais extenso e mais dramático. Contudo, ainda se percebem um padrão de dois clamores pela crucificação (Jo 19,6.15) e uma entrega final de Jesus para ser crucificado (Jo 19,16a). Na verdade, guiado pelo relato marcano mais conciso, Fortna (*Gospel*, p. 243) reconstrói a fonte joanina como Jo 19,6.12(?).13.15 (que ele muda de lugar) e 16a. Já expressei minhas dúvidas a respeito desse método de reconstruir a fonte. Baum-Bodenbender (*Hoheit*, p. 239-241) considera pré-joaninos Jo 19,7-11a.13.14b.15.16a.

Como um padrão básico de um primeiro e um segundo clamor pela crucificação e uma entrega final de Jesus encontram-se em todos os Evangelhos, no comentário seguirei o padrão dessas três partes. Entretanto, a segunda parte (= segundo clamor) terá de ser subdividida por causa da extensão causada pela adição mateana do ato de Pilatos lavar as mãos e do diálogo joanino entre Pilatos e Jesus. As divisões estão delineadas no Sumário do terceiro ato.

Primeiro clamor pela crucificação e a resposta de Pilatos (Mc 15,12-14a; Mt 27,22-23a; Lc 23,20-22; Jo 19,1.4-8)

Somente em João esta cena é parcialmente distinta da escolha de Barrabás pelo populacho que a precede imediatamente. Essa escolha deixa Pilatos com o problema de lidar com Jesus.

Mc 15,12-14a. Exatamente como na seção anterior,[1] o pospositivo *de* é muito proeminente aqui (todos os versículos — continuo a traduzi-lo mecanicamente: "Mas", mesmo que às vezes ele possa ser lido de maneira mais uniforme como "E", ou ignorado). Do princípio ao fim, "a eles" significa à multidão que foi instigada pelos chefes dos sacerdotes a pedir a soltura de Barrabás, como está especificado em Mc 15,15. A essa multidão, Pilatos faz diretamente a pergunta sobre o que fazer com Jesus. Isso faz sentido em Mc 15,12 porque, apesar da influência nociva dos sacerdotes sobre a escolha de Barrabás, a ideia da multidão a respeito de Jesus ainda não está clara em Marcos. *Palin* ("novamente") em Mc 15,12 mostra que a pergunta de Pilatos se relaciona com a pergunta anterior em Mc 15,9, que foi feita

---

[1] Ver em § 32, sob "O relato marcano do interrogatório (Mc 15,2-5)", e § 34 A o uso do pospositivo *de* em Mc 15,6-11.

com respeito à soltura de "o Rei dos Judeus".[2] Ao fazer uma pergunta à multidão sobre o destino de Jesus, Pilatos começa a mostrar que será dominado por eles. A frase "a quem vós chamais" em Mc 15,12 não significa que eles reconheçam que Jesus é "o Rei dos Judeus"; sugere, antes, que eles usaram o título na acusação quando levaram Jesus a Pilatos pela primeira vez (e assim esclarece Mc 15,2, isto é, como Pilatos obteve as informações para perguntar a Jesus quanto a esse título). A frase é omitida por testemunhos textuais *koiné*;[3] mas encaixa-se na tendência de Pilatos a investigar debaixo das aparências da acusação judaica, como ele fez em Mc 15,10, pois sugere que os acusadores, não Jesus, usaram o título. Talvez nesta etapa, "o Rei dos Judeus" seja usado com um toque de sarcasmo; contudo, continua a ser tudo o que o Pilatos marcano sabe a respeito desse homem, que ele nunca chama de "Jesus".

Embora os chefes dos sacerdotes tenham estado ativos, o brutal imperativo do grito da multidão contra Jesus em Mc 15,13 é chocante na fluência da narrativa. Há outro *palin* e alguns biblistas fazem objeção à lógica marcana, pois a multidão não gritou antes. É possível responder que há uma resposta implícita (gritada) para Pilatos em Mc 15,11; mas aqui a implicação é provavelmente "de volta", quando a multidão dá sua resposta definitiva à segunda iniciativa de Pilatos. Ironicamente, o verbo *krazein* ("gritar") foi usado pela última vez em Marcos quando os que iam à frente e atrás de Jesus em sua entrada em Jerusalém montado em um burrico gritaram Hosana e o abençoaram (Mc 11,9). No caso presente, o grito contém a primeira referência a crucificação em Marcos.[4] Adiante (§ 40, #3), examinaremos a brutalidade da crucificação; assim, a exigência da multidão pertinente a Jesus é realmente bárbara.

---

[2] Alguns testemunhos textuais *koiné* acrescentam aqui um *thelete* ("O que, portanto, *vós quereis* que eu faça...?"), o que realça a conformidade da pergunta em Mc 15,9. Se a leitura fosse original, tornaria mais deliberada a reação da multidão em Mc 15,13.

[3] Ao que tudo indica, novamente em conformidade com Mc 15,9, que não o tem.

[4] Nas três predições marcanas por Jesus da morte do Filho do Homem (Mc 8,31; 9,31; 10,34), o verbo usado foi *apokteinein*, "executar, matar". O verbo neotestamentário básico para crucificação é *stauroun*, denominativo de *stauros* ("estaca"); normalmente, Josefo usa *anastauroun* (*Guerra* I,iv,6; #97; *Ant.* XIII,xiv,2; #380). A ideia original é pôr alguém em uma estaca e, na interpretação de P.-E. Guillet ("Les 800"), Josefo se refere a empalação. Agora, entretanto, sabemos por documentos contemporâneos que alguns judeus realmente tencionavam suspender certos tipos de criminosos condenados vivos (§ 23 A) e isso fortalece a probabilidade de a referência ser à crucificação, e não a um pau que atravessava verticalmente o corpo, o que com toda certeza mataria a vítima.

Essa segunda recusa ainda não convence o prefeito. O tempo imperfeito ("continuava dizendo") em Mc 15,14 capta a força contínua em sua terceira tentativa de lidar apropriadamente com Jesus. (O padrão de três perguntas por Pilatos e três respostas pela multidão[5] harmoniza-se com outras tríades na NP marcana: três orações no Getsêmani; três negações etc.) "Pois o que fez ele que é mau?" é o mais próximo que Marcos chega do tema de inocente encontrado nas declarações de inocência três vezes reiteradas por Pilatos em Lucas e João, tema que aparece em Mateus na referência a sangue inocente. Alusões a fazer algo "mau [*kakos*]" aparecem em Jo 18,23, onde Jesus desafiou o guarda de Anás a dar testemunho se ele falara alguma coisa má, e em Jo 18,30, onde "os judeus" responderam arrogantemente a Pilatos: "Se este sujeito não estivesse fazendo o que é mau, não o teríamos entregado a ti". Apesar da forma interrogativa, então, Marcos usa uma frase tradicional para proclamar a impecabilidade de Jesus (ver Is 53,9). Assim, a partir da pergunta, não se pode nem presumir que esse fosse um julgamento por aclamação (§ 31, D3c), nem reconstruir a perspectiva psicológica de Pilatos, como se ele tivesse esperança de uma resposta mais favorável dos adversários de Jesus. Talvez até, na narrativa, ele perca o controle das consequências.

Mt 27,22-23a. Nesta parte da cena, Mateus mantém-se muito próximo de Marcos e é até ligeiramente mais sucinto. Talvez isso aconteça porque Mateus já tirou o suspense da maneira como as multidões lidam com a nova iniciativa de Pilatos, ao nos contar, em Mt 27,20, que os chefes dos sacerdotes as persuadiram não só a pedir Barrabás (como Marcos relata), mas a destruir Jesus. Somos avisados antecipadamente de qual será a resposta à pergunta de Pilatos: "O que, portanto, farei com Jesus?".[6] Como já em Mt 27,17, aqui também Mateus prefere "Messias" (*Christos*) como título para Jesus ao marcano "o Rei dos Judeus". Portanto, a inferência mais sombria é que as multidões não só preferem Barrabás ao Messias, mas também querem crucificar o Messias.[7] A lógica de perguntar o que fazer com "Jesus chamado o Messias" faz mais sentido se as multidões preferem a soltura de *Jesus* Barrabás (Mt 27,16-17). Outra diferença mateana é que, enquanto em Mc 15,13 a multidão grita de volta "Crucifica-o", em Mt 27,22 *todos dizem*: "Deixa-o

---

[5] Assim Foulon-Piganiol, "Rôle", p. 628; cf. Mc 15,9.12.14a e 15,11.13.14b.

[6] Ao compararmos Mt 27,22 com Mc 15,12, vemos que Mateus já usou o "em resposta" marcano introdutório em Mt 27,21, quando criou o discurso direto na cena de Barrabás.

[7] Uma variante no Códice de Beza e no OL de Mt 27,22: "O que, portanto, *nós* faremos com Jesus?" traz as multidões mais intimamente à decisão.

ser crucificado". "Todos" prepara para "todo o povo" em Mt 27,25 que toma sobre si e seus filhos a responsabilidade pelo sangue de Jesus. O uso de "dizer" em vez de "gritar" sugere uma rejeição menos emotiva e mais deliberada do Messias.[8]

Lc 23,20-22. Lucas tem o mesmo padrão geral que Mc 15,12-14a, a saber, outra tentativa pós-Barrabás por Pilatos a favor de Jesus; o grito/brado para crucificar; a reação de Pilatos a essa exigência de crucificação. Contudo, a linguagem (muito lucana) é bem diferente da de Marcos, de modo que, se aqui Lucas recorreu a Marcos (como penso), ele se comprazeu em considerável reescrita. Na NP, o verbo marcano usual "gritar" é *krazein* (três vezes; Mateus, duas vezes). João emprega *kraugazein* que, com o propósito de diferenciar, traduzo como "berrar". Em Lc 23,18, Lucas (só ele) já usou *anakrazein* ("gritar"). Aqui, porém, Lucas emprega um padrão intrincado: em Lc 23,20, relativo a Pilatos, o verbo *prosphonein* ("bradar na direção de" = "bradar ao se dirigir a"); em Lc 23,21, relativo às autoridades judaicas e ao povo, o verbo *epiphonein* ("bradar contra" = "bradar de volta");[9] e em Lc 23,23, duas referências nominais a seus "brados" (*phone*) contra Jesus. Assim, em termos de vocabulário, Pilatos e os adversários judaicos de Jesus estão no mesmo nível de emoção. Em Lc 23,21, o duplo clamor lucano "Crucifica, crucifica-o" não só é uma resposta muito mais drástica que a dada em Lc 23,18 pelos adversários de Jesus à proposta anterior de Pilatos, mas é também mais completa que o único brado pela crucificação em Mc 15,13 e Mt 27,22. Büchele (*Tod*, p. 37) menciona uma propensão lucana por palavras duplas, vocativos, sentenças e perícopes. Entretanto, o berro também é duplo em Jo 19,6 ("Crucifica, crucifica") e há quem julgue ser esse outro caso em que Lucas acrescenta elementos de uma tradição semelhante à usada por João. Como em Marcos/Mateus, essa é a primeira referência à crucificação em Lucas.

A resposta de Pilatos (Lc 23,22) ao clamor combina a pergunta tirada de Mc 15,14 ("Pois o que fez este sujeito que é mau?") com a terceira declaração de inocência do Pilatos lucano,[10] sendo esta última outro aspecto que Lucas partilha

---

[8] "Deixa-o ser crucificado" não é teologicamente significativo quanto à responsabilidade, mas representa a preferência mateana pela forma passiva ou impessoal desse verbo (SPNM, p. 251).

[9] *Prosphonein* e *epiphonein* são esmagadoramente lucanos no NT, e cada um deles é usado duas vezes no relato do julgamento judaico de Paulo nos Atos.

[10] O próprio Lucas observa que essa é "uma terceira vez", embora curiosamente pareça que essa enumeração determina também a pergunta tomada por empréstimo de Marcos.

com João. Parece que "Eu não encontrei nada nele culpado de morte" é uma composição de "não encontrei nada neste homem [...] culpado", de Lc 23,14, e "merecedor de morte", de Lc 23,15. "Tendo-o castigado (por chicoteamento), portanto, eu o soltarei" faz eco à mesma expressão em Lc 26,16. [Quanto ao chicoteamento, ver adiante, sob "Jesus é entregue à (flagelação e) crucificação (Mc 15,15; Mt 27,26; Lc 23,24-25; Jo 19,16a + 19,1)".] O resultado de toda essa linguagem combinada é que o Pilatos lucano reage mais vigorosamente que o Pilatos marcano/mateano contra o clamor pela crucificação, quase como se fosse ignorá-lo e soltar Jesus. Subsequentemente, então, é surpreendente na narrativa a rápida aquiescência de Pilatos depois de alguns brados mais fortes pela crucificação (Lc 23,23b-24).

Jo 19,4-8. Nesta seção do julgamento romano, é muito difícil comparar com os relatos sinóticos relativamente fracos a dramatização joanina mais longa e mais potente. Os mesmos elementos básicos que estão em Mc 15,12-14a encontram-se em João (Jo 19,4.6), mas eles fazem parte de uma estrutura expandida, que lhes dá novo sentido. Em especial, há um novo prefácio: dois elementos que Mc 15,15b coloca no final do julgamento, isto é, uma flagelação e um escárnio romano de Jesus, aparecem em Jo 19,1-3 no meio do julgamento, como reação imediata de Pilatos à escolha de Barrabás. Em vez de fazer parte do castigo de crucificação (como é o caso da flagelação em Marcos/Mateus): em João, açoitar torna-se um castigo menor que, Pilatos espera, satisfará "os judeus", fazendo-os desistir deste desventurado Jesus. (Aqui, o Pilatos joanino não é diferente do Pilatos lucano de Lc 23,16: "Tendo-o castigado [com chicotadas], portanto, eu o deixarei ir"; mas, em João, o açoitamento acontece, enquanto em Lucas a oferta é rejeitada.) O escárnio descrito em Jo 19,2-3 (ver § 36 adiante) faz parte da mesma estratégia. No arranjo de sete episódios do julgamento romano de João (§ 32 D – Quadro 5), Jo 19,1-3 é o Episódio 4 central, implicitamente ambientado dentro do pretório (ver Jo 19,4). Nesse episódio, Pilatos tem papel menos importante que em qualquer outro, pois os soldados levam a cabo a brutalidade.

Em Jo 19,1-3, a narração tem o propósito de prefaciar e apoiar o dramático Episódio 5 (Jo 19,4-8), onde o Jesus açoitado é levado para fora do pretório para encarar "os judeus". Ali, ele ainda veste o manto real escarnecedor e está com a coroa de espinhos,[11] o que demonstra a falta de seriedade que Pilatos encontra na

---

[11] João nunca nos conta que os trajes escarnecedores foram tirados de Jesus, mas em Jo 19,23 ele veste as próprias roupas.

acusação de ser ele "o Rei dos Judeus". Em Jo 19,4, com Jesus de pé diante de seus acusadores, Pilatos declara que não encontra nenhuma causa em absoluto contra ele. É a segunda das três afirmações joaninas de inocência, expressa quase no mesmo grego que a primeira (Jo 18,38).[12]

Em Marcos/Mateus, o segundo desafio de Pilatos ao populacho é: "O que, portanto, farei com ele, a quem vós chamais 'o Rei dos Judeus' [ou 'Jesus chamado o Messias']?"; Lc 23,20 descreve o desafio indiretamente, quando Pilatos brada, desejando soltar Jesus. Nenhum desses esforços iguala-se em drama ao que Pilatos faz em Jo 19,5, quando ele apresenta o Jesus açoitado e escarnecido com as palavras: "Vede o homem".[13]

O que *anthropos* ("homem") exprime? Há quem não lhe atribua nenhum significado teológico especial, de modo que a frase equivale a "Olhai para este pobre sujeito", ou para evocar piedade (Bernard) ou para ridicularizar qualquer tentativa de levar a sério essa desafortunada figura como pretendente régio (Bultmann, Blinzler, Charbonneau, Flusser), ou como forma de desprezo para estimular a multidão a exigir a soltura de Jesus (Bajsic). Seguindo a última sugestão, foi perguntado se o açoitamento fazia parte do processo de anistia, de modo que essa é a fórmula de anistia, isto é: "Vede o homem que deve ser solto" (ver Soltero, "Pilatus", p. 329-330). Lohse (*History*, p. 93) considera-a indicação da forte impressão que Jesus dá a Pilatos: "Eis um *homem*!".

Outros dão a *anthropos* um significado cristológico. Suggit ("John 19") menciona o número de vezes que "homem" tem sentido sugestivo em João, por exemplo, Jo 9,11, onde o conhecimento que o cego tem do "homem chamado Jesus" é o primeiro passo no caminho da fé; Jo 10,33: "tu, sendo um homem, te fazes de Deus"; Jo 11,50: "É melhor que um só homem morra pelo povo" (também 18,14). Esse

---

[12] Na maioria dos manuscritos, o negativo modifica o substantivo ("não encontro nenhuma causa"), mas, em P[66] e no Códice Sinaítico de Jo 19,4, ele modifica o verbo ("não encontro uma causa [culpada]), e os mss. variam na presença e colocação de "contra ele".

[13] À guisa de detalhe secundário, *idou* ("vede") é usado por João aqui e outras três vezes, em contraste com quinze usos de *ide* ("olhai"), a ser empregado em Jo 19,14. G. D. Kilpatrick (JTS NS 18 [1967], p. 426) lê *ide* aqui também e faz as duas proclamações do capítulo 19 paralelas. Curiosamente, P[66], OL e o Copta Subaquemímico omitem "Vede o homem", omissão que talvez seja sinal de que os intérpretes primitivos já ficavam confusos quanto à importância dessa declaração enigmática, não raro conhecida pela tradição latina *Ecce homo*. Uma interpretação peculiar (examinada e rejeitada por Houlden, "John") é que o "ele" que diz isso não é Pilatos, mas Jesus, que comenta a respeito dos que o julgam: "Vede como é o homem" (cf. Jo 2,25). O paralelo parcial com Jo 19,14 pesa contra isso.

tipo de associação é defendido também por Derrett ("Ecce", p. 229, 216), que, com imaginação quase descontrolada, combina referências em hebraico e grego com a convicção de ter descoberto um simbolismo que "passou despercebido durante séculos". Alguns biblistas pensam que a fórmula está aqui por contraste com a acusação de Jesus se fazer Filho de Deus dois versículos adiante. Outros (inclusive Barrett) apelam ao mito do Homem primitivo que é duvidosamente proposto como base para a cristologia joanina (examinada em Schnackenburg, *John*, v. 1, p. 543-557). Mais comum é igualar "homem" ao Filho do Homem que Jesus predisse três vezes que seria elevado (Jo 3,14; 8,28; 12,32-34; assim Blank, de la Potterie, Dodd). Mas por que, nesse caso, João mudaria o título para "homem"? Meeks (*Prophet-King*, p. 70-72) afirma que "Homem" era título escatológico no Judaísmo helenístico e indica Zc 6,12: "Vê um homem [*aner*, não *anthropos*] cujo nome é o Ramo [...], ele construirá a casa do Senhor". Em geral, reconhece-se que "o Ramo" é título com inferências davídicas e messiânicas, de modo que "Vede o homem" dito por Pilatos está ligado à questão de ser "o Rei dos Judeus".[14] Não conseguimos resolver essa questão, mas soluções em que, nesta etapa do julgamento, Pilatos reconhece a verdade quanto à identidade celeste de Jesus tornam sem sentido o que se segue em Jo 19,7-8. A reação judaica à proclamação subentende claramente que, por meio dela, Pilatos recomenda a soltura de Jesus. Pessoalmente, prefiro a explicação mais simples, a partir da qual Pilatos estava demonstrando que Jesus era patético e não representava nenhuma oposição nem para Roma, nem para "os judeus".

Em Mc 15,13, a iniciativa de Pilatos em benefício de Jesus é respondida com o grito: "Crucifica-o", vindo da multidão que os chefes dos sacerdotes haviam influenciado. Jo 19,6 coloca o berro[15] "Crucifica, crucifica" (duplicado em Lc 23,21) diretamente nos lábios dos chefes dos sacerdotes e dos guardas. Contudo, no versículo seguinte "os judeus" tomam parte no diálogo, de modo que também João pensa em uma coletividade que age unanimemente. A intensidade do duplo "Crucifica" é muito inteligível em João, pois, desde o início do julgamento (Jo 18,31-32), "os judeus" expressam com insistência a exigência da morte de Jesus e, na verdade, desse tipo de morte.

---

[14] Schwank, "Ecce Homo", dá um interpretação fortemente teológica: Pilatos responde à pergunta que ele mesmo faz, "O que é a verdade?" (Jo 18,38a), apontando para o homem que é o caminho para todos os seres humanos que buscam a verdade (cf. Jo 8,12).

[15] Sob "Lc 23,20-22" acima, examinei o vocabulário evangélico variado, traduzido como "gritar", "berrar" e "clamar".

Em Jo 19,6b, a resposta de Pilatos à exigência de crucificação é mais exasperada que a dada nos outros Evangelhos. "Tomai-o vós mesmos e crucificai" repete o tom e as palavras de Jo 18,31 no início do julgamento: "Tomai-o vós mesmos e julgai-o segundo vossa lei". A reação judaica à primeira contestação foi em termos da lei romana (§ 32, sob "Episódio 1..." acima): "Não nos é permitido executar ninguém"; a reação judaica em Jo 19,7 é em termos da lei judaica: "Temos uma lei e segundo a lei ele deve morrer, porque ele se fez Filho de Deus".[16] Durante o ministério de Jesus, foi-nos dito que "os judeus" procuravam matar Jesus porque ele falava de Deus como seu Pai, assim se fazendo igual a Deus (Jo 5,18), e que eles planejavam apedrejá-lo por blasfêmia porque, embora apenas um homem, ele se fazia igual a Deus (Jo 10,33). Desse modo, muitos biblistas acham que a lei invocada aqui é Lv 24,16, a respeito de executar o blasfemador.[17]

Ao mudar "o Rei dos Judeus" para "o Messias", Mt 27,22 deixou claro que Jesus foi rejeitado como figura religiosa; do mesmo modo, João deixa claro que o Filho de Deus é rejeitado.[18] Em Marcos/Mateus, a persuasão dos chefes dos sacerdotes levou a multidão a exigir a crucificação de Jesus. Blinzler (*Trial*, p. 211-212) sugere que essas autoridades tinham grande influência religiosa e que a multidão começou a pensar que Jesus era mesmo religiosamente mau. Contudo, os sinóticos não introduzem a lei na questão. João relembra o julgamento de Jesus com o entendimento da última terça parte do século I, quando, com a destruição do Templo, a lei se tornou um fator ainda maior na vida judaica. Nessa ocasião, embora presentes e ativos, os chefes dos sacerdotes estão na maior parte incluídos em "os judeus". No final do século, a divindade de Jesus como ameaça à unicidade de Deus emergia como o grande problema entre judeus e cristãos, e João a descreve como o fator nada superficial no julgamento romano.

Como já foi mencionado, João coloca Pilatos em julgamento diante de Jesus. Consequentemente, quando é revelada a verdadeira razão pela qual "os judeus"

---

[16] Essa declaração, atribuída por João a "os judeus", mostra que, para ele, "os judeus" não se equiparam ao mundo, nem com uma designação geográfica (da Judeia).

[17] Wead ("We have") recorre à condenação do falso profeta em Dt 13,1-5 que faz sinais (ver Jo 11,47-48) e ensina rebelião contra a lei de Israel (Jo 18,19: "seu ensinamento"), de modo que deve ser executado. Ver também Meeks, *Prophet-King*, p. 47-57. Examinei a questão do falso profeta em § 23 B, acima, e sugeri que ela aparece abundantemente nas seções posteriores do NT.

[18] O paralelismo dos temas intensifica-se quando nos lembramos de que Mt 16,16; 26,63 interpretam "o Messias" como "o Filho de Deus".

querem Jesus crucificado, Pilatos percebe que não pode esperar conseguir um acordo político pelo qual se livraria de proferir um julgamento ofensivo. Ele terá de decidir não só se o pretenso "Rei dos Judeus" morrerá, mas também se o Filho de Deus morrerá. Assim (Jo 19,8), Pilatos "teve mais medo". O "mais" confunde os intérpretes, pois não houve nenhuma referência anterior a medo. Bultmann e Schnackenburg interpretam a hesitação de Pilatos ao lidar com Jesus antes na cena como manifestação de medo, mas é mais provável que o "mais" tenha a força de um elativo (Barrett) e signifique simplesmente que Pilatos teve muito medo. Há quem julgue ser o medo político, pois essas pessoas intransigentes vão constranger sua capacidade de governar (no sentido de Jo 19,12, adiante). Entretanto, muitos o consideram um medo religioso. Flourney, Haenchen e outros entendem que o Pilatos joanino revela a superstição pagã ao encontrar uma divindade ou o divino.[19] Contudo, embora João descreva Pilatos com a aparência de um romano arrogante, é duvidoso que ele procure dar a Pilatos sensibilidades religiosas pagãs. Para João, ele é, mais exatamente, o tipo de ser humano que não quer tomar uma decisão entre a luz e a escuridão, entre a verdade e a falsidade. A acusação judaica de que Jesus afirma ser Filho de Deus é coerente com a declaração de Jesus a Pilatos, de que ele veio ao mundo para dar testemunho da verdade (Jo 18,37). Pilatos tem medo porque fica cada vez mais claro que ele não conseguirá escapar fazendo um julgamento a respeito da verdade.

Segundo clamor sinótico pela crucificação; o Pilatos mateano lava as mãos (Mc 15,14b; Lc 23,23; Mt 27,23b-25)

Embora um segundo clamor pela crucificação seja elemento comum nos quatro Evangelhos, há três tratamentos diferentes da maneira como Pilatos responde: em Marcos e Lucas, ele aquiesce imediatamente; em Mateus, ele lava as mãos e força o povo a assumir a responsabilidade pelo sangue inocente de Jesus. Como veremos na próxima subdivisão: em João, o segundo clamor está inserido em outro diálogo com Jesus e com "os judeus", quando Pilatos força-os a reconhecer César como rei.

Mc 15,14b e Lc 23,23. Nesses dois Evangelhos, o segundo forte clamor pela crucificação responde à tentativa renovada de Pilatos para poupar Jesus, e o

---

[19] Citam com frequência uma passagem de *Vida de Apolônio* (4,44) de Filostrato, em que, no tempo de Nero, o oficial romano Tigelino, depois de interrogar Apolônio, pensa que ele é divino e não quer mais lidar com ele, temendo combater um deus. Ver também a respeito de Jo 19,9 adiante.

clamor põe fim aos esforços de Pilatos. Em Mc 15,14b, o segundo grito da multidão é mais forte (*perissos,* "ainda mais") e é de se presumir que essa seja a razão de Pilatos passar imediatamente a satisfazer suas exigências e mandar crucificar Jesus (Mc 15,15). Lc 23,23 descreve o segundo clamor pela crucificação com o emprego do verbo *aitein*. Quando Mc 15,8 usou esse verbo para descrever a ação da multidão que subiu, eu o traduzi como "solicitar"; com efeito, ainda não havia nenhum visível antagonismo agravante entre Pilatos e a multidão. Aqui, em Lucas, ele assume o tom de "exigência"; é um particípio que complementa *epikeisthai* ("pressionar"), expressando urgência. Lucas ressalta ainda mais a intensidade da exigência pela duplicação "altos brados"[20] e "seus brados estavam ficando mais fortes". (O último antecedente expresso para "seus" estava no v. 13: "os chefes dos sacerdotes e os governantes e o povo"; e alguns testemunhos *koiné* lembram os leitores disso por um acréscimo no v. 23: "seus gritos e os dos chefes dos sacerdotes".) Essa pressão leva Pilatos, no versículo seguinte, a proferir sentença de que a solicitação deles pela crucificação fosse posta em prática.

Mt 27,23b-25. Com a exceção secundária de uma forma diferente de imperativo ("Deixa-o ser crucificado"), o fraseado mateano do segundo clamor pela crucificação é idêntico ao marcano; mas Mateus tem um episódio único como forma de reação de Pilatos a esse segundo clamor. Ao comentar esta passagem, não se pode ignorar sua trágica história por incitar o ódio cristão por judeus.[21] Embora a NP inteira tenha sido (mal) usada em expedientes antijudaicos, este texto onde todo o povo brada "Seu sangue sobre nós e sobre nossos filhos" tem papel especial. É tratado como se fosse uma automaldição pela qual o povo judeu atraiu sobre si o sangue de Jesus por todos os tempos (opinião corretamente rejeitada por Schelkle, "Selbstverfluchung").[22]

---

[20] *Phone megale*: 6 usos em Lucas, 6 nos Atos, 4 em Marcos, 2 em Mateus, 1 em João.

[21] Ver o exame do antijudaísmo em § 18 F. Na bibliografia de § 30, Parte VI, ver Kampling a respeito da história da interpretação de "seu sangue" na Igreja ocidental; também Fitzmyer, Lovsky, Matera, Mora e Sanders, quanto a algumas questões modernas.

[22] Pfisterer ("Sein Blut") diz que, desde o século IV, esse é o *locus classicus* para estabelecer a rejeição de Israel por Deus. C. G. Montefiore (*The Synoptic Gospels* [2 v., New York, Ktav, 1947, reimpressão da ed. de 1927], v. 2, p. 346) considera-o um versículo terrível, pelo qual todas as atrocidades "[...] cometidas contra os judeus eram aceitas e invocadas sobre suas cabeças pelos próprios judeus. É uma dessas frases que são responsáveis por oceanos de sangue humano e uma corrente incessante de miséria e desolação".

Esperemos que nenhum exegeta moderno coloque esses preconceitos mais tardios na mente de Mateus. Entretanto, por reação, alguns intérpretes bem-intencionados tentam amenizar o antissemitismo, tornando o texto mateano inexpressivamente brando, separando-o da polêmica do fim do século I. Os cristãos da Igreja mateana tinham contendas com a sinagoga e, segundo entendiam, haviam sido perseguidos pelas autoridades judaicas. Era inevitável que interpretassem os desastres que aconteciam aos judeus como ira divina por rejeitarem Jesus.[23] A raiva de Deus pelo povo escolhido por resistir ao plano divino é conceito bíblico comprovado. Seiscentos e cinquenta anos antes de Mateus escrever, os profetas interpretaram a destruição do primeiro Templo pelos babilônios como castigo de Deus para Israel (e Judá: Ez 9,8-11). Cristãos e judeus igualmente interpretaram a destruição do segundo Templo pelos romanos da mesma maneira, divergindo apenas no que julgavam ser o motivo de Deus estar zangado. Josefo (*Guerra* IV,vi,3; ##386-388) atribuiu a queda da cidade e o incêndio do Templo às brutalidades dos grupos judeus uns contra os outros e a suas impiedades; Mateus atribuiu-os ao envolvimento judaico na crucificação de Jesus. Mas também é preciso acrescentar um corolário a respeito dessa suposição da ira divina. O entendimento bíblico é que a ira divina dura apenas um breve momento, enquanto a misericórdia divina dura para sempre (Sl 30,6; 100,5). Assim, Orígenes transcendeu drasticamente o julgamento que Mateus proferira quando, c. 240, escreveu: "Por essa razão, o sangue de Jesus permanece não só nos que viviam no momento, mas também em todas as gerações de judeus que se seguiram até o fim dos tempos" (*Comentário a Mateus* 27,22-26, #114; GCS 38,260 — infelizmente, ele foi seguido em sua avaliação por alguns dos maiores nomes da cristandade.) Embora Paulo e Mateus não tivessem o mesmo ponto de vista, Rm 9–11 mostra como um autor neotestamentário podia falar da ira de Deus para com "Seu povo" e ainda afirmar que Deus não o rejeitou permanentemente.

Mesmo sem distorções posteriores, a hostilidade mateana para com as sinagogas e sua atribuição da responsabilidade pelo sangue de Jesus a "nós" e "nossos filhos" de "todo o povo" seriam hoje consideradas problemáticas pela maioria e, na verdade, Lc 23,34a ("Pai, perdoai-os, pois eles não sabem o que estão fazendo") mostra que alguns contemporâneos de Mateus não compartilhavam sua atitude. Contudo, nossas sensibilidades a esse respeito não devem nos cegar para a força

---

[23] Ver a base para o que escrevi acima em Mora, *Refus*, p. 156-165; Pfisterer, "Sein Blut", p. 25.

dramática deste episódio. Entendido juntamente com episódios anteriores a respeito da culpa de Judas pelo sangue inocente e o sonho angustiante da mulher de Pilatos sobre este justo, eleva a NP mateana ao nível de proporcionar o drama mais eficiente entre os sinóticos, ultrapassado a esse respeito apenas pela obra-prima joanina.

Entender que Mateus está dramatizando a teologia é muito importante na exegese da cena. Na verdade, alguns biblistas consideram este episódio basicamente histórico (Blinzler, Goppelt, Lagrange) e, às vezes, um apelo à história é usado para enfraquecer a mensagem mateana. Por exemplo, é óbvio que "todo o povo [judeu]" não poderia ter estado presente em determinado local em Jerusalém, em uma sexta-feira em 30 ou 33 d.C., de modo que há quem atribua a responsabilidade somente ao pequeno número que estava presente (ver Kosmala, "His Blood", p. 95-96). Mas como é intenção dramática de Mateus generalizar a responsabilidade, essa limitação histórica é irrelevante para o sentido do texto. Por outro lado, há quem argumente que o episódio é puro drama, sem base histórica, e que, como as palavras nunca foram ditas por um grupo de judeus, o texto não tem nenhuma importância real. Essa perspectiva ignora o argumento de que o episódio é passagem bíblica textualmente certa, que representa o ponto de vista de um evangelista nos anos 80, e esse fato lhe dá importância para a maioria dos cristãos. Em meus comentários abaixo, tentarei ser sensível aos vários aspectos da cena; mas, em termos de historicidade, quero observar que, para mim, este episódio representa uma composição mateana com base em uma tradição popular que se reflete no tema do sangue inocente de Jesus e na responsabilidade que ele criou. Tem a mesma origem e formação que o episódio de Judas (Mt 27,3-10) e da mulher de Pilatos (Mt 27,19). (Na verdade, desconfio que a tradição por trás da história dos magos surgiu dos mesmos círculos judeu-cristãos.) Alguns dos elementos que entraram nessa tradição eram muito antigos, e pode ter havido um pequeno núcleo histórico; mas a descoberta desse núcleo com exatidão está além de nosso alcance. Como exemplo do julgamento cauteloso que aplico a este episódio, quero mencionar que CPPM, p. 256-261, mostra que a linguagem, semelhante à encontrada em Mt 27,3-10, não é estranha a Mateus e é fortemente colorida por temas veterotestamentários. Entretanto, CPPM não transcende essas indicações de formação ou reescrita mateana para examinar a tradição mais antiga. A existência de tal tradição é sugerida por um paralelo com At 5,28, onde as autoridades do sinédrio fazem raivosamente uma acusação contra os pregadores apostólicos: "Desejais atrair sobre nós o sangue deste homem". A reflexão sobre a responsabilidade criada pelo sangue de Jesus não se originou com Mateus.

O episódio começa em Mt 27,24, com a descrição do ambiente que o segundo clamor pela crucificação criou em Mt 27,23b. Pilatos estava agora convencido de que nada que fizesse adiantaria e que, por causa de sua resistência à(s) multidão(ões), estava ocorrendo um tumulto (*thorybos*). Em Marcos e Lucas, já havia acontecido uma desordem (*stasis*) que levou à prisão de Barrabás; Mateus nunca menciona isso, mas ele reflete o mesmo ambiente no qual os romanos estavam alarmados por tumultos em Jerusalém (talvez principalmente durante uma festa). Antes, os chefes dos sacerdotes e os anciãos também se tinham mostrado ansiosos para matar Jesus sem um tumulto (Mt 26,5); agora, paradoxalmente, parece que eles mudaram de tática, pois, ao instigar a multidão, criam um tumulto que funciona contra Jesus. Essa situação diferente convence Pilatos de que ele terá de ceder aos gritos pela crucificação; mas, antes de fazê-lo, ele tentará se livrar da culpa de executar um inocente. No que se segue, Pilatos age e fala como se tivesse lido o AT e estivesse seguindo os costumes legais judaicos. Para alguns biblistas, isso prova que o relato não é histórico; outros, que apoiam a historicidade, argumentam que Pilatos aprendera práticas judaicas e as estava usando, embora com desdém, para demonstrar sua inocência. Tais reflexões acerca do que Pilatos saberia são distrações que certamente não ocorreram a Mateus que, no nível da narração, estava apresentando uma cena inteligível aos leitores judeus e gentios. (Cargal ["His Blood", p. 101-103] reforça o ponto de prestar atenção à inteligibilidade narrativa.) Círculos judeu-cristãos, dos quais creio ter Mateus tirado os elementos construtivos do material de Mt 27,3-10.19.24-25, estavam impregnados de um ponto de vista veterotestamentário, de modo que a implausibilidade de um juiz gentio ter sensibilidades deuteronômicas não lhes ocorreria. Quanto aos cristãos gentios, vimos que Mateus não é indiferente à plausibilidade em um nível mais amplo do que ele relata. Apesar dos sofismas de alguns biblistas e do fato de parecer que a *Carta de Aristeas* (305-306) julga necessário explicar que os judeus lavam as mãos como sinal de que não cometeram pecado, há paralelos adequados para lavar como purificação protetora em uma ampla esfera de literatura greco-romana, como indica Broer ("Prozess", p. 106): Homero (*Ilíada* VI,266-268), Sófocles (*Ajax* 654-655), Heródoto (*História* I,35) e Virgílio (*Eneida* II,718-720).

Voltemo-nos para a base veterotestamentária, que é a chave para o sentido mateano. Sl 26,6 e 73,13 exemplificam lavar as mãos em inocência. Em relação à morte violenta, a imagem de lavar as mãos é especialmente apropriada, por causa da propriedade que o sangue tem de manchar. Dt 21,1-9 apresenta o procedimento a ser seguido quando não se sabe quem cometeu um homicídio. (Frankemölle [*Jahwebund*, p. 208-209] é particularmente enfático quanto ao Deuteronômio ser a base para a cena mateana.) Com a pressuposição de que o sangue de uma vítima inocente cria responsabilidade, na presença dos sacerdotes, os anciãos da área devem lavar as mãos sobre uma novilha e declarar: "Nossas mãos não derramaram este sangue" (Dt 21,7). Eles pedirão ao Senhor: "Que (a culpa por) sangue inocente não seja posta no meio de teu povo Israel" — notemos a possibilidade de a culpa contaminar todo o povo. As palavras de Pilatos interpretam seu ato de lavar as mãos no mesmo estilo que Dt 21,7, mas agora o sangue que o Pilatos mateano não deseja que suas mãos derramem será posto no meio do povo de Deus. Uma intensificação dessa imagem é vista em *EvPd* 1,1: "Mas nenhum dos judeus lavou as mãos, nem Herodes, nem um só de seus juízes. E como eles não desejavam lavar, Pilatos levantou-se". Esta obra, nitidamente mais antijudaica que os Evangelhos canônicos, indica não só que os judeus não lavaram as mãos do sangue de Jesus, mas que também não desejavam lavar as mãos. Além disso, o *EvPd* separa a declaração de Pilatos, que proclama inocência de seu ato de lavar as mãos; apenas em *EvPd* 11,46 ele diz: "Estou limpo do sangue do Filho de Deus". Aí Pilatos imita a acusação de "os judeus" em Jo 19,7: "Ele se fez Filho de Deus". A interpretação do *EvPd* transcendeu claramente a de Mateus.

Ao descrever a ação de Pilatos, Mateus usa *aponiptein*, que combina *niptein* ("lavar")[24] com a preposição *apo* ("de"). O verbo está na voz média, de modo que se capta a insinuação da tentativa de Pilatos de tirar a mancha de si mesmo. Em sua declaração, ele usa *athoos*, empregado antes, em Mt 27,4 (somente dois usos neotestamentários), na confissão de Judas: "Pequei, ao entregar sangue *inocente*". Nos testemunhos textuais *koiné*, Pilatos diz que ele é "inocente do sangue deste homem *justo*", o que aumenta a proximidade com a mensagem da mulher de Pilatos em Mt 27,19: "Não deixes que haja nada entre ti e esse homem justo". Staats ("Pontius", p. 498-499) lembra que o fato de Pilatos lavar as mãos era tema favorito na arte cristã primitiva e que às vezes sua mulher aparece. Esse aparecimento mostra que

---

[24] Este verbo é usado em *EvPd*; na LXX, é frequente para a pureza ritual.

a ligação entre Mt 27,19 e Mt 27,24 era rapidamente percebida e se pensava que Pilatos estava tentando cumprir a ordem da mulher, embora em Mt 27,26 ele vá condenar Jesus.

As palavras que Pilatos fala à audiência diretamente em Mt 27,24 são literalmente: "*Vós* [pronome] vereis". Há quem entenda isso quase como promessa ameaçadora: no fim das contas, os presentes veriam que Jesus é inocente e eles são culpados; e há precedente para isso nas palavras que Jesus diz ao sumo sacerdote em Mt 26,64: "De agora em diante [nenhum pronome] vereis o Filho do Homem sentado à direita do Poder". Entretanto, é mais provável que devamos pensar na construção idêntica usada pelos chefes dos sacerdotes e escribas ao se dirigirem a Judas depois que ele procurou escapar à responsabilidade pelo sangue inocente; eles disseram: "O que é isso para nós? *Tu* [pronome] verás". Nesse contexto, tinha de significar "Tu hás de ver isso", e é o que significa também aqui. Os sacerdotes procuravam devolver a responsabilidade para Judas, e Pilatos procura lançá-la sobre as multidões, que exigem a crucificação. Na verdade, como se vê, ele não pode fazer isso; como autoridade política suprema na Judeia, no fim das contas ele mesmo tem de resolver. Mesmo que, em resposta, "todo o povo" assuma a responsabilidade, Pilatos não escapa de certa culpa. Ele pode usar a linguagem do juiz Daniel na história de Susana (Dn 13,46): "Sou inocente do sangue desta mulher",[25] mas, ao contrário de Daniel (Dn 13,64), ele não será louvado por ser o instrumento na salvação dos que esperam em Deus (Dn 13,60).

Vale a pena parar um momento para refletir sobre a responsabilidade das várias *dramatis personae*, conforme estão esboçadas nestes episódios mateanos estreitamente relacionados a respeito de Judas e Pilatos. (Aviso: este exame trata da responsabilidade subentendida na trama dessas narrativas populares, não da responsabilidade histórica que foi examinada em § 18 D-E.) Judas assumiu a responsabilidade por derramar sangue inocente ao possibilitar aos adversários de Jesus agarrá-lo. Apesar do gesto com o dinheiro, ele não podia escapar da culpa por ter posto em funcionamento um processo destrutivo irreversível. O castigo divino por essa culpa manifestou-se no suicídio de Judas. Embora, ao rejeitar o dinheiro,

---

[25] Outros paralelos à história de Susana em Daniel são mencionados por van Tilborg (*Jewish Leaders*, p. 91): a condenação do pecado de "fazer julgamentos injustos, condenar [*katakrinein*] o inocente e libertar o culpado, embora o Senhor diga: 'O inocente e o justo [*dikaios*] não executarás' (Dn 13,53)". Entretanto, "Assim foi o sangue inocente salvo nesse dia" (Dn 13,62) constitui um contraste entre os destinos de Susana e Jesus.

os chefes dos sacerdotes tentassem escapar à transferência de responsabilidade de Judas para eles, eles eram, de fato, muito responsáveis pelo sangue inocente, por causa da sentença de morte que haviam acabado de proferir contra Jesus, depois de ter procurado falso testemunho contra ele (Mt 26,59.66). Jesus advertira que o julgamento divino desceria sobre eles, pois eles veriam o Filho do Homem (Mt 26,64). Quanto à tentativa de Pilatos de evitar a responsabilidade, embora proferisse sentença contra um inocente, o ritual de lavagem de Dt 21 só era eficaz se os anciãos que o realizavam não tivessem participação no assassinato, quer cometendo-o eles mesmos, quer sabendo quem o cometeu. A responsabilidade de Pilatos não foi a principal responsabilidade, mas ele não pode se lavar e ficar limpo, do mesmo modo que Lady Macbeth não consegue lavar a "maldita mancha". Mateus faz uma parada para nos dizer, como fez com Judas, como o julgamento divino caiu sobre Pilatos. Entretanto, se fosse preciso escolher entre as lendas de destinos diferentes que aconteceram a Pilatos (§ 31, B2), é certo que o homem assombrado na vida e na morte estaria mais perto do instinto mateano para Grand Guignol (teatro de horrores) do que o retrato de Pilatos confessor e santo.

  Mas passemos a Mt 27,25, onde Mateus atribui grande responsabilidade a "todo o povo", os únicos na narrativa dispostos a aceitá-la. Há um debate entre os biblistas a respeito da relação de "todo o povo" com a(s) multidão(ões) que Mateus mencionara anteriormente, por exemplo, Mora (*Refus*, p. 38) afirma que não são nunca sinônimos. Entretanto, eles dificilmente podem ser separados. Desde que a multidão foi mencionada pela primeira vez no julgamento (Mt 27,15), Pilatos regularmente dirige suas perguntas aos que a constituíam e eles respondem (Mt 27,17.20-21; 27,22; 27,23). Em Mt 27,24, nos é dito que ele lavou as mãos diante da multidão e se dirigiu a ela com um "vós". Simplesmente no interesse da trama, "todo o povo" tem a ver com a(s) multidão(ões) como componente. Contudo, "todo o povo" é termo mais coletivo, com diversas inferências plausíveis. Os chefes dos sacerdotes e os anciãos foram mencionados pela última vez em Mt 27,20 persuadindo as multidões; como a exigência da crucificação incorpora a persuasão deles de que Jesus deve ser destruído, Mateus com certeza os inclui em "todo o povo" que aceita a responsabilidade pela morte de Jesus. Imagina-se a atitude de Mateus para com a responsabilidade dessas autoridades pelas palavras ásperas que, em Mt 23,29-35, Jesus dirige aos escribas e fariseus que vão matar, *crucificar* e açoitar os profetas, os sábios e os escribas que Jesus enviará: "a fim de que caia sobre vós todo o sangue dos justos derramado na terra, desde o sangue do justo Abel até o sangue de Zacarias". Mas Mateus tem uma razão para falar de "todo o povo", em vez das multidões e dos chefes dos sacerdotes. Lv 24,10-16 nos diz que o blasfemador deve ser morto por "toda a comunidade"; ver também Nm 35,12. As autoridades do sinédrio condenaram Jesus à morte por blasfêmia; as multidões deixaram-se persuadir por essas autoridades a ser o instrumento principal para levar Pilatos a entregar Jesus à crucificação. Portanto, toda a comunidade participa do julgamento por blasfêmia e, segundo Mateus, isso torna "todo o povo" responsável pelo sangue inocente.

A última razão que é a mais importante para o uso mateano de "todo o povo" está no emprego veterotestamentário de "o povo" para Israel, o povo de Deus. Em Dt 27,14-26, onde os levitas dirigem uma série de maldições para todo o Israel, há um padrão estabelecido no qual "todo o povo" responde (ver também Js 24,16). Fitzmyer ("Anti-Semitism", p. 699) lembra que, em muitos casos em Mateus, *laos* significa o povo judeu etnicamente; e uma das primeiras citações formais mateanas do AT continha a palavra divina pelo profeta (Miqueias) que descrevia Jesus como "um soberano que governará meu povo Israel". Mateus empregou outras passagens veterotestamentárias com um tom de julgamento, por exemplo, Mt 13,14-15, com referência a um povo que nunca entende a palavra de Deus, e Mt 15,8-9, com referência a um povo que tem o coração longe de Deus. Com percepção tardia do período pós-70, Mateus vê os que em Jerusalém clamam pela morte de Jesus como representantes de todo o povo judeu que sofreu o castigo divino na repressão romana da Revolta Judaica. Comparemos At 2,36, onde Pedro fala aos hierosolimitas como representante de "toda a casa de Israel" e os acusa de ter crucificado o Senhor e Messias.[26]

Examinemos agora a frase: "Seu sangue sobre nós e sobre nossos filhos".[27] É preciso notar que não há verbo na fórmula mateana. Não é errado fornecer um verbo, como fazem muitas traduções ("venha" ou "esteja"); mas isso cria o perigo de interpretar erroneamente a frase como automaldição, profecia ou desejo sangui-

---

[26] Observemos como At 5,28 traduz isso quando o sumo sacerdote fala aos apóstolos diante do sinédrio reunido: "Enchestes Jerusalém com vosso ensinamento e quereis nos responsabilizar pelo sangue desse homem [Jesus]".

[27] Embora eu vá me concentrar no uso bíblico, a frase está atestada em todo o Oriente Próximo (Mora, *Refus*, p. 30; também Rabinowitz, "Demotic"). Ver variações no uso bíblico em Koch, "Spruch".

nário. Primordialmente, essa é uma fórmula da lei sagrada israelita que lida com a responsabilidade pela morte. Às vezes, o castigo decorrente é especificado, às vezes é deixado nas mãos de Deus. Por trás dele está a profunda sensação de que o extermínio da vida ou o derramamento de sangue é uma transgressão tão grande da autoridade divina sobre a vida e a morte que precisa ser explicada. Lv 20,9.11 descreve crimes que devem ser castigados pela execução. Por exemplo, se alguém amaldiçoa os pais ou comete adultério com a mulher de seu pai, "seu sangue sobre ele", isto é, por sua ação ele se tornou responsável por seu próprio sangue ser derramado como castigo (também Ez 18,13). Uma expressão equivalente encontra-se em 2Sm 1,16, com referência à execução do amalecita que matou o rei Saul ferido. Embora o rei solicitasse que o matasse por misericórdia, o amalecita não devia ter posto as mãos no ungido de Deus: "Teu sangue está sobre tua cabeça". Em Jr 26,15, Jeremias adverte os príncipes e "todo o povo": "Se me matardes, estareis trazendo sangue inocente sobre vós, sobre esta cidade...", isto é, serão considerados responsáveis e (implicitamente) Deus os punirá. A destruição de Jerusalém pelos babilônios ou caldeus faz Sião dizer: "Meu sangue sobre os habitantes da Caldeia" (Jr 51,35). Assim, com uma variedade de preposições (*be,'el, 'al*), há uma frase fixa: "sangue sobre (alguém)" ou "sangue sobre a cabeça (de alguém)", indicando quem é responsável pela morte aos olhos de Deus.

Uma lúcida distinção é feita em Js 2,19, onde é dito a Raab que ela protegerá sua família durante a conquista israelita de Jericó, mantendo-a dentro de casa: "Se alguém sair da porta da casa, seu sangue sobre sua cabeça; e nós seremos inocentes"; mas se alguém dentro da casa for ferido ou morto, "seu sangue sobre nossa cabeça" (também Nm 35,27; TalBab *Yoma* 21a). Em 2Sm 3,28-29 e 1Rs 2,33, vemos o problema causado quando Joab, general de Davi, mata Abner sem Davi saber nem consentir. Davi exclama que ele e seu reino estão sem culpa pelo sangue de Abner: "Que ele caia sobre a cabeça de Joab e sobre toda a casa de seu pai". Isso acontece quando Salomão manda executar Joab. Mixná *Sanhedrin* 4,5 julga que, em crimes sujeitos à pena de morte, o sangue do injustamente condenado, e também dos filhos que ele teria tido se vivesse, está sobre a falsa testemunha que com seu depoimento o condenou. É preciso mencionar que, aqui e alhures, a responsabilidade afeta a família inteira, inclusive descendentes. Embora Jr 31,29-30 e Ez 18,1-4 reagissem contra os filhos serem castigados pelos pecados dos pais, a noção bíblica de solidariedade permanecia forte e afirmava que os descendentes são afetados pelo que o antepassado fez. Quanto a "nós e nossos filhos", ver Gn 31,16; Ex 17,3 e a variante em 2Rs 9,26.

Essa origem esclarece Mt 27,25. Pilatos vai condenar à crucificação um homem que ele considera justo ou inocente (como sua mulher relatara a partir de uma revelação em sonho) e ele lava as mãos para demonstrar sua relutância em arcar com a responsabilidade por derramar o sangue desse homem. Ele diz às multidões persuadidas pelos chefes dos sacerdotes a destruir Jesus: "Vós haveis de ver isso", isto é, assumir a responsabilidade. Com a expressão "Seu sangue sobre nós e sobre nossos filhos", as multidões que falam (na perspectiva mateana) por todo o povo aceitam a responsabilidade. Elas não estão sendo sanguinárias nem empedernidas; de fato, estão persuadidas de que Jesus é blasfemador, como o sinédrio o julgou. Mas, ironicamente, do ponto de vista mateano, elas são os que finalmente aceitam a responsabilidade, enquanto os outros procuram evitá-la. Jesus é inocente; para Mateus, isso significa que Deus infligiu ou infligirá o castigo por seu sangue em todos os envolvidos, o que, com certeza, inclui "todo o povo" que aceitou a responsabilidade.

Até onde se estende o "nós e nossos filhos"? Em pelo menos três de quatorze usos mateanos, *tekna* ("filhos") tem o sentido amplo de descendentes; e aqui inclui os que passaram pela destruição de Jerusalém e do Templo, o período que Mt 24,21 chama de a "grande tribulação, como não foi vista desde o início do mundo até agora". (Ver exatamente a mesma situação em Lc 23,28, onde Jesus, a caminho para ser crucificado, exorta as filhas de Jerusalém a não chorarem por ele, mas por causa das coisas terríveis que estão para acontecer: "Por vós mesmas chorai e *por vossos filhos*".) Em um episódio cristão primitivo fora de Mateus, lemos em *Testamento de Levi* 16,3-4: "Vós dais o nome de 'impostor' a um homem que, no poder do Altíssimo, renova a lei; e por fim o matareis, como supondes, sem saber que ele seria ressuscitado. Assim, na iniquidade, tomai sangue inocente sobre vossas cabeças; e por causa dele vosso lugar santo será devastado, arrasado". Como Dahl, vemos um elemento etiológico na narrativa mateana destinado a explicar por que a destruição de Jerusalém só ocorreu cerca de quarenta anos depois da morte de Jesus. Frankemölle (*Jahwebund*, p. 210) prolonga o elemento etiológico em Mt 27,24-25, de modo que esse castigo constitui a rejeição do antigo Israel em favor do novo povo de Deus constituído pelos fiéis cristãos, em harmonia com o tema de restituição em Mt 21,28-32.33-41; 22,1-10. É por isso que a diretriz de Jesus para não ir aos caminhos dos gentios, mas às ovelhas perdidas da casa de Israel (Mt 10,5-6), muda quando o Evangelho termina (Mt 28,19) para: "Indo, fazei discípulos de todas as nações". (Com um sentido um tanto diferente, Ef 2,13 diz aos gentios que outrora estavam distantes que "ficastes perto pelo sangue de Cristo".) Mas é essa rejeição duradoura, e Mateus estende a responsabilidade e o castigo além de seu tempo, para o futuro indefinido? SPNM, p. 260, inclina-se a pensar assim, embora afirme com convicção que Mateus não pretendia amaldiçoar os judeus, nem estimular o antissemitismo, nem sugerir que todas as gerações pagariam com sangue (ver também Sanders, "Blut", p. 170). Contudo, para Mateus, como para o resto da Bíblia, onde o castigo é atribuído a Deus, é preciso haver sempre a soberania divina para perdoar e romper a cadeia de responsabilidade vista como culpa (Reventlow, "Sein Blut", p. 327). E, afinal de contas, há em Mt 26,28 outro significado atribuído ao sangue de Jesus: "Este é meu sangue da aliança, que é derramado em benefício de muitos [= todos] pelo perdão dos pecados" (ver Cargal, "His blood", p. 109-110).

O Pilatos joanino fala a Jesus (Jo 19,9-15)

Neste Evangelho, o segundo clamor ("berraram") pela crucificação só ocorre em Jo 19,15a. Em vez de descrever detalhadamente a reação de Pilatos a esse clamor (como faz Mateus), João dramatiza o que leva a ela. Como vimos acima, em Jo 19,5-7 Pilatos procurou soltar Jesus depois de açoitá-lo, mas "os judeus" insistiram que, segundo a lei deles, Jesus deve morrer porque se fez Filho de Deus. Agora, mais temeroso na presença do divino, Pilatos volta para dentro do pretório para ver o que pode ser feito com Jesus. No esboço joanino (§ 32 D), Jo 19,9-11 constitui o Episódio 6, um segundo interrogatório de Jesus por Pilatos, comparável quiasticamente ao Episódio 2, o primeiro interrogatório. São os dois episódios do julgamento romano onde a elaboração joanina no padrão de diálogo é a mais óbvia e provavelmente a mais extensa.

No v. 9, Pilatos começa perguntando: "De onde és tu?". Haenchen (*John* v. 2, p. 182) e outros recorrem à *Vida de Apolônio de Tiana* (IV,44), por Filostrato, para explicar essa questão, pois ali o juiz indaga sobre a identidade de Apolônio como ser divino.[28] Talvez mais simplesmente possamos recordar a declaração de Jesus

---

[28] Ver nota 19. Contudo, embora o Pilatos joanino seja funcionário romano, nenhuma ênfase é dada a sua formação religiosa pagã. Como os outros parceiros nos diálogos joaninos com Jesus, ele é "da terra" e "de baixo", em vez de pagão.

para Pilatos em Jo 18,36-37: "Meu reino não é deste mundo [...] vim ao mundo". Boismard ("Royauté", p. 39) insiste que, no Oriente Próximo, a pergunta "De onde és tu?" é de identidade, pois as pessoas são conhecidas pelo lugar de onde são (por exemplo, Jesus *de Nazaré*); ver as perguntas a respeito da origem feitas a Jonas em Jn 1,8. Trabalhando com essa ideia, lembramos que, no primeiro interrogatório de Jesus, Pilatos perguntou a respeito da identidade de Jesus em termos da pergunta transmitida na tradição: "És tu o Rei dos Judeus?". No segundo interrogatório com "De onde és tu?", Pilatos pergunta a respeito da identidade de Jesus como "Filho de Deus", o título que, como Pilatos acabou de saber, constitui a verdadeira acusação contra Jesus. Pilatos cresce durante o julgamento: a identidade de Jesus é uma questão mais profunda do que o que Jesus fez (Jo 18,35).

Como outra indicação de paralelismo entre os dois interrogatórios, observamos que, em Mc 15,5 e Mt 27,14, Jesus se recusou a responder à tentativa de Pilatos de investigar mais profundamente depois da pergunta a respeito do Rei dos Judeus. João mantém essa recusa até o segundo interrogatório, quando Pilatos investiga mais profundamente a acusação de que Jesus é o Filho de Deus. Em todas as referências aos julgamentos judaicos e romanos, tenho sido muito cauteloso quanto a apelar ao silêncio do servo sofredor em Is 53,7: isso é, quando muito, secundário, pois em todos os casos a recusa relaciona-se intimamente com o contexto da trama. Em Marcos/Mateus, o silêncio diante de Pilatos mostrou o desprezo de Jesus pelas muitas acusações que as autoridades proferiam contra ele. (Um desprezo semelhante por Herodes foi assinalado pela recusa de lhe responder na transferência lucana deste tema para o interrogatório por Herodes: Lc 23,9.) Entretanto, em João, a recusa a responder talvez seja o reconhecimento de que Pilatos, que não entendeu quando Jesus explicou que era rei, nunca entenderá suas origens do alto.[29]

Em Jo 19,10, Pilatos, para quem Jesus, ao não responder, está de certo modo a tratá-lo com superioridade, prossegue com uma pergunta que revela a extensão até a qual ele pensa "de baixo". (No primeiro interrogatório, Jesus falou a Pilatos a respeito de um reino não deste mundo; agora, ele terá de falar a Pilatos a respeito de um poder do alto.) O governador romano blefa para disfarçar o medo: "Não sabes que eu tenho poder para soltar-te e poder para crucificar-te?". O *imperium* (equivalente

---

[29] Em sua maior parte, os que dialogaram com Jesus o entenderam mal; e a Nicodemos, Jesus disse: "Se não acreditais quando vos falo de coisas terrenas, como vais acreditar quando eu vos falar de coisas celestes?" (Jo 3,12).

latino de *exousia*) dado a Pilatos por César permite-lhe impor a sentença de morte até a um homem que se faz Filho de Deus![30] Os biblistas ficam intrigados com a resposta de Jesus em Jo 19,11: "Tu não tens nenhum poder sobre mim, em absoluto, exceto o que foi dado a ti do alto".[31] Hill ("My Kingdom", p. 59) cogita se *exousia* tem o mesmo sentido nos dois vv., 10 e 11. Ou Pilatos reivindica o *direito* de fazer alguma coisa e Jesus lhe concede apenas a *capacidade*? Embora para alguns aqui João fale sobre as origens ou limitações da autoridade civil (ver Rm 13,1), o Jesus joanino certamente não está interessado em discussões abstratas de poder.[32] A questão é a alegação de Pilatos de que tem poder sobre a vida de Jesus — alegação que deve ser posta em contraste com a alegação de Jesus: "Dou a minha vida [...] ninguém a tira de mim; mas eu a dou por minha livre vontade" (Jo 10,17-18). Para Hahn ("Prozess", p. 46), Jesus não dá a Pilatos nenhum poder, exceto o de julgar; ele não pode ter nenhum controle sobre Jesus, que é do alto. Como lembra Thibault ("Réponse", p. 210), todo poder que Pilatos tem sobre Jesus está precariamente condicionado: somente usável até o ponto em que o acusado, que tem origem divina, concorde. Aqui, o ato de Pilatos sentenciar Jesus à crucificação e o ato de Jesus dar a vida estão em harmonia, porque o papel de Pilatos no julgamento de Jesus lhe foi dado do alto, isto é, pelo Pai, e Jesus é do alto e um com o Pai. Em Jo 11,51, soubemos que Caifás podia ter um papel profético na morte de Jesus, não por sua

---

[30] Se em João, Pilatos pensa ter *exousia* sobre Jesus, em *EvPd* 3,6 o povo judeu diz: "Vamos arrastar o Filho de Deus agora que temos poder sobre ele".

[31] "Do alto" significa "de Deus"; cf. Jo 3,31, com Jo 3,34. É bastante implausível a tese de Eager ("Greater"), segundo a qual "do alto" se refere ao sinédrio que, como tribunal mais alto, deu a Pilatos jurisdição sobre Jesus. João não menciona nenhum sinédrio na noite em que Jesus foi preso e entregue a Pilatos.

[32] A questão do poder do Estado, se vinha ou não do alto e como se comparava ao poder de Jesus, muitas vezes fundamentou discussões de Jo 19,11 no auge do poder nazista na Alemanha. Esse contexto implícito dá o tom ao estudo de Flügel (1940) e von Jüchen (1941). Na interpretação de E. Hirsch (ver Lürmann, "Staat", p. 367-368), João quer dizer que Deus deu ao Estado poder sobre os judeus, mas os judeus desvirtuaram esse poder contra Jesus. Bultmann (*John*, p. 660) e Schlier ("Jesus", p. 71) reagiram contra essa interpretação potencialmente antissemítica afirmando que o Estado político não se confunde com o reino que não é deste mundo. O poder do Estado vem de Deus, mas o Estado pode usar mal esse poder. Entretanto, quando o faz, age de maneira diferente do mundo (que aqui "os judeus" representam), que tem ódio pessoal da verdade. Mais recentemente, muitos abandonaram esse modo de pensar (assim von Campenhausen, Lührmann), reconhecendo que, para o tempo de João, a discussão toda do Estado é anacrônica. E "os judeus" também não representam simplesmente o mundo. Como insiste von Jüchen (*Jesus*, p. 21-27), o Reino de Deus concretiza-se no Jesus joanino; não está no futuro, nem no outro mundo, mas já está aqui, em Jesus; não é deste mundo, porque Jesus não é deste mundo (Jo 17,14). Jesus está em conflito com o Príncipe do Mundo; na medida em que os governantes terrenos são os instrumentos desse príncipe, o poder e o reino de Jesus estão em conflito com eles.

conta, mas porque, no plano de Deus, ele era sumo sacerdote naquele ano fatídico. A posição judicial de Pilatos segue a mesma regra, tudo em harmonia com Jo 3,27: "Ninguém pode tomar coisa alguma, a não ser que o céu a dê a ele".

Em Jo 19,11b, Jesus conclui esse diálogo final com Pilatos, mais uma vez deixando claro que, por ser ele a luz vinda ao mundo, as pessoas são julgadas por sua reação a ele (Jo 3,12-21); ele não é julgado por elas. Pilatos pode ter o poder (dado pelo alto) de crucificar e soltar; Jesus tem o poder de discernir o pecado. Embora Pilatos tenha sido colocado por Deus na posição judicial neste julgamento, ele não escapa do pecado, pois não escolhe a verdade. Entretanto, o maior pecado[33] pertence aos que se colocam contra a verdade, entregando Jesus. Os que se encaixam nessa descrição foram citados em Jo 18,35: "Tua nação e os chefes dos sacerdotes entregaram-te a mim".[34] Em outro nível (o de "do alto" e "de baixo"), que está sempre presente no diálogo joanino, João considera os que o entregaram representantes do Príncipe deste Mundo. Com todo o poder que pensa ter, Pilatos é figura secundária, apenas o intermediário em uma batalha titânica entre Jesus e o mundo (Jo 16,33).

A declaração de Jesus empurra Pilatos para o final do julgamento romano, que constitui o episódio 7 na estrutura joanina (Jo 19,12-16a, em seu todo; § 32 D, acima). "A partir disso", que inicia Jo 19,12, refere-se em parte a sequência temporal ("depois disso"), em parte a resultado. As inferências da declaração de Jesus a respeito das origens do poder de Pilatos sobre ele e da pecaminosidade de Pilatos na maneira como o usava fazem o governador procurar (*zetein*) soltar Jesus.[35] João não declara quando Pilatos foi para fora novamente. Muitos biblistas presumem que isso só aconteceu no v. 13 e, assim, iniciam o episódio 7 com esse versículo (Giblin, "John's", p. 223). Entretanto, a resposta em Jo 19,12b de "os judeus" que estão do lado de fora presume que a tentativa de Pilatos para soltar

---

[33] Presumivelmente, "maior" que o pecado de Pilatos. Porteous ("Note") argumenta que João quer dizer "maior" do que teria sido: Caifás, que entregou Jesus a Pilatos, cometeu mais que um pecado comum de injustiça, porque obteve seu poder do alto (Deus) e usou mal esse poder. Entretanto, é difícil aplicar essa interpretação se a "nação e os chefes dos sacerdotes" entregaram Jesus a Pilatos, pois a nação não recebeu poder do alto.

[34] Há quem sugira que a referência era a Judas, tradicionalmente o que entregou Jesus *a Pilatos*, como declara a descrição de Jesus. Não está claro se essa objeção é evitada por Boismard ("Royauté", p. 35), que inclui Judas atuando como agente de Satanás (Jo 13,2.27), o Príncipe deste Mundo que está por trás da entrega a Pilatos.

[35] Lc 23,10 usa *thelein* em "desejando soltá-lo".

Jesus seja audível.[36] O diálogo de Pilatos com Jesus, em Jo 19,9-11, do lado de dentro, deve ser mantido separado do diálogo dos judeus com Pilatos, do lado de fora (Jo 19,12-15). "Os judeus" no v. 12 respondem à tentativa de Pilatos de soltar Jesus porque ele foi para fora e a enunciou. A nova ação no v. 13 não é a ida de Pilatos para fora, mas, como o texto declara especificamente, o fato de Jesus ser levado para fora.

A hostilidade da reação judaica a Pilatos, em Jo 19,12b, é salientada pelo emprego do verbo *kraugazein* ("berrar") e antes, em Jo 19,6, por "Crucifica, crucifica". "Os judeus" ameaçam Pilatos com as consequências de soltar "este sujeito" — o mesmo *houtos* desdenhoso de Jo 18,30, no primeiro episódio do julgamento, onde "os judeus" também responderam a Pilatos em uma sentença condicional. O paralelismo quiástico entre os episódios inicial e final ultrapassa o estilo. No Episódio 1, João (só este Evangelho) deixou claro por que Jesus foi levado a Pilatos: os acusadores judeus não podiam crucificar eles mesmos "este sujeito". No episódio 7, João (só este Evangelho) deixa claro por que Pilatos concordou com a exigência do populacho. Se não anuísse a seu desejo, eles o descreveriam como desleal ao imperador. Eles expressam esse desejo sob o aspecto de não ser ele "amigo de César", o que talvez não signifique mais que favorável a César ou representá-lo lealmente; contudo, no uso romano mais tardio, "amigo de César" era título honorífico concedido em reconhecimento de serviços. Se Pilatos tinha esse título,[37] "os judeus" o acusam de não ser fiel a ele.

Isso nos leva a um problema que assombra muitos estudos dessa cena. Tácito (*Anais* VI,8) diz: "Quem quer que fosse próximo a Sejano tinha direito à amizade de César". Em § 31, B1, levantei a questão de Pilatos ter sido ou não designado por Aélio Sejano, o todo poderoso vice-gerente de Tibério (até 31 d.C.) e de o julgamento de Jesus ter ocorrido antes ou depois da queda de Sejano. Se Sejano era protetor de Pilatos e perdera o poder, Pilatos estava mais vulnerável a uma denúncia ao imperador, principalmente porque Tibério passou a suspeitar dos que haviam sido

---

[36] Haenchen (*John*, v. 2, p. 183) presume, de modo pouco convincente, "que os judeus do lado de fora souberam da decisão de Pilatos do lado de dentro".

[37] Há quem date o uso do título de não antes do reinado de Vespasiano (69-79); outros defendem um uso mais primitivo (BAGD, p. 395; LFAE, p. 378; e em especial Bammel, "*Philos*"). No primeiro império romano, os "amigos de Augusto" formavam um grupo bem conhecido. Moedas de Herodes Agripa I (37-44 d.C.) têm a inscrição *philokaisar*, "amigo de César", designação que Fílon também deu (*In Flaccum* vi; #40).

§ 35. O julgamento romano, quarta parte: Condenação de Jesus

nomeados por Sejano (ver Maier, "Sejanus"). (Fílon [*In Flaccum* i-v; ##1-2.16-21-24] mostra como um prefeito de Alexandria, que foi nomeado por Tibério e viveu até o reinado de Calígula, sentiu-se inseguro quando seu protetor em Roma morreu e cedeu às exigências impróprias dos cidadãos locais.) Infelizmente, há um número grande demais de restrições para se tirar qualquer conclusão da ligação com Sejano. Mesmo sem isso, o Pilatos joanino encaixa-se em uma parte da descrição de Fílon (*Ad Gaium* 38; ##301-302): Pilatos era naturalmente inflexível e teimosamente resistiu quando os judeus clamaram contra ele por violar seus costumes; "O último ponto que particularmente o exasperou foi que ele temia que, se realmente enviassem uma embaixada [ao imperador], eles também exporiam o resto de sua conduta como governador".[38]

Ao sarcasmo de "amigo de César", "os judeus" acrescentam: "Quem quer que se faça rei contradiz César". A acusação inicial do julgamento, "o Rei dos Judeus", agora volta e domina o final. A competição com César[39] seria mais evidente no Oriente Próximo, onde muitas vezes se referiam ao imperador como rei. Embora literalmente signifique falar contra, o verbo *antilegein* inclui uma atitude hostil contra alguém.

Em Jo 19,13, Pilatos age, agora que ouviu a ameaça (*akouein* com o genitivo subentende ouvir); forçaram-lhe a mão. Há considerável debate a respeito de como traduzir a atitude que Pilatos toma depois de conduzir Jesus para fora: *ekathisen epi bematos* significa que (intransitivamente) Pilatos se sentou no tribunal (como traduzi) ou que (transitivamente) Pilatos sentou Jesus no tribunal? (Em cada uma das traduções, *bema* pode ter um sentido maior de "sobre a plataforma", onde tinha lugar a ação judicial). Os que preferem a tradução transitiva imaginam Jesus quase como se ele fosse entronizado, de modo que Pilatos escarnece dele como rei ou

---

[38] A última frase talvez expresse exagero, como mencionei em § 31, B2 acima. Contudo, Pilatos ter medo de ser denunciado a um imperador imprevisível talvez seja historicamente exato. As possibilidades não históricas são que João criou sua imagem do modo de Pilatos lidar com Jesus a partir de acusações contra Pilatos semelhantes às de Fílon ou da lembrança de Pilatos ter sido afastado quando os samaritanos se queixaram dele para seus superiores romanos.

[39] "César" era o cognome de Júlio (Caio Júlio César) e o nome adotado por Augusto (sobrinho-neto de Júlio pelo casamento) e os sucessores de Augusto. Quando "César" mudou a conotação de nome próprio para título equivalente a "imperador"? Com certeza a mudança existia no tempo de Vespasiano e dos imperadores flavianos que não tinham parentesco com Júlio, provavelmente até antes. As moedas cunhadas pelo prefeito da Judeia sob Augusto traziam o nome *kaisaros* e uma data — talvez reflexo de considerar "César" o título do governante.

juiz. Em APÊNDICE III D, vou explicar as razões pelas quais a rejeito. A questão é importante, pois, a meu ver, esta não é uma cena onde Pilatos escarnece de Jesus ou se entrega à bufonaria. Em vez disso, Pilatos, que tem se movido em vaivém para ver se consegue evitar crucificar um homem que ele sabe ser inocente, está agora para proferir sentença — uma decisão a respeito do Filho de Deus que mudará toda a situação dos que exigiram a crucificação. João indica a solenidade do momento pela descrição de Pilatos assumindo uma posição no *sella curalis* ou tribunal para tornar o ato oficial. Ele também estabelece o lugar e a hora com grande precisão que não teria sentido se a intenção fosse simples escárnio.

Parece que o lugar onde a sentença foi proferida chegou ao evangelista por sua tradição, isto é, um local lembrado não porque os nomes têm simbolismo teológico, mas porque ali aconteceu uma coisa importante.[40] Literalmente, *lithostrotos* significa: "Pavimento de Pedra", embora Benoit ("Praetorium", p. 185) mencione que a palavra abrange uma série de pavimentos, de placas de mármore a mosaicos.[41] Como examinamos em § 31, C2 [último parágrafo]: hoje, em Jerusalém, um pavimento romano de placas de pedras colossais é visível sob o convento das Irmãs de Sião, perto de onde outrora erguia-se a fortaleza Antônia, um dos dois principais locais propostos (o menos provável) como tendo servido a Pilatos de pretório (§ 31 C). É lugar favorito para visitas de turistas. Entretanto, a arqueologia mostra que esse pavimento data do século posterior a Jesus; assim, não pode ter sido o Litóstroto onde ele foi sentenciado. *Gabbatha* é substantivo aramaico (não hebraico) da raiz *gbh* ou *gb'*, "ser elevado, projetar-se". Josefo (*Guerra* V,ii,1; #51) interpreta um topônimo que inclui Gábata como "colina". A designação ajusta-se a qualquer dos dois locais principais propostos para o pretório: a fortaleza Antônia erguia-se em uma elevação rochosa a NE de Jerusalém (*Guerra* V,v,8; #246); o palácio herodiano erguia-se no ponto mais elevado da alta colina ocidental da cidade (*Guerra* V,iv,1; #137). Boismard ("Royauté", p. 39; também Ehrman, "Jesus", p. 130) vê um sentido teológico: Jesus é elevado nessa eminência; mas isso é improvável, pois João, que traduz importantes palavras aramaicas ("hebraicas"; ver Jo 1,38.41), não apresenta

---

[40] Às vezes parece que João tem conhecimento detalhado de lugares de Jerusalém não revelados pelos outros evangelistas, por exemplo, de Betesda, perto da Porta das Ovelhas, com cinco pórticos (Jo 5,2).

[41] Ver a interpretação de Steele em § 31, nota 82. Est 1,6 descreve um *lithostrotos* de pórfiro, mármore, madrepérola e pedras coloridas. Em 2Cr 7,3 (LXX), *Lithostrotos* descreve o pavimento do Templo de Salomão e pavimentos monumentais não eram raros no mundo greco-romano.

nenhuma tradução de "Gábata" que permita à audiência entender a jogada com seu sentido.[42] Além disso, Pilatos, não Jesus, toma assento nesse local elevado.

A indicação da hora da sentença proferida por Pilatos sentado no *bema* é mais plausível teologicamente: "Era o dia de preparação [*paraskeue*] para a Páscoa; era a sexta hora" (Jo 19,14). É provável que o substantivo grego relacionado a *paraskeuein*, "preparar", represente o hebraico '*ereb*, aramaico '*arûba*', que tem a conotação de "vigília, dia anterior". Mas é provável que Bonsirven ("Hora", p. 513) esteja correto ao afirmar que, na maior parte dos casos, o grego manteve o elemento de preparação, de modo que *paraskeue* se refere não só a "o dia anterior", mas ao dia que prepara para um dia seguinte que tem importância. Um uso frequente da palavra é como o dia de vigília antes do sábado, a saber, sexta-feira; e tem esse sentido nas NPs sinóticas.[43] Alguns biblistas procuram entendê-la do mesmo modo em João, a fim de harmonizar este Evangelho com os sinóticos e não fazer Jesus morrer no dia anterior à Páscoa. Eles traduzem a frase joanina: "Era a sexta-feira da [semana da] Páscoa".[44] (É inevitável que essa interpretação se combine com a tentativa de burlar Jo 18,28b, que indica ainda não ter sido comida a refeição da Páscoa quando termina o dia do julgamento de Jesus.) A meu ver, Zeitlin ("Date") refuta isso; a expressão joanina é equivalente a '*ereb pesah*, (St-B, v. 2, p. 834ss); e, ao contrário dos sinóticos, João ressalta o dia de vigília antes da Páscoa, e não simplesmente o dia anterior ao sábado. O fato de ser o dia seguinte sábado e também Páscoa faz dele um grande dia (Jo 19,31).

Precisamente porque essa sexta-feira era o dia de vigília antes da Páscoa, o fato de Jesus ser condenado na sexta hora, isto é, ao meio-dia, é significativo. Mas antes de examinarmos essa importância, quero mencionar as muitas tentativas de mudar a indicação da hora. Parte da apreensão com a interpretação de meio-dia é a discordância com Mc 15,25, onde Jesus é crucificado na terceira hora (9 horas da manhã).[45] Para evitar o conflito, alguns testemunhos textuais secundários de

---

[42] Bornhäuser (*Death*, p. 136-137) é pouco seguido em sua tese de que "Gábata" era o nome dado à plataforma elevada na qual o tribunal (*bema*) foi construído.

[43] Mc 15,42; Mt 27,62; Lc 23,54. Ver também *Didaqué* 8,1; *Martírio de Policarpo* 7,1.

[44] C. C. Torrey, JBL 50, 1931, p. 227-241; Story ("Bearing", p. 318); e E. A. Abbott (*Johanine Grammar*, London, Black, 1906, #2048), que defende um genitivo possessivo ("de" = "dentro da" Páscoa), em vez de um genitivo objetivo ("de" = "para").

[45] Uma das tentativas mais populares de harmonizar é afirmar que, embora Marcos calcule as horas a partir das 6 da manhã, João conta a partir da meia-noite, de modo que sua hora sexta é seis da manhã e, paradoxalmente, antes da hora terceira de Marcos. Assim, N. Walker (NovT 4, 1960, p. 69-73), Belser,

Jo 19,14 leem a "terceira" em vez de "sexta" hora.[46] Grey ("Suggestion") propõe uma emenda moderna: "Havia preparação para a Páscoa por volta da sexta hora", como se, em uma hora matinal para João, os judeus que estavam diante de Pilatos pensassem no que devia acontecer ao meio-dia. Entretanto, o sujeito das sentenças circundantes é Pilatos, não "os judeus". Outros tentam reler Marcos: Mahoney ("New [...] Third"), por exemplo, argumenta temerariamente que a terceira hora em Mc 15,25 refere-se à hora em que Jesus foi despido e açoitado, não à hora da crucificação. E. Lipinski (ver NTA 4, 1959-1960, #54), trabalhando com a ideia de que a terceira hora abrange de 9 a 12, meio-dia, lembra que, em Mc 15,21, Simão de Cirene vem dos campos, ação mais apropriada à extremidade do meio-dia do espaço de tempo. Mas, mesmo quando se argumenta que a crucificação na terceira hora significa perto do meio-dia, isso não é conciliável com a indicação joanina de que, na sexta hora ou ao meio-dia, Jesus ainda estava no pretório, sendo julgado. Em vez dessas tentativas de harmonização, deve-se reconhecer que as indicações de tempo em Marcos e João são preservadas com propósitos teológicos (ver abaixo, em Mc 15,25, a terceira, a sexta e a nona hora em Marcos) e que, quanto a horas, não recebemos exatidão histórica dos Evangelhos além da indicação de que Jesus morreu na cruz na tarde de sexta-feira.

Que significado teológico João atribui ao meio-dia nesse dia de preparação para a Páscoa? O diálogo com a samaritana, quando Jesus se sentou cansado perto do poço, também ocorreu ao meio-dia (Jo 4,6), e alguns hinos e autores religiosos ligam as duas cenas; mas isso é por adaptação dos intérpretes. Algumas referências rabínicas (Mixná *Pesahim* 1,4; 4,1.5; ver Bonsirven, "Hora") indicam o meio-dia na véspera da Páscoa como a hora para começar certas observâncias preparatórias, por exemplo, não mais pão levedado. É mais comum os biblistas indicarem o meio--dia como a hora em que os sacerdotes do Templo começavam a abater os cordeiros para a refeição da Páscoa a ser consumida aquela noite.[47] É possível cogitar se

---

Bornhäuser; também Westcott (*John*, p. 282). A meu ver, isso foi refutado de modo convincente (em defesa da contagem joanina a partir das 6 horas da manhã) por J. E. Bruns (NTS 13, 1966-1967, p. 285-290) e Ramsay ("Sixth").

[46] Essa leitura é defendida por Bartina ("Ignotum"), sob a alegação de que, quando letras foram usadas em vez de números, um gama original (= 3) pode ter sido confundido com um sigma aberto (= antigo digama, chamado gabex ou episemon = 6). Jerônimo (*Tractatus/Brevarium* em Sl 77; CC 78,67) levou a teoria do episemon na direção oposta, afirmando que um escriba confundiu a 6ª hora marcana original com a 3ª hora (apesar do fato de, em versículo posterior, Marcos mencionar a 6ª hora obviamente pela primeira vez).

[47] A questão diz respeito a uma interpretação de "entre duas tardes" em Ex 12,6. A interpretação mais rigorosa (saduceus, samaritanos) é o tempo muito breve entre o sol cair abaixo do horizonte e a escuridão.

§ 35. O julgamento romano, quarta parte: Condenação de Jesus

os leitores joaninos teriam entendido esse simbolismo, mas é crença comum que membros importantes da comunidade joanina haviam sido expulsos da sinagoga e conheciam bem os costumes judaicos. Dois fatores favorecem essa interpretação. Primeiro, em Jo 7,37-39; 9,5 e 10,36, João tira proveito do simbolismo das festas das Tendas (cerimônias de água e luz) e da Dedicação ou Hanukká (consagração do altar do Templo) sem parar para explicar o simbolismo. Segundo, João tem diversas passagens que parecem se relacionar com o tema do cordeiro pascal: Jo 1,29.36 (Cordeiro de Deus); Jo 19,29 (hissopo); Jo 19,36 (nenhum osso quebrado). O fato de Jesus, o Cordeiro de Deus, ser condenado à morte exatamente na hora em que os cordeiros para a Páscoa judaica começavam a ser mortos constitui um tema de substituição (isto é, Jesus em lugar de um importante tema festivo) bem ambientado no tratamento joanino das festas judaicas (BGJ, v. 1, p. *cxli, cxliv*).

Nesse momento solene, Pilatos diz: "Olhai [*ide*], vosso rei". Antes (Jo 19,5), em referência a um Jesus ataviado com pretensas insígnias reais, ele proclamara: "Vede [*idou*] o homem", na tentativa de conquistar simpatia por Jesus. Muitos biblistas consideram esta cena uma repetição da cena anterior (Bultmann, *John*, p. 665) e interpretam o objetivo como escárnio ou como uma última fraca tentativa de dissuadir "os judeus" (Schnackenburg, *John*, v. 3, p. 265). Mas não há nenhum elemento de escárnio (João não relata que Jesus está usando as insígnias de imitação) e a trama com "os judeus" já não está em um ponto em que Pilatos poderia evitar proferir sentença (ele subiu ao tribunal). Outros biblistas que corretamente reconhecem que Jo 19,14b não pode ser interpretado pelo tom de Jo 19,5[48] ainda assim interpretam erroneamente o objetivo. Jensen ("First", p. 270-271), por exemplo, acha que Pilatos reconhece a justeza da alegação feita por Jesus de ser rei em sentido espiritual; para Blinzler (*Prozess*, p. 350-352), "Olhai, vosso rei" é uma fórmula de julgamento, como se Pilatos dissesse que Jesus é culpado como acusado de alegar ser "o Rei dos Judeus". A meu ver, ao subir ao *bema*, o Pilatos

---

Isso não era prático quando grande número de animais tinham de ser sacrificados. *Jubileus* 49,12 menciona o período que atinge o fim da tarde, mas *Jubileus* 49,10 admite a terceira parte do dia, presumivelmente de 2 a 6 da tarde; e um início no meio da tarde para o sacrifício é apoiado por Josefo (*Guerra* VI,ix,3; #423); Fílon, *Perguntas e respostas sobre Ex* 1,11; e Mixná *Pesahim* 5,1. Mas Mixná *Pesahim* 5,3 diz que um animal abatido antes do meio-dia é nulo; e Fílon (*De specialibus legibus* ii,27; #145) relata que muitas miríades de animais eram sacrificadas a partir do meio-dia (*mesembria*). A lógica é que o sol começa a declinar depois do meio-dia e pode-se dizer que então começa a tarde.

[48] Charbonneau ("Qu'as-tu", p. 325) está correto: "Olhai, vosso rei" é proclamação mais avançada que "Vede o homem".

joanino indica que já se decidiu; cederá às ameaças de denúncia perante César e condenará Jesus. Mas Pilatos não se esqueceu de que aquele que alegava ser o Filho de Deus mencionou a pecaminosidade de tomar tal decisão. Portanto, muito parecido com Pilatos em Mt 27,24-25,[49] o Pilatos joanino manobrará para esclarecer quem tem a verdadeira responsabilidade por essa condenação. Conseguirá de "os judeus" uma declaração de pleno conhecimento que os cristãos considerarão uma autocondenação, declaração semelhante em função à de Mt 27,25. João emprega sua costumeira técnica de diálogo de declaração, resposta e mais exame para alcançar seu objetivo neste episódio final do julgamento romano.

A importância de Jo 19,14b, "Olhai, vosso rei", é tornar explícito que eles estão pedindo a um romano para destruir aquele que é o rei deles. A resposta em Jo 19,15 é o berro estridente (*kraugazein*):[50] "Toma, toma [*airein*], crucifica-o".[51] João traça paralelos deliberados com Jo 19,6, onde também houve um berro com um verbo duplo para crucificar. Aquele foi em resposta ao pedido de piedade feito por Pilatos; este é uma reação mais forte ainda a sua indicação do que está realmente em questão. Em estilo de diálogo, Pilatos explica a responsabilidade: "os judeus" querem o próprio rei crucificado? E essa pergunta leva ao verso com o qual João culmina a relação de Jesus com "seu próprio povo que não o aceitou" (Jo 1,11). A afirmação "Não temos nenhum rei além de César", dita pelos chefes dos sacerdotes como porta-vozes de "os judeus", talvez não seja tão dramática ou tão prejudicial historicamente quanto "Seu sangue sobre nós e sobre nossos filhos"; mas teologicamente é até mais devastadora. J. W. Doeve (*Vox Theologica* 30, 1961, p. 69-83) argumenta que essa resposta harmoniza-se com a atitude de alguns judeus que estavam cansados de movimentos e levantes nacionalistas e que preferiam o domínio romano a lutas mutuamente destrutivas. Entretanto, a declaração joanina não diz respeito primordialmente a uma situação política, mas repercute um tema que atravessa muitos séculos de consciência israelita de si mesmos. Em Is 26,13, encontramos: "Ó Senhor nosso Deus, outros senhores além de ti nos governaram; mas só teu nome reconhecemos". A Décima Primeira Bênção do *Shemoneh Esreh* suplica: "Que tu nos governes, somente tu". Um hino pascal do Judaísmo um tanto

---

[49] *EvPd* 11,46 estabelece uma ligação entre o episódio em Mateus e o episódio em João combinando Mt 27,24 e Jo 19,7: "Estou limpo do sangue do Filho de Deus".

[50] Em lugar de "eles berraram" (ou em acréscimo a isso), vários testemunhos textuais na tradição *koiné* têm um verbo de dizer e alguns estudiosos consideram original essa descrição menos dramática.

[51] Lc 23,18 também emprega esse verbo *airein* no brado: "Toma esse sujeito".

mais tardio (*Nismat kol hay*) declara: "Além de Ti, não temos nenhum rei". Realmente, nos escritos judaicos não está claro que a realeza de Deus sobre o mundo excluiria necessariamente o domínio terreno por um César; mas na polêmica joanina, o propósito de "Não temos nenhum rei além de César" é sugerir uma negação da realeza de Deus em Jesus. Nas inferências da ironia joanina, Pilatos e os chefes dos sacerdotes falam a verdade. No entendimento de acordo com Jo 18,36-39, Jesus é verdadeiramente "o Rei dos Judeus"; mas, ao rejeitá-lo, os chefes dos sacerdotes desistem da esperança de que o rei Messias seja enviado por Deus e se decidem pela realeza civil romana. Em Mt 27,24-25, a aceitação por todo o povo da responsabilidade pela morte de Jesus relaciona-se com o fato de Deus tirar o reino deles (Mt 21,43). Há resultado semelhante no pensamento joanino. Por escolha e palavras deles mesmos, "os judeus" se tornaram como outras nações, sujeitos a Roma; já não são o povo especial de Deus. Mixná *Ros Hassana* 1,2 descreve a Páscoa como uma das ocasiões em que o mundo é julgado. Se essa tradição era ou não conhecida no tempo de João, ao meio-dia deste dia antes da refeição pascal, João descreve "os judeus" julgando a si mesmos ao forçar Pilatos a condenar aquele que Deus enviou ao mundo. Se manipularam Pilatos para fazer a vontade deles, ele também os manipulou para assumirem parte da responsabilidade pelo "maior pecado" (Jo 19,11).

Jesus é entregue à (flagelação e) crucificação (Mc 15,15; Mt 27,26; Lc 23,24-25; Jo 19,16a + 19,1)

Os quatro Evangelhos descrevem em uma única sentença a decisão que conclui o julgamento romano, decisão que se segue imediatamente ao brado pela crucificação. João tem a sentença mais breve porque, ao contrário dos sinóticos, ele não menciona a soltura de Barrabás. A concisão desse Evangelho para descrever a decisão de Pilatos tem o impacto psicológico de retratar um homem que toma uma decisão sob pressão.

Na breve descrição, só Marcos inclui uma frase para explicar a decisão de Pilatos, o que é compreensível, porque os outros três Evangelhos tinham episódios anteriores, ausentes de Marcos, que examinaram a psicologia de Pilatos. (*Mateus*: o ato de Pilatos lavar as mãos mais a aceitação da responsabilidade por todo o povo; *Lucas*: o interrogatório por Herodes e sua consequência quando Pilatos recorre à decisão de Herodes; *João*: a cena com Pilatos no *bema*.) A frase marcana explanatória é: "desejando satisfazer a multidão". O verbo regente é *boulesthai*, verbo que transmite um desejo forte (ver Jo 18,39). O grego *to hikanon poiesai* ("fazer o bastante"), embora encontrado em autores como Apiano e Políbio, é latinismo equivalente a *satisfacere* ("satisfazer"; BAGD, p. 374). Marcos usa outro latinismo, *phragelloun* (*flagellare*, "flagelar"), neste mesmo versículo; assim, é provável que essa seja uma deliberada imitação de estilo latino para dar atmosfera à decisão legal do governador romano. Alguns biblistas argumentam que, como só um prisioneiro podia ser solto pelo privilégio pascal, Pilatos tinha de condenar Jesus, que ele reconhecera como culpado ao chamá-lo duas vezes "o Rei dos Judeus" (Mc 15,9.12); mas Marcos insiste que a razão para a decisão de Pilatos era satisfazer a multidão,[52] que pedira a soltura de Barrabás e também a crucificação de Jesus. A estreita relação das duas frases em Mc 15,15 e a presença de um latinismo em cada uma pesam contra a opinião de Matera (*Kingship*, p. 20) e outros que atribuem v. 15a à fonte pré-marcana e v. 15b a Marcos. Por outro lado, é possível contestar a opinião de Dormeyer, seguido por Pesch (*Markus* v. 2, p. 467), de que este versículo se originou dos autos do julgamento; legalmente, é impreciso demais para isso.

Embora os três sinóticos concordem ao colocar a soltura de Barrabás por Pilatos ao lado da entrega de Jesus por ele, Lc 23,25 aumenta o contraste repetindo aqui a identidade completa de Barrabás: "o que tinha sido atirado à prisão por desordem e homicídio" — informação dada previamente em Lc 23,19 (ver também At 3,14-18). Lucas está simplesmente tornando explícito o contraste que Marcos/Mateus subentendem: um criminoso solto e um inocente entregue. O estilo conciso em Mt 27,26 tem efeito sardônico: seu "Então" inicial chama a atenção para uma conclusão e as duas figuras são colocadas quiasticamente ("Ele soltou para eles Barrabás, mas Jesus [...] ele entregou").

Não nos é revelado o crime romano específico pelo qual Pilatos entregou Jesus à crucificação (quer ele acreditasse quer não que Jesus fosse culpado). Muitos biblistas desconfiam que Jesus era visto como tendo ofendido a *Lex Iulia de maiestate*. Examinei essa lei acima (§ 31, D3), mas adverti que, para manter a ordem em uma província como a Judeia, o prefeito certamente não consultava livros de direito. Na verdade, como mencionado em § 31, nota 94, o procedimento judicial para lidar com um crime grave por alguém que não era cidadão romano em uma província como a Judeia nesse período pode ter sido *extra ordinem* e, assim, não

---

[52] A responsabilidade do populacho é afirmada também por Mt 27,25; Lc 23,23; Jo 19,12.

escrito nos livros de direito. Mesmo muito mais tarde, Ulpiano (DJ 48,19,13) diz: "Atualmente [um juiz] que ouve um caso criminal *extra ordinem* pode legalmente proferir a sentença que quiser, desde que não exceda o que é razoável em qualquer direção". Se havia alguma ameaça de Pilatos ser denunciado ao imperador Tibério se soltasse Jesus (assim João), ele certamente não poderia ser repreendido se fosse na outra direção e aplicasse com excessiva severidade a *lex de maiestate*, pois o próprio Tibério fez isso (Tácito, *Anais* III,38; IV,vi,2; Suetônio, *Tibério* 58).

Passemos agora a três itens que precisam de exame detalhado: a flagelação, a condenação e a questão daqueles a quem Jesus foi entregue.

A flagelação. Somente Marcos/Mateus mencionam que Jesus foi flagelado no final do julgamento. De modo um tanto constrangedor, Mc 15,15 coloca a ordem de Pilatos para Jesus ser flagelado entre "ele entregou Jesus" e "a fim de que ele fosse crucificado". Mateus suaviza a fluência, pondo "tendo mandado flagelar Jesus" antes de "entregou(-o) a fim de que ele fosse crucificado". Os dois evangelistas lutam com o entendimento de que ser flagelado fazia parte da sentença de crucificação. Embora não seja dado nenhum detalhe dela, essa flagelação influencia a devoção popular e a imaginação artística. Normalmente, o delinquente era despido e amarrado a um poste ou pilar baixo ou atirado ao chão. Ocasionalmente, a flagelação tinha lugar enquanto ele carregava a viga da cruz para o lugar de execução.[53] Bastões eram usados em homens livres, varas no pessoal militar; e açoites nos outros. Geralmente, esses açoites eram tiras de couro equipadas com pedaços de osso ou pontas de ferro.[54] Sherwin-White (*Roman*, p. 27), seguindo DJ (ver 40,19,7), faz uma distinção nos usos romanos do chicote: *fustigatio* (surra), *flagellatio* (flagelação) e *verberatio* (açoitamento), em gradação crescente. É provável que essas informações de nada sirvam para interpretar o NT. Mesmo que essa tripla distinção já estivesse em vigor no tempo de Jesus, ainda é bem possível duvidar que os evangelistas ou seus leitores tivessem esse conhecimento preciso. Walaskay ("Trial", p. 90) afirma que nem mesmo os autores romanos distinguem nitidamente entre *flagellatio* e *verberatio*.

É provável que autores populares fizessem distinções menos técnicas entre esses castigos simplesmente por saber o que acontecia a prisioneiros acusados no

---

[53] Dionísio de Halicarnasso (*Antiguidades romanas* vii,69) descreve como os que seguiam um escravo ao lugar do castigo dilaceravam-lhe o corpo nu com chicotes.

[54] Ver informações detalhadas sobre todo o procedimento em Blinzler ("Trial", p. 222-235) e, com imagens, Leclercq, "Flagellation".

mundo romano. Podemos distinguir os seguintes: a) castigo que constituía punição por crimes menores (*crimen leve*) e serviam de advertência pedagógica para não causar mais dificuldades; b) castigo no limite da tortura inquisitorial para extrair informações do prisioneiro ou fazê-lo confessar; c) castigo que fazia parte da pena de crucificação, aumentando o sofrimento do condenado e permitindo aos algozes controlar quanto tempo ele sobreviveria (quanto mais forte o chicoteamento, menor a sobrevivência). É possível debater se as mortes causadas por esse último tipo eram simplesmente penas decretadas (o chicoteamento como pena de morte) ou eram resultado involuntário da brutalidade (como em Fílon, *In Flaccum* x; #75). Entre esses castigos, o tipo a) está exemplificado por Lc 23,16, onde Pilatos se oferece para castigar (*paideuein*) Jesus, presume-se que com chicotadas, antes de soltá--lo.[55] (O Jesus lucano nunca é chicoteado, embora tenha predito seu açoitamento [*mastigoun*] em Lc 18,33.) Mais difícil de classificar é o açoitamento de Jesus em Jo 19,1; ao que tudo indica, o motivo de Pilatos é fazer Jesus parecer desventurado para que "os judeus" se satisfaçam e aceitem sua soltura. O tipo b) está representado na descrição que Josefo faz de Jesus, filho de Ananias, perante o imperador Albino no início da década de 60 (*Guerra* VI,v,3; #304): "Embora fosse lacerado até os ossos com açoites [*mastix*], ele nem pediu clemência nem chorou". Em At 22,24-25, um tribuno romano manda amarrar Paulo e se prepara para o açoitar [*mastizein*] como parte do interrogatório, até que Paulo invoca sua cidadania romana. O tipo c) está atestado no relato de Marcos/Mateus de Jesus sendo flagelado pelos soldados romanos e no relato de *EvPd* 3,9, onde Jesus é açoitado (*mastizein*) pelo populacho judaico. Há outros exemplos em Josefo: o procurador Floro, nos anos 60, manda flagelar (*mastix*) e depois crucificar pessoas e provoca comentários sobre sua crueldade, até mesmo para com judeus da mais alta posição.[56] A variedade de termos usados acima para funcionalmente o mesmo tipo de castigo mostra que o vocabulário não está estabelecido com exatidão; na verdade, embora em Mc 10,34 e Mt 20,19 Jesus prediga que os gentios o acoitarão (*mastigoun*), na verdade eles o flagelam (*phragelloun*).

---

[55] Ver exemplos desta forma de castigo na Lícia e no Egito em § 34, nota 9, e § 34 C, sob "Paralelos greco-romanos".

[56] *Guerra* II,xiv,9; ##306, 308; também V,xi,1; #449; VII,vi,4; ##200, 202; Sêneca, *De consolatione ad Marciam* xx,3; Lívio, *História* XXXIII,xxxvi,3. O revolucionário judaico Simão bar Giora foi malhado (*aikizein*) enquanto era conduzido através do fórum de Roma para a execução.

§ 35. O julgamento romano, quarta parte: Condenação de Jesus

Em termos de historicidade, nenhuma harmonização de um açoitamento no meio do julgamento (João), seguido de uma flagelação no final (Marcos/Mateus), deve ser tentada (com a devida vênia a Bruce, "Trial"), mesmo se um duplo chicoteamento explicasse por que Jesus morreu tão depressa. Apesar da omissão lucana de todo castigo de Jesus (talvez devido a uma preferência sutil por não fazer Jesus passar por tal violência física), a tradição continha referência a um chicoteamento de Jesus que Marcos/Mateus e João usaram de modos diferentes. No arranjo joanino altamente teológico do julgamento romano em sete episódios (§ 32 D), o açoitamento faz parte do episódio central; a localização de Marcos/Mateus é historicamente mais provável, como indicam os exemplos do tipo c) citados na nota 56. A sequência em Jo 19,15 subentende que o açoitamento foi feito dentro do pretório; a sequência em Mc 15,15-16 e Mt 27,26-27, subentende que o açoitamento foi feito fora do pretório, talvez em presença de Pilatos, diante do *bema* (Mt 27,19). É neste último que os açoitamentos têm lugar no relato que Josefo faz da crucificação executada em Jerusalém trinta e cinco anos mais tarde pelo procurador Floro (*Guerra* II,xiv,9; #308).

Condenação de Jesus. Os quatro Evangelhos usam *paradidonai* para descrever o que Pilatos fez a Jesus ("entregar"; § 10; Is 53,6.12), termo teológico, não jurídico. Em julgamentos romanos que resultavam em crucificação, uma sentença era dirigida ao acusado: *Ibis in crucem* (Petrônio, *Satyricon* 137) ou *Abi in crucem*, com a força: "Irás para a cruz" ou "Já para a cruz". Descrições indiretas em latim muitas vezes usam *iussit* ("ele ordenou") regendo o ato de conduzir (*duci*) ou de pregar o criminoso na cruz (Sherwin-White, *Roman*, p. 27). Em grego, o verbo que rege a pena de morte é quase sempre *katakrinein*,[57] que é usado a respeito de Jesus na terceira predição da Paixão: "E eles [os chefes dos sacerdotes e os escribas] o condenarão à morte" (Mc 10,33; Mt 20,18). Contudo, no julgamento por Pilatos, somente Lucas (Lc 23,24) usa uma descrição comparável: "E Pilatos fez o julgamento [ou tomou a decisão: *epikrinein*] de que sua exigência fosse posta em ação". Schneider (*Lukas*, v. 2, p. 479) não atribui a *epikrinein* a força de *krisis* ("julgamento"); mas, em Lc 24,20, Lucas avalia a ação contra Jesus deste modo: "Nossos chefes dos sacerdotes e governantes o entregaram para um julgamento [*krima*] de morte". Fitzmyer (*Luke*, v. 2, p. 1492) diz que *epikrinein* "tem a sutileza técnica de emitir uma sentença oficial". MM, p. 240, relata que nos papiros o verbo é termo comum no exame decisivo para o serviço militar e *epikrima* é um edito. Em

---

[57] Josefo, *Ant.* X,vii,6; #124; Jo 8,10-11; Rm 8,3.

2Mc 4,47 *epikrinein* é usado para proferir a condenação régia formal à morte (em oposição à soltura, do mesmo modo que em Lc 23,24-25). Assim, Lucas realmente tenciona descrever um julgamento formal aqui, exatamente como no início do julgamento ele acrescentou um conjunto de acusações. Ele dá substância à tradição tirada de Marcos, a fim de adaptá-la ao padrão conhecido dos julgamentos romanos.[58]

Muitos biblistas julgam importante que os outros três Evangelhos não usem um verbo como *katakrinein* ou *epikrinein* na descrição de uma sentença por Pilatos. Há quem julgue que a ausência significa que, para os evangelistas, este não é realmente um julgamento,[59] mas um procedimento menor, como *coercitio*, exercício do poder de castigar. Essa é, com certeza, uma avaliação errada da intenção de Mateus e João, pois eles colocam Pilatos sentado no *bema*, posição assumida em um julgamento oficial. Nem acho que isso seja verdade de Marcos, pois rejeito a tese de que o sinédrio pronunciou a sentença e Pilatos a está apenas cumprindo (ver Gnilka, *Markus*, v. 2, p. 303). São relatos populares, não registros legais. Sua linguagem teológica de "entregar" presume uma sentença. "A fim de que ele fosse crucificado" equivale a "Tu irás para a cruz". É possível citar toda uma série de exemplos de julgamentos com sentenças condenatórias que usam uma variedade de verbos, mas não o verbo técnico. Por exemplo, Josefo (*Guerra* VI,v,3; #305) relata com referência a Jesus, filho de Ananias: "Albino pronunciou-se contra [*kataginoskein*] ele como maníaco e o soltou [*apolyein* como nos Evangelhos]". O *Testimonium Flavianum* (*Ant.* XVIII,iii,3; #64; § 18, E1 acima) diz que Pilatos castigou/condenou (*epitiman*) Jesus à cruz. Tácito (*Anais* XV,xliv) diz que Jesus foi executado ("teve a pena de morte imposta a ele": *supplicio adfectus erat*) por Pôncio Pilatos.[60]

Como creio haver uma sentença de morte implícita em Marcos/Mateus e João (explícita em Lucas), não concordo com os biblistas que, ao não encontrar nenhuma

---

[58] Isso é contrário à opinião de Walaskay ("Trial", p. 91) e Hendricks (*Passion*, p. 88), para quem Lucas não considerou a presença diante de Pilatos um julgamento romano completo ou regular (por exemplo, Lucas não menciona um açoitamento na sentença). Neyrey (*Passion*, p. 81) está correto ao afirmar que Lucas, "mais do que a fonte marcana, apresenta uma cena de julgamento formal".

[59] Millar ("Reflections", p. 378): "Já que nenhum Evangelho representa a decisão de Pilatos como veredicto formal, há uma sensação muito clara de que toda a noção de 'o julgamento de Jesus' é um constructo moderno".

[60] Além da questão do vocabulário, o fato de judeus e pagãos saberem que Pilatos pronunciara uma sentença contra Jesus torna bastante implausível a tese de que pregadores cristãos, conforme apresentado nos Evangelhos, evitavam dizer isso.

sentença, presumem que a ausência dela tem o propósito de absolver os romanos e culpar os judeus pela crucificação de Jesus. Winter (*On the Trial*, p. 79) julga que os evangelistas acharam difícil declarar francamente que a sentença de morte foi pronunciada pelos romanos.[61] Em resposta a essa tese, acho claríssimo que todos os evangelistas identificassem os que obviamente queriam Jesus morto, como os chefes dos sacerdotes e o populacho judaico que os apoiava. Mas, na verdade, não há nenhuma desculpa para os romanos. Todos os Evangelhos usam *paradidonai* a respeito de Pilatos e, assim, ele se junta à sucessão dos descritos por esse verbo: Judas entregou Jesus às autoridades judaicas; as autoridades judaicas entregaram Jesus a Pilatos; agora Pilatos entrega Jesus para ser crucificado. Essa sucessão certamente não livra Pilatos da participação. Para Mateus, ao lavar as mãos, Pilatos não se livra da responsabilidade pelo sangue inocente, do mesmo modo que Judas não se livra dele ao devolver as moedas. Para João, os chefes dos sacerdotes e a nação têm o maior pecado, mas isso ainda significa que Pilatos tem o pecado menor. Para Lucas e João, o Pilatos que diz três vezes que Jesus não é culpado não pode ser considerado irrepreensível quando passa a entregar Jesus para a crucificação. Na verdade, na imagem lucana global, é possível pôr Pilatos em contraste com os nobres oficiais romanos que, nos Atos, se recusam a considerar os cristãos culpados.

Deixando de lado interpretações exageradas daquilo que os Evangelhos não dizem, devemos apreciar o impacto daquilo que eles dizem. A flagelação de Jesus descrita por Marcos/Mateus podia bem evocar nos leitores do século I uma reação como a de Horácio (*Sátira* I,iii,119), que fala de *horribile flagellum*. Ler que Jesus foi entregue a fim de ser crucificado evocava horror; Orígenes (*Comentário a*

---

[61] Também "Marginal", p. 241-242. Ele acrescenta a prova tirada de Justino (*Diálogo* xvi,4; cxxxiii,6), que acusa os judeus de terem matado o Justo ou Cristo, e Melitão de Sardes (*Sobre a Páscoa* 74; 79; 92; 96). Entretanto, Justino e Melitão exageram um lado da imagem evangélica (responsabilidade judaica); não negam o envolvimento romano. Justino (*Apologia* I,13; II,6) diz, em uma frase que parece do credo, que Jesus foi crucificado sob Pôncio Pilatos e Melitão (*Sobre a Páscoa* 92) menciona que Pilatos estava envolvido no julgamento. Embora um ramo da lenda cristã mais tardia faça Pilatos mais simpático e até penitente (§ 31, B2), praticamente nunca se nega que ele condenou Jesus — *EvPd* 1,2, onde Herodes condena Jesus à morte, desapareceu da memória cristã predominante. A tabuinha de cobre encontrada c. 1200 d.C. em Áquila (Amiturnum), conforme relatado por Cheever ("Legal", p. 507-508), formaliza a questão: "*Sentença proferida por Pôncio Pilatos que Jesus de Nazaré sofrerá a morte na cruz*: No ano 17 do império de Tibério César e em 24 de março, a cidade santa de Jerusalém, Anás e Caifás sendo sacerdotes, santificadores do povo de Deus, eu, Pôncio Pilatos, governador do pretório, condeno Jesus de Nazaré a morrer na cruz entre dois ladrões". Segue-se uma lista de seis acusações justificadoras (§ 32, nota 17), quatro testemunhas e instruções para o centurião Quinto Cornélio conduzi-lo ao lugar de execução através da porta da cidade Struenus.

Mateus 27,22-26; #124; GCS 38,259) fala sobre "a mais torpe [*turpissima*] morte na cruz". A isso os judeus acrescentam a palavra de Dt 21,23, segundo a qual a maldição de Deus está naquele que é pendurado em uma árvore, de modo que Jesus se tornava maldição (Gl 3,13). Laconicamente, os Evangelhos nos relatam que Jesus foi mandado para uma das mais terríveis mortes conhecidas da Antiguidade.

Entrega de Jesus a quem? Os Evangelhos não têm a mesma clareza a respeito daqueles aos quais Jesus é entregue:

Mc 15,15: ele entregou Jesus a fim de que ele fosse crucificado;

Mt 27,26: ele entregou-o a fim de que ele fosse crucificado;

Lc 23,25: ele entregou Jesus a sua vontade (deles);

Jo 19,16a: ele entregou-o a eles a fim de que ele fosse crucificado.

Marcos/Mateus não deixam os leitores em suspense quanto aos que recebem, pois em ambos o versículo seguinte menciona os soldados (Mateus: do governador) que levam Jesus ao pretório. Assim, de maneira clara, Jesus é entregue a soldados romanos que vão crucificá-lo. O problema é mais complicado em Lucas e João, onde não há flagelação/escárnio por soldados romanos entre a entrega e a crucificação.

Em Jo 19,16a, o último antecedente mencionado para "a eles" seriam os chefes dos sacerdotes no final de Jo 19,15. É exemplo de estilo narrativo descuidado, pois na narrativa subsequente da crucificação (o assunto de Jo 19,16a), lemos em Jo 19,23: "Assim os soldados, quando crucificaram Jesus". Os cristãos joaninos sabiam perfeitamente que os soldados romanos realizaram a crucificação; assim, não é provável que o "a eles" do evangelista fosse mal interpretado. Não se devem forçar antecedentes gramaticais, como se os leitores não soubessem nada a respeito da Paixão antes que o Evangelho fosse escrito. A NP joanina toda é clara quanto ao envolvimento dos soldados romanos (além de Jo 19,23, ver Jo 19,31-34). A situação aqui é muito diferente da do *EvPd*, onde o rei judeu Herodes dá a ordem para Jesus ser levado embora (*EvPd* 1,2) e o povo ou os judeus escarnecem de Jesus, o açoitam e crucificam, e os soldados romanos só aparecem quando Pilatos manda-os vigiar o sepulcro (*EvPd* 8,31).

Lc 23,24-25 é mais complicado. No v. 24, Pilatos faz o julgamento de que "sua exigência [*aitia*; ver *aitein* no v. 23] fosse posta em ação" e no v. 25, "ele entregou Jesus a sua vontade". (Comparar com Lc 22,42, onde Jesus diz: "não a minha vontade, mas a tua seja feita"; aqui, há uma terceira vontade.) "Sua", nos vv. 24 e 25, tem como último antecedente especificado "os chefes dos sacerdotes e os governantes e o povo" de Lc 23,13. Assim, as frases nos vv. 24 e 25 são o esclarecimento lucano da responsabilidade judaica, transmitindo de modo equivalente o "desejando satisfazer a multidão" marcano.

    Entretanto, Lucas parece transcender Marcos, pois no v. 26 "eles" conduzem Jesus para a crucificação,[62] e só se ouve falar de soldados romanos dez versículos adiante. Quer Lucas que os leitores pensem que "os chefes dos sacerdotes" e os governantes e o povo fisicamente crucificaram Jesus? Todos os Evangelhos têm a participação judaica na morte de Jesus e, na verdade, até responsabilidade direta por ela. Mas, se Lucas realmente faz os judeus crucificarem Jesus no sentido de pregá-lo na cruz, ele está mais próximo do *EvPd* que dos outros Evangelhos canônicos. Os que tendem a responder afirmativamente mencionam passagens como At 2,36 e 3,12-15, onde a "Casa de Israel" ou os "homens de Israel" são os "vós" que crucificaram Jesus ou mataram o autor da vida em At 10,39, onde os judeus e os hierosolimitas são os "eles" que executam Jesus pendurando-o em uma árvore. Eu mesmo cito esses textos para mostrar que o fato de Lucas não mencionar uma sentença de morte no julgamento do sinédrio não significa que ele negou a responsabilidade judaica pela morte de Jesus. Mas aqui a pergunta é mais precisa: a execução física foi realizada por judeus ou romanos? Os textos dos Atos estabelecem a responsabilidade, mas não a causalidade física. Mais difícil é Lc 24,20: "Nossos chefes dos sacerdotes e governantes o entregaram para um julgamento de morte e o crucificaram". Embora para alguns biblistas isso signifique que os sacerdotes fizeram a crucificação, devemos prestar atenção à sequência "o entregaram para um julgamento [*krima*] [...] e o crucificaram". Admitindo-se Lc 23,1, onde a aglomeração inteira deles o levou a Pilatos, e Lc 23,24, onde Pilatos fez o julgamento (*epikrinein*), é possível argumentar que os leitores entenderam: "entregaram-no ao julgamento de Pilatos, o que levou a sua crucificação". Lc 18,31-33 tem a mesma sequência de entrega e morte, e ali está claro que o Filho do Homem foi entregue pelos gentios e que são eles que o matam.

    Ao avaliar a imagem lucana como um todo, acho mais provável que, quando escreveu em Lc 23,25 que Pilatos "entregou Jesus a sua vontade" e em Lc 23,26

---

[62] Fitzmyer (*Luke*, v. 2, p. 1496) afirma contra Caird, Marshall e Schmid que os "eles" que agem aqui são as autoridades judaicas e o povo.

que "eles o levaram", Lucas quis dizer (e a audiência entendeu) que Pilatos assentiu aos desejos judaicos quanto a Jesus e os soldados romanos o levaram para ser crucificado — Lucas menciona os soldados abruptamente pela primeira vez em Lc 23,36-38. Quero relacionar argumentos que apoiam essa minha opinião.

1) É uma questão do antecedente de um pronome. Antecedentes são um problema na escrita, como sabe quem tem experiência em revisar composições; são um problema ainda maior em um contexto oral. Em § 2, insisti que os Evangelhos se originaram da transmissão oral de material a respeito de Jesus, que a oralidade continuou a ser fator vivo mesmo na redação dos Evangelhos e que nos primeiros tempos os Evangelhos escritos eram com mais frequência ouvidos que lidos. É possível aos biblistas modernos olharem, treze versículos para trás do "eles" de Lc 23,26, para "os chefes dos sacerdotes e os governantes e o povo", de Lc 23,13, e equipará-los, mas ninguém que está sentado em uma igreja ouvindo a NP ser lida fará essa ligação. A audiência entenderá o "eles" à luz daquilo que já sabem a respeito da crucificação e pensará em soldados romanos levando Jesus para crucificá-lo. Os treze versos anteriores não serão fator em sua interpretação daquilo que ouvem. Quanto à audiência do século I, é plausível que a imagem lucana comum de romanos dominando a Judeia, Pilatos pronunciando sentença, crucificação como castigo romano e a referência subsequente a soldados ao redor da cruz e obviamente envolvidos na crucificação levasse os ouvintes a pensar que os romanos, não os judeus, crucificaram fisicamente Jesus. Além disso, como já insisti, não há razão para pensar que a audiência lucana ouvia falar da crucificação pela primeira vez. Portanto, o fato de nos outros Evangelhos soldados romanos realizarem a ação cria a possibilidade de ter a audiência lucana sido influenciada por uma imagem cristã geral da cena da crucificação.[63]

2) Prevejo a objeção de que, embora a oralidade possa ter tido influência na audiência, Lucas com certeza sabia o que estava escrevendo e tinha consciência de seu antecedente. Mesmo bons escritores descuidam-se de antecedentes; e acabamos de ver que João é descuidado em Jo 19,16a a respeito de "a eles", pois, apesar de "os chefes dos sacerdotes" dever ser o antecedente gramatical, a sequência mostra que a referência é aos soldados romanos. Não creio que Lucas, o autor, escapasse

---

[63] Não sei como isso afetaria o entendimento de escritos posteriores, por exemplo, quando Tertuliano (*Apologia* XXI,18; CC 1,126) relata que os judeus arrancaram de Pilatos uma sentença para entregar Jesus "a eles" para ser crucificado. Desconfio que dado o conhecimento cristão geral, para os leitores de Tertuliano isso significaria que Pilatos acedeu a seu pedido, mas não que eles pregaram Jesus na cruz.

da influência da oralidade, e aqui temos uma razão especial pela qual ele pode não ter notado a importância gramatical de seu pronome. Ao seguir Marcos, nesta conjuntura, Lucas omite a flagelação de Jesus em Mc 15,15 e toda a cena de escárnio em Mc 15,20a. Mc 15,20b, onde Lucas retoma a narrativa, também tem "eles" ("eles o levam para fora, a fim de poderem crucificá-lo"); mas em Marcos não há nenhuma ambiguidade, por causa da presença dos soldados romanos nos versículos precedentes que Lucas omitiu. Em outras palavras, Lucas pode não ter notado que sua omissão de uma passagem marcana agora significava que os "eles" que menciona quando retoma a narrativa marcana perderam o antecedente marcano e agora têm gramaticalmente novo antecedente lucano de treze versículos antes. Que Lucas foi descuidado nessa situação é documentado por dois exemplos. Primeiro, Lucas (Lc 18,31-33) copiou de Mc 10,33-34 a terceira predição da Paixão onde Jesus declarou que o Filho do Homem seria entregue aos gentios, cuspiriam nele e o açoitariam. Como acabei de mencionar, quando reescreve o final do julgamento romano, Lucas elimina a cena marcana em que açoitam Jesus e cospem nele. Portanto, Lucas, por descuido, deixa a predição de Jesus descumprida! Segundo, temos um exemplo anterior de descuido quando Lucas altera a sequência marcana. A ordem marcana era julgamento pelo sinédrio, escárnio de Jesus, negações de Pedro. Lucas reverte a ordem: negações de Pedro, escárnio de Jesus, julgamento pelo sinédrio. A junção entre as negações de Pedro e o escárnio de Jesus na nova ordem lucana tem lugar em Lc 22,61-63: Pedro se lembrou do dito do Senhor a respeito do canto do galo e saiu e chorou amargamente; e os homens que o seguravam escarneciam dele, batendo nele. Lucas quer dizer que eles escarneciam de Jesus e batiam nele, mas não percebe que seu deslocamento do material significa que gramaticalmente o antecedente parece ser Pedro. Por isso afirmo que Lucas foi influenciado por sua fonte marcana e, em sua escrita, pressupõe informações dessa fonte mesmo quando na verdade não as transmite.

3) Se em outras passagens Lucas faz declarações generalizadas a respeito da morte de Jesus pelos judeus, ele também mostra supor que sua audiência sabia que os gentios (romanos) o crucificaram. Não só At 4,25-28 especifica que Pilatos e os gentios estavam unidos contra o Senhor e seu ungido (Cristo), mas o próprio Jesus predisse, em Lc 18,31-33, que o Filho do Homem seria entregue aos gentios e eles o matariam. Considerando tudo isso, creio que Lucas ficaria muito surpreso de encontrar comentaristas que alegam ter sido seu desatento "levaram-no embora" escrito para subentender que os chefes dos sacerdotes, os governantes e o povo

pregaram Jesus na cruz.[64] Lucas tinha dos crucificadores a mesma opinião que os outros evangelistas.

Análise

Ao chegar ao fim do julgamento romano e resumir um estudo que se estendeu por quatro seções (§§ 32–35, mais § 29, a respeito de Judas, e § 31, dedicado ao pano de fundo), os componentes básicos originários da tradição pré-evangélica parecem relativamente claros. Jesus foi "entregue" ao prefeito romano pelas autoridades do sinédrio judaico, à frente das quais estavam os chefes dos sacerdotes. A acusação pela qual ele foi interrogado e, no fim, condenado e crucificado referia-se à pretensão de ser "o Rei dos Judeus", título ao que tudo indica derivado do período dos séculos II e I a.C., quando reis judeus reinavam na Judeia. Segundo a tradição, Jesus não se preocupou em negar essa acusação, mantendo silêncio exceto por um vago "Tu (o) dizes". O prefeito reconheceu não ser essa a verdadeira base do antagonismo para com Jesus da parte das autoridades judaicas, mas sob pressão organizada, Pilatos cedeu à vontade dessas autoridades para não ter contrariedade pública por causa de um problema que não lhe interessava. Mesmo antes que os evangelistas acrescentassem seus toques pessoais, a pressão em Pilatos fora dramatizada de modo fixo, com a multidão (da qual faziam parte os chefes dos sacerdotes, ou instigada por eles) clamando diversas vezes pela crucificação. (Pelo papel de multidões que protestavam em diversos incidentes com Pilatos narrados por Josefo, vemos que essa dramatização era verossímil; ver § 31, B3.) Na descrição de Pilatos, ele, por sua vez, expressou sua percepção de que a acusação contra Jesus era falsa. Em uma forma da tradição conhecida por Lucas e João, a apreensão de Pilatos fora estilizada em três declarações de inocência. (O significado dessa estilização não era desculpar Pilatos, mas sim mostrar a falsidade óbvia do pretexto de que Jesus ameaçara ambições régias.) Também a memória de uma personagem chamada Barrabás entrara na tradição pré-evangélica do julgamento. Historicamente, talvez ele fosse alguém solto durante uma festa quando a multidão o apoiou, mas já no

---

[64] Alguns que admitem ser fraca a tentativa de entender o antecedente de maneira literal ainda assim afirmam que Lucas escreveu de maneira ambígua a fim de levar os judeus a uma cooperação mais estreita com os romanos na crucificação, e desse modo preparar o terreno para as declarações nos Atos de que os homens de Israel crucificaram Jesus. Essa opinião depende da interpretação do antijudaísmo dos Atos (ver § 18, F1).

nível pré-evangélico da tradição cristã ele foi colocado lado a lado, em contraste com Jesus (o culpado solto e o inocente condenado), e o procedimento explicado como costume que incluía a soltura de um criminoso durante a festa.

Cada um dos evangelistas deu outros toques aos relatos evangélicos do julgamento à medida que ampliava alguns dos temas já presentes na tradição (que chegou a Mateus e Lucas por intermédio de Marcos). A ponderação popular na verdadeira responsabilidade pela morte de Jesus foi expressa em termos vetero-testamentários do sangue inocente ficar "sobre" alguém, culpa que na perspectiva cristã tocava todos os envolvidos: Judas, as autoridades judaicas, Pilatos e o povo. Mateus recorreu a essa ponderação (que pelo jeito já existia como caracterizações romantizadas) e a compôs no esboço marcano em contos do suicídio de Judas, do estigma ligado a trinta moedas de prata, de um sonho da mulher de Pilatos e de um ato expressivo de lavar as mãos para escapar à culpa de sangue.

Lucas acrescentou ao julgamento uma dramatização tirada de tradições da oposição herodiana a Jesus, presente em outras passagens neotestamentárias de várias formas. No acréscimo lucano, Herodes, inimigo de Jesus, julga-o inocente e, assim, é outra testemunha da fraude da acusação política, do mesmo modo que, no julgamento de Paulo em Jerusalém, um rei herodiano e um prefeito romano declaram-no inocente (At 26,31-32). Na mesma disposição de paralelos com os julgamentos romanos de Paulo, Lucas também fez o julgamento de Jesus parecer mais formalmente apropriado ao relacionar acusações contra Jesus no início (acusações que repetem temas presentes no relato do ministério de Jesus) e ao proporcionar uma sentença reconhecível de condenação (*epikrinein*) no final.

João recorreu a uma tradição semelhante à que Marcos recebeu, mas dotada mais generosamente de detalhes geográficos e temporais que podem perfeitamente ser históricos, por exemplo, o pretório como cenário para o julgamento, o Litóstroto, no dia anterior à refeição da Páscoa. Mais radicalmente que todos os sinóticos, João reformulou o que recebeu em um drama em sete episódios, impressionante em sua análise teológica do que acontecia. Pilatos, movendo-se em vaivém entre "os judeus" do lado de fora do pretório e Jesus do lado de dentro, é colocado em julgamento diante da personificação da verdade divina. Homem indeciso, que deseja evitar um julgamento pró ou contra a verdade, Pilatos participa de diálogos que permitem a João fazer Jesus e seus adversários explicarem o que está por baixo da superfície — uma loquacidade muito além do "Tu (o) dizes" ou do "Crucifica,

crucifica" da tradição. Os temas de Jesus no diálogo com Pilatos dentro do pretório incluem o fato de seu reino ser do outro mundo, seu papel como verdade vinda ao mundo, o caráter elevado de autoridade e a culpa dos que o entregaram. Entre os temas arrancados de "os judeus" no diálogo com Pilatos fora do pretório estão: eles não podiam executar Jesus da maneira como ele predisse (erguido na cruz); o verdadeiro problema não era a alegação de Jesus de ser "o Rei dos Judeus", mas a alegação de ser o Filho de Deus; ao rejeitar Jesus, aqueles para os quais Deus era soberano estavam agora dispostos a reconhecer que não tinham nenhum rei, a não ser César. O diálogo acrescentado por João, como as ações acrescentadas por Mateus, refletem as controvérsias teológicas entre os cristãos e os líderes judeus da sinagoga do fim do século I — controvérsias presumivelmente consideradas por ambos os lados continuação da oposição entre Jesus e os líderes judaicos (em especial os chefes dos sacerdotes) que ocorreram em Jerusalém no início do século I e levaram a sua morte em mãos romanas.

(A bibliografia para este episódio encontra-se em § 30, com uma bibliografia especial para Mt 27,24-25 ["Seu sangue] em § 30, Parte VI.)

§ 36. O escárnio e os maus-tratos romanos a Jesus
(Mc 15,16-20a; Mt 27,27-31a; Jo 19,2-3)

Tradução

Mc 15,16-20a: [16]Mas os soldados o levaram embora para dentro do pátio, isto é, o pretório, e convocaram a coorte inteira. [17]E eles põem púrpura sobre ele; e tendo trançado uma coroa espinhosa, eles a põem nele. [18]E eles começaram a saudá-lo: "Salve, Rei dos Judeus". [19]E eles golpeavam sua cabeça com um caniço e cuspiam nele; e dobrando o joelho, eles o reverenciavam. [20a]Quando escarneceram dele, eles o despiram da púrpura e o vestiram com suas próprias roupas.

Mt 27,27-31a: [27]Então os soldados do governador, levando Jesus para dentro do pretório, reuniram a coorte inteira contra ele. [28]E tendo-o despido, puseram uma capa escarlate ao redor dele; [29]e tendo trançado uma coroa de espinhos, eles a puseram em sua cabeça e um caniço em sua mão direita. E ajoelhando diante dele, eles escarneceram dele, dizendo: "Salve, Rei dos Judeus". [30]E tendo cuspido nele, eles tomaram o caniço e golpeavam-lhe a cabeça. [31a]E quando escarneceram dele, eles o despiram da capa e o vestiram com suas próprias roupas.

Jo 19,2-3: [2]E os soldados, tendo trançado uma coroa de espinhos, puseram-na em sua cabeça; e eles o vestiram com um manto de púrpura. [3]E eles se aproximavam dele e diziam: "Salve, Ó Rei dos Judeus". E davam-lhe tapas.

Lc 23,11 [durante o julgamento romano]: Mas tendo-o tratado com desprezo e feito um escárnio, Herodes com suas tropas, tendo-o vestido com uma veste esplêndida, mandou-o de volta a Pilatos.

Lc 23,36-37: [enquanto Jesus estava na cruz]: [36]Além disso, também os soldados escarneciam, aproximando-se, trazendo-lhe vinho avinagrado [37]e dizendo: "Se és o Rei dos Judeus, salva-te a ti mesmo". (O Códice de Beza e OS acrescentam: tendo posto nele também uma coroa espinhosa.)

EvPd 3,7-9: [7]E eles [o povo] o vestiram com púrpura e o sentaram em uma cadeira do tribunal, dizendo: "Julga imparcialmente, Rei de Israel". ⁸E um certo indivíduo dentre eles, tendo trazido uma coroa espinhosa, a pôs na cabeça do Senhor. ⁹E outros que estavam de pé ali cuspiam em sua face e outros estapeavam suas bochechas. Outros o espetavam com um caniço; e alguns o açoitavam, dizendo: "Com esta honra, honremos o Filho de Deus".

Comentário

No início do § 26, sobre "Os maus-tratos e o escárnio a Jesus por parte dos judeus", mencionei os fortes paralelos entre aquela cena e esta, em especial em Marcos/Mateus, onde cada cena vem imediatamente depois de Jesus ter sido condenado (respectivamente pelo sinédrio judaico e o prefeito romano) e onde, em ambos, as palavras dirigidas em tom de escárnio a Jesus ("Profetiza", "Rei dos Judeus") relacionam-se a um tema do julgamento que as precede. João também tem duas cenas, mas sem um paralelismo tão estreito: no meio do interrogatório pelo sumo sacerdote, Jesus sofreu maus-tratos (não foi escarnecido) por um guarda (Jo 18,22-23); no meio do julgamento romano, ele sofre maus-tratos e é escarnecido. O tratamento lucano dos dois temas é o mais complicado: imediatamente depois das negações de Pedro, mas antes da sessão do sinédrio, Jesus foi escarnecido e sofreu maus-tratos por parte dos homens que o seguravam; não há nenhum escárnio de Jesus por romanos durante ou imediatamente depois do julgamento romano; contudo, no meio do julgamento romano (semelhante à escolha do momento por João), Jesus é escarnecido por Herodes com suas tropas: e quando Jesus pende da cruz, ele é escarnecido por soldados romanos como "Rei dos Judeus" (ver nota 6 a seguir). Parece que o *EvPd* combinou ecos dos escárnios judaicos e romanos dos Evangelhos canônicos: o escárnio é feito pelo povo judeu; é feito depois de um julgamento onde se apresentam Herodes e Pilatos; o conteúdo tem pouca diferença do escárnio romano canônico; e o tema de sentar Jesus em um tribunal e escarnecer dele para julgar imparcialmente parece repetir uma tradição próxima a Mt 27,19 e também a Jo 19,13.

Com esse contexto geral, passemos a comentar a cena versículo por versículo.

Os soldados e o pretório (Mc 15,16; Mt 27,27)

O "Mas" marcano e o "Então" mateano ligam este versículo ao que precedeu: Jesus acabou de ser entregue para a crucificação – e por esse versículo ficamos sabendo a quem, isto é, os soldados (romanos). Por subordinação, Mateus melhora a série de verbos finitos de Marcos; ele também identifica os soldados como "do governador" e identifica o "o" marcano como Jesus. Na NP de Marcos/Mateus, essa é a primeira menção de soldados (*stratiotes*).[1] É também o primeiro de seis casos de *stratiotes* em João (todos no capítulo 19); como em Marcos, eles são soldados sob comando romano. Lucas usa *stratiotes* na NP pela primeira vez durante o escárnio de Jesus pendurado na cruz (Lc 23,36). Anteriormente, Lucas escreveu a respeito dos capitães do Templo (Lc 22,4.52: *strategoi*) associados aos chefes dos sacerdotes na apreensão de Jesus, do mesmo modo que, em Jo 18,3.12.18.22, foi escrito no mesmo contexto a respeito de guardas (*hyperetes*) dos chefes dos sacerdotes e dos fariseus que pareciam servir como um tipo de polícia.[2] Um terceiro grupo de militares aparece em Lc 23,11: as tropas (*strateuma*) de Herodes.

Em Marcos/Mateus, os soldados reúnem "a coorte (*speira*) inteira". Antes em João (Jo 18,3.12), uma coorte, com um centurião (*chiliarchos*), veio ao jardim para prender Jesus. Embora "a coorte inteira" marcana[3] possa ser simplesmente uma generalização de culpa, como "o sinédrio inteiro" de Mc 14,44 e Mc 15,1, a presença no pretório de Jerusalém de uma das cinco coortes à disposição de Pilatos é mais fácil de imaginar que sua presença em um jardim do outro lado do Cedron. É o único caso de "convocar" (*synkalein*) em Marcos. O mesmo verbo foi usado em Lc 23,13 para a convocação por Pilatos dos adversários judaicos de Jesus (ver também At 5,21; 10,24; 28,17).

---

[1] Nos dois Evangelhos, o único caso anterior é a referência aos soldados que o centurião tinha sob seu controle em Mt 8,9.

[2] É de se presumir que estes últimos estivessem agora com "os judeus", do lado de fora do pretório; ver Jo 19,6.

[3] Ver nos §§ 13 e 32 acima o tamanho da *speira* (de 600 a 1.000 homens) e a formação étnica das tropas romanas na Judeia.

Em Marcos, a ação agora passou[4] para dentro do pretório — a primeira vez que este local é mencionado nos sinóticos. João coloca todo o julgamento romano alternadamente dentro do pretório ou do lado de fora, em frente dele; em especial, os soldados escarneceram de Jesus *dentro*, como se vê em Jo 19,4-5. No *EvPd*, o escárnio e o açoitamento são feitos pelo povo judaico em um lugar público, onde arrastam Jesus por todos os lados e o sentam em um tribunal. Em Lucas, Herodes e suas tropas escarnecem de Jesus presumivelmente em um prédio ou uma parte de Jerusalém diferente de onde Pilatos está, pois Jesus tem de ser mandado de um lado para outro, de um para o outro (Lc 23,7.11). Todos os evangelistas usam *aule* para o pátio/palácio dos chefes dos sacerdotes (§ 27 acima), mas só Marcos usa esse termo para o local romano, tomando o cuidado de explicá-lo por seu equivalente greco-latino (ver equivalência semelhante em Mc 12,42). Ao que tudo indica, a cena que Marcos/Mateus imaginam tem lugar no pátio dentro do palácio,[5] lugar grande o bastante para reunir um grupo inteiro de tropas. Mateus especifica o que está implícito em Marcos, a saber, que a concentração é hostil a Jesus.

A veste real e a coroa de espinhos (Mc 15,17; Mt 27,28-29a; Jo 19,2)

Lucas não relata esses elementos dramáticos de escárnio romano.[6] Mateus melhora o grego de Marcos, eliminando os presentes históricos e imaginativamente ampliando a parafernália para além de manto e coroa, a fim de incluir um cetro de caniço, desse modo antevendo o uso de um caniço para golpear Jesus (Mc 15,19).[7]

---

[4] "Levaram embora"; ver em Mc 14,53-54; 15,1; 15,20b verbos de movimento que mudam a cena na NP marcana. Para harmonizar a localização joanina do lado de fora com o "para dentro" marcano, Kreyenbühl ("Ort", p. 16) imagina cômodos externos e internos no pretório.

[5] O uso de *aule* para o lugar romano ajuda a confirmar que a tradição imaginava o palácio herodiano, não a fortaleza Antônia, como o local do pretório, pois Josefo usa *aule* para o primeiro, mas *phrourion* ou *pyrgos* para a segunda (ver § 31, C2 acima).

[6] É evidente que os copistas sentiram vivamente a lacuna em Lucas, pois, no Códice de Beza e na OS, uma frase ("tendo posto sobre ele também uma coroa espinhosa") aparece no final de Lc 23,37 depois da primeira menção lucana de soldados em Lc 23,36 — com o resultado de que uma pretensa coroação tem lugar na cruz!

[7] Por causa do contraste com Marcos, os escribas produziram muitas leituras alternativas de Mateus, por exemplo, acrescentando "de suas roupas" a "despido" ou mudando "despido" para "vestido"; ou acrescentando "roupa de púrpura e" antes de "uma capa escarlate". Ver J. M. Bover, "Un caso típico de crítica textual, Mt 27,28", em SBE 15, 1954, p. 221-226.

§ 36. O escárnio e os maus-tratos romanos a Jesus

Em sua descrição, João está muito próximo de Marcos e Mateus (de Mateus, ao pôr a coroa; de Marcos, na roupa). Ou houve dependência joanina dos sinóticos, ou nesta cena o vocabulário estava bem estabelecido na tradição cristã. O *EvPd* está próximo de Marcos/Mateus (combinados a elementos joaninos na cena toda); sua referência à "cabeça do Senhor" aumenta o ultraje. Em Marcos/Mateus, esse escárnio, em seguida à flagelação, não foi ordenado por Pilatos e dá a impressão de bufonaria espontânea pelos soldados. Em João, o açoitamento e o escárnio ocorrem no meio do julgamento e são organizados por Pilatos como manobra para conquistar a simpatia de "os judeus" por um Jesus desfigurado tão lamentavelmente.

Quanto à veste de escárnio, Marcos e o *EvPd* mencionam simplesmente *porphyra*, que João amplia para *himation porphyroun*, "manto de púrpura". Delbrueck ("Antiquarisches", p. 124-128) relata que *porphyra* era nome técnico para a *chlamys* ou capa de estilo macedônio, de forma circular e presa no ombro direito. Embora a cor seja enfatizada, o corante de púrpura tírio, obtido de molusco, era caro e fora do alcance de soldados comuns (Blinzler, *Prozess*, p. 326). Portanto, sugere trajes régios ou mesmo imperiais. O rei selêucida Alexandre Balas estendeu ao líder macabeu Jônatas o sumo sacerdócio e a posição régia; isso incluía um manto de púrpura e uma coroa de ouro (1Mc 10,20; também 1Mc 10,57-62; 11,58). Josefo (*Ant.* XI,vi,10; #256) descreve ministros reverenciados da corte persa que vestem púrpura. No magnífico funeral do rei Herodes, o Grande, seu corpo foi envolto em púrpura (*Ant.* XVII,viii,3; #197). Contudo, às vezes esse adjetivo se transforma em escarlate, por exemplo, para descrever a prostituta em Ap 17,4; 18,16 e para a capa militar de César em Apião (*Bellum civile* ii,21; #150). Mateus substitui por "*chlamys* escarlate", que talvez signifique a capa militar comum, mas também pode se referir ao *paludamentum* escarlate, usado por altos funcionários romanos, tais como o líctor (fora de Roma) e até o imperador.[8] Talvez isso signifique que os leitores mateanos entenderam o tom de escárnio régio tão claramente em Marcos, mas também é mais plausível que pensassem que a veste de escárnio era uma capa fornecida por um soldado. A cena lucana que envolve Herodes descreve

---

[8] Em geral, a *chlamys* de Mateus era uma capa menor usada por viajantes e soldados, enquanto o *himation* de João era um manto usado mais extensamente. A questão de escarlate/púrpura não é diferença significativa. O hebraico '*argaman* abrange uma extensão de púrpura avermelhada escura, distinta de *tekelet*, que abrange a extensão de púrpura violeta ou azul-celeste.

uma esplêndida veste brilhante (talvez branca; § 33); era principalmente sinal de inocência, não escárnio.

Quanto à coroa, como os evangelistas mencionam "espinhos" (Marcos, Jo 19,5 e o *EvPd* usam o adjetivo *akanthinos*; Mateus e Jo 19,2 usam o plural de *akantha* ["espinheiro"]): no pensamento cristão, tornou-se imagem de dor e sofrimento.[9] Entretanto, nos Evangelhos, não há nenhuma ênfase em tortura; e a coroa faz parte do escárnio régio, como o manto e o cetro. De modo inevitável, os biblistas se perguntam que tipo de espinheiro e que estilo de coroa foram imaginados pelos evangelistas. Delbrueck ("Antiquarisches", p. 135) adverte que, nessa época, "coroas" eram diademas ou grinaldas, não as coroas da realeza mais tardia. Em parte, as respostas dadas pelos biblistas têm sido determinadas pelo fato de o escárnio ou a tortura dominarem seu entendimento, pela percepção prática de que espinhos duros não podem ser trançados (embora os ramos possam ser emaranhados) e até por uma análise dos espinhos que apareceram como relíquias de Cristo nos tempos medievais.

Quero mencionar algumas das teorias. 1) Influenciado por relíquias, Lineu, o botânico do século XIX, tendenciosamente denominou uma planta com longos espinhos e folhas ovais verde-escuras *Ziphus spina Christi L*. Contudo F. Lundgreen (NKZ 27, 1916, p. 840-841) lembra que, embora a necessidade de calor por parte dessa planta possa lhe ter permitido sobreviver no Vale do Jordão, ela não era encontrada na montanhosa área de Jerusalém. 2) Ha-Reubéni pensa em um arbusto espinhoso palestino muito comum, *Poterium spinosam L.*, o *sîrâ* de Is 34,13 e outras passagens veterotestamentárias. Tem espinhos pequenos e feixes emaranhados dele poderiam ter sido empurrados na cabeça de Jesus para parecer um gorro ou capacete. Isso se encaixa no afresco das catacumbas de Praetextatus (c. 200) de um homem de cuja cabeça parecem sair espigas em todas as direções (Ilustração 4141 em DACL 5, voltada para a col. 188). Se essa figura é Cristo, temos uma ideia de como os cristãos romanos primitivos imaginavam a coroa.[10] 3) Hart

---

[9] Tertuliano, *De corona* xiv,3; CC 2,1063; Clemente de Alexandria, *Paedagogus* II,viii,73-75; SC, p. 108, 144-150.

[10] Barbet (*Doctor*, p. 84-85) apresenta uma citação de Vicente de Lerins (*Sermo in Parasceve* — citação que tentei verificar sem sucesso) que descreve a coroa de espinhos como sendo "na forma de um *pileus* (gorro, capacete), de modo que tocava e lhe cobria todas as partes da cabeça". Ele procura combinar essa

tira inspiração das moedas de tetradracma de Rodes (na Idade Média chamadas centavos de Judas), pois elas mostram em uma face a cabeça radiada do deus sol, que se julgava ser a cabeça de Cristo, e na outra face, a rosa de Sharon/Jericó. O diadema usado por ele, do qual irradiam por todos os lados os raios do sol sugerem a divindade de um governante.[11] Essa descrição radiada (*akinotos*) está comprovada para os imperadores Augusto, Tibério e Calígula. Hart se pergunta se o *akanthinos* marcano não pode ser um jogo de palavras sobre isso e sugere que os espinhos que constituem o início de novas folhas no talo da tamareira apresentavam a imagem de raios. Os soldados que homenageiam Jesus escarnecem então não só da alegação régia associada a ele, mas também do divino (enfatizado em João). 4) Delbrueck, Goodenough e Welles acham que o leitor dos Evangelhos não pensaria imediatamente em *akantha*, "espinho", mas em *akanthos*, a planta do acanto. Uma variedade, *acanthus mollies*, fornece as folhas reluzentes, tão bem conhecidas, dos capitéis em estilo coríntio (ainda vistas na Palestina, nas ruínas das sinagogas mais tardias em Cafarnaum e Corazim). Há também uma variedade espinhosa, *acanthus spinosus*, e de suas folhas os soldados poderiam ter entrelaçado uma grinalda para servir de pretensa coroa. Além dessas quatro, foram feitas outras sugestões, mas todas se harmonizam com o tema evangélico óbvio de realeza parodiada. Ao escolher entre elas, é preciso indagar como o leitor grego comum do século I entendeu os relatos evangélicos e, no caso de se considerar que a narrativa básica é histórica, o que era possível no ambiente de ação impetuosa de soldados em Jerusalém.

É de se presumir que o cetro de caniço mateano foi alvo de tanta discussão quanto a coroa de espinhos; felizmente, entretanto, não foi isso que aconteceu. O simbolismo régio geral de um cetro torna muito duvidosa a alegação de Daniel ("Esséniens", p. 97), segundo a qual ele se destinava a ser ou era visto como símbolo zelota. Do ponto de vista histórico, uma referência aos zelotas seria anacrônica para o tempo de Jesus (§ 31, A2g), e para o período mais tardio de composição

---

descrição com a coroa de juncos trançados preservada em Notre-Dame em Paris, que São Luís recebeu dos venezianos; ele sugere que o *pileus* de espinhos estava preso à cabeça por juncos trançados.

[11] A mais antiga descrição preservada do Cristo crucificado, em uma joia de jaspe de Gaza na Síria (datada do século II; DACL 3,3049), parece descrever uma coroa radiada. Bonner se apega a isso e indica uma passagem de Apuleio (*Metamorphoses* 11,24) onde o iniciado aos mistérios de Ísis é mostrado como o deus sol com a cabeça coroada com espigas de palmeira, à maneira de raios projetados. (A descrição mais conhecida de uma coroa radiada em nossa época é a da Estátua da Liberdade.)

evangélica, não temos provas de que Mateus ou seus leitores tinham uma instrução tão minuciosa a respeito dos zelotas a ponto de achar significativa essa referência.

A saudação do Rei dos Judeus e os maus-tratos (Mc 15,18-19; Mt 27,29b-30; Jo 19,3)

A saudação marcana torna provável sua intenção de que a cena seja uma paródia da aclamação "Ave, César" do imperador. Como em outras passagens, aqui Mateus evita o "começaram a" marcano característico (vinte e seis vezes), e preenche a brusquidão de Marcos com um verbo de dizer. Mateus também muda o "saudar" (*aspazesthai*) marcano com o uso dos dois verbos: "ajoelhando" (cf. a substituição semelhante em Mt 17,14, de Mc 9,15) e "escarneciam" (*empaizen*). Essas duas ideias aparecem no final da cena marcana ("reverenciavam" e "escarneceram"). Mateus tem "escarneceram" no início e no fim da saudação.[12] Marcos/Mateus e o *EvPd* empregam o vocativo clássico para "Rei"; João emprega o nominativo com um artigo (emprego classificado como semitismo por BDF 147[3]); a oração é pejorativa, equivalente a "Salve, tu Rei". É provável que escribas que inserem o artigo antes de "Rei" em Marcos ou Mateus queiram harmonizar com a presença desse artigo em outros casos do título na Paixão (Mc 15,2.12.26). O *EvPd* prefere "(o) Rei de Israel", aqui e no título sobre a cruz (*EvPd* 4,11). Essa obra é bastante hostil aos judeus, e seu autor talvez desejasse que "o Senhor" recebesse um título completamente aceitável. Além disso, o escárnio em *EvPd*, "Julga imparcialmente" (dirigido pelo povo a um Jesus sentado no tribunal), introduz o aspecto julgador da realeza, importante função do rei israelita antigo, por exemplo, 1Rs 3,9.28.[13] O imperfeito frequentativo joanino, que dá a impressão de que os soldados fizeram essa paródia vezes sem conta, realça o escárnio. Aqui, Marcos não menciona ajoelhar-se em homenagem, mas só mais tarde, depois de ser praticada violência contra Jesus. Mateus acha que fica melhor aqui, como prefácio à bufonaria, e assim, como João, intensifica o escárnio.

---

[12] Há uma leitura alternativa nos mss. *koiné* de Mt 27,29: "escarneciam", para combinar com o imperfeito no versículo seguinte: "golpeavam". A presença de *empaizen* na cena lucana de Herodes não é concordância significativa com Mateus; repete o uso do verbo pelos três sinóticos na terceira predição da Paixão (Mc 10,34 e par.) Para comparar o vocabulário nos escárnios judaico e romano e na predição de Jesus, ver o quadro 2 em § 26.

[13] Escárnio semelhante, "Julga-nos", aparece em Justino (*Apologia* I,xxxv,6), o que dá testemunho de que os detalhes do escárnio ainda eram flexíveis em meados do século II.

O escárnio do rei logo se transforma em *maus-tratos físicos*. Os imperfeitos frequentativos marcanos em Mc 15,19 – "golpeavam [...] e cuspiam" (*etypton, eneptyon*) – são comparáveis ao emprego joanino na descrição precedente (Jo 19,3: "se aproximavam [...] e diziam"). Mt 27,30 torna a gramática marcana mais formal e muda a ordem marcana de golpear/cuspir, de modo que a ação mais prejudicial termina. Mateus fala de "o caniço" porque já mencionou seu uso como cetro. Como vimos, o senso mateano de ordem fê-lo mudar para mais cedo na cena a genuflexão que Marcos coloca aqui.[14] Embora Marcos seja menos ordeiro que Mateus ao relacionar os detalhes do escárnio e dos maus-tratos, Marcos atinge dramaticamente o auge da ação hostil com uma pretensa reverência (*proskynein*).[15] O único outro uso marcano de "reverenciar" (Mc 5,6) é para descrever o possesso que, impulsionado pelos espíritos demoníacos, prestou homenagem a Jesus como o "Filho do Deus Altíssimo". *Proskynesis*, ou dobrar reverentemente o joelho, era parte essencial da homenagem helenística ao governante.

João não faz referência a cuspir nem a golpear com um caniço, mas tem o equivalente nos tapas dados em Jesus. Aqui, é provável que João seja influenciado por Is 50,6: "Dei [...] o rosto para tapas"; contudo, é curioso o fato de João não incluir as cuspidas que também estão em Isaías. Parece que o *EvPd* junta as cuspidas marcanas (tempo imperfeito) e os golpes marcanos com um caniço aos tapas de João (em harmonia mais estreita com Isaías). Coloca o açoitamento depois de tudo isso como a indignidade física final e mais severa. A malevolência da imagem do Evangelho apócrifo é vista na atribuição dessas ações a "outros, outros, alguns", como se desejasse enfatizar que todos tiveram um papel; além disso, o povo judeu que faz isso está ridicularizando o Filho de Deus. O relato do escárnio começou em *EvPd* 3,6, com a declaração "Vamos arrastar o Filho de Deus, agora que temos poder sobre ele"; esse começo e o final (em *EvPd* 3,9: "com tal honra homenageemos o Filho de Deus") mostram o verdadeiro interesse do autor. De modo diferente, o açoitamento e o escárnio em João salientam a malevolência de "os judeus": as ações podem ser feitas pelos soldados romanos, mas a exibição do Jesus açoitado e

---

[14] Ao descrever a genuflexão, Mateus também simplificou o grego marcano, pois dobrar (literalmente "colocar") o joelho é grego desajeitado equivalente ao latim *ponere genua* (BDF 5³).

[15] Não está claro por que Mateus decidiu omitir este ato, embora em outras passagens ele usasse *proskynein* treze vezes; talvez o evangelista desejasse evitar o pleonasmo de ajoelhar e reverenciar.

escarnecido leva "os judeus" a admitir que sua verdadeira hostilidade a Jesus não é a respeito da questão de realeza, mas por causa de sua presunção de ser o Filho de Deus (Jo 19,7). Obviamente, como reflexão cristã no escárnio contínuo, temas teológicos se desenvolviam, às vezes com um objetivo polêmico.

Jesus é despido e vestido depois do escárnio (Mc 15,20a; Mt 27,31a)

Aqui está o primeiro emprego por Marcos de "escarnecer" (*empaizen* — há um jogo de palavras com *emptyen*, "cuspir", que tem som semelhante e acabou de ser usado?). O verbo resume sua avaliação da cena inteira. Mateus antecipou o verbo antes na mesma cena (Mt 27,29), mas o reutiliza aqui. Os dois Evangelhos são iguais neste versículo, exceto pela descrição das vestes de escárnio, para a qual cada um usa a linguagem que empregara antes ("púrpura"; "capa"). Nem João nem o *EvPd* mencionam tirar o traje de escárnio e retomar a roupa normal. Entretanto, João, que pôs o escárnio no meio do julgamento, claramente imagina que, no momento da crucificação (Jo 19,23), Jesus veste roupas comuns, inclusive uma túnica e não púrpura régia. A retomada de roupas comuns antes da crucificação também parece provável em *EvPd* 4,12, embora o *EvPd* admita menos tempo entre o escárnio e a crucificação. Nenhum evangelista menciona a retirada da coroa de espinhos. Talvez seja para o leitor presumir em Marcos/Mateus que todos os instrumentos de escárnio foram removidos; e na maior parte da arte primitiva da crucificação (DACL, v. 3, p. 4047-50), Jesus é representado sem a coroa. O adendo dos copistas em Lc 23,37, onde Jesus *na cruz* está coroado de espinhos (nota 6 acima), pode ter influenciado a mudança em descrições mais tardias da crucificação. (Ver Reich, "König", p. 106-109.)

Embora Jesus tenha sido flagelado, em Marcos/Mateus ele é vestido novamente antes de partir para o lugar da crucificação. Normalmente, o criminoso, carregando a viga lateral da cruz atrás do pescoço, com os braços amarrados a ela, ia nu ao lugar da crucificação, sendo açoitado enquanto caminhava. Sabemos disso por breves referências em Dionísio de Halicarnasso (*Antiguidades romanas* VII,lxix,2) e Valério Máximo (*Facta* I,vii,4). Na verdade, Josefo (*Ant.* XIX,iv,5; #270) relata que até os nobres romanos envolvidos no assassinato de Caio Calígula tiveram as roupas removidas antes de serem levados ao lugar de execução. Ao colocar o desnudamento final de Jesus somente no lugar de execução (Mc 15,24 e par.), talvez o evangelista reflita uma concessão local que os romanos fizeram à aversão judaica por nudez pública. Josefo relata que o tribuno romano Célere, executado em Jerusalém por ordem imperial, foi arrastado pela cidade toda como espetáculo público antes de ser decapitado; mas não há menção a ele ter sido despido (*Guerra* II,xii,7; #246; *Ant*. XX,vi,3; #136).

Análise

No início do COMENTÁRIO a esta seção, chamei a atenção para dois fatores notáveis no escárnio e maus-tratos romanos de Jesus. Primeiro, em Marcos/Mateus, entre o escárnio e os maus-tratos judaicos que ocorrem no final do julgamento pelo sinédrio e esta cena no final do julgamento romano, há claros paralelos de lugar e objetivo.[16] O Quadro 2 em § 26, que dá uma comparação detalhada das duas cenas (bem como de outros escárnios e da predição por Jesus do escárnio), deve ser estudado cuidadosamente como base para esta análise. Segundo, há nítida discordância entre Marcos/Mateus e João quanto a quando, durante o julgamento, teve lugar o escárnio romano de Jesus. Além disso, Lucas age com independência ao substituí-lo por um escárnio diante de Herodes e outro quando Jesus está na cruz. É inevitável que nos perguntemos se houve dois escárnios (judaico e romano). Nesse caso, foi um harmonizado com o outro para aumentar o paralelismo? Se isso não aconteceu, qual era o mais original,[17] e o mais original já teria sido dramatizado na tradição, repetindo temas veterotestamentários e/ou padrões caricatos em festas, teatro e literatura greco-romanas? A essas perguntas nos voltamos agora sob dois cabeçalhos: composição da cena e fonte das imagens do escárnio.

---

[16] Há também paralelos de contexto secundários, por exemplo, presume-se que "eles" que maltratam Jesus em Mt 26,67 sejam "o sinédrio inteiro" de Mt 26,59, enquanto "a coorte inteira" faz isso aqui. O *aule* do sumo sacerdote funciona como cenário nos procedimentos do sinédrio (Mc 14,54.66) e esse termo reaparece aqui em Mc 15,16.

[17] Winter (*On the Trial*, p. 150-151) acha que o escárnio judaico se formou (oralmente) do escárnio romano como parte da incriminação geral dos judeus nos Evangelhos. Contudo, há grandes diferenças entre os dois escárnios, não explicados facilmente na abordagem de duplicação.

A. Composição da cena

Comecemos por analisar a relação do escárnio romano com a flagelação/o açoitamento. Em Marcos/Mateus e João, o escárnio segue-se à flagelação/ao açoitamento; em Lucas, porém, o escárnio (por Herodes com suas tropas e pelos soldados romanos enquanto Jesus pende da cruz) está sozinho, sem nenhum chicoteamento. No *EvPd* e na terceira predição da Paixão (Mc 10,34 e par.), o açoitamento segue-se ao escárnio. Ao separar as duas ações, Benoit ("Outrages", p. 109) sugere que Marcos/Mateus têm a localização mais plausível para o açoitamento, a saber, no final do julgamento romano e depois de Jesus ter sido sentenciado, de modo que o açoitamento faz parte da pena de crucificação. Por outro lado, segundo ele, Lucas e João têm a localização mais plausível para o escárnio, a saber, no meio do julgamento. Na verdade, Benoit argumenta ser mais provável o escárnio ter sido feito não por soldados romanos, mas pelas tropas de Herodes, menos firmemente disciplinadas, como em Lucas. A solução de Benoit é harmonizadora, mas não responde a uma importante objeção contra a historicidade da cena de escárnio romano: sob ordens para crucificar Jesus e com certa pressa para a execução estar terminada ao entardecer (a fim de não irritar o populacho judaico, tão sensível a respeito do sábado que se aproximava), teriam os romanos suspendido a execução para zombar de Jesus?

A crítica das fontes dá apoio indireto à mobilidade da cena de escárnio romano. Os que pressupõem duas fontes por trás da NP marcana pressupõem que, enquanto o açoitamento tem origem na fonte A, o escárnio tem origem na fonte B (§ 2, nota 45). Matera (*Kingship*, p. 21) afirma que o fim de Mc 15,15 (Pilatos "entregou Jesus, tendo mandado flagelá-lo, a fim de que ele fosse crucificado") se harmoniza facilmente com Mc 15,20b ("E eles o levaram para fora, a fim de que pudessem crucificá-lo"[18]). Assim, o escárnio interposto (Mc 15,16-20a) teria sido uma inserção redacional (do mesmo modo que o escárnio de Jesus na cruz em Mc 15,29-32 é uma inserção). Entretanto, para Gnilka (*Markus*, v. 2, p. 306), a maior parte do material do escárnio (com exceção de Mc 15,19a) era tradição pré-marcana,

---

[18] Nesta sequência marcana, "para fora" significa para fora do pretório onde Jesus foi escarnecido (cf. Mc 16,16: "para dentro"). Se o escárnio fosse inserção, "para fora" significaria para fora da cidade, além dos muros. Em Jo 19,17, "para fora" significa ambos. Lc 23,26 tinha "levaram embora".

com sinais ocasionais de redação marcana, por exemplo, no v. 16, o esclarecimento do *aule* (pátio/palácio) como o pretório.[19] Ao tentar ser consistente com sua teoria de inserção marcana, Matera tem de explicar o fato de João juntar o açoitamento ao escárnio como prova da dependência joanina de Marcos.[20] Essa conclusão não é tão óbvia. A sequência joanina pode ter sido influenciada pela descrição do servo sofredor em Is 50,6: "Dei as costas para *açoites* e o rosto para *tapas*" — o vocabulário em itálico começa e termina Jo 19,1-3. Para analisar mais a questão, precisamos examinar a unidade da cena marcana de escárnio.[21]

Embora bufonaria insultante seja o tema geral de Mc 15,16-20a, dois conjuntos de ações estão envolvidos. O PRIMEIRO CONJUNTO, em Mc 15,18 e 19b, que inclui o traje de púrpura, a coroa e o ato de ajoelhar (mais o cetro em Mateus), consiste em ações não violentas. O SEGUNDO CONJUNTO, em Mc 15,19a, que inclui golpear (estapear em João) e cuspir, consiste em ações violentas. Ao segundo, em especial, Marcos dá o nome de "escárnio".[22] *Paralelos entre essa cena romana e o escárnio que se segue ao julgamento judaico em Marcos/Mateus estão apenas no segundo conjunto de ações (isto é, cuspir e a ideia [mas não o vocabulário] de golpear).* Assim, Gnilka (*Markus*, v. 2, p. 306) sugere que Mc 15,19a, que contém o segundo conjunto de ações, foi um acréscimo marcano a uma tradição pré-marcana.

Jo 19,2-3a tem um segundo conjunto de ações muito mais breve, só com tapas especificados (a mesma expressão que Jo 18,22 usou na crueldade para

---

[19] Contudo, há "aspectos estilísticos marcanos" no material pré-marcano, por exemplo, tempo presente histórico, uso excessivo de *kai* ("e") e "começar" como auxiliar em Mc 15,18.

[20] Do mesmo modo, Borgen ("John", p. 252) acha que aqui João "consiste quase exclusivamente em combinações e concordâncias com Mateus e Marcos", mais reelaboração adicional. Entretanto, os detalhes são mais uma vez difíceis: se João conhecia Mateus, por que mudar a mais plausível *chlamys* ("capa") militar de Mt 27,28 para o mais geral *himation* ("manto" — Jo 19,2)?

[21] Mateus não acrescenta nada a Marcos além de detalhes secundários (o cetro), melhorias na gramática e na disposição lógica. O escárnio lucano diante de Herodes já foi estudado (§ 33) e não é realmente idêntico a esta cena.

[22] Ao usar *empaizein* ("escarnecer") duas vezes, em Mt 27,29b e 31a, Mateus pensa que os dois conjuntos de ações têm a mesma importância. D. L. Miller ("*Empaizein*") sugere que a noção de um jogo de arremedo é intrínseca ao verbo. Embora João não use *empaizein*, o escárnio está claro na forma joanina da cena. Isso, mais a identidade dos agentes como soldados romanos, torna implausível a alegação de Derrett ("Ecce"), de que o "manto de púrpura" (Jo 19,2.5) faça eco a Is 1,18 (pecados como vermelho rubro, escarlate) e Is 63,1-2 (o que vem em vestes rubras, traje vermelho), e que tudo isso coloque Jesus no contexto de um sacrifício propiciatório que cumpre a lei para a purificação de Israel.

com Jesus diante de Anás). Se aqui João seguiu Marcos, ele fez uma adaptação extraordinariamente sutil: reconheceu a diferença entre os dois conjuntos de ação e manteve o primeiro conjunto (coroa, púrpura, "Salve, Ó Rei dos Judeus") muito próximo de Marcos, mas resistiu aos elementos marcanos no segundo conjunto e voltou a sua linguagem preferida.[23] É mais provável que João recorresse a um nível pré-joanino para o primeiro conjunto de ações, no qual a descrição era semelhante à do nível pré-marcano dessas ações.[24] Então os dois evangelistas ou sua tradição teriam acrescentado elementos que repetiam a linguagem de Is 50, que descreve o escárnio do servo sofredor. Como essa mesma cena de Isaías inspirou a descrição do escárnio judaico de Jesus, na forma final, as cenas de escárnio romano marcana e também joanina têm paralelos de suas respectivas cenas de escárnio judaico. Uma nota a acrescentar: a terceira predição da Paixão de Jesus (Mc 10,32-34 e par.) fala em escarnecer, cuspir e açoitar — elementos de Is 50,6 e 53,5, no escárnio judaico de Jesus e no segundo conjunto de ações romanas (§ 26, Quadro 2; ##2a, 4b[cf. 4a], 5g). Contudo, parece que a predição atribui essas ações aos gentios.[25] De qualquer modo que se explique esse fenômeno, ele indica que, muito depressa na memória cristã, o que chamamos de segundo conjunto de ações (os maus-tratos violentos) se tornaram parte intrínseca daquilo que os romanos fizeram a Jesus.

B. A fonte das imagens para o escárnio

Seja como for, o que tem atraído a imaginação literária e artística cristã através dos séculos é o primeiro conjunto de ações que não são primordialmente violentas: a bufonaria de vestir e coroar Jesus, dar-lhe um cetro e então ajoelhar

---

[23] Parece que *EvPd* 3,7-9 é dependente dos Evangelhos canônicos: no primeiro conjunto de ações, o *EvPd* concorda estreitamente com Marcos/Mateus e João; no segundo conjunto, combina Marcos/Mateus com os elementos diversos em João.

[24] Buse ("St. John [...] Marcan", p. 218) acredita que João recorreu à fonte pré-marcana B, não a uma tradição pré-joanina independente. Embora não impossível aqui (se houve uma fonte pré-marcana B), é muito difícil verificar essa teoria do princípio ao fim da NP (ver BGJ, v. 2, p. 816-817). Esta é uma das poucas cenas na NP onde João está muito próximo de Marcos em vocabulário; contudo, na coroação de espinhos, Jo 19,2 está mais próximo de Mt 27,29 que de Mc 15,17. Na tradição oral, pode ter havido meios de descrever esse incidente dramático que influenciaram os evangelistas sem interdependência escrita.

[25] Mc 10,33,34: "E eles [chefes dos sacerdotes e escribas] o entregarão aos gentios. ³⁴E eles escarnecerão dele e cuspirão nele e o açoitarão". "Eles", no v. 34, talvez inclua "eles" do v. 33, mas os gentios estão primordialmente em foco.

diante dele em uma pretensa homenagem como "o Rei dos Judeus". Não há meios de saber se isso aconteceu historicamente; quando muito, é possível discutir a questão de verossimilhança. É essa bufonaria uma ação plausível? Há alguma razão (além da pressa na execução) para pensar que não podia ou não teria acontecido? A cena representa tradição pré-evangélica: se era histórica, o que inspirou os soldados romanos a agir dessa maneira? (Entretanto, mais uma vez, devemos nos lembrar de que estes não são legionários imperiais de primeira classe, mas soldados de tropas auxiliares da região siro-palestina, muitos dos quais podiam muito bem ser antijudaicos.) Se a cena não era histórica, o que inspirou os pregadores cristãos para imaginar e descrever esse tipo de ação romana? Há pouca probabilidade de que a cena deva sua inspiração à tradição israelita. O clássico escárnio do servo em Is 50,6 não tem essas características, nem os escárnios do justo em Sl 69 e Sb 2. Entretanto, no tempo de Jesus, as ideias judaicas de parafernália régia eram moldadas por modelos helenísticos e romanos, pois até os régulos judeus imitavam seus protetores mais poderosos. Os trajes régios de Herodes Agripa I em 44 d.C. (At 12,21) são descritos como veste maravilhosa, tecida de prata (Josefo, *Ant.* XIX,viii,2; #344).[26] Então, não é surpreendente que uma variedade de episódios e costumes greco-romanos tenham sido apresentados como contexto para a descrição evangélica. Agora eu os reúno:[27]

1. **Incidentes históricos**: a) Zombaria de Karabas. Em § 34 B, mencionei o incidente em Alexandria em 39 d.C., em que o rei judeu Agripa I foi escarnecido. Envolvia um idiota chamado Karabas (Fílon, *In Flaccum* 6; ##36-40). Erguendo-o no ginásio, as multidões antijudaicas puseram-lhe na cabeça uma folha de papiro distendida como um diadema. Jogaram-lhe ao redor do corpo um tapete como manto

---

[26] Nos últimos dias em que Jerusalém caiu para os romanos, Simão bar Giora, como um último ato de fanfarronice, exibiu-se vestido de túnicas brancas (*chiton*), com um manto púrpura (*porphyra chlanis*) sobre elas (Josefo, *Guerra* VII,ii,2; #29); ele acabou executado em Roma, depois de ser incorporado ao desfile triunfal de Tito (*Guerra* VII,v,6; ##153-155). O midraxe mais tardio *Tehillim*, a respeito de Sl 21,1 (#2), descreve o traje do Messias como púrpura. S. Ben-Chorin (*Zeitschrift für Religions- und Geitesgeschichte* 5, 1953, p. 211-212) menciona uma narrativa talmúdica atribuída a R. Levi onde um comandante vestido com um manto de púrpura livra as pessoas de impostos e opressão.

[27] Além do que descrevo, têm sido sugeridas harmonizações entre os Evangelhos, por exemplo, Herodes mandou Jesus de volta com trajes reais falsos, o que deu aos soldados romanos a ideia de escarnecê-lo. Mas os evangelistas que descrevem este escárnio romano (Marcos/Mateus, João) não demonstram nenhum conhecimento da narrativa lucana de Herodes.

real e lhe deram um caniço de papiro à guisa de cetro. E quando, "como nas mímicas teatrais", ele recebeu as insígnias da realeza, jovens postaram-se de ambos os lados, à guisa de escolta. Outros passaram a cumprimentá-lo ou a suplicar-lhe justiça, enquanto a multidão o saudava em aramaico como senhor. Observemos que não há nenhum elemento de violência física praticada contra Karabas.

b) Morte de Herodes Agripa I. Em 44 d.C., morreu este rei judeu que se vestira esplendidamente e agira como um deus. O povo de Cesareia, na costa palestina e da Samaria, rapidamente esqueceu os benefícios que ele lhe fizera e passou a escarnecer dele publicamente, vestindo grinaldas e usando perfumes (Josefo, *Ant.* XIX,ix,1; ##356-359). Ver também a nota 30.

c) Escárnio de um prisioneiro. Plutarco (*Pompeu* xxix,7-8) nos relata como os piratas tratavam o prisioneiro que insistisse em seus direitos de cidadão romano. Eles o vestiam a rigor, ridicularizavam-no com todas as honras e finalmente obrigavam-no a saltar ao mar.

2. Jogos e escárnio. a) O escritor do século II Pólux (*Onomasticon* ix,110) tem uma referência a *basilinda*, o jogo do rei, no qual uma pessoa era selecionada como rei e todos tinham de obedecer às suas ordens. Heródoto (*História* I,114) relata que, quando criança, o rei Ciro da Pérsia fazia esse jogo com outras crianças. Horácio (*Odes* I,iv,18) indica que a brincadeira era jogada com dados e *basilicus* era termo latino para a melhor jogada com os dados. Esse jogo foi proibido pela *Lex talaria* contra o jogo. Escavações sob o convento das Irmãs de Sião em Jerusalém, na área geral onde outrora se erguia a fortaleza Antônia (§ 31, C2), descobriram na seção NE desenhos de vários jogos de habilidade e azar (Aline de Sion, *Forteresse*, p. 119-142); em alguns pontos do pavimento de lajes, há um "B" que alguns relacionam com *basileus* ("rei"), sugerindo que vemos o tabuleiro do jogo *basilinda* (Miller, "*Empaizein*", p. 311). Foi conjeturado, mas não comprovado, que os jogos eram jogados por soldados romanos aquartelados na Antônia. Agora, entretanto, esses desenhos perderam parte de sua importância, pois há crescente consenso arqueológico quanto ao fato de que o pavimento em questão pertence ao início do século II d.C. e que provavelmente a Antônia não era o pretório do julgamento e escárnio de Jesus.

b) Em Roma, no monte Palatino, nas salas da Domus Gelotiana, que servia de escola de treinamento para pajens imperiais, foi descoberto um grafito de c. de 225 d.C., com um asno crucificado e uma figura reverenciando-o. Letras toscas registram: "Alexâmen reverencia deus". Aparentemente, os que estavam no serviço imperial escarneciam a religião dos colegas, em especial a superstição de uma minoria, que incluía o culto de um Cristo crucificado. Ver o escárnio pagão do crucificado em Tertuliano, *Apologeticum* xvi,6-8 (CC 1,115-116), *Ad Nationes* i,12 (CC 1,30-32).

3. **Mímicas teatrais**. Peças cômicas e mímicas apresentadas no teatro faziam parte da vida greco-romana, e os soldados e o populacho estavam familiarizados com elas. (Esse contexto foi ressaltado por Kastner.) Ao descrever a encenação do incidente de Karabas analisado acima, Fílon menciona a influência de *theatrikoi mimoi* na maneira como o idiota recebeu as insígnias da realeza. Os judeus eram objeto de sátira em poemas e peças. Mímicas de reis são um tanto mais difíceis de encontrar, talvez porque fossem politicamente perigosas para os participantes (Reich, "König", p. 728); contudo, os papiros de Oxirrinco, Fragmento 413 (Parte III [= v. 5], p. 46-47, linhas 66-106), trazem a paródia de um rei bêbado. Na verdade, nenhuma mímica antiga do rei judeu bêbado foi conservada, mas as ideias e alguns dos componentes do escárnio de Jesus como rei podiam perfeitamente ter sido sugeridos pelo que era visto no palco cômico. O artigo de Reich tem detalhes interessantes a respeito de mímicas mais tardias que satirizam as crenças cristãs e também judaicas.

4. **Festivais carnavalescos**. a) A Festa dos Sacas. (Este contexto foi ressaltado por Frazer, Reinach, Vollmer e outros.) Diversos relatos descrevem o *Sakaia*, antigo festival persa plagiado dos babilônios. C. 225 d.C., Ateneu de Náucrates (*Deipnosophistai* XIV,vi,39c), baseado no historiador babilônio Beroso, descreve uma Festa dos Sacas de cinco dias, durante os quais senhores eram dominados por escravos, com um escravo transformado em senhor e vestido com um manto real. No início da era cristã, Estrabão (*Geografia* XI,viii,4-5; #512) conta como Ciro, o

persa, pegou seus inimigos sacas de surpresa durante uma orgia de embriaguez; em honra dessa vitória, a Festa dos Sacas era celebrada em estilo orgíaco, com orgias sexuais bêbadas. C. 100 d.C., Díon Crisóstomo (*De Regno* iv,66-70) descreve outra característica da festa. Um prisioneiro condenado à morte era colocado no trono real,[28] recebia trajes régios e tinha permissão para se comportar licenciosamente. Depois disso o despiam, cuspiam nele, açoitavam-no e o matavam. Não sabemos se os soldados romanos conheciam essa festa, nem quando ou até que ponto os maus-tratos e a morte daquele que era homenageado se tornaram parte da festa.

b) As Saturnais. (Este contexto foi comentado por Wendland.) Supunha-se que esta festa havia começado em 217 a.C. (Lívio, *História* XXII,i,20); de fato, ela é mais antiga e talvez de origem etrusca. Cícero (*Ad Atticum* V,xx,5) revela que o exército a conhecia. Mais tarde, Sêneca (*Apocolocyntosis* viii,2), em um contexto satírico, fala do falso rei.[29] Apesar do caráter orgiástico, há uma ideia básica de alegre liberdade que antevê o período dourado de Saturno. Admitido esse contexto, quando um soldado estava envolvido como rei da festa, era-lhe permitido se satisfazer e dar ordens, mas depois, um tanto envergonhado, ele tinha de voltar ao regimento (Geffcken, "Verhöhnung", p. 221). Exceto por contaminação com a Festa dos Sacas, ou com as Crônias, ou com os temas orientais (Vollmer, "König", p. 195), não existe prova real de executar alguém como parte da festa. Temos razoável certeza de que nenhum oficial romano permitiria que um de seus soldados fosse executado a cada ano.

c) As Crônias. Os romanos identificavam seu deus Saturno com o deus grego Cronos. Presume-se que este último engoliu os outros deuses e depois foi forçado a produzi-los novamente; assim, há um aspecto obscuro em seu caráter. Na festa em sua honra, senhores e escravos festejavam juntos. C. 300 d.C., Porfírio (*De Abstinentia* II,liv,56) relata um sacrifício humano ao deus em Rodes, sob influência fenícia. No *Martírio de Dásio* (MACM, p. 272-273), ouvimos falar de soldados romanos na

---

[28] Os que aceitam isso como base para o escárnio romano de Jesus não raro optam pela leitura transitiva de Jo 19,13, pela qual Pilatos colocou Jesus sentado no tribunal. Entretanto, não só não existe nenhuma referência joanina a um trono, como também o costume de escarnecer a entronização talvez seja o que fez os intérpretes antigos se enganarem e lerem o versículo joanino transitivamente.

[29] Luciano (*Saturnais* ii-iv,9), Epicteto (*Dissertationes* I,xxv,8) e Tácito (*Anais* xiii,15) fornecem outros detalhes.

área do Danúbio em 303 d.C. que escolhiam alguém para desempenhar o papel de rei em honra de Cronos/Saturno: "Vestido com trajes régios, ele saía em público com a aparência e a imagem de Saturno, com uma reputação vergonhosa e imoral entre todo o povo". No terceiro dia, ele se oferecia como sacrifício pela espada. Não há nenhuma outra prova dessa autoimolação. Em todas essas festas, parece que os elementos de bufonaria orgiástica e de um rei ou senhor por algum tempo são originais. Parece que maus-tratos físicos e execução do homenageado são mais tardios e muito menos certos, quase sempre aparecendo quando um prisioneiro era o participante. Nesses relatos, é preciso levar em conta o exagero hostil de filósofos desdenhosos e cristãos desaprovadores.

Alguns biblistas mais primitivos que descobriram esses paralelos[30] trabalhavam com uma predisposição de religião comparativa simplista e presumiam que semelhanças provavam que os cristãos primitivos inventaram o escárnio romano. Ao contrário, os paralelos estabelecem a verossimilhança. O conteúdo do que é descrito nos Evangelhos a respeito do escárnio romano não é implausível, seja ou não histórico. Os leitores do século I poderiam ter entendido a cena como resumo eficiente não só da questão que interessava aos romanos (realeza), mas também da atitude gentia para com um rei crucificado — exatamente como o escárnio pelo sinédrio dramatizou o horror judaico por um falso profeta. De modo conciso, os dois escárnios explicam o duplo elemento de 1Cor 1,23: "Cristo crucificado, para os judeus obstáculo, para os gregos [gentios] loucura". Se refletirmos em paralelismos, o sinédrio inteiro condenou Jesus à morte e alguns começaram a escarnecer dele como profeta (Mc 14,64-65); Pilatos condena Jesus à crucificação e a coorte inteira é reunida para escarnecer de Jesus como rei. A alegação de que os Evangelhos desculpam os gentios, mas condenam os judeus, certamente não é apoiada pela descrição igualmente negativa dos dois conjuntos de escárnio.

(A bibliografia para este episódio encontra-se em § 30, Parte VII.)

---

[30] Concentrei-me em quatro tipos de paralelos greco-romanos propostos para o escárnio de Jesus por soldados romanos. V. K. Robbins, no ms. de uma dissertação distribuída para o seminário da SBL sobre a Paixão e alhures, insiste nas possibilidades de um contexto judeu-helenístico. Em especial, ele indica *4 Macabeus* 6, onde guardas tomam Eleazar, despem-no, açoitam-no e o submetem a maus-tratos verbais e golpes, enquanto pessoas o exortam a se salvar, submetendo-se à ordem do rei. Antes de morrer, o mártir fala a Deus em oração.

Rua Dona Inácia Uchoa, 62
04110-020 – São Paulo – SP (Brasil)
Tel.: (11) 2125-3500
http://www.paulinas.com.br – editora@paulinas.com.br
Telemarketing e SAC: 0800-7010081